한 번에 합격!
해커스 감정평가사
합격 시스템

강사력
업계 최고수준 교수진

교재
해커스=교재 절대공식

관리시스템
해커스만의 1:1 관리

취약 부분 즉시 해결!
교수님 질문게시판

언제 어디서나 공부!
PC&모바일 수강 서비스

해커스만의
단기합격 커리큘럼

**초밀착 학습관리
& 1:1 성적관리**

합격생들이 소개하는 생생한 합격 후기!

해커스 선생님들 다 너무 좋으시네요.
꼼꼼하고 친절하게 잘 설명해 주셔서
수업이 즐거워요.
암기코드 감사히 보고 있습니다.

- 권*빈 합격생 -

문제풀이 하면서 고득점 팁까지
알려주셔서 듣길 잘했다는 생각이 들어요.
수업 분위기도 밝고 재미있어서 시간이
금방 가네요.

- 오*은 합격생 -

한 번에 합격! **해커스 감정평가사** ca.Hackers.com

해커스 감정평가사

김춘환
민법

1차 | 기본서

서문

이번 감정평가사 시험 민법은 저자의 기본서, 문제집에서 100% 출제가 되었습니다. 다만 제187조와 관련된 문제에서 "화해조서에 의한 부동산소유권취득"이란 지문은 형성적 효력을 나타내는 표현이므로(대판 1965.8.17. 64다1721 참조), 정답이 문제가 있다고 봅니다(자세한 내용은 이의신청을 하였습니다).

시험을 경험해 보신 분들은 아시겠지만, 1차 시험도 합격하기가 쉽지 않습니다. 절대평가라고 해서, 60점 이상만 획득한다는 생각으로는 경제학, 회계학이 어려운 현실에서 결코 쉽지가 않은 것이 현실입니다. 따라서 민법은 적어도 80점 이상은 확보한다는 생각에서 공부해야 하고, 그렇게 하려면 저자의 강의를 잘 듣고, 먼저 그 내용을 이해하여야 합니다.

「2026년 대비 해커스 감정평가사 김춘환 민법 1차 기본서」의 특징은 다음과 같습니다.

1. 기존의 오탈자 등을 수정하였습니다.

2. 2025년 4월까지의 최신 판례, 중요 판례 등을 반영하였습니다.

3. 2025.1.31.부터 시행된 법인과 관련된 개정법 규정도 모두 반영하였습니다.

이 교재로 공부하시는 모든 수험생들의 감정평가사 합격을 진심으로 기원합니다.

2025.4.17. 시흥동 寓居에서
김춘환 드림

제1편 민법 총칙

제1장 서설
- 제1절 민법의 법원   8
- 제2절 민법의 기본원리   12
- 제3절 법률관계와 권리   13
- 제4절 신의성실의 원칙   18

제2장 권리의 주체
- 제1절 자연인   37
- 제2절 법인   68

제3장 권리의 객체   111

제4장 권리의 변동
- 제1절 권리 변동의 모습, 원인   124
- 제2절 법률행위   127
- 제3절 의사표시   156
- 제4절 법률행위의 대리   181
- 제5절 법률행위의 무효와 취소   211
- 제6절 법률행위의 부관   227

제5장 기간   240

제6장 소멸시효   243

제2편 물권법

제1장 서론
제1절 물권의 종류 — 284
제2절 물권의 효력 — 286

제2장 물권의 변동
제1절 총설 — 289
제2절 물권변동의 구성요소 — 291
제3절 부동산물권의 변동 — 312
제4절 동산물권의 변동 — 325
제5절 물권의 소멸 — 333

제3장 기본물권
제1절 점유권 — 338
제2절 소유권 — 362

제4장 용익물권
제1절 의의 — 434
제2절 지상권 — 434
제3절 지역권 — 452
제4절 전세권 — 457

제5장 담보물권
제1절 총설 — 470
제2절 유치권 — 473
제3절 질권 — 487
제4절 저당권 — 505

제6장 비전형담보물권
제1절 총설 — 548
제2절 가등기담보 — 552
제3절 양도담보 — 558

부록 감정평가사 민법용어 정리집

1 민법 총칙 — 566
2 물권법 — 579

해커스 감정평가사
ca.Hackers.com

제1편

민법 총칙

제1장 서설
제2장 권리의 주체
제3장 권리의 객체
제4장 권리의 변동
제5장 기간
제6장 소멸시효

제1장 서설

제1절 민법의 법원

> 제1조(법원) 민사에 관하여 법률에 규정이 없으면 관습법에 의하고 관습법이 없으면 조리에 의한다.
>
> 제185조(물권의 종류) 물권은 법률 또는 관습법에 의하는 외에는 임의로 창설하지 못한다.

Ⅰ. (실질적 의미의) 법률

1. 의의

민법 제1조의 '법률'이란 형식적 의미의 법률에 한정하지 않고 실질적 의미의 법률도 포함한다. 따라서 형식적 의미의 법률을 의미하는 민법 제185조 물권법정주의에서의 법률과는 다르다. 즉, 민법 제1조에서 말하는 법률은 광의의 법률(= 실질적 의미의 법률)로서, 법률·명령·조례·규칙·성문조약 등은 모두 민법의 법원(法源)이 된다. 법률이란 좁은 의미·형식적 의미로 말하면 헌법상 국민의 대표기관인 의회에서 제정된 법을 의미한다. 이는 성문법 전체를 의미하는 광의의 법률과는 구별되는 개념이다.

2. (형식적 의미의) 법률

여기서의 법률은 형식적 의미로서 국민의 대표기관인 의회에서 제정된 법을 의미한다. 여기에는 민법전과 그 외의 법률이 있다. 민법전 외에도 민법의 법원이 되는 법률은 상당히 많다. ① 먼저 민법전을 보충하거나 수정하기 위하여 제정된 특별법규가 있는데, 이자제한법·주택임대차보호법·보증인보호를위한특별법·신원보증법·약관의규제에관한법률·자동차손해배상보장법·가등기담보등에관한법률 등이 그 예이다. ② 그리고 공법에 속하는 것으로서 농지법, 특허법, 저작권법, 국토의계획및이용에관한법률 중의 일부 규정 등이 있다. ③ 그리고 민법전에 규정되어 있는 실체적인 민법법규를 구체화하기 위한 절차를 규정한 민법 부속법률도 있는데, 부동산등기법·가족관계의등록등에관한법률 등이 있다.

3. 명령

명령은 국회가 아닌 국가기관이 일정한 절차를 거쳐 제정하는 법규를 말한다. 이는 ① 법률에 의하여 위임된 사항을 정하는 위임명령[1], ② 법률의 규정을 집행하기 위하여 필요한 세칙을 정하는 집행명령[2]이 있다. 그리고 제정권자에 따라 대통령령·총리령·부령으로 나뉜다. 명령도 민사에 관해 규정하고 있으면 민법의 법원이 된다.

---

1) 예 민법 제312조의2 단서의 시행에 관한 규칙
2) 예 주택임대차보호법 시행령

4. (대법원)규칙

대법원은 법률에 저촉되지 않는 범위 안에서 소송에 관한 절차, 법원의 내부규율과 사무처리에 관한 규정을 제정할 수 있다(헌법 제108조). 이 규칙이 민사에 관한 사항을 정한 것이면 민법의 법원이 된다. 부동산규칙·공탁규칙·공탁금이자에관한규칙 등이 그것이다.

5. 조약, 헌법재판소 결정, 긴급명령

헌법에 의하여 체결·공포된 조약과 일반적으로 승인된 국제법규는 국내법과 같은 효력을 가진다(헌법 제6조). 따라서 조약이 민사에 관한 것을 정하면 민법의 법원이 된다. 그리고 헌법재판소의 결정은 법률과 동일한 효력을 가지므로(헌재법 제47조, 제75조), 그 결정내용이 민사에 관한 것이라면 민법의 법원이 된다. 대통령은 헌법이 정한 요건을 갖추어 긴급명령을 발할 수 있다(헌법 제76조). 긴급명령은 법률과 동등한 효력이 인정되고 그 내용이 민사에 관한 것인 때에는 민법의 법원이 된다.

6. 조례·규칙

지방자치단체가 법령의 범위 안에서 그 사무에 관하여 제정한 "조례"와 지방자치단체의 장이 법령 또는 조례가 위임한 범위 안에서 그 권한에 속하는 사무에 관하여 제정한 "규칙"도 민사에 관한 것은 민법의 법원이 된다.

II. 관습법

1. 성립시기 – 법적 확신설(통설, 판례)

법으로서의 관행과 국민이 그 관습을 법으로서 받아들인다는 확신이 있을 때 관습법이 성립된다. 즉 관습법은 법원의 판결에 의해서 비로소 그 존재가 인정되지만, 그 성립시기는 그 관습이 법적 확신을 획득한 때로 소급한다(통설).

2. 성문법에 대한 효력

판례는 관습법은 법원으로서 법령에 저촉되지 아니하는 한 법칙으로서의 효력이 있다고 하여 제정법에 대한 보충적 효력을 인정한다(대판 2005.7.21. 2002다1178 전합, 보충적 효력설). 그리고 판례는 "관습법은 법원이 될 수 있지만 법령에 저촉되지 않는 범위 내에서 효력이 있으므로 종중의 구성원을 성인남자로 제한하는 관습이 법질서에 반하기 때문에 사회 구성원의 법적 확신이 상당부분 흔들리거나 약화되었다면 이러한 관습은 더 이상 법적 효력을 갖지 않는다."고 한다. 즉, 대법원은 성년남자만 종중의 구성원이 되는 기존의 관습법에 대한 법적 확신이 흔들리고 그러한 관습이 헌법을 정점으로 하는 우리나라의 법질서에 맞지 않는다는 이유로 관습법이 효력을 상실하였다고 판단하였다. 종중의 구성원에 관한 기존의 관습법이 효력을 상실하였으므로 구성원에 관한 기준은 존재하지 않게 되었고 따라서 조리에 따라야 한다. 조리에 따라 성인여자도 당연히 종중의 구성원이 되어야 한다고 보았다(대판 2005.7.21. 2002다1178 전합).

3. 직권조사사항

법령과 같은 효력을 갖는 관습법은 당사자의 주장·입증을 기다림이 없이 법원이 직권으로 이를 확정하여야 하고 사실인 관습은 그 존재를 당사자가 주장·입증하여야 하나, 관습은 그 존부자체도 명확하지 않을 뿐만 아니라 그 관습이 사회의 법적 확신이나 법적 인식에 의하여 법적 규범으로까지 승인되었는지의 여부를 가리기는 더욱 어려운 일이므로, 법원이 이를 알 수 없는 경우 결국은 당사자가 이를 주장·입증할 필요가 있다(대판 1983.6.14. 80다3231).

4. 사실인 관습

> 제106조(사실인 관습) 법령중의 선량한 풍속 기타 사회질서에 관계없는 규정과 다른 관습이 있는 경우에 당사자의 의사가 명확하지 아니한 때에는 그 관습에 의한다.

(1) 의의

사실인 관습이란 사회의 거듭된 관행으로 인한 사회생활규범인 점이 관습법과 같으나, 다만 사회의 법적 확신, 인식에 의해 법적 규범으로 승인될 정도에 이르지 못한 것이다. 판례는 법적 확신 여하에 따라 관습법과 관습을 구별하는 입장[1]에 있다.

(2) 주장, 증명

사실인 관습은 법령과 같은 효력이 없으므로, 원칙상 그 존재를 당사자가 주장·입증하여야 한다(대판 1983.6.14. 80다3231). 다만 사실인 관습은 일상생활에 있어서의 일종의 경험칙에 속하고 경험칙은 일종의 법칙으로서 당사자의 주장이나 입증에 구애됨이 없이 법관이 직권에 의하여 판단할 수 있다(대판 1977.4.12. 76다1124).

(3) 법률행위의 해석 기준

사실인 관습은 사적 자치가 인정되는 분야 즉 그 분야의 제정법이 주로 임의규정일 경우에는 법률행위의 해석기준으로서 또는 의사를 보충하는 기능으로서 이를 재판의 자료로 할 수 있을 것이나 이 이외의 즉 그 분야의 제정법이 주로 강행규정일 경우에는 그 강행규정 자체에 결함이 있거나 강행규정 스스로가 관습에 따르도록 위임한 경우 등 이외에는 법적 효력을 부여할 수 없다(대판 1983.6.14. 80다3231).

III. 조리

1. 의의

조리는 사물의 본질적 법칙 또는 사물의 도리를 말한다. 이는 일정한 내용을 가진 것이 아니고 법질서 전체에 비추어 가장 적절하다고 생각될 경우를 말한다.

---

[1] 관습법이란 사회의 거듭된 관행으로 생성한 사회생활규범이 사회의 법적 확신과 인식에 의하여 법적 규범으로 승인·강행되기에 이른 것을 말하고, 사실인 관습은 사회의 관행에 의하여 발생한 사회생활규범인 점에서 관습법과 같으나 사회의 법적 확신이나 인식에 의하여 법적 규범으로서 승인된 정도에 이르지 않은 것을 말하는 바, 관습법은 바로 법원으로서 법령과 같은 효력을 갖는 관습으로서 법령에 저촉되지 않는 한 법칙으로서의 효력이 있는 것이며, 이에 반하여 사실인 관습은 법령으로서의 효력이 없는 단순한 관행으로서 법률행위의 당사자의 의사를 보충함에 그치는 것이다(대판 1983.6.14. 80다3231).

2. 법원성

다수설, 판례는 조리의 법원성을 긍정한다.

3. 판례

대법원은 성년남자만 종중의 구성원이 된다는 관습이 법적 효력이 없게 되었다면 민법 제1조에 따라서 종중의 구성원의 자격은 조리에 의해서 보충될 수밖에 없다고 하였다(대판 2005.7.21. 2002다1178 전합).

Ⅳ. 판례의 법원성

민법 제1조는 판례의 법원성에 관하여 언급이 없고, 관습법도 판례에 의해 확인됨으로써 비로소 관습법이 되는 것이므로 판례가 규범성을 가지게 되면 하나의 관습법이 되고, 대법원의 심판에서 판시한 법령해석은 당해 사건에 관하여 하급심을 기속하며 다른 사건에서는 법원을 기속하지 않는다는 점, 또 판례를 법규범이라고 하면 결과적으로 사법부가 입법하는 것이 되어 삼권분립의 정신에 반한다는 것 등을 근거로 하여, 판례의 법원성을 부정하는 견해가 다수설, 판례이다. 다만 하급심에 대한 기속력은 있다(법원조직법 제8조, 민사소송법 제436조 제2항).

Ⅴ. 관련 판례

1. 가정의례준칙

가정의례준칙 제13조의 규정과 배치되는 관습법의 효력을 인정하는 것은 관습법의 제정법에 대한 열후적·보완적 성격에 비추어 제1조의 취지에 어긋난다(대판 1983.6.14. 80다3231).

2. 상무이사

구 상법상의 상무취체역의 보수에 대하여 상관습, 민법규정 및 민사관습이 없으므로 조리에 의하여 결정하는 것은 위법이 아니다(대판 1965.8.31. 65다1156).

3. 상속회복청구권

> 제999조(상속회복청구권) ① 상속권이 참칭상속권자로 인하여 침해된 때에는 상속권자 또는 그 법정대리인은 상속회복의 소를 제기할 수 있다.
> ② 제1항의 상속회복청구권은 그 침해를 안 날부터 3년, 상속권의 침해행위가 있은 날부터 10년을 경과하면 소멸된다. <개정 2002.1.14>

제정민법이 시행되기 전에 존재하던 '상속회복청구권은 상속이 개시된 날부터 20년이 경과하면 소멸한다.'는 관습에 관습법으로의 효력을 인정할 수 없다(대판 2003.7.24. 2001다4878 전합).

> **참조판례**
> 사회의 거듭된 관행으로 생성한 어떤 사회생활규범이 법적규범으로 승인되기에 이르렀다고 하기 위하여는 그 사회생활규범은 헌법을 최상위 규범으로 하는 전체 법질서에 반하지 아니하는 것으로서 정당성과 합리성이 있다고 인정될 수 있는 것이어야 하고, 그렇지 아니한 사회생활규범은 비록 그것이 사회의 거듭된 관행으로 생성된 것이라고 할지라도 이를 법적규범으로 삼아 관습법으로서의 효력을 인정할 수 없는바, 제정 민법이 시행되기 전에 존재하던 관습 중 "상속회복청구권은 상속이 개시된 날부터 20년이 경과하면 소멸한다."는 내용의 관습은 이를 적용하게 되면 20년의 경과 후에 상속권침해가 있을 때에는 침해행위와 동시에 진정상속인은 권리를 잃고 구제를 받을 수 없는 결과가 되므로 소유권은 원래 소멸시효의 적용을 받지 않는다는 권리의 속성에 반할 뿐 아니라 진정상속인으로 하여금 참칭상속인에 의한 재산권침해를 사실상 방어할 수 없게 만드는 결과로 되어 불합리하고, 헌법을 최상위규범으로 하는 법질서 전체의 이념에도 부합하지 아니하여 정당성이 없으므로, 위 관습에 법적규범인 관습법으로서의 효력을 인정할 수 없다(대판 2003.7.24. 2001다4878 전합).

제2절 민법의 기본원리

I. 3대 원칙

1. 사유재산권존중의 원칙

각 개인의 사유재산권에 대한 절대적 지배를 인정하고, 국가나 다른 개인은 이에 간섭하거나 제한을 가하지 않는다는 원칙을 말한다. 이 원칙으로 인하여 소유자는 자신의 물건을 누구의 간섭도 받지 않고 사용·수익·처분할 수 있다(제211조).

2. 사적자치의 원칙

개인이 법질서의 한계 내에서 자신의 의사에 기하여 법률관계를 형성할 수 있다는 원칙이다. 이의 내용으로는 계약의 자유, 단체 결성의 자유, 유언의 자유, 권리행사의 자유 등이 있다. 이러한 사적자치의 원칙은 채권법에서 특히 강하게 나타난다.

3. 과실책임의 원칙

개인이 다른 사람에 가한 손해에 대하여 그 행위가 위법하고 고의 또는 과실에 기한 경우에만 책임을 진다는 원칙이다. 민법은 채무불이행, 불법행위 책임에서 이를 밝히고 있다.

> **제390조(채무불이행과 손해배상)** 채무자가 채무의 내용에 좇은 이행을 하지 아니한 때에는 채권자는 손해배상을 청구할 수 있다. 그러나 채무자의 고의나 과실없이 이행할 수 없게 된 때에는 그러하지 아니하다.
> **제750조(불법행위의 내용)** 고의 또는 과실로 인한 위법행위로 타인에게 손해를 가한 자는 그 손해를 배상할 책임이 있다.

Ⅱ. 3대 원칙의 수정 - 사회형평성의 고려

하지만 3대 원칙은 경제적 차이가 극명하게 드러나고 있는 현대 사회에서는 문제점이 많이 드러나고 있다. 사유재산권존중의 원칙, 사적자치의 원칙은 이를 제한하는 방향으로, 과실책임의 원칙은 무과실책임으로 변화하고 있다. 특히 노동법·경제법 등의 분야는 3대 원칙이 수정되고 있는 대표적인 예이다.

제3절 법률관계와 권리

Ⅰ. 법률관계

1. 법률관계의 의의

사람의 생활관계를 규율하는 사회규범으로는 법, 도덕, 관습, 종교 등 여러 가지가 있으나, 그 중에서 "법"에 의하여 규율되는 생활관계를 법률관계라고 한다. 법률관계가 되면 법에 의해 강제로 그 내용을 실현할 수 있다는 면에서 강제력이 없는 다른 사회규범과 구별된다.

2. 호의관계

(1) 의의 및 특징

예를 들어 출근하는 길에 자동차에 동승을 하게 해 주거나, 옆집 아이를 부모의 외출 중에 대신 돌봐주는 경우 같이, 법적 구속력을 받으려는 의사 없이 호의로 급부를 이행해 주는 관계를 호의관계라고 한다. 특히 호의관계는 상대방에게 급부청구권이 인정되지 않고, 따라서 그것을 강제로 실현할 수 없다는 점에서 법률관계와 구별된다.

(2) 구별기준

어떤 관계가 법률관계인지 호의관계인지는 당사자의 의사와 거래의 관행 등을 고려하여 구체적인 사안에 따라 신중하게 결정하여야 한다(통설, 판례).

(3) 판례

1) 어떠한 의무를 부담하는 내용의 기재가 있는 문면에 "최대한 노력하겠습니다."라고 기재되어 있는 경우, 특별한 사정이 없는 한 당사자가 위와 같은 문구를 기재한 객관적인 의미는 문면 그 자체로 볼 때 그러한 의무를 법적으로는 부담할 수 없지만 사정이 허락하는 한 그 이행을 사실상 하겠다는 취지로 해석함이 상당하다[1](대판 1994.3.25. 93다32668).

---

1) 甲이 A회사를 인수하면서 A의 주거래은행의 중재하에 A회사의 사장 乙에게 인수 후 6년간 사장으로서의 예우(임금, 승용차, 기사 제공)를 해 주기로 기재된 약정서에 대해, 甲은 이를 거절하였으나 A의 설득에 따라 甲은 약정서의 말미에 "최대한 노력하겠습니다."라는 문구를 삽입하고서 위 약정서에 서명하였다. 甲은 3년간은 예우를 하였으나, 그 후 이를 중단하자 乙이 甲에게 위 약정에 근거하여 임금 등의 지급을 청구한 사안이다.

2) 차량의 운행자가 아무런 대가를 받지 아니하고 동승자의 편의와 이익을 위하여 동승을 허락하고 동승자도 그 자신의 편의와 이익을 위하여 그 제공을 받은 경우 그 운행 목적, 동승자와 운행자의 인적 관계, 그가 차에 동승한 경위, 특히 동승을 요구한 목적과 적극성 등 여러 사정에 비추어 가해자에게 일반 교통사고와 동일한 책임을 지우는 것이 신의칙이나 형평의 원칙으로 보아 매우 불합리하다고 인정될 때에는 그 배상액을 경감할 수 있으나, 사고 차량에 단순히 호의로 동승하였다는 사실만 가지고 바로 이를 배상액 경감사유로 삼을 수 있는 것은 아니다(대판 1996.3.22. 95다24302).

Ⅱ. 권리와 의무

1. 권리의 본질

(1) 학설은 전통적으로 ① 권리는 법에 의해 주어진 의사의 힘 또는 의사의 지배라는 의사설, ② 권리를 법에 의해 보호되는 이익이라는 이익설, ③ 일정한 이익을 향유하기 위하여 법이 인정한 힘이라는 권리법력설 등이 주장되었다.

(2) 다만 현재는 권리를 "일정한 생활상의 이익에 대한 법률상의 힘"으로 정의한다.

2. 권리와 구별되는 개념

(1) 권한

타인을 위해 일정한 법률효과를 발생하게 하는 행위를 할 수 있는 법률상의 자격을 말한다. 예를 들어 대리권(제114조), 대표권(제59조), 사원의 결의권(제73조), 선택채권의 선택권(제382조) 등이 있다. 권한은 그 효과가 권한자가 아니라 그 타인에게 귀속된다는 점에서, 권리자 자신이 그 이익을 받는 권리와 구별된다.

(2) 권능

권능은 권리의 내용을 이루는 개개의 법률상의 힘을 말한다. 예를 들어 소유권은 "사용·수익·처분" 권능으로 구성된다(제211조).

(3) 권원

일정한 법률상 또는 사실상의 행위를 하는 것을 정당화시키는 원인을 권원이라고 한다. 예를 들어 타인의 부동산에 건물 등을 지은 경우에 그 타인은 건물의 철거를 구할 수 있는데(제214조), 이에 대해 대항하려면 그 토지를 점유할 권원이 있어야 하고, 그러한 것으로는 지상권(제285조), 임차권(제646조) 등이 있다.

(4) 반사적 효과(반사적 이익)

반사적 효과란 법률이 특정인 또는 일반인에게 어떤 행위를 명함으로써 다른 특정인 또는 일반인이 그 법률규범의 반사적 효과로서 이익을 받게 되는 것을 말한다. 전염병 예방주사를 강제하는 법률에 의해 일반인이 전염병 예방의 효과를 보는 것, 교통법규에 의해 일반인이 교통안전의 효과를 받는 것 등을 예로 들 수 있다. 민법상으로는 불법의 원인으로 인하여 재산을 급여한 자는 그 반환을 청구하지 못하는데(제746조), 그 결과 수익자가 급여된 재산의 소유권을 취득하게 되는 것도 반사적 효과이다.

3. 의무

(1) 의의

의무란 의무자의 의사와는 관계없이 반드시 따라야 할 법률상의 구속을 말한다. 의무가 있다면 그에 대응하여 권리가 있게 마련이지만 항상 그런 것은 아니다. 즉 권리만 있고 의무가 없는 경우도 있고(예 취소권·추인권·해제권 등의 형성권), 반대로 의무만 있는 경우도 있다[예 공고의무(제88조, 제93조), 등기의무(제50조 ~ 제52조), 감독의무(제755조) 등].

(2) 책무(간접의무)

민법 제528조에 의하면 청약자는 연착통지의무가 있는데 이를 책무 또는 간접의무라고 한다. 이것은 승낙자가 청약자에게 적극적으로 청구할 권리가 있는 것이 아니라, 청약자가 그 통지를 하지 않은 경우에 계약이 성립된 것으로 간주되어 청약자가 불이익을 받을 뿐이라는 점에서 의무와 구별된다. 이 밖에도 증여자의 하자고지의무(제559조 제1항), 대주의 하자고지의무(제612조) 등이 이에 속한다.

III. 권리의 분류

1. 내용에 의한 분류

(1) 재산권

1) 물권

물권은 권리자가 물건 등의 객체를 직접 지배해서 이익을 얻는 배타적 권리이다. 물권은 법률 또는 관습법에 의해서만 창설될 수 있는데(제185조), 점유권, 소유권, 지상권, 지역권, 전세권, 유치권, 질권, 저당권 등이 있다.

2) 채권

채권은 특정인이 다른 특정인에 대하여 일정한 이행행위(급부)를 요구할 수 있는 권리이다. 채권은 채무자의 협력 즉 이행행위라는 문제를 남기는 면에서 물권과 구별된다.

3) 지식재산권

발명·저작 등의 정신적·지능적 창조물을 독점적으로 이용하는 것을 내용으로 하는 권리를 말한다. 무체재산권·지적소유권이라고도 한다. 특허권·실용신안권·디자인권·상표권·저작권 등이 있다.

(2) 인격권

인격권은 주체와 분리할 수 없이 결합되어 있는 인격적 이익(생명, 신체, 명예)을 누리는 것을 내용하는 권리이다.

(3) 가족권

부모와 자녀 사이, 배우자 사이, 형제자매 사이와 같은 친족관계에 있어서의 일정한 지위에 따르는 이익을 누리는 것을 내용으로 하는 권리이다.

(4) 사원권

사원권은 단체의 구성원 즉 사원이 그 구성원이라는 지위에서 단체에 대해서 가지는 권리를 통칭해서 이르는 권리이다. 주식회사의 주주권 등이 그 예이다.

2. 작용에 의한 분류

(1) 지배권

지배권은 다른 사람의 행위를 개입시키지 않고 일정한 객체에 대하여 직접 지배력을 미치게 하는 권리이다. 물권이 가장 전형적이고, 그 밖에 지식재산권·인격권·친권 등이 있다.

(2) 청구권

1) 청구권은 특정인이 다른 특정인에 대하여 일정한 행위를 요구할 수 있는 권리이다. 소비대차계약에 기해 금전을 빌려준 사람(대주)이 빌린 사람(차주)에 대하여 금전의 지급을 요구할 수 있는 것이 그 예이다.

2) 청구권은 지배권과는 달리 권리의 객체(금전)를 직접 지배할 수는 없으며, 단지 의무자에 대하여 일정한 행위(금전지급행위)를 요구할 수 있을 뿐이다.

3) 청구권은 기초되는 권리의 효력으로 발생하며, 그 기초되는 권리가 채권이면 채권적 청구권, 물권이면 물권적 청구권이 된다. 그 외에도 지적재산권, 상속권, 가족권 등도 기초되는 권리가 될 수 있다.

(3) 형성권

형성권은 권리자의 일방적인 의사표시에 의하여 법률관계를 창설·변경·소멸되는 권리이다. 특히 형성권 중에는 권리자가 법원에 권리를 재판상 행사하여야 하는 경우도 있다(形成訴權). 권리자의 의사표시만으로 효과가 발생하는 형성권으로는 동의권(제5조, 제10조), 취소권(제140조), 해제권(제543조) 등이 있고, 법원에 재판상 행사해야 하는 경우로는 채권자취소권(제406조), 재산상 이혼권(제840조), 친생부인권(제846조) 등이 있다.

(4) 항변권

항변권은 상대방이 청구권을 행사한 경우에 그 청구권의 작용을 저지할 수 있는 권리이다. 항변권은 상대방의 청구권의 작용을 일시적으로 저지할 수도 있고(연기적 항변권), 영구적으로 저지할 수도 있다(영구적 항변권). 전자의 예로는 동시이행의 항변권(제536조), 보증인의 최고·검색의 항변권(제437조) 등이 있고, 후자의 예로는 한정승인의 항변권(제1028조) 등이 있다.

3. 그 밖의 분류

(1) 절대권·상대권

절대권은 모든 자에게 주장할 수 있는 권리이고, 상대권은 특정인에 대해서만 주장할 수 있는 권리이다. 물권·지적재산권·친권 등은 절대권이고, 채권 등은 상대권이다.

(2) 일신전속권, 비전속권

일신전속권이란 권리의 성질상 타인에게 귀속할 수 없거나(귀속상 일신전속권) 타인이 행사할 수 없는 권리(행사상 일신전속권)를 말하는데, 양도나 상속이 가능하지 않은 권리(특히 귀속상 일신전속권의 경우)를 말한다. 이에 반해 비전속권은 양도나 상속이 가능한 권리이다.

(3) 주된 권리 · 종된 권리

원본채권 · 이자채권의 관계 같이 하나의 권리(종된 권리)가 다른 권리(주된 권리)를 전제로 하는 경우를 말한다.

Ⅳ. 권리의 충돌과 경합

1. 권리의 충돌과 순위

(1) 의의

동일한 객체에 대하여 수개의 권리가 존재하는 경우에, 그 객체가 모든 권리를 충족시킬 수 없는 경우를 권리의 '충돌'이라고 하고, 이 때 그 수개의 권리 간에는 '순위'가 있게 된다.

(2) 권리 상호간의 순위

1) 물권 상호간

① 소유권과 제한물권 간에는 언제나 제한물권이 소유권에 우선한다. 예를 들어 지상권 설정 기간 동안은 부동산의 소유자는 그 부동산을 사용 · 수익할 수 없다.

② 동일한 종류의 물권 간에는 시간적으로 먼저 성립한 물권이 후에 성립한 물권에 우선한다. 예를 들어 동일한 물건 위에 甲의 소유권이 먼저 성립했다면 乙의 소유권은 성립할 수 없고, 동일한 물건 위에 1번 저당권이 성립했다면, 그 저당권을 침해하지 않는 범위에서만 2번 저당권이 성립할 수 있는 것이다.

2) 물권과 채권 상호간

성립시기를 불문하고, 항상 물권이 우선한다. 물권은 물건에 대한 직접적인 지배권이기 때문이다.

3) 채권 상호간

채권 상호간에는 '채권자평등의 원칙'에 따라, 동일한 채무자에 대한 채권은 발생원인 · 발생시기 · 채권액을 불문하고 평등하다. 그러나 이 원칙이 그대로 적용되는 것은 파산의 경우나 경매에서 배당참가의 경우이며, 그 밖의 경우에는 채권자 상호간에 순위가 없으므로, 채무자는 채권자 중 누구에게 이행을 할지는 자유이며, 그에 따라 먼저 급부를 받는 자가 만족을 얻고 다른 채권자는 그 나머지로부터 변제를 받을 수 있는데, 이를 '선행주의'라고 한다.

2. 권리의 경합

(1) 의의

하나의 생활사실이 수개의 법규가 정하는 요건을 충족하여, 수개의 권리가 발생하고 이 수개의 권리가 동일한 목적을 가지고, 동일한 효과를 가져 오는 경우를 '권리의 경합'이라고 한다. 권리의 경합은 다시 ① 형성권의 경합(하나의 계약에 대해 해제권과 취소권이 경합하는 경우), ② 청구권의 경합으로 나뉜다. 특히 청구권의 경합이 많이 문제된다. 예를 들어 임대인 甲이 임차인 乙과 임대차계약을 체결하였는데, 임대차기간이 경과되었음에도 乙이 甲에게 임대물건을 반환하지 않고 있다면, 甲은 乙에게 소유권에 기한 반환청구권과 임대차계약 종료에 따른 계약상의 반환청구권을 모두 행사할 수 있다. 그리고 택시기사 乙이 손님 甲을 태워 운전하다 DMB를 보다 부주의로 교통사고를 내어 甲을 다치게 하였다면, 甲은 채무불이행에 따른 손해배상청구권(제390조)과 불법행위에 따른 손해배상청구권(제750조)을 모두 행사할 수 있다.

(2) 법조(법규) 경합

하나의 생활사실이 수개의 법조를 충족하는 것으로 보이지만, 하나의 법조가 다른 법조의 적용을 배제시키므로, 실제로는 하나의 법조만 충족하는 경우를 말한다(일반법과 특별법의 관계). 예를 들어 乙이 운전을 하다 甲에게 교통사고를 일으켰다면, 乙이 책임보험에 가입해 있다면 자동차손해배상보장법의 요건도 충족하고, 민법상 불법행위도 충족하지만 자동차손해배상보장법이 민법의 특별법이므로, 甲은 자동차손해배상보장법상의 권리만 행사할 수 있다.

제4절 신의성실의 원칙

I. 신의칙

> **제2조(신의성실)** ① 권리의 행사와 의무의 이행은 신의에 좇아 성실히 하여야 한다.

1. 의의

신의성실의 원칙은 법률관계의 당사자가 상대방의 이익을 배려하여 형평에 어긋나거나, 신뢰를 저버리는 내용 또는 방법으로 권리를 행사하거나 의무를 이행하여서는 아니 된다는 추상적 규범을 말한다(대판 2003. 4.22. 2003다2390). 다만 임차인이 경매절차에서 현황조사를 마친 후 전출함으로써 대항력을 상실한 후, 임대인에게 남은 임차보증금의 반환을 청구하는 것이 신의성실의 원칙에 반하는 행위라고 볼 수는 없다[1](대판 2023.6.29. 2020다276914).

---

1) 가. 주택임대차보호법 제3조 제4항에 따라 임차주택의 양수인이 임대인의 지위를 승계하는 것은 어디까지나 임차인이 대항력을 갖추고 있는 것을 요건으로 하므로 대항력을 갖추지 못한 임차인의 경우 임차주택이 다른 사람에게 이전되었더라도 임대인이 임차보증금 반환의무를 부담하는 것이 원칙이다.
나. 임차주택의 양수인에게 대항할 수 있는 임차권자라도 스스로 임대차관계의 승계를 원하지 않을 때에는 승계되는 임대차관계의 구속을 면할 수 있다고 보는 것이 공평의 원칙 또는 신의성실의 원칙에 부합한다(대판 1996.7.12. 94다37646 등 참조).
따라서 원고가 이 사건 경매절차에서 현황조사를 마친 후 전출함으로써 대항력을 상실하고 피고에게 남은 임차보증금의 반환을 청구하였다고 하여 이를 두고 신의성실의 원칙에 반하는 행위라고 볼 수는 없다.

2. 적용대상

신의칙은 사법 전 영역에서 적용되며, 사회법 영역에서도 적용이 많고 민사소송법, 행정법, 세법 등의 공법 분야에도 적용된다.

3. 관련제도

불공정한 법률행위(제104조), 상린관계(제216조 ~ 제244조), 지상권의 경우 지료증감청구권(제286조), 임차권의 경우 차임증감청구권(제628조), 이행보조자의 고의, 과실에 대한 채무자의 책임(제391조), 과실상계(제396조), 채권자지체(제400조 ~ 제403조), 계약체결상 과실책임(제535조), 동시이행항변권(제536조), 위험부담에 관한 규정(제537조) 등이 있다.

4. 신의칙의 기능

(1) 법률행위해석의 기준

의무부담약정에서 '최대한 노력하겠습니다'라고 기재한 경우, 법적 의무는 부정된다(대판 1994.3.25. 93다32668). 그리고 헌법상 기본권은 제1차적으로 개인의 자유로운 영역을 공권력의 침해로부터 보호하기 위한 방어적 권리이지만 다른 한편으로 헌법의 기본적인 결단인 객관적인 가치질서를 구체화한 것으로서, 사법(私法)을 포함한 모든 법 영역에 그 영향을 미치는 것이므로 사인 간의 사적인 법률관계도 헌법상 기본권 규정에 적합하게 규율되어야 한다. 다만 기본권 규정은 성질상 사법관계에 직접 적용될 수 있는 예외적인 것을 제외하고는 관련 법규범 또는 사법상의 일반원칙을 규정한 민법 제2조, 제103조 등의 내용을 형성하고 그 해석기준이 되어 간접적으로 사법관계에 효력을 미치게 된다(대판 2018.9.13. 2017두38560).

> **참조판례**
>
> 변호사와 의뢰인이 약정한 변호사 보수액이 부당하게 과다한 경우 민법상 일반원칙인 신의칙이나 형평의 관념에 의하여 변호사 보수액을 감액할 수 있는지 여부(대판 2018.5.17. 2016다35833 전합)
> 변호사의 소송위임 사무처리 보수에 관하여 변호사와 의뢰인 사이에 약정이 있는 경우 위임사무를 완료한 변호사는 원칙적으로 약정 보수액 전부를 청구할 수 있다. 다만 의뢰인과의 평소 관계, 사건 수임 경위, 사건처리 경과와 난이도, 노력의 정도, 소송물 가액, 의뢰인이 승소로 인하여 얻게 된 구체적 이익, 그 밖에 변론에 나타난 여러 사정을 고려하여, 약정 보수액이 부당하게 과다하여 신의성실의 원칙이나 형평의 관념에 반한다고 볼 만한 특별한 사정이 있는 경우에는 예외적으로 적당하다고 인정되는 범위 내의 보수액만을 청구할 수 있다. 그런데 이러한 보수 청구의 제한은 어디까지나 계약자유의 원칙에 대한 예외를 인정하는 것이므로, 법원은 그에 관한 합리적인 근거를 명확히 밝혀야 한다[2]. 그리고 위와 같은 특별한 사정의 존재에 대한 증명책임은 약정된 보수액이 부당하게 과다하다고 주장하는 측에 있다(대판 2023.8.31. 2022다293937).

---

[2] ⇨ 소송위임계약에서 변호사 보수를 3,850만 원(부가가치세 포함)으로 정하였는데 그중 2,000만 원만 지급 받은 원고가 나머지 보수 등을 청구한 사안에서, 일부 피고가 다른 피고들의 의사에 반하여 한 것으로 보이는 소송위임 철회 통보에 불구하고 원고가 소송수행을 계속한 것에 잘못이 있다고 단정하기 어렵고, 그 밖에 착수보수금의 정도, 사건의 난이도, 소송수행 내용, 소송수행상 과실 인정 여부 등에 비추어, 원고와 피고들이 소송위임계약에서 약정한 변호사 보수가 부당하게 과다하여 신의성실의 원칙과 형평의 관념에 반한다고 볼 만한 특별한 사정이 있다고 보기 어렵다고 보아, 원심판결 중 이와 달리 신의칙 및 형평의 관념에 의하여 변호사 보수를 감액한 부분을 파기환송한 사례

(2) 약관통제의 기준

보험계약자의 고지의무위반과 보험자의 약관의 명시·설명의무 위반이 경합한 경우 보험자는 그 약관의 내용을 보험계약의 내용으로 주장할 수 없으므로, 보험계약자나 그 대리인이 그 약관에 규정된 고지의무를 위반하였다 하더라도 이를 이유로 보험계약을 해지할 수 없다(대판 1996.3.8. 95다53546). 보험계약자가 주 운전자가 아들임에도 불구하고 처라고 허위 고지한 경우라고 하여도 보험자가 그 약관의 설명의무를 위배하였다면 보험자는 보험계약을 해지할 수 없다.

(3) 고지의무

자동차매매업자가 자동차를 매도 또는 매매의 알선을 하는 경우에는 자동차관리법 제58조 제1항에 따라 매매계약을 체결하기 전에 자동차 매수인에게 '해당 자동차의 구조·장치 등의 성능·상태를 점검한 내용, 압류 및 저당권의 등록 여부, 수수료 또는 요금, 매수인이 원하는 경우에 자동차가격을 조사·산정한 내용'을 서면으로 고지하여야 한다. 여기서 '자동차의 구조·장치 등의 성능·상태를 점검한 내용 및 자동차가격을 조사·산정한 내용'의 서면고지는 자동차관리법 시행규칙 제120조 제1항 및 제6항에 따라 같은 시행규칙 별지 제82호 서식의 중고자동차성능·상태점검기록부(자동차가격조사·산정서)를 매수인에게 발급하는 방식으로 하여야 한다. 또한 '압류 및 저당권의 등록 여부'의 서면고지는 그 내용이 기재된 자동차등록원부를 매수인에게 발급해주는 등의 방식으로 하여야 한다. 이와 같이 자동차매매업자가 매수인에게 서면으로 고지하여야 할 사항들의 주요 내용은, 특별한 사정이 없는 한 매수인이 자동차매매계약을 어떠한 조건으로 체결할 것인지를 정할 수 있는 중요한 사항에 해당한다. 재산적 거래관계에 있어서 계약의 일방 당사자가 상대방에게 계약의 효력에 영향을 미치거나 상대방의 권리 확보에 위험을 가져올 수 있는 구체적 사정을 고지하였다면 상대방이 계약을 체결하지 아니하거나 적어도 그와 같은 내용 또는 조건으로 계약을 체결하지 아니하였을 것임이 경험칙상 명백한 경우 계약 당사자는 신의성실의 원칙상 상대방에게 미리 그와 같은 사정을 고지할 의무가 있다. 이는 계약 당사자가 조금만 주의를 기울였다면 위와 같은 구체적 사정을 알 수 있었을 경우에도 마찬가지이다(대판 2023.8.18. 2022다291702).

5. 직권조사사항

신의칙위반이나 권리남용은 강행규정에 위반되는 것이므로, 당사자의 주장이 없더라도 법원은 직권으로 판단할 수 있다(대판 1995.12.22. 94다42129).

6. 신의칙 적용의 보충성

(1) 의의

구체적 사건에 대한 적절한 해결이 법률규정의 취지나 유추적용 또는 계약에 의하여 가능한 경우에는 함부로 신의칙을 적용하여서는 아니 된다. 이를 신의칙 적용의 보충성이라고 한다.

(2) 판례

유효하게 성립한 계약상의 책임을 공평의 이념 또는 신의칙과 같은 일반원칙에 의하여 제한하는 것은 사적 자치의 원칙이나 법적 안정성에 대한 중대한 위협이 될 수 있으므로, 채권자가 유효하게 성립한 계약에 따른 급부의 이행을 청구하는 때에 법원이 급부의 일부를 감축하는 것은 원칙적으로 허용되지 않는다. 甲 공사가 乙 주식회사와 체결한 전기공급계약에 따라 전기를 공급한 후 착오로 청구하지 않았던 전기요금의 지급을 구하자 乙 회사가 채무부존재 확인을 구한 사안에서, 甲 공사가 乙 회사에 유효하게 성립한 전기공급계약에 따른 전기요금을 청구하는 것이 신의성실의 원칙이나 형평의 원칙에 반하여 허용될 수 없어 전기요금을 감액할 수 있다고 보기 어려운데도, 乙 회사가 甲 공사에 지급할 추가 전기요금채무를 1/2로 감액한 원심판단에 법리오해의 잘못이 있다(대판 2016.12.1. 2016다240543).

7. 보호의무(신의칙상 부수의무) 인정 여부

(1) 문제점

급부의무 중 신의칙상의 부수적 의무로서 '보호의무'가 인정될 수 있으므로, 이를 살펴본다.

(2) 긍정한 경우

1) 사용자

사용자는 근로계약에 수반되는 신의칙상의 부수적 의무로서 피용자가 노무를 제공하는 과정에서 생명·신체·건강을 해치는 일이 없도록 인적·물적 환경을 정비하는 등 필요한 조치를 강구하여야 할 보호의무를 부담한다(대판 2001.7.27. 99다56734).

2) 여행업자

여행업자는 기획여행계약의 상대방인 여행자에 대하여 기획여행계약상의 부수의무로서, 여행자의 생명·신체·재산 등의 안전을 확보하기 위하여, 여행목적지·여행일정·여행행정·여행서비스기관의 선택 등에 관하여 미리 충분히 조사·검토하여 전문업자로서의 합리적인 판단을 하고, 또한 그 계약내용의 실시에 관하여 조우할지 모르는 위험을 미리 제거할 수단을 강구하거나 또는 여행자에게 그 뜻을 고지하여 여행자 스스로 그 위험을 수용할지 여부에 관하여 선택의 기회를 주는 등의 합리적 조치를 취할 신의칙상의 주의의무를 진다(대판 1998.11.24. 98다25061).

3) 숙박업자

숙박업자는 통상의 임대차와 같이 단순히 여관 등의 객실 및 관련 시설을 제공하여 고객으로 하여금 이를 사용·수익하게 할 의무를 부담하는 것에서 한 걸음 더 나아가 고객에게 위험이 없는 안전하고 편안한 객실 및 관련 시설을 제공함으로써 고객의 안전을 배려하여야 할 보호의무를 부담한다(대판 2000.11.24. 2000다38718).

4) 병원(의료법인)

환자가 병원에 입원하여 치료를 받는 경우에 있어서, 병원은 진료뿐만 아니라 환자에 대한 숙식의 제공을 비롯하여 간호·보호 등 입원에 따른 포괄적 채무를 지는 것인 만큼 병원은 병실에의 출입자를 통제·감독하든가 그것이 불가능하다면 최소한 입원환자에게 휴대품을 안전하게 보관할 수 있는 시정장치가 있는 사물함을 제공하는 등으로 입원환자의 휴대품 등의 도난을 방지함에 필요한 적절한 조치를 강구하여 줄 신의칙상의 보호의무가 있다(대판 2003.4.11. 2002다63275).

5) 노무도급인

건축공사의 일부분을 하도급받은 자가 구체적인 지휘·감독권을 유보한 채 재료와 설비는 자신이 공급하면서 시공부분만을 시공기술자에게 재하도급하는 경우와 같은 노무도급의 경우, 그 노무도급의 도급인과 수급인은 실질적으로 사용자와 피용자의 관계에 있고, 이 경우 도급인은 수급인이 노무를 제공하는 과정에서 생명·신체·건강을 해치는 일이 없도록 물적 환경을 정비하고 필요한 조치를 강구할 보호의무를 부담하며, 이러한 보호의무는 실질적인 고용계약의 특수성을 고려하여 신의칙상 인정되는 부수적 의무로서, 만일 실질적인 사용관계에 있는 노무도급인이 고의 또는 과실로 이러한 보호의무를 위반함으로써 노무수급인의 생명·신체를 침해하여 손해를 입힌 경우 노무도급인은 노무도급계약상의 채무불이행책임과 경합하여 불법행위로 인한 손해배상책임을 부담한다(대판 1997.4.25. 96다53076).

(3) 부정한 경우

1) 증권의 매도인

증권회사의 창구를 통하지 않고 매매당사자 사이에 직접 거래가 이루어지는 장외시장에서 증권의 매도인은 증권회사 임직원의 고객보호의무와 유사한 매수인 보호의무를 부담하지 아니하므로, 장외시장에서 증권을 거래하면서 증권투자 경험이 있는 매도인이 그러한 경험이 없는 매수인에게 투자손실의 위험성이 높은 증권의 매수를 적극적으로 권유하였고 그 결과 매수인이 손실을 보았더라도, 매수 여부나 매수가격을 결정하는 데 기초가 되는 거래의 중요한 사항에 관하여 구체적 사실을 신의성실의 원칙에 비추어 비난받을 정도의 방법으로 허위로 고지하여 기망하는 등의 위법행위가 없다면 매도인의 불법행위가 성립하지 않는다(대판 2006.11.23. 2004다62955).

2) 임대인

통상의 임대차관계에 있어서 임대인의 임차인에 대한 의무는 특별한 사정이 없는 한 단순히 임차인에게 임대목적물을 제공하여 임차인으로 하여금 이를 사용·수익하게 함에 그치는 것이고, 더 나아가 임차인의 안전을 배려하여 주거나 도난을 방지하는 등의 보호의무까지 부담한다고 볼 수 없을 뿐만 아니라 임대인이 임차인에게 임대목적물을 제공하여 그 의무를 이행한 경우 임대목적물은 임차인의 지배 아래 놓이게 되어 그 이후에는 임차인의 관리하에 임대목적물의 사용·수익이 이루어지는 것이다(대판 1999.9.7. 99다10004).

Ⅱ. 실효의 원칙

1. 의의

권리행사의 기대가능성이 있음에도 상당기간이 경과하도록 이를 행사하지 아니하여 상대방으로서도 이제는 그 권리를 행사하지 아니할 것으로 신뢰할만한 정당한 기대를 가지게 된 후 새삼스럽게 그 권리를 행사하는 것이 법질서 전체를 지배하는 신의성실원칙에 위반되는 결과로 되는 때는 그 행사가 인정되지 않는다(대판 1991.1.21. 91다30118).

2. 긍정한 경우

(1) 근로관계와 실효의 원칙

동일한 사유로 의원면직된 다른 자가 그 무효확인의 소를 제기하여 대법원의 승소확정판결을 받음으로써 의원면직처분이 무효임을 안 자가 그 후 2년 6월, 사직원 제출 후 12년이 지난 뒤에 제기한 해고무효소송은 인정되지 않는다(대판 1992.1.21. 91다30118). 근로자가 사직원의 작성·제출이 자신이 아닌 그의 형에 의하여 이루어졌음을 이유로 의원면직의 무효확인을 구하는 사안에서, 근로자의 형이 사직원을 제출하게 된 경위 및 근로자가 아무런 이의 없이 퇴직금을 수령한 점 등 제반 사정에 비추어 볼 때 의원면직일로부터 5년이 넘게 경과한 후에 위와 같은 소송을 제기한 것은 신의칙에 반하는 것이다(대판 2005.10.28. 2005다45827).

(2) 소송법상 권리와 실효의 원칙

실효의 원칙이라 함은 권리자가 장기간에 걸쳐 그 권리를 행사하지 아니함에 따라 그 의무자인 상대방이 더 이상 권리자가 권리를 행사하지 아니할 것으로 신뢰할 만한 정당한 기대를 가지게 된 경우에 새삼스럽게 권리자가 그 권리를 행사하는 것은 법질서 전체를 지배하는 신의성실의 원칙에 위반되어 허용되지 아니한다는 것을 의미하고, 항소권과 같은 소송법상의 권리에 대하여도 이러한 원칙은 적용될 수 있다고 할 것이다(대판 1996.7.30. 94다51840).

(3) 해제권과 실효의 원칙

일반적으로 권리의 행사는 신의에 좇아 성실히 하여야 하고 권리는 남용하지 못하는 것이므로, 해제권을 갖는 자가 상당한 기간이 경과하도록 이를 행사하지 아니하여 상대방으로서도 이제는 그 권리가 행사되지 아니할 것이라고 신뢰할 만한 정당한 사유를 갖기에 이르러 그 후 새삼스럽게 이를 행사하는 것이 법질서 전체를 지배하는 신의성실의 원칙에 위반하는 것으로 인정되는 결과가 될 때에는 이른바 실효의 원칙에 따라 그 해제권의 행사가 허용되지 않는다고 보아야 할 것이다. 해제의 의사표시가 있은 무렵을 기준으로 볼 때 무려 1년 4개월 가량 전에 발생한 해제권을 장기간 행사하지 아니하고 오히려 매매계약이 여전히 유효함을 전제로 잔존채무의 이행을 최고함에 따라 상대방으로서는 그 해제권이 더 이상 행사되지 아니할 것으로 신뢰하였고 또 매매계약상의 매매대금 지체는 기의 전부가 지급된 점 등에 비추어 보면 그와 같이 신뢰한 데에는 정당한 사유도 있었다고 봄이 상당하다면, 그 후 새삼스럽게 그 해제권을 행사한다는 것은 신의성실의 원칙에 반하여 허용되지 아니한다 할 것이므로, 이제 와서 매매계약을 해제하기 위하여는 다시 이행제공을 하면서 최고를 할 필요가 있다[1](대판 1994.11.25. 94다12234).

---

1) 각서의 내용이 甲이 소정기일까지는 틀림없이 잔존채무를 이행할 것을 약속하며 만일 그때까지 이를 이행하지 못할 때에는 乙측에서 매매계약을 해제하여도 이의 없다는 것에 불과하다면, 甲이 기한을 다시 해태하면 그 이후에는 乙측에서 새로운 이행의 제공 없이 매매계약을 해제할 수 있는 권리를 부여한다는 내용이 포함되어 있는 것은 아니고, 甲이 각서 작성 이전에 乙을 대리한 丙으로부터 2회에 걸쳐 적법한 이행의 제공을 받고도 자신의 채무를 이행하지 못한 사정이 있었다는 것만으로 그 각서가 새로운 이행의 제공 없이 매매계약을 해제할 수 있는 권리를 부여한다는 취지에서 작성된 것이라고 인정하기는 부족하다.

3. 부정한 경우

(1) 토지에 대한 무단점유와 부당이득반환청구권

토지소유자가 그 무단점유자에 대하여 부당이득반환청구권을 장기간 적극적으로 행사하지 아니하였다는 사정만으로는 부당이득반환청구권이 이른바 실효의 원칙에 따라 소멸하였다고 볼 수 없다(대판 2002. 1.8. 2001다60019).

(2) 인지청구권

인지청구권은 본인의 일신전속적인 신분관계상의 권리로서 포기할 수도 없으며 포기하였더라도 그 효력이 발생할 수 없는 것이고, 이와 같이 인지청구권의 포기가 허용되지 않는 이상 거기에 실효의 법리가 적용될 여지도 없다. 인지청구권의 행사가 상속재산에 대한 이해관계에서 비롯되었다 하더라도 정당한 신분관계를 확정하기 위해서라면 신의칙에 반하는 것이라 하여 막을 수 없다(대판 2001.11.27. 2001므1353).

(3) 중혼취소권

실효 또는 실권의 법리라 함은 권리자가 장기간에 걸쳐 그의 권리를 행사하지 아니하였기 때문에 의무자인 상대방이 이미 그의 권리를 행사하지 아니할 것으로 믿을 만한 정당한 사유를 갖게 되었거나 그 권리를 행사하지 아니할 것으로 추인하게 된 경우에 새삼스럽게 그 권리를 행사하는 것이 신의성실의 원칙에 반하는 결과가 될 때 그 권리행사를 허용하지 아니하는 것을 의미한다. 중혼 성립 후 10여 년 동안 혼인취소청구권을 행사하지 아니하였다 하여 권리가 소멸되었다고 할 수 없으나 그 행사가 권리남용에 해당한다(대판 1993.8.24. 92므907).

Ⅲ. 모순행위금지의 원칙(금반언의 원칙)

1. 의의

자신의 선행행위와 모순되는 후행행위는 허용되지 않는다는 원칙이다. 민법도 제452조 제1항에서 "양도통지와 금반언"이라는 규정을 두고 있다.

2. 긍정한 경우

(1) 농지법상 자경의사

농지에 대해 자경의사가 있는 것처럼 소재지관서의 증명을 받아 소유권이전등기를 마친 후 증여세의 부과를 면하기 위하여 등기의 무효를 주장하는 것은 신의칙에 위배된다(대판 1990.7.24. 89누8224).

(2) 경매사건

1) 은행에게 보증금 없이 임차하고 있다고 말하고 확인서까지 써 준 임차인이 경락인인 은행에게 보증금반환을 내세워 건물의 명도를 거부하는 것은 신의칙에 위배된다(대판 1987.11.24. 87다카1708).

2) 경매목적인 부동산의 소유자가 경매가 진행 중인 사실을 알면서 이의 없이 배당금을 수령하고 경락인 명의로 부동산을 인도해 준 후 그 기초가 된 근저당권이나 공정증서의 무효를 주장하여 이전등기의 말소를 청구하는 것은 신의칙에 위배된다(대판 1993.12.24. 93다42603).

3) 임차인의 주민등록상 주소가 등기부상 표시와 다르다는 이유로 임대차의 대항력을 부정하는 근저당권자의 주장이 신의칙에 위배되는 경우도 있다(대판 2008.2.14. 2007다33224).

(3) 강제집행

채권자가 채권을 담보하기 위하여 제3자의 부동산을 채무자에게 명의신탁하게 한 다음 그 부동산에 대하여 강제집행하는 것은 신의칙에 위배된다(대판 1981.7.7 80다2064).

(4) 취득시효

취득시효완성 후에 그 사실을 모르고 당해 토지에 관하여 어떠한 권리도 주장하지 않기로 하였다 하더라도 이에 반하여 시효주장을 하는 것은 특별한 사정이 없는 한 신의칙상 허용되지 않는다(대판 1998.5.22. 96다24101).

3. 부정한 경우 - 강행규정위반을 주장하는 경우

(1) 투자수익보장약정, 토지거래허가

강행규정에 위반된 투자수익보장약정을 권유한 자가 나중에 약정금의 이행을 구하는 상대방에 대하여 무효주장을 하는 것이 신의칙에 반하지 않고, 구 국토이용관리법상 허가구역 내에서 허가받지 않은 매매의 경우 매도인이 매수인에게 무효주장을 하는 것이 신의칙에 반하지 않는다(대판 2003.4.22. 2003다2390·2406).

(2) 단체협약

노동조합 및 노동관계조정법 제31조 제1항이 단체협약은 서면으로 작성하여 당사자 쌍방이 서명날인 하여야 한다고 규정하는 바, 이러한 방식을 구비하지 않은 단체협약은 효력이 없고 강행규정의 취지를 살리기 위하여 단체협약의 무효를 주장하는 것은 신의칙에 반하지 않는다[1](대판 2001.5.29. 2001다15422·15439).

(3) 타인의 사망을 보험사고로 하는 보험계약

타인의 사망을 보험사고로 하는 보험계약에서는 보험계약체결시에 그 타인의 서면에 의한 동의를 얻어야 한다는 상법 제731조 제1항의 규정은 강행법규로서 위 규정에 위반하여 체결된 보험계약은 무효라고 할 것이고, 상법 제731조 제1항을 위반하여 계약을 체결한 자 스스로가 무효를 주장함이 신의성실의 원칙 또는 금반언의 원칙에 위배되는 권리행사라는 이유로 이를 배척한다면, 위와 같은 입법취지를 완전히 몰각시키는 결과가 초래되므로 특단의 사정이 없는 한 그러한 주장이 신의성실 또는 금반언의 원칙에 반한다고 볼 수는 없다(대판 1999.12.7. 99다39999).

---

[1] 신의성실의 원칙(이하 '신의칙'이라고 한다)은, 법률관계의 당사자는 상대방의 이익을 배려하여 형평에 어긋나거나 신뢰를 저버리는 내용 또는 방법으로 권리를 행사하거나 의무를 이행하여서는 아니 된다는 추상적 규범을 말하는 것으로서, 신의칙에 위배된다는 이유로 권리행사를 부정하기 위해서는 상대방에게 신의를 공여하였거나 객관적으로 보아 상대방이 신의를 가지는 것이 정당한 상태에 이르러야 하고 이와 같은 상대방의 신의에 반하여 권리를 행사하는 것이 정의 관념에 비추어 용인될 수 없는 정도의 상태에 이르러야 한다. 단체협약 등 노사합의의 내용이 근로기준법 등의 강행규정을 위반하여 무효인 경우에, 그 무효를 주장하는 것이 신의칙에 위배되는 권리의 행사라는 이유로 이를 배척한다면 강행규정으로 정한 입법 취지를 몰각시키는 결과가 되므로, 신의칙을 적용하기 위한 일반적인 요건을 갖춤은 물론 강행규정성에도 불구하고 신의칙을 우선하여 적용하는 것을 수긍할 만한 특별한 사정이 있는 예외적인 경우에 해당하지 않는 한 그러한 주장이 신의칙에 위배된다고 볼 수 없다(대판 2018.7.11. 2016다9261·9278).

(4) 미성년자

법정대리인의 동의를 얻지 않고 신용카드 가맹점과 신용구매계약을 체결한 미성년자가 사후에 법정대리인의 동의 없음을 들어 그 계약을 취소하는 것은 신의칙에 반하지 않는다(대판 2007.11.16. 2005다71659 · 71666 · 71673).

(5) 의사무능력자

의사무능력자가 자신의 명의로 대출계약을 체결하고 자신 소유의 부동산에 관하여 근저당권을 설정한 다음, 의사무능력자의 특별대리인이 위 대출계약 및 근저당권설정계약의 효력을 부인하는 것은 신의칙에 반하지 않는다(대판 2006.9.22. 2004다51627).

(6) 사립학교법위반의 담보제공

사립학교법 제28조 제2항, 같은 법 시행령 제12조가 학교법인이 학교교육에 직접 사용되는 학교법인의 재산 중 교지, 교사 등은 이를 매도하거나 담보에 제공할 수 없다고 규정한 것은 사립학교의 존립 및 목적 수행에 필수적인 교육시설을 보전함으로써 사립학교의 건전한 발달을 도모하는 데 그 목적이 있는 것이라고 해석되는바, 강행법규인 같은 법 제28조 제2항을 위반한 경우에 위반한 자 스스로가 무효를 주장함이 권리남용 내지 신의성실원칙에 위배되는 권리의 행사라는 이유로 배척된다면 위와 같은 입법 취지를 완전히 몰각시키는 결과가 되므로 명목상으로만 학교법인에 직접 사용되는 재산으로 되어 있을 뿐 실제로는 학교교육에 직접 사용되는 시설 · 설비 및 교재 · 교구 등이 아니거나 학교 자체가 형해화되어 사실상 교육시설로 볼 수 없는 경우와 같은 특별한 사정이 있다면 매도나 담보제공을 무효라고 주장하는 것은 법규정의 취지에 반하는 것이므로 신의성실원칙에 반하거나 권리남용이라고 볼 것이지만 그와 같은 특별한 사정이 없이 사립학교 경영자가 매도나 담보제공이 무효라는 사실을 알고서 매도나 담보제공을 하였다고 하더라도 매도나 담보제공을 금한 관련 법규정의 입법 취지에 비추어 강행규정 위배로 인한 무효주장을 신의성실원칙에 반하거나 권리남용이라고 볼 것은 아니다(대판 2000.6.9. 99다70860).

(7) 통상임금과 신의성실의 원칙

단체협약 등 노사합의의 내용이 근로기준법의 강행규정을 위반하여 무효인 경우에, 무효를 주장하는 것이 신의칙에 위배되는 권리의 행사라는 이유로 이를 배척한다면 강행규정으로 정한 입법 취지를 몰각시키는 결과가 될 것이므로, 그러한 주장이 신의칙에 위배된다고 볼 수 없음이 원칙이다. 그러나 노사합의의 내용이 근로기준법의 강행규정을 위반한다고 하여 노사합의의 무효 주장에 대하여 예외 없이 신의칙의 적용이 배제되는 것은 아니다. 신의칙을 적용하기 위한 일반적인 요건을 갖춤은 물론 근로기준법의 강행규정성에도 불구하고 신의칙을 우선하여 적용하는 것을 수긍할 만한 특별한 사정이 있는 예외적인 경우에 한하여 노사합의의 무효를 주장하는 것은 신의칙에 위배되어 허용될 수 없다(대판 2013.12.18. 2012다89399 전합).

(8) 영업양도와 강행법규 위반

강행법규를 위반한 자가 스스로 그 약정의 무효를 주장하는 것이 신의칙에 위배되는 권리의 행사라는 이유로 그 주장을 배척한다면, 이는 오히려 강행법규에 의하여 배제하려는 결과를 실현시키는 셈이 되어 입법 취지를 완전히 몰각하게 되므로, 달리 특별한 사정이 없는 한 위와 같은 주장이 권리남용에 해당되거나 신의성실원칙에 반한다고 할 수 없다. 상법 제374조 제1항 제1호는 주식회사가 영업의 전부 또는 중요한 일부의 양도행위를 할 때에는 제434조에 따라 출석한 주주의 의결권의 3분의 2 이상의 수와 발행주식총수의 3분의 1 이상의 수로써 결의가 있어야 한다고 규정하고 있는데 이는 주식회사가 주주의 이익에 중대한 영향을 미치는 계약을 체결할 때에는 주주총회의 특별결의를 얻도록 하여 그 결정에 주주의 의사를 반영하도록 함으로써 주주의 이익을 보호하려는 강행법규이므로, 주식회사가 영업의 전부 또는 중요한 일부를 양도한 후 주주총회의 특별결의가 없었다는 이유를 들어 스스로 그 약정의 무효를 주장하더라도 주주 전원이 그와 같은 약정에 동의한 것으로 볼 수 있는 등 특별한 사정이 인정되지 않는다면 위와 같은 무효 주장이 신의성실원칙에 반한다고 할 수는 없다(대판 2018.4.26. 2017다288757).

Ⅳ. 사정변경의 원칙

1. 의의

채권을 발생시키는 법률행위 성립 후 당시 환경이 된 사정을 당사자 쌍방이 예견하지 못하고 또 예견할 수 없었던 변경이 발생한 결과 본래의 급부가 신의형평의 원칙상 당사자에 현저히 부당하게 된 경우, 당사자가 그 급부의 내용을 적당히 변경할 것을 상대방에게 제의할 수 있고, 상대방이 이를 거절하는 때에는 당해 계약을 해제할 수 있는 규범을 말한다(대판 1955.4.14. 4286민상231). 사정변경의 원칙에 있어 사정이라 함은 계약의 기초가 되었던 객관적인 사정으로서, 일방당사자의 주관적 또는 개인적인 사정을 의미하는 것이 아니다(대판 2007.3.29. 2004다31302). 민법에서는 사정변경의 원칙에 대한 개별적 규정은 있으나(제218조, 제286조 등), 이를 직접적으로 서술한 일반적인 규정은 없다.

2. 학설 및 판례

(1) 학설

학설은 계약관계의 사정이 심하게 변경이 된 때에는 이 원칙을 적용하는데, 긍정적인 입장이다. 다만 그 효과로서 계약내용의 수정을 강조하는 입장과 계약의 해제를 강조하는 입장이 있다.

(2) 판례

1) 해제권

판례는 "매매계약을 맺은 때와 그 잔대금을 지급할 때와의 사이에 장구한 시일이 지나서 그 동안에 화폐가치의 변동이 극심하였던 탓으로 매수인이 애초에 계약할 당시의 금액표시대로 잔대금을 제공한다면 그 동안에 앙등한 매매목적물의 가격에 비하여 그것이 현저하게 균형을 잃은 이행이 되는 경우라 할지라도 민법상 매도인으로 하여금 사정변경의 원리를 내세워서 그 매매계약을 해제할 수 있는 권리는 생기지 않는다(대판 1963.9.12. 63다452)."고 하여 이 원칙을 적용하는데 부정적인 입장이었다. 하지만 최근에는 "이른바 사정변경으로 인한 계약해제는, 계약 성립 당시 당사자가 예견할 수 없었던 현저한 사정의 변경이 발생하였고 그러한 사정의 변경이 해제권을 취득하는 당사자에게 책임 없는 사유로 생긴 것으로서, 계약내용대로의 구속력을 인정한다면 신의칙에 현저히 반하는 결과가 생기는 경우에 계약준수 원칙의 예외로서 인정되는 것이고, 여기에서 말하는 사정이라 함은 계약의 기초가 되었던 객관적인 사정으로서, 일방당사자의 주관적 또는 개인적인 사정을 의미하는 것은 아니다. 또한, 계약의 성립에 기초가 되지 아니한 사정이 그 후 변경되어 일방당사자가 계약 당시 의도한 계약목적을 달성할 수 없게 됨으로써 손해를 입게 되었다 하더라도 특별한 사정이 없는 한 그 계약내용의 효력을 그대로 유지하는 것이 신의칙에 반한다고 볼 수도 없다(대판 2007.3.29. 2004다31302)."고 하여 원칙 자체는 긍정하고 있다. 즉, 계약 성립의 기초가 된 사정이 현저히 변경되고 당사자가 계약의 성립 당시 이를 예견할 수 없었으며, 그로 인하여 계약을 그대로 유지하는 것이 당사자의 이해에 중대한 불균형을 초래하거나 계약을 체결한 목적을 달성할 수 없는 경우에는 계약준수 원칙의 예외로서 사정변경을 이유로 계약을 해제하거나 해지할 수 있다. 여기에서 말하는 사정이란 당사자들에게 계약 성립의 기초가 된 사정을 가리키고, 당사자들이 계약의 기초로 삼지 않은 사정이나 어느 일방당사자가 변경에 따른 불이익이나 위험을 떠안기로 한 사정은 포함되지 않는다. 사정변경에 대한 예견가능성이 있었는지는 추상적·일반적으로 판단할 것이 아니라, 구체적인 사안에서 계약의 유형과 내용, 당사자의 지위, 거래경험과 인식가능성, 사정변경의 위험이 크고 구체적인지 등 여러 사정을 종합적으로 고려하여 개별적으로 판단하여야 한다. 이때 합리적인 사람의 입장에서 볼 때 당사자들이 사정변경을 예견했다면 계약을 체결하지 않거나 다른 내용으로 체결했을 것이라고 기대되는 경우 특별한 사정이 없는 한 예견가능성이 없다고 볼 수 있다. 경제상황 등의 변동으로 당사자에게 손해가 생기더라도 합리적인 사람의 입장에서 사정변경을 예견할 수 있었다면 사정변경을 이유로 계약을 해제하거나 해지할 수 없다. 특히 계속적 계약에서는 계약의 체결 시와 이행 시 사이에 간극이 크기 때문에 당사자들이 예상할 수 없었던 사정변경이 발생할 가능성이 높지만, 이러한 경우에도 계약을 해지하려면 경제상황 등의 변동으로 당사자에게 불이익이 발생했다는 것만으로는 부족하고 위에서 본 요건을 충족하여야 한다(대판 2021.6.30. 2019다276338).

2) 해지권

판례는 계속적 계약관계에 있어서는 사정변경의 원칙을 계속적으로 적용하고 있다. 즉 회사의 임원 또는 직원이 회사의 요구로 회사와 제3자 사이의 계속적 거래로 인한 회사 채무를 보증했지만 그 후 퇴사한 경우라면, 사정변경에 의한 보증계약의 해지가 인정된다(대판 2000.3.10. 99다61750). 하지만 회사의 이사가 채무액과 변제기가 특정되어 있는 회사 채무에 대하여 보증계약을 체결한 경우에는 계속적 보증이나 포괄근보증의 경우와는 달리 이사직 사임이라는 사정변경을 이유로 보증인인 이사가 일방적으로 보증계약을 해지할 수 없다(대판 1999.12.28. 99다25938 ; 대판 2000.3.10. 99다61750). 그리고 임차인은 임대인과 사업을 홍보하기 위한 견본주택을 건축하기 위해 토지를 임차하기로 하는 임대차계약을 체결하였는데, 임차인이 이 토지에 견본주택을 건축할 수 없다는 사실을 알게 되어 사정변경을 이유로 임대차계약을 해지하는 것은 적법하다(대판 2020.12.10. 2020다254846).

3) 토지 소유자의 독점적·배타적 사용·수익권 행사

토지 소유자가 그 소유 토지를 일반 공중 등의 통행로로 무상 제공하거나 그에 대한 통행을 용인하는 등으로 자신의 의사에 부합하는 토지이용상태가 형성되어 그에 대한 독점적·배타적 사용·수익권의 행사가 제한되는 것은 금반언이나 신뢰보호 등 신의성실의 원칙상 기존 이용상태가 유지되는 한 토지 소유자가 이를 수인해야 함에 따른 결과일 뿐이고 그로써 소유권의 본질적 내용인 사용·수익권 자체를 대세적·확정적으로 상실하는 것은 아니다. 또한 토지 소유자의 독점적·배타적 사용·수익권 행사가 제한되는 경우에도 일정한 요건을 갖춘 때에는 신의성실의 원칙으로부터 파생되는 사정변경의 원칙에 따라 소유자가 다시 독점적·배타적 사용·수익권을 행사할 수 있다. 이러한 신의성실의 원칙과 독점적·배타적 사용·수익권 제한 법리의 관련성에 비추어 보면, 독점적·배타적 사용·수익권 행사가 제한되는지를 판단할 때는 토지 소유자의 의사를 비롯하여 다음에 보는 여러 사정을 종합적으로 고찰할 때 토지 소유자나 그 승계인이 권리를 행사하는 것이 금반언이나 신뢰보호 등 신의성실의 원칙상 허용될 수 있는지가 고려되어야 한다(대판 2024.11.14. 2024다251470).

V. 권리남용금지원칙

> 제2조(신의성실) ② 권리는 남용하지 못한다.

1. 의의, 근거

민법 제2조 제2항은 '권리는 남용하지 못한다.'라고 하여 권리남용금지의 원칙을 규정하고 있다. 그 근거에 대하여 ① 신의성실의 원칙으로부터 파생되는 원칙이라고 보는 견해가 일반적이나, ② 신의칙과 권리남용은 적용국면을 달리하는 견해(고상룡)도 있다.

2. 주관적 요건[1]의 요부 – 시카아네(Schikane) 금지의 원칙

(1) 원칙

판례는 "권리행사의 목적이 오직 상대방에게 고통을 주고 손해를 입히려는 데 있을 뿐 행사하는 사람에게 아무런 이익이 없어야 한다(대판 1986.7.22. 85다카2307 외 다수)."라고 하여, 객관적 요건 외에 주관적 요건을 갖출 것을 요구한다. 다만 판례는 "… 주관적 요건은 권리자의 정당한 이익을 결여한 권리행사로 보여지는 객관적인 사정에 의하여 추인할 수 있다"라고 판시한 것이 있다(대판 1993.5.14. 93다4366). 즉 권리의 행사가 주관적으로 오직 상대방에게 고통을 주고 손해를 입히려는 데 있을 뿐 이를 행사하는 사람에게는 이익이 없고 객관적으로 사회질서에 위반된다고 볼 수 있으면, 그 권리의 행사는 권리남용으로서 허용되지 아니하고, 이때 권리의 행사가 상대방에게 고통이나 손해를 주기 위한 것이라는 주관적 요건은 권리자의 정당한 이익을 결여한 권리행사로 보이는 객관적 사정을 모아 추인할 수 있으며, 이와 같이 권리의 행사에 해당하는 외관을 지닌 어떠한 행위가 권리남용이 되는지 여부는 권리남용 제도의 취지 및 그 근간이 되는 동시대 객관적인 사회질서의 토대 아래 개별적·구체적 상황을 종합하여 판단하여야 한다(대판 2023.3.13. 2022다293999). 이에 대하여 학설은 ① 주관적 요건은 필요 없다고 하거나(곽윤직), 권리남용의 성립을 강화하는 부차적인 요건에 불과하다고 보는 견해(김준호)가 일반적이나, ② 극히 예외적인 경우에만 권리남용의 항변은 허용되어야 하므로, 원칙적으로 가해목적이라는 주관적 요건은 필요하다는 견해도 유력하다(지원림).

---

[1] 독일 민법은 "권리의 행사는 타인에게 손해를 가할 목적만을 가진 경우에는 허용되지 아니한다."라고 하여, 권리자의 가해의사 내지 가해목적이라는 주관적 요건을 요구한다. 그러나 우리 민법 제2조는 입법과정에서 독일 민법의 태도를 따르지 않고, 단순히 "권리는 남용하지 못한다."라고 정한 것이다. 따라서 학설은 대체로 주관적 요건은 권리남용의 성립을 강화하는 부차적 요건에 해당한다고 본다. 이에 반해 판례는 주관적 요건을 필요요건으로 보는 것이다.

(2) 예외 - 주관적 요건 불요

1) 상계권 - 대전백화점 사건

부도 직전에 있는 甲에 대하여 채무를 부담하고 있는 乙이 甲의 채권자들로부터 채권을 헐값으로 양도받아, 상계하는 경우에는 일반적인 권리남용의 경우에 요구되는 주관적 요건을 필요로 하지 않는다[1](대판 2003.4.11. 2002다59481).

2) 상표권

상표권 행사의 목적이 오직 상대방에게 고통을 주고 손해를 입히려는 데 있을 뿐 이를 행사하는 사람에게는 아무런 이익이 없어야 한다는 주관적 요건을 반드시 필요로 하는 것은 아니다(대판 2008. 7.24. 2006다40461 · 40478).

3. 판례

(1) 권리남용에 해당하지 않는 경우

1) 송전선의 경우

토지소유자의 송전선 철거청구가 권리남용에 해당하지 않는다[2](대판 1996.5.14. 94다54283).

2) 송전탑의 경우

고압송전탑, 고압송전선 및 전신주 등의 철거요구가 권리남용에 해당하지 않는다. 구 전기사업법 제57조 제1항은 타인의 토지의 공간을 사용하는 전선로 등의 설치에 관한 규정일 뿐, 그 토지의 지상을 사용하는 송전탑을 설치할 수 있는 근거규정이 될 수 없으므로 이 규정에 의하여 토지의 지상을 사용하는 고압송전탑이나 전신주의 부지에 관한 점유 · 사용권을 취득할 여지는 없다(대판 2001.2.23. 2000다65246).

---

1) 일반적으로 당사자 사이에 상계적상이 있는 채권이 병존하고 있는 경우에는 이를 상계할 수 있는 것이 원칙이고, 이러한 상계의 대상이 되는 채권은 상대방과 사이에서 직접 발생한 채권에 한하는 것이 아니라, 제3자로부터 양수 등을 원인으로 하여 취득한 채권도 포함한다 할 것인바, 이러한 상계권자의 지위가 법률상 보호를 받는 것은, 원래 상계제도가 서로 대립하는 채권, 채무를 간이한 방법에 의하여 결제함으로써 양자의 채권채무관계를 원활하고 공평하게 처리함을 목적으로 하고 있고, 상계권을 행사하려고 하는 자에 대하여는 수동채권의 존재가 사실상 자동채권에 대한 담보로서의 기능을 하는 것이어서 그 담보적 기능에 대한 당사자의 합리적 기대가 법적으로 보호받을 만한 가치가 있음에 근거하는 것이므로 당사자가 상계의 대상이 되는 채권이나 채무를 취득하게 된 목적과 경위, 상계권을 행사함에 이른 구체적 · 개별적 사정에 비추어, 그것이 위와 같은 상계 제도의 목적이나 기능을 일탈하고, 법적으로 보호받을 만한 가치가 없는 경우에는, 그 상계권의 행사는 신의칙에 반하거나 상계에 관한 권리를 남용하는 것으로서 허용되지 않는다고 함이 상당하고, 상계권 행사를 제한하는 위와 같은 근거에 비추어 볼 때 일반적인 권리 남용의 경우에 요구되는 주관적 요건을 필요로 하는 것은 아니다.
2) 토지소유자가 토지 상공에 송전선이 설치되어 있는 사정을 알면서 그 토지를 취득한 후 13년이 경과하여 그 "송전선"의 철거를 구한 사안에서, 한국전력공사가 그 토지 상공에 당초에 그 송전선을 설치함에 있어서 적법하게 그 상공의 공간 사용권을 취득하거나 그에 따른 손실을 보상하지 아니하여 그 송전선의 설치는 설치 당시부터 불법 점유라고 볼 수 있으며, 그 설치 후에도 적법한 사용권을 취득하려고 노력하였다거나 그 사용에 대한 손실을 보상한 사실이 전혀 없고, 그 토지가 현재의 지목은 전이나 도시계획상 일반주거지역에 속하고 주변 토지들의 토지이용 상황이 아파트나 빌라 등이 들어서 있는 사실에 비추어 그 토지도 아파트, 빌라 등의 공동주택의 부지로 이용될 가능성이 농후한 점 및 한국전력공사로서는 지금이라도 전기사업법 등의 규정에 따른 적법한 수용이나 사용 절차에 의하여 그 토지 상공의 사용권을 취득할 수 있는 점 등에 비추어, 그렇게 판시하였다.

3) 집합건물의 경우

전기·기계실이 그 성질상 건물 전체의 유지·관리에 중요한 부분임을 고려하면 구분소유자 乙 등의 철거청구가 오직 상대방에게 고통을 주고 손해를 입히려는 데에 그 목적이 있을 뿐 이를 행사하는 구분소유자들에게는 아무런 이익이 없는 경우에 해당한다고 단정하기 어려워, 권리남용에 해당한다고 볼 수 없다[3](대판 2010.2.25. 2008다73809).

4) 매수인의 소유권이전등기청구

매매계약 체결 후 부동산의 시가가 등귀하였고, 매수인이 잔대금 지급기일을 경과한 지금까지 매매대금 중 7분의 6에 해당하는 금원을 지급하지 아니한 채 매매계약 후 19년이 지난 후에 소유권이전등기청구의 소를 제기하였다 하더라도 이러한 사유만으로 그 청구가 신의칙에 반하고 권리남용에 해당한다고 볼 수 없다[대판 1992.6.12. 92다12384·92다912391(반소)].

(2) 권리남용에 해당하는 경우

1) 건물철거 주장

① 건물이 서 있는 토지를 매수하여 그 시가의 7배가 넘는 건물의 철거를 요구하면서 그 인접토지가 격보다 2배 이상 되는 가격에 그 토지를 매수할 것을 요구하는 것은 권리의 남용에 해당한다(대판 1964.11.11. 64다720).

② 계쟁토지의 시가는 12,500원 상당인데 그 지상 공장건물과 기계 및 벽돌담장을 철거이전하려면 230,000여원의 비용이 소요되는 사정이라면 원고의 본건 청구는 권리남용에 해당한다[4](대판 1965.12.21. 65다1910).

③ 이 사건 건물은 민법 제242조 소정의 확보거리 0.5미터를 다 두지 못하고 원고소유 대지로부터 30센티미터를 두고 세워져 있어 동 건물의 각층마다 1.2평씩만이 법정거리 내에 들어 있는바 동 건물이 건물이 건축된 지 수년이 지난 지금 법정거리 안에 있는 건물부분을 철거하는 것은 원고에게는 거의 어떠한 이익도 가져오지 못하고 오히려 사회, 경제적으로 보나 상린관계의 취지에서 보나 이를 철거한다는 것은 적절하지 아니하므로 원고의 위 건물 부분의 철거청구는 권리의 사회성에 비추어 권리남용에 해당한다(대판 1982.9.14. 80다2859).

---

3) 집합건물의 지하 2층 전기·기계실에 사우나 영업을 위해 필요한 시설물을 별도로 설치한 사안에서, 집합건물의 전기·기계실은 구조상 구분소유자 전원의 공용에 제공되는 '공용부분'에 해당하고, 공용부분인 전기·기계실에 사우나 영업을 위해 필요한 시설물을 별도로 설치한 것은 그 시설물 설치장소를 배타적으로 점유·사용하는 것으로 공용부분의 변경 내지 관리에 관한 사항에 해당하므로 건물 구분소유자들의 적법한 집회결의에 의한 동의가 필요하다. 甲 등이 집합건물의 공용부분인 전기·기계실에 시설물을 별도로 설치하여 그 장소를 배타적으로 점유·사용한 데 대하여, 집합건물의 구분소유자 乙 등이 공유물에 대한 보존행위로 배타적 사용의 배제 및 각 시설물의 철거를 구한 사안이다.

4) 원고가 계쟁 대지부분(5평)에 이미 판자로 된 담장이 설치되어 있는 대지 62평을 매수한 이래 수년 동안 이웃 대지에 직조공장을 가지고 있는 피고와의 경계문제에 관하여 아무 이의가 없었고 소음방지를 위한 원고의 요청으로 위 판자울타리를 뜯고 그 자리에 세면벽돌담장을 축조하였으며 기후 원고가 경계측량을 하여 그 소유임을 확인하자 비로소 본소제기에 이르렀고 원고의 위 계쟁대지부분에 대한 매도의사표명이 있어 피고가 시가의 4~5배에 상당하는 금원에 매도할 것을 요구하여도 원고는 그 이상의 가격을 주장할뿐더러 자기대지전부와 그 지상가옥까지를 전부 매수하라고 하면서 위 계쟁대지상의 공정건물을 철거하라는 본소청구를 고집한 사안이다.

④ 한국전력주식회사가 철탑 및 전선의 설치를 위하여 구 전기사업법 제12조에 따른 손실보상조로 용지사용료를 지급하고 소유자 또는 점유자의 토지사용승낙을 얻어 철탑의 부지 및 전선이 지나가는 상공의 점유사용에 대한 정당한 권원을 취득하였다고 할 것이고, 그 권리를 등기하지 아니하였다면 이것을 물권이라고 할 수는 없으나 그 용지사용료는 특별한 사정이 없는 한 철탑 및 전선의 존치 시까지의 토지사용의 대가(보상)라고 볼 것이므로 철탑 준공당시의 소유자로서는 그와 같은 절차를 거쳐 건조된 철탑 및 전선의 사용수익범위 안에서는 그 토지소유권이 제한되는 것이고, 그 후 철탑 및 전선이 설치되어 있는 사정을 알고 그 토지를 매수한 사람은 철탑 및 전선의 점유부분에 관하여 이미 사용수익권이 제한된 소유권을 취득함으로써 한전의 사용, 수익을 용인하여야 할 의무를 그대로 승계한 것이므로 다시(중복하여) 손실보상, 나아가 부당이득반환이나 손해배상을 청구할 수 없다(대판 1989.5.9. 88다카9418).

⑤ 한국전력공사가 정당한 권원에 의하여 토지를 수용하고 그 지상에 "변전소"를 건설하였으나 토지 소유자에게 그 수용에 따른 손실보상금을 공탁함에 있어서 착오로 부적법한 공탁이 되어 수용재결이 실효됨으로써 결과적으로 그 토지에 대한 점유권원을 상실하게 된 경우, 토지소유자가 그 변전소의 철거와 토지의 인도를 청구하는 것은 토지 소유자에게는 별다른 이익이 없는 반면 한국전력공사에게는 그 피해가 극심하여 이러한 권리행사는 주관적으로는 그 목적이 오직 상대방에게 고통을 주고 손해를 입히려는 데 있고, 객관적으로는 사회질서에 위반된 것이어서 권리남용에 해당한다[1](대판 1999.9.7. 99다27613).

2) 인륜에 반하는 행위

외국에 이민을 가 있어 주택에 입주하지 않으면 안될 급박한 사정이 없는 딸이 고령과 지병으로 고통을 겪고 있는 상태에서 달리 마땅한 거처도 없는 아버지와 그를 부양하면서 동거하고 있는 남동생을 상대로 자기 소유 주택의 명도 및 퇴거를 청구하는 행위가 인륜에 반하는 행위로서 권리남용에 해당한다(대판 1998.6.12. 96다52670).

3) 유치권 부존재 주장

공매절차에서 점유자의 유치권 신고 사실을 알고 부동산을 매수한 자가 그 점유를 침탈하여 유치권을 소멸시키고 나아가 고의적인 점유이전으로 유치권자의 확정판결에 기한 점유회복조차 곤란하게 하였음에도 유치권자가 현재까지 점유회복을 하지 못한 사실을 내세워 유치권자를 상대로 적극적으로 유치권부존재확인을 구하는 것은, 자신의 불법행위로 초래된 상황을 자기의 이익으로 원용하면서 피해자에 대하여는 불법행위로 인한 권리침해의 결과를 수용할 것을 요구하고, 나아가 법원으로부터는 위와 같은 불법적 권리침해의 결과를 승인받으려는 것으로서, 이는 명백히 정의 관념에 반하여 사회생활상 도저히 용인될 수 없는 것으로 권리남용에 해당하여 허용되지 않는다(대판 2010.4.15. 2009다96953).

---

1) 그 변전소가 철거되면 61,750가구에 대하여 전력공급이 불가능하고, 그 변전소 인근은 이미 개발이 완료되어 더 이상 변전소 부지를 확보하기가 어려울 뿐만 아니라 설령 그 부지를 확보한다고 하더라도 변전소를 신축하는 데는 상당한 기간이 소요되며, 그 토지의 시가는 약 6억 원인데 비하여 위 변전소를 철거하고 같은 규모의 변전소를 신축하는 데에는 약 164억 원이 소요될 것으로 추산되며, 그 토지 소유자는 그 토지가 자연녹지지역에 속하고 개발제한구역 내에 위치하고 있어서 토지를 인도받더라도 도시계획법상 이를 더 이상 개발·이용하기가 어려운데도 그 토지 또는 그 토지를 포함한 그들 소유의 임야 전부를 시가의 120%에 상당하는 금액으로 매수하겠다는 한국전력공사의 제의를 거절하고 그 변전소의 철거와 토지의 인도만을 요구하고 있던 사안이다.

4) 국가의 소멸시효완성 주장

① 채무자의 소멸시효에 기한 항변권 행사도 우리 민법의 대원칙인 신의성실원칙과 권리남용금지원칙의 지배를 받는 것이어서, 채무자가 시효완성 전에 채권자의 권리행사나 시효중단을 불가능 또는 현저히 곤란하게 하였거나, 그러한 조치가 불필요하다고 믿게 하는 행동을 하였거나, 객관적으로 채권자가 권리를 행사할 수 없는 장애사유가 있었거나 또는 일단 시효완성 후에 채무자가 시효를 원용하지 아니할 것 같은 태도를 보여 권리자로 하여금 그와 같이 신뢰하게 하였거나, 채권자보호의 필요성이 크고, 같은 조건의 다른 채권자가 채무변제를 수령하는 등의 사정이 있어 채무이행 거절을 인정함이 현저히 부당하거나 불공평하게 되는 등 특별한 사정이 있는 경우에는 채무자가 소멸시효 완성을 주장하는 것이 신의성실원칙에 반하여 권리남용으로서 허용될 수 없다(대판 2008.11.27. 2006다18129)2).

② 국가에게 국민을 보호할 의무가 있다는 사유만으로 국가가 소멸시효의 완성을 주장하는 것 자체가 신의성실의 원칙에 반하여 권리남용에 해당한다고 할 수는 없으므로, 국가의 소멸시효 완성 주장이 신의칙에 반하고 권리남용에 해당한다고 하려면 일반 채무자의 소멸시효 완성 주장에서와 같은 특별사정이 인정되어야 한다(대판 2010.9.9. 2008다15865).

③ 수사과정에서 불법구금이나 고문을 당한 사람이 그에 이은 공판절차에서 유죄 확정판결을 받고 수사관들을 직권남용, 감금 등 혐의로 고소하였으나 검찰에서 '혐의 없음' 결정까지 받았다가 나중에 재심절차에서 범죄의 증명이 없는 때에 해당한다는 이유로 형사소송법 제325조 후단에 따라 무죄판결을 선고받은 경우, 이러한 무죄판결이 확정될 때까지는 국가를 상대로 불법구금이나 고문을 원인으로 한 손해배상청구를 할 것을 기대할 수 없는 장애사유가 있었다고 보아야 한다. 이처럼 불법구금이나 고문을 당하고 공판절차에서 유죄 확정판결을 받았으며 수사관들을 직권남용, 감금 등 혐의로 고소하였으나 '혐의 없음' 결정까지 받은 경우에는 재심절차에서 무죄판결이 확정될 때까지 국가배상책임을 청구할 것을 기대하기 어렵고, 채무자인 국가가 그 원인을 제공하였다고 볼 수 있기 때문이다3)(대판 2019.1.31. 2016다258148).

---

2) 그리고 채무자가 소멸시효의 이익을 원용하지 않을 것 같은 신뢰를 부여한 경우에도 채권자는 그러한 사정이 있는 때로부터 상당한 기간 내에 권리를 행사하여야만 채무자의 소멸시효의 항변을 저지할 수 있는데, 여기에서 '상당한 기간' 내에 권리행사가 있었는지는 채권자와 채무자 사이의 관계, 신뢰를 부여하게 된 채무자의 행위 등의 내용과 동기 및 경위, 채무자가 그 행위 등에 의하여 달성하려고 한 목적과 진정한 의도, 채권자의 권리행사가 지연될 수밖에 없었던 특별한 사정이 있었는지 여부 등을 종합적으로 고려하여 판단할 것이다. 다만 신의성실의 원칙을 들어 시효 완성의 효력을 부정하는 것은 법적 안정성의 달성, 입증곤란의 구제, 권리행사의 태만에 대한 제재를 이념으로 삼고 있는 소멸시효 제도에 대한 대단히 예외적인 제한에 그쳐야 할 것이므로, 위 권리행사의 '상당한 기간'은 특별한 사정이 없는 한 민법상 시효정지의 경우에 준하여 단기간으로 제한되어야 한다. 그러므로 개별 사건에서 매우 특수한 사정이 있어 그 기간을 연장하여 인정하는 것이 부득이한 경우에도 불법행위로 인한 손해배상청구의 경우 그 기간은 아무리 길어도 민법 제766조 제1항이 규정한 단기소멸시효기간인 3년을 넘을 수는 없다고 보아야 한다(대판 2013.5.16. 2012다202819 전합).

3) 원심은 '수사과정에서 한 위법행위가 없었더라면 원고 1이 재심대상사건에서 형사소송법 제325조 후단에 따라 무죄판결을 선고받았을 고도의 개연성이 있었다고 볼 수 없다.'는 등의 이유로, 재심대상사건에서 무죄판결이 확정되기 전까지 원고들이 권리행사를 할 수 없는 장애가 있었다고 보기는 어렵다고 보아 피고의 소멸시효 완성 주장을 받아들였다. 이러한 원심의 판단에는 소멸시효 항변에 관한 법리를 오해하여 판결에 영향을 미친 잘못이 있다. 이를 지적하는 상고이유 주장은 정당하다.

5) 착오송금된 경우 은행의 상계 주장

① 예금거래기본약관에 따라 송금의뢰인이 수취인의 예금계좌에 자금이체를 하여 예금원장에 입금의 기록이 된 때에는 특별한 사정이 없는 한 송금의뢰인과 수취인 사이에 자금이체의 원인인 법률관계가 존재하는지 여부에 관계없이 수취인과 수취은행 사이에는 위 입금액 상당의 예금계약이 성립하고, 수취인이 수취은행에 대하여 위 입금액 상당의 예금채권을 취득한다. 그리고 수취은행은 원칙적으로 수취인의 계좌에 입금된 금원이 송금의뢰인의 착오로 자금이체의 원인관계 없이 입금된 것인지 여부에 관하여 "조사할 의무가 없으며", 수취은행이 수취인에 대한 대출채권 등을 자동채권으로 하여 수취인의 계좌에 입금된 금원 상당의 예금채권과 상계하는 것은 신의칙 위반이나 권리남용에 해당한다는 등의 특별한 사정이 없는 한 유효하다.

② 송금의뢰인이 착오송금임을 이유로 거래은행을 통하여 혹은 수취은행에 직접 송금액의 반환을 요청하고 수취인도 송금의뢰인의 착오송금에 의하여 수취인의 계좌에 금원이 입금된 사실을 인정하고 수취은행에 그 반환을 승낙하고 있는 경우, 수취은행이 수취인에 대한 대출채권 등을 자동채권으로 하여 수취인의 계좌에 착오로 입금된 금원 상당의 예금채권과 상계하는 것은, 수취은행이 선의인 상태에서 수취인의 예금채권을 담보로 대출을 하여 그 자동채권을 취득한 것이라거나 그 예금채권이 이미 제3자에 의하여 압류되었다는 등의 특별한 사정이 없는 한, 공공성을 지닌 자금이체시스템의 운영자가 그 이용자인 송금의뢰인의 실수를 기화로 그의 희생하에 당초 기대하지 않았던 채권회수의 이익을 취하는 행위로서 상계제도의 목적이나 기능을 일탈하고 법적으로 보호받을 만한 가치가 없으므로, 송금의뢰인에 대한 관계에서 신의칙에 반하거나 상계에 관한 권리를 남용하는 것이다(대판 2010.5.27. 2007다66088).

6) 우수관 철거 주장 - 소유자가 그 토지에 대한 독점적·배타적인 사용·수익권을 포기한 경우

소유자가 토지를 소유하게 된 경위와 보유기간, 소유자가 토지를 공공의 사용에 제공한 경위와 그 규모, 토지의 제공에 따른 소유자의 이익 또는 편익의 유무, 해당 토지 부분의 위치나 형태, 인근의 다른 토지들과의 관계, 주위 환경 등 여러 사정을 종합적으로 고찰하고, 토지 소유자의 소유권 보장과 공공의 이익 사이의 비교형량을 한 결과, 소유자가 그 토지에 대한 독점적·배타적인 사용·수익권을 포기한 것으로 볼 수 있다면, 타인[사인(私人)뿐만 아니라 국가, 지방자치단체도 이에 해당할 수 있다, 이하 같다]이 그 토지를 점유·사용하고 있다 하더라도 특별한 사정이 없는 한 그로 인해 토지 소유자에게 어떤 손해가 생긴다고 볼 수 없으므로, 토지 소유자는 그 타인을 상대로 부당이득반환을 청구할 수 없고, 토지의 인도 등을 구할 수도 없다. 다만, 소유권의 핵심적 권능에 속하는 사용·수익 권능의 대세적·영구적인 포기는 물권법정주의에 반하여 허용할 수 없으므로, 일반 공중의 무상 이용이라는 토지이용현황과 양립 또는 병존하기 어려운 토지 소유자의 독점적이고 배타적인 사용·수익만이 제한될 뿐이고, 토지 소유자는 일반 공중의 통행 등 이용을 방해하지 않는 범위 내에서는 그 토지를 처분하거나 사용·수익할 권능을 상실하지 않는다[1])(대판 2019.1.24. 2016다264556 전합).

---

1) ⇨ 토지 소유자인 원고가 그 토지에 매설된 우수관의 관리 주체인 피고(지방자치단체)를 상대로 우수관 철거와 함께 그 부분 토지 사용에 따른 차임 상당의 부당이득반환을 구하는 사안에서, 우수관 설치 당시 원고의 아버지가 자신이 소유하던 토지와 그 지상 단독주택의 편익을 위하여 자발적으로 우수관을 설치하도록 한 것으로 볼 수 있고, 독점적이고 배타적인 사용·수익권의 행사를 제한하는 것을 정당화할 정도로 분명하고 확실한 공공의 이익 또한 인정된다고 보아, 위와 같은 전제에서 원고의 청구를 기각한 원심판결에 대한 상고를 기각한 사례

7) 도로의 소유자가 도로를 점유·관리하는 지방자치단체를 상대로 철거를 구한 경우

권리의 행사가 주관적으로 오직 상대방에게 고통을 주고 손해를 입히려는 데 있을 뿐 이를 행사하는 사람에게는 이익이 없고, 객관적으로 사회질서에 위반된다고 볼 수 있으면, 그 권리의 행사는 권리남용으로서 허용되지 아니하고, 이때 권리의 행사가 상대방에게 고통이나 손해를 주기 위한 것이라는 주관적 요건은 권리자의 정당한 이익을 결여한 권리행사로 보이는 객관적인 사정들을 모아서 추인할 수 있으며, 이와 같이 권리의 행사에 해당하는 외관을 지닌 어떠한 행위가 권리남용이 되는가의 여부는 권리남용 제도의 취지 및 그 근간이 되는 동시대 객관적인 사회질서의 토대하에서 개별적이고 구체적인 상황을 종합하여 판단하여야 한다(대판 2012.6.14. 2012다20819 등 참조). 어떤 토지가 그 개설경위를 불문하고 일반 공중의 통행에 공용되는 도로, 즉 공로가 되면 그 부지의 소유권 행사는 제약을 받게 되며, 이는 소유자가 수인하여야만 하는 재산권의 사회적 제약에 해당한다. 따라서 공로 부지의 소유자가 이를 점유·관리하는 지방자치단체를 상대로 공로로 제공된 도로의 철거, 점유 이전 또는 통행금지를 청구하는 것은 법질서상 원칙적으로 허용될 수 없는 '권리남용'이라고 보아야 한다(대판 2021.3.11. 2020다229239, 대판 2021.10.14. 2021다242154 등 참조). 그 경우 특별한 사정이 없는 한 그 도로 지하 부분에 매설된 시설에 대한 철거 등 청구도 '권리남용'이라고 봄이 상당하다(대판 2023.9.14. 2023다214108).

4. 효과

권리의 행사가 권리남용으로 되면 권리 본래의 효과가 발생하지 않는다. 다만 소유자의 건물철거청구가 권리남용에 해당하여 철거청구(제214조) 자체는 인용되지 않더라도, 소유자의 소유권 자체가 부정되는 것이 아니고 침해자의 불법점유가 적법한 권원에 기한 것으로 전환되지도 않으므로, 소유자는 침해자에 대하여 부당이득반환청구를 할 수 있고(제741조), 권리남용으로 인하여 상대방에게 손해가 발생하였다면 불법행위가 성립할 수 있다(제750조).

VI. 법인격부인의 법리

1. 의의

'법인격 부인론'이라 함은 회사의 독립된 법인격 그 자체는 인정하면서 특정한 법률관계에 한하여 회사의 법인격을 무시하고 그 배후에 있는 실체를 포착하여 구체적으로 타당한 해결을 꾀하려는 이론이다. 법인격 부인론은 종래 학설에 의하여 지지되어 오다가 최근 판례에 의하여 확고하게 인정되고 있다(송옥렬). 그리고 이의 근거에 대하여 ① 신의칙 또는 권리남용금지의 원칙에서 근거를 찾는 신이치설이 다수의 견해이나, ② 회사의 법인격을 그 목적에 반하여 악용하는 경우에는 법인격을 부인하는 것이 당연하다는 내재적 한계설도 있다(정찬형).

2. 판례

(1) 소송법적 측면

판례는 구회사에 대한 승소확정판결의 효력이 새로 설립된 신회사에게 미치는가가 문제된 사안에서 "권리관계의 공권적인 확정 및 그 신속, 확실한 실현을 도모하기 위하여 절차의 명확·안정을 중시하는 소송절차 및 강제집행절차에 있어서는 그 절차의 성격상 구회사에 대한 판결의 기판력 및 집행력의 범위를 신회사에까지 확장하는 것은 허용되지 아니한다고 할 것이다(대결 1995.5.12. 93다44531)."라고 판시하였다.

(2) 실체법적 측면

1) 적용요건

① 회사가 외형적으로는 법인의 형식을 갖추고 있으나 법인의 형태를 빌리고 있는데 지나지 않고, ② 실질적으로는 그 배후인 타인의 개인기업에 불과한 경우 그 배후인에 대하여도 회사의 행위책임을 추궁하는 것이 가능하다(대판 2008.9.11. 2007다90982).

2) 신설회사를 설립한 경우

기존회사가 채무를 면탈할 목적으로 기업의 형태·내용이 실질적으로 동일한 신설회사를 설립하였다면, 신설회사 설립은 기존회사의 채무면탈이라는 위법한 목적달성을 위하여 회사제도를 남용한 것이므로, 기존회사의 채권자에게 위 두 회사가 별개의 법인격을 갖고 있음을 주장하는 것은 신의성실원칙상 허용될 수 없다 할 것이어서 기존회사의 채권자는 위 두 회사 어느 쪽에 대하여서도 채무이행을 청구할 수 있고, 이와 같은 법리는 어느 회사가 채무를 면탈할 목적으로 기업의 형태·내용이 실질적으로 동일한 이미 설립되어 있는 다른 회사를 이용한 경우에도 적용된다. 기존회사의 채무를 면탈할 의도로 다른 회사 법인격을 이용하였는지는 기존회사의 폐업 당시 경영상태나 자산상황, 기존회사에서 다른 회사로 유용된 자산의 유무와 정도, 기존회사에서 다른 회사로 이전된 자산이 있는 경우 정당한 대가가 지급되었는지 등 제반 사정을 종합적으로 고려하여 판단하여야 한다(대판 2011.5.13. 2010다94472; 대판 2019.12.13. 2017다271643). 나아가 기존회사에 대한 소멸시효가 완성되지 않은 상태에서 신설회사가 기존회사와 별도로 자신에 대하여 소멸시효가 완성되었다고 주장하는 것 역시 별개의 법인격을 갖고 있음을 전제로 하는 것이어서 신의성실의 원칙상 허용될 수 없다(대판 2024.3.28. 2023다265700).

3) 역적용의 경우

회사와 개인이 별개의 인격체임을 내세워 회사 설립 전 개인의 채무 부담행위에 대한 회사의 책임을 부인하는 것이 심히 정의와 형평에 반한다고 인정되는 때에는 회사에 대하여 회사 설립 전에 개인이 부담한 채무의 이행을 청구하는 것도 가능하다고 보아야 한다. 위와 같이 개인의 채무 부담행위에 대한 회사의 책임을 부인하는 것이 심히 정의와 형평에 반한다고 인정되어 회사에 대하여 개인이 부담한 채무의 이행을 청구하는 법리는 채무면탈을 목적으로 회사가 새로 설립된 경우뿐 아니라 같은 목적으로 기존 회사의 법인격이 이용되는 경우에도 적용된다(대판 2023.2.2. 2022다276703).

제2장 권리의 주체

제1절 자연인

제1관 자연인의 권리능력

Ⅰ. 민법 제3조

> 제3조(권리능력의 존속기간) 사람은 생존한 동안 권리와 의무의 주체가 된다.

권리능력이란 권리와 의무의 주체가 될 수 있는 능력을 의미한다.

Ⅱ. 권리능력의 시기

1. 출생

(1) 출생시기

전부노출설은 태아가 모체로부터 전부노출한 때에 출생한 것으로 보아, 그 때 권리능력을 취득한 것으로 보는 견해이다.

(2) 출생의 증명

출생은 가족관계의 등록 등에 관한 법률에서 정한 바에 따라 1개월 이내에 신고하여야 하고(동법 제44조), 이를 위반하면 5만 원 이하의 과태료를 부과한다(동법 제122조). 출생신고는 보고적 신고이므로, 신고에 의하여 권리능력을 취득하는 것은 아니다. 즉 신고가 없어도 자연인은 출생과 동시에 권리능력을 취득하는 것이다.

2. 태아의 권리능력

(1) 입법주의

1) 입법례

① 태아의 이익이 문제되는 경우에는 모두 출생하는 것으로 보는 일반적 보호주의(스위스 민법), ② 중요한 법률관계를 개별적으로 규정하여 그에 대해서만 출생한 것으로 보는 개별적 보호주의(독일민법, 프랑스민법, 일본민법)가 있다.

2) 민법의 태도

민법은 태아의 권리능력을 총칙편에서 일반적으로 정하는 것보다는 개별적으로 규정하는 것이 그 적용의 범위를 명료하게 하는 장점이 있다는 이유에서 개별적 보호주의를 채택하고 있다.

3) 유추적용 여부

개별적 보호주의는 태아의 보호에 충분지 못하다는 단점이 있으므로, 태아에 관한 민법상의 개별규정을 원칙규정으로 보고 다른 경우에 이를 유추적용하는 견해(곽윤직)가 있다. 그러나 다수설·판례는 민법의 규정은 예외적·열거적 규정이므로 유추적용에 반대한다. 예외규정은 좁게 해석해야 하기 때문이다. 따라서 태아에게 인지청구권(제863조)을 인정할 수 없고, 생전증여능력을 인정할 수 없다. 사인증여에 관하여 태아의 권리능력이 인정되지 않는다는 판례는 보이지 않지만, 증여에 있어 수증능력이 없다는 판례는 있다(대판 1982.2.9. 81다534).

(2) 민법 규정

1) 불법행위

① 불법행위에 기한 손해배상청구권(제762조)

> **제762조(손해배상청구권에 있어서의 태아의 지위)** 태아는 손해배상의 청구권에 관하여는 이미 출생한 것으로 본다.

② 직계존속의 생명침해에 대한 위자료청구권(제752조)

> **제752조(생명침해로 인한 위자료)** 타인의 생명을 해한 자는 피해자의 직계존속, 직계비속 및 배우자에 대하여는 재산상의 손해 없는 경우에도 손해배상의 책임이 있다.

③ 모체에 대한 위법한 약물투여로 인하여 기형으로 된 경우처럼 태아 자신이 입은 불법행위에 대한 손해배상청구권(제750조)

2) 상속

상속순위(제1000조 제3항), 대습상속(제1001조)

> **제1000조(상속의 순위)** ① 상속에 있어서는 다음 순위로 상속인이 된다. <개정 1990.1.13>
>   1. 피상속인의 직계비속
>   2. 피상속인의 직계존속
>   3. 피상속인의 형제자매
>   4. 피상속인의 4촌 이내의 방계혈족
> ② 전항의 경우에 동순위의 상속인이 수인인 때에는 최근친을 선순위로 하고 동친등의 상속인이 수인인 때에는 공동상속인이 된다.
> ③ 태아는 상속순위에 관하여는 이미 출생한 것으로 본다. <개정 1990.1.13>
>
> **제1001조(대습상속)** 전조 제1항 제1호와 제3호의 규정에 의하여 상속인이 될 직계비속 또는 형제자매가 상속개시전에 사망하거나 결격자가 된 경우에 그 직계비속이 있는 때에는 그 직계비속이 사망하거나 결격된 자의 순위에 갈음하여 상속인이 된다.

제1003조(배우자의 상속순위) ① 피상속인의 배우자는 제1000조 제1항 제1호와 제2호의 규정에 의한 상속인이 있는 경우에는 그 상속인과 동순위로 공동상속인이 되고 그 상속인이 없는 때에는 단독상속인이 된다. <개정 1990.1.13.>
② 제1001조의 경우에 상속개시전에 사망 또는 결격된 자의 배우자는 동조의 규정에 의한 상속인과 동순위로 공동상속인이 되고 그 상속인이 없는 때에는 단독상속인이 된다. <개정 1990.1.13.> [제목개정 1990.1.13]

제1004조의2(상속권 상실 선고) ① 피상속인은 상속인이 될 사람이 피상속인의 직계존속으로서 다음 각 호의 어느 하나에 해당하는 경우에는 제1068조에 따른 공정증서에 의한 유언으로 상속권 상실의 의사를 표시할 수 있다. 이 경우 <u>유언집행자는 가정법원에 그 사람의 상속권 상실을 청구하여야 한다.</u>
1. 피상속인에 대한 부양의무(미성년자에 대한 부양의무로 한정한다)를 중대하게 위반한 경우
2. 피상속인 또는 그 배우자나 피상속인의 직계비속에게 중대한 범죄행위(제1004조의 경우는 제외한다)를 하거나 그 밖에 심히 부당한 대우를 한 경우
② 제1항의 유언에 따라 상속권 상실의 대상이 될 사람은 유언집행자가 되지 못한다.
③ 제1항에 따른 유언이 없었던 경우 공동상속인은 피상속인의 직계존속으로서 다음 각 호의 사유가 있는 사람이 상속인이 되었음을 안 날부터 6개월 이내에 가정법원에 그 사람의 상속권 상실을 청구할 수 있다.
1. 피상속인에 대한 부양의무(미성년자에 대한 부양의무로 한정한다)를 중대하게 위반한 경우
2. 피상속인에게 중대한 범죄행위(제1004조의 경우는 제외한다)를 하거나 그 밖에 심히 부당한 대우를 한 경우
④ 제3항의 청구를 할 수 있는 공동상속인이 없거나 모든 공동상속인에게 제3항 각 호의 사유가 있는 경우에는 상속권 상실 선고의 확정에 의하여 상속인이 될 사람이 이를 청구할 수 있다.
⑤ 가정법원은 상속권 상실을 청구하는 원인이 된 사유의 경위와 정도, 상속인과 피상속인의 관계, 상속재산의 규모와 형성 과정 및 그 밖의 사정을 종합적으로 고려하여 제1항, 제3항 또는 제4항에 따른 청구를 인용하거나 기각할 수 있다.
⑥ 상속개시 후에 상속권 상실의 선고가 확정된 경우 그 선고를 받은 사람은 상속이 개시된 때에 소급하여 상속권을 상실한다. 다만, 이로써 해당 선고가 확정되기 전에 취득한 제3자의 권리를 해치지 못한다.
⑦ 가정법원은 제1항, 제3항 또는 제4항에 따른 상속권 상실의 청구를 받은 경우 이해관계인 또는 검사의 청구에 따라 상속재산관리인을 선임하거나 그 밖에 상속재산의 보존 및 관리에 필요한 처분을 명할 수 있다.
⑧ 가정법원이 제7항에 따라 상속재산관리인을 선임한 경우 상속재산관리인의 직무, 권한, 담보제공 및 보수 등에 관하여는 제24조부터 제26조까지를 준용한다.

> **참조판례**
>
> 상속에 관한 입법례와 민법의 입법 연혁, 민법 조문의 문언 및 체계적·논리적 해석, 채무상속에서 상속포기자의 의사, 실무상 문제 등을 종합하여 보면, 피상속인의 배우자와 자녀 중 자녀 전부가 상속을 포기한 경우에는 배우자가 단독상속인이 된다고 봄이 타당하다 (대판 2023.3.23. 2020그42 전합).

3) 유증, 유류분권

유증(제1064조, 제1000조 제3항), 유류분권(제1112조)

> **제1064조(유언과 태아, 상속결격자)** 제1000조 제3항, 제1004조의 규정은 수증자에 준용한다. <개정 1990.1.13>
>
> **제1112조(유류분의 권리자와 유류분)** 상속인의 유류분은 다음 각호에 의한다.
> 1. 피상속인의 직계비속은 그 법정상속분의 2분의 1
> 2. 피상속인의 배우자는 그 법정상속분의 2분의 1
> 3. 피상속인의 직계존속은 그 법정상속분의 3분의 1
> 4. 삭제 [헌법불합치, 2020헌가4, 2024.4.25, 민법(1977.12.31. 법률 제3051호로 개정된 것) 제1112조 제1호부터 제3호 및 제1118조는 모두 헌법에 합치되지 아니한다. 위 조항들은 2025.12.31.을 시한으로 입법자가 개정할 때까지 계속 적용된다.]

4) 인지(제858조)

> **제858조(포태 중인 자의 인지)** 부는 포태 중에 있는 자에 대하여도 이를 인지할 수 있다.

부모가 태아를 인지할 수 있어 태아는 인지의 대상이 되나, 태아가 父에 대해서 인지청구를 할 수는 없다.

5) 사인증여(제562조)의 경우

명문의 규정이 없으므로, 권리능력을 부정하는 것이 옳다(정지조건설).

6) 상해보험의 경우

상해보험계약을 체결할 때 약관 또는 보험자와 보험계약자의 개별 약정으로 태아를 상해보험의 피보험자로 할 수 있다[1](대판 2019.3.28. 2016다211224).

---

1) 상해보험계약을 체결할 때 약관 또는 보험자와 보험계약자의 개별 약정으로 태아를 상해보험의 피보험자로 할 수 있다. 그 이유는 다음과 같다. 상해보험은 피보험자가 보험기간 중에 급격하고 우연한 외래의 사고로 인하여 신체에 손상을 입는 것을 보험사고로 하는 인보험이므로, 피보험자는 신체를 가진 사람(인)임을 전제로 한다(상법 제737조). 그러나 상법상 상해보험계약 체결에서 태아의 피보험자 적격이 명시적으로 금지되어 있지 않다. 인보험인 상해보험에서 피보험자는 '보험사고의 객체'에 해당하여 그 신체가 보험의 목적이 되는 자로서 보호받아야 할 대상을 의미한다. 헌법상 생명권의 주체가 되는 태아의 형성 중인 신체도 그 자체로 보호해야 할 법익이 존재하고 보호의 필요성도 본질적으로 사람과 다르지 않다는 점에서 보험보호의 대상이 될 수 있다. 이처럼 약관이나 개별 약정으로 출생 전 상태인 태아의 신체에 대한 상해를 보험의 담보범위에 포함하는 것이 보험제도의 목적과 취지에 부합하고 보험계약자나 피보험자에게 불리하지 않으므로 상법 제663조에 반하지 아니하고 민법 제103조의 공서양속에도 반하지 않는다. 따라서 계약자유의 원칙상 태아를 피보험자로 하는 상해보험계약은 유효하고, 그 보험계약이 정한 바에 따라 보험기간이 개시된 이상 출생 전이라도 태아가 보험계약에서 정한 우연한 사고로 상해를 입었다면 이는 보험기간 중에 발생한 보험사고에 해당한다.

3. "이미 출생한 것으로 본다."의 의미

(1) 정지조건설(인격소급설): 판례

태아가 살아서 출생한 경우 그의 권리능력취득의 효과가 문제의 사건발생시기까지 소급한다는 것으로서, 태아에 권리능력이 없으므로 법정대리인을 둘 수 없고 상속재산의 보존·관리가 불가능한 단점이 있으나, 태아사산 시 타인에게 불측의 손해가 없다는 것이 장점이다. 정지조건설에 의하면 사인증여에 있어서의 수증능력, 생전증여계약상의 수증능력은 부정된다. 판례는 "민법 제762조의 취지는 태아가 살아서 출생한 때에 출생시기가 문제의 사건의 시기까지 소급하여 그때에 태아가 출생한 것과 같이 법률상 보아준다고 해석함이 상당하므로 그가 모체와 같이 사망하여 출생의 기회를 못 가졌다면 손해배상청구권을 논할 여지가 없다(대판 1976.9.14. 76다1365)."고 하여 정지조건설을 따른다.

(2) 해제조건설(제한적 인격설)

다수설의 입장으로서 태아일 때라도 제한적 권리능력을 가지며, 사산한 경우 권리능력 취득효과가 소급하여 소멸한다. 태아는 법정대리인을 둘 수 있으므로 태아의 보호에 장점은 있으나, 사산인 경우 타인에게 불측의 손해를 입힌다는 단점이 있다.

Ⅲ. 권리능력의 범위: 외국인의 권리능력

1. 권리능력의 평등

사람은 생존한 동안 성별, 연령, 직업, 계급 등을 묻지 않고 평등하게 권리능력을 갖는 것이 원칙이다.

2. 예외

(1) 권리의 성질

권리 성질상 특정인만이 권리를 가지는 경우가 있는데, 자(子)에 대한 친생부인권을 부부일방만이 가지는 것(제846조)이 그 예이다.

(2) 외국인의 권리능력

1) 평등주의

외국인은 국제법과 조약이 정하는 바에 의하여 그 지위가 보장된다(헌법 제6조 제2항). 이는 외국인에 대하여 원칙적으로 내국인과 같은 권리능력을 인정하는 평등주의를 선언한 것으로 볼 수 있다.

2) 권리능력의 제한

① 문제점

권리능력 제한 규정은 민법에는 없고, 모두 특별법에서 규정하고 있다.

② 상호주의

이는 외국인의 권리능력을 그의 본국이 자국민에게 인정하는 것과 같은 정도로 인정하는 것을 말한다. 특히 ㉠ 외국인이 대한민국 내에 일반토지를 취득하는 계약을 체결한 경우에는 계약체결일로부터 60일 이내에 시장 등에게 신고하여야 한다(외국인토지법 제4조 제1항). 하지만 대한민국 국민 또는 대한민국 법인에 대하여 자국 내의 토지의 취득 또는 양도를 금지하거나 제한하는 국가의 개인 또는 법인 등에 대하여는, 대통령령이 정하는 바에 따라 대한민국 내의 토지의 취득 또는 양도를 금지하거나 제한할 수 있다고 하여, 상호주의에 의한 제한을 가하고 있다(동법 제3조). ㉡ 특허권·실용신안권·디자인권·상표권·저작권 등의 지식재산권의 취득(특허법 제25조, 실용신안법 제3조, 디자인보호법 제4조, 상표법 제5조, 저작권법 제3조), 국가배상청구(국가배상법 제7조) 등도 상호주의를 취한다.

③ 자치단체장 허가

외국인이 어업권을 취득할 때에는 관할 시장 등의 면허나 허가를 받아야 한다(수산업법 제5조). 그리고 광업권은 외국인이 취득할 수 있는 것으로 변경되었다(광업법 제6조 삭제).

3) 내국인이 외국인이 된 경우

① 대한민국 국적을 상실한 자는 국적을 상실한 때부터 대한민국의 국민만이 가질 수 있는 권리를 가질 수 없다(국적법 제18조 제1항).

② 그 권리 중 대한민국의 국민이었을 때 취득한 것으로서 양도 가능한 것은 3년 내에 대한민국의 국민에게 양도하여야 한다(국적법 제18조 제2항).

③ 토지를 가지고 있던 대한민국의 국민이 외국인이 된 경우 그가 당해 토지를 계속 보유하고자 하는 때에는 외국인으로 변경된 날부터 6개월 이내에 시장·군수·구청장에게 신고하면 된다(외국인토지법 제6조).

Ⅳ. 권리능력의 종기

1. 사망의 시기

통설은 자연인의 호흡과 심장이 영구적으로 정지한 때 사망한 것으로 본다(맥박종지설, 심장정지설).

2. 뇌사의 경우

(1) 통설은 뇌사를 사망이 아니라고 본다. 즉, 장기 등 이식에 관한 법률이 뇌사설을 입법화한 것은 아니다.

(2) 장기 등 이식에 관한 법률에 의해 장기이식이 가능하려면 ① 본인이 뇌사 전에 장식 등의 적출에 동의하거나, 동의 또는 반대의 사실이 확인되지 않은 때에는 그 가족 또는 유족이 적출에 동의한 경우로서, 대가 없이 기증하는 경우에 한한다. ② 뇌사자가 동법에 의한 장기 등의 적출로 사망한 때에는 뇌사의 원인이 된 질병 또는 행위로 인하여 사망한 것으로 본다(제17조). 즉 뇌사의 시점이 아닌 장기 등의 적출로 실제로 사망한 때에 뇌사자가 사망한 것으로 보며, 이 경우 뇌사의 원인이 된 질병 등으로 사망한 것으로 본다. ③ 본인이나 가족이 장기 등의 적출에 동의하지 않은 때의 뇌사에 관해서는 동법이 적용되지 않는다(김준호, 민법강의, 제18판, 76면).

3. 동시사망의 추정

> 제30조(동시사망) 2인 이상이 동일한 위난으로 사망한 경우에는 동시에 사망한 것으로 추정한다.

(1) 상속

동시사망자 간에는 상속의 문제가 발생하지 않는다. 다만, 동시사망으로 추정되는 경우 대습상속은 가능하다[1](대판 2001.3.9. 99다13157).

(2) 추정에 대한 복멸 정도

판례는 "민법 제30조의 동시사망의 추정은 법률상 추정이므로, ① 전제사실에 대하여 법원의 확신을 흔들리게 하는 반증을 제출하거나 또는 법원에 확신을 줄 수 있는 본증을 제출하여야 하고, ② 관계인들의 법적 지위에 중대한 영향을 미치는 점을 감안할 때 충분하고도 명백한 입증이 없는 한, 위 추정은 깨어지지 아니한다."고 판시한다.

---

1) [1] ① 우리나라에서는 전통적으로 오랫동안 며느리의 대습상속이 인정되어 왔고, 1958.2.22. 제정된 민법에서도 며느리의 대습상속을 인정하였으며, 1990.1.13. 개정된 민법에서 며느리에게만 대습상속을 인정하는 것은 남녀평등 · 부부평등에 반한다는 것을 근거로 하여 사위에게도 대습상속을 인정하는 것으로 개정한 점, ② 헌법 제11조 제1항이 누구든지 성별에 의하여 정치적 · 경제적 · 사회적 · 문화적 생활의 모든 영역에 있어서 차별을 받지 아니한다고 규정하고 있고, 헌법 제36조 제1항이 혼인과 가족생활은 양성의 평등을 기초로 성립되고 유지되어야 하며 국가는 이를 보장한다고 규정하고 있는 점, ③ 현대 사회에서 딸이나 사위가 친정 부모 내지 장인장모를 봉양, 간호하거나 경제적으로 지원하는 경우가 드물지 아니한 점, ④ 배우자의 대습상속은 혈족상속과 배우자상속이 충돌하는 부분인데 이와 관련한 상속순위와 상속분은 입법자가 입법정책적으로 결정할 사항으로서 원칙적으로 입법자의 입법형성의 재량에 속한다고 할 것인 점, ⑤ 상속순위와 상속분은 그 나라 고유의 전통과 문화에 따라 결정될 사항이지 다른 나라의 입법례에 크게 좌우될 것은 아닌 점, ⑥ 피상속인의 방계혈족에 불과한 피상속인의 형제자매가 피상속인의 재산을 상속받을 것을 기대하는 지위는 피상속인의 직계혈족의 그러한 지위만큼 입법적으로 보호하여야 할 당위성이 강하지 않은 점 등을 종합하여 볼 때, 외국에서 사위의 대습상속권을 인정한 입법례를 찾기 어렵고, 피상속인이 사위가 피상속인의 형제자매보다 우선하여 단독으로 대습상속하는 것이 반드시 공평한 것인지 의문을 가져볼 수는 있다 하더라도, 이를 이유로 곧바로 피상속인의 사위가 피상속인의 형제자매보다 우선하여 단독으로 대습상속할 수 있음이 규정된 민법 제1003조 제2항이 입법형성의 재량의 범위를 일탈하여 행복추구권이나 재산권보장 등에 관한 헌법규정에 위배되는 것이라고 할 수 없다. [2] 원래 대습상속제도는 대습자의 상속에 대한 기대를 보호함으로써 공평을 꾀하고 생존 배우자의 생계를 보장하여 주려는 것이고, 또한 동시사망 추정규정도 자연과학적으로 엄밀한 의미의 동시사망은 상상하기 어려운 것이나 사망의 선후를 입증할 수 없는 경우 동시에 사망한 것으로 다루는 것이 결과에 있어 가장 공평하고 합리적이라는 데에 그 입법 취지가 있는 것인바, 상속인이 될 직계비속이나 형제자매(피대습자)의 직계비속 또는 배우자(대습자)는 피대습자가 상속개시 전에 사망한 경우에는 대습상속을 하고, 피대습자가 상속개시 후에 사망한 경우에는 피대습자를 거쳐 피상속인의 재산을 본위상속을 하므로 두 경우 모두 상속을 하는데, 만일 피대습자가 피상속인의 사망, 즉 상속개시와 동시에 사망한 것으로 추정되는 경우에만 그 직계비속 또는 배우자가 본위상속과 대습상속의 어느 쪽도 하지 못하게 된다면 동시사망 추정 이외의 경우에 비하여 현저히 불공평하고 불합리한 것이라 할 것이고, 이는 앞서 본 대습상속제도 및 동시사망 추정규정의 입법 취지에도 반하는 것이므로, 민법 제1001조의 '상속인이 될 직계비속이 상속개시 전에 사망한 경우'에는 '상속인이 될 직계비속이 상속개시와 동시에 사망한 것으로 추정되는 경우'도 포함하는 것으로 합목적적으로 해석함이 상당하다. [3] 피상속인의 자녀가 상속개시 전에 전부 사망한 경우 피상속인의 손자녀는 본위상속이 아니라 대습상속을 한다(대판 2001.3.9. 99다13157).

제2관 자연인의 의사능력과 행위능력

Ⅰ. 의사능력과 행위능력

1. 의사능력

(1) 의의

의사능력이란 자신의 행위의 의미나 결과를 정상적인 인식력과 예기력을 바탕으로 합리적으로 판단할 수 있는 정신적 능력 내지는 지능을 말하는 것이다.

(2) 판단

의사능력의 유무는 구체적인 법률행위와 관련하여 개별적으로 판단되어야 한다. 그러나 행위능력은 획일적으로 판단된다.

(3) 법률적인 의미, 효과에 대한 이해가능성

의사능력이란 자신의 행위의 의미나 결과를 정상적인 인식력과 예기력을 바탕으로 합리적으로 판단할 수 있는 정신적 능력 내지는 지능을 말하는 것으로서, 의사능력의 유무는 구체적인 법률행위와 관련하여 개별적으로 판단되어야 하므로, 특히 어떤 법률행위가 그 일상적인 의미만을 이해하여서는 알기 어려운 특별한 법률적인 의미나 효과가 부여되어 있는 경우 의사능력이 인정되기 위하여는 그 행위의 일상적인 의미뿐만 아니라 법률적인 의미나 효과에 대하여도 이해할 수 있을 것을 요한다(대판 2009.1.15. 2008다58367). 따라서 장애인복지법 제2조 제2항 제2호, 장애인복지법 시행령 제2조 제1항 [별표 1] 제6호, 장애인복지법 시행규칙 제2조 제1항 [별표 1] 제6호에 따르면, 특별한 사정이 없는 한 지능지수가 70 이하인 사람은 교육을 통한 사회적·직업적 재활이 가능하더라도 지적장애인으로서 위 법령에 따른 보호의 대상이 된다. 지적장애인에 해당하는 경우에도 의학적 질병이나 신체적 이상이 드러나지 않아 사회 일반인이 보았을 때 아무런 장애가 없는 것처럼 보이는 경우가 있다. 반면 지적장애를 가진 사람이 장애인복지법령에 따라 지적장애인 등록을 하지 않았다거나 등록 기준을 충족하지 못하였다고 해서 반드시 의사능력이 있다고 단정할 수 없다. 이러한 사정을 고려하면, 지적장애를 가진 사람에게 의사능력이 있는지를 판단할 때 단순히 그 외관이나 피상적인 언행만을 근거로 의사능력을 쉽게 인정해서는 안 되고, 의학적 진단이나 감정 등을 통해 확인되는 지적장애의 정도를 고려해서 법률행위의 구체적인 내용과 난이도, 그에 따라 부과되는 책임의 중대성 등에 비추어 볼 때 지적장애를 가진 사람이 과연 법률행위의 일상적 의미뿐만 아니라 법률적인 의미나 효과를 이해할 수 있는지, 법률행위가 이루어지게 된 동기나 경위 등에 비추어 합리적인 의사결정이라고 보기 어려운 사정이 존재하는지 등을 세심하게 살펴보아야 한다(대판 2022.5.26. 2019다213344).

(4) 판례

의사무능력자가 사실상의 후견인의 보조를 받아 대출계약을 체결하고 자신 소유의 부동산에 관하여 근저당권을 설정한 경우, 의사무능력자의 특별대리인이 위 대출계약 및 근저당권설정계약의 무효를 주장하는 것이 가능하며, 신의칙에 반하지 않는다(대판 2006.9.22. 2004다51627).

2. 행위능력의 의의

객관적·획일적 기준에 의하여 법률행위를 할 수 있는지를 정한 것이 행위능력 또는 제한능력제도이다(곽윤직·김재형). 반대로 이러한 제한능력자에 해당하지 않을 만한 자격을 행위능력이라고 한다. 따라서 혼자서 완전·유효한 법률행위를 할 수 있는 지위 또는 자격이 행위능력이라고 할 수 있다. 민법에서 단순히 '능력' 또는 '제한능력'이라고 할 때에, 그것은 '행위능력의 제한'을 의미한다.

3. 행위능력의 적용범위

> 제4조(성년기) 사람은 19세로 성년에 이르게 된다.

(1) 가족법상 행위

가족법상 행위는 본인의 의사를 존중해야 하기 때문에 민법총칙편의 행위능력에 관한 규정은 특별규정이 있는 경우(제1024조 제2항)를 제외하고는, 가족법상 행위에는 적용이 없다.

(2) 불법행위

> 제753조(미성년자의 책임능력) 미성년자가 타인에게 손해를 가한 경우에 그 행위의 책임을 변식할 지능이 없는 때에는 배상의 책임이 없다.
>
> 제755조(감독자의 책임) ① 다른 자에게 손해를 가한 사람이 제753조 또는 제754조에 따라 책임이 없는 경우에는 그를 감독할 법정의무가 있는 자가 그 손해를 배상할 책임이 있다. 다만, 감독의무를 게을리하지 아니한 경우에는 그러하지 아니하다.
> ② 감독의무자를 갈음하여 제753조 또는 제754조에 따라 책임이 없는 사람을 감독하는 자도 제1항의 책임이 있다. [전문개정 2011.3.7]

제한능력자제도는 법률행위에만 적용되고 불법행위에 관하여는 적용되지 않는다. 불법행위에 관하여는 책임능력이 문제되기 때문이다.

4. 의사무능력과 제한능력의 경합

(1) 예

미성년자가 행위 당시 심신상실 상태에 있었던 경우, 피성년후견인이 행위 당시 만취상태에 있었던 경우가 그 예이다.

(2) 이중효(Doppel Wirkung)의 인정 여부

무효와 취소의 상대화를 근거로 의사무능력을 이유로 무효를 주장하든지, 제한능력을 이유로 취소를 주장하든지 선택적으로 주장할 수 있다(통설).

(3) 반환범위

제한능력자의 책임을 제한하는 민법 제141조 단서는 부당이득에 있어 수익자의 반환범위를 정한 민법 제748조의 특칙으로서 제한능력자의 보호를 위해 그 선의·악의를 묻지 아니하고 반환범위를 현존 이익에 한정시키려는 데 그 취지가 있으므로, 의사능력의 흠결을 이유로 법률행위가 무효가 되는 경우에도 유추적용되어야 할 것이나, 법률상 원인 없이 타인의 재산 또는 노무로 인하여 이익을 얻고 그로 인하여 타인에게 손해를 가한 경우에 그 취득한 것이 금전상의 이득인 때에는 그 금전은 이를 취득한 자가 소비하였는가의 여부를 불문하고 현존하는 것으로 추정되므로, 위 이익이 현존하지 아니함은 이를 주장하는 자, 즉 의사무능력자 측에 입증책임이 있다(대판 2009.1.15. 2008다58367). 그리고 의사무능력자가 자신이 소유하는 부동산에 근저당권을 설정해 주고 금융기관으로부터 금원을 대출받아 이를 제3자에게 대여한 사안에서, 대출로써 받은 이익이 위 제3자에 대한 대여금채권 또는 부당이득반환채권의 형태로 현존하므로, 금융기관은 대출거래약정 등의 무효에 따른 원상회복으로서 위 대출금 자체의 반환을 구할 수는 없더라도 현존 이익인 위 채권의 양도를 구할 수 있다(대판 2009.1.15. 2008다58367).

II. 미성년자

> 제5조(미성년자의 능력) ① 미성년자가 법률행위를 함에는 법정대리인의 동의를 얻어야 한다. 그러나 권리만을 얻거나 의무만을 면하는 행위는 그러하지 아니하다.
> ② 전항의 규정에 위반한 행위는 취소할 수 있다.

1. 미성년자의 행위능력

(1) 원칙

1) 법정대리인의 동의

원칙적으로 법정대리인의 동의를 얻어야 하며(제5조 제1항 본문), 이에 위반한 경우 미성년자 자신(제140조)이나 법정대리인이 그 법률행위를 취소할 수 있다. 법정대리인의 동의를 받지 않아 계약이 취소된 경우 미성년자 측에서는 선악을 불문하고 현존이익만을 반환하면 된다(제141조 단서).

2) 동의의 시기 및 증명책임

미성년자의 행위에 대한 동의는 사전 아니면 적어도 미성년자의 법률행위와 동시에 행해져야 하며, 상대방이 동의가 있었다는 사실에 관하여 증명책임을 진다(대판 1970.2.24. 69다1568).

3) 신의칙

미성년자의 법률행위에 법정대리인의 동의를 요하도록 하는 것은 강행규정인데, 위 규정에 반하여 이루어진 신용구매계약을 미성년자 스스로 취소하는 것을 신의칙 위반을 이유로 배척한다면, 이는 오히려 위 규정에 의해 배제하려는 결과를 실현시키는 셈이 되어 미성년자 제도의 입법 취지를 몰각시킬 우려가 있으므로, 법정대리인의 동의 없이 신용구매계약을 체결한 미성년자가 사후에 법정대리인의 동의 없음을 사유로 들어 이를 취소하는 것이 신의칙에 위배된 것이라고 할 수 없다(대판 2007.11.16. 2005다71659·71673).

(2) 예외 – 단순히 권리만을 얻거나 의무만을 면하는 행위(제5조 제1항 단서)

1) 가능한 것

부담 없는 증여의 수령, 채무면제의 청약에 대한 승낙, 미성년자가 무상으로 보관하고 있는 타인의 물건을 반환하는 것은 가능하다. 부양청구권도 단독으로 행사가 가능하다(대판 1972.7.11. 72므5).

2) 불가능한 것

기존의 채권에 대하여 변제를 받는 경우, 부담부증여를 받는 경우, 유리한 매매계약을 체결하는 경우, 상속을 승인·포기하는 행위, 경매목적물을 경락하는 행위, 상계권 행사 등은 불가능하다.

미성년자가 단독으로 할 수 있는 예	단독으로 할 수 없는 예
① 부담 없는 증여의 승낙 및 유증의 수락	① 부담부 증여를 받는 행위
② 증여세가 부과되는 부동산을 증여받는 행위	② 매매계약의 체결행위
③ 저당권이 설정된 부동산을 증여받는 행위	③ 상속의 승인과 포기행위
④ 채무면제에 대한 승낙	④ 채무의 변제를 받는 행위
⑤ 서면에 의하지 않은 증여의 해제	⑤ 미성년자의 채무이행을 위한 변제행위
⑥ 의무만을 지는 계약(무상수치·무상수임)의 해약	⑥ 타인의 채무를 보증하는 행위
⑦ 친권자에 대한 부양청구권의 행사	⑦ 상계
⑧ 담보물권의 설정 또는 보증의 취득	⑧ 쌍무계약의 체결
⑨ 제3자를 위한 계약에서 부담 없는 수익의 의사표시	⑨ 할부계약
⑩ 이미 증여받은 부동산에 대한 이전등기신청행위	

논점 미성년자와 법정대리인의 이해상반행위

> 제921조(친권자와 그 자간 또는 수인의 자간의 이해상반행위) ① 법정대리인인 친권자와 그 자 사이에 이해상반 되는 행위를 함에는 친권자는 법원에 그 자의 특별대리인의 선임을 청구하여야 한다.
> ② 법정대리인인 친권자가 그 친권에 따르는 수인의 자 사이에 이해상반 되는 행위를 함에는 법원에 그 자 일방의 특별대리인의 선임을 청구하여야 한다.

1. 취지

이러한 공정한 친권의 행사를 기대할 수 없으므로, 자기계약·쌍방대리에 관한 제124조의 특칙을 인정하여 친권자의 법정대리권(대리권·동의권)을 제한하기 위한 것이다.

2. 판단기준

학설은 이해상반행위의 여부를 친권자의 행위 자체로부터 외형적·객관적으로 판단해야 한다는 형식적 판단설, 이해상반행위의 성립여부를 구체적인 사정에 비추어 실질적으로 고려하여 판단해야 한다는 실질적 판단설의 대립이 있다. 판례는 "민법 제921조의 이해상반행위란 행위의 객관적 성질상 친권자와 그 자 사이 또는 친권에 복종하는 수인의 자 사이에 이해의 대립이 생길 우려가 있는 행위를 가리키는 것으로서, 친권자의 의도나 그 행위의 결과 실제로 이해의 대립이 생겼는지의 여부는 묻지 않는다(대판 1996.11.22. 96다10270)."라고 판시하여 형식적 판단설의 입장이다.

3. 판례
   (1) 이해상반행위 긍정
   1) 본조 제1항 소정의 이해상반되는 행위라 함은 친권자인 부와 미성년자인 자가 각각 당사자일방이 되어서 하는 법률행위뿐만 아니라 친권자를 위해서는 이익이 미성년자를 위해서는 불이익이 되는 행위도 포함된다고 해석함이 상당하다(대판 1971.7.27. 71다1113). 즉 친권자가 자기의 영업자금을 마련하기 위하여 미성년자인 자를 대리하여 그 소유부동산을 담보로 제공 저당권을 설정한 행위는 바로 위의 이해상반된 행위에 포함된다.
   2) 친권자인 母가 자신이 연대보증한 차용금 채무의 담보로 자신과 子의 공유인 토지 중 자신의 공유지분에 관하여는 공유지분권자로서, 子의 공유지분에 관하여는 그 법정대리인의 자격으로 각각 근저당권설정계약을 체결한 경우, 위 채권의 만족을 얻기 위하여 채권자가 위 토지 중 子의 공유지분에 관한 저당권의 실행을 선택한 때에는, 그 경매대금이 변제에 충당되는 한도에 있어서 母의 책임이 경감되고, 또한 채권자가 母에 대한 연대보증책임의 추구를 선택하여 변제를 받은 때에는, 母는 채권자를 대위하여 위 토지 중 자의 공유지분에 대한 저당권을 실행할 수 있는 것으로 되는바, 위와 같이 친권자인 母와 자 사이에 이해의 충돌이 발생할 수 있는 것이, 친권자인 母가 한 행위 자체의 외형상 객관적으로 당연히 예상되는 것이어서, 母가 子를 대리하여 위 토지 중 子의 공유지분에 관하여 위 근저당권설정계약을 체결한 행위는 이해상반행위로서 무효라고 보아야 한다(대판 2002.1.11. 2001다65960).

   (2) 이해상반행위 부정
   1) 법정대리인인 친권자가 부동산을 매수하여 이를 그 자에게 증여하는 행위는 미성년자인 자에게 이익만을 주는 행위이므로 친권자와 자 사이의 이해상반행위에 속하지 아니하고, 또 자기계약이지만 유효하다(대판 1981.10.13. 81다649).
   2) 친권자인 모가 자신이 대표이사로 있는 주식회사의 채무 담보를 위하여 자신과 미성년인 자의 공유재산에 대하여 자의 법정대리인 겸 본인의 자격으로 근저당권을 설정한 행위는, 친권자가 채무자 회사의 대표이사로서 그 주식의 66%를 소유하는 대주주이고 미성년인 자에게는 불이익만을 주는 것이라는 점을 감안하더라도, 그 행위의 객관적 성질상 채무자 회사의 채무를 담보하기 위한 것에 불과하므로 친권자와 그 자 사이에 이해의 대립이 생길 우려가 있는 이해상반행위라고 볼 수 없다(대판 1996.11.22. 96다10270).
   3) 민법 제921조 제2항의 이해상반행위라 함은 친권에 복종하는 미성년인 자(子)들 상호간에 있어서 각각 당사자 일방이 되어 하는 법률행위뿐 아니라 친권자가 미성년자 일방을 위하여 차금함에 있어서 다른 미성년자인 자(子) 소유 부동산에 저당권을 설정하는 행위와 같이 미성년자 일방을 위하여서는 이익이 되고 다른 미성년자에 대하여는 불이익이 되는 경우도 포함하나 그 어느 경우에 있어서도 이해상반행위의 당사자는 모두가 친권자의 친권에 복종하는 미성년인 자(子)들이어야 하고 가령 성년이 되어 친권자의 친권에 복종하지 아니하는 자와 친권에 복종하는 미성년인 자 사이에 이해상반되는 경우에는 친권자는 미성년인 자(子)를 위한 법정대리인으로서 그 고유의 권리를 행사할 수 있을 것이므로 그러한 친권자의 법률행위는 위 법조 소정의 이해상반행위에 해당한다고 할 수 없다(대판 1976.3.9. 75다2340).

2. 기타 문제

(1) 성년의제

> 제826조의2(성년의제) 미성년자가 혼인을 한 때에는 성년자로 본다.

미성년자도 혼인(법률혼을 의미하고, 사실혼은 제외한다)을 하면 성년자로 보아 행위능력이 인정된다. 다만 성년의제제도는 민법의 경우에 적용되는 것이고, 공직선거법 등의 공법에는 적용되지 않는다.

(2) 유언행위

> 제1061조(유언적령) 만 17세에 달하지 못한 자는 유언을 하지 못한다.

17세에 달한 미성년자는 단독으로 할 수 있다(제1061조).

(3) 무한책임사원이 되는 것과 그에 기하여 하는 행위

미성년자 또는 한정치산자가 법정대리인의 허락을 얻어 회사의 무한책임사원이 된 때에는 그 사원자격으로 인한 행위에는 능력자로 본다(상법 제7조).

(4) 근로계약과 임금청구

> 근로기준법 제67조(근로계약) ① 친권자나 후견인은 미성년자의 근로계약을 대리할 수 없다.
> ② 친권자, 후견인 또는 고용노동부장관은 근로계약이 미성년자에게 불리하다고 인정하는 경우에는 이를 해지할 수 있다. <개정 2010.6.4.>
> ③ 사용자는 18세 미만인 자와 근로계약을 체결하는 경우에는 제17조에 따른 근로조건을 서면으로 명시하여 교부하여야 한다. <신설 2007.7.27.>
> 동법 제68조(임금의 청구) 미성년자는 독자적으로 임금을 청구할 수 있다.

미성년자라도 근로계약은 유효하게 체결할 수 있고[1], 법정대리인의 대리는 허용되지 않는다. 또한 미성년자는 단독으로 근로에 의한 임금을 청구할 수 있으며 법정대리인의 임금대리수령은 허용되지 않는다(근로기준법 제67조, 제68조).

(5) 취소행위(제140조)

> 제140조(법률행위의 취소권자) 취소할 수 있는 법률행위는 제한능력자, 착오로 인하거나 사기·강박에 의하여 의사표시를 한 자, 그의 대리인 또는 승계인만이 취소할 수 있다.

제한능력자는 제한능력인 상태에서 상대방에 대하여 법정대리인의 동의 없이 단독으로 자신이 한 법률행위를 취소할 수 있다. 따라서 그 법정대리인은 미성년자가 행한 취소의 의사표시를 다시 취소할 수 없다.

(6) 부양료 청구

미성년자라 하더라도 권리만을 얻는 행위는 법정대리인의 동의가 필요 없으며 친권자와 자 사이에 이해상반되는 행위를 함에는 그 자의 특별대리인을 선임하도록 하는 규정이 있는 점에 비추어 볼 때, 청구인(미성년자인 혼인외의 자)은 피청구인(생부)이 인지를 함으로써 청구인의 친권자가 되어 법정대리인이 된다 하더라도 피청구인이 청구인을 부양하고 있지 않은 이상 그 부양료를 피청구인에게 직접 청구할 수 있다 할 것이다(대판 1972.7.11. 72므5).

---

[1] 이 경우 법정대리인의 동의가 필요한지, 견해가 나뉜다. 즉 ① 민법과 근로기준법의 해석상 법정대리인의 동의를 면제하는 규정이 없으므로 일반 원칙에 따라 근로계약 체결에 법정대리인의 동의가 필요하다는 견해(이은영), ② 법정대리인의 근로계약의 대리불가 규정에 비추어 근로계약에 법정대리인의 동의가 필요 없다는 견해(이영준), ③ 근로기준법 제66조에 18세 미만 근로자에 대하여는 연령을 증명하는 가족관계기록사항에 관한 증명서와 친권자 또는 후견인의 동의서를 사업장에 갖추어 두도록 규정되어 있는 점을 고려하여 18세 이상의 근로자 근로계약에는 동의가 필요 없다는 견해(민법주해) 등이 대립한다[주석 민법, 총칙(1), 313면, 한국사법행정학회].

3. 처분을 허락한 재산

> **제6조(처분을 허락한 재산)** 법정대리인이 "범위를 정하여" 처분을 허락한 재산은 미성년자가 임의로 처분할 수 있다.
> **제7조(동의와 허락의 취소)** 법정대리인은 미성년자가 아직 법률행위를 하기 전에는 전2조의 동의와 허락을 취소할 수 있다.

(1) '범위의 정하여'의 의미 - 목적 불구속

목적에 구속되는지에 견해 대립이 있으나, 목적불구속설[사용목적을 정하여(예 등록금, 여비 등) 일정한 범위의 재산을 주었어도 미성년자는 그 목적과 관계없이 그 재산을 임의로 처분할 수 있다]이 통설이다.

(2) 판례

1) 묵시적 처분 허락

만 19세가 넘은 미성년자가 월 소득범위 내에서 신용구매계약을 체결한 것은, 스스로 얻고 있던 소득에 대하여는 법정대리인의 묵시적 처분 허락이 있었다고 보아 위 신용구매계약은 처분 허락을 받은 재산범위 내의 처분행위에 해당한다(대판 2007.11.16. 2005다71659·71673).

2) 묵시적 처분 허락의 판단기준

미성년자의 법률행위에 있어서 법정대리인의 묵시적 동의나 처분 허락이 있다고 볼 수 있는지 여부를 판단함에 있어서는, 미성년자의 연령·지능·직업·경력·법정대리인과의 동거 여부, 독자적인 소득의 유무와 그 금액, 경제활동의 여부, 계약의 성질·체결경위·내용, 기타 제반 사정을 종합적으로 고려하여야 할 것이고, 위와 같은 법리는 신용카드를 이용하여 재화와 용역을 신용구매한 후 사후에 결제하려는 경우와 곧바로 현금구매하는 경우를 달리 볼 필요는 없다(대판 2007.11.16. 2005다71659·71673).

(3) 동의와 허락의 취소

여기서 취소의 의미는 철회[1]이다(소급효 없음).

4. 영업의 허락

> **제8조(영업의 허락)** ① 미성년자가 법정대리인으로부터 허락을 얻은 특정한 영업에 관하여는 성년자와 동일한 행위능력이 있다.
> ② 법정대리인은 전항의 허락을 취소 또는 제한할 수 있다. 그러나 선의의 제3자에게 대항하지 못한다.

---

1) 아직 효력이 발생하지 않은 의사표시를 그대로 저지하여 장래 효과가 발생하지 않게 하는 경우[제한능력자에 대한 상대방의 철회권(제16조 제1항), 무권대리에 대한 상대방의 철회권(제134조)]와 일단 의사표시가 발생하기는 하였지만 그것만으로는 권리의무를 생기게 하지 못할 때에, 그것에 기하여 법률행위가 행하여질 때까지 그 의사표시의 효력을 장래에 향하여 소멸시키는 것[미성년자의 법률행위에 대한 법정대리인의 동의와 허락(제7조)]을 말한다.

(1) 특정영업

영업의 종류를 특정한다는 의미이다. 종류를 특정하지 않은 허락(어떠한 영업을 하여도 좋다는 허락)은 미성년자를 보호하려는 목적에 반하기 때문이다. 그리고 '특정한 영업'이라는 것은 영업 단위의 하나 또는 둘이라는 것과 같이, 그 종류가 특정되어 있는 영업을 의미하며, 하나의 단위가 되는 영업의 일부만을 허락하거나 또는 제한을 하여서는 아니 된다(예 커피 음료를 제조해서 판매하는 것을 허락하면서, 금액 5천 원 이상의 커피를 파는 것은 법정대리인의 동의가 있어야 한다는 등). 또한 영업을 허락하는 방법에는 특별한 방식이 요구되지 않으나, 그 영업이 상업일 때에는 상업등기를 하여야 한다(상법 제6조, 제34조). 법정대리인의 허락이 있었다는 증명책임은 영업허가가 있었음을 이유로 법률행위의 유효를 주장하는 자에게 있다.

(2) 성년자와 동일한 행위능력이 있다.

허락받은 영업의 범위 내에서 법정대리인의 대리권은 소멸한다는 의미이다.

(3) 허락의 취소 또는 제한

취소는 철회의 의미이고, 제한은 영업의 종류를 제한한다는 의미이다.

Ⅲ. 제한능력자(피성년후견인, 피한정후견인)

구분	성질	종류	보호범위
미성년후견	-	-	-
(광의의)성년후견	법정후견	(협의의) 성년후견	포괄적·계속적
		한정후견	
		특정후견	일회적·특정적
	임의후견	후견계약	계약의 내용에 따라 결정

1. 피성년후견인

제9조(성년후견개시의 심판) ① 가정법원은 질병, 장애, 노령, 그 밖의 사유로 인한 정신적 제약으로 사무를 처리할 능력이 지속적으로 결여된 사람에 대하여 본인, 배우자, 4촌 이내의 친족, 미성년후견인, 미성년후견감독인, 한정후견인, 한정후견감독인, 특정후견인, 특정후견감독인, 검사 또는 지방자치단체의 장의 청구에 의하여 성년후견개시의 심판을 한다.
② 가정법원은 성년후견개시의 심판을 할 때 본인의 의사를 고려하여야 한다.

제10조(피성년후견인의 행위와 취소) ① 피성년후견인의 법률행위는 취소할 수 있다.
② 제1항에도 불구하고 가정법원은 취소할 수 없는 피성년후견인의 법률행위의 범위를 정할 수 있다.
③ 가정법원은 본인, 배우자, 4촌 이내의 친족, 성년후견인, 성년후견감독인, 검사 또는 지방자치단체의 장의 청구에 의하여 제2항의 범위를 변경할 수 있다.
④ 제1항에도 불구하고 일용품의 구입 등 일상생활에 필요하고 그 대가가 과도하지 아니한 법률행위는 성년후견인이 취소할 수 없다.

제11조(성년후견종료의 심판) 성년후견개시의 원인이 소멸된 경우에는 가정법원은 본인, 배우자, 4촌 이내의 친족, 성년후견인, 성년후견감독인, 검사 또는 지방자치단체의 장의 청구에 의하여 성년후견종료의 심판을 한다.

(1) 의의

질병, 장애, 노령, 그 밖의 사유로 인한 정신적 제약으로 사무를 처리할 능력이 지속적으로 결여된 사람에 대하여 일정한 사람의 청구에 의하여 가정법원이 심판하는 자를 말한다. 이 경우 가정법원은 심판을 할 때 본인의 의사를 고려하여야 한다.

(2) 피성년후견인의 행위와 취소

피성년후견인의 법률행위는 취소할 수 있다. 다만 구법과는 달리 가정법원은 취소할 수 없는 피성년후견인의 법률행위의 범위를 정할 수 있다. 그리고 <u>일용품의 구입 등 일상생활에 필요하고 그 대가가 과도하지 아니한 법률행위는 성년후견인이 취소할 수 없다.</u>

(3) 성년후견의 종료

성년후견개시의 원인이 소멸된 경우에는 가정법원은 본인, 배우자, 4촌 이내의 친족, 성년후견인, 성년후견감독인, 검사 또는 지방자치단체의 장의 청구에 의하여 성년후견종료의 심판을 한다.

(4) 피성년후견인의 혼인, 이혼

> 제808조(동의가 필요한 혼인) ② 피성년후견인은 부모나 성년후견인의 동의를 받아 혼인할 수 있다.
> 제835조(성년후견과 협의상 이혼) 피성년후견인의 협의상 이혼에 관하여는 제808조 제2항을 준용한다.

피성년후견인은 혼인, 협의상 이혼을 단독으로 할 수 없다. 즉 피성년후견인은 부모나 성년후견인의 동의를 받아 혼인 및 이혼을 할 수 있다.

(5) 성년후견과 한정후견의 관계, 성년후견과 한정후견의 개시(대결 2021.6.10. 2020스596)

성년후견이나 한정후견에 관한 심판 절차는 가사소송법 제2조 제1항 제2호 (가)목에서 정한 가사비송사건으로서, 가정법원이 당사자의 주장에 구애받지 않고 후견적 입장에서 합목적으로 결정할 수 있다. 이때 성년후견이든 한정후견이든 본인의 의사를 고려하여 개시 여부를 결정한다는 점은 마찬가지이다(민법 제9조 제2항, 제12조 제2항). 위와 같은 규정 내용이나 입법 목적 등을 종합하면, 성년후견이나 한정후견 개시의 청구가 있는 경우 가정법원은 청구 취지와 원인, 본인의 의사, 성년후견 제도와 한정후견 제도의 목적 등을 고려하여 어느 쪽의 보호를 주는 것이 적절한지를 결정하고, 그에 따라 필요하다고 판단하는 절차를 결정해야 한다. 따라서 <u>한정후견의 개시를 청구한 사건에서 의사의 감정 결과 등에 비추어 성년후견 개시의 요건을 충족하고 본인도 성년후견의 개시를 희망한다면 법원이 성년후견을 개시할 수 있고, 성년후견 개시를 청구하고 있더라도 필요하다면 한정후견을 개시할 수 있다고 보아야 한다.</u> 가사소송법 제45조의2 제1항은 "가정법원은 성년후견 개시 또는 한정후견 개시의 심판을 할 경우에는 피성년후견인이 될 사람이나 피한정후견인이 될 사람의 정신상태에 관하여 의사에게 감정을 시켜야 한다. 다만 피성년후견인이 될 사람이나 피한정후견인이 될 사람의 정신상태를 판단할 만한 다른 충분한 자료가 있는 경우에는 그러하지 아니하다."라고 정하고 있다. 이 규정의 의미는 의사의 감정에 따라 정신적 제약으로 사무를 처리할 능력이 부족하거나 지속적으로 결여되었는지를 결정하라는 것이 아니라, 의학상으로 본 정신능력을 기초로 하여 성년후견이나 한정후견의 개시 요건이 충족되었는지 여부를 결정하라는 것이다. 따라서 <u>피성년후견인이나 피한정후견인이 될 사람의 정신상태를 판단할 만한 다른 충분한 자료가 있는 경우 가정법원은 의사의 감정이 없더라도 성년후견이나 한정후견을 개시할 수 있다.</u>

(6) 후견인의 수와 자격

> 제930조(후견인의 수와 자격) ① 미성년후견인의 수는 한 명으로 한다.
> ② 성년후견인은 피성년후견인의 신상과 재산에 관한 모든 사정을 고려하여 여러 명을 둘 수 있다.
> ③ 법인도 성년후견인이 될 수 있다.

미성년자에게 친권자가 없거나 친권자가 법률행위의 대리권과 재산관리권을 행사할 수 없는 경우에는 미성년후견인을 두어야 한다(제928조). <u>미성년후견인의 수는 한 명으로 한다</u>(제930조 제1항). 미성년후견인은 자연인에 한하며, <u>법인은 미성년후견인이 될 수 없다</u>(제930조 제3항의 반대해석). 피성년후견인의 후견인인 성년후견인은 피성년후견인의 신상과 재산에 관한 모든 사정을 고려하여 여러 명을 둘 수 있다(제930조 제2항). 그리고 <u>법인도 성년후견인이 될 수 있다</u>(제930조 제3항).

2. 피한정후견인

> 제12조(한정후견개시의 심판) ① 가정법원은 질병, 장애, 노령, 그 밖의 사유로 인한 정신적 제약으로 사무를 처리할 능력이 부족한 사람에 대하여 본인, 배우자, 4촌 이내의 친족, 미성년후견인, 미성년후견감독인, 성년후견인, 성년후견감독인, 특정후견인, 특정후견감독인, 검사 또는 지방자치단체의 장의 청구에 의하여 한정후견개시의 심판을 한다.
> ② 한정후견개시의 경우에 제9조 제2항을 준용한다.
>
> 제13조(피한정후견인의 행위와 동의) ① 가정법원은 피한정후견인이 한정후견인의 동의를 받아야 하는 행위의 범위를 정할 수 있다.
> ② 가정법원은 본인, 배우자, 4촌 이내의 친족, 한정후견인, 한정후견감독인, 검사 또는 지방자치단체의 장의 청구에 의하여 제1항에 따른 한정후견인의 동의를 받아야만 할 수 있는 행위의 범위를 변경할 수 있다.
> ③ 한정후견인의 동의를 필요로 하는 행위에 대하여 한정후견인이 피한정후견인의 이익이 침해될 염려가 있음에도 그 동의를 하지 아니하는 때에는 가정법원은 피한정후견인의 청구에 의하여 한정후견인의 동의를 갈음하는 허가를 할 수 있다.
> ④ 한정후견인의 동의가 필요한 법률행위를 피한정후견인이 한정후견인의 동의 없이 하였을 때에는 그 법률행위를 취소할 수 있다. 다만, <u>일용품의 구입 등 일상생활에 필요하고 그 대가가 과도하지 아니한 법률행위에 대하여는 그러하시 아니하나.</u>
>
> 제14조(한정후견종료의 심판) 한정후견개시의 원인이 소멸된 경우에는 가정법원은 본인, 배우자, 4촌 이내의 친족, 한정후견인, 한정후견감독인, 검사 또는 지방자치단체의 장의 청구에 의하여 한정후견종료의 심판을 한다.

(1) 의의

질병, 장애, 노령, 그 밖의 사유로 인한 정신적 제약으로 사무를 처리할 능력이 부족한 사람에 대하여 일정한 사람의 청구에 의하여 가정법원이 심판하는 자를 말한다.

(2) 피한정후견인의 행위와 동의

1) 내용

구법과는 달리 원칙적으로 피한정후견인은 완전능력자이다. 다만 가정법원은 심판 시에 피한정후견인이 한정후견인의 동의를 받아야 하는 행위의 범위를 정할 수 있다. 가정법원은 일정한 자의 청구에 의하여 한정후견인의 동의를 받아야만 할 수 있는 행위의 범위를 변경할 수 있다. 그리고 한정후견인의 동의를 필요로 하는 행위에 대하여 한정후견인이 피한정후견인의 이익이 침해될 염려가 있음에도 그 동의를 하지 아니하는 때에는 가정법원은 피한정후견인의 청구에 의하여 한정후견인의 동의에 갈음하는 허가를 할 수 있다.

2) 취소

한정후견인의 동의가 필요한 법률행위를 피한정후견인이 한정후견인의 동의 없이 하였을 때에는 그 법률행위를 취소할 수 있다. 그러나 <u>일용품의 구입 등 일상생활에 필요하고 그 대가가 과도하지 아니한 법률행위는 취소하지 못한다.</u>

(3) 한정후견의 종료

한정후견개시의 원인이 소멸된 경우에는 가정법원은 일정한 자의 청구에 의하여 한정후견종료의 심판을 한다.

3. 피특정후견인

> 제14조의2(특정후견의 심판) ① 가정법원은 질병, 장애, 노령, 그 밖의 사유로 인한 정신적 제약으로 일시적 후원 또는 특정한 사무에 관한 후원이 필요한 사람에 대하여 본인, 배우자, 4촌 이내의 친족, 미성년후견인, 미성년후견감독인, 검사 또는 지방자치단체의 장의 청구에 의하여 특정후견의 심판을 한다.
> ② 특정후견은 본인의 의사에 반하여 할 수 없다.
> ③ 특정후견의 심판을 하는 경우에는 특정후견의 기간 또는 사무의 범위를 정하여야 한다.
>
> 제14조의3(심판 사이의 관계) ① 가정법원이 피한정후견인 또는 피특정후견인에 대하여 성년후견개시의 심판을 할 때에는 종전의 한정후견 또는 특정후견의 종료 심판을 한다.
> ② 가정법원이 피성년후견인 또는 피특정후견인에 대하여 한정후견개시의 심판을 할 때에는 종전의 성년후견 또는 특정후견의 종료 심판을 한다.

(1) 의의

질병, 장애, 노령, 그 밖의 사유로 인한 정신적 제약으로 일시적 후원 또는 특정한 사무에 관한 후원이 필요한 사람에 대하여 일정한 사람의 청구에 의하여 가정법원이 심판하는 자를 말한다.

(2) 내용

특정후견은 본인의 의사에 반하여 할 수 없다.[1] 특정후견의 심판을 하는 경우에는 특정후견의 기간 또는 사무의 범위를 정하여야 한다. 그리고 피특정후견인이 단독으로 한 법률행위는 특정후견인이 취소할 수 없다는 점을 유의하여야 한다.

---

[1] 이에 반하여 한정후견개시나 성년후견개시 심판의 경우에는 본인의 의사를 고려하는 것이므로, 본인의 의사에 반해서도 할 수 있다는 점을 유의해야 한다.

(3) 심판 사이의 관계

가정법원이 피한정후견인 또는 피특정후견인에 대하여 성년후견개시의 심판을 할 때에는 종전의 한정후견 또는 특정후견의 종료 심판을 한다. 가정법원이 피성년후견인 또는 피특정후견인에 대하여 한정후견개시의 심판을 할 때에는 종전의 성년후견 또는 특정후견의 종료 심판을 한다.

4. 후견계약

> **제959조의14(후견계약의 의의와 체결방법 등)** ① 후견계약은 질병, 장애, 노령, 그 밖의 사유로 인한 정신적 제약으로 사무를 처리할 능력이 부족한 상황에 있거나 부족하게 될 상황에 대비하여 자신의 재산관리 및 신상보호에 관한 사무의 전부 또는 일부를 다른 자에게 위탁하고 그 위탁사무에 관하여 대리권을 수여하는 것을 내용으로 한다.
> ② 후견계약은 공정증서로 체결하여야 한다.
> ③ 후견계약은 가정법원이 임의후견감독인을 선임한 때부터 효력이 발생한다.
> ④ 가정법원, 임의후견인, 임의후견감독인 등은 후견계약을 이행·운영할 때 본인의 의사를 최대한 존중하여야 한다. [본조신설 2011.3.7.]
>
> **제959조의18(후견계약의 종료)** ① 임의후견감독인의 선임 전에는 본인 또는 임의후견인은 언제든지 공증인의 인증을 받은 서면으로 후견계약의 의사표시를 철회할 수 있다.
> ② 임의후견감독인의 선임 이후에는 본인 또는 임의후견인은 정당한 사유가 있는 때에만 가정법원의 허가를 받아 후견계약을 종료할 수 있다. [본조신설 2011.3.7]

후견계약에 의한 후견을 임의후견이라 한다. 후견계약은 질병, 장애, 노령, 그 밖의 사유로 인한 정신적 제약으로 사무를 처리할 능력이 부족한 상황에 있거나 부족하게 될 상황에 대비하여 자신의 재산관리 및 신상보호에 관한 사무의 전부나 일부를 다른 자에게 위탁하고 그 위탁사무에 관하여 대리권을 수여하는 것을 내용으로 한다(제959조의14 제1항). 후견계약은 가정법원에 의한 임의후견감독인[2]의 선임을 정지조건으로 하는 위임계약에 해당한다. 후견계약은 임의후견을 받을 본인과 임의후견인이 될 사람 사이의 계약으로 성립하는데, 상대방은 여럿일 수도 있으며 법인이어도 무방하다. 본인에 미치는 영향이 크고 본인의 의사능력이 부족할 때 분쟁이 발생할 수 있으므로 후견계약은 반드시 공정증서로 체결하여야 한다(제959조의14 제2항). 후견계약의 효력발생 시기는 원칙적으로 당사자들이 후견계약에서 정한 바에 따르지만, 민법은 후견계약이 가정법원이 임의후견감독인을 선임한 때부터 효력이 발생한다고 규정하고 있다(제959조의14 제3항). 임의후견감독인의 선임 전에는 본인 또는 임의후견인은 언제든지 공증인의 인증을 받은 서면으로 후견계약의 의사표시를 철회할 수 있다(제959조의18 제1항).

5. 후견의 공시 – 후견등기부 공시

미성년후견과는 달리 성년후견, 한정후견, 특정후견, 임의후견은 후견등기부에 공시된다. 후견등기부란 전산정보처리조직에 의하여 입력·처리된 성년후견, 한정후견, 특정후견 및 후견계약에 관한 등기 정보자료를 대법원규칙으로 정하는 바에 따라 편성한 것을 말한다(후견등기에 관한 법률 제2항 제1항). 후견등기부는 피성년후견인 등 또는 후견계약의 본인 개인별로 구분하여 작성한다(동법 제11조 제1항).

---

[2] 후견계약은 정신적 제약으로 사무를 처리할 능력이 부족한 상황에 있거나 부족하게 될 상황에 대비하여 체결되는 것이지만, 실제로 효력을 발생하게 되는 것은 본인의 판단능력이 저하되어 있을 때이므로 본인에 갈음하여 대리인을 감독할 필요가 있다. 이에 가정법원은 임의후견감독인을 선임하도록 하고 있다.

IV. 제한능력자의 상대방 보호

> 제15조(제한능력자의 상대방의 확답을 촉구할 권리) ① 제한능력자의 상대방은 제한능력자가 능력자가 된 후에 그에게 1개월 이상의 기간을 정하여 그 취소할 수 있는 행위를 추인할 것인지 여부의 확답을 촉구할 수 있다. 능력자로 된 사람이 그 기간 내에 확답을 발송하지 아니하면 그 행위를 추인한 것으로 본다.
> ② 제한능력자가 아직 능력자가 되지 못한 경우에는 그의 법정대리인에게 제1항의 촉구를 할 수 있고, 법정대리인이 그 정하여진 기간 내에 확답을 발송하지 아니한 경우에는 그 행위를 추인한 것으로 본다.
> ③ 특별한 절차가 필요한 행위는 그 정하여진 기간 내에 그 절차를 밟은 확답을 발송하지 아니하면 취소한 것으로 본다.

1. (확답) 촉구권

(1) 의의

제한능력자의 상대방이 제한능력자가 능력자가 된 후나 그의 법정대리인에게 1개월 이상의 기간을 정하여 그 취소할 수 있는 행위를 추인할 것인지 여부의 확답을 촉구하는 권리를 의미한다. 이 확답촉구에 의하여 생기는 일정한 법률효과는 확답을 촉구한 사람의 의사에 의하여 정하여지는 것은 아니며, 그의 의사와는 관계없이 법률 자체에 의하여 정해지는 것이고, 이를 준법률행위 중 의사의 통지라고 한다. 제한능력자의 상대방이 가지는 확답촉구권은 권리자의 일방적 행위에 의하여 법률관계의 변동을 발생하게 하므로, 형성권이다.

(2) 요건

문제의 취소할 수 있는 행위를 지적하여 가리키고, 1개월 이상의 유예기간을 정하여, 추인하겠는지 여부의 확답을 요구한다(제15조 제1항).

(3) 상대방

확답촉구의 상대방은 촉구를 수령할 능력이 있고, 취소 또는 추인을 할 수 있는 자에 한한다. 즉 제한능력자는 그가 능력자가 된 후에만 촉구의 상대방이 될 수 있고, 아직 능력자가 되지 못한 때에는 그의 법정대리인이 촉구의 상대방이다. 따라서 능력자가 되지 못한 제한능력자에 대하여 확답촉구를 하여도 촉구의 효과는 생기지 않는다.

(4) 효과

1) 내용

확답촉구를 받은 자가 유예기간 내에 추인 또는 취소의 확답을 하면, 그에 따른 효과가 생긴다. 그러나 이것은 추인 또는 취소라는 의사표시의 효과이고, 확답촉구 자체의 효과는 아니다. 촉구 자체의 효과가 생기는 것은 유예기간 내에 확답이 없는 경우이다.

2) 제한능력자가 능력자 된 후

확답촉구를 받고 유예기간 내에 확답을 발송하지 않으면 그 행위를 추인한 것으로 본다. 따라서 유예기간이 지난 후에 취소의 회답을 발송하더라도 추인한 것이 된다.

3) 제한능력자가 능력자가 되지 못한 경우(법정대리인이 확답촉구를 받은 경우)

법정대리인이 단독으로 추인할 수 있는 경우에는 그 행위를 추인한 것으로 본다(제15조 제2·3항). 그러나 단독으로 추인하지 못하고 특별한 절차를 밟아야 하는 경우에는, 유예기간 내에 확답을 발송하지 않으면 취소한 것으로 본다. 여기서 '특별한 절차'란 친족회의 동의절차를 의미했으나 친족회가 폐지되고, 후견감독인의 동의를 받는 것으로 변경되었다(제950조).

> **제950조(후견감독인의 동의를 필요로 하는 행위)** ① 후견인이 피후견인을 대리하여 다음 각 호의 어느 하나에 해당하는 행위를 하거나 미성년자의 다음 각 호의 어느 하나에 해당하는 행위에 동의를 할 때는 후견감독인이 있으면 그의 동의를 받아야 한다.
> 1. 영업에 관한 행위
> 2. 금전을 빌리는 행위
> 3. 의무만을 부담하는 행위
> 4. 부동산 또는 중요한 재산에 관한 권리의 득실변경을 목적으로 하는 행위
> 5. 소송행위
> 6. 상속의 승인, 한정승인 또는 포기 및 상속재산의 분할에 관한 협의

(5) 제한능력자의 상대방에 대한 촉구권과 무권대리인 상대방의 최고권과의 비교

> **제131조(상대방의 최고권)** 대리권 없는 자가 타인의 대리인으로 계약을 한 경우에 상대방은 상당한 기간을 정하여 본인에게 그 추인여부의 확답을 최고할 수 있다. 본인이 그 기간 내에 확답을 발하지 아니한 때에는 추인을 거절한 것으로 본다.

구분	제한능력자 상대방의 촉구권(제15조)	무권대리인 상대방의 최고권(제131조)
성질	준법률행위(의사의 통지)	준법률행위(의사의 통지)
상대방	법정대리인 및 능력자로 된 자 (능력자로 되기 전의 무능력자에 대한 최고는 무효)	본인
상대방의 선의 요부	선의 不要	선의 不要
방법	취소할 수 있는 행위 적시, 1개월 이상 유예기간(제15조 제1항).	무권대리인의 행위 적시, 상당한 기간의 유예기간
효과	유예기간 내 확답여부에 따라 법정의 효과 발생(제15조 제1항~제3항) 추인간주가 원칙	확답을 발하지 않으면, 추인거절로 간주

2. 철회권과 거절권

> 제16조(제한능력자의 상대방의 철회권과 거절권) ① 제한능력자가 맺은 계약은 추인이 있을 때까지 상대방이 그 의사표시를 철회할 수 있다. 다만, 상대방이 계약 당시에 제한능력자임을 알았을 경우에는 그러하지 아니하다.
> ② 제한능력자의 단독행위는 추인이 있을 때까지 상대방이 거절할 수 있다.
> ③ 제1항의 철회나 제2항의 거절의 의사표시는 제한능력자에게도 할 수 있다.

(1) 철회권
철회권이란 제한능력자가 맺은 '계약'에 대하여 추인이 있을 때까지 상대방이 그 의사표시를 철회할 수 있는 권리를 말한다. 다만 상대방이 계약당시에 제한능력자임을 알았을 때 즉 악의인 경우에는 철회권을 행사할 수 없으므로, 선의이어야 한다.

(2) 거절권
제한능력자의 '단독행위'에 대하여 추인이 있을 때까지 상대방이 거절할 수 있는 권리를 말한다. 이 경우 상대방은 선의, 악의를 불문한다.

3. 비교

구분	촉구권(제15조)	철회권(제16조 제1항)	거절권(제16조 제2항)
성질	준법률행위(의사의 통지)	법률행위(의사표시)	준법률행위(의사의 통지)
상대방	법정대리인 및 능력자로 된 자 (능력자로 되기 전의 제한능력자에 대한 최고는 무효)	법정대리인 및 제한능력자 본인에 대해서도 가능 (제16조 제3항)	법정대리인 및 제한능력자 본인에 대해서도 가능 (제16조 제3항)
상대방의 선의 요부	선의 不要	선의 要(악의는 不可) (제16조 제1항 단서)	선의 不要 (통설)
방법	취소할 수 있는 행위 적시, 1개월 이상 유예기간 (제15조 제1항).	본인의 추인이 있기 전	본인의 추인이 있기 전
효과	유예기간 내 확답여부에 따라 법정의 효과 발생 (제15조 제1항 ~ 제3항)	취소와 동일하게 계약의 소급적 소멸효과 발생	상대방이 있는 단독행위(예 채무면제)의 소급적 소멸효과 발생

4. 속임수(사술)

> 제17조(제한능력자의 속임수) ① 제한능력자가 속임수로써 자기를 능력자로 믿게 한 경우에는 그 행위를 취소할 수 없다.
> ② 미성년자나 피한정후견인이 속임수로써 법정대리인의 동의가 있는 것으로 믿게 한 경우에도 제1항과 같다.

(1) 속임수의 의미

판례는 "민법 제17조에 이른바 '무능력자가 사술로써 능력자로 믿게 한 때'라 함은 무능력자가 상대방으로 하여금 그 능력자임을 믿게 하기 위하여 적극적으로 사기수단을 쓴 것을 말하는 것으로서 단순히 자기가 능력자라 사언함은 동조에 이른바 사술을 쓴 것이라고 할 수 없다 할 것이므로, 본건에 있어서 미성년자인 원고가 본건 매매계약 당시 원고 본인이 스스로 사장이라고 말하였다거나 또는 동석한 소외인이 상대방인 피고에 대하여 원고를 중앙전선 주식회사의 사장이라고 호칭한 사실이 있었다 하더라도 이것만으로써는 이른바 사술을 쓴 경우에 해당되지 아니한다 할 것이므로 이와 같은 견해의 취지에서 판단한 원판결은 정당하고, 원판결에는 법률의 해석적용을 그릇한 위법은 없다 할 것이므로 논지들은 받아들일 수 없다(대판 1971.12.24. 71다2045)."고 한다. 그러나 통설은 적극적인 기망수단을 쓴 경우는 물론 자기가 능력자라고 칭하거나 단순한 침묵도 속임수가 될 수 있다고 한다.

(2) 속임수의 증명책임

미성년자와 계약을 체결한 상대방이 미성년자의 취소권을 배제하기 위하여 본조 소정의 미성년자가 사술을 썼다고 주장하는 때에는 그 주장자인 상대방 측에 그에 대한 증명책임이 있다(대판 1971.12.24. 71다2045).

(3) 피성년후견인의 속임수

피성년후견인이 속임수로써 법정대리인의 동의가 있는 것으로 믿게 한 경우에는 그 행위를 취소할 수 있다. 피성년후견인은 법정대리인의 동의가 있어도 취소할 수 있으므로, 속임수가 되지 않기 때문이다. 다만 피성년후견인이 미성년자 또는 피한정후견인이라고 말하면서 법정대리인의 동의서를 제시하여 법률행위를 한 경우에도 민법 제17조 제1항의 제한능력자가 속임수로써 자기를 능력자로 믿게 한 경우에 해당하여 취소권을 상실하게 된다(다수설). 이에 대해 피성년후견인이라고 칭하든 피한정후견인이라고 칭하든 그 주체가 피성년후견인인 이상 취소권이 상실되지 않는다는 견해(김형배)도 주장되고 있다.

제3관 주소

Ⅰ. 의의

주소라 함은 사람이 일정한 장소와 밀접한 관련을 가지고 법률관계를 형성·유지하기 위한 사람의 생활관계의 중심지를 말한다. 즉 주소란 생활의 근거되는 곳이다(제18조 제1항).

Ⅱ. 주소의 결정

> 제18조(주소) ① 생활의 근거되는 곳을 주소로 한다. - 실질주의
> ② 주소는 동시에 두곳이상 있을 수 있다. - 복수주의

1. 형식주의와 실질주의

주소를 정하는 기준으로 형식적 기준에 의하여 획일적으로 정하는 형식주의, 생활의 실질적 관계에 따라 구체적으로 정하는 실질주의가 있는데, 민법은 실질주의에 입각하고 있다.

2. 객관주의와 의사주의

주소의 설정 또는 변경과 관련하여 정주의 사실만 있으면 된다는 객관주의와 정주의 사실 외에 정주의 의사도 필요하다는 의사주의가 있다. 민법은 명문의 규정은 없으나, 제한능력자를 위한 법정주소를 규정하고 있지 않고, 실질주의를 취하고 있는 점을 고려하면 민법은 객관주의를 전제하고 있다.

3. 단일주의와 복수주의

주소의 개수에 대해 1개만을 인정하는 단일주의, 여러 개를 인정하는 복수주의가 있고, 민법은 복수주의를 취하고 있다.

Ⅲ. 주소의 효과

부재 및 실종의 표준(제22조, 제27조), 변제의 장소(제467조), 상속개시지(제998조), 어음행위의 장소(어음법 제2조 제2항, 수표법 제8조), 재판관할의 표준(민사소송법 제2조), 민사소송법상의 부가기간(민사소송법 제172조), 국제사법상 준거법 결정표준(국제사법 제2조, 제7조, 제11조, 제14조), 귀화 및 국적회복의 요건(국적법 제5조 ~ 제7조, 제14조)이 된다.

Ⅳ. 거소, 현재지, 가주소

> 제19조(거소) 주소를 알 수 없으면 거소를 주소로 본다.
> 제20조(거소) 국내에 주소 없는 자에 대하여는 국내에 있는 거소를 주소로 본다.
> 제21조(가주소) 어느 행위에 있어서 가주소를 정한 때에는 그 행위에 관하여는 이를 주소로 본다.

1. 거소

주소는 아니지만 사람이 다소의 기간 계속하여 거주하는 장소로서 그 장소와의 밀접한 정도가 주소에 미치지 못하는 것을 말한다. 주소를 알 수 없을 때, 국내에 주소가 없는 자는 거소를 주소로 간주한다(제19조, 제20조).

2. 현재지

현재지에 특별한 법률효과는 부여되지 않고 다만 거소에 포함되는 경우가 있다. 민법 제19조, 제20조의 거소는 현재지를 포함하는 개념이다.

3. 가주소

어떤 특별한 법률관계에 관하여 법률상 주소에 갈음하는 것으로서, 가주소는 민법에 규정이 되어 있으므로 민법상 주소개념이다. 가주소란 당사자가 어떤 거래관계에서 일정한 장소를 정하여 그 거래관계에 관하여 주소로서의 법적 기능을 부여한 장소를 말하므로, 생활의 근거가 될 필요는 없다. 즉 가주소는 당사자의 의사에 의하여 설정되고, 따라서 제한능력자는 독자적으로 가주소를 설정할 수 없으며, 당해 거래관계에 관하여 주소로서의 효과를 가진다.

4. 주민등록지

주민등록법상 주민등록이 등재되어 있는 장소로서 30일 이상 거주할 목적으로 일정한 장소에 주거 또는 거소를 갖는 자가 등록한다. 주민등록은 주택임차권을 공시하는 기능을 한다.

제4관 부재와 실종

I. 서설

사람이 주소를 떠나서 쉽게 돌아올 가망이 없는 경우 민법은 1차적으로는 부재자의 재산관리제도에 의하여, 2차적으로는 실종제도에 의하여 그 사람의 법률관계를 규율하고 있다.

II. 부재자의 재산관리

> 제22조(부재자의 재산의 관리) ① 종래의 주소나 거소를 떠난 자가 재산관리인을 정하지 아니한 때에는 법원은 이해관계인이나 검사의 청구에 의하여 재산관리에 관하여 필요한 처분을 명하여야 한다. 본인의 부재중 재산관리인의 권한이 소멸한 때에도 같다.
> ② 본인이 그 후에 재산관리인을 정한 때에는 법원은 본인, 재산관리인, 이해관계인 또는 검사의 청구에 의하여 전항의 명령을 취소하여야 한다.

1. 부재자의 의미

종래의 주소 또는 거소를 떠나서 용이하게 돌아올 가능성이 없어서 그의 재산을 관리하여야 할 필요가 있는 자를 말한다. 따라서 부재자는 실종선고와는 달리 반드시 생사불명일 필요는 없다(대판 1971.10.22. 71다1636). 특히 자연인이 아닌 법인에 대해서는 부재자의 개념을 인정할 수 없다(대결 1965.2.9. 64스9).

2. 부재자 재산의 관리

(1) 부재자 자신이 관리인을 둔 경우

1) 원칙

이 경우 재산관리인은 부재자의 수임인이며, 임의대리인이므로 위임에 관한 규정(제680조 이하)에 의하여 규율된다(대판 1973.7.24. 72다2136). 따라서 관리인의 권한과 관리의 방법 등은 부재자와 관리인 사이의 계약 및 제118조에 의하여 결정된다. 그러므로 부재자로부터 재산처분권을 위임받은 재산관리인은 그 재산을 처분할 때에 법원의 허가를 얻을 필요가 없다.

2) 예외

> **제23조(관리인의 개임)** 부재자가 재산관리인을 정한 경우에 부재자의 생사가 분명하지 아니한 때에는 법원은 재산관리인, 이해관계인 또는 검사의 청구에 의하여 재산관리인을 개임할 수 있다.

① 부재자 본인의 부재중 재산관리인의 권한이 소멸한 때에 법원은 이해관계인이나 검사의 청구에 의하여 재산관리에 관하여 필요한 처분을 명하여야 한다.
② 부재자가 재산관리인을 정한 경우에도 부재자의 생사가 분명하지 아니한 때에는 법원은 재산관리인, 이해관계인 또는 검사의 청구에 의하여 재산관리인을 개임(改任, 다른 사람으로 바꾸어 임명함)할 수 있다.

(2) 부재자 자신이 관리인을 두지 않은 경우

1) 불간섭의 원칙

부재자가 관리인을 두고 떠난 경우에는 법원이 간섭하지 않음이 원칙이나, 관리인을 두지 않고 떠난 경우에는 일정한 자의 청구에 의하여 가정법원이 재산관리에 필요한 처분을 명해야 한다.

2) 재산관리에 필요한 처분 명령

종래의 주소나 거소를 떠난 자가 재산관리인을 정하지 아니한 때에는 법원은 이해관계인이나 검사의 청구에 의하여 재산관리에 관하여 필요한 처분을 명하여야 한다.

3) 재산관리인

① 의의

이 경우의 부재자재산관리인은 일종의 법정대리인이다(다수설). 하지만 선임관리인에게는 대리적 효과의사가 없으므로 그의 행위를 대리행위로 보는 것은 의제적이라는 견해도 있다(곽윤직).

② 직무

> **제24조(관리인의 직무)** ① 법원이 선임한 재산관리인은 관리할 재산목록을 작성하여야 한다.
> ② 법원은 그 선임한 재산관리인에 대하여 부재자의 재산을 보존하기 위하여 필요한 처분을 명할 수 있다.
> ③ <u>부재자의 생사가 분명하지 아니한 경우에 이해관계인이나 검사의 청구가 있는 때에는 법원은 부재자가 정한 재산관리인에게 전2항의 처분을 명할 수 있다.</u>
> ④ 전3항의 경우에 그 비용은 부재자의 재산으로써 지급한다.

③ 담보 제공 및 보수

> 제26조(관리인의 담보제공, 보수) ① 법원은 그 선임한 재산관리인으로 하여금 재산의 관리 및 반환에 관하여 상당한 담보를 제공하게 할 수 있다.
> ② 법원은 그 선임한 재산관리인에 대하여 부재자의 재산으로 상당한 보수를 지급할 수 있다.
> ③ 전2항의 규정은 부재자의 생사가 분명하지 아니한 경우에 부재자가 정한 재산관리인에 준용한다.

3. 가정법원의 허가

> 제25조(관리인의 권한) 법원이 선임한 재산관리인이 제118조에 규정한 권한을 넘는 행위를 함에는 법원의 허가를 얻어야 한다. 부재자의 생사가 분명하지 아니한 경우에 부재자가 정한 재산관리인이 권한을 넘는 행위를 할 때에도 같다.
>
> 제118조(대리권의 범위) 권한을 정하지 아니한 대리인은 다음 각호의 행위만을 할 수 있다.
> 1. 보존행위
> 2. 대리의 목적인 물건이나 권리의 성질을 변하지 아니하는 범위에서 그 이용 또는 개량하는 행위

(1) 원칙

법원이 선임한 재산관리인이 제118조에 규정한 권한을 넘는 행위를 함에는 법원의 허가를 얻어야 한다. 부재자의 생사가 분명하지 아니한 경우에 부재자가 정한 재산관리인이 권한을 넘는 행위를 할 때에도 같다.

(2) 허가의 방법

허가받은 재산에 대한 장래의 처분행위 뿐 아니라 기왕의 처분행위를 추인하는 방법으로도 할 수 있다. 따라서 관리인이 허가 없이 부재자 소유 부동산을 매각한 경우라도 사후에 법원의 허가를 얻어 이전등기절차를 경료하게 하였다면 추인에 의하여 유효한 처분행위로 된다(대판 1982.9.14. 80다3063, 대판 1982.12.14. 80다1872). 그리고 부재자 재산관리인의 부재자 소유 부동산에 대한 매매계약에 관하여 법원의 허가를 받지 아니하였다는 이유로 소유권이전등기청구소송의 패소판결이 확정된 후 그 권한초과행위에 대하여 법원의 허가를 받게 되면 다시 그 매매계약에 기한 소유권이전등기청구의 소를 제기할 수 있다. 또한 부재자 재산관리인이 권한을 초과하여 체결한 부동산 매매계약에 관하여 허가신청절차를 이행하기로 약정하고도 이를 이행하지 않는 경우, 상대방은 부재자 재산관리인을 상대로 허가신청절차의 이행을 구할 수 있다(대판 2002.1.11. 2001다41971).

(3) 허가를 요하지 않는 경우

부재자의 재산에 대한 임대료 청구 또는 불법행위로 인한 손해배상청구는 허가를 요하지 않는다(대판 1957.10.14. 4290민재항104). 부재자의 재산관리인이 부재자의 권리보존에 전적으로 이익이 되는 내용의 화해를 함에 있어서는 법원의 허가를 요하지 않는다(대판 1962.11.1. 62다582). 부동산소유권이전등기말소등기절차이행청구나 인도청구는 보존행위에 불과하므로 법원의 허가 없이 할 수 있다(대판 1964.7.23. 64다108). 부재자재산관리인이 부재자를 위한 소송비용 때문에 피고로부터 돈을 차용하고 그 돈을 임대보증금으로 하여 본건 임야를 골프장을 하는 피고에게 임대하였다면 이는 성질을 변하지 아니한 이용 또는 개량행위로서 법원의 허가를 요하지 않는다(대판 1980.11.11. 79다2164).

(4) 허가의 취소

법원의 허가를 얻어 권한초과행위를 한 후에는 그 허가결정이 취소되더라도 소급효가 없으며, 취소전의 처분행위는 유효하다(대판 1960.2.4. 4291민상636). 그리고 법원에 의하여 부재자재산관리인으로 선임된 자는 그 부재자의 사망이 확인된 후라 할지라도 위 선임결정이 취소되지 않는 한 관리인으로서의 권한이 소멸하지 않고(대판 1971.3.23. 71다189; 대판 1991.11.25. 91다11810), <u>부재자 재산관리인으로서 권한초과행위의 허가를 받고 그 선임결정이 취소되기 전에 위 권한에 의하여 이루어진 행위는 부재자에 대한 실종선고기간이 만료된 뒤에 이루어졌다고 하더라도 유효하다</u>(대판 1981.7.28. 80다2668).

(5) 권한초과행위

법원의 허가가 있었더라도 그 처분은 부재자의 이익을 위한 것에 한정되고, 부재자의 이익을 위한 정당한 관리행위가 아닌 때에는 그 권한범위를 일탈한 것으로서 무권대리로 되고 표현대리가 성립하지 않는 한 본인에 대하여 효력이 없다. 그러므로, 관리인이 법원의 매각처분허가를 얻었더라도 부재자와 아무 관계없는 남의 채무의 담보를 위하여 부재자 재산에 근저당권을 설정한 때에는 달리 그 권한이 있다고 믿음에 정당한 이유가 없는 한 상대방은 선의, 무과실이라 볼 수 없고 본인은 책임이 없다(대판 1976.12.21. 75마551; 대판 1977.11.8. 77다1159).

III. 실종선고

1. 의의

원래 자연인이 권리능력을 상실하는 것은 사망의 경우이다. 그러나 종래의 주소나 거소를 떠난 자가 사망의 개연성이 높음에도 사망의 증명이 없다고 하여 생존한 것으로 본다면 부재자의 이해관계인에게 불이익을 줄 수 있다. 이러한 불이익을 제거하기 위하여 생사불명상태가 일정기간 계속되는 경우 가정법원의 선고에 의하여 부재자를 사망한 것으로 보는 제도가 실종선고제도이다.

2. 요건

(1) 실질적 요건

1) 생사불명

생사불명이란 생존의 증명도, 사망의 증명도 없는 상태를 말하며, 청구권자와 가정법원에 부재자의 생사 여부가 불분명하면 된다. 판례는 가족관계등록부(구 호적부)상 이미 사망한 것으로 기재되어 있는 자에게는 가족관계등록부의 추정력 때문에 실종선고를 할 수 없다[1]고 하였다(대결 1997.11.27. 97스4).

---

[1] 가족관계등록부의 기재사항은 이를 번복할 만한 명백한 반증이 없는 한 진실에 부합하는 것으로 추정되고, 특히 가족관계등록부의 사망기재는 쉽게 번복할 수 있게 해서는 안 되며, 그 기재내용을 뒤집기 위해서는 사망신고 당시에 첨부된 서류들이 위조 또는 허위조작된 문서임이 증명되거나 신고인이 공정증서원본불실기재죄로 처단되었거나 또는 사망으로 기재된 본인이 현재 생존해 있다는 사실이 증명되고 있을 때, 또는 이에 준하는 사유가 있을 때 등에 한해서 가족관계등록부상의 사망기재의 추정력을 뒤집을 수 있을 뿐이고, 그러한 정도에 미치지 못한 경우에는 그 추정력을 깰 수 없다 할 것이므로, 가족관계등록부상 이미 사망한 것으로 기재되어 있는 자는 그 가족관계등록부상 사망기재의 추정력을 뒤집을 수 있는 자료가 없는 한 그 생사가 불분명한 자라고 볼 수 없어 실종선고를 할 수 없다(대결 1997.11.27. 97스4).

2) 실종기간의 경과

> 제27조(실종의 선고) ① 부재자의 생사가 5년간 분명하지 아니한 때에는 법원은 이해관계인이나 검사의 청구에 의하여 실종선고를 하여야 한다.
> ② 전지에 임한 자, 침몰한 선박 중에 있던 자, 추락한 항공기 중에 있던 자 기타 사망의 원인이 될 위난을 당한 자의 생사가 전쟁종지 후 또는 선박의 침몰, 항공기의 추락 기타 위난이 종료한 후 1년간 분명하지 아니한 때에도 제1항과 같다. <개정 1984.4.10>

① 보통실종
실종기간은 5년이며, 부재자의 생존을 증명할 수 있는 최후의 시점을 그 기산점으로 한다.

② 특별실종
실종기간은 1년이다. 각각의 유형에 따라 그 기산점이 다르다. 특히 전쟁종지 후라 함은 항복선언 또는 휴전이나 정전선언 시에 기산되며, 강화조약이 체결된 때가 아니다.

> **참조판례** 실종선고의 요건
> [1] 민법 제27조의 문언이나 규정의 체계 및 취지 등에 비추어, 그 제2항에서 정하는 "사망의 원인이 될 위난"이라고 함은 화재·홍수·지진·화산 폭발 등과 같이 일반적·객관적으로 사람의 생명에 명백한 위험을 야기하여 사망의 결과를 발생시킬 가능성이 현저히 높은 외부적 사태 또는 상황을 가리킨다.
> [2] 甲이 잠수장비를 착용한 채 바다에 입수하였다가 부상하지 아니한 채 행방불명되었다 하더라도, 이는 "사망의 원인이 될 위난"이라고 할 수 없다는 원심판단이 정당하다(대결 2011.1.31. 2010스165).

(2) 절차적 요건

1) 이해관계인 또는 검사의 청구

① 이해관계인
부재자의 사망으로 직접적으로 신분상 또는 경제상의 권리를 취득하거나 의무를 면하게 되는 자만을 뜻한다. 배우자, 상속인, 법정대리인, 재산관리인 등을 의미한다는 점에서 부재자재산관리를 청구할 수 있는 이해관계인의 범위와 다르다. 판례는 부재자의 자매로서 제3순위 상속인에 불과한 자는 부재자에 대한 실종선고의 여부에 따라 상속지분에 차이가 생긴다고 하더라도 위 부재자의 사망 간주시기에 다른 간접적인 영향에 불과하고 부재자의 실종선고 자체를 원인으로 한 직접적인 결과는 아니므로 부재자에 대한 실종선고를 청구할 이해관계인이 될 수 없다고 한다(대판 1986.10.10. 86스20; 대결 2008.8.28. 2008스20). 그리고 직접적 이해관계인을 의미하므로 부재자의 상속인의 내연의 처로부터 재산을 매수한 자는 실종선고를 청구할 수 있는 이해관계인이 아니라고 한다(대결 1961.11.23. 4294민재항1). 또한 실종선고를 받은 피상속인이 청구인이 주장하는 시점에 사망하였다 하더라도 그 당시 자식 없이 생존해 있던 처가 민법 시행 전의 관습상 제1순위 상속인이므로, 피상속인의 조카로서 후순위 상속인에 불과한 청구인은 실종선고 취소를 청구할 이해관계인이 될 수 없다(대결 2008.8.28. 2008스20).

② 검사

공익의 대표자로서 청구권자이다. 부재자의 생사불명이 장기간 계속되어 법률관계가 정리되지 않고 방치되는 것은 공익에 반하는 것이고 국가는 상속세 취득의 이익이 있기 때문에 국가를 대표하는 검사에게 청구권을 인정한 것은 정당하다 할 것이다[1].

2) 공시최고

실종선고 청구를 받은 가정법원은 부재자 자신 또는 부재자의 생사를 알고 있는 자에 대하여 신고하도록 6월 이상 공고하여야 한다(공시최고, 가사소송규칙 제53조, 제54조). 공시최고기간이 지나도 신고가 없으면, 가정법원은 반드시 실종선고를 하여야 한다(제27조 제1항, 필요적 선고). 다만 실종선고를 취소하는 경우에는 공시최고가 필요 없다.

3. 실종선고의 효과

> 제28조(실종선고의 효과) 실종선고를 받은 자는 전조의 기간이 만료한 때에 사망한 것으로 본다.

(1) 사망간주의 해석

실종선고가 확정되면 실종선고를 받은 자는 사망한 것으로 본다. 따라서 그에 의하여 상속이 일어나고, 혼인이 해소되어 실종자의 배우자는 재혼할 수도 있다. 이러한 효과는 청구인 뿐 아니라 모든 사람에게 일어난다. 그리고 판례는 이미 실종선고가 있었는데도 다른 사람의 청구에 의하여 다시 실종선고가 있었다면, 앞의 실종선고에 의하여 실종자의 법률관계가 정리되어야 한다고 보았다(대판 1995.12.22. 95다12736[2]). 사망 간주이므로, 추정과는 달리 실종자의 생존 기타 반증을 들어 선고의 효과를 다투지 못하며, 사망의 효과를 저지하려면 실종선고를 취소하여야 한다(대판 1995.2.17. 94다52751). 사망한 것으로 추정하는 인정사망과 다르고, 실종선고는 종래의 주소와 거소를 중심으로 한 사법상의 법률관계에 관하여만 사망한 것으로 간주할 뿐, 권리능력 자체를 박탈하는 제도는 아니다. 따라서 실종선고를 받았지만 실종선고가 취소되지 않은 실종자는 다른 주소지에서 계약을 체결할 수 있다. 그리고 실종의 효과는 원칙적으로 선거권 등 공법상의 법률관계에는 영향을 미치지 않는다[3].

---

[1] 주석 민법(총칙 1), 421면
[2] 실종자에 대하여 1950.7.30. 이후 5년간 생사불명을 원인으로 이미 1988.11.26. 실종선고가 되어 확정되었는데도, 그 이후 타인의 청구에 의하여 1992.12.28. 새로이 확정된 실종신고를 기초로 상속관계를 판단한 것은 잘못이다. 민법부칙(1977.12.31.) 제6항 및 민법부칙 제25조 제2항에 의하면 실종기간이 1977.12.31. 이전에 만료된 때에는 실종선고가 그 이후에 되었더라도 위 개정 전의 민법이 적용되는 것이고, 그 실종기간이 민법 시행 전의 구법 시행기간 중에 만료하는 때에도 그 실종이 민법 시행일 이후에 선고된 때에는 그 상속순위, 상속분 기타 상속에 관하여는 민법의 규정을 적용하여야 한다(대판 1995.12.22. 95다12736).
[3] 다만 주민등록법 제13조의2, 시행령 제18조에 의하여 실종선고가 있으면 주민등록이 정리되고, 공직선거법 제15조에 의하면 주민등록이 되어 있지 않으면 선거권이 인정되지 않으므로, 실무상으로는 선거권을 행사할 수 없다.

(2) 판례

비록 실종자를 당사자로 한 판결이 확정된 후에 실종선고가 확정되어 그 사망간주의 시점이 소 제기 전으로 소급하는 경우에도 위 판결 자체가 소급하여 당사자능력이 없는 사망한 사람을 상대로 한 판결로서 무효가 된다고는 볼 수 없다(대판 1992.7.14. 92다2455). 부재자가 실종선고를 받은 경우에 실종자는 그가 사망한 것으로 간주되는 시기까지 생존한 것으로 간주된다(대판 1977.3.22. 77다81·82). 그리고 실종선고를 받지 않고 있는 경우 부재자는 생존한 것으로 추정한다. 다만 소송이 적법하게 계속된 후 당해 소송의 당사자에 대하여 실종선고가 확정된 경우에는 실종자가 사망하였다고 보는 시기는 실종기간이 만료한 때라 하더라도 소송상의 지위의 승계절차는 실종선고가 확정되어야만 비로소 이를 취할 수가 있는 것이므로 실종선고가 있기까지는 소송상 당사자능력이 없다고는 할 수 없고 소송절차가 법률상 그 진행을 할 수 없게 된 때, 즉 실종선고가 확정된 때에 소송절차가 중단된다(대판 1983.2.22. 82사18).

4. 실종선고의 취소

> 제29조(실종선고의 취소) ① 실종자의 생존한 사실 또는 전조의 규정과 상이한 때에 사망한 사실의 증명이 있으면 법원은 본인, 이해관계인 또는 검사의 청구에 의하여 실종선고를 취소하여야 한다. 그러나 실종선고후 그 취소전에 선의로 한 행위의 효력에 영향을 미치지 아니한다.
> ② 실종선고의 취소가 있을 때에 실종의 선고를 직접원인으로 하여 재산을 취득한 자가 선의인 경우에는 그 받은 이익이 현존하는 한도에서 반환할 의무가 있고 악의인 경우에는 그 받은 이익에 이자를 붙여서 반환하고 손해가 있으면 이를 배상하여야 한다.

(1) 소급효 - 원칙

선고가 취소되면 사망을 전제로 한 여러 가지 권리변동(재산상속, 신분관계의 변동)은 모두 소급하여 소멸한다.

(2) 소급효의 제한 - 예외

1) 제29조 제1항 단서

① 대상

실종선고 후 그 취소전의 행위를 말한다.

② 선의의 의미

㉠ 재산법상 행위

쌍방선의설[4], 일방선의설[5], 전득자선의설[6](전득자보호설), 절대적효력설[7] 등이 있다.

---

[4] 조문의 표현상 '행위'로 되어 있으나 그 행위는 예를 들어 매매계약·증여계약 그 자체를 가리키고 있는 것이므로 이에 관여한 당사자 쌍방이 선의이어야 한다고 한다(곽윤직).
[5] 재산관계에 대해서는 일률적으로 효력을 결정할 필요가 없으며, 선의자에 대해서는 행위의 효력을 인정하고, 악의자에 대해서는 무효로 하여 관계당사자의 선의·악의에 따라 개별적·독립적으로 그 효력을 인정하는 것이 타당하다고 한다(김주수).
[6] 실종자의 甲의 사망으로 직접 권리를 취득한 乙(수익자)과 그와 법률행위를 하여 그 실종자의 권리를 이전 받은 자 丙(전득자) 또는 丁(전전득자)의 경우 전득자나 전전득자가 선의인 이상 민법 제29조 제1항 단서를 적용할 수 있다는 견해이다(이은영).
[7] 실종선고를 직접원인으로 하여 재산을 취득한 乙로부터 그것을 양수한 丙이 선의이면, 乙·丙 쌍방이 선의인 경우는 물론 丙만이 선의인 경우에도 乙·丙의 양도행위는 민법 제29조 제1항 단서가 적용되어 丙은 확정적으로 소유권을 취득하고(절대적 구성), 그 후 전전득자 丁이 악의라도 권리를 유효하게 취득한다는 견해이다(고상룡).

ⓒ 가족법상 행위

통설은 쌍방의 선의를 요구한다고 하며, 적어도 어느 한쪽이 악의일 때는 전혼은 부활하나 이혼사유(제840조 제6호)가 있게 되고, 후혼은 중혼으로 취소될 수 있다는 견해(제816조 제1항)이다.

2) 제29조 제2항

① 실종선고를 직접원인으로 재산을 취득한 자

상속인, 수유자, 생명보험수익자, 사인증여의 수증자 등을 가리키며 전득자는 포함하지 않는다. 이 자들은 선의, 악의를 불문하고 반환하여야 하며 그 반환범위에만 차이가 있을 뿐이다.

② 반환범위

본조의 반환의무는 성질상 부당이득 반환의무이며, 반환범위도 수익자의 반환범위와 같다. 즉 실종선고를 직접원인으로 하여 재산을 취득한 자의 반환범위에 관한 특별규정이다(제748조).

제2절 법인

제1관 서설

I. 법인설립에 대한 입법주의

> 제31조(법인성립의 준칙) 법인은 법률의 규정에 의함이 아니면 성립하지 못한다.

1. 준칙주의

법률에서 미리 정한 법인설립의 요건을 충족한 때 당연히 법인이 성립하는 것으로 하는 주의이다. 그 조직내용을 공시하기 위하여 등기를 성립요건으로 하는 것이 보통이다. 각종의 영리법인(상법 제172조), 노동조합(노동조합 및 노동관계 조정법 제6조) 등에는 이 주의가 채용되어 있다.

2. 허가주의

법인이 성립되기 위해서는 행정관청의 자유재량에 의한 허가가 필요한 주의이다. 민법은 비영리법인에 대하여 이 주의를 채용하고 있다(제32조).

3. 인가주의

법률이 정한 요건을 갖추고 주무장관 그 밖의 관할관청의 인가를 얻으면 법인으로서 성립할 수 있게 하는 주의이다. 법무법인·지방변호사회·대한변호사협회·상공회의소·농업협동조합·중소기업협동조합·수산업협동조합·여객자동차운수사업조합·해운조합 등은 인가주의에 의하는 예이다. 인가주의에서는 허가주의와는 달리 법률이 정하고 있는 요건을 갖추고 있으면 인가권자는 반드시 이를 인가하여야 한다. 인가의 요건이 충족되어 있는데도 인가하지 않은 경우에는 법원의 사법적 심사의 대상이 된다.

4. 특허주의

특정법인을 설립하기 위해서는 그 법인의 설치를 목적으로 하는 특별법을 필요로 하는 주의이다. 예를 들어 한국은행, 한국마사회, 각종 공사 등은 특허주의에 의한 법인들이다.

5. 강제주의

법인의 설립을 국가가 강제하는 주의이다. 의료인 단체의 중앙회와 그 지부, 약사회 등이 그 예이다. 그리고 일정한 지역 내의 일부 유자격자가 법인을 결성한 때, 그 지역 내의 유자격자는 설립행위에 참여하지 않은 경우에도 당연히 그 회원이 되는 것으로 하는 가입강제도 일종의 강제주의이다. 예를 들어 일부의 상공회의소가 공동하여 대한상공회의소를 설립한 때에는 다른 상공회의소는 당연히 그 회원이 되는데, 이는 가입강제의 한 예가 된다(상공회의소법 제34조, 제37조).

II. 법인의 의의 및 종류

1. 의의

법인이란 구성원과는 독립된 주체로서 단체 그 자체를 인정하고, 단체 그 자체에 권리, 의무의 주체성을 인정하는 것을 말한다.

2. 종류

(1) 공법인과 사법인

1) 공법인

사적자치의 원칙이 적용되지 않는 법인으로서 국가에 설립되고 법인의 조직 등이 법률로 정해지며 기관 및 구성원에 대해 국가가 관여하고 해산의 자유가 제한되는 법인을 말한다.

2) 사법인

사적자치의 원칙이 적용되는 법인으로서 당사자가 자발적으로 설립하여 자율적으로 운영하며 자진해서 해산할 수 있는 법인을 말한다.

(2) 영리법인과 비영리법인

> 제39조(영리법인) ① 영리를 목적으로 하는 사단은 상사회사설립의 조건에 좇아 이를 법인으로 할 수 있다.
> ② 전항의 사단법인에는 모두 상사회사에 관한 규정을 준용한다.

1) 영리법인
구성원의 이익을 위하여 법인의 이익을 구성원에게 분배하여 경제적 이익을 주는 것을 목적으로 하는 법인을 말한다. 특히 재단법인은 이익을 분배할 사원이 없으므로 성질상 모두 비영리법인이 된다. 따라서 영리법인은 모두 사단법인이며, 상법의 규율을 받는다.

2) 비영리법인
학술·종교·자선 등 영리를 목적으로 하지 않는 사단법인 또는 재단법인을 말한다(제32조).

(3) 사단법인과 재단법인

1) 사단법인
일정한 목적하에 이루어진 다수인의 결합체로서, 그 구성원의 가입·탈퇴에 관계없이 존속하며, 대내적으로 그 결합체의 의사를 결정하고 업무를 집행할 기관에 관한 정함이 있고, 대외적으로 그 결합체를 대표할 대표자나 관리인의 정함이 있는 것을 말한다. 영리법인과 비영리법인이 있다.

2) 재단법인
일정한 목적에 바쳐진 재산의 존재를 요소로 하며, 법인설립자(= 재산출연자)의 의사에 의하여 정해진 대로 활동하며 의사결정기관을 별도로 갖지 않는 법인을 말한다. 비영리법인이 된다.

Ⅲ. 비영리법인의 설립

> 제31조(법인성립의 준칙) 법인은 법률의 규정에 의함이 아니면 성립하지 못한다.
> 제32조(비영리법인의 설립과 허가) 학술, 종교, 자선, 기예, 사교 기타 영리 아닌 사업을 목적으로 하는 사단 또는 재단은 주무관청의 허가를 얻어 이를 법인으로 할 수 있다.

1. 비영리사단법인의 설립

(1) 목적의 비영리성
비영리란 구성원의 이익을 목적으로 하지 않는 사업을 말하며, 반드시 공익을 목적으로 할 필요는 없다.

(2) 정관의 필요적 기재사항(제40조)
목적, 명칭, 사무소의 소재지, 자산에 관한 규정, 이사의 임면에 관한 규정, 사원자격 득실에 관한 규정, 존립 시기나 해산 사유를 정한 때에는 그 시기 또는 사유를 반드시 기재하여야 한다.

(3) 정관의 임의적 기재사항
사단법인의 근본원칙이 될 수 있는 사항(총회소집절차, 이사의 대표권제한, 감사의 임면)을 기재할 수 있다.

(4) 주무관청의 허가(제32조)

법인의 목적이 2개 이상의 행정관청의 소관사항인 때에는 그들 관청의 허가를 모두 얻어야 한다. 그리고 비영리법인의 설립허가를 할 것인지 여부는 주무관청의 정책적 판단에 따른 재량에 맡겨져 있다[1] (대판 1996.9.10. 95누18437).

(5) 설립등기(제33조)

> 제33조(법인설립의 등기) 법인은 그 주된 사무소의 소재지에서 설립등기를 함으로써 성립한다.

설립등기는 사단법인의 성립요건이다.

2. 비영리재단법인의 설립

(1) 목적의 비영리성

비영리사단법인의 경우에 준하지만, 정관의 필요적 기재사항은 목적, 명칭, 사무소의 소재지, 자산에 관한 규정, 이사의 임면에 관한 규정 등에 한정된다.

(2) 설립행위

재단법인의 설립자는 일정한 재산을 출연하고, 정관을 작성하여야 한다(제43조). 재산출연행위가 있어야 하는 점이 사단법인 설립행위와 근본적으로 다르다.

3. 재단법인 설립행위

(1) 증여·유증에 관한 규정의 준용

> 제47조(증여, 유증에 관한 규정의 준용) ① 생전처분으로 재단법인을 설립하는 때에는 증여에 관한 규정을 준용한다.
> ② 유언으로 재단법인을 설립하는 때에는 유증에 관한 규정을 준용한다.
>
> 제555조(서면에 의하지 아니한 증여와 해제) 증여의 의사가 서면으로 표시되지 아니한 경우에는 각 당사자는 이를 해제할 수 있다.
>
> 제557조(증여자의 재산상태변경과 증여의 해제) 증여계약후에 증여자의 재산상태가 현저히 변경되고 그 이행으로 인하여 생계에 중대한 영향을 미칠 경우에는 증여자는 증여를 해제할 수 있다.
>
> 제559조(증여자의 담보책임) ① 증여자는 증여의 목적인 물건 또는 권리의 하자나 흠결에 대하여 책임을 지지 아니한다. 그러나 증여자가 그 하자나 흠결을 알고 수증자에게 고지하지 아니한 때에는 그러하지 아니하다.
> ② 상대부담 있는 증여에 대하여는 증여자는 그 부담의 한도에서 매도인과 같은 담보의 책임이 있다.

---

[1] 민법은 제31조에서 "법인은 법률의 규정에 의함이 아니면 성립하지 못한다."고 규정하여 법인의 자유설립을 부정하고 있고, 제32조에서 "학술, 종교, 자선, 기예, 사교 기타 영리 아닌 사업을 목적으로 하는 사단 또는 재단은 주무관청의 허가를 얻어 이를 법인으로 할 수 있다."고 규정하여 비영리법인의 설립에 관하여 허가주의를 채용하고 있으며, 현행 법령상 비영리법인의 설립허가에 관한 구체적인 기준이 정하여져 있지 아니하므로, 비영리법인의 설립허가를 할 것인지 여부는 주무관청의 정책적 판단에 따른 재량에 맡겨져 있다. 따라서 주무관청의 법인설립 불허가처분에 사실의 기초를 결여하였다든지 또는 사회관념상 현저하게 타당성을 잃었다는 등의 사유가 있지 아니하고, 주무관청이 그와 같은 결론에 이르게 된 판단과정에 일응의 합리성이 있음을 부정할 수 없는 경우에는, 다른 특별한 사정이 없는 한 그 불허가처분에 재량권을 일탈·남용한 위법이 있다고 할 수 없다.

1) 증여규정의 준용

증여가 계약이라는 점에 기초한 규정은 준용할 수 없으나, 제555조, 제557조, 제559조는 준용할 수 있다.

2) 유증규정의 준용

유언의 방식에 관한 규정, 유언의 효력에 관한 규정 등은 준용할 수 있다.

3) 착오취소규정 적용 가능성

서면에 의하지 않은 증여의 경우 출연행위를 해제할 수 있고, 서면에 의한 증여의 경우에는 해제할 수 없으나, 다만 착오에 의한 의사표시로서 취소할 수 있다(대판 1999.7.9. 98다9045). 즉 민법 제47조 제1항에 의하여 생전처분으로 재단법인을 설립하는 때에 준용되는 민법 제555조는 "증여의 의사가 서면으로 표시되지 아니한 경우에는 각 당사자는 이를 해제할 수 있다."고 함으로써 서면에 의한 증여(출연)의 해제를 제한하고 있으나, 그 해제는 민법 총칙상의 취소와는 요건과 효과가 다르므로 서면에 의한 출연이더라도 민법 총칙규정에 따라 출연자가 착오에 기한 의사표시라는 이유로 출연의 의사표시를 취소할 수 있고, 상대방 없는 단독행위인 재단법인에 대한 출연행위라고 하여 달리 볼 것은 아니다(대판 1999.7.9. 98다9045).

(2) 출연재산의 귀속시기

> 제48조(출연재산의 귀속시기) ① 생전처분으로 재단법인을 설립하는 때에는 출연재산은 법인이 성립된 때로부터 법인의 재산이 된다.
> ② 유언으로 재단법인을 설립하는 때에는 출연재산은 유언의 효력이 발생한 때로부터 법인에 귀속한 것으로 본다.
>
> 제186조(부동산물권변동의 효력) 부동산에 관한 법률행위로 인한 물권의 득실변경은 등기하여야 그 효력이 생긴다.

1) 물권의 경우

학설은 제48조 우선 적용설과 제186조 우선 적용설이 있다. 판례는 "재단법인을 설립함에 있어서 출연재산은 그 법인이 성립된 때로부터 법인에 귀속된다는 제48조의 규정은 출연자와 법인과의 관계를 상대적으로 결정하는 기준에 불과하여, 출연재산이 부동산인 경우 출연자와 법인 사이에는 법인의 성립 외에 등기를 필요로 하는 것은 아니지만, 제3자에 대한 관계에 있어서는 출연행위는 법률행위이므로 출연재산의 법인에의 귀속에는 등기를 필요로 한다(대판 1979.12.11. 78다481 전합)."고 한다.

2) 채권의 경우

① 지명채권의 경우

지명채권의 경우 채권증서는 증거방법에 불과한 것으로서 제48조가 정한 시기에 법인에게 귀속함에 학설은 일치하고 있다. 판례도 유언에 의한 지명채권 출연 시 유언자가 사망하면 법인의 것이 되고 상속재산에 속하지 않는다고 한다. 지명채권에 있어 증서는 증거방법에 불과하기 때문이다. 즉 지명채권을 재단법인에 유언방식에 의하여 출연한 경우 유언자가 사망하면 이는 법인의 것으로 되고, 유언자의 상속인이 처분하면 무권한자의 처분행위가 될 수 밖에 없다고 한다(대판 1984.9.11. 83누578).

② 지시채권과 무기명채권의 경우

제48조를 제508조, 제523조의 특별규정 또는 예외규정으로 보아 배서, 교부 없이 제48조가 정하는 시기에 당연히 법인에게 귀속한다. 다만 소수설은 지시채권의 경우에는 배서, 교부를(제508조), 무기명채권은 교부를(제523조) 하여야만 각각 법인에게 귀속한다고 한다.

4. 법인의 설립허가 취소

제38조(법인의 설립허가의 취소) 법인이 목적이외의 사업을 하거나 설립허가의 조건에 위반하거나 기타 공익을 해하는 행위를 한 때에는 주무관청은 그 허가를 취소할 수 있다.

판례는 감독관청에 제출할 서류를 기한보다 지연하여 제출한 사실만으로 설립허가조건을 위배하였다 하여 설립허가를 취소하는 행위는 재량권의 범위를 심히 일탈한 위법한 처분이다(대판 1977.8.23. 76누145). 그리고 대립하거나 반대되는 가치관이나 신념을 가진 개인이나 단체가 그 법인의 존재를 부정하고 활동을 저지하려고 하여 사회적으로 갈등이 생길 염려가 있더라도 그러한 사정만으로 곧바로 당해 법인의 목적사업 또는 존재 자체가 공익을 해하는 경우에 해당한다고 쉽게 단정하여서는 아니 된다[1](대판 2017.12.22. 2016두49891). 따라서 대북전단 살포를 하는 것은 비영리법인이 '공익을 해하는 행위를 한 때'에 해당하지 않으므로, 이를 이유로 통일부장관이 법인설립허가를 취소하는 처분을 한 것은 위법하다(대판 2023.4.27. 2023두30833).

5. 법인의 검사, 감독

제37조(법인의 사무의 검사, 감독) 법인의 사무는 주무관청이 검사, 감독한다.
제95조(해산, 청산의 검사, 감독) 법인의 해산 및 청산은 법원이 검사, 감독한다.

평상시에는 주무관청이 검사, 감독하지만 법인의 해산, 청산 시에는 법원이 사무를 검사, 감독한다는 것을 주의해야 한다(제95조).

---

[1] 민법 제38조는 "법인이 목적 이외의 사업을 하거나 설립허가의 조건에 위반하거나 기타 공익을 해하는 행위를 한 때에는 주무관청은 그 허가를 취소할 수 있다."라고 규정하여 비영리법인에 관한 설립허가 취소사유를 정하고 있다. 그리고 비영리법인이 '공익을 해하는 행위'를 한 때에 해당한다고 하기 위해서는 해당 법인의 목적사업 또는 존재 자체가 공익을 해한다고 인정되거나 법인의 행위가 직접적이고도 구체적으로 공익을 침해하는 것이어야 하고, 목적사업의 내용, 행위의 태양 및 위법성의 정도, 공익 침해의 정도와 경위 등을 종합하여 볼 때 해당 법인의 소멸을 명하는 것이 그 불법적인 공익 침해 상태를 제거하고 정당한 법질서를 회복하기 위한 제재수단으로서 긴요하게 요청되는 경우이어야 한다. 나아가 '법인의 목적사업 또는 존재 자체가 공익을 해한다.'고 하려면 해당 법인이 추구하는 목적 내지 법인의 존재로 인하여 법인 또는 구성원이 얻는 이익과 법질서가 추구하고 보호하며 조장해야 할 객관적인 공공의 이익이 서로 충돌하여 양자의 이익을 비교형량 하였을 때 공공의 이익을 우선적으로 보호하여야 한다는 점에 의문의 여지가 없어야 하고, 그 경우에도 법인의 해산을 초래하는 설립허가취소는 헌법 제10조에 내재된 일반적 행동의 자유에 대한 침해 여부와 과잉금지의 원칙 등을 고려하여 엄격하게 판단하여야 한다. 우리 헌법은 양심과 종교의 자유, 결사의 자유를 기본권으로 보장하고 있으므로(헌법 제19조, 제20조 제1항, 제21조 제1항) 다양한 가치관 내지 종교적 신념은 헌법적 가치와 이념, 헌법질서와 충돌하지 않는 한 존중되어야 한다. 같은 가치관이나 신념을 가진 사람들이 공동의 목적을 위하여 자유로이 결합하여 단체를 설립하고 나아가 법인으로 허가받아 활동하는 것 역시 원칙적으로 보장된다.

제2관 법인의 능력

Ⅰ. 서설

법인도 권리의 주체이므로, 권리능력·행위능력·불법행위능력을 가진다. 그러나 법인의 능력은 자연인의 그것과는 본질적으로 다르다. 자연인은 모든 사람에게 평등하고 동일하게 권리능력이 인정되지만, 법인은 입법적으로 권리능력의 범위가 제한될 수 있다. 그리고 행위능력·불법행위능력도 자연인은 의사능력이 불완전한 경우 그를 보호하기 위한 관점에서 논의가 되지만, 법인은 어떤 범위에서 누가 법인의 행위를 할 수 있는가(행위능력), 누구의 어떤 행위에 대해서 법인 자신이 배상책임을 지는가(불법행위능력)라는 문제로 논의가 되는 차이점이 있다.

Ⅱ. 법인의 권리능력

> 제34조(법인의 권리능력[1]) 법인은 법률의 규정에 좇아 정관으로 정한 목적의 범위 내에서 권리와 의무의 주체가 된다.

1. 성질에 의한 제한

법인은 사람만이 가질 수 있는 권리를 가질 수 없다. 생명권·친권·배우자의 권리 등이 그것이다. 그리고 재산상속권도 자연인만이 누릴 수 있으나, 법인은 포괄적 유증을 받을 수 있어 상속과 동일한 효과를 가져온다. 다만 재산권·명예권·성명권·신용권 등은 가질 수 있다. 그리고 법인은 파산관재인·청산인·유언집행자 등은 될 수 있으나, 미성년후견인이 될 수는 없다(제930조). 또한 이사는 성질상 자연인이어야 하고, 법인은 이사가 될 수 없다.

2. 법률에 의한 제한

법인격은 법률에 의해 부여되는 것이므로, 법률로 권리능력의 범위를 제한할 수 있다. 그러나 민법상 법인의 권리능력을 일반적으로 제한하는 규정은 없고, 민법 제81조(청산법인은 청산의 목적범위 내에서 권리 의무의 주체가 된다), 채무자회생 및 파산에 관한 법률 제328조(파산의 목적 범위 내), 상법 제173조(회사는 다른 회사의 무한책임사원이 될 수 없다)의 규정이 있을 뿐이며 명령규칙에 의해서는 제한할 수 없고, 법률에 의해서만 제한 가능하다.

---

[1] 제34조는 구민법 제43조와 내용이 동일한데, 일본에서는 입법취지를 "법인의제설의 입장에서 영미법의 'ultra vires rule(월권 이론)'에 따라 기초된 것"으로 이해하고 있다. 이는 회사는 정관상의 목적을 수행하는 범위에서만 권능을 가지고(intra vires), 그 목적을 벗어난 경우(ultra vires)에는 무효이며, 추인에 의해 유효로 될 수 없다는 이론이다. 그러나 최근 영미에서는 이 이론을 폐지하고 있으며, 독일 민법은 처음부터 이러한 이론을 알지 못하며, 이러한 규정도 없다. ultra vires rule은 법인을 보호하는 반면에 정관상의 그러한 제한을 알지 못하고 거래한 제3자에게 불측의 손해를 주고, 또 최근의 추세가 이를 폐지하고 있는 점에 비추어 제34조의 해석에 있어서도 이를 감안해야 한다(김준호, 계약법, 64면, 법문사, 참고).

3. 목적에 의한 제한

(1) 문제점
민법이 규정한 "정관으로 정한 목적범위"의 해석에 관하여 견해가 대립된다.

(2) 견해대립
1) 다수설은 '정관의 목적에 위반하지 않는 범위 내'라고 해석한다.
2) 판례는 "회사의 권리능력은 회사의 설립근거가 된 법률과 회사의 정관상의 목적에 의하여 제한되나 그 목적범위 내의 행위라 함은 정관에 명시된 목적 자체에 국한되는 것이 아니라 그 목적을 수행하는 데 있어 직접, 간접으로 필요한 행위는 모두 포함되고 목적수행에 필요한지의 여부는 행위의 객관적 성질에 따라 판단할 것이고 행위자의 주관적, 구체적 의사에 따라 판단할 것은 아니다(대판 1991.11.22. 91다8821; 대판 2009.12.10. 2009다63236)."고 한다.

(3) 판례
1) 학교법인의 대물변제 사안의 경우 학교경영을 목적으로 하는 재단법인도 정관에 따라 교육목적 달성에 수반하는 채무를 부담할 수 있으므로, 동 채무에 대하여 학교건물을 대물변제로 제공하는 행위는 법인의 목적 범위 내에 속한다(대판 1974.11.26. 4290민상613).
2) 그리고 조합원 아닌 자에 대한 보증은 민법 제34조 소정의 법인의 목적 범위 내의 행위가 아니라고 하여 주식회사의 대표이사가 회사를 대표하여 사업의 목적범위에 속하지 않는 타인의 손해배상채무를 연대보증 한 경우, 그 보증행위는 주주 및 이사들의 결의가 있다 하여도 회사에 대하여 효력이 없다(대판 1975.12.23. 75다1479; 대판 1974.11.26. 74다310).

III. 법인의 행위능력

1. 범위
명문의 규정은 없으나 법인의 권리능력의 범위 내에서 행위능력을 가진다고 하는 것이 통설이다.

2. 법인의제설과 법인실재설
법인의제설에 의하면 법인의 행위라는 것은 있을 수 없고 법인이 현실적으로 권리의무를 취득하는 것은 대리인의 행위에 의하는 것으로 되지만, 법인실재설에 의하면 법인의 대표기관의 행위가 바로 법인의 행위가 된다.

IV. 법인의 불법행위능력

> 제35조(법인의 불법행위능력) ① 법인은 이사 기타 대표자가 그 직무에 관하여 타인에게 가한 손해를 배상할 책임이 있다. 이사 기타 대표자는 이로 인하여 자기의 손해배상책임을 면하지 못한다.
> ② 법인의 목적범위외의 행위로 인하여 타인에게 손해를 가한 때에는 그 사항의 의결에 찬성하거나 그 의결을 집행한 사원, 이사 및 기타 대표자가 연대하여 배상하여야 한다.

> 제756조(사용자의 배상책임) ① 타인을 사용하여 어느 사무에 종사하게 한 자는 피용자가 그 사무집행에 관하여 제3자에게 가한 손해를 배상할 책임이 있다. 그러나 사용자가 피용자의 선임 및 그 사무 감독에 상당한 주의를 한 때 또는 상당한 주의를 하여도 손해가 있을 경우에는 그러하지 아니하다.
> ② 사용자에 갈음하여 그 사무를 감독하는 자도 전항의 책임이 있다.
> ③ 전2항의 경우에 사용자 또는 감독자는 피용자에 대하여 구상권을 행사할 수 있다.

1. 법인의 불법행위 요건

(1) 대표기관의 행위일 것

1) 이사 외의 기타 대표자에 임시이사, 특별대리인, 청산인, 직무대행자가 있다. 민법 제35조에서 말하는 '이사 기타 대표자'는 법인의 대표기관을 의미하는 것이고 대표권이 없는 이사는 법인의 기관이기는 하지만 대표기관은 아니기 때문에 그들의 행위로 인하여 법인의 불법행위가 성립하지 않는다(대판 2005.12.23. 2003다30159). 그리고 학교법인의 대표자였던 자에 의한 차금행위가 불법행위가 된다면 이는 민법상 사용자의 배상책임이 아니고 민법 제35조에 의한 법인자체의 불법행위가 되어 배상책임이 성립한다(대판 1978.3.14. 78다132). 또한 여기서 '법인의 대표자'에는 그 명칭이나 직위 여하, 또는 대표자로 등기되었는지 여부를 불문하고 당해 법인을 실질적으로 운영하면서 법인을 사실상 대표하여 법인의 사무를 집행하는 사람을 포함한다고 해석함이 상당하다(대판 2011.4.28. 2008다15438).

2) 대표기관이 아닌 자(사원총회, 감사)의 행위에 관하여는 법인의 불법행위는 성립될 수 없다.

3) 이사가 제62조에 의하여 특정행위에 관하여 선임한 대리인이나 이사로부터 일정한 대리권이 부여된 지배인의 불법행위에 관하여는 제35조 제1항의 법인의 불법행위는 성립되지 않고, 민법 제756조 제1항의 사용자책임이 성립될 수 있을 뿐이다[1](통설).

(2) 대표기관이 "직무에 관하여" 가한 손해일 것

1) 외형설

외형상 기관의 직무수행행위라고 볼 수 있는 행위뿐만 아니라 직무행위와 사회관념상 견련성을 가지는 행위를 포함한다(대판 1974.5.28. 73다2014). 사용자책임, 국가배상책임의 경우에도 외형설의 입장에 있다. 그러나, 법인의 대표자의 행위가 직무에 관한 행위에 해당하지 아니함을 피해자 자신이 알았거나 또는 중대한 과실로 인하여 알지 못한 경우에는 법인에게 손해배상책임을 물을 수 없다고 하여 보호가치 있는 상대방만 보호한다(대판 2004.3.26. 2003다34045).

---

[1] 민법 제35조 제1항은 "법인은 이사 기타 대표자가 그 직무에 관하여 개인에게 가한 손해를 배상할 책임이 있다."고 규정하고 있고, 민법 제756조 제1항은 "타인을 사용하여 어느 사무에 종사하게 한 자는 피용자가 그 사무집행에 관하여 제3자에게 가한 손해를 배상할 책임이 있다."고 규정하고 있다. 따라서 법인에 있어서 그 대표자가 직무에 관하여 불법행위를 한 경우에는 민법 제35조 제1항에 의하여, 법인의 피용자가 사무집행에 관하여 불법행위를 한 경우에는 민법 제756조 제1항에 의하여 각기 손해배상책임을 부담한다. (따라서) 현대상호저축은행의 대표이사인 원심 공동피고 1은 법인의 대표자로서 그 직무에 관한 불법행위에 관하여는 현대상호저축은행이 민법 제35조 제1항에 의한 손해배상책임을 지게 되는 것이고, 사용자책임을 규정한 민법 제756조 제1항이 적용된다고 할 수 없다(대판 2009.11.26. 2009다57033).

2) 대표권 남용의 경우

대표기관이 개인적인 목적으로 권한을 남용, 부정한 대표행위를 한 경우에도 판례는 제35조에 의하여 해결한다. 즉 행위의 외형상 법인의 대표자의 직무행위라고 인정할 수 있는 것이라면 설사 그것이 대표자 개인의 사리를 도모하기 위한 것이었거나 혹은 법령의 규정에 위배된 것이었다 하더라도 직무행위에 해당한다(대판 1969.8.26. 68다2320).

(3) 대표기관 자신의 불법행위가 성립할 것(제750조)

대표기관의 고의·과실이 있을 것, 가해행위가 위법행위일 것, 가해행위와 손해 간 인과관계가 있을 것, 피해자가 손해를 입었을 것이다. 다만 적법한 대표권을 가진 자와 맺은 법률행위의 효과는 대표자 개인이 아니라 본인인 법인에게 귀속하고, 마찬가지로 그러한 법률행위상의 의무를 위반하여 발생한 채무불이행으로 인한 손해배상책임도 대표기관 개인이 아닌 법인만이 책임의 귀속주체가 되는 것이 원칙이다(대판 2019.5.30. 2017다53265).

2. 법인의 불법행위의 효과

(1) 법인의 불법행위가 성립하는 경우

1) 무과실책임, 과실상계

법인은 피해자에게 무과실 손해배상책임을 진다. 법인에 대한 손해배상책임원인이 대표기관의 고의적인 불법행위라고 하여도, 피해자에게 그 불법행위 내지 손해발생에 과실이 있다면 법원은 과실상계법리에 좇아 손해배상의 책임 및 그 금액을 정함에 있어 이를 참작하여야 한다(대판 1987.12.8. 86다카1170). 불법행위와 채무불이행에 있어서의 과실상계는 당사자가 주장, 입증하지 않더라도 필요적으로 참작되어야 한다. 다만 표현대리, 손해배상예정의 경우 등 본래의 급부가 이행되어야 할 관계에 있는 때에는 과실상계법리는 적용되지 않는다.

2) 구상권 및 사원의 연대책임

① 이사 기타 대표자의 책임 및 구상권

이사도 법인과 경합하여 피해자에게 배상책임을 지며, 그 성질은 부진정연대채무이며 법인이 피해자에게 배상을 하면 법인은 이사에 대하여 구상권을 행사할 수 있다(제35조 제1항 후문). 따라서 피해자는 법인이나 개인에게 동시나 순차로 전부나 일부의 이행을 청구할 수 있고 피해자에게 배상한 후 법인은 이사 기타 대표자에게 구상권을 행사할 수 있다.

② 사원의 연대책임

법인의 대표자가 그 직무에 관하여 타인에게 손해를 가함으로써 법인에 손해배상책임이 인정되는 경우에, 대표자의 행위가 제3자에 대한 불법행위를 구성한다면 그 대표자도 제3자에 대하여 손해배상책임을 면하지 못하며(민법 제35조 제1항), 또한 사원도 위 대표자와 공동으로 불법행위를 저질렀거나 이에 가담하였다고 볼 만한 사정이 있으면 제3자에 대하여 위 대표자와 연대하여 손해배상책임을 진다. 그러나 사원총회, 대의원 총회, 이사회의 의결은 원칙적으로 법인의 내부행위에 불과하므로 특별한 사정이 없는 한 그 사항의 의결에 찬성하였다는 이유만으로 제3자의 채권을 침해한다거나 대표자의 행위에 가공 또는 방조한 자로서 제3자에 대하여 불법행위책임을 부담한다고 할 수는 없다. 이 때 의결에 참여한 사원 등이 대표자와 공동으로 불법행위를 저질렀거나 이에 가담하였다고 볼 수 있는지 여부는, 그 의결에 참여한 법인의 기관이 당해 사항에 관하여 의사결정권한이 있는지 여부 및 대표자의 집행을 견제할 위치에 있는지 여부, 그 사원이 의결과정에서 대표자의 불법적인 집행 행위를 적극적으로 요구하거나 유도하였는지 여부 및 그 의결이 대표자의 업무 집행에 구체적으로 미친 영향력의 정도, 침해되는 권리의 내용, 의결내용, 의결행위의 태양을 비롯한 위법성의 정도를 종합적으로 평가하여 법인 내부 행위를 벗어나 제3자에 대한 관계에서 사회상규에 반하는 위법한 행위라고 인정될 수 있는 정도에 이르러야 한다(대결 2009.1.30. 2006마930).

(2) 법인의 불법행위가 성립하지 않은 경우

> 제35조(법인의 불법행위능력) ② 법인의 목적 범위 외의 행위로 인하여 타인에게 손해를 가한 때에는 그 사항의 의결에 찬성하거나 그 의결을 집행한 사원, 이사 및 기타 대표자가 연대하여 배상하여야 한다.

1) 문제점
외형설의 입장에서 대표기관의 가해행위가 직무관련성을 결여한 경우가 문제된다.

2) 제35조 제2항 - 피해자보호를 위한 특별규정
이 경우에도 "그 사항의 의결에 찬성하거나 그 의결을 집행한 사원, 이사 및 기타 대표자"는 그들 사이에 공동불법행위의 성립 여부를 떠나 연대하여 배상하도록 규정하여 피해자를 두텁게 보호하도록 하였다. 연대의 의미는 부진정연대로 해석하는 것이 일반적이다.

(3) 적용범위

1) 간접손해 불포함
재개발조합의 대표기관의 직무상 불법행위로 조합에게 과다한 채무를 부담하게 함으로써 재개발조합이 손해를 입고 결과적으로 조합원의 경제적 이익이 침해되는 손해와 같은 간접적인 손해는 민법 제35조에서 말하는 손해의 개념에 포함되지 아니하므로, 이에 대하여는 위 법 조항에 의하여 손해배상을 청구할 수 없다(대판 1999.7.27. 99다19384).

2) 비법인사단에 사단에 대한 유추적용
주택조합과 같은 비법인사단의 대표자가 직무에 관하여 타인에게 손해를 가한 경우 그 사단은 민법 제35조 제1항의 유추적용에 의하여 그 손해를 배상할 책임이 있으며, 비법인사단의 대표자의 행위가 대표자 개인의 사리를 도모하기 위한 것이었거나 혹은 법령의 규정에 위배된 것이었다 하더라도 외관상, 객관적으로 직무에 관한 행위라고 인정할 수 있는 것이라면 민법 제35조 제1항의 직무에 관한 행위에 해당한다(대판 2003.7.25. 2002다27088). 그리고 노동조합의 간부들이 불법쟁의행위를 기획, 지시, 지도하는 등으로 주도한 경우에 이와 같은 간부들의 행위는 조합의 집행기관으로서의 행위라 할 것이므로 이러한 경우 민법 제35조 제1항의 유추적용에 의하여 노동조합은 그 불법쟁의행위로 인하여 사용자가 입은 손해를 배상할 책임이 있고, 한편 조합간부들의 행위는 일면에 있어서는 노동조합 단체로서의 행위라고 할 수 있는 외에 개인의 행위라는 측면도 아울러 지니고 있고, 일반적으로 쟁의행위가 개개 근로자의 노무정지를 조직하고 집단화하여 이루어지는 집단적 투쟁행위라는 그 본질적 특징을 고려하여 볼 때 노동조합의 책임 외에 불법쟁의행위를 기획, 지시, 지도하는 등으로 주도한 조합의 간부들 개인에 대하여도 책임을 지우는 것이 상당하다(대판 1994.3.25. 93다32828·32835).

3. 대표권 남용의 문제 – 법인에 대한 효력이 부인되는 경우의 이론구성

(1) 의의

법인의 대표기관이 형식적으로는 대표권의 범위 내에서 대표행위를 하였지만, 자신이나 제3자의 이익을 도모하기 위하여 대표행위를 한 경우를 말한다.

(2) 판례

1) 제107조 제1항 단서 유추적용설의 입장

대표권 남용행위의 상대방이 대표이사의 진의를 알았거나 알 수 있었을 때에는 회사에 대하여 무효가 된다(대판 1988.8.9. 86다카1858; 대판 1997.8.29. 97다18059).

2) 신의칙설의 입장

대표권 남용의 경우에 악의의 상대방이 법인에게 그 행위의 법률효과를 주장하는 것은 신의칙에 위배되어 허용될 수 없다(대판 1987.10.13. 86다카1522).

제3관 법인의 기관

Ⅰ. 서설

법인은 스스로 활동하지 못한다. 따라서 법인이 사회에서 활동하려면 일정한 조직이 필요하게 되는데, 이러한 조직을 이루는 것이 기관이다. 민법상 법인의 기관으로는 사원총회(의사결정기관), 이사(의사집행기관), 감사(감독기관)의 세 가지가 있다. 다만 사원총회는 사단법인에만 있고, 사원이 없는 재단법인은 사원총회가 없다. 그리고 이사는 필요기관이지만, 감사는 임의기관에 불과하다(다만 상법상 주식회사에서는 필요기관이다). 또 상법상 주식회사에서는 이사회를 규정하고 있으나(상법 제390조), 민법은 이에 관한 규정이 없다. 따라서 민법상 법인의 이사회의 결의에 하자가 있는 경우에 관하여 법률에 별도의 규정이 없으므로 그 결의에 무효사유가 있는 경우에는 이해관계인은 언제든지 또 어떤 방법에 의하든지 그 무효를 주장할 수 있다고 할 것이지만, 이와 같은 무효주장의 방법으로서 이사회 결의무효확인소송이 제기되어 승소확정판결이 난 경우, 그 판결의 효력은 위 소송의 당사자 사이에서만 발생하는 것이지 대세적 효력이 있다고 볼 수는 없다(대판 2000.1.28. 98다26187).

Ⅱ. 이사

제57조(이사) 법인은 이사를 두어야 한다.

제61조(이사의 주의의무) 이사는 선량한 관리자의 주의로 그 직무를 행하여야 한다.

제65조(이사의 임무해태) 이사가 그 임무를 해태한 때에는 그 이사는 법인에 대하여 연대하여 손해배상의 책임이 있다.

1. 의의 및 연대책임

이사는 법인의 집행기관으로서 정관 또는 사원총회의 결의에 따라 법인을 위하여 필요한 대내적, 대외적인 모든 사무를 집행할 권한을 가진다. 이러한 사무집행을 함에 있어서 이사는 선량한 관리자의 주의로서(제61조) 해야 한다. 그리고 이사가 그 임무를 해태한 때에는 그 이사는 법인에 대하여 연대하여 손해배상의 책임이 있다(제65조). 따라서 어떤 직무를 수행하면서 선관주의의무를 다하지 않았기 때문에 법인에게 손해를 입힌 이사가 여러 명 있는 경우에는 그들은 연대하여 배상책임을 진다.

2. 임면

법인과 이사의 법률관계는 신뢰를 기초로 한 위임 유사의 관계이므로, 이사는 민법 제689조 제1항이 규정한 바에 따라 언제든지 사임할 수 있고, 법인의 이사를 사임하는 행위는 상대방 있는 단독행위이므로 그 의사표시가 상대방에게 도달함과 동시에 그 효력을 발생하고, 그 의사표시가 효력을 발생한 후에는 마음대로 이를 철회할 수 없음이 원칙이다. 그러나 법인이 정관에서 이사의 사임절차나 사임의 의사표시의 효력발생시기 등에 관하여 특별한 규정을 둔 경우에는 그에 따라야 하는바, 위와 같은 경우에는 이사의 사임의 의사표시가 법인의 대표자에게 도달하였다고 하더라도 그와 같은 사정만으로 곧바로 사임의 효력이 발생하는 것은 아니고 정관에서 정한 바에 따라 사임의 효력이 발생하는 것이므로, 이사가 사임의 의사표시를 하였더라도 정관에 따라 사임의 효력이 발생하기 전에는 그 사임의사를 자유롭게 철회할 수 있다(대판 2008.9.25. 2007다17109).

3. 해임

법인과 이사의 법률관계는 신뢰를 기초로 한 위임 유사의 관계로 볼 수 있는데, 민법 제689조 제1항에서는 위임계약은 각 당사자가 언제든지 해지할 수 있다고 규정하고 있으므로, 법인은 원칙적으로 이사의 임기만료 전에도 이사를 해임할 수 있지만, 이러한 민법의 규정은 임의규정에 불과하므로 법인이 자치법규인 정관으로 이사의 해임사유 및 절차 등에 관하여 별도의 규정을 두는 것도 가능하다. 그리고 이와 같이 법인이 정관에 이사의 해임사유 및 절차 등을 따로 정한 경우 그 규정은 법인과 이사와의 관계를 명확히 함은 물론 이사의 신분을 보장하는 의미도 아울러 가지고 있어 이를 단순히 주의적 규정으로 볼 수는 없다. 따라서 법인의 정관에 이사의 해임사유에 관한 규정이 있는 경우 법인으로서는 이사의 중대한 의무위반 또는 정상적인 사무집행 불능 등의 특별한 사정이 없는 이상, 정관에서 정하지 아니한 사유로 이사를 해임할 수 없다(대판 2013.11.28. 2011다41741). 그리고 법인의 자치법규인 정관을 존중할 필요성은 법인이 정관에서 정하지 아니한 사유로 이사를 해임하는 경우뿐만 아니라 법인이 정관에서 정한 사유로 이사를 해임하는 경우에도 요구된다. 법인이 정관에서 이사의 해임사유와 절차를 정하였고 그 해임사유가 실제로 발생하였다면, 법인은 이를 이유로 정관에서 정한 절차에 따라 이사를 해임할 수 있다. 이때 정관에서 정한 해임사유가 발생하였다는 요건 외에 이로 인하여 법인과 이사 사이의 신뢰관계가 더 이상 유지되기 어려울 정도에 이르러야 한다는 요건이 추가로 충족되어야 법인이 비로소 이사를 해임할 수 있는 것은 아니다. 해임사유의 유형이나 내용에 따라서는 그 해임사유 자체에 이미 법인과 이사 사이의 신뢰관계 파탄이 당연히 전제되어 있거나 그 해임사유 발생 여부를 판단하는 과정에서 이를 고려하는 것이 적절한 경우도 있으나, 이 경우에도 궁극적으로는 해임사유에 관한 정관 조항 자체를 해석·적용함으로써 해임사유 발생 여부를 판단하면 충분하고, 법인과 이사 사이의 신뢰관계 파탄을 별도 요건으로 보아 그 충족 여부를 판단해야 하는 것은 아니다(대판 2024.1.4. 2023다263537).

4. 직무권한

(1) 대외적 권한(법인의 대표권)

1) 대표권

> 제59조(이사의 대표권) ① 이사는 법인의 사무에 관하여 각자 법인을 대표한다. 그러나 정관에 규정한 취지에 위반할 수 없고 특히 사단법인은 총회의 의결에 의하여야 한다.
> ② 법인의 대표에 관하여는 대리에 관한 규정을 준용한다.

대외적으로 법인사무에 관하여 법인을 대표하고 수인의 이사가 있는 경우 각자 법인을 단독대표하며(제59조 제1항 본문) 대표의 방식에는 대리규정을 준용한다(제59조 제2항).

2) 대표권의 제한

대표권의 제한은 정관에 기재하는 것으로 족하지 않고 등기해야만 제3자에 대항할 수 있다(제41조, 제49조 제2항 제9호, 제54조 제1항). 등기를 하면 선의의 제3자에게도 대항할 수 있으나, 등기하지 않으면 악의의 제3자에게도 대항할 수 없다(대판 1992.2.14. 91다26850).

3) 복임권의 제한

> 제62조(이사의 대리인 선임) 이사는 정관 또는 총회의 결의로 금지하지 아니한 사항에 한하여 타인으로 하여금 특정한 행위를 대리하게 할 수 있다.

정관 또는 총회의 결의로 금지하지 않은 사항에 한하여 특정한 행위를 대리하게 할 수 있다. 포괄적 위임은 할 수 없다(제62조). 이와 같이 선임된 자는 법인을 위한 보통의 임의대리인으로서 법인의 기관은 아니며, 이사는 대리인의 행위에 관하여 선임, 감독의 책임을 지고, 법인은 대리인의 직무상 행위로 제3자가 손해를 입은 경우 사용자 책임을 진다(통설).

(2) 대내적 권한(법인의 업무집행권)

1) 내용

> 제58조(이사의 사무집행) ① 이사는 법인의 사무를 집행한다.

이사는 법인의 모든 내부적인 업무를 집행할 권한이 있다.

2) 수인인 경우

> 제58조(이사의 사무집행) ② 이사가 수인인 경우에는 정관에 다른 규정이 없으면 법인의 사무집행은 이사의 과반수로써 결정한다.

이사가 수인이 있는 경우 정관에 다른 규정이 없으면 법인의 사무집행은 이사의 과반수로써 결정한다(제58조).

3) 이사의 주요사무

재산목록의 작성, 재산목록은 사무소에 비치하여야 하고, 이사가 위와 같은 의무를 이행하지 않은 경우 과태료의 처분을 받는다. 사원명부의 작성, 사원총회의 소집, 총회의사록의 작성, 파산신청, 청산인이 되는 것, 등기신청 등을 들 수 있다.

5. 이사의 직무집행

(1) 민법상 법인의 이사나 감사가 임기가 만료된 경우 후임 이사나 감사가 선임될 때까지 종전 직무를 계속 수행할 수 있는지가 문제되는데, 판례는 "그 후임 이사나 감사의 선임이 없거나 또는 그 후임 이사나 감사의 선임이 있었다고 하더라도 그 선임결의가 무효이고, 임기가 만료되지 아니한 다른 이사나 감사만으로는 정상적인 법인의 활동을 할 수 없는 경우, 임기가 만료된 구 이사나 감사로 하여금 법인의 업무를 수행케 함이 부적당하다고 인정할 만한 특별한 사정이 없는 한, <u>구 이사나 감사는 후임 이사나 감사가 선임될 때까지 종전의 직무를 수행할 수 있다</u>[1](대판 1998.12.23. 97다26142)."고 판시한다.

(2) 임기 만료되거나 사임한 구 이사가 후임 이사가 선임될 때까지 종전의 직무를 수행할 수 있는 경우, 구 이사가 다른 이사를 해임하거나 후임 이사를 선임한 이사회결의의 무효확인을 구할 법률상의 이익이 있다(대판 2005.3.25. 2004다65336).

(3) 임기 만료되거나 사임한 구 이사로 하여금 법인의 업무를 수행케 함이 부적당하다고 인정될 만한 특별한 사정이 있다면 이러한 구 이사가 제기한 다른 이사를 해임하거나 후임 이사를 선임한 이사회결의의 무효 확인의 소는 확인의 이익이 없어 부적법하다(대판 2005.3.25. 2004다65336).

(4) 민법 제58조 제1항은 민법상 법인의 사무집행은 이사가 하도록 규정하고 있고, 같은 조 제2항은 이사가 수인인 경우에는 이사의 과반수로써 결정하되 정관에 다른 규정이 있으면 이에 따르도록 규정하고 있다. 그러므로 <u>이사가 수인인 민법상 법인의 정관에 대표권 있는 이사만 이사회를 소집할 수 있다고 규정하고 있다고 하더라도 이는 과반수의 이사가 본래 할 수 있는 이사회 소집에 관한 행위를 대표권 있는 이사로 하여금 하게 한 것에 불과하다. 따라서 정관에 다른 이사가 요건을 갖추어 이사회 소집을 요구하면 대표권 있는 이사가 이에 응하도록 규정하고 있는데도 대표권 있는 이사가 다른 이사의 정당한 이사회 소집을 거절하였다면, 대표권 있는 이사만 이사회를 소집할 수 있는 규정은 적용될 수 없다. 이 경우 이사는 정관의 이사회 소집권한에 관한 규정 또는 민법에 기초하여 법인의 사무를 집행할 권한에 의하여 이사회를 소집할 수 있다</u>[2](대결 2017.12.1. 2017그661).

---

1) 제691조(위임종료시의 긴급처리) 위임종료의 경우에 급박한 사정이 있는 때에는 수임인, 그 상속인이나 법정대리인은 위임인, 그 상속인이나 법정대리인이 위임사무를 처리할 수 있을 때까지 그 사무의 처리를 계속하여야 한다. 이 경우에는 위임의 존속과 동일한 효력이 있다.

2) 민법상 법인의 필수기관이 아닌 이사회는 이사가 사무집행권한에 의해 소집하는 것이므로, 과반수에 미치지 못하는 이사는 특별한 사정이 없는 한 민법 제58조 제2항에 반하여 이사회를 소집할 수 없다. 반면 과반수에 미치지 못하는 이사가 정관의 특별한 규정에 근거하여 이사회를 소집하거나 과반수의 이사가 민법 제58조 제2항에 근거하여 이사회를 소집하는 경우에는 법원의 허가를 받을 필요 없이 본래적 사무집행권에 기초하여 이사회를 소집할 수 있다. 법원은 민법상 법인의 이사회 소집을 허가할 법률상 근거가 없고, 다만 이사회 결의의 효력에 관하여 다툼이 발생하면 소집절차의 적법 여부를 판단할 수 있을 뿐이다.

6. 이사의 대표권 제한

> 제41조(이사의 대표권에 대한 제한) 이사의 대표권에 대한 제한은 이를 정관에 기재하지 아니하면 그 효력이 없다.
> 제60조(이사의 대표권에 대한 제한의 대항요건) 이사의 대표권에 대한 제한은 등기하지 아니하면 제3자에게 대항하지 못한다.

(1) 대표권 제한의 예

공동으로 대표행위를 하게 하거나, 일정액 이상의 법인재산매각 시 이사회승인을 얻도록 하는 경우를 들 수 있다.

(2) 등기 관련 문제

1) 문제점

대표권의 제한은 정관에 기재하면 효력은 발생하지만, 등기해야만 제3자에게 대항할 수 있다. 이 경우 제3자의 범위가 문제된다.

2) "제3자"의 범위

① 학설

제한설은 악의의 제3자는 보호할 필요가 없으므로, 대표권의 제한이 등기되어 있지 않더라도 악의의 제3자에게는 대항이 가능하여 법률행위의 효력을 부인할 수 있다고 본다. 무제한설은 이사의 대표권의 제한을 등기사항(제49조 제2항 제9호)으로 규정하고 있는 이상 그 등기를 강제해야 하고, 법인에 관한 다른 등기사항을 선의·악의를 불문하고 제3자에 대한 대항요건으로 하고 있는 태도(제54조 제1항)에 비추어 악의의 제3자에게도 대항할 수 없는 것으로 본다.

② 판례

무제한설의 입장에서 "법인의 정관에 법인 대표권의 제한에 관한 규정이 있으나 그와 같은 취지가 등기되어 있지 않다면 법인은 그와 같은 정관의 규정에 대하여 선의냐 악의냐에 관계없이 제3자에 대하여 대항할 수 없다(대판 1987.11.24. 86다카2484; 대판 1992.2.14. 91다24564)."고 한다.

3) 비법인사단의 경우

비법인사단의 경우에는 대표자의 대표권 제한에 관하여 등기할 방법이 없어 민법 제60조의 규정을 준용할 수 없고, 비법인사단의 대표자가 정관에서 사원총회의 결의를 거쳐야 하도록 규정한 대외적 거래행위에 관하여 이를 거치지 아니한 경우라도, 이와 같은 사원총회 결의사항은 비법인사단의 내부적 의사결정에 불과하다 할 것이므로, 그 거래 상대방이 그와 같은 대표권 제한 사실을 알았거나 알 수 있었을 경우가 아니라면 그 거래행위는 유효하다고 봄이 상당하고, 이 경우 거래의 상대방이 대표권 제한 사실을 알았거나 알 수 있었음은 이를 주장하는 비법인사단 측이 주장·입증하여야 한다(대판 2003.7.22. 2002다64780).

7. 임시이사

> 제63조(임시이사의 선임) 이사가 없거나 결원이 있는 경우에 이로 인하여 손해가 생길 염려 있는 때에는 "법원"은 이해관계인이나 검사의 청구에 의하여 임시이사를 선임하여야 한다.

(1) 이사가 없거나 결원이 있는 경우에 이로 인하여 손해가 생길 염려 있는 때

민법 제63조에서 임시이사 선임의 요건으로 정하고 있는 '이사가 없거나 결원이 있는 경우'라 함은 이사가 전혀 없거나 정관에서 정한 인원수에 부족이 있는 경우를 말하고, '이로 인하여 손해가 생길 염려가 있는 때'라 함은 통상의 이사선임절차에 따라 이사가 선임되기를 기다릴 때에 법인이나 제3자에게 손해가 생길 우려가 있는 것을 의미한다(대판 2009.11.19. 2008마699 전합).

(2) 이해관계인

임시이사의 선임을 신청할 수 있는 '이해관계인'이라 함은 임시이사가 선임되는 것에 관하여 법률상의 이해관계가 있는 자로서 그 법인의 다른 이사, 사원 및 채권자 등을 포함한다(대판 2009.11.19. 2008마699 전합).

(3) 비법인사단에 대한 유추적용 여부

민법 제63조는 법인의 조직과 활동에 관한 것으로서 법인격을 전제로 하는 조항이 아니고, 법인 아닌 사단이나 재단의 경우에도 이사가 없거나 결원이 생길 수 있으며, 통상의 절차에 따른 새로운 이사의 선임이 극히 곤란하고 종전 이사의 긴급처리권도 인정되지 아니하는 경우에는 사단이나 재단 또는 타인에게 손해가 생길 염려가 있을 수 있으므로, 민법 제63조는 법인 아닌 사단이나 재단에도 유추 적용할 수 있다(대판 2009.11.19. 2008마699 전합). 따라서 비법인 사단에 대하여 민법 제63조에 의하여 법원이 선임한 임시이사는 원칙적으로 정식이사와 동일한 권한을 가진다(대판 2019.9.10. 2019다208953).

8. 특별대리인

> 제64조(특별대리인의 선임) 법인과 이사의 이익이 상반하는 사항에 관하여는 이사는 대표권이 없다. 이 경우에는 전조의 규정에 의하여 특별대리인을 선임하여야 한다.

사단법인의 이사장 직무대행자가 개인의 입장에서 사단법인을 상대로 소송을 하는 것은 이익상반행위가 된다(대판 2003.5.27. 2002다69211).

9. 직무대행자

> 제60조의2(직무대행자의 권한) ① 제52조의2의 직무대행자는 가처분명령에 다른 정함이 있는 경우 외에는 법인의 통상 사무에 속하지 아니한 행위를 하지 못한다. 다만, 법원의 허가를 얻은 경우에는 그러하지 아니하다.
> ② 직무대행자가 제1항의 규정에 위반한 행위를 한 경우에도 법인은 선의의 제3자에 대하여 책임을 진다.

(1) 임시의 지위를 정하는 가처분

가처분결정에 의하여 학교법인의 이사의 직무를 대행하는 자를 선임한 경우에 그 직무대행자는 단지 피대행자의 직무를 대행할 수 있는 임시의 지위에 놓여 있음에 불과하므로, 가처분결정에 다른 정함이 있는 경우 외에는 학교법인을 종전과 같이 그대로 유지하면서 관리하는 한도 내의 학교법인의 통상업무에 속하는 사무만을 행할 수 있다[1](대판 2006.1.26. 2003다36225).

(2) 항소권 포기

가처분결정에 의하여 선임된 학교법인 이사직무대행자가 그 가처분의 본안소송의 제1심 판결에 대한 항소권을 포기하는 행위는 위 법인의 통상업무에 속하는 행위가 아니다(대판 2006.1.26. 2003다36225).

(3) 직무대행자가 있는 경우

법인 등 대표자의 직무대행자가 선임된 상태에서 적법하게 소집된 총회의 결의에 따라 피대행자의 후임자가 새로 선출된 경우, 총회에서 선임된 후임자는 그 선임결의의 적법 여부에 관계없이 대표권을 가지지 못 한다(대판 2010.2.11. 2009다70395).

(4) 이사장의 유고

재단법인의 정관에서 "이사장의 유고시에는 이사 중 최연장자가 그 직무를 대행한다"고 규정하고 있는 경우에 이사장의 유고란 이사장의 임기가 만료하기 전에 이사장이 사망, 질병 등 기타 부득이한 사정으로 그 직무를 집행할 수 없는 경우를 말한다. 하지만 이사장의 임기가 만료한 후 후임 이사장이 취임하기 전에 임기 만료한 이사장에 대하여 법원의 직무집행정지 가처분결정이 확정됨으로써 임기 만료한 이사장이 그 직무를 계속 수행할 수 없는 사정이 발생한 경우에도, 이사장의 유고에 준하는 상황이 발생하였다고 보아야 한다(대판 2008.12.11. 2006다57131).

III. 감사, 사원총회와 사원

1. 감사

(1) 임의기관

> 제66조(감사) 법인은 정관 또는 총회의 결의로 감사를 둘 수 있다.

(2) 감사의 직무

> 제67조(감사의 직무) 감사의 직무는 다음과 같다.
> 1. 법인의 재산상황을 감사하는 일
> 2. 이사의 업무집행의 상황을 감사하는 일

---

[1] 민사집행법 제300조 제2항의 임시의 지위를 정하는 가처분은 권리관계에 다툼이 있는 경우에 권리자가 당하는 위험을 제거하거나 방지하기 위한 잠정적이고 임시적인 조치로서 그 분쟁의 종국적인 판단을 받을 때까지 잠정적으로 법적 평화를 유지하기 위한 비상수단에 불과한 것으로 …

> 3. 재산상황 또는 업무집행에 관하여 부정, 불비한 것이 있음을 발견한 때에는 이를 총회 또는 주무관청에 보고하는 일
> 4. 전호의 보고를 하기 위하여 필요 있는 때에는 총회를 소집하는 일

감사는 이사와 마찬가지로 선관주의의무를 지며 각자 단독으로 업무를 집행한다. 따라서 감사 1인이 의무를 위반한 경우의 이사의 연대배상책임에 관한 민법 제65조는 적용되지 아니한다.

2. 사원총회

(1) 의의

사단법인을 구성하는 사원의 전원으로써 구성되는 의결기관이고 최고의사결정기관이며 필요기관이다. 재단법인에는 사원이 없으므로 사원총회는 없다. 총회는 필요기관이므로 정관으로도 이를 폐지할 수 없다.

(2) 사원총회의 종류

1) 통상총회

> 제69조(통상총회) 사단법인의 이사는 매년 1회 이상 통상총회를 소집하여야 한다.

1년에 1회 이상 정기적으로 소집한다(제69조). 소집 시기는 정관에 규정이 없으면 총회의 결의로 정할 수 있고, 총회의 결의도 없는 경우에는 이사가 임의로 정할 수 있다.

2) 임시총회

> 제70조(임시총회) ① 사단법인의 이사는 필요하다고 인정한 때에는 임시총회를 소집할 수 있다.
> ② 총사원의 5분의 1 이상으로부터 회의의 목적사항을 제시하여 청구한 때에는 이사는 임시총회를 소집하여야 한다. 이 정수는 정관으로 증감할 수 있다.
> ③ 전항의 청구있는 후 2주간 내에 이사가 총회소집의 절차를 밟지 아니한 때에는 청구한 사원은 법원의 허가를 얻어 이를 소집할 수 있다.

① 이사가 필요하다고 인정하는 때(제70조), ② 감사가 필요하다고 인정하는 때(제67조 제4호), ③ 총사원의 5분의 1 이상으로부터 회의의 목적사항을 제시하여 청구하는 때(제70조 제2항)에 총회 소집이 가능하다. 다만 소수사원의 총회소집권은 고유권이므로 박탈하지 못한다. 그리고 사단법인의 소수사원이 이사에게 요건을 갖추어 임시총회의 소집을 요구하였으나 2주간 내에 이사가 총회소집의 절차를 밟지 아니한 경우 법원의 허가를 얻어 임시총회를 소집할 수 있도록 규정한 민법 제70조 제3항은, 사단법인의 최고의결기관인 사원총회의 구성원들이 사원권에 기초하여 일정한 요건을 갖추어 최고의결기관의 의사를 결정하기 위한 회의의 개최를 요구하였는데도 집행기관인 이사가 절차를 밟지 아니하는 경우에 법원이 후견적 지위에서 소수사원의 임시총회 소집권을 인정한 법률의 취지를 실효성 있게 보장하기 위한 규정이다. 따라서 위 규정을 구성과 운영의 원리가 다르고 법원이 후견적 지위에서 관여하여야 할 필요성을 달리하는 민법상 법인의 집행기관인 이사회 소집에 유추적용할 수 없다(대결 2017.12.1. 2017그661).

(3) 총회의 소집절차

> **제71조(총회의 소집)** 총회의 소집은 1주간 전에 그 회의의 목적사항을 기재한 통지를 발하고 기타 정관에 정한 방법에 의하여야 한다.

총회의 소집은 1주간 전에 그 회의의 목적사항을 기재한 통지를 발하고 기타 정관에 정한 방법에 의하여야 한다(제71조). 여기에서 총회의 소집통지는 관념의 통지이며 발신주의가 적용되는 경우이다.

(4) 총회의 권한

> **제68조(총회의 권한)** 사단법인의 사무는 정관으로 이사 또는 기타 임원에게 위임한 사항 외에는 총회의 결의에 의하여야 한다.

정관으로 이사가 기타 임원에게 위임한 사항을 제외하고는 법인의 사무의 전부에 관하여 결정권을 가진다(제68조). 정관변경(제42조), 임의해산(제77조 제2항)은 총회의 전권사항이며, 정관에 의해서도 총회의 이 권한을 박탈하지 못한다. 정관에 다른 규정이 없는 한 정관변경에는 총사원의 3분의 2, 임의해산에 관하여는 4분의 3 이상의 결의를 요한다.

(5) 사원총회의 결의

1) 결의사항

> **제72조(총회의 결의사항)** 총회는 전조의 규정에 의하여 통지한 사항에 관하여서만 결의할 수 있다. 그러나 정관에 다른 규정이 있는 때에는 그 규정에 의한다.

법원의 소집허가에 의하여 개최된 종중임시총회에서는 법원의 소집허가결정 및 소집통지서에 기재된 회의 목적사항과 이에 관련된 사항에 관하여 결의할 수 있다(대판 1993.10.12. 92다50799). 그리고 비법인사단이 총회에서 의결한 안건의 내용이나 범위가 명확하지 않은 경우 그 의결이 가지는 법적 의미와 그에 따른 법률관계의 실체를 밝히는 것은 법적 판단의 영역에 속한다. 그것은 총회를 개최한 목적과 경위, 총회에 상정된 안건의 구체적 내용과 그에 관한 논의 과정, 의결에 따른 후속 조치가 있다면 그 조치의 내용과 경과 등을 종합적으로 고찰하여 논리와 경험칙에 따라 합리적으로 해석해야 한다(대판 2019.6.27. 2017다244054).

2) 사원의 결의권

> **제73조(사원의 결의권)** ① 각사원의 결의권은 평등으로 한다.
> ② 사원은 서면이나 대리인으로 결의권을 행사할 수 있다.
> ③ 전2항의 규정은 정관에 다른 규정이 있는 때에는 적용하지 아니한다.

비영리법인에 있어서는 1인 1의결권 원칙이 적용되나 주식회사에서는 1주 1의결권 원칙, 즉 주식평등의 원칙이 적용된다.

3) 결의권이 없는 경우

> **제74조(사원이 결의권 없는 경우)** 사단법인과 어느 사원과의 관계사항을 의결하는 경우에는 그 사원은 결의권이 없다.

민법 제74조는 사단법인과 어느 사원과의 관계사항을 의결하는 경우 그 사원은 의결권이 없다고 규정하고 있으므로, 민법 제74조의 유추해석상 민법상 법인의 이사회에서 법인과 어느 이사와의 관계사항을 의결하는 경우에는 그 이사는 의결권이 없다. 이 때 의결권이 없다는 의미는 상법 제368조 제4항, 제371조 제2항의 유추해석상 이해관계 있는 이사는 이사회에서 의결권을 행사할 수는 없으나 의사정족수 산정의 기초가 되는 이사의 수에는 포함되고, 다만 결의 성립에 필요한 출석이사에는 산입되지 아니한다고 풀이함이 상당하다(대판 2009.4.9. 2008다1521).

4) 결의방법

> **제75조(총회의 결의방법)** ① 총회의 결의는 본법 또는 정관에 다른 규정이 없으면 사원 과반수의 출석과 출석사원의 결의권의 과반수로써 한다.
> ② 제73조 제2항의 경우에는 당해 사원은 출석한 것으로 한다.

5) 의사록

> **제76조(총회의 의사록)** ① 총회의 의사에 관하여는 의사록을 작성하여야 한다.
> ② 의사록에는 의사의 경과, 요령 및 결과를 기재하고 의장 및 출석한 이사가 기명날인하여야 한다.
> ③ 이사는 의사록을 주된 사무소에 비치하여야 한다.

(6) 판례

1) 종원에 관한 세보가 발간된 경우, 그 세보에 의하여 종중회의의 소집통지 대상이 되는 종원의 범위를 확정한다(대판 1999.5.25. 98다60668). 여기에서 발간된 족보란, 소집통지 대상이 되는 종중원의 범위를 확정하기 위하여 필요한 것이므로 반드시 사건 당사자인 종중이 발간한 것일 필요는 없고 그 종중의 대종중 등이 발간한 것이라도 무방하다(대판 2009.10.29. 2009다45740).

2) 종중원이 매년 시제일에 묘소에 모여 시제를 지내고 그날 거기에 모인 종중원들이 다수결로 중요한 종중일을 처리하는 것이 그 종중의 관례라면 그 종중회의의 소집통지나 결의사항통지가 없었다고 하여 그 회의의결이 무효라 할 수 없다(대판 1989.3.28. 88다카11602).

3) 직선제에 의한 종중의 회장 선출 시 의결정족수를 정하는 기준이 되는 출석종원이라 함은 당초 총회에 참석한 모든 종원을 의미하는 것이 아니라 문제가 된 결의 당시 회의장에 남아 있던 종원만을 의미한다고 할 것이므로 회의 도중 스스로 회의장에서 퇴장한 종원들은 이에 포함되지 않는다(대판 2003.7.8. 2002다74817).

4) 법인이나 법인 아닌 사단의 총회에 있어서 총회의 소집권자가 총회의 소집을 철회·취소하는 경우에는 반드시 총회의 소집과 동일한 방식으로 그 철회·취소를 총회 구성원들에게 통지하여야 할 필요는 없고, 총회 구성원들에게 소집의 철회·취소결정이 있었음이 알려질 수 있는 적절한 조치가 취하여지는 것으로써 충분히 그 소집 철회·취소의 효력이 발생한다(대판 2007.4.12. 2006다77593).

3. 사원

> 제55조(재산목록과 사원명부) ① 법인은 성립한 때 및 매년 3월내에 재산목록을 작성하여 사무소에 비치하여야 한다. 사업연도를 정한 법인은 성립한 때 및 그 연도 말에 이를 작성하여야 한다.
> ② 사단법인은 사원명부를 비치하고 사원의 변경이 있는 때에는 이를 기재하여야 한다.
> 제56조(사원권의 양도, 상속금지) 사단법인의 사원의 지위는 양도 또는 상속할 수 없다.

(1) 사원권의 종류

1) 공익권

사단의 관리, 운영에 참가하는 것을 내용으로 하는 권리를 말하는데, 결의권, 소수사원권, 업무집행권, 감독권 등이 있다.

2) 자익권

사원 자신의 이익 향수를 내용으로 하는 권리를 말하는데, 이익배당청구권, 잔여재산분배권, 설비이용권 등이 있다.

(2) 제56조의 법적 성격

"사단법인의 사원의 지위는 양도 또는 상속할 수 없다."고 한 민법 제56조의 규정은 강행규정은 아니라고 할 것이므로, 정관에 의하여 이를 인정하고 있을 때에는 양도·상속이 허용된다(대판 1992.4.14. 91다26850). 민법 제56조의 규정은 임의규정이며, 조합원의 사망을 조합원의 당연탈퇴 사유로 규정한 제717조 제1호의 규정도 임의규정으로 해석된다.

(3) 사단법인의 소속사원에 대한 제명처분

사단법인 부산시개인택시여객운송연합회와 같은 단체의 구성원인 조합원에 대한 제명처분은 조합원의 의사에 반하여 그 조합원인 지위를 박탈하는 것이므로 조합의 이익을 위하여 불가피한 경우에 최종적인 수단으로서만 인정되어야 할 것이고, 또, 조합이 조합원을 제명처분한 경우에 법원은 그 제명사유의 존부와 결의내용의 당부 등을 가려 제명처분의 효력을 심사할 수 있다(대판 1994.5.10. 93다21750).

제4관 법인의 소멸

I. 서설

법인의 소멸이란 법인의 권리능력을 상실하는 것을 말한다. 자연인의 권리능력 상실은 자연인이 사망한 때 일어나지만, 법인의 경우는 일정한 절차를 밟아 단계적으로 일어난다. 먼저 해산을 하고, 청산으로 들어가게 되고, 청산이 종결되었을 때 법인은 완전히 소멸하게 된다. 따라서 법인은 해산 후에도 청산이 종결될 때까지는 제한된 범위 내에서 권리능력을 가지게 되는데, 이를 청산법인이라고 한다. 청산법인은 해산 전의 법인과 동일성을 가진다.

Ⅱ. 법인의 해산

> 제77조(해산사유) ① 법인은 존립기간의 만료, 법인의 목적의 달성 또는 달성의 불능 기타 정관에 정한 해산사유의 발생, 파산 또는 설립허가의 취소로 해산한다.
> ② 사단법인은 사원이 없게 되거나 총회의 결의로도 해산한다.
> 제78조(사단법인의 해산결의) 사단법인은 총사원 4분의 3 이상의 동의가 없으면 해산을 결의하지 못한다. 그러나 정관에 다른 규정이 있는 때에는 그 규정에 의한다.
> 제80조(잔여재산의 귀속) ① 해산한 법인의 재산은 정관으로 지정한 자에게 귀속한다.
> ② 정관으로 귀속권리자를 지정하지 아니하거나 이를 지정하는 방법을 정하지 아니한 때에는 이사 또는 청산인은 주무관청의 허가를 얻어 그 법인의 목적에 유사한 목적을 위하여 그 재산을 처분할 수 있다. 그러나 사단법인에 있어서는 총회의 결의가 있어야 한다.
> ③ 전2항의 규정에 의하여 처분되지 아니한 재산은 국고에 귀속한다.

1. 해산의 의의

법인의 해산이라 함은 법인이 본래의 목적 달성을 위한 적극적인 활동을 그치고 청산절차에 들어가는 것을 말한다.

2. 법인의 해산사유

(1) 일반적 사유

사단법인이든 재단법인이든 ① 존립기간의 만료, ② 법인의 목적의 달성 또는 달성의 불능 기타 정관에 정한 해산사유의 발생, ③ 파산, ④ 설립허가의 취소로 해산한다(제77조 제1항).

(2) 사단법인의 경우

사단법인은 ⑤ 사원이 없게 되거나, ⑥ 총회의 결의로 해산한다(동조 제2항). 사단법인은 총사원 4분의 3 이상의 동의가 없으면 해산을 결의하지 못한다(제78조 본문). 그러나 정관에 다른 규정이 있는 때에는 그 규정에 의한다(동조 단서).

3. 판례

(1) 해산한 법인의 대표청산인이 정관규정에 따라 잔여재산이전의무의 이행으로서 잔여재산을 그 대표청산인이 대표자를 겸하고 있던 귀속권리자에게 이전한 경우 쌍방대리금지 원칙의 예외인 채무의 이행에 해당한다(대판 2000.12.8. 98두5279).

(2) 잔여재산의 귀속을 사원총회나 이사회 결의로 정하도록 한 정관은 유효하며, 이사 전원의 결의로 잔여재산을 처분하도록 한 정관의 규정은 성질상 등기하여야만 제3자에게 대항할 수 있는 청산인의 대표권의 제한으로 볼 수 없다(대판 1995.2.10. 94다13473).

Ⅲ. 법인의 청산

> 제81조(청산법인) 해산한 법인은 청산의 목적범위 내에서만 권리가 있고 의무를 부담한다.

1. 청산

(1) 의의
청산이란 해산된 법인이 잔무의 처리, 재산의 정리를 하고 완전히 소멸하기에 이르는 절차를 말한다.

(2) 청산절차
청산절차에는 파산으로 해산한 경우와 기타 원인에 의한 해산 등 2가지가 있으며, 전자는 채무자회생법이 정하는 절차에 따라 청산을 하고 후자는 민법이 정하는 청산절차에 의한다. 청산절차에 관한 규정은 모두 제3자의 이해관계에 중대한 영향을 미치는 것으로서 강행규정이다(대판 2000.12.8. 98두5279). 이는 조합의 해산, 청산절차에 관한 규정이 임의규정인 점과 다르다.

2. 청산법인의 능력

청산법인은 청산의 목적범위 내에서만 권리가 있고 의무를 부담한다(제81조). 해산한 법인은 그 능력이 청산의 목적범위 내에 한정되며 목적범위 외의 행위는 무효이다(대판 2000.12.8. 98두5279). 청산법인은 해산 전의 법인에 비하여 그 목적이 변경되고 능력도 감축(적극적 행위는 할 수 없다)되지만 해산 전의 법인과의 동일성은 유지된다.

3. 청산법인의 기관

> 제82조(청산인) 법인이 해산한 때에는 파산의 경우를 제하고는 이사가 청산인이 된다. 그러나 정관 또는 총회의 결의로 달리 정한 바가 있으면 그에 의한다.
>
> 제83조(법원에 의한 청산인의 선임) 전조의 규정에 의하여 청산인이 될 자가 없거나 청산인의 결원으로 인하여 손해가 생길 염려가 있는 때에는 법원은 직권 또는 이해관계인이나 검사의 청구에 의하여 청산인을 선임할 수 있다.
>
> 제84조(법원에 의한 청산인의 해임) 중요한 사유가 있는 때에는 법원은 직권 또는 이해관계인이나 검사의 청구에 의하여 청산인을 해임할 수 있다.

(1) 청산인
법인이 해산하면 이사에 갈음하여 청산인이 청산법인의 집행기관이 된다. 청산인은 법인의 이사와 같은 지위에 서므로 이사에 관한 규정을 준용한다. 청산인은 청산법인의 능력범위 내에서 사무를 집행하고 청산법인을 대표한다. 청산인이 되는 자는 정관에서 정한 자, 총회에서의 선임, 해산 당시의 이사의 순(총회가 선임하지 않은 경우)으로 청산인이 된다. 이에 해당하는 자가 없으면 법원에서 선임한 자가 된다(청산인이 있더라도 후에 결원이 생겨 손해가 생길 우려가 있는 경우에는 법원은 이해관계인이나 검사의 청구에 의하여 청산인을 선임한다).

(2) 기타 기관

청산절차에서의 청산사무집행에 관한 내부감독기능은 더욱 강화되어야 할 것이므로 감사와 총회는 그대로 그 지위를 지속한다.

4. 해산

제85조(해산등기) ① 청산인은 법인이 파산으로 해산한 경우가 아니면 취임 후 3주일 내에 다음 각 호의 사항을 **주사무소 소재지에서** 등기하여야 한다.
  1. 해산 사유와 해산 연월일
  2. 청산인의 성명과 주소
  3. 청산인의 대표권을 제한한 경우에는 그 제한
② 제1항의 등기에 관하여는 제52조를 준용한다.

제86조(해산신고) ① 청산인은 파산의 경우를 제하고는 그 취임후 3주간 내에 전조 제1항의 사항을 주무관청에 신고하여야 한다.
② 청산중에 취임한 청산인은 그 성명 및 주소를 신고하면 된다.

제87조(청산인의 직무) ① 청산인의 직무는 다음과 같다.
  1. 현존사무의 종결
  2. 채권의 추심 및 채무의 변제
  3. 잔여재산의 인도
② 청산인은 전항의 직무를 행하기 위하여 필요한 모든 행위를 할 수 있다.

제88조(채권신고의 공고) ① 청산인은 취임한 날로부터 2월 내에 3회 이상의 공고로 채권자에 대하여 일정한 기간 내에 그 채권을 신고할 것을 최고하여야 한다. 그 기간은 2월 이상이어야 한다.
② 전항의 공고에는 채권자가 기간내에 신고하지 아니하면 청산으로부터 제외될 것을 표시하여야 한다.
③ 제1항의 공고는 법원의 등기사항의 공고와 동일한 방법으로 하여야 한다.

제89조(채권신고의 최고) 청산인은 알고 있는 채권자에게 대하여는 각각 그 채권신고를 최고하여야 한다. 알고 있는 채권자는 청산으로부터 제외하지 못한다.

제90조(채권신고기간내의 변제금지) 청산인은 제88조 제1항의 채권신고기간 내에는 채권자에 대하여 변제하지 못한다. 그러나 법인은 채권자에 대한 지연손해배상의 의무를 면하지 못한다.

제91조(채권변제의 특례) ① 청산중의 법인은 변제기에 이르지 아니한 채권에 대하여도 변제할 수 있다.
② 전항의 경우에는 조건있는 채권, 존속기간의 불확정한 채권 기타 가액의 불확정한 채권에 관하여는 법원이 선임한 감정인의 평가에 의하여 변제하여야 한다.

제92조(청산으로부터 제외된 채권) 청산으로부터 제외된 채권자는 법인의 채무를 완제한 후 귀속권리자에게 인도하지 아니한 재산에 대하여서만 변제를 청구할 수 있다.

제93조(청산중의 파산) ① 청산 중 법인의 재산이 그 채무를 완제하기에 부족한 것이 분명하게 된 때에는 청산인은 지체 없이 파산선고를 신청하고 이를 공고하여야 한다.
② 청산인은 파산관재인에게 그 사무를 인계함으로써 그 임무가 종료한다.
③ 제88조 제3항의 규정은 제1항의 공고에 준용한다.

5. 청산의 종결

> 제94조(청산종결의 등기와 신고) 청산이 종결한 때에는 청산인은 3주간 내에 이를 등기하고 주무관청에 신고하여야 한다.

(1) 청산종결의 등기가 종료한 후에도 청산사무가 종결되었다고 할 수 없는 경우에는 청산법인으로 계속 존속한다(대판 1980.4.8. 79다2036). 따라서 <u>회사가 부채과다로 사실상 파산지경에 있어 업무도 수행하지 아니하고 대표이사나 그 외의 이사도 없는 상태에 있다고 하여도 적법한 해산절차를 거쳐 청산을 종결하기까지는 법인의 권리능력이 소멸한 것으로 볼 수 없다</u>(대판 1985.6.25. 84다카1954).

(2) 사업양도법인이 부담하여야 할 세금을 사업양수법인이 납부한 경우 사업양도법인의 부당이득반환의무를 부담한다. 법인에 대한 청산종결등기가 경료되었다고 하더라도 청산사무가 종결되지 않는 한 그 범위 내에서는 청산법인으로서 존속한다고 볼 것이어서, 청산사무 종결 전에 발생한 인정상여소득에 대한 사업양도인의 납세의무는 여전히 존속되고 있다고 할 것이고, 사업양수인의 세금납부에 의하여 사업양도인이 원래 부담하여야 할 조세채무의 발생이 확정적으로 소멸된 이상 사업양도인은 동 금액 상당에 대한 부당이득반환의무를 진다(대판 2003.2.11. 99다66427·73371).

6. 해산, 청산의 검사·감독

> 제95조(해산, 청산의 검사, 감독) 법인의 해산 및 청산은 법원이 검사, 감독한다.

(1) 강행규정

청산절차에 관한 규정은 모두 제3자의 이해관계에 중대한 영향을 미치기 때문에 이른바 강행규정이다(대판 1992.4.28. 91누9848).

(2) 평상시의 업무감독(제37조)

법인의 사무는 주무관청이 검사, 감독하며 감독의 내용은 법인의 사무 및 재산상황의 검사, 설립허가의 취소 등이나.

(3) 해산과 청산의 감독(제95조)

법원이 검사, 감독하며 법원은 직권 또는 이해관계인이나 검사의 청구에 의하여 청산인을 선임 또는 해임할 수 있다.

> 제96조(준용규정) 제58조 제2항, 제59조 내지 제62조, 제64조, 제65조 및 제70조의 규정은 청산인에 이를 준용한다.

제5관 법인에 관한 그 밖의 규정들

Ⅰ. 법인의 주소

> 제36조(법인의 주소) 법인의 주소는 그 주된 사무소의 소재지에 있는 것으로 한다.

Ⅱ. 정관의 변경

1. 서설 - 사단법인 또는 법인 아닌 사단의 동일성 판단 기준

사단법인은 일정한 목적을 위해 결합한 사람의 단체에 법인격이 인정된 것을 말하고, 사단법인에 있어 사원 자격의 득실변경에 관한 사항은 정관의 기재사항이므로(민법 제40조 제6호), 어느 사단법인과 다른 사단법인이 동일한 것인지 여부는 그 구성원인 사원이 동일한지 여부에 따라 결정됨이 원칙이다. 다만, 사원 자격의 득실변경에 관한 정관의 기재사항이 적법한 절차를 거쳐서 변경된 경우에는 구성원이 다르더라도 그 변경 전후의 사단법인은 동일성을 유지하면서 존속하는 것이고, 이러한 법리는 법인 아닌 사단에 있어서도 마찬가지이다(대판 2008.9.25. 2006다37021).

2. 사단법인의 경우

> 제40조(사단법인의 정관) 사단법인의 설립자는 다음 각 호의 사항을 기재한 정관을 작성하여 기명날인하여야 한다.
>   1. 목적
>   2. 명칭
>   3. 사무소의 소재지
>   4. 자산에 관한 규정
>   5. 이사의 임면에 관한 규정
>   6. 사원자격의 득실에 관한 규정
>   7. 존립시기나 해산사유를 정하는 때에는 그 시기 또는 사유
>
> 제42조(사단법인의 정관의 변경) ① 사단법인의 정관은 총사원 3분의 2 이상의 동의가 있는 때에 한하여 이를 변경할 수 있다. 그러나 정수에 관하여 정관에 다른 규정이 있는 때에는 그 규정에 의한다.
> ② 정관의 변경은 주무관청의 허가를 얻지 아니하면 그 효력이 없다.

(1) 정관에서 금지한 경우

정관에서 변경할 수 없다고 규정한 경우에도 변경이 가능하며, 전사원의 동의를 요한다.

(2) 목적의 변경

민법 제42조가 목적변경을 제외하고 있지 아니하므로 통상의 정관변경절차(총사원 3분의 2 이상의 동의)에 따라 변경할 수 있다.

(3) 정관변경의 한계

동일성이 파괴되는 정관변경, 즉 비영리법인을 영리법인으로 변경하지는 못한다.

(4) 정관의 법적 성질과 그 해석 방법

사단법인의 정관은 법적 성질은 계약이 아니라 자치법규로 보므로(통설, 판례), 어느 시점의 사단법인의 사원들이 정관의 규범적인 의미내용과 다른 해석을 사원총회의 결의라는 방법으로 표명하였다고 하더라도 그 결의에 의한 해석은 그 사단법인의 구성원인 사원이나 법인을 구속할 수 없다(대판 2000.11.24. 98다12437).

3. 재단법인의 경우

> 제43조(재단법인의 정관) 재단법인의 설립자는 일정한 재산을 출연하고 제40조 제1호 내지 제5호의 사항을 기재한 정관을 작성하여 기명날인하여야 한다.
>
> 제44조(재단법인의 정관의 보충) 재단법인의 설립자가 그 명칭, 사무소 소재지 또는 이사 임면의 방법을 정하지 아니하고 사망한 때에는 이해관계인 또는 검사의 청구에 의하여 법원이 이를 정한다.
>
> 제45조(재단법인의 정관변경) ① 재단법인의 정관은 그 변경방법을 정관에 정한 때에 한하여 변경할 수 있다.
> ② 재단법인의 목적달성 또는 그 재산의 보전을 위하여 적당한 때에는 전항의 규정에 불구하고 명칭 또는 사무소의 소재지를 변경할 수 있다.
> ③ 제42조 제2항의 규정은 전2항의 경우에 준용한다.
>
> 제46조(재단법인의 목적 기타의 변경) 재단법인의 목적을 달성할 수 없는 때에는 설립자나 이사는 주무관청의 허가를 얻어 설립의 취지를 참작하여 그 목적 기타 정관의 규정을 변경할 수 있다.

(1) 원칙

재단법인은 타율적 법인이므로 그 정관은 이를 변경하지 못하는 것이 원칙이다.

(2) 예외(정관변경이 가능한 경우)

1) 정관 속에서 그 정관의 변경방법을 정하고 있는 경우의 변경(제45조 제1항)

    이 변경에도 주무관청의 허가는 그 효력요건이며 등기는 대항요건이다.

2) 정관 속에서 그 정관의 변경방법을 정하고 있지 않은 경우의 변경(제45조 제2항)

    법인의 명칭이나 사무소 소재지와 같은 법인의 본질적 변경이 아닌 경우로서 재단법인의 목적달성 또는 재산의 보전을 위하여 적당한 때에 한한다.

4. 재단법인의 기본재산이 처분되는 경우

(1) 원칙

재단법인의 기본재산은 법인의 실체이고 정관의 필요적 기재사항이므로 그 처분행위는 곧 정관의 변경에 해당한다.

(2) 기본재산의 변경

기본재산의 변경은 곧 정관의 변경이 되므로 정관을 변경하여 주무관청의 허가를 얻지 아니하면 그 효력이 없는 것이고, 정관변경의 절차와 주무관청의 허가를 얻으면 처분이 가능하며, 기본재산이 아닌 재산의 매각은 정관변경을 초래하지 않으므로 주무관청의 허가를 요하지 않는다(대판 1967.12.19. 67다1337). 재단법인의 채권자가 그 기본재산에 대하여 강제집행을 실시하여 법원으로부터 매각허가결정을 받은 경우에도 주무관청의 허가를 요한다(대판 1965.5.18. 65다114). 재단법인의 기본재산 편입행위는 기부행위의 변경에 속하는 사항이므로 주무관청의 인가가 있어야 그 효력이 발생한다(대판 1978.8.22. 78다1038 · 1039). 재단법인 기본재산 처분은 정관변경을 요하는 것이므로 주무관청의 허가가 없으면 처분의 채권행위도 무효가 된다(대판 1974.6.11. 73다1975). 공원묘지 유지 · 관리 목적의 재단법인이 묘역일부에 대한 분양권을 양도하는 행위는 기본재산의 처분으로써 정관변경절차가 있어야 효력이 있다고 한다(대판 1994.4.12. 93다52747).

(3) 허가의 의미

민법 제45조 제3항, 제46조는 정관변경 시 주무관청의 허가를 받도록 규정하고 있는 바, 여기서 말하는 허가는 법률상의 표현이 허가로 되어 있기는 하나 그 성질에 있어 법률행위의 효력을 보충해 주는 것이지 일반적 금지를 해제하는 것은 아니므로 그 법적성격은 인가라고 보아야 한다고 한다(대판 1995.5.16. 95누4810 전합).

(4) 사후 허가 및 장래이행의 소

기본재산의 매매 등 계약 성립 전에 감독청의 허가를 받아야만 하는 것은 아니고, 매매 등 계약 성립 후에라도 감독청의 허가를 받으면 그 매매 등 계약이 유효하게 된다고 하며 감독청의 허가 없이 학교법인의 기본재산인 부동산에 대한 매매계약을 체결하였다면 매수인은 매도인에 대해 감독청의 허가를 조건으로 소유권이전등기절차의 이행을 청구할 수 있다(대판 1998.7.24. 96다27988).

(5) 허가받지 않은 재단법인 기본재산처분행위

사후의 정관변경과 추인으로 유효하게 된다. 즉 재단법인의 정관에는 자산에 관한 규정을 기재하여야 하므로 재단법인의 기본재산의 처분은 결국 정관의 변경을 초래하게 되어 주무관청의 허가를 얻지 못하면 그 효력이 발생하지 않는 것이지만, 그 후 재단법인이 그 기본재산을 보통재산으로 변경하는 정관변경에 대하여 주무관청으로부터 허가를 받은 다음 그 재산의 처분행위를 추인하였다면 종전의 처분행위는 추인한 때로부터 유효하게 된다(대판 2006.3.23. 2005다66534).

(6) 사립학교법상 해산명령을 받은 경우

학교법인이 사립학교법 제47조 제1항에 의한 해산명령을 받아 해산되고 고등교육법 제62조 제1항에 의한 학교폐쇄 처분을 받아 사실상 학교법인으로서 실체를 상실하고 기능을 수행할 수 없게 된 경우에도 사립학교법 제28조 제1항이 여전히 적용되어 그 기본재산을 처분하고자 할 때에는 관할청의 허가를 받아야 한다고 해석함이 상당하다(대판 2010.4.8. 2009다93329).

(7) 집합건물의 소유 및 관리에 관한 법률상의 매도청구의 경우

재단법인의 기본재산에 대하여 집합건물의 소유 및 관리에 관한 법률상의 매도청구가 있는 경우에는 그 기본재산에 대한 매매계약의 성립뿐만 아니라 기본재산의 변경을 내용으로 하는 재단법인의 정관의 변경까지 강제된다[1](대판 2008.7.10. 2008다12453).

(8) 재단법인 기본재산에 대한 저당권 설정행위와 주무관청 허가

1) 원칙

민법상 재단법인의 기본재산에 관한 저당권 설정행위는 특별한 사정이 없는 한 정관의 기재사항을 변경하여야 하는 경우에 해당하지 않으므로, 그에 관하여는 주무관청의 허가를 얻을 필요가 없다[2] (대결 2018.7.20. 2017마1565).

2) 예외

민법상 재단법인의 정관에 기본재산은 담보설정 등을 할 수 없으나 주무관청의 허가·승인을 받은 경우에는 이를 할 수 있다는 취지로 정해져 있고, 정관 규정에 따라 주무관청의 허가·승인을 받아 민법상 재단법인의 기본재산에 관하여 근저당권을 설정한 경우, 그와 같이 설정된 근저당권을 실행하여 기본재산을 매각할 때에는 주무관청의 허가를 다시 받을 필요는 없다(대결 2019.2.28. 2018마800).[3]

III. 법인의 등기

1. 설립등기

> 제33조(법인설립의 등기) 법인은 그 주된 사무소의 소재지에서 설립등기를 함으로써 성립한다.
>
> 제49조(법인의 등기사항) ① 법인설립의 허가가 있는 때에는 3주간 내에 주된 사무소 소재지에서 설립등기를 하여야 한다.
> ② 전항의 등기사항은 다음과 같다.
> 1. 목적
> 2. 명칭

---

1) 집합건물의 소유 및 관리에 관한 법률 제48조 제4항에 정한 매도청구권은 재건축사업의 원활한 진행을 위하여 같은 법이 재건축 불참자의 의사에 반하여 그 재산권을 박탈할 수 있도록 특별히 규정한 것으로서, 그 실질이 헌법 제23조 제3항의 공용수용과 같다고 볼 수 있는데, 재단법인의 기본재산에 대하여 집합건물의 소유 및 관리에 관한 법률에 의하여 매도청구를 하는 경우에도 위 기본재산을 취득하기 위해서는 재단법인의 정관변경이 별도로 필요하다고 보면, 재단법인이 스스로 그 기본재산을 처분하는 내용으로 정관변경을 하지 않는 이상 매도청구를 한 사람이 재단법인이 기본재산을 취득할 수 없게 되어 매도청구 대상자의 의사에 반하여 그 재산권을 박탈하도록 한 매도청구권의 본질에 반하게 된다.

2) 민법 제32조, 제40조 제4호, 제42조 제2항, 제43조, 제45조 제1·3항에 의하면, 재단법인은 정관에 재단법인의 자산에 관한 규정을 두어야 하고, 재단법인의 설립과 정관의 변경에는 주무관청의 허가를 얻어야 한다. 따라서 주무관청의 허가를 얻은 정관에 기재된 기본재산의 처분행위로 인하여 재단법인의 정관 기재사항을 변경하여야 하는 경우에는, 그에 관하여 주무관청의 허가를 얻어야 한다. 이는 재단법인의 기본재산에 대하여 강제집행을 실시하는 경우에도 동일하나, 주무관청의 허가는 반드시 사전에 얻어야 하는 것은 아니므로, 재단법인의 정관변경에 대한 주무관청의 허가는, 경매개시요건은 아니고, 경락인의 소유권취득에 관한 요건이다. 그러므로 집행법원으로서는 그 허가를 얻어 제출할 것을 특별매각조건으로 경매절차를 진행하고, 매각허가결정 시까지 이를 제출하지 못하면 매각불허가결정을 하면 된다.

3) ⇨ 민법상 재단법인인 재항고인이 건물을 신축하기 위한 자금 조달 목적으로 주무관청의 허가를 받아 기본재산에 근저당권을 설정하였는데, 근저당권의 실행으로 기본재산이 경매절차에서 매각되자 재항고인이 주무관청의 매각허가가 없었다는 이유를 들어 매각허가결정에 대하여 재항고한 사안에서, 근저당권 설정 당시 정관 규정에 따라 이미 주무관청의 허가·승인을 받았다면 근저당권의 실행으로 재단법인의 기본재산을 매각할 때에는 주무관청의 허가를 다시 받을 필요가 없다는 이유로 재항고를 기각하여 매각허가결정이 적법하다고 판단한 사례

3. 사무소
4. 설립허가의 년월일
5. 존립시기나 해산사유를 정한 때에는 그 시기 또는 사유
6. 자산의 총액
7. 출자의 방법을 정한 때에는 그 방법
8. 이사의 성명, 주소
9. 이사의 대표권을 제한한 때에는 그 제한

2. 변경등기

제52조(변경등기) 제49조 제2항의 사항 중에 변경이 있는 때에는 3주간 내에 변경등기를 하여야 한다.

3. 분사무소 설치의 등기

제50조[분사무소(분사무소) 설치의 등기] 법인이 분사무소를 설치한 경우에는 주사무소(주사무소)의 소재지에서 3주일 내에 분사무소 소재지와 설치 연월일을 등기하여야 한다.

4. 사무소 이전의 등기

제51조(사무소 이전의 등기) ① 법인이 주사무소를 이전한 경우에는 종전 소재지 또는 새 소재지에서 3주일 내에 새 소재지와 이전 연월일을 등기하여야 한다.
② 법인이 분사무소를 이전한 경우에는 주사무소 소재지에서 3주일 내에 새 소재지와 이전 연월일을 등기하여야 한다.

5. 이사의 직무집행정지 등 가처분의 등기

제52조의2(직무집행정지 등 가처분의 등기) 이사의 직무집행을 정지하거나 직무대행자를 선임하는 가처분을 하거나 그 가처분을 변경·취소하는 경우에는 주사무소가 있는 곳의 등기소에서 이를 등기하여야 한다.

법원의 직무집행정지 가처분결정에 의해 회사를 대표할 권한이 정지된 대표이사가 그 정지기간 중에 체결한 계약은 절대적으로 무효이고, 그 후 가처분신청의 취하에 의하여 보전집행이 취소되었다 하더라도 집행의 효력은 장래를 향하여 소멸할 뿐 소급적으로 소멸하는 것은 아니라 할 것이므로, 가처분신청이 취하되었다 하여 무효인 계약이 유효하게 되지는 않는다(대판 2008.5.29. 2008다4537). 또한 주식회사의 이사나 감사를 피신청인으로 하여 그 직무집행을 정지하고 직무대행자를 선임하는 가처분이 있는 경우 가처분결정은 이사 등의 직무집행을 정지시킬 뿐 이사 등의 지위나 자격을 박탈하는 것이 아니므로, 특별한 사정이 없는 한 가처분결정으로 인하여 이사 등의 임기가 당연히 정지되거나 가처분결정이 존속하는 기간만큼 연장된다고 할 수 없다. 나아가 위와 같은 가처분결정은 성질상 당사자 사이뿐만 아니라 제3자에 대해서도 효력이 미치지만, 이는 어디까지나 직무집행행위의 효력을 제한하는 것일 뿐이므로, 이사 등의 임기 진행에 영향을 주는 것은 아니다(대판 2020.8.20. 2018다249148).

6. 해산등기 및 청산종결등기

> 제85조(해산등기) ① 청산인은 파산의 경우를 제하고는 그 취임후 3주간 내에 해산의 사유 및 년월일, 청산인의 성명 및 주소와 청산인의 대표권을 제한한 때에는 그 제한을 주된 사무소 및 분사무소 소재지에서 등기하여야 한다.
> ② 제52조의 규정은 전항의 등기에 준용한다.
>
> 제94조(청산종결의 등기와 신고) 청산이 종결한 때에는 청산인은 3주간 내에 이를 등기하고 주무관청에 신고하여야 한다.

7. 등기기간의 기산

> 제53조(등기기간의 기산) 전3조의 규정에 의하여 등기할 사항으로 관청의 허가를 요하는 것은 그 허가서가 도착한 날로부터 등기의 기간을 기산한다.

8. 설립요건 및 대항요건

> 제54조(설립등기 이외의 등기의 효력과 등기사항의 공고) ① 설립등기 이외의 본절의 등기사항은 그 등기 후가 아니면 제3자에게 대항하지 못한다.
> ② 등기한 사항은 법원이 지체없이 공고하여야 한다.

법인등기의 절차는 비송사건절차법에 규정되어 있고, 그 효력에는 등기를 성립요건으로 하는 것과 대항요건으로 하는 것으로 나뉜다. <u>민법은 설립등기만을 성립요건으로 하고, 그 밖의 등기는 모두 대항요건으로 하고 있다</u>(제54조). 따라서 민법 제54조 제1항에 의하면 설립등기 이외의 법인등기는 대항요건으로 규정되어 있으므로 이사 변경의 법인등기가 경료되었다고 하여 등기된 대로의 실체적 효력을 갖는 것은 아니다(대판 2000.1.28. 98다26187).

개정 前	개정 後 [2024.9.20. (법률 제20432호, 시행 2025.1.31.) 법무부]
제50조(분사무소설치의 등기) ① 법인이 분사무소를 설치한 때에는 주사무소 소재지에서는 3주간 내에 분사무소를 설치한 것을 등기하고 그 분사무소 소재지에서는 동기간 내에 전조 제2항의 사항을 등기하고 다른 분사무소 소재지에서는 동기간 내에 그 분사무소를 설치한 것을 등기하여야 한다. ② 주사무소 또는 분사무소의 소재지를 관할하는 등기소의 관할구역 내에 분사무소를 설치한 때에는 전항의 기간 내에 그 사무소를 설치한 것을 등기하면 된다.	제50조[분사무소 설치의 등기] 법인이 분사무소를 설치한 경우에는 <u>주사무소의 소재지</u>에서 3주일 내에 분사무소 소재지와 설치 연월일을 등기하여야 한다.

제51조(사무소이전의 등기) ① 법인이 그 사무소를 이전하는 때에는 구소재지에서는 3주간 내에 이전등기를 하고 신소재지에서는 동기간 내에 제49조 제2항에 게시한 사항을 등기하여야 한다. ② 동일한 등기소의 관할구역 내에서 사무소를 이전한 때에는 그 이전한 것을 등기하면 된다.	제51조(사무소 이전의 등기) ① 법인이 주사무소를 이전한 경우에는 <u>종전 소재지 또는 새 소재지에서</u> 3주일 내에 새 소재지와 이전 연월일을 등기하여야 한다. ② 법인이 분사무소를 이전한 경우에는 주사무소 소재지에서 3주일 내에 새 소재지와 이전 연월일을 등기하여야 한다.
제52조의2(직무집행정지 등 가처분의 등기) 이사의 직무집행을 정지하거나 직무대행자를 선임하는 가처분을 하거나 그 가처분을 변경·취소하는 경우에는 주사무소와 분사무소가 있는 곳의 등기소에서 이를 등기하여야 한다.	제52조의2 중 "주사무소와 분사무소"를 <u>"주사무소"로 한다.</u>
제85조(해산등기) ① 청산인은 파산의 경우를 제하고는 그 취임후 3주간 내에 해산의 사유 및 년월일, 청산인의 성명 및 주소와 청산인의 대표권을 제한한 때에는 그 제한을 주된 사무소 및 분사무소 소재지에서 등기하여야 한다. ② 제52조의 규정은 전항의 등기에 준용한다.	제85조(해산등기) ① 청산인은 법인이 파산으로 해산한 경우가 아니면 취임 후 3주일 내에 다음 각 호의 사항을 <u>주사무소 소재지에서</u> 등기하여야 한다. 1. 해산 사유와 해산 연월일 2. 청산인의 성명과 주소 3. 청산인의 대표권을 제한한 경우에는 그 제한 ② 제1항의 등기에 관하여는 제52조를 준용한다.

Ⅳ. 법인의 감독과 벌칙

제97조(벌칙) 법인의 이사, 감사 또는 청산인은 다음 각 호의 경우에는 500만 원 이하의 과태료에 처한다. <개정 2007.12.21>
  1. 본장에 규정한 등기를 해태한 때
  2. 제55조의 규정에 위반하거나 재산목록 또는 사원명부에 부정기재를 한 때
  3. 제37조, 제95조에 규정한 검사, 감독을 방해한 때
  4. 주무관청 또는 총회에 대하여 사실 아닌 신고를 하거나 사실을 은폐한 때
  5. 제76조와 제90조의 규정에 위반한 때
  6. 제79조, 제93조의 규정에 위반하여 파산선고의 신청을 해태한 때
  7. 제88조, 제93조에 정한 공고를 해태하거나 부정한 공고를 한 때

제6관 권리능력 없는 사단 및 재단

Ⅰ. 권리능력 없는 사단(비법인사단)

1. 의의 및 예

권리능력 없는 사단이란 사단의 실체를 갖추고는 있으나 법인등기를 하지 않은 것을 말한다. 예를 들어 학회, 동창회, 설립중의 회사, 노동조합, 정당, 동민회, 자연부락, 직장주택조합(직장청산위원회), 교회(천주교회는 제외), 사찰, 불교신도회, 문중, 종중, 아파트입주자대표회의, 소비자단체, 상가번영회, 공동주택의 입주자대표회의[1] 등이 이에 해당한다.

2. 조합과의 구별

민법상의 조합과 법인격은 없으나 사단성이 인정되는 비법인사단을 구별함에 있어서는 일반적으로 그 단체성의 강약을 기준으로 판단하여야 하는바, 조합은 2인 이상이 상호간에 금전 기타 재산 또는 노무를 출자하여 공동사업을 경영할 것을 약정하는 계약관계에 의하여 성립하므로 어느 정도 단체성에서 오는 제약을 받게 되는 것이지만 구성원의 개인성이 강하게 드러나는 인적 결합체인 데 비하여 비법인사단은 구성원의 개인성과는 별개로 권리·의무의 주체가 될 수 있는 독자적 존재로서의 단체적 조직을 가지는 특성이 있다 하겠는데, 어떤 단체가 고유의 목적을 가지고 사단적 성격을 가지는 규약을 만들어 이에 근거하여 의사결정기관 및 집행기관인 대표자를 두는 등의 조직을 갖추고 있고, 기관의 의결이나 업무집행방법이 다수결의 원칙에 의하여 행하여지며, 구성원의 가입, 탈퇴 등으로 인한 변경에 관계없이 단체 그 자체가 존속되고, 그 조직에 의하여 대표의 방법, 총회나 이사회 등의 운영, 자본의 구성, 재산의 관리 기타 단체로서의 주요사항이 확정되어 있는 경우에는 비법인사단으로서의 실체를 가진다고 할 것이다(대판 1999.4.23. 99다4504).

3. 법률관계

(1) 사단법인 규정 유추적용

1) 원칙

비법인사단에 대하여 민법은 제275조에서 그 재산의 소유형태(총유)에 대해서 규정하고 있을 뿐이므로, 사단법인에 관한 민법규정 중 법인격을 전제로 하는 것[2]을 제외한 규정들을 유추적용 하여야 할 것이다(대판 2003.11.14. 2001다32687).

---

[1] 공동주택의 입주자대표회의는 동별세대수에 비례하여 선출되는 동별대표자를 구성원으로 하는 법인 아닌 사단이고, 그 동별대표자는 각 동별 입주자가 선출하는 것이므로, 동별대표자가 적법하게 선출되어 입주자대표회의가 적법하게 구성된 이후에 있어서는, 후임 동별대표자를 선출하는 것은 비법인사단으로서의 입주자대표회의가 동일성을 잃지 아니한 채 그대로 존속하면서 단순히 그 구성원을 변경하는 것에 지나지 아니하므로, 새로운 동별대표자의 선출절차가 위법하여 효력이 없다면 그 동별대표자는 입주자대표회의 구성원으로서의 지위를 취득할 수 없고 종전의 동별대표자가 여전히 입주자대표회의 구성원으로서의 지위를 가지고, 동별대표자 또는 입주자대표회의의 회장 등이 변경될 때마다 종전과는 별개, 독립의 새로운 비법인사단이 구성, 성립되는 것으로 볼 것은 아니며, 입주자대표회의가 비법인사단인 이상 그 존속기간의 정함이 있는 것으로 볼 수도 없다(대판 2007.6.15. 2007다6307).

[2] 비법인사단의 경우에는 대표자의 대표권 제한에 관하여 등기할 방법이 없어 민법 제60조의 규정을 준용할 수 없고, 비법인사단의 대표자가 정관에서 사원총회의 결의를 거쳐야 하도록 규정한 대외적 거래행위에 관하여 이를 거치지 아니한 경우라도, 이와 같은 사원총회 결의사항은 비법인사단의 내부적 의사결정에 불과하다 할 것이므로, 그 거래 상대방이 그와 같은 대표권 제한 사실을 알았거나 알 수 있었을 경우가 아니라면 그 거래행위는 유효하다고 봄이 상당하고, 이 경우 거래의 상대방이 대표권 제한 사실을 알았거나 알 수 있었음은 이를 주장하는 비법인사단 측이 주장·입증하여야 한다(대판 2003.7.22. 2002다64780).

2) 법인의 불법행위

비법인사단의 대표자가 직무에 관하여 타인에게 손해를 가한 경우 그 사단은 민법 제35조 제1항의 유추적용에 의하여 그 손해를 배상할 책임이 있고, 비법인사단의 대표자의 행위가 대표자 개인의 사리를 도모하기 위한 것이었거나 혹은 법령의 규정에 위배된 것이었다 하더라도 외관상, 객관적으로 직무에 관한 행위라고 인정할 수 있다면 민법 제35조 제1항의 직무에 관한 행위에 해당한다 할 것이나, 한편 그 대표자의 행위가 직무에 관한 행위에 해당하지 아니함을 피해자 자신이 알았거나 또는 중대한 과실로 인하여 알지 못한 경우에는 비법인사단에게 손해배상책임을 물을 수 없다(대판 2008.1.18. 2005다34711).

3) 이사의 대리인 선임

비법인사단에 대하여는 사단법인에 관한 민법 규정 가운데 법인격을 전제로 하는 것을 제외하고는 이를 유추적용하여야 하는데, 민법 제62조에 비추어 보면 비법인사단의 대표자는 정관 또는 총회의 결의로 금지하지 아니한 사항에 한하여 타인으로 하여금 특정한 행위를 대리하게 할 수 있을 뿐 비법인사단의 제반 업무처리를 포괄적으로 위임할 수는 없으므로 비법인사단 대표자가 행한 타인에 대한 업무의 포괄 위임과 그에 따른 포괄적 수임인의 대행행위는 민법 제62조를 위반한 것이어서 비법인사단에 대하여 그 효력이 미치지 않는다(대판 2011.4.28. 2008다15438).

4) 임시이사 선임

민법 제63조는 법인의 조직과 활동에 관한 것으로서 법인격을 전제로 하는 조항이 아니고, 법인 아닌 사단이나 재단의 경우에도 이사가 없거나 결원이 생길 수 있으며, 통상의 절차에 따른 새로운 이사의 선임이 극히 곤란하고 종전 이사의 긴급처리권도 인정되지 아니하는 경우에는 사단이나 재단 또는 타인에게 손해가 생길 염려가 있을 수 있으므로, 민법 제63조는 법인 아닌 사단이나 재단에도 유추적용할 수 있다[1](대결 2009.11.19. 2008마699).

5) 사원총회 소집 통지

재건축조합은 비법인사단으로서 법인격을 전제로 하는 조항을 제외하고는 민법의 법인에 관한 규정의 준용을 받는다 할 것인바, 민법 제71조, 제72조에 비추어 볼 때 정관에 다른 규정이 없는 한 총회에서는 소집 1주간 전에 통지된 그 회의의 목적사항에 관하여만 결의할 수 있다(대판 2006.7.13. 2004다7408).

---

[1] 종교단체에서 임시이사의 선임요건에 관한 심사 결과 당해 종교단체에 장래 발생이 염려되는 손해를 방지하기 위한 조치로서 임시이사의 선임이 불가피한 경우에도, 결원이 된 당해 이사가 지니는 지위, 권한 및 직무내용과 임시이사가 실제로 수행하여야 하는 업무나 역할 등 당해 종교단체에 관한 구체적 사정에 따라서는 종교단체의 종교적인 활동 및 그 자율성에 장해를 주지 않도록 선임자격이나 그 구체적 권한 내지 직무내용을 제한함이 상당하다. 특히, 교의의 통일 등을 위하여 단위 종교단체의 상위 단체로 조직한 포괄적인 종교단체인 종단의 대표자는 법률적으로 종단을 대표하는 권한을 가지고, 종단의 규약이 정한 임명권 등을 통하여 종단의 업무 조직을 구성하는 포괄적인 권한을 가지는 한편, 종교적 권능을 통하여 대내외적으로 당해 종단의 정체성을 표창하고 신도들의 신앙적 일체감을 지지·통합하는 구심점인 역할을 수행하는 지위에 있다. 이와 같이 종교적인 영역에서 차지하는 종단 대표자의 지위나 역할의 중요성을 감안하면 그 종단의 신도가 아니어서 신앙적 동일성이 인정되지 않는 외부의 제3자로 하여금 신앙공동체인 종단의 대표자 업무를 담당하도록 하는 것은 특별한 사정이 없는 한 종교단체의 자율성과 본질에 어긋나므로 원칙적으로 허용되지 않는다. 다만, 종단 내부의 총체적 분규와 전체적 대립 양상으로 인하여 당해 종단의 신도 중에서는 중립적인 지위에서 종단의 대표자 업무를 적정하게 수행할 수 있는 적임자를 도저히 찾을 수 없는 예외적 사정이 존재하는 경우에는 신도 아닌 사람도 임시이사로 선임할 수 있으나, 이 경우에도 그 직무범위나 권한을 비종교적 영역 내에서 선임의 필요성에 상응한 최소한의 범위로 제한함으로써, 종단의 정체성을 보존하고 그 자율적 운영에 대한 제약도 최소화될 수 있도록 하여야 한다.

6) 법인의 소멸, 청산인

법인 아닌 사단에 대하여는 사단법인에 관한 민법규정 가운데서 법인격을 전제로 하는 것을 제외하고는 이를 유추적용 하여야 할 것인바, 사단법인에 있어서는 사원이 없게 된다고 하더라도 이는 해산사유가 될 뿐 막바로 권리능력이 소멸하는 것이 아니므로 법인 아닌 사단에 있어서도 구성원이 없게 되었다 하여 막바로 그 사단이 소멸하여 소송상의 당사자능력을 상실하였다고 할 수는 없고 청산사무가 완료되어야 비로소 그 당사자능력이 소멸하는 것이다(대판 1992.10.9. 92다23087). 비법인사단에 해산사유가 발생하였다고 하더라도 곧바로 당사자능력이 소멸하는 것이 아니라 청산사무가 완료될 때까지 청산의 목적범위 내에서 권리·의무의 주체가 되고, 이 경우 청산 중의 비법인사단은 해산 전의 비법인사단과 동일한 사단이고 다만 그 목적이 청산 범위 내로 축소된 데 지나지 않는다(대판 2007.11.16. 2006다41297). 또한 비법인사단에 대하여는 사단법인에 관한 민법규정 중 법인격을 전제로 하는 것을 제외한 규정들을 유추적용하여야 할 것이므로 비법인사단인 교회의 교인이 존재하지 않게 된 경우 그 교회는 해산하여 청산절차에 들어가서 청산의 목적범위 내에서 권리·의무의 주체가 되며, 이 경우 해산 당시 그 비법인사단의 총회에서 향후 업무를 수행할 자를 선정하였다면 민법 제82조 제1항을 유추하여 그 선임된 자가 청산인으로서 청산 중의 비법인사단을 대표하여 청산업무를 수행하게 된다(대판 2003.11.14. 2001다32687).

7) 사단법인 사원의 지위 양도

사단법인의 사원의 지위는 양도 또는 상속할 수 없다고 규정한 민법 제56조의 규정은 강행규정이라고 할 수 없으므로, 비법인사단에서도 사원의 지위는 규약이나 관행에 의하여 양도 또는 상속될 수 있다(대판 1997.9.26. 95다6205).

4. 재산관계

비법인사단의 재산은 사원의 총유에 속한다(제275조). 그리고 소유권 이외의 재산권은 준총유가 된다(제278조). 따라서 각 사원은 지분권이나 총유물분할청구권이 없다(통설, 판례). 총유물의 관리 및 처분은 사원총회의 결의에 의한다(제276조). 그리고 민법 제275조, 제276조 제1항에서 말하는 총유물의 관리 및 처분이라 함은 총유물 그 자체에 관한 이용·개량행위나 법률적·사실적 처분행위를 의미하는 것이므로, 비법인사단이 타인 간의 금전채무를 보증하는 행위는 총유물 그 자체의 관리·처분이 따르지 아니하는 단순한 채무부담행위에 불과하여 이를 총유물의 관리·처분행위라고 볼 수는 없다(대판 2007.4.19. 2004다60072·60089 전합).

5. 종중과 교회

(1) 종중

1) 의의

종중이란 공동선조의 분묘수호와 제사 및 종원 상호간의 친목 등을 목적으로 하여 구성되는 자연발생적인 종족집단이다[1]. 종중은 그 공동 선조를 정하기에 따라 상대적으로 대·소종중으로 나뉘어지는 것이기 때문에 이미 성립된 종중의 공동선조의 후손 중의 한 사람을 공동선조로 하여 또 하나의 종중(소종중)이 성립될 수도 있고, 반대로 이미 성립된 종중의 공동선조의 선조 중의 한 사람을 공동선조로 하는 다른 종중(대종중)이 성립될 수도 있는 것이며, 그 결과 대종중의 공동선조의 후손들을 공동선조로 하여 여러 개의 소종중이 수직으로 존재할 수 있는 것이다(대판 1991.8.27. 91다16525).

2) 종중구성원의 자격

종중이란 공동선조의 분묘수호와 제사 및 종원 상호간의 친목 등을 목적으로 하여 구성되는 자연발생적인 종족집단이므로, 종중의 이러한 목적과 본질에 비추어 볼 때 공동선조와 성과 본을 같이 하는 후손은 성별의 구별 없이 성년이 되면 당연히 그 구성원이 된다고 보는 것이 조리에 합당하다[2] (대판 2005.7.21. 2002다1178 전합). 따라서 민법 제781조 제6항에 따라 자녀의 복리를 위하여 자녀의 성과 본을 변경할 필요가 있어 자녀의 성과 본이 모의 성과 본으로 변경되었을 경우 성년인 그 자녀는 모가 속한 종중의 공동선조와 성과 본을 같이 하는 후손으로서 당연히 종중의 구성원이 된다(대판 2022.5.26. 2017다260940).

3) 종중의 법률관계

① 종중의 소집통지

종중이 그 총회를 개최함에 있어서는 특별한 사정이 없는 한 세보에 기재된 모든 종원은 물론, 기타 세보에 기재되지 아니한 종원이 있으면 이 역시 포함시켜 총회의 소집통지대상이 되는 종원의 범위를 확정한 후 소재가 분명하여 연락가능한 종원에게 개별적으로 소집통지를 하여야 한다(대판 2000.7.6. 2000다17582). 종중총회는 특별한 사정이 없는 한 족보에 의하여 소집통지 대상이 되는 종중원의 범위를 확정한 후 국내에 거주하고 소재가 분명하여 통지가 가능한 모든 종중원에게 개별적으로 소집통지를 함으로써 각자가 회의와 토의 및 의결에 참가할 수 있는 기회를 주어야 하고, 일부 종중원에게 소집통지를 결여한 채 개최된 종중총회의 결의는 효력이 없으나, 그 소집통지의 방법은 반드시 직접 서면으로 하여야만 하는 것은 아니고 구두 또는 전화로 하여도 되고 다른 종중원이나 세대주를 통하여 하여도 무방하다. 종중의 족보에 종중원으로 등재

---

[1] 종중 유사단체는 비록 그 목적이나 기능이 고유한 의미의 종중과 별다른 차이가 없다 하더라도 공동선조의 후손 중 일부에 의하여 인위적인 조직행위를 거쳐 성립된 경우에는 사적 임의단체라는 점에서 자연발생적인 종족집단인 고유한 의미의 종중과 그 성질을 달리하므로, 그러한 경우에는 사적 자치의 원칙 내지 결사의 자유에 따라 그 구성원의 자격이나 가입조건을 자유롭게 정할 수 있음이 원칙이다. 따라서 그러한 종중 유사단체의 회칙이나 규약에서 공동선조의 후손 중 남성만으로 그 구성원을 한정하고 있다 하더라도 특별한 사정이 없는 한 이는 사적 자치의 원칙 내지 결사의 자유의 보장범위에 포함되고, 위 사정만으로 그 회칙이나 규약이 양성평등 원칙을 정한 헌법 제11조 및 민법 제103조를 위반하여 무효라고 볼 수는 없다(대판 2011.2.24. 2009다17783).

[2] 대법원이 '공동선조와 성과 본을 같이 하는 후손은 성별의 구별 없이 성년이 되면 당연히 그 구성원이 된다.'고 종중 구성원의 자격에 관한 종래의 견해를 변경하는 것은 결국 종래 관습법의 효력을 배제하여 당해 사건을 재판하도록 하려는 데에 그 취지가 있고, 원고들이 자신들의 권리를 구제받기 위하여 종래 관습법의 효력을 다투면서 자신들이 피고 종회의 회원(종원) 자격이 있음을 주장하고 있는 이 사건에 대하여도 위와 같이 변경된 견해가 적용되지 않는다면, 이는 구체적인 사건에 있어서 당사자의 권리구제를 목적으로 하는 사법작용의 본질에 어긋날 뿐만 아니라 현저히 정의에 반하게 되므로, 원고들이 피고 종회의 회원(종원) 지위의 확인을 구하는 이 사건 청구에 한하여는 위와 같이 변경된 견해가 소급하여 적용되어야 할 것이다.

된 성년 여성들에게 소집통지를 함이 없이 개최된 종중 임시총회에서의 결의는 모두 무효이다 (대판 2007.9.6. 2007다34982). 그리고 종중총회의 결의방법에 있어 종중규약에 다른 규정이 없는 이상 종원은 서면이나 대리인으로 결의권을 행사할 수 있으므로 일부 종원이 총회에 직접 출석하지 아니하고 다른 출석 종원에 대한 위임장 제출방식에 의하여 종중의 대표자 선임 등에 관한 결의권을 행사하는 것도 허용된다(대판 2000.2.25. 99다20155). 종중의 규약이나 관행에 의하여 매년 일정한 날에 일정한 장소에서 정기적으로 종중원들이 집합하여 종중의 대소사를 처리하기로 되어 있는 경우에는 별도로 종중회의의 소집절차가 필요하지 않다(대판 2005.12.8. 2005다36298).

② 종중의 소집통지 권한

종중을 대표하고 종중회의를 소집하는 권한은 관습상 종중원 중 연고항존자에 해당하는 종장에게 있으나 다만 종중규약 또는 당해 종중의 관습이나 일반관례에 의하여 별도로 종중대표자를 선임한 경우에는 이러한 종중대표자만이 종중대표권을 가지며 특히 종중재산에 관하여는 종장에게 아무런 권한이 없고 오로지 종중대표자만이 종중을 대표하여 그 관리처분권을 갖는다(대판 1983.12.13. 83다카1463).

③ 종중원의 기본권리 침해

종중의 성격과 법적 성질에 비추어 종중이 그 구성원인 종원이 가지는 고유하고 기본적인 권리의 본질적인 내용을 침해하는 처분을 하는 것은 허용되지 않는다. 따라서 여성의 종중원 자격과 종중총회에서의 의결권을 제한하는 내용으로 종중규약을 개정하고, 종중 소유 부동산에 관한 수용보상금을 남성 종중원들에게만 대여하기로 한 종중 임시총회 결의는 무효이다(대판 2007.9.6. 2007다34982). 그리고 종중이 '종원 중 불미부정한 행위로 종중에 대하여 피해를 끼치거나 명예를 오손하게 한 종원은 이를 변상시키고 이사회의 결의를 거쳐 벌칙을 가하고 총회에 보고 한다'는 내용의 종중 규약에 근거하여 종원에 대하여 10년 내지 20년간 종원의 자격(각종 회의에의 참석권·발언권·의결권·피선거권·선거권)을 정지시킨다는 내용의 처분을 한 것은 종원이 가지는 고유하고 기본적인 권리의 본질적인 내용을 침해하므로 그 효력을 인정할 수 없다(대판 2006.10.26. 2004다47024).

④ 종중유사단체

고유 의미의 종중(이하 '고유 종중'이라 한다)이란 공동선조의 분묘 수호와 제사, 종원 상호간 친목 등을 목적으로 하는 자연발생적인 관습상 종족집단체로서 특별한 조직행위를 필요로 하는 것이 아니고, 공동선조의 후손은 그 의사와 관계없이 성년이 되면 당연히 그 구성원(종원)이 되는 것이며 그 중 일부 종원을 임의로 그 종원에서 배제할 수 없다. 따라서 공동선조의 후손 중 특정 범위 내의 자들만으로 구성된 종중이란 있을 수 없으므로, 만일 공동선조의 후손 중 특정 범위 내의 종원만으로 조직체를 구성하여 활동하고 있다면 이는 본래의 의미의 종중으로는 볼 수 없고, 종중 유사단체가 될 수 있을 뿐이다. 종중 유사단체는 비록 그 목적이나 기능이 고유 종중과 별다른 차이가 없다 하더라도 공동선조의 후손 중 일부에 의하여 인위적인 조직행위를 거쳐 성립된 경우에는 사적 임의단체라는 점에서 고유 종중과 그 성질을 달리하므로, 그러한 경우에는 사적 자치의 원칙 내지 결사의 자유에 따라 구성원의 자격이나 가입조건을 자유롭게 정할 수 있으나, 어떠한 단체가 고유 의미의 종중이 아니라 종중 유사단체를 표방하면서 그 단체에 권리가 귀속되어야 한다고 주장하는 경우, 우선 권리 귀속의 근거가 되는 법률행위나 사실관계 등이 발생할 당시 종중 유사단체가 성립하여 존재하는 사실을 증명하여야 하고, 다음으로 당해 종중 유사단체에 권리가 귀속되는 근거가 되는 법률행위 등 법률요건이 갖추어져 있다는 사실을 증명하여야 한다. 특히 자연발생적으로 형성된 고유 종중이 아니라 그 구성원 중 일부만으로 범위를 제한한 종중 유사단체의 성립 및 소유권 귀속을 인정하려면, 고유 종중이 소를 제기하는 데 필요한 여러 절차(종중원 확정, 종중 총회 소집, 총회 결의, 대표자 선임 등)를 우회하거나 특정 종중원을 배제하기 위한 목적에서 종중 유사단체를 표방하였다고 볼 여지가 없는지 신중하게 판단하여야 한다[1](대판 2020.4.9. 2019다216411).

4) 종중의 재산관계

종중 소유의 재산은 종중원의 총유에 속하는 것이므로 그 관리 및 처분에 관하여 먼저 종중 규약에 정하는 바가 있으면 이에 따라야 하고, 그 점에 관한 종중 규약이 없으면 종중 총회의 결의에 의하여야 하므로 비록 종중 대표자에 의한 종중 재산의 처분이라고 하더라도 그러한 절차를 거치지 아니한 채 한 행위는 무효이다(대판 2000.10.27. 2000다22881). 또한 총유물인 종중 토지 매각대금의 분배는 정관 기타 규약에 달리 정함이 없는 한 종중총회의 결의에 의하여만 처분할 수 있고 이러한 분배결의가 없으면 종원이 종중에 대하여 직접 분배청구를 할 수 없다. 따라서 종중 토지 매각대금의 분배에 관한 종중총회의 결의가 무효인 경우, 종원은 그 결의의 무효확인 등을 소구하여 승소판결을 받은 후 새로운 종중총회에서 공정한 내용으로 다시 결의하도록 함으로써 그 권리를 구제받을 수 있을 뿐이고 새로운 종중총회의 결의도 거치지 아니한 채 종전 총회결의가 무효라는 사정만으로 곧바로 종중을 상대로 하여 스스로 공정하다고 주장하는 분배금의 지급을 구할 수는 없다(대판 2010.9.9. 2007다42310·42327). 그리고 공동선조와 성과 본을 같이하는 후손은 남녀의 구별 없이 성년이 되면 당연히 그 구성원(종원)이 되는 것이므로, 종중재산을 분배함에 있어 단순히 남녀 성별의 구분에 따라 그 분배 비율, 방법, 내용에 차이를 두는 것은 개인의 존엄과 양성의 평등을 기초로 한 가족생활을 보장하고, 가족 내의 실질적인 권리와 의무에 있어서 남녀의 차별을 두지 아니하며, 정치·경제·사회·문화 등 모든 영역에서 여성에 대한 차별을 철폐하고 남녀평등을 실현할 것을 요구하는 우리의 전체 법질서에 부합하지 아니한 것으로 정당성과 합리성이 없어 무효라고 할 것이다(대판 2010.9.30. 2007다74775).

---

[1] ⇨ 원고가 자신이 특정인을 공동시조로 하는 후손들 중 특정 지역의 남성들로만 이루어진 종중 유사단체라고 주장하면서 이 사건 토지의 등기사항증명서상 소유자와 동일한 단체임을 이유로 원인무효인 등기의 말소를 구한 사건에서, 원고가 내세우는 종중 유사단체가 이 사건 토지의 소유자와 동일한 단체인지에 대한 증명이 충분히 이루어지지 않았고, 오히려 원고가 주장하는 여러 사정들에 비추어보면 이 사건 토지의 등기사항증명서상 소유자는 고유 종중임에도 특정한 종중원들을 배제하려는 목적으로 종중 유사단체임을 내세워 이 사건 소를 제기하는 것으로 의심할 여지가 충분하다고 보아 파기환송한 사례

(2) 교회

1) 분열의 인정 여부 및 총유 재산관계

우리 민법이 사단법인에 있어서 구성원의 탈퇴나 해산은 인정하지만 사단법인의 구성원들이 2개의 법인으로 나뉘어 각각 독립한 법인으로 존속하면서 종전 사단법인에게 귀속되었던 재산을 소유하는 방식의 사단법인의 분열은 인정하지 아니한다. 그 법리는 법인 아닌 사단에 대하여도 동일하게 적용되며, 법인 아닌 사단의 구성원들의 집단적 탈퇴로써 사단이 2개로 분열되고 분열되기 전 사단의 재산이 분열된 각 사단들의 구성원들에게 각각 총유적으로 귀속되는 결과를 초래하는 형태의 법인 아닌 사단의 분열은 허용되지 않는다. 교회가 법인 아닌 사단으로서 존재하는 이상, 그 법률관계를 둘러싼 분쟁을 소송적인 방법으로 해결함에 있어서는 법인 아닌 사단에 관한 민법의 일반 이론에 따라 교회의 실체를 파악하고 교회의 재산 귀속에 대하여 판단하여야 하고, 이에 따라 법인 아닌 사단의 재산관계와 그 재산에 대한 구성원의 권리 및 구성원 탈퇴, 특히 집단적인 탈퇴의 효과 등에 관한 법리는 교회에 대하여도 동일하게 적용되어야 한다. 따라서 교인들은 교회 재산을 총유의 형태로 소유하면서 사용·수익할 것인데, 일부 교인들이 교회를 탈퇴하여 그 교회 교인으로서의 지위를 상실하게 되면 탈퇴가 개별적인 것이든 집단적인 것이든 이와 더불어 종전 교회의 총유 재산의 관리처분에 관한 의결에 참가할 수 있는 지위나 그 재산에 대한 사용·수익권을 상실하고, 종전 교회는 잔존 교인들을 구성원으로 하여 실체의 동일성을 유지하면서 존속하며 종전 교회의 재산은 그 교회에 소속된 "잔존" 교인들의 총유로 귀속됨이 원칙이다. 그리고 교단에 소속되어 있던 지교회의 교인들의 일부가 소속 교단을 탈퇴하기로 결의한 다음 종전 교회를 나가 별도의 교회를 설립하여 별도의 대표자를 선정하고 나아가 다른 교단에 가입한 경우, 그 교회는 종전 교회에서 집단적으로 이탈한 교인들에 의하여 새로이 법인 아닌 사단의 요건을 갖추어 설립된 신설 교회라 할 것이어서, 그 교회 소속 교인들은 더 이상 종전 교회의 재산에 대한 권리를 보유할 수 없게 된다(대판 2006.4.20. 2004다37775 전합).

2) 소속 교단의 변경

특정 교단에 가입한 지교회가 교단이 정한 헌법을 지교회 자신의 자치규범으로 받아들였다고 인정되는 경우에는 소속 교단의 변경은 실질적으로 지교회 자신의 규약에 해당하는 자치규범을 변경하는 결과를 초래하고, 만약 지교회 자신의 규약을 갖춘 경우에는 교단변경으로 인하여 지교회의 명칭이나 목적 등 지교회의 규약에 포함된 사항의 변경까지 수반하기 때문에, 소속 교단에서의 탈퇴 내지 소속 교단의 변경은 사단법인 정관변경에 준하여 의결권을 가진 교인 2/3 이상의 찬성에 의한 결의를 필요로 하고, 그 결의요건을 갖추어 소속 교단을 탈퇴하거나 다른 교단으로 변경한 경우에 종전 교회의 실체는 이와 같이 교단을 탈퇴한 교회로서 존속하고 종전 교회 재산은 위 탈퇴한 교회 소속 교인들의 총유로 귀속된다[2].

---

[2] **[별개의견]** 교회가 그 소속 교단을 변경하는 것은, 신앙공동체라는 관점에서 볼 때 단순히 교회가 사단으로서의 활동목적이나 명칭을 변경하는 수준에 그치는 것이 아니라, 교회 존립의 핵심요소인 교리의 내용이나 신앙의 표현인 예배의 양식에 변경을 초래함은 물론 선교와 교회행정에 관한 공동노선과 활동체제에 근본적 변화를 일으키는 것으로서, 이는 신앙공동체인 교회의 정체성과 동일성에 중대한 영향을 미치는 것으로 평가하여야 하고, 법적인 관점에서 보더라도 교회가 소속 교단을 변경한다는 것은 교회가 종전 교단에 소속해 있으면서 단지 사단법인의 정관에 준하는 성질을 가지는 자치규범이나 그 활동목적을 변경하는 정도에 그치는 것이 아니라, 종전 교단에 소속하였던 교회의 교인들이 그 교회를 해체하고 새로운 교단에 소속된 교회를 새롭게 조직하는 데 이르는 것으로 평가하여야 할 것이므로, 교단변경의 성격을 이와 같이 평가한다면, 교회의 소속 교단의 변경에 관하여는 사단법인의 정관변경에 관한 민법 제42조 제1항을 유추적용할 것이 아니라 사단법인의 해산결의에 관한 민법 제78조를 유추적용함이 옳고, 따라서 교회는 교회의 규약 등에 정하여진 적법한 소집절차를 거친 총회에서 의결권을 가진 교인 3/4 이상의 동의를 얻은 경우에 한하여 적법하게 소속 교단을 탈퇴하거나 변경할 수 있다고 보는 것이 옳다(대판 2006.4.20. 2004다37775).

Ⅱ. 권리능력 없는 재단(비법인재단)

1. 의의

권리능력 없는 재단이란 재단의 실질은 존재하지만 아직 법인등기를 하지 않아 법인격을 취득하지 못한 것을 말한다.

2. 구체적 예

사회사업을 위해 모집한 기부재산, 육영회, 대학교장학회, 유치원 등을 말한다. 다만 국립대학교는 법인도 아니고 대표자 있는 법인격 없는 사단 또는 재단도 아닌 교육시설의 명칭에 불과하여 민사소송에 있어 당사자능력을 인정할 수 없다[1].

3. 재산관계

재단법인은 사원(= 구성원)이 없으므로 총유가 인정될 수 없으며, 민법은 이에 대해 아무런 규정을 두고 있지 않으므로, 특별한 이론을 필요로 한다(곽윤직·김재형, 제9판, 169면). 부동산은 법인 아닌 재단 자체가 등기권리자·등기의무자가 되므로, 부동산에 관한 권리는 직접 법인 아닌 재단의 단독소유에 귀속하는 것으로 된다[2](부동산등기규칙 제48조[3] 참고). 그러나 그 밖의 재산권에 관한 귀속관계는 민법에 아무런 규정이 없다. 재단은 사단과는 달리 구성원이 없으므로, 총유관계나 합유관계를 인정할 수 없다. 그리고 법인 아닌 재단의 단독소유라고 하기에는 공시방법이 없으므로 곤란하다. 이 경우 부동산물권 이외의 권리관계는 민법상 '신탁'의 법리로 설명하는 견해가 있다(곽윤직·김재형). 이 견해는 부동산 이외의 재산은 관리자의 개인명의로 보유되며, 법률행위도 이 관리자의 개인명의로 할 수 밖에 없다고 한다. 이에 반하여 재단이라는 실체에 기초하여 법인 아닌 재단에 귀속하는 것으로 해석하는 견해도 있다(고상룡, 이영준, 김준호).

---

[1] 서울대학교가 국가가 설립·경영하는 학교임은 공지의 사실이고, 학교는 법인도 아니고 대표자 있는 법인격 없는 사단 또는 재단도 아닌 교육시설의 명칭에 불과하여 민사소송에 있어 당사자능력을 인정할 수 없다(대판 2001.6.29. 2001다21991). 다만 최근 서울대법인화법의 통과로 현재 서울대학교는 특수법인이다.

[2] 불교신도나 승려 등 개인이 토지를 매수하여 그 지상에 사찰건물을 건립한 다음 주지를 두고 그 곳에서 불교의식을 행하는 경우 위 사찰의 창건주가 특정 종단에 가입하여 그 소속 사찰로 등록을 하고 사찰의 부지와 건물에 관하여 그 사찰 명의로 등기를 마침으로써 사찰재산을 창건주 개인이 아닌 사찰 자체에 귀속시키는 등의 절차를 거쳤다면 이로써 그 사찰은 법인 아닌 재단 또는 사단으로서 독립된 권리주체가 되었다고 할 것이나, 이에 이르지 못한 경우에는 창건주의 개인사찰로서 불교목적시설에 불과하다고 할 것이고, 일시적으로 사찰재산의 일부에 관하여 사찰을 명의인으로 한 등기가 마쳐졌다는 사정만으로 위 사찰이 법인 아닌 재단으로서 단체성을 취득하는 것은 아니다(대판 2005.6.24. 2003다54971).

[3] 제48조(법인 아닌 사단이나 재단의 등기신청) 법 제26조의 종중, 문중, 그 밖에 대표자나 관리인이 있는 법인 아닌 사단이나 재단이 등기를 신청하는 경우에는 다음 각 호의 정보를 첨부정보로서 등기소에 제공하여야 한다.
  1. 정관이나 그 밖의 규약
  2. 대표자나 관리인임을 증명하는 정보. 다만, 등기되어 있는 대표자나 관리인이 신청하는 경우에는 그러하지 아니하다.
  3. 민법 제276조 제1항의 결의가 있음을 증명하는 정보(법인 아닌 사단이 등기의무자인 경우로 한정한다)
  4. 대표자나 관리인의 주소 및 주민등록번호를 증명하는 정보

Ⅲ. 소송 및 등기상의 취급

1. 원칙

법인 아닌 사단이나 재단이 원고 또는 피고가 된 경우에는 법인이 당사자일 때와 마찬가지의 소송상 취급을 한다.

2. 당사자

법인 아닌 사단·재단 그 자체가 당사자[4]가 되며(민소법 제52조), 사단 또는 재단의 대표자·관리인은 법정대리인에 준해 취급된다(민소법 제64조). 사단의 구성원 또는 재단의 출연자는 당사자가 아니다. 인적 재판적이나 법관의 제척·기피의 원인은 그 사단·재단 자체를 표준으로 하여 결정된다. 그리고 종중, 문중, 그 밖에 대표자나 관리인이 있는 법인 아닌 사단이나 재단에 속하는 부동산의 등기에 관하여는 그 사단이나 재단을 등기권리자 또는 등기의무자로 한다(부동산등기법 제26조).

3. 판결의 효력

판결의 기판력이나 형성력은 당사자인 사단이나 재단에 대해서만 미치고 사단의 구성원이나 재단의 출연자는 그 효력을 받지 아니 한다(대판 1978.11.1. 78다1206).

4. 강제집행의 대상

강제집행의 대상은 사단이나 재단의 고유재산 뿐이며, 사단·재단 자체가 집행당사자(채권자·채무자)로서 취급된다.

Ⅳ. 관련 판례

1. 자연부락의 당사자능력

법인 아닌 사단이나 재단도 대표자 또는 관리인이 있으면 민사소송의 당사자가 될 수 있으므로, 자연부락이 그 부락주민을 구성원으로 하여 고유목적을 가지고 의사결정기관과 집행기관인 대표자를 두어 독자적인 활동을 하는 사회조직체라면 비법인사단으로서의 권리능력이 있다(대판 2007.7.26. 2006다64573).

2. 사단법인의 하부조직

사단법인의 하부조직의 하나라 하더라도 스스로 단체로서의 실체를 갖추고 독자적인 활동을 하고 있다면 사단법인과는 별개의 독립된 비법인사단으로 볼 수 있다(대판 2009.1.30. 2006다60908).

---

[4] 학교에 대하여 판례는 국립·공립·사립·각종 학교 등 어느 것을 막론하고 교육을 위한 시설(영조물)에 불과하다고 하여 학교의 당사자능력을 부인하고 있다. 즉 학교의 경우에는 ① 국립학교의 경우에는 국가가, ② 공립학교의 경우에는 자치단체가, ③ 사립학교의 경우에는 학교법인이, ④ 각종 학교의 경우에는 설립자 등 운영주체가 당사자가 된다.

3. 종중유사 단체 및 소집 통지의 법리 적용 여부

고유한 의미의 종중은 공동선조의 후손들에 의하여 선조의 분묘 수호와 봉제사 및 후손 상호간의 친목 도모를 목적으로 형성되는 자연발생적인 친족단체로서 그 선조의 사망과 동시에 그 자손에 의하여 성립하는 것으로 그 대수에 제한이 없다. 종중에 유사한 비법인사단은 반드시 총회를 열어 성문화된 규약을 만들고 정식의 조직체계를 갖추어야만 비로소 단체로서 성립하는 것이 아니라, 실질적으로 공동의 목적을 달성하기 위하여 공동의 재산을 형성하고 일을 주도하는 사람을 중심으로 계속적으로 사회적인 활동을 하여 온 경우에는 이미 그 무렵부터 단체로서의 실체가 존재한다고 보아야 한다(대판 2010.4.29. 2010다1166). 그리고 종중총회는 특별한 사정이 없는 한 족보에 의하여 소집통지 대상이 되는 종중원의 범위를 확정한 후 국내에 거주하고 소재가 분명하여 통지가 가능한 모든 종중원에게 개별적으로 소집통지를 함으로써 각자가 회의와 토의 및 의결에 참가할 수 있는 기회를 주어야 하고, 일부 종중원에게 소집통지를 결여한 채 개최된 종중총회의 결의는 효력이 없다. 다만 종중의 규약이나 관례에 의하여 종중원이 매년 1회씩 일정한 일시에 일정한 장소에서 정기적으로 회합하여 종중의 대소사를 처리하기로 미리 정해져 있는 경우에는 따로 소집통지나 의결사항을 통지하지 아니하였다고 하여 그 종중총회의 결의를 무효라고 할 수 없다[1](대판 2014.2.13. 2012다98843).

4. 동·리의 당사자능력

어떠한 임야가 일정 아래의 임야조사령에 의하여 동이나 이(리)의 명의로 사정되었다면, 그 동·리는 다른 특별한 사정이 없는 한 단순한 행정구역을 가리키는 것이 아니라 그 행정구역 안에 거주하는 주민들로 구성된 법인 아닌 사단으로서 행정구역과 같은 명칭을 사용하는 주민공동체를 가리킨다고 보아야 한다. 이러한 주민공동체는 그 주민 전부가 구성원이 되어서 다른 지역으로부터 입주하는 사람은 입주와 동시에 당연히 그 구성원이 되고 다른 지역으로 이주하는 사람은 이주와 동시에 당연히 회원의 자격을 상실하는 불특정 다수인으로 조직된 영속적 단체로서, 행정구역의 변동으로 그 주민공동체가 자연 소멸되지 아니한다(대판 2012.10.25. 2010다75723).

---

[1] 한편 선조의 분묘수호와 제사봉행 및 친목도모 등을 목적으로 공동선조의 후손 전원을 구성원으로 하여 자연발생적으로 성립하는 고유 의미의 종중과 그 후손 중 특정 지역의 거주자 또는 특정한 자격 요건을 갖춘 사람들만을 구성원으로 하는 종중 유사단체는 그 법적 지위나 단체의 구성 등에서 차이가 있지만, 종족 단체라는 근본 성격과 추구하는 목적 및 운영방식 등은 유사한 점이 있으므로, 종중에 관한 법리는 그 성질이나 규약에 반하지 아니하는 범위 내에서 종중 유사단체에 관한 법률관계에도 적용된다 할 것이고, 특히 종중총회의 소집 및 통지 등에 관한 위에서 본 법리는 종중 유사단체에도 마찬가지로 적용된다고 할 것이다.

제3장 권리의 객체

Ⅰ. 물건의 의의

> 제98조(물건의 정의) 본법에서 물건이라 함은 유체물 및 전기 기타 관리할 수 있는 자연력을 말한다.

1. 물건

원칙적으로는 유체물 및 전기 기타 관리할 수 있는 자연력이 물건이 되고(관리가능성설), 물권의 객체가 된다. 관리할 수 있다는 것은 직접적, 배타적 지배를 내용으로 한다. 다만 채권 기타의 권리 등에 대해서도 예외적으로 물권이 성립할 수 있다. 광구나 어장을 객체로 하는 광업권이나 어업권도 물권이다. 한편 무체재산권도 물건은 아니지만 권리질권의 대상이 된다. 그러나 정신적 창작물은 무체재산권의 객체일 뿐 물건이 아니므로 직접적으로 물권의 대상이 되지 않는다.

2. 현존 및 특정

물권의 직접적·배타적 지배성 때문에 물건은 현존하여야 하고, 또한 특정되어야 한다. 그러나 집합물 위의 물권에 있어서는 그 구성 부분에 변화가 생겨도 특정성을 잃지 않는다. 나아가 그 내용물이 수시로 변하는 유동집합물에 관하여도 양도담보물권이 인정된다(대판 1990.12.26. 88다카20224).

3. 독립한 물건

일물일권주의 원칙상 물건의 일부나 구성부분 또는 물건의 집단은 원칙적으로 독립한 하나의 물권의 객체가 되지 못하여 모두 독립한 하나의 물건이 아니다[주석 민법 제4판, 총칙(2), 259면]. 즉 일물일권주의(일물일권주의)의 원칙상, 물건의 일부분, 구성부분에는 물권이 성립할 수 없는 것이어서 구분 또는 분할의 절차를 거치지 아니한 채 하나의 부동산 중 일부분만에 관하여 따로 소유권보존등기를 경료하거나, 하나의 부동산에 관하여 경료된 소유권보존등기 중 일부분에 관한 등기만을 따로 말소하는 것은 허용되지 아니한다(대판 2000.10.27. 2000다39582). 물건의 일부나 구성부분은 공시가 곤란하고 또한 직접적인 지배의 이익이 적기 때문이다. 따라서 공시가 가능한 용익물권은 토지나 건물의 일부를 그 객체로 할 수 있다.

> **참조판례**
>
> 1. 제사주재자의 결정 방법, 망인의 유체·유골의 승계권자 및 피상속인이 생전행위 또는 유언으로 자신의 유체·유골의 처분 방법을 정하거나 매장장소를 지정한 경우 그 효력
>
>   [1] [다수의견] 제사주재자는 우선적으로 망인의 공동상속인들 사이의 협의에 의해 정하되, 협의가 이루어지지 않는 경우에는 제사주재자의 지위를 유지할 수 없는 특별한 사정이 있지 않은 한 망인의 장남(장남이 이미 사망한 경우에는 장남의 아들, 즉 장손자)이 제사주재자가 되고, 공동상속인들 중 아들이 없는 경우에는 망인의 장녀가 제사주재자가 된다.
>   ⇨ 판례 변경됨
>
>   [2] [다수의견] (가) 사람의 유체·유골은 매장·관리·제사·공양의 대상이 될 수 있는 유체물로서, 분묘에 안치되어 있는 선조의 유체·유골은 민법 제1008조의3 소정의 제사용 재산인 분묘와 함께 그 제사주재자에게 승계되고, 피상속인 자신의 유체·유골 역시 위 제사용 재산에 준하여 그 제사주재자에게 승계된다.
>
>   (나) 피상속인이 생전행위 또는 유언으로 자신의 유체·유골을 처분하거나 매장장소를 지정한 경우에, 선량한 풍속 기타 사회질서에 반하지 않는 이상 그 의사는 존중되어야 하고 이는 제사주재자로서도 마찬가지이지만, 피상속인의 의사를 존중해야 하는 의무는 도의적인 것에 그치고, 제사주재자가 무조건 이에 구속되어야 하는 법률적 의무까지 부담한다고 볼 수는 없다.
>
>   [3] 어떤 경우에 제사주재자의 지위를 유지할 수 없는 특별한 사정이 있다고 볼 것인지에 관하여는, 제사제도가 관습에 바탕을 둔 것이므로 관습을 고려하되, 여기에서의 관습은 과거의 관습이 아니라 사회의 변화에 따라 새롭게 형성되어 계속되고 있는 현재의 관습을 말하므로 우리 사회를 지배하는 기본적 이념이나 사회질서의 변화와 그에 따라 새롭게 형성되는 관습을 고려해야 할 것인바, 중대한 질병, 심한 낭비와 방탕한 생활, 장기간의 외국 거주, 생계가 곤란할 정도의 심각한 경제적 궁핍, 평소 부모를 학대하거나 심한 모욕 또는 위해를 가하는 행위, 선조의 분묘에 대한 수호·관리를 하지 않거나 제사를 거부하는 행위, 합리적인 이유 없이 부모의 유지 내지 유훈에 현저히 반하는 행위 등으로 인하여 정상적으로 제사를 주재할 의사나 능력이 없다고 인정되는 경우가 이에 해당하는 것으로 봄이 상당하다(대판 2008.11.20. 2007다27670 전합).
>
> 2. 공동상속인들 사이에 협의가 이루어지지 않는 경우, 제사주재자를 결정하는 방법
>
>   [다수의견] 대판 2008.11.20. 2007다27670 전합(이하 '2008년 전원합의체 판결'이라 한다)은 제사주재자는 우선적으로 망인의 공동상속인들 사이의 협의에 의해 정하되, 협의가 이루어지지 않는 경우에는 제사주재자의 지위를 유지할 수 없는 특별한 사정이 있지 않는 한 망인의 장남(장남이 이미 사망한 경우에는 장손자)이 제사주재자가 되고, 공동상속인들 중 아들이 없는 경우에는 망인의 장녀가 제사주재자가 된다고 판시하였다. 그러나 공동상속인들 사이에 협의가 이루어지지 않는 경우 제사주재자 결정방법에 관한 2008년 전원합의체 판결의 법리는 더 이상 조리에 부합한다고 보기 어려워 유지될 수 없다. 공동상속인들 사이에 협의가 이루어지지 않는 경우에는 제사주재자의 지위를 인정할 수 없는 특별한 사정이 있지 않는 한 피상속인의 직계비속 중 남녀, 적서를 불문하고 최근친의 연장자가 제사주재자로 우선한다고 보는 것이 가장 조리에 부합한다(대판 2023.5.11. 2018다248626 전합).

Ⅱ. 물건의 분류

1. 단일물·합성물·집합물

(1) 단일물

단일물이란 '형체상' 단일한 일체를 이루지만, 각 구성부분이 개성을 잃고 있는 물건을 말한다. 이러한 단일물은 하나의 물건이다. 예를 들어 임야 내에 자연석을 조각하여 제작한 석불, 1필지의 토지, 명인방법을 갖춘 미분리 천연과실이나 수목의 집단 등은 단일물이다. 그러나 건물의 옥개부분, 논의 둑, 시설부지에 정착된 레일 등은 단일물이 아니다. 따라서 이러한 것들은 물권의 독립된 객체가 될 수 없다.

(2) 합성물

합성물이란 여러 개의 물건이 각각 개성을 잃지 않고 결합하여 단일한 형체를 이루고 있는 물건을 말한다. 합성물은 '법률상' 하나의 물건으로 다루어진다. 소유자가 각각 다른 물건들이 결합하여 합성물이 될 경우에는 각각의 물건에 대한 소유권은 인정되지 않는다. 따라서 소유권의 귀속이 문제된다. 민법은 이에 관하여 부합·혼화·가공 등의 첨부에 관한 규정을 두어 소유권의 귀속을 규율한다.

(3) 집합물

1) 원칙

집합물이란 다수의 물건이 집합하여 '경제적'으로 단일한 가치를 가지는 것을 말한다. 물건의 집단 내지 집합물에 대해선 원칙적으로 하나의 물권이 성립할 수 없다.

2) 예외

그러나 특별법(입목에 관한 법률, 각종 재단저당법)이 있는 경우 또는 특별법이 없더라도 경제적 독립성이 있고 공시방법이 갖추어진 경우(대판 1988.12.27. 87누1043; 대판 1990.12.26. 88다카20224 등)에는 물건의 집단 내지 집합물에 대해서도 물권의 성립을 인정할 수 있다.

3) 유동집합물[1]의 경우

내용이 변동하는 유동집합물의 경우에도 물권을 설정할 수 있는데, 그 특정은 목적동산의 종류, 소재장소, 수량 등의 지정을 기본요소로 이루어진다. 이에 대한 공시방법은 특정동산의 양도담보와 마찬가지로 점유개정이라고 할 수 있다.

2. 융통물과 불융통물

(1) 의의

사법상 거래의 객체가 될 수 있는 물건이 융통물이고, 사법상 거래의 객체가 될 수 없는 공용물·공공용물 등을 불융통물이라고 한다.

(2) 융통물

1) 특정물과 불특정물

급부이행의 방법·시기, 위험부담, 담보책임 등에서 구별의 실익이 있다. 예를 들어 특정물매매의 경우 채무자는 그 물건을 인도하기까지 선관주의의무를 가지고 보존해야 하며(제374조), 특약이 없는 한 채권성립 당시 그 목적물이 있던 장소에서 이행하면 된다(제467조). 그리고 양 당사자의 귀책사유 없이 목적물이 멸실된 경우 채무자는 급부의무로부터 벗어난다(제537조).

---

1) 일단의 증감 변동하는 동산을 하나의 물건으로 보아 이를 채권담보의 목적으로 삼는 이른바 유동집합물에 대한 양도담보계약의 경우에, 양도담보의 효력이 미치는 범위를 명시하여 제3자에게 불측의 손해를 입지 않도록 하고 권리관계를 미리 명확히 하여 집행절차가 부당히 지연되지 않도록 하기 위하여 그 목적물을 특정할 필요가 있으므로, 담보목적물은 담보설정자의 다른 물건과 구별될 수 있도록 그 종류, 소재하는 장소 또는 수량의 지정 등의 방법에 의하여 외부적·객관적으로 특정되어 있어야 하고, 목적물의 특정 여부 및 목적물의 범위는 목적물의 종류, 장소, 수량 등에 관한 계약의 전체적 내용, 계약 당사자의 의사, 목적물 자체가 가지는 유기적 결합의 정도, 목적물의 성질, 담보물 관리와 이용방법 등 여러 가지 사정을 종합하여 구체적으로 판단하여야 할 것이다(대판 2013.1.16. 2012다78726).

2) 가분물과 불가분물

가분물이란 물건의 성질 또는 가치를 현저하게 손상하지 않고도 분할할 수 있는 물건이고, 불가분물이란 그렇지 않은 물건을 말한다. 이 구별은 공유물의 분할(제269조), 다수당사자의 채권관계(제408조)에서 그 의미가 있다. 이러한 구별은 물건의 객관적 성질에 의하여 결정되지만 당사자의 의사표시로써 가분물을 불가분물로 할 수 있다.

3) 대체물과 부대체물

곡물·전자제품·출판물·술과 같이 개성이 중시되지 않아 동종·동질·동량의 물건으로 바꾸어도 급부의 동질성이 변하지 않는 물건을 대체물이라 하고, 그렇지 않은 물건을 부대체물이라고 한다. 소비대차나 소비임치의 경우 그 객체는 소비물이면서 대체가능한 대체물이다.

4) 소비물과 비소비물

곡식이나 가스 등과 같이 1회 사용으로 소멸하는 물건 또는 1회 사용으로 종전 사용자가 다시 사용할 수 없는 금전 등이 소비물이고, 부동산이나 기계처럼 다시 사용할 수 있는 것이 비소비물이다. 소비물은 소비대차(제598조)나 소비임치(제702조)의 객체인 반면, 비소비물은 사용대차(제609조)나 임대차(제618조)의 객체이다.

(3) 불융통물

1) 공용물

관공서나 국공립학교의 건물처럼 국가나 공공단체의 사용에 이바지하는 물건으로 국유재산법 및 지방재정법에서 규정한 행정재산 중에서 '공용재산과 기업용 재산'의 대부분이 이에 속하는데, 국가나 공공단체의 소유이다.

2) 공공용물

도로나 하천 또는 항만과 같이 일반 공중의 공동사용에 제공되는 물건으로서 국유재산법 및 지방재정법상의 행정재산 중 공공용 재산이 이에 속하는데, 공공용물의 소유권은 반드시 국가나 공공단체의 소유가 아닌 사유에 속하는 경우도 있다.

3) 금제물

법령의 규정에 의하여 거래가 금지되는 물건이다. 이에는 아편·음란한 문서·위조 또는 변조한 통화 등과 같이 소유 또는 소지까지 금지되는 절대적 금제물과 국보·지정문화재 등과 같이 다만 거래만이 금지 또는 제한되는 상대적 금제물이 있다.

III. 부동산과 동산

제99조(부동산, 동산) ① 토지 및 그 정착물은 부동산이다.
② 부동산 이외의 물건은 동산이다.
제256조(부동산에의 부합) 부동산의 소유자는 그 부동산에 부합한 물건의 소유권을 취득한다. 그러나 타인의 권원에 의하여 부속된 것은 그러하지 아니하다.

1. 부동산

(1) 토지[1]

1) 토지의 개수

물건으로서의 토지는 지적공부(地籍公簿, 토지대장·임야대장)에 하나의 토지로 등록되어 있는 육지의 일부분이다. 육지는 연속되어 있으나, 편의상 인위적으로 구분하여 각 구역마다 번호(토지번호 즉 지번)를 붙이고, 이를 지적공부에 등록한다. 등록이 되면 토지는 독립성이 인정된다. 그리고 토지의 개수는 지적법에 의한 지적공부상의 토지의 필수를 표준으로 하여 결정되는 것으로서 1필지의 토지를 수필의 토지로 분할하여 등기하려면 지적법이 정하는 바에 따라 먼저 지적공부 소관청에 의하여 지적측량을 하고 그에 따라 필지마다 지번, 지목, 경계 또는 좌표와 면적이 정하여진 후 지적공부에 등록되는 등 분할의 절차를 밟아야 되고, 가사 등기부에만 분필의 등기가 이루어졌다고 하여도 이로써 분필의 효과가 발생할 수는 없다(대판 1995.6.16. 94다4615).

2) 토지의 일부

토지의 일부는 분필절차를 밟기 전에 그것을 양도할 수 없으나, 지상권, 전세권 그리고 승역지의 일부 위에 지역권을 설정할 수 있다. 그리고 일부를 특정하여 외부에서 인식할 수 있을 정도로 점유하게 되면 일필의 토지의 일부에 대하여 점유취득시효가 가능하다. 그러나 1필의 토지의 일부가 공간정보의 구축 및 관리 등에 관한 법률상 분할절차 없이 분필등기가 된 경우, 그 분필등기가 표상하는 부분에 대한 등기부취득시효는 인정될 수 없다[2](대판 1995.6.16. 94다4615).

---

[1] 일반적으로 토석은 토지의 기본적 구성요소로서 토석 그 자체의 굴취, 채취를 목적으로 하는 경우를 제외하고는 토지와 분리하여 별도로 권리 또는 거래의 객체로 되지는 못하므로 토석의 굴취로 인하여 토지가 훼손됨으로써 입게 되는 통상의 손해는 그 토석이 토지와는 별개 독립의 권리객체로 될 수 있는 사정이 있을 경우에는 그 가액, 그 밖의 경우에는 훼손된 부분을 원상회복시키는데 소요되는 비용 상당액이고, 그 비용이 과다하거나 원상회복이 사실상 불가능할 때에는 훼손으로 인하여 토지 자체의 교환가치가 감소된 부분이 통상의 손해이다(대판 1989.6.27. 88다카25861).

[2] 등기부상만으로 어떤 토지 중 일부가 분할되고 그 분할된 토지에 대하여 지번과 지적이 부여되어 등기되어 있어도 지적공부 소관청에 의한 지번, 지적, 지목, 경계확정 등의 분필절차를 거친 바가 없다면 그 등기가 표상하는 목적물은 특정되었다고 할 수는 없으니, 그 등기부에 소유자로 등기된 자가 그 등기부에 기재된 면적에 해당하는 만큼의 토지를 특정하여 점유하였다고 하더라도, 그 등기는 그가 점유하는 토지부분을 표상하는 등기로 볼 수 없어 그 점유자는 등기부취득시효의 요건인 "부동산의 소유자로 등기한 자"에 해당하지 아니하므로 그가 점유하는 부분에 대하여 등기부시효취득을 할 수는 없다(대판 1995.6.16. 94다4615).

3) 토지의 경계

어떤 토지가 지적공부에 1필지의 토지로 등록되면 토지의 소재, 지번, 지목, 지적 및 경계는 다른 특별한 사정이 없는 한 이 등록으로써 특정되고 소유권의 범위는 현실의 경계와 관계없이 공부의 경계에 의하여 확정되는 것이 원칙이지만, 지적도를 작성하면서 기점을 잘못 선택하는 등 기술적인 착오로 말미암아 지적도의 경계선이 진실한 경계선과 다르게 작성되었다는 등과 같은 특별한 사정이 있는 경우에는 토지의 경계는 실제의 경계에 의하여야 한다[1](대판 2016.5.24. 2012다87898). 그리고 경계확정소송의 대상이 되는 '경계'란 공적으로 설정 인증된 지번과 지번과의 경계선을 가리키는 것이고, 사적인 소유권의 경계선을 가리키는 것은 아니다[2](대판 1997.7.8. 96다36517).

(2) 토지의 정착물 중 토지와 별개의 독립한 부동산이 되는 것

1) 건물

건물은 토지와는 별개의 부동산이다. 건물은 건축물대장에 등록되지만 등록에 의하여 독립성을 갖는 것이 아니며, 사회통념상 건물로 인정되는 때에는 하나의 물건이 된다. <u>판례는 최소한의 기둥과 지붕, 그리고 주벽이 이루어지면 사회통념상 건물이 인정된다고 한다</u>(대판 2003.5.30. 2002다21592·21608[3]). 건물은 건물등기부에 공시되고, 집합건물의 경우 1동의 건물의 일부에 구분소유가 가능하다. 그리고 건물은 일정한 면적, 공간의 이용을 위하여 지상, 지하에 건설된 구조물을 말하는 것으로서, 건물의 개수는 토지와 달리 공부상의 등록에 의하여 결정되는 것이 아니라 사회통념 또는 거래관념에 따라 물리적 구조, 거래 또는 이용의 목적물로서 관찰한 건물의 상태 등 객관적 사정과 건축한 자 또는 소유자의 의사 등 주관적 사정을 참작하여 결정되는 것이고, 그 경계 또한 사회통념상 독립한 건물로 인정되는 건물 사이의 현실의 경계에 의하여 특정되는 것이므로, 이러한 의미에서 건물의 경계는 공적으로 설정 인증된 것이 아니고 단순히 사적관계에 있어서의 소유권의 한계선에 불과함을 알 수 있고, 따라서 사적자치의 영역에 속하는 건물 소유권의 범위를 확정하기 위하여는 소유권확인소송에 의하여야 할 것이고, 공법상 경계를 확정하는 경계확정소송에 의할 수는 없다(대판 1997.7.8. 96다36517).

---

1) 이러한 특별한 사정이 있는 경우에, 실제의 경계에 따른 토지 부분의 소유권이 자신에게 있어 지적공부에 등록된 경계에 잘못이 있음을 주장하는 사람은, 구 측량·수로조사 및 지적에 관한 법률(2014.6.3. 법률 제12738호 공간정보의 구축 및 관리 등에 관한 법률로 개정되기 전의 것) 제84조 제1항, 제3항에 따라 지적소관청에 인접 토지 소유자의 승낙서 또는 이에 대항할 수 있는 확정판결서 정본을 제출하여 지적공부의 경계에 대한 정정을 신청할 수 있다. 여기서 인접 토지 소유자에 대항할 수 있는 '확정판결'은 지적공부를 기준으로 하여 그 지번에 해당하는 토지를 특정하고 소유자로서 인접 토지 소유자를 상대로 그에 관한 소유권의 범위나 경계를 확정하는 내용이 담긴 판결을 말하며, 경계확정의 판결, 공유물분할의 판결, 지상물 철거 및 토지인도의 판결, 소유권확인의 판결 및 경계변경 정정신청에 대한 승낙 의사의 진술을 명하는 판결 등이 포함될 수 있다.
2) 토지는 인위적으로 구획된 일정범위의 지면에 사회관념상 정당한 이익이 있는 범위 내에서의 상하를 포함하는 것으로서, 토지의 개수는 지적법에 의한 지적공부상의 필수, 분계선에 의하여 결정되는 것이고, 어떤 토지가 지적공부상 1필의 토지로 등록되면 그 지적공부상의 경계가 현실의 경계와 다르다 하더라도 다른 특별한 사정이 없는 한 그 경계는 지적공부상의 등록, 즉 지적도상의 경계에 의하여 특정되는 것이므로 이러한 의미에서 토지의 경계는 공적으로 설정 인증된 것이고, 단순히 사적관계에 있어서의 소유권의 한계선과는 그 본질을 달리하는 것이다.
3) 독립된 부동산으로서의 건물이라고 하기 위하여는 최소한의 기둥과 지붕 그리고 주벽이 이루어지면 된다. 신축 건물이 경락대금 납부 당시 이미 지하 1층부터 지하 3층까지 기둥, 주벽 및 천장 슬라브 공사가 완료된 상태이었을 뿐만 아니라 지하 1층의 일부 점포가 일반에 분양되기까지 하였다면, 비록 토지가 경락될 당시 신축 건물의 지상층 부분이 골조공사만 이루어진 채 벽이나 지붕 등이 설치된 바가 없다 하더라도, 지하층 부분만으로도 구분소유권의 대상이 될 수 있는 구조라는 점에서 신축 건물은 경락 당시 미완성 상태이기는 하지만 독립된 건물로서의 요건을 갖추었다(대판 2003.5.30. 2002다21592·21608).

2) 수목의 집단

① 문제점

토지에서 자라고 있는 수목은 토지의 정착물이 되므로, 토지와는 별개의 부동산이 아니다. 그러나 수목이 특별법이나 판례에 의하여 독립한 부동산이 되기도 한다.

② 입목법이 적용되는 수목의 집단

입목에 관한 법률은 이 법에 의하여 소유권보존등기를 받은 수목의 집단을 "입목"이라고 하면서(동법 제2조 제1항), 토지와는 별개의 부동산으로 다룬다(동법 제3조 제1항). 입목등기는 소유권·양도담보권은 물론이고 저당권 등도 공시가 가능하다.

③ 명인방법에 의해 공시된 수목의 집단

판례는 입목법이 적용되지 않는 수목의 집단도 명인방법을 갖추면 독립한 부동산으로서 거래의 목적이 된다고 본다. 명인방법이란 수목의 집단 또는 미분리의 과실의 소유권이 누구에게 속하고 있는지를 제3자가 명백하게 인식할 수 있도록 하는 관습법상의 공시방법이다. 예를 들어 나무껍질을 깎아 거기에 소유자의 이름을 먹물로 적어놓은 것, 과수원 주변에 새끼줄을 치고 소유자의 이름을 기재한 표찰을 붙여 놓은 것 등이 있다. 명인방법은 소유권·양도담보권 등은 공시할 수 있으나, 불완전한 공시방법이어서 저당권 등은 공시할 수 없다.

3) 미분리 과실

원래 과일·잎담배·뽕잎·입도(立稻, 서 있는 벼)와 같은 미분리의 과실은 수목의 일부에 지나지 않지만, 판례는 이러한 것들도 명인방법을 갖추면 독립한 물건으로서 거래의 목적이 될 수 있다고 본다.

4) 농작물

권원 없이 타인의 토지에서 재배하여도 성숙한 농작물은 명인방법을 갖추지 않았다 하여도 <u>경작자의 소유이다</u>(대판 1963.2.21. 62다913).

2. 동산

부동산 이외의 물건은 모두 동산이고(제99조 제2항), 토지의 부착물이더라도 정착물이 아니면 동산이다[4] (가식의 수목, 충분히 고착되지 않은 기계). 전기 기타 관리할 수 있는 자연력은 동산이다.

---

[4] 임야에 있는 자연석을 조각하여 제작한 석불이라도 그 임야의 일부분을 구성하는 것이라고는 할 수 없고 임야와 독립된 소유권의 대상이 된다(대판 1970.9.22. 70다1494).

3. 건물에 대한 판례

미완성의 아파트를 인도받아 건축함에 의하여 그 소유권을 원시취득한 것이라고 하기 위하여는 아직 사회통념상 건물이라고 볼 수 있는 형태와 구조를 갖추지 못한 정도의 아파트를 넘겨 받아 이를 건물로 완성하였음을 필요로 한다(대판 1984.9.25. 83다카1858). 건물 신축의 공사가 진행되다가 독립한 부동산인 건물로서의 요건을 아직 갖추지 못한 단계에서 중지된 것을 제3자가 이어받아 계속 진행함으로써 별개의 부동산인 건물로 성립되어 그 소유권을 원시취득한 경우에 그로써 애초의 신축 중 건물에 대한 소유권을 상실한 사람은 민법 제261조, 제257조, 제259조를 준용하여 건물의 원시취득자에 대하여 부당이득 관련 규정에 기하여 그 소유권의 상실에 관한 보상을 청구할 수 있다(대판 2010.2.25. 2009다83933). 신축 건물이 경락대금 납부 당시 이미 지하 1층부터 지하 3층까지 기둥, 주벽 및 천장 슬라브 공사가 완료된 상태이었을 뿐만 아니라 지하 1층의 일부 점포가 일반에 분양되기까지 하였다면, 비록 토지가 경락될 당시 신축 건물의 지상 층 부분이 골조공사만 이루어진 채 벽이나 지붕 등이 설치된 바가 없다 하더라도, 지하층 부분만으로도 구분소유권의 대상이 될 수 있는 구조라는 점에서 신축 건물은 경락 당시 미완성 상태이기는 하지만 독립된 건물로서의 요건을 갖추었다(대판 2003.5.30. 2002다21592·21608).

4. 독립한 물건에 대한 판례

(1) 독립한 물건인 경우

미분리의 천연과실과 수목의 집단은 토지의 일부이지만 명인방법을 갖춘 경우에는 독립한 부동산이다(대판 1977.4.12. 76도2887). 아무런 권원 없이 타인의 토지에서 경작·재배한 경우에는 명인방법을 갖추지 않았다 하더라도 그 농작물의 소유권은 경작자에게 있다(대판 1963.2.21. 62다913).

(2) 독립한 물건이 아닌 경우

시설부지에 정착된 레일은 사회통념상 그 부지에 계속적으로 고착되어 있는 상태에서 사용된 시설의 일부에 해당하는 물건이다(대판 1972.7.27. 72마741). 건물의 옥개부분(대판 1960.8.18. 4592민상859)과 논의 논뚝(대판 1964.6.23. 64다120)도 구성부분에 해당하며 독립한 물건이 되지 않는다. 각 점포의 경계나 특정을 위한 칸막이나 차단시설이 설치되어 있지 않은 어시장 건물 내의 각 점포는 어시장으로 이용되고 있다는 이용상의 특성을 감안하여도 구조상의 독립성을 갖추었다고 볼 수 없으므로 독립한 소유권의 객체로 인정할 수 없다(대판 1995.6.5. 94다40239). 바다에 인접한 토지가 유실되어 바닷물에 잠기게 되어 과다한 비용을 요하고 원상복구가 불가능하다면 포락(浦落)으로 소유권이 소멸하였다(대판 1972.9.26. 71다2488; 대판 1995.8.25. 95다18659).

IV. 주물과 종물

> 제100조(주물, 종물) ① 물건의 소유자가 그 물건의 상용에 공하기 위하여 자기 소유인 다른 물건을 이에 부속하게 한 때에는 그 부속물은 종물이다.
> ② 종물은 주물의 처분에 따른다.

1. 종물의 요건

(1) 주물의 상용에 공할 것

계속적으로 주물의 경제적 효용을 도와야 한다. 어느 건물이 주된 건물의 종물이기 위하여는 주된 건물의 경제적 효용을 보조하기 위하여 계속적으로 이바지되어야 하는 관계가 있어야 한다(대판 1988.2.23. 87다카600). 폐수처리시설이 공장저당법에 의하여 근저당권이 설정된 공장 토지와 그에 인접한 공장 토지가 아닌 타인 소유의 토지에 걸쳐서 설치되어 있는 경우, 주물의 소유자나 이용자의 상용에 공여되고 있더라도 주물 그 자체의 효용과 직접 관계가 없는 물건은 종물이 아니다(대판 1997.10.10. 97다3750).

(2) 장소적 밀접성

"상용에 공한다"는 의미는 사회통념상 계속하여 주물의 효용을 완성시키는 작용을 한다고 인정되는 종류의 물건이고 또 특정의 주물에 부속된다고 인정될 만한 장소적 관계에 있어야 한다는 것을 의미 한다(대판 1988.2.23. 87다카600).

(3) 독립한 물건

1) 종물이 주물의 구성부분이거나, 주종이 합하여 단일물이나 합성물인 경우는 종물이 아니며, 주물·종물은 모두 동산이건 부동산이건 상관없다(주유소의 주유기, 백화점 내의 전화교환설비, 횟집건물 내의 수족관, 양수시설). 정화조는 건물의 대지가 아닌 다른 필지의 지하에 설치되어 있다 하더라도 독립된 물건인 종물이라기보다 건물의 구성부분이다(대판 1993.12.10. 93다42399).

2) 종물은 독립한 물건이어야 한다는 점에서 부속물, 지상물과 같다.

논점 종물, 합성물, 부속물 비교

1. 문제점

   민법은 종물과 구별되는 것으로 합성물과 부속물의 개념을 인정하고, 이에 관해 규정한다.

2. 합성물

   부동산에 다른 동산이 부합하거나(제256조), 또는 동산 간에 부합이 이루어져 분리할 수 없거나 그 분리에 과다한 비용을 요할 경우에는(제257조), 그 물건을 하나의 물건으로 처리하여 부동산의 소유자 또는 주된 동산의 소유자가 부합한 물건의 소유권을 취득하는데, 이 때의 그 물건 전체를 '합성물'이라고 한다. 여기서는 그 부합물이 독립된 별개의 물건이 되지 못하고 그 구성부분을 이루는 점에서, 또 소유자가 서로 다른 물건이 어느 누구의 소유로 귀속되는 점에서 종물과는 다르다.

3. 부속물

   건물의 임차인이 그 사용의 편익을 위해 임대인의 동의를 얻어 이에 부속한 물건이 있거나 또는 임대인으로부터 매수한 부속물에 대하여는, 임차인은 임대차 종료 시에 임대인에 대하여 그 부속물의 매수를 청구할 수 있는데(제646조), 이때의 '부속물'은 건물의 구성부분이 아니라 독립된 물건이어야 하지만, 이것은 임대차에 수반하여 발생하는 효과라는 점에서 종물의 취지와는 다르다.

(4) 주물, 종물 모두 동일한 소유자에 속할 것

1) 원칙
종물은 물건의 소유자가 그 물건의 상용에 공하기 위하여 자기 소유인 다른 물건을 이에 부속하게 한 것을 말하므로(민법 제100조 제1항) 주물과 다른 사람의 소유에 속하는 물건은 종물이 될 수 없다(대판 2008.5.8. 2007다36933·36940).

2) 예외
다만 제3자의 권리를 해하지 않는 한, 주물·종물의 소유자가 달라도 된다[1].

3) 경매의 경우
판례는 "경매사건에서 주물의 소유자가 아닌 사람 소유인 물건은 종물이 될 수 없다."고 한다. 즉, "저당권의 실행으로 부동산이 경매된 경우에 그 부동산에 부합된 물건은 그것이 부합될 당시에 누구의 소유이었는지를 가릴 것 없이 그 부동산을 낙찰 받은 사람이 소유권을 취득하지만, 그 부동산의 상용에 공하여진 물건일지라도 그 물건이 부동산의 소유자가 아닌 다른 사람의 소유인 때에는 이를 종물이라고 할 수 없으므로, 부동산에 대한 저당권의 효력에 미칠 수 없어 부동산의 낙찰자가 당연히 그 소유권을 취득하는 것은 아니다. 다만, 부동산의 낙찰자가 그 물건을 선의취득하였다고 할 수 있으려면 그 물건이 경매의 목적물로 되었고 낙찰자가 선의이며 과실 없이 그 물건을 점유하는 등으로 선의취득의 요건을 구비하여야 한다(대판 2008.5.8. 2007다36933·36940)."고 판시한다.

(5) 종물의 예

1) 배와 노, 시계와 시계 줄, 안채와 사랑채, 농장과 농구소가옥, 자물쇠와 열쇠 등은 주물과 종물의 예이다.
2) 농지에 부속한 양수시설의 종물성이 있다(대판 1967.3.7. 66누176).
3) 낡은 가재도구 등의 보관 장소로 이용되는 방, 연탄창고, 공동변소 등은 본체에서 떨어져 축조되어 있어도 본체의 종물이다(대판 1991.5.14. 91다2729).
4) 횟집으로 사용할 점포건물에 신축한 수족관은 점포건물의 종물이다(대판 1992.2.12. 92도3234).
5) 백화점 지하에 설치된 전화교환설비는 백화점건물의 종물이다(대판 1993.9.13. 92다43142).
6) 주유소의 주유기는 주유소건물의 종물이다(단, 유류저장탱크는 토지의 부합물이다)(대판 1995.6.29. 94다6345).

---

1) 민법 제100조는 종물에 관하여 '자기 소유인 다른 물건'이라고 규정하고 있어 종물이 주물 소유자의 소유물인 것을 전제로 하고 있지만, 종물이 타인의 소유라고 하더라도 그 타인의 권리를 해하지 아니하는 범위에서 민법 제100조가 적용된다고 할 것이고, 따라서 주물이 처분된 경우에 종물의 소유자가 동의 또는 추인하거나, 종물이 동산인 경우에 상대방이 선의취득의 요건을 갖추면 종물의 소유권을 취득하게 되는 것이며, 또한 동산의 선의취득을 주장하는 자는 점유취득 시에 무과실이었다는 점을 주장·입증하여야 한다(대판 2002.2.5. 2000다38527).

종물에 해당하는 경우	종물에 해당하지 않는 경우
• 농지에 부속한 양수시설은 농지의 종물 • 횟집의 수족관은 횟집건물의 종물 • 주유기는 주유소의 종물 • 가재도구 등을 보관하는 방, 연탄창고 및 공동변소는 본채의 종물 • 백화점 건물 지하에 설치된 전화교환설비는 백화점 건물의 종물	• 호텔 각 방실의 TV·전화기, 호텔세탁실의 세탁기, 호텔주방의 냉장고, 호텔방송실의 VTR 등은 호텔의 종물이 아님[2] • 축사출입차량의 소독을 위하여 설치된 소독시설은 축사건물의 종물이 아님

2. 종물의 효과

(1) 수반성(제100조 제2항)

종물은 주물의 처분에 따른다. 이때 처분은 물권적 처분뿐만 아니라 채권적 처분도 포함하므로 소유권양도, 저당권설정뿐만 아니라 매매, 임대차 등을 의미한다.

(2) 주물 위에 저당권이 설정된 경우

종물의 설치시기는 저당권설정 전후를 불문하고 저당권의 효력이 종물에도 미친다(제358조 본문).

(3) 규정의 성격

종물은 주물의 처분에 수반된다는 민법 제100조 제2항은 임의규정이므로, 당사자는 주물을 처분할 때에 특약으로 종물을 제외할 수 있고 종물만을 별도로 처분할 수도 있다(대판 2012.1.26. 2009다76546).

3. 종물이론의 유추적용

종물이론은 권리 상호간에도 유추적용된다(통설, 판례). 예를 들어 건물이 양도되면 그 건물을 위한 대지의 임차권도 건물의 양수인에게 이전하며, 원본채권이 양도되면 기본적 이자채권도 같이 양도된다. 다만 이미 변제기에 도달한 이자채권은 당연히 함께 양도되는 것은 아니다[3]. 구분건물의 대지사용권은 전유부분과 종속적 일체불가분성이 인정되는 점 등에 비추어 볼 때, 구분건물의 전유부분에 대한 소유권보존등기만 경료되고 대지지분에 대한 등기가 경료되기 전에 전유부분 만에 대해 내려진 가압류결정의 효력은, 대지사용권의 분리처분이 가능하도록 규약으로 정하였다는 등의 특별한 사정이 없는 한, 종물 내지 종된 권리인 그 대지권에까지 미친다고 본다(대판 2006.10.26. 2006다29020). 구분건물의 전유부분 만에 관하여 설정된 저당권의 효력은 대지사용권의 분리처분이 가능하도록 규약으로 정하는 등의 특별한 사정이 없는 한, 그 전유부분의 소유자가 사후에라도 대지사용권을 취득함으로써 전유부분과 대지권이 동일 소유자의 소유에 속하게 되면 그 대지사용권에까지 미치고, 여기의 대지사용권에는 지상권 등 용익권 이외에 대지소유권도 포함되는 것이다(대결 2005.11.14. 2004그31).

---

[2] 호텔의 각 방실에 시설된 텔레비전, 전화기, 호텔세탁실에 시설된 세탁기, 탈수기, 드라이크리닝기, 호텔주방에 시설된 냉장고, 제빙기, 호텔방송실에 시설된 브이티알(비데오), 앰프 등이 포함되어 있는 사실이 인정되는 바, 위 사실관계에 의하면 적어도 위에 적시한 물건들에 관한 한 위 물건들이 위 호텔의 경영이나 이용자의 상용에 공여됨은 별론으로 하고 주물인 같은 제1, 2목록 기재부동산 자체의 경제적 효용에 직접 이바지하지 아니함은 경험칙상 명백하므로 위 부동산에 대한 종물이라고는 할 수 없다(대판 1985.3.26. 84다카269).

[3] 이자채권은 원본채권에 대하여 종속성을 갖고 있으나 이미 변제기에 도달한 이자채권은 원본채권과 분리하여 양도할 수 있고 원본채권과 별도로 변제할 수 있으며 시효로 인하여 소멸되기도 하는 등 어느 정도 독립성을 갖게 되는 것이므로, 원본채권이 양도된 경우 이미 변제기에 도달한 이자채권은 원본채권의 양도 당시 그 이자채권도 양도한다는 의사표시가 없는 한 당연히 양도되지는 않는다(대판 1989.3.28. 88다카12803).

V. 원물과 과실

> 제101조(천연과실, 법정과실) ① 물건의 용법에 의하여 수취하는 산출물은 천연과실이다.
> ② 물건의 사용대가로 받는 금전 기타의 물건은 법정과실로 한다.

1. 천연과실

(1) "물건의 용법에 의하여"의 의미

원물의 경제적 용도에 따라서 수취되는 것을 의미한다.

(2) "산출물"의 의미

자연적·유기적으로 생산되는 물건(예 열매, 우유, 가축의 새끼, 양모)과 인공적·무기적으로 생산되는 것(예 석재, 토사)도 포함한다. 화분에 열린 과실, 경주용 말의 새끼 등이 천연과실로 볼 수 있는가에 관하여는 학설이 대립한다.

2. 법정과실

(1) 권리의 과실(주식의 배당금, 특허권의 사용료, 노동의 대가인 임금)이라는 관념은 인정하지 않는다. 그리고 국립공원의 입장료는 토지의 사용대가라는 민법상 과실이 아니라 수익자 부담의 원칙에 따라 국립공원의 유지·관리비용의 일부를 국립공원 입장객에게 부담시키고자 하는 것이어서 토지의 소유권이나 그에 기한 과실수취권과는 아무런 관련이 없다(대판 2001.12.28. 2000다27749).

(2) 판례는 건물을 사용함으로써 얻는 이득은 법정과실에 준하여 보아야 하므로 선의로 건물을 점유하고 있던 자는 과실을 취득하고 부당이득반환의무는 발생하지 않는다고 한다. 사용이익도 과실에 준하는 것으로 보는 것이 판례의 태도이다. 따라서 민법 제201조 제1항에 의하여 선의의 점유자에게는 반환의무가 없다(대판 1996.1.26. 95다44290).

3. 수취할 권리자의 예

> 제102조(과실의 취득) ① 천연과실은 그 원물로부터 분리하는 때에 이를 수취할 권리자에게 속한다.
> ② 법정과실은 수취할 권리의 존속기간일수의 비율로 취득한다.

(1) 해당되는 경우

원물의 소유자(제211조), 지상권자(제279조), 전세권자(제303조 제1항), 사용차주(제609조), 임차인(제618조), 선의의 점유자(제201조), 목적물인도 前 매도인(제587조), 친권자(제923조), 수유자(제1079조) 등이 이에 해당한다. 다만 유치권자(제323조), 질권자(제343조), 저당권자(제359조) 등은 담보물권자로서 과실을 수취하여 자기의 채권에 충당하는 권리를 가지는 것이기 때문에 다른 과실취득권과는 성질을 달리한다. 즉, 이들은 과실에 대한 소유권을 갖는 것이 아니고 자기채권의 우선변제에 충당할 수 있는 과실수취권을 갖는 것이므로, 사용수익권자가 과실의 소유권을 갖는 것과는 달리 파악되어야 한다.

(2) 해당되지 않는 경우

수임인(제684조 제1항), 수치인(제701조), 사무관리자(제738조)는 제684조 제1항에서 취득물 등 인도의무가 규정되어 있으므로, 민법상 과실수취권이 없다.

(3) 규정의 성격

제102조는 강행규정이 아니라 임의규정이므로 귀속관계는 특약으로 달리 정할 수 있다.

4. 법정과실의 경우

금전채권이 양도된 경우의 이자의 귀속, 임대목적물이 양도된 경우의 차임의 귀속 등에 관하여 규정하고 있다.

제4장 권리의 변동

제1절 권리 변동의 모습, 원인

I. 서설

법률관계의 내용은 구체적으로 권리와 의무의 관련성인데, 이를 권리중심으로 파악하면 권리의 발생·변경·소멸하는 모습으로 나타난다. 이러한 법률관계를 발생하게 하는 원인을 법률요건이라 하며, 법률요건은 법률사실로 이루어진다.

II. 권리변동의 모습

1. 권리의 발생

(1) 원시취득(절대적 발생)

원시취득(권리의 절대적 발생)이란 어떤 권리가 타인의 권리에 기함이 없이 특정인에게 새로 발생하는 것을 말한다. 예를 들어 선의취득(제249조), 취득시효(제245조), 무주물선점(제252조)·유실물습득(제253조)·신축한 주택의 소유권취득(제187조) 등이 이에 속한다.

(2) 승계취득

1) 의의

어떠한 권리가 타인의 권리에 기인하여 특정인에게 승계적으로 발생하는 것을 말한다. 이는 다시 이전적 승계와 설정적 승계로 나뉜다.

2) 이전적 승계

권리의 이전적 승계란 구권리자에 속하고 있었던 권리가 그 동일성을 유지하면서 그대로 신권리자에게 이전되는 경우로서, 권리의 주체만이 바뀌는 것을 말한다. 이에는 ① 하나의 취득원인에 의해 다수의 권리가 일괄적으로 취득되는 포괄승계(예 상속·포괄유증·회사의 합병 등)와 ② 개개의 권리가 개개의 취득원인에 의해 취득되는 특정승계(예 매매·교환 등)가 있다.

3) 설정적 승계

권리의 설정적 승계란 구권리자의 권리는 그대로 존속하면서 신권리자가 그 권리의 일부에 어떠한 권리를 취득하는 경우를 말한다. 예를 들어 타인의 소유권에 대해 지상권을 설정하여 이를 취득하는 경우를 들 수 있다.

2. 권리의 변경

권리내용의 변경에는 ① 물건의 인도를 목적으로 하는 채권이 인도를 할 수 없게 됨으로써 손해배상채권으로 변하는 것·대물변제(제466조)와 같은 질적 변경과 ② 소유권의 객체에 제한물권이 설정되거나 또는 이미 설정된 제한물권이 소멸하여 소유권이 원만한 상태로 회복되는 것(소유자의 입장)·첨부(제256조 이하)와 같은 양적 변경이 있다.

3. 권리의 소멸

권리가 권리주체로부터 이탈하는 것을 말한다. 권리 자체가 소멸하는 절대적·객관적 소멸이 있는 반면[예 건물의 멸실, 포락, 소멸시효(절대적 소멸설)], 권리 자체는 소멸되지 않고 권리주체만 변경되는 상대적·주관적 소멸(예 매매로 인하여 매도인이 물건의 소유권을 상실하는 경우)이 있다.

Ⅲ. 권리변동의 원인

1. 법률요건

법률요건이란 권리변동을 생기게 하는 법률효과의 법적 원인으로서 법률행위 뿐만 아니라, 준법률행위·불법행위·부당이득 등을 말한다.

2. 법률사실과 체계

(1) 의의

> 제527조(계약의 청약의 구속력) 계약의 청약은 이를 철회하지 못한다.
>
> 제528조(승낙기간을 정한 계약의 청약) ① 승낙의 기간을 정한 계약의 청약은 청약자가 그 기간 내에 승낙의 통지를 받지 못한 때에는 그 효력을 잃는다. - 계약 불성립
> ② 승낙의 통지가 전항의 기간 후에 도달한 경우에 보통 그 기간 내에 도달할 수 있는 발송인 때에는 청약자는 지체 없이 상대방에게 그 연착의 통지를 하여야 한다. 그러나 그 도달 전에 지연의 통지를 발송한 때에는 그러하지 아니하다[1].
> ③ 청약자가 전항의 통지를 하지 아니한 때에는 승낙의 통지는 연착되지 아니한 것으로 본다. - 계약 성립

법률요건을 구성하는 개개의 사실이 법률사실이다. 법률요건을 하나의 법률사실로 이루어질 수도 있고(예 채무면제·유언 등), 다수의 법률사실로 이루어질 수도 있다(예 청약의 의사표시와 승낙의 의사표시가 합치됨으로써 성립하는 계약).

(2) 체계

1) 용태 - 사람의 정신작용에 기한 법률사실
   ① 외부적 용태 - 사람의 의사가 외부에 표현되는 용태
      ㉠ 적법행위 - 법률이 가치 있는 것으로 허용하는 행위
         ⓐ 법률행위(의사표시): 당사자가 의욕한 대로 법률효과가 생기는 행위, 단독행위, 계약, 합동행위

---

[1] 연착을 통지를 할 필요가 없다. 즉 계약 불성립이다.

ⓑ 준법률행위: 당사자의 의사 내지 의욕과는 상관없이 법률에 의해 효과가 부여되는 행위
　ⅰ) 표현행위
　　가. 의사의 통지: 자신의 의사를 통지하는 행위[예] 각종의 최고(제15조 제1항, 제88조, 제131조, 제174조, 제381조 제1항, 제540조, 제552조 등)]
　　나. 관념의 통지(사실의 통지): 당사자일방이 상대방에게 과거 또는 현재의 사실을 알리는 것(제71조, 제168조 제3호, 제450조, 제488조, 제528조 제2항 등)
　　다. 감정의 표시: 일정한 감정을 표시하는 행위(제556조 제2항, 제841조 등)
　ⅱ) 비표현행위(사실행위)
　　가. 순수사실행위: 외부적 결과만 있으면 일정한 효과를 주는 사실행위(제254조, 제259조)
　　나. 혼합사실행위: 외부적 결과와 함께 어떤 의식과정이 따를 것이 요구되는 사실행위(제192조 제1항, 제252조, 제253조, 제734조)
ⓒ 위법행위 - 채무불이행(제390조), 불법행위(제750조)
② 내부적 용태(의식)
　㉠ 관념적 용태
　　일정한 사실에 관한 관념 또는 인식에 의한 내부적 용태[예] 선의, 악의)
　㉡ 의사적 용태
　　의식이 일정한 의사를 가지는 내부적 용태[예] 소유의 의사(제197조), 제3자의 변제에서 채무자의 의사(제469조), 사무관리에서 본인의 의사(제734조)]

2) 사건 - 사람의 정신작용에 기하지 않는 법률사실
사람의 출생・사망, 실종, 시간의 경과, 물건의 자연적 발생 및 소멸

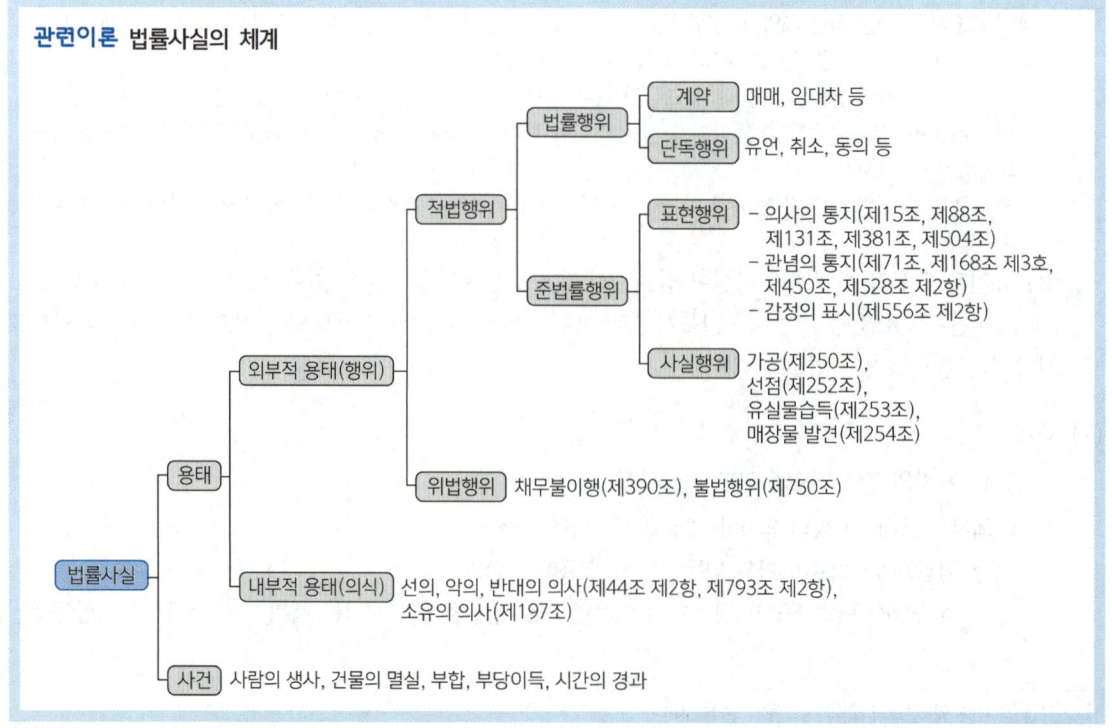

관련이론 법률사실의 체계

제2절 법률행위

제1관 법률행위 일반

	법률행위론		소송행위론	
	성립요건	효력요건	성립요건	효력요건
당사자		• 권리능력(民 제3조) • 의사능력 • 행위능력(民 제4조)	당사자	• 당사자능력 – 실체적 당사자개념(民訴 제51조), 형식적 당사자개념(民訴 제52조) • 당사자적격 = 특정소송 자격 = 민법상 관리처분권 = 소송수행권 • 소송능력(民訴 제51조)
목적	확정, 가능, 적법, 타당		청구 = 소송물	확정, 가능, 적법, 타당
의사표시		• 의사와 표시의 일치 • 하자(흠)가 없어야 함	의사표시	• 하자불고려설(다수설, 판례) • 하자고려설

I. 성립요건 및 효력요건

1. 성립요건

(1) 일반성립요건
당사자, 목적, 의사표시가 있어야 한다.

(2) 특별성립요건
질권설정계약에서 물건의 인도(제330조), 대물변제에서 물건의 인도(제466조), 혼인에서 신고(제812조) 등이 있다.

> **참조판례** 매매계약의 성립요건
>
> 지방자치단체가 임대사업자를 상대로 공공지원민간임대주택에 관한 협약을 통한 매매계약이 체결되었다고 주장하면서 소유권이전등기를 청구하는 사건
>
> 매매는 당사자 일방이 재산권을 상대방에게 이전할 것을 약정하고 상대방이 대금을 지급할 것을 약정함으로써 효력이 발생하는 것이므로, 매매계약은 매도인이 재산권을 이전하는 것과 매수인이 대가로서 대금을 지급하는 것에 관하여 쌍방 당사자의 합의가 이루어짐으로써 성립하는 것이며, 그 경우 매매목적물과 대금은 반드시 계약체결 당시에 구체적으로 특정할 필요는 없고 이를 사후에라도 구체적으로 특정할 수 있는 방법과 기준이 정하여져 있으면 충분하다, 이 경우 그 약정된 기준에 따른 대금액 산정에 관하여 당사자 간에 다툼이 있다면 법원이 이를 정할 수밖에 없다. 매매대금 액수를 일정기간 후 시가에 의하여 정하기로 하였다는 사유만을 들어 매매계약이 아닌 매매예약이라고 단정할 것은 아니다. 그 밖에 특별한 사정이 없는 한 이행시기, 이행장소, 담보책임 등에 관한 합의가 없었더라도 매매계약이 성립하는 데에 지장이 없다(대판 2023.9.14. 2023다227500).

2. 효력요건

(1) 일반효력요건

1) 당사자

   ① 권리능력

   권리·의무의 주체가 될 수 있는 법률상 지위 내지 능력(제3조)을 말한다.

   ② 의사능력

   자기의 행위결과를 인식·판단하여 정상적인 의사결정을 할 수 있는 정신능력을 말한다.

   ③ 행위능력

   의사능력을 가진 자가 법률행위를 단독으로 할 수 있는 능력(제5조)을 말한다.

2) 목적

   법률행위의 내용(목적)이 확정될 수 있어야 하고, 실현가능하여야 하며, 강행법규에 위반하지 않아야 하고, 사회질서에 위반하지 않아야 한다(제103조, 제104조).

3) 의사표시

   ① 의사와 표시의 일치

   비진의표시를 상대방이 알거나 알 수 있었던 경우(제107조 제1항 단서), 통정허위표시는 무효(제108조). 착오는 표의자가 취소할 수 있다(제109조).

   ② 하자(흠)가 없어야 함

   사기·강박에 의한 의사표시는 표의자가 취소할 수 있다(제110조).

4) 증명책임

   법률행위의 효력요건에 대한 증명책임은 법률행위의 무효나 취소를 주장하는 측에게 있다. 즉 법률행위의 성립요건이 증명되면 원칙적으로 그 법률행위는 효력을 발생하는 것이고, 그 효력요건은 무효나 취소를 주장하는 자가 효력요건의 부존재를 증명하여야 한다(통설). 예를 들어 매매계약상의 권리를 주장하는 사람은 매매계약규정인 민법 제563조의 요건사실에 대하여 증명책임이 있으며, 그 이상으로 계약이 불공정한 법률행위나 계약해제된 바 없었다는 사실 등 계속 존속된다는 사실까지는 증명책임이 없다(이시윤 신민사소송법, 544면, 제15판).

(2) 특별효력요건

1) 대리행위에서 대리권의 존재(제114조 ~ 제136조)
2) 부관부(조건부·기한부) 법률행위에서 조건의 성취 또는 기한의 도래(제147조 ~ 제154조)
3) 유언에서 유언자의 사망 및 수증자의 생존(제1073조, 제1089조)

Ⅱ. 법률행위의 종류

1. 단독행위와 계약, 합동행위

(1) 기준

법률행위의 구성요소인 의사표시의 결합 유무와 그 모습에 의한 분류이다.

(2) 단독행위(일방행위)

1) 의의

권리주체가 행하는 의사표시에 의하여 성립하는 법률행위이며, 계약의 경우와는 달리 상대방의 의사표시와 결합함이 없이 단독으로 독립해서 법률행위를 구성하는 의사표시이다. 따라서 의사표시 하나만으로 법률효과가 발생할 수 있다.

2) 상대방의 수령 여부에 따른 구별

상대방 있는 단독행위와 상대방 없는 단독행위로 구별된다. 상대방이 있는 경우에 단독행위의 법률효과가 발생하려면 의사표시가 상대방에게 도달하여야 한다. 예를 들어 법정대리인의 동의, 채무면제, 무권대리행위에 대한 본인의 추인, 매매계약의 해지, 제한물권의 포기 등이 여기에 해당한다. 반면에 '상대방 없는 단독행위'라 함은 의사표시가 그 효력을 발생하는데 특정한 상대방에게 행하여질 필요가 없는 법률행위를 말한다. 이 경우는 의사표시가 표시되는 즉시 단독행위가 성립한다. 예를 들어 유언, 재단법인의 설립행위, 소유권에 대한 포기, 상속의 승인과 포기 등이 이에 해당한다.

(3) 계약

계약이란 두 권리주체의 대립하는 의사표시가 서로 내용적으로 합치함으로써 성립하는 법률행위이다. 계약은 공법과 사법의 영역에 다 같이 존재하며, 사법에 있어서는 재산법뿐만 아니라 신분법에도 존재한다. 다만, 민법은 계약이란 용어를 채권 편에서 채권적 청구권을 발생하게 하는 합의의 의미로 사용하고 있으며, 가족법에 있어서는 계약이라는 용어 대신에 협의라는 표현을 주로 사용한다. 물권법에 있어서는 물권적 합의라는 용어를 주로 사용한다.

(4) 합동행위

1) 문제점

독일의 쿤체(Kuntze)는 단독행위와 계약 이외에 합동행위를 법률행위로 인정하였다. 이러한 합동행위(Gesamtakt)의 개념을 인정할 것인지가 문제가 된다.

2) 긍정설(다수설)

합동행위는 방향을 같이하는 두 개 이상의 의사표시가 합치하여 성립하는 법률행위라고 한다. 즉, 계약은 대립하는 두 개 이상의 의사표시의 합치에 의하여 성립하는 데 반하여 합동행위는 방향을 같이하는 두 개 이상의 의사표시의 합치에 의하여 성립한다. 계약에서는 당사자가 각각 독립된 이익과 목적을 가지고 있는 데 반하여, 합동행위에서는 공동목적을 실현하기 위하여 협력하는 관계이다. 즉 합동행위라는 개념을 인정하는 실익은 예를 들어 허위표시규정(제108조)과 자기계약·쌍방대리(제124조)의 금지규정은 계약에만 적용되고, 합동행위에 대해서는 적용되지 않는다는 점에 있다. 따라서 합동행위를 구성하는 의사표시의 일부가 의사의 하자나 흠결로 무효로 되거나 합동행위자가 다른 합동행위자를 대리하더라도, 나머지 의사표시의 효력에는 영향을 미치지 않는다. 예를 들어, 사단법인의 설립행위에 있어서 설립자 중의 한 사람이 다른 설립자를 위하여 대리하는 것은 무방하다.

3) 부정설(이영준, 이은영)

합동행위는 계약의 일종이며, 특히 사단법인의 설립행위는 수인이 공동으로 구성원의 변경에 영향을 받지 않는 조직체를 창설하고 표의자는 스스로 그 조직체의 구성원으로 되는 것을 내용으로 하는 특수한 계약이다.

2. 의무부담행위와 처분행위

(1) 의무부담행위(채권행위)

채권행위는 채권적 청구권 또는 채권관계를 발생시키는 법률행위이다. 의사표시를 요소로 하는 증여계약 혹은 매매계약은, 증여 또는 매매에 관한 권리·의무를 그 내용으로 하는 법률관계로서의 증여관계 혹은 매매관계를 발생시키는 법률요건이다. 따라서 채권행위에 의하여 일방(채권자)은 채권을 취득하고 타방(채무자)은 채무를 부담한다(예 매수인의 '재산권이전청구권'과 매도인의 '재산권이전의무', 매도인의 '대금지급청구권'과 매수인의 '대금지급의무'). 특히 채권행위에 의해서는 물권변동이 발생하지 않으며(예 소유권의 이전), 채무자에 의한 이행(예 매매에 있어서 소유권이전)이라는 문제를 남긴다. 이러한 점에서 채권행위는 물권행위 및 준물권행위와 구별되는 의무부담행위이다.

(2) 처분행위

1) 물권행위

물권행위는 물권의 발생·변경·소멸의 효과를 일으키는 법률행위로서, 소유권의 이전, 지역권이나 저당권과 같은 제한물권의 설정 등을 들 수 있다. 물권행위에 있어서는 직접 물권변동(대신 공신방법을 갖추어야 한다)이 일어나기 때문에 채무이행의 문제가 남지 않는다.

2) 준물권행위

준물권행위는 물권 이외의 권리(채권, 물체재산권)의 변동을 일으켜, 이를 이전하게 하고, 이행이라는 문제를 남기지 않는 법률행위로서 법률적 처분행위의 일종이다. 예를 들어 채권양도(제449조), 채무면제(제453조), 무체재산권의 양도 등이 여기에 속한다.

3. 유인행위와 무인행위

(1) 원인(causa)의 의의

법률행위의 전제가 되는 법률관계를 '원인'이라고 한다. 원인이 함은 민법 제741조 소정의 '법률상 원인'을 말한다. 즉, 원인은 법률행위의 상대방에 대한 관계에서 출연(재산이나 권리의 변동)을 정당화할 수 있는 법률상의 원인을 의미하는 것이다. 따라서 법률상의 원인 없이 이득을 얻은 때에는 부당이득이 되며, 이를 반환할 의무가 발생하게 한다(제741조).

(2) 유인·무인의 의미

법률행위의 효력이 그 전제가 되는 원인의 존부에 영향을 받는 경우에 그 법률행위는 유인이라고 하고, 그 원인의 존부와 관계없이 효력이 인정되는 경우에 그 법률행위는 무인이라고 한다(무인행위). 판례는 "민법 제548조 제1항 본문에 의하면 계약이 해제되면 각 당사자는 상대방을 계약이 없었던 것과 같은 상태에 복귀케 할 의무를 부담한다는 뜻을 규정하고 있는 바 계약에 따른 채무의 이행으로 이미 등기나 인도를 하고 있는 경우에 그 원인행위인 채권계약이 해제됨으로써 원상회복 된다고 할 때 그 이론 구성에 관하여 소위 채권적 효과설과 물권적 효과설이 대립되어 있으나 <u>우리의 법제가 물권행위의 독자성과 무인성을 인정하고 있지 않는 점</u>과 민법 제548조 제1항 단서가 거래안정을 위한 특별규정이란 점을 생각할 때 계약이 해제되면 그 계약의 이행으로 변동이 생겼던 물권은 당연히 그 계약이 없었던 원상태로 복귀한다 할 것이다(대판 1977.5.24. 75다1394)."고 한다.

(3) 처분행위의 유인·무인

권리의 득실변경을 목적으로 하는 처분행위는 그 원인인 채무부담행위와 독립된 행위인지(처분행위의 독자성), 그리고 처분행위는 채무부담행위의 불성립, 무효, 취소 및 해제에 의하여 아무 영향을 받지 않는지(처분행위의 무인성)가 문제된다.

4. 생전행위와 사후행위

법률행위를 한 자의 사망으로 그 효력이 발생하는 법률행위를 사후행위 또는 사인행위라고 하고(예 유언, 사인증여), 그 이외의 것을 생전행위라고 한다. 사후행위는 행위자가 존재하지 않게 되면서 효력을 발생하는 것이므로, 그 법률행위의 존재와 내용을 미리 확실하게 함으로써 사후에 의문의 여지를 남기지 않도록 해야 할 필요가 있다. 그리하여 민법은 사후행위에 관하여 특별한 규정을 두고 있다(제1060조 참고).

5. 요식행위와 불요식행위

법률행위의 요소인 의사표시가 서면 기타 일정한 방식에 따라 행하여질 때 그 성립이 인정되는 경우를 요식행위라고 한다. 민법은 법률행위자유의 원칙에 기초하고 있으므로 의사표시의 방식도 자유롭게 결정할 수 있다. 그러나 당사자로 하여금 법률행위를 신중하게 하기 위하여(예 혼인), 법률행의의 존재와 범위를 명료하게 하기 위하여(예 법인설립행위, 유언, 단체협약체결), 또는 외관을 신뢰하고 신속하며 안전하게 거래할 수 있도록 하기 위하여(예 어음행위) 일정한 방식을 요구하는 경우가 있다.

6. 유상행위와 무상행위

법률행위에 의한 재산의 출연이 상대방의 대가와 교환적 관계에 있느냐에 따른 구별이다. 이 때 대가를 받고 출연하는 행위를 유상행위라고 한다. 대가(對價)라 함은 출연과 교환적으로 행하여지는 것으로, 행위자의 출연을 전보하는 의의를 가지는 상대방의 출연을 말한다. 그러나 출연의 대가의 객관적 가치가 양적으로 반드시 일치할 필요는 없다. 매매, 교환, 임대차, 고용 및 도급 등은 유상행위이다. 반면 대가 없이 출연하는 행위를 무상행위라고 하며 증여 또는 사용대차가 그 전형적인 예이다. 특히, 유상계약에는 매매에 관한 규정들이 준용되므로, 일방예약·해약금·담보책임에 관한 규정들이 준용된다(제567조). 또한 유상계약 당사자들이 부담하는 행위의무를 실현함에 있어서 기울여야 하는 주의의 정도는 원칙적으로 추상적 과실을 기준으로 한다(제695조).

7. 쌍무행위와 편무행위

(1) 의의

쌍무행위란 계약 당사자가 서로 대가적 의미를 가지는 채무를 부담하는 행위를 말하고, 편무행위는 당사자의 일방만이 채무를 부담하거나 쌍방이 채무를 부담하더라도 그 채무가 서로 대가적 의미를 갖지 않는 행위를 말한다.

(2) 예

매매, 교환, 임대차, 고용, 도급, 조합, 화해계약, 유상인 소비대차·위임·임치계약은 쌍무계약에 속한다. 쌍무계약의 경우에는 양 당사자의 채무가 견련관계에 있으므로 '동시이행의 항변권(제536조)', '위험부담(제537조)'에 관한 규정이 적용된다. 그리고 증여, 사용대차, 무상소비대차, 무상임치 등은 편무계약에 속한다.

8. 신탁행위와 비신탁행위

(1) 의의

신탁행위라 함은 신탁자로부터 부여받은 권리를 수탁자 자신이 아닌, 신탁자 또는 제3자를 위하여 행사하도록 법률관계를 설정하는 행위를 말한다.

(2) 민법상 신탁행위

신탁자는 자신이 의도하는 경제적 목적의 달성에 필요한 한도를 넘은 권리를 수탁자에게 부여하지만, 수탁자는 그 목적의 범위 안에서 그 권리를 행사할 의무를 부담하는 행위를 신탁행위라고 한다. <u>민법상 신탁행위에 있어서는 신탁재산의 소유권이 외부적으로는 수탁자에게 이전되고 내부적으로는 여전히 신탁자에게 머무는 이중적 법률관계가 형성되는 것이 특징이다.</u>

(3) 신탁법상 신탁행위

신탁법에 있어서의 신탁은 신탁설정자와 신탁을 인수하는 자와의 특별한 신탁관계에 기하여 위탁자가 특정의 재산권을 수탁자에게 이전하거나 기타의 처분을 하고, 수탁자로 하여금 일정한 자(수익자: 수탁자 자신 또는 제3자)의 이익을 위하여 또는 특정의 목적을 위하여 그 재산권을 관리·처분하게 하는 법률행위이다(신탁법 제1조 제2항). 이러한 법률관계는 위탁자와 수탁자 사이의 계약 또는 위탁자의 유언에 의하여 설정되는데(신탁법 제2조), 이때의 계약이나 유언이 신탁행위이다. 특히 민법상 신탁행위에 있어서는 신탁재산의 소유권이 외부적으로는 수탁자에게 이전되고 내부적으로는 여전히 신탁자에게 머무는 이중적 법률관계가 형성되지만, 신탁법상 신탁행위는 신탁재산이 수탁자에게 절대적으로 이전된다. 신탁설정자에게는 그 계약에 다른 이익을 받을 채권만이 발생할 뿐이다.

9. 독립행위와 보조행위

직접 실질적인 권리관계의 변동을 발생하게 하는 법률행위를 독립행위라고 하고, 다른 법률행위(독립행위)의 효과를 단순히 보충하거나 확정하는 역할을 하는 행위를 보조행위라고 한다[예 동의, 추인, 허가, 대리권의 수여(수권행위) 등].

10. 주된 행위와 종된 행위

어떤 법률행위가 유효하게 성립하기 위하여 다른 법률행위의 존재를 필요로 하는 행위를 '종된 행위'라 하고, 그 전제가 되는 행위를 '주된 행위'라고 한다. 보증계약이나 부부재산계약은 주된 행위인 금전소비대차계약이나 혼인을 전제로 하는 종된 행위이다. 다른 약정이 없는 한, 종된 행위는 주된 행위와 법률상 효력을 같이 한다(제430조 참고).

III. 법률행위의 목적

1. 목적의 확정

(1) 의의

법률행위의 목적은 확정될 수 있어야 하지만, 법률행위의 '성립 당시에' 확정될 필요는 없다. 즉 목적이 실현될 시점까지 예를 들어 채권행위라면 계약에 따라 채무를 변제할 시기까지 확정될 수 있으면 된다. 따라서 법률행위 목적의 확정성은 법률행위 해석의 문제와 관련된다.

(2) 판례

매매계약은 당사자 일방이 재산권을 상대방에게 이전할 것을 약정하고 상대방이 그 대금을 지급할 것을 약정하는 계약으로 매도인이 재산권을 이전하는 것과 매수인이 그 대가로서 금원을 지급하는 것에 관하여 쌍방 당사자의 합의가 이루어짐으로써 성립하는 것이므로, 특별한 사정이 없는 한 부실기업 인수를 위한 주식 매매계약의 체결 시 '주식 및 경영권 양도 가계약서'와 '주식매매계약서'에 인수 회사의 대표이사가 각 서명날인한 행위는 주식 매수의 의사표시(청약)이고, 부실기업의 대표이사가 이들에 각 서명날인한 행위는 주식 매도의 의사표시(승낙)로서 두 개의 의사표시가 합치됨으로써 그 주식 매매계약은 성립하고, 이 경우 매매 목적물과 대금은 반드시 그 계약 체결 당시에 구체적으로 확정하여야 하는 것은 아니고 이를 사후에라도 구체적으로 확정할 수 있는 방법과 기준이 정하여져 있으면 족하다(대판 1996.4.26. 94다34432). 당사자 사이에 계약을 체결하면서 일정한 사항에 관하여 장래의 합의를 유보한 경우에 당사자에게 계약에 구속되려는 의사가 있고 계약 내용을 나중에라도 구체적으로 특정할 수 있는 방법과 기준이 있다면 계약 체결 경위, 당사자의 인식, 조리, 경험칙 등에 비추어 당사자의 의사를 탐구하여 계약 내용을 정해야 한다. 매매대금의 확정을 장래에 유보하고 매매계약을 체결한 경우에도 이러한 법리가 적용된다(대판 2020.4.9. 2017다20371). 또한 계약이 성립하기 위해서는 당사자 사이에 의사의 합치가 있어야 한다. 이러한 의사의 합치는 계약의 내용을 이루는 모든 사항에 관하여 있어야 하는 것은 아니지만, 그 본질적 사항이나 중요 사항에 관해서는 구체적으로 의사의 합치가 있거나 적어도 장래 구체적으로 특정할 수 있는 기준과 방법 등에 관한 합의는 있어야 한다. 한편 당사자가 의사의 합치가 이루어져야 한다고 표시한 사항에 대하여 합의가 이루어지지 않은 경우에는 특별한 사정이 없는 한 계약은 성립하지 않는다. <u>매매계약은 매도인이 재산권을 이전하는 것과 매수인이 대금을 지급하는 것에 관하여 쌍방 당사자가 합의함으로써 성립하므로 매매계약 체결 당시에 반드시 매매목적물과 대금을 구체적으로 특정할 필요는 없지만, 적어도 매매계약의 당사자인 매도인과 매수인이 누구인지는 구체적으로 특정되어 있어야만 매매계약이 성립할 수 있다</u>(대판 2021.1.14. 2018다223054).

2. 목적의 가능

구분		원시적 불능(법률행위 성립 前)	구분	후발적 불능(법률행위 성립 後)
전부불능	객관적	무효, 계약체결상의 과실책임(제535조)	과실 ○	이행불능(제390조)
	주관적	유효, 타인권리매매(제569조)		
일부불능	객관적	담보책임(제572조, 제574조, 제580조)	과실 ×	위험부담(제537조), 대상청구권

> **제535조(계약체결상의 과실)** ① 목적이 불능한 계약을 체결할 때에 그 불능을 알았거나 알 수 있었을 자는 상대방이 그 계약의 유효를 믿었음으로 인하여 받은 손해를 배상하여야 한다. 그러나 그 배상액은 계약이 유효함으로 인하여 생길 이익액을 넘지 못한다.
> ② 전항의 규정은 상대방이 그 불능을 알았거나 알 수 있었을 경우에는 적용하지 아니한다.
>
> **제580조(매도인의 하자담보책임)** ① 매매의 목적물에 하자가 있는 때에는 제575조 제1항의 규정을 준용한다. 그러나 매수인이 하자있는 것을 알았거나 과실로 인하여 이를 알지 못한 때에는 그러하지 아니하다.
> ② 전항의 규정은 경매의 경우에 적용하지 아니한다.
>
> **제537조(채무자위험부담주의)** 쌍무계약의 당사자일방의 채무가 당사자쌍방의 책임없는 사유로 이행할 수 없게 된 때에는 채무자는 상대방의 이행을 청구하지 못한다.

(1) 기준
법률행위의 가능 또는 불능 여부는 그 시대의 사회통념에 따라 결정된다.

(2) 원시적 불능과 후발적 불능
법률행위 성립 당시에 이미 불능인 것을 원시적 불능, 법률행위 성립 후 그 이행 전에 불능인 것을 후발적 불능이라고 한다. 법률행위 목적이 원시적 전부불능이라면 무효가 되고, 계약체결상의 과실책임이 문제될 수 있다. 그러나 후발적 불능이라면 채무자의 고의·과실이 문제되면 채무불이행 책임(제390조) 등이 문제되고, 고의·과실이 없다면 위험부담(제537조)이 문제된다.

(3) 전부불능과 일부불능
법률행위의 목적이 전부불능인 경우에는 법률행위 전체에 대해서 원시적 불능, 후발적 불능에 의한 법률효과가 발생한다. 법률행위의 일부가 무효사유에 해당하는 경우에는 원칙적으로 법률행위 전체가 불능으로 되지만, 불능인 부분이 없었더라도 법률행위를 하였을 것이라고 인정될 때에는 불능인 부분을 제외한 나머지 부분은 가능한 것으로 취급된다(제137조).

3. 목적의 적법

> 제105조(임의규정) 법률행위의 당사자가 법령중의 선량한 풍속 기타 사회질서에 관계없는 규정과 다른 의사를 표시한 때에는 그 의사에 의한다.

(1) 적법성과 타당성과의 관계
통설은 이를 별개로 이해하여 적법성이란 법률행위의 목적이 강행규정에 반하지 않아야 하고(적법성), 선량한 풍속 기타 사회질서(사회적 타당성)에 위반해서는 안 된다고 한다.

(2) 강행규정과 임의규정

1) 의의
강행규정이란 법령 중의 선량한 풍속 기타 사회질서에 관계있는 규정으로서 당사자의 의사에 의해 그 적용을 배제할 수 없는 규정이고, 반면에 임의규정이란 법령 중의 선량한 풍속 기타 사회질서에 관계없는 규정으로서 당사자의 의사에 의해 그 적용을 배제할 수 있는 규정이다(제105조).

2) 구별기준
양자의 구별기준에 관한 일반적 원칙은 없으므로, 해석상 각 법규마다 그의 종류·성질·입법목적 등을 고려하여 개인의 의사에 의한 적용의 배척을 허용하는 것이냐 아니냐를 판단해서 결정한다. 다만 민법이 강행규정임을 명문으로 규정하고 있는 경우도 있다(제289조·제608조·제652조).

3) 편면적 강행규정
당사자 일방만을 보호하기 위한 강행규정을 편면적 강행규정이라고 한다(제289조·제652조).

(3) 단속규정의 문제

1) 의의

행정법상 단속규정은 일정한 행정목적을 실현하기 위하여 설정된 것을 말한다.

2) 체계

통설은 강행규정을 효력규정과 단속규정으로 나눈다. 즉 효력규정에 반하는 법률행위는 무효이지만, 단속규정에 반하는 법률행위는 유효라고 한다. 예를 들어 무허가음식점의 음식물판매행위와 같이 단순한 단속규정 위반은 행정법상 과태료 제재 등은 별론으로 하고, 사법상 효력에는 영향이 없다고 한다(곽윤직). 그러나 단속규정은 강행규정과는 구별하여 사용하는 것이 편리하다고 하면서 강행규정 = 효력규정이라고 보는 견해가 있고(곽윤직·김재형), 판례도 같은 입장이다.

(4) 판례

1) 강행규정(효력규정)

① 식목을 목적으로 하는 토지임대차의 임차인이 차임의 감액을 청구할 수 없다는 약정

민법 제652조의 취지는 민법 제628조에 의하여 당사자가 장래에 대한 차임의 증감을 청구할 수 있는 경우임에도 불구하고 당사자 간에 그러한 경우에도 장래에 대한 차임의 증감을 청구할 수 없다고 약정하여 그러한 약정이 임차인에게 불리한 것이라고 보여질 때에는 그 약정은 효력이 없다는 것이다(대판 1969.6.10. 68다1343). 따라서 차임을 일정기간 동안 감액하지 않는다는 특약은 언제나 무효이다. 그러나 일정기간 동안 증액하지 않는다는 특약은 임차인에게 유리하므로 유효하다.

② 증권회사 직원이 정당한 사유 없이 고객에게 증권거래와 관련하여 발생하는 손실을 보전하여 주기로 하는 고객과의 약정

증권회사 등이 고객에 대하여 증권거래와 관련하여 발생한 손실을 보전하여 주기로 하는 약속이나 그 손실보전행위는 위험관리에 의하여 경제활동을 촉진하는 증권시장의 본질을 훼손하고 안이한 투자판단을 초래하여 가격형성의 공정을 왜곡하는 행위로서, 증권투자에 있어서의 자기책임원칙에 반하는 것이라고 할 것이므로, 정당한 사유 없는 손실보전의 약속 또는 그 실행행위는 사회질서에 위반되어 무효라고 할 것이다(대판 2001.4.24. 99다30718).

③ 공인중개사 자격이 없는 자가 중개사무소 개설등록을 하지 아니한 채 부동산중개업을 하면서 체결한 중개수수료 지급약정의 효력

중개사무소 개설등록에 관한 구 부동산중개업법 관련 규정들은 공인중개사 자격이 없는 자가 중개사무소 개설등록을 하지 아니한 채 부동산중개업을 하면서 체결한 중개수수료 지급약정의 효력을 제한하는 이른바 강행법규에 해당한다(대판 2010.12.23. 2008다75119).

④ 구 지방재정법 및 국가를 당사자로 하는 계약에 관한 법률상의 요건과 절차를 거치지 않고 체결한 지방자치단체와 사인 간의 사법상 계약 또는 예약의 효력

지방자치단체가 사경제의 주체로서 사인과 사법상의 계약을 체결함에 있어서는 위 법령에 따른 계약서를 따로 작성하는 등 그 요건과 절차를 이행하여야 하고, 설사 지방자치단체와 사인 사이에 사법상의 계약 또는 예약이 체결되었다 하더라도 위 법령상의 요건과 절차를 거치지 않은 계약 또는 예약은 그 효력이 없다(대판 2009.12.24. 2009다51288).

⑤ 의료인의 자격이 없는 일반인이 유자격 의료인을 고용하여 그 명의로 의료기관 개설신고를 하고, 의료기관의 운영 및 손익 등이 그 일반인에게 귀속되도록 하는 내용의 약정의 효력(= 무효) 및 이때 새로운 약정의 형식을 통해 무효인 약정에 기한 급부의 내용을 정리하거나 일부 가감한다면 그 급부의 이행 청구가 허용되는지 여부[1]

⑥ 공공건설임대주택의 임대보증금과 임대료의 상호전환 사건 – 효력규정

임차인의 동의 절차를 올바르게 거쳤으면 유효한 임대차계약으로 성립될 수 있는 경우에도, 그러한 절차를 거치지 않고 일방적으로 상호전환의 조건을 제시하여 임대차계약을 체결하였다면 이는 효력규정인 임대주택법령에 위반된 약정으로서 무효가 된다[2](대판 2016.11.18. 2013다42236 전합).

⑦ 변호사 아닌 자와의 성공보수 약정

변호사 아닌 甲과 소송당사자인 乙이 甲은 乙이 소송당사자로 된 민사소송사건에 관하여 乙을 승소시켜주고 乙은 소송물의 일부인 임야지분을 그 대가로 甲에게 양도하기로 약정한 경우 위 약정은 강행법규인 변호사법 제78조(현 제109조) 제2호에 위반되는 반사회적 법률행위로서 무효이다(대판 1990.5.11. 89다카10514).

2) 강행규정(단속규정)

① 일임매매제한을 위반한 약정

일임매매의 제한에 관한 증권거래법 제107조는 고객을 보호하기 위한 규정으로서 증권거래에 관한 절차를 규정하여 거래질서를 확립하려는 데 그 목적이 있는 것이므로, 고객에 의하여 매매를 위임하는 의사표시가 된 것임이 분명한 이상 그 사법상 효력을 부인할 이유가 없고, 그 효력을 부인할 경우 거래 상대방과의 사이에서 법적 안정성을 심히 해하게 되는 부당한 결과가 초래되므로, 일임매매에 관한 증권거래법 제107조 위반의 약정도 사법상으로는 유효하다(대판 1996.8.23. 94다38199).

---

[1] 의료인의 자격이 없는 일반인이 필요한 자금을 투자하여 시설을 갖추고 유자격 의료인을 고용하여 그 명의로 의료기관 개설신고를 하고, 의료기관의 운영 및 손익 등이 그 일반인에게 귀속되도록 하는 내용의 약정은 강행 법규인 의료법 제33조 제2항에 위배되어 무효이며, 무효인 약정에 기하여 급부의 이행을 청구하는 것은 허용되지 않고, 이행을 구하는 급부의 내용을 새로운 약정의 형식을 통해 정리하거나 일부 가감하였다 하더라도 무효인 약정이 유효함을 전제로 한 이상 그 급부의 이행 청구가 허용되지 않음은 마찬가지이며, 다만 그 무효인 약정으로 인하여 상호 실질적으로 취득하게 된 이득을 부당이득으로 반환하게 되는 문제만 남게 된다. 비의료인 甲이 의료인 乙을 고용하여 乙 명의로 의료기관 개설신고를 하되 의료기관의 운영 및 손익 등은 甲에게 귀속되도록 하는 약정을 체결하고, 甲과 그의 처 丙이 연대하여 乙에게 의료기관 운영과 관련된 각종 채무 상당의 금원을 지급하겠다는 취지로 각서를 작성한 사안에서, 각서 작성으로 인한 약정은 새로운 약정의 형식을 통해 무효인 제1차 약정의 이행을 청구하는 것에 불과하여 무효이다(대판 2011.1.13. 2010다67890).

[2] 구 임대주택법(2008.2.29. 법률 제8852호로 개정되기 전의 것, 이하 같다) 제14조 제1항, 구 임대주택법 시행령(2008.2.29. 대통령령 제20722호로 개정되기 전의 것, 이하 같다) 제12조 제1항, 건설교통부장관의 「임대주택의 표준임대보증금 및 표준임대료」 고시(2004.4.2. 건설교통부 고시 제2004-70호로 전부 개정된 것) 등 공공건설임대주택의 임대보증금과 임대료의 상한을 정한 규정은 법령 제정의 목적과 입법 취지 등에 비추어 그에 위반되는 약정의 사법적 효력을 제한하는 효력규정으로 보아야 한다. 그리고 건설교통부 고시에서 말하는 '임차인의 동의'란 임대주택을 공급받으려고 하는 사람이 표준임대보증금과 표준임대료로 임대차계약을 체결할 수 있는 상황에서 스스로 금액의 상호전환 여부를 선택하는 것을 의미한다. 가령 임대사업자가 임대보증금과 임대료를 임의로 상호전환 하여 정한 임대차계약 조건을 제시하고 이를 그대로 받아들이거나 아니면 임대주택 청약을 포기하는 것 중에서만 선택할 수 있도록 한 경우에는 임차인에게 동의권이 부여되었다고 볼 수 없다. 따라서 임대사업자가 임대료의 일부를 임대보증금으로 상호전환 함으로써 표준임대보증금보다 고액인 임대보증금으로 임차인을 모집하고자 하는 경우에는 표준금액과 전환금액을 모두 공고하거나 고지하여 임차인을 모집한 후 전환금액에 동의하는 임차인에 한하여 그 조건으로 임대차계약을 체결하여야 한다.

② 비업무용부동산 취득금지를 정한 구 상호신용금고법 규정
　이 규정은 효력규정이 아닌 단속규정이라고 해석함이 타당하다. 따라서 위 제한규정에 저촉되는 행위라 할지라도 그 행위의 사법상의 효력에는 아무런 영향이 없다(대판 2008.12.24. 2006다53672).

③ 신용협동조합의 비조합원에 대한 대출의 사법상 효력
　조합원이 아닌 자에 대한 신용협동조합의 대출이 신용협동조합법 등 관계 법령상 위법하다 하더라도 그 대출의 사법상 효력까지 부인되지는 아니한다(대판 2008.12.24. 2008다61172).

④ 구 주택법 제39조 제1항의 전매금지규정
　구 주택법 제39조 제1항의 금지규정은 단순한 단속규정에 불과할 뿐 효력규정이라고 할 수는 없어 당사자가 이에 위반한 약정을 하였다고 하더라도 약정이 당연히 무효가 되는 것은 아니다(대판 2011.5.26. 2010다102991).

⑤ 공인중개사 자격이 없는 자가 우연한 기회에 단 1회 타인 간의 거래행위를 중개한 경우
　'중개를 업으로 한' 것이 아니라면 그에 따른 중개수수료 지급약정이 강행법규에 위배되어 무효라고 할 것은 아니고, 다만 중개수수료 약정이 부당하게 과다하여 민법상 신의성실 원칙이나 형평 원칙에 반한다고 볼만한 사정이 있는 경우에는 상당하다고 인정되는 범위 내로 감액된 보수액만을 청구할 수 있다(대판 2012.6.14. 2010다86525).

⑥ 개업공인중개사 등이 중개의뢰인과 직접 거래를 하는 행위를 금지하는 공인중개사법 제33조 제6호
　개업공인중개사 등이 중개의뢰인과 직접 거래를 하는 행위를 금지하는 공인중개사법 제33조 제6호의 규정 취지는 개업공인중개사 등이 거래상 알게 된 정보를 자신의 이익을 꾀하는데 이용하여 중개의뢰인의 이익을 해하는 경우가 있으므로 이를 방지하여 중개의뢰인을 보호하고자 함에 있는바, 위 규정에 위반하여 한 거래행위가 사법상의 효력까지도 부인하지 않으면 안 될 정도로 현저히 반사회성, 반도덕성을 지닌 것이라고 할 수 없을 뿐만 아니라 행위의 사법상의 효력을 부인하여야만 비로소 입법 목적을 달성할 수 있다고 볼 수 없고, 위 규정을 효력규정으로 보아 이에 위반한 거래행위를 일률적으로 무효라고 할 경우 중개의뢰인이 직접 거래임을 알면서도 자신의 이익을 위해 한 거래도 단지 직접 거래라는 이유로 효력이 부인되어 거래의 안전을 해칠 우려가 있으므로, 위 규정은 강행규정이 아니라 단속규정이다(대판 2017.2.3. 2016다259677).

3) 임의규정
① 건물의 임차인이 비용을 지출하여 개조한 부분에 대한 원상회복의무를 면하는 대신 그 개조비용의 상환청구권을 포기하기로 하는 임대인과 임차인 사이의 약정
　임차인의 비용상환청구권에 관한 규정은 강행규정이 아니며(제652조 참조), 당사자 간의 약정으로 이를 포기할 수 있다. 즉 임차인이 임차건물을 증·개축 기타 필요한 시설을 하되 임대인에게 그 투입비용의 변상이나 일체의 권리주장을 포기하기로 특약하였다면, 이는 임차인이 임차건물을 반환 시에 비용상환청구 등 일체의 권리를 포기하는 대신 원상복구의무도 부담하지 아니한다는 내용을 포함하는 약정으로 볼 것이다(대판 1981.11.24. 80다320·321; 대판 1998.5.29. 98다6497 등).

② 채권자의 과실로 채무자가 제공한 담보물의 가치가 감소되더라도 보증인의 면책주장을 배제하는 채권자와 보증인 사이의 약정

민법 제485조의 면책규정은 법정대위권자로 하여금 구상의 실을 거둘 수 있도록 하기 위하여 채권자에게 담보의 보존을 간접적으로 강제하는 취지의 규정으로서 그 규정목적이 오로지 법정대위권자의 이익보호에 있으므로 그 성질상 임의규정으로 보아야 할 것이고, 따라서 법정대위권자로서는 채권자와의 특약으로서 위 규정에 의한 면책이익을 포기하거나 면책의 사유와 범위를 제한 내지 축소할 수 있다(대판 1987.4.14. 86다카520; 대판 1987.3.24. 84다카1324).

③ 사단법인의 사원의 지위를 양도하거나 상속할 수 있다는 약정

"사단법인의 사원의 지위는 양도 또는 상속할 수 없다."고 한 민법 제56조의 규정은 강행규정은 아니라고 할 것이므로 정관에 의하여 이를 인정하고 있을 때에는 양도·상속이 허용된다(대판 1992.4.14. 91다26850; 대판 2003.7.8. 2001다19097 등).

4) 탈법행위 – 강행규정을 간접적으로 위반하는 행위

국유재산법 제14조가 같은 법 제1조의 입법취지에 따라 국유재산 처분사무의 공정성을 도모하기 위하여 관련사무에 종사하는 직원에 대하여 부정한 행위로 의심받을 수 있는 가장 현저한 행위를 적시하여 이를 엄격히 금지하는 한편, 그 금지에 위반한 행위의 사법상 효력에 관하여 이를 무효로 한다고 명문으로 규정하고 있는 점 등을 종합하여 보면, 국유재산에 관한 사무에 종사하는 직원이 타인의 명의로 국유재산을 취득하는 행위는 강행법규인 같은 법 규정들의 적용을 잠탈하기 위한 탈법행위로서 무효라고 할 것이고, 나아가 같은 법이 거래안전의 보호 등을 위하여 그 무효를 주장할 수 있는 상대방을 제한하는 규정을 따로 두고 있지 아니한 이상 그 무효는 원칙적으로 누구에 대하여서나 주장할 수 있다 할 것이므로, 그 규정들에 위반하여 취득한 국유재산을 제3자가 전득하는 행위 또한 당연무효라고 해석하여야 한다(대판 1996.8.23. 94다38199).

4. 목적의 사회적 타당

> **제103조(반사회질서의 법률행위)** 선량한 풍속 기타 사회질서에 위반한 사항을 내용으로 하는 법률행위는 무효로 한다.

(1) 의의

법률행위의 내용이 "선량한 풍속 기타 사회질서"를 위반하는 경우 그 법률행위는 무효가 된다. 특히 제103조는 헌법의 기본권과의 관계에서 기본권이 사법관계에 간접적으로 영향을 미치는 중요한 창구로 작용한다(대판 2010.4.22. 2008다38288 전합, 곽윤직·김재형). "선량한 풍속 기타 사회질서"는 공서양속(public order)이라고도 한다. 사회질서는 국가·사회의 공공적 질서 또는 일반적 이익을 말한다.

(2) 선량한 풍속

1) 정의의 관념에 반하는 행위

① 밀수나 도박을 위한 자금의 소비대차(대판 1962.4.4. 4294민상1296 등), 도박으로 부담한 채무의 변제로서 토지를 양도하는 계약(대판 1959.10.15. 4291민상262), 도박채권자에게 자기재산처분의 대리권을 수여하는 약정은 유효이나, 처분대금으로 변제에 충당하는 약정부분은 무효이다. 따라서 제3자는 도박채무자의 소유권을 취득할 수는 있다[1](대판 1995.7.14. 94다40147).

② 경매나 입찰에서 부정한 약속을 하는 담합행위

③ 범죄의 포기를 대가로 금전을 주는 계약

④ 공무원의 직무에 관한 사항에 관해 특별한 청약을 하고 그 대가를 지급하는 계약[2](대판 1971.10.11. 71다1645)

⑤ 사용자가 노동조합 간부에게 근로자들의 임금인상 요구가 있을 때 이를 적당히 무마해 달라는 청탁을 하고 그 대가를 약속하는 경우(대판 1956.5.10. 4289민상115)

⑥ 소송사건에서 일방당사자를 위하여 증인으로 출석하여 증언하였거나 증언할 것을 조건으로 어떤 대가를 받을 것을 약정한 경우(또는 어떠한 사실을 알고 있는 사람과의 사이에 소송에서 사실대로 증언하여 줄 것을 조건으로 어떠한 급부를 할 것을 약정한 경우), 증인은 법률에 의하여 증언거부권이 인정되지 않은 한 진실을 진술할 의무가 있는 것이므로 그 대가의 내용이 통상적으로 용인될 수 있는 수준(예컨대 증인에게 일당과 여비가 지급되기는 하지만 증인이 법원에 출석함으로써 입게 되는 손해에는 미치지 못하는 경우 그러한 손해를 전보해 주는 정도)을 초과하는 경우에는 그와 같은 약정은 금전적 대가가 결부됨으로써 선량한 풍속 기타 사회질서에 반하는 법률행위가 되어 민법 제103조에 따라 효력이 없다고 할 것이다(대판 1999.4.13. 98다52483; 대판 1994.3.11. 93다40522). 그러나 수사기관에서 참고인으로 진술하면서 자신이 잘 알지 못하는 내용에 대하여 허위의 진술을 하는 경우에 그 허위 진술행위가 범죄행위를 구성하지 않는다고 하여도 이러한 행위 자체는 국가사회의 일반적인 도덕관념이나 국가사회의 공공질서이익에 반하는 행위라고 볼 것이니, 그 급부의 상당성 여부를 판단할 필요 없이 허위 진술의 대가로 작성된 각서에 기한 급부의 약정은 민법 제103조 소정의 반사회적질서행위로 무효이다(대판 2001.4.24. 2000다71999).

---

1) 도박채무의 변제를 위하여 채무자로부터 부동산의 처분을 위임받은 채권자가 그 부동산을 제3자에게 매도한 경우, 도박채무 부담행위 및 그 변제약정이 민법 제103조의 선량한 풍속 기타 사회질서에 위반되어 무효라 하더라도, 그 무효는 변제약정의 이행행위에 해당하는 위 부동산을 제3자에게 처분한 대금으로 도박채무의 변제에 충당한 부분에 한정되고, 위 변제약정의 이행행위에 직접 해당하지 아니하는 부동산 처분에 관한 대리권을 도박 채권자에게 수여한 행위 부분까지 무효라고 볼 수는 없으므로, 위와 같은 사정을 알지 못하는 거래 상대방인 제3자가 도박 채무자부터 그 대리인인 도박 채권자를 통하여 위 부동산을 매수한 행위까지 무효가 된다고 할 수는 없다(대판 1995.7.14. 94다40147).

2) 어떠한 위임계약이 행정청의 허가 등을 목적으로 하는 신청행위를 대상으로 하는 경우에 신청행위 자체에는 전문성이 크게 요구되지 않고 허가에는 공무원의 재량적 판단이 필요하며, 신청과 관련된 절차에 필수적으로 필요한 비용은 크지 않은 데 반하여 약정보수액은 지나치게 다액으로서, 수임인이 허가를 얻기 위하여 공무원의 직무 관련 사항에 관하여 특별한 청탁을 하면서 뇌물공여 등 로비를 하는 자금이 보수액에 포함되어 있다고 볼 만한 특수한 사정이 있는 때에는 위임계약은 반사회질서적인 조건이 결부됨으로써 반사회질서적 성질을 띠고 있어 민법 제103조에 따라 무효이다(대판 2016.2.18. 2015다35560).

⑦ 종중은 공동선조의 분묘수호와 제사 및 종중원 상호간의 친목 등을 목적으로 하여 구성되는 자연발생적인 종족집단으로, 종중재산은 이러한 종중의 목적을 달성하는 데 본질적으로 중요한 요소이다. 이와 같은 종중의 목적과 본질, 종중재산의 성격과 중요성에 비추어, 종중재산의 분배에 관한 종중총회의 결의 내용이 현저하게 불공정하거나 선량한 풍속 기타 사회질서에 반하여 사회적 타당성을 결한 경우에 그 결의는 무효이다[3](대판 2017.10.26. 2017다231249).

⑧ 제2매수인이 매도인의 배임행위에 적극 가담하여 이루어진 이중매매(대판 1970.10.23. 70다2038)

⑨ 위약벌 약정

위약벌의 약정은 채무의 이행을 확보하기 위하여 정해지는 것으로서 손해배상의 예정과는 그 내용이 다르므로 손해배상의 예정에 관한 민법 제398조 제2항을 유추 적용하여 그 액을 감액할 수는 없고 다만 그 의무의 강제에 의하여 얻어지는 채권자의 이익에 비하여 약정된 벌이 과도하게 무거울 때에는 그 일부 또는 전부가 공서양속에 반하여 무효로 된다(대판 1993.3.23. 92다46905).

⑩ 경제적 지위 남용과 민법 제103조의 관계

민법 제103조에 따라 무효로 되는 반사회질서 행위는 법률행위의 목적인 권리의무의 내용이 선량한 풍속 기타 사회질서에 위반되는 경우, 그 권리의무의 내용 자체는 반사회질서적인 것이 아니라고 하여도 법률적으로 이를 강제하거나 그 법률행위에 반사회질서적인 조건 또는 금전적 대가가 결부됨으로써 반사회질서적 성격을 띠는 경우, 표시되거나 상대방에게 알려진 법률행위의 동기가 반사회질서적인 경우 등을 포괄하는 개념이다. 법률행위의 일방 당사자로서 경제력의 차이로 인하여 우월한 지위에 있는 사업자가 그 지위를 이용하여 자기는 부당한 이득을 얻고 상대방에게 과도한 반대급부 내지 부당한 부담을 지우는 것으로 이를 강제하는 것이 사회적 타당성이 없다고 평가할 수 있는 경우 역시 이에 해당하여 무효가 된다. 이와 같이 계약 등 법률행위의 내용이 민법 제103조에서 정한 선량한 풍속 기타 사회질서에 위반한 법률행위로서 무효인지 여부는 계약 등의 실질을 살펴 판단하여야 하는데, 경제적 지위에서 우위에 있는 당사자와의 관계에서 상대방의 계약상 의무와 그 위반에 따른 손해배상책임에 관하여 구체적이고 상세한 규정을 두는 등 계약상 책임의 요건과 범위 및 절차 등을 정한 경우, 그 취지는 계약상 책임의 부과 절차의 객관성·공정성을 확보하기 위한 것이므로, 이러한 요건과 절차에 따르지 않은 채 상대방에게 이를 초과하는 책임을 추궁하는 것은 비록 그것이 계약상 별도의 약정에 기한 것이더라도 달리 그 합리성·필요성을 인정할 만한 사유가 존재하지 않는 한 경제적 지위의 남용에 따른 부당한 이익의 취득 및 부담의 강요로서 민법 제103조에 위반되어 무효로 볼 여지가 있다(대판 2023.2.23. 2022다287383).

---

[3] 甲 종중이 乙 등에게 명의신탁 되어 있던 토지의 반환을 위하여 소제기 등에 필요한 모든 권한을 회장인 丙에게 위임하였고, 이에 丙이 甲 종중을 대표하여 종토반환소송을 제기하여 승소판결이 확정되었는데, 그 후 甲 종중이 '종토 환원을 위하여 사비를 출연하고 소송실무를 대행하여 종토 전부를 종중으로 환원하여 감사의 의미로 환수 종토의 일부를 증여하기로 한다'면서 丙 등에게 종토 일부를 증여하기로 하는 결의를 한 사안에서, 丙 등이 종중재산의 회복에 기여한 부분이 있다고 하더라도 이는 선관주의의무를 부담하는 종중의 임원으로서 당연히 해야 할 업무를 수행한 것에 지나지 않으므로 이들에게 실비를 변상하거나 합리적인 범위 내에서 보수를 지급하는 외에 이를 벗어나 회복한 종중재산의 상당 부분을 丙 등에게 분배하는 위 증여결의는 내용이 현저하게 불공정하거나 사회적 타당성을 결하여 무효이다.

2) 인륜에 반하는 행위
   ① 자가 부모와 동거하지 않는다는 계약
   ② 첩 계약(처의 동의 여부와 무관하게 무효) 및 처의 사망, 이혼 시 입적한다는 부수적 계약
   ③ 혼인예약 중 동거를 거부하는 경우에 금원을 지급하기로 하는 계약(대판 1963.11.17. 63마587)
   ④ 부부관계의 종료를 해제조건으로 하는 증여계약(대판 1966.6.21. 66다530). 이 경우에는 조건만이 무효가 되는 것이 아니라 법률행위 자체가 무효가 된다.

3) 개인의 자유를 극도로 제한하는 행위
   ① 절대로 이혼하지 않겠다는 각서를 쓴 행위(대판 1969.8.19. 69므18)
   ② 독신계약(여은행원을 채용하면서 근무기간 중 혼인하지 않을 것을 정한 약관 등)

4) 생존의 기초가 되는 재산의 처분행위
   사찰이 그 존립에 필수불가결인 재산을 증여하는 행위(대판 1970.3.31. 69다2293)

5) 지나치게 사행적인 행위
   도박계약, 도박채무의 변제로서 토지의 양도 계약, 보험금을 편취하기 위한 생명보험계약 즉 보험사고를 가장하여 보험금을 부정취득할 목적으로 체결된 다수의 생명보험계약은 그 목적에 대한 보험자의 인식 여부를 불문하고 무효이다(대판 2016.1.14. 2015다206461).

6) 성도덕을 문란시키는 행위
   영리목적의 윤락행위를 알선한 자가 성매매를 유인할 목적으로 그 윤락행위를 하는 자에게 대여한 선불금의 반환약정[1]

7) 폭리행위
   제104조 적용

(3) 동기의 불법

1) 동기의 의의
   동기라 함은 표의자가 의사표시를 하게 된 이유를 말하며, 그것은 의사표시에 선행하는 사람의 심적 과정이다.

2) 동기의 불법이 법률행위에 미치는 영향
   예컨대 살인을 하기 위하여 무기를 매수하는 매매계약, 도박을 하게 하기 위하여 장소를 빌려주는 임대차계약이나 금전을 빌려주는 소비대차계약이 유효인가 무효인가의 문제이다.

---

1) [1] 영리를 목적으로 윤락행위를 하도록 권유·유인·알선 또는 강요하거나 이에 협력하는 것은 선량한 풍속 기타 사회질서에 위반되므로 그러한 행위를 하는 자가 영업상 관계있는 윤락행위를 하는 자에 대하여 가지는 채권은 계약의 형식에 관계없이 무효라고 보아야 한다. [2] 부당이득의 반환청구가 금지되는 사유로 민법 제746조가 규정하는 불법원인이라 함은 그 원인되는 행위가 선량한 풍속 기타 사회질서에 위반하는 경우를 말하는 것인바, 윤락행위 및 그것을 유인·강요하는 행위는 선량한 풍속 기타 사회질서에 위반되므로, 윤락행위를 할 자를 고용·모집하거나 그 직업을 소개·알선한 자가 윤락행위를 할 자를 고용·모집함에 있어 성매매의 유인·강요의 수단으로 이용되는 선불금 등 명목으로 제공한 금품이나 그 밖의 재산상 이익 등은 불법원인급여에 해당하여 그 반환을 청구할 수 없다(대판 2004.9.3. 2004다27488·27495).

3) 판례

상대방 또는 제3자의 강박에 의하여 의사결정의 자유가 완전히 박탈된 상태에서 이루어진 의사표시는 효과의사에 대응하는 내심의 의사가 결여된 것이므로 무효라고 볼 수밖에 없으나, 강박이 의사결정의 자유를 완전히 박탈하는 정도에 이르지 아니하고 이를 제한하는 정도에 그친 경우에는 그 의사표시는 취소할 수 있음에 그치고 무효라고까지 볼 수 없다. 민법 제103조에 의하여 무효로 되는 반사회질서행위는 법률행위의 목적인 권리의무내용이 선량한 풍속 기타 사회질서에 위반되는 경우뿐만 아니라 그 내용자체는 반사회질서적인 것이 아니라고 하여도 법률적으로 이를 강제하거나 그 법률행위에 반사회질서적인 조건 또는 금전적 대가가 결부됨으로써 반사회질서적 성질을 띠게 되는 경우 및 표시되거나 상대방에게 알려진 법률행위의 동기가 반사회질서적인 경우를 포함한다(대판 1984.12.11. 84다카1402).

(4) 제103조 위반의 효과

1) 무효

무효행위의 추인(제139조), 전환(제138조)의 문제가 발생하지 않으며, 무효를 가지고 선의의 제3자에게도 대항할 수 있고(절대적 무효), 시적인 제한이 없다. 그리고 거래 상대방이 배임행위를 유인·교사하거나 배임행위의 전 과정에 관여하는 등 배임행위에 적극 가담하는 경우에는 실행행위자와 체결한 계약이 반사회적 법률행위에 해당하여 무효로 될 수 있고, 선량한 풍속 기타 사회질서에 위반한 사항을 내용으로 하는 법률행위의 무효는 이를 주장할 이익이 있는 자는 누구든지 무효를 주장할 수 있다. 따라서 반사회질서 법률행위를 원인으로 하여 부동산에 관한 소유권이전등기를 마쳤더라도 그 등기는 원인무효로서 말소될 운명에 있으므로 등기명의자가 소유권에 기한 물권적 청구권을 행사하는 경우에, 권리 행사의 상대방은 법률행위의 무효를 항변으로서 주장할 수 있다(대판 2016. 3.24. 2015다11281).

2) 불법원인급여와의 관계

> **제746조(불법원인급여)** 불법의 원인으로 인하여 재산을 급여하거나 노무를 제공한 때에는 그 이익의 반환을 청구하지 못한다. 그러나 그 불법원인이 수익자에게만 있는 때에는 그러하지 아니하다.

이행 전에는 이행할 필요가 없고, 이행 후에는 부당이득으로서 급부자가 반환청구할 수 있을 것 같으나, 제746조 본문에 의하여 불법원인급여가 되어 그 반환청구는 부정된다. 다만, 제746조의 단서에 의하여 반환청구를 하는 것은 별개 문제이다.

3) 물권적 청구권과 불법원인급여

제746조에 의하여 반환청구가 인정되지 않는 경우에, 소유권에 기한 물권적 청구권을 행사하여 반환받을 수 있는지가 문제 된다. 판례는 "민법 제746조는 단지 부당이득제도만을 제한하는 것이 아니라 동법 제103조와 함께 사법의 기본이념으로서, 결국 사회적 타당성이 없는 행위를 한 사람은 스스로 불법한 행위를 주장하여 복구를 그 형식 여하에 불구하고 소구할 수 없다는 이상을 표현한 것이므로, 급여를 한 사람은 그 원인행위가 법률상 무효라 하여 상대방에게 부당이득반환청구를 할 수 없음은 물론 급여한 물건의 소유권은 여전히 자기에게 있다고 하여 소유권에 기한 반환청구도 할 수 없고 따라서 급여한 물건의 소유권은 급여를 받은 상대방에게 귀속된다(대판 1979.11.13. 79다483 전합)."고 하여 부정하고 있다.

4) 법률행위 성립과정에서 불법적 방법이 사용된 것에 불과한 경우

민법 제103조에 의하여 무효로 되는 반사회질서행위는 법률행위의 목적인 권리의무의 내용이 선량한 풍속 기타 사회질서에 위반하는 경우뿐만 아니라, 그 내용 자체는 반사회질서적인 것이 아니라고 하여도 ① 법률적으로 이를 강제하거나 그 법률행위에 ② 반사회질서적인 조건 또는 ③ 금전적 대가가 결부됨으로써 반사회질서적 성질을 띠게 되는 경우 및 ④ 표시되거나 상대방에게 알려진 법률행위의 동기가 반사회질서적인 경우를 포함한다(대판 2001.2.9. 99다38613). 따라서 <u>법률행위 성립과정에서 불법적 방법이 사용된데 불과한 때에 그 불법이 의사표시의 형성에 영향을 미친 경우에는 의사표시의 하자를 이유로 그 효력을 논의할 수 있을지언정 반사회질서의 법률행위로서 무효라고 할 수는 없다</u>(대판 1996.4.26. 94다34432).

5. 배임행위에 적극 가담한 행위 – 이중매매에 적극가담한 행위

제2매수인이 매도인의 <u>배임행위에 적극 가담</u>하여 이루어진 매매계약은 사회질서에 반하는 법률행위로서 무효이다(대판 1980.6.10. 80다569). 이중매매에 있어서 제2매수인이 적극가담하였다고 보려면 적어도 그 매매를 알고도 매도를 요청하여 매매계약에 이른 정도에 이르러야 하고, 이중매수인이 매도인이 배임행위를 하는 것을 단순히 안다는 사실만으로는 무효가 되지 않는다(대판 1994.3.11. 93다55289). 그리고 판례는 매도된 부동산을 증여받은 경우에도 매도인의 배임행위에 수증자가 적극 가담한 경우에는 사회질서에 반하는 법률행위가 된다고 한다(대판 1982.2.9. 81다1134).

> **논점** 이중매매
>
> 1. 서설
>   (1) 이중매매의 의의
>   이중매매 또는 이중매도란 매도인이 제1매수인과 매매계약을 체결한 후에 제2매수인과 매매계약을 체결하고, 부동산의 경우에는 제2매수인에게 소유권이전등기를 하는 경우를 말한다.
>   (2) 원칙적 유효
>   성립요건주의(제186조), 사적자치의 원칙, 자유경쟁의 원칙상 부동산에 대한 이중매매계약이나 소유권이전등기는 원칙적으로 유효하다. 이 경우 매도인의 제1매수인에 대한 소유권이전등기의무는 이행불능이 된다.

(3) 형사상 문제점

제1매수인이 중도금 또는 잔금까지 지급하여 매도인이 임의로 계약을 해제할 수 없는 상태에서 매도인이 제2매매계약을 체결하고 소유권이전등기를 경료한 경우에는 배임죄를 구성한다(대판 2007.6.14. 2007도379). 이 경우 제2매수인이 제1매매 사실을 알고 배임행위를 교사하거나 그 배임행위의 전 과정에 관여하는 등으로 이중매매에 적극 가담한 경우에는 배임죄의 공범이 된다(대판 2005.10.28. 2005도4915).

2. 반사회적 법률행위에 해당하여 무효인 경우 – 배임행위 적극가담론

(1) 의의

매도인의 배임행위(제2매매계약 체결 + 소유권이전등기)에 제2매수인이 적극가담한 경우, 이중매매는 선량한 풍속 기타 사회질서에 위반하는 경우에는 무효가 된다. 이를 '배임행위 적극가담론'이라고 한다.

(2) 요건

부동산의 이중매매가 반사회적 법률행위로서 무효가 되기 위하여는 매도인의 배임행위와 매수인이 매도인의 배임행위에 적극 가담한 행위로 이루어진 매매로서, 그 적극가담하는 행위는 매수인이 다른 사람에게 매매목적물이 매도된 것을 안다는 것만으로는 부족하고, 적어도 그 매도사실을 알고도 매도를 요청하여 매매계약에 이르는 정도가 되어야 한다(대판 1994.3.11. 93다55289).

(3) 효과

부동산의 이중매매가 반사회적 법률행위에 해당하는 경우에는 이중매매계약은 절대적으로 무효이므로, 당해 부동산을 제2매수인으로부터 다시 취득한 제3자는 설사 제2매수인이 당해 부동산의 소유권을 유효하게 취득한 것으로 믿었더라도 이중매매계약이 유효하다고 주장할 수 없다[1](대판 1996.10.25. 96다29151).

3. 매도인의 반환청구 부정 – 불법원인급여

(1) 내용

불법한 원인으로 재산을 급여하거나 노무를 제공한 자는 그 이익을 반환을 청구하지 못한다(제746조 본문). 그러나 그 불법원인이 수익자에게만 있는 때에는 그러하지 아니하다(동조 단서).

(2) 효과

제746조의 '불법원인'은 그 원인되는 행위가 선량한 풍속 기타 사회질서에 위반하는 경우(제103조에 위반되는 경우)를 말하므로, 매도인은 원인행위인 제2매매계약이 무효라고 하여 제2매수인에 대하여 부당이득반환청구 뿐만 아니라 소유권이전등기말소 또는 진정명의회복을 위한 이전등기 등의 물권적 청구를 할 수 없으며, 반사적 효과로서 소유권은 제2매수인에게 이전된다(대판 1979.11.13. 79다483 전합). 그리고 당사자 사이의 반환약정에 기한 반환청구도 금지된다(대판 1995.7.14. 94다51994).

4. 제1매수인의 보호방법

(1) 판례

판례는 제1매수인은 매도인을 대위하여 제2매수인 앞으로 경료된 소유권이전등기의 말소를 청구할 수 있다고 본다. 다만 무효인 제2매매계약을 원인으로 하는 제2매수인으로의 소유권이전등기가 확정판결에 따라 경료가 되었다면, 그 확정판결이 당연무효이거니 재심의 소에 의하여 취소되지 않는 한, 매도인에 대한 소유권이전등기청구권을 보전하기 위하여 제1매수인이 매도인을 대위하여 소유권이전등기의 말소청구를 하는 것은 확정판결의 기판력에 저촉되어 허용되지 않는다[2].

---

1) 그리고 매매를 한 자가 사망한 후 그 상속인이 타상속인을 무권대리 하여 자신의 배임행위에 적극 가담한 자에게 등기를 경료해 준 경우 그 등기가 무효가 되는 범위로서 무권대리 행위를 하는 상속인의 지분뿐만 아니라 타상속인의 지분범위까지 포함하여 부동산 전부에 관한 매매가 무효가 된다(대판 2002.4.26. 2001다8097).

2) 부동산의 소유자에 대하여 소유권이전등기를 청구할 지위에 있기는 하지만 아직 그 소유권이전등기를 경료하지 않은 상태에서, 제3자가 부동산의 소유자를 상대로 그 부동산에 관한 소유권이전등기절차 이행의 확정판결을 받아 소유권이전등기를 경료한 경우에는, 종전의 소유권이전등기청구권을 가지는 자는 그 확정판결이 당연무효이거나 재심의 소에 의하여 취소되지 않는 한, 부동산의 소유자에 대한 소유권이전등기청구권을 보전하기 위하여 부동산의 소유자를 대위하여 제3자 명의의 소유권이전등기가 원인무효임을 내세워 그 등기의 말소를 구하는 것은 확정판결의 기판력에 저촉되고, 나아가 그 제3자 명의의 소유권이전등기 이후에 그 등기를 바탕으로 하여 경료된 또 다른 소유권이전등기의 말소를 구하는 것도 역시 위 확정판결의 기판력에 저촉된다(대판 1996.6.25. 96다8666).

(2) 비판

판례와 같이 제2양도가 제103조에 위반되어 무효라고 본다면, 양도인이 제2매수인에게 등기를 이전하여 주는 것은 불법원인급여에 해당하여 양도인은 원칙적으로 제2매수인에게 그 말소를 구할 수 없고 따라서 제1양수인도 양도인을 대위하여 그 말소를 구할 수 없게 된다는 매우 모순되는 결론이 도출된다.[1] 이러한 문제점을 해결하기 위하여 제1매수인이 매도인을 대위하지 않고 직접 제2매수인에게 그 등기의 말소를 구할 수 있는 권리를 인정하여야 한다는 이론구성을 주장하는 견해가 있다. 이 견해들은 다시 ① 채권자취소권의 유추적용 내지 전용론을 주장하는 견해(홍춘희), ② 이 경우 제2매수인은 제1매수인에게 일종의 불법행위를 한 것이므로, 제1매수인은 제2매수인에게 불법행위에 따른 손해배상을 청구할 수 있고, 그 배상의 내용은 원상회복의무를 인정하여야 한다고 주장하는 견해(윤진수)가 있다.

(3) 검토

먼저 채권자취소권을 주장하는 견해는 제1매수인의 매도인에 대한 소유권이전등기청구권을 피보전권리로 주장하는 것이지만, 이는 특정채권 보전을 위한 것이 되고 따라서 민법 제407조의 '모든 채권자의 이익을 위하여'란 조문과 부합하지 못한다. 그리고 불법행위에 의한 손해배상청구를 주장하는 견해도 제763조, 제394조의 손해배상은 금전배상을 원칙으로 하므로, 원상회복을 구하는 손해배상이 가능한지도 의문이다[2]. 따라서 판례에 따라 제1매수인은 매도인을 대위하여 제2매수인에 대한 소유권이전등기청구권을 대위하여 말소할 수 있다는 견해가 타당하다고 본다. 물론 그 전제로서 매도인에게 말소등기청구권이 있는지가 불법원인급여로 인하여 문제가 되지만[3], 부당이득반환법리를 침해하지 않으면서, 구체적 타당성을 도모하기 위한 불가피한 조치라고 이해해야 한다고 본다[4].

6. 형사사건에 관한 변호사와 의뢰인의 성공보수약정의 효력

형사사건에 관하여 체결된 성공보수약정이 가져오는 여러 가지 사회적 폐단과 부작용 등을 고려하면, 비록 구속영장청구 기각, 보석 석방, 집행유예나 무죄 판결 등과 같이 의뢰인에게 유리한 결과를 얻어내기 위한 변호사의 변론활동이나 직무수행 그 자체는 정당하다 하더라도, 형사사건에서의 성공보수약정은 수사·재판의 결과를 금전적인 대가와 결부시킴으로써, 기본적 인권의 옹호와 사회정의의 실현을 그 사명으로 하는 변호사 직무의 공공성을 저해하고, 의뢰인과 일반 국민의 사법제도에 대한 신뢰를 현저히 떨어뜨릴 위험이 있으므로, 선량한 풍속 기타 사회질서에 위반되는 것으로 평가할 수 있다. … 그러나 대법원이 이 판결을 통하여 형사사건에 관한 성공보수약정이 선량한 풍속 기타 사회질서에 위반되는 것으로 평가할 수 있음을 명확히 밝혔음에도 불구하고 향후에도 성공보수약정이 체결된다면 이는 민법 제103조에 의하여 무효로 보아야 한다. 이와 달리 종래 대법원은 형사사건에서의 성공보수약정이 선량한 풍속 기타 사회질서에 어긋나는지를 고려하지 아니한 채 위임사무를 완료한 변호사는 특별한 사정이 없는 한 약정된 보수액을 전부 청구할 수 있는 것이 원칙이고, 다만 약정된 보수액이 부당하게 과다하여 신의성실의 원칙이나 형평의 원칙에 반한다고 볼 만한 특별한 사정이 있는 경우에는 예외적으로 상당하다고 인정되는 범위 내의 보수액만을 청구할 수 있다고 판시하여 왔는바, 대판 2009.7.9. 2009다21249을 비롯하여 그와 같은 취지의 판결들은 이 판결의 견해에 배치되는 범위 내에서 모두 변경하기로 한다(대판 2015.7.23. 2015다200111 전합).

---

1) 주석 민법[총칙(2)], 432면, 윤진수 집필 부분
2) 이 견해는 제394조는 임의규정에 불과하므로 손해배상을 원상회복의 방법에 의하겠다는 당사자의 의사표시가 있거나, 그와 동등하게 평가할 수 있는 다른 사정이 있는 경우에까지 금전배상의 원칙을 고집할 이유는 없다고 한다.
3) 매도인과 제2매수인의 불법성을 비교하여 제2매수인의 불법성이 매도인의 불법성보다 더 크므로, 양자의 불법성을 비교하면 이는 민법 제746조 단서에 해당하여 말소등기청구가 가능하다는 견해도 이런 문제점을 인식하는 견해이다(불법성비교론).
4) 2018 민법(Ⅰ), 111면 각주 250), 법원공무원교육원

7. 제103조 위반이 아닌 경우

(1) 불륜관계의 단절을 조건으로 하는 금전지급계약, 첩의 생활비나 자녀의 양육비를 지급하는 계약은 제103조 위반이 아니다(대판 1980.6.24. 80다458).

(2) 부정행위를 용서받는 대가로 손해를 배상함과 아울러 가정에 충실하겠다는 서약의 취지에서 처에게 부동산을 양도하되 부부관계가 유지되는 동안에는 처가 임의로 처분할 수 없게 한 계약은 제103조 위반이 아니다(대판 1992.10.27. 92므204).

(3) 해외파견된 근무자가 귀국 후 3년간 회사에 근무하여야 하고, 위반 시 해외파견에 소요된 경비를 배상하여야 한다는 회사의 내규(근무기간의 제한이 아니라 경비반환채무의 면제기간을 제한한 것으로서 유효)는 제103조 위반이 아니다(대판 1982.6.22. 82다카90).

(4) 강제집행을 면할 목적으로 부동산에 허위의 근저당권설정등기를 경료하는 행위는 선량한 풍속 기타 사회질서에 위반한 사항을 내용으로 하는 법률행위로 볼 수 없다(대판 2004.5.28. 2003다70041).

(5) 양도소득세를 회피하기 위한 방법으로 매매계약을 체결하였더라도 그 때문에 매매계약이 민법 제103조의 반사회적 법률행위로서 무효라고 할 수 없다(대판 1992.12.22. 91다35540·35557).

(6) 반사회적 행위에 의하여 조성된 재산인 이른바 비자금을 소극적으로 은닉하기 위하여 임치한 것이 사회질서에 반하는 법률행위로 볼 수 없다(대판 2001.4.10. 2000다49343).

(7) 그리고 전통○○사의 주지직을 거액의 금품을 대가로 양도·양수하기로 하는 약정이 있음을 알고도 이를 묵인 혹은 방조한 상태에서 한 종교법인의 주지임명행위가 민법 제103조 소정의 반사회질서의 법률행위에 해당하지 않는다(대판 2001.2.9. 99다38613).

8. 불공정한 법률행위

> 제104조(불공정한 법률행위) 당사자의 궁박, 경솔 또는 무경험으로 인하여 현저하게 공정을 잃은 법률행위는 무효로 한다.

(1) 의의 및 제103조와의 관계

법률행위의 공정성이란 내용과 절차가 공정한 것인지가 문제된다. 사적 자치의 원칙은 절차상의 정당성만을 문제삼고 내용상의 정당성은 문제삼지 않는다. 당사자들이 자유로운 의사에 기하여 계약을 체결하였다면 그 내용과 상관없이 계약은 유효하지만, 제104조는 법률행위의 내용과 절차 두 측면에서 불공정한 경우에 한하여 무효로 한 것이다. 내용에 내해서는 현저한 불균형을 요구하고, 절차에 관해서는 궁박, 경솔, 무경험을 요구하는 것이다. 그리고 제104조는 제103조의 예시에 해당한다(대판 1964.5.19. 63다821). 따라서 제104조의 요건을 충족하지 못하여도 제103조에 위반하는 법률행위에 해당하는 것은 가능하다(대판 2007.2.15. 2004다50426 전합 참조).

(2) 객관적 요건

1) 급부와 반대급부의 현저한 불균형

보통은 상당한 급부의 불균형이 있어야 하는데, 그 판단은 구체적 사안에 따라서 사회질서의 기준에 의해 정해진다. 다만 판례는 시가의 반값으로 매각한 사안에서 폭리를 인정한 것도 있다(대판 1964.12.29. 64다1188). 특히 급부와 반대급부 사이의 현저한 불균형은 유상계약 또는 쌍무계약에서 생길 수 있다. 매매계약이나 대물변제계약이 이에 해당한다. 또한 화해계약의 경우에도 신체사고에 의한 손해배상을 청구한 경우 손해배상으로 받을 수 있는 금액보다 현저하게 낮은 금액을 손해배상액으로 합의한 경우에도 제104조가 적용된다(대판 1999.5.28. 98다58825). 그리고 계속적 공급계약 등 계속적 계약에서 급부와 반대급부 사이에 현저한 불균형이 있으면 불공정한 법률행위가 될 수 있다. 임대차에서 임대목적물의 이용가치에 비하여 임차료가 지나치게 높거나 낮은 경우, 전기·가스·수도 등의 공급계약에서 요금이 지나치게 높거나 낮은 경우가 이에 해당한다. 또한 단체적 의사결정, 사원총회 결의로 현저하게 불공정한 결과가 나타나는 경우에는 제104조가 적용된다[1].

2) 불공정의 판정 시기

통설, 판례(대판 1965.6.15. 65다610)는 법률행위시를 표준으로 하고 있다. 그리고 판례는 "키코(KIKO) 통화옵션계약의 구조는 환율 변동의 확률적 분포를 고려하여 쌍방의 기대이익을 대등하게 한 것이므로 계약 체결 후 시장환율이 당초 예상과 달리 변동함으로써 결과적으로 쌍방의 이익에 불균형이 생겼다 하더라도 그 때문에 계약 자체가 현저하게 불공정하게 체결되었다고 볼 수 없기 때문에 통화옵션계약은 불공정행위에 해당하지 않는다(대판 2013.9.26. 2012다1146·1153 전합)."고 하였다.

(3) 주관적 요건

1) 피해자의 궁박, 경솔, 무경험

사실과 다른 고소에 의하여 구속된 상태에서 고소인의 주장을 인정하고 한 합의는 불공정한 법률행위에 해당한다고 하면서 궁박, 경솔, 무경험 중 하나만 성립해도 되고(대판 1998.3.13. 97다51506), 궁박은 반드시 경제적인 것일 필요는 없으며, 정신적 곤궁을 포함하고 궁박의 상태가 계속적인 것이든 일시적인 것이든 무방하다(대판 2008.3.14. 2007다11996). 그리고 '무경험'이라 함은 일반적인 생활체험의 부족을 의미하는 것으로서 어느 특정영역에 있어서의 경험부족이 아니라 거래일반에 대한 경험부족을 뜻하고, 당사자가 궁박 또는 무경험의 상태에 있었는지 여부는 그의 나이와 직업, 교육 및 사회경험의 정도, 재산 상태 및 그가 처한 상황의 절박성의 정도 등 제반 사정을 종합하여 구체적으로 판단한다(대판 2002.10.22. 2002다38927). 대리인에 의하여 법률행위가 이루어진 경우 그 법률행위가 민법 제104조의 불공정한 법률행위에 해당하는지 여부를 판단함에 있어서 경솔과 무경험은 대리인을 기준으로 하여 판단하고, 궁박은 본인의 입장에서 판단하여야 한다(대판 2002.10.22. 2002다38927). 궁박은 효과적인 측면이고 경솔, 무경험은 행위적 측면이기 때문이다.

---

[1] 법인 아닌 어촌계가 취득한 어업권은 어촌계의 총유이고(수산업법 제15조 제4항), 그 어업권의 소멸로 인한 손실보상금도 어촌계의 총유에 속하므로, 총유물인 손실보상금의 처분은 원칙적으로 계원총회의 결의에 의하여 결정되어야 할 것이지만(수산업협동조합법 시행령 제10조 제1항 제7호, 어촌계 정관 제33조 제1항 제7호), 어업권의 소멸로 인한 손실보상금은 어촌계의 잉여금과는 그 성질이 달라서 어업권의 소멸로 손실을 입게 된 어촌계원에게 공평하고 적정하게 분배되어야 할 것이므로, 어업권의 소멸로 인한 손실보상금의 분배에 관한 어촌계 총회의 결의 내용이 각 계원의 어업권 행사 내용, 어업 의존도, 계원이 보유하고 있는 어업 장비나 멸실된 어업 시설 등의 제반 사정을 참작한 손실의 정도에 비추어 볼 때 현저하게 불공정한 경우에는 그 결의는 무효이다(대판 1997.10.28. 97다27619).

2) 폭리자의 악의

피해 당사자가 궁박, 경솔 또는 무경험의 상태에 있었다고 하더라도 그 상대방 당사자에게 그와 같은 피해 당사자측의 사정을 알면서 이를 이용하려는 의사, 즉 폭리행위의 악의가 없었다거나 또는 객관적으로 급부와 반대급부 사이에 현저한 불균형이 존재하지 아니한다면 불공정 법률행위는 성립하지 않는다(대판 1988.9.13. 86다카563; 대판 2008.3.14. 2007다11996).

3) 증명책임

무효를 주장하려면 주장자가 위의 주관적 요건, 객관적 요건, 급부와 반대급부 사이에 현저한 불공정, 불균형이 있음을 입증하여야 하며(대판 1970.11.24. 70다2056), 법률행위가 현저히 공정을 잃었다고 하여 곧 그 법률행위가 궁박·경솔·무경험에 의하여 이루어진 것으로 추정되는 것은 아니다(대판 1969.12.30. 69다1873).

(4) 효과

1) 무효

무효의 주장에는 제한이 없으므로, 선의의 제3자에 대하여도 주장할 수 있으며, 시적 제한도 없으므로 언제나 행사할 수 있다. 그리고 불공정한 법률행위로서 무효인 경우에는 추인에 의하여 무효인 법률행위가 유효로 될 수 없다(대판 1994.6.24. 94다10900). 다만 매매계약이 약정된 매매대금의 과다로 말미암아 민법 제104조에서 정하는 '불공정한 법률행위'에 해당하여 무효인 경우에도 무효행위의 전환에 관한 민법 제138조가 적용될 수 있다. 그러므로 재건축사업부지에 포함된 토지에 대하여 재건축사업조합과 토지의 소유자가 체결한 매매계약이 매매대금의 과다로 말미암아 불공정한 법률행위에 해당하지만, 그 매매대금을 적정한 금액으로 감액하여 매매계약의 유효성을 인정할 수 있다(대판 2010.7.15. 2009다50308).

2) 이행된 경우의 효과

이행된 경우는 일반적으로 불법원인이 상대방에게만 있는 것이라 할 것이므로 민법 제746조 단서가 적용되어 피해자는 급부한 것의 반환을 청구할 수 있다.

(5) 판례

1) 제104조에 위반되는 경우

① 대물변제의 목적물인 부동산의 가액이 채권액의 3~4배에 달한 경우
② 매매가격이 시가의 1/8 정도로 현저한 차이가 있고 매수인은 이를 매수한 3개월 후에 매수가격의 4~5배 정도로 전매한 경우
③ 건물을 철거당하여 생업을 중단하게 될 궁박한 상태에서 시가의 1/3에 미달하는 금액으로 이루어진 건물매매(대판 1973.5.22. 73다231)
④ 신체사고로 인한 손해배상금으로 사고 후 일주일 밖에 되지 않은 시기에 그 받을 수 있는 금액의 1/8도 안 되는 금액으로 합의한 경우(대판 1979.4.10. 78다2457)
⑤ 농촌에 거주하는 79세의 노인으로부터 감정가격의 30%에도 미치지 못한 가격으로 토지를 매수하고 계약금으로 매매대금의 1/3 이상을, 계약 다음 날 중도금으로 고액을 지급하는 등 이례적인 매매계약을 맺은 경우(대판 1992.2.25. 91다40351)

⑥ 구속된 남편을 석방시키기 위하여 회사에 대한 물품잔대금채권이 얼마인지도 확실히 모르면서 남편을 대리하여 위임장과 포기서를 작성해 준 '채권포기행위'(대판 1975.5.13. 75다92)

2) 제104조에 위반되지 않는 경우

① 매매가격이 시가보다 저렴하다는 사실만으로는 폭리행위로 인정될 수 없다.

② 간통죄로 고소하지 않는 대가로 합의금을 받은 것은 부정한 이익을 목적으로 하는 위법한 강박행위가 아니고, 다소 궁박한 상태에서 한 약속어음작성행위를 불공정한 법률행위로 볼 수 없다(대판 1997.3.25. 96다47951).

③ 기부행위(증여)와 같이 아무 대가관계 없이 일방적인 급부를 하는 행위는 그 성질상 공정성 여부를 논할 수 있는 법률행위라 할 수 없다(대판 1997.3.11. 96다49650). 즉 민법 제104조가 규정하는 현저히 공정을 잃은 법률행위라 함은 자기의 급부에 비하여 현저하게 균형을 잃은 반대급부를 하게 하여 부당한 재산적 이익을 얻는 행위를 의미하는 것이므로 증여와 같이 아무런 대가관계 없이 당사자 일방이 상대방에게 일방적인 급부를 하는 법률행위는 그 공정성 여부를 논의할 수 있는 성질의 법률행위가 아니다(대판 2000.2.11. 99다56833 등).

④ 경매에 있어서는 불공정한 법률행위 또는 채무자에게 불리한 약정에 관한 것으로서 효력이 없다는 민법 제104조, 제608조는 적용될 여지가 없다(대판 1980.3.21. 80마77).

⑤ 쟁의행위 끝에 체결된 단체협약이 사용자 측의 경영 상태에 비추어 그 내용이 다소 합리성을 결하였다는 사정만으로는 불공정한 법률행위에 해당하지 않는다(대판 2007.12.14. 2007다18584).

3) 제104조 위반과 부제소특약

① 부제소특약이 유효인 경우

당사자가 자유롭게 처분할 수 있는 권리관계에 대하여 부제소특약이 이루어진 경우에는, 부제소특약으로 말미암아 그 대상으로 된 권리관계가 강행법규 위반으로 무효라는 주장을 하지 못하게 되는 결과가 초래된다 하더라도, 그러한 사정만으로 그 부제소특약이 당해 강행법규에 위반하여 무효로 된다고 볼 수는 없다. 그런데 위약벌에 관한 권리관계에 대하여 당사자의 처분을 금하는 취지의 강행법규가 존재하고 있다고 인정되지 아니하므로, 설사 위약벌에 관한 권리관계에 대하여 부제소특약을 함으로써 그 권리관계가 강행법규 위반으로 무효라는 주장을 하지 못하게 된다는 사정을 들어 그 부제소특약이 당해 강행법규에 위반하여 무효로 되는 것은 아니라 할 것이다. 따라서 이와 다른 견해에 서서 이 사건 부제소특약이 강행법규에 위반하여 무효라는 취지의 원고의 주장 역시 그 이유가 없다. 원고가 내세우는 판결은 강행법규로 당사자의 처분이 금지된 권리관계에 대하여 부제소특약을 한 경우로 이 사건과 사안을 달리하므로 이 사건에서 원용하기에 적절하지 아니하다(대판 2008.2.14. 2006다18969).

② 부제소특약이 무효인 경우

매매계약과 같은 쌍무계약이 급부와 반대급부와의 불균형으로 말미암아 민법 제104조에서 정하는 '불공정한 법률행위'에 해당하여 무효라고 한다면, 그 계약으로 인하여 불이익을 입는 당사자로 하여금 위와 같은 불공정성을 소송 등 사법적 구제수단을 통하여 주장하지 못하도록 하는 부제소합의 역시 다른 특별한 사정이 없는 한 무효라고 할 것이다(대판 2010.7.15. 2009다50308).

제2관 법률행위의 해석

Ⅰ. 의의

법률행위의 해석은 당사자가 그 표시행위에 부여한 객관적인 의미를 명백하게 확정하는 것으로서, 서면에 사용된 문구에 구애받는 것은 아니지만 어디까지나 당사자의 내심적 의사의 여하에 관계없이 그 서면의 기재 내용에 의하여 당사자가 그 표시행위에 부여한 객관적 의미를 합리적으로 해석하여야 하는 것이고, 당사자가 표시한 문언에 의하여 그 객관적인 의미가 명확하게 드러나지 않는 경우에는 그 문언의 내용과 그 법률행위가 이루어진 동기 및 경위, 당사자가 그 법률행위에 의하여 달성하려는 목적과 진정한 의사, 거래의 관행 등을 종합적으로 고려하여 사회정의와 형평의 이념에 맞도록 논리와 경험의 법칙, 그리고 사회 일반의 상식과 거래의 통념에 따라 합리적으로 해석하여야 한다[1](대판 1996.10.25. 96다16049). 그리고 조약은 전문·부속서를 포함하는 조약문의 문맥 및 조약의 대상과 목적에 비추어 조약의 문언에 부여되는 통상적인 의미에 따라 성실하게 해석되어야 한다. 여기서 문맥은 조약문(전문 및 부속서를 포함한다) 외에 조약의 체결과 관련하여 당사국 사이에 이루어진 조약에 관한 합의 등을 포함하며, 조약 문언의 의미가 모호하거나 애매한 경우 등에는 조약의 교섭 기록 및 체결 시의 사정 등을 보충적으로 고려하여 의미를 밝혀야 한다(대판 2018.10.30. 2013다61381 전합).

Ⅱ. 사실인 관습과 임의규정

> 제106조(사실인 관습) 법령중의 선량한 풍속 기타 사회질서에 관계없는 규정과 다른 관습이 있는 경우에 당사자의 의사가 명확하지 아니한 때에는 그 관습에 의한다.
>
> 제105조(임의규정) 법률행위의 당사자가 법령중의 선량한 풍속 기타 사회질서에 관계없는 규정과 다른 의사를 표시한 때에는 그 의사에 의한다.

1. 순서

당사자의 목적, 사실인 관습, 임의법규, 신의성실의 원칙의 순으로 해석하여 권리의무를 판단해야 한다.

---

1) 어떠한 의무를 부담하는 내용의 기재가 있는 문면에 "협조를 최대로 한다."라고 기재되어 있는 경우, 특별한 사정이 없는 한 당사자가 그와 같은 문구를 기재한 객관적인 의미는 문면 그 자체로 볼 때 그러한 의무를 법적으로 부담할 수는 없지만 사정이 허락하는 한 그 이행을 사실상 하겠다는 취지로 해석함이 상당하다.

2. 사실인 관습

(1) 직권조사사항인지 여부

사실인 관습은 경험칙에 속하고 경험칙은 일종의 법칙이므로 어떠한 경험칙을 판단함에 있어서는 당사자의 주장이나 입증에 구애됨이 없이 법관 스스로 직권에 의하여 판단할 수 있다고 하였다가(대판 1976.7.13. 76다983), 그 후 태도를 바꾸어 관습은 그 존부자체도 명확하지 않을 뿐만 아니라 그 관습이 사회의 법적 확신이나 법적 인식에 의하여 법적 규범으로까지 승인되었는지의 여부를 가리기는 더욱 어려운 일이므로 법원이 이를 알 수 없는 경우 결국은 당사자가 주장, 입증해야 한다(대판 1983.6.14. 80다3231)고 본다.

(2) 제1조와 제106조의 관계

1) 문제점

제1조와 제106조는 모순되는 규정인지에 대해서 논란이 있다.

2) 학설

① 모순된다는 견해는 제1조에 의하면 법적용의 순서가 '강행규정 ⇨ 임의규정 ⇨ 관습법'이 되는 반면, 제106조에 의하면 '강행규정 ⇨ 사실인 관습 ⇨ 임의규정 ⇨ 관습법'의 순서로 되기 때문에 모순이 존재한다고 본다.

② 모순되지 않는다는 견해는 제1조는 법률적용의 문제이고, 제106조는 법률행위 해석의 기준에 관한 규정이어서, 이는 평면을 달리하는 문제이므로 양 규정 사이에 모순이 없다고 본다(이영준, 이은영, 김상용, 백태승 등).

3) 검토

사실인 관습은 구체적인 법률행위의 성립과 내용 확정에 관한 기준이고, 관습법은 이미 확정적으로 성립된 법률행위 일반에 적용되는 추상적 규범이다. 따라서 관습법과 사실인 관습은 서로 모순되지 않는다.

Ⅲ. 해석의 대상 및 방법

1. 법률행위해석의 대상

법률행위의 해석은 표시행위를 대상으로 하여 그에 부여된 객관적 의미를 명백히 확정하는 것이다(대판 1988.9.27. 86다카2375 · 2376).

2. 해석의 방법

(1) 자연적 해석

1) 의의

표의자의 내심의 진의를 밝히는 해석방법을 말한다(표의자 입장).

2) 적용범위

단독행위는 자연적 해석이 적용되는 대표적인 경우(유언 등 단독행위에 있어서는 표시를 잘못한 때도 언제나 진의에 따른 효과가 발생)이고, 계약은 ① falsa demonstratio non nocet: 거짓표시는 해가 되지 않는다는 원칙(오표시무해의 원칙, 誤表示無害의 原則) 적용, ② 진의와 표시가 달라도 당사자 모두 진의대로 이해한 경우, 표의자의 진의를 상대방이 이미 올바르게 파악한 경우 등에서 진의에 따른 효과가 인정된다.

3) 판례

목적물지번에 관한 당사자쌍방의 공통하는 착오 사안에서 甲, 乙이 모두 A토지를 계약목적으로 삼았으나 계약서에 B토지를 잘못 표기한 경우에도 쌍방당사자의 의사합치가 있는 이상 A토지에 관하여 매매계약이 성립하며, 만약 B토지에 관해 이전등기가 경료되었다면 이는 원인 없이 경료된 것으로 무효이다(대판 1993.10.26. 93다2629).

(2) 규범적 해석

1) 의의

표의자의 내심적 의사의 확정이 불가능한 경우 표시행위의 객관적 의미를 밝히는 해석방법을 말한다(상대방 입장).

2) 적용범위

표의자가 표시를 잘못하고 상대방도 표시된 대로 이해한 경우에 적용되며, 일단 표시된 대로의 법률행위가 유효하게 성립하며, 다만 착오에 의한 취소 문제가 발생하게 된다. 甲이 98만 원에 매도할 생각이 있었으나 89만 원으로 잘못 표기하고, 상대방은 89만 원으로 인식하고 도장을 찍은 경우를 예로 들 수 있다.

3) 판례

채권자가 채무액을 수령하면서 실제로 더 받을 금원이 있음에도 영수증에 '총완결'이라는 문언을 부기한 경우에는 더 받을 금원을 탕감한 것이며, 이는 총완결을 부기하지 않으면 변제하지 않겠다는 압박에 의한 경우에도 동일하다(영수증총완결사건, 대판 1969.7.8. 69다563). 그리고 최근 판례는 "처분문서의 진정 성립이 인정되면 작성자가 거기에 기재된 법률상의 행위를 한 것이 직접 증명된다고 하겠으나, 처분문서라 할지라도 그 기재 내용과 다른 명시적, 묵시적 약정이 있는 사실이 인정될 경우에는 그 기재 내용과 다른 사실을 인정할 수 있고, 작성자의 행위를 해석할 때에도 경험칙과 논리칙에 반하지 않는 범위 내에서 자유로운 심증으로 판단할 수 있다. 그리고 동일한 사항에 관하여 내용을 달리하는 문서가 중복하여 작성된 경우에는 마지막에 작성된 문서에 작성자의 최종적인 의사가 담겨 있다고 해석하는 것이 일반적이라고 할 수 있지만, 마지막에 작성된 문서에 의한 법률행위가 최종적으로 완성되지 아니하는 등의 사유로 종전에 작성된 문서에 의한 법률행위가 철회되었다고 보기 어려운 사정이 있는 경우에는 그와 같이 해석할 수 없다(대판 2013.1.16. 2011다102776)."고 한다. 그리고 "하나의 법률관계를 둘러싸고 각기 다른 내용을 정한 여러 개의 계약서가 순차로 작성되어 있는 경우 당사자가 그러한 계약서에 따른 법률관계나 우열관계를 명확하게 정하고 있다면 그와 같은 내용대로 효력이 발생한다. 그러나 여러 개의 계약서에 따른 법률관계 등이 명확히 정해져 있지 않다면 각각의 계약서에 정해져 있는 내용 중 서로 양립할 수 없는 부분에 관해서는 원칙적으로 나중에 작성된 계약서에서 정한 대로 계약 내용이 변경되었다고 해석하는 것이 합리적이다(대판 2020.12.30. 2017다17603)."라고 한다.

4) 금융실명제에서의 예금주

금융실명거래 및 비밀보장에 관한 법률에 따라 실명확인 절차를 거쳐 예금계약을 체결하고 그 실명확인 사실이 예금계약서 등에 명확히 기재되어 있는 경우에는, 일반적으로 그 예금계약서에 예금주로 기재된 예금명의자나 그를 대리한 행위자 및 금융기관의 의사는 예금명의자를 예금계약의 당사자로 보려는 것이라고 해석하는 것이 경험법칙에 합당하고, 예금계약의 당사자에 관한 법률관계를 명확히 할 수 있어 합리적이다. 그리고 이와 같은 예금계약 당사자의 해석에 관한 법리는, 예금명의자 본인이 금융기관에 출석하여 예금계약을 체결한 경우나 예금명의자의 위임에 의하여 자금 출연자 등의 제3자(이하 '출연자 등'이라 한다)가 대리인으로서 예금계약을 체결한 경우 모두 마찬가지로 적용된다고 보아야 한다. 따라서 <u>본인인 예금명의자의 의사</u>에 따라 예금명의자의 실명확인 절차가 이루어지고 예금명의자를 예금주로 하여 예금계약서를 작성하였음에도 불구하고, 예금명의자가 아닌 출연자 등을 예금계약의 당사자라고 볼 수 있으려면, 금융기관과 출연자 등과 사이에서 실명확인 절차를 거쳐 서면으로 이루어진 예금명의자와의 예금계약을 부정하여 예금명의자의 예금반환청구권을 배제하고 출연자 등과 예금계약을 체결하여 출연자 등에게 예금반환청구권을 귀속시키겠다는 <u>명확한 의사의 합치가 있는 극히 예외적인 경우로 제한</u>되어야 한다. 그리고 이러한 의사의 합치는 금융실명거래 및 비밀보장에 관한 법률에 따라 실명확인 절차를 거쳐 작성된 예금계약서 등의 증명력을 번복하기에 충분할 정도의 명확한 증명력을 가진 구체적이고 객관적인 증거에 의하여 매우 엄격하게 인정하여야 한다[1])(대판 2009.3.19. 2008다45828 전합).

(3) 보충적 해석

1) 의의

이미 성립한 법률행위의 내용에 흠결이 있는 경우 당사자의 '가상적 의사'를 통하여 그 흠결을 보충하는 해석방법을 말한다(제3자 입장).

2) 적용범위

계약이 이미 성립하였고, 그 내용에 흠결이 있는 경우에 한하여 적용(법률행위 내용에 흠결이 없는 경우에 적용되는 자연적, 규범적 해석과 구별)하고, 흠결내용에 대한 임의법규나 관습이 있는 때는 그를 통하여 법률행위내용의 간극을 보충할 수 있으나, 그러한 보충이 불가능한 때는 '당사자의 가상적 의사'를 통하여 간극을 보충한다.

3) 판례

교통사고 피해자가 배상액을 합의하고 청구포기각서를 교부한 후라도 예상치 못한 후유증이 발생하였다면, 특별한 사정이 없는 한 그로 인한 배상청구권까지 포기하는 취지로 합의한 것이라고 볼 수 없다(대판 1989.7.25. 89다카968 등).

---

1) 甲이 배우자인 乙을 대리하여 금융기관과 乙의 실명확인 절차를 거쳐 乙 명의의 예금계약을 체결한 사안에서, 甲과 乙의 내부적 법률관계에 불과한 자금 출연경위, 거래인감 및 비밀번호의 등록·관리, 예금의 인출 상황 등의 사정만으로, 금융기관과 甲 사이에 예금명의자 乙이 아닌 출연자 甲을 예금계약의 당사자로 하기로 하는 묵시적 약정이 체결되었다고 보아 甲을 예금계약의 당사자라고 판단한 원심판결을 파기한 사례

3. 예문해석

부당한 내용의 계약조항이 존재하는 경우 이를 예문(例文)이라고 하여 당사자에게는 이에 구속될 의사가 없기 때문에 계약 내지 그러한 조항이 무효라고 판단하는 해석을 말한다. 즉 처분문서의 기재 내용이 부동문자로 인쇄되어 있다면 인쇄된 예문에 지나지 아니하여 그 기재를 합의의 내용이라고 볼 수 없는 경우도 있으므로 처분문서라 하여 곧바로 당사자의 합의의 내용이라고 단정할 수는 없고 구체적 사안에 따라 당사자의 의사를 고려하여 그 계약 내용의 의미를 파악하고 그것이 예문에 불과한 것인지의 여부를 판단하여야 한다[2](대판 1997.11.28. 97다7998).

Ⅳ. 해석의 소송상 취급

1. 구별의 실익

(1) 문제점

법률행위 해석이 법률문제인지 사실문제인지에 따라 여러 가지 문제가 발생한다.

(2) 상고이유

법률행위 해석이 사실문제라면 상고이유가 되지 않지만(민소법 제432조), 법률문제라면 상고이유가 된다(동법 제423조).

(3) 주장, 증명 여부

법률행위 해석이 사실문제라면 자신에게 유리하게 해석을 주장하는 당사자가 주장, 증명을 하여야 하지만, 법률문제라면 법원의 직권조사사항이 된다.

(4) 자백의 성립 여부

법률행위 해석이 사실문제라면 소송상 자백의 대상이 되지만(동법 제288조), 법률문제라면 자백의 대상이 되지 않는다.

2. 학설

(1) 법률문제설

어떠한 사실을 확정하는 것은 사실문제이지만 법률행위의 해석은 이렇게 확정된 사실을 기반으로 하여 그 법률행위의 규범적 의미내용을 탐구하는 것이므로 법률문제라고 본다(곽윤직).

(2) 사실문제설

통상의 법률행위 해석은 사실문제이나, 일반약관의 조항은 법률유사의 성격이 강하므로 법률문제라고 한다(이영준).

---

[2] 시가 무단점유하던 토지를 소유자로부터 매수하기로 하여 작성된 매매계약서상에 부동문자로 인쇄된 계약일 이전의 그 토지에 대한 권리의 포기 조항이 단순한 예문에 불과하여 소유자가 시에 대한 부당이득반환청구권을 포기한 것으로 볼 수 없다고 한 사례

제3절 의사표시

제1관 의사표시의 개념 및 구성요소

Ⅰ. 의사표시의 개념

의사표시는 일정한 법률효과의 발생을 목적으로 의사를 표시하는 행위로서, 의사적 요소와 표시적 요소로 구성된다.

Ⅱ. 의사표시의 구성요소

1. 행위의사

행위의사란 어떠한 행위를 한다는 인식이다. 따라서 의식불명상태나 최면상태에서 이루어진 행위에는 행위의사가 결여되어 있기 때문에 표의자의 행위라고 할 수 없다(곽윤직).

2. 효과의사

(1) 효과의사의 내용

  1) 의의

    효과의사란 일정한 법률효과를 원하는 의사를 의미한다. 다만 그 내용에 대해서는 견해가 갈린다.

  2) 사실적 효과의사설

    효과의사는 법이 법률효과를 부여할 가치가 있다고 인정하는 사실적 효과를 의욕하는 것이며, 또한 경제적 효과를 의욕하는 경우에도 마찬가지라고 한다(곽윤직).

  3) 법률적 효과의사설

    의사표시는 법률관계의 형성행위이므로 효과의사는 법률효과의 의욕일 수 밖에 없다고 한다. 즉 효과의사는 단순한 심리적 사실로서의 의사가 아니라 하나의 규범적 존재로서 평가되는 의사라고 한다(이영준).

(2) 효과의사의 본질

  1) 문제점

    효과의사는 내심적 효과의사(표의자가 가지고 있던 실제의 의사, 내심의 의사, 진의)와 표시상의 효과의사(표시행위로부터 추단되는 효과의사)로 구별된다. 이 경우 의사표시의 요소가 되는 것은 어느 것인가가 문제가 된다.

  2) 학설

    ① 표시상의 효과의사라는 견해

      표시주의 이론을 근거로 하여 의사표시의 요소가 되는 것은 내심의 효과의사가 아니라 표시상의 효과의사라고 한다(곽윤직).

② 내심의 효과의사라는 견해

이 견해는 표시상의 효과의사라는 견해에 의하면 표시상의 효과의사만 있으면 내심적 효과의사가 없더라도 의사표시는 완전히 성립하게 되므로 이론적으로 착오에 의한 취소(제109조)를 인정할 여지가 없게 된다고 비판한다. 특히 사람의 의사는 내심의 효과의사가 그 본질이라고 한다(이영준).

3) 판례

의사표시 해석에 있어서 당사자의 진정한 의사를 알 수 없다면, 의사표시의 요소가 되는 것은 표시행위로부터 추단되는 효과의사 즉, 표시상의 효과의사이고 표의자가 가지고 있던 내심적 효과의사가 아니므로, 당사자의 내심의 의사보다는 외부로 표시된 행위에 의하여 추단된 의사를 가지고 해석함이 상당하다(대판 2002.6.28. 2002다23482).

3. 표시의사

(1) 의의 및 예

표시의사는 효과의사를 외부에 발표하려는 의사를 말한다. 즉 효과의사와 표시행위를 매개하는 의사로서 표의자의 인식을 기초로 이루어지는 의사이다. 예를 들어 甲이 부산 여행 중 호기심에 자갈치시장의 해산물경매현장을 구경하러 갔다가 우연히 맞은편에 친구가 있는 것을 발견하고 반갑게 손을 흔들어 주었던 경우, 자갈치시장 해산물경매장에서는 관습상 손을 흔드는 것이 경매에 응하겠다는 의사표시에 해당되어 원치도 않는 해산물이 甲에게 낙찰되어 버린 사례가 있다. 즉 이 경우 甲은 효과의사와 표시행위는 있으나, 표시의사가 없는 경우가 된다.

(2) 표시의사가 의사표시의 요소인지 여부

1) 부정설

표시의사가 의사표시의 구성요소라고 하면 표시의사가 없는 표시행위는 의사표시가 되지 않는데, 이런 결과는 실제로 거래안전을 해하므로 표시의사는 의사표시의 구성요소가 아니라고 한다. 따라서 표시의사가 존재하지 않아도 의사표시는 성립한다고 본다(곽윤직). 이 견해는 위의 사례에서 표시의사를 의사표시의 요소로 보지 않으므로 甲의 행위는 경매응찰행위로서 성립하나, 착오를 이유로 취소할 수 있게 된다고 본다.

2) 긍정설

표시의사를 의사표시의 요소로 인정하지 않더라도 대부분의 경우 규범적 해석에 의하여 표시의사가 존재한다고 해석되므로, 표시의사는 의사표시의 요소가 된다고 본다(이영준). 이 견해는 위의 사례에서 甲의 표시행위는 표시의사가 없는 표시행위이기 때문에 의사표시가 되지 아니한다고 본다.

4. 표시행위[1)]

표시에 의하여 법률효과의 발생을 의욕하는 의미를 갖는 모든 방법을 말한다. 이 경우 모든 방법은 언어·문자·표시·몸짓 등을 말한다.

---

1) 최근에 현금자동지급기에 의하여 현금을 지급하거나 자동판매기에 의해서 지하철승차권을 판매하는 행위처럼 사람의 행위가 아니라 기계설비에 의하여 의사표시가 이루어지는 자동화된 의사표시가 문제된다. 이 경우 자동화된 기계설비에의 정보입력과 그 이용은 결국 인간의 행위에 의하여 이루어지는 것이므로 이를 이용하는 의사표시는 통상의 의사표시와 동일하다. 따라서 의사표시에 관한 민법의 규정이 적용된다.

제2관 흠이 있는 의사표시

I. 서설

통설은 의사표시의 문제를 '의사와 표시가 일치하지 않는 의사표시'와 '하자(흠) 있는 의사표시'로 구분한다. 전자는 표의자의 내심의 효과의사와 표시행위로부터 추단되는 표시상의 효과의사가 일치하지 않는 비진의 의사표시(제107조), 통정허위표시(제108조), 착오에 의한 의사표시(제109조)가 이에 해당하고, 후자는 의사표시가 타인의 위법한 간섭에 의하여 방해된 상태에서 행하여진 것으로서 사기·강박에 의한 의사표시(제110조)가 이에 해당한다고 본다(곽윤직).

II. 진의 아닌 의사표시

> 제107조(진의 아닌 의사표시) ① 의사표시는 표의자가 진의 아님을 알고한 것이라도 그 효력이 있다. 그러나 상대방이 표의자의 진의 아님을 알았거나 이를 알 수 있었을 경우에는 무효로 한다.
> ② 전항의 의사표시의 무효는 선의의 제3자에게 대항하지 못한다.

1. 요건

(1) 의사표시가 있을 것

의사표시가 존재해야 한다. 따라서 법률관계의 발생을 의욕하는 의사표시가 아닌 경우(예 연극배우의 대사)는 의사표시가 존재하지 않는다.

(2) 의사와 표시의 불일치

비진의 의사표시에 있어서의 진의란 특정한 내용의 의사표시를 하고자 하는 표의자의 생각을 말하는 것이지 표의자가 진정으로 마음속에서 바라는 사항을 뜻하는 것은 아니므로, 표의자가 의사표시의 내용을 진정으로 마음속에서 바라지는 아니하였다고 하더라도 당시의 상황에서는 그것을 최선이라고 판단하여 그 의사표시를 하였을 경우에는 이를 내심의 효과의사가 결여된 비진의 의사표시라고 할 수 없다(대판 1996.12.20. 95누16059; 대판 2000.4.25. 99다34475). 그리고 상대방의 지시, 강요, 방침에 의한 사표제출은 제107조 제1항 단서 또는 제108조 제1항에 의하여 무효이다. 즉 근로자가 회사의 경영방침에 따라 사직원을 제출하고 회사가 이를 받아들여 퇴직처리를 하였다가 즉시 재입사하는 형식을 취함으로써 근로자가 그 퇴직 전후에 걸쳐 실질적인 근로관계의 단절이 없이 계속 근무한 경우 제107조 제1항 단서가 적용된다(대판 1988.5.10. 87다카2578). 다만 해고된 근로자가 아무런 이의의 유보나 조건 없이 퇴직금을 수령한 후 오랜 기간이 지난 후에 해고의 효력을 다투는 소를 제기하는 것은 신의칙에 위배된다(대판 2000.4.25. 99다34475).

(3) 표의자가 그 불일치를 스스로 알고 있을 것

비진의표시는 의사와 표시의 불일치를 표의자가 스스로 알고 있다는 점에서 허위표시와 동일하지만, 비진의표시가 상대방 있는 의사표시라고 하여도 상대방과 서로 짜고(통정, 通情) 하는 일이 없다는 면에서 허위표시와는 다르다. 그리고 의사와 표시의 불일치를 표의자가 의식하지 못하고 있는 착오와는 다르다.

(4) 비진의표시를 하게 된 동기는 불문

비진의표시를 하게 된 동기나 연유는 불문한다.

2. 효과

(1) 원칙

원칙적으로 의사표시의 효력에 영향을 미치지 않는다(제107조 제1항 본문). 즉, 표시된 대로의 효력을 생기게 한다.

(2) 예외(무효)

1) 상대방에 대한 효과

"상대방이 표의자의 진의 아님을 <u>알았거나 알 수 있었을 경우</u>"에는 그 비진의표시는 무효이다(제107조 제1항 단서).

2) 선의의 제3자에게 대항하지 못한다.

① 제3자

당사자와 그 포괄승계인 이외의 자로서 비진의표시를 기초로 하여 새로운 이해관계를 맺은 자를 말한다.

② 선의

비진의표시임을 알지 못하는 것을 말한다.

③ 대항하지 못한다

당사자 및 다른 제3자는 선의의 제3자에 대하여 무효를 주장할 수 없다는 것이다. 그러나 선의의 제3자가 당사자에 대하여 무효를 주장하는 것은 무방하다.

④ 친권남용의 효과와 제107조 유추적용

법정대리인인 친권자의 대리행위가 객관적으로 볼 때 미성년자 본인에게는 경제적인 손실만을 초래하는 반면, 친권자나 제3자에게는 경제적인 이익을 가져오는 행위이고 행위의 상대방이 이러한 사실을 알았거나 알 수 있었을 때에는 민법 제107조 제1항 단서의 규정을 유추적용해서 행위의 효과가 자(子)에게는 미치지 않는다고 해석함이 타당하나, 그에 따라 외형상 형성된 법률관계를 기초로 하여 새로운 법률상 이해관계를 맺은 선의의 제3자에 대하여는 같은 조 제2항의 규정을 유추적용하여 누구도 그와 같은 사정을 들어 대항할 수 없으며, 제3자가 악의라는 사실에 관한 주장·증명책임은 무효를 주장하는 자에게 있다(대판 2018.4.26. 2016다3201).

3) 증명책임

어떠한 의사표시가 비진의 의사표시로서 무효라고 주장하는 경우에 그 증명책임은 그 주장자에게 있다(대판 1992.5.22. 92다2295).

3. 적용범위

(1) 상대방 없는 의사표시

제107조 제1항 단서의 적용이 없으므로, 언제나 유효라는 견해가 유력하다(곽윤직).

(2) 가족법상 행위

당사자의 진의를 절대적으로 필요로 하며, 언제나 무효이므로 그 적용이 배제된다. 따라서 혼인과 입양에는 진의 아닌 의사표시에 관한 민법 규정이 적용되지 않는다.

(3) 주식인수의 청약

상법 제302조 제3항은 제107조 제1항 단서 규정의 적용을 배제하므로 언제나 유효이다. 그리고 회사설립 후에는 주식인수청약을 한 자는 착오, 사기, 강박을 이유로 주식인수청약의 취소를 주장하지 못하고 행위무능력(제한능력)에 의한 취소만 가능하다(상법 제320조). 이는 회사의 자본충실을 위하여 청약의 무효·취소 주장을 제한한 것이다.

> **상법 제302조(주식인수의 청약, 주식청약서의 기재사항)** ③ 민법 제107조 제1항 단서의 규정은 주식인수의 청약에는 적용하지 아니한다.
>
> **상법 제320조(주식인수의 무효 주장, 취소의 제한)** ① 회사성립 후에는 주식을 인수한 자는 주식청약서의 요건의 흠결을 이유로 하여 그 인수의 무효를 주장하거나 사기, 강박 또는 착오를 이유로 하여 그 인수를 취소하지 못한다.
> ② 창립총회에 출석하여 그 권리를 행사한 자는 회사의 성립 전에도 전항과 같다.

(4) 공법행위

제107조는 표시행위를 중시하는 공법행위에는 적용되지 않는다. 공무원의 사표제출의 경우 진의가 없고 상대방이 이를 알았다 하더라도 효력이 있다(대판 1997.12.12. 97누13962). 그리고 군인의 전역지원의 경우 진의가 없고 상대방이 이를 알았다 하더라도 효력이 있다(대판 1994.1.11. 93누10057).

(5) 대리권남용

진의 아닌 의사표시가 대리인에 의하여 이루어지고 그 대리인의 진의가 본인의 이익이나 의사에 반하여 자기 또는 제3자의 이익을 위한 배임적인 것임을 그 상대방이 알았거나 알 수 있었을 경우에는 민법 제107조 제1항 단서의 유추해석상 그 대리인의 행위는 본인의 대리행위로 성립할 수 없다 하겠으므로 본인은 대리인의 행위에 대하여 아무런 계약 책임이 없다(대판 1987.7.7. 86다카1004). 즉 대리권남용에 대해서는 비진의의사표시설(제107조 제1항 단서 유추적용설)이 통설, 판례이다.

III. 통정한 허위의 의사표시

> **제108조(통정한 허위의 의사표시)** ① 상대방과 통정한 허위의 의사표시는 무효로 한다.
> ② 전항의 의사표시의 무효는 선의의 제3자에게 대항하지 못한다.

1. 요건

(1) 의사표시가 있을 것

임대인과 임차인이 임대차보증금반환채권을 담보할 목적으로 전세권을 설정하기 위하여 전세권설정계약을 체결하였다면, 임대차보증금에서 연체차임 등을 공제하고 남은 돈을 전세금으로 하는 것이 임대인과 임차인의 합치된 의사라고 볼 수 있으나, 그 전세권설정계약은 외관상으로는 그 내용에 차임지급약정이 존재하지 않고 이에 따라 전세금이 연체차임으로 공제되지 않는 등 임대인과 임차인의 진의와 일치하지 않는 부분이 존재한다. 따라서 그러한 전세권설정계약은 임대차계약과 양립할 수 없는 범위에서 통정허위표시에 해당하여 무효라고 봄이 타당하다(대판 2021.12.30. 2018다268538).

(2) 의사와 표시의 불일치

(3) 표의자가 그 불일치를 스스로 알고 있을 것

(4) 상대방과의 통정이 있어야 한다.

통정은 표의자가 진의 아닌 의사표시를 하는 것을 상대방이 알고 있는 것만으로는 부족하며, 그에 관하여 상대방과의 사이에 의사의 합치가 있어야 한다. 즉 통정이란 진의가 없는 의사표시의 외형만을 서로 짜고 일치시키는 것을 말한다. 그런 의미에서 진정한 의사표시의 내용적 합치를 뜻하는 합의와 구별된다. 특별한 사정없이 동거하는 부부간에 있어 남편이 처에게 토지를 매도하고 그 소유권이전등기까지 경료한다함은 이례에 속하는 일로서 가장매매라고 추정하는 것이 경험칙에 비추어 타당하다(대판 1978.4.25. 78다226).

> **참조판례**
>
> **1. 구별개념 – 은닉행위**
>
> 甲이 아들 乙에게 실제로는 토지를 증여하는 것이지만, 세금을 덜 내기 위해 매매를 하는 것으로 하였다. 이 경우 매매는 통정허위표시로서 무효이지만, 숨겨진 행위 즉 은닉행위인 증여 자체는 허위표시가 아니므로, 유효하다. 판례도 "매도인이 경영하던 기업이 부도가 나서 그가 주식을 매도할 경우 매매대금이 모두 채권자은행에 귀속될 상황에 처하자 이러한 사정을 잘 아는 매수인이 매매계약서상의 매매대금은 형식상 금 8,000원으로 하고 나머지 실질적인 매매대금은 매도인의 처와 상의하여 그에게 적절히 지급하겠다고 하여 매도인과 그와 같은 주식매매계약을 체결한 경우, 매매계약상의 대금 8,000원이 적극적 은닉행위를 수반하는 허위표시라 하더라도 실지 지급하여야 할 매매대금의 약정이 있는 이상 위 매매대금에 관한 외형행위가 아닌 내면적 은닉행위는 유효하고 따라서 실지매매대금에 의한 위 매매계약은 유효하다(대판 1993.8.27. 93다12930)."고 한다.
>
> **2. 대출계약과 통정허위표시**
>
> 은행이 농협일 여신한도의 제한을 회피하기 위하여 실질적 주채무자 아닌 제3자와 사이에 제3자를 주채무자로 하는 소비대차계약을 체결한 경우의 효력에 관하여 은행이 양해하지 않은 경우 진의가 있는 경우로서 유효이고, 양해한 경우에는 무효이다(대판 2007.11.29. 2007다53013). 즉 동일인에 대한 대출액 한도를 제한한 구 상호신용금고법 제12조의 적용을 회피하기 위하여 실질적인 주채무자가 실제 대출받고자 하는 채무액에 대하여 제3자를 형식상의 주채무자로 내세우고, 상호신용금고도 이를 양해하여 제3자에 대하여는 채무자로서의 책임을 지우지 않을 의도하에 제3자 명의로 대출관계서류를 작성 받은 경우, 제3자는 형식상의 명의만을 빌려준 자에 불과하고 그 대출계약의 실질적인 당사자는 상호신용금고와 실질적 주채무자이므로, 제3자 명의로 되어 있는 대출약정은 상호신용금고의 "양해"하에 그에 따른 채무부담의 의사 없이 형식적으로 이루어진 것에 불과하여 통정허위표시에 해당하는 무효의 법률행위이다(대판 1999.3.12. 98다48989). 따라서 조합으로부터 대출받기로 하면서 자신의 부동산에 근저당권을 설정한 자가 조합의 이사장으로부터 대출금의 실제 채무자는 근저당권설정자가 아니라는 등의 각서 및 이사장과 조합이 대출금에 대하여 연대하여 책임지겠다는 확인서를 작성 받은 경우, 그 대출약정은 통정허위표시에 해당하여 무효이다(대판 2006.4.28. 2005다76265).

2. 효과

(1) 당사자 사이에서의 효력

1) 무효
허위표시는 당사자 사이에서는 언제나 무효이다(제108조 제1항).

2) 부당이득반환의무
이행을 하지 않았으면 이행할 필요가 없고 이행한 후이면 허위표시로 이익을 얻은 자는 부당이득반환의 의무를 진다(제741조 이하). 통정허위표시에 의한 급부가 불법원인급여는 아니며 강제집행을 면할 목적으로 부동산에 허위의 근저당권설정등기를 경료하는 행위는 민법 제103조의 선량한 풍속 기타 사회질서에 위반한 사항을 내용으로 하는 법률행위로 볼 수 없다(대판 1994.4.15. 93다61307).

(2) 제3자에 대한 효력

1) 허위표시의 "무효는 선의의 제3자에게 대항하지 못한다"(제108조 제2항). 이는 가장행위의 외형을 신뢰한 자를 보호하기 위한 것이다.

2) 이 경우 '대항하지 못한다'는 것은 허위표시의 무효를 선의의 제3자에 대하여 주장할 수 없다는 의미이고, 허위표시의 당사자 사이에서 무효인 허위표시가 유효하게 되는 것은 아니다. 즉 허위표시는 여전히 무효이지만 선의의 제3자에 대한 관계에서는 표시된 대로 효력이 생기게 되고(상대적 무효), 선의의 제3자는 무권리자로부터 권리를 취득한 결과가 된다. 예를 들어 부동산의 가장매도인은 가장매수인으로부터 선의로 부동산소유권을 취득한 자에 대하여는 소유권의 취득을 인정하여야 하고, 따라서 등기의 회복이나 목적물의 반환을 청구할 수 없다[1]. 그리고 상대방과 통정한 허위의 의사표시는 무효이고 누구든지 그 무효를 주장할 수 있는 것이 원칙이나, <u>허위표시의 당사자 및 포괄승계인 이외의 자로서 허위표시에 의하여 외형상 형성된 법률관계를 토대로 실질적으로 새로운 법률상 이해관계를 맺은 선의의 제3자에 대하여는 허위표시의 당사자뿐만 아니라 그 누구도 허위표시의 무효를 대항하지 못하고,</u> 따라서 선의의 제3자에 대한 관계에 있어서는 허위표시도 그 표시된 대로 효력이 있다[2](대판 1996.4.26. 94다12074).

(3) 제3자의 범위

1) 제3자에 해당하는 경우
① 허위의 주채무를 이행한 보증인의 변제는 구상권을 취득할 이해관계 있는 변제가 된다(대판 2006.3.10. 2002다1321).

② 파산자가 가장채권을 보유한 경우에 파산관재인은 제108조 제2항 소정의 제3자에 해당하고(대판 2003.6.24. 2002다48214), 그 선의·악의도 파산관재인 개인의 선의·악의를 기준으로 할 수는 없고 총파산채권자를 기준으로 하여 파산채권자 모두가 악의로 되지 않는 한 파산관재인은 선의의 제3자라고 할 수밖에 없다(대판 2006.11.10. 2004다10299; 대판 2010.4.29. 2009다96083).

---

[1] 주석 민법(2), 631면
[2] 통정 허위표시를 원인으로 한 부동산에 관한 가등기 및 그 가등기에 기한 본등기로 인하여 甲의 소유권이전등기가 말소된 후 다시 그 본등기에 터 잡아 乙이 부동산을 양수하여 소유권이전등기를 마친 경우, 乙이 통정 허위표시자로부터 실질적으로 부동산을 양수하고 또 이를 양수함에 있어 통정 허위표시자 명의의 각 가등기 및 이에 기한 본등기의 원인이 된 각 의사표시가 허위표시임을 알지 못하였다면, 甲은 선의의 제3자인 乙에 대하여는 그 각 가등기 및 본등기의 원인이 된 각 허위표시가 무효임을 주장할 수 없고, 따라서 乙에 대한 관계에서는 그 각 허위표시가 유효한 것이 되므로 그 각 허위표시를 원인으로 한 각 가등기 및 본등기와 이를 바탕으로 그 후에 이루어진 乙 명의의 소유권이전등기도 유효하다는 이유로, 乙이 선의라 하더라도 乙에 대하여 甲이 그 부동산의 소유권자임을 주장할 수 있다고 한 원심판결을 파기한 사례

③ 금융기관이 한국자산관리공사에게 부실자산인 대출금 채권을 양도한 경우, 한국자산관리공사는 민법 제108조 제2항의 제3자에 해당한다(대판 2004.1.15. 2002다31537).

④ 실제로는 전세권설정계약을 체결하지 아니하였으면서도 담보의 목적 등으로 당사자 사이의 합의에 따라 전세권설정등기를 마친 경우, 전세권부채권의 가압류권자가 선의의 제3자에 해당하여 보호받을 수 있다. 즉, 丙이 통정허위표시에 해당하여 무효인 전세권설정계약에 의하여 형성된 법률관계로 생긴 채권(전세권부채권)을 가압류한 사안에서, 가압류 등기를 마칠 당시 전세권설정등기가 말소되지 아니한 상태였고, 전세권갱신에 관한 등기가 불필요한 전세권명의자가 부동산 일부를 여전히 점유·사용하고 있었던 이상, 丙은 통정허위표시를 기초로 하여 새로이 법률상 이해관계를 가진 선의의 제3자에 해당한다고 봄이 상당하다고 한다(대판 2010.3.25. 2009다35743).

⑤ 실제로는 전세권설정계약이 없으면서도 임차보증금 반환채권을 담보할 목적으로 전세권설정등기를 마친 후 그 전세권에 대하여 근저당권이 설정된 경우, 임대인이 그와 같은 사정을 알지 못한 근저당권자에게 위 전세권설정계약이 통정허위표시에 해당함을 이유로 무효를 주장할 수 없다(대판 2008.3.13. 2006다29372·29389).

⑥ 甲이 乙의 임차보증금반환채권을 담보하기 위하여 통정허위표시로 乙에게 전세권설정등기를 마친 후 丙이 이러한 사정을 알면서도 乙에 대한 채권을 담보하기 위하여 위 전세권에 대하여 전세권근저당권설정등기를 마쳤는데, 그 후 丁이 丙의 전세권근저당권부 채권을 가압류하였다가 이를 본압류로 이전하는 압류명령을 받은 사안에서, 丙의 전세권근저당권부 채권은 통정허위표시에 의하여 외형상 형성된 전세권을 목적물로 하는 전세권근저당권의 피담보채권이고, 丁은 이러한 丙의 전세권근저당권부 채권을 가압류하고 압류명령을 얻음으로써 그 채권에 관한 담보권인 전세권근저당권의 목적물에 해당하는 전세권에 대하여 새로이 법률상 이해관계를 가지게 되었으므로, 丁이 통정허위표시에 관하여 선의라면 비록 丙이 악의라 하더라도 허위표시자는 그에 대하여 전세권이 통정허위표시에 의한 것이라는 이유로 대항할 수 없음에도, 이와 달리 본 원심판결에 법리오해의 위법이 있다(대판 2013.2.15. 2012다49292).

⑦ 임대차보증금반환채권이 양도된 후 양수인의 채권자가 임대차보증금반환채권에 대하여 채권압류 및 추심명령을 받았는데 임대차보증금반환채권 양도계약이 허위표시로서 무효인 경우 채권자는 그로 인해 외형상 형성된 법률관계를 기초로 실질적으로 새로운 법률상 이해관계를 맺은 제3자에 해당한다(대판 2014.4.10. 2013다59753).

⑧ 허위의 근저당권에 대하여 배당이 이루어진 경우, 통정한 허위의 의사표시는 당사자 사이에서는 물론 제3자에 대하여도 무효이고 다만, 선의의 제3자에 대하여만 이를 대항하지 못한다고 할 것이므로, 배당채권자는 채권자취소의 소로써 통정허위표시를 취소하지 않았다 하더라도 그 무효를 주장하여 그에 기한 채권의 존부, 범위, 순위에 관한 배당이의의 소를 제기할 수 있다(대판 2001.5.8. 2000다9611).

2) 제3자에 해당되지 아니하는 경우
① 채권의 가장양도에 있어서 원래의 채무자, 제3자를 위한 계약에 있어 수익자 등을 들 수 있고, 가장채권의 양수인으로부터 추심을 위임받은 자 등을 들 수 있다.
② 채권의 가장양도에서 채무자는 제3자에 해당하지 않고(대판 1983.1.18. 82다594[1]), 계약이전을 받은 금융기관은 원계약 당사자 사이의 통정허위표시에 있어서 민법 제108조 제2항의 제3자에 해당하지 않는다(대판 2004.1.15. 2002다31537[2]).
③ 통정허위표시의 무효를 대항할 수 없는 제3자란 허위표시의 당사자 및 포괄승계인 이외의 자로서 허위표시에 의하여 외형상 형성된 법률관계를 토대로 새로운 법률원인으로써 이해관계를 갖게 된 자를 말한다. 따라서, 소외인 (A)가 부동산의 매수자금을 피고로부터 차용하고 담보조로 가등기를 경료하기로 약정한 후 채권자들의 강제집행을 우려하여 소외인 (B)에게 가장양도한 후 피고 앞으로 가등기를 경료케 한 경우에 있어서 피고는 형식상은 가장 양수인으로부터 가등기를 경료 받은 것으로 되어 있으나 실질적인 새로운 법률원인에 의한 것이 아니므로 통정허위표시에서의 제3자로 볼 수 없다(대판 1982.5.25. 80다1403).
④ A는 B와 통정하여 허위로 B 앞으로 매매를 원인으로 하여 가등기를 마쳤고, 후에 이러한 통정한 허위의 의사표시는 철회되었다. 그 이후 B는 A를 피고로 하여 가등기에 기한 본등기이행청구의 소를 제기하여 제1심에서 승소판결을 받아 B명의로 본등기를 경료하였고, 이후 A의 항소로 인하여 제1심판결은 취소되었다. 이 경우 B의 본등기를 신뢰하여 B로부터 다시 이전등기를 받은 甲 등은 제108조 제2항의 선의의 제3자가 될 수 없다(대판 2020.1.30. 2019다280375).

3) 엄폐물이론
선의의 제3자로부터 다시 전득한 자에 대하여는 그 전득자가 악의이더라도 허위표시의 무효를 가지고 대항하지 못 한다(엄폐물이론).

4) 무과실의 요부
제3자는 선의이기만 하면 되고, 무과실은 요구되지 않는다(대판 2007.11.29. 2007다53013).

5) 증명책임
판례는 제3자는 특별한 사정이 없는 한 선의로 추정되므로, 허위표시를 한 부동산양도인이 소유권주장 시 제3자의 악의를 입증하여야 한다고 한다(대판 2007.11.29. 2007다53013).

6) 허위표시의 철회 가능
허위표시는 무효이나, 당사자는 합의하여 철회할 수 있다. 그러나 철회로써 선의의 제3자에 대하여 대항할 수 없으므로, 대항하려면 허위표시의 외형을 제거해야 한다.

---

1) 민법 제108조 제2항에서 말하는 제3자는 허위표시의 당사자와 그의 포괄승계인 이외의 자 모두를 가리키는 것이 아니고 그 가운데서 허위표시행위를 기초로 하여 새로운 이해관계를 맺은 자를 한정해서 가리키는 것으로 새겨야 할 것이므로 이 사건 퇴직금 채무자인 피고는 원채권자인 소외(甲)이 소외(乙)에게 퇴직금채권을 양도했다고 하더라도 그 퇴직금을 양수인에게 지급하지 않고 있는 동안에 위 양도계약이 허위표시란 것이 밝혀진 이상 위 허위표시의 선의의 제3자임을 내세워 진정한 퇴직금전부채권자인 원고에게 그 지급을 거절할 수 없다(대판 1983.1.18. 82다594).
2) 구 상호신용금고법(2000.1.28. 법률 제6203호로 개정되기 전의 것) 소정의 계약이전은 금융거래에서 발생한 계약상의 지위가 이전되는 사법상의 법률효과를 가져오는 것이므로, 계약이전을 받은 금융기관은 계약이전을 요구받은 금융기관과 대출채무자 사이의 통정허위표시에 따라 형성된 법률관계를 기초로 하여 새로운 법률상 이해관계를 가지게 된 민법 제108조 제2항의 제3자에 해당하지 않는다(대판 2004.1.15. 2002다31537).

3. 적용범위

(1) 재산법상 행위

제108조는 계약과 상대방 있는 단독행위에 적용된다. 상대방 없는 단독행위에 대한 적용여부는 견해가 대립된다.

(2) 가족법상 행위(신분행위)

가족법상 행위에 있어서 허위표시를 무효로 하여야함은 물론이지만[3], 제3자에 대한 관계에서 본조가 적용되는지 견해가 대립된다. 부정설은 허위표시에 관한 규정은 가족법상 행위에는 적용되지 않으므로, 그 무효는 선의의 제3자에 대하여도 주장할 있다고 본다. 즉 제108조 제2항은 전혀 적용이 없다고 본다(곽윤직, 백태승, 김준호 등). 긍정설은 일률적으로 적용이 되지 않는다고 볼 수는 없고, 상속재산분할의 협의(제1013조), 재산상속의 포기(제1041조)와 같이 재산적 요소가 강한 상속법상 행위에는 제108조가 적용된다고 본다(김주수, 장경학, 이영준)[4].

(3) 소송행위 및 행정행위

소송행위나 행정행위는 허위표시에 관한 규정이 적용되지 아니한다.

(4) 어음행위

통정허위표시 규정이 적용된다(대판 1996.8.23. 96다18076[5]).

(5) 허위표시와 채권자취소권(제406조)

제406조에서 말하는 법률행위는 유효인 법률행위만을 가리키는 것은 아니므로 허위표시에 관하여도 채권자취소권(제406조)을 행사할 수 있다고 한다(대판 1984.7.24. 84다카68). 즉 채무자의 법률행위가 통정허위표시인 경우에도 채권자취소권의 대상이 되고, 한편 채권자취소권의 대상으로 된 채무자의 법률행위라도 통정허위표시의 요건을 갖춘 경우에는 무효라고 할 것이다(대판 1998.2.27. 97다50985).

4. 제108조 제2항의 유추적용

허위표시는 아니지만 진정한 권리자의 귀책사유에 의하여 허위의 외관이 성립된 경우에 제108조 제2항의 유추적용을 할 수 있는가가 문제된다. 판례는 진정한 권리자가 무권리자의 처분을 통정 용인하였거나 이를 알고도 방치(허위의 소유권이전등기라는 외관형성에 관여)한 경우에는 제108조 제2항의 유추적용을 긍정한다(대판 1981.12.22. 80다1475).

---

[3] 혼인 및 입양에 대해서는 민법 제815조 및 제833조가 적용되고 본조가 적용되지 아니한다. 판례도 "단순히 피청구인으로 하여금 국민학교의 교사직으로부터 면직당하지 않게 할 수단으로 호적부상 부부가 되는 것을 가장하기 위하여 이루어졌을 뿐 당사자 사이에 혼인의 합의 즉 정신적, 육체적 결합을 생기게 할 의사로서 신고된 것이 아니면 청구인과 피청구인간의 혼인관계는 무효이다(대판 1980.1.29. 79므62·63)."라고 한다.

[4] 주석 민법총칙(2), 640면

[5] 동일인에 대한 대출액 한도를 제한한 구 상호신용금고법(1995.1.5. 법률 제4867호로 개정되기 전의 것) 제12조의 적용을 회피하기 위하여 실질적인 주채무자가 실제 대출받고자 하는 채액 중 일부에 대하여 제3자를 형식상의 주채무자로 내세웠고 상호신용금고도 이를 양해하면서 제3자에 대하여는 채무자로서의 책임을 지우지 않을 의도하에 제3자 명의로 대출관계서류 및 약속어음을 작성 받았음을 충분히 추단할 수 있는 경우, 제3자는 형식상의 명의만을 빌려 준 자에 불과하고 그 대출계약의 실질적인 당사자는 상호신용금고와 실질적 주채무자이므로, 제3자 명의로 되어 있는 대출약정 및 약속어음 발행은 상호신용금고의 양해하에 그에 따른 채무부담 의사 없이 형식적으로 이루어진 것에 불과하여 통정허위표시에 해당하는 무효의 법률행위라고 판단한 원심판결을 수긍한 사례(대판 1996. 8.23. 96다18076)

Ⅳ. 착오로 인한 의사표시

> 제109조(착오로 인한 의사표시) ① 의사표시는 법률행위의 내용의 중요부분에 착오가 있는 때에는 취소할 수 있다. 그러나 그 착오가 표의자의 중대한 과실로 인한 때에는 취소하지 못한다.
> ② 전항의 의사표시의 취소는 선의의 제3자에게 대항하지 못한다.

1. 착오의 의의

착오라 함은 '의사(내심의 효과의사)와 표시(표시행위)의 무의식적 불일치'를 말한다. 따라서 계약의 성립을 위한 의사표시의 객관적 합치 여부를 판단함에 있어, 처분문서인 계약서가 있는 경우에는 특별한 사정이 없는 한 계약서에 기재된 대로의 의사표시의 존재 및 내용을 인정하여야 하고, 계약을 체결함에 있어 당해 계약으로 인한 법률효과에 관하여 제대로 알지 못하였다 하더라도 이는 계약체결에 관한 의사표시의 착오의 문제가 될 뿐이다(대판 2009.4.23. 2008다96291·96307). 그리고 민법 제109조의 의사표시에 착오가 있다고 하려면 법률행위를 할 당시에 실제로 없는 사실을 있는 사실로 잘못 깨닫거나 아니면 실제로 있는 사실을 없는 것으로 잘못 생각하듯이 표의자의 인식과 그 대조사실이 어긋나는 경우라야 할 것이므로, <u>표의자가 행위를 할 당시에 장래에 있을 어떤 사항의 발생이 미필적임을 알아 그 발생을 예기한 데 지나지 않는 경우는, 표의자의 심리상태에 인식과 대조에 불일치가 있다고 할 수 없어 착오로 다룰 수는 없다</u> 할 것이다[1](대판 2010.5.27. 2009다94841).

2. 착오의 유형

(1) 표시상의 착오

표시행위를 잘못하는 착오로서, 표의자가 내심에서 사용할 의사가 없었던 표시수단이 사용된 경우를 말한다. 예를 들어 청약서에 300만 원이라고 써야 하는데, 나중에 보니 30만 원이라고 표기된 경우가 그것이다.

(2) 내용상의 착오

표의자가 표시하고자 하는 것을 표시했지만 그 표시의 법적 의미를 잘못 이해한 경우이다. 예를 들어 엔과 원이 동일한 통화인줄 알고 100엔을 표시할 것을 100원이라고 표시한 경우가 그것이다.

---

1) 공장을 설립할 목적으로 매수한 임야가 도시관리계획상 보전관리지역으로 지정됨에 따라 공장설립이 불가능하게 된 사안에서, 매매계약 당시 매수인이 위 임야가 장차 계획관리지역으로 지정되어 공장설립이 가능할 것으로 생각하였다고 하더라도 이는 장래에 대한 단순한 기대에 지나지 않는 것이므로, 그 기대가 이루어지지 아니하였다고 하여 이를 법률행위의 내용의 중요부분에 착오가 있는 것으로는 볼 수 없다.

(3) 동기의 착오

1) 의의

법률행위의 동기 자체에 착오가 있는 경우이다. 판례는 <u>동기를 계약내용으로 하는 의사를 표시하지 아니한 이상 그 착오를 이유로 계약을 취소할 수 없다</u>(대판 1998.2.10. 97다44737)고 한다. 그러나 '<u>동기가 상대방의 부정한 방법에 의하여 유발된 경우</u>(대판 1987.7.21. 85다카2339)', '<u>동기가 상대방으로부터 제공된 경우</u>(대판 1978.7.11. 78다719)'에는 동기가 표시되지 않았다고 하더라도 동기의 착오에 의한 의사표시는 취소될 수 있다고 한다. 판례는 "<u>동기의 착오가 법률행위의 내용의 중요 부분의 착오에 해당함을 이유로 표의자가 법률행위를 취소하려면 그 동기를 당해 의사표시의 내용으로 삼을 것을 상대방에게 표시하고 의사표시의 해석상 법률행위의 내용으로 되어 있다고 인정되면 충분하고 당사자들 사이에 별도로 그 동기를 의사표시의 내용으로 삼기로 하는 합의까지 이루어질 필요는 없지만</u>, 그 법률행위의 내용의 착오는 보통 일반인이 표의자의 입장에 섰더라면 그와 같은 의사표시를 하지 아니하였으리라고 여겨질 정도로 그 착오가 중요한 부분에 관한 것이어야 한다(대판 1998.2.10. 97다44737)."고 본다.

2) 쌍방의 공통하는 동기의 착오

① 문제점

예를 들어 주식매매의 당사자 쌍방이 신문에 잘못 보도된 주식시세를 올바른 것으로 믿고 그에 기초하여 매매대금을 결정한 경우처럼, 당사자 쌍방이 일치하여 일정한 사정에 관하여 착오에 빠진 것을 말한다.

② 학설

㉠ 주관적 행위기초론

독일의 주관적 행위기초론을 적용하여 정확한 주가대로 그 대금을 수정할 것을 제의하고, 이를 거절하는 경우에는 계약에서 탈퇴할 수 있는 권리(탈퇴권, 해제권)를 인정한다(송덕수).

㉡ 보충적 해석론

법률행위의 보충적 해석을 통해 정확한 주가를 알았더라면 약정하였을 가액으로 주식매매대금을 확정하면 된다고 한다(이영준).

③ 판례

매도인의 대리인이, 매도인이 납부하여야 할 양도소득세 등의 세액이 매수인이 부담하기로 한 금액뿐이므로 매도인의 부담은 없을 것이라는 착오를 일으키지 않았더라면 매수인과 매매계약을 체결하지 않았거나 아니면 적어도 동일한 내용으로 계약을 체결하지는 않았을 것임이 명백하고, 나아가 매도인이 그와 같이 착오를 일으키게 된 계기를 제공한 원인이 매수인 측에 있을 뿐만 아니라 매수인도 매도인이 납부하여야 할 세액에 관하여 매도인과 동일한 착오에 빠져 있었다면, 매도인의 위와 같은 착오는 매매계약의 내용의 중요부분에 관한 것에 해당한다. <u>부동산의 양도가 있은 경우에 그에 대하여 부과될 양도소득세 등의 세액에 관한 착오가 미필적인 장래의 불확실한 사실에 관한 것이라도 민법 제109조 소정의 착오에서 제외되는 것은 아니다.</u> 위의 경우에, 매도인이 부담하여야 할 세금의 액수가 예상액을 초과한다는 사실을 알았더라면 매수인이 초과세액까지도 부담하기로 약정하였으리라는 특별한 사정이 인정될 수 있을 때에는 매도인으로서는 매수인에게 초과세액 상당의 청구를 할 수 있다고 해석함이 당사자의 진정한 의사에 합치할 것이므로 매도인에게 위와 같은 세액에 관한 착오가 있었다는 이유만으로 매매계약을 취소하는 것은 허용되지 않는다(대판 1994.6.10. 93다24810).

3. 요건

(1) 법률행위의 내용의 중요부분의 착오

1) 판단기준

표의자에게 그러한 착오가 없었더라면 그 의사표시를 하지 않았으리라고 생각될 정도로 중요한 것이어야 하고, 보통 일반인도 표의자의 처지에 섰더라면 그러한 의사표시를 하지 않았으리라고 생각될 정도로 중요한 것이어야 한다(대판 1996.3.26. 93다55487). 즉 착오를 이유로 의사표시를 취소하는 자는 법률행위의 내용에 착오가 있었다는 사실과 함께 그 착오가 의사표시에 결정적인 영향을 미쳤다는 점, 즉 만약 그 착오가 없었더라면 의사표시를 하지 않았을 것이라는 점을 증명하여야 한다(대판 2008.1.17. 2007다74188).

> **참조판례** 중요부분의 착오에 해당하는지 여부에 관한 판례
>
> 1. 중요부분의 착오인 경우
>   [1] 토지의 현황에 관한 착오는 중요부분의 착오이다(대판 1968.3.26. 67다2160).
>   [2] 법률의 착오는 중요부분의 착오이다. 토지를 매도하면서 현물출자의 방식을 취하면 양도소득세가 면제된다는 매수인의 말을 믿고 계약을 체결하였으나, 양도소득세가 부과되었다면 착오를 이유로 취소할 수 있다(대판 1981.11.10. 80다2475).
>   [3] 토지의 경계에 관한 착오는 중요부분의 착오이다(대판 1989.7.25. 88다카9364).
>   [4] 채무자의 동일성에 대한 물상보증인의 착오는 중요부분의 착오이다(대판 1995.12.22. 95다37087).
>   [5] 도급금액에 관한 보증인의 착오는 중요부분의 착오이다(대판 2002.7.26. 2001다36450).
>   [6] 재건축조합이 재건축아파트 설계용역계약을 체결함에 있어서 상대방의 건축사 자격 유무에 관한 착오는 법률행위의 중요부분의 착오에 해당한다(대판 2003.4.11. 2002다70884).
>   [7] 기술신용보증기금의 신용보증에 있어서 보증대상 기업의 신용 유무가 그 보증 의사표시의 중요부분을 구성한다(대판 1998.9.22. 98다23706). 신용보증기금의 신용보증에서 보증대상기업의 신용 유무는 신용보증의사표시의 중요부분을 구성하므로, 신용보증기금 A가 금융부실거래자인 기업의 경영주 B가 타인의 명의로 신용보증기금의 신용보증을 받은 경우, A의 보증행위는 법률행위의 중요부분에 착오가 있는 경우에 해당한다(대판 2005.5.12. 2005다6228; 대판 2007.8.23. 2006다52815).
>
> 2. 중요부분의 착오가 아닌 경우
>   [1] 지번에 표시된 지적이 실제 면적보다 적은 때(대판 1969.5.13. 69다196), 토지의 면적, 평수에 관한 착오(매수 토지의 실제 면적이 장부상의 면적과 다소 차이나는 때)(대판 1956.2.23. 4288민상558 등), 피고의 지분이 부족하다 하더라도 그러한 근소한 차이만으로써는 매매계약의 중요부분에 착오가 있었다거나 기망행위가 있었다고는 보기 어렵다(대판 1984.4.10. 83다카1328). 매매목적물 지분의 근소한 부족은 중요부분의 착오가 되지 않는다.
>   [2] <u>토지매매에 있어서 시가에 관한 착오</u>는 토지를 매수하려는 의사를 결정함에 있어 그 동기의 착오에 불과할 뿐 법률행위의 중요부분에 관한 착오라 할 수 없다(대판 1985.4.23. 84다카890). <u>매매목적물의 시가에 관한 착오는 중요부분의 착오가 아니다.</u>
>   [3] 매수인이 대출을 받아 잔금을 지급하기로 한 잔금지급계획은 매매계약의 중요부분의 착오라고 할 수 없다(대판 1996.3.26. 93다55487).

> **[4]** 착오로 인하여 표의자가 어떤 경제적 불이익을 입은 것이 아닌 때에는 중요부분의 착오가 아니다(대판 2006.12.7. 2006다41457). 이에 관하여 기부채납사안이 있고(대판 1999.2.23. 98다47924[1]), 연대보증사안이 있다. 연대보증인이 주채무자가 채권자에게 부담하는 차용금반환채무를 연대보증 할 의사가 있었던 이상 착오로 인하여 경제적인 불이익을 입었거나 장차 불이익을 당할 염려도 없으므로 위와 같은 착오는 연대보증계약의 중요 부분의 착오가 아니다(대판 2006.12.7. 2006다41457).
> **[5]** 공(空)리스에 있어서 리스물건의 존재 여부에 관한 보증인의 착오는 중요부분의 착오가 아니다(대판 2001.2.23. 2000다48135). A병원은 운영자금이 부족하게 되자 리스물건공급자 B와 짜고 실제로는 리스물건을 공급받는 경우가 아님에도 그 리스물품을 공급받는 듯이 허위내용의 서류를 작성하여 리스회사 C에게 제출하고 C로부터 취득원가에 상당한 금원을 지급받아 병원의 운영자금으로 사용하고 있었는데, A병원에 근무하기 시작한지 며칠 되지 않은 의사 D가 A병원과 C 사이의 리스가 공(空)리스로서 실제로 리스물건의 인도가 없는 사실을 알지 못하고 C를 위하여 연대보증인이 된 경우에 연대보증행위의 중요부분의 착오가 되지 않는다.
> **[6]** 타인소유의 부동산을 임대한 것이 임대차계약을 해지할 사유는 될 수 없고 목적물이 반드시 임대인의 소유일 것을 특히 계약의 내용으로 삼은 경우라야 착오를 이유로 임차인이 임대차계약을 취소할 수 있다(대판 1975.1.28. 74다2069).

2) 증명책임

착오의 존재 및 그 착오가 법률행위 내용의 중요부분에 관한 것이라는 점에 대한 증명책임은 표의자가 진다[2]. 즉 착오를 이유로 의사표시를 취소하는 자는 법률행위의 내용에 착오가 있었다는 사실과 함께 그 착오가 의사표시에 결정적인 영향을 미쳤다는 점, 즉 만약 그 착오가 없었더라면 의사표시를 하지 않았을 것이라는 점을 증명하여야 한다(대판 2008.1.17. 2007다74188).

(2) 표의자에게 중대한 과실이 없을 것

1) 중대한 과실의 판단 기준

표의자가 그의 직업, 행위의 종류·목적 등에 대응하여 보통 베풀었어야 할 주의를 현저하게 가지고 있지 않은 것을 말하며, 이때의 과실은 구체적 과실이 아니라 추상적 과실이다.

2) 증명책임

중대한 과실이 있다는 점에 대한 증명책임은 착오를 이유로 의사표시를 취소하고자 하는 표의자의 상대방이 부담한다[3]. 민법 제109조 제1항 단서에서 규정하는 착오한 표의자의 중대한 과실 유무에 관한 주장과 입증책임은 착오자가 아니라 의사표시를 취소하게 하지 않으려는 상대방에게 있다(대판 2005.5.12. 2005다6228).

3) 상대방이 착오를 이용한 경우

상대방이 표의자의 착오를 알면서 이를 이용한 경우에 표의자에게 중대한 과실이 있더라도 표의자는 그 의사표시를 취소할 수 있다(대판 1955.11.10. 4288민상321). 민법 제109조 제1항 단서는 의사표시의 착오가 표의자의 중대한 과실로 인한 때에는 그 의사표시를 취소하지 못한다고 규정하고 있는데, 위 단서 규정은 표의자의 상대방의 이익을 보호하기 위한 것이므로, 상대방이 표의자의 착오를 알고

---

[1] 착오가 법률행위 내용의 중요 부분에 있다고 하기 위하여는 표의자에 의하여 추구된 목적을 고려하여 합리적으로 판단하여 볼 때 표시와 의사의 불일치가 객관적으로 현저하여야 하고, 만일 그 착오로 인하여 표의자가 무슨 경제적인 불이익을 입은 것이 아니라고 한다면 이를 법률행위 내용의 중요 부분의 착오라고 할 수 없다. 군유지로 등기된 군립공원 내에 건물 기타 영구 시설물을 지어 이를 군에 기부채납하고 그 부지 및 기부채납한 시설물을 사용하기로 약정하였으나 후에 그 부지가 군유지가 아니라 이 주민의 총유로 밝혀진 사안에서, 군수가 여전히 공원관리청이고 기부채납자의 관리권이 계속 보장되는 점에 비추어 소유권 귀속에 대한 착오가 기부채납의 중요 부분에 관한 착오라고 볼 수 없다(대판 1999.2.23. 98다47924).
[2] 주석 민법총칙(2), 735면
[3] 통설, 주석 민법총칙(2), 735면

이를 이용한 경우에는 착오가 표의자의 중대한 과실로 인한 것이라고 하더라도 표의자는 의사표시를 취소할 수 있다(대판 2014.11.27. 2013다49794).

> **참조판례** 중대한 과실에 해당하는지 여부에 관한 판례
>
> 1. 중대한 과실인 경우
>   [1] 공장경영자가 공장설립 목적으로 토지를 매수하면서 토지상에 공장건축이 가능한지 여부를 관청에 문의하지 않은 경우 표의자의 중과실이 인정된다(대판 1993.6.29. 92다38881).
>   [2] 신용보증기금의 신용보증서를 담보로 금융채권자금을 대출하여 준 금융기관이 위 대출자금이 모두 상환되지 않았음에도 신용보증기금에게 신용보증서 담보설정해지를 통지한 경우에 그 해지의 의사표시는 중대한 과실에 기한 것이라고 하였다(대판 2000.5.12. 99다64999).
>
> 2. 중대한 과실이 아닌 경우
>   [1] 전문적 감정인에게 문의하지 않고 가짜 골동품을 진품으로 알고 매수한 자에게 '중과실'이 없다고 하였다(대판 1997.8.22. 96다26657).
>   [2] 재건축조합측이 상대방을 무자격자로 의심하여 건축사자격증의 제시를 요구한다거나 건축사단체에 자격 유무를 조회하여 이를 확인하여야 할 주의의무가 있다고 볼 수는 없다고 보아, 재건축조합의 착오가 중대한 과실로 인한 것이 아니라고 하였다(대판 2003.4.11. 2002다70884).
>   [3] 신용보증기관이 보증대상 기업의 실제 경영주가 신용불량자라는 사실을 모르고 신용불량자가 아닌 신청명의인을 경영주로 오인하여 이를 전제로 기업의 신용도 등을 조사한 후 보증계약을 체결한 경우, 법률행위의 중요부분에 착오가 있는 것이고, 소액대출임을 감안하여 간이심사 방식으로 신용조사를 한 점 등에 비추어 볼 때 신용보증기관 직원이 실제 경영주가 신용보증을 신청하면서 제출한 신청명의인의 주민등록증 사진을 통하여 신청명의인과 실제 경영주를 구분하지 못하고, 신청명의인의 학력과 경력이 실제 경영주의 것임을 발견하지 못하였다는 사정만으로 신용보증기관이 보증대상 기업의 경영주와 그 신용상태에 대한 착오를 일으킨 데 중대한 과실이 있다고 단정할 수 없다고 하였다(대판 2007.8.23. 2006다52815).

4. 적용범위

(1) 가족법상 행위

제109조의 적용이 없고, 착오에 의한 가족법상 행위는 대개 무효가 된다.

(2) 주식인수청약

> **상법 제320조(주식인수의 무효 주장, 취소의 제한)** ① 회사성립 후에는 주식을 인수한 자는 주식청약서의 요건의 흠결을 이유로 하여 그 인수의 무효를 주장하거나 사기, 강박 또는 착오를 이유로 하여 그 인수를 취소하지 못한다.
> ② 창립총회에 출석하여 그 권리를 행사한 자는 회사의 성립 전에도 전항과 같다.

상행위에 관하여는 거래의 안전을 위하여 제109조의 적용이 제한되는 수가 많고, 상법상 주식인수의 청약에는 이를 배척하는 규정이 있다(상법 제320조).

(3) 착오와 화해계약의 문제

> **제733조(화해의 효력과 착오)** 화해계약은 착오를 이유로 하여 취소하지 못한다. 그러나 화해당사자의 자격 또는 화해의 목적인 분쟁이외의 사항에 착오가 있는 때에는 그러하지 아니하다.

화해계약은 원칙적으로 착오를 이유로 취소하지 못한다(제733조 본문). 그러나 분쟁 이외의 사항, 당사자의 자격에 관한 착오는 취소할 수 있는 사유가 된다(제733조 단서). 다만 민법 제733조의 규정에 의하면, 화해계약은 화해당사자의 자격 또는 화해의 목적인 분쟁 이외의 사항에 착오가 있는 경우를 제외하고는 착오를 이유로 취소하지 못하지만, <u>화해계약이 사기로 인하여 이루어진 경우에는 화해의 목적인 분쟁에 관한 사항에 착오가 있는 때에도 민법 제110조에 따라 이를 취소할 수 있다고 할 것이다</u>(대판 2008.9.11. 2008다15278).

(4) 소송행위

소송행위에는 착오에 관한 규정이 적용되지 않는다(대판 1964.9.15. 64다92). 즉 착오로 인하여 소를 취하했다 하더라도 소취하가 무효가 되는 것이 아니다(대판 2004.7.9. 2003다46758).

5. 효과

(1) 당사자 간의 효력

의사표시는 법률행위의 <u>중요부분의 착오</u>가 있으면 취소할 수 있게 되므로(제109조 제1항 본문) 그 법률행위는 처음부터 무효로 된다(제141조 본문). 따라서 이행을 하지 않았으면 이행할 필요가 없고, 이행한 경우에는 부당이득반환청구권이 발생한다. 다만 <u>당사자의 합의로 착오로 인한 의사표시 취소에 관한 민법 제109조 제1항의 적용을 배제할 수 있다</u>(대판 2016.4.15. 2013다97694). 즉 민법 제109조는 의사표시에 착오가 있는 경우 이를 취소할 수 있도록 하여 표의자를 보호하면서도, 착오가 법률행위 내용의 중요 부분에 관한 것이 아니거나 표의자의 중대한 과실로 인한 경우에는 취소권 행사를 제한하는 한편, 표의자가 의사표시를 취소하는 경우에도 취소로 선의의 제3자에게 대항하지 못하도록 하여 거래의 안전과 상대방의 신뢰를 아울러 보호하고 있다. 이러한 <u>민법 제109조의 법리는 적용을 배제하는 취지의 별도 규정이 있거나 당사자의 합의로 적용을 배제하는 등의 특별한 사정이 없는 한 원칙적으로 모든 사법상 의사표시에 적용된다</u>(대판 2014.11.27. 2013다49794).

(2) 제3자에 대한 효력

'선의', '제3자', '대항하지 못 한다'의 의미는 다른 규정과 동일하다.

(3) 표의자의 배상문제

1) 독일 민법 제122조는 상대방에게 신뢰이익의 배상책임을 규정하고 있지만, 규정이 없는 우리 민법은 계약체결상의 과실 책임에 관한 규정(제535조)에 의해 구제받을 수 있다는 것이 통설이다. 통설은 이와 같이 상대방이 보호될 수 있으므로 착오의 성립에 상대방의 '예견가능성'을 요건으로 하지 않는다.

2) 경과실의 착오에 경우에 취소자에게 '위법성'을 이유로 불법행위가 성립할 수 있는가에 관하여, 판례는 "불법행위로 인한 손해배상책임이 성립하기 위하여는 가해자의 고의 또는 과실 이외에 행위의 <u>위법성이 요구되므로</u>, 전문건설공제조합이 계약보증서를 발급하면서 조합원이 수급할 공사의 실제 도급금액을 확인하지 아니한 과실이 있다고 하더라도 민법 제109조에서 중과실이 없는 착오자의 착오를 이유로 한 의사표시의 취소를 허용하고 있는 이상, 전문건설공제조합이 과실로 인하여 착오에 빠져 계약보증서를 발급한 것이나 그 착오를 이유로 보증계약을 취소한 것이 위법하다고 할 수는 없다(대판 1997.8.22. 97다13023)."고 하여 부정하고 있다.

(4) 착오취소의 제한

착오취소의 모든 요건이 형식적으로 갖추어졌다 하더라도 사후적으로 사정이 변경되어 표의자의 진의가 실현될 수 있게 되었다면 표의자의 착오취소가 제한된다[1](대판 1995.3.24. 94다44620).

6. 제109조와 다른 규정과의 경합 여부

(1) 해제와 착오취소

매도인이 매수인의 중도금 지급채무 불이행을 이유로 매매계약을 적법하게 해제한 후라도 매수인으로서는 상대방이 한 계약해제의 효과로서 발생하는 손해배상책임을 지거나 매매계약에 따른 계약금의 반환을 받을 수 없는 불이익을 면하기 위하여 착오를 이유로 한 취소권을 행사하여 매매계약 전체를 무효로 돌리게 할 수 있다(대판 1996.12.6. 95다24982·24999).

(2) 재단법인 재산출연행위

재단법인의 출연자가 착오를 원인으로 취소를 한 경우에는 출연자는 재단법인의 성립 여부나 출연된 재산의 기본재산인 여부와 관계없이 그 의사표시를 취소할 수 있다(대판 1999.7.9. 98다9045).

(3) 착오와 사기의 경합

판례는 "기망행위로 인하여 법률행위의 중요부분에 관하여 착오를 일으킨 경우뿐만 아니라 법률행위의 내용으로 표시되지 아니한 의사결정의 동기에 관하여 착오를 일으킨 경우에도 표의자는 그 법률행위를 사기에 의한 의사표시로서 취소할 수 있다(대판 1985.4.9. 85도167)."라고 판시하여 양자의 경합을 인정한다.

(4) 착오와 담보책임의 경합

통설은 매매목적물에 하자가 있다고 하는 것은 매매목적물의 성질에 관한 착오로서 동기의 착오에 해당한다고 보면서, 하자담보책임에 관한 규정은 착오에 관한 규정에 대하여 특별규정으로서 매도인의 담보책임이 성립하는 범위 내에서 우선적으로 적용되어야 한다고 본다. 그러나 판례는 "착오로 인한 취소 제도와 매도인의 하자담보책임 제도는 취지가 서로 다르고, 요건과 효과도 구별된다. 따라서 매매계약 내용의 중요 부분에 착오가 있는 경우 매수인은 매도인의 하자담보책임이 성립하는지와 상관없이 착오를 이유로 매매계약을 취소할 수 있다(대판 2018.9.13. 2015다78703)."고 판시하여 양자의 경합을 인정한다.

---

1) 매매계약의 체결 경위 및 당시 시행되던 소득세법, 같은법 시행령, 조세감면규제법, 주택건설촉진법 등 관계 규정에 의하면, 토지의 매수인이 개인인지 법인인지, 법인이라도 주택건설사업자인지 및 주택건설사업자라도 양도소득세 면제신청을 할 것인지 여부 등은 매도인이 부담하게 될 양도소득세액 산출에 중대한 영향을 미치게 되어 이 점에 관한 착오는 법률행위의 내용의 중요부분에 관한 것이라고 할 수 있으나, 소득세법 및 같은법 시행령의 개정으로 1989.8.1. 이후 양도한 것으로 보게 되는 거래에 대하여는 투기거래의 경우를 제외하고는 법인과의 거래에 있어서도 개인과의 거래와 마찬가지로 양도가액을 양도 당시의 기준시가에 의하도록 변경된 점에 비추어 볼 때, 매매계약의 체결에 위와 같은 착오가 있었다 하더라도 소득세법상의 양도시기가 1989.8.1. 이후로 보게 되는 관계로 매도인은 당초 예상한 바와 같이 기준시가에 의한 양도소득세액만 부담하면 족한 것으로 확정되어 위 착오로 인한 불이익이 소멸되었으므로, 그 후 이 사건 소송계속중에 준비서면의 송달로써 한 취소의 의사표시는 신의성실의 원칙상 허용될 수 없다.

V. 사기·강박에 의한 의사표시

> 제110조(사기, 강박에 의한 의사표시) ① 사기나 강박에 의한 의사표시는 취소할 수 있다.
> ② 상대방 있는 의사표시에 관하여 제3자가 사기나 강박을 행한 경우에는 상대방이 그 사실을 알았거나 알 수 있었을 경우에 한하여 그 의사표시를 취소할 수 있다.
> ③ 전2항의 의사표시의 취소는 선의의 제3자에게 대항하지 못한다.

1. 사기에 의한 의사표시

(1) 사기의 고의

표의자를 기망하여 착오에 빠지게 하려는 고의(1단계 고의)와 다시 그 착오에 기하여 표의자로 하여금 의사표시를 하게 하려는 고의(2단계 고의)가 있어야 한다(통설). 즉, 사기에 의한 의사표시란 타인의 기망행위로 말미암아 착오에 빠지게 된 결과 어떠한 의사표시를 하게 되는 경우이므로 거기에는 의사와 표시의 불일치가 있을 수 없고, 단지 의사의 형성과정 즉 의사표시의 동기에 착오가 있는 것에 불과하며, 이 점에서 고유한 의미의 착오에 의한 의사표시와 구분된다(대판 2005. 5. 27. 2004다43824).

(2) 기망행위의 존재

1) 기망행위에 해당하는 경우

리스이용자와 공급자 사이에서 미리 결정된 매매가격이 거래관념상 극히 고가로 이례적인 것이어서 리스회사에게 불측의 손해를 가할 염려가 있는 경우와 같은 특별한 사정이 있는 경우에는, 리스물건 공급자는 리스회사에게 그 매매가격의 내역을 고지하여 승낙을 받을 신의칙상의 주의의무를 부담하며 리스회사는 이를 고지받지 못한 경우 위 부작위에 의한 기망을 이유로 매매계약을 취소할 수 있고(대판 1997.11.28. 97다26098), 아파트 분양자는 아파트단지 인근에 공동묘지가 조성되어 있는 사실을 수분양자에게 고지할 신의칙상의 의무를 부담하며(대판 2007.6.1. 2005다5812·5829·5836), 이 사건 아파트 단지 인근에 이 사건 쓰레기 매립장이 건설예정인 사실이 신의칙상 피고가 분양계약자들에게 고지하여야 할 대상이라고 본 것은 정당하고, 위 사실이 주택공급에 관한 규칙 제8조 제4항에서 규정하고 있는 모집공고 시 고지하여야 할 사항에 포함되지 않으므로 고지의무가 없다는 피고의 이 부분 상고이유는 받아들일 수 없다(대판 2006.10.12. 2004다48515). 그리고 건설공제조합이 조합원이 도급받은 공사와 관련하여 수령하는 선급금의 반환채무를 보증하기 위하여 도급인과 보증계약을 체결함에 있어서 조합원이 선급금의 액수와 그 지급방법 및 선급금이 정하여진 용도로 실제 사용될 것인지를 허위로 고지한 경우, 공제조합이 그 기망행위를 이유로 보증계약을 취소할 수 있다고 하였다(대판 2002.11.26. 2002다34727).

2) 기망행위에 해당하지 않는 경우

판례는 교환계약의 경우 일방 당사자가 자기가 소유하는 목적물의 시가를 묵비하여 상대방에게 고지하지 아니하거나 혹은 허위로 시가보다 높은 가액을 시가라고 고지하였다 하더라도 이는 상대방의 의사결정에 불법적인 간섭을 한 것이라고 볼 수 없고(대판 2002.9.4. 2000다54406·54413), 부동산 분양계약에 있어서 분양자가 수분양자의 전매이익에 영향을 미칠 가능성이 있는 사항들에 관하여 분양자가 가지는 정보를 밝혀야 할 신의칙상의 의무는 원칙적으로 존재하지 않고 그러한 정보를 고지하지 아니한 것이 부작위에 의한 기망에 해당하지 않는다고 보았다(대판 2010.2.25. 2009다86000). 그리고 일반적으로 매매거래에서 매수인은 목적물을 염가로 구입할 것을 희망하고 매도인은 목적물을 고가로 처분하기를 희망하는 이해상반의 지위에 있으며, 각자가 자신의 지식과 경험을 이용하여 최대한으로 자신의 이익을 도모할 것으로 예상되기 때문에, 당사자 일방이 알고 있는 정보를 상대방에게 사실대로 고지하여야 할 신의칙상 의무가 인정된다고 볼만한 특별한 사정이 없는 한, 매수인이 목적물의 시가를 묵비하여 매도인에게 고지하지 아니하거나 혹은 시가보다 낮은 가액을 시가라고 고지하였다 하더라도, 상대방의 의사결정에 불법적인 간섭을 하였다고 볼 수 없으므로 불법행위가 성립한다고 볼 수 없다[1](대판 2014.4.10. 2012다54997).

(3) 인과관계

인과관계는 주관적인 것으로 족하므로, 표의자가 기망행위에 의해 착오에 빠졌다면 객관적인 주의의무에 반하여 알지 못했더라도 인과관계는 부정될 수 없다(반면에 착오에 의한 의사표시에서는 객관성이 요구된다).

(4) 기망행위의 위법성

1) 과장분양광고의 위법성

<u>일반적으로 상품의 선전·광고에 있어 다소의 과장·허위가 수반되는 것은 그것이 일반 상거래의 관행과 신의칙에 비추어 시인될 수 있는 한 기망성이 결여된다.</u> 연립주택을 분양함에 있어 평형의 수치를 다소 과장하여 광고를 하였으나, 그 분양가의 결정방법, 분양계약 체결의 경위, 피분양자가 그 분양계약서나 건축물관리대장 등에 의하여 그 공급면적을 평으로 환산하여 쉽게 확인할 수 있었던 점 등 제반 사정에 비추어 볼 때, 그 광고는 그 거래당사자 사이에서 매매대금을 산정하기 위한 기준이 되었다고 할 수 없고, 단지 분양 대상 주택의 규모를 표시하여 분양이 쉽게 이루어지도록 하려는 의도에서 한 것에 지나지 아니한다는 이유로, 연립주택의 서비스면적을 포함하여 평형을 과장한 광고가 거래에 있어 중요한 사항에 관하여 구체적 사실을 거래상의 신의성실의 의무에 비추어 비난받을 정도의 방법으로 허위로 고지함으로써 사회적으로 용인될 수 있는 상술의 정도를 넘은 기망행위에 해당하지 않는다(대판 1995.7.28. 95다19515·19522).

2) 변칙세일행위의 위법성

상품의 선전, 광고에 있어 다소의 과장이나 허위가 수반되는 것은 그것이 일반 상거래의 관행과 신의칙에 비추어 시인될 수 있는 한 기망성이 결여된다고 하겠으나, 거래에 있어서 중요한 사항에 관하여 구체적 사실을 신의성실의 의무에 비추어 비난받을 정도의 방법으로 허위로 고지한 경우에는 기망행위에 해당한다. 대형백화점의 이른바 변칙세일이 기망행위에 해당한다(대판 1993.8.13. 92다52665).

---

1) 더구나 매수인이 목적물의 시가를 미리 알고 있었던 것이 아니라 목적물의 시가를 알기 위하여 감정평가법인에 의뢰하여 감정평가법인이 산정한 평가액을 매도인에게 가격자료로 제출하는 경우라면, 특별한 사정이 없는 한 매수인에게 평가액이 시가 내지 적정가격에 상당하는 것인지를 살펴볼 신의칙상 의무가 있다고 할 수 없고, 이러한 법리는 법적 성격이 사법상 매매인 공유재산의 매각에서도 마찬가지이다.

3) 교환계약

교환계약의 당사자 일방이 상대방에게 그가 소유하는 목적물의 시가를 허위로 고지한 경우라도 상대방은 원칙적으로 사기를 이유로 취소할 수 없다2)(대판 2002.9.4. 2000다54406·54413).

2. 강박에 의한 의사표시

(1) 강박의 고의

표의자로 하여금 공포심을 생기게 하고 이로 인하여 법률행위의사를 결정하게 할 고의가 필요하다(대판 1975.3.25. 73다1048).

(2) 강박행위의 존재

1) 인정한 경우

판례는 강박에 의한 의사표시라고 하려면 상대방이 불법으로 어떤 해악을 고지함으로 말미암아 공포를 느끼고 의사표시를 한 것이어야 한다(대판 2003.5.13. 2002다73708·73715). 따라서 사무실에서 농성함은 물론 대통령을 비롯한 관계요로에 비행을 진정하겠다는 등의 온갖 공갈과 위협을 통해 변호사가 손해배상금조로 약속어음을 발행한 경우(대판 1972.1.31. 71다1688), 외국무역상인의 불성실한 태도를 신문에 보도케 하여 그의 사업을 못하도록 하겠다는 해악의 고지 등(대판 1957.5.16. 4290민상58)에는 강박을 인정하였다.

2) 부정한 경우

어떤 해악의 고지가 아니라 단지 각서에 서명 날인한 것을 강력히 요구한 행위는 강박행위가 아니고(대판 1979.1.16. 78다1968), 형사상 적법절차의 고지의 경우에는 강박행위가 아니라고 하였다(대판 1972.11.14. 72다1127; 대판 1981.12.8. 80다863). 다만, 적법절차를 고지하는 등 정당한 권리행사도 그 목적이나 수단이 위법하다면 강박행위가 된다고 하였다(대판 1992.12.24. 92다25120). 하지만, 간통으로 고소하지 않기로 하는 등의 대가로 합의금을 받게 된 경우, 상간자의 배우자가 부정한 이익을 목적으로 위법한 강박행위를 한 것으로 볼 수 없다고 하면서(대판 1997.3.25. 96다47951), 불공정한 법률행위에도 해당하지 않는다고 하였다. 다만 일반적으로 부정행위에 대한 고소, 고발은 그것이 부정한 이익을 목적으로 하는 것이 아닌 때에는 정당한 권리행사가 되어 위법하다고 할 수 없으나, 부정한 이익의 취득을 목적으로 하는 경우에는 위법한 강박행위가 되는 경우가 있고 목적이 정당하다 하더라도 행위나 수단 등이 부당한 때에는 위법성이 있는 경우가 있을 수 있다(대판 1992.12.24. 92다25120). 그리고 계약을 해제하여 손해배상을 청구할 수 있다는 취지로 말한 것으로는 제반 사정상 '위법한 해악의 고지'에 해당한다고까지 할 수 없다고 하였다(대판 2010.2.11. 2009다72643).

---

2) 일반적으로 교환계약을 체결하려는 당사자는 서로 자기가 소유하는 교환 목적물은 고가로 평가하고 상대방이 소유하는 목적물은 염가로 평가하여 보다 유리한 조건으로 교환계약을 체결하기를 희망하는 이해상반의 지위에 있고 각자가 자신의 지식과 경험을 이용하여 최대한으로 자신의 이익을 도모할 것이 예상되기 때문에, 당사자 일방이 알고 있는 정보를 상대방에게 사실대로 고지하여야 할 신의칙상의 주의의무가 인정된다고 볼 만한 특별한 사정이 없는 한, 어느 일방이 교환 목적물의 시가나 그 가액 결정의 기초가 되는 사항에 관하여 상대방에게 설명 내지 고지를 할 주의의무를 부담한다고 할 수 없고, 일방 당사자가 자기가 소유하는 목적물의 시가를 묵비하여 상대방에게 고지하지 아니하거나 혹은 허위로 시가보다 높은 가액을 시가라고 고지하였다 하더라도 이는 상대방의 의사결정에 불법적인 간섭을 한 것이라고 볼 수 없다(대판 2002.9.4. 2000다54406).

(3) 인과관계

피강박자의 심리상태를 기준으로 강박행위와 공포심 유발 사이에 인과관계가 있어야 한다(주관적 판단).

(4) 강박행위의 위법성

해악을 고지하는 강박행위가 위법하다고 하기 위하여는 강박행위 당시의 거래관념과 제반 사정에 비추어 해악의 고지로써 추구하는 이익이 정당하지 아니하거나 강박의 수단으로 상대방에게 고지하는 해악의 내용이 법질서에 위배된 경우 또는 어떤 해악의 고지가 거래관념상 그 해악의 고지로써 추구하는 이익의 달성을 위한 수단으로 부적당한 경우 등에 해당하여야 할 것이다(대판 2000.3.23. 99다64049).

3. 하자 있는 의사표시의 효과

(1) 상대방의 사기, 강박의 경우

표의자가 상대방의 사기나 강박으로 의사표시를 한 때에는 표의자는 그 의사표시를 취소할 수 있다. 강박에 의한 법률행위가 무효로 되기 위하여는 의사표시자로 하여금 의사결정을 스스로 할 수 있는 여지를 완전히 박탈한 상태에서 의사표시가 이루어져 단지 법률행위의 외형만이 만들어진 것에 불과한 정도이어야 한다(대판 1997.3.11. 96다49353; 대판 2003.5.13. 2002다73708·73715). 따라서 국가기관이 헌법상 보장된 국민의 기본권을 침해하는 위헌적인 공권력을 행사한 결과 국민이 그 공권력의 행사에 외포되어 자유롭지 못한 의사표시를 하였다고 하더라도 그 의사표시의 효력은 의사표시의 하자에 관한 민법의 일반원리에 의하여 판단되어야 하고, 그 강박행위의 주체가 국가 공권력이고 그 공권력 행사의 내용이 기본권을 침해하는 것이라고 하여 그 강박에 의한 의사표시가 항상 반사회성을 띠게 되어 당연히 무효로 된다고는 볼 수 없다(대판 1996.12.23. 95다40038).

(2) 제3자의 사기, 강박의 경우

> 제110조(사기, 강박에 의한 의사표시) ② 상대방 있는 의사표시에 관하여 제3자가 사기나 강박을 행한 경우에는 상대방이 그 사실을 알았거나 알 수 있었을 경우에 한하여 그 의사표시를 취소할 수 있다.

1) 상대방 없는 의사표시를 한 경우

상대방이 없으므로 표의자는 언제든지 그 의사표시를 취소할 수 있다.

2) 상대방 있는 의사표시를 한 경우

① 표의자는 그 의사표시의 상대방이 제3자에 의한 사기나 강박의 사실을 알고 있거나(악의) 알 수 있었을 경우(과실)에 한하여 그 의사표시를 취소할 수 있다(제110조 제2항). 판례는 상대방의 대리인 등 상대방과 동일시할 수 있는 자의 사기 또는 강박은 상대방의 사기·강박에 해당한다고 하면서(대판 1999.2.23. 98다60828·60835), 은행의 출장소장의 행위는 은행 또는 은행과 동일시할 수 있는 자의 사기일 뿐 제3자의 사기로 볼 수 없으므로, 은행이 그 사기 사실을 알았거나 알 수 있었을 경우에 한하여 위 약정을 취소할 수 있는 것은 아니라고 본다.

② 그러나 상대방의 피용자이거나 상대방이 사용자책임을 져야 할 관계에 있는 피용자에 지나지 않는 자는 상대방과 동일시할 수는 없어 이 규정에서 말하는 제3자에 해당한다고 본다(대판 1998. 1.23. 96다41496). 즉, "<u>상호신용금고의 기획감사실 과장</u>으로서 대출 업무를 포함한 회사 업무 전반에 관하여 일일감사를 할 권한을 갖고 있었던 자가 대출금을 편취하려는 기망행위에 가담하여 대출금을 담보 제공자에게 지급할 것을 직접 보증한다고 하면서 근저당권설정계약을 체결하도록 권유하면서 그 기망의 목적을 달성하기 위하여 여신 담당 직원에게 그 대출을 부탁한 후 그 대출금을 편취한 경우, 위와 같은 피용자의 기망행위의 태양, 그의 회사에서의 지위나 영향력, 직원의 총수가 50명에 못 미치는 회사의 규모 등에 비추어 보면, 회사로서는 자신의 영역 내에서 일어난 <u>피용자의 위와 같은 기망행위에 관하여 그 감독에 상당한 주의를 다하지 아니한 사용자로서의 책임을 져야 할 지위에 있을 뿐만 아니라 나아가 그러한 사정을 이용한 피용자의 사기 사실을 알지 못한 데에 과실이 있었다고 봄이 상당</u>하므로, 근저당권설정자는 상호신용금고에 대하여 기망을 이유로 근저당권설정계약을 취소할 수 있다(대판 1998.1.23. 96다41496)."고 하였다.

4. 적용범위

(1) 가족법상 행위 및 소송행위

> 제816조(혼인취소의 사유) 혼인은 다음 각 호의 어느 하나의 경우에는 <u>법원에 그 취소를 청구할 수 있다</u>.
> 3. 사기 또는 강박으로 인하여 혼인의 의사표시를 한 때

제110조의 적용이 없고, 특별규정으로 해결된다(제816조 제3호 참고). 그리고 민법상의 법률행위에 관한 규정은 민사소송법상의 소송행위에는 특별한 규정 기타 특별한 사정이 없는 한 적용이 없는 것이므로 소송행위가 강박에 의하여 이루어진 것임을 이유로 취소할 수는 없다(대판 1997.10.10. 96다35484).

(2) 주식인수청약

<u>회사설립 후에는 주식인수청약을 사기나 강박을 이유로 하여 취소할 수 없다</u>(상법 제320조).

(3) 착오와 사기의 경합

표의자는 착오와 사기 모두를 주장할 수 있다. 즉 경합을 인정한다(통설, 판례). 다만 판례는 제3자의 기망행위로 신원보증서면에 서명한다는 착각에 빠져 연대보증서면에 서명한 경우, 사기를 이유로 의사표시를 취소할 수 없고 착오에 의한 의사표시 취소만 문제된다[1]고 한다(대판 2005.5.27. 2004다43824).

---

[1] 사기에 의한 의사표시란 타인의 기망행위로 말미암아 착오에 빠지게 된 결과 어떠한 의사표시를 하게 되는 경우이므로 거기에는 의사와 표시의 불일치가 있을 수 없고, 단지 의사의 형성과정 즉 의사표시의 동기에 착오가 있는 것에 불과하며, 이 점에서 고유한 의미의 착오에 의한 의사표시와 구분되는데, 신원보증서류에 서명날인한다는 착각에 빠진 상태로 연대보증의 서면에 서명날인한 경우, 결국 위와 같은 행위는 강학상 기명날인의 착오(또는 서명의 착오), 즉 어떤 사람이 자신의 의사와 다른 법률효과를 발생시키는 내용의 서면에, 그것을 읽지 않거나 올바르게 이해하지 못한 채 기명날인을 하는 이른바 표시상의 착오에 해당하므로, 비록 위와 같은 착오가 제3자의 기망행위에 의하여 일어난 것이라 하더라도 그에 관하여는 사기에 의한 의사표시에 관한 법리, 특히 상대방이 그러한 제3자의 기망행위 사실을 알았거나 알 수 있었을 경우가 아닌 한 의사표시자가 취소권을 행사할 수 없다는 민법 제110조 제2항의 규정을 적용할 것이 아니라, 착오에 의한 의사표시에 관한 법리만을 적용하여 취소권 행사의 가부를 가려야 한다. 취소의 의사표시란 반드시 명시적이어야 하는 것은 아니고, 취소자가 그 착오를 이유로 자신의 법률행위의 효력을 처음부터 배제하려고 한다는 의사가 드러나면 족한 것이며, 취소원인의 진술 없이도 취소의 의사표시는 유효한 것이므로, 신원보증서류에 서명날인 하는 것으로 잘못 알고 이행보증보험약정서를 읽어보지 않은 채 서명날인한 것일 뿐 연대보증약정을 한 사실이 없다는 주장은 위 연대보증약정을 착오를 이유로 취소한다는 취지로 볼 수 있다고 한 사례

(4) 계약 해제권과의 관계

본조에 의한 취소권과 계약 해제권 또는 해지권과는 목적을 달리하는 것이므로, 양자는 경합한다. 판례도 "보험계약을 체결함에 있어 중요한 사항에 관하여 보험계약자의 고지의무위반이 사기에 해당하는 경우에는 보험자는 상법의 규정에 의하여 계약을 해지할 수 있음은 물론 민법의 일반원칙에 따라 그 보험계약을 취소할 수 있다(대판 1991.12.27. 91다1165)."고 하여 동일한 입장이다.

(5) 매도인의 담보책임과의 관계

기망에 의하여 하자 있는 물건에 관한 매매계약이 체결된 경우에는 하자담보책임에 관한 규정(제570조 이하)과 본조가 모두 적용될 수 있으므로, 이때에도 표의자는 그의 선택에 따라 하자담보책임에 따른 담보책임을 물을 수도 있고, 본조에 의한 취소권을 행사할 수도 있다[1].

(6) 불법행위에 의한 손해배상책임

사기, 강박의 요건과 동시에 불법행위의 요건을 갖춘 때에는 양자는 경합한다. 따라서 표의자는 의사표시를 취소할 수 있고, 손해배상책임을 물을 수도 있다. 그리고 불법행위에 기한 손해배상을 청구하기 위하여 반드시 의사표시를 취소하여야 하는 것은 아니다(대판 1998.3.10. 97다55829). 즉 기망에 의한 손해배상책임이 성립하기 위해서는 거래당사자 중 일방에 의한 고의적인 기망행위가 있고 이로 말미암아 상대방이 착오에 빠져 그러한 기망행위가 없었더라면 사회통념상 하지 않았을 것이라고 인정되는 법률행위를 하여야 한다(대판 2018.6.15. 2016다212272). 다만 법률행위가 사기에 의한 것으로서 취소되는 경우에 그 법률행위가 동시에 불법행위를 구성하는 때에는 취소의 효과로 생기는 부당이득반환청구권과 불법행위로 인한 손해배상청구권은 경합하여 병존하는 것이므로, 채권자는 어느 것이라도 선택하여 행사할 수 있지만 중첩적으로 행사할 수는 없다(대판 1993.4.27. 92다56087).

제3관 의사표시의 효력 발생

I. 서설

1. 상대방 있는 의사표시

도달주의를 취하고 있다. 특히 제111조는 단순히 상대방 있는 의사표시에 관해 규정할 뿐이고, 그 상대방이 격지자인지 대화자인지 구별하지 않으므로, 격지자나 대화자인지 상관없이 언제나 도달주의가 원칙이다(곽윤직).

2. 상대방 없는 의사표시

표시행위가 완료된 때 효력을 발생한다(표백주의, 곽윤직).

---

[1] 주석 민법총칙(2), 816~817면

Ⅱ. 상대방 있는 의사표시의 효력발생시기

> 제111조(의사표시의 효력발생시기) ① 상대방이 있는 의사표시는 상대방에게 도달한 때에 그 효력이 생긴다.
> ② 의사표시자가 그 통지를 발송한 후 사망하거나 제한능력자가 되어도 의사표시의 효력에 영향을 미치지 아니한다.

1. 의사표시의 효력발생시기

(1) 표백주의

외형적 존재를 가지게 된 때 효력 발생, 예 서면의 작성완료시

(2) 발신주의

표의자의 지배를 떠나서 상대방에게 발신된 때, 예 서면을 우편함에 투입 시

(3) 도달주의

의사표시가 상대방에게 도달한 때, 예 서면이 상대방이 객관적으로 인식한 상태에 놓인 것

(4) 요지주의

상대방이 의사표시의 내용을 요지한 때, 예 도달한 서면을 읽은 때

2. 도달과 송달의 차이

민사소송법상의 송달은 당사자나 그 밖의 소송관계인에게 소송상 서류의 내용을 알 기회를 주기 위하여 법정의 방식에 좇아 행하여지는 통지행위로서, 송달장소와 송달을 받을 사람 등에 관하여 구체적으로 법이 정하는 바에 따라 행하여지지 아니하면 부적법하여 송달로서의 효력이 발생하지 아니한다. 한편 채권양도의 통지는 채무자에게 도달됨으로써 효력이 발생하는 것이고, 여기서 도달이라 함은 사회통념상 상대방이 통지의 내용을 알 수 있는 객관적 상태에 놓여졌다고 인정되는 상태를 가리킨다(대판 1997.11.25. 97다31281 등 참조). 이와 같이 도달은 보다 탄력적인 개념으로서 송달장소나 수송달자 등의 면에서 위에서 본 송달에서와 같은 엄격함이 요구되지 아니하며, 이에 송달장소 등에 관한 민사소송법의 규정을 유추적용할 것이 아니다. 따라서 채권양도의 통지는 민사소송법상의 송달에 관한 규정에서 송달장소로 정하는 채무자의 주소·거소·영업소 또는 사무소 등에 해당하지 아니하는 장소에서라도 채무자가 사회통념상 그 통지의 내용을 알 수 있는 객관적 상태에 놓여졌다고 인정됨으로써 족하다고 할 것이다(대판 2010.4.15. 2010다57).

3. 판례

(1) 채권양도통지서를 가정부가 수령한 직후에 한 집에 사는 채권양도인이 우편물을 바로 회수해 간 경우, 특별한 사정이 없는 한 도달이라고 볼 수 없다. 도달이라 함은 사회관념상 상대방이 의사표시의 내용을 알 수 있는 객관적 상태에 놓여졌다고 인정되는 상태를 말한다. 그리고 채권양도의 통지는 채무자에게 도달됨으로써 효력을 발생하는 것이고, 여기서 <u>도달이라 함은 사회관념상 채무자가 통지의 내용을 알 수 있는 객관적 상태에 놓여졌다고 인정되는 상태를 지칭한다고 해석</u>되므로, 채무자가 이를 현실적으로 수령하였다거나 그 통지의 내용을 알았을 것까지는 필요로 하지 않으나 채권양도통지서가 채무자의 주소나 사무소가 아닌 동업자의 사무소에서 그 신원이 분명치 않은 자에게 송달된 경우에는 사회관념상 채무자가 통지의 내용을 알 수 있는 객관적 상태에 놓여졌다고 인정할 수 없다(대판 1997.11.25. 97다31281).

(2) 법원의 공시송달명령이 없는 한, 일간신문지상에 공고를 내었다 하더라도 공고를 통하여 한 통지가 상대방에게 도달되었다는 입증이 없는 한, 상대방이 그 공고를 알았다고 인정할 수 없고(대판 1964.10.30. 64다65), 상대방이 있는 행정처분은 그 처분의 의사표시가 상대방에게 도달한 때에 그 효력을 발생한다고 하여 행정행위에 관하여도 도달주의 원칙이 적용된다고 하고 있다(대판 1969.9.23. 69다1217).

(3) 내용증명우편이나 등기우편과는 달리, 보통우편의 방법으로 발송되었다는 사실만으로는 그 우편물이 상당한 기간 내에 도달하였다고 추정할 수 없고, 송달의 효력을 주장하는 측에서 증거에 의하여 이를 입증하여야 한다(대판 2009.12.10. 2007두20140). 그리고 내용증명우편이 발송되고 반송되지 아니한 경우 특별한 사정이 없는 한 그 무렵에 송달되었다고 볼 수 있고(대판 1997.2.25. 96다38322), 우편물이 등기취급의 방법으로 발송되었다면 반송되는 등의 특별한 사정이 없는 한 그 무렵 수취인에게 배달되었다고 본다(대판 1992.3.27. 91누3819). 그리고 수취인이나 그 가족이 주민등록지에 실제로 거주하고 있지 아니하면서 전입신고만을 해 둔 경우 등기우편으로 발송된 납세고지서가 반송된 사실이 인정되지 아니한다 하여 납세의무자에게 송달된 것이라고 볼 수는 없으므로, 우편물의 도달사실을 과세관청이 입증해야 하고(대판 1998.2.13. 97누8977), 아파트 경비원이 집배원으로부터 우편물을 수령한 후 이를 우편함에 넣어 둔 사실만으로 수취인이 그 우편물을 수취하였다고 볼 수 없다(대판 2006.3.24. 2005다66411).

(4) 상대방이 부당하게 등기취급 우편물의 수취를 거부함으로써 우편물의 내용을 알 수 있는 객관적 상태의 형성을 방해한 경우 그러한 상태가 형성되지 아니하였다는 사정만으로 발송인의 의사표시의 효력을 부정하는 것은 신의성실의 원칙에 반하므로 허용되지 아니한다. 이러한 경우에는 부당한 수취 거부가 없었더라면 상대방이 우편물의 내용을 알 수 있는 객관적 상태에 놓일 수 있었던 때, 즉 수취 거부 시에 의사표시의 효력이 생긴 것으로 보아야 한다. 여기서 우편물의 수취 거부가 신의성실의 원칙에 반하는지는 발송인과 상대방과의 관계, 우편물의 발송 전에 발송인과 상대방 사이에 우편물의 내용과 관련된 법률관계나 의사교환이 있었는지, 상대방이 발송인에 의한 우편물의 발송을 예상할 수 있었는지 등 여러 사정을 종합하여 판단하여야 한다. 이때 우편물의 수취를 거부한 것에 정당한 사유가 있는지에 관해서는 수취 거부를 한 상대방이 이를 증명할 책임이 있다(대판 2020.8.20. 2019두34630).

Ⅲ. 의사표시의 수령능력, 공시송달

> 제112조(제한능력자에 대한 의사표시의 효력) 의사표시의 상대방이 의사표시를 받은 때에 제한능력자인 경우에는 의사표시자는 그 의사표시로써 대항할 수 없다. 다만, 그 상대방의 법정대리인이 의사표시가 도달한 사실을 안 후에는 그러하지 아니하다.
>
> 제113조(의사표시의 공시송달) 표의자가 과실 없이 상대방을 알지 못하거나 상대방의 소재를 알지 못하는 경우에는 의사표시는 민사소송법공시송달의 규정에 의하여 송달할 수 있다.

1. 의의

당사자의 주소 등 행방을 알기 어려워 송달장소의 불명으로 통상의 송달방법에 의해서는 송달을 실시할 수 없게 되었을 때에 하는 송달이다(제194조 이하).

2. 요건

공시송달은 송달받을 사람에게 현실적으로 소송서류가 교부되지 않고 송달이 효력이 발생되는 제도이므로, 엄격한 요건을 요구한다. 즉 ① 당사자의 주소 등 또는 근무장소를 알 수 없는 경우, ② 외국에서 하여야 할 송달에 관하여 제191조에 의한 촉탁송달을 할 수 없거나[1], 효력이 없을 것[2]으로 인정되는 경우에 인정된다.

제4절 법률행위의 대리

제1관 대리 일반

Ⅰ. 대리제도의 등장

1. 대리의 의의

대리(代理)란 본인과 일정한 관계에 있는 타인(대리인)이 본인을 위한 의사표시를 하고 그 법률효과가 전적으로 본인에게 귀속하는 것을 인정하는 제도이다. 의사표시의 효과는 의사표시를 실제로 한 자에게 효과가 생기는 원칙이다. 따라서 대리제도는 그 예외가 되므로, 대단히 중요하다.

---

1) 예 외국과의 사이에 사법공조조약이 없거나 국제관행이 없기 때문에 촉탁송달이 불능으로 될 사정이 있는 경우를 말한다.
2) 예 그 외국에 전쟁이 일어나서 촉탁송달이 불가능한 경우를 말한다.

2. 대리의 기능

대리의 본질적 기능은 사적자치의 "확장"이라는 기능에서 찾을 수 있고, 사적자치의 "보충"이라는 기능은 2차적 기능이다. 즉 원칙적으로 본인이 스스로 대리인을 선임하는 임의대리인은 사적자치를 확장하는 기능을 수행하게 된다. 반면 법정대리에서는 행위무능력자(제한능력자)의 능력을 보충하는 즉 사적자치를 보충하는 기능을 수행하게 된다.

3. 대리의 연혁

로마법에서는 원칙적으로 대리를 허용하지 않았다. 프랑스민법도 대리를 독립된 제도로 인정하지 않는다. 반면 독일민법은 대리를 위임과 구별하여 독립된 제도로 규정하고 있는데, 우리 민법은 이를 따르고 있다.

Ⅱ. 대리의 본질

1. 문제점

대리인이 한 법률행위의 효과가 왜 법률행위를 하지 않은 본인에게 효과가 귀속되는지, 이론적 근거에 대해 견해가 대립된다.

2. 대리인 행위설

> 제116조(대리행위의 하자) ① 의사표시의 효력이 의사의 흠결, 사기, 강박 또는 어느 사정을 알았거나 과실로 알지 못한 것으로 인하여 영향을 받을 경우에 그 사실의 유무는 대리인을 표준 하여 결정한다.
> ② 특정한 법률행위를 위임한 경우에 대리인이 본인의 지시에 좇아 그 행위를 한 때에는 본인은 자기가 안 사정 또는 과실로 인하여 알지 못한 사정에 관하여 대리인의 부지를 주장하지 못한다.

법률상의 행위자는 대리인이지만 그 대리인의 효과의사에 의해 본인에게 직접 법률효과가 귀속된다고 한다. 즉 대리인이 표시자 내지 행위자이고 법률효과만이 본인에게 발생한다고 본다. 특히 민법 제116조 제1항은 우리 민법이 대리인 행위설을 취하고 있는 실정법적 근거라고 본다(통설, 곽윤직 등).

Ⅲ. 대리가 인정되는 범위

1. 법률행위

(1) 원칙

대리는 법률행위를 대리하는 것이므로, 법률행위적 의사표시에 한하여 허용된다. 즉 대리가 인정되는 범위는 재산적 법률행위에 한하여 허용됨이 원칙이다. 따라서 매매·증여 등은 물론이고, 어음·수표행위에도 대리가 허용된다.

(2) 예외

법률행위라고 하여도 대리를 금지하는 법률규정(친권자나 후견인은 미성년자의 근로계약을 대리할 수 없다, 근로기준법 제67조 제1항)이 있거나 법률행위의 성질상 대리가 적합하지 않은 경우에는 대리가 허용되지 않는다. 예를 들어 일신전속적 행위인 혼인, 입양, 인지, 유언 등이 이에 해당한다. 그리고 당사자 약정에 의해 대리를 금지할 수 있음은 물론이다. 다만 상법상 지배인의 포괄대리권은 이를 제한할 수 없다(상법 제11조).

2. 준법률행위

(1) 원칙

준법률행위는 의사표시가 아니므로 대리가 인정되지 않음이 원칙이다. 따라서 감정의 표시에 해당하는 용서(제556조 제2항·제841조)에 대하여는 대리가 허용되지 아니한다. 그리고 준법률행위 중 사실행위에 대하여는 대리가 인정되지 않는다. 예를 들어 가공·물건의 현실의 인도 등에 관하여 제3자의 협력이 있더라도 그것은 대리가 아니라 사실상의 보조행위에 불과하다.

(2) 예외

준법률행위 중 의사의 통지·관념의 통지와 같이 의사표시와 유사한 행위에는 의사표시규정의 유추적용이 가능하므로 대리가 허용된다(통설, 판례). 예를 들어 채권양도의 승낙은 채권양도의 사실에 대한 인식을 표명하는 채무자의 관념의 통지이므로, 대리인·사자에 의한 승낙도 유효하다(제450조 참고). 또한 <u>채권양도의 통지는 양도인이 채무자에 대하여 당해 채권을 양수인에게 양도하였다는 사실을 알리는 관념의 통지이고, 법률행위의 대리에 관한 규정은 관념의 통지에도 유추적용된다고 할 것이어서</u>, 채권양도의 통지도 양도인이 직접 하지 아니하고 사자를 통하여 하거나 나아가서 대리인으로 하여금 하게 하여도 무방하고, 그와 같은 경우에 양수인이 양도인의 사자 또는 대리인으로서 채권양도 통지를 하였다 하여 민법 제450조의 규정에 어긋난다고 할 수 없다(대판 1997.6.27. 95다40977).

3. 불법행위

불법행위에는 대리가 허용될 수 없다. 다만 대리인이 본인의 피용자인 경우에는 본인의 사용자책임(제756조)이 문제될 수 있다.

Ⅳ. 구별 개념

1. 간접대리

행위자가 자기 이름으로 하지만 타인의 위하여(타인의 계산으로) 법률행위를 하는 것을 말한다. 법률행위의 당사자는 간접대리인이 그 상대방이고, 법률행위의 효과도 이들에게 귀속된다. 상법상의 위탁매매업(상법 제101조)이 그 예이다. 즉 법률행위의 성립뿐 아니라 법률행위의 효과도 모두 간접대리인에게 귀속된다는 점에서 대리제도와 구별된다.

2. 사자(使者)

(1) 사자(使者)와 대리(代理)의 구별

사자는 본인이 결정한 내심적 효과의사를 상대방에게 표시하거나 또는 전달함으로써 표시행위의 완성에 협력하는 자를 말한다. 사자는 다시 '전달기관으로서의 사자[1]'와 '표시기관으로서의 사자[2]'로 구별된다. 이 경우 대리와 유사한 것은 표시기관으로서의 사자인데, 효과의사를 본인이 결정하면 사자, 대리하는 자 자신이 결정하면 대리인으로 구별된다.

(2) 사자(使者)의 법률효과

1) 전달기관인 사자

전달기관인 사자가 본인의 의사와는 달리 의사표시를 잘못 전달한 경우에는 의사표시의 부도달(不到達)이 된다.

2) 표시기관인 사자

표시기관인 사자가 본인의 의사를 다르게 표시한 경우, ① 사자가 선의인 경우에는 착오의 경우와 유사하므로, 본인은 제109조를 이유로 그 의사표시를 취소할 수 있다. ② 사자가 악의로 표의자의 의사를 다르게 표시한 경우에는 사자로서가 아니라, 스스로 의사표시를 한 것이므로, 본인에게 효력이 없다. 다만 이 경우에는 표현대리규정이 유추 적용된다. 判例도 "대리인이 아니고 사실행위를 위한 사자라 하더라도 외견상 그에게 어떠한 권한이 있는 것의 표시 내지 행동이 있어 상대방이 그를 믿었고 또 그를 믿음에 있어 정당한 사유가 있다면 표현대리의 법리에 의하여 본인에게 책임이 있다(대판 1962.2.8. 4294민상192)."고 한다. 이 경우 본인은 사자의 악의에 대해 일종의 위험책임을 부담한다(김형배). ③ 권한 없는 사자에 대해서는 제130조 이하의 무권대리 규정이 유추 적용된다.

3. 제3자를 위한 계약에서 '제3자'

대리에서 대리인은 법률행위를 실제로 하는 자이지만, 제3자를 위한 계약에서 법률행위를 하는 자는 요약자와 낙약자이며, 제3자는 단지 법률효과의 수익자에 지나지 않는다(제539조).

4. 법인의 代表

대표기관은 ① 법인과 대립하는 지위에 있지 않고, ② 이론상 그 행위가 법인의 행위로 간주된다는 점, ③ 대표는 사실행위와 불법행위에 관해서도 성립한다는 점에서 대리와 다르다.

5. 재산관리인

재산관리인을 일종의 대리인으로 이해하는 것이 통설이다. 판례도 "재산상속인의 존재가 분명하지 아니한 상속재산에 관한 소송에 있어서 정당한 피고는 법원에서 선임된 상속재산관리인이라 할 것이고 동인은 재산상속인이 있다면 추상적으로 재산상속인의 법정대리인으로서 재산상속인이라 주장하는 참가인을 위하여 소송수행권을 행사하고 있다 할 것 …"(대판 1976.12.28. 76다797)이라고 한다.

---

[1] 완성된 본인의 의사표시를 그대로 전달하는 사자를 말한다.
[2] 본인이 결정한 의사를 상대방에게 표시하여 그 의사표시를 완성하는 자를 말한다.

V. 대리의 종류

1. 대리권수여의 근거에 따른 구별

(1) 임의대리

법률행위에 의하여 수여된 대리권에 기한 대리를 말한다.

(2) 법정대리

법률의 규정 등에 의하여 발생되는 대리권에 기한 대리를 말한다.

(3) 구별실익

대리인의 복임권(제120조), 대리권의 소멸원인(제128조), 표현대리에 관한 규정(제125조)의 적용여부에 있어서 차이가 있다.

2. 의사표시 주체에 따른 구별

(1) 능동대리

그 대리행위가 제3자에 대한 의사표시를 내용으로 하는 대리이다. 민법은 능동대리를 원칙으로 한다.

(2) 수동대리

제3자의 의사표시를 수령하는 것을 그 대리행위의 내용으로 하는 대리를 말한다. 민법은 능동대리에 관한 규정을 준용한다(제114조). 그리고 대리인은 능동대리권이 있으면 수동대리권을 갖는다고 본다(통설).

제2관 대리권

I. 대리권의 의의

1. 대리권의 법적 성질

대리권은 권리가 아니라 행위능력과 같이 법률효과를 발생하게 하는 능력 또는 자격이나 상태이다(통설, 자격설). 따라서 대리권은 대리권한(代理權限)이라고 설명할 수 있다(곽윤직).

2. 기초적 내부관계와 대리권수여관계의 분리

> 제128조(임의대리의 종료) 법률행위에 의하여 수여된 대리권은 전조의 경우 외에 그 원인된 법률관계의 종료에 의하여 소멸한다. 법률관계의 종료 전에 본인이 수권행위를 철회한 경우에도 같다.

민법은 기초적 내부관계와 대리관계를 개념상 분리한다(통설).

Ⅱ. 대리권의 발생원인

1. 법정대리권의 발생원인

(1) 법률의 규정

자에 대한 친권자의 대리권(제911조, 제920조), 후견인의 대리권(제938조), 부부의 일상가사대리권(제827조) 등이 예이다.

(2) 특정인의 지정행위

지정후견인(제931조), 지정유언집행자(제1093조) 등의 대리권이 그 예이다.

(3) 법원의 선임

부재자재산관리인(제23조, 제24조), 상속재산관리인(제1023조 제2항, 제1040조), 유언집행자(제1096조) 등이 그 예이다.

2. 임의대리권의 발생원인(수권행위)

> 제128조(임의대리의 종료) 법률행위에 의하여 수여된 대리권은 전조의 경우 외에 그 원인된 법률관계의 종료에 의하여 소멸한다. 법률관계의 종료 전에 본인이 수권행위를 철회한 경우에도 같다.

(1) 수권행위의 의의

대리인에 대한 본인의 대리권 수여행위를 의미한다. 대리권을 수여하는 수권행위는 불요식의 행위로서 명시적인 의사표시에 의함이 없이 묵시적인 의사표시에 의하여 할 수도 있으며, 어떤 사람이 대리인의 외양을 가지고 행위하는 것을 본인이 알면서도 이의를 하지 아니하고 방임하는 등 사실상의 용태에 의하여 대리권의 수여가 추단되는 경우도 있다(대판 2016.5.26. 2016다203315).

(2) 수권행위의 법적 성질

수권행위는 기초적 내부관계와는 다른 별개의 독립된 것으로서 대리권의 발생만을 목적으로 하는 본인의 단독행위이다. 따라서 대리인이 될 자의 승낙은 필요 없다(통설). 이의 근거로는 제117조, 제128조를 들 수 있다.

(3) 수권행위의 독자성

대리관계는 기초적 법률관계로부터 독립되어 있으며, 또한 대리권의 수여를 목적으로 하는 법률행위(수권행위)는 기초적 내부관계와 독립하여 대리권의 발생만을 목적으로 하는 행위이다(통설). 판례도 "위임과 대리권수여는 별개의 독립된 행위로서 위임은 위임자와 수임자 간의 내부적인 채권채무관계를 말하고 대리권은 대리인의 행위의 효과가 본인에게 미치는 대외적 자격을 말하는 것이므로 위임계약에 대리권수여가 수반되는 일은 있으나 위임계약만으로는 그 효력은 위임자와 수임자 이외에는 미치는 것이 아니므로 구 민법 제655조의 취지는 위임종료의 사유는 이를 상대방에 통지하거나 상대방이 이를 안 때가 아니면 위임자와 수임자 간에는 위임계약에 의한 권리의무관계가 존속한다는 취지에 불과하고 대리권관계와는 아무런 관계가 없는 것이다(대판 1962.5.24. 4294민상251·252)."고 한다.

(4) 수권행위의 유인성

제128조 전단의 규정상 기초적 법률관계가 무효·취소·해제되면 수권행위에도 영향을 미쳐서 그 효력이 상실된다(다수설).

(5) 수권행위의 방식

수권행위는 불요식 행위로서 민법상 특별한 방식을 요구하지는 않으므로, 대리하는 법률행위가 요식행위인 경우에도 수권행위가 그 방식을 따라야 할 이유는 없다(통설).

Ⅲ. 대리권의 범위와 그 제한

1. 대리권의 범위

> 제118조(대리권의 범위) 권한을 정하지 아니한 대리인은 다음 각 호의 행위만을 할 수 있다.
> 1. 보존행위
> 2. 대리의 목적인 물건이나 권리의 성질을 변하지 아니하는 범위에서 그 이용 또는 개량하는 행위

(1) 보존행위

무제한으로 행사할 수 있다. 보존행위는 재산의 가치를 현상 그대로 유지하는 것을 목적으로 하는 행위로서 건물의 수선, 소멸시효의 중단, 미등기부동산의 등기, 기한이 도래한 채무의 변제, 채권의 추심 등이 이에 속한다.

(2) 이용행위

재산의 수익을 도모하는 행위로서 물건의 임대, 금전의 이자부대여 등이 이에 속하며, 대리의 목적인 물건이나 권리의 성질을 변하지 아니하는 범위에서 가능하다.

(3) 개량행위

사용가치 또는 교환가치를 증가시키는 행위로서 건물의 장식, 설비, 무이자의 금전소비대차를 이자부로 하는 행위 등이 이에 속하며, 대리의 목적인 물건이나 권리의 성질을 변하지 아니하는 범위에서 가능하다.

(4) 처분행위

원칙적으로 대리권의 범위에 포함되지 아니한다. 즉 일반적으로 법률행위에 의하여 수여된 대리권은 원인된 법률관계의 종료에 의하여 소멸하는 것이므로 특별한 다른 사정이 없는 한, 본인을 대리하여 금전소비대차 내지 그를 위한 담보권설정계약을 체결할 권한을 수여받은 대리인에게 본래의 계약관계를 해제할 대리권까지 있다고 볼 수 없고(대판 1993.1.15. 92다39365; 대판 2008.1.31. 2007다74713), 사채알선업자에 대하여도 특별수권이 없는 한 해제의 대리권이 없다고 하였다(대판 1997.9.30. 97다23372). 해제권은 형성권이며 처분행위이기 때문이다. 따라서 대여금의 영수권한만을 위임받은 대리인이 대여금채무를 면제할 수는 없고(대판 1981.6.23. 80다3221), 경매입찰대리인의 대리권범위에는 경락허가결정이 있은 후 채권자에 의한 강제경매신청취하에 동의할 권한까지 포함하는 것으로 볼 수 없다(대결 1983.12.2. 83마201). 채무면제, 동의는 형성권으로서 처분행위이기 때문이다. 그리고 예금계약의 체결을 위임받은 자가 가지는 대리권에 당연히 그 예금을 담보로 하여 대부를 받거나 기타 이를 처분할 수 있는 대리권이 포함되어 있는 것은 아니다(대판 1992.6.23. 91다14987).

(5) 판례

1) 소비대차계약체결의 대리권은 그 계약 내용을 이루는 기한을 연기하고 이자와 임금을 수령할 권한이 있다(대판 1948.2.17. 4280민상286).

2) 부동산의 소유자를 대리하여 매매계약을 체결할 권한이 있는 대리인은 특별한 사정이 없는 한 그 잔대금도 수령할 권한이 있다(대판 1991.1.29. 90다9247). 즉 임의대리에 있어서 대리권의 범위는 수권행위(대리권수여행위)에 의하여 정하여지는 것이므로 어느 행위가 대리권의 범위 내의 행위인지의 여부는 개별적인 수권행위의 내용이나 그 해석에 의하여 판단할 것이나, 일반적으로 말하면 수권행위의 통상의 내용으로서의 임의대리권은 그 권한에 부수하여 필요한 한도에서 상대방의 의사표시를 수령하는 이른바 수령대리권을 포함하는 것으로 보아야 한다(대판 2015.12.23. 2013다81019).

3) 수급인이 도급인으로부터 공사대금의 지급에 갈음하여 건물 소유권을 이전받기로 하면서 분양권을 위임받아 건물의 매매대금으로 공사대금에 충당하기로 약정한 경우, 수급인에게 도급인의 대리인으로서 건물을 분양할 수 있는 지위가 인정된다(대판 1999.12.24. 99다35393; 대판 2008.5.15. 2007다14759).

4) 부부가 공동으로 남편 명의의 점포를 운영하면서 처가 점포에 보관 중인 남편의 인감을 이용하여 차용증을 작성하여 주고 금원을 차용한 사안에서 남편이 처에게 점포 운영에 필요한 자금을 자신의 명의로 차용할 권한을 포괄적으로 위임하였다고 볼 여지가 있다(대판 2003.1.24. 2002다64377).

5) 타인의 사망을 보험사고로 하는 보험계약에 있어 피보험자인 타인의 동의는 각 보험계약에 대하여 개별적으로 서면에 의하여 이루어져야 하고 포괄적인 동의 또는 묵시적이거나 추정적 동의만으로는 부족하나, 피보험자인 타인의 서면동의가 그 타인이 보험청약서에 자필 서명하는 것만을 의미하지는 않으므로 피보험자인 타인이 참석한 자리에서 보험계약을 체결하면서 보험계약자나 보험모집인이 타인에게 보험계약의 내용을 설명한 후 타인으로부터 명시적으로 권한을 수여받아 보험청약서에 타인의 서명을 대행하는 경우와 같이, 타인으로부터 특정한 보험계약에 관하여 서면동의를 할 권한을 구체적·개별적으로 수여받았음이 분명한 사람이 권한 범위 내에서 타인을 대리 또는 대행하여 서면동의를 한 경우에도 그 타인의 서면동의는 적법한 대리인에 의하여 유효하게 이루어진 것으로 본다(대판 2006.12.21. 2006다69141).

2. 각자대리

> **제119조(각자대리)** 대리인이 수인인 때에는 각자가 본인을 대리한다. 그러나 법률 또는 수권행위에 다른 정한 바가 있는 때에는 그러하지 아니하다.

(1) 각자대리의 원칙

대리인이 수인인 경우 각자가 본인을 대리하는 것이 원칙이다(제119조).

(2) 공동대리의 예외

1) 공동의 의미

의사결정의 공동을 의미한다는 의사결정의 공동설이 통설이다. 다만 의사표시를 공동으로 해야 한다는 의사표시의 공동설도 있다.

2) 수동대리에 적용여부

수동대리에 있어서는 상대방의 보호와 거래의 편의를 위하여 단독으로 수령할 수 있다는 견해가 다수설이다. 유력설은 명문의 규정이 없다 하여 수동대리의 경우에도 공동수령을 요한다고 한다(곽윤직).

3) 위반효과

공동대리의 제한에 위반하여 1인이 단독으로 대리행위를 한 때에는 권한을 넘은 무권대리행위가 되며, 경우에 따라 제126조의 표현대리가 성립할 것이다.

4) 친권의 표현적 공동행사(제920조의2)

> 제920조의2(공동친권자의 일방이 공동명의로 한 행위의 효력) 부모가 공동으로 친권을 행사하는 경우 부모의 일방이 공동명의로 자를 대리하거나 자의 법률행위에 동의한 때에는 다른 일방의 의사에 반하는 때에도 그 효력이 있다. 그러나 상대방이 악의인 때에는 그러하지 아니한다.

친권자 중 1인이 공동명의로 대리행위를 하였으나 다른 일방의 의사에 반한 경우 상대방이 선의이면 효력이 있다.

3. 자기계약, 쌍방대리

> 제124조(자기계약, 쌍방대리) 대리인은 본인의 허락이 없으면 본인을 위하여 자기와 법률행위를 하거나 동일한 법률행위에 관하여 당사자쌍방을 대리하지 못한다. 그러나 채무의 이행은 할 수 있다.

(1) 본인이 허락한 때

판례는 원고의 소송 복대리인으로서 변론기일에 출석하여 소송행위를 하였던 변호사가 피고의 소송복대리인으로도 출석하여 변론한 경우에, 당사자가 그에 대하여 아무런 이의를 제기하지 않았다면 그 소송행위는 소송법상 완전한 효력이 생긴다고 한다(대판 1995.7.28. 94다44903). 그러나 영농조합법인과 대표이사의 이익이 상반하는 사항에 관하여 대표이사는 대리권이 없다. 그럼에도 대표이사가 민법 제124조를 위반하여 영농조합법인을 대리한 경우에 그 행위는 무권대리행위로서 영농조합법인에 대하여 효력이 없다[1](대판 2018.4.12. 2017다271070). 다만 민법 제124조도 본인의 허락이 없는 자기계약과 쌍방대리를 금지하고 있을 뿐이고, 본인의 허락이 있는 경우에는 자기계약과 쌍방대리가 금지되지 않으므로, 채무자의 '계약체결에 관한 의사표시 및 강제집행을 승낙하는 의사표시'와 '집행증서 작성을 촉탁하는 의사표시'는 구분하여야 한다. 전자의 의사표시를 채무자 본인이 직접 한 이상, 단지 후자의 의사표시에 관한 대리권만을 위임하여 촉탁대리인이 집행증서 작성을 촉탁하도록 하는 것은 민법 제124조에 위배되지 않는다(대판 2020.11.26. 2020두42262). 또한 변호사가 변호사법 제31조 제1항 제1호에 따른 수임제한 규정을 위반한 경우에는 민법 제124조가 적용됨에 따라 원칙적으로 허용되지 않는 무권대리행위에 해당하고, 예외적으로 본인의 허락이 있는 경우에 한하여 효력이 인정될 수 있다. '본인의 허락'이 있는지 여부는 이익충돌의 위험을 회피하기 위한 입법취지에 비추어 쌍방대리행위에 관하여 유효성을 주장하는 자가 주장·증명책임을 부담하고, 이때의 '허락'은 명시된 사전 허락 이외에도 '묵시적 허락' 또는 '사후 추인'의 방식으로도 가능하다(대판 2024.1.4. 2023다225580).

---

[1] 영농조합법인과 대표이사의 이익이 상반하는 사항에 관하여는 구 농어업경영체법 등에 특별히 규정된 것이 없으므로, 민법 중 조합에 관한 규정을 준용하여야 한다. 민법 제709조에 의하면, 조합계약으로 업무집행자를 정하였거나 또는 선임한 때에는 업무집행조합원은 조합의 목적을 달성하는 데 필요한 범위에서 조합을 위하여 모든 행위를 할 대리권이 있는 것으로 추정된다. 또한 민법 제124조는, 대리인은 본인의 허락이 없으면 본인을 위하여 자기와 법률행위를 하지 못한다고 규정하고 있는데, 본인과 대리인 간의 이해의 충돌이 있는 때에도 위 규정이 적용된다.

(2) 채무이행의 경우

기존의 법률관계를 이행하는 것이므로 가능하다. 주식명의개서는 가능하지만, 경개, 대물변제, 다툼이 있는 채무의 이행, 선택채무의 이행, 기한미도래 채무의 변제는 불가능하다. 소유권이전등기신청은 이미 법률관계가 정해진 사항으로서 쌍방대리로 할 수 있다. 그리고 금전출납권이 있는 대리인이 본인에 대하여 채권을 가지고 있는 경우에 본인의 통장에서 예금을 인출하여 변제에 충당하는 경우도 이미 확정되어 있는 법률관계를 결제할 뿐 당사자 간에 새로운 이해관계를 생기게 하는 것이 아니므로 채무의 이행에 해당한다(곽윤직).

> **참조판례** 자기계약, 쌍방대리
>
> 사채알선업자가 대주(貸主)와 차주(借主) 쌍방을 대리하여 소비대차계약과 담보권설정계약을 체결한 경우, 차주가 그 사채알선업자에게 한 변제는 효력이 있으며(대판 1997.7.8. 97다12273), 부동산 입찰절차에서 동일한 물건에 관하여 1인이 2인 이상의 대리인이 된 경우, 그 대리인이 한 입찰행위는 무효라고 한다(대판 2004.2.13. 2003마44). 다만 법정대리인인 친권자가 부동산을 매수하여 이를 그 자에게 증여하는 행위는 미성년자인 자에게 이익만을 주는 행위이므로 친권자와 자 사이의 이해상반행위에 속하지 아니하고, 또 자기계약이지만 유효하다(대판 1981.10.13. 81다649). 그리고 영농조합법인과 대표이사의 이익이 상반하는 사항에 관하여 대표이사는 대리권이 없다. 그럼에도 대표이사가 민법 제124조를 위반하여 영농조합법인을 대리한 경우에 그 행위는 무권대리행위로서 영농조합법인에 대하여 효력이 없다(대판 2018.4.12. 2017다271070).

Ⅳ. 대리권의 남용

1. 의의

대리인이 외형적·형식적으로는 대리권의 범위 내에서 한 행위이지만 본인의 이익을 위해서가 아니라 대리인 자신이나 제3자의 이익을 위해서 대리행위를 하는 경우를 말한다. 이 경우 대리권 남용의 경우를 어떻게 규율할지 견해가 대립된다.

2. 판례

진의 아닌 의사표시가 대리인에 의하여 이루어지고 그 대리인의 진의가 본인의 이익이나 의사에 반하여 자기 또는 제3자의 이익을 위한 배임적인 것임을 그 상대방이 알았거나 알 수 있었을 경우에는, 민법 제107조 제1항 단서의 유추해석상 그 대리인의 행위는 본인의 대리행위로 성립할 수 없으므로 본인은 대리인의 행위에 대하여 아무런 책임이 없으며, 이 때에 그 상대방이 대리인의 표시의사가 진의 아님을 알았거나 알 수 있었는가의 여부는 표의자인 대리인과 상대방 사이에 있었던 의사표시의 형성 과정과 그 내용 및 그로 인하여 나타나는 효과 등을 객관적인 사정에 비추어 합리적으로 판단하여야 한다(대판 1997.12.26. 97다39421). 따라서 미성년자의 법정대리인인 친권자의 법률행위에서도 마찬가지라 할 것이므로, 법정대리인인 친권자의 대리행위가 객관적으로 볼 때 미성년자 본인에게는 경제적인 손실만을 초래하는 반면, 친권자나 제3자에게는 경제적인 이익을 가져오는 행위이고 그 행위의 상대방이 이러한 사실을 알았거나 알 수 있었을 때에는 민법 제107조 제1항 단서의 규정을 유추 적용하여 행위의 효과가 자(子)에게는 미치지 않는다고 해석함이 타당하다(대판 2011.12.22. 2011다64669).

V. 대리권의 소멸

> 제127조(대리권의 소멸사유) 대리권은 다음 각 호의 사유로 소멸한다.
> 1. 본인의 사망
> 2. 대리인의 사망, 성년후견의 개시 또는 파산
>
> 제128조(임의대리의 종료) 법률행위에 의하여 수여된 대리권은 전조의 경우 외에 그 원인된 법률관계의 종료에 의하여 소멸한다. 법률관계의 종료 전에 본인이 수권행위를 철회한 경우에도 같다.

공통의 소멸원인	1. 본인의 사망(제127조 제1호) 2. 대리인의 사망, 성년후견개시 또는 파산(제127조 제2호)
임의대리에 특유한 소멸원인	1. 원인된 법률관계의 종료(제128조 제1문) 법률행위에 의하여 수여된 대리권은 전조의 경우 외에 그 원인된 법률관계의 종료에 의하여 소멸한다. 2. 수권행위의 철회(제128조 제2문) 법률관계의 종료 전에 본인이 수권행위를 철회한 경우에도 같다. 3. 본인의 파산 본인이 파산한 경우에도 임의대리권이 소멸하는가에 대하여 본인의 파산을 임의대리권 소멸의 일반적인 사유로 삼는 견해와 제128조 전단의 '원인된 법률관계의 종료(제690조)'에 의한 대리권 소멸로 취급하면 충분하다는 견해가 대립하지만, 결과에서 양설의 차이는 없다.
법정대리에 특유한 소멸원인	법정대리권의 발생에서와 마찬가지로 그 소멸 역시 개개의 규정에 의한다. 즉 법원의 개임(제23조, 제1023조), 대리권 상실선고(제924조, 제925조, 제940조, 제1106조), 법원의 허가를 얻어서 하는 법정대리인의 사퇴(제927조, 제939조, 제1105조, 제1106조), 대리권 발생의 원인된 사실관계의 소멸(본인의 성년·성년후견개시심판의 종료) 등이 그러하다.

1. 대리권의 소멸원인

대리권의 소멸원인은 임의대리와 법정대리에 공통되는 원인과 특유한 소멸원인이 있다. 법정대리에 특유한 소멸원인은 개별적으로 규정하고 있다(제22조 제2항, 제23조, 제924조, 제925조, 제927조, 제937조, 제939조, 제957조 등). 그리고 이하에서는 법정대리·임의대리에 공통되는 소멸원인과 임의대리에 특유한 소멸원인을 살펴보기로 한다.

2. 공통적인 소멸 원인

(1) 본인의 사망

1) 원칙

법정대리에서 본인이 사망하는 경우에는 대리의 필요성이 없으므로, 대리권은 소멸한다. 그리고 임의대리도 본인과 대리인 사이의 신뢰관계를 전제로 하므로, 본인이 사망한 경우 본인의 대리인을 상속인의 대리인으로 하는 것은 부적절하다. 따라서 법정대리, 임의대리 모두 본인이 사망하면 대리권도 소멸한다.

2) 예외

① 임의대리에서 기초되는 법률관계가 본인이 사망한 후에도 존속하고 있다면, 그 범위에서 대리권도 존속한다고 보아야 한다. 예를 들어 위임인이 사망하여 위임계약이 종료한 경우에도(제690조), 그 상속인이 위임사무를 처리할 수 있을 때까지 수임인은 그 사무의 처리를 계속하여야 하므로(제691조), 수임인의 대리권은 존속한다고 본다.

② 상법 제50조는 상행위의 위임에 의한 대리권은 본인의 사망으로 소멸하지 않는다고 규정하고 있다. 상사대리권은 민법 제127조 제1호가 적용되지 않는다.

> **상법 제50조(대리권의 존속)** 상인이 그 영업에 관하여 수여한 대리권은 본인의 사망으로 인하여 소멸하지 아니한다.

(2) 대리인의 사망

법정대리든 임의대리든 대리인이 사망한 경우에는 그의 상속인을 대리인으로 할 수는 없으므로, 대리권은 소멸한다. 대리인이 사망한 후에도 기초되는 법률관계가 존속되는 경우에는 대리인의 대리권은 소멸하지 않는다고 보아야 한다. 예를 들어 수임인이 사망하여 위임이 종료한 경우에는 수임인의 상속인은 위임인이 위임사무를 처리할 수 있을 때까지 그 사무의 처리를 계속하여야 하므로(제691조), 수임인의 상속인이 대리인이 된다고 본다.

(3) 대리인의 성년후견개시 또는 파산

피성년후견인도 의사능력이 있다면 임의대리인이 될 수 있다(제117조). 그리고 파산선고 받은 자도 임의대리인이 될 수 있다. 그러나 대리인이 된 후에 피성년후견인이 되거나 파산이 되는 경우에는 신임관계나 경제적인 신용관계는 소멸한다고 보아야 하므로, 대리권도 소멸한다.

3. 임의대리에 특유한 소멸원인

(1) 원인된 법률관계의 종료

수권행위는 원인된 법률관계의 수단이 되는 것이 통상적이므로, 원인된 법률관계가 종료하면 대리권도 소멸한다. 예를 들어 위임계약이 종료하면 대리권도 소멸하는 것이다. 다만 이는 임의규정이므로, 본인은 원인된 법률관계가 종료한 후에도 대리권만 그대로 존속시킬 수 있다.

(2) 수권행위의 철회

수권행위가 철회되면 임의대리권은 소멸한다. 특히 이 조항은 수권행위의 성격이 상대방 있는 단독행위가 된다는 것을 의미하는 유력한 근거가 된다(곽윤직·김재형). 또한 철회의 상대방은 대리인 또는 대리행위의 상대방이 된다. 그리고 제128조는 임의규정이므로, 원인된 법률관계의 종료 전에 수권행위를 철회하지 않겠다는 특약은 유효하다고 보아야 한다.

(3) 본인의 파산

본인이 파산한 경우 임의대리권이 소멸하는 지가 문제가 된다. 위임계약과 수권행위는 본인과 대리인의 신뢰관계를 전제로 하는 점에서 유사한 면이 있으므로, 위임에서 본인의 파산이 위임계약 종료사유가 되는 것과 마찬가지로 본인의 파산을 임의대리권 소멸의 원인이 된다고 본다(다수설). 이에 대하여 파산이 되면 위임계약이 종료하고, 이는 제128조 전단의 '원인된 법률관계의 종료(제690조)'에 의한 대리권 소멸로 취급하면 충분하므로, 본인의 파산으로 당연히 대리권이 소멸한다고 볼 필요는 없다는 견해도 유력하다(곽윤직·김재형, 송덕수).

제3관 대리행위

I. 현명주의

제114조(대리행위의 효력) ① 대리인이 그 권한 내에서 본인을 위한 것임을 표시한 의사표시는 직접 본인에 대하여 효력이 생긴다.
② 전항의 규정은 대리인에게 대한 제3자의 의사표시에 준용한다.

제115조(본인을 위한 것임을 표시하지 아니한 행위) 대리인이 본인을 위한 것임을 표시하지 아니한 때에는 그 의사표시는 자기를 위한 것으로 본다. 그러나 상대방이 대리인으로서 한 것임을 알았거나 알 수 있었을 때에는 전조 제1항의 규정을 준용한다.

상법 제48조(대리의 방식) 상행위의 대리인이 본인을 위한 것임을 표시하지 아니하여도 그 행위는 본인에 대하여 효력이 있다. 그러나 상대방이 본인을 위한 것임을 알지 못한 때에는 대리인에 대하여도 이행의 청구를 할 수 있다.

1. 현명의 법적 성질

현명이란 대리인이 법률행위를 할 때 그 효과가 본인에게 발생한다는 것을 표시하는 것을 말한다. 통설은 대리행위의 효과가 본인에게 귀속되는 이유는 대리인의 대리적 효과의사 때문이고, 현명은 이러한 대리적 효과의사를 표시하는 의사표시라고 한다. 따라서 법률효과가 직접 본인에게 귀속하는 것은 대리행위의 효과가 대리인의 대리적 효과의사, 즉 대리인의 의사표시에 기하여 주어지기 때문이라고 본다.

2. 현명의 방법

(1) 비요식성

현명의 방식에는 제한이 없다. 따라서 구체적인 서면이 아니라 구두(말)에 의해서도 무방하다(통설, 판례). 대리에 있어 본인을 위한 것임을 표시하는 이른바 현명은 반드시 명시적으로만 할 필요는 없고 묵시적으로도 할 수 있는 것이고, 채권양도통지를 함에 있어 현명을 하지 아니한 경우라도 채권양도통지를 둘러싼 여러 사정에 비추어 양수인이 대리인으로서 통지한 것임을 상대방이 알았거나 알 수 있었을 때에는 민법 제115조 단서의 규정에 의하여 유효하다(대판 2004.2.13. 2003다43490).

(2) 본인의 특정성

현명한다는 것이 반드시 본인의 이름을 밝혀야 하는 것을 뜻하지는 않는다. 즉 현명을 통해서 대리인의 법률행위가 타인을 위하여 하는 행위임이 명백하면 그것으로 충분하다. 그리고 민법 제114조에서 말하는 "본인을 위한 것"임을 표시해야 한다는 것은 대리의사를 표시하여 본인에게 효과를 귀속시키려는 의사를 뜻한다. 즉 "본인의 이익을 위하여"라는 뜻은 아니다. 따라서 대리권 남용의 행위도 일단은 대리행위에 해당한다.

(3) 대리의사의 표시방법

1) 현명의 표시

"甲의 대리인 A"라고 하는 것이 보통이나, 반드시 요구하는 방식은 아니며, 회사원, 직명 등을 적는 것도 무방하다. 判例는 "회사 기타 법인의 대리인이 어음행위를 하려면 어음상에 대리관계를 표시하여야 하는 바, 그 표시방법에 대하여 특별한 규정이 없으므로 어음상에 대리인 자신을 위한 어음행위가 아니고 본인을 위하여 어음행위를 한다는 취지를 인식할 수 있을 정도의 표시가 있으면 된다(대판 1973.12.26. 73다1436)."고 한다. 따라서 현명을 함에 있어서 '甲보험 주식회사 영업소장 乙'이라는 표시는 甲보험 주식회사의 대리관계표시로서 적법하다고 볼 수 있다. 그리고 실제로는 대리인이 자기의 이름을 표시하지 않고서 마치 본인 자신이 하는 것과 같은 외관으로 행위를 하는 경우가 있다. 예를 들어 계약서 등의 서면에 본인의 이름만을 적고 본인의 인장을 찍는 방법으로 대리행위를 하는 경우로서, 대리인에게 대리의사가 있는 것으로 인정되는 한 유효한 대리행위로 보아야 할 것이다[기관방식 또는 서명대리방식, 주석 민법총칙(3), 43면]. 또한 매매위임장을 제시하고 매매계약을 체결하는 자는 특단의 사정이 없는 한 소유자를 대리하여 매매행위하는 것이라고 보아야 하고 매매계약서에 대리관계의 표시없이 그 자신의 이름을 기재하였다고 해서 그것만으로 그 자신이 매도인으로서 타인물을 매매한 것이라고 볼 수는 없다(대판 1982.5.25. 81다1349, 81다카1209). 그리고 判例는 "조합의 어음행위는 전조합원의 어음상의 서명에 의한 것은 물론 대표조합원이 그 대표자격을 밝히고 조합원 전원을 대리하여 서명 경우에도 유효하다(대판 1970.8.31. 70다1360)."고 한다. 이 경우 업무집행조합원이 법률상 대리인으로서 본인의 이름을 나타내는 현명의 방법으로 모든 조합원이 아니라 조합 자체를 내세울 수 있다면 상대방이 모든 조합원을 조사하여야 하는 불편을 제거할 수 있다고 한다(이시윤).

2) 현명의 하지 아니한 경우

대리에 있어 본인을 위한 것임을 표시하는 이른바 현명은 반드시 명시적으로만 할 필요는 없고 묵시적으로도 할 수 있는 것이고, 채권양도통지를 함에 있어 현명을 하지 아니한 경우라도 채권양도통지를 둘러싼 여러 사정에 비추어 양수인이 대리인으로서 통지한 것임을 상대방이 알았거나 알 수 있었을 때에는 민법 제115조 단서의 규정에 의하여 유효하다(대판 2004.2.13. 2003다43490).

(4) 무권대행의 문제

행위자가 타인 명의로 계약을 체결한 경우는 계약당사자의 확정이 문제가 된다(대판 2018.1.25. 2016다238212). 판례는 "계약을 체결하는 행위자가 타인의 이름으로 법률행위를 한 경우에 행위자 또는 명의인 가운데 누구를 계약의 당사자로 볼 것인가에 관하여는, 우선 행위자와 상대방의 의사가 일치한 경우에는 그 일치한 의사대로 행위자 또는 명의인을 계약의 당사자로 확정하여야 할 것이고, 행위자와 상대방의 의사가 일치하지 않는 경우에는 그 계약의 성질·내용·목적·체결 경위 등 그 계약 체결 전후의 구체적인 제반 사정을 토대로 상대방이 합리적인 사람이라면 행위자와 명의자 중 누구를 계약당사자로 이해할 것인가에 의하여 당사자를 결정하여야 한다(대판 2003.9.5. 2001다32120; 대판 2016.3.10. 2015다240768)."고 본다. 특히 어떤 사람이 타인을 통하여 부동산을 매수함에 있어 매수인 명의 및 소유권이전등기 명의를 그 타인 명의로 하기로 하였다면 이와 같은 매수인 및 등기 명의의 신탁관계는 그들 사이의 내부적인 관계에 불과한 것이므로 특별한 사정이 없는 한 대외적으로는 그 타인을 매매 당사자로 보아야 한다.

Ⅱ. 대리행위의 하자

> 제116조(대리행위의 하자) ① 의사표시의 효력이 의사의 흠결, 사기, 강박 또는 어느 사정을 알았거나 과실로 알지 못한 것으로 인하여 영향을 받을 경우에 그 사실의 유무는 대리인을 표준하여 결정한다.
> ② 특정한 법률행위를 위임한 경우에 대리인이 본인의 지시에 좇아 그 행위를 한 때에는 본인은 자기가 안 사정 또는 과실로 인하여 알지 못한 사정에 관하여 대리인의 부지를 주장하지 못한다.

매수인이 대리인을 통하여 분양택지 매수지분의 매매계약을 체결한 경우, 대리행위의 하자의 유무는 대리인을 표준으로 판단하여야 하므로, 대리인이 매도인과 분양자와의 매매계약에 있어서 매수인의 1인으로서 그 계약 내용, 잔금의 지급 기일, 그 지급 여부 및 연체 지연손해금 액수에 관하여 잘 알고 있었다고 인정되는 때에는, 설사 매수인이 연체 지연손해금 여부 및 그 액수에 관하여 모른 채로 대리인에게 대리권을 수여하여 매도인과의 사이에 그 매매계약을 체결하였다고 하더라도, 매수인으로서는 그 자신의 착오를 이유로 매도인과의 매매계약을 취소할 수는 없게 되었다고 볼 여지가 있다(대판 1996.2.13. 95다41406). 그리고 대리인에 의하여 법률행위가 이루어진 경우 그 법률행위가 민법 제104조의 불공정한 법률행위에 해당하는지 여부를 판단함에 있어서 경솔과 무경험은 대리인을 기준으로 하여 판단하고, 궁박은 본인의 입장에서 판단하여야 한다(대판 2002.10.22. 2002다38927). 궁박은 효과적인 측면이고 경솔, 무경험은 행위적 측면이기 때문이다.

Ⅲ. 대리인의 능력

> 제117조(대리인의 행위능력) 대리인은 행위능력자임을 요하지 아니한다.

1. 의사능력

대리인이 법률행위를 할 수 있는 의사능력은 갖추고 있어야 한다(통설).

2. 행위능력

대리인은 행위능력자임을 요하지 않는다(통설). 따라서 대리인이 제한능력자임을 이유로 본인은 대리행위를 취소할 수도 없다. 그리고 제117조는 수동대리에도 적용된다(통설).

제4관 대리의 효과

Ⅰ. 법률효과의 귀속

> 제114조(대리행위의 효력) ① 대리인이 그 권한 내에서 본인을 위한 것임을 표시한 의사표시는 직접본인에게 대하여 효력이 생긴다.
> ② 전항의 규정은 대리인에게 대한 제3자의 의사표시에 준용한다.

1. 법률효과의 귀속

대리행위의 효과는 직접 본인에게 귀속한다(제114조 제1항).

2. 법률행위에 따른 효과의 범위

대리행위의 법률효과는 의사표시에 의한 1차적 법률효과와 의사표시의 직접적 효과가 아닌 2차적 효과로 나눌 수 있다. 예를 들어 소유권이전등기청구권은 전자에, 하자담보청구권이나 사기·강박을 이유로 한 취소권은 후자에 속한다(통설).

3. 불법행위와 사실행위에 대한 대리의 효과

불법행위나 사실행위의 대리는 성립하지 않으므로, 불법행위와 사실행위의 효과는 본인이 아닌 대리인에게 발생한다.

Ⅱ. 본인의 능력

본인이 스스로 법률행위를 하는 것이 아니므로 의사능력이나 행위능력을 가질 필요는 없다. 하지만 법률행위의 효과가 본인에게 귀속하므로 권리능력은 가지고 있어야 한다(통설). 다만 본인이 수권행위나 그 원인이 되는 법률관계를 형성하기 위해서는 의사능력과 행위능력이 필요할 수밖에 없다(통설).

제5관 복대리

I. 의의

복대리인은 대리인이 그의 권한 내의 행위를 행하게 하기 위하여 "대리인 자신"의 이름으로 선임한 "본인"의 대리인이다. 즉 대리인의 대리인이 아니다. 특히 이 선임권을 "복임권", 선임행위를 복임행위라 한다. 그리고 복대리인은 임의대리인이 선임하였든 법정대리인이 선임하였든 수권행위에 의해 선임된 대리인이므로, 모두 임의대리인이다.

II. 대리인의 복임권과 책임

1. 임의대리인과 법정대리인의 복임권과 책임

(1) 대리인에게 복임권이 있는지, 그 책임은 어떠한지가 임의대리인과 법정대리인에 있어 차이가 있다.
(2) 즉 임의대리인은 본인의 수권을 받아 대리인이 된 자이고, 언제든지 사임할 수 있는 자이므로 예외적으로 복임권을 인정하면서, 그 책임은 경감하고 있다.
(3) 그에 반해 법정대리인은 본인의 수권을 받아 대리인이 된 자가 아니고, 그 권한도 넓고 사임도 쉽지 않으므로, 원칙적으로 복임권이 인정된다. 다만 그 책임을 가중시키고 있다.

2. 임의대리인의 복임권

(1) 요건

> 제120조(임의대리인의 복임권) 대리권이 법률행위에 의하여 부여된 경우에는 대리인은 본인의 승낙이 있거나 부득이한 사유 있는 때가 아니면 복대리인을 선임하지 못한다.

1) 내용

원칙적으로 임의대리인은 복임권이 없다. 본인과 신임관계가 있고, 언제든지 사임할 수 있기 때문이다. 다만 본인의 승낙이 있거나 부득이한 사유가 있는 경우에는 예외적으로 복임권이 있다. 여기에서 부득이한 사유란 본인의 소재불명 등으로 본인의 승낙을 얻을 수 없거나 사임을 할 수 없는 경우를 의미한다. 제120조의 요건에 위반한 복대리인은 무권대리인이 된다. 그리고 법인의 이사는 정관 또는 총회의 결의로 금지하지 아니한 사항에 한하여 타인으로 하여금 특정한 행위를 대리하게 할 수 있으므로(제62조), 일반적인 임의대리보다 넓은 범위에서 복임권이 인정된다.

2) 판례

① 대리의 목적인 법률행위의 성질상 대리인 자신에 의한 처리가 필요하지 아니한 경우에는, 본인이 복대리인 선임금지의 의사를 명시하지 아니하는 한, 복대리인 선임에 관하여 묵시적 승낙이 있는 것으로 보는 것이 타당하지만 오피스텔 분양 업무는 성질상 대리인 자신에 의한 처리가 필요한 경우에 해당한다(대판 1996.1.26. 94다30690).

② 아버지가 아들의 채무에 대한 담보제공을 위하여 아들에게 인감도장과 인감증명서를 교부한 사안에서, 아들에게 복임권을 포함하여 일체의 대리권을 부여한 것으로 보아, 그 아들로부터 다시 그 인감도장과 인감증명서를 교부받은 제3자가 이를 이용하여 타인에게 설정해 준 근저당권설정등기는 유효하다(대판 1996.2.9. 95다10549).

③ 甲이 채권자를 특정하지 아니한 채 부동산을 담보로 제공하여 금원을 차용해 줄 것을 乙에게 위임하였고, 乙은 이를 다시 丙에게 위임하였으며, 丙은 丁에게 위 부동산을 담보로 제공하고 금원을 차용하여 乙에게 교부하였다면, 乙에게 위 사무를 위임한 甲의 의사에는 '복대리인 선임에 관한 승낙'이 포함되어 있다고 봄이 타당하다(대판 1993.8.27. 93다21156).

(2) 책임

> 제121조(임의대리인의 복대리인 선임의 책임) ① 전조의 규정에 의하여 대리인이 복대리인을 선임한 때에는 본인에게 대하여 그 선임감독에 관한 책임이 있다.
> ② 대리인이 본인의 지명에 의하여 복대리인을 선임한 경우에는 그 부적임 또는 불성실함을 알고 본인에 대한 통지나 그 해임을 태만한 때가 아니면 책임이 없다.

1) 임의대리인이 복대리인을 선임하는 경우에는 복대리인의 행위에 대해 무조건 책임을 지는 것이 아니라, 그 선임·감독에 대해서만 책임을 진다. 따라서 적임이 아닌 자를 선임하거나 또는 그 감독을 게을리하여 본인에게 손해를 준 경우에만 임의대리인이 책임을 진다.
2) 대리인이 본인의 "지명"에 의해 복대리인을 선임했다면, 그 책임은 더 경감되어 그 부적임 또는 불성실함을 알고 본인에게 대한 통지나 그 해임을 태만한 때에 한해서 책임이 있다.

3. 법정대리인의 복임권

> 제122조(법정대리인의 복임권과 그 책임) 법정대리인은 그 책임으로 복대리인을 선임할 수 있다. 그러나 부득이한 사유로 인한 때에는 전조 제1항에 정한 책임만이 있다.

(1) 복임권의 내용

법정대리인은 언제든지 복임권이 있다(제122조 본문). 그 이유는 법정대리인은 본인의 부탁으로 된 것이 아니며, 임의로 사임할 수 없을 뿐만 아니라 본인에게 복대리 승낙을 대리인에게 줄 능력이 없는 수가 많고(미성년자, 피후견인), 일반적으로 법정대리인의 권한은 넓은데 그것을 전적으로 법정대리인 자신만이 꼭 처리하도록 강요하는 것은 너무 가혹하다고 보기 때문이다.

(2) 복대리인의 행위에 대한 책임

선임, 감독에 있어서의 과실의 유무를 묻지 않고서 <u>모든 책임을 진다</u>(무과실책임, 제122조 본문). 다만 <u>부득이한 사유로 복대리인을 선임한 경우</u>에는 그 책임이 경감된다. 경감되는 책임은 임의대리인의 책임과 같다.

Ⅲ. 복대리인의 지위

> 제123조(복대리인의 권한) ① 복대리인은 그 권한 내에서 본인을 대리한다.
> ② 복대리인은 본인이나 제3자에 대하여 대리인과 동일한 권리의무가 있다.

1. 복대리인과 제3자(상대방)과의 관계

복대리인은 대리인의 대리인이 아니라 본인의 대리인이다. 따라서 제3자에 대한 관계에서도 본인의 대리인이다. 제123조 제2항에서 "복대리인은 제3자에 대하여 대리인과 동일한 권리의무가 있다."고 한 것은 그러한 취지이다. 따라서 복대리인에 대해서도 대리의 일반규정이 그대로 적용된다.

2. 복대리인과 본인과의 관계

복대리인은 본인에 대하여 대리인과 동일한 권리의무가 있다. 복대리인은 대외적으로는 본인의 대리인이지만, 실제로는 대리인에 의하여 선임된 것이므로 원래는 본인과 아무 관계가 없다. 그러나 복대리인의 행위는 본인에게 그 효과가 미치므로, 본인과 복대리인 사이에도 본인과 대리인 사이와 마찬가지로 내부관계를 인정하는 것이 타당하기 때문에 제123조 제2항이 마련되어 있다. 따라서 대리인이 본인과 위임관계에 있다면, 복대리인도 본인의 수임인으로서 대리행위를 하는데 있어서 선관주의의무(제681조), 수령한 금전 등의 인도의무(제684조), 비용상환청구권(제688조), 대리인이 받을 수 있는 것과 동일한 보수청구권(제686조) 등을 가진다.

3. 복대리인과 대리인과의 관계

복대리인은 대리인의 지휘·감독을 받고, 복대리인의 대리권은 대리인의 대리권에 의존하고 그 범위는 대리인의 대리권 범위로 제한된다. 그리고 대리인의 대리권은 복대리인의 선임에 의해 소멸하는 것은 아니다.

Ⅳ. 복대리인의 복임권

복대리인이 다시 복대리인을 선임할 수 있는지 문제되지만, 통설은 실제상의 필요가 있으므로, 이를 긍정한다. 다만 복대리인은 임의대리인이므로, 임의대리인과 동일한 요건하에 복임권을 가진다.

Ⅴ. 복대리권의 소멸

복대리권은 대리권의 일반적인 소멸원인(제127조), 대리인과 복대리인 사이의 기초적 법률관계의 종료(제128조 전단), 복임행위의 하자, 복임행위에 대한 대리인의 철회(제128조 후단)에 의해서 소멸한다. 그리고 복대리권은 대리인의 대리권을 전제로 하므로 대리권이 소멸하면 복대리권도 소멸한다.

제6관 무권대리

Ⅰ. 총설

통설은 (광의의) 무권대리는 (협의의) 무권대리와 표현대리가 포함된다고 한다. 이 경우 협의의 무권대리와 표현대리의 차이는 제135조 적용여부라고 한다. 판례는 "유권대리에 있어서는 본인이 대리인에게 수여한 대리권의 효력에 의하여 법률효과가 발생하는 반면 표현대리에 있어서는 대리권이 없음에도 불구하고 법률이 특히 거래상대방 보호와 거래안전유지를 위하여 본래 무효인 무권대리행위의 효과를 본인에게 미치게 한 것으로서 표현대리가 성립된다고 하여 무권대리의 성질이 유권대리로 전환되는 것은 아니므로, 양자의 구성요건 해당사실 즉 주요사실은 다르다고 볼 수 밖에 없으니 유권대리에 관한 주장 속에 무권대리에 속하는 표현대리의 주장이 포함되어 있다고 볼 수 없다(대판 1983.12.13. 83다카1489 전합, 불포함설)."고 본다.

Ⅱ. 표현대리

1. 제125조 표현대리

> 제125조(대리권수여의 표시에 의한 표현대리) 제3자에 대하여 타인에게 대리권을 수여함을 표시한 자는 그 대리권의 범위 내에서 행한 그 타인과 그 제3자간의 법률행위에 대하여 책임이 있다. 그러나 제3자가 대리권 없음을 알았거나 알 수 있었을 때에는 그러하지 아니하다.

(1) 요건

1) 본인이 제3자에 대하여 어떤 자에게 대리권을 수여하였음을 표시할 것

① 대리권수여표시의 법적 성질은 관념의 통지이다(통설). 민법 제125조가 규정하는 대리권 수여의 표시에 의한 표현대리는 본인과 대리행위를 한 자 사이의 기본적인 법률관계의 성질이나 그 효력의 유무와는 관계없이 어떤 자가 본인을 대리하여 제3자와 법률행위를 함에 있어 본인이 그 자에게 대리권을 수여하였다는 표시를 제3자에게 한 경우에 성립한다(대판 2007.8.23. 2007다23425).

② 판례는 명의의 사용승인은 대리권 수여표시에 해당한다고 하면서 대리권수여표시는 반드시 대리권 또는 대리인이라는 말을 사용하여야 하는 것이 아니라 사회통념상 대리권을 추단할 수 있는 직함이나 명칭 등의 사용을 승낙 또는 묵인한 경우에도 대리권 수여의 표시가 있는 것으로 본다(대판 1998.6.12. 97다53762). 따라서 호텔 등의 시설이용 우대회원 모집계약을 체결하면서 자신의 판매점, 총대리점 또는 연락사무소 등의 명칭을 사용하여 모집 안내를 하거나 입회계약체결을 승낙 또는 묵인하였다면 제125조의 표현대리가 성립할 수 있다고 하였다.

③ 하지만 판례는 파출수납의 방법에 의한 예금 입·출금은 금융기관 직원 자신의 직무를 수행하는 것에 불과하고, 고객이 직원에게 예금 입·출금과 관련한 대리권을 수여하였다거나 그 수여의 의사를 표시한 것으로 볼 수는 없다고 하여 표현대리의 법리를 인정하지 않았다(대판 2001.2.9. 99다48801). 다만 타인간의 거래에 있어 단지 세무회계상의 필요로 자기의 납세번호증을 이용하게 한 사실 만으로서는 그 거래에 관한 대리권을 수여하였음을 표시하였거나 또는 자기의 명의(상호)를 대여하였다고 보기 어렵다(대판 1978.6.27. 78다864).

2) **그 통지에서 수여하였다고 표시된 대리권 범위 내에서 행한 법률행위일 것**

이를 넘은 경우는 제126조의 표현대리가 문제된다.

3) **상대방의 선의, 무과실**

악의 및 과실의 증명책임은 본인에게 있다(본인증명책임설, 통설, 판례).

(2) 적용범위

1) 임의대리에 한한다(통설). 즉 제125조는 본인이 제3자에게 자기의 의사로 타인에게 대리권을 수여하였다는 표시를 하는 경우를 뜻하므로 본인의 의사와는 관계없이 법정대리에는 적용이 될 여지가 없다. 판례도 "호적상으로만 친권자로 되어 있는 자를 믿고 거래한 때에는 상대방은 보호받지 못 한다(대판 1955.5.12. 4287민상208)."고 하여 동일한 입장이다[1].

2) 이행지체가 있으면 즉시 강제집행을 하여도 이의가 없다는 강제집행 수락의사표시는 소송행위라 할 것이고, 이러한 소송행위에는 민법상의 표현대리규정이 적용 또는 유추적용 될 수는 없다(대판 1983. 2.8. 81다카621).

3) 지방자치단체가 사경제의 주체로서 법률행위를 하였을 때에는 표현대리에 관한 법리가 적용된다(대판 1961.12.28. 4294민상204 참고).

(3) 효과

1) 본인은 무권대리인의 대리행위에 대하여 책임을 부담한다. 표현대리는 상대방이 이를 주장할 때 문제되는 것이고 반대로 본인 쪽에서는 주장하지 못한다. 상대방은 철회권을 행사할 수 있고(제134조), 본인에 대하여 추인 여부의 확답을 최고할 수 있다(제131조).

2) 본인은 추인함으로써 상대방의 철회권을 소멸시킬 수 있다.

2. 제126조 표현대리

> **제126조(권한을 넘은 표현대리)** 대리인이 그 권한 외의 법률행위를 한 경우에 제3자가 그 권한이 있다고 믿을 만한 정당한 이유가 있는 때에는 본인은 그 행위에 대하여 책임이 있다.

---

1) 주석 민법, 총칙(3), 127면

(1) 요건

1) 기본대리권의 존재

① 임의대리권, 법정대리권, 일상가사대리권(제827조[1]), 사자권(使者權), 복대리권, 표현대리권(대판 2008.1.31. 2007다74713), 사인의 공법행위를 할 권한 등이 포함된다. 특히 일상가사대리에 대하여 판례는 "처가 특별한 수권 없이 남편을 대리하여 타인을 위한 보증행위를 하였을 경우에 그것이 민법 제126조 소정의 표현대리가 되려면 처에게 일상가사대리권이 있었다는 것만이 아니라 상대방이 처에게 남편이 그 행위에 관한 대리의 권한을 주었다고 믿었음을 정당화할 만한 객관적인 사정이 있어야 한다(대판 1998.7.10. 98다18988)."고 하였다. 그리고 사자에 대하여 판례는 "대리인이 사자 내지 임의로 선임한 복대리인을 통하여 권한 외의 법률행위를 한 경우, 상대방이 그 행위자를 대리권을 가진 대리인으로 믿었고 또한 그렇게 믿는 데에 정당한 이유가 있는 때에는, 복대리인 선임권이 없는 대리인에 의하여 선임된 복대리인의 권한도 기본대리권이 될 수 있을 뿐만 아니라, 그 행위자가 사자라고 하더라도 대리행위의 주체가 되는 대리인이 별도로 있고 그들에게 본인으로부터 기본대리권이 수여된 이상, 민법 제126조를 적용함에 있어서 기본대리권의 흠결문제는 생기지 않는다(대판 1998.3.27. 97다48982)."고 한다.

② 사실행위에 관한 권한

판례 중에는 사실행위를 위한 使者인 경우에도 기본대리권의 존재를 긍정한 것도 있고(대판 1962.2.8. 4294민상192), "민법 제126조의 표현대리가 성립하기 위하여는 무권대리인에게 법률행위에 관한 기본대리권이 있어야 하는바, 증권회사로부터 위임받은 고객의 유치, 투자 상담 및 권유, 위탁매매약정실적의 제고 등의 업무는 사실행위에 불과하므로 이를 기본대리권으로 하여서는 권한초과의 표현대리가 성립할 수 없다(대판 1992.5.26. 91다32190)."고 하여 부정하는 것도 있다.

2) 대리인이 권한 밖의 대리행위를 하였을 것

① 표현대리인과 상대방 사이에 대리행위가 있어야 한다. 대리행위는 원칙적으로 현명의 구조를 갖추어 대리적 구조를 성립시킨 행위이며 대리행위로 인정될 만한 것이 없다면 비록 상대방의 신뢰가 있더라도 제126조가 적용될 여지는 없다(대판 2001.1.19. 99다67598). 판례는 "<u>사술</u>"을 써서 위와 같은 대리행위의 표시를 하지 아니하고 단지 본인의 성명을 "<u>모용</u>"하여 자기가 마치 본인인 것처럼 기망하여 본인 명의로 직접 법률행위를 한 경우에는 특별한 사정이 없는 한 위 법조 소정의 표현대리는 성립될 수 없다. 즉 처가 제3자를 남편으로 가장시켜 관련 서류를 위조하여 남편 소유의 부동산을 담보로 금원을 대출받은 경우, 남편에 대한 민법 제126조 소정의 표현대리책임을 부정한다(대판 2002.6.28. 2001다49814). 이와 비교하여 <u>대리인이 본인임을 "사칭"하고 본인을 가장하여 은행과 근저당권설정계약을 체결한 행위에 대해 권한을 넘은 표현대리의 법리를 유추 적용한 것은 정당하다</u>(대판 1988.2.9. 87다카273). 따라서 본인으로부터 아파트에 관한 임대 등 일체의 관리권한을 위임받아 본인으로 가장하여 아파트를 임대한 바 있는 대리인이 다시 자신을 본인으로 가장하여 임차인에게 아파트를 매도하는 법률행위를 한 경우에는 권한을 넘은 표현대리의 법리를 유추적용하여 본인에 대하여 그 행위의 효력이 미친다고 볼수 있다(대판 1993.2.23. 92다52436).

---

[1] 제827조(부부간의 가사대리권) ① 부부는 일상의 가사에 관하여 서로 대리권이 있다.

② 대리행위는 기본대리권과 다른 종류의 것이라도 무방하다. 판례는 기본대리권이 공법상의 권리(등기신청권)이고, 표현대리행위가 사법상의 행위일지라도 제126조의 표현대리는 적용된다고 하고(대판 1978.3.28. 78다282), 구청에 대한 영업허가신청의 경우에도 가능하다고 한다(대판 1965.3.30. 65다44).

③ 강행규정위반의 대리행위이어서는 안 된다. 따라서 주택조합의 대표자가 조합원 총회의 결의를 거치지 아니하고 건물을 처분한 행위에 관하여 민법 제126조 표현대리에 관한 규정을 준용할 수 없다. 판례는 주택조합이 주체가 되어 신축 완공한 건물로서 일반에게 분양되는 부분은 조합원 전원의 총유에 속하며, 총유물의 관리 및 처분에 관하여 주택조합의 정관이나 규약에 정한 바에 따라야 하고, 그에 관한 정관이나 규약이 없으면 조합원 총회의 결의에 의하여야 할 것이며, 그와 같은 절차를 거치지 않은 행위는 무효라고 본다(대판 2001.5.29. 2000다10246; 대판 2003.7.11. 2001다73626). 그리고 주식거래에 관한 투자수익보장약정이 강행법규의 위반으로 무효인 경우, 그러한 약정을 체결할 권한이 수여되었는지 여부와 관계없이 표현대리에 관한 법리가 적용될 수 없다.

3) 상대방이 월권행위를 할 권한이 있다고 믿는 데 정당한 이유가 있을 것
4) 제3자는 권한을 넘은 <u>대리행위의 직접 상대방만을 의미한다</u>[2](대판 1994.5.27. 93다21521).

(2) 정당한 이유

1) 의의

대리행위 당시 상대방이 대리인이 대리권을 가지고 있다고 믿는 데 과실이 없는 것을 말한다(대판 2001.3.9. 2000다67884). 즉, <u>권한을 넘은 표현대리에 있어서 정당한 이유의 유무는 대리행위 당시를 기준으로 하여 판정하여야 하고 대리행위 성립 후의 사정은 고려할 것이 아니다</u>(대판 2002.6.28. 2001다49814).

2) 주장, 증명책임

<u>판례는 상대방이 정당한 이유 있음을 증명해야 한다고 한다</u>(상대방증명책임설, 대판 1968.6.18. 68다694). 다만 다수설은 본인이 상대방의 정당한 이유 없음을 증명해야 한다고 본다(본인증명책임설).

(3) 적용범위

1) 어음행위의 위조

어음행위가 일반의 거래관념에 비추어 특히 이례적으로 이루어진 경우에는 달리 특별한 사정이 없는 한 그 상대방이 위조자의 권한 유무와 본인의 의사를 조사·확인하지 아니하였을 경우에는 그 상대방이 위조자에게 어음행위를 할 권한이 있다고 믿었다고 하더라도 거기에 정당한 사유가 있다고 할 수 없다(대판 1999.1.29. 98다27470).

---

[2] 제3자로부터 양수한 전득자가 선의로 양수한 경우에도 표현대리가 성립하지 않는다. 판례는 약속어음의 보증은 발행인을 위하여 그 어음금채무를 담보할 목적으로 하는 보증인의 단독행위이므로 그 행위의 구체적, 실질적인 상대방은 어음의 제3취득자가 아니라 발행인이라 할 것이어서 약속어음의 보증 부분이 위조된 경우, 동 약속어음을 배서·양도받는 제3취득자는 위 보증행위가 민법 제126조 소정의 표현대리행위로서 보증인에게 그 효력이 미친다고 주장할 수 있는 제3자에 해당하지 않는다고 하고(대판 2002.12.10. 2001다58443), 어음을 배서·양도받은 자, 즉 피배서인은 배서위조의 경우 제126조 소정의 표현대리에 있어서 제3자가 되나, 전득자는 대리행위를 한 것이 아니어서 제3자가 되지 않는다고 한다(직접상대방한정설).

2) 법정대리에 대한 적용여부

판례는 한정치산자의 후견인이 친족회 동의를 얻지 않고 피후견인의 부동산을 처분한 경우, 상대방이 친족회의 동의가 있다고 믿은데 정당한 이유가 있으면 한정치산자에게 그 효력이 미친다고 하였다. 즉, 제126조는 법정대리에도 적용된다(대판 1997.6.27. 97다3828).

3) 과실상계 규정의 적용여부

표현대리행위의 책임은 본인이 전적으로 져야 하고, 상대방에게 과실이 있어도 과실상계의 법리를 유추적용할 수 없다(대판 1996.7.12. 95다49554). 판례는 표현대리 및 손해배상액의 예정과 같이 본래의 채무가 이행되어야 하는 경우 과실상계법리를 적용하지 않는다. 이는 과실상계에 있어서의 과실을 '약한 부주의'로 보기 때문에 상대방의 선의, 무과실을 전제로 하는 표현대리에 있어 그 적용여부는 문제될 수 있으나, 표현대리는 본인이 대리인이 한 것과 같은 이행책임을 지고, 손해배상책임을 지는 것이 아니므로 과실상계는 적용되지 않는다는 것이다.

3. 제129조 표현대리

> 제129조(대리권소멸후의 표현대리) 대리권의 소멸은 선의의 제3자에게 대항하지 못 한다[1]. 그러나 제3자가 과실로 인하여 그 사실을 알지 못한 때에는 그러하지 아니하다.

(1) 요건

1) 기존에 대리권이 있었으나 대리행위 당시 대리권이 소멸하였을 것

판례는 더 이상 보증을 서지 않겠다고 통고를 한 것은 앞으로의 보증의뢰를 사전에 거절한 것이지 수권행위의 철회라고 볼 수 없다는 이유로 제129조의 적용을 부정한다(대판 1967.9.5. 67다1355). 그리고 대리인이 대리권 소멸 후 복대리인을 선임하여 복대리인으로 하여금 상대방과 사이에 대리행위를 하도록 한 경우에도 제129조에 의한 표현대리가 성립할 수 있다고 하였다(대판 1998.5.29. 97다55317). 다만 처음부터 대리권이 없었던 경우에는 대리권 소멸 후의 표현대리가 성립할 수 없다[2].

2) 소멸하기 전 대리권 범위 내에서 대리행위를 할 것

본조는 과거에 존재하고 있었던 대리권의 범위 내에서 대리행위를 하여야 한다. 소멸된 대리권의 내용이 다른 종류의 것이거나 그 범위를 넘은 경우에는 본조와 제126조의 중첩적용이 문제가 된다.

---

[1] 동일한 표현대리인 제125조, 제126조는 모두 '책임이 있다'고 규정하고 있으나, 문언의 차이에도 불구하고 표현대리인이 한 행위는 직접 본인에 대하여 효력이 생기는 것이다[주석 민법, 총칙(3), 191면].

[2] 소외 회사는 과거 피고가 이사로 있을 당시부터 이사들의 등록된 인장을 보관한 바는 있으나 그것이 필요할 때는 그 때마다 개별적으로 각 이사의 승낙을 얻어서 사용하였을 뿐 인장보관과 동시에 포괄적인 대리권을 수여받은 바가 없다면 그와 같은 포괄적인 대리권을 수여한 바 있었음을 전제로 한 본건 연대보증행위에 대해 대리권 소멸 후의 표현대리를 인정할 수 없고 또 위와 같이 본건 대부 당시 소외 회사나 그 대표이사가 피고를 대리할 수 있는 대리권이 없었다고 부정되는 이상 그와 같은 대리권 있음을 전제로 한 권한 유월로 인한 표현대리 또한 성립될 여지가 없다(대판 1977.5.24. 76다2934).

3) 대리권소멸에 관하여 상대방은 선의, 무과실일 것

이 경우 선의·무과실은 대리인이 이전에 대리권을 가지고 있었기 때문에 상대방이 대리권의 소멸을 알지 못하고 현재에도 역시 대리권이 존재한다고 믿고, 또 그렇게 믿는 것이 당연하다고 볼 수 있는 사정이 있음을 말한다[3]. 그리고 조문의 형식상 선의의 증명책임은 먼저 상대방이 부담하고, 그것이 증명된 경우에 본인이 상대방의 과실을 증명하면 된다(법률요건분류설, 이영준). 다만 학설은 본인이 상대방의 악의 또는 과실을 입증하여야 한다고 본다(곽윤직, 김용한).

(2) 적용범위

본조는 임의대리, 법정대리 모두에 적용된다. 즉 대리권소멸 후의 표현대리에 관한 민법 제129조는 법정대리인의 대리권소멸에 관하여도 적용이 있다(대판 1975.1.28. 74다1199).

(3) 중첩적용 문제

제129조에 의한 표현대리로 인정되는 경우에 그 표현대리의 권한을 넘은 대리행위가 있을 때에도 제126조의 표현대리가 성립할 수 있다고 한다(대판 1970.2.10. 69다2149; 대판 1973.7.30. 72다1631; 대판 1979.3.27. 79다234; 대판 2008.1.31. 2007다74713).

Ⅲ. 협의의 무권대리

> 제130조(무권대리) 대리권 없는 자가 타인의 대리인으로 한 계약은 본인이 이를 추인하지 아니하면 본인에 대하여 효력이 없다.

1. 의의

광의의 무권대리 중에서 표현대리에 해당하지 않는 것을 협의의 무권대리라고 한다. 표현대리에 해당하는 경우에도 상대방이 이를 주장하지 않는다면, 협의의 무권대리가 된다. 협의의 무권대리에서는 상대방이 대리의 효과를 주장하지 못하는 것이 표현대리와는 다르다.

2. 본인과 상대방 사이의 효과

(1) 본인의 추인권

1) 추인의 방식

무권대리행위나 무효행위의 추인은 무권대리행위 등이 있음을 알고 그 행위의 효과를 자기에게 귀속시키도록 하는 단독행위로서 그 의사표시의 방법에 관하여 일정한 방식이 요구되는 것이 아니므로 명시적이든 묵시적이든 묻지 않는다 할 것이지만, 묵시적 추인을 인정하기 위해서는 본인이 그 행위로 처하게 된 법적 지위를 충분히 이해하고 그럼에도 진의에 기하여 그 행위의 결과가 자기에게 귀속된다는 것을 승인한 것으로 볼 만한 사정이 있어야 할 것이므로 이를 판단함에 있어서는 관계되는 여러 사정을 종합적으로 검토하여 신중하게 하여야 한다(대판 2009.9.24. 2009다37831). 또한 그 추인은 무권대리인, 무권대리행위의 직접의 상대방 및 그 무권대리행위로 인한 권리 또는 법률관계의 승계인에 대하여도 할 수 있다(대판 1981.4.14. 80다2314).

---

[3] 주석 민법, 총칙(3), 189면

2) 추인의 예

> **참조판례** 추인
>
> **1. 추인을 긍정한 경우**
>
> [1] 매매계약을 체결한 무권대리인으로부터 매매대금의 전부 또는 일부를 본인이 수령한 경우(대판 1963.4.11. 63다64)
>
> [2] 무권대리인이 차용한 금원의 변제기일에 채권자가 본인에게 그 변제를 독촉하자 본인이 그 유예를 요청한 경우(대판 1973.1.30. 72다2309)
>
> [3] 본인의 장남이 서류를 위조하여 매도한 부동산을 본인이 매수인에게 명도하고 10년간 아무런 이의를 제기하지 아니한 경우(대판 1984.4.14. 81다151). 무권대리인이 매도인을 대리한 사안이다.
>
> [4] 상대방 명의의 영수증을 받은 본인이 무권대리인이 체결한 임대차계약상 차임의 일부를 무권대리인에게 지급한 경우(대판 1984.12.11. 83다카1531)
>
> [5] 처가 타인으로부터 금원을 차용하면서 승낙 없이 남편 소유 부동산에 근저당권을 설정한 것을 알게 된 남편이, 처의 채무 변제에 갈음하여 아파트와 토지를 처가 금전을 차용한 자에게 이전하고 그 토지의 시가에 따라 사후에 정산하기로 합의한 후 그 합의가 결렬되어 이행되지 않았다고 하더라도, 일단 처가 차용한 사채를 책임지기로 한 이상 남편은 처의 근저당권 설정 및 금원 차용의 무권대리행위를 추인한 것이다(대판 1995.12.22. 94다45098). 추인은 일단 이루어지면 확정적이라는 것이다.
>
> [6] 임야를 상속하여 공동소유하고 있는 친족들 중 일부가 가까운 친척에게 임야의 매도를 위임하여 매도대금을 동인들의 생활비로 소비하였고 나머지 공유자들은 임야의 매각소식을 전해 듣고서 15년간 아무런 이의를 제기하지 아니하였다면 위 신분관계, 매도경위, 대금의 소비관계 등 제반사정에 비추어 처분권을 위임하지 아니한 나머지 공유자들도 매매행위를 묵시적으로 추인한 것이라고 보아야 한다(대판 1991.1.29. 90다12717).
>
> **2. 추인을 부정한 경우**
>
> [1] 무권대리행위는 그 효력이 불확정 상태에 있다가 본인의 추인 유무에 따라 본인에 대한 효력발생 여부가 결정되는 것으로서, 추인은 무권대리행위가 있음을 알고 그 행위의 효과를 자기에게 귀속시키도록 하는 단독행위이고, 추인은 처분행위이므로 단순히 침묵한 것만으로는 묵시적 추인이 되지 않고 일정한 행위가 있어야 한다.
>
> [2] 판례는 무권대리행위가 범죄가 되는 경우에 그 사실을 알고도 장기간 형사고소를 하지 아니하였다는 사실만으로 무권대리행위에 대한 묵시적 추인을 인정할 수 없다고 한다(대판 1998.2.10. 97다31113).

3) 추인의 범위(일부추인)

추인은 의사표시의 전부에 대하여 행하여져야 하고, 그 일부에 대하여 추인을 하거나 그 내용을 변경하여 추인을 하였을 경우에는 상대방의 동의를 얻지 못하는 한 무효이다. 무권대리행위의 추인은 대리행위 전부에 대하여 행해져야 한다(대판 1982.1.26. 81다카549).

4) 추인의 상대방

> **제132조(추인, 거절의 상대방)** 추인 또는 거절의 의사표시는 상대방에 대하여 하지 아니하면 그 상대방에 대항하지 못한다. 그러나 상대방이 그 사실을 안 때에는 그러하지 아니하다.

추인 또는 거절의 의사표시는 상대방에 대하여 하지 아니하면 그 상대방에 대항하지 못한다. 그러나 상대방이 그 사실을 안 때에는 그러하지 아니하다.

5) 추인의 효과

> 제133조(추인의 효력) 추인은 다른 의사표시가 없는 때에는 계약 시에 소급하여 그 효력이 생긴다. 그러나 제3자의 권리를 해하지 못한다.

추인은 다른 의사표시가 없으면 행위 시에 소급하여 효력이 생긴다(제133조). 따라서 본인과 상대방은 합의로써 추인의 소급효를 제한할 수 있다.

6) 무권리자 처분행위에 있어 대한 추인

타인의 권리를 자기의 이름으로 처분하거나 또는 자기의 권리로 처분한 경우에 본인이 후일 그 처분행위를 인정하면 특단의 사유가 없는 한 그 처분행위의 효력이 본인에게 미친다(대판 1988.10.11. 87다카2238). 무권리자의 처분행위는 무효이나 무권대리행위 추인의 법리를 유추 적용하여 소급하여 유효하게 된다. 즉 타인의 권리를 자기의 이름으로 또는 자기의 권리로 처분한 후에 본인이 그 처분을 인정하였다면 특별한 사정이 없는 한 무권대리에 있어서 본인의 추인의 경우와 같이 그 처분은 본인에 대하여 효력을 발생한다(대판 1981.1.13. 79다2151). 판례는 무권리자 처분행위에 대한 권리자의 추인의 근거를 사적자치의 원칙에 찾고 있다[1](대판 2001.11.9. 2001다44291).

(2) 본인의 추인거절권

> 제132조(추인, 거절의 상대방) 추인 또는 거절의 의사표시는 상대방에 대하여 하지 아니하면 그 상대방에 대항하지 못한다. 그러나 상대방이 그 사실을 안 때에는 그러하지 아니하다.

본인이 무권대리행위에 대하여 추인 또는 추인거절을 하지 않고 방치하여도 본인에게 아무런 효력이 생기지 않지만, 본인이 추인을 거절하면 그 무권대리행위는 확정적 무효가 된다. 따라서 추인 거절 후에는 본인은 추인할 수 없으며(재추인의 대상이 없으므로), 상대방은 최고권 또는 철회권을 행사할 수 없다. 상속으로 인하여 무권대리인이 본인의 지위를 상속한 경우, 본인의 지위(추인권·추인거절권)와 무권대리인의 지위(제135조 책임)는 혼동되지 않고 병존하나, 본인의 지위에서 추인을 거절하는 것은 신의칙상 허용되지 않는다[2](대판 1994.9.27. 94다20617).

---

[1] 무권리자가 타인의 권리를 자기의 이름으로 또는 자기의 권리로 처분한 경우에, 권리자는 후일 이를 추인함으로써 그 처분행위를 인정할 수 있고, 특별한 사정이 없는 한 이로써 권리자 본인에게 위 처분행위의 효력이 발생함은 사적 자치의 원칙에 비추어 당연하고, 이 경우 추인은 명시적으로뿐만 아니라 묵시적인 방법으로도 가능하며 그 의사표시는 무권대리인이나 그 상대방 어느 쪽에 하여도 무방하다(대판 2001.11.9. 2001다44291).

[2] 甲이 대리권 없이 乙 소유 부동산을 丙에게 매도하여 부동산소유권이전등기등에관한특별조치법에 의하여 소유권이전등기를 마쳐주었다면 그 매매계약은 무효이고 이에 터잡은 이전등기 역시 무효가 되나, 甲은 乙의 무권대리인으로서 민법 제135조 제1항의 규정에 의하여 매수인 丙에게 부동산에 대한 소유권이전등기를 이행할 의무가 있으므로 그러한 지위에 있는 甲이 乙로부터 부동산을 상속받아 그 소유자가 되어 소유권이전등기이행의무를 이행하는 것이 가능하게 된 시점에서 자신이 소유자라고 하여 자신으로부터 부동산을 전전매수한 丁에게 원래 자신의 매매행위가 무권대리행위여서 무효였다는 이유로 丁 앞으로 경료된 소유권이전등기가 무효의 등기라고 주장하여 그 등기의 말소를 청구하거나 부동산의 점유로 인한 부당이득금의 반환을 구하는 것은 금반언의 원칙이나 신의성실의 원칙에 반하여 허용될 수 없다.

(3) 상대방의 최고권

> 제131조(상대방의 최고권) 대리권 없는 자가 타인의 대리인으로 계약을 한 경우에 상대방은 상당한 기간을 정하여 본인에게 그 추인여부의 확답을 최고할 수 있다. 본인이 그 기간 내에 확답을 발하지 아니한 때에는 추인을 거절한 것으로 본다.

1) 최고의 법적 성질

최고는 본인에 대하여 무권대리행위를 추인할 것인지 여부의 확답을 촉구하는 것이다. 제한능력자의 상대방이 하는 촉구와 같이 준법률행위 중 의사의 통지에 속한다. 무권대리행위의 유동적 무효상태를 끝낼 수 있는 최고권은 형성권의 일종이며, 철회권과는 달리 악의의 상대방도 이를 행사할 수 있다.

2) 요건

무권대리행위의 본인에 대한 효력발생 여부가 불확정적이어야 한다. 즉 본인의 추인도 추인거절도 없고, 상대방의 철회도 없는 동안에만 최고할 수 있다. 상당한 기간을 정하여 하여야 한다. 최고는 객관적으로 보아서 상당하다고 볼 수 있어야 한다. 다만 상대방이 기간을 너무 짧게 정하여 최고한 경우에 최고의 효력에 대해서는 견해가 대립된다[1]. 최고의 내용은 무권대리행위를 추인할 것인지 여부를 확답하라는 것이다. 최고의 상대방은 원칙적으로 본인이지만, 그 법정대리인에 대해서도 가능하다.

3) 효과

이 경우 본인이 그 기간 내에 확답을 발신하지 않는 경우에는 추인을 거절한 것으로 본다. 현재의 유동적 무효상태를 변경시키기 위한 조치를 취하지 않은 데서 본인의 의사를 추측한 것이다(지원림).

(4) 상대방의 철회권

> 제134조(상대방의 철회권) 대리권 없는 자가 한 계약은 본인의 추인이 있을 때까지 상대방은 본인이나 그 대리인에 대하여 이를 철회할 수 있다. 그러나 계약당시에 상대방이 대리권 없음을 안 때에는 그러하지 아니하다.

1) 요건

① 본인의 추인 또는 추인거절이 있기 전일 것

철회권은 본인의 추인(또는 추인거절)이 있기 전에 행사할 수 있다. 그러나 본인이 무권대리인에게 추인의 의사표시를 한 경우에는 상대방이 그 사실을 알지 못하는 한, 본인이 상대방에게 추인의 효과를 주장하지는 못하므로(제132조 단서), 이 경우에는 상대방이 철회권을 행사할 수 있다.

② 상대방

철회권은 최고권의 경우와는 달리 본인뿐 아니라 무권대리인에게도 행사할 수 있다.

---

[1] 최고가 무효라는 견해(강용현)와 상당한 기간이 지난 후에는 효력이 발생한다는 견해(김기선)가 있다.

③ 상대방이 선의일 것

철회권은 '선의'의 상대방에게만 인정된다. '선의'의 의미는 대리인이 무권대리인이라는 것을 알지 못한 것을 말하며, 계약 당시를 기준으로 한다. 그리고 '악의'의 상대방은 철회권이 인정되지 않는다. <u>상대방이 대리인에게 대리권이 없음을 알았다는 점에 대한 주장·입증책임은 철회의 효과를 다투는 본인에게 있다</u>(대판 2017.6.29. 2017다213838).

2) 효과

철회권을 행사하면 무권대리인과의 계약은 확정적 무효가 된다는 점에서 일종의 형성권이다. 확정적 무효가 되므로, 본인은 무권대리를 추인할 수 없다. 그리고 본인이 추인하지 않을 때 무권대리인이 책임을 지는 무권대리인 책임(제135조)도 발생하지 않는다. 다만 상대방이 무권대리인에게 이미 이행한 것이 있다면 부당이득반환청구가 가능하다.

3. 무권대리인과 상대방 사이의 효과 – 무권대리인 책임

> 제135조(상대방에 대한 무권대리인의 책임) ① 다른 자의 대리인으로서 계약을 맺은 자가 그 대리권을 증명하지 못하고 또 본인의 추인을 받지 못한 경우에는 그는 상대방의 선택에 따라 계약을 이행할 책임 또는 손해를 배상할 책임이 있다.
> ② 대리인으로서 계약을 맺은 자에게 대리권이 없다는 사실을 상대방이 알았거나 알 수 있었을 때 또는 대리인으로서 계약을 맺은 사람이 제한능력자일 때에는 제1항을 적용하지 아니한다.

(1) 요건

1) 대리인이 대리권을 증명할 수 없을 것

대리인 자신이 대리권을 증명하지 못해야 한다. 무권대리인에 대한 청구권은 권리발생사실이므로, 상대방이 주장, 증명책임을 져야 하는 것이나, 제135조는 무권대리인이 증명책임을 지게 함으로써 주장책임과 증명책임의 분배가 불일치하게 된다.

2) 대리인이 본인의 추인을 얻지 못하고, 표현대리가 성립하지 않을 것

통설에 의하면 표현대리가 성립한 경우 제135조의 책임은 발생하지 않는다고 하기 때문이다.

3) 무권대리인이 행위능력자일 것

제한능력자를 보호하는 취지에서 능력자임을 요하나, 제한능력자가 법정대리인의 동의를 얻어 무권대리행위를 한 경우에는 본조의 책임을 면할 수 없다는 것이 통설이다. 이 경우에까지 제3자를 희생하여 무능력자를 보호할 필요가 없기 때문이다.

4) 무과실책임

대리인으로서 대리행위를 한 자가 의사표시 당시에 객관적으로 대리권이 결여되어 있으면 족하고 대리권의 결여에 대한 대리인의 과실이 있어야 하는 것은 아니다(대판 1962.4.12. 4294민상1021; 대판 2014.2.27. 2013다213038).

5) 상대방은 선의, 무과실일 것

증명책임은 무권대리인(대판 1962.4.12. 4294민상1021)에게 있다.

(2) 내용

1) 선택채권
상대방의 선택에 따라 계약의 이행 또는 손해배상의 책임을 지는 것이 그 내용이다.

2) 손해배상범위
이행이익설이 다수설이다.

3) 소멸시효의 기산점
상대방이 선택권을 행사할 수 있는 때부터 진행한다고 하며, 선택권을 행사할 수 있는 시기는 대리권의 증명 또는 본인의 추인을 얻지 못한 때이다(대판 1965.8.24. 64다1156).

> **참조판례** 손해배상액예정과 무권대리인 책임, 증명책임
>
> [1] 다른 자의 대리인으로서 계약을 맺은 자가 그 대리권을 증명하지 못하고 또 본인의 추인을 받지 못한 경우에는 그는 상대방의 선택에 따라 계약을 이행할 책임 또는 손해를 배상할 책임이 있다(민법 제135조 제1항). 이때 상대방이 계약의 이행을 선택한 경우 무권대리인은 계약이 본인에게 효력이 발생하였더라면 본인이 상대방에게 부담하였을 것과 같은 내용의 채무를 이행할 책임이 있다. 무권대리인은 마치 자신이 계약의 당사자가 된 것처럼 계약에서 정한 채무를 이행할 책임을 지는 것이다. 무권대리인이 계약에서 정한 채무를 이행하지 않으면 상대방에게 채무불이행에 따른 손해를 배상할 책임을 진다. 위 계약에서 채무불이행에 대비하여 손해배상액의 예정에 관한 조항을 둔 때에는 특별한 사정이 없는 한 무권대리인은 조항에서 정한 바에 따라 산정한 손해액을 지급하여야 한다. 이 경우에도 손해배상액의 예정에 관한 민법 제398조가 적용됨은 물론이다.
>
> [2] 민법 제135조 제2항은 '대리인으로서 계약을 맺은 자에게 대리권이 없다는 사실을 상대방이 알았거나 알 수 있었을 때에는 제1항을 적용하지 아니한다.'고 정하고 있다. 이는 무권대리인의 무과실책임에 관한 원칙 규정인 제1항에 대한 예외 규정이므로 상대방이 대리권이 없음을 알았다는 사실 또는 알 수 있었는데도 알지 못하였다는 사실에 관한 주장·증명책임은 무권대리인에게 있다(대판 2018.6.28. 2018다210775).

4. 본인과 무권대리인 사이의 효과

본인이 추인을 하지 않는 한, 본인에게 아무런 효력이 생기지 않으므로 본인과 무권대리인 사이에는 아무런 법률관계가 생기지 않는다. 다만 본인이 추인을 한 경우에는 무권대리인이 의무 없이 본인의 사무를 관리한 것이 되어 사무관리가 성립한다(제734조). 이 경우 무권대리인은 무권대리에 기하여 취득한 것을 인도하여야 하고(제738조, 제684조), 지출한 비용에 대하여 그 상환을 청구할 수 있다(제739조). 그 밖에 부당이득(제741조)이나 불법행위(제750조)가 성립할 수 있다.

5. 단독행위와 무권대리

> **제136조(단독행위와 무권대리)** 단독행위에는 그 행위당시에 상대방이 대리인이라 칭하는 자의 대리권 없는 행위에 동의하거나 그 대리권을 다투지 아니한 때에 한하여 전6조의 규정을 준용한다. 대리권 없는 자에 대하여 그 동의를 얻어 단독행위를 한 때에도 같다.

(1) 상대방 있는 단독행위

1) 민법 규정

단독행위를 대리한 경우도 그 수령상대방이 무권대리인에게 대리권이 있다고 믿은 때에는 실질적으로 계약의 경우와 다르게 취급할 이유는 없다. 하지만 민법은 계약의 경우와 달리 단독행위의 무권대리를 원칙적으로 무효로 하고, 일정한 경우에 한하여 그 예외를 인정하고 있다(제136조).

2) 능동대리, 수동대리의 경우

단독행위에는 그 행위당시에 상대방이 대리인이라 칭하는 자의 대리권 없는 행위에 동의하거나 그 대리권을 다투지 아니한 때에 한하여 계약의 경우와 동일한 효과가 발생한다. 따라서 제130조 내지 제135조가 준용된다. 이 경우 '대리권을 다투지 아니한 때'란 이의를 제출하지 않은 것을 말하고, 무권대리인에게 대리권이 없다는 것에 대한 선의·악의 내지 과실·무과실은 문제되지 않는다. 그러나 무권대리인이 행한 단독행위를 수령한 후 지체 없이 이의를 제출하면 다툰 것으로 본다(통설). 반면 수동대리의 경우에는 무권대리인의 '동의를 얻어' 행위를 한 때에 한하여 계약과 마찬가지의 효과가 생긴다(제136조 후단).

(2) 상대방 없는 단독행위

능동대리·수동대리 상관없이 언제나 무효이다. 본인의 추인이 있다고 해도 무효이다(통설).

제5절 법률행위의 무효와 취소

Ⅰ. 총설

1. 무효의 의의 및 비교개념

(1) 의의

법률행위의 무효란 해당 법률행위가 의욕한 법률효과가 발생하지 않는 것을 말한다. 즉 무효인 법률행위는 사실적 현상으로는 존재하나 법적으로는 존재하지 않는 것을 의미한다. 따라서 무효인 법률행위는 그 법률행위가 성립한 낭초부터 낭연히 효력이 발생하지 않는 것이므로, 무효인 법률행위에 따른 법률효과를 침해하는 것처럼 보이는 위법행위나 채무불이행이 있다고 하여도 법률효과의 침해에 따른 손해는 없는 것이므로 그 손해배상을 청구할 수는 없다(대판 2003.3.28. 2002다72125). 그러므로 통정허위표시의 당사자가 그로 인해 취득한 권리를 선의의 제3자가 채무불이행이나 불법행위로 침해한 경우에도 그 당사자의 권리취득은 무효이므로 손해가 발생하지 않아 손해배상청구를 할 수 없다.

(2) 부존재와의 구별

법률행위가 성립요건을 결한 때를 '법률행위의 부존재'라고 하고, 성립요건은 갖추었으나 효력요건을 결한 경우를 '법률행위의 무효'라고 한다. 이 구별은 '무효행위의 전환'(제138조), '무효인 법률행위의 추인'(제139조)에서 의미가 있다.

2. 무효의 종류

(1) 절대적 무효와 상대적 무효

절대적 무효란 법률행위를 한 당사자뿐 아니라 제3자에 대한 관계에서도 효력이 없는 경우를 의미한다. 그러나 상대적 무효는 당사자 사이에서는 무효이지만, 무효로써 선의의 제3자에게 대항하지 못하는 경우를 말한다(제107조 제2항, 제108조 제2항, 제109조 제2항, 제110조 제3항 등).

(2) 당연무효와 재판상 무효

원래 법률행위의 무효는 법률상 당연히 무효이므로, 무효로 하기 위한 별개의 절차나 행위는 필요하지 않다(당연무효). 하지만 소송에 의해서만 무효의 주장이 가능하고, 원고적격과 출소기간의 제한이 있는 '재판상 무효'도 있다. 예를 들어 회사설립의 무효(상법 제184조), 회사합병의 무효(상법 제236조) 등이 그것이다.

(3) 확정적 무효와 불확정적(= 유동적) 무효

원래 무효는 확정적으로 효력을 발생하지 않는 것이 원칙이다(확정적 무효). 그러나 법률행위의 효력이 현재로서는 발생하지 않지만 추후에 인가를 받거나 추인을 얻거나 정지조건이 성취되거나 시기가 도래함으로써 법률행위 시에 소급하여(혹은 장래를 향해) 유효로 확정될 수 있는 법적 상태를 '불확정적(= 유동적) 무효'라고 한다.

논점 부동산 거래신고 등에 관한 법률(舊 국토이용관리법)상 유동적 무효의 법리

부동산 거래신고 등에 관한 법률 제10조(토지거래허가구역의 지정) ① 국토교통부장관 또는 시·도지사는 국토의 이용 및 관리에 관한 계획의 원활한 수립과 집행, 합리적인 토지 이용 등을 위하여 토지의 투기적인 거래가 성행하거나 지가(地價)가 급격히 상승하는 지역과 그러한 우려가 있는 지역으로서 대통령령으로 정하는 지역에 대해서는 다음 각 호의 구분에 따라 5년 이내의 기간을 정하여 제11조 제1항에 따른 토지거래계약에 관한 허가구역(이하 "허가구역"이라 한다)으로 지정할 수 있다.
1. 허가구역이 둘 이상의 시·도의 관할 구역에 걸쳐 있는 경우: 국토교통부장관이 지정
2. 허가구역이 동일한 시·도 안의 일부지역인 경우: 시·도지사가 지정. 다만, 국가가 시행하는 개발사업 등에 따라 투기적인 거래가 성행하거나 지가가 급격히 상승하는 지역과 그러한 우려가 있는 지역 등 대통령령으로 정하는 경우에는 국토교통부장관이 지정할 수 있다.

동법 제11조(허가구역 내 토지거래에 대한 허가) ① 허가구역에 있는 토지에 관한 소유권·지상권(소유권·지상권의 취득을 목적으로 하는 권리를 포함한다)을 이전하거나 설정(대가를 받고 이전하거나 설정하는 경우만 해당한다)하는 계약(예약을 포함한다. 이하 "토지거래계약"이라 한다)을 체결하려는 당사자는 공동으로 대통령령으로 정하는 바에 따라 <u>시장·군수 또는 구청장의 허가</u>를 받아야 한다. 허가받은 사항을 변경하려는 경우에도 또한 같다.

1. 문제점
판례는 국토이용관리법상 토지거래계약을 하는 경우 그 목적물이 토지거래허가구역 내의 토지인 경우에는 양 당사자가 관청의 허가를 얻어야 비로소 계약의 효력이 확정된다는 '유동적 무효'의 법리를 설시하고 있는데, 이를 살펴보기로 한다.

2. 확정적 무효와 유동적 무효의 구별
국토이용관리법상의 규제구역 내의 토지에 대하여 관할 도지사의 허가를 받기 전에 허가받을 것을 전제로 한 계약일 경우에는 허가를 받을 때까지는 법률상의 미완성의 법률행위로서 소유권 등 권리의 이전에 관한 계약의 효력이 전혀 발생하지 않음은 위의 확정적 무효의 경우와 다를 바 없지만, 일단 허가를 받으면 그 계약은 소급하여 유효한 계약이 되고, 이와 달리 불허가가 된 때에는 무효로 확정되므로 허가를 받기까지는 '유동적 무효'의 상태에 있다(대판 1991.12.24. 90다12243 전합). 따라서 허가를 받으면 그 계약은 소급해서 유효가 되므로 허가 후에 새롭게 거래계약을 체결할 필요는 없다.

3. 유동적 무효인 법률행위의 효과
허가받을 것을 전제로 한 거래계약은 허가받기 전의 상태에서는 거래계약의 채권적 효력도 전혀 발생하지 않으므로 권리의 이전 또는 설정에 관한 어떠한 내용의 이행청구도 할 수 없다(대판 1991.12.24. 90다12243 전합). 따라서 그러한 거래계약의 당사자로서는 허가받기 전의 상태에서 상대방의 거래계약상 채무불이행을 이유로 거래계약을 해제하거나 그로 인한 손해배상을 청구할 수 없다(대판 1997.7.25. 97다4357·4364). 그리고 매수인은 허가가 있을 것을 조건으로 소유권이전등기절차의 이행을 청구할 수도 없다[1].

4. 협력의무
(1) 소송가능 여부

계약이 효력 있는 것으로 완성될 수 있도록 서로 협력할 의무가 있음이 당연하므로, 계약의 쌍방 당사자는 공동으로 관할관청의 허가를 신청할 의무가 있고, 이러한 의무에 위반하여 허가신청절차에 협력하지 않는 당사자에 대하여 상대방은 협력의무의 이행을 소송으로써 구할 이익이 있다(대판 1991.12.24. 90다12243 전합).

(2) 채권자대위권의 피보전채권

국토이용관리법상의 토지거래규제구역 내의 토지에 관하여 관할 관청의 허가 없이 체결된 매매계약이라고 하더라도, 거래 당사자 사이에는 그 계약이 효력이 있는 것으로 완성될 수 있도록 서로 협력할 의무가 있어, 그 매매계약의 쌍방 당사자는 공동으로 관할 관청의 허가를 신청할 의무가 있고, 이러한 의무에 위배하여 허가신청에 협력하지 아니하는 당사자에 대하여 상대방은 협력의무의 이행을 청구할 수 있는 것이므로, 이와 같은 매수인이 매도인에 대하여 가지는 토지거래허가신청 절차의 협력의무의 이행청구권도 채권자대위권의 행사에 의하여 보전될 수 있는 채권에 해당한다(대판 1995.9.5. 95다22917).

---

[1] 규제지역 내에 있는 토지에 대하여 체결된 매매계약이 처음부터 허가를 배제하거나 잠탈하는 내용의 계약이 아니라 허가를 전제로 한 계약이라고 보여지므로 원심이 원고의 청구 중 피고에 대하여 토지거래허가신청절차의 이행을 구하는 부분을 인용한 것은 정당하지만, 허가가 있을 것을 조건으로 하여 소유권이전등기절차의 이행을 구하는 부분에 있어서는 위 "가"항의 법리와 같이 허가받기 전의 상태에서는 아무런 효력이 없어 권리의 이전 또는 설정에 관한 어떠한 이행청구도 할 수 없는 것이므로 원심이 이 부분 청구까지도 인용한 것은 같은 법상의 토지거래허가와 거래계약의 효력에 관한 법리를 오해하여 판결에 영향을 미친 위법을 저지른 것이라 하여 이를 파기한 사례(대판 1991.12.24. 90다12243 전합)

(3) 가처분의 피보전권리

허가를 받을 것을 전제로 하여 체결된 매매계약의 매수인은 비록 그 매매계약이 허가를 받을 때까지는 법률상 미완성의 법률행위로서 소유권의 이전에 관한 계약의 효력이 전혀 발생하지 아니한다고 할지라도 위와 같은 토지거래허가신청절차청구권을 피보전권리로 하여 매매목적물의 처분을 금하는 가처분을 구할 수 있고, 매도인이 그 매매계약을 다투는 경우 그 보전의 필요성도 있다고 보아야 할 것이며, 이러한 가처분이 집행된 후에 진행된 강제경매절차에서 당해 토지를 낙찰 받은 제3자는 특별한 사정이 없는 한 이로써 가처분채권자인 매수인의 권리보전에 대항할 수 없다[1](대판 1998.12.22. 98다44376).

(4) 계약해제 여부

유동적 무효의 상태에 있는 거래계약의 당사자는 상대방이 그 거래계약의 효력이 완성되도록 협력할 의무를 이행하지 아니하였음을 들어 일방적으로 유동적 무효의 상태에 있는 거래계약 자체를 해제할 수 없다[2] (대판 1999.6.17. 98다40459 전합).

(5) 손해배상 여부

매매계약 자체로서는 유동적 무효 상태에 있는 것이나 유동적 무효 상태에 있는 계약을 효력이 있는 것으로 완성하여야 할 협력의무를 부담하는 한도 내에서의 당사자의 의사표시까지 무효 상태에 있는 것이 아니므로, 이러한 유동적 무효 상태에 있는 매매계약에 대하여 허가를 받을 수 있도록 허가신청을 하여야 할 협력의무를 이행하지 아니하고 매수인이 그 매매계약을 일방적으로 철회함으로써 매도인이 손해를 입은 경우에 매수인은 이 협력의무 불이행과 인과관계가 있는 손해는 이를 배상하여야 할 의무가 있다(대판 1995.4.28. 93다26397).

5. 해약금 해제 또는 손해배상액의 예정

(1) 해약금 해제

매매 당사자 일방이 계약 당시 상대방에게 계약금을 교부한 경우 당사자 사이에 다른 약정이 없는 한 당사자 일방이 계약 이행에 착수할 때까지 계약금 교부자는 이를 포기하고 계약을 해제할 수 있고, 그 상대방은 계약금의 배액을 상환하고 계약을 해제할 수 있음이 계약 일반의 법리인 이상, 특별한 사정이 없는 한 국토이용관리법상의 토지거래허가를 받지 않아 유동적 무효 상태인 매매계약에 있어서도 당사자 사이의 매매계약은 매도인이 계약금의 배액을 상환하고 계약을 해제함으로써 적법하게 해제 된다(대판 1997.6.27. 97다9369).

---

1) 토지거래허가를 받지 아니하여 유동적 무효 상태에 있는 계약이라고 하더라도 일단 거래허가신청을 하여 불허되었다면 특별한 사정이 없는 한 불허가된 때로부터 그 거래계약은 확정적으로 무효로 되었다고 할 것이지만, 그 불허가의 취지가 미비된 요건의 보정을 명하는 데에 있고 그러한 흠결된 요건을 보정하는 것이 객관적으로 불가능하지도 아니한 경우라면 그 불허가로 인하여 거래계약이 확정적으로 무효가 되는 것은 아니다. 토지거래허가신청절차청구권을 피보전권리로 하는 처분금지가처분의 집행을 이미 마친 채권자로서는 그 후 당해 부동산의 소유권이 낙찰로 인하여 타인에게 이전된 경우라도 그 가처분의 효력으로 새로운 토지소유자에게 대항할 수 있어 여전히 그 거래계약의 효력이 발생될 여지가 있으므로 그 때문에 당해 거래계약이 확정적으로 무효로 된다고 볼 수 없다(대판 1998.12.22. 98다44376).

2) 토지거래허가구역으로 지정된 토지에 관하여 건설교통부장관이 허가구역 지정을 해제하거나, 또는 허가구역 지정기간이 만료되었음에도 허가구역 재지정을 하지 아니한(이하 '허가구역 지정해제 등'이라고 한다) 취지는 당해 구역 안에서의 개별적인 토지거래에 관하여 더 이상 허가를 받지 않도록 하더라도 투기적 토지거래의 성행과 이로 인한 지가의 급격한 상승의 방지라는 토지거래허가제도가 달성하려고 하는 공공의 이익에 아무런 지장이 없게 되었고 허가의 필요성도 소멸되었으므로, 허가구역 안의 토지에 대한 거래계약에 대하여 허가를 받은 것과 마찬가지로 취급함으로써 사적자치에 대한 공법적인 규제를 해제하여 거래 당사자들이 당해 토지거래계약으로 달성하고자 한 사적자치를 실현할 수 있도록 함에 있다고 할 것이므로, 허가구역 지정기간 중에 허가구역 안의 토지에 대하여 토지거래허가를 받지 아니하고 토지거래계약을 체결한 후 허가구역 지정해제 등이 된 때에는 그 토지거래계약이 허가구역 지정이 해제되기 전에 확정적으로 무효로 된 경우를 제외하고는, 더 이상 관할 행정청으로부터 토지거래허가를 받을 필요가 없이 확정적으로 유효로 되어 거래 당사자는 그 계약에 기하여 바로 토지의 소유권 등 권리의 이전 또는 설정에 관한 이행청구를 할 수 있고, 상대방도 반대급부의 청구를 할 수 있다고 보아야 할 것이지, 여전히 그 계약이 유동적 무효상태에 있다고 볼 것은 아니다.

(2) 손해배상액 예정

국토이용관리법상 토지거래허가 구역 내의 토지에 대하여 관할 관청의 허가를 받기 전 유동적 무효 상태에 있는 계약을 체결한 당사자는 쌍방이 그 계약이 효력이 있는 것으로 완성될 수 있도록 서로 협력할 의무가 있는 것이므로, 이러한 매매계약을 체결할 당시 당사자 사이에 당사자 일방이 토지거래허가를 받기 위한 협력 자체를 이행하지 아니하거나 허가신청에 이르기 전에 매매계약을 철회하는 경우 상대방에게 일정한 손해액을 배상하기로 하는 약정을 유효하게 할 수 있다(대판 1997.2.28. 96다49933).

6. 부당이득의 반환

허가를 배제하거나 잠탈하는 내용이 아닌 유동적 무효 상태의 매매계약을 체결하고 매도인이 이에 기하여 임의로 지급한 계약금은 그 계약이 유동적 무효 상태로 있는 한 이를 부당이득으로 반환을 구할 수는 없고 유동적 무효 상태가 확정적으로 무효로 되었을 때 비로소 부당이득으로 그 반환을 구할 수 있다(대판 1993.7.27. 91다33766). 다만 계약해제의 합의에는 계약 당사자들이 더 이상 계약상의 의무를 이행하지 않기로 하는 의사의 합치가 당연히 포함되어 있으며, 이러한 의사의 합치는 결국 위와 같은 토지거래 허가구역 안에 있는 토지거래와 관련해서는 양쪽 당사자가 토지거래 허가신청을 하지 아니하기로 하는 의사표시를 명백히 한 것을 의미하는 것이므로, 매수인은 계약금을 부당이득으로 반환청구를 할 수 있다(대판 2008.3.13. 2007다76603).

7. 확정적 무효가 되는 경우

(1) 주장할 수 있는 자

거래계약이 확정적으로 무효가 된 경우에는 거래계약이 확정적으로 무효로 됨에 있어서 귀책사유가 있는 자라고 하더라도 그 계약의 무효를 주장할 수 있다(대판 1997.7.25. 97다4357·4364).

(2) 불허가처분이 있는 경우[3] 및 허가신청 거절의사를 명백히 한 경우, 허가를 배제하거나 잠탈하는 경우

국토이용관리법상의 거래허가를 받지 않은 유동적 무효상태의 계약은 관할 도지사에 의한 불허가처분이 있을 때뿐만이 아니라, 당사자 쌍방이 허가신청을 하지 아니하기로 의사표시를 명백히 한 경우에도 유동적 무효상태의 계약은 확정적으로 무효로 된다고 보아야 할 것이다(대판 1993.7.27. 91다33766). 국토이용관리법상 토지의 거래계약허가구역으로 지정된 구역 안의 토지에 관하여 관할 행정청의 허가를 받지 아니하고 체결한 토지거래계약은 처음부터 그 허가를 배제하거나 잠탈하는 내용의 계약일 경우에는 확정적 무효로서 유효화 될 여지가 없다(대판 1999.6.17. 98다40459 전합).

(3) 의사흠결이 있는 경우

국토이용관리법상 거래허가를 받지 아니하고 계약당사자의 표시와 불일치한 의사(비진의표시, 허위표시 또는 착오) 또는 사기, 강박과 같은 하자 있는 의사에 의하여 토지거래 등이 이루어진 경우에 있어서, 이들 사유에 기하여 그 거래의 무효 또는 취소를 주장할 수 있는 당사자는 그러한 거래허가를 신청하기 전 단계에서 이러한 사유를 주장하여 거래허가 신청협력에 거절의사를 일방적으로 명백히 함으로써 그 계약을 확정적으로 무효화시키고 자신의 거래허가절차에 협력할 의무를 면함은 물론 기왕에 지급된 계약금 등의 반환도 구할 수 있다(대판 1996.11.8. 96다35309).

(4) 정지조건부 계약의 경우

토지거래허가 전의 거래계약이 정지조건부 계약인 경우에 있어서 그 정지조건이 토지거래허가를 받기 전에 이미 불성취로 확정되었다면 장차 토지거래허가를 받는다고 하더라도 그 거래계약의 효력이 발생될 여지는 없게 되었다고 할 것이므로, 이와 같은 경우에도 또한 허가 전 거래계약의 유동적 무효 상태가 더 이상 지속된다고 볼 수 없고 그 계약관계는 확정적으로 무효가 된다(대판 1998.3.27. 97다36996).

---

[3] 그러나 단지 매매계약의 일방 당사자만이 임의로 토지거래허가신청에 대한 불허가처분을 유도할 의도로 허가신청서에 기재하도록 되어 있는 계약 내용과 토지의 이용 계획 등에 관하여 사실과 다르게 또는 불성실하게 기재한 경우라면 실제로 토지거래허가신청에 대한 불허가처분이 있었다는 사유만으로 곧바로 매매계약이 확정적 무효 상태에 이르렀다고 할 수 없다(대판 1997.11.11. 97다36965·36972).

8. 지정해제가 되는 경우

해제하거나, 또는 허가구역 지정기간이 만료되었음에도 허가구역 재지정을 하지 아니한(이하 '허가구역 지정해제 등'이라고 한다) 취지는 당해 구역 안에서의 개별적인 토지거래에 관하여 더 이상 허가를 받지 않도록 하더라도 투기적 토지거래의 성행과 이로 인한 지가의 급격한 상승의 방지라는 토지거래허가제도가 달성하려고 하는 공공의 이익에 아무런 지장이 없게 되었고 허가의 필요성도 소멸되었으므로, 허가구역 안의 토지에 대한 거래계약에 대하여 허가를 받은 것과 마찬가지로 취급함으로써 사적자치에 대한 공법적인 규제를 해제하여 거래 당사자들이 당해 토지거래계약으로 달성하고자 한 사적자치를 실현할 수 있도록 함에 있다고 할 것이므로, 허가구역 지정기간 중에 허가구역 안의 토지에 대하여 토지거래허가를 받지 아니하고 토지거래계약을 체결한 후 허가구역 지정해제 등이 된 때에는 그 토지거래계약이 허가구역 지정이 해제되기 전에 확정적으로 무효로 된 경우를 제외하고는, 더 이상 관할 행정청으로부터 토지거래허가를 받을 필요가 없이 확정적으로 유효로 되어 거래 당사자는 그 계약에 기하여 바로 토지의 소유권 등 권리의 이전 또는 설정에 관한 이행청구를 할 수 있고, 상대방도 반대급부의 청구를 할 수 있다고 보아야 할 것이지, 여전히 그 계약이 유동적 무효상태에 있다고 볼 것은 아니다(대판 1999.6.17. 98다40459 전합).

9. 중간생략등기의 합의

(1) 내용

중간생략등기의 합의란 부동산이 전전매도된 경우 각 매매계약이 유효하게 성립함을 전제로 그 이행의 편의상 최초의 매도인으로부터 최종의 매수인 앞으로 소유권이전등기를 경료하기로 한다는 당사자 사이의 합의에 불과할 뿐 그러한 합의가 있다고 하여 최초의 매도인과 최종의 매수인 사이에 매매계약이 체결되었다는 것을 의미하는 것은 아니고, 따라서 최종 매수인은 최초 매도인에 대하여 직접 그 토지에 관한 토지거래허가 신청절차의 협력의무 이행청구권을 가지고 있다고 할 수 없으며, 설사 최종 매수인이 자신과 최초 매도인을 매매 당사자로 하는 토지거래허가를 받아 최종 매수인 앞으로 소유권이전등기를 경료하더라도 그러한 소유권이전등기는 적법한 토지거래허가 없이 경료된 등기로서 무효이다(대판 1997.3.14. 96다22464; 대판 1997.11.11. 97가33218).

(2) 대위행사

토지거래허가구역 내의 토지가 거래허가를 받거나 소유권이전등기를 경료할 의사 없이 중간생략등기의 합의 아래 전매차익을 얻을 목적으로 소유자 甲으로부터 부동산중개업자인 乙, 丙을 거쳐 丁에게 전전매한 경우, 그 각각의 매매계약은 모두 확정적인 무효로서 유효화 될 여지가 없고, 각 매수인이 각 매도인에 대하여 토지거래허가신청 절차 협력의무의 이행청구권을 가지고 있다고 할 수 없으며, 따라서 丁이 이들을 순차 대위하여 甲에 대한 토지거래허가 신청절차 협력의무의 이행청구권을 대위행사 할 수도 없다(대판 1996.6.28. 96다3982).

Ⅱ. 법률행위의 무효

1. 법률행위의 일부무효

제137조(법률행위의 일부무효) 법률행위의 일부분이 무효인 때에는 그 전부를 무효로 한다. 그러나 그 무효부분이 없더라도 법률행위를 하였을 것이라고 인정될 때에는 나머지 부분은 무효가 되지 아니한다.

(1) 전부무효의 원칙

법률행위의 일부분이 무효인 때에는 그 전부를 무효로 한다. 그러나 그 무효부분이 없더라도 법률행위를 하였을 것이라고 인정될 때에는 나머지 부분은 무효가 되지 아니한다.

(2) 예외

1) 내용
법률이 일부무효의 효과를 따로 규정하고 있다면 이에 의한다.

2) 민법상 규정
불능으로 인한 선택채권의 특정(제385조), 담보책임면제의 특약에 관한 제한(제584조), 환매기간의 제한(제591조), 임대차존속기간의 제한(제651조) 등이 있다.

3) 특별법상 규정
근로기준법 제15조[1], 약관의규제등에관한법률 제16조[2] 등이 있다.

(3) 요건

1) 법률행위의 일체성
당사자가 법률행위의 여러 부분을 하나의 전체로서 의욕한 경우에 법률행위는 일체성을 갖는다.

2) 분할가능성

① 인정되는 경우

매매의 대상에 장차 불하받게 되는 특정의 토지 외에 양도인이 경작하던 간척지에 대한 임차권이 포함되어 있는 것으로 인정된다고 하여도 임차권의 대상이 되는 토지는 불하되기 전의 간척 중인 토지로서 이 토지에 대한 임차권의 양도만이 거래허가의 대상이 되는 것이므로, 이에 대한 토지거래허가가 없었다고 하여 당연히 양도계약 전부가 무효로 된다고 할 수는 없는바, 법률행위의 내용이 불가분인 경우에는 그 일부분이 무효일 때에도 일부 무효의 문제는 생기지 아니하나, 분할이 가능한 경우에는 민법 제137조의 규정에 따라 그 전부가 무효로 될 때도 있고, 그 일부만 무효로 될 때도 있기 때문이다(대판 1994.5.24. 93다58332).

② 인정되지 않는 경우

국토이용관리법상의 규제구역 내의 토지와 건물을 일괄하여 매매한 경우 일반적으로 토지와 그 지상의 건물은 법률적인 운명을 같이 한다는 것이 당사자 의사에도 합치되는 것이므로, 토지에 관한 당국의 거래허가가 없으면 건물만이라도 매매하였을 것이라고 볼 수 있는 특별한 사정이 인정되는 경우에 한하여 토지에 대한 매매거래허가가 있기 전에 건물만의 소유권이전등기를 명할 수 있다고 보아야 할 것이고, 그렇지 않은 경우에는 토지에 대한 거래허가가 있어 그 매매계약의 전부가 유효한 것으로 확정된 후에 토지와 함께 이전등기를 명하는 것이 옳을 것이다(대판 1992.10.13. 92다16836).

---

1) **제15조(이 법을 위반한 근로계약)** ① 이 법에서 정하는 기준에 미치지 못하는 근로조건을 정한 근로계약은 그 부분에 한하여 무효로 한다.
2) **제16조(일부 무효의 특칙)** 약관의 전부 또는 일부의 조항이 제3조 제4항에 따라 계약의 내용이 되지 못하는 경우나 제6조부터 제14조까지의 규정에 따라 무효인 경우 계약은 나머지 부분만으로 유효하게 존속한다. 다만, 유효한 부분만으로는 계약의 목적 달성이 불가능하거나 그 유효한 부분이 한쪽 당사자에게 부당하게 불리한 경우에는 그 계약은 무효로 한다.

3) 당사자의 가상적 의사

① 내용

복수의 당사자 사이에 중간생략등기의 합의를 한 경우 그 합의는 전체로서 일체성을 가지는 것이므로, 그 중 한 당사자의 의사표시가 무효인 것으로 판명된 경우 나머지 당사자 사이의 합의가 유효한지의 여부는 민법 제137조에 정한 바에 따라 당사자가 그 무효 부분이 없더라도 법률행위를 하였을 것이라고 인정되는지의 여부에 의하여 판정되어야 할 것이고, 그 당사자의 의사는 실재하는 의사가 아니라 법률행위의 일부분이 무효임을 법률행위 당시에 알았다면 당사자 쌍방이 이에 대비하여 의욕하였을 가정적 의사[1])를 말한다(대판 1996.2.27. 95다38875).

② 가상적 의사의 판단

주식투자가와 증권회사 사이에 주식매매거래계좌설정약정 및 투자수익보장약정, 일임매매약정이 일체로서 체결되었으나 그 중 투자수익보장이 무효인 경우, 약정 당시 고객이 투자수익보장약정이 무효임을 알았거나 알 수 있었다고 보여질 뿐 아니라 주식매매거래계좌설정약정 및 일임매매약정에 기하여 주식거래가 계속되어 새로운 법률관계가 계속적으로 형성되어 왔다면, 투자수익보장약정이 무효라고 하여 주식매매거래계좌설정약정이나 일임매매약정까지 무효가 된다고 할 수는 없다(대판 1996.8.23. 94다38199).

(4) 일부무효와 일부취소

하나의 법률행위의 일부분에만 취소사유가 있다고 하더라도 그 법률행위가 가분적이거나 그 목적물의 일부가 특정될 수 있다면, 그 나머지 부분이라도 이를 유지하려는 당사자의 가정적 의사가 인정되는 경우 그 일부만의 취소도 가능하다 할 것이고, 그 일부의 취소는 법률행위의 일부에 관하여 효력이 생긴다(대판 1998.2.10. 97다44737).

2. 무효행위의 전환

> 제138조(무효행위의 전환) 무효인 법률행위가 다른 법률행위의 요건을 구비하고 당사자가 그 무효를 알았더라면 다른 법률행위를 하는 것을 의욕 하였으리라고 인정될 때에는 다른 법률행위로서 효력을 가진다.

(1) 요건

1) 내용

① 무효인 법률행위의 존재, ② 다른 법률행위의 요건구비, ③ 다른 법률행위의 의욕, ④ 다른 법률행위의 내포성을 요건으로 한다.

---

1) 민법 제137조는 임의규정으로서 법률행위 자치의 원칙이 지배하는 영역에서 그 적용이 있다. 그리하여 법률행위의 일부가 강행법규인 효력규정에 위반되어 무효가 되는 경우 그 부분의 무효가 나머지 부분의 유효·무효에 영향을 미치는가의 여부를 판단함에 있어서는, 개별 법령이 일부 무효의 효력에 관한 규정을 두고 있는 경우에는 그에 따르고, 그러한 규정이 없다면 민법 제137조 본문에서 정한 바에 따라서 원칙적으로 법률행위의 전부가 무효가 된다. 그러나 같은 조 단서는 당사자가 위와 같은 무효를 알았더라면 그 무효의 부분이 없더라도 법률행위를 하였을 것이라고 인정되는 경우에는, 그 무효 부분을 제외한 나머지 부분이 여전히 효력을 가진다고 정한다. 이때 당사자의 의사는 법률행위의 일부가 무효임을 법률행위 당시에 알았다면 의욕하였을 가정적 효과의사를 가리키는 것으로서, 당해 효력규정을 둔 입법 취지 등을 고려할 때 법률행위 전부가 무효로 된다면 그 입법 취지에 반하는 결과가 되는 등의 경우에는 여기서 당사자의 가정적 의사는 다른 특별한 사정이 없는 한 무효의 부분이 없더라도 그 법률행위를 하였을 것으로 인정되어야 한다(대판 2013.4.26. 2011다9068).

2) 요식행위와 불요식행위

요식행위를 불요식행위로 전환할 수 있으나, 불요식행위를 요식행위로 전환할 수 없다.

3) 단독행위의 전환

부정설과 긍정설이 대립이 있지만, 민법에 의해 단독행위의 전환이 인정된 경우가 있다(제530조, 제534조, 제1071조). 긍정설은 민법 자체가 무효행위의 전환을 인정하고 있다고 하면서 비밀증서에 의한 유언이 그 방식을 결여할 경우에는 자필증서의 방식을 갖춘 경우에 한하여 "자필증서에 의한 유언"으로서 인정되고(제1071조), 또한 "연착된 승낙"(제530조), "변경을 가한 승낙"(제534조)은 새로운 청약으로 본다고 한다(이영준).

(2) 판례

1) 입양

타인의 자를 입양하기 위하여 데려다 기르면서 자기의 자로 출생신고를 한 경우 입양신고의 효력을 인정한다(대판 1977.7.27. 77다492). 다만 입양의 요건을 구비해야 하고, 감호·양육 등 양친자로서의 신분적 생활사실이 수반되지 않으면 입양의 의사로 친생자신고를 하였다 하더라도 입양신고로서의 효력이 생기지 아니 한다(대판 2004.11.11. 2004므1484). 계부가 재혼한 처의 자를 입양하기로 그 대리권자인 생모(처)와 합의하여 그 입양신고의 방편으로 친생자로서의 출생신고를 한 경우 그 양친자관계를 해소하여야 하는 등의 특단의 사정이 없는 한 친생자관계의 부존재확인을 구할 수 없다(대판 1991.12.13. 91므53).

2) 인지

혼인 외의 출생자를 혼인 중의 친생자로 신고한 경우 인지로서의 효력을 인정한다(대판 1997.6.10. 26, 76다2189).

3) 상속포기기간 경과 후의 상속포기

상속재산협의 분할로 효력이 있다(대판 1989.9.12. 88누9305). 즉, 상속재산 전부를 상속인 중 1인(乙)에게 상속시킬 방편으로 그 나머지 상속인들이 상속포기신고를 하였으나 그 상속포기가 민법 제1019조 제1항 소정의 기간을 초과한 후에 신고된 것이어서 상속포기로서의 효력이 없더라도 乙과 나머지 상속인들 사이에는 乙이 고유의 상속분을 초과하여 상속재산 전부를 취득하고 나머지 상속인들은 그 상속재산을 전혀 취득하지 않기로 하는 의사의 합치가 있었다고 할 것이므로 그들 사이에 위와 같은 내용의 상속재산의 협의분할이 이루어진 것이라고 보아야 하고 공동상속인 상호간에 상속재산에 관하여 협의분할이 이루어짐으로써 공동상속인 중 1인이 고유의 상속분을 초과하여 상속재산을 취득하는 것은 상속개시당시에 피상속인으로부터 상속에 의하여 직접 취득한 것으로 보아야 한다.

4) 제104조 위반의 법률행위

매매계약이 약정된 매매대금의 과다로 말미암아 민법 제104조에서 정하는 '불공정한 법률행위'에 해당하여 무효인 경우에도 무효행위의 전환에 관한 민법 제138조가 적용될 수 있다. 그러므로 재건축사업부지에 포함된 토지에 대하여 재건축사업조합과 토지의 소유자가 체결한 매매계약이 매매대금의 과다로 말미암아 불공정한 법률행위에 해당하지만, 그 매매대금을 적정한 금액으로 감액하여 매매계약의 유효성을 인정할 수 있다(대판 2010.7.15. 2009다50308).

5) 공공건설임대주택의 임대보증금과 임대료의 상호전환

건설교통부 고시에 의하여 산출되는 임대보증금과 임대료의 상한액인 표준임대보증금과 표준임대료를 기준으로 계약상 임대보증금과 임대료를 산정하여 임대보증금과 임대료 사이에 상호전환을 하였으나 절차상 위법이 있어 강행법규 위반으로 무효가 되는 경우에는 특별한 사정이 없는 한 임대사업자와 임차인이 임대보증금과 임대료의 상호전환을 하지 않은 원래의 임대 조건, 즉 표준임대보증금과 표준임대료에 의한 임대 조건으로 임대차계약을 체결할 것을 의욕하였으리라고 봄이 타당하다. 그러므로 임대차계약은 민법 제138조에 따라 표준임대보증금과 표준임대료를 임대 조건으로 하는 임대차계약으로서 유효하게 존속한다(대판 2016.11.18. 2013다42236 전합).

3. 무효행위의 추인

> 제139조(무효행위의 추인) 무효인 법률행위는 추인하여도 그 효력이 생기지 아니한다. 그러나 당사자가 그 무효임을 알고 추인한 때에는 새로운 법률행위로 본다.

(1) 의의

무효인 행위의 추인이라 함은 법률행위로서의 효과가 확정적으로 발생하지 아니하는 무효행위를 뒤에 유효하게 하는 의사표시를 말하는 것으로 원래 무효인 행위는 그 효과가 발생하지 않은 것으로 확정되어 있는 것이므로 그 뒤의 어떠한 사유에 의하여서도 이를 유효하게 할 수 없는 것이나, 법은 편의상 당사자의 의사를 추측하여 추인에 의하여 이것을 새로운 행위를 한 것으로 보아 유효하게 하고 있는 것이므로 이 경우의 추인은 무효행위를 사후에 유효로 하는 것이 아니라 "새로운 의사표시"에 의하여 새로운 행위가 있는 것으로 하여 그때부터 유효하게 되는 것이므로 추인은 "법률행위"이며 또 무효행위의 추인에는 "소급효가 인정되지 않는다"(대판 1983.9.27. 83므22). 비소급적 추인이 원칙이다. 따라서 무효인 가등기를 유효한 등기로 전용키로 한 약정은 그때부터 유효하고 이로써 위 가등기가 소급하여 유효한 등기로 전환될 수 없다(대판 1992.5.12. 91다26546). 무효인 행위를 사후에 유효로 하는 것이 아니라 새로운 의사표시에 의하여 새로운 행위가 있는 것이고, 그때부터 유효하게 되는 것이므로 원칙적으로 소급효가 인정되지 않는다(대판 1990.9.27. 83므22).

(2) 소급적 추인 가능여부

무효행위는 추인하여도 소급효가 없는 것이 원칙이나, 당사자 간의 합의 또는 제3자의 권리를 해하지 않는 범위에서는 소급효를 인정해도 좋다는 것이 학설·판례의 태도이다.

(3) 강행규정 위반행위의 추인

제103조 무효행위는 추인가능성이 없고(대판 2002.3.15. 2001다77352·77369), 불공정한 법률행위로서 무효인 경우에는 추인에 의하여 무효인 법률행위가 유효로 될 수 없다(대판 1994.6.24. 94다10900). 즉 강행규정 위반의 행위, 반사회질서의 행위 또는 불공정한 법률행위 등과 같이 공익적 이유로 무효로 하고 있는 법률행위가 추인에 의하여 새로운 행위로서의 요건을 갖추더라도, 그 행위는 유효로 될 수 없고, 추인을 몇 번 되풀이하여도 유효한 것으로 되지 않는다. 그러한 무효행위는 위반의 상태가 계속되는 한 추인을 하여도 유효로 되지 않는다(곽윤직·김재형).

(4) 무효행위 추인의 요건

무효인 법률행위를 추인에 의하여 새로운 법률행위로 보기 위하여서는 당사자가 이전의 법률행위가 무효임을 알고 그 행위에 대하여 추인하여야 한다. 한편 추인은 묵시적으로도 가능하나, 묵시적 추인을 인정하기 위해서는 본인이 그 행위로 처하게 된 법적 지위를 충분히 이해하고 그럼에도 진의에 기하여 그 행위의 결과가 자기에게 귀속된다는 것을 승인한 것으로 볼만한 사정이 있어야 할 것이므로 이를 판단함에 있어서는 관계되는 여러 사정을 종합적으로 검토하여 신중하게 하여야 한다. 위와 같은 법리를 고려하면, 당사자가 이전의 법률행위가 존재함을 알고 그 유효함을 전제로 하여 이에 터 잡은 후속행위를 하였다고 해서 그것만으로 이전의 법률행위를 묵시적으로 추인하였다고 단정할 수는 없고, 묵시적 추인을 인정하기 위해서는 이전의 법률행위가 무효임을 알거나 적어도 무효임을 의심하면서도 그 행위의 효과를 자기에게 귀속시키도록 하는 의사로 후속행위를 하였음이 인정되어야 할 것이다(대판 2014.3.27. 2012다106607).

III. 법률행위의 취소

1. 의의, 성질

취소할 수 있는 지위를 취소권이라 하고, 이는 권리자의 일방적 의사표시에 의하여 법률관계변동의 효력이 생기므로 형성권이다.

2. 취소권자

> 제140조(법률행위의 취소권자) 취소할 수 있는 법률행위는 제한능력자, 착오로 인하거나 사기·강박에 의하여 의사표시를 한 자, 그의 대리인 또는 승계인만이 취소할 수 있다.

(1) 제한능력자

단독으로 취소할 수 있으며, 확정적으로 효력을 발생한다. 즉, 다시 취소할 수 있는 취소행위가 되지 않는다.

(2) 착오, 사기, 강박에 의하여 의사표시를 한 자

사기, 강박, 일정한 착오로 인한 의사표시를 한 자를 말한다.

(3) 대리인

제한능력자와 하자 있는 의사표시를 한 자의 대리인(법정대리인)을 말한다. 임의대리인은 본인으로부터 취소의 특별수권을 얻어야 한다.

(4) 승계인

제한능력자, 하자 있는 의사표시를 한 자로부터 취소권을 승계한 자(포괄승계인, 특정승계인 포함)를 말한다. 취소권만의 승계는 불가능하다.

(5) 보증채무자의 경우

주채무에 취소원인이 있는 경우 보증인이 이를 직접 취소하는 것은 불가능하고, 주채무자에 의하여 취소될 때까지 그 이행을 거절할 수 있을 뿐이다(제435조).

3. 취소의 효과

> 제141조(취소의 효과) 취소된 법률행위는 처음부터 무효인 것으로 본다. 다만, 제한능력자는 그 행위로 인하여 받은 이익이 현존하는 한도에서 상환(償還)할 책임이 있다.

(1) 내용

법률행위를 취소하면 소급적으로 무효가 되어 법률행위는 처음부터 무효인 것으로 간주한다(제141조 본문). 따라서 일단 발생한 채무는 이행할 필요가 없고, 이행된 경우에는 부당이득반환의무가 발생한다. 다만 근로계약의 취소는 장래효만 인정된다[1](대판 2017.12.22. 2013다25194·25200).

(2) 제한능력자의 반환범위

제한능력자는 "받은 이익이 현존하는 한도"에서 상환의 책임이 있다. 현존이익의 입증책임은 무능력자 측에 있다(다수설). 그러나 판례는 청구권자, 즉 제한능력자의 상대방이 입증해야 한다고 하였으나, 금전상의 이득은 추정된다고 하였다(대판 2009.1.15. 2008다58367).

(3) 제한능력자 반환범위의 유추적용

판례는 제한능력자의 책임을 제한하는 민법 제141조 단서는 의사능력의 흠결을 이유로 법률행위가 무효가 되는 경우에도 유추적용 되어야 할 것이나, 법률상 원인 없이 타인의 재산 또는 노무로 인하여 이익을 얻고 그로 인하여 타인에게 손해를 가한 경우에 그 취득한 것이 금전상의 이득인 때에는 그 금전은 이를 취득한 자가 소비하였는가의 여부를 불문하고 현존하는 것으로 추정되므로, 위 이익이 현존하지 아니함은 이를 주장하는 자, 즉 의사무능력자 측에 입증책임이 있다고 하면서(대판 2009.1.15. 2008다58367), 의사무능력자가 자신이 소유하는 부동산에 근저당권을 설정해 주고 금융기관으로부터 금원을 대출받아 이를 제3자에게 대여한 사안에서, 대출로써 받은 이익이 위 제3자에 대한 대여금채권 또는 부당이득반환채권의 형태로 현존하므로, 금융기관은 대출거래약정 등의 무효에 따른 원상회복으로서 위 대출금 자체의 반환을 구할 수는 없더라도 현존 이익인 위 채권의 양도를 구할 수 있다고 하였다(대판 2009.1.15. 2008다58367).

---

1) 근로계약은 근로자가 사용자에게 근로를 제공하고 사용자는 이에 대하여 임금을 지급하는 것을 목적으로 체결된 계약으로서(근로기준법 제2조 제1항 제4호) 기본적으로 그 법적 성질이 사법상 계약이므로 계약 체결에 관한 당사자들의 의사표시에 무효 또는 취소의 사유가 있으면 상대방은 이를 이유로 근로계약의 무효 또는 취소를 주장하여 그에 따른 법률효과의 발생을 부정하거나 소멸시킬 수 있다. 다만 그와 같이 근로계약의 무효 또는 취소를 주장할 수 있다 하더라도 근로계약에 따라 그동안 행하여진 근로자의 노무 제공의 효과를 소급하여 부정하는 것은 타당하지 않으므로 이미 제공된 근로자의 노무를 기초로 형성된 취소 이전의 법률관계까지 효력을 잃는다고 보아서는 아니 되고, 취소의 의사표시 이후 장래에 관하여만 근로계약의 효력이 소멸된다고 보아야 한다(대판 2017.12.22. 2013다25194·25200).

(4) 판례

1) 선의점유자의 반환범위

선의의 매수인에게 제201조를 적용하여 사용이익을 반환하지 않아도 된다고 한다(대판 1976.7.27. 76다661).

2) 쌍무계약이 취소된 경우 선의매도인의 반환범위

쌍무계약이 취소된 경우 선의의 매수인에게 민법 제201조가 적용되어 과실취득권이 인정되는 이상 선의의 매도인에게도 민법 제587조의 유추적용에 의하여 대금의 운용이익 내지 법정이자의 반환을 부정함이 형평에 맞다(대판 1993.5.14. 92다45025).

3) 계약해제시의 원상회복의 범위

해제의 경우에는 계약해제에 따른 원상회복에 있어서는 민법 제548조 제2항의 취지에 비추어 민법 제201조 내지 제203조가 적용되지 않는 것으로 보는 것이 판례의 입장인바, 따라서 매도인은 제548조 제2항에 의하여 반환할 금전에 그 받은 날로부터 이자를 가하여 반환해야 하며, 매수인도 역시 반환할 물건의 사용이익을 반환하여야 한다(대판 1962.3.29. 4294민상1338).

4. 취소의 방법

> 제142조(취소의 상대방) 취소할 수 있는 법률행위의 상대방이 확정한 경우에는 그 취소는 그 상대방에 대한 의사표시로 하여야 한다.

(1) 취소의 대상

취소의 대상이 의사표시인지, 법률행위인지 문제가 있다. 민법은 ① 착오·사기·강박에 의한 의사표시의 경우에는 '의사표시'를 취소한다고 하고(제109조, 제110조), ② 제140조 이하에서는 '법률행위'를 취소한다고 규정한다. 법률행위의 핵심적인 부분은 의사표시이므로, 모두가 가능한 표현이라고 본다.

(2) 취소의 방법

1) 취소권자의 단독행위

취소는 취소권자의 단독적 의사표시로 한다. 재판상 행사해야 하는 것은 아니고, 특별한 방식도 요하지 않는다. 판례도 "법률행위의 취소는 상대방에 대한 의사표시로 하여야 하나 그 취소의 의사표시는 특별히 재판상 행하여짐이 요구되는 경우 이외에는 특정한 방식이 요구되는 것이 아니고, 취소의 의사가 상대방에 의하여 인식될 수 있다면 어떠한 방법에 의하더라도 무방하다고 할 것이고, 법률행위의 취소를 당연한 전제로 한 소송상의 이행청구나 이를 전제로 한 이행거절 가운데는 취소의 의사표시가 포함되어 있다고 볼 수 있다(대판 1993.9.14. 93다13162)."고 본다.

2) 취소원인에 대한 진술

취소의 의사표시란 반드시 명시적이어야 하는 것은 아니고, 취소권자가 그 착오를 이유로 자신의 법률행위의 효력을 처음부터 배제하려고 한다는 의사가 드러나면 족한 것이며, 취소원인의 진술 없이도 취소의 의사표시는 유효한 것이므로, 신원보증서류에 서명날인하는 것으로 잘못 알고 이행보증보험약정서를 읽어보지 않은 채 서명날인한 것일 뿐 연대보증약정을 한 사실이 없다는 주장은 위 연대보증약정을 착오를 이유로 취소한다는 취지로 볼 수 있다(대판 2005.5.27. 2004다43824).

(3) 취소의 상대방

1) 취소할 수 있는 법률행위의 상대방이 확정한 경우에는 그 취소는 그 상대방에 대한 의사표시로 하여야 한다(제142조). 예를 들어 미성년자 甲이 乙에게 판 부동산이 丙에게 전매가 되었다고 해도, 甲의 취소의 의사표시는 乙에게 하여야 하고 丙에게 하면 안 된다.

2) 상대방 없는 의사표시의 경우에 누구에게 취소의 의사표시를 하여야 하는지가 문제되지만, 취소의 의사표시를 적당한 방법으로 외부에 객관화하면 족하다고 본다[1](곽윤직).

5. 추인

(1) 법적 성질

취소할 수 있는 법률행위에 대한 추인이란 '취소할 수 있는 법률행위'를 그 취소사유에도 불구하고 유효로 확정시키겠다는 취소권자의 의사표시를 말한다. 이는 취소권의 포기라는 소극적인 측면과 취소할 수 있는 법률행위를 확정적으로 유효로 하는 적극적인 측면의 성질을 갖는다.

(2) 요건

> 제143조(추인의 방법, 효과) ① 취소할 수 있는 법률행위는 제140조에 규정한 자가 추인할 수 있고 추인 후에는 취소하지 못한다.
> ② 전조의 규정은 전항의 경우에 준용한다.

1) 추인권자

추인할 수 있는 자는 취소권자에 한정된다. 취소권자가 여러 명인 경우 1인이 추인하면 다른 취소권자는 취소할 수 없다.

> 제144조(추인의 요건) ① 추인은 취소의 원인이 소멸된 후에 하여야만 효력이 있다.
> ② 제1항은 법정대리인 또는 후견인이 추인하는 경우에는 적용하지 아니한다.

---

1) 다만 학설은 그 외에도 그 법률행위에 의해 직접적으로 이익을 취득한 자가 상대방이 된다는 견해(이영준), 두 학설을 절충하여 이해관계를 가지는 자가 있으면 그에게 하고, 그러한 자가 없으면 취소의 의사표시를 적당한 방법으로 외부에 객관화하면 된다는 견해(송덕수) 등이 있다.

2) 취소원인의 종료

추인은 취소의 원인이 소멸된 후에 하여야만 한다. 따라서 제한능력자는 능력자가 된 후에, 착오·사기·강박의 상태에 있었던 자는 그 상태에서 벗어난 후에 추인의 의사표시를 하여야 한다. 그러므로 취소원인이 종료되기 전에 한 추인은 효력이 없다(대판 1982.6.8. 81다107). 다만 법정대리인이나 후견인은 이러한 제한 없이 추인할 수 있다. 그리고 피성년후견인이 아닌 제한능력자는 법정대리인이나 후견인의 동의가 있으면 확정적으로 유효한 행위를 할 수 있으므로, 능력자가 되기 전에도 법정대리인 또는 후견인의 동의가 있다면 유효한 추인을 할 수 있다(통설).

3) 취소할 수 있는 행위에 대한 인식

취소권자는 취소할 수 있는 행위임을 인식하고서 추인하여야 한다(통설, 대판 1997.5.30. 97다2986).

4) 추인의 방법

취소의 경우와 동일하므로, 상대방 있는 의사표시로서 명시적·묵시적 모두 가능하다.

(3) 효과

1) 추인이 있으면 취소할 수 있는, 즉 불확정적(유동적) 유효인 행위가 확정적인 유효인 행위로 된다. 따라서 무효행위의 추인에서 문제되는 소급효는 여기에서는 의미가 없다.

2) <u>취소한 법률행위는 처음부터 무효인 것으로 간주되므로 취소할 수 있는 법률행위가 일단 취소된 이상 그 후에는 취소할 수 있는 법률행위의 추인에 의하여 이미 취소되어 무효인 것으로 간주된 당초의 의사표시를 다시 확정적으로 유효하게 할 수는 없고, 다만 무효인 법률행위의 추인의 요건과 효력으로서 추인할 수는 있으나</u>, 무효행위의 추인은 그 무효 원인이 소멸한 후에 하여야 그 효력이 있고, 따라서 강박에 의한 의사표시임을 이유로 일단 유효하게 취소되어 당초의 의사표시가 무효로 된 후에 추인한 경우 그 추인이 효력을 가지기 위하여는 그 무효 원인이 소멸한 후일 것을 요한다고 할 것인데, 그 무효 원인이란 바로 위 의사표시의 취소사유라 할 것이므로 결국 <u>무효 원인이 소멸한 후란 것은 당초의 의사표시의 성립 과정에 존재하였던 취소의 원인이 종료된 후, 즉 강박 상태에서 벗어난 후라고 보아야 한다</u>(대판 1997.12.12. 95다38240).

> 제145조(법정추인) 취소할 수 있는 법률행위에 관하여 전조의 규정에 의하여 추인할 수 있는 후에 다음 각 호의 사유가 있으면 추인한 것으로 본다. 그러나 이의를 보류한 때에는 그러하지 아니하다.
> 1. 전부나 일부의 이행
> 2. 이행의 청구
> 3. 경개
> 4. 담보의 제공
> 5. 취소할 수 있는 행위로 취득한 권리의 전부나 일부의 양도
> 6. 강제집행

제4장 권리의 변동

(4) 법정추인

1) **법적 성질**

    취소할 수 있는 법률행위에 대하여 일정한 사유가 존재하면 당연히 추인으로 간주 되는 것을 법정추인이라고 한다. 법정추인은 추인의 의사표시 없이도 당연히 추인으로 간주하는 제도이므로, 추인이 아니라 취소권의 배제로 본다(통설).

2) **취소원인의 종료**

    추인할 수 있는 후, 즉 취소의 원인이 종료한 후에 법정추인 사유가 있어야 한다. 취소권자는 추인의 의사표시가 필요 없고, 취소할 수 있는 행위임을 인식할 필요도 없다(통설).

3) **법정추인 사유**

    ① 전부나 일부의 이행

    취소권자가 이행한 경우와 상대방의 이행을 수령한 경우를 포함한다.

    ② 이행의 청구

    취소권자가 청구한 경우에 한하며, 취소권자가 상대방으로부터 청구 받은 경우는 포함하지 않는다(통설).

    ③ 경개

    취소할 수 있는 행위에 의하여 생긴 채권 또는 채무를 소멸시키고, 그에 갈음하여 다른 채권이나 채무를 발생케 하는 계약이 경개이다(제500조). 취소권자가 채권자로서 경개계약을 체결하든 채무자로서 하든 상관없다(통설).

    ④ 담보의 제공

    취소권자가 채무자로서 담보를 제공하거나 채권자로서 담보를 제공받은 경우가 이에 해당한다. 물적 담보(질권, 저당권 등)나 인적 담보(보증, 연대보증 등)를 불문한다.

    ⑤ 취소할 수 있는 행위로 취득한 권리의 전부나 일부의 양도

    취소권자가 양도하는 경우에 한한다. 그리고 취득한 권리에 제한물권을 설정하는 경우도 포함한다. 다만 취소함으로써 발생하게 될 장래의 채권에 대한 양도는 포함되지 않는다.

    ⑥ 강제집행

    통설은 취소권자가 채권자로서 집행하는 경우와 취소권자가 채무자로서 집행을 받는 경우도 포함한다고 한다. 이때는 취소권자가 채무자로서 소송상 이의를 주장할 수 있음에도 불구하고 이를 하지 아니한 때문이다.

6. 취소권의 소멸

> 제146조(취소권의 소멸) 취소권은 추인할 수 있는 날로부터 3년 내에 법률행위를 한 날로부터 10년 내에 행사하여야 한다.

(1) 법적 성질

민법 제146조는 취소권은 추인할 수 있는 날로부터 3년 내에 행사하여야 한다고 규정하고 있는 바, 이때의 3년이라는 기간은 일반 소멸시효기간이 아니라 제척기간으로서, 제척기간이 도과하였는지 여부는 당사자의 주장에 관계없이 법원이 당연히 조사하여 고려하여야 할 사항이다(대판 1996.9.20. 96다25371). 취소권의 행사로 발생하는 부당이득반환청구권, 손해배상청구권의 행사기간도 아울러 정한 것으로 봄이 통설이나, 판례는 형성권 행사시부터 개별적으로 진행된다고 한다(대판 1991.2.22. 90다13420). 통설은 취소권행사기간은 제척기간으로서 소로써 행사되어야(출소기간) 한다고 하나, 판례는 그 기간을 제척기간으로는 보지만 재판 외에서 권리를 행사해도 그 청구권이 보전된다고 한다(대판 1990.3.9. 88다카31866).

(2) 화해조서의 경우

강박에 의한 증여 후 증여를 원인으로 한 소유권이전등기를 하기로 제소 전 화해를 하여 그 화해조서에 기하여 소유권이전등기가 경료된 경우, 증여의 취소의 제척기간의 기산점은 제소 전 화해조서를 취소하는 준재심사건 판결의 확정일이다(대판 1998.11.27. 98다7421).

(3) 제척기간의 도과

강박에 의하여 원고에게 부동산에 관한 증여의 의사표시를 한 피고가 그 취소권을 행사하지 않은 채 그 부동산을 제3자에게 이중양도하고 취소권의 제척기간마저 도과하여 버린 후 그 이중양도계약에 기하여 제3자에게 부동산에 관한 소유권이전등기를 경료하여 줌으로써 원고에 대한 증여계약상의 소유권이전등기의무를 이행불능케 한 경우, 피고의 원고에 대한 증여계약 자체에 대한 채무불이행이 성립하고, 피고의 위와 같은 이중양도행위가 사회상규에 위배되지 않는 정당행위 등에 해당하여 위법성이 조각된다고 볼 수 없다(대판 2002.12.27. 2000다47361).

제6절 법률행위의 부관

I. 총설

1. 조건과 기한의 구별

(1) 의의

조건이란 법률행위의 효력 발생 여부를 장래의 불확실한 사실에 의존시키는 부관을 말하고, 기한이란 법률행위의 효력 발생 여부를 장래의 확실한 사실에 의존시키는 부관을 말한다.

(2) 법률행위의 해석

조건과 기한은 법률행위의 내용을 이루는 일부이기 때문에 이에 대한 다툼이 있으면 법률행위의 해석 문제로 다루어진다(통설).

2. 구별개념

(1) 부담

부담부 법률행위는 부담부이기는 하나 법률행위의 효력이 부담에 종속되는 것은 아니고, 바로 효력이 발생한다는 점에서 조건, 기한과는 구별된다. 부담부 증여(제561조), 부담부 유증(제1088조) 등의 무상행위가 그 예이다. 즉 부담은 조건, 기한과 같은 법률행위의 특별유효요건이 아니라 무상행위에서 출연자의 상대방에게 요구되는 대가적 급부이다. 부담도 부관의 일종이다(통설).

(2) 동기

법률행위를 하게 된 동기나 연유는 원칙적으로 법률행위의 내용이 되지 않으나, 조건과 기한은 그 내용을 구성한다는 점에서 구별된다. 따라서 조건을 붙이고자 하는 의사가 있더라도 그것이 표시되지 않으면 법률행위의 부관으로서의 조건이 되는 것은 아니다.

Ⅱ. 조건

> 제147조(조건성취의 효과) ① 정지조건 있는 법률행위는 조건이 성취한 때로부터 그 효력이 생긴다.
> ② 해제조건 있는 법률행위는 조건이 성취한 때로부터 그 효력을 잃는다.
> ③ 당사자가 조건성취의 효력을 그 성취 전에 소급하게 할 의사를 표시한 때에는 그 의사에 의한다.

1. 조건, 조건부 법률행위 및 법정조건

(1) 의의

조건이란 그 성취 여부가 불확실한 장래의 사실을 말하고, 이러한 조건이 붙은 법률행위를 조건부 법률행위라고 한다. 다만 조건부 법률행위의 효력을 판단하는 기준 시는 법률행위의 성립 시이고, 조건의 성취 시가 아니다(통설). 그리고 조건을 붙이고자 하는 의사의 표시는 그 방법에 관하여 일정한 방식이 요구되지 않으므로 묵시적 의사표시나 묵시적 약정으로도 할 수 있다. 이를 인정하려면, 법률행위가 이루어진 동기와 경위, 법률행위에 의하여 달성하려는 목적, 거래의 관행 등을 종합적으로 고려하여 법률행위 효력의 발생 또는 소멸을 장래의 불확실한 사실의 발생 여부에 따라 좌우되게 하려는 의사가 인정되어야 한다[1](대판 2018.6.28. 2016다221368).

---

1) 甲 주식회사가 아파트를 건축하여 분양하는 사업을 시행하기 위하여 乙 주식회사와 사업부지 양도·양수 및 정산에 관한 약정을 체결하였는데, 그 후 甲 회사로부터 위 사업의 모든 시행 권한을 양수한 丙 주식회사가 위 약정에 따라 사업부지 매입 작업을 수행한 乙 회사와 정산합의를 하면서 '아직 매수하지 못한 토지 중 일부 토지에 대하여는 당사자 간 합의된 금액으로 정산한다.'고 정한 사안에서, 乙 회사와 丙 회사가 체결한 정산합의는 甲 회사와 乙 회사가 체결한 약정을 기초로 하는 합의이고 乙 회사의 토지 매입 작업을 통한 매매계약 체결을 전제로 하고 있어 만일 토지에 관한 매매계약 체결이 불가능한 것으로 확정된다면 정산을 위한 기초관계가 발생하지 않는 것으로 확정되어 정산할 이유가 없어지는 점 등 제반 사정에 비추어 보면, 乙 회사와 丙 회사가 묵시적 약정으로 '위 정산합의는 丙 회사가 토지에 관하여 매매계약을 체결할 수 없는 것이 확정되거나 그 매매계약 체결이 사실상 불가능한 것으로 확정되는 것을 해제조건으로 한다.'고 표시하였다고 볼 수 있는데, 위 정산합의가 해제조건부 또는 정지조건부 법률행위에 해당하지 않는다고 판단한 원심판결에는 정산합의의 해석과 조건부 법률행위에 관한 법리오해 등 잘못이 있다고 한 사례

(2) 법정조건

법률행위의 효력이 발생하기 위하여 법률이 명문으로 요구하는 조건을 말한다. 조건은 법률행위의 내용으로 당사자들이 임의로 정한 것이므로 법정조건은 이미 조건이 아니다(통설). 다만 그 성질에 반하지 않는 범위에서 조건의 규정을 법정조건에 유추적용할 수 있다(대판 1962.4.18. 4294민상1603).

2. 조건의 종류

(1) 정지조건과 해제조건

1) 의의

정지조건이란 법률행위의 효력을 그 성취에 의하여 발생하게 하는 조건을 말하고, 해제조건이란 법률행위의 효력을 그 성취에 의하여 소멸하게 하는 조건을 말한다.

2) 정지조건부 법률행위

① 주무관청의 처분허가를 조건으로 하는 사찰재산의 처분(대판 1981.9.22. 80다2586)

② 동산할부매매에서 대금완납을 조건으로 하는 소유권유보부매매(대판 1996.6.28. 96다14870)

③ 일정한 사유가 발생하면 채권자의 청구 등을 요함이 없이 당연히 기한의 이익이 상실되어 이행기가 도래하는 것으로 하는 기한이익상실의 특약(대판 2002.9.4. 2002다28340)

3) 해제조건부 법률행위

① 매매 토지 중 공장부지에 편입되지 아니한 부분을 매도인에게 원가로 반환한다는 약정은 환매계약이 아니라, 공장부지로 사용되지 아니하는 것을 해제조건으로 하는 매매이다(대판 1981.6.9. 80다3195).

② 건축허가를 필할 때 매매계약이 성립하고 건축허가신청이 불허되었을 때에는 이를 무효로 한다는 약정은 건축허가신청의 불허가를 해제조건으로 하는 매매계약이다(대판 1983.8.23. 83다카552).

(2) 적극요건과 소극요건

적극요건이란 장래의 불확실한 사실이 현재의 상태를 변경하는 것을 그 내용으로 하는 것을 말하고, 소극요건이란 변경하지 않을 것을 내용으로 하는 것을 말한다. 전자는 '매매대금을 지급하면' 소유권을 이전한다는 것이 그 예이고, 후자는 '허가가 철회되지 않으면' 농지를 매매한다는 것이 그 예이다.

(3) 수의조건과 비수의조건

1) 수의조건

① 단순수의조건

법률행위의 효력을 당사자 일방의 의사에 의존하면서도 임의의사에 따른 작위 또는 부작위에 의존하게 되는 조건을 말한다. 예를 들어 '내가 내일 오전 10시까지 자동차판매점에 나오면 이 자동차를 인도하겠다.'고 한 경우 '매도인의 일방적 의사'와 '오전 10시까지 자동차판매점에 나오는 매도인의 행위'가 그것이다.

② 순수수의조건

이는 법률행위의 효력을 당사자 일방의 임의의사에 전적으로 의존하게 하는 조건을 말한다.「'내일 기분이 좋으면' 자동차를 인도하겠다」에서 '내일 기분이 좋으면'이 그 예이다. 학설은 그 유효성에 대해 당사자에게 법적 구속력을 발생시키려는 의사가 처음부터 존재한다고 볼 수 없으므로 언제나 무효라는 견해(무효설, 곽윤직), 순수수의조건은 사적 자치의 원칙상 민법의 전제 질서에 합치되는 제도이고 또한 독특한 사회적 기능을 담당하고 있으므로 유효하다는 견해(유효설, 이영준)가 있다.

2) 비수의조건

수의조건에 해당하지 않는 조건을 말한다. 이는 다시 ① 조건의 성취여부가 당사자의 의사와는 전혀 관계없이 자연적 사실이나 제3자의 의사나 행위에 의존하는 조건인 우성조건과, ② 조건의 성취여부가 당사자의 의사 및 제3자의 의사에 의존하는 조건인 혼성조건으로 나뉜다.

> 제151조(불법조건, 기성조건) ① 조건이 선량한 풍속 기타 사회질서에 위반한 것인 때에는 그 법률행위는 무효로 한다.
> ② 조건이 법률행위의 당시 이미 성취한 것인 경우에는 그 조건이 정지조건이면 조건 없는 법률행위로 하고 해제조건이면 그 법률행위는 무효로 한다.
> ③ 조건이 법률행위의 당시에 이미 성취할 수 없는 것인 경우에는 그 조건이 해제조건이면 조건 없는 법률행위로 하고 정지조건이면 그 법률행위는 무효로 한다.

(4) 불법조건

조건이 선량한 풍속 기타 사회질서에 위반한 것인 때에는 그 법률행위는 무효로 한다(제151조 제1항). 따라서 부부관계의 종료를 해제조건으로 하는 증여계약은 그 조건은 물론 증여계약 자체가 무효이다(대판 1966.6.21. 66다530).

(5) 기성조건

법률행위의 당시 이미 성취한 조건을 기성조건이라고 한다. 그 조건이 정지조건이면 조건 없는 법률행위로 하고 해제조건이면 그 법률행위는 무효로 한다. 따라서 정지조건부 화해계약 당시 이미 그 조건이 성취되었다면 이는 조건 없는 화해계약이 된다(대판 1959.12.24. 4292민상670).

(6) 불능조건

법률행위의 당시 이미 성취할 수 없는 조건을 불능조건이라고 한다. 그 조건이 해제조건이면 조건 없는 법률행위로 하고 정지조건이면 그 법률행위는 무효로 한다. 따라서 자진하여 사임할 것을 정지조건으로 하여 증여를 받기로 하였는데 사임을 하여야 할 자가 사임하지 않고 제명되었다면 증여는 무효가 된다[1] (대판 1984.9.25. 84다카967).

---

[1] 원고가 피고 교회의 담임 목사직을 자진은퇴 하겠다는 의사를 표명한데 대하여 피고 교회에서 은퇴위로금으로 이건 부동산을 증여하기로 한 것이라면 이 증여는 원고의 자진사임을 조건으로 한 증여라고 보아야 할 것이므로 원고가 위 증여계약을 원인으로 피고에게 소유권이전등기를 구하려면 적어도 그 후 자진사임 함으로써 그 조건이 성취되었음을 입증할 책임이 있다(대판 1984.9.25. 84다카967). 즉 증여는 무효가 된다.

3. 조건이 불가한 행위[2]

(1) 단독행위

단독행위는 원칙적으로 조건을 붙일 수 없다. 조건에 의하여 상대방의 지위가 불안정하게 되기 때문이다. 예를 들어 취소, 해제·해지, 추인, 상계, 철회, 선택채권의 선택, 환매 및 주식청약 등이 이에 속한다. 다만 예외적으로 상대방의 동의가 있는 경우, 채무면제, 유증 등(상대방에게 이익만을 주거나 상대방의 지위를 불안케 할 염려가 없는 행위)과 상대방이 결정할 수 있는 사실을 조건으로 한 경우에는 상대방의 지위나 이익을 해하지 않으므로 단독행위에도 조건을 붙일 수 있다. 예를 들어 계약 당사자 일방이 이행지체에 빠진 상대방에 대하여 일정한 기간을 정하여 채무이행을 최고함과 동시에 그 기간 내에 이행이 없을 시에는 계약을 해제하겠다는 정지조건부 계약해제의 의사표시는 조건이 가능하다. 따라서 일정한 유예기간의 경과로 해제권이 발생하고 동시에 그 계약은 해제된다(대판 1970.9.29. 70다1508).

(2) 가족법상 행위

혼인, 인지, 입양, 상속 승인·포기 등이 이에 해당한다. 다만 예외적으로 유언은 조건을 붙이는 것이 가능하다(제1073조 제2항).

> 제1073조(유언의 효력발생 시기) ① 유언은 유언자가 사망한 때로부터 그 효력이 생긴다.
> ② 유언에 정지조건이 있는 경우에 그 조건이 유언자의 사망 후에 성취한 때에는 그 조건성취한 때로부터 유언의 효력이 생긴다.

(3) 어음, 수표 행위

어음·수표의 발행, 배서 등이 이에 속한다. 이 경우 어음법과 수표법상 배서에 붙인 조건은 이를 기재하지 아니한 것으로 보므로(어음법 제12조 제1항, 제77조 제1항, 수표법 제15조 제1항), 조건이 없는 어음 및 수표행위로서 효력을 발생한다. 다만 예외적으로 어음보증은 조건을 붙일 수 있다(대판 1986.9.9. 84다카2310).

(4) 물권행위

독일민법은 부동산소유권이전의 합의(Auflassung)에 조건이나 기한을 붙이지 못하도록 하고 있으나(독민 제925조 제2항), 그러한 규정이 없는 우리 민법에서는 허용된다고 본다(통설). 소유권유보부 매매의 약정에는 조건부 물권행위가 있다고 볼 수 있다(통설).

---

[2] 조건이 불가한 법률행위에 조건을 붙이는 경우에는 그 법률행위 전부가 무효가 된다. 조건에서의 의사는 법률행위에서 효과의사와 일체를 이루므로 조건만 분리하여 효력을 논할 수 없기 때문이다(통설). 그리고 이 경우에는 무효행위의 전환법리가 적용될 수 없다(이영준).

(5) 효과

조건부 법률행위에 있어 조건의 내용 자체가 불법적인 것이어서 무효일 경우 또는 조건을 붙이는 것이 허용되지 아니하는 법률행위에 조건을 붙인 경우 그 조건만을 분리하여 무효로 할 수는 없고 그 법률행위 전부가 무효로 된다. 따라서 주주총회에서 감사로 선임된 자에게 회사의 대표이사가 감사임용계약의 청약을 하면서 부가한 조건의 내용 자체가 무효이거나 조건을 부가하여 위 청약의 의사표시를 하는 것이 무효인 경우, 그 조건뿐만 아니라 청약의 의사표시 전체가 무효로 되는 것이므로 이에 대하여 피선임자가 승낙의 의사표시를 하였다 하더라도 감사임용계약이 성립된 것으로 볼 수 없다(대결 2005.11.8. 2005마541).

4. 조건의 성취 및 불성취

(1) 증명책임

판례는 "어떠한 법률행위가 조건의 성취 시 법률행위의 효력이 발생하는 소위 정지조건부 법률행위에 해당한다는 사실은 그 법률행위로 인한 법률효과의 발생을 저지하는 사유로서 그 법률효과의 발생을 다투려는 자에게 주장, 입증책임이 있다고 할 것이므로, 원심이 인정한 바와 같이 이 사건 명의신탁계약의 해지가 정지조건부 법률행위라면 그 사실에 대한 주장, 입증책임은 그 명의신탁해지의 효과를 다투는 피고에게 있다고 할 것인데(그 정지조건의 성취에 관한 주장, 입증책임이 원고에게 있음은 별론으로 하고) …… (대판 1993.9.28. 93다20832)."라고 판시한다. 또한 정지조건부 법률행위에 있어서 조건이 성취되었다는 사실은 이에 의하여 권리를 취득하고자 하는 측에서 그 입증책임이 있다 할 것이므로, 정지조건부 채권양도에 있어서 정지조건이 성취되었다는 사실은 채권양도의 효력을 주장하는 자에게 그 입증책임이 있다(대판 1983.4.12. 81다카692).

(2) 판례

1) 조건의 성취

약혼예물의 수수는 약혼의 성립을 증명하고 혼인이 성립한 경우 당사자 내지 양가의 정리를 두텁게 할 목적으로 수수되는 것으로 혼인의 불성립을 해제조건으로 하는 증여와 유사한 성질을 가지므로, 예물의 수령자측이 혼인 당초부터 성실히 혼인을 계속할 의사가 없고 그로 인하여 혼인의 파국을 초래하였다고 인정되는 등 특별한 사정이 있는 경우에는 신의칙 내지 형평의 원칙에 비추어 혼인 불성립의 경우에 준하여 예물반환의무를 인정함이 상당하나, 그러한 특별한 사정이 없는 한 일단 부부관계가 성립하고 그 혼인이 상당 기간 지속된 이상 후일 혼인이 해소되어도 그 반환을 구할 수는 없으므로, 비록 혼인 파탄의 원인이 며느리에게 있더라도 혼인이 상당 기간 계속된 이상 약혼예물의 소유권은 며느리에게 있다(대판 1996.5.14. 96다5506).

2) 조건의 불성취

재산분할에 관한 협의는 혼인중 당사자 쌍방의 협력으로 이룩한 재산의 분할에 관하여 이미 이혼을 마친 당사자 또는 아직 이혼하지 않은 당사자 사이에 행하여지는 협의를 가리키는 것인바, 그 중 아직 이혼하지 않은 당사자가 장차 협의상 이혼할 것을 약정하면서 이를 전제로 하여 위 재산분할에 관한 협의를 하는 경우에 있어서는, 특별한 사정이 없는 한, 장차 당사자 사이에 협의상 이혼이 이루어질 것을 조건으로 하여 조건부 의사표시가 행하여지는 것이라 할 것이므로, 그 협의 후 당사자가 약정한대로 협의상 이혼이 이루어진 경우에 한하여 그 협의의 효력이 발생하는 것이지, 어떠한 원인으로든지 협의상 이혼이 이루어지지 아니하고 혼인관계가 존속하게 되거나 당사자 일방이 제기한 이혼청구의 소에 의하여 재판상 이혼(화해 또는 조정에 의한 이혼을 포함한다)이 이루어진 경우에는 위 협의는 조건의 불성취로 인하여 효력이 발생하지 않는다(대판 2000.10.24. 99다33458).

5. 조건부 권리의 침해금지

> 제148조(조건부권리의 침해금지) 조건 있는 법률행위의 당사자는 조건의 성부가 미정한 동안에 조건의 성취로 인하여 생길 상대방의 이익을 해하지 못한다.

(1) 제149조와 제150조와의 비교

제149조가 조건부 권리를 적극적으로 보호하는 것이라면 제148조는 소극적으로 권리를 보호하는 것이다. 제150조가 조건성취의 방해를 신의칙에 기초하여 규제하는 것이라면, 제148조는 조건성취에 따르는 당사자의 이익에 대한 침해를 규제하는 것이다.

(2) 손해배상청구권의 발생과 그 원인

조건부 권리를 침해당한 자는 상대방에 대하여 손해배상을 청구할 수 있다(통설). 따라서 손해배상의 범위는 신뢰이익이 아닌 이행이익에 미치며, 손해배상청구의 원인은 불법행위라고 본다(곽윤직).

(3) 제148조를 위반한 처분행위의 효력

나중에 조건성취에 의하여 발생할 효과를 멸실 또는 훼손하는 한도 내에서 무효이다(통설). 다만 제3자에 대해서는 조건부 권리의 목적이 부동산일 경우에 가령 매수인이 가등기를 하여야 대항할 수 있으며, 동산일 경우는 선의취득(제249조)에 의하여 제3자의 이익이 보호될 수 있다. 조건부 권리를 침해한 처분행위의 무효 또는 손해배상청구권의 성립은 조건의 성취에 의하여 당사자가 그 이익을 받을 것이 확정된 때이다(통설).

6. 조건부 권리의 처분 등

> **제149조(조건부권리의 처분 등)** 조건의 성취가 미정한 권리의무는 일반규정에 의하여 처분, 상속, 보존 또는 담보로 할 수 있다.

(1) 처분
조건부권리의 변동을 목적으로 하는 법률행위이다. 불하를 정지조건으로 귀속재산을 매수한 자의 처분은 인정된다(대판 1969.12.9. 69다1785). 그리고 피전부채권이 정지조건부 채권일 경우에 전부명령의 효력은 피전부채권에 붙은 정지조건이 성취된 경우에 발생하며, 동시에 채무자의 채무는 변제된 것으로 간주되어 소멸한다(대판 1978.5.23. 78다441).

(2) 상속
상속의 대상이 되는 조건부 권리는 일신전속적 권리가 아니어야 한다.

(3) 보존
조건부 권리의 현상을 유지하고 조건이 성취될 경우의 당사자의 이익을 확보하기 위한 수단이다. 특히 부동산상의 조건부권리를 보존하기 위해서 가등기를 할 수 있다(부동산등기법 제3조). 조건부 권리에 대해서는 장래이행청구의 소를 제기할 수 있으며(민소법 제251조), 보전처분도 할 수 있다(민집법 제276조 제2항, 제300조). 조건부 채권자는 채권자로서 파산절차에 참가할 수 있는데, 그 권리가 아직 미확정상태이므로, 파산관재인은 배당할 때에 그 배당액을 임치하여야 한다(채무자회생및파산에관한법률 제519조 제4호).

(4) 담보
여기서의 담보란 조건부 권리를 위해 담보를 설정할 수 있다는 의미이고, 조건부 권리를 담보로 제공하는 것을 의미하지는 않는다(통설). 그러나 기대권을 담보의 목적으로 할 수도 있으므로, 조건부 권리를 담보로 할 수 있다는 견해(김상용)도 있다.

7. 신의칙과 조건성취, 불성취

> **제150조(조건성취, 불성취에 대한 반신의행위)** ① 조건의 성취로 인하여 불이익을 받을 당사자가 신의성실에 반하여 조건의 성취를 방해한 때에는 상대방은 그 조건이 성취한 것으로 주장할 수 있다.
> ② 조건의 성취로 인하여 이익을 받을 당사자가 신의성실에 반하여 조건을 성취시킨 때에는 상대방은 그 조건이 성취하지 아니한 것으로 주장할 수 있다.

(1) 취지

민법 제150조 제1항은 조건의 성취로 인하여 불이익을 받을 당사자가 신의성실에 반하여 조건의 성취를 방해한 때에는 상대방은 그 조건이 성취한 것으로 주장할 수 있다고 정함으로써, 조건이 성취되었더라면 원래 존재했어야 하는 상태를 일방 당사자의 부당한 개입으로부터 보호하기 위한 규정을 두고 있다. 이 조항은 권리의 행사와 의무의 이행은 신의에 좇아 성실히 하여야 한다는 법질서의 기본원리가 발현된 것으로서, 누구도 신의성실에 반하는 행태를 통해 이익을 얻어서는 안 된다는 사상을 포함하고 있다. 당사자들이 조건을 약정할 당시에 미처 예견하지 못했던 우발적인 상황에서 상대방의 이익에 대해 적절히 배려하지 않거나 상대방이 합리적으로 신뢰한 선행 행위와 모순된 태도를 취함으로써 형평에 어긋나거나 정의관념에 비추어 용인될 수 없는 결과를 초래하는 경우 신의성실에 반한다고 볼 수 있다(대판 2021.1.14. 2018다223054). 그리고 민법 제150조 제2항은 "조건의 성취로 인하여 이익을 받을 당사자가 신의성실에 반하여 조건을 성취시킨 때에는 상대방은 그 조건이 성취하지 아니한 것으로 주장할 수 있다."라고 정한다. 이 조항은 권리의 행사와 의무의 이행은 신의에 좇아 성실히 하여야 한다는 법질서의 기본원리가 발현된 것으로서, 누구도 신의성실에 반하는 행태를 통해 이익을 얻어서는 안 된다는 사상을 포함하고 있다. 당사자들이 조건을 약정할 당시에 미처 예견하지 못했던 우발적인 상황에서 상대방의 이익에 대해 적절히 배려하지 않거나 상대방이 합리적으로 신뢰한 선행 행위와 모순된 태도를 취함으로써 형평에 어긋나거나 정의관념에 비추어 용인될 수 없는 결과를 초래하는 경우 신의성실에 반한다고 볼 수 있다(대판 2021.3.11. 2020다253430).

(2) 판례

상대방이 하도급 받은 부분에 대한 공사를 완공하여 준공필증을 제출하는 것을 정지조건으로 하여 공사대금채무를 부담하거나 위 채무를 보증한 사람은 위 조건의 성취로 인하여 불이익을 받을 당사자의 지위에 있다고 할 것이므로, 이들이 위 공사에 필요한 시설을 해주지 않았을 뿐만 아니라 공사장에의 출입을 통제함으로써 위 상대방으로 하여금 나머지 공사를 수행할 수 없게 하였다면, 그것이 고의에 의한 경우만이 아니라 과실에 의한 경우에도 신의성실에 반하여 조건의 성취를 방해한 때에 해당한다고 할 것이므로, 그 상대방은 민법 제150조 제1항의 규정에 의하여 위 공사대금채무자 및 보증인에 대하여 그 조건이 성취된 것으로 주장할 수 있다(대판 1998.12.22. 98다42356). 그리고 조건의 성취로 인하여 불이익을 받을 당사자가 신의성실에 반하여 조건의 성취를 방해한 경우, <u>조건이 성취된 것으로 의제되는 시점은 이러한 신의성실에 반하는 행위가 없었더라면 조건이 성취되었으리라고 추산되는 시점이다.</u> 그리고 민법 제150조 제1항은 계약 당사자 사이에서 정당하게 기대되는 협력을 신의성실에 반하여 거부함으로써 계약에서 정한 사항을 이행할 수 없게 된 경우에 유추적용될 수 있다. 그러나 민법 제150조 제1항이 방해행위로 조건이 성취되지 않을 것을 요구하는 것과 마찬가지로, 위와 같이 유추적용되는 경우에도 단순한 협력 거부만으로는 부족하고 이 조항에서 정한 방해행위에 준할 정도로 신의성실에 반하여 협력을 거부함으로써 계약에서 정한 사항을 이행할 수 없는 상태가 되어야 한다. 또한 민법 제150조는 사실관계의 진행이 달라졌더라면 발생하리라고 희망했던 결과를 의제하는 것은 아니므로, 이 조항을 유추적용할 때에도 조건성취 의제와 직접적인 관련이 없는 사실관계를 의제하거나 계약에서 정하지 않은 법률효과를 인정해서는 안 된다(대판 2021.1.14. 2018다223054).

Ⅲ. 기한

> **제152조(기한도래의 효과)** ① 시기 있는 법률행위는 기한이 도래한 때로부터 그 효력이 생긴다.
> ② 종기 있는 법률행위는 기한이 도래한 때로부터 그 효력을 잃는다.

1. 기한과 조건의 구별

(1) 의의

판례는 부관이 붙은 법률행위에 있어서 부관에 표시된 사실이 발생하지 아니하면 채무를 이행하지 아니하여도 된다고 보는 것이 상당한 경우에는 조건으로 보아야 하고, 표시된 사실이 발생한 때에는 물론이고 반대로 발생하지 아니하는 것이 확정된 때에도 그 채무를 이행하여야 한다고 보는 것이 상당한 경우에는 표시된 사실의 발생 여부가 확정되는 것을 불확정기한으로 정한 것으로 보아야 한다[1]고 판시한다(대판 2003.8.19. 2003다24215). 이때 당사자가 불확정한 사실이 발생한 때를 이행기한으로 정한 경우에는 그 사실이 발생한 때는 물론 그 사실의 발생이 불가능하게 된 때에도 이행기한은 도래한 것으로 보아야 한다고 본다(대판 2002.3.29. 2001다41766). 그리고 기한은 조건과는 달리 당사자의 특약으로 소급효를 인정할 수 없다(통설).

(2) 판례

1) 채권자가 기존채무의 지급을 위하여 그 채무의 이행기가 도래하기 전에 미리 그 채무의 변제기보다 후의 일자가 만기로 된 어음의 교부를 받은 때에는 묵시적으로 기존채무의 지급을 유예하는 의사가 있었다고 볼 경우가 있을 수 있고, 이 때 기존채무의 변제기는 어음에 기재된 만기일로 변경된다고 볼 것이나, 특별한 사정이 없는 한 채무자가 기존채무의 이행기에 채무를 변제하지 아니하여 채무불이행상태에 빠진 다음에 기존채무의 지급을 위하여 어음이 발행된 경우까지 그와 동일하게 볼 수는 없다(대판 2000.7.28. 2000다16367).

2) 수급인이 완공기한 내에 공사를 완공하지 못한 채 완공기한을 넘겨 도급계약이 해제된 경우에 있어서 그 지체상금발생의 시기(始期)는 "완공기한 다음날"이고, 종기(終期)는 "수급인이 공사를 중단하거나 기타 해제사유가 있어 도급인이 이를 해제할 수 있었을 때를 기준으로 하여 도급인이 다른 업자에게 의뢰하여 같은 건물을 완공할 수 있었던 시점"이다(대판 2001.1.30. 2000다56112). 즉 수급인이 완공기한 내에 공사를 완성하지 못한 채 공사를 중단하고 계약이 해제된 결과 완공이 지연된 경우에 있어서 지체상금은 약정 준공일 다음날부터 발생하되 그 종기는 수급인이 공사를 중단하거나 기타 해제사유가 있어 도급인이 공사도급계약을 해제할 수 있었을 때(실제로 해제한 때가 아니다)부터 도급인이 다른 업자에게 맡겨서 공사를 완성할 수 있었던 시점까지이고, 수급인이 책임질 수 없는 사유로 인하여 공사가 지연된 경우에는 그 기간만큼 공제되어야 한다(대판 2010.1.28. 2009다41137·41144).

---

[1] 채무의 변제에 관하여 일정한 사실이 부관으로 붙여진 경우에는 특별한 사정이 없는 한 사실이 발생한 때뿐만 아니라 사실의 발생이 불가능하게 된 때에도 이행기한은 도래한 것으로 보아야 하고, 부관으로 정한 사실의 실현이 주로 채무를 변제하는 사람의 성의나 노력에 따라 좌우되고, 채권자가 사실의 실현에 영향을 줄 수 없는 경우에는 사실이 발생하는 때는 물론이고 사실의 발생이 불가능한 것으로 확정되지는 않았더라도 합리적인 기간 내에 사실이 발생하지 않는 때에도 채무의 이행기한은 도래한다(대판 2018.4.24. 2017다205127).

3) 중도금 지급기일을 '1층 골조공사 완료시'로 정한 것은 중도금 지급의무의 이행기를 장래 도래할 시기가 확정되지 아니한 때, 즉 불확정기한으로 이행기를 정한 경우에 해당한다(대판 2005.10.7. 2005다38546).

2. 기한의 이익과 포기

(1) 기한의 이익의 의의

기한의 이익이라 함은 기한이 도래하지 않음으로써 당사자가 받는 이익을 말한다. 구체적으로 시기부인 때에는 법률행위의 효력이 아직 발생하지 않고 있다는 데서 받는 이익 또는 이행기가 아직 도래하지 아니함으로써 받는 이익이, 종기부인 경우에는 법률행위의 효력이 소멸하지 않는 데에서 얻는 이익이 이에 해당한다.

(2) 기한의 이익의 귀속

1) 원칙
기한의 이익을 받을 당사자는 법률행위의 종류, 당사자의 특약 또는 법률행위 당시의 구체적인 사정에 따라 정하여진다.

2) 일방만이 이익을 갖는 경우
채무자만이 이익을 갖는 경우에는 무이자 소비대차가 있고, 채권자만 이익을 갖는 경우에는 반환시기를 정하지 않은 무상임치계약이 있다.

3) 쌍방이 이익을 갖는 경우
은행의 정기예금 등과 같은 이자부 소비임치, 이자부 소비대차의 경우 쌍방에게 인정된다.

4) 민법상 추정규정
위의 기준에 따라 기한의 이익을 얻을 자를 확정하지 못하면 기한의 이익은 채무자의 이익을 위한 것으로 추정된다(제153조 제1항).

(3) 기한의 이익의 포기

> 제153조(기한의 이익과 그 포기) ① 기한은 채무자의 이익을 위한 것으로 추정한다.
> ② 기한의 이익은 이를 포기할 수 있다. 그러나 상대방의 이익을 해하지 못한다.

1) 의의
기한의 이익은 이를 포기할 수 있다(제153조 제2항 본문). 이는 상대방 있는 단독행위이며 포기로써 기한이 도래한 것과 마찬가지의 법률효과가 발생한다. 소급효는 부정된다.

2) 포기의 제한
기한의 이익의 포기는 상대방의 이익을 해하지 못한다(제153조 제2항 단서). 다만 이것은 포기 자체를 허용하지 않는 것은 아니며 다만 손해배상의무를 발생시킬 뿐이라는 것이 통설이다. 연대채무자 중의 1인이 기한의 이익을 포기하여도 그 효력은 다른 연대채무자에 효력을 미치지 않는다(제423조). 마찬가지로 보증채무에 있어서 주채무자의 이익포기는 보증인에게 효력이 미치지 않는다(제433조 제2항).

3) 포기의 효과

기한의 이익의 포기에 의하여 기한이익이 해소되고 기한이 도래한 것과 같은 효과가 발생한다. 기한의 이익의 포기는 성질상 장래를 향해서만 효력을 발생하고 소급효가 없다.

(4) 기한의 이익의 상실

1) 의의

기한의 이익은 상대방에 대한 신뢰를 전제로 한다. 따라서 신뢰를 잃게 하는 행위를 하는 경우 기한의 이익을 상실시킴이 형평에 맞다. 민법은 일정한 사유가 있을 경우에 기한의 이익이 상실됨을 규정하고 있다.

2) 기한의 이익 상실 사유

> 제388조(기한의 이익의 상실) 채무자는 다음 각 호의 경우에는 기한의 이익을 주장하지 못한다.
> 1. 채무자가 담보를 손상, 감소 또는 멸실하게 한 때
> 2. 채무자가 담보제공의 의무를 이행하지 아니한 때

① 채무자가 담보를 손상, 감소 또는 멸실하게 한 경우(제388조 제1호)

여기서 담보라 함은 물적 담보 외에 인적 담보를 포함한다. 단, 채무자의 일반재산은 포함하지 않는다. 그리고 담보의 가치를 저하 또는 소멸시키는 행위 일반을 말한다. 법률행위와 사실행위를 불문한다. 원칙적으로 채무자에 의한 행위여야 하고 채무자의 귀책사유는 필요 없다. 그러나 이는 민법상 과책주의에 어긋나므로 귀책사유가 필요하다는 견해도 있다.

② 채무자가 담보제공의 의무를 이행하지 아니한 때(제388조 제2호)

담보제공의무는 담보를 제공하기로 하는 채권자와 채무자 사이의 약정에 의하여 성립한다. 그리고 담보제공의무의 불이행에는 원래의 담보제공의무뿐만 아니라 담보보충의무도 포함된다고 할 것이다.

③ 채무자가 파산의 선고를 받은 경우

기한부채권은 파산선고 시에 변제기에 이른 것으로 한다(채무회생 및 파산에 관한 법률 제16조).

④ 기한이익상실의 약정

당사자는 특약으로 기한의 이익의 상실사유를 정할 수 있다. 다만 부당한 내용의 기한이익상실약정은 제103조에 의해 무효가 될 수 있다.

3) 상실의 효과

채무자는 기한의 이익을 주장할 수 없다(제388조). 그러나 이는 기한의 도래를 의제하는 것은 아니다. 따라서 채권자는 기한의 도래를 주장하거나 기한의 도래를 주장하지 않고 기한까지의 이자를 청구할 수도 있다. 따라서 기한의 이익의 상실로 곧 이행지체가 발생하지는 않으며 채권자의 최고 후에야 이행지체의 책임을 지게 된다.

4) 기한이익상실의 특약

기한이익 상실의 특약은 그 내용에 의하여 일정한 사유가 발생하면 채권자의 청구 등을 요함이 없이 당연히 기한의 이익이 상실되어 이행기가 도래하는 것으로 하는 정지조건부 기한이익 상실의 특약과 일정한 사유가 발생한 후 채권자의 통지나 청구 등 채권자의 의사행위를 기다려 비로소 이행기가 도래하는 것으로 하는 형성권적 기한이익 상실의 특약의 두 가지로 대별할 수 있고, 기한이익 상실의 특약이 위의 양자 중 어느 것에 해당하느냐는 당사자의 의사해석의 문제이지만 일반적으로 기한이익 상실의 특약이 채권자를 위하여 둔 것인 점에 비추어 명백히 정지조건부 기한이익 상실의 특약이라고 볼 만한 특별한 사정이 없는 이상 형성권적 기한이익 상실의 특약으로 추정하는 것이 타당하다(대판 2002.9.4. 2002다28340).

제5장 기간

Ⅰ. 기간의 의의

> 제155조(본장의 적용범위) 기간의 계산은 법령, 재판상의 처분 또는 법률행위에 다른 정한 바가 없으면 본장의 규정에 의한다.

기간에 관한 민법규정은 사법관계뿐만 아니라 공법관계에도 적용된다(대판 1967.5.23. 67누50 등). 기간의 계산에 관해 법률행위로 민법과 달리 정할 수 있다.

Ⅱ. 기간의 계산방법

1. 자연적 계산법

> 제156조(기간의 기산점) 기간을 시, 분, 초로 정한 때에는 즉시로부터 기산한다.

시간을 단위로 하여 정한 기간에 관해서는 자연적 계산방법을 택한다.

2. 역법적 계산법

(1) 기산점

> 제157조(기간의 기산점) 기간을 일, 주, 월 또는 연으로 정한 때에는 기간의 초일은 산입하지 아니한다. 그러나 그 기간이 오전영시로부터 시작하는 때에는 그러하지 아니하다.
>
> 제158조(나이의 계산과 표시) 나이는 출생일을 산입하여 만(滿) 나이로 계산하고, 연수(年數)로 표시한다. 다만, 1세에 이르지 아니한 경우에는 월수(月數)로 표시할 수 있다.

1) 초일불산입의 원칙

평균임금의 계산에 있어서는 퇴직사유가 발생한 날은 산입하지 않는다. 즉. 초일은 산입하지 않는다(제157조).

2) 예외

① 행정소송기간의 초일(대판 1966.7.12. 66누48)은 산입한다. ② 농지개혁법상 분배농지일람표의 총람공고기간의 초일(대판 1970.11.30. 70다1967)은 산입한다. ③ 구 국회의원선거법상 '선거공고일로부터'의 의미는 오전 0시를 의미한다(대판 1989.3.10. 88수85). ④ 연령계산의 경우에도 출생일(초일)을 산입한다[1]. 따라서 가족관계증명서에 기록할 출생 또는 사망 등을 신고하는 경우의 신고기간은 신고사건 발생일로부터 기산한다(가족관계의 등록 등에 관한 법률 제37조).

(2) 만료점

> 제159조(기간의 만료점) 기간을 일, 주, 월 또는 연으로 정한 때에는 기간말일의 종료로 기간이 만료한다.

1) 기간의 만료점

대한석탄공사에 피용된 채탄부의 정년이 53세라 함은 만 53세에 도달하는 날을 말하는 것이라고 보는 것이 상당하다(대판 1973.6.12. 71다2669).

2) 역에 의한 계산

> 제160조(역에 의한 계산) ① 기간을 주, 월 또는 연으로 정한 때에는 역에 의하여 계산한다.
> ② 주, 월 또는 연의 처음으로부터 기간을 기산하지 아니하는 때에는 최후의 주, 월 또는 연에서 그 기산일에 해당한 날의 전일로 기간이 만료한다.
> ③ 월 또는 연으로 정한 경우에 최종의 월에 해당일이 없는 때에는 그 월의 말일로 기간이 만료한다.
>
> 제161조(공휴일 등과 기간의 만료점) 기간의 말일이 토요일 또는 공휴일에 해당한 때에는 기간은 그 익일로 만료한다. <개정 2007.12.21>

3) 공휴일과 만료점

공휴일이란 국경일·일요일을 비롯한 휴일을 말하며, 공휴일에는 임시공휴일이 포함된다(대판 1964.5.26. 63다958). 민법 제161조가 정하는 기간의 말일이 공휴일에 해당한 때에는 기간은 그 익일로 만료한다는 규정의 취의는 명문이 정하는 바와 같이 기간의 말일이 공휴일인 경우를 정하는 것이고, 이는 기간의 만료일이 공휴일에 해당함으로써 발생할 불이익을 막자고 함에 그 뜻이 있는 것이므로 기간 기산의 초일은 이의 적용이 없다고 풀이하여야 할 것이다(대판 1982.2.23. 81누204). 이 규정은 즉시항고기간(대결 1964.6.30. 64마437), 항소기간(대판 1967.10.13. 67다1895), 세법상의 재심사결정기간(대판 1968.3.19. 67누100), 이의신청기간(대판 1987.10.13. 87누53) 등에 적용된다. 채무불변제를 정지조건으로 한 매매계약에서 변제기가 공휴일인 경우에는 특약이 없는 이상 제161조를 준용하여 그 변제기가 그 익일까지 연장된다(대판 1980.12.9. 80다1717·1718).

---

[1] 1993년 6월 30일 오전 5시에 출생한 자가 성년이 되는 때는 2012년 6월 30일 오전 0시이다. (O): 2013.7.1.부터 시행되고 있는 현행 민법에서는 사람은 19세로 성년에 이르게 된다(제4조). 그리고 연령계산에는 출생일을 산입한다(제158조). 따라서 이에 따라 계산하면 초일을 산입하므로 1993.6.30.이 기산점이 되고, 19년을 더하면 2012.6.30.이 되지만 전일로 만료하므로, 2012.6.29. 24시 즉 2012.6.30. 0시에 성년이 된다.

3. 기간역산의 경우

기산일로부터 소급하여 계산되는 기간의 계산방법에 대하여 민법의 기간계산방법에 관한 규정이 준용되어야 한다(통설, 대판 1989.4.11. 87다카2901). 예를 들어 사단법인의 사원총회를 1주일 전에 통지한다고 할 때에 총회일이 10월 19일이라면 늦어도 10월 11일 자정까지는 사원에게 총회소집통지가 발신되어야 한다. 즉 10월 18일이 기산일이고, 12일 오전 0시로 만료된다. 따라서 늦어도 11일 오후 12시까지는 소집통지를 발송하여야 한다(제71조).

제6장 소멸시효

Ⅰ. 서설

1. 의의

시효란 일정한 사실상태가 일정기간 계속된 경우에 그 상태가 진실한 권리관계에 합치되는가에 상관없이 그 사실상태를 존중하여 법률상 일정한 효과를 생기게 하는 법률요건이다. 소멸시효는 취득시효에 대비되는 개념인데, 권리자가 권리행사를 할 수 있음에도 불구하고 일정한 기간 동안 권리불행사의 상태가 계속된 경우에 그 권리를 소멸하게 하는 제도이다.

2. 입법례

구 민법은 프랑스민법을 본받아 총칙편에서 소멸시효와 취득시효를 통일적으로 규율하였으나, 현행 민법은 독일민법과 같이 소멸시효를 총칙편에서 규정하고 취득시효는 물권편에서 규율하고 있다. 이론적으로 보아 양 제도는 그 요건과 효과에서 차이점이 많아 별개의 제도로 취급되므로, 우리 민법의 태도는 타당하다. 따라서 시효취득의 주장 속에는 상대방의 청구권이 시효 소멸하였다는 주장이 포함되어 있지 않다(대판 1982.2.9. 81다534).

3. 시효제도의 근거

시효제도의 존재이유는 영속된 사실상태를 존중하며 권리 위에 잠자는 자를 보호하지 않는다는 데 있고, 특히 소멸시효에 있어서는 후자의 의미가 강하다고 한다(대판 1992.3.31. 91다32053 전합).

4. 제척기간과의 비교

(1) 의의

제척기간이란 법률이 규정하는 권리의 존속기간, 혹은 권리를 행사할 수 있는 기간을 말한다. 제척기간이 만료되면 그 권리는 당연히 소멸된다.

(2) 법적 성질

1) 통설(출소기간설)

제척기간은 기간 내에 권리가 재판상 행사되어야 하는 출소기간으로 본다.

2) 판례

판례는 권리행사기간 내에 권리를 행사하기만 하면 되고 반드시 재판상 청구를 하여야만 청구권이 보전되는 것은 아니라고 한다. 즉, 민법상 수급인의 하자담보책임(제670조)에 관한 기간은 제척기간으로서 재판상 또는 재판 외의 권리행사기간이며 재판상 청구를 위한 출소기간이 아니라고 한다(대판 2000.6.9. 2000다15371). 다만, 판례는 점유보호청구권에 관한 제204조 제3항, 제205조 제2항의 규정의 문언에 불구하고 이를 출소기간으로 보았다(대판 2002.4.26. 2001다8097). 그리고 채권양도의 통지는 양도인이 채권이 양도되었다는 사실을 채무자에게 알리는 것에 그치는 행위이므로, 그것만으로 제척기간 준수에 필요한 권리의 재판외 행사에 해당한다고 할 수 없다(대판 2012.3.22. 2010다28840 전합).

3) 추후보완 여부

민법 제1019조 제3항의 기간은 한정승인신고의 가능성을 언제까지나 남겨둠으로써 당사자 사이에 일어나는 법적 불안상태를 막기 위하여 마련한 제척기간이고, 경과규정인 개정 민법(2002.1.14. 법률 제6591호) 부칙 제3항 소정의 기간도 제척기간이라 할 것이며, 한편 제척기간은 불변기간이 아니어서 그 기간을 지난 후에는 당사자가 책임질 수 없는 사유로 그 기간을 준수하지 못하였더라도 추후에 보완될 수 없다(대결 2003.8.11. 2003스32).

(3) 소멸시효와의 차이점

구분	소멸시효	제척기간
대상	청구권	형성권
기산점	권리를 행사할 수 있는 때(제166조)	권리가 발생한 때
소급효	소급효 ○(제167조)	소급효 ×, 장래에 향하여 소멸
중단제도	○(제168조)	제척기간에 관하여는 중단제도 적용 × (대판 2003.1.10. 2000다26425)
정지제도	○(제179조 ~ 제182조)	×, 단 제182조의 적용여부에 관하여 긍정설, 부정설 대립
시효이익포기	可能(제184조 제1항)	不可
기간 단축 여부	특약으로 단축, 감경 가능 (연장, 가중은 불가)(제184조 제2항)	단축, 감경도 불가능
효과	권리 소멸(절대적 소멸설)	권리 소멸
직권조사사항	항변사항	직권조사사항

> **제670조(담보책임의 존속기간)** ① 전3조의 규정에 의한 하자의 보수, 손해배상의 청구 및 계약의 해제는 목적물의 인도를 받은 날로부터 <u>1년</u> 내에 하여야 한다.
> ② 목적물의 인도를 요하지 아니하는 경우에는 전항의 기간은 일의 종료한 날로부터 기산한다.
>
> **제204조(점유의 회수)** ① 점유자가 점유의 침탈을 당한 때에는 그 물건의 반환 및 손해의 배상을 청구할 수 있다.
> ② 전항의 청구권은 침탈자의 특별승계인에 대하여는 행사하지 못한다. 그러나 승계인이 악의인 때에는 그러하지 아니하다.
> ③ 제1항의 청구권은 침탈을 당한 날로부터 <u>1년</u> 내에 행사하여야 한다.

1) 기산점

소멸시효의 기산점은 그 권리를 행사할 수 있는 때이다. 그러나, 제척기간의 기산점은 원칙적으로 권리가 발생한 때이다. 따라서, 당사자 간에 매매예약완결권(형성권)을 행사할 수 있는 시기를 특별히 약정한 경우에도, 그 제척기간은 당초 권리의 발생일부터 10년이 경과하면 만료한다(대판 1995.11.10. 94다22682·22699).

2) 소급효

제척기간이 만료되더라도 소급효가 인정되지 않으나, 소멸시효가 완성되면 그 권리는 소급하여 소멸하는 것으로 인정된다(제167조).

3) 중단사유

제척기간의 목적은 권리관계를 조속히 확정시키려는 데 있으므로, 소멸시효의 중단은 제척기간에는 인정되지 않는다(통설).

4) 정지사유

제182조는 준용된다는 준용긍정설도 있으나, 명문규정이 없는 현행 민법하에서는 해석상 위 규정의 준용을 긍정할 필요가 없다는 준용부정설이 다수설이다.

5) 시효이익의 포기

제척기간의 만료로써 해당 권리는 당연히 소멸하므로 시효이익의 포기는 인정될 수 없다. 다만 상법 제814조 제1항에서 정한 제척기간이 지난 뒤에 그 기간 경과의 이익을 받는 당사자가 기간이 지난 사실을 알면서도 기간 경과로 인한 법적 이익을 받지 않겠다는 의사를 명확히 표시한 경우에는, 소멸시효 완성 후 이익의 포기에 관한 민법 제184조 제1항을 유추적용하여 제척기간 경과로 인한 권리 소멸의 이익을 포기하였다고 인정할 수 있다(대판 2022.6.9. 2017다247848).

6) 기간 단축 여부

> 제184조(시효의 이익의 포기 기타) ② 소멸시효는 법률행위에 의하여 이를 배제, 연장 또는 가중할 수 없으나 이를 단축 또는 경감할 수 있다.

소멸시효는 배제, 연장, 가중을 할 수는 없으나, 단축, 경감은 가능하다(제184조 제2항). 반면 제척기간은 단축, 경감도 불가능하다.

7) 효과

소멸시효의 효과에 대해 상대적 소멸설을 취하면 소멸시효의 완성을 원용하지 않으면 권리가 소멸되지 않지만, 제척기간은 기간의 경과로 당연히 권리가 소멸한다는 점에서 소멸시효와 구별된다. 하지만 소멸시효의 원용이 없어도 권리가 소멸한다는 절대적 소멸설에 의하면 소멸시효와 제척기간의 효과는 동일하다.

8) 직권조사사항

소멸시효의 완성은 권리항변사실 중 권리멸각사실이므로 당사자가 주장해야 하지만, 제척기간의 도과는 법관이 직권으로 조사해야 하는 직권조사사항이다.

(4) 소멸시효기간과 제척기간의 구별기준

법문이 '소멸시효로 인하여' 또는 '소멸시효가 완성한다' 등으로 표현하면 소멸시효기간으로 본다(통설). 특히 형성권은 그 행사에 의하여 곧바로 법률효과가 발생하므로, 권리불행사의 사실상 상태에 대한 중단이라는 개념은 있을 수 없다. 따라서 형성권에 대해서는 권리행사의 기간이 정해져 있는 경우에는 이를 제척기간으로 해석해야 한다(통설).

> **참조판례** 매매예약 완결권의 법적 성질 및 그 행사기간
>
> [1] 매매의 일방예약에서 예약자의 상대방이 매매예약 완결의 의사표시를 하여 매매의 효력을 생기게 하는 권리, 즉 매매예약의 완결권은 일종의 형성권으로서 당사자 사이에 그 행사기간을 약정한 때에는 그 기간 내에, 그러한 약정이 없는 때에는 그 예약이 성립한 때로부터 10년 내에 이를 행사하여야 하고, 그 기간을 지난 때에는 예약 완결권은 제척기간의 경과로 인하여 소멸한다.
> [2] 제척기간은 권리자로 하여금 당해 권리를 신속하게 행사하도록 함으로써 법률관계를 조속히 확정시키려는 데 그 제도의 취지가 있는 것으로서, 소멸시효가 일정한 기간의 경과와 권리의 불행사라는 사정에 의하여 권리 소멸의 효과를 가져오는 것과는 달리 그 기간의 경과 자체만으로 곧 권리 소멸의 효과를 가져오게 하는 것이므로 그 기간 진행의 기산점은 특별한 사정이 없는 한 원칙적으로 권리가 발생한 때이고, 당사자 사이에 매매예약 완결권을 행사할 수 있는 시기를 특별히 약정한 경우에도 그 제척기간은 당초 권리의 발생일로부터 10년간의 기간이 경과되면 만료되는 것이지 그 기간을 넘어서 그 약정에 따라 권리를 행사할 수 있는 때로부터 10년이 되는 날까지로 연장된다고 볼 수 없다(대판 1995.11.10. 94다22682·22699).

(5) 경합 여부

매도인에 대한 하자담보에 기한 손해배상청구권에 대하여는 민법 제582조의 제척기간이 적용되고, 이는 법률관계의 조속한 안정을 도모하고자 하는 데에 취지가 있다. 그런데 하자담보에 기한 매수인의 손해배상청구권은 권리의 내용·성질 및 취지에 비추어 민법 제162조 제1항의 채권 소멸시효의 규정이 적용되고, 민법 제582조의 제척기간 규정으로 인하여 소멸시효 규정의 적용이 배제된다고 볼 수 없으며, 이때 다른 특별한 사정이 없는 한 무엇보다도 매수인이 매매 목적물을 인도받은 때부터 소멸시효가 진행한다고 해석함이 타당하다(대판 2011.10.13. 2011다10266). 또한 수급인의 담보책임에 기한 하자보수에 갈음하는 손해배상청구권에 대하여는 민법 제670조 또는 제671조의 제척기간이 적용되고, 이는 법률관계의 조속한 안정을 도모하고자 하는 데에 취지가 있다. 그런데 이러한 도급인의 손해배상청구권에 대하여는 권리의 내용·성질 및 취지에 비추어 민법 제162조 제1항의 채권 소멸시효의 규정 또는 도급계약이 상행위에 해당하는 경우에는 상법 제64조의 상사시효의 규정이 적용되고, 민법 제670조 또는 제671조의 제척기간 규정으로 인하여 위 각 소멸시효 규정의 적용이 배제된다고 볼 수 없다(대판 2012.11.15. 2011다56491).

II. 소멸시효의 요건

1. 소멸시효의 대상이 되는 권리인지 여부

> 제162조(채권, 재산권의 소멸시효) ① 채권은 10년간 행사하지 아니하면 소멸시효가 완성한다.
> ② 채권 및 소유권이외의 재산권은 20년간 행사하지 아니하면 소멸시효가 완성한다.

(1) 채권[1]

채권적 청구권(부당이득반환청구권, 손해배상청구권 등)을 포함한다. 그리고 사업시행자가 아파트에 관한 특별공급계약에서 강행규정인 구 공익사업법 제78조 제4항에 위배하여 생활기본시설 설치비용을 분양대금에 포함시킴으로써 특별공급계약 중 그 부분이 무효가 되었음을 이유로 이주대책대상자들이 민법의 규정에 따라 사업시행자에게 이미 지급하였던 분양대금 중 그 부분에 해당하는 금액의 반환을 구하는 부당이득반환청구의 경우에도 상거래 관계와 같은 정도로 거래관계를 신속하게 해결할 필요성이 있다고 볼 수 없으므로 위 부당이득반환청구권에는 상법 제64조가 적용되지 아니하고, 소멸시효기간은 민법 제162조 제1항에 따라 10년으로 보아야 한다(대판 2016.9.28. 2016다20244). 또한 금전채무에 대한 변제기 이후의 지연손해금은 금전채무의 이행을 지체함으로 인한 손해의 배상으로 지급되는 것이므로, 그 소멸시효기간은 원본채권의 그것과 같다(대판 2010.9.9. 2010다28031). 그러나 보험계약자가 다수의 계약을 통하여 보험금을 부정 취득할 목적으로 체결한 보험계약이 민법 제103조에 따라 무효인 경우, 보험금에 대한 부당이득반환청구권에 상법 제64조를 유추적용하여 5년의 상사 소멸시효기간이 적용된다(대판 2021.7.22. 2019다277812 전합).

(2) 채권 및 소유권 이외의 재산권

용익물권(지상권, 지역권)은 시효대상이 된다. 공법상 권리[2](국세징수권[3] 등)도 시효대상이 되는 것이 있다.

(3) 소멸시효에 걸리지 않는 권리

1) 소유권

소유권은 항구성이 있고, 점유권은 점유상태만으로 인정되는 권리이므로 소멸시효대상이 아니다.

2) 물권적 청구권

부정설(다수설)과 긍정설(20년설), 소유권 외의 물권적 청구권에 한해 긍정하는 견해가 대립한다. 다만 판례는 "명의신탁의 해지로 인한 소유권에 기한 등기말소청구권은 소멸시효의 대상이 되지 못한다(대판 1991.11.26. 91다34387)."는 판시가 있다.

---

[1] 이른바 예탁금제 골프회원권은 회원의 골프장 시설업자에 대한 회원가입계약상의 지위 내지 회원가입계약에 의한 채권적 법률관계를 총체적으로 가리키는 것이고, 이러한 예탁금제 골프회원권을 가진 자는 회칙이 정하는 바에 따라 골프장 시설을 우선적으로 이용할 수 있는 권리인 시설이용권과 회원자격을 보증하는 소정의 입회금을 예탁한 후 회원을 탈퇴할 때 그 원금을 반환받을 수 있는 권리인 예탁금반환청구권과 같은 개별적인 권리를 가지는데, 그 중 개별적인 권리로서의 시설이용권이나 예탁금반환청구권은 채권으로서 소멸시효의 대상이 된다(대판 2015.1.29. 2013다100750).

[2] 국가재정법 제96조(금전채권·채무의 소멸시효) ① 금전의 급부를 목적으로 하는 국가의 권리로서 시효에 관하여 다른 법률에 규정이 없는 것은 5년 동안 행사하지 아니하면 시효로 인하여 소멸한다.
② 국가에 대한 권리로서 금전의 급부를 목적으로 하는 것도 또한 제1항과 같다.
③ 금전의 급부를 목적으로 하는 국가의 권리의 경우 소멸시효의 중단·정지 그 밖의 사항에 관하여 다른 법률의 규정이 없는 때에는 민법의 규정을 적용한다. 국가에 대한 권리로서 금전의 급부를 목적으로 하는 것도 또한 같다. <개정 2020.6.9.>
④ 법령의 규정에 따라 국가가 행하는 납입의 고지는 시효중단의 효력이 있다.

[3] 국세기본법 제27조(국세징수권의 소멸시효) ① 국세의 징수를 목적으로 하는 국가의 권리(이하 이 조에서 "국세징수권"이라 한다)는 이를 행사할 수 있는 때부터 다음 각 호의 구분에 따른 기간 동안 행사하지 아니하면 소멸시효가 완성된다. 이 경우 다음 각 호의 국세의 금액은 가산세를 제외한 금액으로 한다. <개정 2013.1.1., 2019.12.31.>
1. 5억 원 이상의 국세: 10년
2. 제1호 외의 국세: 5년
② 제1항의 소멸시효에 관하여는 이 법 또는 세법에 특별한 규정이 있는 것을 제외하고는 민법에 따른다.

3) 담보물권

부종성에 의해 피담보채권과 분리되어 소멸시효에 걸리지 않는다. 예를 들어 유치권은 점유를 요건으로 하고 물건에 관한 채권의 담보를 위하여 일정한 법률관계가 존속되는 한 인정되는 물권이므로, 그 법률관계에서 독립하여 시효소멸 하지 않는다. 질권과 저당권 역시 피담보채권과 독립하여 소멸시효에 걸리지 않는다[1].

4) 상린권, 공유물분할청구권

공유물분할청구권은 공유관계에서 수반되는 형성권이므로 공유관계가 존속하는 한, 그 분할청구권만이 독립하여 시효에 의하여 소멸될 리 없다고 할 것이며 따라서 그 분할청구의 소 내지 공유물분할을 명하는 판결도 형성의 소 및 형성판결로서 소멸시효의 대상이 될 수 없다고 할 것이다(대판 1981.3.24. 80다1888·1889). 형성권은 소멸시효대상이 아니고, 언제나 제척기간의 대상이고(통설, 판례), 명문에 기간이 정해져 있지 않으면 10년이다(통설, 판례).

5) 형성권

형성권은 소멸시효대상이 아니고, 제척기간의 대상이고(통설, 판례), 명문에 기간이 정해져 있지 않으면 10년이다(통설, 판례).

6) 항변권

항변권은 상대방이 청구권을 행사하지 않으면 구체적으로 발생하지 않는 권리이므로 소멸시효에 걸리지 않는다(항변권의 영구성). 그러나 상대방이 이 청구권을 행사하였을 때에는 20년의 소멸시효에 걸린다(이설 있음).

7) 물권에 준한 재산권(광업권, 어업권, 무체재산권 등)

소유권과 같은 성질의 것으로 소멸시효대상이 아니고, 비재산권(신분권, 인격권 등)도 마찬가지이다.

8) 가족법상 권리

제척기간의 적용은 있어도 소멸시효에는 걸리지 않는다(통설). 민법은 재산권에 한정하여 소멸시효에 걸린다고 정하고 있다(제162조).

(4) 등기청구권

1) 원칙

채권적 청구권으로서 10년의 소멸시효에 걸린다. 판례도 "부동산에 대한 점유취득시효가 완성된 점유자가 그 부동산에 대한 점유를 상실한 때로부터 10년간 소유권이전등기청구권을 행사하지 아니하면 소멸시효가 완성한다[대판 2023.8.31. 2023다240428(본소), 2023다240435(반소)]."고 본다.

2) 예외

① 매수인이 토지를 인도받아 사용, 수익(점유)하고 있는 경우에는 소멸시효제도의 취지에 비추어 볼 때 권리 위에 잠자는 자로 볼 수 없어 소멸시효로 권리가 소멸하지 않는다(대판 1976.11.6. 76다148 전합).

---

[1] 주석 민법[총칙(3)], 528면

② 매수인이 부동산을 인도받아 이를 사용, 수익하다가 '보다 적극적인 권리행사의 일환으로' 타인에게 그 부동산을 처분하고 점유를 승계해 준 경우에도 스스로 사용, 수익하고 있는 경우와 특별히 다를 바 없으므로 이전등기청구권의 소멸시효는 진행하지 않는다(대판 1999.3.18. 98다32175 전합).

2. 단기소멸시효

(1) 3년의 소멸시효

> **제163조(3년의 단기소멸시효)** 다음 각 호의 채권은 3년간 행사하지 아니하면 소멸시효가 완성한다.
> 1. 이자, 부양료, 급료, 사용료 기타 1년 이내의 기간으로 정한 금전 또는 물건의 지급을 목적으로 한 채권
> 2. 의사, 조산사, 간호사 및 약사의 치료, 근로 및 조제에 관한 채권
> 3. 도급받은 자, 기사 기타 공사의 설계 또는 감독에 종사하는 자의 공사에 관한 채권[2]
> 4. 변호사, 변리사, 공증인, 공인회계사 및 법무사에 대한 직무상 보관한 서류의 반환을 청구하는 채권
> 5. 변호사, 변리사, 공증인, 공인회계사 및 법무사의 직무에 관한 채권
> 6. 생산자 및 상인이 판매한 생산물 및 상품의 대가
> 7. 수공업자 및 제조자의 업무에 관한 채권

1) 제1호

판례는 이자채권이라도 1년 이내의 정기지급이 아닌 이상 3년의 단기소멸시효에 걸리지 않는다고 하면서(대판 1996.9.20. 96다25302), 제163조 제1호 소정의 1년 이내의 기간으로 정한 채권이란 1년 이내의 정기에 지급되는 채권을 의미한다고 하고 지연손해금은 민법 제163조 제1호 소정의 1년 이내의 기간으로 정한 이자에 해당되지 않으며 본래의 원본채권과 동일성을 유지한다고 한다(대판 1991.5.14. 91다7156). 따라서 민법 제163조 제1호에서 3년의 단기소멸시효에 걸리는 것으로 규정한 '1년 이내의 기간으로 정한 채권'이란 1년 이내의 정기로 지급되는 채권을 말하는 것으로서, 1개월 단위로 지급되는 집합건물의 관리비채권은 이에 해당한다고 할 것이다(대판 2007.2.22. 2005다65821). 그리고 민법 제163조 제1호는 이자, 부양료, 급료, 사용료 기타 1년 이내의 기간으로 정한 금전 또는 물건의 지급을 목적으로 한 채권은 3년간 행사하지 아니하면 소멸시효가 완성한다고 규정하고 있다. 이는 기본 권리인 정기금채권에 기하여 발생하는 지분적 채권의 소멸시효를 정한 것으로서, 여기서 '1년 이내의 기간으로 정한 채권'이란 1년 이내의 정기로 지급되는 채권을 말한다. 그리고 채무불이행으로 인한 손해배상채권은 본래의 채권이 확장된 것이거나 본래의 채권의 내용이 변경된 것이므로 본래의 채권과 동일성을 가진다. 따라서 본래의 채권이 시효로 소멸한 때에는 손해배상채권도 함께 소멸한다. 한편 어떠한 계약상의 채무를 채무자가 이행하지 않았다고 하더라도 채권자는 여전히 해당 계약에서 정한 채권을 보유하고 있으므로, 특별한 사정이 없는 한 채무자가 채무를 이행하지 않고 있다고 하여 채무자가 법률상 원인 없이 이득을 얻었다고 할 수는 없고, 설령 채권이 시효로 소멸하게 되었다 하더라도 달리 볼 수 없다(대판 2018.2.28. 2016다45779).

---

[2] 한국전력공사가 甲 지방자치단체와 체결한 '배전선로 지중화공사에 따른 이행협약' 및 '공사비부담계약'에 기초하여 자신이 부담하기로 한 부분 이외의 나머지 부분에 관하여 甲 지방자치단체를 상대로 정산금 지급을 청구하자 甲 지방자치단체가 민법 제163조 제3호에서 정한 단기소멸시효의 완성을 주장하는 경우, 이 정산금 채권은 민법 제163조 제3호에 따른 수급인이 도급인에 대하여 갖는 공사에 관한 채권에 해당한다고 볼 수 없다(대판 2020.9.3. 2020다227837).

2) 제3호

제1, 3차 홍수피해로 인한 각 추가비용청구채권에 관한 소멸시효에 대하여 민법 제163조 제3호는 3년의 단기소멸시효에 걸리는 채권으로서 "도급을 받은 자의 공사에 관한 채권"을 들고 있는바, 여기에서 "채권"은 도급받은 공사의 공사대금채권뿐만 아니라 그 공사에 부수되는 채권도 포함하는 것이다(대판 2002.11.8. 2002다28685). 그리고 민법 제163조 제3호에서 3년의 단기소멸시효에 걸리는 것으로 규정한 '도급받은 자의 공사에 관한 채권'은 수급인이 도급인에 대하여 갖는 공사에 관한 채권을 말하는 것이므로, 공동수급체 구성원들 상호간의 정산금 채권 등에 관하여는 위 규정이 적용될 수 없다(대판 2013.2.28. 2011다79838).

3) 제5호

<u>민법 제163조 제5호에서 정하고 있는 '변호사, 변리사, 공증인, 공인회계사 및 법무사의 직무에 관한 채권'에만 3년의 단기 소멸시효가 적용되고, 세무사와 같이 그들의 직무와 유사한 직무를 수행하는 다른 자격사의 직무에 관한 채권에 대하여는 민법 제163조 제5호가 유추적용된다고 볼 수 없다</u>[1](대판 2022.8.25. 2021다311111). 그리고 세무사를 상법 제4조 또는 제5조 제1항이 규정하는 상인이라고 볼 수 없고, 세무사의 직무에 관한 채권이 상사채권에 해당한다고 볼 수 없으므로, 세무사의 직무에 관한 채권에 대하여는 민법 제162조 제1항에 따라 10년의 소멸시효가 적용된다[2](대판 2022.8.25. 2021다311111).

4) 제6호

계속적 물품공급계약에 기하여 발생한 외상대금채권은 특별한 사정이 없는 한 발생한 때로부터 3년이 경과함으로써 소멸시효가 완성된다고 볼 것이지 거래 종료일로부터 기산하여야 한다고 할 수 없다(대판 1992.1.21. 91다10152). 상인이 판매한 상품의 대가로서 3년의 단기소멸시효에 걸린다. 또한 3년의 단기소멸시효가 적용되는 상인이 판매한 상품의 대가란 상품의 매매로 인한 대금 그 자체의 채권만을 말하는 것으로서 상품의 공급자체와 등가성 있는 청구권에 한하므로, 위탁매매에 있어 위탁자의 위탁상품 공급으로 인한 위탁매매인에 대한 이득반환청구권이나 이행담보책임이행청구권은 여기에 해당하지 않고, 다른 특별한 사정이 없는 한 통상의 상행위로 인하여 발생한 채권이어서 상법 제64조 소정의 5년의 상사시효의 대상이 된다(대판 1996.1.23. 95다39854).

---

[1] 민법은 1958.2.22. 법률 제471호로 제정되면서 제163조를 두어 3년의 단기 소멸시효가 적용되는 채권을 규정하였고, 그 중 제5호에서는 '변호사, 변리사, 공증인, 계리사 및 사법서사의 직무에 관한 채권'을 규정하였다. 그 후 민법이 1997.12.13. 법률 제5431호로 개정되면서 계리사를 공인회계사로, 사법서사를 법무사로 법령에 맞게 용어를 바꾸었을 뿐 그 내용의 변경은 없었다. 한편 세무사 제도는 민법 제정 이후인 1961.9.9. 법률 제712호로 세무사법이 제정되면서 마련되었다. 이러한 법령의 제·개정 경과 및 단기 소멸시효를 규정하고 있는 취지에다가 '직무에 관한 채권'은 직무의 내용이 아닌 직무를 수행하는 주체의 관점에서 보아야 하는 점, 민법 제163조 제5호에서 정하고 있는 자격사 외의 다른 자격사의 직무에 관한 채권에도 단기 소멸시효 규정이 유추적용된다고 해석한다면 어떤 채권이 그 적용대상이 되는지 불명확하게 되어 법적 안정성을 해하게 되는 점 등을 종합적으로 고려하면 …

[2] 세무사의 직무에 관하여 고도의 공공성과 윤리성을 강조하고 있는 세무사법의 여러 규정에 비추어 보면, 개별 사안에 따라 전문적인 세무지식을 활용하여 직무를 수행하는 세무사의 활동은 간이·신속하고 외관을 중시하는 정형적인 영업활동, 자유로운 광고·선전을 통한 영업의 활성화 도모, 인적·물적 영업기반의 자유로운 확충을 통한 최대한의 효율적인 영리 추구 허용 등을 특징으로 하는 상인의 영업활동과는 본질적으로 차이가 있다. 그리고 세무사의 직무와 관련하여 형성된 법률관계에 대하여는 상인의 영업활동 및 그로 인해 형성된 법률관계와 동일하게 상법을 적용하여야 할 특별한 사회경제적 필요 내지 요청이 있다고 볼 수도 없다.

(2) 1년의 소멸시효

> **제164조(1년의 단기소멸시효)** 다음 각 호의 채권은 1년간 행사하지 아니하면 소멸시효가 완성한다.
> 1. 여관, 음식점, 대석, 오락장의 숙박료, 음식료, 대석료, 입장료, 소비물의 대가 및 체당금의 채권
> 2. 의복, 침구, 장구 기타 동산의 사용료의 채권
> 3. 노역인, 연예인의 임금 및 그에 공급한 물건의 대금채권
> 4. 학생 및 수업자의 교육, 의식 및 유숙에 관한 교주, 숙주, 교사의 채권

일정한 채권의 소멸시효기간에 관하여 이를 특별히 1년의 단기로 정하는 민법 제164조는 그 각 호에서 개별적으로 정하여진 채권의 채권자가 그 채권의 발생원인이 된 계약에 기하여 상대방에 대하여 부담하는 반대채무에 대하여는 적용되지 아니한다. 따라서 그 채권의 상대방이 그 계약에 기하여 가지는 반대채권은 원칙으로 돌아가, 다른 특별한 사정이 없는 한 민법 제162조 제1항에서 정하는 10년의 일반 소멸시효기간의 적용을 받는다(대판 2013.11.14. 2013다65178). 그리고 건설업을 하는 甲 주식회사가 공사에 투입한 인원이 공사 기간 중에 리조트의 객실과 식당을 사용한 데에 대한 사용료를 乙에게 매월 말 지급하기로 약정하였는데, 숙박료와 음식료로 구성되어 있는 위 리조트 사용료 채권의 소멸시효기간은 1년이다[3](대판 2020.2.13. 2019다271012).

(3) 5년의 소멸시효

> **상법**[4] **제64조(상사시효)** 상행위로 인한 채권은 본법에 다른 규정이 없는 때에는 5년간 행사하지 아니하면 소멸시효가 완성한다. 그러나 다른 법령에 이보다 단기의 시효의 규정이 있는 때에는 그 규정에 의한다.

---

[3] 민법 제164조 제1호는 여관, 음식점, 대석, 오락장의 숙박료, 음식료, 대석료, 입장료, 소비물의 대가 및 체당금의 채권은 1년간 행사하지 아니하면 소멸시효가 완성한다고 특별히 규정하고 있으므로, 甲 회사가 리조트 사용료를 월 단위로 지급하기로 약정하였더라도, 리조트 사용료 채권은 민법 제164조 제1호에 정한 '숙박료 및 음식료 채권'으로서 소멸시효기간은 1년이라는 이유로, 이와 달리 민법 제163조 제1호의 '사용료 기타 1년 이내의 기간으로 정한 금전의 지급을 목적으로 한 채권'으로서 소멸시효기간이 3년이라고 본 원심판결을 파기한 사례

[4] 구 한국토지공사법(2009.5.22. 법률 제9706호 한국토지주택공사법 부칙 제2조로 폐지)에 따라 설립된 한국토지공사는 토지를 취득·관리·개발 및 공급하게 함으로써 토지자원의 효율적인 이용을 촉진하고 국토의 종합적인 이용·개발을 도모하여 건전한 국민경제의 발전에 이바지하게 하기 위하여 설립된 법인이다. 따라서 한국토지공사가 택지개발사업을 시행하기 위하여 공익사업을 위한 토지 등의 취득 및 보상에 관한 법률(이하 '토지보상법'이라 한다)에 따라 토지 소유자로부터 사업 시행을 위한 토지를 매수하는 행위를 하더라도 한국토지공사를 상인이라 할 수 없고, 한국토지공사가 택지개발사업 지구 내에 있는 토지에 관하여 토지 소유자와 매매계약을 체결한 행위를 상행위로 볼 수 없다(대판 2020.5.28. 2017다265389).

민법 제164조 제3호 소정의 단기소멸시효의 적용을 받는 노임채권이라도 채권자인 원고와 채무자인 피고회사 사이에 위 노임채권에 관하여 준소비대차의 약정이 있었다면 <u>준소비대차계약은 상인인 피고회사가 영업을 위하여 한 상행위로 추정함이 상당하고</u>, 이에 의하여 새로이 발생한 채권은 상사채권으로서 5년의 상사시효의 적용을 받게 된다(대판 1981.12.11. 80다1363). 그러나 변호사는 상법상 당연상인으로 볼 수 없고, 변호사의 영리추구 활동을 엄격히 제한하고 그 직무에 관하여 고도의 공공성과 윤리성을 강조하는 변호사법의 여러 규정과 제반 사정을 참작하여 볼 때, 변호사를 상법 제5조 제1항이 규정하는 '상인적 방법에 의하여 영업을 하는 자'라고도 볼 수 없어 위 조항에서 정하는 의제상인에 해당하지 아니하며, 이는 법무법인도 마찬가지이다. 따라서 변호사가 소속 법무법인에 대하여 갖는 급여채권은 상사채권에 해당한다고 할 수 없다[1](대판 2023.7.27. 2023다227418).

3. 판결 등에 의하여 확정된 채권의 소멸시효

> **제165조(판결 등에 의하여 확정된 채권의 소멸시효)** ① 판결에 의하여 확정된 채권은 단기의 소멸시효에 해당한 것이라도 그 소멸시효는 10년으로 한다[2].
> ② 파산절차에 의하여 확정된 채권 및 재판상의 화해, 조정 기타 판결과 동일한 효력이 있는 것[3]에 의하여 확정된 채권도 전항과 같다.
> ③ 전2항의 규정은 판결확정당시에 변제기가 도래하지 아니한 채권에 적용하지 아니한다.

---

1) 한편, 상법 제5조 제2항은 회사는 상행위를 하지 아니하더라도 상인으로 본다고 규정하고, 상법 제169조는 회사는 상행위나 그 밖의 영리를 목적으로 하여 설립한 법인을 말한다고 하고 있다. 그런데 법무법인은 변호사가 그 직무를 조직적·전문적으로 수행하기 위하여 변호사법에 따라 설립하는 것으로서 변호사법과 다른 법률에 따른 변호사의 직무를 업무로서 수행할 수 있다(변호사법 제40조, 제49조). 변호사법은 법무법인에 관하여 변호사법에 정한 것 외에는 상법 중 합명회사에 관한 규정을 준용하도록 하고 있을 뿐(제58조) 이를 상법상 회사로 인정하고 있지 않으므로 법무법인이 상법 제5조 제2항에서 정하는 의제상인에 해당한다고 볼 수도 없다.

2) 확정된 승소판결에는 기판력이 있으므로 승소 확정판결을 받은 당사자가 전소의 상대방을 상대로 다시 승소 확정판결의 전소(前訴)와 동일한 청구의 소를 제기하는 경우, 특별한 사정이 없는 한 후소(後訴)는 권리보호의 이익이 없어 부적법하다. 하지만 예외적으로 확정판결에 의한 채권의 소멸시효기간인 10년의 경과가 임박한 경우에는 그 시효중단을 위한 소는 소의 이익이 있다(대판 1987.11.10. 87다카1761, 대판 2018.7.19. 2018다22008 전합 등 참조). 이는 승소판결이 확정된 후 그 채권의 소멸시효기간인 10년의 경과가 임박하지 않은 상태에서 굳이 다시 동일한 소를 제기하는 것은 확정판결의 기판력에 비추어 권리보호의 이익을 인정할 수 없으나, 그 기간의 경과가 임박한 경우에는 시효중단을 위한 필요성이 있으므로 후소를 제기할 소의 이익을 인정하는 것이다. 한편 시효중단을 위한 후소의 판결은 전소의 승소 확정판결의 내용에 저촉되어서는 아니 되므로, 후소 법원으로서는 그 확정된 권리를 주장할 수 있는 모든 요건이 구비되어 있는지에 관하여 다시 심리할 수 없으나(위 대판 2018.7.19. 2018다22008 전합 등 참조), 위 후소 판결의 기판력은 후소의 변론종결시를 기준으로 발생하므로, 전소의 변론종결 후에 발생한 변제, 상계, 면제 등과 같은 채권소멸사유는 후소의 심리대상이 된다. 따라서 채무자인 피고는 후소 절차에서 위와 같은 사유를 들어 항변할 수 있고 심리결과 그 주장이 인정되면 법원은 원고의 청구를 기각하여야 한다. 이는 채권의 소멸사유 중 하나인 소멸시효 완성의 경우에도 마찬가지이다. 이처럼 판결이 확정된 채권의 소멸시효기간의 경과가 임박하였는지 여부에 따라 시효중단을 위한 후소의 권리보호이익을 달리 보는 취지와 채권의 소멸시효 완성이 갖는 효과 등을 고려해 보면, <u>시효중단을 위한 후소를 심리하는 법원으로서는 전소 판결이 확정된 후 소멸시효가 중단된 적이 있어 그 중단사유가 종료한 때로부터 새로이 진행된 소멸시효기간의 경과가 임박하지 않아 시효중단을 위한 재소(再訴)의 이익을 인정할 수 없다는 등의 특별한 사정이 없는 한, 후소가 전소 판결이 확정된 후 10년이 지나 제기되었다 하더라도 곧바로 소의 이익이 없다고 하여 소를 각하해서는 아니 되고, 채무자인 피고의 항변에 따라 원고의 채권이 소멸시효 완성으로 소멸하였는지에 관한 본안판단을 하여야 한다</u>(대판 2019.1.17. 2018다24349).

3) 민사소송법 제474조, 민법 제165조 제2항에 의하면, 지급명령에서 확정된 채권은 단기의 소멸시효에 해당하는 것이라도 그 소멸시효기간이 10년으로 연장된다.

(1) 의미

민법 제165조의 규정은 10년보다 장기의 소멸시효기간을 10년으로 단축한다는 의미도 아니며 본래 소멸시효의 대상이 아닌 권리가 확정판결을 받음으로써 10년의 소멸시효에 걸린다는 뜻도 아니다(대판 1981.3.24. 80다1888 · 1889). 따라서 20년의 소멸시효에 걸리는 지상권, 지역권에 관한 판결이 확정되었다 하더라도 소멸시효 기간이 10년으로 단축되지 않고, 소멸시효에 걸리지 않는 저당권에 관한 판결이 확정되었다 하더라도 소멸시효 기간이 10년이 되는 것이 아니다.

(2) 주관적 범위

민법 제165조는 당해 판결 등의 당사자 사이에 한하여 발생하는 효력에 관한 것이고, 채권자와 주채무자 사이의 판결 등에 의해 채권이 확정되어 그 소멸시효가 10년으로 되었다 할지라도 위 당사자 이외의 채권자와 연대보증인 사이에 있어서는 위 확정판결 등은 그 시효기간에 대하여는 아무런 영향이 없고, 연대보증인의 연대보증채무의 소멸시효기간은 여전히 종전의 소멸시효기간에 따른다고 보아야 한다(대판 1986.11.25. 86다카1569).

(3) 지급명령

민사소송법 제474조, 민법 제165조 제2항에 의하면, 지급명령에서 확정된 채권은 단기의 소멸시효에 해당하는 것이라도 그 소멸시효기간이 10년으로 연장된다.

(4) 유치권의 경우

유치권이 성립된 부동산의 매수인은 피담보채권의 소멸시효가 완성되면 시효로 인하여 채무가 소멸되는 결과 직접적인 이익을 받는 자에 해당하므로 소멸시효의 완성을 원용할 수 있는 지위에 있다고 할 것이나, 매수인은 유치권자에게 채무자의 채무와는 별개의 독립된 채무를 부담하는 것이 아니라 단지 채무자의 채무를 변제할 책임을 부담하는 점 등에 비추어 보면, 유치권의 피담보채권의 소멸시효기간이 확정판결 등에 의하여 10년으로 연장된 경우 매수인은 그 채권의 소멸시효기간이 연장된 효과를 부정하고 종전의 단기소멸시효기간을 원용할 수는 없다(대판 2009.9.24. 2009다39530).

> **논점** 시효중단
>
> **1. 시효중단과 소의 이익**
>
> 확정된 승소판결에는 기판력이 있으므로, 승소 확정판결을 받은 당사자가 그 상대방을 상대로 다시 승소 확정판결의 전소(前訴)와 동일한 청구의 소를 제기하는 경우 그 후소(後訴)는 권리보호의 이익이 없어 부적법하다. 하지만 예외적으로 확정판결에 의한 채권의 소멸시효기간인 10년의 경과가 임박한 경우에는 그 시효중단을 위한 소는 소의 이익이 있다. 이러한 법리는 현재에도 여전히 타당하다(대판 2018.7.19. 2018다22008 전합). 즉 확정된 승소판결에는 기판력이 있으므로, 승소 확정판결을 받은 당사자가 그 상대방을 상대로 다시 승소 확정판결의 전소(前訴)와 동일한 청구의 소를 제기하는 경우 그 후소(後訴)는 권리보호의 이익이 없어 부적법하다. 하지만 예외적으로 확정판결에 의한 채권의 소멸시효기간인 10년의 경과가 임박한 경우에는 그 시효중단을 위한 소는 소의 이익이 있다(대판 1987.11.10. 87다카1761, 대판 2006.4.14. 2005다74764 등 참조). 이러한 법리는 현재에도 여전히 타당하다. 다른 시효중단사유인 압류, 가압류나 승인 등의 경우 이를 1회로 제한하고 있지 않음에도 유독 재판상 청구의 경우만 1회로 제한되어야 한다고 보아야 할 합리적인 근거가 없다. 또한 확정판결에 의한 채무라 하더라도 채무자가 파산이나 회생제도를 통해 이로부터 전부 또는 일부 벗어날 수 있는 이상, 채권자에게는 시효중단을 위한 재소를 허용하는 것이 균형에 맞다.

2. 소송의 형태

위와 같은 종래 실무의 문제점을 해결하기 위해서, 시효중단을 위한 후소로서 이행소송 외에 전소 판결로 확정된 채권의 시효를 중단시키기 위한 조치, 즉 '재판상의 청구'가 있다는 점에 대하여만 확인을 구하는 형태의 '새로운 방식의 확인소송'이 허용되고, 채권자는 두 가지 형태의 소송 중 자신의 상황과 필요에 보다 적합한 것을 선택하여 제기할 수 있다고 보아야 한다(대판 2018.10.18. 2015다232316 전합).

3. 시효기간이 지난 경우의 법원 판단

시효중단을 위한 후소를 심리하는 법원으로서는 전소 판결이 확정된 후 소멸시효가 중단된 적이 있어 그 중단사유가 종료한 때로부터 새로이 진행된 소멸시효기간의 경과가 임박하지 않아 시효중단을 위한 재소(再訴)의 이익을 인정할 수 없다는 등의 특별한 사정이 없는 한, 후소가 전소 판결이 확정된 후 10년이 지나 제기되었다 하더라도 곧바로 소의 이익이 없다고 하여 소를 각하해서는 아니 되고, 채무자인 피고의 항변에 따라 원고의 채권이 소멸시효 완성으로 소멸하였는지에 관한 본안판단을 하여야 한다(대판 2019.1.17. 2018다24349). 즉 시효중단을 위한 후소의 판결은 전소의 승소 확정판결의 내용에 저촉되어서는 아니 되므로, 후소 법원으로서는 그 확정된 권리를 주장할 수 있는 모든 요건이 구비되어 있는지에 관하여 다시 심리할 수 없으나(위 대판 2018.7.19. 2018다22008 전합 등 참조), 위 후소 판결의 기판력은 후소의 변론종결시를 기준으로 발생하므로, 전소의 변론종결 후에 발생한 변제, 상계, 면제 등과 같은 채권소멸사유는 후소의 심리대상이 된다. 따라서 채무자인 피고는 후소 절차에서 위와 같은 사유를 들어 항변할 수 있고 심리결과 그 주장이 인정되면 법원은 원고의 청구를 기각하여야 한다. 이는 채권의 소멸사유 중 하나인 소멸시효 완성의 경우에도 마찬가지이다. 이처럼 판결이 확정된 채권의 소멸시효기간의 경과가 임박하였는지 여부에 따라 시효중단을 위한 후소의 권리보호이익을 달리 보는 취지와 채권의 소멸시효 완성이 갖는 효과 등을 고려해 보면 …

4. 소멸시효의 기산점

제166조(소멸시효의 기산점) ① 소멸시효는 권리를 행사할 수 있는 때로부터 진행한다.
② 부작위를 목적으로 하는 채권의 소멸시효는 위반행위를 한 때로부터 진행한다.

(1) "권리를 행사할 수 있는 때로부터"의 의미

1) 소멸시효는 권리를 행사할 수 있는 때로부터 진행한다. "권리를 행사할 수 없는 때"라 함은 그 권리행사에 법률상의 장애 사유, 예를 들면 기한의 미도래나 조건불성취 등이 있는 경우를 말하는 것이므로 사실상 그 권리의 존재나 권리행사의 가능성을 알지 못하였거나 알지 못함에 있어서의 과실 유무 등은 시효 진행에 영향을 미치지 아니한다(대판 1984.12.26. 84누572 전합).

2) 건물에 관한 소유권이전등기청구권에서 그 건물이 완공되지 않아서 이를 행사할 수 없었다는 사유는 법률상의 장애사유에 해당하므로, 그에 관한 소멸시효는 건물 완공시부터 진행한다고 보아야 한다(대판 2007.8.23. 2007다28024·28031).

3) 집합건물의 하자보수에 갈음한 손해배상청구권의 소멸시효기간은 각 하자가 발생한 시점부터 별도로 진행한다(대판 2009.2.26. 2007다83908).

4) 민법 제684조 제2항은 "수임인이 위임인을 위하여 자기의 명의로 취득한 권리는 위임인에게 이전하여야 한다."라고 규정하고 있는데, 이때 그 이전 시기는 당사자 간에 특약이 있거나 위임의 본뜻에 반하는 경우 등과 같은 특별한 사정이 없는 한 위임계약이 종료된 때이다. 따라서 위임사무로 수임인 명의로 취득한 권리에 관한 위임인의 이전청구권의 소멸시효는 위임계약이 종료된 때부터 진행하게 된다(대판 2022.9.7. 2022다217117).

5) 주택임대차보호법에 따른 임대차에서 그 기간이 끝난 후 임차인이 보증금을 반환받기 위해 목적물을 점유하고 있는 경우 보증금반환채권에 대한 소멸시효는 진행하지 않는다고 보아야 한다(대판 2020.7.9. 2016다244224 · 244231).

6) 채권자에게 권리의 행사를 기대할 수 없는 객관적인 사실상의 장애사유가 있었던 경우에도 대법원이 이에 관하여 채권자의 권리행사가 가능하다는 법률적 판단을 내렸다면 특별한 사정이 없는 한 그 시점 이후에는 그러한 장애 사유가 해소되었다고 볼 수 있다(대판 2023.12.21. 2018다303653).

7) 소멸시효는 객관적으로 권리가 발생하고 그 권리를 행사할 수 있는 때부터 진행하고, 그 권리를 행사할 수 없는 동안에는 진행하지 아니한다. 여기서 '권리를 행사할 수 없다'라고 함은 그 권리행사에 법률상의 장애 사유, 예컨대 기간의 미도래나 조건불성취 등이 있는 경우를 말하는 것이고, 사실상 그 권리의 존부나 권리행사의 가능성을 알지 못하였거나 알지 못함에 과실이 없다고 하여도 이러한 사유는 법률상 장애 사유에 해당한다고 할 수 없다. 따라서 부동산경매절차에서 채무자에 대한 송달이 공시송달의 방법으로 이루어짐으로써 채무자가 경매진행 사실 및 잉여금의 존재에 관하여 사실상 알지 못하였다고 하더라도 소멸시효기간이 진행한다(대판 2024.4.30. 2023그887).

8) "이혼한 부부 사이에서 어느 일방이 과거에 미성년 자녀를 양육하면서 생긴 비용의 상환을 상대방에게 청구하는 경우, 자녀의 복리를 위해 실현되어야 하는 과거 양육비에 관한 권리의 성질상 그 권리의 소멸시효는 자녀가 미성년이어서 양육 의무가 계속되는 동안에는 진행하지 않고 자녀가 성년이 되어 양육 의무가 종료된 때부터 진행한다고 보아야 한다(대결 2024.7.18. 2018스724 전합)."고 하여 기존의 판례를 변경하였다.[1]

(2) 변론주의 적용 여부

소멸시효의 기산일은 변론주의의 적용대상이므로, 본래의 소멸시효기산일과 당사자가 주장하는 기산일이 다른 경우에는 법원은 당사자가 주장하는 기산일을 기준으로 한다(대판 1995.8.25. 94다35886). 당사자가 주장하지도 않은 일자를 기산점으로 하여 소멸시효의 완성을 인정하는 것은 가령 그 날짜가 본래의 시효기산일이었다 하더라도 변론주의 원칙상 당사자가 주장하지 아니한 사실을 인정한 위법이 있게 된다. 그러나 어떤 권리의 소멸시효기간이 얼마나 되는지에 관한 주장은 단순한 법률상의 주장에 불과하므로 변론주의의 적용대상이 되지 않고 법원이 직권으로 판단할 수 있다(대판 2013.2.15. 2012다68217). 그리고 채권자가 동일한 목적을 달성하기 위하여 복수의 채권을 가지고 이를 행사하는 경우 각 채권이 발생시기와 발생원인 등을 달리하는 별개의 채권인 이상 별개의 소송물에 해당하므로, 이에 대하여 채무자가 소멸시효 완성의 항변을 하는 경우에 그 항변에 의하여 어떠한 채권을 다투는 것인지 특정하여야 하고 그와 같이 특정된 항변에는 특별한 사정이 없는 한 청구원인을 달리하는 채권에 대한 소멸시효 완성의 항변까지 포함된 것으로 볼 수는 없다. 그러나 채권자가 동일한 목적을 달성하기 위하여 복수의 채권을 가지고 있더라도 선택에 따라 어느 하나의 채권만을 행사하는 것이 명백한 경우라면 채무자의 소멸시효 완성의 항변은 채권자가 행사하는 당해 채권에 대한 항변으로 봄이 타당하다(대판 2013.2.15. 2012다68217). 그리고 채무불이행으로 인한 손해배상청구권에 대한 소멸시효 항변이 불법행위로 인한 손해배상청구권에 대한 소멸시효 항변을 포함한 것으로 볼 수는 없다(대판 1998.5.29. 96다51110).

---

[1] 자녀가 성년이 되어 양육의무가 종료된 후에도 당사자의 협의 또는 가정법원의 심판에 의하여 구체적인 지급청구권으로서 성립하기 전에는 과거 양육비에 관한 권리에 대하여 소멸시효가 진행할 여지가 없다고 판단한 대법원 2011.7.29. 자 2008스67 결정, 대법원 2011.7.29. 자 2008스113 결정, 대법원 2011.8.16. 자 2010스85 결정, 대법원 2011.8.25. 선고 2008므1338 판결, 대법원 2011.8.26. 자 2011스10 결정, 대법원 2011.10.13. 선고 2010므2068 · 2075 판결을 비롯하여 그와 같은 취지의 대법원 판결과 결정은 이 결정의 견해와 배치되는 범위에서 모두 변경하기로 한다.

(3) 기산점

1) 기한을 정한 채권

① 확정기한부 채권

확정기한부 채권의 소멸시효는 이행기가 도래한 때로부터 진행되지만 이행기일이 도래한 후에 채권자가 채무자에 대하여 기한을 유예한 경우에는 유예 시까지 진행된 시효는 포기한 것으로서 유예한 이행기일로부터 다시 시효가 진행되고(대판 1992.12.22. 92다40211), 의사의 치료에 관한 채권은 특약이 없는 한 그 개개의 진료가 종료될 때마다 각각의 당해 진료에 필요한 비용의 이행기가 도래하여 그에 대한 소멸시효가 진행되며, 환자의 퇴원 시부터 소멸시효가 진행된다고 볼 수는 없다(대판 2001.11.9. 2001다52568).

② 불확정기한부 채권

채권자의 기한도래에 관한 지, 부지를 불문하고 기한이 객관적으로 도래한 때부터 소멸시효가 진행한다. 다만 지체책임은 채무자가 그 기한의 도래를 안 때부터 부담한다(통설).

2) 기한을 정하지 않은 채권

기한의 정함이 없는 채권은 채권이 성립한 때로부터 권리를 행사할 수 있으므로, 그때부터 소멸시효가 진행한다. 그러나 반환시기의 약정이 없는 소비대차의 경우 대주의 반환청구권은 소비대차계약 성립 시부터 상당한 기간이 경과한 때부터 소멸시효가 진행한다. 대주는 상당한 기간을 정하여 반환을 최고해야 하기 때문이다(민법 제603조 제2항). 다만, 변제기한을 정하지 않은 소비임치상의 채권은 계약이 성립한 때라고 보는 것이 통설이다. 임치인은 언제든지 반환을 청구할 수 있기 때문이다.

> 제603조(반환시기) ① 차주는 약정시기에 차용물과 같은 종류, 품질 및 수량의 물건을 반환하여야 한다.
> ② 반환시기의 약정이 없는 때에는 대주는 상당한 기간을 정하여 반환을 최고하여야 한다. 그러나 차주는 언제든지 반환할 수 있다.

구분	소멸시효(객관적)	이행지체(주관적)
확정기한	이행기가 도래한 때	기한이 도래한 때
불확정기한	기한이 객관적으로 도래한 때	채무자가 기한이 도래함을 안 때
기한의 정함이 없는 경우	(1) 원칙 채권이 성립한 때 (2) 예외 소비대차의 경우 계약 성립 시부터 상당한 기간이 경과한 때(제603조 제2항)	(1) 원칙 채무자가 이행청구를 받은 때 (2) 예외 ① 소비대차의 경우 상당한 기간을 정하지 않고 최고한 때에는 최고한 때로부터 상당한 기간이 경과한 후(제603조 제2항) ② 불법행위에 의한 손해배상채무는 불법행위 시(즉 그 당일부터)

3) 정지조건부 권리

소멸시효는 권리를 행사할 수 있는 때로부터 진행하며 여기서 권리를 행사할 수 있는 때라 함은 권리행사에 법률상의 장애가 없는 때를 말하므로 정지조건부권리의 경우에는 조건 미성취의 동안은 권리를 행사할 수 없는 것이어서 소멸시효가 진행되지 않는다(대판 1992.12.22. 92다28822). 즉, 정지조건의 성취 시부터 진행한다.

4) 선택채권

예를 들어 민법 제135조 무권대리인에 대한 계약 이행 또는 손해배상청구권의 소멸시효는 대리권의 증명 또는 무권대리에 대한 본인의 추인을 얻지 못한 때부터, 즉 선택권을 행사할 수 있을 때로부터 진행한다(대판 1965.5.24. 64다1156).

5) 채무불이행에 의한 손해배상청구권

본래 채권의 변형물에 불과하므로 본래의 채권을 행사할 수 있는 때로부터 진행한다는 것이 학설이지만, 판례는 "이행불능으로 인한 손해배상청구권은 이행불능 시로부터 진행한다(대판 1990.11.9. 90다카22513)."고 본다. 즉, 매매로 인한 부동산소유권이전채무가 이행불능 됨으로써 매수인이 매도인에 대하여 갖게 되는 손해배상채권은 그 부동산소유권의 이전채무가 이행불능된 때에 발생하는 것이고 그 계약체결일에 생기는 것은 아니므로 위 손해배상채권의 소멸시효는 계약체결일이 아닌 소유권이전채무가 이행불능된 때부터 진행한다(대판 1990.11.9. 90다카22513).

6) 불법행위에 의한 손해배상청구권

① 제766조 제1항

손해 및 가해자를 안 날로부터 3년이 경과하면 시효로 인하여 청구권이 소멸한다. 불법행위가 계속적으로 행하여지는 결과 손해도 역시 계속적으로 발생하는 경우에는 특별한 사정이 없는 한 그 손해는 날마다 새로운 불법행위에 기하여 발생하는 손해로서 민법 제766조 제1항을 적용함에 있어서 그 각 손해를 안 때로부터 각별로 소멸시효가 진행된다(대판 1999.3.23. 98다30285). 그리고 민법 제766조 제1항 소정의 '손해 및 가해자를 안 날'이라 함은 손해의 발생, 위법한 가해행위의 존재, 가해행위와 손해의 발생 사이에 상당인과관계가 있다는 사실 등 불법행위의 요건사실에 대하여 현실적이고도 구체적으로 인식하였을 때를 의미한다[1](대판 2008.5.29. 2004다33469).

---

1) 불법행위로 인한 손해배상청구권의 단기소멸시효의 기산점은 '손해 및 가해자를 안 날'부터 진행되며, 법인의 경우에 손해 및 가해자를 안 날은 통상 대표자가 이를 안 날을 뜻한다. 그렇지만 법인의 대표자가 법인에 대하여 불법행위를 한 경우에는, 법인과 대표자의 이익은 상반되므로 법인의 대표자가 그로 인한 손해배상청구권을 행사하리라고 기대하기 어려울 뿐만 아니라 일반적으로 대표권도 부인된다고 할 것이어서 법인의 대표자가 손해 및 가해자를 아는 것만으로는 부족하다. 따라서 이러한 경우에는 적어도 법인의 이익을 정당하게 보전할 권한을 가진 다른 대표자, 임원 또는 사원이나 직원 등이 손해배상청구권을 행사할 수 있을 정도로 이를 안 때에 비로소 단기소멸시효가 진행하고, 만약 다른 대표자나 임원 등이 법인의 대표자와 공동불법행위를 한 경우에는 그 다른 대표자나 임원 등을 배제하고 단기소멸시효 기산점을 판단하여야 한다. 그리고 이는 법인의 대표자의 불법행위로 인한 법인의 대표자에 대한 손해배상청구권을 피보전권리로 하여 법인이 채권자취소권을 행사하는 경우의 제척기간의 기산점인 '취소원인을 안 날'을 판단할 때에도 마찬가지이다(대판 2015.1.15. 2013다50435).

② 제766조 제2항

불법행위를 한 날부터 10년이 경과하면 손해배상청구권은 시효로 인하여 소멸한다. 특히 판례는 "가해행위와 그로 인한 현실적인 손해의 발생 사이에 시간적 간격이 있는 불법행위에 기한 손해배상채권의 경우, 소멸시효의 기산점이 되는 '불법행위를 한 날'의 의미는 단지 관념적이고 부동적인 상태에서 잠재적으로만 존재하고 있는 손해가 그 후 현실화되었다고 볼 수 있는 때, 다시 말하자면 손해의 결과 발생이 현실적인 것으로 되었다고 할 수 있는 때로 보아야 한다(대판 2007. 11.16. 2005다55312)."고 판시한다.

7) 부당이득반환청구권

지방재정법 제87조 제1항에 의한 변상금부과처분이 당연무효인 경우에 이 변상금부과처분에 의하여 납부자가 납부하거나 징수당한 오납금은 지방자치단체가 법률상 원인 없이 취득한 부당이득에 해당하고, 이러한 오납금에 대한 납부자의 부당이득반환청구권은 처음부터 법률상 원인이 없이 납부 또는 징수된 것이므로 납부 또는 징수 시에 발생하여 확정되며, 그 때부터 소멸시효가 진행한다(대판 2005.1.27. 2004다50143).

8) 하자 있는 행정처분에 의한 부당이득반환청구권의 문제

① 부당이득반환청구로서의 반환을 받을 산업재해보상보험료 및 그 이자청구권은 그것이 반환받을 것으로 확정되었을 때 비로소 그 소멸시효가 진행된다 할 것인바, 산업재해보상보험금의 추징부과처분은 행정행위로서 공정력이 있어 이를 취소하는 행정소송의 판결이 확정됨으로써 위 추징부과처분은 그 효력을 잃고 그 반환청구채권이 발생하여 이때부터 그 소멸시효가 진행된다(대판 1986.3.25. 85다카748).

② 과세처분이 부존재하거나 당연무효인 경우에 이 과세처분에 의하여 납세의무자가 납부하거나 징수당한 오납금은 국가가 법률상 원인 없이 취득한 부당이득에 해당하고, 이러한 오납금에 대한 납세의무자의 부당이득반환청구권은 처음부터 법률상 원인이 없이 납부 또는 징수된 것이므로 납부 또는 징수 시에 발생하여 확정된다(대판 1992.3.31. 91다32053 전합).

9) 부작위채권

부작위채권의 소멸시효는 위반행위를 한 때로부터 진행한다(제166조 제2항). 특히 판례는 "민법 제166조 제2항의 규정에 의하면 부작위를 목적으로 하는 채권의 소멸시효는 위반행위를 한 때로부터 진행한다는 점 및 부정경쟁방지법 제14조의 규정 내용 등에 비추어 보면, 부정경쟁방지법 제10조 제1항이 정한 영업비밀 침해행위의 금지 또는 예방을 청구할 수 있는 권리의 경우, 그 소멸시효가 진행하기 위하여는 일단 침해행위가 개시되어야 하고, 나아가 영업비밀 보유자가 그 침해행위에 의하여 자기의 영업상의 이익이 침해되거나 또는 침해될 우려가 있는 사실 및 침해행위자를 알아야 한다(대결 1996.2.13. 95마594)."고 본다.

10) 구상권

① 보증인의 구상권
수탁보증인의 주채무자에 대한 사후구상권과 사전구상권은 그 발생원인을 서로 달리하는 별개의 독립된 권리라 할 것이므로 그 소멸시효는 각각 그 권리가 발생되어 이를 행사할 수 있는 때부터 각별로 진행한다(대판 1981.10.6. 80다2699).

② 공동불법행위자의 구상권
공동불법행위자의 다른 공동불법행위자에 대한 구상권의 소멸시효는 그 구상권이 발생한 시점, 즉 구상권자가 공동면책행위를 한 때로부터 기산하여야 할 것이고, 그 기간도 일반 채권과 같이 10년으로 보아야 한다(대판 1996.3.26. 96다3791).

11) 물권 등
권리의 발생과 이를 행사할 수 있는 최초의 시기와의 사이에 간격을 둘 수 없는 물권에 대해서는 일반적으로 권리가 발생한 때가 소멸시효의 기산점이다(곽윤직). 따라서 판례는 "양도담보설정자의 정산금청구는 처분정산의 경우에는 담보부동산이 환가되어야 비로소 그 권리행사가 가능한 것이므로 정산금청구권은 담보부동산의 환가시를 시점으로 하여 소멸시효가 진행된다(대판 1994.5.24. 93다44975)."고 한다.

12) 동시이행항변권이 붙어 있는 채권
이행기 도래 시부터 진행한다. 판례는 "<u>부동산에 대한 매매대금 채권이 소유권이전등기청구권과 동시이행의 관계에 있다고 할지라도 매도인은 매매대금의 지급기일 이후 언제라도 그 대금의 지급을 청구할 수 있는 것이며</u>, 다만 매수인은 매도인으로부터 그 이전등기에 관한 이행의 제공을 받기까지 그 지급을 거절할 수 있는 데 지나지 아니하므로 매매대금 청구권은 그 지급기일 이후 시효의 진행에 걸린다(대판 1991.3.22. 90다9797)."고 한다.

13) 무권대리행위의 추인으로 확정된 채권
무권대리행위의 추인에는 소급효가 따르지만, 추인한 자는 추인한 때로부터 추인에 의하여 확정된 권리를 행사할 수 있으므로, 그 권리는 대리행위 시부터가 아니라 추인 시부터 시효에 걸린다고 본다(통설).

14) 보험금청구권
보험금청구권의 소멸시효 기산점은 특별한 사정이 없는 한 보험사고가 발생한 때이고, 하자보수보증보험계약의 보험사고는 보험계약자가 하자담보 책임기간 내에 발생한 하자에 대한 보수 또는 보완청구를 받고도 이를 이행하지 아니한 것을 의미하므로, 이 경우 보험금청구권의 소멸시효는 늦어도 보험기간의 종기부터 진행한다(대판 2015.3.26. 2012다25432).

15) 소송대리인의 보수금채권
민법 제686조 제2항에 의하면 수임인은 위임사무를 완료하여야 보수를 청구할 수 있다. 따라서 소송위임계약으로 성공보수를 약정하였을 경우 심급대리의 원칙에 따라 수임한 소송사무가 종료하는 시기인 해당 심급의 판결을 송달받은 때로부터 그 소멸시효기간이 진행되나, 당사자 사이에 보수금의 지급 시기에 관한 특약이 있다면 그에 따라 보수채권을 행사할 수 있는 때로부터 소멸시효가 진행한다고 보아야 한다(대판 2023.2.2. 2022다276307).

Ⅲ. 소멸시효의 장애 - 소멸시효의 중단, 정지

1. 소멸시효의 중단사유

> 제168조(소멸시효의 중단사유) 소멸시효는 다음 각 호의 사유로 인하여 중단된다.
> 1. 청구
> 2. 압류 또는 가압류, 가처분
> 3. 승인

(1) 청구

1) 의미

시효중단사유인 청구라 함은 시효의 목적인 사법상의 권리를 재판상 및 재판 외에서 실행하는 행위를 말하는 것이니, 재판상의 청구는 그 권리를 민사소송의 절차에 의하여 주장하는 것을 뜻한다고 해석해야 할 것이므로 공법상의 구제수단인 행정소송 따위는 '재판상 청구'라고 할 수 없다(대판 1979.2.13. 78다1500·1501). 그리고 소멸시효의 중단과 관련하여 소멸 대상인 권리 자체의 이행청구나 확인청구를 하는 경우뿐 아니라 권리가 발생한 기본적 법률관계에 관한 청구를 하는 경우 또는 그 권리를 기초로 하거나 그것을 포함하여 형성된 후속 법률관계에 관한 청구를 하는 경우에도 그로써 권리 실행의 의사를 표명한 것으로 볼 수 있을 때에는 시효중단 사유인 재판상의 청구에 포함된다. 따라서 기존 채권의 존재를 전제로 이를 포함하는 새로운 약정을 하고 그에 따른 권리를 재판상 청구의 방법으로 행사한 경우에는 기존 채권을 실현하고자 하는 뜻까지 포함하여 객관적으로 표명한 것이므로, 새로운 약정이 무효로 되는 등의 사정으로 그에 근거한 권리행사가 저지됨에 따라 다시 기존 채권을 행사하게 되었다면, 기존 채권의 소멸시효는 새로운 약정에 의한 권리를 행사한 때에 중단되었다고 보아야 한다(대판 2016.10.27. 2016다25140).

2) 각 유형별 고찰

① 민사소송

채무자를 상대로 재판상의 청구를 한 채권의 양수인을 '권리 위에 잠자는 자'라고 할 수 없는 점 등에 비추어 보면, 비록 대항요건을 갖추지 못하여 채무자에게 대항하지 못한다고 하더라도 채권의 양수인이 채무자를 상대로 재판상의 청구를 하였다면 이는 소멸시효 중단사유인 재판상의 청구에 해당한다고 보아야 한다(대판 2005.11.10. 2005다41818).

② 응소행위

시효를 주장하는 자가 원고가 되어 소를 제기한 데 대하여 피고로서 응소하여 '그 소송에서 적극적으로 권리를 주장하고 그것이 받아들여진 경우'도 시효중단사유로 인정된다(대판 1993.12.21. 92다47861 전합). 다만, 응소행위만으로 당연히 시효중단 효력이 발생하는 것은 아니다. 시효중단의 효과를 원하는 피고가 당해 소송 또는 다른 소송에서의 응소행위로서 시효가 중단되었다고 주장하지 않았다면 응소사실이 인정되더라도 법원은 시효중단의 효력을 인정해서는 안 된다(대판 1997.2.28. 96다26190). 그리고 채무자 겸 저당권설정자가 피담보채무의 부존재 또는 소멸을 이유로 하여 제기한 저당권설정등기 말소등기절차이행청구소송에서 채권자 겸 저당권자가 청구기각의 판결을 구하면서 피담보채권의 존재를 주장하는 경우에는 그와 같은 주장은 재판상 청구에 준하는 것으로서 피담보채권에 관하여 소멸시효중단의 효력이 생긴다. 그러나 타인의 채무를 담보하기 위하여 자기의 물건에 담보권을 설정한 물상보증인은 채권자에 대하여 물적 유한책임을 지고 있어 그 피담보채권의 소멸에 의하여 직접 이익을 받는 관계에 있으므로 소멸시효의 완성을 주장할 수 있는 것이지만, 채권자에 대하여는 아무런 채무도 부담하고 있지 아니하므로, 물상보증인이 그 피담보채무의 부존재 또는 소멸을 이유로 제기한 저당권설정등기 말소등기절차이행청구소송에서 채권자 겸 저당권자가 청구기각의 판결을 구하고 피담보채권의 존재를 주장하였다고 하더라도 이로써 직접 채무자에 대하여 재판상 청구를 한 것으로 볼 수는 없는 것이므로 피담보채권의 소멸시효에 관하여 규정한 민법 제168조 제1호 소정의 '청구'에 해당하지 아니한다고 할 것이다(대판 2004.1.16. 2003다30890).

③ 기본관계 및 파생관계

권리 자체의 이행청구뿐 아니라 그 권리발생의 기본적 권리관계의 이행청구나 확인청구도 그로부터 발생한 권리의 실현수단이 될 수 있어 권리 위에 잠자는 것이 아님을 표명한 것으로 볼 수 있을 때에는 시효중단사유에 해당한다. 예를 들어 파면된 사립학교 교원이 학교법인을 상대로 파면처분효력정지가처분 및 무효 확인의 소를 제기하면 파면 이후의 보수금채권의 소멸시효도 중단된다(대판 1992.3.31. 91다32053 전합; 대판 1995.6.30. 94다13435 등). 그리고 근저당권설정등기청구의 소제기에는 그 피담보채권이 될 채권에 대한 소멸시효 중단사유가 된다(통설, 판례[1]).

④ 재심청구

청구기각판결의 확정 후 재심을 청구하였더라도 시효는 중단되지 않는다(대판 1992.4.24. 92다6983). 그러나, 재심의 소가 인용되어 확정되었다면 재심의 소제기일부터 그 확정일까지 시효가 중단된다(대판 1996.9.24. 96다11334).

---

[1] 원고의 근저당권설정등기청구권의 행사는 그 피담보채권이 될 금전채권의 실현을 목적으로 하는 것으로서, 근저당권설정등기청구의 소에는 그 피담보채권이 될 채권의 존재에 관한 주장이 당연히 포함되어 있는 것이고, 피고로서도 원고가 원심에 이르러 금전지급을 구하는 청구를 추가하기 전부터 피담보채권이 될 금전채권의 소멸을 항변으로 주장하여 그 채권의 존부에 관한 실질적 심리가 이루어져 그 존부가 확인된 이상, 그 피담보채권이 될 채권으로 주장되고 심리된 채권에 관하여는 근저당권설정등기청구의 소의 제기에 의하여 피담보채권이 될 채권에 관한 권리의 행사가 있은 것으로 볼 수 있으므로, 근저당권설정등기청구의 소의 제기는 그 피담보채권의 재판상의 청구에 준하는 것으로서 피담보채권에 대한 소멸시효 중단의 효력을 생기게 한다(대판 2004.2.13. 2002다7213).

⑤ 일부청구

청구부분이 특정될 수 있는 경우에 있어서의 일부청구는 나머지 부분에 대한 시효중단의 효력이 없고(명시설), 나머지 부분에 관하여는 소를 제기하거나 청구를 확장(청구의 변경)하는 서면을 법원에 제출한 때에 비로소 시효중단의 효력이 생긴다(대판 1975.2.25. 74다1557). 다만 일부청구를 한 경우라도 그 취지로 보아 채권의 전부에 대한 판결을 구하는 것으로 해석되는 경우에는 그 전부에 관하여 시효중단의 효력이 미친다(대판 1992.4.10. 91다43695).

> **참조판례** 전소에서 부당이득금 중 일부만을 청구한 다음 후소에서 나머지를 청구하는 사건
>
> 하나의 채권 중 일부에 관하여만 판결을 구한다는 취지를 명백히 하여 소송을 제기한 경우에는 소제기에 의한 소멸시효중단의 효력이 그 일부에 관하여만 발생하고, 나머지 부분에는 발생하지 아니하나, 소장에서 청구의 대상으로 삼은 채권 중 일부만을 청구하면서 소송의 진행경과에 따라 장차 청구금액을 확장할 뜻을 표시하고 당해 소송이 종료될 때까지 실제로 청구금액을 확장한 경우에는 소제기 당시부터 채권 전부에 관하여 판결을 구한 것으로 해석되므로, 이러한 경우에는 소제기 당시부터 채권 전부에 관하여 재판상 청구로 인한 시효중단의 효력이 발생한다. 소장에서 청구의 대상으로 삼은 채권 중 일부만을 청구하면서 소송의 진행경과에 따라 장차 청구금액을 확장할 뜻을 표시하였으나 당해 소송이 종료될 때까지 실제로 청구금액을 확장하지 않은 경우에는 소송의 경과에 비추어 볼 때 채권 전부에 관하여 판결을 구한 것으로 볼 수 없으므로, 나머지 부분에 대하여는 재판상 청구로 인한 시효중단의 효력이 발생하지 아니한다. 그러나 이와 같은 경우에도 소를 제기하면서 장차 청구금액을 확장할 뜻을 표시한 채권자로서는 장래에 나머지 부분을 청구할 의사를 가지고 있는 것이 일반적이라고 할 것이므로, 다른 특별한 사정이 없는 한 당해 소송이 계속 중인 동안에는 나머지 부분에 대하여 권리를 행사하겠다는 의사가 표명되어 최고에 의해 권리를 행사하고 있는 상태가 지속되고 있는 것으로 보아야 하고, 채권자는 당해 소송이 종료된 때부터 6월 내에 민법 제174조에서 정한 조치를 취함으로써 나머지 부분에 대한 소멸시효를 중단시킬 수 있다. 한편 대법원은, 보통의 최고와는 달리 법원의 행위를 통해 이루어지는 소송고지로 인한 최고에 대하여는 당해 소송이 계속 중인 동안 최고에 의해 권리를 행사하고 있는 상태가 지속되는 것으로 보아 당해 소송이 종료된 때부터 6월 내에 민법 제174조에 정한 조치를 취함으로써 소멸시효를 중단시킬 수 있다는 점을 밝혀 왔다[1](대판 2020.2.6. 2019다223723).

⑥ 어음채권과 원인채권

어음채권의 재판상 청구는 원인채권에 대하여도 시효중단의 효력이 있다(어음채권은 원인채권의 실현수단이기 때문이다)(대판 1961.11.9. 4293민상748). 그러나, 원인채권의 재판상 청구는 어음채권에 대해서는 시효중단의 효력이 없다(어음채권 그 자체를 행사한 것으로 볼 수 없기 때문이다)(대판 1994.12.2. 93다59922).

---

1) ⇨ 선행소송의 소장에 '일부청구'라는 제목하에 소송의 진행경과에 따라 장차 청구금액을 확장할 뜻을 표시하면서 우선 2,000,000원 및 이에 대한 지연손해금만을 청구하였으나, 선행소송이 종료될 때까지 청구금액을 확장하지 아니한 이상 나머지 부분에 대하여는 재판상 청구로 인한 시효중단의 효력이 발생하지 아니하고, 선행소송이 종료된 때로부터 6월이 지난 이후에야 나머지 부분의 지급을 구하는 이 사건 소송을 제기한 이상 나머지 부분에 대하여는 소멸시효가 완성되었다고 본 원심의 판단을 수긍한 사례

⑦ 형사소송

피해자가 가해자를 상대로 고소하거나 그 고소에 기하여 형사재판이 개시되어도 이를 가지고 소멸시효의 중단사유인 재판상의 청구로 볼 수 없다[2](대판 1999.3.12. 98다18124). 다만 배상명령을 신청한 경우는 재판상의 청구로 볼 수 있다(소송촉진등에 관한 특례법 제25조 이하).

⑧ 행정소송

원칙적으로 사권을 행사하는 것이 아니므로 시효중단사유가 아니다. 다만 '오납한 조세에 대한 부당이득반환청구권을 실현하는 수단이 되는 과세처분의 취소 또는 무효 확인을 구하는 소'는 실질상 민사소송과 유사하여 시효중단사유인 재판상 청구에 해당한다(대판 1992.3.31. 91자32503).

(2) 압류 또는 가압류, 가처분

압류란 민사집행법에서 집행 기관에 의하여 채무자의 특정 재산에 대한 처분이 제한되는 강제 집행을 말하고, 가압류란 금전채권이나 금전으로 환산할 수 있는 채권에 대하여 동산 또는 부동산에 대한 강제집행을 보전하기 위하여 하는 조치를 말하고(민사집행법 제276조), 가처분이란 금전채권 이외의 특정물의 급부·인도를 보전하기 위하여 또는 분쟁 중에 있는 권리관계에 관해서 임시적 지위를 정하기 위하여, 법원의 결정에 따라 그 동산 또는 부동산을 상대방이 처분하지 못하도록 금지하는 잠정적·가정적 처분을 말한다[3](민사집행법 제300조).

(3) 승인

시효이익을 받을 당사자인 채무자가 그 시효의 완성으로 권리를 상실하게 될 자 또는 그 대리인에 대하여 그 권리가 존재함을 인식하고 있다는 뜻을 표시하는 것을 말한다. 따라서 담보가등기를 경료한 부동산을 인도받아 점유하더라도 담보가등기의 피담보채권의 소멸시효가 중단되는 것은 아니지만, 채무의 일부를 변제하는 경우에는 채무 전부에 관하여 시효중단의 효력이 발생하는 것이므로, 채무자가 채권자에게 담보가등기를 경료하고 부동산을 인도하여 준 다음 피담보채권에 대한 이자 또는 지연손해금의 지급에 갈음하여 채권자로 하여금 부동산을 사용수익할 수 있도록 한 경우라면, 채권자가 부동산을 사용수익하는 동안에는 채무자가 계속하여 이자 또는 지연손해금을 채권자에게 변제하고 있는 것으로 볼 수 있으므로 피담보채권의 소멸시효가 중단된다고 보아야 한다(대판 2009.11.12. 2009다51028).

---

2) 형사소송은 피고인에 대한 국가형벌권의 행사를 그 목적으로 하는 것이므로, 피해자가 형사소송에서 소송촉진 등에 관한 특례법에서 정한 배상명령을 신청한 경우를 제외하고는 단지 피해자가 가해자를 상대로 고소하거나 그 고소에 기하여 형사재판이 개시되어도 이를 가지고 소멸시효의 중단사유인 재판상의 청구로 볼 수는 없다(대판 1999.3.12. 98다18124).
3) 가처분에는 두 가지의 종류가 있다.
① 다툼의 대상이 되는 목적물에 대한 가처분이다. 특정물(토지)의 인도를 청구하려는데 상대방이 그 목적지상에 건축을 하고 있을 경우에 채권자가 이 청구권에 근거하여 장차 강제집행을 하는 것이 현재 이상으로 어렵게 될 수 있을 것일 때(가처분의 필요), 후일 집행보전을 위하여 인정하고 있는 것이 다툼의 대상에 관한 가처분이다(민사집행법 제300조).
② 임시적 지위를 정하는 가처분이다. 甲이 교통사고로 乙을 부상케 하였는데 甲은 자신의 과실이 없음을 이유로 무책임을 주장하고, 乙은 甲의 손해배상책임을 주장하여 다툼이 있을 때 乙의 응급치료를 위하여(임시 지위를 정하는 가처분의 필요) 乙에게 손해배상청구권이 있다고 우선 가정하고 甲에게 일정액의 배상금지급을 명하는 예이다.

2. 시효중단의 효력

> 제169조(시효중단의 효력) 시효의 중단은 당사자 및 그 승계인간에만 효력이 있다. - 중단의 인적 범위
> 제440조(시효중단의 보증인에 대한 효력) 주채무자에 대한 시효의 중단은 보증인에 대하여 그 효력이 있다.

(1) 당사자

주채무자에 대한 모든 시효중단사유는 보증인에 대해서도 시효중단의 효력이 있다(제440조). 그러나, 보증인에 대한 이행청구의 소는 주채무자에 대한 시효중단 효력이 없다(연대보증인이라도 마찬가지이다). 공유자 중 1인이 보존행위로서 한 청구의 시효중단 효력은 그 공유자에 한하여 발생하고 다른 공유자에게는 미치지 않는다(대판 1979.6.26. 79다639). 그리고 채권자의 신청에 의한 경매개시결정에 따라 연대채무자 1인의 소유 부동산이 압류된 경우, 이로써 위 채무자에 대한 채권의 소멸시효는 중단되지만, 압류에 의한 시효중단의 효력은 다른 연대채무자에게 미치지 아니하므로(제169조), 경매개시결정에 의한 시효중단의 효력을 다른 연대채무자에 대하여 주장할 수 없다(대판 2001.8.21. 2001다22840). 또한 손해배상청구권의 공동상속인 중 1인이 자기의 상속분에 대하여 승소판결을 얻은 경우, 다른 상속인의 상속분에까지 시효중단의 효력이 미치지 않는다(대판 1967.1.24. 66다2279). 즉 시효중단의 효력은 당사자 및 그 승계인 간에만 미치는 바, 여기서 당사자라 함은 중단행위에 관여한 당사자를 가리키고 시효의 대상인 권리 또는 청구권의 당사자는 아니기 때문이다(대판 1997.4.25. 96다46484; 대판 2020.2.13. 2017다234965).

(2) 승계인

승계인이란 시효중단에 관여한 당사자로부터 중단의 효력을 받는 권리를 그 중단 효력의 발생 이후에 승계한 자를 말하고, 포괄승계인은 물론 특정승계인[1]도 포함된다(통설, 대판 1997.4.25. 96다46484). 그리고 민법 제169조가 규정한 시효의 중단은 당사자 및 그 승계인에만 효력이 있다고 하는 것은 승계인이 중단 당시의 당사자의 점유기간을 승계하여 시효취득을 주장할 수 없다는 것을 의미할 뿐 승계인 자신의 점유에 터잡은 독자적인 시효취득을 방해하는 것은 아니다(대판 1998.6.12. 96다26961).

(3) 특칙

압류, 가압류 및 가처분은 시효의 이익을 받은 자에 대하여 하지 아니한 때에는 이를 그에게 통지한 후가 아니면 시효중단의 효력이 없다(제176조). 요역지가 수인의 공유인 경우에 그 1인에 의한 지역권소멸시효의 중단 또는 정지는 다른 공유자를 위하여 효력이 있다(제296조). 어느 연대채무자에 대한 이행청구는 다른 연대채무자에게도 효력이 있다(제416조). 주채무자에 대한 시효의 중단은 보증인에 대하여 그 효력이 있다(제440조).

---

[1] 기존의 공동광업권자가 광업권 침해로 인한 손해배상청구소송을 제기하였다면 준합유재산인 그 손해배상청구권 전부에 대하여 소멸시효가 중단되는 것이고 그 후에 광업권의 지분을 양수한 공동광업권자는 조합원의 지위에서 기존의 공동광업권자와 함께 소멸시효가 중단된 손해배상청구권을 준합유한다고 보아야 하므로, 새로 공동광업권자가 된 자의 지분에 해당하는 부분만 따로 소멸시효가 중단됨이 없이 진행되는 것은 아니다(대판 1997.2.11. 96다1733).

3. 시효중단의 사유

(1) 재판상 청구

> **제170조(재판상의 청구와 시효중단)** ① 재판상의 청구는 소송의 각하, 기각 또는 취하의 경우에는 시효중단의 효력이 없다.
> ② 전항의 경우에 6월 내에 재판상의 청구, 파산절차참가, 압류 또는 가압류, 가처분을 한 때에는 시효는 최초의 재판상청구로 인하여 중단된 것으로 본다[2].

채권자대위권 행사의 효과는 채무자에게 귀속되는 것이므로 채권자대위소송의 제기로 인한 소멸시효 중단의 효과 역시 채무자에게 생긴다(대판 2011.10.13. 2010다80930).

[참조판례]

1. 원고가 채권자대위권에 기해 청구를 하다가 당해 피대위채권 자체를 양수하여 양수금청구로 소를 변경한 사안

   이는 청구원인의 교환적 변경으로서 채권자대위권에 기한 구 청구는 취하된 것으로 보아야 하나, 그 채권자대위소송의 소송물은 채무자의 제3채무자에 대한 계약금반환청구권인데 위 양수금 청구는 원고가 위 계약금반환청구권 자체를 양수하였다는 것이어서 양 청구는 동일한 소송물에 관한 권리의무의 특정승계가 있을 뿐 그 소송물은 동일한 점, 시효중단의 효력은 특정승계인에게도 미치는 점, 계속 중인 소송에 소송목적인 권리 또는 의무의 전부나 일부를 승계한 특정승계인이 소송참가하거나 소송인수한 경우에는 소송이 법원에 처음 계속된 때에 소급하여 시효중단의 효력이 생기는 점, <u>원고는 위 계약금반환채권을 채권자대위권에 기해 행사하다 다시 이를 양수받아 직접 행사한 것이어서 위 계약금반환채권과 관련하여 원고를 '권리 위에 잠자는 자'로 볼 수 없는 점 등에 비추어 볼 때, 당초의 채권자대위소송으로 인한 시효중단의 효력이 소멸하지 않는다</u>(대판 2010.6.24. 2010다17284).

2. 소제기 전 사망을 간과한 판결과 시효중단

   민법 제170조 제1항은 재판상 청구가 민법 제168조에 의하여 시효중단사유가 됨을 전제로 "재판상의 청구는 소송의 각하, 기각 또는 취하의 경우에는 시효중단의 효력이 없다."고 규정하고, 같은 조 제2항은 "전항의 경우에 6월 내에 재판상의 청구, 파산절차참가, 압류 또는 가압류, 가처분을 한 때에는 시효는 최초의 재판상 청구로 인하여 중단된 것으로 본다."고 규정함으로써 최초의 재판상 청구에 소송요건의 결여 등의 흠이 있는 경우 일정기간 내에 새로운 재판상 청구 등이 이루어지면 최초의 제소 시로 시효중단의 소급을 인정하고 있다. 그런데 이미 사망한 자를 피고로 하여 제기된 소는 부적법하여 이를 간과한 채 본안 판단에 나아간 판결은 당연무효로서 그 효력이 상속인에게 미치지 않고, 채권자의 이러한 제소는 권리자의 의무자에 대한 권리행사에 해당하지 않으므로, 상속인을 피고로 하는 <u>당사자표시정정이 이루어진 경우와 같은 특별한 사정이 없는 한, 거기에는 애초부터 시효중단 효력이 없어 민법 제170조 제2항이 적용되지 않는다</u>고 봄이 타당하고, 법원이 이를 간과하여 본안에 나아가 판결을 내린 경우에도 마찬가지라고 보아야 한다(대판 2014.2.27. 2013다94312).

---

[2] 지급명령이란 금전 그 밖에 대체물이나 유가증권의 일정한 수량의 지급을 목적으로 하는 청구에 대하여 법원이 보통의 소송절차에 의함이 없이 채권자의 신청에 의하여 간이, 신속하게 발하는 이행에 관한 명령으로 지급명령에 관한 절차는 종국판결을 받기 위한 소의 제기는 아니지만, 채권자로 하여금 간이, 신속하게 집행권원을 취득하도록 하기 위하여 이행의 소를 대신하여 법이 마련한 특별소송절차로 볼 수 있다. 그런데 재판상 청구에 시효중단의 효력을 인정하는 근거는 권리자가 재판상 그 권리를 주장하여 권리 위에 잠자는 것이 아님을 표명하고 이로써 시효제도의 기초인 영속되는 사실상태와 상용할 수 없는 다른 사정이 발생하였다는 점에 기인하는 것인데, 그와 같은 점에서 보면 지급명령 신청은 권리자가 권리의 존재를 주장하면서 재판상 그 실현을 요구하는 것이므로 본질적으로 소의 제기와 다르지 않다. 따라서 민법 제170조 제1항에 규정하고 있는 '재판상의 청구'란 종국판결을 받기 위한 '소의 제기'에 한정되지 않고, 권리자가 이행의 소를 대신하여 재판기관의 공권적인 법률판단을 구하는 지급명령 신청도 포함된다고 보는 것이 타당하다. 그리고 민법 제170조의 재판상 청구에 지급명령 신청이 포함되는 것으로 보는 이상 특별한 사정이 없는 한, 지급명령 신청이 각하된 경우라도 6개월 이내 다시 소를 제기한 경우라면 민법 제170조 제2항에 의하여 시효는 당초 지급명령 신청이 있었던 때에 중단되었다고 보아야 한다(대판 2011.11.10. 2011다54686).

3. 추심의 소와 제170조

[1] 채무자의 제3채무자에 대한 금전채권에 대하여 압류 및 추심명령이 있더라도, 이는 추심채권자에게 피압류채권을 추심할 권능만을 부여하는 것이고, 이로 인하여 채무자가 제3채무자에게 가지는 채권이 추심채권자에게 이전되거나 귀속되는 것은 아니다. 따라서 채무자가 제3채무자를 상대로 금전채권의 이행을 구하는 소를 제기한 후 채권자가 위 금전채권에 대하여 압류 및 추심명령을 받아 제3채무자를 상대로 추심의 소를 제기한 경우, 채무자가 권리주체의 지위에서 한 시효중단의 효력은 집행법원의 수권에 따라 피압류채권에 대한 추심권능을 부여받아 일종의 추심기관으로서 그 채권을 추심하는 추심채권자에게도 미친다.

[2] 재판상의 청구는 소송의 각하, 기각 또는 취하의 경우에는 시효중단의 효력이 없지만, 그 경우 6개월 내에 재판상의 청구, 파산절차참가, 압류 또는 가압류, 가처분을 한 때에는 시효는 최초의 재판상 청구로 인하여 중단된 것으로 본다(민법 제170조). 그러므로 <u>채무자가 제3채무자를 상대로 제기한 금전채권의 이행소송이 압류 및 추심명령으로 인한 당사자적격의 상실로 각하되더라도, 위 이행소송의 계속 중에 피압류채권에 대하여 채무자에 갈음하여 당사자적격을 취득한 추심채권자가 위 각하판결이 확정된 날로부터 6개월 내에 제3채무자를 상대로 추심의 소를 제기하였다면, 채무자가 제기한 재판상 청구로 인하여 발생한 시효중단의 효력은 추심채권자의 추심소송에서도 그대로 유지된다고 보는 것이 타당하다</u>(대판 2019.7.25. 2019다212945).

(2) 파산절차참가

제171조(파산절차참가와 시효중단) 파산절차참가는 채권자가 이를 취소하거나 그 청구가 각하된 때에는 시효중단의 효력이 없다.

파산절차참가란 채권자가 파산재단의 배당에 참가하기 위하여 자기의 채권을 신고하는 것을 말한다(채무자 회생 및 파산에 관한 법률 제447조). 파산절차참가(신고)는 시효중단의 효력이 있는데, 채권자가 그 참가(신고)를 취소(취하)하거나 그 청구(신고)가 각하된 때에는 시효중단의 효력이 없다(제171조, 채무자회생법 제32조 제2호)[1]. 회생절차참가 또는 개인회생절차참가도 시효중단의 효력이 있다(채무자회생법 제32조 제1·3호, 제147조, 제589조 등).

(3) 지급명령

제172조(지급명령과 시효중단) 지급명령은 채권자가 법정기간 내에 가집행신청을 하지 아니함으로 인하여 그 효력을 잃은 때에는 시효중단의 효력이 없다[2].

민사소송법 제462조(적용의 요건) 금전, 그 밖에 대체물(代替物)이나 유가증권의 일정한 수량의 지급을 목적으로 하는 청구에 대하여 법원은 채권자의 신청에 따라 지급명령을 할 수 있다. 다만, 대한민국에서 공시송달 외의 방법으로 송달할 수 있는 경우에 한한다.

---

1) 민법 제171조는 파산절차참가는 채권자가 이를 취소하거나 그 청구가 각하된 때에는 시효중단의 효력이 없다고 규정하고 있는바, 채권조사기일에서 파산관재인이 신고채권에 대하여 이의를 제기하거나 채권자가 법정기간 내에 파산채권 확정의 소를 제기하지 아니하여 배당에서 제척되었다고 하더라도 그것이 위 규정에서 말하는 '그 청구가 각하된 때'에 해당한다고 볼 수는 없다 할 것이고, 따라서 파산절차참가로 인한 시효중단의 효력은 파산절차가 종결될 때까지 계속 존속한다(대판 2005.10.28. 2005다28273).

2) 민법 제172조는 1990년 민사소송법의 개정으로 동법 제440조, 제441조 등이 삭제되면서, 그 의의를 잃게 되었다.

금전 그 밖에 대체물이나 유가증권의 일정한 수량의 지급을 목적으로 하는 청구에 대하여 법원은 채권자의 신청에 따라 지급명령을 할 수 있다(민사소송법 제462조). 이처럼 소송절차에 의하지 않고 일정한 소송에서 채권자의 신청에 의하여 간이·신속하게 발하는 이행명령을 지급명령(支給命令)이라고 한다. 지급명령이 있으면 지급명령신청서를 관할법원에 제출한 때에 시효중단의 효력이 생긴다3). 지급명령에 대하여 이의신청이 없거나, 이의신청을 취하하거나, 각하결정이 확정된 때에는 지급명령은 확정판결과 같은 효력이 있다(제474조).

(4) 화해를 위한 소환, 임의출석

> **제173조(화해를 위한 소환, 임의출석과 시효중단)** 화해를 위한 소환은 상대방이 출석하지 아니 하거나 화해가 성립되지 아니한 때에는 1월내에 소를 제기하지 아니하면 시효중단의 효력이 없다. 임의출석의 경우에 화해가 성립되지 아니한 때에도 그러하다.

제소전화해신청은 시효중단의 효력이 있다(민사소송법 제385조 제4항 참고). 화해를 위한 소환은 상대방이 출석하지 아니 하거나 화해가 성립되지 아니한 때에는 1월 내에 소를 제기하지 아니하면 시효중단의 효력이 없다. 임의출석의 경우에 화해가 성립되지 아니한 때에도 1월 이내에 소를 제기하지 않으면 시효중단의 효력이 없다. 임의출석이란 소액사건에 대하여 당사자 쌍방이 임의로 법원에 출석하여 소송에 관하여 구두변론함으로써 소제기 또는 제소전화해신청을 하도록 허용하는 제도를 말한다(소액사건심판법 제5조). 반면에 적법한 소제기신청이 있으면 화해신청을 한 때에 소가 제기된 것으로 본다(민사소송법 제388조 제2항). 조정은 재판상화해와 동일한 효력이 있다(민사조정법 제29조). 따라서 조정신청은 시효중단의 효력이 있다(동법 제35조 제1항). 다만 조정신청이 취하 또는 취하간주된 경우에는 1월 이내에 소를 제기하지 않으면 시효중단의 효력이 없다(동조 제2항).

(5) 최고

> **제174조(최고와 시효중단)** 최고는 6월 내에 재판상의 청구, 파산절차참가, 화해를 위한 소환, 임의출석, 압류 또는 가압류, 가처분을 하지 아니하면 시효중단의 효력이 없다.

1) 의의

최고라 함은 권리자가 의무자에게 의무의 이행을 청구하는 의사의 통지이며, 아무런 형식을 필요로 하지 않는 재판 외 행위이다(통설). 최고는 넓게 해석하여야 하므로, 일부의 청구나 일부의 상계가 있는 경우에도 이를 전부에 대한 최고로 보아야 한다(통설). 그러나 판례는 "청구부분이 특정될 수 있는 경우에 있어서의 일부 청구는 청구를 하지 아니한 나머지 부분에 대한 시효중단의 효력이 발생하지 아니한다고 할 것이고 이 이치는 국가조세채권에 있어서도 달리 할 바 아니라고 할 것이므로 납세고지에 의하여 시효가 중단되는 부분은 납세고지된 부분 및 그 액수에 한정되고 남은 세액에 대한 조세부과권에 대하여는 시효가 중단됨이 없이 진행한다(대판 1985.2.13. 84누649)."라고 본 것이 있다.

---

3) 민사소송법 제472조 제2항은 "채무자가 지급명령에 대하여 적법한 이의신청을 한 경우에는 지급명령을 신청한 때에 이의신청된 청구목적의 값에 관하여 소가 제기된 것으로 본다."라고 규정하고 있는바, 지급명령 사건이 채무자의 이의신청으로 소송으로 이행되는 경우에 지급명령에 의한 시효중단의 효과는 소송으로 이행된 때가 아니라 지급명령을 신청한 때에 발생한다(대판 2015.2.12. 2014다228440).

2) 판례
    ① 거듭 최고한 경우
        최고를 여러 번 거듭하다가 재판상 청구 등을 한 경우에 시효중단의 효력은 항상 최초의 최고 시에 발생하는 것이 아니라 <u>재판상 청구 등을 한 시점을 기준으로 하여 이로부터 소급하여 6월 이내에 한 최고 시에 발생한다</u>(대판 1983.7.12. 83다카437).

    ② 6월 기간의 기산점
        소멸시효제도 특히 시효중단제도는 그 제도의 취지에 비추어 볼 때 이에 관한 기산점이나 만료점은 원권리자를 위하여 너그럽게 해석하는 것이 상당하다 할 것이므로, 민법 제174조 소정의 시효중단사유로서의 최고에 있어서 채무이행을 최고받은 채무자가 그 이행의무의 존부 등에 대하여 조사를 해 볼 필요가 있다는 이유로 채권자에 대하여 그 이행의 유예를 구한 경우에는 채권자가 그 회답을 받을 때까지는 최고의 효력이 계속된다고 보아야 하고, 따라서 같은 조에 규정된 6월의 기간은 채권자가 채무자로부터 회답을 받은 때로부터 기산되는 것이라고 해석하여야 할 것이다(대판 2006.6.16. 2005다25632).

    ③ 소송고지
        소송고지의 요건이 갖추어진 경우에 그 소송고지서에 고지자가 피고지자에 대하여 채무의 이행을 청구하는 의사가 표명되어 있으면 민법 제174조에 정한 시효중단사유로서의 최고의 효력이 인정되며, 당해 소송이 계속 중인 동안은 최고에 의하여 권리를 행사하고 있는 상태가 지속되는 것으로 보아 민법 제174조에 규정된 6월의 기간은 당해 소송이 종료된 때로부터 기산되는 것으로 해석하여야 한다(대판 2009.7.9. 2009다14340).

    ④ 재산명시결정
        채권자가 확정판결에 기한 채권의 실현을 위하여 채무자에 대하여 민사집행법상 재산명시신청을 하고 그 결정이 채무자에게 송달되었다면 거기에 소멸시효 중단사유인 '최고'로서의 효력만이 인정되므로, 재산명시결정에 의한 소멸시효 중단의 효력은, 그로부터 6월 내에 다시 소를 제기하거나 압류 또는 가압류, 가처분을 하는 등 민법 제174조에 규정된 절차를 속행하지 아니하는 한, 상실된다(대판 2012.1.12. 2011다78606).

    ⑤ 연대채무자의 경우
        채권자가 연대채무자 1인의 소유 부동산에 대하여 경매신청을 한 경우, 이는 최고로서의 효력을 가지고 있고, 연대채무자에 대한 이행청구는 다른 연대채무자에게도 효력이 있으므로, 채권자가 6월 내에 다른 연대채무자를 상대로 재판상 청구를 하였다면 그 다른 연대채무자에 대한 채권의 소멸시효가 중단되지만, 이로 인하여 중단된 시효는 위 경매절차가 종료된 때가 아니라 재판이 확정된 때로부터 새로 진행된다(대판 2001.8.21. 2001다22840).

⑥ 압류 및 추심명령과 최고

채권자가 채무자의 제3채무자에 대한 채권을 압류 또는 가압류한 경우에 채무자에 대한 채권자의 채권에 관하여 시효중단의 효력이 생긴다고 할 것이나, 압류 또는 가압류된 채무자의 제3채무자에 대한 채권에 대하여는 민법 제168조 제2호 소정의 소멸시효 중단사유에 준하는 확정적인 시효중단의 효력이 생긴다고 할 수 없다. 소멸시효 중단사유의 하나로서 민법 제174조가 규정하고 있는 최고는 채무자에 대하여 채무이행을 구한다는 채권자의 의사통지(준법률행위)로서, 이에는 특별한 형식이 요구되지 아니할 뿐 아니라 행위 당시 당사자가 시효중단의 효과를 발생시킨다는 점을 알거나 의욕하지 않았다 하더라도 이로써 권리 행사의 주장을 하는 취지임이 명백하다면 최고에 해당하는 것으로 보아야 할 것이므로, 채권자가 확정판결에 기한 채권의 실현을 위하여 채무자의 제3채무자에 대한 채권에 관하여 압류 및 추심명령을 받아 그 결정이 제3채무자에게 송달이 되었다면 거기에 소멸시효 중단사유인 최고로서의 효력을 인정하여야 한다(대판 2003.5.13. 2003다16238).

⑦ 최고와 채무승인

민법 제174조는 "최고는 6월 내에 재판상의 청구, 파산절차참가, 화해를 위한 소환, 임의출석, 압류 또는 가압류, 가처분을 하지 아니하면 시효중단의 효력이 없다."라고 정한다. 위 규정은 채권자가 최고 후 6개월 내에 확정적으로 시효를 중단시키기 위해 취할 보완조치에 채무의 승인을 포함하고 있지는 않지만, 최고 후 6개월 내에 채무자의 승인이 있는 경우에도 위 규정을 유추적용하여 시효중단의 효력이 발생한다고 해석하는 것이 타당하다(대판 2022.7.28. 2020다46663). 따라서 채권자가 주채무자에 대하여 이행을 최고한 후 주채무자가 6개월 내에 채무를 승인한 경우 최고가 주채무자에게 도달할 때 시효중단의 효력이 발생한다고 보는 이상, 그 중단의 효력은 민법 제440조에 따라 보증인에게도 미친다. 민법 제433조 제2항에 따라 주채무자가 시효완성 후 시효이익을 포기한 경우 보증인에게는 효력이 없다고 보는 것은 이 부분 해석에 영향을 미치지 않는다.

> **참조판례**
>
> **채무자가 수차례 소를 제기하여 채권자가 응소하였으나 소가 모두 각하된 후 채무자가 다시 이 사건 소를 제기하여 채권자가 응소한 경우 시효중단의 판단기준**
>
> 민법 제168조 제1호, 제170조 제1항에서 시효중단 사유의 하나로 규정하고 있는 재판상의 청구는, 권리자가 시효를 주장하는 자를 상대로 소로써 권리를 주장하는 경우뿐 아니라, 시효를 주장하는 자가 원고가 되어 소를 제기한 데 대하여 피고로서 응소하여 그 소송에서 적극적으로 권리를 주장하고 그것이 받아들여진 경우도 포함한다. 권리자인 피고가 응소하여 권리를 주장하였으나 그 소가 각하되거나 취하되는 등의 사유로 본안에서 그 권리 주장에 관한 판단 없이 소송이 종료된 경우에도 민법 제170조 제2항을 유추적용하여 그때부터 6월 이내에 재판상의 청구 등 다른 시효중단 조치를 취하면 응소 시에 소급하여 시효중단의 효력이 인정된다. 한편 민법 제174조가 시효중단 사유로 규정하고 있는 최고를 여러 번 거듭하다가 재판상 청구 등을 한 경우에 시효중단의 효력은 항상 최초의 최고 시에 발생하는 것이 아니라 재판상 청구 등을 한 시점을 기준으로 하여 이로부터 소급하여 6월 이내에 한 최고 시에 발생하고, 민법 제170조의 해석상 재판상의 청구는 그 소송이 취하된 경우에는 그로부터 6월 내에 다시 재판상의 청구를 하지 않는 한 시효중단의 효력이 없고 다만 재판 외의 최고의 효력만을 갖게 된다. 이러한 법리는 그 소가 각하된 경우에도 마찬가지로 적용된다(대판 2019.3.14. 2018다282473).

(6) 압류, 가압류, 가처분

> 제175조(압류, 가압류, 가처분과 시효중단) 압류, 가압류 및 가처분은 권리자의 청구에 의하여 또는 법률의 규정에 따르지 아니함으로 인하여 취소된 때에는 시효중단의 효력이 없다.
>
> 제176조(압류, 가압류, 가처분과 시효중단) 압류, 가압류 및 가처분은 시효의 이익을 받은 자에 대하여 하지 아니한 때에는 이를 그에게 통지한 후가 아니면 시효중단의 효력이 없다.

1) 압류

시효가 중단된 때에는 중단까지에 경과한 시효기간은 이를 산입하지 아니하고 중단사유가 종료한 때로부터 새로이 진행하는데(국세기본법 제28조 제2항, 민법 제178조 제1항), 소멸시효의 중단사유 중 '압류'에 의한 시효중단의 효력은 압류가 해제되거나 집행절차가 종료될 때 중단사유가 종료한 것으로 볼 수 있다(대판 2017.4.28. 2016다239840).

2) 가압류와 시효중단

민법 제168조에서 가압류를 시효중단사유로 정하고 있는 것은 가압류에 의하여 채권자가 권리를 행사하였다고 할 수 있기 때문인바, 가압류에 의한 집행보전의 효력이 존속하는 동안은 가압류채권자에 의한 권리행사가 계속되고 있다고 보아야 하므로 가압류에 의한 시효중단의 효력은 가압류의 집행보전의 효력이 존속하는 동안은 계속 된다(대판 2006.7.27. 2006다32781).

3) 사망자에 대한 가압류

사망한 사람을 피신청인으로 한 가압류신청은 부적법하고 그 신청에 따른 가압류결정이 내려졌다고 하여도 그 결정은 당연 무효로서 그 효력이 상속인에게 미치지 않으며, 이러한 당연 무효의 가압류는 민법 제168조 제1호에 정한 소멸시효의 중단사유에 해당하지 않는다(대판 2006.8.24. 2004다26287 · 26294).

4) 배당요구

부동산경매절차에서 집행력 있는 채무명의 정본을 가진 채권자가 하는 배당요구는 민법 제168조 제2호의 압류에 준하는 것으로서 배당요구에 관련된 채권에 관하여 소멸시효를 중단하는 효력이 생긴다(대판 2002.2.26. 2000다25484).

5) 가압류와 재판상 청구의 관계

민법 제168조에서 가압류를 시효중단사유로 정하고 있는 것은 가압류에 의하여 채권자가 권리를 행사하였다고 할 수 있기 때문인데 가압류에 의한 집행보전의 효력이 존속하는 동안은 가압류채권자에 의한 권리행사가 계속되고 있다고 보아야 할 것이므로 가압류에 의한 시효중단의 효력은 가압류의 집행보전의 효력이 존속하는 동안은 계속된다고 하여야 할 것이다. 또한 민법 제168조에서 가압류와 재판상의 청구를 별도의 시효중단사유로 규정하고 있는데 비추어 보면, 가압류의 피보전채권에 관하여 본안의 승소판결이 확정되었다고 하더라도 가압류에 의한 시효중단의 효력이 이에 흡수되어 소멸된다고 할 수도 없다(대판 2000.4.25. 2000다11102).

6) 점유이전금지가처분과 시효중단

민법 제176조에 의하면 가처분은 시효의 이익을 받은 자에 대하여 하지 아니한 때에는 이를 그에게 통지한 후가 아니면 시효중단의 효력이 없다고 되어 있어 직접점유자를 상대로 점유이전금지가처분을 한 뜻을 간접점유자에게 통지한 바가 없다면 가처분은 간접점유자에 대하여 시효중단의 효력을 발생할 수 없다(대판 1992.10.27. 91다41064 · 41071).

7) 임차권등기명령이 제168조 제2호에 해당하는지 여부

주택임대차보호법 제3조의3에서 정한 임차권등기명령에 따른 임차권등기는 특정 목적물에 대한 구체적 집행행위나 보전처분의 실행을 내용으로 하는 압류 또는 가압류, 가처분과 달리 어디까지나 주택임차인이 주택임대차보호법에 따른 대항력이나 우선변제권을 취득하거나 이미 취득한 대항력이나 우선변제권을 유지하도록 해 주는 담보적 기능을 주목적으로 한다. 비록 주택임대차보호법이 임차권등기명령의 신청에 대한 재판절차와 임차권등기명령의 집행 등에 관하여 민사집행법상 가압류에 관한 절차규정을 일부 준용하고 있지만, 이는 일방 당사자의 신청에 따라 법원이 심리·결정한 다음 등기를 촉탁하는 일련의 절차가 서로 비슷한 데서 비롯된 것일 뿐 이를 이유로 임차권등기명령에 따른 임차권등기가 본래의 담보적 기능을 넘어서 채무자의 일반재산에 대한 강제집행을 보전하기 위한 처분의 성질을 가진다고 볼 수는 없다. 그렇다면 <u>임차권등기명령에 따른 임차권등기에는 민법 제168조 제2호에서 정하는 소멸시효 중단사유인 압류 또는 가압류, 가처분에 준하는 효력이 있다고 볼 수 없다</u>(대판 2019.5.16. 2017다226629).

> **참조판례**
>
> 금전채권의 보전을 위하여 채무자의 금전채권에 대하여 가압류가 행하여진 후 채권자의 신청에 의하여 그 집행이 취소된 경우, 가압류에 의한 소멸시효 중단의 효과가 소급적으로 소멸되는지 여부(적극)
> 금전채권의 보전을 위하여 채무자의 금전채권에 대하여 가압류가 행하여진 경우에 그 후 채권자의 신청에 의하여 그 집행이 취소되었다면, 다른 특별한 사정이 없는 한 가압류에 의한 소멸시효 중단의 효과는 소급적으로 소멸된다. 민법 제175조는 가압류가 '권리자의 청구에 의하여 취소된 때에는' 소멸시효 중단의 효력이 없다고 정한다. 가압류의 집행 후에 행하여진 채권자의 집행취소 또는 집행해제의 신청은 실질적으로 집행신청의 취하에 해당하고, 이는 다른 특별한 사정이 없는 한 가압류 자체의 신청을 취하하는 것과 마찬가지로 그에게 권리행사의 의사가 없음을 객관적으로 표명하는 행위로서 위 법 규정에 의하여 시효중단의 효력이 소멸한다고 봄이 상당하다. 이러한 점은 위와 같은 집행취소의 경우 그 취소의 효력이 단지 장래에 대하여만 발생한다는 것에 의하여 달라지지 아니 한다(대판 2010.10.14. 2010다53273).

4. 승인과 시효중단

> 제177조(승인과 시효중단) 시효중단의 효력 있는 승인에는 상대방의 권리에 관한 처분의 능력이나 권한 있음을 요하지 아니한다.

(1) 승인하는 자의 문제

승인의 함에는 상대방의 권리를 가졌다고 가정할 때 그가 이를 처분할 수 있는 능력이나 권한이 없더라도 승인할 수 있다는 의미이다(통설). 다만 이의 반대해석으로 승인자에게는 그 권리를 관리할 능력이나 권한은 있어야 한다(통설).

(2) 소멸시효 진행 전의 승인

소멸시효의 중단사유로서의 승인은 시효이익을 받을 당사자인 채무자가 그 권리의 존재를 인식하고 있다는 뜻을 표시함으로써 성립하는 것이므로 이는 소멸시효의 진행이 개시된 이후에만 가능하고 그 이전에 승인을 하더라도 시효가 중단되지는 않는다고 할 것이고, 또한 현존하지 아니하는 장래의 채권을 미리 승인하는 것은 채무자가 그 권리의 존재를 인식하고서 한 것이라고 볼 수 없어 허용되지 않는다고 할 것이다(대판 2001.11.9. 2001다52568).

(3) 승인의 방식

승인은 특별한 방식을 요하지 않는다. 변제기한의 유예요청, 이자의 지급, 일부변제(대판 1996.1.23. 95다39854), 담보제공, 매도인이 매수인과 함께 소유권이전등기를 해주기 위해 법무사 사무실을 방문한 행위(대판 2009.11.26. 2009다64384) 등은 묵시적 승인이 있는 것으로 볼 수 있다.

(4) 판례

1) 승인의 방법

시효중단사유로서의 승인은 시효이익을 받을 당사자인 채무자가 그 시효의 완성으로 권리를 상실하게 될 자 또는 그 대리인에 대하여 그 권리가 존재함을 인식하고 있다는 뜻을 표시함으로써 성립한다고 할 것이며, 이 때 그 표시의 방법은 아무런 형식을 요구하지 아니하고, 또한 명시적이건 묵시적이건 불문한다 할 것이나, 승인으로 인한 시효중단의 효력은 그 승인의 통지가 상대방에게 도달하는 때에 발생한다(대판 1995.9.29. 95다30178). 그리고 소멸시효의 중단사유로서 채무자에 의한 채무승인이 있었다는 사실은 이를 주장하는 채권자 측에서 입증하여야 하는 것이다(대판 2005.2.17. 2004다59959).

2) 검사 작성의 피의자신문조서

검사 작성의 피의자신문조서는 검사가 피의자를 신문하여 진술을 기재한 조서로서 그 작성형식은 원칙적으로 검사의 신문에 대하여 피의자가 응답하는 형태를 취하여 피의자의 진술은 어디까지나 검사를 상대로 이루어지는 것이어서 그 진술기재 가운데 채무의 일부를 승인하는 의사가 표시되어 있다고 하더라도, 그 기재 부분만으로 곧바로 소멸시효 중단사유로서 승인의 의사표시가 있은 것으로는 볼 수 없다(대판 1999.3.12. 98다18124).

3) 면책적 채무인수, 중첩적 채무인수

면책적 채무인수가 있은 경우, 인수채무의 소멸시효기간은 채무인수와 동시에 이루어진 소멸시효 중단사유, 즉 채무승인에 따라 채무인수일로부터 새로이 진행된다(대판 1999.7.9. 99다12376). 또한 중첩적 채무인수라 함은 제3자인 인수인이 종래의 채무자와 함께 동일한 내용의 채무를 부담하는 것을 목적으로 하는 계약으로서, 중첩적 채무인수로 인하여 인수인은 새로이 당사자로서 기존의 채무관계에 들어가 기존채무와 동일한 내용의 채무를 부담하게 된다. 이와 같이 중첩적 채무인수에 의하여 인수되는 채무는 기존채무와 내용이 동일하고 인수행위로 인하여 그 채무의 성질 등이 변하는 것은 아니므로, 인수인이 부담하는 인수채무에 대해서는 기존채무와 동일한 소멸시효기간이 적용된다(대판 2021.9.30. 2019다209345).

4) 이행인수

이행인수는 채무자와 인수인 사이의 계약에 따라 인수인이 채권자에 대한 채무를 변제하기로 약정하는 것을 말한다. 이 경우 인수인은 채무자의 채무를 변제하는 등으로 면책시킬 의무를 부담하지만 채권자에 대한 관계에서 직접 이행의무를 부담하게 되는 것은 아니다. 한편 <u>소멸시효 중단사유인 채무의 승인은 시효이익을 받을 당사자나 대리인만 할 수 있으므로 이행인수인이 채권자에 대하여 채무자의 채무를 승인하더라도 다른 특별한 사정이 없는 한 시효중단 사유가 되는 채무승인의 효력은 발생하지 않는다</u>(대판 2016.10.27. 2015다239744).

5) 연대채무와 승인

민법 제416조는 어느 연대채무자에 대한 이행청구는 다른 연대채무자에게도 효력이 있다고 규정하고 있을 뿐이고 채무승인은 이행청구에는 해당하지 않기 때문에, 어느 연대채무자가 채무를 승인함으로써 그에 대한 시효가 중단되었더라도 그로 인하여 다른 연대채무자에게도 시효중단의 효력이 발생하는 것은 아니다(대판 2018.10.25. 2018다234177).

6) 보증채무에 대한 승인과 주채무의 소멸

보증채무에 대한 소멸시효가 중단되는 등의 사유로 완성되지 아니하였다고 하더라도 주채무에 대한 소멸시효가 완성된 경우에는 시효완성 사실로써 주채무가 당연히 소멸되므로 보증채무의 부종성에 따라 보증채무 역시 당연히 소멸된다. 그리고 주채무에 대한 소멸시효가 완성되어 보증채무가 소멸된 상태에서 보증인이 보증채무를 이행하거나 승인하였다고 하더라도, 주채무자가 아닌 보증인의 행위에 의하여 주채무에 대한 소멸시효 이익의 포기 효과가 발생된다고 할 수 없으며, 주채무의 시효소멸에도 불구하고 보증채무를 이행하겠다는 의사를 표시한 경우 등과 같이 부종성을 부정하여야 할 다른 특별한 사정이 없는 한 보증인은 여전히 주채무의 시효소멸을 이유로 보증채무의 소멸을 주장할 수 있다고 보아야 한다(대판 2012.7.12. 2010다51192). 다만 보증채무의 부종성을 부정하여야 할 특별한 사정이 있는 경우에는 예외적으로 보증인은 주채무의 시효소멸을 이유로 보증채무의 소멸을 주장할 수 없으나, 특별한 사정을 인정하여 보증채무의 본질적인 속성에 해당하는 부종성을 부정하려면 보증인이 주채무의 시효소멸에도 불구하고 보증채무를 이행하겠다는 의사를 표시하거나 채권자와 그러한 내용의 약정을 하였어야 하고, 단지 보증인이 주채무의 시효소멸에 원인을 제공하였다는 것만으로는 보증채무의 부종성을 부정할 수 없다(대판 2018.5.15. 2016다211620).

7) 시효이익 포기와의 비교

시효완성 후 시효이익의 포기가 인정되려면 시효이익을 받는 채무자가 시효의 완성으로 인한 법적인 이익을 받지 않겠다는 효과의사가 필요하기 때문에 시효완성 후 소멸시효 중단사유에 해당하는 채무의 승인이 있었다 하더라도 그것만으로는 곧바로 소멸시효 이익의 포기라는 의사표시가 있었다고 단정할 수 없다(대판 2017.7.11. 2014다32458).

5. 중단의 효과 - 중단후의 시효진행, 기본적 효과

> 제178조(중단후의 시효진행) ① 시효가 중단된 때에는 중단까지에 경과한 시효기간은 이를 산입하지 아니하고 중단 사유가 종료한 때로부터 새로이 진행한다.
> ② 재판상의 청구로 인하여 중단한 시효는 전항의 규정에 의하여 재판이 확정된 때로부터 새로이 진행한다.

시효가 중단된 때에는 중단까지에 경과한 시효기간은 이를 산입하지 아니하고 중단사유가 종료한 때로부터 새로이 진행한다. 재판상의 청구로 인하여 중단한 시효는 재판이 확정된 때로부터 새로이 진행한다.

6. 시효정지

> 제179조(제한능력자의 시효정지) 소멸시효의 기간만료 전 6개월 내에 제한능력자에게 법정대리인이 없는 경우에는 그가 능력자가 되거나 법정대리인이 취임한 때부터 6개월 내에는 시효가 완성되지 아니한다.
> 제180조(재산관리자에 대한 제한능력자의 권리, 부부 사이의 권리와 시효정지) ① 재산을 관리하는 아버지, 어머니 또는 후견인에 대한 제한능력자의 권리는 그가 능력자가 되거나 후임 법정대리인이 취임한 때부터 6개월 내에는 소멸시효가 완성되지 아니한다.
> ② 부부 중 한쪽이 다른 쪽에 대하여 가지는 권리는 혼인관계가 종료된 때부터 6개월 내에는 소멸시효가 완성되지 아니한다.
> 제181조(상속재산에 관한 권리와 시효정지) 상속재산에 속한 권리나 상속재산에 대한 권리는 상속인의 확정, 관리인의 선임 또는 파산선고가 있는 때부터 6월 내에는 소멸시효가 완성하지 아니한다.
> 제182조(천재 기타 사변과 시효정지) 천재 기타 사변으로 인하여 소멸시효를 중단할 수 없을 때에는 그 사유가 종료한 때로부터 1월 내에는 시효가 완성하지 아니한다.

소멸시효가 거의 완성될 무렵 시효를 중단시키는 것이 불가능하거나 곤란한 사정이 있는 경우에, 시효의 진행을 일시적으로 멈추게 하고, 그러한 사정이 없어졌을 때 다시 나머지 기간을 진행시키는 것을 소멸시효의 정지라고 한다. 이미 경과한 기간이 無로 돌아가지 않는 점에서 중단과는 다르다.

Ⅳ. 소멸시효의 효과

1. 소멸시효 완성의 효과

(1) 견해의 대립

민법은 취득시효에 관하여는 '소유권을 취득한다.'고 규정(제245조·제246조)하는 반면, 소멸시효의 효과와 관하여 '소멸시효가 완성한다'고 규정하면서(제162조 ~ 제164조) 완성의 의미에 대해서는 구체적인 언급이 없으므로, 견해가 대립된다. 이에 대하여 학설은 소멸시효의 완성으로 권리가 당연히 소멸한다고 보는 견해(절대적 소멸설)와 시효의 이익을 받을 자에게 권리소멸을 주장할 수 있는 권리인 원용권이 생길 뿐이라는 견해(상대적 소멸설)가 있다.

(2) 판례

1) 원칙 - 절대적 소멸설의 입장

"당사자의 원용이 없어도 시효완성의 사실로써 채무는 당연히 소멸되고, 다만 변론주의 원칙상 소멸시효의 이익을 받을 자가 실제 소송에서 권리를 주장하는 자에 대항하여 시효소멸의 이익을 받겠다는 뜻을 항변하지 않는 이상 그 의사에 반하여 재판할 수 없을 뿐이다(대판 1966.1.31. 65다2445; 대판 1979.2.13. 78다2157)."라고 판시하여 대체로 절대적 소멸설의 입장을 취한다.

2) 시효원용권자 - 상대적 소멸설의 입장

채권의 소멸시효가 완성된 경우 이를 원용할 수 있는 자는 시효로 인하여 채무가 소멸되는 결과 직접적인 이익을 받는 자에 한정된다(대판 2007.3.30. 2005다11312). 채무자, 매매예약에 기한 가등기가 경료된 부동산의 제3취득자(대판 1991.3.12. 90다카27570), 가등기담보가 설정된 부동산의 제3취득자(대판 1995.7.11. 95다12446), 물상보증인(대판 2004.1.16. 2003다30890), 보증인(대판 1991.1.29. 89다카1114) 등도 시효이익의 직접수익자에 해당한다. 그러나 채무자에 대한 일반채권자는 자기의 채권을 보전하기 위하여 필요한 한도 내에서 채무자를 대위하여 소멸시효 주장을 할 수 있을 뿐 채권자의 지위에서 독자적으로 소멸시효의 주장을 할 수 없으며(대판 1997.12.26. 97다22676), 채무자에 대하여 아무런 채권이 없는 자는 소멸시효 주장을 대위 원용할 수 없다(대판 2007.3.30. 2005다11312).

3) 채권자대위소송

"채권자가 채권자대위권을 행사하여 제3자에 대하여 하는 청구에 있어서, 제3채무자는 채무자가 채권자에 대하여 가지는 항변으로 대항할 수 없고, 채권의 소멸시효가 완성된 경우 이를 원용할 수 있는 자는 원칙적으로는 시효이익을 직접 받는 자뿐이고, 채권자대위소송의 제3채무자는 이를 행사할 수 없다(대판 1998.2.8. 97다31472; 대판 2008.1.31. 2007다64471)."고 한다. 그러나 채권자가 채권자대위소송을 제기한 경우, 제3채무자는 채무자가 채권자에 대하여 가지는 항변권이나 형성권 등과 같이 권리자에 의한 행사를 필요로 하는 사유를 들어 채권자의 채무자에 대한 권리가 인정되는지 여부를 다툴 수 없지만, 채권자의 채무자에 대한 권리의 발생원인이 된 법률행위가 무효라거나 위 권리가 변제 등으로 소멸하였다는 등의 사실을 주장하여 채권자의 채무자에 대한 권리가 인정되는지 여부를 다투는 것은 가능하고, 이 경우 법원은 제3채무자의 주장을 고려하여 채권자의 채무자에 대한 권리가 인정되는지 여부에 관하여 직권으로 심리·판단하여야 한다(대판 2015.9.10. 2013다55300).

4) 채권자취소소송

소멸시효를 원용할 수 있는 사람은 권리의 소멸에 의하여 직접 이익을 받는 자에 한정되는바, <u>사해행위취소소송의 상대방이 된 사해행위의 수익자는, 사해행위가 취소되면 사해행위에 의하여 얻은 이익을 상실하고 사해행위취소권을 행사하는 채권자의 채권이 소멸하면 그와 같은 이익의 상실을 면하는 지위에 있으므로, 그 채권의 소멸에 의하여 직접 이익을 받는 자에 해당하는 것으로 보아야 한다</u>(대판 2007.11.29. 2007다54849).

2. 소멸시효완성의 소급효

> 제167조(소멸시효의 소급효) 소멸시효는 그 기산일에 소급하여 효력이 생긴다.

시효제도는 그 시효기간 동안 계속된 권리상태로 끌어올리는 것이므로 소급효를 인정하는 것이 타당하다(통설). 그러므로 소멸시효로 채무를 면하게 되는 자는 기산일 이후의 이자를 지급할 필요가 없으나(통설, 제183조), 시효로 소멸하는 채권이 그 소멸시효가 완성되기 전에 상계할 수 있었던 것이라면 채권자는 상계할 수 있다(제495조).

3. 시효이익의 포기

(1) 소멸시효완성 후의 포기

> 제184조(시효의 이익의 포기 기타) ① 소멸시효의 이익은 미리 포기하지 못한다.
> ② 소멸시효는 법률행위에 의하여 이를 배제, 연장 또는 가중할 수 없으나 이를 단축 또는 경감할 수 있다.

1) 포기의 유효성

소멸시효가 완성된 후 포기는 유효하다(제184조 제1항의 반대해석). 이는 시효완성 전의 포기와 같은 폐단을 수반하지 않기 때문이다.

2) 포기의 방법

상대방의 동의를 요하지 않는 상대방 있는 단독행위이다. 따라서 보통의 의사표시와 같이 명시적 또는 묵시적으로 할 수 있다. 그러나 포기는 처분행위이므로 처분능력과 처분권은 있어야 한다. 그리고 <u>소멸시효이익의 포기의 의사표시를 할 수 있는 자는, 시효완성의 이익을 받을 당사자 또는 대리인에 한정되고</u>, 그 밖의 제3자가 시효이익 포기의 의사표시를 하였더라도 시효완성의 이익을 받을 자에 대한 관계에서 아무 효력이 없다(대판 1996.1.23. 95다39854).

(2) 소멸시효 이익의 포기와 승인의 비교

구분	승인	시효이익의 포기
시기	시효완성 前	시효완성 後
법적 성질	관념의 통지(준법률행위)	의사표시(법률행위)
처분행위성	처분행위 ×(처분능력 不要)	처분행위 ○(처분능력 要)
보증인 영향	영향 ○	영향 ×(제433조)

(3) 소멸시효 이익포기의 효과

1) 주관적 범위

시효이익의 포기는 상대적이어서 1인의 포기는 타인에게 영향을 미치지 아니한다. 따라서 주채무자의 소멸시효이익의 포기는 보증인에 영향을 미치지 아니한다(제433조 제2항). 특히 판례는 "소멸시효 이익의 포기는 상대적 효과가 있을 뿐이어서 다른 사람에게는 영향을 미치지 아니함이 원칙이나, 소멸시효 이익의 포기 당시에는 권리의 소멸에 의하여 직접 이익을 받을 수 있는 이해관계를 맺은 적이 없다가 나중에 시효이익을 이미 포기한 자와의 법률관계를 통하여 비로소 시효이익을 원용할 이해관계를 형성한 자는 이미 이루어진 시효이익 포기의 효력을 부정할 수 없다. 왜냐하면, 시효이익의 포기에 대하여 상대적인 효과만을 부여하는 이유는 포기 당시에 시효이익을 원용할 다수의 이해관계인이 존재하는 경우 그들의 의사와는 무관하게 채무자 등 어느 일방의 포기 의사만으로 시효이익을 원용할 권리를 박탈당하게 되는 부당한 결과의 발생을 막으려는 데 있는 것이지, 시효이익을 이미 포기한 자와의 법률관계를 통하여 비로소 시효이익을 원용할 이해관계를 형성한 자에게 이미 이루어진 시효이익 포기의 효력을 부정할 수 있게 하여 시효완성을 둘러싼 법률관계를 사후에 불안정하게 만들자는 데 있는 것은 아니기 때문이다[1])(대판 2015.6.11. 2015다200227)."고 한다.

2) 객관적 범위

가분채권의 일부에 대하여 시효이익을 포기하는 경우 그 전부에 대한 포기로 볼 수 있는가는 의사표시의 해석문제이나 전부에 대한 포기로 보아야 할 경우가 많을 것이다.

3) 시적 범위

이미 경과한 기간만이 포기로서 유효하며 다시 진행한다. 즉 채무자가 소멸시효 완성 후에 채권자에 대하여 채무를 승인함으로써 그 시효의 이익을 포기한 경우에는 그때부터 새로이 소멸시효가 진행한다(대판 2009.7.9. 2009다14340).

(4) 판례

1) 포기 인정 례

① 수표법상의 소구권이 시효에 의하여 소멸된 후에 수표채무를 승인하였다면 소멸시효의 이익을 포기한 것이고(대판 1965.11.30. 65다1996), 채권의 소멸시효가 완성된 후에 채무자가 그 기한의 유예를 요청하였다면 그때에 소멸시효의 이익을 포기한 것으로 보아야 한다(대판 1965.12.28. 65다2133).

② 채무자가 시효완성 후에 채무의 승인을 한 때에는 일응 시효완성의 사실을 알고 그 이익을 포기한 것이라고 추정할 수 있다(대판 1967.2.7. 66다2173).

---

[1] 상고이유에서 지적하고 있는 대판 1995.7.11. 95다12446 등은 시효이익의 포기 시점에 이미 시효원용에 관한 이해관계를 형성하고 있는 경우에 관한 것으로서 이 사건과는 사안을 달리하므로 이 사건에 원용하기에는 적절하지 아니하다.
[비교판례] 대판 1995.7.11. 95다12446: 소멸시효를 원용할 수 있는 사람은 권리의 소멸에 의하여 직접 이익을 받는 사람에 한정되는바, 채권담보의 목적으로 매매예약의 형식을 빌어 소유권이전청구권 보전을 위한 가등기가 경료된 부동산을 양수하여 소유권이전등기를 마친 제3자는 당해 가등기담보권의 피담보채권의 소멸에 의하여 직접 이익을 받는 자이므로, 그 가등기담보권에 의하여 담보된 채권의 채무자가 아니더라도 그 피담보채권에 관한 소멸시효를 원용할 수 있고, 이와 같은 직접수익자의 소멸시효 원용권은 채무자의 소멸시효 원용권에 기초한 것이 아닌 독자적인 것으로서 채무자를 대위하여서만 시효이익을 원용할 수 있는 것은 아니며, 가사 채무자가 이미 그 가등기에 기한 본등기를 경료하여 시효이익을 포기한 것으로 볼 수 있다고 하더라도 그 시효이익의 포기는 상대적 효과가 있음에 지나지 아니하므로 채무자 이외의 이해관계자에 해당하는 담보 부동산의 양수인으로서는 여전히 독자적으로 소멸시효를 원용할 수 있다.

③ 취득시효 완성 후 임대차계약을 체결한 경우 시효 이익을 포기한 것으로 볼 수 있고, 취득시효완성 후 각서를 제출하면서 국유재산 대부계약을 체결하고 변상금 및 대부료를 납부한 경우, 시효이익을 포기하였다고 볼 수 있다고 하였다(대판 1997.10.24. 97다146060).

④ 채무자가 소멸시효 완성 후 채무를 일부 변제한 때에는 그 액수에 관하여 다툼이 없는 한 그 채무 전체를 묵시적으로 승인한 것으로 보아야 하고, 이 경우 시효완성의 사실을 알고 그 이익을 포기한 것으로 추정되므로, 소멸시효가 완성된 채무를 피담보채무로 하는 근저당권이 실행되어 채무자 소유의 부동산이 경락되고 그 대금이 배당되어 채무의 일부 변제에 충당될 때까지 채무자가 아무런 이의를 제기하지 아니하였다면, 경매절차의 진행을 채무자가 알지 못하였다는 등 다른 특별한 사정이 없는 한, 채무자는 시효완성의 사실을 알고 그 채무를 묵시적으로 승인하여 시효의 이익을 포기한 것으로 보아야 한다(대판 2001.6.12. 2001다3580).

2) 포기 부정 례

① 소멸시효완성 이후에 있은 과세처분에 기하여 세액을 납부하였더라도 이를 들어 바로 소멸시효의 이익을 포기한 것이라고 할 수 없다(대판 1988.1.19. 87다카70).

② 채무자가 소멸시효가 완성된 이후에 여러 차례에 걸쳐 원고의 제소기간연장요청에 동의한 바가 있다 하더라도 그 동의는 그 연장된 기간까지는 언제든지 원고가 제소하더라도 이의가 없다는 취지에 불과한 것이지 소멸시효이익을 포기하는 의사표시까지 함축하고 있는 것은 아니다(대판 1987.6.23. 86다카2107).

③ 동일당사자 간에 계속적인 거래로 인하여 같은 종류를 목적으로 하는 수개의 채권관계가 성립되어 있는 경우에 채무자가 특정채무를 지정하지 아니하고 그 일부의 변제를 한 때에도 다른 특별한 사정이 없다면 잔존채무에 대하여도 승인을 한 것으로 보아 시효중단이나 포기의 효력을 인정할 수 있을 것이나, 그 채무가 별개로 성립되어 독립성을 갖고 있는 경우에는 일률적으로 그렇게만 해석할 수는 없을 것이고, 특히 채무자가 가압류 목적물에 대한 가압류를 해제받을 목적으로 피보전채권을 변제하는 경우에는 특별한 사정이 없는 한 피보전채권으로 적시되지 아니한 별개의 채무에 대하여서까지 소멸시효의 이익을 포기한 것이라고 볼 수는 없다(대판 1993.10.26. 93다14936).

④ 소멸시효이익의 포기의 의사표시를 할 수 있는 자는, 시효완성의 이익을 받을 당사자 또는 대리인에 한정되고, 그 밖의 제3자가 시효이익 포기의 의사표시를 하였더라도 시효완성의 이익을 받을 자에 대한 관계에서 아무 효력이 없다(대판 1996.1.23. 95다39854).

⑤ 채무자가 채권자로부터 소멸시효가 완성된 연대보증채무의 이행청구를 받고 그 채무액의 일부를 지급하고 사건을 종결하자는 내용의 합의안을 제의하였다가 거절당한 사안에서, 합의안 제의의 배경 등 제반 사정에 비추어 채무자가 위 합의안을 제의한 사실만으로 채권자에게 연대보증채무를 부담하고 있다는 채무승인의 뜻을 확정적으로 표시한 것이라고 해석하기 어렵다(대판 2008.7.24. 2008다25299).

⑥ 주채무가 시효로 소멸한 때에는 보증인도 그 시효소멸을 원용할 수 있으며, 주채무자가 시효의 이익을 포기하더라도 보증인에게는 그 효력이 없다(대판 1991.1.29. 89다카1114). 보증채무에 대한 소멸시효가 중단되는 등의 사유로 완성되지 아니하였다고 하더라도 주채무에 대한 소멸시효가 완성된 경우에는 시효완성 사실로써 주채무가 당연히 소멸되므로 보증채무의 부종성에 따라 보증채무 역시 당연히 소멸된다. 그리고 주채무에 대한 소멸시효가 완성되어 보증채무가 소멸된 상태에서 보증인이 보증채무를 이행하거나 승인하였다고 하더라도, 주채무자가 아닌 보증인의 행위에 의하여 주채무에 대한 소멸시효 이익의 포기 효과가 발생된다고 할 수 없으며, 주채무의 시효소멸에도 불구하고 보증채무를 이행하겠다는 의사를 표시한 경우 등과 같이 부종성을 부정하여야 할 다른 특별한 사정이 없는 한 보증인은 여전히 주채무의 시효소멸을 이유로 보증채무의 소멸을 주장할 수 있다고 보아야 한다(대판 2012.7.12. 2010다51192). 다만 보증채무의 부종성을 부정하여야 할 특별한 사정이 있는 경우에는 예외적으로 보증인은 주채무의 시효소멸을 이유로 보증채무의 소멸을 주장할 수 없으나, 특별한 사정을 인정하여 보증채무의 본질적인 속성에 해당하는 부종성을 부정하려면 보증인이 주채무의 시효소멸에도 불구하고 보증채무를 이행하겠다는 의사를 표시하거나 채권자와 그러한 내용의 약정을 하였어야 하고, 단지 보증인이 주채무의 시효소멸에 원인을 제공하였다는 것만으로는 보증채무의 부종성을 부정할 수 없다(대판 2018.5.15. 2016다211620).

⑦ 소송에서의 상계항변은 일반적으로 소송상의 공격방어방법으로 피고의 금전지급의무가 인정되는 경우 자동채권으로 상계를 한다는 예비적 항변의 성격을 갖는다. 따라서 <u>상계항변이 먼저 이루어지고 그 후 대여금채권의 소멸을 주장하는 소멸시효항변이 있었던 경우에, 상계항변 당시 채무자인 피고에게 수동채권인 대여금채권의 시효이익을 포기하려는 효과의사가 있었다고 단정할 수 없다.</u> 그리고 항소심 재판이 속심적 구조인 점을 고려하면 제1심에서 공격방어방법으로 상계항변이 먼저 이루어지고 그 후 항소심에서 소멸시효항변이 이루어진 경우를 달리 볼 것은 아니다(대판 2013.2.28. 2011다21556).

> **참조판례** 대통령 삼청교육대 관련 특별담화사건
>
> [사건의 개요]
> 대통령이 1988.11.26. 소위 삼청교육과 관련한 사상자에 대하여 신고를 받아 피해보상을 하겠다는 의사를 국민에 대한 시국관련특별담화의 형식으로 표시하였고, 위 특별담화의 구체화 작업으로 정부 내의 주무부서인 국방부장관이 같은 해 12.3. 담화문의 형식으로 정부가 삼청교육 관련 피해자들에게 응분의 보상을 하기로 결정하였는데, 이것이 국가가 피해자들에게 국가배상채무를 승인하거나 시효의 이익을 포기한 것으로 볼 수 있는지가 문제된 사안이다.
>
> [판결요지]
> 1. 대통령이 1988.11.26. 삼청교육과 관련한 사상자에 대하여 신고를 받아 피해보상을 할 것임을 밝히는 내용의 특별담화를 발표하였고, 이어서 국방부장관이 같은 해 12.3. 대통령의 그와 같은 시정방침을 알리는 한편 그에 따른 보상대책을 수립하기 위한 기초자료를 수집할 목적으로 그 피해자 및 유족들에게 일정한 기간 내에 신고할 것을 공고한 사실은 인정되지만, 대통령의 그와 같은 담화는 사법상의 법률효과를 염두에 둔 것이 아니라 <u>단순히 정치적으로 대통령으로서의 시정방침을 밝히면서 국민들의 이해와 협조를 구한 것에 불과하므로, 이로써 사법상으로 그 피해자들에 대한 국가배상채무를 승인하였다거나 또는 시효이익을 포기한 것으로 볼 수는 없고,</u> 대통령에 이어 국방부장관이 그와 같은 담화를 발표하였다고 하여 그 결론이 달라지지 않는다(대판 1996.12.19. 94다22927 전합).

2. 국정의 최고책임자인 대통령이 입법조치 등을 통하여 적절한 피해보상을 해 줄 정치·도의적인 책임을 지는 것은 별론으로 하고 국가의 소멸시효 주장이 금반언의 원칙에 위배되거나 신의성실의 원칙에 반하여 권리남용에 해당된다고 할 수는 없다(대판 1997.2.11. 94다23692).
3. 대통령이 담화를 발표하고 이에 따라 국방부장관이 삼청교육 관련 피해자들에게 그 피해를 보상하겠다고 공고하고 피해신고까지 받은 것은, 대통령이 정부의 수반인 지위에서 피해자들인 국민에 대하여 향후 입법조치 등을 통하여 그 피해를 보상해 주겠다고 구체적 사안에 관하여 종국적으로 약속한 것으로서, 거기에 채무의 승인이나 시효이익의 포기와 같은 사법상의 효과는 없더라도, 그 상대방은 약속이 이행될 것에 대한 강한 신뢰를 가지게 되고, 이러한 신뢰는 단순한 사실상의 기대를 넘어 법적으로 보호받아야 할 이익이라고 보아야 하므로, 국가로서는 정당한 이유 없이 이 신뢰를 깨뜨려서는 아니 되는바, 국가가 그 약속을 어기고 후속조치를 취하지 아니함으로써 위 담화 및 피해신고 공고에 따라 피해신고를 마친 피해자의 신뢰를 깨뜨린 경우, 그 신뢰의 상실에 따르는 손해를 배상할 의무가 있고, 이러한 손해에는 정신적 손해도 포함된다(대판 2001.7.10. 98다38364).

4. 주된 권리의 소멸과 종된 권리

> 제183조(종속된 권리에 대한 소멸시효의 효력) 주된 권리의 소멸시효가 완성한 때에는 종속된 권리에 그 효력이 미친다.

(1) 내용

주된 권리는 소멸시효가 완성하였으나 종된 권리는 아직 완성하지 않은 경우에 종된 권리의 소멸시효도 완성한 것으로 간주된다. 예를 들어 원본채권이 시효로 소멸하면 이자채권의 시효기간이 남아 있다고 하더라도 시효로 소멸한다.

(2) 판례

이자 또는 지연손해금은 주된 채권인 원본의 존재를 전제로 그에 대응하여 일정한 비율로 발생하는 종된 권리인데, 하나의 금전채권의 원금 중 일부가 변제된 후 나머지 원금에 대하여 소멸시효가 완성된 경우, 가분채권인 금전채권의 성질상 변제로 소멸한 원금 부분과 소멸시효 완성으로 소멸한 원금 부분을 구분하는 것이 가능하고, 이 경우 원금에 종속된 권리인 이자 또는 지연손해금 역시 변제로 소멸한 원금 부분에서 발생한 것과 시효완성으로 소멸된 원금 부분에서 발생한 것으로 구분하는 것이 가능하므로, 소멸시효 완성의 효력은 소멸시효가 완성된 원금 부분으로부터 그 완성 전에 발생한 이자 또는 지연손해금에는 미치나, 변제로 소멸한 원금 부분으로부터 그 변제 전에 발생한 이자 또는 지연손해금에는 미치지 않는다(대판 2008.3.14. 2006다2940).

ca.Hackers.com

해커스 감정평가사
ca.Hackers.com

제2편 물권법

제1장 서론
제2장 물권의 변동
제3장 기본물권
제4장 용익물권
제5장 담보물권
제6장 비전형담보물권

제1장 서론

제1절 물권의 종류

> 제185조(물권의 종류) 물권은 법률 또는 관습법에 의하는 외에는 임의로 창설하지 못한다.

Ⅰ. 물권법정주의

1. 의의와 근거

(1) 의의

물권의 종류와 내용은 민법 기타 법률 또는 관습법에 의한 것에 한하여 인정되며, 당사자가 그 밖의 종류와 내용을 자유롭게 창설하지 못한다.

(2) 근거

배타적 지배권인 물권을 법률로 엄격히 규제하는 것은, 공시원칙을 철저히 관철함으로써 제3자에게 발생할 수 있는 불측의 손해를 방지하고, 거래의 안전을 도모하기 위해서이다.

2. 민법 제185조의 해석

(1) 법률의 의미

형식적 의미의 법률을 의미한다.

(2) 관습법과 법률과의 관계

민법 제1조에서와 같이 제185조의 관습법도 성문법에 대한 보충적 효력 밖에 없다는 보충적 효력설(곽윤직, 김상용)과 민법 제185조는 제1조에 대한 예외로서 물권에 있어서는 관습법이 성문법과 대등한 효력을 갖는다는 대등적 효력설(이영준, 김형배)이 대립한다.

(3) '임의로 창설하지 못한다'의 의미

법률 또는 관습법이 인정하지 않는 새로운 종류의 물권을 당사자들이 임의로 만들 수 없고(종류강제), 법률 또는 관습이 인정하는 종류의 물권이라도 법률 또는 관습법이 정하는 것과 다른 내용을 부여하지 못한다(내용강제).

(4) 강행규정

민법 제185조는 강행규정으로서 이 규정에 위반하는 법률행위는 무효이다. 물권법정주의에 반하는 법률행위가 무효로 되는 경우에 채권행위가 무효로 되는 것인가에 대해서는 ① 무효인 물권행위를 내용으로 하는 채권행위는 언제나 무효라는 견해(이영준), ② 당사자 사이에서 채권적 효력을 갖는 한에서는 이를 금할 이유가 없으므로, 채권행위는 유효라는 견해(통설)가 대립한다.

Ⅱ. 물권의 종류와 분류

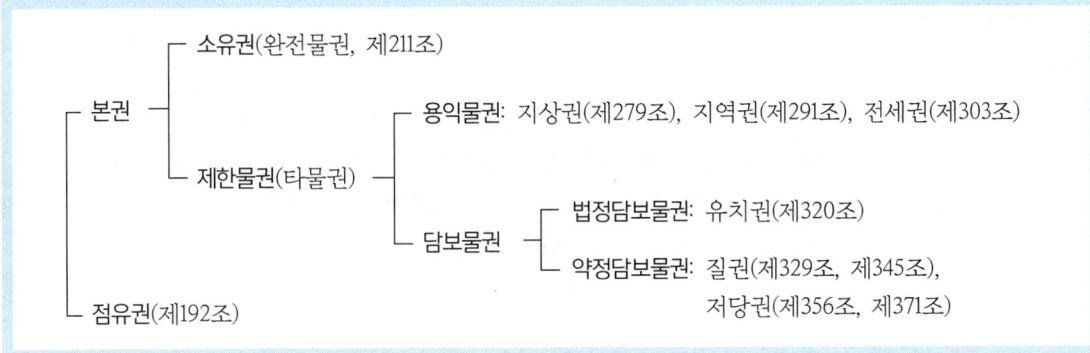

1. 민법이 인정하는 물권

(1) 본권과 점유권

본권은 물건을 사실상 지배하고 있느냐의 여부와 관계없이 물건을 '지배할 수 있는 권리'이다. 반면에 점유권은 물건을 지배할 수 있는 법률상의 권원의 유무에 관계없이 '사실상 지배하고 있는 상태' 그 자체를 보호하는 권리이다.

(2) 소유권과 제한물권

소유권은 객체인 물건을 전면적으로 지배하는 권리, 즉 물건이 갖는 사용가치·교환가치의 전부를 지배할 수 있는 권리이다. 이에 반해서 제한물권은 소유권이 갖는 권능의 일부를 지배하는 권리이다.

(3) 용익물권과 담보물권

제한물권은 용익물권과 담보물권으로 나누어진다. 용익물권은 물건이 갖는 '사용가치의 지배'를 목적으로 하나, 담보물권은 채권담보를 위하여 물건이 갖는 '교환가치의 지배'를 목적으로 한다.

(4) 부동산물권과 동산물권

물권의 객체가 부동산이냐 동산이냐에 따른 구별이다. 부동산물권은 등기에 의하여 공시되나, 동산물권은 점유로 공시된다는 점에서 상이하며, 이외에도 물권변동의 요건 등에서 여러 가지 차이가 있다.

2. 민법 이외의 법률이 인정하는 물권

상법이 인정하는 물권으로는 상사유치권(상법 제58조, 제91조, 제111조 등), 상사질권(상법 제59조), 주식질권(상법 제338조, 제339조, 제340조), 선박저당권(상법 제871조, 제874조), 선박채권자의 우선특권(상법 제468조, 제858조, 제861조) 등이 있으며, 특별법이 인정하는 물권으로는 공장저당권·공장재단저당권(공장저당법 제4조, 제10조, 제11조), 광업재단저당권(광업재단저당법 제3조, 제5조), 자동차저당권(자동차저당법 제3조), 항공기저당권(항공기저당법 제3조), 건설기계저당권(건설기계저당법 제3조), 광업권·조업권(광업법 제5조, 제12조, 제52조), 어업권(수산업법 제18조), 댐사용권(댐건설 및 주변 지역 지원등에 관한 법률 제24조) 등이 있다.

3. 관습법상의 물권

(1) 인정한 경우

판례는 분묘기지권(대판 1959.5.28. 4291민상257), 관습법상의 법정지상권(대판 1960.9.29. 4292민상944), 동산양도담보(대물변제예약형의 부동산양도담보는 가등기담보법의 제정으로 특별법에 의한 물권이 되었다)를 인정한다. 그리고 미등기매수인에게 인정되는 점유보호청구권(대판 2001.12.11. 2001다45355), 경작권에 대한 점유권적 효력(대판 1981.2.24. 80다2811)을 인정하고 있다.

(2) 부정한 경우

판례는 온천권(대판 1970.5.26. 69다1239), 근린공원이용권(대결 1995.5.23. 94마2218), 미등기 무허가건물의 양수인의 소유권에 준한 관습상의 물권(대판 1999.3.23. 98다59118), 사도통행권(대판 2002.2.26. 2001다64165) 등은 부정하고 있다. 즉, 온천에 관한 권리를 관습법상의 물권이라고 볼 수 없고 또한 온천수는 민법 제235조, 제236조 소정의 공용수 또는 생활상 필요한 용수에 해당하지 아니한다(대판 1970.5.26. 69다1239).

제2절 물권의 효력

Ⅰ. 총설

물권은 물건에 대한 직접적 지배라는 것을 내용으로 하는 재산권이므로, 일반적 효력을 가지고 그 일반적 효력은 우선적 효력과 물권적 청구권이 있다.

Ⅱ. 우선적 효력

1. 물권 상호간의 효력

두 개 이상의 소유권이 동일한 물건 위에 동시에 성립할 수는 없지만, 제한물권은 병존적 양립이 가능하다. 이 경우에 시간적으로 먼저 성립한 제한물권이 후에 성립한 제한물권에 우선한다. 다만 점유권은 사실상의 지배에 의해서 인정되는 것이므로 우선적 효력이 없다.

2. 채권에 우선하는 효력

동일물에 대하여 물권과 채권이 병존하는 경우에는 언제나 물권이 우선한다. 다만 사회보장 등의 목적을 위해 채권이 우선하는 경우도 있는데, 근로기준법상의 임금채권최우선변제권, 주택임대차보호법상의 소액보증금에 대한 최우선변제권(동법 제8조, 제12조), 보증금반환청구권(동법 제3조의2) 등이 그 예이다. 그리고 부동산임차권(민법 제621조, 제622조), 가등기에 기한 본등기 시 순위보전의 효력(부동산등기법 제92조)에 의해 채권이 우선하는 경우도 있다.

III. 물권적 청구권

1. 의의

물권의 내용인 물건에 대한 완전한 현실적 지배가 방해받거나 또는 방해받을 염려가 있는 경우 물권자가 방해자에 대하여 그 방해의 제거 또는 예방에 필요한 행위를 청구할 수 있는 권리이다. 물권적 청구권은 물권에 기초한 권리이지만 구체적으로는 특정인에게 행사되기 때문에 물권적 '청구권' 또는 물상'청구권'이라 한다.

2. 물권과 물권적 청구권의 분리 – 소유권을 상실한 자는 소유권에 기한 물권적 청구권으로서의 방해배제를 청구할 수 없다(반대의견 있음).

소유권을 양도함에 있어 소유권에 의하여 발생되는 물상청구권을 소유권과 분리, 소유권 없는 전소유자에게 유보하여 제3자에게 대하여 이를 행사케 한다는 것은 소유권의 절대적 권리인 점에 비추어 허용될 수 없는 것이라 할 것으로서, 이는 양도인인 전소유자가 그 목적물을 양수인에게 인도할 의무가 있고 그 의무이행이 매매대금 잔액의 지급과 동시이행관계에 있다거나 그 소유권의 양도가 소송계속 중에 있었다 하여 다를리 없고 일단 소유권을 상실한 전소유자는 제3자인 불법점유자에 대하여 물권적 청구권에 의한 방해배제를 청구할 수 없다(전원합의체판결, 본판결로 1968.6.25. 68다758 판결 폐기)(대판 1969.5.27. 68다725 전합).

3. 내용(비용부담의 문제[1]))

물권적 청구권의 본질이 상대방의 적극적인 행위를 청구하는 권리임을 분명히 하고 있다(대판 1962.4.18. 4294민상1300). 그리고 최근 판례는 "민법 제214조의 규정에 의하면, 소유자는 소유권을 방해하는 자에 대하여 그 방해제거 행위를 청구할 수 있고, 소유권을 방해할 염려가 있는 행위를 하는 자에 대하여 그 방해예방 행위를 청구하거나 소유권을 방해할 염려가 있는 행위로 인하여 발생하리라고 예상되는 손해의 배상에 대한 담보를 지급할 것을 청구할 수 있으나, <u>소유자가 침해자에 대하여 방해제거 행위 또는 방해예방 행위를 하는 데 드는 비용을 청구할 수 있는 권리는 위 규정에 포함되어 있지 않으므로</u>, 소유자가 민법 제214조에 기하여 방해배제 비용 또는 방해예방 비용을 청구할 수는 없다(대판 2014.11.27. 2014다52612)."고 한다.

---

[1] 목적물의 반환, 방해 제거, 방해 예방을 실현함에 있어서, 물권적 청구권은 물권이 본래의 권리상태로 돌아가게 하기 위해서 상대방의 적극적인 행위를 청구할 수 있는 권리인지, 청구권자가 행하는 회복행위에 대해서 상대방이 소극적으로 인용할 것을 청구하는 권리인지가 문제된다. 즉 행위청구권인지, 인용청구권인지가 문제된다.

4. 물권적 청구권의 소멸시효[1]

판례는 소유권에 기한 물권적 청구권에 있어서 "채권담보의 목적으로 이루어지는 부동산양도담보의 경우에 있어서 피담보채무가 변제된 이후에 양도담보권설정자가 행사하는 등기청구권은 양도담보권설정자의 실질적 소유권에 기한 물권적 청구권이므로 따로이 시효소멸 되지 아니 한다(대판 1979.2.13. 78다2412)."고 판시하고 있다.

5. 물권적 청구권과 다른 청구권과의 관계

(1) 불법행위에 의한 손해배상청구권과의 관계

물권적 청구권은 물권침해의 가능성만으로도 성립하고, 고의·과실을 요건으로 하지 않는다. 그러나 불법행위(제750조)는 권리 내지 법익침해의 발생 가능성만으로는 성립하지 않고 고의·과실을 요건으로 한다는 점에 차이가 있다. 그리고 물권적 청구권은 방해의 제거와 예방이라는 효과를 갖고 있는 반면에 불법행위는 손해의 배상이라는 효과만을 갖는다. 다만 물권의 침해가 고의·과실에 의한 경우에는 양 청구권이 동시에 발생하여 병존할 수 있는데, 이러한 경우 권리자는 양자를 함께 행사하거나 또는 선택적으로 행사할 수 있다.

(2) 부당이득반환청구권과의 관계

1) 점유자와 회복자의 관계

점유할 정당한 권리가 없는 자에 대하여 회복자는 물권적 청구권을 행사하거나 부당이득반환청구권을 행사할 수 있다. 물권적 청구권을 행사하는 경우 반환에 따른 다양한 문제들을 규율하기 위하여 민법은 제201조 내지 제203조의 규정을 두고 있다.

2) 물권적 청구권과 불법원인급여

불법원인급여를 한 자는 부당이득반환청구권을 행사할 수 없다(제746조). 이러한 경우 소유권에 기한 물권적 반환청구권을 행사할 수 있는지 문제되지만, 불법원인급여에 있어서는 소유권에 기한 물권적 청구권도 행사할 수 없고, 따라서 그 소유권은 반사적으로 수익자인 상대방에게 귀속한다(대판 1979.11.13. 79다483 전합).

---

[1] 소멸시효에 걸리지 않는다는 부정설, 소멸시효에 걸린다는 긍정설이 있다.

제2장 물권의 변동

제1절 총설

Ⅰ. 물권의 변동과 공시

1. 공시제도의 의의

물권은 배타성이 있으므로 물권의 귀속과 내용, 즉 물권의 현상을 외부에서 인식할 수 있는 일정한 표상·인식이 필요하다. 이러한 기능을 수행하는 표상을 공시방법이라 하고, 이를 통해 물권의 현상을 공시하는 제도가 공시제도이다.

2. 공시의 방법

부동산물권에 관해서는 등기를, 동산물권에 관해서는 점유를 그 공시방법으로 하고 있으며, 그 밖에 판례는 수목의 집단·미분리의 과실 등의 공시방법으로 명인방법을 인정한다.

Ⅱ. 공시의 원칙과 공신의 원칙

1. 공시의 원칙

(1) 의의

물권 변동은 언제나 외부에서 인식할 수 있는 어떤 표상(공시방법)을 수반하여야 한다는 원칙이다.

(2) 실현방법

성립요건주의(독일, 우리나라)는 당사자와 제3자 간은 물론, 당사자 상호간에도 물권변동의 효력을 부인하는 입법주의이다. 대항요건주의(프랑스, 구민법)는 공시방법을 갖추지 아니해도 당사자 간에는 물권변동이 발생하지만 제3자에 대한 관계에서는 어떤 효력도 발생하지 않는 입법주의이다.

(3) 현행법상 공시방법의 내용

부동산의의 등기, 동산의 인도(점유), 증권의 배서, 교부, 등록(선박, 자동차, 항공기, 중기 등), 광업권(등기), 어업권(등기), 무체재산권(등록), 채권양도(통지, 승낙), 신분행위(신고) 등이 있다.

2. 공신의 원칙

(1) 의의
물권의 존재를 추측케 하는 표상, 즉 공시방법을 신뢰해서 거래한 자가 있는 경우에 그 자의 신뢰를 보호하여야 한다는 원칙을 말한다.

(2) 인정근거
공신의 원칙은 현실적 필요성에 의하여 공시의 원칙을 보완하는 방법으로 발전하였다. 공시의 원칙으로부터 권리추정력이 나오고, 다시 추정적 효력이 보완되어 공신의 원칙에 기한 선의취득의 효력이 인정됨으로써 신뢰의 보호가 확보되었다.

(3) 적용상의 문제점
공신의 원칙은 진정한 권리자를 희생시키고 양수인을 보호함으로써 거래의 안전과 신속을 도모하는 제도이므로, 이 원칙을 어떤 범위에서 채택하여야 할 것인가는 중요한 문제가 된다.

(4) 민법의 태도

1) 동산물권과 공신의 원칙
동산에 대해서만 공신의 원칙을 인정한다(제249조). 다만 동산의 경우에도 도품이나 유실물에 대해서는 특례가 인정된다(제250조, 제251조).

2) 부동산 물권과 공신의 원칙
독일과는 달리 부동산물권에 대해서는 공신의 원칙을 인정하지 않는다. 그 이유에 대해서는 현재 등기부의 등기표시가 불완전하여 진실한 거래관계와 일치하지 않는 경우가 적지 않기 때문이다. 즉 대장과 등기부의 이원화, 동일인임을 증명하는 인감증명제도의 부실, 등기필증(등기필정보)멸실의 경우에 보증서에 의한 등기신청의 허용 등에 의하여 등기와 진실한 거래관계가 불일치할 수 있는 가능성이 많다. 또한 등기공무원의 형식적 심사주의로 인하여 진실과 부합하지 않는 등기가 행하여질 가능성이 크기 때문이다.

3) 제3자의 보호
부동산에 관해 선의의 제3자는 불이익을 당할 수 있다. 따라서 민법은 의사표시에 관한 규정(제107조 제2항, 제108조 제2항, 제109조 제2항, 제110조 제3항), 계약해제의 원상회복에 관한 규정(제548조 제1항 단서), 부동산실권리자명의등기에 관한 법률 제4조 제3항, 가등기담보등에 관한 법률 제11조 등으로 제3자를 보호한다. 다만 이러한 규정들은 부동산의 선의취득효과를 가져오기는 하지만 선의취득제도와는 그 성질이 다르다. 예를 들어 제108조 제2항은 부동산에 관한 법률행위에 한정되어 적용되는 것이 아니고, 또한 무과실을 전제하지도 않는다. 권리취득의 형식에 있어서도 진정한 권리자가 대항할 수 없는 것으로 하고 있다.

(5) 공신력을 인정하는 것과 유사한 제도(외관존중)
표현대리(제125조 이하), 어음, 수표 기타 유가증권의 선의취득(어음법 제16조), 채권의 준점유자에 대한 변제(제470조) 등이 있다.

제2절 물권변동의 구성요소

Ⅰ. 물권행위

1. 물권행위의 의의

(1) 의의

물권행위란 직접 물권의 변동을 목적으로 하는 의사표시를 요소로 하는 법률행위이다.

(2) 물권행위와 채권행위의 구별

물권의 발생·변경·소멸을 일으키는 물권행위는 이행의 문제를 남기지 않는 처분행위이지만, 채권과 채권관계를 발생시키는 채권행위는 이행의 문제를 남기는 의무부담행위이다.

(3) 의사표시의 모습에 따른 물권행위의 종류

1) 물권적 합의(물권계약)

물권변동을 직접 목적으로 하는 물권적 의사표시의 합치로 성립한다.

2) 단독행위

물권의 포기, 승역지소유자의 위기(제299조) 등이 그 예이다. 이러한 단독행위는 상대방 있는 단독행위와 상대방 없는 단독행위로 나눌 수 있다. 소유권의 포기는 상대방 없는 단독행위라에 해당하지만, 제한물권의 포기는 상대방 있는 단독행위이다(다수설).

3) 합동행위

다수설은 수인의 물권자가 하는 동일한 방향의 물권적 의사표시로 성립하는 물권행위를 합동행위라고 하며, 그 예로서 공유자 전원에 의한 공유물의 포기를 들고 있다(그러나 합동행위를 계약의 일종으로 보는 소수설은 합동물권행위를 인정하지 않는다. 즉, 수인의 소유자의 소유권 포기는 다수의 주체에 의한 단독물권행위가 우연한 사정에 의히어 합체되어 이루어지는 것에 불과하다고 한다).

2. 방식과 내용

민법상 물권행위는 그 방식이 자유로울 뿐만 아니라, 내용에 관하여도 아무런 제한이 없다.

3. 적용법규

(1) 총칙규정

물권행위도 법률행위이므로 민법총칙편의 법률행위에 관한 규정, 즉 당사자의 권리능력과 행위능력·의사표시·대리·무효와 취소 등에 관한 규정은 모두 물권행위에도 적용된다. 민법의 해석상 물권행위에 조건이나 기한을 붙일 수 있다. 따라서 매수인의 대금완불을 정지조건으로 하는 소유권유보의 물권적 합의는 동산뿐만 아니라 부동산에 대해서도 허용된다. 이 경우 부동산은 해제조건이나 종기 등 권리소멸에 관한 약정을 기재할 수 있을 뿐이고 정지조건 또는 시기는 등기할 방법이 없으므로, 정지조건의 성취 또는 기한의 도래가 있어야 비로소 등기할 수 있고, 다만 가등기를 통하여 동일한 효과를 얻을 수 있다.

(2) 채권법 규정

1) 원칙
물권행위는 직접 물권변동을 목적으로 하고 이행이라는 문제를 남기지 않기 때문에, 원칙적으로 채권법상의 규정이 적용되지 않지만, 다음과 같은 예외가 있다.

2) 예외
물권행위 중 물권적 합의는 일종의 계약이므로 계약의 성립에 관한 규정이 준용된다. 그리고 청구권 관계가 성립되는 경우에는 본질에 반하지 않는 한 채권법의 규정이 적용된다. 또한 제3자를 위한 계약의 규정도 물권계약이 사회질서에 반하지 않거나 제3자의 이익을 해하지 아니하는 한 물권행위에 관하여 적용된다고 볼 수 있다. 다만 민법 제186조, 제188조 등과의 관계에서 공시방법은 직접 수익자인 제3자에게 갖추어져야 한다.

4. 물권행위의 구성요소 및 완성시기

(1) 문제점
물권의 변동이 있기 위하여는 단순한 당사자의 의사표시만으로는 부족하고 그 밖에 공시방법이 갖추어져야 한다. 물권적 의사표시가 공시방법과 함께 물권변동을 일으키는 것은 분명하지만, 양자가 서로 어떤 관계에 있는지가 문제된다[1].

(2) 학설

1) 물권적 의사표시만을 물권행위로 보는 견해
통설은 물권적 의사표시만을 물권행위의 구성요소로서 인정한다. 다만 등기·인도가 물권행위의 효력발생요건이라고 하는 견해(김증한·김학동)와 물권행위 외에 법률이 요구하는 물권변동의 또 하나의 요건이라고 하는 견해(곽윤직, 김기선, 김용한)가 대립된다.

2) 물권적 의사표시와 공시방법이 결합된 것을 물권행위로 보는 견해
물권행위는 물권변동을 발생케 하여야 할 의무이행의 문제를 남기지 않는다. 그런데 의사주의하의 구민법에 있어서와 달리 현행 민법하에서는 등기·인도가 있어야 물권변동이 가능하게 되므로 물권행위는 등기·인도까지도 그 내용으로 하여야 한다고 한다(이영준, 방순원, 장경학, 최식).

(3) 물권행위의 완성 시기
물권행위의 완성 시기는, 물권변동의 객체가 부동산인 경우에는 적어도 대금이 완납되고 등기에 필요한 서류가 양수인에게 교부되는 때이고, 동산인 경우에는 예를 들어 대금이 완납되고 물건이 구체적으로 특정되어 양도인이 점유이전의 준비를 완료한 때이다.

---

1) 어느 견해에 의하든 등기·인도가 갖추어진 때에 비로소 물권변동이 발생한다는 점에는 차이가 없다. 그러나 물권행위의 독자성의 인정 여부, 물권적 의사표시는 있었으나 공시방법을 갖추지 않은 법적 상태에 대한 평가, 원인행위가 무효 또는 취소된 경우에 물권행위가 영향을 받는지의 여부, 등기가 실질적으로나 형식적으로 실체적 권리관계와 불합치하는 경우의 그 효력문제, 물권행위의 성립시기 등과 관련하여 위 학설대립은 의미를 가진다.

5. 물권행위의 독자성과 무인성

(1) 논의의 전제
물권행위는 전혀 하자가 없으나, 채권행위만 하자가 있을 경우(불성립, 무효, 취소, 해제)가 문제된다.

(2) 물권행위의 독자성
독일에서는 물권행위가 그 원인인 채권행위와 독립한 행위라고 할 수 있는가의 문제를 말한다.

(3) 물권행위의 무인성[2]
물권행위는 채권행위의 불성립, 무효, 취소, 해제에 의하여 아무런 영향도 받지 않는가의 문제이다.

(4) 견해 대립

1) 물권행위의 독자성과 무인성을 모두 부인하는 견해(판례, 곽윤직)

민법 548조 제1항 본문에 의하면 계약이 해제되면 각 당사자는 상대방을 계약이 없었던 것과 같은 상태에 복귀케 할 의무를 부담한다는 뜻을 규정하고 있는 바 계약에 따른 채무의 이행으로 이미 등기나 인도를 하고 있는 경우에 그 원인행위인 채권계약이 해제됨으로써 원상회복 된다고 할 때 그 이론 구성에 관하여 소위 채권적 효과설과 물권적 효과설이 대립되어 있으나 우리의 법제가 물권행위의 독자성과 무인성을 인정하고 있지 않는 점과 민법 548조 제1항 단서가 거래안정을 위한 특별규정이란 점을 생각할 때 계약이 해제되면 그 계약의 이행으로 변동이 생겼던 물권은 당연히 그 계약이 없었던 원상태로 복귀한다 할 것이다(대판 1977.5.24. 75다1394).

2) 독자성과 무인성을 모두 인정하는 견해(다수설)

3) 독자성은 긍정하되 무인성은 부정하는 견해(이영준)

논점 부동산등기법 전면개정(2011.4.12 개정, 2012.6.13. 시행)

1. 개정이유

부동산등기부 전산화사업의 완료로 등기사무처리가 전산정보처리조직에 따라 수행되고 있고 전자신청이 전국적으로 시행되고 있으므로 종이등기부를 전제로 한 규정을 정비하고, 법률에 직접 규정하기에 적합하지 아니한 사항을 대법원규칙으로 위임하거나 삭제하여 탄력적인 등기절차를 운용하며, 악용의 소지가 있는 예고등기제도를 폐지하여 부동산에 관한 국민의 권리보전을 도모하고 거래의 안전성을 높이려는 것이다. 한편 동법은 신탁제도를 글로벌스탠더드에 부합하도록 개선하기 위하여 현행법 체계를 전면적으로 수정함으로써 신탁의 활성화를 위한 법적 기반을 마련하기 위하여 2011.7.25. 개정되었으나 민법학습과 직접적인 관련 있는 2011.4.12. 개정사항은 아래와 같다.

---

[2] 우리나라에서 주장되는 무인설은 모두 상대적 무인설이다. 상대적 무인설에 의하면 물권행위는 원칙적으로 무인적이지만, 당사자가 유인으로 하려는 의사표시를 한 때에는 유인적이라고 한다. 그리고 ① 무능력·착오·사기·강박 등 원인행위의 취소원인이 물권행위에도 공통되거나, 반사회질서·불공정에 의한 무효나 기타 무효원인이 원인행위와 물권행위에 공통되는 경우, 또는 ② 채권행위와 물권행위가 외형상 하나의 행위로 행하여지는 경우에는 원인행위인 채권행위가 실효하는 때에 물권행위도 실효한다고 한다. 이에 반해 유인설에 의하면 물권행위의 무인성을 부인하는 태도는 관습법으로서 이미 확립된 원리이며, 또한 물권행위의 독자성이 인정된다 하더라도 물권행위의 주된 기능은 채권행위에 의하여 정하여진 의무를 실현하는 데 있으므로 채권행위가 불성립·무효·취소되면 물권행위도 이와 같은 운명을 같이 하게 하는 것이 합리적이라고 한다. 특히 무인설은 악의의 제3자도 보호하는 결과를 초래하므로 유인설이 타당하다고 한다.

2. 주요내용
   (1) 등기의 효력발생시기 규정의 신설
       등기의 효력발생시기를 명확하게 하기 위하여 등기관이 등기를 마치면 그 등기의 효력은 접수한 때부터 효력을 발생하는 것으로 함(제6조 제2항)
   (2) 전산정보처리조직에 따른 등기사무처리방식의 원칙화 및 종이등기부를 전제로 한 규정 삭제
       1994년부터 시작된 등기부 전산화 작업이 2002년 모두 완료되어 모든 등기사무가 전산정보처리조직으로 처리되므로 이를 등기사무처리방식의 원칙으로 규정하고, 종이등기부를 전제로 한 규정 또는 용어(등기용지, 기재, 날인 등)는 전산등기부와 부합하지 아니하므로 모두 삭제함(제11조 제2항)
   (3) 조문체계의 정비
       대법원규칙이나 예규에서 정하여도 충분한 사항을 법률에서 규정하고 있어 전산화 등 외부변화나 국민의 요구에 따른 신속하고 탄력적인 등기절차를 운용하는 데에 어려움이 있으므로 신청서 기재사항과 신청서 첨부서면으로 구성되어 있는 현행법 체계를 등기사항 위주로 개편하고, 구체적인 등기신청절차나 등기실행방법은 대법원규칙으로 위임함(제24조 제2항, 제34조, 제40조, 제48조, 제69조부터 제72조까지 및 제74조부터 제76조까지)
   (4) 전세금반환채권의 일부양도에 따른 전세권 일부이전등기 규정 신설
       존속기간의 만료 등으로 전세권이 소멸한 경우 해당 전세권은 전세금반환채권을 담보하는 범위에서 유효한 것이고 이때에는 전세금반환채권의 일부양도가 가능하므로 전세금반환채권의 일부 양도에 따라 전세권 일부이전등기를 할 때에는 양도액을 등기할 수 있도록 하는 규정을 신설함(제73조)
   (5) 공동저당의 대위등기 규정 신설
       민법 제368조 제2항 후단에 따르면 공동저당이 설정되어 있는 경우에 선순위 저당권자 그 중 일부의 부동산에 관하여만 저당권을 실행하여 채권 전부를 변제받은 경우 후순위 저당권자는 공동담보로 제공되어 있는 다른 부동산에 관하여 선순위 저당권자를 대위하여 저당권을 행사할 수 있으므로 이를 등기할 수 있도록 공동저당 대위등기 규정을 신설함(제80조)
   (6) 본등기를 한 경우 가등기 이후의 등기를 직권으로 말소하는 규정 신설
       등기관이 가등기에 의한 본등기를 한 경우 가등기 이후에 된 등기로서 가등기상 권리를 침해하는 등기의 말소절차를 명확히 하기 위하여 등기관이 가등기에 의한 본등기를 한 경우 가등기상 권리를 침해하는 등기를 지체 없이 직권으로 말소하도록 함(제92조)
   (7) 가처분등기에 관한 규정 신설
       가처분채권자가 그 가처분채권에 따른 등기를 할 경우 해당 가처분등기는 등기관이 직권으로 말소하고 가처분에 저촉되는 등기는 가처분채권자의 신청에 의하여 말소할 수 있도록 함(제94조 및 제95조)
   (8) 예고등기의 폐지
       예고등기는 본래 등기의 공신력이 인정되지 아니하는 법제에서 거래의 안전을 보호하기 위하여 인정되는 제도이나, 예고등기로 인하여 등기명의인이 거래상 받는 불이익이 크고 집행방해의 목적으로 소를 제기하여 예고등기가 행하여지는 사례가 있는 등 그 폐해가 크므로 이를 폐지함(현행 제4조, 제39조, 제170조 및 제170조의2 삭제)
   (9) 구분건물의 표시에 관한 등기관의 실질적 심사권 폐지
       구분건물의 표시에 관한 등기관의 실질적 심사권은 집합건물의 소유 및 관리에 관한 법률 시행 초기 구분건물 판단기준의 혼선 문제를 해결하려고 도입한 제도인 바, 집합건물의 소유 및 관리에 관한 법률이 안정적으로 시행되고 있고, 원칙적으로 구분건물인지 여부는 건축물대장 소관청에서 판단하는 것이 타당하며, 구분건물의 표시에 관한 등기관의 실질적 심사권을 그대로 유지할 경우 건축물대장에는 일반건물로 되어 있는 것이 등기부에는 구분건물로 표시될 수 있어 거래의 불안을 야기하므로 이를 폐지함(제52조)

Ⅱ. 물권변동의 구성요소로서 등기·인도

1. 등기의 의의

국가기관인 등기관이 법정절차에 따라 등기부라는 공적 장부에 부동산에 관한 일정한 권리관계를 기재하는 것을 말한다.

2. 등기의 종류

(1) 사실등기와 권리등기

사실등기(표제부의 등기)는 부동산의 상황을 명시하는 등기이고, 권리등기는 갑구·을구란에 행하는 부동산의 권리관계에 관한 등기이다.

(2) 보존등기와 권리변동등기

보존등기는 소유자의 신청에 의하여 미등기의 부동산에 관해 처음으로 행하여지는 소유권의 등기이고, 권리변동등기는 보존등기를 기초로 한 그 후의 권리변동에 관한 등기이다.

(3) 기입등기·경정등기·변경등기

등기의 내용에 따른 분류로서 ① 기입등기[1]란 새로운 등기원인에 의하여 어떤 사항을 등기부에 새로이 기입하는 등기이다. ② 경정등기[2]는 등기절차에 '착오나 탈루'가 있어서 '원시적'으로 등기와 실체관계 사이에 불일치가 생긴 경우에 이를 바로잡기 위한 등기이다(부등법 제32조). ③ 변경등기는 등기와 실체관계 사이의 '후발적' 불일치를 시정하기 위하여 행하여지는 등기이다(부등법 제35조, 제41조). 예를 들어 등기 후 소유자의 주소가 변경된 때에 변경등기를 행하게 된다. 경정등기와 변경등기는 등기와 실체관계 사이의 불일치를 시정하기 위하여 행하여지는 것이므로 어떠한 권리변동을 가져오는 것은 아니다.

> **판례** 경정등기의 한계
>
> 등기명의인의 경정등기는 명의인의 동일성이 인정되는 범위를 벗어나면 허용되지 아니한다. 그렇지만 등기명의인의 동일성 유무가 명백하지 아니하여 경정등기 신청이 받아들여진 결과 명의인의 동일성이 인정되지 않는 위법한 경정등기가 마쳐졌다 하더라도, 그것이 일단 마쳐져서 경정 후의 명의인의 권리관계를 표상하는 결과에 이르렀고 그 등기가 실체관계에도 부합하는 것이라면 등기는 유효하다. 이러한 경우에 경정등기의 효력은 소급하지 않고 경정 후 명의인의 권리취득을 공시할 뿐이므로, 경정 전의 등기 역시 원인무효의 등기가 아닌 이상 경정 전 당시의 등기명의인의 권리관계를 표상하는 등기로서 유효하고, 경정 전에 실제로 존재하였던 경정 전 등기명의인의 권리관계가 소급적으로 소멸하거나 존재하지 않았던 것으로 되지도 아니한다(대판 2015.5.21. 2012다952 전합).

---

[1] 예 소유권보존등기, 소유권이전등기, 저당권설정등기 등이 있다.

[2] 지번표시의 착오 내지 오류와 경정등기: 대판 1975.4.22. 74다2188 전합 - 일반적으로 부동산에 관한 등기의 지번표시에 다소의 착오 또는 오류가 있다 할지라도 적어도 그것이 실질상의 권리관계를 표시함에 족한 정도로 동일 혹은 유사성이 있다고 인정되는 경우에 한하여 그 등기를 유효시하고 그 경정등기도 허용된다고 할 것이고 만일 이 표시상의 착오 또는 오류가 중대하여 그 실질관계와 동일성 혹은 유사성조차 인정할 수 없는 경우에는 그 등기는 마치 없는 것과 같은 외관을 가지므로 그 등기의 공시의 기능도 발휘할 수 없으니 이런 등기의 경정을 무제한으로 인정한다면 제3자에게 뜻밖의 손해를 가져 올 경우도 있을 것이므로 이와 같은 경우에는 경정등기를 허용할 수 없다고 보아야 할 것이고 이런 의미에서 이와 같은 취지의 종전 판례는 정당하여 지금도 유효하다고 본다. 그러나 이런 동일성 또는 유사성을 인정할 수 없는 착오 또는 오류가 있는 경우라 할지라도 같은 부동산에 대하여 따로 보존등기가 존재하지 아니하거나 등기의 형식상으로 보아 예측할 수 없는 손해를 미칠 우려가 있는 이해관계인이 없는 경우에는 당해 오류있는 등기의 경정을 허용하여 그 경정된 등기를 유효하다고 보는 것이 경정등기 전후에 각 그 등기가 유효하다고 믿고 등기한 권리를 보호할 수 있는 실효가 있을 뿐 아니라 일단 경정된 등기는 그 때부터는 공시의 기능도 일반등기와 같이 발휘할 수 있는 까닭이다. 이 점에 있어서 이와 상반되는 종전의 본원 판례(예컨대 1968.4.2. 선고 67다443 판결 1968.11.19. 선고 66다1473 판결)는 폐기한다.

(4) 말소등기

어떤 사실·권리관계에 관한 기존 등기의 전부를 말소하는 등기이다(부등법 제55조 ~ 제58조). 전부를 소멸하게 하는 점에서 일부만을 보정하는 변경등기와 구별된다(대결 2012.2.9. 2011마1892[1]). 등기상 이해관계 있는 제3자가 있는 때에는 제3자의 승낙[2]이 있어야 하고, 제3자 명의의 등기는 등기관에 의하여 직권으로 말소된다(부등법 제57조). 판례는 "순차 경료된 소유권이전등기의 각 말소 청구소송은 통상공동소송이므로 그 중의 어느 한 등기명의자만을 상대로 말소를 구할 수 있고, 최종 등기명의자에 대하여 등기말소를 구할 수 있는지에 관계없이 중간의 등기명의자에 대하여 등기말소를 구할 소의 이익이 있다(대판 1998.9.22. 98다23393)."고 한다.

(5) 회복등기

기존 등기가 부당하게 소멸된 경우에 이를 회복시키는 등기이다. 등기부의 전부 또는 일부가 손상된 경우에 등기부의 복구를 하여야 한다(부등법 제17조). 말소회복등기는 구 등기의 전부 또는 일부가 부적법하게 말소된 경우에 행해지는 회복등기이다. 따라서 부적법을 이유로 한 것이 아니고 자발적으로 말소등기를 한 경우에는 말소회복등기를 할 수 없다(대판 2001.2.23. 2000다63974). 그리고 가등기에 기한 소유권이전의 본등기가 경료되어 등기관이 직권으로 가등기 후에 경료된 제3자의 등기를 말소한 경우, 그 후에 그 가등기에 기한 본등기가 원인무효 등의 사유로 말소된 때에는 결국 그 제3자의 등기는 말소하지 아니할 것을 말소한 결과가 되므로 등기관은 직권으로 그 말소등기의 회복등기를 하여야 한다(대판 1995.5.26. 95다6878).

(6) 멸실등기

부동산이 멸실한 경우에 행하여지는 등기이다(부등법 제39조, 제43조, 제44조).

(7) 주등기·부기등기

등기의 방법 내지 형식에 따른 분류로서 주등기는 표시란의 표시번호란 또는 갑구·을구의 순위번호란에 독립한 번호를 붙여서 행해진 등기이다. 부기등기는 독립된 번호 없이 주등기의 번호에 따라서 행해지는 등기이다(부등법 제52조). 판례는 "피담보채무가 변제로 소멸된 경우 근저당권설정 주등기의 말소만을 구하면 되고, 채무자의 변경을 내용으로 하는 근저당권변경의 부기등기는 직권으로 말소되어야 하므로 부기등기 말소청구는 부적법하다(대판 2000.10.10. 2000다19526)."고 하여 부기등기만의 말소를 부정하였다. 그리고 "부기등기에 의하여 이전된 근저당권 또는 가등기 등의 말소등기청구는 양수인만을 상대로 하면 족하고 양도인은 그 말소등기청구에 있어서 피고적격이 없다(대판 2000.4.11. 2000다5640 등)."고 한다.

---

[1] 말소되어야 할 대상이 부동산 전부에 관한 등기 중 일부 지분인 경우에는 특별한 사정이 없는 한 실질적으로 말소이지만 등기 형식은 경정등기의 방식을 취하는 일부말소 의미의 경정등기에 의하여야 한다(대결 2012.2.9. 2011마1892).

[2] 등기상 이해관계 있는 제3자란 말소등기를 함으로써 손해를 입을 우려가 있는 등기상의 권리자로서 그 손해를 입을 우려가 있다는 것이 등기부 기재에 의하여 형식적으로 인정되는 자이고, 그 제3자가 승낙의무를 부담하는지 여부는 그 제3자가 말소등기권리자에 대한 관계에서 그 승낙을 하여야 할 실체법상의 의무가 있는지 여부에 의하여 결정된다(대판 2007.4.27. 2005다43753).

(8) 종국등기·예비등기

등기의 효력에 따른 분류로서, 종국등기는 물권변동의 효력을 발생케 하는 본래의 등기를 말하고, 예비등기는 물권변동과 직접적으로 관계가 없으나 간접적으로 이에 대비하는 등기를 뜻한다. 예비등기는 다시 예고등기[3]와 가등기로 나뉜다.

(9) 가등기

1) 의의

가등기는 부동산물권 및 그에 준하는 권리의 설정·이전·변경·소멸의 청구권을 보전하기 위해 예비로 하는 등기이다(청구권보전의 가등기). 예를 들어 부동산에 대해 매매계약을 체결하고 중도금을 지급한 상태에서 매수인은 장래의 소유권이전등기청구권을 보전하기 위해 미리 가등기를 할 수 있다. 이와는 달리 담보의 목적으로 이용되기도 한다(담보가등기). 가등기가 담보가등기인지 순위보전을 위한 가등기인지의 여부는 등기부상 형식적으로 기재된 등기원인에 의할 것이 아니라 실제상 어떠한 목적으로 한 것인지를 실질적으로 판단한다(대결 1998.10.7. 98마1333).

2) 요건과 효력

① 부동산물권과 이에 준하는 권리의 설정·이전·변경·소멸의 청구권을 보전할 때, ② 보전할 청구권이 시기부 또는 정지조건부인 때, ③ 기타 청구권이 장래에 있어서 확정될 것인 때(예약완결권 등)에 가등기를 할 수 있다(부등법 제88조). 가등기가 있은 후에 본등기를 한 때에는 그 등기순위는 가등기의 순위에 의한다(부등법 제91조). 그러나 본등기 전의 가등기만으로는 실체법상 아무런 효력이 없다(통설, 판례).

3) 가등기의 방법과 말소

원칙적으로 가등기권리자와 가등기의무자가 공동 신청한다. 그러나 가등기의무자의 승낙서 또는 법원의 가처분명령이 있으면 가등기권리자가 단독으로 가등기를 신청할 수 있다(부등법 제89조). 그리고 가등기의무자가 이러한 승낙서의 교부를 거부하는 때에는 가등기권리자는 판결을 얻어 단독으로 가등기신청을 할 수 있다(부등법 제23조 제4호). 가등기의 말소는 가등기명의인이 단독으로 신청할 수 있고(부등법 제93조 제1항), 등기상의 이해관계인도 등기명의인의 승낙서 또는 이에 대항할 수 있는 재판의 등본을 첨부하면 그 말소를 청구할 수 있다(부등법 제93조 제2항).

4) 담보 가등기

가등기가 채권담보의 목적으로 이용되는 경우에는 '가등기담보 등에 관한 법률'의 적용을 받는다.

---

[3] 원래 예고등기는 등기원인의 무효 또는 취소로 인한 등기의 말소 또는 회복의 소가 제기된 경우에, 수소법원의 직권으로써 등기소에 맡겨서 행해지는 등기이다. 이는 제3자에게 부동산에 관한 기존 등기에 어떤 소가 제기되어 있다는 것을 경고해 주는 사실상의 효과만이 있을 뿐이고, 이로 인해서 그 부동산에 관한 처분금지의 효력이 생기는 것은 아니다. 주의할 것은 등기원인의 무효·취소를 가지고 제3자에게 대항할 수 있는 경우에만 예고등기를 할 수 있다는 점이다. 따라서 착오나 사기·강박에 의한 의사표시의 취소와 같이 선의의 제3자에게 대항하지 못하는 경우에는 예고등기는 허용되지 않는다. 다만 예고등기는 부동산등기법 개정 시에 폐지하였다(2011.4.12. 개정, 2012.6.13. 시행). 즉 예고등기는 본래 등기의 공신력이 인정되지 아니하는 법제에서 거래의 안전을 보호하기 위하여 인정되는 제도이나, 예고등기로 인하여 등기명의인이 거래상 받는 불이익이 크고 집행방해의 목적으로 소를 제기하여 예고등기가 행하여지는 사례가 있는 등 그 폐해가 크므로 이를 폐지하고 있다(제4조, 제39조, 제170조 및 제170조의2 삭제).

5) 가등기상 청구권의 양도와 이전등기

가등기된 채권이 양도된 경우 이를 가등기할 수 없게 한다면 결국 채권의 양도를 막는 결과가 되므로 이를 허용해야 한다(곽윤직). 과거 판례는 부기등기에 의한 가등기상 권리의 이전등기를 부인하였으나, 변경된 판례는 "가등기는 원래 순위를 확보하는 데에 그 목적이 있으나, 순위 보전의 대상이 되는 물권변동의 청구권은 그 성질상 양도될 수 있는 재산권일 뿐만 아니라 가등기로 인하여 그 권리가 공시되어 결과적으로 공시방법까지 마련된 셈이므로, 이를 양도한 경우에는 양도인과 양수인의 공동신청으로 그 가등기상의 권리의 이전등기를 가등기에 대한 부기등기의 형식으로 경료할 수 있다고 보아야 한다(대판 1998.11.19. 98다24105 전합)."고 판시하여 이를 인정하고 있다.

> **판례** 가등기
>
> 1. 가등기가 이루어진 부동산에 관하여 제3취득자 앞으로 소유권이전등기가 마쳐진 후 그 가등기가 말소된 경우, 그 가등기의 회복등기청구의 상대방
>
>   말소된 등기의 회복등기절차의 이행을 구하는 소에서는 회복등기의무자에게만 피고적격이 있는바, 가등기가 이루어진 부동산에 관하여 제3취득자 앞으로 소유권이전등기가 마쳐진 후 그 가등기가 말소된 경우 그와 같이 말소된 가등기의 회복등기절차에서 회복등기의무자는 가등기가 말소될 당시의 소유자인 제3취득자이므로, 그 가등기의 회복등기청구는 회복등기의무자인 제3취득자를 상대로 하여야 한다(대판 2009.10.15. 2006다43903).
>
> 2. 소유권이전 청구권 보전의 가등기 이후에 국세·지방세의 체납으로 인한 압류등기가 마쳐지고 위 가등기에 기한 본등기가 이루어지는 경우, 압류등기의 직권말소를 위한 등기관의 심사 범위 및 직권말소되는 등기의 범위
>
>   당해세가 아닌 국세에 관하여 법정기일 대신 납부기한이 나타나 있는 소명자료만 제출되어 있음에도 국세의 법정기일과 가등기일의 선후를 심리하지 아니한 채, 담보 가등기 여부에 관하여 실질적인 다툼이 있는 경우 국세 압류등기와 가등기의 실체법상 우열과 무관하게 국세 압류등기를 직권말소 할 수 없다[1][2]고 한 원심을 파기한 사례(대결 2010.3.18. 2006마571 전합)

---

1) 소유권이전 청구권 보전의 가등기 이후에 국세·지방세의 체납으로 인한 압류등기가 마쳐지고 위 가등기에 기한 본등기가 이루어지는 경우, 등기관은 체납처분자에게 부동산등기법 제175조에 따른 직권말소 통지를 하고, 체납처분권자가 당해 가등기가 담보 가등기라는 점 및 그 국세 또는 지방세가 당해 재산에 관하여 부과된 조세라거나 그 국세 또는 지방세의 법정기일이 가등기일보다 앞선다는 점에 관하여 소명자료를 제출하여, 담보 가등기인지 여부 및 국세 또는 지방세의 체납으로 인한 압류등기가 가등기에 우선하는지 여부에 관하여 이해관계인 사이에 실질적으로 다툼이 있으면, 가등기에 기한 본등기권자의 주장 여하에 불구하고 국세 또는 지방세 압류등기를 직권말소 할 수 없고, 한편 이와 같은 소명자료가 제출되지 아니한 경우에는 등기관은 가등기 후에 마쳐진 다른 중간 등기들과 마찬가지로 국세 또는 지방세 압류등기를 직권말소 하여야 한다고 봄이 상당하다. 그러나 등기관이 국세 또는 지방세 압류등기의 말소를 위하여 위와 같은 심사를 한다고 하더라도, 나아가 그 본등기가 가등기담보 등에 관한 법률 제1조에 의하여 가등기담보법의 적용을 받는 가등기에 기한 것으로서 가등기담보법 제3조 및 제4조가 정한 청산절차를 거친 유효한 것인지 여부까지 심사하여 그 결과에 따라 국세 또는 지방세 압류등기의 직권말소 여부를 결정하여야 하는 것으로 볼 것은 아니다.

2) 종래 이와 달리 채권담보를 위한 소유권이전 청구권 보전의 가등기와 국세 압류등기가 순차로 마쳐지고 그 가등기에 기한 본등기가 이루어진 경우, 국세 압류등기가 가등기일로부터 1년 후에 납부기한이 도래하여 가등기에 우선할 수 없는 국세의 체납처분에 기한 것이라고 하더라도 그 본등기가 가등기담보법 소정의 청산절차를 거쳐서 이루어진 것이 아닌 이상 등기관은 그 국세 압류등기를 직권말소할 수 없다는 취지로 판시한 대결 1989.11.2. 89마640과 그 밖에 이 결정의 견해와 다른 대법원의 결정 또는 판결들은 모두 이 결정의 견해에 배치되는 범위 내에서 이를 변경하기로 한다.

3. 등기사무와 절차

(1) 등기소와 등기공무원

등기 사무를 담당하는 주체는 국가기관인 등기소이고, 등기사무는 지방법원, 동 지원 및 등기소에서 근무하는 등기관이 담당한다(부등법 제11조).

(2) 등기부와 대장

1) 등기부

① 종류

부동산의 표시와 권리관계에 대한 등기정보자료를 전산정보처리조직에 의하여 입력·처리하여 편성한 것을 말하는데, 이는 토지등기부와 건물등기부의 두 가지가 있다.

② 1부동산 1등기기록의 원칙(물적 편성주의)

등기부는 1필의 토지 또는 1동의 건물에 대하여 1등기기록을 사용한다. 즉 등기부는 권리의 객체인 1개의 부동산을 단위로 하여 편성된다.

③ 등기기록의 구성

등기기록에는 표제부·갑구·을구를 둔다(부등법 제15조 2항).

> 1. 표제부: 부동산의 표시에 관한 사항을 기록한다. 토지 등기기록의 표제부에 표시번호, 접수연월일, 소재와 지번, 지목, 면적, 등기원인을 기록하고(제34조), 건물 등기기록의 표제부에 표시번호, 접수연월일, 소재, 지번 및 건물번호(다만, 같은 지번 위에 1개의 건물만 있는 경우에는 건물번호는 기록하지 아니한다), 건물의 종류, 구조와 면적(부속건물이 있는 경우에는 부속건물의 종류, 구조와 면적도 함께 기록한다), 등기원인, 도면의 번호[같은 지번 위에 여러 개의 건물이 있는 경우와 집합건물의 소유 및 관리에 관한 법률 제2조 제1호의 구분소유권(구분소유권)의 목적이 되는 건물(이하 "구분건물"이라 한다)인 경우로 한정한다]를 기록한다(제40조).
> 2. 갑구: 소유권에 관한 사항을 기록한다.
> 3. 을구: 소유권 이외의 권리에 관한 사항을 기록한다.

[건물] 서울특별시 서초구 서초동 967-1

[표 제 부]	(건물의 표시)			
표시번호	접수	소재지번 및 건물번호	건물내역	등기원인 및 기타사항
1	2024년 4월 19일	서울특별시 서초구 서초동 967-1 [도로명 주소] 서울특별시 서초구 서초대로 219	시멘트블럭조 시멘트기와지붕 단층주택 85m²	

[갑 구]	(소유권에 관한 사항)			
순위번호	등기목적	접수	등기원인	권리자 및 기타사항
1	소유권보존	2024년 4월 19일 제549호		소유자 김우리 600104-******* 서울특별시 서초구 서초대로 46길 60 101동 201호(서초동, 서초아파트)

[을 구]	(소유권 이외의 권리에 관한 사항)			
순위번호	등기목적	접수	등기원인	권리자 및 기타사항
1	근저당권 설정	2024년 4월 19일 제550호	2024년 4월 19일 설정계약	채권최고액 60,000,000 채무자 김우리 600104-******* 서울특별시 서초구 서초대로 46길 60 101동 201호(서초동, 서초아파트) 근저당권자 이겨레 서울특별시 종로구 창덕궁길 100(계동) 공동담보 토지 서울특별시 서초구 서초동 967-1

2) 대장

국가가 과세나 징세 등을 위하여 부동산의 상황을 명확하게 파악하고 관리하는 공적 장부가 대장이다. 대장에는 지적공부로서 토지대장과 임야대장(공간정보의 구축 및 관리에 관한 법률 제2조, 제71조), 건물에 관한 것으로서 건축물대장(건축법 제38조)이 있다.

3) 등기부와 대장의 관계

양자는 기재내용의 일치 내지 부합을 위한 절차적 의존·협력관계에 있다. 즉 부동산의 물적 상황 내지 동일성에 관한 사항에 관하여는 등기가 대장의 기재를 따르게 되어 있다. 그러나 권리 그 자체의 변동에 관하여는 반대로 대장이 등기부의 기재를 따른다. 다만 소유권보존등기에 관하여는 소유권의 확인에 있어서 대장의 기재를 등기의 기초로 한다. 등기부와 대장에 표기된 물적 상황이나 동일성이 서로 불일치할 경우 이를 시정하기 위해서는 우선 다른 등기를 신청할 수 없도록 하고, 소유권자의 신청에 의한 경정등기가 이루어지고 난 다음에 이를 기초로 다른 등기 신청이 가능하다(대판 2003.11.13. 2001다37910).

구분	대장	등기
관리주체	• 행정부 • 토지대장, 임야대장: 국가 • 건축물대장: 지방자치단체	법원
목적	조세징수 등	권리관계의 공시
기재내용	토지, 임야, 건축물의 현황 등 사실관계	권리관계
소의 이익	소의 이익 ×	소의 이익 ○

(3) 등기사항

1) 실체법상의 등기 사항

등기하지 않으면 사법상의 일정한 효력이 발생하지 않는 사항으로서, 민법 제186조와 제187조에 의하여 결정된다.

2) 절차법상의 등기사항

① 등기능력

당사자가 등기를 신청할 수 있고 또한 등기관이 등기할 직책과 권한을 갖는 사항을 말한다. 절차법상의 등기사항에 속하는 것을 등기능력이라고도 하는데, 소유권·지상권·지역권·전세권·저당권·권리질권·임차권이 등기능력 있는 물권이다(부등법 제3조).

② 내용

실체법상의 등기사항은 모두 절차법상의 등기사항이다. 즉 등기되어야 할 물건은 부동산 중 私權의 목적이 되는 토지와 건물이다. 따라서 공유수면하의 토지는 등기의 목적물이 되지 못한다. 그리고 등기되어야 할 권리는 원칙적으로 토지 및 건물에 관한 부동산물권이다. 그러나 부동산에 관한 점유권과 유치권 그리고 민법 제302조의 특수지역권은 그 성질상 등기를 요하지 않는다. 다만 부동산임차권(제621조)과 환매권(제592조)은 등기가 가능하다. 또한 등기되어야 할 권리변동은 변동의 종류, 변동의 원인 등 등기가 권리변동의 성립 내지 효력발생요건인가를 묻지 않고 모두 등기하여야 한다.

(4) 등기의 구체적인 절차

1) 등기신청

① 공동신청주의의 원칙

등기는 등기권리자와 등기의무자가 공동으로 신청하는 것이 원칙이다(부등법 제23조). 공동신청주의는 등기로 불이익을 받게 될 자를 등기신청에 참가시킴으로써, 등기의 진정성을 보장하기 위한 것이다. 여기서 등기권리자와 등기의무자는 부동산등기법이 규정하는 절차법상의 개념이다. 실체법상의 등기청구권자와 그 상대방은 사권으로서의 등기청구권을 가지는 자와 그 상대방을 의미한다. 절차법상의 등기권리자등기의무자는 대체로 실체법상의 등기청구권자 및 그 상대방과 일치하지만 언제나 일치하는 것은 아니다.

② 단독신청의 경우

공동신청의 예외로서, 등기의 진정(신뢰)이 보장되거나 또는 등기의무자가 없는 경우에는 권리자가 단독으로 신청할 수 있다.

> **부동산등기법 제23조(등기신청인)** ① 등기는 법률에 다른 규정이 없는 경우에는 등기권리자(登記權利者)와 등기의무자가 공동으로 신청한다.
> ② <u>소유권보존등기 또는 소유권보존등기의 말소등기</u>는 등기명의인으로 될 자 또는 등기명의인이 단독으로 신청한다.
> ③ <u>상속, 법인의 합병, 그 밖에 대법원규칙으로 정하는 포괄승계에 따른 등기</u>는 등기권리자가 단독으로 신청한다.
> ④ <u>판결에 의한 등기</u>는 승소한 등기권리자 또는 등기의무자가 단독으로 신청한다.

⑤ 부동산표시의 변경이나 경정의 등기는 소유권의 등기명의인이 단독으로 신청한다.
⑥ 등기명의인표시의 변경이나 경정의 등기는 해당 권리의 등기명의인이 단독으로 신청한다.
⑦ 신탁재산에 속하는 부동산의 신탁등기는 수탁자(수탁자)가 단독으로 신청한다. <신설 2013.5.28>
⑧ 수탁자가 신탁법 제3조 제5항에 따라 타인에게 신탁재산에 대하여 신탁을 설정하는 경우 해당 신탁재산에 속하는 부동산에 관한 권리이전등기에 대하여는 새로운 신탁의 수탁자를 등기권리자로 하고 원래 신탁의 수탁자를 등기의무자로 한다. 이 경우 해당 신탁재산에 속하는 부동산의 신탁등기는 제7항에 따라 새로운 신탁의 수탁자가 단독으로 신청한다. <신설 2013.5.28>

③ 등기신청의 대리와 대위

대리인이 등기를 신청할 수도 있다(부등법 제24조). 대리인에 의한 등기행위는 공법상의 사실행위에 불과하므로, 자기계약·쌍방대리를 금지하는 민법 제124조가 적용되지 않는다(통설). 그리고 채권자는 자기의 이름으로 채무자가 가지는 등기신청권을 대위할 수 있다(제404조, 부등법 제28조).

2) 등기신청의 방법

① 등기신청의 의의

등기신청은 등기소에 출석하여 신청정보 및 첨부 정보를 적은 서면을 제출하는 방법(방문신청) 또는 전산정보처리조직을 이용하여 신청정보 및 첨부 정보를 보내는 방법(전자신청)으로 한다(부등법 제24조 제1항).

② 신청정보

등기를 신청하는 경우에는 부동산의 표시에 관한 사항, 신청인의 성명 등에 관한 사항, 등기원인과 그 연월일, 등기의 목적, 등기필정보 등을 등기소에 제공하여야 한다(규칙 제43조).

③ 첨부정보

등기를 신청하는 경우에는 신청정보와 함께 첨부정보를 등기소에 제공하여야 한다(부등법 제46조).

④ 등기원인을 증명하는 정보

등기 신청 시에는 등기원인을 증명하는 정보를 제공하여야 한다. 등기원인을 증명하는 정보란 등기의 보유를 정당화시키는 법률상의 권원을 증명하는 정보를 말한다. 예를 들어 매매계약서·증여계약서·저당권설정계약서, 판결등본, 화해조서 등이 이에 해당하며, 상속, 합병 등의 포괄승계의 경우에는 가족관계등록에 관한 정보, 법인등기사항에 관한 정보 등 상속 그 밖의 포괄승계가 있었다는 사실을 증명하는 정보를 제공하여야 한다(규칙 제49조). 특히 등기원인에 관하여는 부동산등기특별조치법상의 특별규정이 있다.

> **논점** 부동산등기특별조치법의 특례
>
> 1. 계약서 등의 검인에 대한 특례(제3조)
>   계약을 원인으로 소유권이전등기를 신청할 때에는 부동산등기특별조치법 제3조 제1항에 규정된 사항이 기재된 계약서에, 또는 집행력 있는 판결서 또는 판결과 같은 효력을 갖는 조서가 등기원인을 증명하는 서면인 때에는 그 판결서나 조서에 부동산의 소재지를 관할하는 행정기관장 또는 그 권한의 위임을 받은 자의 검인을 받아야 한다.

2. 검인신청에 대한 특례(제4조)

부동산의 소유권을 이전받을 것을 내용으로 하는 계약을 체결한 자가 그 부동산 또는 계약상의 지위를 다시 제3자에게 이전하는 계약을 체결하고자 할 때에는 먼저 체결된 계약의 계약서에 동법 제3조에 의한 검인을 받아야 한다. 이에 위반하면 일정한 벌칙이 부여된다. 이는 중간생략등기를 막기 위한 조치이다.

3. 등기원인의 허위기재금지(제6조)

예를 들어 증여를 매매로 위장하여 소유권이전등기를 신청하는 것은 금지된다. 이에 위반하면 3년 이하의 징역 또는 1억원 이하의 벌금형을 받게 된다. 이는 탈세 등을 방지하기 위한 조치이다.

⑤ 등기의무자의 등기필정보

등기필정보는 예를 들어 소유권이전등기를 신청하는 매도인이 전에 그 소유권을 취득하였을 당시에 등기소로부터 통지 받은 정보를 말한다.

⑥ 등기원인에 대하여 제3자가 허가, 동의 또는 승낙을 요할 경우 이를 증명하는 정보

예를 들어 농지취득자격증명, 토지거래허가 등이 있다. 토지거래허가를 받지 않으면 등기원인이 되는 법률행위는 무효가 된다. 판례는 계약체결 후 허가가 있기까지의 상태를 유동적 무효라고 한다(대판 1991.12.24. 90다12243 전합).

⑦ 인감증명의 제출

방문신청을 하는 경우에는 등기의무자인 소유권의 등기명의인의 인감증명 등을 제출하여야 한다(규칙 제60조).

3) 등기신청의 심사와 등기의 실행

① 등기신청의 심사

부동산등기법은 등기관¹⁾이 심사권한에 관하여 형식적 심사권만을 인정하고 있다(대결 2002.10.28. 2001마1235). 즉 부동산등기법 제29조는 등기관이 등기신청을 부적법한 것으로서 각하하여야 할 경우를 한정적으로 규정하고 있을 뿐만 아니라 그 방법도 서면심사를 원칙으로 하고 있다. 다만 구분건물의 등기에 있어서 표시사항에 관해서는 등기관에게 실질적 심사권을 부여하고 있었으나, 최근 부동산등기법 개정으로 폐지되었다.

---

1) [1] 등기관은 등기신청에 대하여 부동산등기법상 그 등기신청에 필요한 서면이 제출되었는지 여부 및 제출된 서면이 형식적으로 진정한 것인지 여부를 심사할 권한을 갖고 있으나 그 등기신청이 실체법상의 권리관계와 일치하는지 여부를 심사할 실질적인 심사권한은 없으므로, 등기관으로서는 오직 제출된 서면 자체를 검토하거나 이를 등기부와 대조하는 등의 방법으로 등기신청의 적법 여부를 심사하여야 할 것이고, 이러한 방법에 의한 심사 결과 형식적으로 부진정함, 즉 위조된 서면에 의한 등기신청이라고 인정될 경우 이를 각하하여야 할 직무상의 의무가 있다고 할 것이지만, 등기관은 다른 한편으로 대량의 등기신청사건을 신속하고 적정하게 처리할 것을 요구받기도 하므로 제출된 서면이 위조된 것임을 간과하고 등기신청을 수리한 모든 경우에 등기관의 과실이 있다고는 할 수 없고, 위와 같은 방법의 심사 과정에서 등기업무를 담당하는 평균적 등기관이 보통 갖추어야 할 통상의 주의의무만 기울였어도 제출 서면이 위조되었다는 것을 쉽게 알 수 있었음에도 이를 간과한 채 적법한 것으로 심사하여 등기신청을 각하하지 못한 경우에 그 과실을 인정할 수 있다.
[2] 판결서를 첨부 서면으로 한 등기신청을 접수한 등기관으로서는 등기신청에 필요한 서면이 모두 제출되었는지 여부, 그 서면 자체에 요구되는 형식적 사항이 구비되었는지 여부, 특히 확정된 판결서의 당사자 및 주문의 표시가 등기신청의 적법함을 뒷받침하고 있는지 여부 등을 제출된 서면과 등기부의 상호 대조 등의 방법으로 모두 심사한 이상 그 형식적 심사의무를 다하였다고 할 것이고, 위 판결서에 법률이 정한 기재 사항이 흠결되어 있거나 조잡하게 기재되어 있는 등 그 외형과 작성 방법에 비추어 위조된 것이라고 쉽게 의심할 만한 객관적 상황도 존재하지 않는 경우, 등기관이 판결서의 기재 사항 중 신청된 등기의 경료와 직접적으로 관련되어 있는 것도 아니고, 그 기재 방법의 차이로 인하여 판결의 효력에 어떠한 영향도 주지 않는 기재 사항까지 일일이 검토하여 그것이 재판서양식에관한예규 및 일반적인 작성 관행 등에서 벗어난 것인지 여부를 파악한 다음 이를 토대로 그 위조 여부에 관하여 보다 자세한 확인을 하여야 할 주의의무가 있다고는 할 수 없다(대판 2005.2.25. 2003다13048).

② 등기의 실행

등기의 신청을 심사한 결과 신청이 적법하다고 인정되면 등기관은 전산정보처리조직을 이용하여 등기사항을 기록한다. 등기를 완료하면 등기관은 등기필정보를 작성하여 등기권리자에게 통지한다(부등법 제67조 제1항).

4) 등기관의 처분에 대한 이의

등기관의 결정 또는 처분에 불복하는 자는 관할지방법원에 이의를 신청할 수 있다(부등법 제100조). 그리고 부당한 처분으로 손해를 입은 자는 국가를 상대로 손해배상을 청구할 수 있다(국가배상법 제2조).

4. 등기의 효력

(1) 본등기의 효력

1) 권리변동적 효력

물권적 합의에 부합하는 등기가 있으면 부동산물권변동의 효력이 생긴다(제186조). 물권변동의 효력 발생시기는 등기를 신청한 때가 아니라 실제로 등기부에 기재된 때이다. 그러므로 등기공무원이 등기신청을 접수하고 등기필증까지 교부하였어도, 실제로 등기부에 기재하지 않은 경우에는 등기의 권리변동적 효력은 발생하지 않는다.

2) 대항적 효력

부동산제한물권[1]과 부동산환매권·부동산임차권에 대하여는 권리변동 외에 일정한 사항[2]을 등기할 수 있고, 이들을 등기하면 제3자에 대하여 대항할 수 있다.

3) 순위 확정적 효력

동일한 부동산에 관하여 등기한 권리의 순위는 법률의 다른 규정이 없으면 등기의 선후에 의하여 정해진다(부등법 제4조). 그리고 등기의 선후는, 등기기록 중 같은 구에서 한 등기에 관하여는 순위번호에 의하여, 다른 구에서 한 등기에 관하여는 접수번호에 의하여 정하여진다. 그리고 부기등기의 순위는 주등기의 순위에 의하고, 부기등기 상호간의 순위는 그 선후에 의한다(부등법 제5조). 등기신청의 접수순위는 등기신청정보가 전산정보처리조직에 저장된 때를 기준으로 한다(부등법 제6조), 동일한 부동산에 관하여 동시에 수개의 등기신청이 있는 때에는 동일 접수번호를 기재하여 동일 순위로 기재하여야 하므로, 등기공무원이 법원으로부터 동일한 부동산에 관한 가압류등기 촉탁서와 처분금지가처분등기 촉탁서를 동시에 받았다면 양 등기에 대하여 동일 접수번호와 순위번호를 기재하여 처리하여야 하고 그 등기의 순위는 동일하다(대결 1998.10.30. 98마475).

---

1) 지상권, 지역권, 전세권, 저당권 등을 말한다.
2) 존속기간, 지료, 전세금, 이자, 지급시기 등을 말한다.

4) 추정적 효력

① 의의

등기가 있는 곳에 실체적 권리가 존재하는 것으로 추정된다. 즉 등기가 형식적으로 존재하기만 하면 무효인 등기라도 그에 부합하는 권리가 실체법상으로도 존재하는 것으로 추정된다. 국가기관이 관리하는 등기는 실체적 권리관계에 합치할 가능성이 크고, 점유에 추정력을 부여한 현행법 체계상 점유보다 공시기능이 뛰어난 등기에 추정력을 주는 것이 합당하기 때문이다. 따라서 등기명의자와 점유자가 다른 경우에 등기명의인에게 추정력이 부여된다(대판 1965.11.30. 65다1907). 그리고 추정이 이루어지면 추정의 일반적 효과로서 이를 부정하는 측에서 등기의 무효를 주장·증명하여야 한다. 즉 부동산에 관하여 소유권이전등기가 마쳐져 있는 경우, 등기명의자는 제3자에 대하여서뿐만 아니라 그 전의 소유자에 대하여도 적법한 등기원인에 의하여 소유권을 취득한 것으로 추정되므로, 이를 다투는 측에서 무효사유를 주장·입증하여야 하는 것이다(대판 2013.1.10. 2010다75044).

② 추정력이 미치는 범위

㉠ 원칙 및 예외

등기된 권리는 등기명의자에게 귀속한 것으로 추정되고, 나아가 이러한 추정으로부터 권리변동도 유효한 것으로 추정된다(대판 1966.1.31. 65다186). 그리고 등기명의자는 제3자뿐만 아니라 전등기명의인에 대하여도 유효한 권리변동의 추정적 효력을 주장할 수 있다(대판 2000.3.10. 99다65462). 따라서 부동산등기는 현재의 진실한 권리상태를 공시하면 그에 이른 과정이나 태양을 그대로 반영하지 아니하였어도 유효한 것이므로 소유권이전등기가 전소유자의 의사에 반하여 이루어진 것이 아니라면 명의자가 등기원인행위의 태양이나 과정을 다소 다르게 주장한다고 하여 이러한 주장만 가지고 그 등기의 추정력이 깨어진다고 할 수 없다(대판 1993.5.11. 92다46059). 다만, 토지등기부의 표제부의 등기부상 면적의 존재 등은 추정되지 아니한다.3)

㉡ 절차의 적법추정

등기가 있으면 일단 적법한 절차로 경료된 등기라고 추정되어, 그 절차 및 원인의 부당을 주장하는 당사자에게 이를 증명할 책임이 있다(대판 1957.10.21. 4290민상251·252). 따라서 전등기명의인이 미성년자이고 당해 부동산을 친권자에게 증여하는 행위가 이해상반행위라 하더라도 일단 친권자에게 이전등기가 경료된 이상, 특별한 사정이 없는 한, 그 이전등기에 관하여 필요한 절차를 적법하게 거친 것으로 추정된다(대판 2002.2.5. 2001다72029). 그러나 적법절차가 아닌 것으로 의심할 만한 사정이 증명된다면 이러한 적법절차의 추정은 깨어진다(대판 2003.2.28. 2002다46256). 등기의 존재는 등기절차의 적법성 외에도 등기 전 단계에 이루어지는 경매나 토지거래허가절차, 소재지관청의 증명서의 제출 등도 적법하게 이루어진 것으로 추정되게 한다(대판 1956.3.31. 4288민상554).

---

3) 원고는 피고에게, 등기표제부란 중 합병으로 이기 기재한 부분의 말소를 구하고 있으나, 피고는 위와 같은 합병으로 인한 표제부의 이기 기재부분에 대한 말소등기 의무자라고 볼 수 없을 뿐 아니라, 등기표제부의 이기 기재만으로는 원고의 당해 부동산에 대한 실체적 권리관계가 축소되는 등 어떠한 법률상 불이익이 있다고도 볼 수 없으므로, 이 사건 소는 당사자적격이 없는 자를 상대로 한 소로서 부적법하다(서울고등법원 1977.4.8. 76나2221 제5민사부판결).

ⓒ 기재사항의 적법추정

등기된 모든 부동산물권에 적법추정력이 부여되며, 임차권이 등기된 경우에는 임차권의 적법성도 추정된다. 또한 저당권설정등기의 경우에는 이에 상응하는 피담보채권의 존재가 추정된다(대판 1969.2.18. 68다2329). 추정력이 등기원인에도 미치는지에 대하여는 견해가 나뉘지만, 판례는 '등기는 무효원인에 의한 것이라는 반증이 없는 한 일응 유효원인에 의한 것'이라고 추정되고 등기원인을 무효라고 주장하는 자는 그 원인사실을 주장하고 이를 증명할 책임이 있다고 한다(대판 1966.7.26. 66다864, 긍정설). 따라서 환매기간을 제한하는 환매특약이 등기부에 기재되어 있는 때에는 반증이 없는 한 등기부 기재와 같은 환매특약이 진정하게 성립된 것으로 추정함이 상당하다(대판 1991.10.11. 91다13700).

③ 소유권이전등기의 대리권존재의 추정

매매를 원인으로 하는 소유권이전등기의 등기명의인은 본인이 직접 또는 대리인에 의해 적법하게 매수한 것으로 추정된다. 따라서 대리인의 대리권의 부존재, 즉 무권대리의 요건의 존재는 상대방이 이를 증명할 책임이 있다(대판 1993.10.12. 93다1891).

④ 특수한 등기의 추정력

㉠ 보존등기

소유권이전등기보다는 약하지만 보존등기도 추정력을 갖는다. 즉, 보존등기는 소유권이 진실하게 보존되어 있다는 사실에 관하여만 추정력이 있고 권리변동 사실은 추정되지 않는다(대판 1965.4.21. 65다199). 그리고 소유권보존등기명의인이 원시취득자가 아니라는 사실이 드러나면 그 추정력은 부정되고 등기명의자가 적법하게 소유권을 취득한 사실을 증명하여야 한다(대판 1996.7.30. 95다30734).

㉡ 말소등기

말소된 권리의 소멸 내지는 부존재가 추정된다. 그러나 소유권이전등기가 원인 없이 말소된 때에는 그 회복등기가 경료되기 전이라도 말소된 등기의 최종명의인은 적법한 권리자로 추정된다(대판 1982.12.28. 81다카870).

㉢ 가등기

가등기에는 가등기원인에 대한 적법추정력이 없으므로, 소유권이전등기청구권이 있다고 추정되지 않는다(대판 1979.5.22. 79다239).

㉣ 특별조치법에 의한 등기의 추정력

예를 들어 실체적 권리변동의 요건을 엄격하게 규율하였던 임야소유권이전등기에 관한 특별조치법이나 부동산소유권이전등기에 관한 특별조치법 등에 의한 소유권보존등기는 일반등기보다 더 강한 추정력이 인정된다(대판 1987.10.13. 86다카2928 전합). 위 특별조치법에 따라 등기를 마친 자가 취득원인에 관하여 보증서나 확인서에 기재된 것과 다른 주장을 하였다는 사유만으로 등기의 추정력이 깨어지는지 문제가 있지만, 그러한 사유만으로 추정력이 깨어지지 않는다. 다만 그 밖의 자료에 의하여 그 실체적 기재내용이 진실이 아님을 의심할 만큼 증명이 된 때(보증서나 확인서가 위조되었다고 밝혀진 경우 등)에는 그 등기의 추정력은 깨어진다고 한다(예 구특별조치법에 의한 소유권보존등기 및 이전등기에 있어 그 등기의 원인일자가 같은 법 시행일 이후로 인정되는 경우에는 그 추정력은 깨어진다고 본다, 대판 1991.4.26. 91다4898).

그리고 부동산소유권 이전등기 등에 관한 특별조치법(이하 '특별조치법'이라고 한다)에 의한 소유권이전등기는 실체적 권리관계에 부합하는 등기로 추정되지만 그 소유권이전등기도 전 등기명의인으로부터 소유권을 승계취득하였음을 원인으로 하는 것이고 보증서 및 확인서 역시 그 승계취득사실을 보증 내지 확인하는 것이므로 그 전 등기명의인이 무권리자이기 때문에 그로부터의 소유권이전등기가 원인무효로서 말소되어야 할 경우라면, 등기의 추정력은 번복된다. 같은 취지에서 소유권보존등기의 추정력은 그 등기가 특별조치법에 의하여 마쳐진 것이 아닌 한 등기명의인 이외의 자가 해당 토지를 사정받은 것으로 밝혀지면 깨어지는 것이어서, 등기명의인이 구체적으로 실체관계에 부합한다거나 승계취득사실을 주장·증명하지 못하는 한 등기는 원인무효이므로, 이와 같이 원인무효인 소유권보존등기를 기초로 마친 소유권이전등기는 그것이 특별조치법에 의하여 이루어진 등기라고 하더라도 원인무효이다(대판 2018.1.25. 2017다260117).

⑤ 추정력의 부수적 효과

㉠ 제3자의 선의·무과실 추정

등기에 추정력이 인정되므로 등기를 신뢰하고 거래하는 제3자에게는 선의와 무과실이 추정된다(대판 1982.5.11. 80다2881). 즉, 등기부상의 명의인이 매도인과 동일인인 경우에는 그를 소유자로 믿고 부동산을 매수한 자는 등기부상 매도인명의를 의심할 만한 특별한 사정이 없는 한 과실이 없었던 것으로 추정된다. 그러나 등기에 기재되어 있는 사실을 알지 못한 것이 등기부를 조사하지 않은 데서 기인한 것일 때에는 비록 선의이더라도 과실이 있는 것으로 추정된다(통설). 즉, 부동산을 매수하는 사람은 매도인에게 부동산을 처분할 권한이 있는지 여부를 알아보아야 하는 것이 원칙이고, 이를 알아보았더라면 무권리자임을 알 수 있었을 때에는 과실이 있다고 보아야 한다. 다만, 특별조치법에 의해 소유권보존등기가 마쳐진 부동산에 관하여 소유권이전등기를 마친 매도인으로부터 지방자치단체가 위 부동산을 매수(협의취득)함에 있어, 매도인의 소유권이전등기뿐만 아니라 종전 매도인의 소유권보존등기의 적법, 유효 여부까지 조사할 책임은 없다[1](대판 2019.12.13. 2019다267464).

㉡ 등기의 내용에 관한 악의의 추정

부동산물권을 취득하려는 자는 등기내용을 알고 있었던 것으로, 즉 악의로 추정된다.

---

1) 부동산을 매수하는 사람은 매도인에게 그 부동산을 처분할 권한이 있는지 여부를 알아보아야 하는 것이 원칙이고, 이를 알아보았더라면 무권리자임을 알 수 있었을 때에는 과실이 있다고 보아야 할 것이나, 매도인이 등기부상의 소유명의자와 동일인인 경우에는 그 등기부나 다른 사정에 의하여 매도인의 소유권을 의심할 수 있는 여지가 엿보인다면 몰라도 그렇지 않은 경우에는 등기부의 기재가 유효한 것으로 믿고 매수한 사람에게 과실이 있다고 말할 수는 없는 것이다. 이러한 법리는 매수인이 지적공부 등의 관리주체인 국가나 지방자치단체라고 하여 달리 볼 것은 아니다. 피고가 부동산소유권 이전등기 등에 관한 특별조치법(이하 '특별조치법'이라 한다)에 의한 소유권보존등기 명의인으로부터 증여를 받아 이전등기를 마친 甲으로부터 이 사건 부동산을 매수하였다면, 등기부나 다른 사정에 의하여 위 甲의 소유권을 의심할 만한 특별한 사정이 없는 한 피고에게 과실이 없다고 보아야 할 것인바, 기록을 살펴보아도 위와 같은 특별한 사정을 인정할 만한 자료를 찾아 볼 수 없다. 또한 이 사건의 경우에는 피고가 사경제주체로서 법령에 정해진 절차에 따라 등기부상 소유자인 甲으로부터 이 사건 부동산을 협의취득 한 것인 점에서 피고가 지방자치단체라는 이유로 특별히 가중된 조사의무를 부과하여 그 요건을 제한해야 한다고 볼 수 없다.

ⓒ 점유의 추정력과의 관계

민법 제200조는 '점유자가 점유물에 대하여 행사하는 권리는 적법하게 보유한 것으로 추정한다.'고 규정하고 있는데, 동조가 동산뿐만 아니라 부동산에도 적용되는지 문제된다. 점유의 추정력에 관한 민법 제200조는 동산에 대해서만 적용되고 등기된 부동산에 대하여는 적용되지 않는다는 것이 통설과 판례의 태도이다. 따라서 부동산의 등기명의인과 점유자가 다른 때에는 등기에 추정력을 인정한다(대판 1965.11.30. 65다1907).

⑥ 대장의 추정력

등기부가 존재하지 않는 상태에서 대장에 기재된 권리관계에 관한 소유자 등의 등기사항들은 강한 추정력을 갖는다(대판 1977.4.12. 76다2042).

⑦ 등기의 공신력

등기의 공신력이 인정되지 않는 현행 등기제도하에서는 등기기재에 부합하는 실체상의 권리관계가 존재함을 전제로 그 등기의 유효성이 인정된다(통설, 대판 1969.6.10. 68다199).

⑧ 추정력이 부정되는 경우

<u>전소유자가 사망한 이후에 그 명의의 신청에 의하여 이루어진 이전등기는 일단 원인무효의 등기라고 볼 것이어서 등기의 추정력을 인정할 여지가 없으므로 그 등기의 유효를 주장하는 자가 현재의 실체관계와 부합함을 입증할 책임이 있다</u>(대판 1983.8.23. 83다카597). 다만 사망자 명의의 등기신청에 의하여 경료된 등기는 원인무효의 등기로서 등기의 추정력을 인정할 여지가 없다고 하겠으나, 등기원인이 이미 존재하고 있으나 아직 등기신청을 하지 않고 있는 동안에 등기권리자 또는 등기의무자에 관하여 상속이 개시된 경우 피상속인이 살아 있다면 그가 신청하였을 등기를 상속인이 부동산등기법 제47조의 규정에 따라 신청하는 때에는 그 등기를 무효라고 할 수 없으므로, 사망한 등기의무자로부터 경료된 등기라고 하더라도 등기의무자의 사망 전에 그 등기원인이 이미 존재하는 등의 사정이 있는 경우에는, 그 등기는 위와 같은 절차에 따라 적법하게 경료된 것으로 추정되어 그 등기의 추정력을 부정할 수 없다(대판 1997.11.28. 95다51991).

> **판례**
>
> **구 부동산소유권 이전등기 등에 관한 특별조치법상 보증인이 구 국가배상법상 공무원에 해당하는지 여부**
> 법률 제4502호 구 특별조치법상 보증인은 공무를 위탁받아 실질적으로 공무를 수행한다고 보기는 어렵다. 보증인을 위촉하는 관청은 소정 요건을 갖춘 주민을 보증인으로 위촉하는 데 그치고 대장소관청은 보증서의 진위를 확인하기 위한 일련의 절차를 거쳐 확인서를 발급할 뿐 행정관청이 보증인의 직무수행을 지휘·감독할 수 있는 법령상 근거가 없으며, 보증인은 보증서를 작성할 의무를 일방적으로 부과 받으면서도 어떠한 경제적 이익도 제공받지 못하는 반면 재량을 가지고 발급신청의 진위를 확인하며 그 내용에 관하여 행정관청으로부터 아무런 간섭을 받지 않기 때문이다[1](대판 2019.1.31. 2013다14217).

---

1) ⇨ 법률 제4502호 구 특별조치법상 보증인들이 토지의 소유자를 제대로 확인하지 않은 과실로 허위의 보증서를 발급하였고, 그 보증서를 기초로 발급된 확인서에 의하여 소유권이전등기가 마쳐졌는데, 원고는 그 등기를 진실한 것으로 믿고 대출계약을 체결하고 그 담보로 근저당권설정등기를 마쳤음. 위 근저당권설정등기가 진실한 소유자의 말소청구에 의하여 말소되자, 원고는 위 보증인들이 구 국가배상법의 '공무원'에 해당하고 공무원의 위법행위로 인하여 손해를 입었다고 주장하며 지방자치단체를 상대로 손해배상청구를 하였음. 원심은 보증인들이 공무원에 해당한다고 보아 국가배상책임을 인정하였으나, 대법원은 보증인들을 공무원으로 볼 수 없다는 이유에서 국가배상책임이 부정된다는 취지로 파기환송하였음

(2) 가등기의 효력

1) 의의

가등기에는 부동산등기법에 의해서 규율되는 '청구권보전의 가등기'와 '가등기담보등에 관한 법률'에 의해서 규율되는 채권담보의 목적으로 경료된 '담보가등기'가 있다. 여기서는 청구권보전의 가등기에 대해서 살펴보기로 한다.

2) 본등기 前의 효력(가등기인 채로의 효력)

① 실체법상의 효력문제

가등기가 본등기의 요건을 구비하고 있어도 본등기가 없는 한 가등기설정자의 처분행위를 저지할 수 없고, 이에 의한 제3취득자에 대하여도 대항할 수 없다(대판 1966.5.24. 66다485). 즉 가등기 상태에서는 실체법상 어떤 효력도 없다.

② 가등기의 불법말소 등

가등기가 있다고 해서 소유권이전등기를 청구할 어떤 법률관계가 추정되는 것은 아니다(대판 1979.5.22. 79다239). 그러나 가등기가 가등기권리자의 의사에 의하지 아니하고 위법하게 말소된 경우 가등기명의인은 가등기가 말소될 당시의 소유자를 등기의무자로 하여(대판 1969.3.18. 68다1617), 가등기말소회복등기를 청구할 수 있고, 그 가등기가 가졌던 순위보전의 효력을 상실하지 않는다. 그리고 무효인 가등기는 가등기이전의 부기등기를 통해 유용할 수 있지만, 이러한 부기등기가 있기 전에 이해관계를 갖게 된 제3자에게는 그 유효를 주장할 수 없다(대판 2009.5.28. 2009다4787).

3) 본등기 후의 효력(본등기순위보전의 효력)

① 순위보전의 효력

가등기에 기해 본등기를 하면, 본등기의 순위는 가등기의 순위에 따른다(부등법 제6조 제2항). 이와 같이 가등기에는 후에 있을 본등기를 위하여 순위를 보전하는 효력이 인정되는데, 이를 순위보전적 효력이라고 한다. 다만 이러한 순위보전적 효력에 의해 물권변동의 시기가 가등기한 때로 소급하는 것은 아니다. 즉, 물권변동은 본등기를 한 때에 발생한다. 그러나 가등기 후에 이루어진 다른 등기가 있을 경우, 후에 이루어진 가등기에 기한 본등기에 의해 본등기의 순위가 가등기한 때로 소급함으로써, 다른 등기가 본등기보다 후순위로 되거나 실효되는 것이다(대판 1982.6.22. 81다1298·1299).

② 본등기청구의 상대방

가등기권리자는 현재의 등기명의인이 아닌 매도인에게 본등기청구를 하여야 하고, 그에 따라 본등기가 되면 가등기 이후에 이어진 제3자의 본등기는 부동산등기법 제55조 제2호의 '사건이 등기할 것이 아닌' 것에 해당되어 등기공무원이 동법 제175조 제1항에 따라 직권으로 말소하여야 한다2)(대결 1962.12.24. 4294민재항645 전합). 결과적으로 '후순위소유권'이 일물일권주의에 반하여 직권말소를 당하는 셈이다. 그리고 가등기에 의한 본등기가 원인무효로 말소되면, 위 제3자 소유권이전등기는 부동산등기법 제175조를 준용하여 역시 직권으로 말소회복등기를 하여야 한다(대판 1982.1.26. 81다2329·2330).

---

2) 이번 2012.6.13.부터 시행되는 개정 부동산등기법은 판례의 태도를 받아들여 본등기를 한 경우 가등기 이후의 등기를 직권으로 말소하는 규정을 신설하였다. 즉 등기관이 가등기에 의한 본등기를 한 경우 가등기 이후에 된 등기로서 가등기상 권리를 침해하는 등기의 말소절차를 명확히 하기 위하여 등기관이 가등기에 의한 본등기를 한 경우 가등기상 권리를 침해하는 등기를 지체 없이 직권으로 말소하도록 하는 규정을 두었다(동법 제92조).

③ 담보책임 여부

가등기된 부동산 소유권을 이전받은 제3자가 그 부동산에 필요비나 유익비를 지출한 후 가등기에 의한 본등기가 경유됨으로써 가등기 이후의 저촉되는 등기로 직권말소를 당한 소유권이전등기명의인 제3자와 본등기명의인 내지 그 특별승계인과의 법률관계는 결과적으로 타인의 물건에 대하여 제3자가 그 점유기간 내에 비용을 투입한 것이 되며(대판 1976.10.26. 76다2079), 이러한 제3자는 매매목적부동산에 설정된 저당권 또는 전세권의 행사로 인하여 매수인이 취득한 소유권을 상실한 경우와 유사하기 때문에, 가등기된 부동산소유권의 양도인은 민법 제570조가 아닌, 제576조가 준용되어 그에 따른 담보책임을 진다(대판 1992.10.27. 92다21784).

5. 등기청구권

(1) 의의

등기청구권이란 일방 당사자(등기권리자)가 타방 당사자(등기의무자)에 대하여 등기에 협력할 것을 청구할 수 있는 실체법상의 권리이다.

(2) 비교 개념

등기권리자가 자기 명의로 등기를 하지 아니함으로써 등기의무자가 과세 등의 불이익을 받는 경우에 등기권리자에 대하여 등기의무를 이행할 것을 청구할 수 있는 권리인 등기수취청구권 또는 등기인수청구권과 구별된다. 그리고 등기청구권은 타방 당사자에 대하여 등기신청에 협력할 것을 청구하는 사법상의 권리로서, 국가기관인 등기공무원에 대하여 등기를 신청하는 공법상의 권리인 등기신청권과도 구별된다.

(3) 등기원인에 따른 등기청구권의 성질

1) 법률행위에 의한 물권변동의 경우

등기청구권을 채권적 청구권으로 본다면 등기청구권은 10년의 소멸시효에 걸린다(제162조 제1항). 하지만 등기청구권을 채권적 청구권[1]으로 보는 판례도 "부동산의 매수인이 매도인에게 가지는 소유권이전등기청구권은 매도인으로부터 목적물을 인도받아 사용·수익하고 있으면 소멸시효에 걸리지 않는다(대판 1976.11.6. 76다148 전합)."고 한다. 그리고 판례는 "매수인이 그 점유를 전득자에게 승계하여 준 경우에도 매수인이 그 부동산을 스스로 계속 사용·수익만 하고 있는 경우와 특별히 다를 바가 없으므로 이전등기청구권의 소멸시효는 진행되지 않는다(대판 1999.3.18. 98다32175 전합)."고 하거나, "매수인이 다른 사람에게 인도하는 등 간접점유를 하더라도 소멸시효가 진행하지 않는다(대판 1988.9.27. 86다카2634)."고 한다.

2) 실체관계와 등기가 일치하지 않는 경우

① 무권리자에 의한 소유권 이전의 경우 또는 증여나 매매가 무효·취소되는 경우에, 실체적 권리관계와 등기가 일치하지 않는 경우, 통설·판례는 이전등기말소청구권을 인정한다. 그리고 이때의 등기청구권은 물권의 효력으로서 발생하는 물권적 청구권이다[2].

---

[1] 신민법하의 부동산에 관한 매매에 있어서는 등기가 없는 한 소유권을 취득하지 못하므로 그 매수인은 소유권을 전제로 한 물권적 청구권에 의하여 소유권이전등기를 청구할 수 없으나 매매계약에 따라 물권을 이전하라는 채권적 청구권에 의하여 소유권의 이전등기를 청구할 수 있다고 해석할 것이다(대판 1962.5.10. 4294민상1232).

[2] 예를 들어 甲 소유의 부동산에 관하여 무권리자 乙이 위조문서를 사용하여 乙명의로 소유권이전등기를 한 경우 甲에게는 실체적 권리관계에 일치하지 않는 乙명의 등기를 말소하기 위하여 등기청구권이 인정되어야 하고, 이때의 등기청구권은 물권의 효력으로서 발생하는 일종의 물권적 청구권이다.

② 법정지상권(제305조, 제366조), 법정저당권(제649조) 등에 있어서와 같이 등기절차상 단독신청이 가능하지 않은 경우, 그 등기청구권의 법적 성질은 법률의 규정에 의하여 취득한 물권으로부터 발생하는 일종의 물권적 청구권이다.

③ 민법 제187조 소정의 상속·공용징수·판결 등 법률의 규정에 의한 물권변동과 같이 등기 없이 부동산물권의 변동이 생기는 때에도 등기와 실체관계가 불일치하게 된다. 다만 등기절차상 물권 취득자의 단독신청이 가능하거나 관공서의 촉탁에 의하여 등기되는 범위 내에서는 등기청구권의 문제가 발생될 여지가 없다.

(4) 취득시효의 경우

1) 내용

민법 제245조 제1항은 이른바 점유취득시효에 의한 소유권의 취득에 등기를 갖출 것을 요건으로 함으로써 민법 제187조의 원칙에 대한 예외를 인정하고 있다. 취득시효에 의한 등기청구권은 채권적 청구권이다[3].

2) 판례

취득시효에 기한 등기청구권을 채권적 청구권으로 보고 있다(대판 1970.9.29. 70다1875). 다만 점유가 계속되는 한 시효취득으로 인한 등기청구권은 시효로 소멸하지는 않고, 그 후 점유를 상실하였다고 하더라도 이를 시효이익의 포기로 볼 수 있는 경우가 아닌 한 바로 소멸하지 않으며, 10년간 이를 행사하지 않을 때 비로소 시효로 소멸한다(대판 1995.12.5. 95다24241). 따라서 시효취득자는 취득시효 완성 후 점유를 상실한 때부터 10년이 지나기 전에는 승계 등으로 점유를 상실하였다고 하더라도 소유명의자에 대하여 소유권이전등기청구권을 행사할 수 있다.

(5) 기타의 경우

1) 부동산임차권의 경우

등기청구권의 발생 원인에 관하여는 법률의 규정(제621조)에 의하여 발생한다는 견해(곽윤직)와 그 임대차계약에 당연히 등기청구권에 관한 약정이 포함되어 있으므로 법률행위에 의하여 발생한다는 견해(이영준)가 있으나, 모두 그 성질을 채권적 청구권으로 본다.

2) 부동산환매권의 경우(제592조)

등기청구권은 당사자 사이의 계약에 의하여 발생하고, 그 성질은 채권적 청구권이다.

3) 가등기에 기한 소유권이전등기청구권

가등기에 기한 소유권이전등기청구권이 시효의 완성으로 소멸되었다면 그 가등기 이후에 그 부동산을 취득한 제3자는 그 소유권에 기한 방해배제청구로서 그 가등기권자에 대하여 본등기청구권의 소멸시효를 주장하여 그 등기의 말소를 구할 수 있다(대판 1991.3.12. 90다카27570). 즉, 가등기에 기한 소유권이전등기청구권은 채권적 청구권이다.

---

[3] 예를 들어, 甲의 부동산을 乙이 시효취득에 필요한 요건을 갖추어 점유하였어도 등기를 하지 않는 한 법률상 甲이 여전히 소유자이며, 甲의 처분권의 행사가 금지되지 않기 때문에 시효취득자의 지위는 아직 확고하지 못한 상태이다. 따라서 취득시효에 의한 물권의 취득은 민법 제245조에 의하여 등기를 요건으로 하기 때문에 취득시효에 의한 등기청구권은 채권적이다.

4) 등기청구권의 양도

매매 등 법률행위로 인한 등기청구권을 양도할 수 있는지가 문제된다. 등기청구권을 채권적 청구권으로 보면 일반 채권양도와 동일해야 한다. 하지만 판례는 매매로 인한 소유권이전등기청구권은 특별한 사정이 없는 한 그 권리의 성질상 양도가 제한되고 그 양도에 채무자의 승낙이나 동의를 요한다고 한다(대판 2005.3.10. 2004다67653·67660). 다만 <u>취득시효완성으로 인한 소유권이전등기청구권은 채권자와 채무자 사이에 아무런 계약관계나 신뢰관계가 없고, 그에 따라 채권자가 채무자에게 반대급부로 부담하여야 하는 의무도 없다. 따라서 취득시효완성으로 인한 소유권이전등기청구권의 양도의 경우에는 매매로 인한 소유권이전등기청구권에 관한 양도제한의 법리가 적용되지 않는다</u>[1](대판 2018.7.12. 2015다36167).

제3절 부동산물권의 변동

Ⅰ. 법률행위에 의한 부동산물권의 변동

1. 물권적 합의와 등기

> 제186조(부동산물권변동의 효력) 부동산에 관한 법률행위로 인한 물권의 득실변경은 등기하여야 그 효력이 생긴다.

민법은 구민법과는 달리 형식주의(= 성립요건주의, 독법주의)를 취하고 있다. 따라서 법률행위에 의한 부동산물권변동은 물권적 합의와 등기의 두 요건을 모두 구비했을 때 성립 내지 효력이 생긴다.

판례

2인 조합에서 조합원 1인이 탈퇴한 경우 조합재산의 귀속관계(= 남은 조합원의 단독 소유) 및 그 조합재산이 부동산인 경우 잔존 조합원의 단독 소유로 하는 내용의 등기를 하여야 소유권 변동의 효력이 발생하는지 여부(적극)
2인 조합에서 조합원 1인이 탈퇴하면 조합관계는 종료되지만 특별한 사정이 없는 한 조합이 해산되지 아니하고, 조합원의 합유에 속하였던 재산은 남은 조합원의 단독 소유에 속하게 되지만, 그 조합재산이 부동산인 경우에는 그 물권변동의 원인은 조합관계에서의 탈퇴라고 하는 법률행위에 의한 것으로서 잔존 조합원의 단독 소유로 하는 내용의 등기를 하여야 비로소 소유권 변동의 효력이 발생한다(대판 2011.1.27. 2008다2807).

---

[1] 부동산매매계약에서 매도인과 매수인은 서로 동시이행관계에 있는 일정한 의무를 부담하므로 이행과정에 신뢰관계가 따른다. 특히 매도인으로서는 매매대금 지급을 위한 매수인의 자력, 신용 등 매수인이 누구인지에 따라 계약유지 여부를 달리 생각할 여지가 있다. 이러한 이유로 매매로 인한 소유권이전등기청구권의 양도는 특별한 사정이 없는 이상 양도가 제한되고 양도에 채무자의 승낙이나 동의를 요한다고 할 것이므로 통상의 채권양도와 달리 양도인의 채무자에 대한 통지만으로는 채무자에 대한 대항력이 생기지 않으며 반드시 채무자의 동의나 승낙을 받아야 대항력이 생긴다.

2. 등기의 유효요건

(1) 의의
등기가 물권변동의 효과를 가지려면 등기의 형식적·실질적 유효요건을 갖추어야 한다. 부동산등기법 상의 절차를 밟아 적법하게 등기를 하는 것이 형식적 유효요건이고, 등기를 물권적 합의와 부합시키는 것이 실질적 유효요건이다.

(2) 등기의 형식적 유효요건

1) 등기의 존재

① 문제점

등기가 유효하려면 등기가 있어야 한다. 그런데 등기가 목적물과 다르거나 동일성을 상실한 때, 또는 등기가 실행된 후 부적법하게 그 존재를 상실한 때에 그 등기의 실체법상 효력이 문제된다.

② 목적물의 동일성[2]

토지등기부의 표제부에 토지의 면적이 실제와 다르게 등재된 경우, 다소간의 차이로 인해 그 등기가 무효로 되는 것은 아니다. 즉 물권의 객체인 토지 1필지의 공간적 범위를 측정하는 것은 지적도나 임야도의 경계이지 등기부의 표제부나 임야대장·토지대장에 등재된 면적이 아니기 때문이다(대판 2005.12.23. 2004다1691). 그러나 부동산등기부의 표제부의 표시 등과 실제의 부동산이 서로 일치하지 않아 동일성이 상실되면 그 등기는 실제 부동산을 표상하는 등기로서의 효력이 없고(대판 1978.6.27. 78다544), 그 부동산에 관한 권리변동의 등기도 효력이 없다(대판 2001.3.23. 2000다51285). 등기와 부동산의 동일성 내지 유사성 여부를 판단하는 경우, 토지는 지번과 지목·지적에 의하여 판단하여야 한다(대판 2001.3.23. 2000다51285). 건물의 경우 지번·건평·구조를 중심으로 건축 시기나 건물의 종류, 등기부상 표시가 상이하게 된 연유 등을 종합하여 판단하여야 한다(대판 1996.6.14. 94다53006).

③ 등기부의 손상

등기부가 전부 또는 일부가 손상된 경우에는 대법원장의 명령에 의하여 등기부의 복구를 명하여야 한다(부등법 제17조). 과거에 종이등기부가 멸실된 경우에 등기 회복을 신청하는 자는 멸실회복등기를 할 수 있었고, 멸실회복등기가 행하여진 때에는 등기된 권리는 종전의 순위를 보유하였다(구 부등법 제24조). 회복등기를 신청할 때 당시 등기명의인이 사망한 경우라도 상속인이 아닌, 피상속인의 명의로 회복등기를 하여야 한다(대판 2003.12.12. 2003다44615·44662). 그리고 위 기간 내에 적법한 멸실회복등기를 하지 못한 경우라 하더라도 재산권을 보장한 헌법의 기본정신에 비추어 멸실회복등기가 없어도 등기멸실 당시의 소유자는 그 부동산에 대한 소유권을 상실하지 않는다(대판 1968.2.20. 67다1797). 이때 소유자는 멸실회복등기를 할 수 없으므로 통상의 절차에 의한 새로운 등기, 즉 소유권보존등기를 신청할 수밖에 없다(대판 1978.12.26. 78다1895). 제한물권의 경우에도 동일하다(대판 1970.3.10. 70다15).

---

[2] 일반적으로 부동산에 관한 등기의 지번 표시에 실질과의 동일성 혹은 유사성조차 인정할 수 없는 착오 또는 오류가 있는 경우에는 그 등기는 무효로서 공시의 기능도 발휘할 수 없고 경정등기도 허용할 수 없는 것이 원칙이지만, 이러한 경우에도 같은 부동산에 대하여 따로 보존등기가 존재하지 아니하거나, 등기의 형식상으로 보아 예측할 수 없는 손해를 미칠 우려가 있는 이해관계인이 없는 경우에는 당해 오류 있는 등기의 경정을 허용하여 그 경정된 등기를 유효하다고 할 수 있다(대판 1975.4.22. 74다2188 전합).

④ 등기가 불법하게 말소된 경우

물권에 관한 등기가 이해관계인, 제3자의 불법행위 혹은 등기공무원의 잘못으로 말소된 경우에 그 물권은 어떻게 되는지가 문제된다. 등기는 물권변동의 효력발생요건이지 존속요건이 아니므로 물권이 소멸하지 않는다(통설, 판례). 물권이 소멸한다고 하면 말소등기에 공신력을 인정하는 결과가 되기 때문이다. 즉, 불법하게 이루어진 말소등기는 실체관계에 합치하지 않으므로, 그 물권의 효력에는 영향을 주지 않는다. 따라서 회복등기가 있으면 그 회복등기는 말소된 종전의 등기와 동일한 순위의 효력이 있다(대판 1968.8.30. 68다1187). 불법말소에 따른 회복등기소송의 상대방은 현재의 소유명의인이 아니라 말소 당시의 소유명의인이다(대판 1969.3.18. 69다1617). 말소된 등기의 회복을 신청하는 경우에 등기상 이해관계 있는 제3자가 존재하는 경우 제3자의 승낙서 또는 이에 대항할 수 있는 재판의 등본을 첨부하여야 한다(대판 2001.8.24. 2000다12785). 이러한 요건을 갖추지 못한 회복등기는 제3자에 대해서 무효이다(대판 2001.1.16. 2000다49473).

⑤ 등기의 후발적 탈루

등기된 사항을 다른 등기부에 옮겨 적는 과정에서 등기관의 고의·과실로 등기가 빠진 경우에는 등기관이 직권으로 이를 경정할 수 있고, 그 경정 전에도 여전히 종전 등기의 효력은 존속한다고 본다1)(통설).

2) 관할등기소에서 행하여질 것

관할 위반의 등기는 무효이다(부등법 제29조 제1호). 그리고 등기법상 등기할 수 없는 것이 명백한 사항에 대한 등기도 무효이다(부등법 제29조 제2호). 등기관은 일정한 절차를 밟아서 이러한 무효등기를 직권으로 말소한다(부등법 제58조).

3) 1부동산 1등기기록의 원칙

① 문제점

등기부는 1부동산 1등기기록에 의하여 물적으로 편성되어 있다(부등법 제15조). 그런데 동일부동산에 관하여 절차상의 잘못으로 이중으로 중복하여 등기가 된 때에 그 효력이 문제된다.

② 단순한 이중등기

중복등기와 구별되어야 할 문제로서 등기부 표제부의 표시란에 이중으로 보존등기가 되는 경우가 있다. 예를 들어 먼저 이루어진 A등기는 실제 건물과 그 지번 및 구조평수에 있어서 현저한 차이가 있고 나중에 이루어진 B등기는 실제 건물과 부합하는 경우가 그것이다. 이러한 경우 등기의 선후에 관계없이 부동산의 실제상황과 일치하는 보존등기만이 효력을 가진다. 실제부동산과 동일성을 상실한 등기는 무효이고 경정등기가 허용되지 않는다.

③ 중복등기

이미 등기가 존재하는 동일 부동산에 대하여 중복하여 경료한 소유권보존등기 또는 멸실회복등기를 중복등기라 한다2).

---

1) 이와 달리 등기가 끊임없는 부동산의 권리상태를 공시한다는 점을 이유로, 빠진 사항에 대한 등기는 효력을 잃는다는 견해(곽윤직, 장경학)도 있다.
2) 중복등기에 관하여 학설은 ① 중복등기가 있을 때 먼저 한 보존등기가 유효하고, 뒤에 한 보존등기는 1부동산 1용지주의에 반하므로 등기의 유효요건으로서의 형식적 요건을 갖추지 못한 무효인 등기라고 하는 절차법설, ② 중복등기가 된 상태에서 어느 쪽이 유효한지를 두 등기의 실체적 권리관계를 따져서 결정해야 한다는 실체법설, ③ 절차법설을 기본적으로 취하면서도, 다만 먼저 행해진 보존등기가 실체적 유효요건을 갖추지 못하고 나중에 행한 보존등기가 실체적 유효요건을 갖춘 때에는 뒤의 보존등기가 유효하다고 하는 절차법적 절충설이 있다.

> **판례** 이중보존등기 관련 판례
>
> 1. **동일인 명의로 중복등기가 경료된 경우**
>   일관되게 절차법설을 취하여 제1등기가 유효하고 제2등기는 그것이 실체관계의 부합 여부를 가릴 것 없이 무효라고 하고 있다.
>
> 2. **등기명의인이 다른 중복등기의 경우**3)
>   판례는 멸실회복등기에 관한 사안에서 "동일 부동산에 관하여 등기명의인을 달리하여 중복된 소유권보존등기가 경료된 경우에는 먼저 된 소유권보존등기가 원인무효가 되지 아니하는 한 나중 된 소유권보존등기는 1부동산 1용지주의를 채택하고 있는 현행 부동산등기법 아래에서는 무효라고 해석함이 상당하고, 동일 부동산에 관하여 중복된 소유권보존등기에 터 잡아 등기명의인을 달리하는 각 소유권이전등기가 경료된 경우에 등기의 효력은 소유권이전등기의 선후에 의하여 판단할 것이 아니고 각 소유권이전등기의 바탕이 된 소유권보존등기의 선후를 기준으로 판단하여야 하며, 그 이전등기가 멸실회복으로 인한 이전등기라 하여 달리 볼 것은 아니고, 한편 동일 부동산에 관하여 하나의 소유권보존등기가 경료된 후 이를 바탕으로 순차로 소유권이전등기가 경료되었다가 그 등기부가 멸실된 후 등기명의인을 달리하는 소유권이전등기의 각 회복등기가 중복하여 이루어진 경우에는 중복등기의 문제는 생겨나지 않고 멸실 전 먼저 된 소유권이전등기가 잘못 회복등재된 것이므로 그 회복등기 때문에 나중된 소유권이전등기의 회복등기가 무효로 되지 아니하는 것이지만, 동일 부동산에 관하여 등기명의인을 달리하여 멸실회복에 의한 각 소유권이전등기가 중복등재되고 각 그 바탕이 된 소유권보존등기가 동일등기인지 중복등기인지, 중복등기라면 각 소유권보존등기가 언제 이루어졌는지가 불명인 경우에는 위 법리로는 중복등기의 해소가 불가능하므로 이러한 경우에는 적법하게 경료된 것으로 추정되는 각 회복등기 상호간에는 각 회복등기일자의 선후를 기준으로 우열을 가려야 한다(대판 2001.2.15. 99다66915 전합)."고 판시한다.
>
> 3. **점유취득시효가 완성된 경우**
>   동일 부동산에 관하여 이미 소유권이전등기가 경료되어 있음에도 그 후 중복하여 소유권보존등기를 경료한 자가 그 부동산을 20년간 소유의 의사로 평온·공연하게 점유하여 점유취득시효가 완성되었더라도, 선등기인 소유권이전등기의 토대가 된 소유권보존등기가 원인무효라고 볼 아무런 주장·입증이 없는 이상, 뒤에 경료된 소유권보존등기는 실체적 권리관계에 부합하는지의 여부에 관계없이 무효이므로, 뒤에 된 소유권보존등기의 말소를 구하는 것이 신의칙 위반이나 권리남용에 해당한다고 할 수 없다(대판 2008.2.14. 2007다63690).

4) 부동산등기법이 정하는 신청절차에 따라서 행하여질 것

① 문제점

등기가 유효하기 위해서는 신청절차에 하자가 없어야 한다. 등기신청에 하자가 있었지만, 등기가 사실상 행해진 경우 등기의 효력은 어떠한지가 문제된다.

② 내용

등기의 신청절차상의 하자는 형식적 요건을 결한 것으로서 원칙적으로 무효라 할 것이지만, 그 등기의 최종적인 유·무효 여부는 획일적으로 판단할 것이 아니라 실체적 관계를 따져서 판단하는 것이 낫다하나.

---

3) 종래 판례는 동일인 명의의 중복등기와 마찬가지로 절차법설을 취하여 선등기의 효력 유무를 불문하고 후등기를 무효로 보았다. 그러다가 1978년 판결에서 실체법설에 가까운 견해를 취하여, 절차법설과 실체법설이 모두 존재하던 중에 1990년 전원합의체판결에서 "원칙적으로 제1등기가 원인무효가 아닌 한 제2등기는 무효"라고 하는 절차법적 절충설을 명백히 하였고 이후 현재에 이르고 있다(대판 1990.11.27. 87다카2961 전합). 이는 제2등기가 취득시효에 의한 원시취득이라도 마찬가지이다(대판 2008.2.14. 2007다63690).

③ 판례

위조문서에 의한 등기(대판 1965.5.25. 65다365), 등기의무자인 死者名義의 신청으로 행해진 등기(대판 1964.11.24. 64다685), 등기신청에 있어서 대리권이 없는 대리인에 의한 등기 등 신청절차에 하자가 있는 등기(대판 1971.8.31. 71다1163)라고 하더라도 이러한 등기들이 실체관계에 부합하다면 유효하다.

(3) 등기의 실체적 유효조건

1) 문제점

법률행위로 인한 부동산물권변동에는 물권적 합의와 등기라는 요건이 필요하다. 그리고 이러한 물권적 합의와 등기는 내용적으로 합치하여야 하는데, 실제로는 그렇지 못한 경우가 발생한다. 이러한 문제를 '내용적 불합치'와 '시간적 불합치'의 문제라 한다.

2) 내용적 불합치

① 내용적 불합치의 효과

등기가 물권적 합의와 내용에 있어서 어긋나면 합의된 물권변동은 발생하지 않는다. 따라서 등기된 권리변동도 처음부터 성립하지 않는다. 예를 들어 A토지에 대하여 매매계약을 체결하였는데, B토지에 대한 소유권이전등기를 하면 그 등기는 당연 무효이다(대판 1967.12.19. 67다1250·1251). 이때에 당사자가 원하는 대로 물권변동이 일어나게 하려면 소정의 절차에 따라 경정등기를 하거나, 그 등기의 말소 후 물권적 합의에 적합한 새로운 등기를 하는 수밖에 없다.

② 부분적 불일치

물권적 합의와 등기가 그 내용에 있어서 일부분만이 맞거나 또는 일부분만이 어긋나는 때에는 그러한 부분적 불일치만으로 등기가 모두 무효가 되지는 않는다. 즉 등기된 양이 물권적 합의의 양보다 클 때에는 물권적 합의의 한도 내에서 효력이 있다(대판 1967.9.5. 67다1347). 반대로, 등기의 양이 물권적 합의의 양보다 적은 때에는 일부무효에 관한 민법 제137조 단서가 적용되어 등기기재의 한도에서 효력을 인정해야 한다(통설).

③ 실제와 다른 등기원인에 의한 등기

등기부에는 반드시 등기원인을 기재하도록 되어 있다(부등법 제48조 제4항). 그러나 실제 거래에서는 세금관계 또는 등기절차의 번거로움 등으로 실제의 등기원인과 다르게 표시하여 등기신청을 하는 경우가 많다. 등기신청서의 기재사항이 등기원인을 증명하는 서면과 부합하지 아니하면 등기관이 보정을 명하거나 신청을 각하할 수 있으나, 신청서대로 등기가 경료되었다면 등기관이 이를 직권으로 말소할 수 없다(대결 1982.12.6. 82마736). 판례는 증여나(대판 1980.7.22. 80다791), 대물변제로 인한 소유권이전등기를 함에 있어서 매매를 등기원인으로 기재한 경우에 등기가 유효하다고 한다(대판 1955.4.27. 4287민상336).

3) 시간적 불합치

① 등기신청 시 행위능력을 상실한 경우

물권적 합의 시에는 당사자가 행위능력자이었으나, 그 후 행위능력을 상실하여 등기신청 시에는 제한능력자인 경우, 물권적 합의는 합의 당시와 같은 효력을 유지하고 또한 등기신청행위가 공법행위라고 하여도, 그 목적은 사법상의 재산적 권리변동이라는 효과 발생에 있으므로 민법 제5조 이하의 규정이 준용된다.

② 물권적 합의와 등기 중간에 당사자가 사망한 경우

물권적 합의의 효력에는 영향이 없으며, 상속인에 의한 등기가 인정된다.

③ 물권적 합의와 등기 사이에 권리귀속에 관하여 변동이 생기거나 처분할 권리를 상실한 경우

예를 들어 甲, 乙이 공동상속한 부동산을 乙이 丙에게 매도하였는데, 丙에게로 이전등기를 신청하기 전에 그 부동산이 甲의 단독소유로 협의분할되고 등기까지 되었을 경우에 법률관계가 문제된다. 乙과 丙 사이의 매매계약은 이행불능의 상태가 되고, 그 부동산은 甲의 단독 소유가 된다. 따라서 丙이 그 부동산의 소유권을 취득하려면 처분권자 甲과 매매계약을 다시 체결하고 등기이전을 받아야 한다.

④ 등기1)가 먼저 있고 물권적 합의가 있는 경우

물권적 합의가 효력을 발생하는 때에 물권변동이 일어난다.

(4) 진정명의회복을 원인으로 한 소유권이전등기청구권

1) 의의

진정명의회복을 위한 소유권이전등기라 함은 등기의 원인인 실체관계가 존재하지 않는 경우, 즉 당초부터 실체관계가 무효인 경우나 해제·취소에 의해 실체관계가 소급적으로 무효인 경우에 그 무효인 등기부 부분을 정정하여 유효한 등기부로 만들기 위하여 말소등기가 아닌 무효등기의 명의인으로부터 진정한 소유자에게 직접 이전등기를 행하는 것을 말한다.

2) 진정명의회복을 원인으로 하는 소유권이전등기의 허용요건

진정한 등기명의 회복을 위한 소유권이전등기청구는 ① 이미 자기 앞으로 소유권을 표상하는 등기가 되어 있었거나 ② 법률에 의하여 소유권을 취득한 자가 진정한 등기명의를 회복하기 위한 방법으로 현재의 등기명의인을 상대로 그 등기의 말소를 구하는 것에 갈음하여 허용되는 것이다(대판 2003.1.10. 2002다41435).

3) 기판력의 문제

과거의 판례는 기판력이 미치지 않으므로 소유권이전등기청구소송을 다시 제기할 수 있다고 하다가, 태도를 바꾸어서 "말소등기에 갈음하여 허용되는 진정명의회복을 원인으로 한 소유권이전등기청구권과 무효등기의 말소청구권은 어느 것이나 진정한 소유자의 등기명의를 회복하기 위한 것으로서 실질적으로는 그 목적이 동일하고, 두 청구권 모두 소유권에 기한 방해배제청구권으로서 그 법적 근거와 성질이 동일하므로, 그 소송물은 실질상 동일한 것으로 보아야 하고, 따라서 소유권이전등기말소청구소송에서 패소확정판결을 받았다면 그 기판력은 그 후 제기된 진정명의회복을 원인으로 한 소유권이전등기청구소송에도 미친다고 보아야 할 것이다(대판 2001.9.20. 99다37894 전합)."고 함으로써 사실상 동일한 소송물로 취급한다.

---

1) 원래 등기의 원인이 되는 법률행위의 무효나 취소로 물권이 복귀되려면 부동산등기법상 이미 이루어진 이전등기를 말소하고 회복등기절차를 밟아야 한다. 그러나 이는 경제적 비용을 증가시키고 절차적으로 불편하다. 이에 판례는 말소등기 대신에 이전등기를 긍정한다. 이러한 이전등기청구권은 소유권에 기한 물권적 청구권의 성질을 갖기 때문에 소멸시효의 대상이 아니다(대판 1993.8.24. 92다43975).

4) 적용범위

이러한 법리는 법률행위의 무효나 취소에 기한 말소등기뿐만 아니라, 채권자 취소권을 행사하는 경우 수익자명의의 등기말소 대신에 채무자로의 소유권이전 등기를 청구하는 경우에도 적용된다(대판 2000.2.25. 99다53704).

(5) 무효등기의 유용

1) 문제점

어떤 등기가 실제적 권리관계에 부합하지 않으면 무효이지만, 사후적으로 그 등기에 부합하는 실체적 권리관계가 있게 된 때에 그 등기를 유효한 것처럼 유용할 수 있는지가 문제된다.

2) 처음에는 등기에 부합하는 실체관계가 없어서 무효였으나 나중에 그러한 실체관계가 있는 경우

그 때부터 등기는 유효한 것으로 볼 수 있다. 예를 들어 가장매매를 원인으로 한 소유권이전등기는 무효이나, 후에 적법한 매매 등으로 다시 이전등기를 하게 되어 처음의 무효등기를 적법한 원인에 의한 등기로 유용하는 경우에는 부당한 결과를 초래하지 않으므로 유효하다고 볼 수 있다(대판 1986.12.9. 86다카716).

3) 처음에는 물권행위에 부합하는 유효한 등기였지만 후에 실체관계를 잃게 되어 무효로 되었으나, 다시 그 후에 처음의 등기와 내용이 비슷한 별개의 실체관계가 생긴 경우

판례는 무효등기의 유용 전에 새로운 이해관계를 가지게 된 제3자가 없어 제3자의 이익을 해치는 일이 없는 한 무효로 된 등기를 그 이후의 별개의 실체관계의 공시방법으로 이용하는 것도 가능하다고 한다(대판 1970.12.24. 70다1630).

4) 무효로 된 저당권의 등기가 말소되지 않고 그대로 남아 있는 경우

통설·판례는 저당권설정등기의 유용은 그 유용의 합의 이전에 등기상의 이해관계를 가진 제3자가 없는 경우에 한하여 유효하다고 본다[1](대판 2002.12.6. 2001다2846).

5) 표제부 등기의 유용

무효 등기의 유용이 인정되는 것은 사항란의 등기를 유용한 경우일 뿐이다. 따라서 멸실된 건물의 보존등기를 멸실 후에 신축한 건물의 보존등기로 유용하는 표제부등기의 유용은 인정되지 않는다(대판 1976.10.26. 75다2211). 즉 멸실된 건물과 신축된 건물이 위치나 기타 여러 가지 면에서 서로 같다고 하더라도 그 두 건물이 동일한 건물이라고는 할 수 없으므로 신축건물의 물권변동에 관한 등기를 멸실 건물의 등기부에 등재하여도 그 등기는 무효이고, 가사 신축건물의 소유자가 멸실 건물의 등기를 신축건물의 등기로 전용할 의사로써 멸실 건물의 등기부상 표시를 신축건물의 내용으로 표시변경등기를 하였다고 하더라도 그 등기가 무효임에는 변함이 없다(대판 1980.11.11. 80다441).

---

1) 예를 들어 甲 소유의 부동산에 새로이 근저당권설정등기를 하는 대신에 이미 경료되어 있던 원인무효인 乙 명의의 근저당권설정등기를 유용하기로 합의하고 근저당권이전의 부기등기를 한 경우라 하더라도 부기등기 전에 이미 근저당권등기를 한 이해관계인 丙이 존재한다면 무효등기 유용에 관한 합의로써 丙에게 대항할 수 없다.

(6) 중간생략등기

1) 중간생략등기의 의의[2]

중간생략등기란 甲과 乙 사이에 어떤 물권의 이전을 위한 물권적 합의가 있었지만 乙 앞으로 이전등기를 하지 않은 상태에서 乙이 다시 丙과 동일한 물권의 이전을 위한 물권적 합의를 한 경우에, 마치 甲으로부터 丙에게 직접 물권이 이전되는 것과 같이 등기를 하는 것을 말한다.

2) 중간생략등기의 문제점

부동산등기특별조치법은 검인계약서를 등기원인서면으로 사용해야 하고 매수인란과 계약 연월일을 백지로 한 계약서의 사용은 허용되지 않으며, 동법 제2조 제2항 및 제3항에 따라 등기 전의 전매자(중간자)도 소유권이전등기를 하게 함으로써 중간생략등기를 금지하고 있다. 그러나 동법 제2조 제3항은 동조 제2항의 경우와는 달리 소유권명의변경등기를 의무화하지 않으므로, 매수인은 그의 당사자 지위를 이전하는 계약을 체결하는 방법으로 중간생략등기를 할 수 있는 틈이 여전히 남아 있다. 또한 검인계약서의 재작성을 통해서 실제로 탈법행위를 할 가능성도 있다. 따라서 실제로 중간생략등기가 있는 경우, 벌칙의 적용과 관계없이 사법상 그 등기를 유효한 것으로 볼 것인가 하는 문제와 최종매수인이 최초매도인에 대하여 직접 소유권이전등기청구권을 갖는가 하는 문제는 여전히 남게 된다.

3) 중간생략등기의 효력

판례는 구민법 시대부터 중간생략등기의 유효성을 인정한다. 그 근거에 관해서는 중간자 전원의 합의를 요한다고 함으로써 합의조건부 유효설(3자합의 유효설)과 같은 태도를 취한다. 다만 그러한 합의 없이 등기가 있었다 하여도 그 등기가 실체관계에 부합하는 경우, 또는 당사자 사이에 적법한 원인행위가 성립되어 중간생략등기가 이루어진 경우 등에는 등기의 효력을 전적으로 부인하지 않았다. 특히 부동산등기특별조치법 시행 이후 판례는 부동산등기특별조치법에서 미등기전매를 형사처벌 하도록 되어 있으나, 이로써 이미 매도한 당사자 사이의 중간생략등기의 합의에 관한 사법상의 효력까지 무효로 한다는 취지는 아니라고 하여 여전히 중간생략등기의 유효성을 인정하고 있다(단속규정, 대판 1993.1.26. 92다39112). 다만 판례는 국토이용관리법상 허가구역 안에 있는 토지에 관하여, 중간생략등기의 합의하에 최종매수인과 최초매도인을 당사자로 하는 토지거래허가를 받아 최초매도인으로부터 최종매수인 앞으로 경료된 소유권이전등기의 효력을 부정하고 있다(대판 1997.3.14. 96다22464). 그리고 중간생략등기의 합의가 있었다 하더라도 이러한 합의는 중간등기를 생략하여도 당사자 사이에 이의가 없겠고 또 그 등기의 효력에 영향을 미치지 않겠다는 의미가 있을 뿐이지 그러한 합의가 있었다 하여 중간매수인의 소유권이전등기청구권이 소멸된다거나 첫 매도인의 그 매수인에 대한 소유권이전등기의무가 소멸되는 것은 아니라 할 것이다(대판 1991.12.13. 91다18316).

---

[2] 이러한 중간생략등기는 여러 가지 조세부담을 회피 또는 면탈할 수 있을 뿐만 아니라, 복잡한 등기절차를 간편하게 하고 등기비용을 절감할 수 있다는 '편이성' 때문에 비교적 널리 행하여져 왔다. 그러나 중간생략등기는 부동산 투기를 조장하고 부동산거래질서를 혼란케 하는 원인이 되었다. 이에 부동산등기특별조치법의 제정으로 중간생략등기가 금지되고, 위반 시에는 강력한 제재가 따르게 되었다.

4) 중간생략등기청구권

최종양수인이 중간자를 거치지 않고 곧바로 최초양도인에게 직접 소유권이전 등기를 요구할 수 있는지가 문제된다. 판례는 "부동산이 전전 양도된 경우에 중간생략등기의 합의가 없는 한 그 최종양수인은 최초 양도인에 대하여 직접 자기명의로의 소유권이전등기를 청구할 수는 없다 할 것이고, 부동산의 양도계약이 순차 이루어져 최종 양수인이 중간생략등기의 합의를 이유로 최초 양도인에게 직접 그 소유권이전등기청구권을 행사하기 위하여는 관계당사자 전원의 의사합치, 즉 중간생략등기에 대한 최초 양도인과 중간자의 동의가 있는 외에 최초 양도인과 최종 양수인 사이에도 그 중간등기생략의 합의가 있었음이 요구된다(대판 1991.4.23. 91다5761)."고 한다[1]. 그리고 최초 매도인과 중간매수인, 중간 매수인과 최종 매수인 사이에 순차로 매매계약이 체결되고 이들 간에 중간생략등기의 합의가 있은 후에 최초 매도인과 중간 매수인 간에 매매대금을 인상하는 약정이 체결된 경우, 최초 매도인은 인상된 매매대금이 지급되지 않았음을 이유로 최종 매수인 명의로의 소유권이전등기의무의 이행을 거절할 수 있다(대판 2005.4.29. 2003다66431).

5) 취득시효 완성 후 점유승계인의 중간생략등기청구권

취득시효 기간 만료 당시의 점유자로부터 점유를 승계한 현 점유자가 전 점유자의 취득시효 완성의 효과를 주장하여 직접 자기에게 소유권이전등기를 청구할 수 있는지가 문제된다. 판례는 "전 점유자에 대한 소유권이전등기청구권을 보전하기 위하여 전 점유자의 소유자에 대한 소유권이전등기청구권을 대위행사 할 수 있을 뿐, 전 점유자의 취득시효 완성의 효과를 주장하여 직접 자기에게 소유권이전등기를 청구할 권원은 없다(대판 1995.3.28. 93다47745 전합)."고 한다.

3. 등기를 갖추지 않은 부동산 '취득자'의 법적 지위

(1) 문제점

물권적 합의만이 있고 아직 이에 상응하는 등기가 없는 경우에는 물권변동의 효력이 없다. 하지만 취득자가 대금을 완급하고 목적부동산을 인도받아 사용·수익하고 있으면서 자기명의로 소유권이전등기를 하지 않고 있는 경우에 이러한 자의 권리를 전적으로 부인할 것인지가 문제 된다.

(2) 등기 없는 부동산매수인의 법적 지위

1) 소유권을 주장하지 못함

미등기 무허가건물의 양수인이라도 그 소유권이전등기를 경료하지 않는 한 그 건물의 소유권을 취득할 수 없고, 소유권에 준하는 관습상의 물권이 있다고도 할 수 없으며, 현행법상 사실상의 소유권이라고 하는 포괄적인 권리 또는 법률상의 지위를 인정하기도 어렵다(대판 2006.10.27. 2006다49000). 그러므로 미등기 무허가건물의 양수인이라 할지라도 그 소유권이전등기를 경료받지 않는 한 그 건물에 대한 소유권을 취득할 수 없고, 그러한 상태의 건물 양수인에게 소유권에 준하는 관습상의 물권이 있다고 볼 수도 없으므로, 건물을 신축하여 그 소유권을 원시취득한 자로부터 그 건물을 매수하였으나 아직 소유권이전등기를 갖추지 못한 자는 그 건물의 불법점거자에 대하여 직접 자신의 소유권 등에 기하여 명도를 청구할 수는 없다(대판 2007.6.15. 2007다11347).

---

[1] 판례는 3자 합의가 없었음을 이유로 하여 중간생략의 등기청구권을 부정하고 있으나, 정면으로 중간생략의 3자 합의가 있었음을 이유로 중간생략등기청구권을 인정한 경우는 없다(김형배). 다만 백지의 매도증서가 교부된 사안에서 판례는 "묵시적으로 그리고 순차적으로 중간등기생략의 합의가 있었다."고 보아 등기청구권을 긍정하는 것도 있고(대판 1982.7.13. 81다254), "최초 양도인이 중간등기생략을 거부하고 있어 매수인란이 공란으로 된 백지의 매도증서와 위임장 및 인감증명서를 교부한 것만으로는 중간등기생략에 관한 합의가 있었다고 할 수 없다."고 하여 중간생략등기의 청구를 부정하고 있는 것도 있다(대판 1991.4.23. 91다5761).

2) 점유자로서의 보호

토지의 매수인이 아직 소유권이전등기를 경료받지 아니하였다 하여도 매매계약의 이행으로 그 토지를 인도받은 때에는 매매계약의 효력으로서 이를 점유·사용할 권리가 생기게 된 것으로 보아야 하고, 또 매수인으로부터 위 토지를 다시 매수한 자는 위와 같은 토지의 점유사용권을 취득한 것으로 봄이 상당하므로 매도인은 매수인으로부터 다시 위 토지를 매수한 자에 대하여 토지 소유권에 기한 물권적 청구권을 행사하거나 그 점유·사용을 법률상 원인이 없는 이익이라고 하여 부당이득반환청구를 할 수는 없다고 할 것인 바, 이러한 법리는 대물변제 약정에 의하여 매매와 같이 부동산의 소유권을 이전받게 되는 자가 이미 당해 부동산을 점유·사용하고 있거나, 그로부터 다시 이를 임차하여 점유·사용하고 있는 경우에도 마찬가지로 적용된다(대판 2001.12.11. 2001다45355). 그리고 부동산의 매수인이 그 부동산을 인도받은 이상 이를 사용·수익하다가 그 부동산에 대한 보다 적극적인 권리행사의 일환으로 다른 사람에게 그 부동산을 처분하고 그 점유를 승계하여 준 경우에도 그 이전등기 청구권의 행사 여부에 관하여 그가 그 부동산을 스스로 계속 사용·수익만 하고 있는 경우와 특별히 다를 바 없으므로 위 두 어느 경우에나 이전등기 청구권의 소멸시효는 진행되지 않는다(대판 1999.3.18. 98다32175 전합).

> **판례** **물권적 청구권 관련 판례**
>
> **1. 물권적 청구권의 상대방**
> 토지의 매수인이 아직 소유권이전등기를 경료받지 아니하였다 하여도 매매계약의 이행으로 그 토지를 인도받은 때에는 매매계약의 효력으로서 이를 점유·사용할 권리가 생기게 된 것으로 보아야 하고 또 매수인이 그 토지 위에 건축한 건물을 취득한 자는 그 토지에 대한 매수인의 위와 같은 점유사용권까지 아울러 취득한 것으로 봄이 상당하므로 매도인은 매매계약의 이행으로서 인도한 토지 위에 매수인이 건축한 건물을 취득한 자에 대하여 토지소유권에 기한 물권적청구권을 행사할 수 없다(대판 1988.4.25. 87다카1682 등).
>
> **2. 진정명의회복을 위한 이전등기청구를 할 수 있는 자**
> '진정한 등기명의 회복을 원인으로 한 소유권이전등기청구'는 당해 부동산에 관하여 이미 자기의 명의로 소유권을 표상하는 등기가 되어 있었거나 법률에 의하여 소유권을 취득한 그 부동산의 진정한 소유자가 그의 등기명의를 회복하기 위한 방법으로 현재의 등기부상의 소유명의인을 상대로 소유권이전등기절차의 이행을 직접 청구하는 경우에 인정되는 것인바, 가등기담보등에관한법률이 시행되기 전에 경료된 채권자 명의의 가등기에 기하여 소유권이전의 본등기가 경료된 경우 위 소유권이전등기가 비록 채권담보의 목적으로 경료된 것이라고 하더라도, 대외적인 관계에서는 그 소유권이 완전히 이전되는 것으로 볼 수밖에 없고, 따라서 위 가등기에 기한 소유권이전의 본등기가 경료됨으로써 그 가등기가 경료된 다음에 경료된 제3취득자 명의의 소유권이전등기가 말소됨으로 말미암아 제3취득자는 그 소유권을 상실하게 되었다고 보아야 할 것이므로, 그 후 채권자 명의의 위 가등기와 본등기의 원인이 그 피담보채무의 변제로 인하여 소멸하게 된다고 하더라도, 제3취득자로서는 채권자에게 진정한 등기명의 회복을 원인으로 한 소유권이전등기청구를 할 수 있는 진정한 소유자의 지위에 있다고 볼 수 없다(대판 1992.1.21. 91다35175).
>
> **3. 멸실회복등기와 진정명의회복을 위한 이전등기**
> 매수인 명의의 등기부가 멸실된 경우, 그 부동산에 관하여 매도인의 상속인 명의로 소유권보존등기가 되어 있다면 매수인은 위 매도인의 상속인을 상대로 위 등기의 멸실회복에 대신하여 소유권이전등기절차의 이행을 구할 수 있고 이는 진정한 등기명의의 회복을 구하는 것이다. 등기부가 멸실된 경우에는 멸실회복등기를 할 수가 있을 것이나 그 회복등기를 하지 아니하고 그 부동산에 관하여 매도인의 상속인 명의로 이미 소유권보존등기가 되어 있다면 매수인 또는 그 상속인은 위 매도인의 상속인을 상대로 위 등기의 멸실회복에 대신하여 소유권이전등기절차의 이행을 구할 수 있고 이는 진정한 명의의 회복을 구하는 것으로서 시효로 인하여 소멸하는 권리가 아니다(대판 1993.8.24. 92다43975).

4. 근저당권말소등기청구권의 성질

甲이 乙 명의로 근저당권을 설정한 자기 소유의 부동산을 丙에게 매도하고 소유권이전등기를 한 다음, 甲이 피담보채권의 소멸을 이유로 乙에게 근저당권설정등기의 말소를 청구하는 경우 이때의 등기청구권의 성질은 채권적 청구권이다. 근저당권설정자인 종전의 소유자도 근저당권설정계약의 당사자로서 근저당권소멸에 따른 원상회복으로 근저당권자에게 근저당권설정등기의 말소를 구할 수 있는 계약상 권리가 있으므로 <u>이러한 계약상 권리에 터 잡아 근저당권자에게 피담보채무의 소멸을 이유로 하여 그 근저당권설정등기의 말소를 청구할 수 있다고 봄이 상당하고, 목적물의 소유권을 상실하였다는 이유만으로 그러한 권리를 행사할 수 없다고 볼 것은 아니다</u>(대판 1994.1.25. 93다16338).

5. 채권자취소소송과 진정명의회복을 위한 이전등기

자기 앞으로 소유권을 표상하는 등기가 되어 있었거나 법률에 의하여 소유권을 취득한 자가 <u>진정한 등기명의를 회복하기 위한 방법으로는 그 등기의 말소를 구하는 외에 현재의 등기명의인을 상대로 직접 소유권이전등기절차의 이행을 구하는 것도 허용되어야 하는바, 이러한 법리는 사해행위 취소소송에 있어서 취소 목적 부동산의 등기명의를 수익자로부터 채무자 앞으로 복귀시키고자 하는 경우에도 그대로 적용될 수 있다고 할 것이고,</u> 따라서 채권자는 사해행위의 취소로 인한 원상회복 방법으로 수익자 명의의 등기의 말소를 구하는 대신 수익자를 상대로 채무자 앞으로 직접 소유권이전등기절차를 이행할 것을 구할 수도 있다(대판 2000.2.25. 99다53704).

6. 명의신탁과 진정명의회복을 위한 이전등기

진정한 등기명의의 회복을 위한 소유권이전등기청구는 자기 명의로 소유권을 표상하는 등기가 되어 있었거나 법률에 의하여 소유권을 취득한 진정한 소유자가 그 등기명의를 회복하기 위한 방법으로 그 소유권에 기하여 현재의 등기명의인을 상대로 진정한 등기명의의 회복을 원인으로 한 소유권이전등기절차의 이행을 구하는 것이다. 명의신탁에 있어서 대외적으로는 수탁자가 소유자라고 할 것이고, 명의신탁재산에 대한 침해배제를 구하는 것은 대외적 소유권자인 수탁자만이 가능한 것이며, 신탁자는 수탁자를 대위하여 그 침해에 대한 배제를 구할 수 있을 뿐이므로, <u>명의신탁사실이 인정된다고 할지라도 신탁자는 제3자에 대하여 진정한 등기명의의 회복을 원인으로 한 소유권이전등기청구를 할 수 있는 진정한 소유자의 지위에 있다고 볼 수 없다</u>(대판 2001.8.21. 2000다36484).

7. 명의신탁과 진정명의회복을 위한 이전등기

부동산실명법에 의한 소정의 유예기간 내에 실명등기를 하지 아니하여 명의신탁약정이 무효로 된 경우, 종전에 명의신탁 대상인 부동산에 관하여 소유권이전등기를 경료한 적이 있던 명의신탁자가 명의수탁자를 상대로 진정명의회복을 원인으로 이전등기를 구하는 것은 허용된다. 명의신탁대상 부동산에 관하여 자기 명의로 소유권이전등기를 경료한 적이 있었던 명의신탁자로서는 명의수탁자를 상대로 진정명의회복을 원인으로 한 이전등기를 구할 수도 있다(대판 2002.9.6. 2002다35157).

8. 소유권이전등기청구권에 대한 압류

소유권이전등기청구권에 대한 압류가 있는 경우, 압류채권자는 제3채무자나 채무자로부터 이전등기를 경료한 제3자에 대하여 그가 취득한 등기의 말소를 청구할 수 없다. 소유권이전등기청구권에 대한 압류가 있으면 그 변제금지의 효력에 의하여 제3채무자는 채무자에게 임의로 이전등기를 이행하여서는 아니 되는 것이나, <u>그와 같은 압류는 채권에 대한 것이지 등기청구권의 목적물인 부동산에 대한 것이 아니고, 채무자와 제3채무자에게 결정을 송달하는 외에 현행법상 등기부에 이를 공시하는 방법이 없는 것으로서 당해 채권자와 채무자 및 제3채무자 사이에만 효력을 가지며, 제3자에 대하여는 압류의 변제금지의 효력을 주장할 수 없으므로 소유권이전등기청구권의 압류는 청구권의 목적물인 부동산 자체의 처분을 금지하는 대물적 효력은 없어서 제3채무자나 채무자로부터 이전등기를 경료한 제3자에 대하여는 취득한 등기가 원인무효라고 주장하여 말소를 청구할 수 없고,</u> 제3채무자가 압류결정을 무시하고 이전등기를 이행하고 채무자가 다시 제3자에게 이전등기를 경료하여 준 결과 채권자에게 손해를 입힌 때에는 불법행위를 구성하고 그에 따른 배상책임을 지게 된다(대판 2002.10.25. 2002다39371).

Ⅱ. 법률행위에 의하지 않은 부동산물권의 변동

> 제187조(등기를 요하지 아니하는 부동산물권취득) 상속, 공용징수, 판결, 경매 기타 법률의 규정에 의한 부동산에 관한 물권의 취득은 등기를 요하지 아니한다. 그러나 등기를 하지 아니하면 이를 처분하지 못한다.

1. 의의 및 문제점

(1) 의의

민법 제187조 본문은 '상속·공용징수·판결·경매 기타 법률의 규정에 의한 부동산에 관한 물권의 취득은 등기를 요하지 아니 한다.'고 규정함으로써, 제186조의 등기주의에 대한 예외를 두고 있다. 이를 '법률행위에 의하지 않는 부동산물권 변동' 또는 '법률의 규정에 의한 부동산물권 변동'이라 한다.

(2) 문제점

본조에 따른 부동산물권변동이 생긴 후 그 등기를 하지 않고 방치하는 동안 필연적으로 실체법상의 권리와 등기부상의 권리가 불일치하는 결과가 발생하게 됨으로써 등기의 외관을 신뢰한 선의의 제3자에게 불측의 손해가 일어날 수 있다는 데 있다.

2. 적용범위

(1) 범위

민법 제187조는 '물권의 취득'이라고만 규정하고 있으나, 물권의 취득뿐만 아니라 소멸까지도 포함한다.

(2) 상속

부동산물권변동이 일어나는 시기는 피상속인이 사망하는 때이다. 포괄적 유증(대판 2003.5.27. 2000다73445)과 회사의 합병도 상속과 동일하므로 등기 없이 물권변동이 있게 된다.

(3) 공용징수

공익사업을 위하여 국민의 특정재산권을 법률의 힘에 의해서 강제적으로 취득하는 것이 공용징수이다. 수용절차에 있어서 공용징수는 기업자와 토지소유자의 합의에 의한 협의수용(공익사업법 제29조)과, 그러한 협의가 성립하지 않은 경우에 토지수용위원회의 재결로 성립하는 재결수용(동법 제30조)이 있다. 협의수용은 협의에서 정하여진 시기에, 재결수용은 재결에서 정한 수용의 개시 일에 물권의 변동이 있게 된다(동법 제45조 제1항). 수용에 의한 소유권이전등기는 등기권리자가 단독으로 신청하거나, 국가 또는 지방자치단체가 등기권리자인 때에는 등기를 촉탁하여야 한다(부등법 제99조).

(4) 판결

오직 형성판결만을 의미하며, 확인·이행판결은 포함되지 않는다(통설, 판례). 그리고 확정판결과 동일한 효력이 있는 재판상의 화해, 청구의 포기, 인낙을 조서에 기재하고 그 내용이 법률관계의 형성에 관한 것이면 민법 제187조의 판결에 포함된다(대판 1970.6.30. 70다568). 따라서 매매 등 법률행위를 원인으로 한 소유권이전등기절차 이행의 소에서의 원고승소판결은 부동산물권취득이라는 형성적 효력이 없어 민법 제187조 소정의 판결에 해당하지 않으므로 승소판결에 따른 소유권이전등기 경료 시까지는 부동산의 소유권을 취득한다고 볼 수 없다(대판 2003.9.2. 2001다21717). 매매를 원인으로 한 소유권이전등기청구의 경우 이는 의사의 진술을 명하는 소송으로 강제집행방법은 판결로 대용한다(제389조 제2항). 또한 본조에서 이른바 판결이라 함은 판결 자체에 의하여 부동산물권취득의 형성적 효력이 발생하는 경우를 말하는 것이고 당사자 사이에 이루어진 어떠한 법률행위를 원인으로 하여 부동산소유권이전등기절차의 이행을 명하는 것과 같은 내용의 판결 또는 소유권이전의 약정을 내용으로 하는 화해조서는 이에 포함되지 않는다(대판 1965.8.17. 64다1721). 그리고 공유물분할의 소송절차 또는 조정절차에서 공유자 사이에 공유토지에 관한 현물분할의 협의가 성립하여 그 합의사항을 조서에 기재함으로써 조정이 성립하였다고 하더라도 그 조정은 제187조의 판결에 포함되지 아니한다[1](대판 2013.11.21. 2011두1917 전합).

(5) 경매

경매에는 사인 사이에서 행하여지는 사경매와 국가기관이 행하는 공경매가 있다. 제187조에서 말하는 경매는 공경매를 의미하며, 여기에는 민사집행법의 집행절차에 의한 경매와 국세징수법에 의한 경매가 있다. 매수인이 매각 대금을 완납한 때(민집법 제135조, 제268조)에 소유권을 취득한다.

(6) 기타 법률의 규정에 의한 물권변동

'법률'이란 본래적 의미의 법률뿐만 아니라 관습법도 포함한다. 이러한 예로서 ① 신축건물의 소유권취득[2], ② 법정지상권의 취득, ③ 관습법상의 법정지상권의 취득(제305조, 제366조), ④ 법정저당권의 취득(제649조), ⑤ 분배농지의 상환완료에 의한 소유권취득, ⑥ 용익물권의 존속기간만료에 의한 소멸, ⑦ 피담보채권의 소멸에 의한 저당권의 소멸(제369조), ⑧ 법정대위에 의한 저당권의 이전(제368조, 제482조), ⑨ 혼동에 의한 물권의 소멸(제191조), ⑩ 소멸시효에 의한 물권의 소멸, ⑪ 목적물의 멸실(포락, 사건에 의한 물권소멸), ⑫ 법률행위의 무효·취소에 의한 물권의 복귀 등이 있다.

---

1) [다수의견] 공유물분할의 소송절차 또는 조정절차에서 공유자 사이에 공유토지에 관한 현물분할의 협의가 성립하여 그 합의사항을 조서에 기재함으로써 조정이 성립하였다고 하더라도, 그와 같은 사정만으로 재판에 의한 공유물분할의 경우와 마찬가지로 그 즉시 공유관계가 소멸하고 각 공유자에게 그 협의에 따른 새로운 법률관계가 창설되는 것은 아니고, 공유자들이 협의한 바에 따라 토지의 분필절차를 마친 후 각 단독소유로 하기로 한 부분에 관하여 다른 공유자의 공유지분을 이전받아 등기를 마침으로써 비로소 그 부분에 대한 대세적 권리로서의 소유권을 취득하게 된다고 보아야 한다.
[대법관 민일영의 반대의견] 공유물분할의 소에서 공유부동산의 특정한 일부씩을 각각의 공유자에게 귀속시키는 것으로 현물분할 하는 내용의 조정이 성립하였다면, 그 조정조서는 공유물분할판결과 동일한 효력을 가지는 것으로서 민법 제187조 소정의 '판결'에 해당하는 것이므로 조정이 성립한 때 물권변동의 효력이 발생한다고 보아야 한다.

2) 특히 판례는 "건물 신축의 공사가 진행되다가 독립한 부동산인 건물로서의 요건을 아직 갖추지 못한 단계에서 중지된 것을 제3자가 이어받아 계속 진행함으로써 별개의 부동산인 건물로 성립되어 그 소유권을 원시취득한 경우에 그로써 애초의 신축 중 건물에 대한 소유권을 상실한 사람은 민법 제261조, 제257조, 제259조를 준용하여 건물의 원시취득자에 대하여 부당이득 관련 규정에 기하여 그 소유권의 상실에 관한 보상을 청구할 수 있다(대판 2010.2.25. 2009다83933)."고 한다.

3. 제187조 단서

제187조에 의하여 물권을 취득하였어도, 그 취득을 등기하지 않는 한 목적물에 관한 물권을 처분할 수 없다. 여기서 처분이라 함은 법률행위에 의한 처분을 말하는 것이며, 이에 위반한 처분은 무효이다. 즉, 제3자는 물권을 취득할 수 없으며, 이를 목적으로 한 채권계약은 여전히 유효하기 때문에 채무불이행의 문제가 발행하게 된다.

제4절 동산물권의 변동

Ⅰ. 법률행위에 의한 동산물권변동

1. 형식주의의 원칙

> 제188조(동산물권양도의 효력, 간이인도) ① 동산에 관한 물권의 양도는 그 동산을 인도하여야 효력이 생긴다.
> ② 양수인이 이미 그 동산을 점유한 때에는 당사자의 의사표시만으로 그 효력이 생긴다.

2. 법률행위에 의한 물권변동의 요소

(1) 동산에 대한 물권적 합의의 성립 시기

의사 해석의 문제이지만, 통상 대금이 완납되고 물건이 구체적으로 특정되어 양도인이 점유이전의 준비를 완료한 때라고 해석한다(대판 1991.3.22. 91다70).

(2) 현실의 인도

물건의 인도가 이루어졌는지 여부는 사회관념상 목적물에 대한 양도인의 사실상 지배인 점유가 동일성을 유지하면서 양수인의 지배로 이전되었다고 평가할 수 있는지 여부에 달려있는 것인바, 현실의 인도가 있었다고 하려면 양도인의 물건에 대한 사실상의 지배가 동일성을 유지한 채 양수인에게 완전히 이전되어 양수인은 목적물에 대한 지배를 계속적으로 확고하게 취득하여야 하고, 양도인은 물건에 대한 점유를 완전히 종결하여야 한다(대판 2003.2.11. 2000다66454).

(3) 간이인도

예를 들어 甲이 乙에게 사용대차 한 오토바이를 乙에게 매각하는 경우 甲이 乙에게 소유권이전의 의사표시를 하는 것만으로 乙은 인도를 받은 것이 된다. 즉 乙은 甲에게 오토바이를 반환하고 다시 甲으로부터 현실의 인도를 받을 필요가 없는 것이다.

(4) 인도주의의 예외

1) 부동산등기에 의하여 공시되는 동산

부동산의 종물인 동산은, 그 부동산이 소유권 또는 저당권의 목적으로 된 경우 따로 인도를 필요로 하지 않고 등기에 의해 물권변동의 효력이 생긴다. 재단을 구성하는 동산이 특별법에 의한 재단저당의 목적이 된 때에도 이와 마찬가지이다.

2) 등기·등록으로 공시되는 동산

상법상 등기를 필요로 하는 선박은 등기를 하여야만 제3자에게 대항할 수 있다. 그리고 자동차와 항공기의 소유권 및 이를 목적으로 하는 저당권의 득실·변경은 등록을 하여야 그 효력이 발생한다.

3) 선하증권·화물상환증·창고증권

증권의 인도는 이에 의하여 표상되는 상품 그 자체의 인도와 동일한 효력을 가진다.

3. 점유개정

> 제189조(점유개정) 동산에 관한 물권을 양도하는 경우에 당사자의 계약으로 양도인이 그 동산의 점유를 계속하는 때에는 양수인이 인도받은 것으로 본다.

(1) 의의 및 예

양도인이 물건을 양도하면서 양수인과의 사이에 점유매개관계를 설정함으로써 양수인에게 간접점유를 취득시키고 양도인은 점유매개자가 되어 점유를 계속하는 경우를 말한다. 예를 들어 매도인이 목적물을 매각한 후 그 목적물을 다시 임차, 사용대차, 수치하여 계속 점유하는 경우가 이에 해당한다.

(2) 점유매개관계

이미 양수인이 목적물을 점유하고 있는 간이인도와는 달리 점유개정은 간접점유를 취득케 하는 점유매개관계가 존재하여야 한다. 제189조의 문언상 점유매개관계는 계약에 의하여 설정되지만 법률의 규정에 의해서도 설정될 수 있다. 예를 들어 친권자가 자녀에게 동산을 증여하고 친권자가 자녀를 위하여 그 동산을 계속해서 보관하는 경우가 이에 속한다.

(3) 점유개정에 의한 이중 양도

점유개정에 의한 동산소유권 이중양도 시 양수인 간에는 먼저 현실의 인도를 받아 점유를 한 자가 소유권을 취득한다고 하고(대판 1989.10.24. 88다카26802), 양수인 중 한 사람이 처분금지가처분집행을 하고 그 동산의 인도를 명하는 판결을 받은 경우에는 다른 양수인이 위 가처분집행 후에 양도인으로부터 그 동산을 현실로 인도받아 점유를 승계하였더라도 그 동산을 선의취득한 것이 아닌 한, 소유권을 취득할 수 없다(대판 1989.10.24. 88다카26802). 그리고 점유개정에 의한 인도는 양수인이 선의취득을 위하여 점유를 인도하는 방법으로 볼 수 없다.

(4) 점유개정에 의한 이중양도담보

금전채무를 담보하기 위하여 채무자가 그 소유의 동산을 채권자에게 양도하되 점유개정의 방법으로 인도하고 채무자가 이를 계속 점유하기로 약정한 경우 특별한 사정이 없는 한 그 동산의 소유권은 신탁적으로 이전되는 것에 불과하여, 채권자와 채무자 사이의 대내적 관계에서는 채무자가 소유권을 보유하나 대외적인 관계에서의 채무자는 동산의 소유권을 이미 채권자에게 양도한 무권리자가 되는 것이어서 다시 다른 채권자와 사이에 양도담보설정계약을 체결하고 점유개정의 방법으로 인도하더라도 선의취득이 인정되지 않는 한 나중에 설정계약을 체결한 채권자로서는 양도담보권을 취득할 수 없는데, 현실의 인도가 아닌 점유개정의 방법으로는 선의취득이 인정되지 아니하므로 결국 뒤의 채권자는 적법하게 양도담보권을 취득할 수 없다(대판 2005.2.18. 2004다37430).

4. 목적물반환청구권의 양도

> 제190조(목적물반환청구권의 양도) 제3자가 점유하고 있는 동산에 관한 물권을 양도하는 경우에는 양도인이 그 제3자에 대한 반환청구권을 양수인에게 양도함으로써 동산을 인도한 것으로 본다.

(1) 의의

목적물반환청구권의 양도란 양도인이 목적물의 간접점유자이고 제3자가 이를 직접점유하고 있는 경우에 양도인이 제3자에 대한 반환청구권을 양수인에게 양도함으로써 소유권이 이전되는 것을 말한다. 예를 들어 甲이 乙에게 빌려준 오토바이를 丙에게 매도하면서 丙에게 乙에 대한 반환청구권을 양도하면 丙은 인도를 받은 것으로 된다. 즉 제3자의 직접 점유하에 놓여 있는 목적물을 임대차와 같이 양도인의 간접점유를 발생하게 한 법률관계를 소멸시키지 아니한 채 양도할 수 있는 방법이다.

(2) 목적물반환청구권의 성질

채권적 청구권을 의미하고, 민법 제213조 소정의 물권적 청구권은 포함하지 않는다(통설). 물권적 청구권은 물권의 효력으로서 물권에 기해서 발생하는 것이므로, 물권이 이전되기 전에는 물권과 분리하여 양도할 수 없기 때문이다(대판 1980.9.9. 80다7).

(3) 채권양도규정의 준용

양도인이 소유자로부터 보관을 위탁받은 주권을 제3자에게 보관시킨 경우에 반환청구권의 양도에 의하여 주권의 선의취득에 필요한 요건인 주권의 점유를 취득하였다고 하려면, 양도인이 그 제3자에 대한 반환청구권을 양수인에게 양도하고 지명채권 양도의 대항요건을 갖추어야 한다(대판 2000.9.8. 99다58471).

(4) 목적물반환청구권의 양도와 선의취득

양도인이 소유자로부터 보관을 위탁받은 동산을 제3자에게 보관시킨 경우에 양도인이 그 제3자에 대한 반환청구권을 양수인에게 양도하고 지명채권 양도의 대항요건을 갖추었을 때에는 동산의 선의취득에 필요한 점유의 취득 요건을 충족한다(대판 1999.1.26. 97다48906).

Ⅱ. 무권리자로부터의 취득(선의취득)

> 제249조(선의취득) 평온, 공연하게 동산을 양수한 자가 선의이며 과실 없이 그 동산을 점유한 경우에는 양도인이 정당한 소유자가 아닌 때에도 즉시 그 동산의 소유권을 취득한다.

1. 의의

민법은 부동산등기에는 공신력은 인정하지 않으나, 동산의 점유에는 공신력을 인정하고 있다. 그 결과 동산물권은 무권리자로부터도 유효하게 취득될 수 있는데 이를 선의취득이라고 한다. 예를 들어 乙이 甲 소유의 동산을 임차하여 점유하던 중 乙을 소유자로 믿고 丙이 乙로부터 그 동산을 매수한 경우에 丙은 일정한 요건하에 완전한 소유권을 취득하게 된다. 이의 취지는 거래의 안전과 신속을 위하여 권리외관을 신뢰한 자를 보호해야 한다는데 있다.

2. 요건

(1) 객체에 관한 요건

1) 원칙

선의취득의 객체는 동산이어야 한다. 그러므로 지상권·저당권과 같은 부동산에 대한 권리는 선의취득의 대상이 될 수 없다.

2) 문제되는 경우

① 금전(통화 또는 화폐)

가치의 표상으로 유통되는 금전은 선의취득이 대상이 아니다. 금전에 대해서는 점유 있는 곳에 소유권도 있다고 보아야 하므로, 타인의 금전을 점유·소비한 경우에는 원칙적으로 부당이득반환청구권의 문제로 될 뿐이다. 다만, 고유한 의미의 금전으로서가 아니라 단순한 물건으로서 거래되는 경우에는 선의취득에 관한 규정이 적용된다.

② 등기·등록으로 공시되는 동산

선박·자동차·항공기·건설기계 등과 같이 등기·등록을 갖춘 동산을 성질상 동산이지만, 법률상 부동산과 같이 취급되므로 선의취득의 목적이 될 수 없다.

> **판례** 자동차에 관한 선의취득
>
> 자동차관리법 제6조는 "자동차 소유권의 득실변경은 등록을 하여야 그 효력이 생긴다."라고 규정하고 있다. 이는 현대사회에서 자동차의 경제적 효용과 재산적 가치가 크므로 민법상 불완전한 공시방법인 '인도'가 아니라 공적 장부에 의한 체계적인 공시방법인 '등록'에 의하여 소유권 변동을 공시함으로써 자동차 소유권과 이에 관한 거래의 안전을 한층 더 보호하려는 데 취지가 있다. 따라서 <u>자동차관리법이 적용되는 자동차의 소유권을 취득함에는 민법상 공시방법인 '인도'에 의할 수 없고 나아가 이를 전제로 하는 민법 제249조의 선의취득 규정은 적용되지 아니함이 원칙이다. 자동차관리법이 적용되는 자동차에 해당하더라도 구조와 장치가 제작 당시부터 자동차관리법령이 정한 자동차안전기준에 적합하지 아니하여 행정상 특례조치에 의하지 아니하고는 적법하게 등록할 수 없어서 등록하지 아니한 상태에 있고 통상적인 용도가 도로 외의 장소에서만 사용하는 것이라는 등의 특별한 사정이 있다면</u> 그러한 자동차에 대하여 자동차관리법이 정한 공시방법인 '등록'에 의하여만 소유권 변동을 공시할 것을 기대하기는 어려우므로, 소유권을 취득함에는 민법상 공시방법인 '인도'에 의할 수도 있다. 그리고 <u>이때는 민법 제249조의 선의취득 규정이 적용될 수 있다</u>(대판 2016.12.15. 2016다205373).

③ 명인방법에 의하여 공시되는 지상물

수목의 집단·입도·미분리의 과실은 토지의 일부이거나 토지의 구성부분에 불과하고 명인방법에 의해 공시될 수 있으므로 선의취득의 객체가 되지 못한다. 다만 토지로부터 벌채·분리된 입목은 선의취득의 목적이 될 수 있다.

④ 증권적 채권

지시채권·무기명채권 기타 유가증권은 가치가 화체된 증권으로서 보통의 동산과 다르고 또한 이에 대해서는 특별규정이 있으므로(제514조, 제524조), 그에 따른 선의취득이 인정될 뿐 동산의 선의취득에 관한 규정이 적용되지는 아니한다.

⑤ 양도가 금지되어 있는 물건

예를 들어 국유문화재처럼 법률상 양도 및 사권설정이 금지된 경우나 아편·아편흡식기구, 음란한 문서·도서 기타의 물건, 위조·변조한 통화와 그 종류물 등과 같이 소유 또는 소지가 금지되는 것은 선의취득의 대상이 될 수 없다.

⑥ 증권에 의하여 표상되는 동산

화물상환증·창고증권·선하증권과 같이 증권에 의하여 표상되는 동산은 증권의 배서·교부에 의하여 인도되지만, 만일 창고업자·운송업자가 증권 없이 물건을 처분한 경우에 상대방은 그 물건을 선의취득한다. 이 경우에 증권 자체의 선의취득도 가능하므로, 양자의 선의취득이 경합하는 때에는 물건의 선의취득이 우선하게 된다.

⑦ 부동산등기에 의하여 공시된 동산

공장저당권의 효력이 미치는 공장설비동산이 제3취득자에게 인도된 경우에는 선의취득의 대상이 된다(공장저당법 제9조 제2항). 따라서 재단을 조성하여 재단목록에 기재된 동산에 대해서도 동일하게 해석해야 한다. 또한 부동산의 종물로서 그 주물인 부동산의 등기에 의하여 공시되는 동산도 선의취득의 대상이 된다.

(2) 양도인(前主)에 관한 요건

1) 양도인이 목적물을 점유하고 있었을 것

선의취득제도의 취지가 무권리자의 점유를 신뢰하여 이와 거래한 자를 보호하는데 있으므로 양도인이 목적물을 점유하고 있었을 것이 요구된다. 여기서 점유라 함은 직접점유이든 간접점유이든, 자주점유이든 타주점유이든 상관없다. 그리고 점유보조자가 점유물을 처분한 경우에도 취득자의 선의취득이 인정되어야 한다.

2) 양도인이 무권리자일 것

양도인이 무권리자라 함은 '동산의 소유권 또는 처분권한이 없는 자'를 말한다. 예를 들어 소유자로서 동산을 처분한 자가 실제로는 임차인·수치인 등에 불과한 경우나, 타인의 동산을 자기 이름으로 처분할 권한을 가졌다고 하는 자가 실제로는 그러한 처분권한이 없는 경우가 이에 해당한다. 그리고 소유권이 없는 경우뿐 아니라 처분권이 없는 경우도 포함된다. 예를 들어 가압류된 동산을 소유자가 타인에게 매도한 경우 선의취득이 가능하다(대판 1966.11.22. 66다1545). 파산한 소유자가 그 소유 동산을 양도하거나, 공유자가 다른 공유자의 동의 없이 공유물을 매도하거나, 양도담보설정자가 양도담보권자의 동의 없이 동산을 양도한 경우도 이에 해당한다. 또한 대리인의 경우에는 두가지로 나누어 보아야 한다. 즉, 대리권은 있지만 그 물건이 본인의 소유에 속하지 않는 경우에는 선의취득이 가능하다. 그러나 무권대리인이 본인 소유의 물건을 처분한 경우에는 선의취득이 부정된다(통설). 선의취득은 거래행위 자체는 유효한 것을 전제로 하기 때문이다.

(3) 양수인(신의취득자)에 관한 요건

1) 동산물권취득에 관한 유효한 거래행위

① 동산물권에 관한 것일 것

동산물권은 실제로 소유권과 질권에 한한다(제343조, 제249조). 즉 유치권은 법률상 당연히 성립하는 권리라는 점에서, 그리고 점유권은 물건에 대한 사실적 지배관계로부터 당연히 발생하는 권리라는 점에서 선의취득과는 무관하기 때문이다. 선의취득은 동산'물권'에 국한되는 것이므로, 동산에 관한 채권을 취득하는 행위에 대해서는 적용될 여지가 없다.

② 거래행위가 있을 것

선의취득은 거래의 안전을 보호하기 위하여 인정되는 제도이므로 그 대상으로서 거래행위가 존재하여야 한다. 거래행위라 함은 매매, 질권 설정, 변제를 위한 급부, 소비대차의 이행으로서의 급부 등과 같은 동산의 소유권과 질권에 관한 처분행위를 말한다. 또한 공경매의 경우에도 실질이 매매여서 거래행위에 해당하므로, 선의취득이 인정된다(대판 1998.6.12. 98다6800). 그리고 선의취득은 개별적인 거래를 보호하는 제도이므로, 특정승계에 국한된다. 따라서 상속·합병 등의 포괄승계의 경우에는 인정되지 않는다.

③ 거래행위가 유효할 것

선의취득의 제도적 취지가 거래의 안전을 보호하는 데 있으므로, 그 대상으로서의 거래행위가 완전·유효할 것을 전제로 한다. 그러므로 거래 당사자에게 제한능력, 대리권의 흠결, 착오, 사기, 강박 등의 사유가 있어 거래행위가 취소되거나 무효로 되는 경우에는 선의취득이 적용될 여지가 없다. 다만 이 경우에는 거래의 안전과 관련해서 제한능력자의 상대방보호(제15조), 무권대리인의 상대방의 보호문제(제125조 이하)로서 결과적으로 선의취득과 동일한 결과를 가져온다.

2) 평온·공연·선의·무과실에 의한 선의취득

① 의의

양도인이 무권리자인 것을 알지 못한 것을 말하고, 무과실이란 알지 못한 것에 대하여 과실이 없음을 말한다. 양수인은 물권행위 시에는 물론 인도 시에도 선의·무과실이어야 한다. 평온·공연이란 거래의 과정에 관한 것으로서, 일반적으로 점유자는 선의로 평온·공연하게 점유하는 것으로 추정된다(제197조 제1항).

② 무과실의 추정

무과실에 관한 추정규정이 없으므로 선의취득자에게 무과실에 관한 증명책임이 있다(대판 1962.3.22. 4294민상1174).

③ 기준 시점

민법 제249조가 규정하는 선의 무과실의 기준시점은 물권행위가 완성되는 때인 것이므로 물권적 합의가 동산의 인도보다 먼저 행하여지면 인도된 때를, 인도가 물권적 합의보다 먼저 행하여지면 물권적 합의가 이루어진 때를 기준으로 해야 한다(대판 1991.3.22. 91다70).

④ 양수인이 점유를 취득하였을 것 - 점유개정의 경우

거래에 의하여 취득자가 점유를 취득하게 되는 방법으로서 현실의 인도, 간이인도, 목적물반환청구권의 양도가 인정된다. 이 경우 점유개정에 의한 점유취득의 경우도 선의취득을 인정할 것인가가 문제된다. 점유개정에 의한 점유취득을 인정하는 견해(김기선)가 있지만, 통설[1]과 판례는 이를 부정한다(대판 1964.5.5. 63다775). 즉, 동산의 선의취득에 필요한 점유의 취득은 현실적 인도가 있어야 하고 점유개정에 의한 점유취득만으로서는 그 요건을 충족할 수 없다(대판 1978.1.17. 77다1872). 양도인이 소유자로부터 보관을 위탁받은 동산을 제3자에게 보관시킨 경우에 양도인이 그 제3자에 대한 반환청구권을 양수인에게 양도하고 지명채권양도의 대항요건을 갖추었을 때에는 동산의 선의취득에 필요한 점유의 취득요건을 충족한다(대판 1999.1.26. 97다48906).

---

1) ① 점유개정은 관념적 점유이전방법 중에서 가장 불명확한 것이라는 점, ② 외부에서 거래행위의 존재를 전혀 인식할 수 없다는 점, ③ 동일인에 대하여 신뢰를 기초로 동산을 맡겨 놓은 진정한 권리자와 제3자 중에서는 전자가 우선적으로 보호되어야 한다는 점에서 점유개정에 의한 선의취득을 부정한다.

3. 효과

(1) 물권의 취득

취득되는 물권은 소유권과 질권에 한한다. 선의취득에 의한 물권취득은 확정적이기 때문에 취득자가 임의로 선의취득효과를 거부하고 종전 소유자에게 동산을 반환받아갈 것을 요구할 수 없으며(대판 1998.6.12. 98다6800), 양도인 또한 무효를 주장할 수 없다. 양도인이 무권리자임에도 불구하고 양수인은 법률규정에 의하여 권리를 원시취득한다. 따라서 종전 소유자에게 존재했던 제한은 선의취득과 더불어 소멸한다(통설).

(2) 부당이득과의 관계

甲 소유의 물건을 무권리자 乙이 丙에게 처분한 경우, 보통 甲은 乙에 대하여 부당이득반환청구권을 행사할 수 있다. 그런데 여기서 나아가 甲이 丙을 수익자로 보고 부당이득반환청구권을 행사할 수 있는 지가 문제된다. 통설은 丙이 유상취득인 경우 이를 부정해야 하고, 무상인 경우 독일민법 제816조 제1항 2문을 근거로 부당이득반환의무를 인정하는 것이 타당하다고 본다(김상용, 김증한·김학동, 이영준).

4. 도품 및 유실물에 관한 특칙(제250조, 제251조)

> 제250조(도품, 유실물에 대한 특례) 전조의 경우에 그 동산이 도품이나 유실물인 때에는 피해자 또는 유실자는 도난 또는 유실한 날로부터 2년 내에 그 물건의 반환을 청구할 수 있다. 그러나 도품이나 유실물이 금전인 때에는 그러하지 아니하다.

(1) 의의

도품·유실물의 경우에 제3자가 선의취득의 요건을 갖추고 있더라도, 피해자 또는 유실자는 도난 또는 유실한 날로부터 2년 내에 점유자에 대하여 그 물건의 반환을 청구할 수 있다. 그러나 도품이나 유실물이 금전인 때에는 그 반환을 청구하지 못한다.

(2) 적용범위

1) 도품 또는 유실물

도품이라 함은 절도 또는 강도에 의하여 점유자의 의사에 반해서 그의 점유를 박탈당한 물건이고, 유실물은 점유자의 의사에 의하지 않고 그의 점유를 이탈한 물건으로 도품이 아닌 것을 말한다. 점유상실은 점유자의 의사에 기하지 아니하거나 그 의사에 반하여 점유를 이탈한 것을 말한다. 이 경우에 의사라 함은 법률행위의 의사가 아닌 점유의 성립에 요구되는 것과 같은 사실상의 자연적 의사이다. 그리고 점유이탈물인지 여부는 직접점유자의 의사를 표준으로 결정하여야 한다. 제3자에게 도품·유실물이 전전 양도된 경우에도 도품·유실물의 성질은 유지되므로 본조가 적용된다.

2) 사기·공갈·횡령

예를 들어 권리자를 기망하여 물건의 점유를 취득한 경우에는 그의 의사에 의하여 점유가 이전된 것이므로 본조의 적용이 없다. 그리고 공갈·횡령에 의한 경우에도 도품·유실물이 아니므로 본조의 적용은 없다(대판 1957.6.22. 4289민상428). 그리고 민법 제250조, 제251조 소정의 도품, 유실물이란 원권리자로부터 점유를 수탁한 사람이 적극적으로 제3자에게 부정처분한 경우와 같은 위탁물 횡령의 경우는 포함되지 아니하고 또한 점유보조자 내지 소지기관의 횡령처럼 형사법상 절도죄가 되는 경우도 형사법과 민사법의 경우를 동일시해야 하는 것은 아닐 뿐만 아니라 진정한 권리자와 선의의 거래 상대방 간의 이익형량의 필요성에 있어서 위탁물 횡령의 경우와 다를 바 없으므로 이 역시 민법 제250조의 도품·유실물에 해당되지 않는다(대판 1991.3.22. 91다70).

(3) 특칙의 내용

1) 당사자

'반환청구권자'는 피해자 또는 유실자이다. 그리고 직접점유자가 반환청구권을 가지는 경우에 그 간접점유자인 원소유자도 반환청구권을 가진다. '반환청구의 상대방'은 도품 또는 유실물을 현재 점유하고 있는 자이다. 목적물을 직접 도인 또는 습득자로부터 취득한 자뿐만 아니라, 습득자로부터 특정승계한 자도 포함된다.

2) 반환청구 기간

도난 또는 유실한 날로부터 2년이다[1]. 기산점인 도난의 시기에 관해서는 절취행위성립 시인지 피해자의 점유를 이탈한 때인지가 문제될 수 있으나, 피해자의 점유이탈시라고 하여야 한다.

3) 소유권귀속의 문제

도품·유실물이라 하더라도 취득과 동시에 일단 소유권은 선의취득자에게 귀속하고, 원소유자는 2년간 그 반환을 청구할 수 있을 뿐이다(통설).

5. 특칙의 특칙: 대가의 변상

> 제251조(도품, 유실물에 대한 특례) 양수인이 도품 또는 유실물을 경매나 공개시장에서 또는 동종류의 물건을 판매하는 상인에게서 선의로 매수한 때에는 피해자 또는 유실자는 양수인이 지급한 대가를 변상하고 그 물건의 반환을 청구할 수 있다.

(1) 내용

선의취득자가 도품·유실물을 경매나 공개시장에서 또는 같은 종류의 물건을 판매하는 상인으로부터 매수한 때에는 피해자 또는 유실자는 선의취득자가 실제로 지급한 대가를 변상하여야 그 물건의 반환을 청구할 수 있다.

---

[1] 이 기간의 성질에 관하여 반환청구권의 성질이 형성권이 아니라 청구권이므로 시효기간으로 보아야 한다는 견해(곽윤직), 제250조의 제도를 둔 취지와 관련해서 시효중단을 인정한다거나, 법원의 직권에 의한 권리소멸을 부인하는 것이 타당하지 않으므로 제척기간으로 해석하는 견해(이영준)가 대립된다.

(2) 경매 또는 상인으로부터의 매수

제251조는 경매·매매 이외의 유상계약(예 교환)에 관하여도 유추적용 된다.

(3) 무과실 요건

제251조는 제249조와 달리 양수인이 선의임에 무과실일 것을 명문으로 요구하지 않지만, 민법 제251조는 민법 제249조와 제250조를 전제로 하고 있는 규정이므로 무과실도 당연한 요건이라고 해석하여야 한다(대판 1991.3.22. 91다70).

(4) 대가변상청구권의 성질

민법 제251조의 규정은 선의취득자에게 그가 지급한 댓가의 변상을 받을 때까지는 그 물건의 반환청구를 거부할 수 있는 항변권만을 인정한 것이 아니고 피해자가 그 물건의 반환을 청구하거나 어떠한 원인으로 반환을 받은 경우에는 그 대가변상의 청구권이 있다는 취지이다(대판 1972.5.23. 72다115).

제5절 물권의 소멸

I. 목적물의 멸실

1. 의의

물건이 멸실되면 물권은 당연히 소멸된다. 그러나 물건이 일부 멸실되었다면 그 물건의 동일성이 유지되는 한 물권은 물건에 존속한다.

> **판례** 포락, 토지와 해면을 정하는 기준
>
> 1. 토지소유권의 상실 원인이 되는 포락의 인정 요건인 '원상회복이 불가능한 때'의 의미 및 판단 기준
>   [1] 토지소유권의 상실 원인이 되는 포락이라 함은 토지가 바닷물이나 적용 하천의 물에 개먹어 무너져 바다나 적용하천에 떨어져 그 원상복구가 불가능한 상태에 이르렀을 때를 말하고, 그 원상회복의 불가능 여부는 포락 당시를 기준으로 하여 물리적으로 회복이 가능한지 여부를 밝혀야 함은 물론, 원상회복에 소요될 비용, 그 토지의 회복으로 인한 경제적 가치 등을 비교 검토하여 사회통념상 회복이 불가능한지 여부를 기준으로 하여야 하는 것으로서, 복구 후 토지가액보다 복구공사비가 더 많이 들게 되는 것과 같은 경우에는 특별한 사정이 없는 한 사회통념상 그 원상복구가 불가능하게 되었다고 볼 것이며, 또한 원상복구가 가능한지 여부는 포락 당시를 기준으로 판단하여야 하므로 그 이후의 사정은 특별한 사정이 없는 한 이를 참작할 여지가 없는 것이다.
>   [2] 포락 당시를 기준으로 포락된 토지에 대한 복구비용이 복구 후의 토지가액보다 많이 드는지 여부를 판단함에 있어 장래 대규모 개발사업으로 토지가액이 상승할 가능성이 있다는 사정을 참작할 수는 없다(대판 2000.12.8. 99다11687).

> 2. 토지와 해면의 경계선을 정하는 기준(= 토지 일대의 약최고만조위) 및 포락된 토지가 다시 성토된 경우 종전의 소유자가 다시 소유권을 취득하는지 여부(소극)
> [1] 지적법 시행령 제26조 제1항은 "경계를 새로이 정하기 위하여 토지의 구획이 되는 지형, 지물 또는 지상구조물을 경계로 설정할 때에는 다음 각 호의 기준에 따라야 한다"고 규정하고, 그 제3호에서 "토지가 해면에 접하는 경우에는 최대만조위가 되는 선"을 규정하고 있으므로, 토지와 해면의 경계선은 그 토지 일대의 약최고만조위(해면이 가장 많이 올라간 상태)를 기준으로 삼아야 하고, 소조평균만조위(소조 때의 평균조수 높이)를 토지와 해면의 경계선으로 삼아야 한다거나, 토지가 항상 해면 아래에 있어야만 포락을 인정할 수 있다고는 할 수 없다.
> [2] 한번 포락되어 해면 아래에 잠김으로써 복구가 심히 곤란하여 토지로서의 효용을 상실하면 종전의 소유권이 영구히 소멸되고, 그 후 포락된 토지가 다시 성토되어도 종전의 소유자가 다시 소유권을 취득할 수는 없다(대판 1992.9.25. 92다24677).

2. 변형물의 경우

(1) 원칙

멸실된 물건이 물질적 변형물이 남아 있는 경우에는 물권의 효력은 원칙적으로 물질적 변형물 위에 미친다. 그러나 가치적 변형물이 남아 있는 경우에는 소유권, 용익물권은 그 효력이 미치지 않는다.

(2) 예외 - 물상대위

> 제342조(물상대위) 질권은 질물의 멸실, 훼손 또는 공용징수로 인하여 질권설정자가 받을 금전 기타 물건에 대하여도 이를 행사할 수 있다. 이 경우에는 그 지급 또는 인도전에 압류하여야 한다.
> 제370조(준용규정) 제214조, 제321조, 제333조, 제340조, 제341및 제342조의 규정은 저당권에 준용한다.

물건의 교환가치의 지배를 내용으로 하는 담보물권은 가치적 변형물에 그 효력이 미친다(제342조, 제370조). 이를 물상대위(物上代位)라고 한다.

Ⅱ. 소멸시효

1. 대상

채권 및 소유권 이외의 재산권은 20년간 행사하지 아니하면 소멸시효가 완성하므로(제162조 제2항), 물권도 소멸시효에 걸릴 수 있다. 하지만 점유권(제192조)·유치권(제320조)·담보물권은 성질상 소멸시효에 걸리지 않으므로, 소멸시효 대상이 되는 것은 지상권·지역권·전세권[1] 등이다.

2. 효과

민법의 문언상 시효기간이 완성되면 권리는 절대적으로 소멸하므로 등기의 말소를 기다리지 않고 그 효력이 바로 발생한다고 본다[2](곽윤직, 대판 1966.1.31. 65다2445).

---

[1] 다만 전세권은 10년을 넘지 못하고, 갱신을 해도 전체적으로는 20년을 넘지 못하므로(제312조) 20년의 소멸시효에 걸리는 일은 없다고 볼 수 있다.
[2] 소멸시효가 완성되어도 의무자에게 시효원용권이 생길 뿐이라는 상대적 소멸설은 말소등기를 한 때에 비로소 권리가 소멸된다고 본다(김상용, 김증한 등).

Ⅲ. 물권의 포기

1. 의의

물권의 포기란 물권자가 자기의 물권을 포기한다는 의사표시를 하는 물권적 단독행위이다. 특히 소유권·점유권의 포기는 상대방 없는 단독행위이지만, 제한물권의 포기는 상대방 있는 단독행위이다.

2. 물권의 포기와 형식주의와의 관계

(1) 부동산 물권의 포기

① 통설은 부동산 물권의 포기는 등기를 하여야 효력을 발생한다고 보지만, ② 물권에 관한 의사표시는 형성권의 행사로써 말소등기 없이 소멸의 효과가 발생한다는 견해(이영준)도 있다.

(2) 동산 물권의 포기

물권을 포기하는 의사표시와 사실상의 점유포기가 필요하다.

3. 제한 및 한계

(1) 원칙

물권의 포기는 자유롭게 할 수 있는 것이 원칙이다.

(2) 예외

부동산에 대해 제한물권이 설정되어 있는 경우 소유권자는 제한물권자의 동의 없이 그 부동산소유권을 포기할 수 없다. 그리고 지상권 또는 전세권이 저당권의 목적인 경우에는 저당권자의 동의 없이 그 지상권 또는 전세권을 포기하지 못한다(제371조 제2항).

Ⅳ. 물권의 혼동

> 제191조(혼동으로 인한 물권의 소멸) ① 동일한 물건에 대한 소유권과 다른 물권이 동일한 사람에게 귀속한 때에는 다른 물권은 소멸한다. 그러나 그 물권이 제3자의 권리의 목적이 된 때에는 소멸하지 아니한다.
> ② 전항의 규정은 소유권이외의 물권과 그를 목적으로 하는 다른 권리가 동일한 사람에게 귀속한 경우에 준용한다.
> ③ 점유권에 관하여는 전2항의 규정을 적용하지 아니한다.

1. 의의

혼동이라 함은 서로 대립하는 두 개의 법률적 지위 또는 자격이 동일인에게 귀속하는 것을 말한다. 이러한 경우에 이 두 개의 지위를 존속시키는 것은 무의미하므로 어느 한쪽은 다른 한쪽에 흡수되어 소멸하는 것이 원칙이다. 다만 소멸될 권리가 제3자의 권리의 목적이 되어 있어서 그 권리를 유지시켜야 할 특별한 이유가 있는 때에는 예외적으로 존속시켜야 할 것이다. 혼동은 물권과 채권의 공통된 소멸사유이다.

2. 소유권과 제한물권의 혼동

(1) 내용

동일물에 대한 소유권과 제한물권이 동일인에게 귀속하는 경우에는 그 제한물권은 소멸하는 것이 원칙이다. 그러나 제한물권이 제3자의 권리의 목적이 된 때, 또는 본인 또는 제3자의 이익을 위해 제한물권이 존속해야 할 필요가 있는 경우에는 혼동에 의한 소멸은 인정되지 않는다.

(2) 판례

> **판례** 혼동 관련 판례
>
> **1. 저당권의 혼동 및 부활**
>
> 어느 부동산에 대하여 근저당권을 취득한 자가 근저당권설정자로부터 그 부동산을 매수하여 소유권이전등기를 경료하면 근저당권은 혼동으로 소멸되나 후에 소유권이전등기가 원인무효가 되면 소멸하였던 근저당권은 당연히 부활된다[1](대판 1971.8.31. 71다1386). 혼동으로 소멸한 저당권의 부활문제로서 혼동의 원인이 되었던 매매계약이 무효, 취소, 해제되면 혼동이 생기지 않았던 것으로 된다.
>
> **2. 물권이 제3자의 권리의 목적이 된 때**
>
> 하나의 물건에 대한 소유권과 제한물권이 한 사람에게 돌아갔을 때는 그 제한물권은 소멸하는 것이 원칙이나 그 물권이 제3자의 권리목적으로 되어 있고 또 제3자의 권리가 혼동된 제한물권보다 아래 순위에 있을 때에는 혼동된 제한물권이 소멸된다고 하면 제3자는 부당한 이득을 보게 되고 본인은 손해를 보게 되는 부당한 결과를 가져오게 되므로 이러한 경우에는 예외적으로 혼동된 제한물권이 소멸되지 아니한다고 하는 것이 타당하다(대판 1962.5.3. 62다98). 따라서 주택에 선순위임차권이 있고, 후순위저당권자의 경매신청에 의하여 선순위임차인이 경락을 받은 경우라도 후순위저당권의 순위승진을 저지시켜야 하므로 선순위 임차권은 혼동으로 소멸하지 않는다(대판 2001.5.15. 2000다12693).
>
> **3. 물권과 채권의 혼동**
>
> 가등기를 경료한 가등기권자가 그 가등기와는 상관없이 소유권이전등기를 넘겨받은 경우, 그 가등기에 기한 본등기절차의 이행을 구할 수 있다(대판 1995.12.26. 95다29888). 즉 토지를 乙에게 명의신탁하고 장차의 소유권이전의 청구권 보전을 위하여 자신의 명의로 가등기를 경료한 甲이 乙에 대하여 가지는 가등기에 기한 본등기청구권은 채권으로서, 甲이 乙을 상속하거나 乙의 가등기에 기한 본등기 절차 이행의 의무를 인수하지 아니하는 이상, 甲이 가등기에 기한 본등기 절차에 의하지 아니하고 乙로부터 별도의 소유권이전등기를 경료 받았다고 하여 혼동의 법리에 의하여 甲의 가등기에 기한 본등기청구권이 소멸하는 것은 아니다.
>
> **4. 양도담보와 혼동**
>
> 원고가 피고 甲, 乙로부터 금원을 차용함에 있어 그 담보조로 원고 소유 부동산에 관하여 지상권설정등기를 경료한 후 다시 위 피고들을 포함한 6인으로부터 금원을 차용하면서 양도담보를 내용으로 하는 제소전화해조서의 집행에 의하여 같은 부동산에 관하여 피고 甲, 乙을 포함한 6인 공동명의의 소유권이전등기가 경료되었다고 하더라도 원고와 위 피고들 사이에 있어서는 그 소유권은 원고에게 남아있는 것이므로 동 피고 명의의 지상권지분이 혼동으로 소멸되는 것은 아니라고 한다(대판 1980.12.23. 80다2176).

---

1) 예를 들어 乙이 甲 소유의 A토지에 대하여 저당권을 취득한 뒤 甲으로부터 A토지를 매수하고, 그 소유권이전등기절차를 마쳤는데, 후에 乙이 취득한 A토지에 대한 소유권이 원인무효에 의하여 무효로 밝혀진 경우, 혼동으로 소멸한 乙 명의의 저당권은 당연히 부활된다.

3. 제한물권과 다른 권리와의 혼동

제한물권과 그 제한물권을 목적으로 하는 다른 제한물권이 동일인에게 귀속되는 경우에는 그 다른 권리는 원칙적으로 소멸한다. 그러나 위와 같이 혼동한 권리가 제3자의 권리의 목적인 경우 또는 제한물권이 제3자의 권리의 목적인 경우에는 그 다른 권리는 소멸하지 않는다.

4. 혼동으로 소멸하지 않는 경우

점유권은 성질상 혼동으로 소멸하지 않는다. 또한 광업권과 토지소유권이 동일인에게 귀속되는 경우 양자는 양립할 수 있으므로 소멸하지 않는다.

5. 혼동의 효과

혼동에 의하여 물권은 절대적으로 소멸한다. 그러나 혼동을 생기게 한 원인이 부존재하거나 원인행위가 무효·취소·해제 등으로 효력을 가지지 않는 때에는 소멸한 물권은 부활한다.

제3장 기본물권

제1절 점유권

I. 총설

> 제192조(점유권의 취득과 소멸) ① 물건을 사실상 지배하는 자는 점유권이 있다.
> ② 점유자가 물건에 대한 사실상의 지배를 상실한 때에는 점유권이 소멸한다. 그러나 제204조의 규정에 의하여 점유를 회수한 때에는 그러하지 아니하다.

1. 점유제도

물건에 대한 사실상의 지배를 법리적으로 구성하는 데 있어서는, 그 사실성을 권리의 외부적 표현으로 보고 권리와의 관련하에서 관찰하는 게르만법의 Gewere와 그 권리와의 관련을 완전히 떠나서 그 사실적인 면만을 파악하는 로마법상의 possessio가 있다. 현대 민법의 점유제도는 이와 같은 근본적 차이를 가지는 두 제도의 결합으로 이루어져 있다(김형배).

구분	possessio	Gewere
연원	로마법	게르만법
의의	물건에 대한 사실적 지배를 권리와 무관하게 그 지배사실만을 포착하여 이해	물건에 대한 사실적 지배를 권리의 표현형식으로 보고 권리와의 관련하에 관찰
내용	① 본권과 점유가 완전히 분리되어 있고 possessio에는 본권에 기한 소권과는 별도로 점유소권이 인정됨 ② 본권과 점유, 본권의 소와 점유의 소의 분리에 의하여 물건을 지배할 수 있는 본권이 사실적 지배상태로부터 분리되어 있음	① 추상적 권리(본권)와 그 외형적 표현인 사실적 지배(점유)를 구별하지 않고, 양자를 일체로 파악하여 사실상의 지배가 있으면 본권이 있다고 인정함 ② Gewere에는 방어적 효력, 공격적 효력, 이전적 효력과 같은 세 가지 효력이 인정됨
제도	① 점유보호청구권은 점유소권(possessio actio)을 계수 ② 점유자의 과실취득권(제201조) ③ 점유자의 비용상환청구권(제203조) ④ 본권의 소와 점유의 소의 구별(제208조)	① 점유의 추정력(제200조) ② 점유자의 자력구제(제209조) ③ 선의취득(제249조) ④ 점유가 동산물권변동의 효력요건인 것 점유보조자, 간접점유제도(제194조 이하)

2. 점유권

(1) 의의

점유권이란 물건에 대한 사실상의 지배에 부여되는 법적 지위를 말한다. 이러한 점유권에 기하여 구체적으로 점유보호청구권, 점유자의 적법한 권리 보유의 추정 등의 법률효과가 발생한다.

(2) 점유권과 물권

사실상의 지배를 법적으로 정당화할 수 있는 권리를 본권이라고 하는 데 반하여, 점유권은 본권의 유무를 묻지 않고 사실상의 지배에 의하여 성립하는 권리이다. 예를 들어 소유권·전세권·임차권 등은 점유할 수 있는 권한, 즉 본권을 갖지 않은 자가 있는가 하면, 도난당한 피해자와 같이 점유할 권리는 가지고 있으나 점유권은 갖지 못한 자가 있다. 따라서 점유권과 본권은 개념상 구별해야 한다.

(3) 법적 성질 – 점유와 점유권과의 관계

통설은 우리 민법상의 점유권은 물건을 사실상 지배하는 것, 즉 점유 자체이므로 사실상의 지배가 곧 점유권이라고 한다. 따라서 우리 민법하에서는, 점유보호청구권 등도 점유권의 한 내용에 불과하다.

3. 점유제도의 인정근거

점유제도는 생활관계의 현재 상태를 보호하는 동시에 사회의 평화를 유지하는 데 그 목적이 있다는 점에서 평화설이 타당하다(통설, 판례).

II. 점유

1. 점유의 개념

(1) 사실상의 지배

점유는 물건에 대한 사실상의 지배이다. 특히 '사실상의 지배 = 점유 = 점유권'이라는 등식이 성립한다. 그러나 사실상의 지배라 하여 물건에 대하여 직접 실력이 미친다는 것과 반드시 일치하지는 않는다. 즉 물건에 대하여 직접 실력을 미치고 있으면서도 점유가 인정되지 않는 경우가 있다. 이와 같이 점유는 현실적인 지배와 분리되어 있는데, 이를 '점유의 관념화'라고 한다.

(2) 점유 설정의사

일정한 점유의사를 필요로 하지는 않지만 적어도 사실적 지배관계를 가지려는 의사, 즉 점유설정의사는 필요하다. 점유설정의사는 성질상 일반적 의사이면 족하고 개별적으로 명시하여 표시될 필요는 없다. 따라서 집 문 앞에 있는 신문, 우유 등에 대해서 점유자가 이러한 사실을 몰랐다 하더라도 점유설정의사는 존재하는 것이다. 목적물의 사실적 지배에 의한 점유취득은 사실행위이므로, 점유설정의사는 일정한 법률효과의 발생을 의욕하는 것이 아닌 자연적 의사로 충분하다. 따라서 점유의 취득에는 행위능력이 요구되지 않으며, 제한능력자라 하더라도 사실상의 지배의사가 있는 한 점유를 취득할 수 있다. 따라서 미성년자라 하더라도 법정대리인의 동의 없이 단독으로 점유권을 취득할 수 있다. 점유에 관하여는 대리의 규정이 적용되지 않는다(통설).

2. 간접점유

> 제194조(간접점유) 지상권, 전세권, 질권, 사용대차, 임대차, 임치 기타의 관계로 타인으로 하여금 물건을 점유하게 한 자는 간접으로 점유권이 있다.

(1) 의의
간접점유자는 점유보조자와는 달리 점유권을 가진다. 간접점유가 인정됨으로써 동산물권 변동의 요건으로서의 인도가 현실의 인도로 한정되지 않고, 양수인이 이미 그 동산을 점유하고 있는 때에는 의사표시만으로 점유이전, 즉 인도의 효력이 생기게 된다.

(2) 간접점유와 유사한 제도
간접점유는 외형상 대리와 유사하나, 간접점유가 사실행위인 반면, 대리는 법률행위이다. 공동점유는 공동점유자 상호간에 평등한 관계를 내용으로 하지만, 간접점유는 기능적으로 서로 상이한 상위점유자·하위점유자의 계층적 점유를 내용으로 하는 것이므로 양자는 본질적으로 다르다.

(3) 요건

1) 직접점유의 존재
점유매개자의 직접점유가 있어야 한다. 점유매개자의 직접점유는 타주점유이어야 한다.

2) 점유매개관계가 있을 것
간접점유자로 권리를 행사하기 위해서는 점유매개관계가 있어야 한다. 점유매개관계는 계약에 의하여 성립한 것이든 법률에 의하여 성립한 것이든, 구체적인 법률관계에 기초하고 있어야 한다. 또한 점유매개관계는 중첩적으로 있을 수 있다. 이러한 점유매개관계로서 민법 제194조는 지상권·전세권·질권·사용대차·임대차·임치를 예시하고 그 밖에 기타의 관계를 들고 있다. 기타의 관계로는 계약에 의하는 경우, 법률의 규정에 의하는 경우, 공법관계 등이 있다. 점유매개관계가 반드시 유효한 것일 필요는 없다. 따라서 그 법률관계가 뒤에 무효·취소되었다 하더라도 간접점유는 성립한다. 간접점유자는 점유매개자에 대하여 반환청구권을 가진다. 이때 간접점유자의 반환청구권의 성질은 점유매개관계를 성립시킨 법률관계에 따라 물권적 청구권일 수도 있고 채권적 청구권일 수도 있다[1].

3) 법인의 간접점유
법인이 임대차를 점유매개관계로 하여 간접점유를 취득하기 위해서는 임대차 관계를 성립시킨 자가 법인의 대표기관 내지 집행기관이어야 한다. 종중과 같은 비법인 사단의 경우에도 마찬가지이므로, 종중원이 개인 자격에서 임대차계약을 한 경우 그것은 종중의 간접점유가 아니다(대판 1999.2.23. 98다50593).

---

[1] 예를 들어, 임대차계약 또는 전세권설정계약이 종료한 후 간접점유자인 임대인 또는 전세권설정자는 반환청구권을 갖는데, 전자의 반환청구권은 원칙적으로 채권적 반환청구권이고, 후자의 그것은 물권적 반환청구권이다. 이들 반환청구권은 조건부 또는 기한부라도 무방하며, 또한 반환청구권에 대하여 항변권이 존재하여도 상관없다.

(4) 효과

간접점유자도 점유권을 가진다. 간접점유자는 직접점유자에 대해서 점유보호청구권이나 자력구제권을 행사할 수 없고, 다만 간접점유의 기초가 되는 법률관계, 즉 점유매개관계 또는 본권에 의거한 청구권을 행사할 수 있을 뿐이다. 이에 반하여 직접점유자는 간접점유자에 대하여 간접점유의 기초가 되는 법률관계에서 발생하는 청구권을 행사할 수 있고, 점유보호청구권과 자력구제권을 행사할 수 있다. 직접점유자에 대한 침해가 있는 경우에 간접점유자의 자력구제권이 인정될 수 있는 지가 문제되지만, 간접점유자의 자력구제권은 부정된다.[2]. 그리고 어떤 물건에 대하여 직접점유자와 간접점유자가 있는 경우, 그에 대한 점유·사용으로 인한 부당이득의 반환의무는 동일한 경제적 목적을 가진 채무로서 서로 중첩되는 부분에 관하여는 일방의 채무가 변제 등으로 소멸하면 타방의 채무도 소멸하는 이른바 "부진정 연대채무"의 관계에 있다[3](대판 2012.9.27. 2011다76747).

3. 점유보조자

> 제195조(점유보조자) 가사상, 영업상 기타 유사한 관계에 의하여 타인의 지시를 받아 물건에 대한 사실상의 지배를 하는 때에는 그 타인만을 점유자로 한다.

(1) 의의

점유보조자란 가사상, 영업상 기타 유사한 관계에 의하여 타인의 지시를 받아 물건에 대한 사실상의 지배를 하는 자를 말한다. 점유보조자는 점유권을 취득하지 못하며, 점유자만이 점유권자이다.

(2) 간접점유와의 비교

구분	점유보조자	간접점유
점유 인정 여부	×	○
사회적 종속관계	○	×
점유보호청구권	×	○
자력구제권	○	×

---

[2] ① 간접점유자가 점유자인지의 여부를 식별하기 곤란하므로 법원에 의하여 실현되는 점유보호청구권만을 인정하는 것이 타당하다. ② 간접점유자는 직접 물건을 지배하고 있지 않으므로 특별히 자력구제권을 인정할 필요가 없다. 자력구제는 어디까지나 예외적인 것이므로, 그 인정 범위를 되도록 좁게 해석하는 것이 타당하다(곽윤직 등).

[3] 甲 재단법인 등이 소유한 토지 지상에 국가가 설치한 송전선로가 지나가고 있고 한국수자원공사가 송전선로 등 수도권 광역상수도시설에 대한 수도시설관리권을 국가로부터 출자 받아 시설을 유지·관리하고 있는데, 甲 법인 등이 주위적으로 한국수자원공사에 대하여, 예비적으로는 국가에 대하여 토지 상공의 점유로 인한 부당이득반환을 구한 사안에서, 공사는 국가로부터 수도권 광역상수도시설에 관한 수도시설관리권을 출자 받은 권리자의 지위에 있고, 그 권리의 성질이 물권인 이상 공사는 수도시설의 일부인 위 송전선로를 직접 지배하면서 유지·관리하고 있는 것이지 시설의 소유권자인 국가가 그 시설을 공사가 이용하는 데 적합한 상태로 제공한 데 따라 이를 점유·사용하는 보조적 지위에 있는 것이 아니므로, 위 송전선로가 통과하는 토지의 상공 부분(송전선로의 양측 가장 바깥선으로부터 법정이격거리 범위 내의 부분)은 공사가 직접 점유하고 있다 할 것이지 단순히 국가의 점유보조자로서 점유하는 것이 아님에도 이와 달리 본 원심판결에 법리오해의 위법이 있다.

(3) 요건

1) 사실상의 지배

점유보조자가 물건을 사실상 지배하고 있어야 한다. 그러나 점유보조자에게는 점유주를 위하여 사실상 지배한다는 의사가 필요하지 않다.

2) 점유보조관계가 있을 것

점유보조자가 점유자의 지시에 따라야 할 관계에 있어야 한다. 점유보조관계는 사회적 의미에 있어서의 명령·복종의 종속관계를 전제로 한다. 가정부, 은행의 직원, 공장의 근로자, 관청의 공무원 등이 그 예이다. 이러한 관계가 생기는 기초는 계약과 같은 사법상의 법률관계일 수도 있고, 공법상의 법률관계일 수도 있다. 또한 이들 법률관계가 반드시 유효한 것이어야 하는 것도 아니며, 계속적이어야 할 필요도 없다. 사회적 종속관계는 외부로부터 인식할 수 있어야 하는지가 문제되지만, 외부적 인식은 필요하지 않다[1](곽윤직 등).

3) 문제되는 경우

① 처의 지위

혼인 생활에 있어 남녀평등을 표방하고 있는 현행 민법하에서는 본질적으로 부부 간의 명령·복종관계는 인정될 수 없다. 따라서 공동점유 내지 단독점유를 인정할 수는 있어도, 처(妻)가 부(夫)의 점유보조자가 아니다(통설). 판례도 "처가 아무런 권원 없이 토지와 건물을 주택 및 축사 등으로 계속 점유·사용하여 오고 있으면서 소유자의 명도요구를 거부하고 있다면 비록 그 시부모 및 부(夫)와 함께 이를 점유하고 있다고 하더라도 처는 소유자에 대한 관계에서 단순한 점유보조자에 불과한 것이 아니라 공동점유자로서 이를 불법점유하고 있다고 봄이 상당하다(대판 1998.6.26. 98다16456·16463)."고 한다.

② 법인의 기관의 점유

종중은 공동선조의 봉제사, 분묘의 수호 및 종원 상호간의 친목도모를 목적으로 하는 종족의 자연적 집단으로서 민법상 인격 없는 사단이므로, 종중이 어떤 부동산에 관하여 임대차를 점유매개관계로 하여 간접점유를 취득하였다고 하기 위하여는 그 임대차관계를 성립시킨 자가 사실상으로나마 종중의 대표기관 내지는 집행기관이거나 그 대리인이어야 하고, 종원이 단지 종중과 무관하게 사인의 자격에서 임대한 것에 불과하다면 그 간접점유의 귀속주체는 어디까지나 그 개인일 뿐 종중이 그를 통하여 당해 부동산을 간접점유 하였다고 볼 수 없다(대판 1999.2.23. 98다50593).

③ 자기의 물건에 대한 점유보조

예를 들어 부모가 어린이에게 물건을 준 경우에 그 어린이는 소유자인 동시에 점유보조자이고 부모가 점유주이다. 점유보조관계의 성립에 있어서는 물건에 대한 권리관계가 어떠한가를 묻지 않기 때문이다. 즉 자기의 물건에 대해서도 점유보조자가 될 수 있다.

---

[1] 단순한 점유보조관계인가 간접점유관계인가는 거래의 안전에 중요한 영향을 미치므로 점유보조관계인가 간접점유관계인가는 거래의 안전에 중요한 영향을 미치므로 점유보조관계는 외부로부터 인식될 수 있어야 한다는 견해(이영준)도 있다.

> **판례**
>
> 도로의 유지·관리에 관한 상위 지방자치단체장의 행정권한이 하위 지방자치단체장에게 위임된 경우, 도로의 관리청(= 하위 지방자치단체장) 및 그 하위 지방자치단체의 도로의 유지·관리를 위한 점유가 점유보조자의 지위에서 하는 것인지 여부(소극)
>
> 도로의 유지·관리에 관한 상위 지방자치단체장의 행정권한이 행정권한위임조례에 의하여 하위 지방자치단체장에게 위임되었다면 사무귀속의 주체는 상위 지방자치단체장이라 하더라도 권한을 위임받은 하위 지방자치단체장이 도로의 관리청이 되고 위임관청은 사무처리의 권한을 잃는 것이므로, 권한을 위임받은 도로의 관리청이 속하는 지방자치단체가 그 도로의 관리·유지를 위하여 하는 점유가 점유보조자의 지위에서 하는 점유라고 할 수 없다(대판 1999.4.23. 98다61562).

(4) 효과

1) 점유권에 관한 보호

점유보조자는 점유자가 아니므로, 점유권에 관한 일반적인 보호가 주어지지는 않는다. 즉, 점유보조자는 점유방해자에 대하여 점유보호청구권을 행사할 수 없으며(대판 1976.9.28. 76다1588), 상대방의 소유물반환청구소송의 성질을 가지는 퇴거청구의 독립한 상대방이 될 수 없다(대판 2001.4.27. 2001다13983). 그러나 점유주를 위하여 자력구제권(제209조)을 행사할 수는 있다(통설).

2) 적용 범위

제195조의 점유보조관계는 점유보조자가 물건에 대한 지배를 행사하는 경우뿐만 아니라, 점유보조관계에서 물건을 점유하게 되거나 또는 점유를 상실하게 되는 경우에도 적용된다(통설). 즉, 점유보조자가 물건에 대한 사실적 지배를 취득 또는 상실함으로써 점유주는 점유를 취득 또는 상실하게 된다.

3) 점유보조관계의 종료

점유보조관계가 종료하면 점유보조자의 지위도 상실되지만, 점유보조자만의 의사에 의하여 점유보조자의 지위가 소멸되는 것은 아니며 외부에서 명백히 인식할 수 있을 정도로 표시되어야 한다.

4) 선의, 악의의 판단기준

점유 취득 시의 선의 및 악의에 대해서 점유보조자와 점유주 중 누구를 기준으로 하여 판단할 것인가가 문제된다. 점유에 관한 선의·악의는 점유자의 과실수취권, 점유물의 멸실·훼손에 대한 책임의 범위 등에 있어서 그 판단기준이 된다. 원칙적으로 점유주가 선의이어야 하므로 점유주는 점유보조자의 선의를 원용할 수 없고, 점유주가 선의이고 점유보조자가 악의인 경우에 점유보조자의 악의는 점유주의 악의로 본다. 그 근거에 대해서는 민법 제116조를 유추적용하는 견해(이영준)와 민법 제756조를 유추적용하는 견해가 있다.

4. 점유의 종류

(1) 자주점유와 타주점유

> 제197조(점유의 태양) ① 점유자는 소유의 의사로 선의, 평온 및 공연하게 점유한 것으로 추정한다.
> ② 선의의 점유자라도 본권에 관한 소에 패소한 때에는 그 소가 제기된 때부터 악의의 점유자로 본다.

1) 의의

소유의 의사를 가지고서 하는 점유가 자주점유이고, 그 의외의 점유가 타주점유이다. 여기서 소유의 의사는 소유자로서 사실상 점유하려는 의사를 말하며, 반드시 소유권이 있다고 믿고서 하는 점유를 의미하는 것은 아니다. 따라서 무효인 매매에 있어서의 매수인이나 타인의 물건을 훔친 자도 자주점유자이다.

2) 자주점유의 판단

점유자의 점유가 소유의 의사 있는 자주점유인지 아니면 소유의 의사 없는 타주점유인지의 여부는 점유자의 내심의 의사에 의하여 결정되는 것이 아니라 점유 취득의 원인이 된 권원의 성질이나 점유와 관계가 있는 모든 사정에 의하여 외형적·객관적으로 결정된다(대판 1997.8.21. 95다28625 전합). 예를 들어 매수인은 언제나 소유의 의사를 가지는 자주점유자이고, 지상권자·전세권자·질권자·임차인·수치인·등기명의수탁자 등은 언제나 소유의 의사가 없는 타주점유자이다. 매매 이외에도 교환이나 증여를 통하여 물건을 점유하는 자의 소유의 의사가 명확하게 드러난 경우에는 자주점유이다. 권원의 성질상 점유자의 점유가 자주점유인지 타주점유인지 불분명한 경우에 점유자는 소유의 의사로 점유한 것으로 추정된다(제197조 제1항). 이는 국가나 지방자치단체가 부동산을 점유하는 경우에도 마찬가지이다. 따라서 점유자의 점유가 자주점유가 아님을 주장하는 자에게 그의 점유가 타주점유임을 증명할 책임이 있다. 다만 국가 등이 취득시효의 완성을 주장하는 토지의 취득절차에 관한 서류를 제출하지 못하고 있다고 하더라도, 점유의 경위와 용도, 국가 등이 점유를 개시한 후에 지적공부 등에 토지의 소유자로 등재된 자가 소유권을 행사하려고 노력하였는지 여부, 함께 분할된 다른 토지의 이용 또는 처분관계 등 여러 가지 사정을 감안할 때 국가 등이 점유 개시 당시 공공용 재산의 취득절차를 거쳐서 소유권을 적법하게 취득하였을 가능성을 배제할 수 없는 경우에는, 국가의 자주점유의 추정을 부정하여 무단점유로 인정할 것이 아니다(대판 2014.3.27. 2010다9473).

3) 점유자가 스스로 매매 등과 같은 자주점유의 권원을 주장하였으나 인정되지 않은 경우

점유자가 스스로 매매 또는 증여와 같은 자주점유의 권원을 주장하였으나 이것이 인정되지 않는 경우에도 원래 이와 같은 자주점유의 권원에 관한 입증책임이 점유자에게 있지 아니한 이상 그 점유권원이 인정되지 않는다는 사유만으로 자주점유의 추정이 번복된다거나 또는 점유권원의 성질상 타주점유라고는 볼 수 없다(대판 1983.7.12. 82다708·709 전합).

4) 악의의 무단점유의 경우

부동산의 점유권원의 성질이 분명하지 않을 때에는 민법 제197조 제1항에 의하여 점유자는 소유의 의사로 선의, 평온 및 공연하게 점유한 것으로 추정되고, 이러한 추정은 지적공부 등의 관리주체인 국가나 지방자치단체가 점유하는 경우에도 동일하게 적용된다. 그러나 점유자가 점유 개시 당시에 소유권 취득의 원인이 될 수 있는 법률행위 기타 법률요건이 없이 그와 같은 법률요건이 없다는 사실을 잘 알면서 타인 소유의 부동산을 무단점유한 것임이 입증된 경우에는 특별한 사정이 없는 한 자주점유의 추정은 깨어진다 할 것이고, 이는 국가 등이 토지를 점유할 수 있는 권원 없이 사유토지를 임의로 도로부지로 편입시킨 경우에도 마찬가지이다. 따라서 도로부지에 편입된 토지에 관한 지적공부 등이 6.25 전란으로 소실되었거나 기타의 사유로 존재하지 아니하는 등 그 토지의 취득절차에 관한 서류의 제출을 기대하기 어려운 사정이 있지도 않으며, 지적공부나 등기부 등에 국가 등이 소유권을 적법하게 취득한 것으로 볼 수 있는 기재가 없을 뿐 아니라 오히려 종전소유자의

소유권이 그대로 유지되고 있는 것으로 기재되어 있다는 등의 사정이 입증된 반면, 당해 토지를 도로로 점유 사용하고 있는 국가 등이 자주점유의 추정을 유지하기 위한 적극반증 사유로서 그 토지를 도로에 편입시킨 경위 및 시기 등에 관한 사정과 아울러 그 토지의 취득절차에 관한 서류를 제출하지 못하는 납득할 만한 사유, 그 밖에 도로로 점유를 개시할 당시 공공용 재산의 취득절차를 거쳐서 소유권을 적법하게 취득했을 가능성을 배제할 수 없는 등의 사정에 관한 증거를 제시하지 못하는 경우에는 국가 등이 소유권 취득의 법률요건 없이 그 토지를 도로에 편입시켜 무단점유한 것임이 증명되었다고 볼 수 있고, 그로써 자주점유의 추정은 깨어진다고 볼 것이다(대판 2013.1.10. 2012다73981)."고 한다. 즉 국가가 자신의 부담이나 기부채납 등 국유재산법 등에 정한 국유재산의 취득절차를 밟는 등 토지를 점유할 수 있는 권원 없이 사유토지를 국유재산으로 편입시킨 경우에도 마찬가지로 자주점유의 추정은 깨어진다(대판 2015.11.26. 2015다212343). 그러나 국가 등이 취득시효의 완성을 주장하는 토지의 취득절차에 관한 서류를 제출하지 못하고 있다고 하더라도, 그 점유의 경위와 용도, 국가 등이 점유를 개시한 후에 지적공부에 그 토지의 소유자로 등재된 자가 소유권을 행사하려고 노력하였는지 여부, 함께 분할된 다른 토지의 이용 또는 처분관계 등 여러 가지 사정을 감안할 때 국가 등이 점유 개시 당시 공공용 재산의 취득절차를 거쳐서 소유권을 적법하게 취득하였을 가능성을 배제할 수 없는 경우에는, 국가 등의 자주점유의 추정을 부정하여 무단점유로 인정할 것이 아니다(대판 2016.2.18. 2015다241686).

5) 타인의 권리를 매매한 경우나 등기를 수반하지 않는 점유가 자주점유에 해당하는지 여부

토지의 매수인이 매매계약에 의하여 목적 토지의 점유를 취득한 경우 설사 그것이 타인의 토지의 매매에 해당하여 그에 의하여 곧바로 소유권을 취득할 수 없다고 하더라도, 그것만으로 매수인이 점유권원의 성질상 소유의 의사가 없는 것으로 보이는 권원에 바탕을 두고 점유를 취득한 사실이 증명되었다고 단정할 수 없을 뿐만 아니라, 매도인에게 처분권한이 없다는 것을 잘 알면서 이를 매수하였다는 등의 다른 특별한 사정이 증명되지 않는 한, 그 사실만으로 바로 그 매수인의 점유가 소유의 의사가 있는 점유라는 추정이 깨어지는 것이라고 할 수 없고, 민법 제197조 제1항이 구정하고 있는 점유자에게 추정되는 소유의 의사는 사실상 아니므로, 등기를 수반하지 아니한 점유임이 밝혀졌다고 하여 이 사실만 가지고 바로 점유권원의 성질상 소유의 의사가 결여된 타주점유라고 할 수 없다(대판 2000.3.16. 97다37661 전합).

> **판례** **구분소유적 공유관계**
>
> 공유부동산의 경우에 공유자 중의 1인이 공유지분권에 기초하여 부동산 전부를 점유하고 있다고 하여도 다른 특별한 사정이 없는 한 권원의 성질상 다른 공유자의 지분비율의 범위 내에서는 타주점유라고 할 것이다. 그렇지만 이와 달리 구분소유적 공유관계에서 어느 특정된 부분만을 소유·점유하고 있는 공유자가 매매 등과 같이 종전의 공유지분권과는 별도의 자주점유가 가능한 권원에 의하여 다른 공유자가 소유·점유하는 특정된 부분을 취득하여 점유를 개시하였다고 주장하는 경우에는 타인 소유의 부동산을 매수·점유하였다고 주장하는 경우와 달리 볼 필요가 없으므로, 취득 권원이 인정되지 않는다고 하더라도 그 사유만으로 자주점유의 추정이 번복된다거나 점유권원의 성질상 타주점유라고 할 수 없고, 상대방에게 타주점유에 대하여 증명할 책임이 있다(대판 2013.3.28. 2012다68750).

6) 타주점유의 자주점유로의 전환

타주점유가 자주점유로 전환되려면 타주점유자가 새로운 권원에 기하여 소유의 의사를 가지고 점유를 시작하거나, 타주점유자가 타주점유를 하게 한 자에 대하여 소유의 의사가 있음을 표시하여야 한다. 타주점유자가 새로운 권원에 기하여 소유의 의사를 가지고 점유를 시작한 경우, 예를 들어 임차인이 임차물을 매수하면 그때부터 자주점유자가 된다. 이때 상속이 새로운 권원에 해당하는지가 문제되는데, 상속으로 점유를 승계한 자는 피상속인의 점유를 승계하는 것이므로 피상속인의 점유가 소유의 의사가 없는 경우에는 상속에 의한 점유도 역시 소유의 의사가 없는 것이어서 상속은 새로운 권원에 해당하지 않는다(대판 2004.9.24. 2004다27273)고 한다. 타주점유자가 그 타주점유를 하게 한 자에 대하여 이제부터 스스로를 위하여 소유의 의사를 가지고 점유한다는 사실을 표시한 때에도 자주점유로 전환될 수 있다(대판 1982.5.25. 81다195). 다만 간접점유자가 없는 경우에는 소유의 의사를 객관적으로 인식할 수 있으면 충분하다.

7) 자주점유의 타주점유로의 전환

타주점유의 자주점유로의 전환에 준한다. 예를 들어 경락에 의한 소유권이전등기가 있으면 종전소유자는 경락인에게 경락부동산을 인도할 의무가 있으므로 종전소유자의 점유는 자주점유에서 타주점유로 전환된다(대판 1968.7.30. 68다523).

> **판례** 자주점유의 타주점유로의 전환
>
> 1. 전환을 부정한 경우
>   토지의 점유자가 이전에 소유자를 상대로 그 토지에 관하여 소유권이전등기말소절차의 이행을 구하는 소를 제기하였다가 패소하고 그 판결이 확정되었다 하더라도 그 소송은 점유자가 소유자를 상대로 소유권이전등기의 말소를 구하는 것이므로 그 패소판결의 확정으로 점유자의 소유자에 대한 말소등기청구권이 부정될 뿐, 그로써 점유자가 소유자에 대하여 어떠한 의무를 부담하게 되었다든가 그러한 의무가 확인되었다고 볼 수는 없고, 따라서 점유자가 그 소송에서 패소하고 그 판결이 확정되었다는 사정만으로는 토지 점유자의 자주점유의 추정이 번복되어 타주점유로 전환된다고 할 수 없다(대판 1999.9.17. 98다63018).
>
> 2. 전환을 긍정한 경우
>   진정 소유자가 자신의 소유권을 주장하며 점유자 명의의 소유권이전등기는 원인무효의 등기라 하여 점유자를 상대로 토지에 관한 점유자 명의의 소유권이전등기의 말소등기청구소송을 제기하여 그 소송사건이 점유자의 패소로 확정되었다면, 그 점유자는 민법 제197조 제2항의 규정에 의하여 그 소송의 제기 시부터는 토지에 대한 악의의 점유자로 간주되고, 또 이러한 경우 토지 점유자가 소유권이전등기 말소등기청구소송의 직접 당사자가 되어 소송을 수행하였고 결국 그 소송을 통해 대지의 정당한 소유자를 알게 되었으며, 나아가 패소판결의 확정으로 점유자로서는 토지에 관한 점유자 명의의 소유권이전등기에 관하여 정당한 소유자에 대하여 말소등기의무를 부담하게 되었음이 확정되었으므로, 단순한 악의점유의 상태와는 달리 객관적으로 그와 같은 의무를 부담하고 있는 점유자로 변한 것이어서 점유자의 토지에 대한 점유는 패소판결 확정 후부터는 타주점유로 전환되었다고 보아야 할 것이다(대판 2000.12.8. 2000다14934).

(2) 하자 있는 점유와 하자 없는 점유

1) 의의

하자 있는 점유란 악의·과실·강압·불계속 등의 사정이 있는 점유를 말하고, 하자 없는 점유란 선의·무과실·평온·공연·계속 등의 사정이 있는 점유를 말한다.

2) 선의점유와 악의점유

선의점유란 점유할 수 있는 권리가 없음에도 불구하고 본권이 있다고 오신하면서 하는 점유를 말하며, 악의점유는 본권이 없음을 알면서 또는 본권의 유무에 관해 의심을 품으면서 하는 점유를 말한다. 본권의 유무에 대해 의심을 갖는 것을 악의로 해석하는 이유는, 선의점유에 대해서는 강력한 보호가 인정되므로(제201조, 제202조, 제203조, 제245조, 제249조 등) 선의의 인정범위를 엄격히 해석해야 하기 때문이다. 선의점유와 악의점유의 구별은 점유자의 과실취득(제201조), 점유자의 회복자에 대한 책임(제202조), 등기부취득시효(제245조 제2항), 선의취득(제245조) 등에서 그 실익이 있다. 선의와 악의가 분명하지 않을 때에는 선의점유로 추정된다(제197조 제1항). 그러나 선의의 점유자라도 본권에 관한 소에 패소한 때에는 그 소가 제기된 때로부터 악의의 점유자로 간주된다(제197조 제2항). 본권에 관한 소에는 소유권에 기하여 점유물의 인도나 명도를 구하는 소송은 물론 부당점유자를 상대로 점유로 인한 부당이득의 반환을 구하는 소송도 포함된다(대판 2002.11.22. 2001다6213).

3) 과실 있는 점유와 과실 없는 점유

본권이 없음에도 불구하고 있다고 오신한 데 과실이 있으면 과실 있는 점유이고, 없으면 과실 없는 점유이다. 등기부취득시효(제245조)·선의취득(제249조) 등에서 이를 구별할 실익이 있다. 무과실은 추정되지 않는다는 것이 통설이다(제197조 참고). 따라서 무과실을 주장하는 자에게 그 증명책임이 있다.

4) 평온점유와 폭력점유, 공연점유와 은비점유

평온점유란 점유자가 그 점유를 취득 또는 보유함에 있어 법률이 허용할 수 없는 강폭행위를 쓰지 않은 것을 말하고, 폭력점유는 평온한 점유가 아닌 점유를 통틀어서 지칭하는 것이다. 그리고 공연점유는 남몰래 하지 않는 점유를 말하고, 은비점유는 남몰래 하는 점유를 말한다. 점유자의 과실취득(제201조 제3항)·선의취득(제249조) 등에서 이를 구별할 실익이 있다.

(3) 단독점유와 공동점유

단독점유는 하나의 물건에 관하여 한 사람이 점유하는 경우이고, 공동점유는 2인 이상이 공동으로 동일한 물건을 점유하는 경우이다.

Ⅲ. 점유권의 취득과 소멸

> 제196조(점유권의 양도) ① 점유권의 양도는 점유물의 인도로 그 효력이 생긴다.
> ② 전항의 점유권의 양도에는 제188조 제2항, 제189조, 제190조의 규정을 준용한다.

1. 점유권의 취득

(1) 의의

점유권은 물건에 대한 사실상의 지배를 말하므로 물건을 사실상 지배하는 자가 점유권을 취득한다.

(2) 직접점유의 취득

직접점유의 취득에는 원시취득과 승계취득이 있다. 원시취득이란 물건에 대한 사실적 지배가 성립하면 점유권을 당연히 원시적으로 취득하는 것으로서 그 취득행위는 사실행위이다. 예컨대 무주물선점·유실물습득·매장물발견·절취 등이 원시취득이다. 반면에 승계취득이란 전 점유자로부터 해당물건에 대한 사실상의 지배를 인수함으로써 점유를 취득하는 것이다. 민법 제196조는 점유권의 양도에 관한 규정을 두고 있다. 제196조 제1항은 현실의 인도에 의한 양도를, 제2항에서는 제188조 제2항을 준용함으로써 간이인도에 의한 양도를 규정한다. 물건에 대한 사실상의 지배를 이전하는 것을 현실의 인도라고 한다. 현실의 인도에 의하여 양수인은 직접점유를 취득한다. 현실의 인도에 있어서 점유이전의사의 법적 성질에 관해서는 법률행위설(곽윤직)과 사실행위설[1](다수설)이 대립하고 있다. 양수인이 이미 물건을 점유하고 있는 때에는 당사자의 의사표시만으로도 인도한 것이 된다. 이러한 간이인도에 의해서도 점유권이 양도될 수 있다.

(3) 포괄승계

> **제193조(상속으로 인한 점유권의 이전)** 점유권은 상속인에 이전한다.

민법 제193조는 '점유권은 상속인에 이전 한다'고 함으로써 상속에 의한 점유의 승계를 인정하고 있다. 상속개시로 피상속인이 점유하고 있던 물건은 당연히 상속인의 점유가 되므로, 상속인이 그 물건에 대한 사실상의 지배를 취득하기 전이라도 상속재산의 침해에 대하여 점유보호청구권을 행사할 수 있다. 상속인이 수인인 경우, 민법 제1009조 이하의 상속분에 관한 규정의 적용을 부정하고 상속인들이 공동점유할 뿐이다. 따라서 피상속인이 사망하고 상속인 중 일부만이 상속부동산의 점유를 계속한 때에는 특별한 사정이 없는 한 수인의 상속인 전부가 그 부동산을 점유한 것으로 된다(대판 1989.4.11. 88다카17389).

2. 간접점유의 취득

(1) 간접점유의 설정

① 점유매개관계를 통하여 직접점유자가 간접점유자로 되는 방법, ② 점유개정에 의한 방법, ③ 점유자가 아닌 자가 자기를 위해서는 직접점유를 취득하고 타인을 위해서는 간접점유를 취득하는 방법이 있다.

(2) 간접점유의 양도

간접점유자는 반환청구권을 양도함으로써 점유권을 양도할 수 있다(제196조 제2항, 제190조). 이때의 반환청구권은 점유매개관계를 성립시킨 법률관계의 성질에 따라 채권적 청구권이거나 물권적 청구권일 수 있는데, 채권적 청구권일 경우에는 채권양도에 관한 규정이 준용된다(제450조).

---

[1] 점유의 성립은 점유설정의사만으로 충분하다. 이 점유설정의사는 자연적 의사이므로 이와 같은 사실 위에 성립하는 점유권의 특수성을 고려한다면, 본권의 경우와 같이 그 양도에 물권적 합의를 요구할 필요는 없을 것이다. 이런 의미에서 점유와 점유권은 동일한 것이라고 할 수 있다. 따라서 현실의 인도에 의한 점유권의 양도는 사실행위로 보아야 한다.

3. 점유권의 소멸

(1) 내용
점유권은 다른 물권과 그 성질을 달리하므로, 혼동(제191조 제3항)·소멸시효(제162조) 등의 물권 일반의 소멸원인은 그 적용이 없다.

(2) 직접점유의 소멸원인
직접점유는 목적물에 대한 사실상의 지배를 상실함으로써 소멸한다(제192조 제2항). 사실상의 지배가 상실되었는지는 사회통념에 따라 결정된다. 이의 예로는 점유자의 자유의사에 따른 소멸[2]과 자유의사에 의하지 않은 소멸[3]이 있다. 다만 점유자가 제204조의 규정에 의하여 1년 이내에 점유회수 청구를 하는 경우에는 점유는 처음부터 상실되지 않은 것으로 본다(제192조 제2항 단서). 그리고 사실상 지배의 상실이 일시적이라면 점유권이 상실되었다고 볼 수 없다.

(3) 간접점유의 소멸원인
간접점유는 직접점유자가 점유를 상실하거나, 직접점유자가 점유매개자로서의 기능을 하지 않는 경우[4]에는 소멸한다.

IV. 점유권의 효력

1. 내용
점유권의 효력은 점유의 추정적 효력(제197조, 제198조, 제200조), 점유자와 회복자의 관계(제201조~제203조), 점유보호청구권(제204조~제208조), 자력구제(제209조) 등을 들 수 있다.

2. 점유의 추정적 효력

> 제197조(점유의 태양) ① 점유자는 소유의 의사로 선의, 평온 및 공연하게 점유한 것으로 추정한다.
> ② 선의의 점유자라도 본권에 관한 소에 패소한 때에는 그 소가 제기된 때로부터 악의의 점유자로 본다.

(1) 내용
1) 점유자는 소유의 의사로 점유한 것으로 추정되므로, 점유가 타주점유라는 데 대한 증명책임은 상대방에게 있다. 따라서 점유자가 스스로 자주점유의 권원을 주장하였으나, 이것이 인정되지 않는 경우에도 그러한 사유만으로는 자주점유의 추정이 깨지지 않는다. 또한 민법 제197조에 의하여 점유자는 선의로 점유한 것으로 추정되고, 권원 없는 점유였음이 밝혀졌다고 하여 곧 그 동안의 점유에 대한 선의의 추정이 깨어졌다고 볼 것은 아니다(대판 2000.3.10. 99다63350). 그러나 무과실은 추정되지 아니하므로, 선의의 점유에 관하여 과실이 없었다는 것은 점유자가 증명하여야 한다.

---

[2] 타인에게 점유물을 양도하거나 포기하는 경우
[3] 절도, 유실, 횡령에 의하여 점유를 상실한 경우
[4] 직접점유자가 점유물을 횡령하는 경우

2) 선의의 점유자라 하더라도 본권에 관한 소에 패소한 때에는 그 소가 제기된 때로부터 악의의 점유자로 본다. 이때 본권에 관한 소는 보통 소유자가 제기한 소유물반환청구의 소를 의미한다. 본권에 관한 소에 패소한 때란 종국판결에 의하여 점유자의 패소로 확정된 경우를 말한다[1]).

(2) 점유계속의 추정

> 제198조(점유계속의 추정) 전후양시에 점유한 사실이 있는 때에는 그 점유는 계속한 것으로 추정한다.

점유계속의 추정은 동일인이 전후 양 시점에 점유한 것이 증명된 때에만 적용되는 것이 아니고, 전후 양 시점의 점유자가 다른 경우에도 점유의 승계가 입증되는 한 점유계속은 추정된다. 이는 법률상 추정이므로 추정을 깨뜨리기 위해서는 점유취득을 저지하려는 자가 양 시점 사이에 점유상실이 있었다는 사실을 반증으로 증명하든지, 아니면 그 점유계속사실이 없음을 본증으로 증명해야 한다.

(3) 점유승계의 주장과 효과

> 제199조(점유의 승계의 주장과 그 효과) ① 점유자의 승계인은 자기의 점유만을 주장하거나 자기의 점유와 전 점유자의 점유를 아울러 주장할 수 있다.
> ② 전점유자의 점유를 아울러 주장하는 경우에는 그 하자도 계승한다.

1) 점유의 분리·병합

점유의 승계가 있는 경우, 승계인은 자기의 점유만을 주장하거나 자기의 점유와 전 점유자의 점유를 아울러 주장할 수 있다. 다만 전 점유자의 점유를 아울러 주장하는 경우에는 그 하자도 승계한다. 이러한 점유의 분리·병합은 취득시효의 기산점과 관련하여 중요한 의미를 갖는다. 예를 들어 X 명의로 등기된 땅을 甲·乙의 악의로 각각 6년과 4년 동안 점유한 후 丙이 선의로 10년간 점유한 경우에 丙은 ① 甲·乙이 악의로 점유한 10년과 자신이 점유하고 있는 10년을 합한 20년간의 점유를 주장할 수도 있고, ② 자신이 선의로 점유한 10년과 乙이 악의로 점유한 4년 합계 14년간의 점유를 주장할 수도 있으며, ③ 자신의 선의의 10년간의 점유만을 주장할 수도 있다. 다만, 丙이 甲과 乙의 점유를 승계하는 경우에는 악의의 점유로만 승계한다.

2) 포괄승계에의 적용 여부

점유의 분리·병합은 포괄승계, 특히 상속의 경우에도 적용되는지가 문제된다. 다수설은 상속인이 사실상의 지배를 취득한 때로부터 피상속인의 점유가 하자 있는 점유라도 상속인은 하자 없는 점유를 취득한다고 한다고 하여 이를 긍정한다(곽윤직 등). 그러나 판례는 상속은 점유변경의 새 권원이 될 수 없으므로 상속인은 민법 제193조에 의하여 피상속인의 점유의 하자를 승계한 점유를 보유한다고 하여 이를 부정한다(대판 1997.12.12. 97다40100).

(4) 권리의 적법 추정

> 제200조(권리의 적법의 추정) 점유자가 점유물에 대하여 행사하는 권리는 적법하게 보유한 것으로 추정한다.

---

[1]) 판례도 "이러한 경우에 소유권에 기한 반환청구가 소유권이 상실되었음을 이유로 배척된다고 하더라도 점유자의 점유가 부당한 것이라면 소 제기일부터는 점유자의 점유를 악의로 의제하여 부당이득을 반환해야 한다(대판 2002.11.22. 2001다6213)."고 하였다.

1) 추정의 근거

점유의 적법추정의 근거를 물건을 점유해서 권리를 행사하는 자는 대부분 적법한 권리자라는 개연성이나, 점유의 현상을 일단 정당한 것으로 보고자 하는 점유제도의 이상인 점유의 사실적 효과에서 찾는다.

2) 추정의 요건

① 동산에 한할 것

점유에 대한 권리의 추정은 동산에 관해서만 적용되고, 부동산에 대해서는 적용되지 않는다. 따라서 등기명의인과 점유자가 불일치하는 경우에는 등기명의인이 적법한 권리자로 추정된다.

② 점유이탈물

권리의 적법추정은 도품·유실물 등 점유이탈물의 점유자에 대해서도 적용된다(곽윤직).

3) 추정의 범위

권리의 적법추정은 소유자와 그로부터 점유를 취득한 자 사이에 있어서도 적용되는지가 문제된다. 통설과 판례는 소유자와 그로부터 점유를 취득한 자 사이에는 동 규정을 적용할 수 없다고 한다(대판 1964.12.8. 64다714). 따라서 예를 들어 임차인이 임대인인 소유자에 대하여 임차권을 주장하는 때에는, 임차인은 현실적 점유사실에 의하여 적법한 임차인으로 추정되지 않으므로 임차인이 임차권의 취득사실을 주장·증명해야 한다.

4) 추정의 효과

권리의 추정은 점유자의 이익뿐만 아니라 불이익을 위해서도 인정된다. 예를 들어, 건물임차인이 그 건물에 부속시킨 임차인소유의 동산을 객체로 하는 임대인의 법정 질권(제650조)에 있어서 그 동산은 임차인의 소유라고 추정된다. 이러한 추정의 효과는 점유자뿐만 아니라 제3자도 원용할 수 있다(예를 들어 채권자가 채무자의 점유하에 있는 물건을 압류한 경우에 채권자는 그 물건이 채무자의 소유라고 추정하는 효과를 원용할 수 있다).

3. 점유자와 과실

> 제201조(점유자와 과실) ① 선의의 점유자는 점유물의 과실을 취득한다.
> ② 악의의 점유자는 수취한 과실을 반환하여야 하며 소비하였거나 과실로 인하여 훼손 또는 수취하지 못한 경우에는 그 과실의 대가를 보상하여야 한다.
> ③ 전항의 규정은 폭력 또는 은비에 의한 점유자에 준용한다.

(1) 선의점유자의 과실취득권

1) 의의

선의의 점유자는 점유물의 과실을 취득할 권리가 있다. 민법이 선의의 점유자에게 이와 같이 점유물의 과실취득권을 인정하고 있는 이유는, 점유자는 과실을 수취하여 소비하는 것이 보통인데 후에 본권자가 원물의 반환을 청구한 경우에 그 과실까지도 반환하게 하는 것은 점유자가 그 과실을 얻기 위하여 적지 않은 노력과 자본을 들였을 것임에 비추어 너무 가혹하다는 데 있다.

2) 과실의 의미

과실은 천연과실과 법정과실을 모두 포함한다. 물건을 점유하여 사용함으로써 취득하게 되는 이익, 이른바 사용이익도 과실에 준한다고 해석하는 것이 통설과 판례(대판 1981.9.22. 81다233)이다.

3) 과실취득권의 성질

① 회복자가 점유자에 대하여 소비한 과실 등을 부당이득으로서 반환청구하는 경우에 그 반환의무를 면제하는 데 지나지 않는다고 보는 견해(곽윤직)도 있으나, ② 이 규정의 의미를 선의의 점유자에게 과실을 수취할 권리를 적극적으로 부여한 것이라고 이해하는 견해가 타당하다(다수설, 판례[1]). 따라서 선의의 점유자는 단순히 소비한 과실뿐만 아니라 수취한 과실 전부에 대하여 소유권을 취득한다.

(2) 과실취득의 요건

1) 선의

선의의 점유자란, 실제로는 과실을 수취할 수 있는 본권을 갖고 있지 않음에도 불구하고 과실을 수취할 수 있는 권리를 가지고 있다고 오신하고, 그와 같이 오신한 데 대해서는 오신할 만한 정당한 근거가 있는 점유자를 말한다. 즉 일반적으로 선의란 일정한 사실을 알지 못하는 상태, 즉 소극적인 부지(不知)를 말하는 것이다. 그러나 제201조에서 의미하는 선의는 적극적인 오신, 즉 실제로는 없는 권리를 존재하는 것으로 적극적으로 믿는 것을 말한다(통설, 판례).

2) 무과실의 요부

① 점유자가 과실을 취득할 수 있는 권리를 가지고 있다고 오신한 데 대하여 과실이 있더라도 민법 제201조 제1항의 적용을 받는다고 하는 것이 통설이다. 그러나 ② 판례는 "오신을 함에는 오신할 만한 정당한 근거가 있어야 한다(대판 1995.8.25. 94다27069)."고 본다.

3) 악의의 점유자

점유자가 점유를 취득할 당시에 과실을 취득할 권리가 없음을 안 경우에는 제201조 제1항이 적용되지 않는다. 또한 과실을 취득할 당시에는 선의였더라도 후에 자신에게 과실취득권이 없음을 적극적으로 알게 된 때부터는 악의가 된다. 천연과실의 경우에는 원물로부터 분리될 때의 선의 여부가 과실취득의 기준이 된다. 법정과실이나 사용이익은 선의가 존속한 일수의 비율에 따라 취득하다.

4) 악의 간주

선의의 점유자가 본권에 관한 소에 패소한 때에는 그 소를 제기한 때로부터 악의의 점유자로 간주되며(제197조 제2항), 점유자가 선의이더라도 폭력 또는 은비에 의한 점유인 경우에는 악의의 점유자로 본다(제201조 제3항).

---

1) 민법 제201조 제1항에 의하면 선의의 점유자는 점유물의 과실을 취득한다고 규정하고 있는바, 건물을 사용함으로써 얻는 이득은 그 건물의 과실에 준하는 것이므로, 선의의 점유자는 비록 법률상 원인 없이 타인의 건물을 점유·사용하고 이로 말미암아 그에게 손해를 입혔다고 하더라도 그 점유·사용으로 인한 이득을 반환할 의무는 없다(대판 1996.1.26. 95다44290).

(3) 과실취득의 효과

1) 취득되는 과실에는 천연과실·법정과실뿐만 아니라 물건의 사용이익도 포함된다. 선의점유자의 과실취득권의 범위는 모든 과실에 미치는 것이 아니라 일반적으로 정상적인 과실의 취득에 한한다고 보는 것이 공평·타당하므로, 통상의 경우보다 과도하게 취득한 과실은 부당이득으로서 반환해야 한다.

2) 제201조 제1항과 불법행위에 의한 손해배상책임과의 관계에 있어서 통설 및 판례는 제201조 제1항과 불법행위에 의한 손해배상책임이 경합한다고 한다. 즉, 선의의 점유자에게 과실취득권을 인정하면서도 그에게 과실 있는 경우에는 불법행위로 인한 손해배상책임을 인정하고 있다[2](대판 1966.7.19. 66다994[3]).

3) 계약이 무효가 되거나 취소 또는 해제된 경우에도 제201조를 적용할 것인지 문제된다. 통설과 판례는 "쌍무계약이 취소된 경우 선의의 매수인에게 민법 제201조가 적용되어 과실취득권이 인정되는 이상 선의의 매도인에게도 민법 제587조의 유추적용에 의하여 대금의 운용이익 내지 법정이자의 반환을 부정함이 형평에 맞다(대판 1993.5.14. 92다45025)."고 하여 매매계약이 무효 또는 취소되는 경우 제748조 제1항의 특칙으로서 제201조의 적용을 긍정한다. 다만 계약해제의 경우에는 "계약해제의 효과로서의 원상회복의무를 규정한 민법 제548조 제1항 본문은 부당이득에 관한 특별 규정의 성격을 가진 것이라 할 것이어서, 그 이익 반환의 범위는 이익의 현존 여부나 선의, 악의에 불문하고 특단의 사유가 없는 한 받은 이익의 전부라고 할 것이다(대판 1998.12.23. 98다43175)."고 한다.

(4) 악의점유자의 과실반환의무

1) 요건

악의의 점유자라고 함은 선의 점유자가 아닌 점유자를 말한다. 폭력 또는 은비에 의한 점유자, 과실취득권이 없는 본권에 관하여 오신한 자, 또는 본권에 관한 소가 계속 중인 점유자는 선의라 하더라도 패소한 때에는 그 소가 제기된 때로부터 악의점유자로 된다.

2) 효과

① 내용

악의의 점유자는 수취한 과실을 반환해야 하며, 소비하였거나 과실로 훼손 또는 수취하지 못한 경우에는 그 과실의 대가를 보상하여야 한다.

---

[2] 이에 대해서 점유자가 과실로 타인의 물건으로부터 과실을 수취하였다고 하여 그로 인한 손해를 전부 배상하여야 한다면, 이는 오히려 경미한 불법에 대하여 과도한 제재를 가하는 것이 되어 민법 제203조 제1항의 입법목적을 무의미하게 할 우려가 있다는 비판(양창수)이 있다.

[3] 피고가 본건 토지의 선의의 점유자로 그 과실을 취득할 권리가 있어 경작한 농작물의 소유권을 취득할 수 있다 하더라도 법령의 부지로 상속인이 될 수 없는 사람을 상속인이라고 생각하여 본건 토지를 점유하였다면 피고에게 과실이 있다고 아니할 수 없고 따라서 피고의 본건 토지의 점유는 진정한 소유자에 대하여 불법행위를 구성하는 것이라 아니할 수 없는 것이고 피고에게는 그 불법행위로 인한 손해배상의 책임이 있는 것이며 선의의 점유자도 과실취득권이 있다하여 불법행위로 인한 손해배상책임이 배제되는 것은 아니다(대판 1966.7.19. 66다994).

② 제201조 제2항과 불법행위와의 관계

대가 보상은 진정한 권리자에게 손해를 가한 악의의 점유자에게 과실이 인정되기 때문에 부과되는 것이다. 따라서 제201조 제2항이 규정하는 대가보상은 불법행위로 인한 손해배상과 유사한 성질을 가진다. 따라서 제750조에 기한 손해배상의무와의 관계가 문제되는데, 통설과 판례는 일반불법행위규정의 적용이 배제되지 않는다고 한다(대판 1961.6.29. 4293민상704).

③ 제748조 제2항과의 관계

타인 소유물을 권원 없이 점유함으로써 얻은 사용이익을 반환하는 경우 민법은 선의 점유자를 보호하기 위하여 제201조 제1항을 두어 선의 점유자에게 과실수취권을 인정함에 대하여, 이러한 보호의 필요성이 없는 악의 점유자에 관하여는 민법 제201조 제2항을 두어 과실수취권이 인정되지 않는다는 취지를 규정하는 것으로 해석되는 바, 따라서 악의 수익자가 반환하여야 할 범위는 민법 제748조 제2항에 따라 정하여지는 결과 그 받은 이익에 이자를 붙여 반환하여야 하며, 위 이자의 이행지체로 인한 지연손해금도 지급하여야 한다[1](대판 2003.11.14. 2001다61869). 반면에 학설은 물권적 청구권에 관한 규정이 우선 적용되므로 불법점유로 인한 과실취득이나 부당사용이익과 관련하여 점유자는 수취한 과실만을 반환하면 족하고 여기에 이자를 가산하여 지급할 필요가 없다고 한다.

4. 점유자의 회복자에 대한 책임

> 제202조(점유자의 회복자에 대한 책임) 점유물이 점유자의 책임 있는 사유로 인하여 멸실 또는 훼손한 때에는 악의의 점유자는 그 손해의 전부를 배상하여야 하며 선의의 점유자는 이익이 현존하는 한도에서 배상하여야 한다. 소유의 의사가 없는 점유자는 선의인 경우에도 손해의 전부를 배상하여야 한다.

(1) 점유물의 멸실 · 훼손

멸실은 단순히 물리적인 파손뿐만 아니라 널리 반환불능의 상태를 포함하는 의미이다. 그리고 훼손은 물리적인 완전성을 해치는 경우뿐만 아니라 그 물건의 가치를 저하시키는 일체의 행위, 즉 통상적인 관리 · 수리행위를 하지 않아 물건의 가치가 저하되는 것을 말한다.

(2) 선의점유자의 책임

1) 자주점유자는 회복자에 대하여 이익이 현존하는 한도에서 배상할 책임을 진다. 예를 들면, 주택의 점유자가 그것을 파손하여 그 재료를 점유하는 때에는 그것을 반환하고, 주택을 매도하였으면 이익이 현존하는 한도에서 그 대금을 반환해야 한다. 선의의 자주점유자는 그 물건을 자신의 물건으로 알고 사용한 것이므로, 제202조 전단에서의 책임 있는 사유란 자기재산에 대한 주의를 게을리 한 것을 의미한다.

2) 타주점유자는 선의이더라도 점유물의 멸실 · 훼손에 대한 전손해를 배상하여야 한다. 이는 점유자가 처음부터 타인의 소유물임을 알고 점유한 것이므로 특별히 보호할 필요가 없기 때문이다.

---

[1] 한국전력공사가 권원 없이 타인 소유 토지의 상공에 송전선을 설치함으로써 토지를 사용 · 수익한 경우, 구분지상권에 상응하는 임료 상당의 부당이득금에 대하여 점유일 이후의 법정이자 및 그 이자에 대한 지연손해금을 인정한 사례

(3) 악의점유자의 책임

악의의 점유자는 소유의 의사 여부와 상관없이 손해의 전부를 배상할 의무를 부담하다. 점유자가 본권이 없는 것을 알면서 점유한 것이므로 보호의 필요성이 없기 때문이다.

(4) 불법행위로 인한 손해배상청구권과의 경합

계약의무위반이 있는 경우에 계약책임에 의해 해결될 수 있으므로, 제202조는 채무불이행으로 인한 손해배상청구권이 존재하지 않는 경우에만 적용된다. 다만, 문제가 되는 것은 불법행위로 인한 손해배상청구권과의 관계이다. 제202조는 점유물 자체에 관하여 생긴 손해배상에 관한 것이므로 불법행위규정의 적용은 배제되지 않으며, 서로 경합한다(대판 1966.7.19. 66다994).

5. 점유자의 상환청구권

> 제203조(점유자의 상환청구권) ① 점유자가 점유물을 반환할 때에는 회복자에 대하여 점유물을 보존하기 위하여 지출한 금액 기타 필요비의 상환을 청구할 수 있다. 그러나 점유자가 과실을 취득한 경우에는 통상의 필요비는 청구하지 못한다.
> ② 점유자가 점유물을 개량하기 위하여 지출한 금액 기타 유익비에 관하여는 그 가액의 증가가 현존한 경우에 한하여 회복자의 선택에 좇아 그 지출금액이나 증가액의 상환을 청구할 수 있다.
> ③ 전항의 경우에 법원은 회복자의 청구에 의하여 상당한 상환기간을 허여할 수 있다.

(1) 의의

점유자가 비용을 지출하여 목적물을 보존하거나 목적물의 가격이 증가한 후, 소유자가 그 목적물을 반환받으면 그 이익은 소유자에게 귀속된다. 이 경우 보존·개량된 목적물을 소유자가 점유자에게 아무 보상을 하지 않고 보유할 수 있도록 하는 것은 부당하므로, 민법은 점유자가 점유물을 반환하는 때에는 회복자에 대하여 지출된 비용의 상환을 청구할 수 있도록 규정하고 있다. 그러나 점유자가 점유물 반환 이외의 원인으로 물건의 점유자 지위를 잃어 소유자가 그를 상대로 물권적 청구권을 행사할 수 없게 되었다면, 그들은 더 이상 민법 제203조가 규율하는 점유자와 회복자의 관계에 있지 않으므로, 점유자는 위 조항을 근거로 비용상환청구권을 행사할 수 없고, 다만 비용 지출이 사무관리에 해당할 경우 그 상환을 청구하거나(민법 제739조), 자기가 지출한 비용으로 물건 소유자가 얻은 이득의 존재와 범위를 증명하여 반환청구권(민법 제741조)을 행사할 수 있을 뿐이다(대판 2022.6.30. 2020다209815).

(2) 요건

1) 비용의 의의

비용상환청구권을 취득하려면 물건의 점유자가 그 물건에 대하여 비용을 지출하여야 한다. 제203조가 규정하는 비용은 물건의 보존·개량을 위한 지출을 의미하며, 민법은 필요비와 유익비를 구별한다.

2) 필요비와 유익비

① 필요비

점유자는 선의·악의 또는 소유의 의사 유무를 묻지 않고 필요비의 상환을 청구할 수 있다. 필요비라 함은 물건을 통상 사용함에 있어 적합한 상태로 보존하고 관리하는 데 지출되는 비용을 말한다. 필요비는 통상의 필요비와 특별한 필요비로 나뉜다. 통상의 필요비란 평상적인 보존에 필요한 비용으로서, 예를 들면 보존비·수리비·조세·보험료·공과금 등이 이에 속한다. 특별한 필요비는 평상적인 보존 이외에 지출하는 필요비용을 말한다. 점유자가 과실을 취득한 때에는 통상의 필요비에 대하여 그 상환을 청구할 수 없다. 그리고 유익비의 경우와 달리 필요비에 대하여는 그 상환기간의 유예가 허용되지 않는다.

② 유익비

유익비라 함은 필요비 이외의 비용, 즉 물건의 개량이나 물건의 가치를 증가시키기 위하여 지출된 비용을 말한다. 점유자는 이러한 유익비에 관하여 그의 선의·악의를 묻지 않고 그 가액의 증가가 현존한 경우[1])에 한하여 회복자의 선택에 좇아[2]) 그 지출금액이나 증가액의 상환을 청구할 수 있다. 유익비상환청구권이 행사된 경우 법원은 회복자의 청구에 의하여 상당한 상환기간을 허여할 수 있다.

(3) 상환청구의 당사자

1) 청구권자

① 甲의 소유의 물건을 임차한 乙이 이를 수급한 丙에게 수리를 맡긴 경우 丙은 甲에 대하여 비용상환청구권을 갖는지가 문제된다. 먼저 甲의 수령은 법률상 원인이 있는 것이므로 丙이 부당이득에 의하여 甲에게 비용상환을 청구할 수 없다. 전용물소권에 의한 비용상환의 경우도 판례는 이를 인정하지 않는다(대판 1970.11.24. 70다1012). 그리고 제203조 제2항에 의한 비용상환을 청구할 수 있는가에 대해서 판례는 제203조 제2항에 의한 丙의 비용상환을 부정하고 乙이 비용상환청구권을 갖는다고 한다[3])(대판 2002.8.23. 99다66564·66571).

---

1) 가액 증가의 현존여부를 판단하기 위한 시점에 대해서는 소유자가 반환을 청구한 때를 기준으로 해야 한다는 견해(양창수)가 있으나, 가액의 증가라는 효과가 현실적으로 구체화되는 시기는 소유자가 물건을 반환받는 때이므로, 반환시를 기준으로 하는 것이 타당할 것이다(이영준).

2) 유익비상환청구에 관하여 민법 제203조 제2항은 점유자가 점유물을 개량하기 위하여 지출한 금액 기타 유익비에 관하여는 그 가액의 증가가 현존한 경우에 한하여 회복자의 선택에 좇아 그 지출금액이나 증가액의 상환을 청구할 수 있다고 규정하고 있고, 민법 제626조 제2항은 임차인이 유익비를 지출한 경우에는 임대인은 임대차종료시에 그 가액의 증가가 현존한 때에 한하여 임차인의 지출한 금액이나 그 증가액을 상환하여야 한다고 규정하고 있으므로, <u>유익비의 상환범위는 점유자 또는 임차인이 유익비로 지출한 비용과 현존하는 증가액 중 회복자 또는 임대인이 선택하는 바에 따라 정하여진다고 할 것이고, 따라서 유익비상환의무자인 회복자 또는 임대인의 선택권을 위하여 그 유익비는 실제로 지출한 비용과 현존하는 증가액을 모두 산정하여야 할 것이다</u>(대판 2002.11.22. 2001다40381).

3) [1] 계약상의 급부가 계약의 상대방뿐만 아니라 제3자의 이익으로 된 경우에 급부를 한 계약당사자가 계약 상대방에 대하여 계약상의 반대급부를 청구할 수 있는 이외에 그 제3자에 대하여 직접 부당이득반환청구를 할 수 있다고 보면, 자기 책임하에 체결된 계약에 따른 위험부담을 제3자에게 전가시키는 것이 되어 계약법의 기본원리에 반하는 결과를 초래할 뿐만 아니라, 채권자인 계약당사자가 채무자인 계약 상대방의 일반채권자에 비하여 우대받는 결과가 되어 일반채권자의 이익을 해치게 되고, 수익자인 제3자가 계약 상대방에 대하여 가지는 항변권 등을 침해하게 되어 부당하므로, 위와 같은 경우 계약상의 급부를 한 계약당사자는 이익의 귀속 주체인 제3자에 대하여 직접 부당이득반환을 청구할 수는 없다고 보아야 한다.
[2] 유효한 도급계약에 기하여 수급인이 도급인으로부터 제3자 소유 물건의 점유를 이전받아 이를 수리한 결과 그 물건의 가치가 증가한 경우, 도급인이 그 물건을 간접점유하면서 궁극적으로 자신의 계산으로 비용지출과정을 관리한 것이므로, 도급인만이 소유자에 대한 관계에 있어서 민법 제203조에 의한 비용상환청구권을 행사할 수 있는 비용지출자라고 할 것이고, 수급인은 그러한 비용지출자에 해당하지 않는다고 보아야 한다(대판 2002.8.23. 99다66564·66571).

② 甲으로부터 물건을 임차하여 설비를 투자하고 영업장으로 사용하고 있는 乙은, 그 물건을 경매로 매입한 丙에 대하여 비용상환청구를 할 수 있는지가 문제된다. 판례는 乙이 제203조 제2항에 의한 비용상환을 丙에 대하여 청구하는 것을 부정하고, 이러한 경우에는 임대인인 甲에 대하여 제626조 제2항에 의해 임대차계약상의 유익비 상환청구를 할 수 있다고 한다(대판 2003.7.25. 2001다64752).

> **판례**
>
> 점유자가 유익비를 지출할 당시 계약관계 등 적법한 점유의 권원을 가진 경우, 그 지출비용 또는 가액증가액 상환의 규준(= 그 계약관계를 규율하는 법조항이나 법리)
> 민법 제203조 제2항에 의한 점유자의 회복자에 대한 유익비상환청구권은 점유자가 계약관계 등 적법하게 점유할 권리를 가지지 아니하여 소유자의 소유물반환청구에 응하여야 할 의무가 있는 경우에 성립하는 것으로서, 점유자가 유익비를 지출할 당시 계약관계 등 적법한 점유의 권원을 가진 경우에 그 지출비용 또는 가액증가액의 상환에 관하여는 그 계약관계를 규율하는 법조항이나 법리 등이 적용된다(대판 2009.3.26. 2008다34828). 즉 이 사건에서 임차인인 원고는 임대차계약에 의하여 이 사건 건물을 적법하게 점유하고 있으면서 비용을 지출한 것이므로, 임대인인 소외 회사에 대하여 민법 제626조 제2항에 의한 임대차계약상의 유익비상환청구를 할 수 있을 뿐, 낙찰에 의하여 소유권을 취득한 피고에 대하여 이와는 별도로 민법 제203조 제2항에 의한 유익비의 상환청구를 할 수는 없다고 보아야 할 것이며(다만, 원고가 피고의 목적물인도청구에 대하여 임대인에 대한 위 유익비상환청구권에 기한 유치권으로써 대항할 수 있었을 것임은 별론으로 한다), 이러한 법리는 이 사건 시설에 관한 비용이 경매절차에서 감정평가 가격에 포함되었는지 여부와 아무런 상관이 없다.

③ 점유가 승계된 경우에 현재의 점유자는 전점유자의 비용상환청구권을 행사할 수 있는지가 문제된다[4].

2) 상환의무자

점유자의 비용지출 후에 소유자가 교체된 경우에는 전 소유자와 현재의 소유자 중 누가 상환의무를 부담하는가가 문제되는데, 현재의 소유자가 전 소유자의 반환범위에 속하는 것을 포함하여 함께 책임을 진다고 본다(대판 1966.6.15. 65다598).

3) 비용상환청구권과 유치권

점유자는 필요비·유익비에 대하여 유치권을 행사할 수 있다(제320조). 다만, 점유자가 유익비의 상환청구를 하는 경우에 회복자는 법원으로부터 상당한 상환기간을 허여 받아 유치권의 성립을 저지할 수 있다(제203조 제3항).

---

[4] 이에 대하여 비용상환청구권은 물건에 부착되어 있는 성질이 강하고, 점유이전 시에 현 점유자가 전 점유자에게 지급하는 반대급부는 이러한 전 점유자의 비용상환청구권을 고려하여 행하여지는 경우가 많으므로 전 점유자의 비용상환청구권도 현재의 점유자가 행사할 수 있다는 견해(이영준)와, 구체적인 경우에 따라 달리 판단해야 한다는 견해(양창수)가 있다. 후자의 견해에 의하면, 현재의 점유자가 전 점유자의 지위를 포괄승계한 경우에는 전 점유자가 지출한 비용의 상환을 아울러 청구할 수 있지만, 점유승계만이 행하여진 데 불과하고 그것이 점유할 권리의 승계행위에 기하여 이루어진 것이 아닌 경우 또는 권리승계행위가 있는 경우에는 현재의 점유자가 전 점유자의 비용상환청구권을 행사할 수 없다고 한다.

6. 점유보호청구권

(1) 점유물 회수청구권

> 제204조(점유의 회수) ① 점유자가 점유의 침탈을 당한 때에는 그 물건의 반환 및 손해의 배상을 청구할 수 있다.
> ② 전항의 청구권은 침탈자의 특별승계인에 대하여는 행사하지 못한다. 그러나 승계인이 악의인 때에는 그러하지 아니하다.
> ③ 제1항의 청구권은 침탈을 당한 날로부터 1년 내에 행사하여야 한다.

1) 점유의 침탈

점유를 침탈당했어야 한다. 침탈이라 함은 점유자가 그의 의사에 기하지 않고서 사실적 지배를 빼앗기는 것을 말한다. 따라서 사기로 인해서 물건을 인도하거나, 빨랫줄에 널어놓은 빨래가 바람에 날려 이웃집에 넘어가거나 또는 유실물을 습득한 경우에는 점유물반환청구를 행사할 수 없다. 점유의 의사에 반하느냐의 여부는 직접점유자를 기준으로 한다.

2) 당사자

청구권자는 점유를 침탈당한 자이며, 직접점유자나 간접점유자나 모두 청구권자가 될 수 있다. 본권의 유무는 당사자적격에 영향이 없다(대판 1962.1.15. 4294민상793). 그리고 점유를 침탈한 자가 점유물반환청구권의 상대방이다. 이때 침탈자는 점유물반환청구권을 행사할 당시 사실상의 지배를 하고 있는 자이어야 한다(대판 2000.4.7. 99다68768). 또한 점유침탈자의 포괄승계인은 언제나 점유물반환청구권의 상대방이 되지만, 특별승계인은 악의인 경우에 한해서 상대방이 될 수 있다. 그리고 선의의 특별승계인으로 점유가 이전된 다음, 다시 악의의 특별승계인에게 점유가 이전되더라도 점유물반환청구권은 인정되지 않는다. 문제는 악의의 특별승계인이 목적물을 다시 임대하여 임차인이 직접점유자가 되어 있는 경우에, 임차인에 대하여 반환청구를 할 수 있는가 하는 점이다. 이때에 임대인은 악의의 간접점유자이므로 반환청구의 상대방이 되지만(대판 1995.6.30. 95다12927), 직접점유자인 임차인은 악의의 경우에만 상대방이 될 수 있을 것이다.

3) 상호침탈

점유를 침탈당하여 점유물반환 청구할 수 있는 자가 점유를 탈환한 경우에, 피탈환자에게도 반환청구권이 성립하는지가 문제된다. ① 이를 긍정하는 견해(이영준)도 있으나 ② 스스로 침탈에 의하여 점유를 취득하는 자는 전 점유자가 나타나 그 점유를 다시 강제로 탈환했더라도 전 점유자에 대하여 점유물반환청구권을 행사할 수 없다는 견해가 타당하다(곽윤직 등 다수설). 즉 상호침탈을 인정하여 피탈환자의 반환청구를 인정하더라도 탈환자가 다시 반환을 청구할 수 있게 되므로, 소송상의 낭비일 뿐이기 때문이다.

4) 내용

물건의 반환 및 손해의 배상을 청구하는 것이다. 목적물이 환가처분 되어 금전으로 바뀐 경우, 그 환가금을 청구할 수 있는지가 문제된다. 이를 긍정하는 견해(김기선)가 있으나, 점유물반환청구권은 점유의 사실상태의 유지·회복을 그 권리의 내용으로 하는 일종의 물권이므로 부정설이 타당하다(곽윤직). 여기에서의 손해배상은 불법행위로 인한 손해배상을 말하는 것이므로, 불법행위의 요건을 갖춘 경우에만 인정된다(제750조).

5) 제척기간

침탈당한 날부터 1년 이내에 행사해야 하는 제척기간은 재판 외에서 권리행사 하는 것으로 족한 기간이 아니라 반드시 그 기간 내에 소를 제기하여야 하는 이른바 출소기간으로 해석함이 상당하다[1](대판 2002.4.26. 2001다8097·8103).

6) 증명책임

원고는 현재까지 자신이 점유하고 있었다는 사실과 피고가 자신의 점유를 침탈하였다는 사실을 주장·증명해야 하며, 피고는 원고의 점유에 대한 침탈이 상대방의 동의나 법률의 규정에 의하여 허용된 것이라는 사실을 주장·증명해야 한다.

(2) 점유물 방해 및 손해배상청구권

1) 점유물방해예방청구권

> 제205조(점유의 보유) ① 점유자가 점유의 방해를 받은 때에는 그 방해의 제거 및 손해의 배상을 청구할 수 있다.
> ② 전항의 청구권은 방해가 종료한 날로부터 1년 내에 행사하여야 한다.
> ③ 공사로 인하여 점유의 방해를 받은 경우에는 공사착수 후 1년을 경과하거나 그 공사가 완성한 때에는 방해의 제거를 청구하지 못한다.

점유자가 점유의 방해를 받은 때에는 방해가 종료한 날부터 1년 내에 그 방해의 제거 및 손해의 배상을 청구할 수 있다. 그러나 공사로 인하여 점유의 방해를 받은 경우 공사 착수 후 1년을 경과하거나 그 공사가 완성한 때에는 방해의 제거를 청구하지 못 한다.

2) 점유물방해예방 또는 손해배상담보 청구권

> 제206조(점유의 보전) ① 점유자가 점유의 방해를 받을 염려가 있는 때에는 그 방해의 예방 또는 손해배상의 담보를 청구할 수 있다.
> ② 공사로 인하여 점유의 방해를 받을 염려가 있는 경우에는 전조 제3항의 규정을 준용한다.

---

1) 민법 제204조 제3항과 제205조 제2항에 의하면 점유를 침탈 당하거나 방해를 받은 자의 침탈자 또는 방해자에 대한 청구권은 그 점유를 침탈 당한 날 또는 점유의 방해행위가 종료된 날로부터 1년 내에 행사하여야 하는 것으로 규정되어 있는데, 여기에서 제척기간의 대상이 되는 권리는 형성권이 아니라 통상의 청구권인 점과 점유의 침탈 또는 방해의 상태가 일정한 기간을 지나게 되면 그대로 사회의 평온한 상태가 되고 이를 복구하는 것이 오히려 평화질서의 교란으로 볼 수 있게 되므로 일정한 기간을 지난 후에는 원상회복을 허용하지 않는 것이 점유제도의 이상에 맞고 여기에 점유의 회수 또는 방해제거 등 청구권에 단기의 제척기간을 두는 이유가 있는 점 등에 비추어 볼 때 …

점유자가 점유의 방해를 받을 염려가 있는 때에는 그 방해의 예방 또는 손해배상의 담보를 청구할 수 있다. 그러나 공사로 인하여 점유의 방해를 받을 염려가 있는 경우 공사착수 후 1년을 경과하거나 그 공사가 완성한 때에는 방해의 예방을 청구하지 못 한다(제206조).

(3) 점유의 소와 본권의 소

> 제208조(점유의 소와 본권의 소와의 관계) ① 점유권에 기인한 소와 본권에 기인한 소는 서로 영향을 미치지 아니한다.
> ② 점유권에 기인한 소는 본권에 관한 이유로 재판하지 못한다.

점유의 소란 점유보호청구권을 청구원인으로 하는 소를 말하고, 본권의 소란 본권(소유권·전세권·임차권 등과 같은 점유할 수 있는 권리)를 청구원인으로 하는 소를 말한다. 점유의 소와 본권의 소는 별개의 소송으로서 서로 영향을 미치지 아니한다(제208조 제1항). 따라서 양 소를 동시에 제기하든 각각 별도로 제기하든 무방하며, 그 중 하나의 소권이 소멸하더라도 다른 소권을 행사할 수 있다. 점유권에 기인한 소는 본권에 관한 이유로 재판하지 못한다(제208조 제2항). 다만, 이 규정은 점유의 소에 대하여 피고가 본권을 방어방법으로 내세울 수 없다는 것이지 본권에 기한 반소제기까지 막는 것은 아니다(이시윤). 제208조 제2항의 규정은 점유의 소에 대하여 그 반소로서 본권에 기한 반환청구의 소를 제기하는 것을 금지하지는 않는다[1](통설, 대판 1957.11.14. 4294민상454·455). 그리고 점유회수의 본소에 대하여 본권자가 소유권에 기한 인도를 구하는 반소를 제기하여 본소청구와 예비적 반소청구가 모두 인용되어 확정되면, 점유자가 본소 확정판결에 의하여 집행문을 부여받아 강제집행으로 물건의 점유를 회복할 수 있다[2][대판 2021.2.4. 2019다202795(본소)·202801(반소)].

---

1) 점유제도는 물건을 사실상 지배하고 있는 현존상태를 보호하여 회사평화를 유지하려는 데 그 목적이 있는 것이므로, 점유의 소송에 있어서는 점유할 수 있는 권리인 본권에 관한 이유에 기하여 재판할 수 없는 것이고, 따라서 피고의 점유방해의 사실이 인정된다고 한다면 설사 피고가 소유권에 기하여 그 점유물의 인도를 구하는 반환청구를 하고 그 청구권이 인정된다고 하더라도 피고로서는 그 인도청구권을 적법하게 행사하지 않고 사력으로 원고의 점유를 방해할 수는 없는 것이니 이러한 경우에는 본소와 반소의 청구를 모두 인정하여야 할 것이다(대판 1957.11.14. 4290민상454·455).

2) 1. 점유권에 기인한 소와 본권에 기인한 소는 서로 영향을 미치지 아니하고, 점유권에 기인한 소는 본권에 관한 이유로 재판하지 못하므로 점유회수의 청구에 대하여 점유침탈자가 점유물에 대한 본권이 있다는 주장으로 점유회수를 배척할 수 없다(민법 제208조, 대판 1967.6.20. 67다479, 대판 2010.7.15. 2010다18294 등 참조). 그러므로 점유권에 기한 본소에 대하여 본권자가 본소청구 인용에 대비하여 본권에 기한 예비적 반소를 제기하고 양 청구가 모두 이유 있는 경우, 법원은 점유권에 기한 본소와 본권에 기한 예비적 반소를 모두 인용해야 하고 점유권에 기한 본소를 본권에 관한 이유로 배척할 수 없다.
2. 그리하여 이 사건과 같이 점유회수의 본소에 대하여 본권자가 소유권에 기한 인도를 구하는 반소를 제기하여 본소청구와 예비적 반소청구가 모두 인용되어 확정되면, 점유자가 본소 확정판결에 의하여 집행문을 부여받아 강제집행으로 물건의 점유를 회복할 수 있다. 본권자의 소유권에 기한 반소청구는 본소의 의무 실현을 정지조건으로 하므로, 본권자는 위 본소 집행 후 집행문을 부여받아 비로소 반소 확정판결에 따른 강제집행으로 물건의 점유를 회복할 수 있다. 이러한 과정은 애당초 본권자가 허용되지 않는 자력구제로 점유를 회복한 데 따른 것으로 그 과정에서 본권자가 점유 침탈 중 설치한 장애물 등이 제거될 수 있다. 다만 점유자의 점유 회수의 집행이 무의미한 점유상태의 변경을 반복하는 것에 불과할 뿐 아무런 실익이 없거나 본권자로 하여금 점유 회수의 집행을 수인하도록 하는 것이 명백히 정의에 반하여 사회생활상 용인할 수 없다고 인정되는 경우, 또는 점유자가 점유권에 기한 본소 승소 확정판결을 장기간 강제집행하지 않음으로써 본권자의 예비적 반소 승소 확정판결까지 조건불성취로 강제집행에 나아갈 수 없게 되는 등 특별한 사정이 있다면 본권자는 점유자가 제기하여 승소한 본소 확정판결에 대한 청구이의의 소를 통해서 점유권에 기한 강제집행을 저지할 수 있다[대판 2021.2.4. 2019다202795(본소)·202801(반소)].

(4) 간접점유의 경우

> 제207조(간접점유의 보호) ① 전3조의 청구권은 제194조의 규정에 의한 간접점유자도 이를 행사할 수 있다.
> ② 점유자가 점유의 침탈을 당한 경우에 간접점유자는 그 물건을 점유자에게 반환할 것을 청구할 수 있고 점유자가 그 물건의 반환을 받을 수 없거나 이를 원하지 아니하는 때에는 자기에게 반환할 것을 청구할 수 있다.

前3조의 청구권은 점유물반환청구권, 점유물방해제거청구권, 점유물방해예방청구권 등을 말한다.

7. 자력구제권

> 제209조(자력구제) ① 점유자는 그 점유를 부정히 침탈 또는 방해하는 행위에 대하여 자력으로써 이를 방위할 수 있다.
> ② 점유물이 침탈되었을 경우에 부동산일 때에는 점유자는 침탈 후 직시 가해자를 배제하여 이를 탈환할 수 있고 동산일 때에는 점유자는 현장에서 또는 추적하여 가해자로부터 이를 탈환할 수 있다.

점유자는 그 점유를 부정히 침탈 또는 방해하는 행위에 대하여 자력으로써 이를 방위할 수 있다(자력방위권, 제209조 제1항). 점유자는 점유물이 침탈되었을 경우, 부동산인 때에는 침탈 후 즉시 가해자를 배제하여 이를 탈환할 수 있고, 동산인 때에는 현장에서 또는 추적하여 가해자로부터 이를 탈환할 수 있다(자력탈환권, 제209조 제2항). 민법 제209조 제1항에 규정된 점유자의 자력방위권은 점유의 침탈 또는 방해의 위험이 있는 때에 인정되는 것인 한편, 제2항에 규정된 점유자의 자력탈환권은 점유가 침탈되었을 때 시간적으로 좁게 제한된 범위 내에서 자력으로 점유를 회복할 수 있다는 것으로서, 위 규정에서 말하는 "직시"란 "객관적으로 가능한 한 신속히" 또는 "사회관념상 가해자를 배제하여 점유를 회복하는 데 필요하다고 인정되는 범위 안에서 되도록 속히"라는 뜻으로 해석할 것이므로 점유자가 침탈사실을 알고 모르고와는 관계없이 침탈을 당한 후 상당한 시간이 흘렀다면 자력탈환권을 행사할 수 없다(대판 1993.3.26. 91다14116). 집행관이 집행채권자 甲 조합 소유 아파트에서 유치권을 주장하는 피고인을 상대로 부동산 인도 집행을 실시하자, 피고인이 이에 불만을 갖고 아파트 출입문과 잠금 장치를 훼손하며 강제로 개방하고 아파트에 들어갔다고 하여 재물손괴 및 건조물침입으로 기소된 사안에서, 피고인이 아파트에 들어갈 당시에는 이미 甲 조합이 집행관으로부터 아파트를 인도받은 후 출입문의 잠금 장치를 교체하는 등으로 그 점유가 확립된 상태여서 점유권 침해의 현장성 내지 추적가능성이 있다고 보기 어려워 점유를 실력에 의하여 탈환한 피고인의 행위가 민법상 자력구제에 해당하지 않는다고 보아 유죄를 인정한 원심판단을 수긍한 사례가 있다(대판 2017.9.7. 2017도9999). 그러나 위법한 강제집행에 의하여 부동산의 명도를 받는 것은 공권력을 빌려서 상대방의 점유를 침탈하는 것이 되므로 위 강제집행이 일응 종료한 후 불과 2시간 이내에 자력으로 그 점유를 탈환한 것은 민법상의 점유자의 자력구제권의 행사에 해당한다(대판 1987.6.9. 86다카1683).

V. 준점유

> 제210조(준점유) 본장의 규정은 재산권을 사실상 행사하는 경우에 준용한다.
>
> 제470조(채권의 준점유자에 대한 변제) 채권의 준점유자에 대한 변제는 변제자가 선의이며 과실 없는 때에 한하여 효력이 있다.

민법은 물건이 아닌 재산권을 사실상 행사하는 경우에, 이를 준점유라 하여 점유권에 관한 규정을 준용하고 있다. 점유는 원래 물건의 지배에 관해서만 인정되는 것이나, 물건 이외의 이익에 대해서도 사실상의 지배가 존재하고 사회가 그 외형을 신뢰하는 경우에는 점유에 있어서와 같은 보호를 부여할 필요가 있다. 이러한 보호를 목적으로 인정되는 것이 준점유이며, 준점유는 점유의 개념을 확장한 것이라 할 수 있다. 점유를 수반하는 재산권(소유권·지상권·전세권·질권·임차권)에 관하여는 준점유가 성립될 여지가 없으므로, 준점유의 객체는 점유를 수반하지 않는 재산권(채권·무체재산권)에 한하게 한다. 준점유가 성립하기 위해서는 재산권을 사실상 행사하여야 한다. 즉 점유를 수반하지 않는 재산권이 사실상 어떤 자에게 귀속되는 것과 같은 외관이 존재해야 한다(甲이 乙의 예금통장과 도장을 갖고 있는 경우와 채권증서의 교부). 준점유에는 점유권의 규정이 준용된다. 따라서 권리의 추정, 과실의 취득, 비용상환청구권, 점유보호청구권 등의 효력은 준점유에 대해서도 발생한다. 채권의 준점유에 관하여는, 선의의 변제자보호를 위한 제470조의 규정이 중요하다. 즉, 채무자가 채권의 준점유자에 대하여 선의이며 과실 없이 변제한 때에는 그 변제는 유효하다. 그런 의미에서 준점유자의 권리외관을 신뢰한 선의의 변제자가 보호된다.

제2절 소유권

I. 총설

> 제211조(소유권의 내용) 소유자는 법률의 범위 내에서 그 소유물을 사용, 수익, 처분할 권리가 있다.

1. 의의

소유권이란 법률의 범위 내에서 그 소유물을 사용·수익·처분할 수 있는 권리이다. 이러한 소유권은 본질적으로 물건이 갖는 가치를 전면적으로 지배할 수 있는 완전물권이라는 점에서 물건이 갖는 가치의 일부만을 지배할 수 있는 제한물권과는 구별된다. 여기서 사용·수익이라 함은, 목적물을 사용하거나 목적물로부터 생기는 과실을 수취하는 것을 말한다. 그리고 처분이란 물건의 교환가치를 실현하는 것으로서, 물건의 소비·파괴 등의 사실적 처분과 양도 또는 담보설정 등의 법률적 처분을 말한다.

2. 헌법상의 소유권과 계약자유의 원칙

헌법 제23조는 "모든 국민의 재산권은 보장된다."는 소유권보장의 원칙을 선언하고 있다. 민법 제211조는 이러한 소유권보장원칙에 기초하여, 사적 자치의 원칙을 규정하고 있는 것이다.

3. 소유권의 성격

민법은 사실상 지배권인 점유권과 법률상 지배권인 소유권으로 구별하는 체계를 가지고 있으므로, 소유권은 현실적 지배와는 상관 없는 관념적 지배권이다.

4. 소유권의 내용상 특성

소유권은 물건의 사용가치와 교환가치 등 기타 모든 가치에 대하여 전면적으로 작용한다. 이 전면성에서 다음과 같은 소유권의 특성이 도출된다.

(1) 소유권은 사용·수익·처분 등의 모든 권능이 융합되어 이루어진 권리이다(혼일성). 소유권의 혼일성으로 말미암아 소유권과 제한물권이 동일인에게 귀속하면 제한물권이 혼동으로 소멸하게 된다.
(2) 소유권을 제한하는 제한물권이 소멸하면 이에 의한 소유권의 제한이 자동적으로 소멸되고 소유권은 종전대로 회복된다(탄력성).
(3) 소유권은 시간적으로 존속시간의 제한이 없고 또한 소멸시효의 대상이 되지도 않는다(항구성).

5. 소유권의 객체

소유권의 객체는 물건에 한한다. 이때 그 물건에는 유체물 이외에 전기 기타 관리할 수 있는 자연력도 포함된다. 채권과 같은 권리에 대해서는 소유권이 성립할 수 없다. 그리고 공법에 의하여 성립하는 재산적 지위, 기업체와 같은 물건과 권리의 집합에 대해서도 소유권은 인정되지 않는다.

Ⅱ. 소유권의 내용과 제한

1. 소유권제한의 근거와 한계

소유권도 그 권리에 내재하는 사회성 기타 공공복리에 의하여 일정한 제한을 받는다. 즉, 헌법 제23조 제1항은 모든 국민의 재산권을 보장하면서도 그 내용과 한계를 법률로 정하도록 규정하고 있고, 제2항은 재산권의 행사는 공공복리에 적합하도록 하여야 한다고 규정한다. 그러나 이러한 소유권의 제한에도 한계는 있다. 아무리 소유권을 제한하다 하더라도 그 본질적 내용을 침해할 수는 없다.

> **판례** 소유권의 사용·수익 권능을 대세적으로 포기할 수 있는지 여부(소극)
>
> [1] 소유권은 외계 물자의 배타적 지배를 규율하는 기본적 법질서에서 그 기초를 이루는 권리로서 대세적 효력이 있으므로, 그에 관한 법률관계는 이해당사자들이 이를 쉽사리 인식할 수 있도록 명확하게 정하여져야 한다. 그런데 소유권의 핵심적 권능에 속하는 사용·수익의 권능이 소유자에 의하여 대세적으로 유효하게 포기될 수 있다고 하면, 이는 결국 처분권능만이 남는 민법이 알지 못하는 새로운 유형의 소유권을 창출하는 것으로서, 객체에 대한 전면적 지배권인 소유권을 핵심으로 하여 구축된 물권법의 체계를 현저히 교란하게 된다. 종전의 재판례 중에는 타인의 토지를 도로 등으로 무단 점용하는 자에 대하여 소유자가 그 사용이득의 반환을 사후적으로 청구하는 사안에서, 이른바 공평을 이념으로 한다는 부당이득법상의 구제와 관련하여 그 청구를 부인하면서 소유자의 '사용수익권 포기' 등을 이유로 든 예가 없지 않다. 그러나 그 당부는 별론으로 하고, 그 논리는 소유권의 내용을 장래를 향하여 원만하게 실현하는 것을 내용으로 하여 소유권의 보호를 위한 원초적 구제수단인 소유물반환청구권 등의 물권적 청구권과는 무관한 것으로 이해되어야 한다.

[2] 토지의 소유권자가 그 토지에 관한 사용수익권을 점유자에 대한 관계에서 채권적으로 '포기'하였다고 하여도, 그것이 점유자의 사용·수익을 일시적으로 인정하는 취지라면, 이는 사용대차의 계약관계에 다름 아니다. 그렇다면 사용대주인 소유권자는 계약관계의 해지 기타 그 종료를 내세워 토지의 반환 및 그 원상회복으로서의 건물의 철거(민법 제615조 참조)를 청구할 수 있다. 그러므로 사용수익권의 채권적 포기를 이유로 위 청구들이 배척되려면, 그 포기가 일시적인 것이 아닌 영구적인 것이어야 한다[1](대판 2009.3.26. 2009다228·235).

2. 소유권 제한의 모습

소유권의 제한은 소유권 자체를 박탈하거나, 그 기능 중 일부를 빼앗는 방법에 의하여 행해질 수도 있고, 소유권자에 대하여 작위 또는 부작위의무를 과하거나 조세 등의 부담을 부과하기도 한다.

> **판례** 소유자가 그 토지에 대한 독점적·배타적인 사용·수익권을 포기한 경우
>
> 소유자가 토지를 소유하게 된 경위와 보유기간, 소유자가 토지를 공공의 사용에 제공한 경위와 그 규모, 토지의 제공에 따른 소유자의 이익 또는 편의의 유무, 해당 토지 부분의 위치나 형태, 인근의 다른 토지들과의 관계, 주위 환경 등 여러 사정을 종합적으로 고찰하고, 토지 소유자의 소유권 보장과 공공의 이익 사이의 비교형량을 한 결과, 소유자가 그 토지에 대한 독점적·배타적인 사용·수익권을 포기한 것으로 볼 수 있다면, 타인[사인(私人)뿐만 아니라 국가, 지방자치단체도 이에 해당할 수 있다. 이하 같다]이 그 토지를 점유·사용하고 있다 하더라도 특별한 사정이 없는 한 그로 인해 토지 소유자에게 어떤 손해가 생긴다고 볼 수 없으므로, 토지 소유자는 그 타인을 상대로 부당이득반환을 청구할 수 없고, 토지의 인도 등을 구할 수도 없다. 다만, 소유권의 핵심적 권능에 속하는 사용·수익 권능의 대세적·영구적인 포기는 물권법정주의에 반하여 허용할 수 없으므로, 일반 공중의 무상 이용이라는 토지이용현황과 양립 또는 병존하기 어려운 토지 소유자의 독점적이고 배타적인 사용·수익만이 제한될 뿐이고, 토지 소유자는 일반 공중의 통행 등 이용을 방해하지 않는 범위 내에서는 그 토지를 처분하거나 사용·수익할 권능을 상실하지 않는다[2](대판 2019.1.24. 2016다264556 전합).

3. 토지소유권의 범위

> 제212조(토지소유권의 범위) 토지의 소유권은 정당한 이익 있는 범위 내에서 토지의 상하에 미친다.

(1) 토지소유권의 경계

토지소유권의 경계는 현실의 경계와 관계없이 지적공부상의 경계에 의하여 확정된다(대판 2000.10.24. 99다44090). 그러나 지적공부에 등록된 토지의 경계가 기술적인 착오로 말미암아 진실한 경계선과

---

1) 소유자가 소유권의 핵심적 권능에 속하는 사용·수익의 권능을 대세적으로 포기하는 것은 특별한 사정이 없는 한 허용되지 않는다. 이를 허용하면 결국 처분권능만이 남는 새로운 유형의 소유권을 창출하는 것이어서 민법이 정한 물권법정주의에 반하기 때문이다. 따라서 사유지가 일반 공중의 교통을 위한 도로로 사용되고 있는 경우, 토지 소유자가 스스로 토지의 일부를 도로 부지로 무상 제공하더라도 특별한 사정이 없는 한 이는 대세적으로 사용·수익권을 포기한 것이라기보다는 토지 소유자가 도로 부지로 무상 제공받은 사람들에 대한 관계에서 채권적으로 사용·수익권을 포기하거나 일시적으로 소유권을 행사하지 않겠다고 양해한 것이라고 보아야 한다. 이때 토지 소유자가 사용·수익권을 포기한 것으로 의사해석을 하는 데에는, 그가 토지를 소유하게 된 경위와 보유기간, 나머지 토지들을 분할하여 매도한 경위와 규모, 도로로 사용되는 토지 부분의 위치나 성상, 인근 토지들과의 관계, 주위 환경 등 여러 사정과 아울러 분할·매도된 나머지 토지들의 효과적인 사용·수익을 위하여 토지가 기여하고 있는 정도 등을 종합적으로 고찰하여 신중하게 판단해야 한다(대판 2017.6.19. 2017다211528·211535).
2) ⇨ 토지 소유자인 원고가 그 토지에 매설된 우수관의 관리 주체인 피고(지방자치단체)를 상대로 우수관 철거와 함께 그 부분 토지 사용에 따른 차임 상당의 부당이득반환을 구하는 사안에서, 우수관 설치 당시 원고의 아버지가 자신이 소유하던 토지와 그 지상 단독주택의 편익을 위하여 자발적으로 우수관을 설치하도록 한 것으로 볼 수 있고, 독점적이고 배타적인 사용·수익권의 행사를 제한하는 것을 정당화할 정도로 분명하고 확실한 공공의 이익 또한 인정된다고 보아, 위와 같은 전제에서 원고의 청구를 기각한 원심판결에 대한 상고를 기각한 사례

다르게 작성되었다면 토지의 경계는 지적도에 의하지 않고 실제의 경계에 의한다[3](대판 2000.5.26. 98다15446). 만약 그 토지에 인접한 토지의 소유자 등 이해관계인들이 그 토지의 실제의 경계선을 지적공부상의 경계선에 일치시키기로 합의하였다면 적어도 그때부터는 지적공부상의 경계에 의하여 그 토지의 공간적 범위가 특정된다(대판 2006.9.22. 2006다24971).

> **판례** 소유권이전등기가 마쳐져 있는 경우, 지적공부의 존재
>
> 어느 토지에 관하여 소유권이전등기가 마쳐져 있다면 토지의 지적공부가 현재 소관청에 비치되어 있지 않은 경우 등에도 소유권이전등기 당시에는 지적공부가 비치되어 있었다고 보는 것이 타당하고, 또한 토지를 분할하기 위해서는 우선 지적도상에 분할될 토지 부분을 분할하고 새로이 토지대장에 등록을 하여야 하므로, 특별한 사정이 없는 한 분할된 토지에 대한 토지대장과 지적도도 존재하고 있었다고 보는 것이 타당하다. 이는 소유권이전등기가 마쳐져 있던 등기기록이 멸실한 후 멸실회복등기가 마쳐져 있는 경우에도 마찬가지로 보아야 한다. 1필지의 토지가 여러 필지로 분할되어 지적공부에 등록되었다가 지적공부가 모두 멸실한 후 지적공부 소관청이 멸실한 지적공부를 복구하면서 종전의 분할된 여러 필지의 토지로 복구하지 못하고 분할 전 1필지의 토지로만 복구한 경우에도, 종전의 분할된 각 토지의 소유자는 지적공부가 복구된 분할 전 1필지의 토지 중 그 소유인 종전의 분할된 토지의 경계를 지적공부상으로 분할할 수 있을 정도로 특정하여, 분할 전 1필지의 토지의 일부분에 대해 소유권확인 또는 소유권이전등기의 말소를 구하는 소송을 제기하는 등으로 소유권을 주장·행사할 수 있다(대판 2017.2.21. 2016다225353).

(2) 토지소유권의 上·下의 범위

토지의 소유권은 정당한 이익이 있는 범위 내에서 토지의 상하에 미친다. 토지를 완전히 허용하기 위해서는 지표뿐만 아니라 지상의 공간이나 지하의 공간에도 소유권의 효력을 미치게 할 필요가 있기 때문이다. 광업법에 의하면 일정한 종류의 미채굴 광물에 대해서는 국가에 채굴취득권이 유보되어 있기 때문에, 미채굴 광물[4]은 법률상 토지의 구성부분이 되지 않고 따라서 토지소유권의 내용이 되지 않는다. 반면에 암석·토사 등은 토지의 구성부분으로서 토지소유권의 효력이 미친다. 지하수는 토지의 구성부분이므로 토지소유자의 지하수이용권은 토지소유권의 하나의 권능을 행사하는 데 불과하지만, 토지소유자가 아닌 자가 지하수이용권을 갖는 것은 타인의 토지를 특정인의 편익에 제공하는 인역권과 유사한 독립된 물권을 가지는 것이라고 할 수 있다. 온천수도 지하수의 일종이므로, 토지소유자가 그 소유지 안에서 솟아나는 온천수를 자유로이 처분할 수 있는 것이 원칙이지만, 온천수는 공용수 또는 생활용수가 아니기 때문에 상린관계에 관한 제235조 내지 제236조는 적용되지 않는다(대판 1970.5.26. 69다1239). 온천은 온천수의 수질상의 특수성으로 인하여 온천법에 의해서 별도로 규율되고 있다. 다만 이러한 온천수에 대해서는 이른바 온천권·광천권 또는 온천수이용권이라는 독립된 물권이 인정될 수 있는가 문제되는데, 판례에 의하면 온천수는 그것이 용출되는 토지의 구성부분이지 독립한 물권의 객체가 아니며, 따라서 온천권이라는 관습법상의 물권은 인정되지 않는다고 한다(대판 1970.5.26. 69다1239).

---

[3] 어떤 토지가 지적공부에 1필지의 토지로 등록되면 그 토지의 소재·지번·지적 및 경계는 다른 특별한 사정이 없는 한 이 등록으로써 특정되고 그 소유권의 범위는 현실의 경계와 관계없이 공부상의 경계에 의하여 확정되는 것이고, 이 토지에 대한 매도도 특별한 사정이 없는 한 현실의 경계와 관계없이 지적공부상의 경계와 지적에 의하여 확정된 토지를 매매의 대상으로 하는 것으로 보아야 할 것이며, 다만 지적도를 작성함에 있어서 그 기점을 잘못 선택하는 등 기술적인 착오로 말미암아 지적도상의 경계선이 진실한 경계선과 다르게 작성되었기 때문에 경계와 지적이 실제의 것과 일치하지 않게 되었고, 그 토지들이 전전 매도되면서도 당사자들이 사실상의 경계대로의 토지를 매매할 의사를 가지고 거래를 한 경우 등과 같은 특별한 사정이 있는 경우에는 그 토지의 경계는 실제의 경계에 의하여야 할 것이다(대판 1993.11.9. 93다22845 등).

[4] 다만 이의 법적 성격에 대해서는 ① 국유에 속하는 부동산으로 보는 견해(곽윤직, 김상용), ② 국가의 배타적인 채굴취득허가권의 객체로 보는 견해(고상룡, 이영준)가 대립되어 있다.

4. 상린관계

(1) 상린관계의 의의와 성질, 유추적용

토지는 서로 연속되어 있기 때문에 서로 인접하는 토지의 소유자들이 각자의 소유권을 제한 없이 주장하게 되면 이해의 충돌이 생기게 되고, 그 이용을 조절하기 위하여 민법은 그 사이의 권리관계를 규율하는 규정을 두고 있다. 여기서 규율의 대상이 되는 관계를 상린관계라고 하며, 이 상린관계로부터 발생하는 권리를 상린권이라고 한다. 상린관계에 관한 민법규정의 성격에 대하여, 강행규정설과 임의규정설이 있는데, 판례는 임의규정설이다[1]. 민법의 상린관계에 관한 규정은 소유권에 관한 것이지만, 이것은 인접하는 부동산 상호간의 이용을 조절하려는 데 그 목적이 있는 것이므로, 지상권과 전세권에도 준용된다(제290조, 제319조). 부동산의 임대차에 관하여는 명문의 규정은 없지만 부동산임차권에도 마찬가지로 인접부동산과의 이용조절이 필요하므로 상린관계의 규정을 유추적용한다[2](통설). 기능적인 측면에서 상린관계의 내용은 지역권(제291조)의 내용과 유사하다. 다만 상린관계는 법률에 의하여 발생하고 등기를 요하지 않으며 인지 상호간에 인정되는 부동산소유권의 확장·제한인 데 비하여, 지역권은 계약에 의하여 발생하고 등기를 요하며 요역지와 승역지가 반드시 서로 접하고 있을 필요가 없는 물권이라는 점에서 차이가 있다.

(2) 인지(隣地)사용청구권

> 제216조(인지사용청구권) ① 토지소유자는 경계나 그 근방에서 담 또는 건물을 축조하거나 수선하기 위하여 필요한 범위 내에서 이웃토지의 사용을 청구할 수 있다. 그러나 이웃사람의 승낙이 없으면 그 주거에 들어가지 못한다.
> ② 전항의 경우에 이웃사람이 손해를 받은 때에는 보상을 청구할 수 있다.

토지소유자는 경계나 그 근방에서 담 또는 건물을 축조하거나 수선하기 위하여 필요한 범위 내에서 이웃토지의 사용을 청구할 수 있으나, 이웃사람의 승낙이 없으면 그 주거에 들어가지 못한다. 이 경우 이웃사람이 손해를 받은 때에는 보상을 청구할 수 있다.

(3) 생활방해금지

> 제217조(매연 등에 의한 인지에 대한 방해금지) ① 토지소유자는 매연, 열기체, 액체, 음향, 진동 기타 이에 유사한 것으로 이웃토지의 사용을 방해하거나 이웃거주자의 생활에 고통을 주지 아니하도록 적당한 조처를 할 의무가 있다.
> ② 이웃거주자는 전항의 사태가 이웃 토지의 통상의 용도에 적당한 것인 때에는 이를 인용할 의무가 있다.

---

[1] 지하시설을 하는 경우에 있어서 경계로부터 두어야 할 거리에 관한 사항 등을 규정한 민법 제244조는 강행규정이라고는 볼 수 없으므로 이와 다른 내용의 당사자 간의 특약을 무효라고 할 수 없다(대판 1982.10.26. 80다1634).

[2] 판례는 상린관계의 유추적용을 인정하여 "토지소유자의 적법한 건축행위가 인접 민간지상파방송사업자의 방송을 위한 전파송신에 영향을 미친 경우 민간지상파방송사업자로서는 그 비용 부담하에 그 인접의 토지소유자 등의 손해가 가장 적은 장소와 방법을 선택하여 인접 토지상에 건축된 건축물에 방송송신에 필요한 시설을 설치할 수 있고, 인접 토지소유자 등은 이를 용인할 의무가 있다(대판 2003.11.28. 2003다43322)."고 판시한다.

생활방해란 매연·열기체·액체·음향·진동 기타 이와 유사한 것이 다른 토지로부터 발산·유입되어 자기 토지의 사용을 방해하거나 거주자의 생활에 고통을 주는 것 또는 방사된 유해한 간섭 그 자체를 말한다[3]. 토지소유자는 자신의 토지로부터 발산되는 방해물에 의하여 이웃 거주자의 생활에 고통을 주는 생활방해를 방지하기 위한 적당한 조치를 할 의무를 부담한다. 예를 들어 주거지역과 인접하여 종합병원을 신축하는 경우 병원에서 나는 소음이나 일반인들이 직접 보기를 꺼려하는 장면 등이 인근주거지역주민에게 고통을 주지 않도록 조치를 취할 의무가 있다(대판 1997.10.28. 95다15599). 그리고 수인한도를 넘어서는 것인지의 여부는 피해의 성질 및 정도, 피해이익의 공공성, 가해행위의 태양, 가해행위의 공정성, 가해자의 방지조치 또는 손해회피의 가능성, 인·허가관계 등 공법상 기준에의 적합여부, 지역성, 토지이용의 선후관계 등 모든 사정을 종합적으로 고려하여 판단해야 한다(대판 1999.7.27. 98다47528). 판례는 "5층짜리 아파트의 뒤에 그보다 높은 10층짜리 건물을 세움으로써 한강 조망을 확보한 경우와 같이 보통의 지역에 인공적으로 특별한 시설을 갖춤으로써 누릴 수 있게 된 조망의 이익은 법적으로 보호받을 수 없다(대판 2007.6.28. 2004다54282)."고 한다. 금지되는 것은 토지의 통상의 용도에 적당한 정도를 넘어서, 위와 같은 유해한 간섭이 방산 내지 발산되는 경우이다. 따라서 이웃 거주자는 생활방해가 이웃토지의 용도에 적당한 것인 때에는 이를 인용해야 한다(제217조 제2항).

> **판례** **수인한도 관련 판례**
>
> 1. 폭파작업장의 폭음·진동으로 인하여 그로부터 약 100m 내지 190m 거리밖에 떨어지지 않은 지점에 있는 인근양계장의 닭들이 놀라 산란감소·사망 등의 현상이 생겨 그 양계업자가 산란을 목적으로 하는 양계업을 더 이상 영위할 수 없게 됨으로써 사육하던 닭을 헐값에 팔았다면 폭음 등에 의한 불법행위와 닭의 헐값처분으로 인한 손해 사이에 인과관계가 있다(대판 1974.11.12. 74다1321).
> 2. 병원시체실의 설치로 그 인접지 거주자가 받을 피해와 고통이 사회관념상 일반적으로 수인하여야 할 정도의 것일 때에는 거주자가 이를 수인하여야 하나 그 정도를 초과할 때에는 수인의무가 없고 오히려 방해사유의 제거 내지 예방조치를 청구할 수 있다(대판 1974.12.24. 68다1489, 한일병원사건).
> 3. 일조방해의 정도가 사회통념상 일반적으로 인용하는 수인한도를 넘어서는 경우에는 그 건축행위는 정당한 권리행사로서의 범위를 벗어나거나 권리남용에 이르는 행위로서 위법한 가해행위로 평가되어 일조방해로 인한 불법행위가 성립한다(대판 2001.6.26. 2000다44928·44935).
> 4. 도로소음을 규제하는 행정법규는 인근 주민을 소음으로부터 보호하는 데 주요한 목적이 있기 때문에 도로소음이 이 기준을 넘는지는 일반적으로 사회통념에 비추어 참아내야 할 정도(이하 '참을 한도'라고 한다)를 정하는 데 중요하게 고려해야 한다. 그러나 도로변 지역의 소음에 관한 환경정책기본법의 소음환경기준을 넘는 도로소음이 있다고 하여 바로 참을 한도를 넘는 위법한 침해행위가 있어 민사책임이 성립한다고 단정할 수 없다. 도로소음으로 인한 생활방해를 원인으로 제기된 사건에서 공동주택에 거주하는 사람들이 참을 한도를 넘는 생활방해를 받고 있는지는 특별한 사정이 없는 한 소음피해지점에서 소음원 방향으로 창문·출입문 또는 건물벽 밖의 0.5~1m 떨어진 지점에서 측정된 실외소음도가 아니라, 일상생활이 주로 이루어지는 장소인 거실에서 도로 등 해당 소음원에 면한 방향의 모든 창호를 개방한 상태로 측정한 소음도가 환경정책기본법상 소음환경기준 등을 넘는지 여부에 따라 판단하는 것이 타당하다(대판 2016.11.25. 2014다57846).

---

[3] 헌법상의 환경권과 관련 있는 규정이지만, 사법상의 권리로서의 환경권이 인정되려면 그에 관한 명문의 법률규정이 있거나, 관계 법령의 규정취지나 조리에 비추어 권리의 주체·대상·내용·행사방법 등이 구체적으로 정립될 수 있어야 한다(대판 1995.5.23. 94마2218).

(4) 수도 등 시설권

> 제218조(수도 등 시설권) ① 토지소유자는 타인의 토지를 통과하지 아니하면 필요한 수도, 소수관, 까스관, 전선 등을 시설할 수 없거나 과다한 비용을 요하는 경우에는 타인의 토지를 통과하여 이를 시설할 수 있다. 그러나 이로 인한 손해가 가장 적은 장소와 방법을 선택하여 이를 시설할 것이며 타토지의 소유자의 청구에 의하여 손해를 보상하여야 한다.
> ② 전항에 의한 시설을 한 후 사정의 변경이 있는 때에는 타토지의 소유자는 그 시설의 변경을 청구할 수 있다. 시설변경의 비용은 토지소유자가 부담한다.

민법 제218조 제1항 본문은 "토지 소유자는 타인의 토지를 통과하지 아니하면 필요한 수도, 소수(疏水)관, 까스관, 전선 등을 시설할 수 없거나 과다한 비용을 요하는 경우에는 타인의 토지를 통과하여 이를 시설할 수 있다."라고 규정하고 있는데, 이와 같은 수도 등 시설권은 법정의 요건을 갖추면 당연히 인정되는 것이고, 시설권에 근거하여 수도 등 시설공사를 시행하기 위해 따로 수도 등이 통과하는 토지 소유자의 동의나 승낙을 받아야 하는 것이 아니다. 따라서 토지 소유자의 동의나 승낙은 민법 제218조에 기초한 수도 등 시설권의 성립이나 효력 등에 어떠한 영향을 미치는 법률행위나 준법률행위라고 볼 수 없다(대판 2016.12.15. 2015다247325).

(5) 주위토지통행권

> 제219조(주위토지통행권) ① 어느 토지와 공로사이에 그 토지의 용도에 필요한 통로가 없는 경우에 그 토지소유자는 주위의 토지를 통행 또는 통로로 하지 아니하면 공로에 출입할 수 없거나 과다한 비용을 요하는 때에는 그 주위의 토지를 통행할 수 있고 필요한 경우에는 통로를 개설할 수 있다. 그러나 이로 인한 손해가 가장 적은 장소와 방법을 선택하여야 한다.
> ② 전항의 통행권자는 통행지 소유자의 손해를 보상하여야 한다.

1) 의의

어느 토지와 공로와의 사이에 그 토지의 용도에 필요한 통로가 없는 경우, 그 토지소유자는 주위의 토지를 통행 또는 통로로 하지 아니하면 공로에 출입할 수 없거나 과다한 비용을 요하는 때에는 그 주위의 토지를 통행할 수 있고, 필요한 경우에는 통로를 개설할 수도 있다.

2) 주위토지통행권의 범위

주위토지통행권의 정도와 범위는 사회통념에 비추어 쌍방토지의 지형과 위치 및 이용관계, 부근의 지리상황, 상린지 이용자의 이해득실 기타 제반사정을 참작한 뒤 구체적 사례에 응하여 판단해야 한다. 따라서 건축법에 건축과 관련하여 도로에 관한 폭 등의 제한규정이 있다 하더라도 이는 건물 신축이나 증·개축 허가 시 그와 같은 범위의 도로가 필요하다는 행정법규에 불과할 뿐 위 규정만으로 당연히 포위된 토지 소유자에게 그 반사적 이익으로서 건축법에서 정하는 도로의 폭이나 면적 등과 일치하는 주위토지통행권이 바로 생긴다고 할 수 없다(대판 1994.2.25. 93누20498). 주위토지통행권은 통행을 위한 지역권과는 달리 통행로가 항상 특정한 장소로 고정되어 있는 것은 아니고, 주위토지의 현황이나 사용방법이 달라졌을 때에는 주위토지통행권자는 주위토지소유자를 위하여 보다 손해가 적은 다른 장소로 옮겨 통행할 수밖에 없는 경우도 있으므로, 일단 확정판결이나 화해조서 등에 의하여 특정의 구체적 구역이 위 요건에 맞는 통행로로 인정되었더라도 그 이후 그 전제가 되는 포위된 토지나 주위토지 등의 현황이나 구체적 이용상황에 변동이 생긴 경우에는 민법 제219조의 입법취지나 신의성실의 원칙 등에 비추어 구체적 상황에 맞게 통행로를 변경할 수 있는 것이고, 그 과정에서 포위된 토지와 주위토지의 각 소유자간에 원만한 합의가 이루어지지 아니하는 경우 일방이 상대방에 대하여 기존의 확정판결이나 화해조서 등이 인정한 통행장소와 다른 곳을 통행로로 삼아 주위토지통행권의 확인이나 통행방해의 배제·예방 또는 통행금지 등을 소로써 구하더라도 그 청구가 위 확정판결이나 화해조서 등의 기판력에 저촉된다고 볼 수 없다(대판 2004.5.13. 2004다10268). 주위토지통행권이 있음을 주장하여 확인을 구하는 특정의 통로 부분이 민법 제219조에 정한 요건을 충족하지 못할 경우에는 다른 토지 부분에 주위토지통행권이 인정된다고 할지라도 원칙적으로 청구를 기각할 수밖에 없다. 다만 이와 달리 통행권의 확인을 구하는 특정의 통로 부분 중 일부분이 민법 제219조에 정한 요건을 충족하거나 특정의 통로 부분에 대하여 일정한 시기나 횟수를 제한하여 주위토지통행권을 인정하는 것이 가능한 경우라면, 그와 같이 한정된 범위에서만 통행권의 확인을 구할 의사는 없음이 명백한 경우가 아닌 한 청구를 전부 기각할 것이 아니라, 그렇게 제한된 범위에서 청구를 인용함이 타당하다(대판 2017.1.12. 2016다39422).

3) 손해의 보상

① 통행 또는 통로개설로 인하여 통행지소유자에게 손해가 발생한 때에는 통행권자는 그 손해를 보상하여야 한다. 손해보상은 일시금으로 하든 정기금으로 하든 상관없다. 이 보상의무는 주위의 토지를 통행하는 것과 필연적 관계가 있으므로 통로가 없는 토지가 양도되면 이 보상의무도 당연히 이전된다. 다만 민법 제219조는 어느 토지와 공로 사이에 그 토지의 용도에 필요한 통로가 없는 경우에 그 토지소유자에게 그 주위의 토지통행권을 인정하면서 그 통행권자로 하여금 통행지 소유자의 손해를 보상하도록 규정하고 있는 것이므로 통행권자의 허락을 얻어 사실상 통행하고 있는 자에게는 그 손해의 보상을 청구할 수 없다(대판 1991.9.10. 91다19623).

② 보상의 지급은 법률상 통행권성립의 요건이 아니므로 통행권자가 손해를 보상하지 않더라도 통행권은 소멸되지 않고 채무불이행의 책임만이 발생할 뿐이다.

4) 관련 판례

① 주위토지통행권은 어느 토지가 타인 소유의 토지에 둘러싸여 공로에 통할 수 없는 경우에 인정되는 것이므로, 필요한 통로가 있음에도 생활에 더 편리하다는 이유만으로 다른 통로를 이용하는 것은 인정되지 않는다(대판 1995.6.13. 95다1088).

② 그러나 이미 기존의 통로가 있더라도 그것이 너무 협소하거나 개조에 과다한 비용이 드는 등의 이유로 이용에 부적합하여 실제로 통로로서의 충분한 기능을 하지 못하고 있는 경우에는 인정된다(대판 2003.8.19. 2002다53469).

③ 공로가 새로이 개설되는 등의 이유로 통행권을 인정할 필요성이 없어진 때에는 그 통행권은 소멸한다(대판 1998.3.10. 97다47118). 즉 주위토지통행권은 법정의 요건을 충족하면 당연히 성립하고 요건이 없어지게 되면 당연히 소멸한다. 따라서 포위된 토지가 사정변경에 의하여 공로에 접하게 되거나 포위된 토지의 소유자가 주위의 토지를 취득함으로써 주위토지통행권을 인정할 필요성이 없어지게 된 경우에는 통행권은 소멸한다. 주위토지통행권자가 통행지 소유자에게 보상해야 할 손해액은 주위토지통행권이 인정되는 당시의 현실적 이용 상태에 따른 통행지의 임료 상당액을 기준으로 하여, 구체적인 사안에서 사회통념에 따라 쌍방 토지의 토지소유권 취득 시기와 가격, 통행지에 부과되는 재산세, 본래 용도에의 사용 가능성, 통행지를 공동으로 이용하는 사람이 있는지를 비롯하여 통행 횟수·방법 등의 이용태양, 쌍방 토지의 지형적·위치적 형상과 이용관계, 부근의 환경, 상린지 이용자의 이해득실 기타 제반 사정을 고려하여 이를 감경할 수 있고, 단지 주위토지통행권이 인정되어 통행하고 있다는 사정만으로 통행지를 '도로'로 평가하여 산정한 임료 상당액이 통행지 소유자의 손해액이 된다고 볼 수 없다(대판 2014.12.24. 2013다11669).

④ 주위토지통행권은 통행을 위한 지역권과는 달리 통행로가 항상 특정한 장소로 고정되어 있는 것이 아니다. 주위토지의 현황이나 사용방법이 달라졌을 때에는 민법 제219조의 입법 취지나 신의성실의 원칙 등에 비추어 주위 토지 소유자를 위하여 손해가 적은 다른 장소로 구체적 상황에 맞게 통행로를 변경할 수 있다(대판 2004.5.13. 2004다10268).

⑤ 주위토지통행권자는 주위토지통행권이 인정되는 경우에도 그 통로개설이나 유지비용을 부담하여야 한다(대판 2006.10.26. 2005다30993).

5) 분할, 일부양도의 경우

> **제220조(분할, 일부양도와 주위통행권)** ① 분할로 인하여 공로에 통하지 못하는 토지가 있는 때에는 그 토지소유자는 공로에 출입하기 위하여 다른 분할자의 토지를 통행할 수 있다. 이 경우에는 보상의 의무가 없다.
> ② 전항의 규정은 토지소유자가 그 토지의 일부를 양도한 경우에 준용한다.

① 내용

토지의 분할 또는 일부양도로 공로에의 출입이 막힌 경우에는, 다른 분할자의 토지나 양도 당사자의 토지를 통행할 수 있으며, 이때에는 보상의무를 지지 않는다. 이러한 무상의 통행권이 인정되는 이유는 분할 또는 양도 당사자가 분할 또는 일부양도로 인하여 자기의 토지가 통행될 것임을 예견할 수 있었기 때문이다.

② 토지가 분할되어 동시에 모두 양도된 경우에도 그 양수인 사이에 무상통행권이 인정되는지 여부

무상주위통행권에 관한 민법 제220조의 규정은 토지의 직접 분할자 또는 일부 양도의 당사자 사이에만 적용되고 포위된 토지 또는 피통행지의 특정승계인에게는 적용되지 않는바, 이러한 법리는 분할자 또는 일부 양도의 당사자가 무상주위통행권에 기하여 이미 통로를 개설해 놓은 다음 특정승계가 이루어진 경우라 하더라도 마찬가지라 할 것이다(대판 2002.5.31. 2002다9202).

③ 무상통행권의 부담이 해당 토지의 특정승계인에게도 승계되는지 여부

　분할 또는 토지의 일부 양도로 인하여 공로에 통하지 못하는 토지가 생긴 경우에 그 포위된 토지를 위한 통행권은 분할 또는 일부 양도 전의 종전토지에만 있고, 그 경우 통행에 대한 보상의 의무가 없다고 하는 민법 제220조의 규정은 직접 분할자, 일부 양도의 당사자 사이에만 적용되고 포위된 토지 또는 피통행지의 특정승계인의 경우에는 주위토지통행권에 관한 민법 제219조의 일반원칙으로 돌아가 통행권의 유무를 가려야 한다(대판 1991.7.23. 90다12670·90다12678). 다만 토지의 원소유자가 토지를 분할·매각함에 있어서 토지의 일부를 분할된 다른 토지의 통행로로 제공하여 독점적·배타적인 사용수익권을 포기하고 그에 따라 다른 분할토지의 소유자들이 그 토지를 무상으로 통행하게 된 후에 그 통행로 부분에 사용수익의 제한이라는 부담이 있다는 사정을 알면서 그 토지의 소유권을 승계취득한 자는, 다른 특별한 사정이 없는 한 원칙적으로 그 토지에 대한 독점적·배타적 사용수익을 주장할 만한 정당한 이익을 갖지 않는다 할 것이어서 원소유자와 마찬가지로 분할토지의 소유자들의 무상통행을 수인하여야 할 의무를 진다(대판 1998.3.10. 97다47118).

④ 주위토지통행권의 범위

　분할 또는 토지의 일부양도로 인하여 공로에 통하지 못하는 토지가 생긴 경우에, 그 포위된 토지를 위한 통행권은 분할 또는 일부양도 전의 종전 토지에만 있다(대판 1991.7.23. 90다12670·12678; 대판 1994.12.2. 93다45268 등).

⑤ 명의신탁자에 대한 주위토지통행권

　민법 제219조에 정한 주위토지통행권은 인접한 토지의 상호이용의 조절에 기한 권리로서 토지의 소유자 또는 지상권자, 전세권자 등 토지사용권을 가진 자에게 인정되는 권리이다. 따라서 명의신탁자에게는 주위토지통행권이 인정되지 아니 한다(대판 2008.5.8. 2007다22767).

(6) 여수소통권 및 여수급여청구권

> 제226조(여수소통권) ① 고지소유자는 침수지를 건조하기 위하여 또는 가용이나 농, 공업용의 여수를 소통하기 위하여 공로, 공류 또는 하수도에 달하기까지 저지에 물을 통과하게 할 수 있다
> ② 전항의 경우에는 저지의 손해가 가장 적은 장소와 방법을 선택하여야 하며 손해를 보상하여야 한다.
> 제228조(여수급여청구권) 토지소유자는 과다한 비용이나 노력을 요하지 아니하고는 가용이나 토지이용에 필요한 물을 얻기 곤란한 때에는 이웃토지소유자에게 보상하고 여수의 급여를 청구할 수 있다.

(7) 유수용공작물의 사용권

> 제227조(유수용공작물의 사용권) ① 토지소유자는 그 소유지의 물을 소통하기 위하여 이웃토지소유자의 시설한 공작물을 사용할 수 있다.
> ② 전항의 공작물을 사용하는 자는 그 이익을 받는 비율로 공작물의 설치와 보존의 비용을 분담하여야 한다.

민법 제226조는 고지소유자에게 여수소통을 위하여 공로, 공류 또는 하수도에 달하기까지의 저지에 물을 소통할 권리를 인정하면서 동시에 고지소유자에게 그에 따른 저지소유자의 손해를 보상할 의무가 있음을 정하고 있는 규정이므로, 그 규정이 적용되기 위하여는 고지소유자가 여수소통을 위하여 저지소유자의 토지를 통과하여 사용할 것이 요구된다. 민법 제227조는 토지소유자가 소유지상의 물을 소통하기 위하여 이웃 토지소유자 시설의 공작물을 사용할 수 있고 그 경우 토지소유자는 이웃 토지소유자에 대하여 그 이익을 받는 비율로 공작물의 설치보존 비용을 분담하여야 한다고 규정하고 있는바, 여기서 말하는 공작물의 시설자는 이웃 토지소유자로 한정되지는 않으나 단순히 공작물을 시설한 것만으로는 부족하고 이에 대한 정당한 권리를 갖는 자를 의미한다(대판 2003.4.11. 2000다11645).

(8) 기타 상린관계 규정

> **제221조(자연유수의 승수의무와 권리)** ① 토지소유자는 이웃토지로부터 자연히 흘러오는 물을 막지 못한다.
> ② 고지소유자는 이웃저지에 자연히 흘러내리는 이웃저지에서 필요한 물을 자기의 정당한 사용범위를 넘어서 이를 막지 못한다.
>
> **제222조(소통공사권)** 흐르는 물이 저지에서 폐색된 때에는 고지소유자는 자비로 소통에 필요한 공사를 할 수 있다.
>
> **제223조(저수, 배수, 인수를 위한 공작물에 대한 공사청구권)** 토지소유자가 저수, 배수 또는 인수 하기 위하여 공작물을 설치한 경우에 공작물의 파손 또는 폐색으로 타인의 토지에 손해를 가하거나 가할 염려가 있는 때에는 타인은 그 공작물의 보수, 폐색의 소통 또는 예방에 필요한 청구를 할 수 있다.
>
> **제224조(관습에 의한 비용부담)** 전2조의 경우에 비용부담에 관한 관습이 있으면 그 관습에 의한다.
>
> **제225조(처마물에 대한 시설의무)** 토지소유자는 처마물이 이웃에 직접 낙하하지 아니하도록 적당한 시설을 하여야 한다.
>
> **제229조(수류의 변경)** ① 구거(溝渠)[1] 기타 수류지의 소유자는 대안(對岸)[2]의 토지가 타인의 소유인 때에는 그 수로나 수류의 폭을 변경하지 못한다.
> ② 양안(兩岸)[3]의 토지가 수류지소유자의 소유인 때에는 소유자는 수로와 수류의 폭을 변경할 수 있다. 그러나 하류는 자연의 수로와 일치하도록 하여야 한다.
> ③ 전2항의 규정은 다른 관습이 있으면 그 관습에 의한다.
>
> **제230조(언[4]의 설치, 이용권)** ① 수류지의 소유자가 언을 설치할 필요가 있는 때에는 그 언을 대안에 접촉하게 할 수 있다. 그러나 이로 인한 손해를 보상하여야 한다.
> ② 대안의 소유자는 수류지의 일부가 자기소유인 때에는 그 언을 사용할 수 있다. 그러나 그 이익을 받는 비율로 언의 설치, 보존의 비용을 분담하여야 한다.
>
> **제231조(공유하천용수권)** ① 공유하천의 연안에서 농, 공업을 경영하는 자는 이에 이용하기 위하여 타인의 용수를 방해하지 아니하는 범위 내에서 필요한 인수를 할 수 있다.
> ② 전항의 인수를 하기 위하여 필요한 공작물을 설치할 수 있다.
>
> **제232조(하류연안의 용수권보호)** 전조의 인수나 공작물로 인하여 하류연안의 용수권을 방해하는 때에는 그 용수권자는 방해의 제거 및 손해의 배상을 청구할 수 있다.

---

1) "도랑"을 말한다.
2) "수류(水流)의 건너 편 언덕"을 말한다.
3) "수류(水流)의 양쪽 언덕"을 말한다.
4) "둑"을 말한다.

제233조(용수권의 승계) 농, 공업의 경영에 이용하는 수로 기타 공작물의 소유자나 몽리(蒙利)[5]자의 특별승계인은 그 용수에 관한 전소유자나 몽리자의 권리의무를 승계한다.

제234조(용수권에 관한 다른 관습) 전3조의 규정은 다른 관습이 있으면 그 관습에 의한다.

제235조(공용수의 용수권) 상린자는 그 공용에 속하는 원천이나 수도를 각 수요의 정도에 응하여 타인의 용수를 방해하지 아니하는 범위 내에서 각각 용수할 권리가 있다.

제236조(용수장해의 공사와 손해배상, 원상회복) ① 필요한 용도나 수익이 있는 원천이나 수도가 타인의 건축 기타 공사로 인하여 단수, 감수 기타 용도에 장해가 생긴 때에는 용수권자는 손해배상을 청구할 수 있다.
② 전항의 공사로 인하여 음료수 기타 생활상 필요한 용수에 장해가 있을 때에는 원상회복을 청구할 수 있다.

제237조(경계표, 담의 설치권) ① 인접하여 토지를 소유한 자는 공동비용으로 통상의 경계표나 담을 설치할 수 있다.
② 전항의 비용은 쌍방이 절반하여 부담한다. 그러나 측량비용은 토지의 면적에 비례하여 부담한다.
③ 전2항의 규정은 다른 관습이 있으면 그 관습에 의한다.

토지의 경계에 경계표나 담이 설치되어 있지 아니하다면 특별한 사정이 없는 한 어느 한쪽 토지의 소유자는 인접한 토지의 소유자에 대하여 공동비용으로 통상의 경계표나 담을 설치하는 데에 협력할 것을 요구할 수 있고, 인접 토지 소유자는 그에 협력할 의무가 있다고 보아야 하므로, 한쪽 토지 소유자의 요구에 대하여 인접 토지 소유자가 응하지 아니하는 경우에는 한쪽 토지 소유자는 민사소송으로 인접 토지 소유자에 대하여 그 협력 의무의 이행을 구할 수 있다. 법원은 당해 토지들의 이용 상황, 그 소재 지역의 일반적인 관행, 설치비용 등을 고려하여 새로 설치할 경계표나 담장의 위치(특별한 사정이 없는 한 원칙적으로 새로 설치할 경계표나 담장의 중심 또는 중심선이 양 토지의 경계선상에 위치하도록 해야 한다), 재질, 모양, 크기 등 필요한 사항을 심리하여 인접 토지 소유자에 대하여 협력 의무의 이행을 명할 수 있다. 한편 기존의 경계표나 담장에 대하여 어느 쪽 토지 소유자도 일방적으로 처분할 권한을 가지고 있지 아니하다면 한쪽 토지 소유자가 인접 토지 소유자의 동의 없이 임의로 기존의 경계표나 담장을 제거하는 것은 허용되지 않으므로 한쪽 토지 소유자의 의사만으로 새로운 경계표나 담장을 설치하도록 강제할 수는 없으나, 그와 달리 기존의 경계표나 담장에 대하여 한쪽 토지 소유자가 처분권한을 가지고 있으면서 기존의 경계표나 담장을 제거할 의사를 분명하게 나타내고 있는 경우라면 한쪽 토지 소유자는 인접 토지 소유자에 대하여 새로운 경계표나 담장의 설치에 협력할 것을 소구할 수 있다. 담장의 처분권한이 없는 토지 소유자가 그 처분권한이 있는 인접 토지 소유자를 상대로 기존 담장의 철거를 명하는 판결을 받아 그 담장이 적법하게 철거되어야 하는 경우에도 인접 토지 사이에 경계를 표시할 통상의 담장이 설치되지 않은 상태와 마찬가지로 볼 수 있으므로, 이와 같은 법리가 그대로 적용된다(대판 2023.4.13. 2021다271725).

제238조(담의 특수시설권) 인지소유자는 자기의 비용으로 담의 재료를 통상보다 양호한 것으로 할 수 있으며 그 높이를 통상 보다 높게 할 수 있고 또는 방화벽 기타 특수시설을 할 수 있다.

제239조(경계표등의 공유추정) 경계에 설치된 경계표, 담, 구거 등은 상린자의 공유로 추정한다. 그러나 경계표, 담, 구거 등이 상린자일방의 단독비용으로 설치되었거나 담이 건물의 일부인 경우에는 그러하지 아니하다.

---

[5] 저수지나 보 따위의 수리 시설 등으로 물을 받는 것을 말한다.

> 제240조(수지, 목근의 제거권) ① 인접지의 수목가지가 경계를 넘은 때에는 그 소유자에 대하여 가지의 제거를 청구할 수 있다.
> ② 전항의 청구에 응하지 아니한 때에는 청구자가 그 가지를 제거할 수 있다.
> ③ 인접지의 수목 뿌리가 경계를 넘은 때에는 임의로 제거할 수 있다.
>
> 제241조(토지의 심굴금지) 토지소유자는 인접지의 지반이 붕괴할 정도로 자기의 토지를 심굴하지 못한다. 그러나 충분한 방어공사를 한 때에는 그러하지 아니하다.
>
> 제242조(경계선부근의 건축) ① 건물을 축조함에는 특별한 관습이 없으면 경계로부터 반 미터이상의 거리를 두어야 한다.
> ② 인접지소유자는 전항의 규정에 위반한 자에 대하여 건물의 변경이나 철거를 청구할 수 있다. 그러나 건축에 착수한 후 1년을 경과하거나 건물이 완성된 후에는 손해배상만을 청구할 수 있다.
>
> 제243조(차면시설의무) 경계로부터 2미터내의 거리에서 이웃 주택의 내부를 관망할 수 있는 창이나 마루를 설치하는 경우에는 적당한 차면시설을 하여야 한다.
>
> 제244조(지하시설 등에 대한 제한) ① 우물을 파거나 용수, 하수 또는 오물등을 저치할 지하시설을 하는 때에는 경계로부터 2미터이상의 거리를 두어야 하며 저수지, 구거 또는 지하실공사에는 경계로부터 그 깊이의 반이상의 거리를 두어야 한다.
> ② 전항의 공사를 함에는 토사가 붕괴하거나 하수 또는 오액이 이웃에 흐르지 아니하도록 적당한 조처를 하여야 한다.

5. 건물의 구분소유

> 제215조(건물의 구분소유) ① 수인이 한 채의 건물을 구분하여 각각 그 일부분을 소유한 때에는 건물과 그 부속물 중 공용하는 부분은 그의 공유로 추정한다.
> ② 공용부분의 보존에 관한 비용 기타의 부담은 각자의 소유부분의 가액에 비례하여 분담한다.

(1) 규정 취지

건물의 일부가 경제적으로 독립한 건물과 동일한 효용을 가지고 있고 사회통념상 독립한 건물로 다루어지는 경우에, 그러한 건물의 일부에 대하여 독립한 소유권을 인정하는 것을 구분소유권이라고 한다.

(2) 문제점

건물의 구분소유에 관한 민법 제215조는 종래의 평층연결식 건물과 같이 규모가 작은 건물을 세로로 구분하는 경우를 염두에 두고 규정한 것에 지나지 않기 때문에, 1970년대 말 이후 아파트·연립주택과 같은 공동주택의 보편화에 따라 발생되는 문제를 규율하는 데는 적합하지 않은 것으로 판단되었다. 이와 같은 문제점을 해결하기 위하여 1984년 4월 10일에 집합건물의 소유 및 관리에 관한 법률이 제정되었다.

6. 집합건물의 소유 및 관리에 관한 법률

(1) 구성

동법은 집합건물이 전유부분·공용부분·대지로 구성되어 있음을 전제로 하여, 전유부분에 대해서는 단독소유권을 인정하고, 공용부분과 대지에 대해서는 전유부분에 따른 공유지분을 인정한다.

(2) 구분소유권

구분소유권이라 함은 1동의 건물 중 구조상의 독립성 및 이용상의 독립성을 가진 전유부분을 목적으로 하는 소유권을 말한다(동법 제2조 제1호). 1동의 건물 중 구분된 각 부분이 구조상, 이용상 독립성을 가지고 있는 경우에 그 각 부분을 1개의 구분건물로 하는 것도 가능하고, 그 1동 전체를 1개의 건물로 하는 것도 가능하기 때문에, 이를 구분건물로 할 것인지 여부는 특별한 사정이 없는 한 소유자의 의사에 의하여 결정된다고 할 것이므로, 구분건물이 되기 위하여는 객관적, 물리적인 측면에서 구분건물이 구조상, 이용상의 독립성을 갖추어야 하고, 그 건물을 구분소유권의 객체로 하려는 의사표시 즉 구분행위가 있어야 하는 것이다[1](대판 1999.7.27. 98다35020). 그리고 구조상의 독립성은 주로 소유권의 목적이 되는 객체에 대한 물적 지배의 범위를 명확히 할 필요성 때문에 요구된다고 할 것이므로, 구조상의 구분에 의하여 구분소유권의 객체 범위를 확정할 수 없는 경우에는 구조상의 독립성이 있다고 할 수 없다. 따라서 상가평면매장(오픈상가)는 구분소유권의 객체가 될 수 없다(대결 2010.1.14. 2009마1449). 또한 구분행위는 건물의 물리적 형질에 변경을 가함이 없이 법률관념상 건물의 특정 부분을 구분하여 별개의 소유권의 객체로 하려는 일종의 법률행위로서, 그 시기나 방식에 특별한 제한이 있는 것은 아니고 처분권자의 구분의사가 객관적으로 외부에 표시되면 인정된다. 따라서 구분건물이 물리적으로 완성되기 전에도 건축허가신청이나 분양계약 등을 통하여 장래 신축되는 건물을 구분 건물로 하겠다는 구분의사가 객관적으로 표시되면 구분행위의 존재를 인정할 수 있고, 이후 1동의 건물 및 그 구분행위에 상응하는 구분건물이 객관적·물리적으로 완성되면 아직 그 건물이 집합건축물대장에 등록되거나 구분건물로서 등기부에 등기되지 않았더라도 그 시점에서 구분소유가 성립한다(대판 2013.1.17. 2010다71578 전합). 그러나 1동 건물의 구분된 각 부분이 구조상·이용상 독립성을 가지는 경우 각 부분을 구분 건물로 할지 1동 전체를 1개의 건물로 할지는 소유자의 의사에 의하여 자유롭게 결정할 수 있는 점에 비추어 보면, 구분건물이 물리적으로 완성되기 전에 분양계약 등을 통하여 장래 신축되는 건물을 구분 건물로 하겠다는 구분의사를 표시함으로써 구분행위를 한 다음 1동의 건물 및 구분행위에 상응하는 구분건물이 객관적·물리적으로 완성되면 그 시점에서 구분소유가 성립하지만, 이후 소유권자가 분양계약을 전부 해지하고 1동 건물의 전체를 1개의 건물로 소유권보존등기를 마쳤다면 이는 구분폐지행위를 한 것으로서 구분소유권은 소멸한다. 그리고 이러한 법리는 구분폐지가 있기 전에 개개의 구분건물에 대하여 유치권이 성립한 경우라 하여 달리 볼 것은 아니다(대판 2016.1.14. 2013다219142). 또한 1동의 건물 중 구조상 구분된 수개의 부분이 독립한 건물로서 구분소유권의 목적이 되었으나 그 구분건물들 사이의 격벽이 제거되는 등의 방법으로 각 구분건물이 건물로서의 독립성을 상실하여 일체화되고 이러한 일체화 후의 구획을 전유부분으로 하는 1개의 건물이 되었다면 기존 구분건물에 대한 등기는 합동으로 인하여 생겨난 새로운 건물 중에서 위 구분건물이 차지하는 비율에 상응하는 공유지분 등기로서의 효력만 인정된다. 건물의 구조상의 구분에 의하여 구분소유권의 객체 범위를 확정할 수 없는 경우에는 구조상의 독립성이 있다고 할 수 없고, 구분소유권의 객체로서 적합한 요건을 갖추지 못한 건물의 일부는 그

---

[1] 1동의 건물에 대하여 구분소유가 성립하기 위해서는 객관적·물리적인 측면에서 1동의 건물이 존재하고 구분된 건물부분이 구조상·이용상 독립성을 갖추어야 할 뿐 아니라 1동의 건물 중 물리적으로 구획된 건물부분을 각각 구분소유권의 객체로 하려는 구분행위가 있어야 한다. 구분행위는 건물의 물리적 형질을 변경하지 않고 건물의 특정 부분을 구분하여 별개의 소유권의 객체로 하려는 법률행위로서, 그 시기나 방식에 특별한 제한이 있는 것은 아니고 처분권자의 구분의사가 객관적으로 외부에 표시되면 인정할 수 있다. 1동의 건물과 그 구분행위에 상응하는 구분건물이 객관적·물리적으로 완성되면 그 시점에서 구분소유가 성립한다. 이와 같이 구분소유가 성립하는 이상 구분행위에 상응하여 객관적·물리적으로 완성된 구분건물이 구분소유권의 객체가 되고, 구분건물에 관하여 집합건축물대장에 등록하거나 등기부에 등재하는 것은 구분소유권의 내용을 공시하는 사후적 절차일 뿐이다(대판 2019.10.17. 2017다286485).

에 관한 구분소유권이 성립할 수 없으므로, 건축물관리대장상 독립한 별개의 구분건물로 등재되고 등기부상에도 구분소유권의 목적으로 등기되어 있더라도, 그 등기는 그 자체로 무효이다[1](대판 2020.2.27. 2018다232898).

(3) 전유부분과 공용부분

1) 전유부분

구분소유권의 목적인 건물부분이 전유부분이다(동법 제2조 제3호). 즉 1동의 건물의 일부이면서 구분해서 소유권의 목적으로 된 부분을 말하며 여기에 성립하는 소유권이 구분소유권이다(동법 제2조 제1호).

2) 공용부분

공용부분은 법정공용부분과 규약공용부분으로 나뉜다. 법정 공용부분은 그 성질 및 구조상 당연한 공용부분으로서, 1동의 건물 중 전유부분이외의 건물부분[2]과 전유부분에 속하지 않는 건물의 부속물[3]을 말한다. 규약공용부분은 구조상으로는 전유부분이지만 규약에 의해서 공용부분으로 된 부속건물[4]을 말한다. 법정공용부분은 등기할 필요가 없으나, 규약공용부분은 등기하여야 한다(동법 제3조 제4항). 공용부분은 원칙적으로 구분소유자 전원이 공유하는 것이 원칙이나, 일부 사람만의 공용에 제공되는 것임이 명백한 경우에는 그 구분소유자 일부의 공유이다(동법 제10조 제1항). 어느 것에 해당하는가는 소유자들 간에 특약이 없는 한, 그 건물의 구조에 따른 객관적인 용도에 의하여 결정해야 한다. 집합건물 중 여러 개의 전유부분으로 통하는 복도, 계단, 그 밖에 구조상 구분소유자의 전원 또는 일부의 공용에 제공되는 건물부분은 공용부분으로서 구분소유권의 목적으로 할 수 없다. 이때 건물의 어느 부분이 구분소유자의 전원 또는 일부의 공용에 제공되는지는 소유자들 사이에 특단의 합의가 없는 한 건물의 구조에 따른 객관적인 용도에 의하여 결정된다. 따라서 구분건물에 관하여 구분소유가 성립될 당시 객관적인 용도가 공용부분인 건물부분을 나중에 임의로 개조하는 등으로 이용 상황을 변경하거나 집합건축물대장에 전유부분으로 등록하고 소유권보존등기를 하였더라도 그로써 공용부분이 전유부분이 되어 어느 구분소유자의 전속적인 소유권의 객체가 되지는 않는다(대판 2016.5.27. 2015다77212).

---

1) ⇨ 1동의 건물의 리모델링 후 기존 구분건물의 독립성이 인정되지 않음에도 기존 구분건물의 등기부상 소유자인 원고들이 구분소유권의 효력이 리모델링 후 건물의 특정 점포부분에도 미친다고 주장하며 점포 점유자를 상대로 점포의 인도를 구하였으나, A 상가 건물 내 기존 구분소유로 등기된 구분건물이 격벽이 처음부터 없었거나 리모델링으로 제거되고, 구조, 위치와 면적이 모두 변경됨으로써 구분건물로서의 구조상 및 이용상의 독립성을 상실하여 일체화되었고, 리모델링 후 A 상가 건물의 구조상의 구분에 의해서는 기존 구분등기에 따른 구분소유권의 객체 범위를 확정할 수 없으며, 위 리모델링이 기존 구분건물로서 복원을 전제로 한 일시적인 것이라거나 복원이 용이해 보이지도 않으므로, 기존 구분건물로서의 구조상의 독립성이 있다고 할 수 없다고 보아, A 상가 건물에 관한 구분등기가 그 자체로 무효이고, 리모델링으로 생겨난 새로운 A 상가 건물 중에서 원고들 소유의 구분건물이 차지하는 비율에 상응하는 공유지분 등기로서의 효력을 인정하고, 원고들의 소유권의 효력이 리모델링 후 A 상가 건물의 특정 점포부분에 미치지 않는다고 판단하여, 원심을 파기한 사례

2) 지붕, 계단, 복도, 외벽, 승강기, 지하실 등. 아파트 지하실이 건축 당시부터 그 지상의 주택 부분과는 별도의 용도나 목적으로 건축되었다고 볼 특별한 사정이 엿보이지 않는다면 건축 당시 그 아파트의 각층 주택의 관리를 위한 기계실 또는 전입주자 공동사용의 목적을 위한 창고, 대피소 등으로 사용하기 위하여 건축된 것으로 봄이 타당하고, 이에 관한 건축물관리대장상 용도가 주택으로 되어 있다거나 그 지하실이 주택 또는 상가 등의 용도로 사용하기에 충분한 높이와 환기 시설 등을 갖추고 있다는 등의 사정만으로 달리 볼 수 없으므로, 이는 구분소유자 전원의 공용에 제공되는 건물 부분으로 그들의 공유에 속할 뿐 따로 구분소유의 목적이 될 수 없다(대판 1995.3.3. 94다4691).

3) 전기배선, 저수탱크, 소화시설 등

4) 관리사무실, 창고, 차고 등

(4) 대지사용권

1) 의의

대지사용권이라 함은 전유부분을 소유하기 위하여 건물의 대지에 대해서 가지는 권리[5]를 말한다(제2조 제6호). 대지에는 법정대지[6]와 규약대지[7]가 있다.

2) 일체성의 원칙

대지사용권에 관하여는 일체성의 원칙이 적용된다. 즉, 구분소유자의 대지사용권은 그의 전유부분의 처분에 따르고(동법 제20조 제1항), 규약에 특별한 규정이 없는 한 그가 가지는 전유부분과 분리하여 대지사용권을 처분할 수 없는 것이 원칙[8]이다(동법 제20조 제2항). 다만, 위 분리처분금지는 그 취지를 등기하지 않으면 선의로 물권을 취득한 제3자[9]에게 대항하지 못 한다[10](동법 제20조 제3항).

3) 전유부분의 매수와 대지사용권

아파트와 같은 대규모 집합건물의 경우, 대지의 분·합필 및 환지절차의 지연, 각 세대당 지분비율 결정의 지연 등으로 인하여 전유부분에 대한 소유권이전등기만 수분양자를 거쳐 양수인 앞으로 경료되고, 대지지분에 대한 소유권이전등기는 상당기간 지체되는 경우가 종종 생기고 있는데, 이러한 경우 집합건물의 건축자로부터 전유부분과 대지지분을 함께 분양의 형식으로 매수하여 그 대금을 모두 지급함으로써 소유권 취득의 실질적 요건은 갖추었지만 전유부분에 대한 소유권이전등기만 경료 받고 대지지분에 대하여는 위와 같은 사정으로 아직 소유권이전등기를 경료 받지 못한 자는 매매계약의 효력으로써 전유부분의 소유를 위하여 건물의 대지를 점유·사용할 권리가 있는바, 매수인의 지위에서 가지는 이러한 점유·사용권은 단순한 점유권과는 차원을 달리하는 본권으로서 집합건물의 소유 및 관리에 관한 법률 제2조 제6호 소정의 구분소유자가 전유부분을 소유하기 위하여 건물의 대지에 대하여 가지는 권리인 대지사용권에 해당한다고 할 것이고, 수분양자로부터 전유부분과 대지지분을 다시 매수하거나 증여 등의 방법으로 양수받거나 전전 양수받은 자 역시 당초 수분양자가 가졌던 이러한 대지사용권을 취득한다(대판 2000.11.16. 98다45652·45669 전합).

---

5) 〖예〗 소유권, 지상권, 임차권 등
6) 1동의 건물이 소재하는 토지를 말한다.
7) 규약에 의하여 건물의 대지로 된 도로·주차장·정원·부속건물의 대지 등을 말한다.
8) 집합건물의 소유 및 관리에 관한 법률은 제20조에서 구분소유자의 대지사용권은 그가 가지는 전유부분의 처분에 따르고, 구분소유자는 규약으로써 달리 정하지 않는 한 그가 가지는 전유부분과 분리하여 대지사용권을 처분할 수 없으며, 분리처분금지는 그 취지를 등기하지 아니하면 선의로 물권을 취득한 제3자에게 대항하지 못한다고 규정하고 있는데, 위 규정의 취지는 집합건물의 전유부분과 대지사용권이 분리되는 것을 최대한 억제하여 대지사용권이 없는 구분소유권의 발생을 방지함으로써 집합건물에 관한 법률관계의 안정과 합리적 규율을 도모하려는 데 있으므로, 전유부분과 대지사용권의 일체성에 반하는 대지의 처분행위는 효력이 없다(대판 2013.1.17. 2010다71578 전합).
9) 대지사용권은 구분소유자가 전유부분을 소유하기 위하여 건물의 대지에 대하여 가지는 권리로서, 그 성립을 위해서는 집합건물의 존재와 구분소유자가 전유부분 소유를 위하여 당해 대지를 사용할 수 있는 권리를 보유하는 것 이외에 다른 특별한 요건이 필요하지 않다. 이러한 사정을 고려하면, 집합건물의 소유 및 관리에 관한 법률 제20조 제3항의 분리처분금지로 대항할 수 없는 '선의'의 제3자라 함은 원칙적으로 집합건물의 대지로 되어 있는 사정을 모른 채 대지사용권의 목적이 되는 토지를 취득한 제3자를 의미한다(대판 2013.1.17. 2010다71578 전합).
10) 집합건물의 소유 및 관리에 관한 법률은 제20조에서, 구분소유자의 대지사용권은 그가 가지는 전유부분의 처분에 따르고(제1항), 구분소유자는 규약 또는 공정증서로써 달리 정하지 않는 한 그가 가지는 전유부분과 분리하여 대지사용권을 처분할 수 없으며(제2항, 제4항), 위 분리처분금지는 그 취지를 등기하지 아니하면 선의로 물권을 취득한 제3자에 대하여 대항하지 못한다(제3항)고 규정하고 있는바, 위 규정의 취지는 집합건물의 전유부분과 대지사용권이 분리되는 것을 최대한 억제하여 대지사용권 없는 구분소유권의 발생을 방지함으로써 집합건물에 관한 법률관계의 안정과 합리적 규율을 도모하려는 데 있다(대판 2006.3.10. 2004다742).

4) 전유부분의 시효취득과 대지사용권

건물은 일반적으로 대지를 떠나서는 존재할 수 없으므로, 건물의 소유자가 건물의 대지인 토지를 점유하고 있다고 볼 수 있다. 이 경우 건물의 소유자가 현실적으로 건물이나 대지를 점유하지 않고 있더라도 건물의 소유를 위하여 대지를 점유한다고 보아야 한다. 그리고 점유는 물건을 사실상 지배하는 것을 가리키므로, 1개의 물건 중 특정 부분만을 점유할 수는 있지만, 일부 지분만을 사실상 지배하여 점유한다는 것은 상정하기 어렵다. 따라서 1동의 건물의 구분소유자들은 전유부분을 구분소유하면서 공용부분을 공유하므로 특별한 사정이 없는 한 건물의 대지 전체를 공동으로 점유한다. 이는 집합건물의 대지에 관한 점유취득시효에서 말하는 '점유'에도 적용되므로, 20년간 소유의 의사로 평온, 공연하게 집합건물을 구분소유한 사람은 등기함으로써 대지의 소유권을 취득할 수 있다. 이와 같이 점유취득시효가 완성된 경우에 집합건물의 구분소유자들이 취득하는 대지의 소유권은 전유부분을 소유하기 위한 대지사용권에 해당한다(대판 2017.1.25. 2012다72469).

5) 전유부분의 경매와 대지사용권

구분건물의 전유부분에 대한 소유권이전등기만 경료되고 대지지분에 대한 소유권이전등기가 경료되기 전에 전유부분만에 관하여 설정된 근저당권에 터 잡아 임의경매절차가 개시되었고, 집행법원이 구분건물에 대한 입찰명령을 함에 있어 대지지분에 관한 감정평가액을 반영하지 않은 상태에서 경매절차를 진행하였다고 하더라도, 전유부분에 대한 대지사용권을 분리처분할 수 있도록 정한 규약이 존재한다는 등의 특별한 사정이 없는 한 낙찰인은 경매목적물인 전유부분을 낙찰 받음에 따라 종물 내지 종된 권리인 대지지분도 함께 취득하였다 할 것이므로, 구분건물의 대지지분 등기가 경료된 후 집행법원의 촉탁에 의하여 낙찰인이 대지지분에 관하여 소유권이전등기를 경료 받은 것을 두고 법률상 원인 없이 이득을 얻은 것이라고 할 수 없다(대판 2001.9.4. 2001다22604).

6) 전유부분에 설정된 저당권과 대지사용권

구분건물의 전유부분만에 관하여 설정된 저당권의 효력은 대지사용권의 분리처분이 가능하도록 규약으로 정하는 등의 특별한 사정이 없는 한, 그 전유부분의 소유자가 사후에라도 대지사용권을 취득함으로써 전유부분과 대지권이 동일 소유자의 소유에 속하게 되면 그 대지사용권에까지 미치고, 여기의 대지사용권에는 지상권 등 용익권 이외에 대지소유권도 포함되는 것이다(대결 2005.11.14. 2004그31).

7) 주물·종물 이론의 유추적용

<u>민법 제100조 제2항의 종물과 주물의 관계에 관한 법리는 물건 상호간의 관계뿐 아니라 권리 상호간에도 적용되고</u>, 위 규정에서의 처분은 처분행위에 의한 권리변동뿐 아니라 주물의 권리관계가 압류와 같은 공법상의 처분 등에 의하여 생긴 경우에도 적용되어야 하는 점, 저당권의 효력이 종물에 대하여도 미친다는 민법 제358조 본문 규정은 같은 법 제100조 제2항과 이론적 기초를 같이하는 점, 집합건물의 소유 및 관리에 관한 법률 제20조 제1항, 제2항에 의하면 구분건물의 대지사용권은 전유부분과 종속적 일체불가분성이 인정되는 점 등에 비추어 볼 때, 구분건물의 전유부분에 대한 소유권보존등기만 경료되고 대지지분에 대한 등기가 경료되기 전에 전유부분만에 대해 내려진 가압류결정의 효력은, 대지사용권의 분리처분이 가능하도록 규약으로 정하였다는 등의 특별한 사정이 없는 한, 종물 내지 종된 권리인 그 대지권에까지 미친다(대판 2006.10.26. 2006다29020).

8) 구분소유자와 대지사용권

공유자는 공유물 전부를 지분의 비율로 사용·수익할 수 있으므로 공유토지의 일부를 배타적으로 점유하면서 사용·수익하는 공유자는 그가 보유한 공유지분의 비율에 관계없이 다른 공유자에 대하여 부당이득반환의무를 부담한다. 그런데 일반 건물에서 대지를 사용·수익할 권원이 건물의 소유권과 별개로 존재하는 것과는 달리, 집합건물의 경우에는 대지사용권인 대지지분이 구분소유권의 목적인 전유부분에 종속되어 일체화되는 관계에 있으므로, 집합건물 대지의 공유관계에서는 이와 같은 민법상 공유물에 관한 일반 법리가 그대로 적용될 수 없고, 이는 대지 공유자들 중 구분소유자 아닌 사람이 있더라도 마찬가지이다. 집합건물에서 전유부분 면적 비율에 상응하는 적정 대지지분을 가진 구분소유자는 그 대지 전부를 용도에 따라 사용·수익할 수 있는 적법한 권원을 가지므로, 구분소유자 아닌 대지 공유자는 그 대지 공유지분권에 기초하여 적정 대지지분을 가진 구분소유자를 상대로는 대지의 사용·수익에 따른 부당이득반환을 청구할 수 없다[1](대판 2022.8.25. 2017다257067 전합).

9) 매도청구권

구분소유자가 대지사용권이 없는 때에는 그 전유부분의 철거를 주장할 수 있는 권리를 가지는 자가 그 구분소유자에 대하여 구분소유권을 시가로 매도할 것을 청구할 수 있다(동법 제7조).

(5) 공시방법

구분소유권의 객체인 건물의 전부에 대하여 1개의 등기기록을 사용하고(부등법 제15조 제1항 단서), 1동 건물의 등기기록과 각 구분건물에 대한 전유부분의 등기기록을 둔다(규칙 제14조).

(6) 구분소유자의 권리·의무

1) 전유부분에 대한 권리·의무

① 내용

구분소유권에는 상린관계에 기초한 것으로 볼 수 있는 권리·의무가 발생한다(동법 제5조 제1항). 즉, 공동의 이익에 반하는 행위의 금지·용도변경 및 증·개축의 금지(제5조 제2항), 타부분 사용청구권(제5조 제3항), 대지소유자의 구분소유권매도청구권행사에 응할 의무(제7조) 등이 인정된다.

---

[1] 변경 전 판례: 1동 건물의 구분소유자들이 당초 건물을 분양받을 당시 대지 공유지분 비율대로 건물의 대지를 공유하고 있는 경우에는 별도의 규약이 존재하는 등 특별한 사정이 없는 한 구분소유자들이 대지에 대하여 가지는 공유지분의 비율과 상관없이 대지 전부를 용도에 따라 사용할 수 있는 적법한 권원이 있으므로, 구분소유자들 사이에서는 대지 공유지분 비율의 차이를 이유로 부당이득반환을 구할 수 없다. 그러나 그 대지에 관하여 구분소유자 외의 다른 공유자가 있는 경우에는 공유물에 관한 일반 법리에 따라 대지를 사용·수익·관리할 수 있다고 보아야 하므로, 특별한 사정이 없으면 구분소유자들이 무상으로 대지를 전부 사용·수익할 수 있는 권원을 가진다고 할 수 없고 다른 공유자는 대지 공유지분권에 기초하여 부당이득의 반환을 청구할 수 있다(대판 2018.6.28. 2016다219419·219426).

② 하자담보추급권

집합건물의 소유 및 관리에 관한 법률 제9조는 집합건물의 건축자 내지 분양자로 하여금 견고한 건물을 짓도록 유도하고 부실하게 건축된 집합건물의 소유자를 두텁게 보호하기 위하여 집합건물을 건축하여 분양하는 자의 담보책임에 관하여 수급인의 담보책임에 관한 민법 제667조 내지 제671조의 규정을 준용하는 한편 이를 강행규정화 하였으며, 위 규정에 의한 하자담보추급권은 현재의 집합건물의 소유자에게 귀속한다. 그리고 민법상 수급인의 하자담보책임에 관한 기간은 제척기간으로서 재판상 또는 재판외의 권리행사기간이며 재판상 청구를 위한 출소기간이 아니다(대판 2004.1.27. 2001다24891). 집합건물의 소유 및 관리에 관한 법률 제9조는 건축업자 내지 분양자로 하여금 견고한 건물을 짓도록 유도하고 부실하게 건축된 집합건물의 소유자를 두텁게 보호하기 위하여 집합건물 분양자의 담보책임에 관하여 민법상 도급인의 담보책임에 관한 규정을 준용하도록 함으로써 분양자의 담보책임의 내용을 명확히 하는 한편 이를 강행규정화한 것으로서, 같은 조에 의한 책임은 분양계약에 기한 책임이 아니라 집합건물의 분양자가 집합건물의 현재의 구분소유자에 대하여 부담하는 법정책임이므로 이에 따른 손해배상청구권에 대하여는 민법 제162조 제1항에 따라 10년의 소멸시효기간이 적용된다(대판 2008.12.11. 2008다12439).

2) 공용부분에 대한 권리 · 의무

① 체납관리비 및 연체료의 승계, 인수채무의 성질

특별승계인이 그 관리규약을 명시적, 묵시적으로 승인하지 않는 이상 그 효력이 없다고 할 것이며, 집합건물법 제42조 제1항 및 공동주택관리령 제9조 제4항의 각 규정은 공동주택의 입주자들이 공동주택의 관리 · 사용 등의 사항에 관하여 관리규약으로 정한 내용은 그것이 승계 이전에 제정된 것이라고 하더라도 승계인에 대하여 효력이 있다는 뜻으로서, 관리비와 관련하여서는 승계인도 입주자로서 관리규약에 따른 관리비를 납부하여야 한다는 의미일 뿐, 그 규정으로 인하여 승계인이 전 입주자의 체납관리비까지 승계하게 되는 것으로 해석할 수는 없다. 다만, 집합건물의 공용부분은 전체 공유자의 이익에 공여하는 것이어서 공동으로 유지 · 관리해야 하고 그에 대한 적정한 유지 · 관리를 도모하기 위하여는 소요되는 경비에 대한 공유자 간의 채권은 이를 특히 보장할 필요가 있어 공유자의 특별승계인에게 그 승계의사의 유무에 관계없이 청구할 수 있도록 집합건물법 제18조에서 특별규정을 두고 있는 바, 위 관리규약 중 공용부분 관리비에 관한 부분은 위 규정에 터 잡은 것으로서 유효하다고 할 것이므로, 아파트의 특별승계인은 전 입주자의 체납관리비 중 공용부분에 관하여는 이를 승계하여야 한다고 봄이 타당하다(대판 2001.9.20. 2001다8677 전합). 그러나 관리비 납부를 연체할 경우 부과되는 연체료는 위약벌의 일종이고, 前 구분소유자의 특별승계인이 체납된 공용부분 관리비를 승계한다고 하여 전 구분소유자가 관리비 납부를 연체함으로 인해 이미 발생하게 된 법률효과까지 그대로 승계하는 것은 아니라 할 것이어서, 공용부분 관리비에 대한 연체료는 특별승계인에게 승계되는 공용부분 관리비에 포함되지 않는다(대판 2006.6.29. 2004다3598 · 3604). 또한 집합건물의 소유 및 관리에 관한 법률상의 특별승계인은 관리규약에 따라 집합건물의 공용부분에 대한 유지 · 관리에 소요되는 비용의 부담의무를 승계한다는 점에서 채무인수인으로서의 지위를 갖는데, 위 법률의 입법 취지와 채무인수의 법리에 비추어 보면 구분소유권이 순차로 양도된 경우 각 특별승계인들은 이전 구분소유권자들의 채무를 중첩적으로 인수한다고 봄이 상당하므로, 현재 구분소유권을 보유하고 있는 최종 특별승계인뿐만 아니라 그 이전의 구분소유자들도 구분소유권의 보유 여부와 상관없이 공용부분에 관한 종전 구분소유자들의 체납관리비채무를 부담한다(대판 2008.12.11. 2006다50420).

② 구분소유자의 공용부분의 점유·사용

구분소유자 중 일부가 정당한 권원 없이 집합건물의 복도, 계단 등과 같은 공용부분을 배타적으로 점유·사용함으로써 이익을 얻고, 그로 인하여 다른 구분소유자들이 해당 공용부분을 사용할 수 없게 되었다면, 공용부분을 무단점유한 구분소유자는 특별한 사정이 없는 한 해당 공용부분을 점유·사용함으로써 얻은 이익을 부당이득으로 반환할 의무가 있다. 해당 공용부분이 구조상 이를 별개 용도로 사용하거나 다른 목적으로 임대할 수 있는 대상이 아니더라도, 무단점유로 인하여 다른 구분소유자들이 해당 공용부분을 사용·수익할 권리가 침해되었고 이는 그 자체로 민법 제741조에서 정한 손해로 볼 수 있다. 이러한 법리는 구분소유자가 아닌 제3자가 집합건물의 공용부분을 정당한 권원 없이 배타적으로 점유·사용하는 경우에도 마찬가지로 적용된다. 이와 달리 집합건물의 복도, 계단 등과 같은 공용부분은 구조상 이를 점포로 사용하는 등 별개의 용도로 사용하거나 그와 같은 목적으로 임대할 수 있는 대상이 아니므로 특별한 사정이 없는 한 구분소유자 중 일부나 제3자가 정당한 권원 없이 이를 점유·사용하였더라도 이로 인하여 다른 구분소유자에게 차임 상당의 이익을 상실하는 손해가 발생하였다고 볼 수 없다고 하여 부당이득이 성립하지 않는다고 판시한 대법원 1998.2.10. 선고 96다42277, 96다42284 판결, 대법원 2005.6.24. 선고 2004다30279 판결, 대법원 2014.7.24. 선고 2014다202608 판결 등을 비롯하여 같은 취지의 대법원판결들은 이 판결의 견해에 배치되는 범위에서 이를 모두 변경하기로 한다(대판 2020.5.21. 2017다220744 전합).

(7) 의무위반의 효과

1) 행위정지의 청구

어느 구분소유자가 공동이익에 반하는 행위를 하거나 또는 할 염려가 있는 경우에, 관리인 또는 관리단 집회의 결의에 의하여 지정된 구분소유자로 하여금 그러한 행위의 정지, 결과의 제거, 예방에 필요한 조치를 취할 것을 청구할 수 있다(제43조 1항). 따라서 구분소유자가 집합건물의 규약에서 정한 업종준수의무를 위반할 경우, 단전·단수 등 제재조치를 가할 수 있다(대판 2004.5.13. 2004다2243).

2) 사용금지의 청구

공동 이익에 반하는 어느 구분소유자의 행위로 인하여 구분소유자의 공동생활상의 현저한 상해가 발생한 경우에는 일정한 요건하에 소로써 상당기간 당해 구분소유자에 의한 전유부분의 사용금지를 청구할 수 있다(제44조 제1항).

3) 구분소유자의 경매명령청구

구분소유자가 건물보존에 해로운 행위 기타 건물의 관리 및 사용에 관하여 구분소유자의 공동이익에 반하는 행위를 한 경우 및 이에 준하는 경우에는, 일정한 요건하에 당해구분소유자의 전유부분 및 대지 사용권의 경매를 명할 것을 청구할 수 있다(제45조 제1항).

4) 점유자에 대한 계약해제·인도청구

점유자가 건물보존에 해로운 행위 기타 건물의 관리 및 사용에 관하여 구분소유자의 공동이익에 반하는 행위를 한 경우 및 이에 준하는 경우에는, 관리인 또는 관리단 집회의 결의에 의하여 지정된 구분소유자는 그 전유부분을 목적으로 하는 계약의 해제나 그 전유부분의 인도를 청구할 수 있다(제46조 제1항).

(8) 관리조직 및 집회

건물에 대한 구분소유관계가 성립하면 그 건물 및 대지와 부속시설의 관리를 위하여 구분소유자 전원으로 관리단을 구성하도록 되어 있다. 관리단은 특별한 조직행위가 없더라도 구분소유관계가 존재하면 당연히 성립된다[1](대판 1995.3.10. 94다49687). 미분양된 전유부분의 구분소유자도 그 관리단의 구성원이 될 수 있지만, 상가의 구분소유자 일부만이 주주가 되어 설립한 주식회사는 그 상가를 관리하였다고 하더라도 건물의 관리단으로 볼 수 없다(대판 2002.10.11. 2002다43851). 관리단의 사무는 동 법률 또는 규약으로 관리인에게 위임한 사항 외에는 구분소유자 전원으로 구성된 관리단 집회의 결의에 의하여 행한다(제31조). 구분소유자가 10인 이상일 때에는 반드시 관리인을 선임해야 하며, 관리인은 관리단 집회의 결의에 의해 선임·해임된다. 관리인의 권리·의무에 관해서는 법에 구체적 규정을 두고 있다(제25조 제1항). 관리인은 대외적으로 대표권을 가진다. 관리인의 대표권은 규약 또는 관리단 집회의 결의로 제한할 수 있다. 그러나 선의의 제3자에게 대항하지 못한다(제25조 제2항).

(9) 규약

건물 및 대지 또는 부속시설의 관리나 사용에 관한 구분소유자 상호간의 사항으로서 동법에 규정되지 아니한 사항은 규약으로 정할 수 있도록 되어 있다(제28조 제1항). 이 규약은 구분소유자의 포괄승계인에 대해서는 물론 특별승계인에 대하여도 그 효력이 미친다(제42조 제1항).

(10) 재건축결의 내용 변경

재건축 결의에 따라 설립된 재건축조합은 민법상의 비법인사단에 해당하므로 그 구성원의 의사의 합의는 총회의 결의에 의할 수밖에 없다고 할 것이나, 다만 집합건물의 소유 및 관리에 관한 법률 제49조에 의하여 의제된 합의 내용인 재건축 결의의 내용을 변경함에 있어서는 그것이 구성원인 조합원의 이해관계에 미치는 영향에 비추어 재건축 결의시의 의결정족수를 규정한 같은 법 제47조 제2항을 유추적용하여 조합원 5분의 4 이상의 결의가 필요하다고 할 것이다. 이와 달리 집합건물법 제49조에 의하여 재건축에 관한 합의가 이루어진 경우, 그 의제된 합의의 내용인 재건축 결의의 내용을 변경함에 있어서는 조합원 전원의 합의가 필요하다고 한 대판 1998.6.26. 98다15996은 이 판결의 견해와 저촉되는 한도에서 변경하기로 한다(대판 2005.4.21. 2003다4969 전합).

Ⅲ. 소유권의 취득

1. 소유권의 취득 원인

소유권의 취득에는 법률행위에 의한 물권변동(제186조)이 적용되는 법률행위에 의한 취득과 법률의 규정에 의한 취득이 있다. 법률의 규정에 의한 취득은 취득시효, 선의취득, 무주물선점, 유실물습득, 매장물발견, 첨부에 관한 규정이 있는데, 선의취득은 설명을 하였으므로 이를 제외한 취득원인에 대해 살펴보기로 한다.

---

[1] '집합건물의 소유 및 관리에 관한 법률' 제23조 제1항의 관리단은 어떠한 조직행위를 거쳐야 비로소 성립되는 단체가 아니라 구분소유관계가 성립하는 건물이 있는 경우 당연히 그 구분소유자 전원을 구성원으로 하여 성립되는 단체라 할 것이므로, 집합건물의 분양이 개시되고 입주가 이루어져서 공동관리의 필요가 생긴 때에는 그 당시의 미분양된 전유부분의 구분소유자를 포함한 구분소유자 전원을 구성원으로 하는 관리단이 설립된다(대판 2005.11.10. 2003다45496).

2. 취득시효

(1) 의의

취득시효란 물건 또는 권리를 점유하는 사실상태가 일정기간 계속되는 경우, 그것이 진실한 권리관계와 일치하는가의 여부를 묻지 않고 권리취득의 효과가 생기게 하는 제도이다. 취득시효제도와 소멸시효제도는 일정한 기간의 경과를 필요로 한다는 점에서 공통점이 있기는 하지만, 그 효과에 있어서는 서로 대립된다.

(2) 존재 의의

취득시효제도는 일정한 기간 계속된 사실관계를 권리관계로 인정함으로써 법질서를 안정시키는 데 궁극적인 존재의의가 있다. 통설은 이 외에도 증명곤란의 구제, 권리행사의 태만에 대한 제재 등을 존재이유로 들고 있다.

(3) 시효취득 되는 권리

시효로 취득할 수 있는 권리는 점유를 수반하여야 한다. 지상권(대판 1994.10.14. 94다9849) · 지역권(제294조, 다만 계속되고 표현된 것에 한해서 제245조 준용) · 질권과 이와 유사한 성질을 가지는 것[2] · 분묘기지권(대판 1995.2.28. 94다37912) · 주주권(대판 1965.1.19. 64다1437)에 한한다. 점유권 · 유치권 · 저당권은 시효취득의 대상이 되지 못한다.

(4) 시효취득의 대상 – 부동산, 동산

1) 타인성 여부

시효로 인한 부동산 소유권의 취득은 원시취득으로서 취득시효의 요건을 갖추면 등기청구권을 취득하는 것이지, 타인의 소유권을 승계취득하는 것이 아니므로 시효취득의 대상이 반드시 타인의 소유물이거나, 그 타인이 특정되어 있을 필요는 없다. 따라서 자기의 소유물(통설, 판례) 또는 소유자불명의 물건(대판 1992.2.25. 91다9312)에 대해서도 시효취득을 인정할 수 있다. 그러나 토지소유자가 특정한 토지 일부분을 타인에게 매도하면서 등기부상으로는 전체 토지의 일부 지분에 관하여 소유권이전등기를 경료해 준 후 매도 대상에서 제외된 나머지 특정부분을 계속 점유하는 경우[3](대판 2001.4.13. 99다62036 · 62043)나 종전토지에 대한 환지예정지를 점유하는 것[4](대판 2002.9.4. 2002다22083 · 22090) 등은 자기소유의 토지를 점유하는 것이어서 취득시효의 기초가 되는 점유라고 할

---

[2] 광업권, 어업권, 무체재산권 등
[3] 자기 소유의 부동산을 점유하고 있는 상태에서 다른 사람 명의로 소유권이전등기를 경료해 준 경우에 그 소유권이전등기 이전에 자기 소유 부동산을 점유해 온 것은 취득시효의 기초로서의 점유라고 할 수는 없는 것이고 그 소유권의 변동이 있는 경우에 비로소 취득시효의 기초가 되는 점유가 개시되는 것이라고 보아야 할 것이고(대판 1989.9.26. 88다카26574 참조), 한편 공유자들이 분할 전 토지의 전체면적 중 각 점유부분을 구분소유하게 된다고 믿으면서 그 각 점유부분의 대략적인 면적에 해당하는 만큼의 지분에 관하여 소유권이전등기를 경료하는 경우에는 등기부상 공유자들이 분할 전 토지의 공유자로 되어 있다고 하더라도 그들은 각자 자기 소유의 토지를 점유하는 것일 뿐 자신과 타인이 공유하는 토지를 점유하는 것은 아니라고 할 것이므로, 이 사건에서와 같이 토지 소유자가 토지의 특정한 일부분을 타인에게 매도하면서 등기부상으로는 전체 토지의 일부 지분에 관한 소유권이전등기를 경료해 준 경우에 매도 대상에서 제외된 나머지 특정 부분을 계속 점유한다고 하더라도 이는 자기 소유의 토지를 점유하는 것이어서 취득시효의 기초가 되는 점유라고 할 수 없을 것이다(대판 2001.4.13. 99다62036 · 62043).
[4] 토지구획정리사업의 시행으로 환지예정지 지정이 있을 경우 종전 토지의 소유자는 환지예정지로 지정된 토지에 관하여 사용 · 수익권을 취득하게 되고, 이 사용 · 수익권은 종전 토지에 대한 소유권에 기한 것이므로, 종전 토지 소유자의 환지예정지에 대한 점유는 자기 소유의 종전 토지에 대한 점유와 그 성질이 같다 할 것이어서, 종전 토지 소유자가 종전 토지에 대한 환지예정지를 점유하는 것은 취득시효의 기초로서의 점유라고 볼 수 없다(대판 2002.9.4. 2002다22083 · 22090).

수 없다. 다만 부동산에 대한 취득시효 제도의 존재이유는 부동산을 점유하는 상태가 오랫동안 계속된 경우 권리자로서의 외형을 지닌 사실상태를 존중하여 이를 진실한 권리관계로 높여 보호함으로써 법질서의 안정을 기하고, 장기간 지속된 사실상태는 진실한 권리관계와 일치될 개연성이 높다는 점을 고려하여 권리관계에 관한 분쟁이 생긴 경우 점유자의 증명곤란을 구제하려는 데에 있다. 그런데 부동산에 관하여 적법·유효한 등기를 마치고 소유권을 취득한 사람이 자기 소유의 부동산을 점유하는 경우에는 특별한 사정이 없는 한 사실상태를 권리관계로 높여 보호할 필요가 없고, 부동산의 소유명의자는 부동산에 대한 소유권을 적법하게 보유하는 것으로 추정되어 소유권에 대한 증명의 곤란을 구제할 필요 역시 없으므로, 그러한 점유는 취득시효의 기초가 되는 점유라고 할 수 없다. 다만 그 상태에서 다른 사람 명의로 소유권이전등기가 되는 등으로 소유권의 변동이 있는 때에 비로소 취득시효의 요건인 점유가 개시된다고 볼 수 있을 뿐이다(대판 2016.10.27. 2016다224596).

2) 1필의 토지의 일부

1필의 토지의 일부가 시효취득의 대상이 될 수 있지만, 시효취득자가 점유해 온 부분이 다른 부분과 구분되어 그의 점유에 속했었다는 것을 인식하기에 족한 객관적 징표가 계속 존재해야 한다(대판 1993.12.14. 93다5581). 그리고 시효취득이 인정되더라도 이에 대한 소유권을 취득하기 위해서는 분필등기를 하여야 한다.

3) 국유재산

국유재산은 그 용도에 따라 행정재산[1]과 일반재산으로 구분되고(국유재산법 제6조 제1항), 행정재산은 원칙적으로 시효취득의 대상이 되지 않는다(국유재산법 제7조 제2항). 다만 일반재산에 대해서는 시효취득이 인정된다. '일반재산'이라 함은 행정재산 이외의 모든 국유재산을 가리킨다. 행정재산은 공용폐지 되지 않는 한 취득시효의 대상이 되지 않고, 일반재산인지의 여부에 대한 증명책임은 시효이익을 주장하는 측에 있다(대판 1995.6.16. 94다42655). 일반재산에 대한 취득시효가 완성된 후 그 일반재산이 행정재산으로 된 경우에는 취득시효완성을 원인으로 소유권이전등기를 청구할 수 없다(대판 1997.11.14. 96다10782).

4) 공유지분

공유지분의 일부에 대한 시효취득도 가능하다(대판 1979.6.26. 79다639). 이때에는 점유의 범위를 특정할 수 있는 객관적인 증표가 계속 존재할 필요는 없다(대판 1975.6.24. 74다1877). 그러나 <u>집합건물의 공용부분은 취득시효에 의한 소유권 취득의 대상이 될 수 없다고 봄이 타당하다</u>[2](대판 2013.12.12. 2011다78200·78217). 그리고 토지 소유자가 토지의 특정한 일부분을 타인에게 매도하면서 등기부상으로는 전체 토지의 일부 지분에 관한 소유권이전등기를 경료해 준 경우에 매도 대상에서 제외된

---

1) 행정재산은 다시 공용재산, 공공용재산, 기업용재산, 보존용재산 등으로 나뉜다.
2) 집합건물의 소유 및 관리에 관한 법률(이하 '집합건물법'이라 한다) 제1조, 제2조 제1호 및 제3호는 1동의 건물 중 구조상 구분된 수개의 부분이 독립한 건물로서 사용될 수 있을 때에는 그 각 부분을 집합건물법이 정하는 바에 따라 각각 소유권의 목적으로 할 수 있고, 그 각 부분을 목적으로 하는 소유권을 구분소유권으로, 구분소유권의 목적인 각 건물 부분을 전유부분으로 규정하고 있으므로, 공용부분은 전유부분으로 변경되지 않는 한 구분소유권의 목적이 될 수 없다. 집합건물의 공용부분은 구분소유자 전원의 공유에 속하나(집합건물법 제10조 제1항), 그 공유는 민법상의 공유와는 달리 건물의 구분소유라고 하는 공동의 목적을 위하여 인정되는 것으로 집합건물법 제13조는 공용부분에 대한 공유자의 지분은 그가 가지는 전유부분의 처분에 따를 뿐 전유부분과 분리하여 처분할 수 없도록 규정하고 있다. 또한 공용부분을 전유부분으로 변경하기 위하여는 집합건물법 제15조에 따른 구분소유자들의 집회결의와 그 공용부분의 변경으로 특별한 영향을 받게 되는 구분소유자의 승낙을 얻어야 한다. 그런데 공용부분에 대하여 취득시효의 완성을 인정하여 그 부분에 대한 소유권취득을 인정한다면 전유부분과 분리하여 공용부분의 처분을 허용하고 일정 기간의 점유로 인하여 공용부분이 전유부분으로 변경되는 결과가 되어 집합건물법의 취지에 어긋나게 된다.

나머지 특정 부분을 계속 점유한다고 하더라도 이는 자기 소유의 토지를 점유하는 것이어서 취득시효의 기초가 되는 점유라고 할 수 없고, 이는 토지의 특정한 일부분을 매수한 자가 등기부상으로는 전체 토지의 일부 지분에 관한 소유권이전등기를 경료 받고 매수 대상인 그 특정 부분을 점유하는 경우에도 마찬가지일 것이다(대판 2009.10.15. 2007다83632).

5) 취득시효의 종류

민법상 취득시효는 부동산소유권의 취득시효, 동산소유권의 취득시효, 소유권 이외의 재산권의 취득시효로 나누어지며, 부동산은 다시 일반 취득시효와 등기부취득시효로 나뉘고, 동산은 일반취득시효와 단기취득시효로 나뉜다.

3. 부동산소유권의 취득시효(제245조)

> 제245조(점유로 인한 부동산소유권의 취득기간) ① 20년간 소유의 의사로 평온, 공연하게 부동산을 점유하는 자는 등기함으로써 그 소유권을 취득한다.

(1) 점유취득시효

1) 소유의 의사

점유취득시효의 요건으로서의 점유는 소유의 의사로 하는 점유, 즉 自主이어야 한다. 자주점유에 대한 판단은 권원의 성질에 의하여 객관적으로 정해지고, 권원의 성질이 불분명하여 자주점유인지 타주점유인지 확정하기 어려운 경우에는 자주점유로 추정된다(제197조 제1항). 직접점유뿐만 아니라 간접점유도 점유취득시효 요건으로서의 점유로 인정된다(대판 1991.10.8. 91다25116[3])).

2) 평온·공연한 점유

점유취득시효의 요건으로서의 점유는 평온·공연한 소유의 의사로 하는 점유이면 충분하고 선의·무과실은 그 요건이 아니다. 여기서 평온한 점유란 강포(强暴, 강박, 폭행)한 점유가 아닌 점유로서, 점유자가 그 점유를 취득 또는 보유함에 있어 법률상 허용되지 않는 강포한 행위를 쓰지 아니하는 점유를 말하며, 공연한 점유라 함은 은비(隱祕)의 점유가 아닌 점유를 말한다. 점유자는 특별한 사정이 없는 한 평온·공연하게 점유하는 것으로 추정된다(제197조 제1항). 따라서 소유자가 점유의 평온·공연한 점유가 아님을 증명하여야 한다. 그 점유가 불법이라고 주장하는 자로부터 이의를 받은 사실이 있거나 점유물의 소유권을 둘러싸고 당사자 사이에 법률상의 분쟁이 있었다고 하더라도 그러한 사실만으로 곧 그 점유의 평온·공연성이 상실된다고는 할 수 없다(대판 1982.9.28. 81사9 전합).

3) 20년간의 점유

20년 이상 점유하고 있다는 사실을 증명하는 것은 어려우므로, 법은 전후 양시의 시점에 점유한 것을 증명하면 그 사이의 점유 기간은 추정을 하고 있다(제198조).

---

[3] 농지를 소작을 준 것이 농지개혁법상 무효라 하더라도 소작인들을 점유매개자로 하여 간접적으로 이를 점유하고 있고 또 그들을 상대로 그 농지의 반환을 청구할 수 있는 지위에 있는 한 위 간접점유자의 시효취득에 있어서의 점유 자체를 부정할 수 없다(대판 1991. 10.8. 91다25116).

4) 등기

① 등기의 의의
취득시효는 법률의 규정에 의한 물권변동이므로 제187조에 따라 등기 없이도 소유권취득의 효과가 발생한다고 해야 하겠지만, 제245조에서 등기를 요구하고 있다. 그 이유는 상속·경매·판결 등은 소유권의 이전시기가 명확하고 진정한 권리자의 권리를 해하는 일이 없으나, 취득시효는 불명확하므로 제245조 제1항에 등기를 규정함으로써 당사자들 사이의 이해관계를 조절하고자 한 것이다. 따라서 제245조 제1항은 제187조의 유일한 예외가 된다.

② 등기의 종류와 절차
시효취득의 경우에는 등기함으로써 소유권을 취득하기 때문에 제186조와 같은 등기청구권의 문제가 발생한다. 취득시효완성을 이유로 하는 등기의 종류 및 그 절차에 관하여 민법이나 부동산등기법은 아무런 규정을 두고 있지 않다. 취득시효로 인한 소유권의 취득이 원시취득이라면 그 등기는 성질상 보존등기여야 한다. 그러나 보존등기는 절차가 매우 번거롭고 종전의 권리변동관계를 단절시키는 점 등 여러 가지 문제점이 있으므로, 이전등기에 의한다. 따라서 그 등기신청은 점유자와 소유자가 공동으로 하여야 한다.

③ 등기청구의 상대방
점유취득시효완성을 원인으로 한 소유권이전등기청구는 시효완성 당시의 소유자를 상대로 하여야 한다(대판 1997.4.25. 96다53420). 따라서 시효완성 당시의 소유권보존등기 또는 이전등기가 무효라면 원칙적으로 그 등기명의인은 시효취득을 원인으로 한 소유권이전등기청구의 상대방이 될 수 없고, 이 경우 시효취득자는 소유자를 대위하여 위 무효등기의 말소를 구하고 다시 위 소유자를 상대로 취득시효완성을 원인으로 한 소유권이전등기를 구하여야 한다(대판 1993.9.14. 93다10989). 다만 부동산의 점유로 인한 시효취득자는 취득시효 완성 당시의 소유자에 대하여 소유권이전등기를 청구할 수 있다고 할 것인바, 취득시효 완성 당시 그 부동산의 등기부상 소유명의자의 등기가 원인 무효의 흠결이 있다 하더라도 그 등기명의 소유자가 진정한 소유자를 상대로 제기한 소유권이전등기 청구소송의 기판력 있는 확정판결에 의하여 소유권이전등기를 경료하였던 것이고, 따라서 시효취득자가 진정한 소유자를 대위하여 등기부상 소유자를 상대로 위 등기의 말소를 구하는 것은 위 판결의 기판력 때문에 극히 어려운 것이고, 그 등기명의를 둔 채 진정한 소유자를 상대로 시효취득을 원인으로 한 이전등기를 구하여 판결을 받더라도 위 등기가 말소되지 않는 한 그 판결이 이행될 수 없는 것이라면 특별한 사정이 없는 한 시효취득자는 그 등기부상 소유명의자를 상대로 취득시효를 원인으로 한 소유권이전등기를 청구할 수 있다고 보아야 할 것이다(대판 1999.7.9. 98다29575). 그러나 진정한 소유자를 찾는 것이 불가능할 경우에 시효취득자는 취득시효완성 당시 진정한 소유자는 아니지만 소유권보존등기명의를 가지고 있는 자에 대하여 직접 취득시효완성을 원인으로 하는 소유권이전등기를 청구할 수 있다(대판 2005.5.26. 2002다43417).

④ 시효취득에 의한 등기청구권의 성질

제245조 제1항은 제187조의 원칙에 대한 예외이고, 시효취득으로 인한 등기청구권은 채권적 성질을 갖는다. 따라서 등기청구권은 원칙적으로 소멸시효의 대상이 된다고 할 것이지만, 법률행위에 의한 등기청구권의 경우와 같이 시효취득자가 목적물을 계속 점유하고 있는 한 소멸시효에 걸리지 않는다(대판 1996.3.8. 95다34866).

(2) 점유취득시효 5원칙

1) 제1원칙

부동산에 대한 점유취득시효기간이 완성된 경우에 그 부동산의 원소유자는 권리변동의 당사자이므로 점유자는 원소유자에 대하여 등기 없이도 그 부동산의 시효취득을 주장하여 대항할 수 있는 반면에 원소유자는 점유자에 대한 이전등기의무자로서 소유권에 기한 권능을 행사할 수 없다(대판 1977.3.22. 76다242, 대판 1993.5.25. 92다51280 등).

2) 제2원칙

점유취득시효 기간이 완성되기 전, 그 진행 중에 등기부상의 소유자가 변경된 경우에 있어서는, 이는 점유자의 종래의 사실상태의 계속을 파괴한 것으로 볼 수 없어 시효중단사유가 될 수 없고 따라서 점유취득시효완성 당시의 등기부상의 소유자가 권리변동의 당사자가 되는 것이므로 점유자는 그 자에 대하여 등기 없이도 취득시효완성의 효과를 주장할 수 있다(대판 1972.1.31. 71다2416, 대판 1989.4.11. 88다카5843·5850 등).

3) 제3원칙

점유취득시효가 완성되었다고 하더라도 그에 따른 등기를 하지 않고 있는 사이에 제3자가 그 부동산에 관한 소유권이전등기를 경료한 경우에는, 그 제3자는 점유취득시효완성으로 인한 권리변동의 당사자가 아니므로 점유자는 그 제3자에 대하여 취득시효완성의 효과를 주장하여 대항할 수 없다[1](대판 1964.6.9. 63다1129 등). 그러나 점유로 인한 소유권취득시효 완성 당시 미등기로 남아 있던 토지에 관하여 소유권을 가지고 있던 자가 취득시효 완성 후에 그 명의로 소유권보존등기를 마쳤다 하더라도 이는 소유권의 변경에 관한 등기가 아니므로 그러한 자를 그 취득시효 완성 후의 새로운 이해관계인으로 볼 수 없고, 또 그 미등기 토지에 대하여 소유자의 상속인 명의로 소유권보존등기를 마친 것도 시효취득에 영향을 미치는 소유자의 변경에 해당하지 않으므로, 이러한 경우에는 그 등기 명의인에게 취득시효 완성을 주장할 수 있다(대판 2007.6.14. 2006다84423).

---

1) 파산선고 전에 부동산에 대한 점유취득시효가 완성되었으나 파산선고 시까지 이를 원인으로 한 소유권이전등기를 마치지 아니한 자는, 그 부동산의 소유자에 대한 파산선고와 동시에 파산채권자 전체의 공동의 이익을 위하여 파산재단에 속하는 그 부동산에 관하여 이해관계를 갖는 제3자의 지위에 있는 파산관재인이 선임된 이상, 파산관재인을 상대로 파산선고 전의 점유취득시효 완성을 원인으로 한 소유권이전등기절차의 이행을 청구할 수 없을 뿐만 아니라, 그 부동산의 관리처분권을 상실한 파산자가 파산선고를 전후하여 그 부동산의 법률상 소유자로 남아 있음을 이유로 점유취득시효의 기산점을 임의로 선택하여 파산선고 후에 점유취득시효가 완성된 것으로 주장하여 파산관재인에게 소유권이전등기절차의 이행을 청구할 수도 없다고 할 것이다. 이 경우 법률적 성질이 채권적 청구권인 점유취득시효 완성을 원인으로 한 소유권이전등기청구권은 구 파산법 제14조가 규정하는 파산자에 대하여 파산선고 전의 원인으로 생긴 재산상의 청구권으로서 파산채권에 해당하므로 파산절차에 의하여서만 그 권리를 행사할 수 있다고 할 것이다(대판 2008.2.1. 2006다32187).

> **판례** 신탁에서 제3자에 해당하는지 여부
>
> **1. 명의신탁이 해지된 경우**
> 명의신탁된 부동산에 대하여 점유취득시효가 완성된 후 시효취득자가 그 소유권이전등기를 경료하기 전에 명의신탁이 해지되어 그 등기명의가 명의수탁자로부터 명의신탁자에게로 이전된 경우에는 그 부동산에 대한 내부적인 소유권의 변동은 없으나, 대외적으로는 그 소유권에 변동이 있을 뿐 아니라 그 등기명의에도 변동이 있고, 명의신탁 제도가 대외적 관계에서는 등기명의자만이 소유권자로 취급될 뿐이고 시효 완성 당시 시효취득자에게 져야 할 등기의무도 대외적으로는 명의신탁자에게 있지 아니하고 명의수탁자에게 있음에 불과하므로 대외적 등기명의자인 수탁자로부터 소유자로 취급되지 않던 명의신탁자에게 등기가 옮겨간 것도 점유시효취득자 등과의 관계와 같은 외부적 관계에서는 완전한 새로운 권리변동으로 보아야 하므로, 그 명의신탁자의 등기취득이 등기의무자의 배임행위에 적극 가담한 반사회적 행위에 근거한 등기이든가 또는 기타 다른 이유로 인한 원인무효의 등기인 경우는 별론으로 하고, 그 명의신탁자는 취득시효 완성 후에 소유권을 취득한 자에 해당하여 그에 대하여 취득시효를 주장할 수 없다(대판 1995.12.8. 95다38493).
>
> **2. 명의신탁을 한 경우**
> 부동산에 관한 점유취득시효기간이 경과하였다고 하더라도 그 점유자가 자신의 명의로 등기하지 아니하고 있는 사이에 먼저 제3자 명의로 소유권이전등기가 경료되어 버리면, 특별한 사정이 없는 한, 그 제3자에 대하여는 시효취득을 주장할 수 없으나, 그 제3자가 취득시효기간만료 당시의 등기명의인으로부터 신탁 또는 명의신탁 받은 경우라면 종전 등기명의인으로서는 언제든지 이를 해지하고 소유권이전등기를 청구할 수 있고, 점유시효취득자로서는 종전 등기명의인을 대위하여 이러한 권리를 행사할 수 있으므로, 그러한 제3자가 소유자로서의 권리를 행사하는 경우 점유자로서는 취득시효완성을 이유로 이를 저지할 수 있다(대판 1995.9.5. 95다24586).
>
> **3. 신탁법상의 신탁의 경우**
> 신탁재산의 소유관계, 신탁재산의 독립성, 신탁등기의 대항력, 구 신탁법(2011.7.25. 법률 제10924호로 전부 개정되기 전의 것, 이하 같다) 제3조 제1항, 제20조, 제24조, 제30조의 취지 등에 비추어 보면, 부동산에 대한 점유취득시효가 완성될 당시 부동산이 구 신탁법상의 신탁계약에 따라 수탁자 명의로 소유권이전등기와 신탁등기가 되어 있더라도 수탁자가 신탁재산에 대하여 대내외적인 소유권을 가지는 이상 점유자가 수탁자에 대하여 취득시효 완성을 주장하여 소유권이전등기청구권을 행사할 수 있지만, 이를 등기하지 아니하고 있는 사이에 부동산이 제3자에게 처분되어 그 명의로 소유권이전등기가 마쳐짐으로써 점유자가 제3자에 대하여 취득시효 완성을 주장할 수 없게 되었다면 제3자가 다시 별개의 신탁계약에 의하여 동일한 수탁자 명의로 소유권이전등기와 신탁등기를 마침으로써 부동산의 소유권이 취득시효 완성 당시의 소유자인 수탁자에게 회복되는 결과가 되었더라도 수탁자는 특별한 사정이 없는 한 취득시효 완성 후의 새로운 이해관계인에 해당하므로 점유자는 그에 대하여도 취득시효 완성을 주장할 수 없다. 이 경우 점유자가 수탁자의 원래 신탁재산에 속하던 부동산에 관하여 점유취득시효 완성을 원인으로 하는 소유권이전등기청구권을 가지고 있었다고 하여 수탁자가 별개의 신탁계약에 따라 수탁한 다른 신탁재산에 속하는 부동산에 대하여도 소유권이전등기청구권을 행사할 수 있다고 보는 것은 신탁재산을 수탁자의 고유재산이나 다른 신탁재산으로부터 분리하여 보호하려는 신탁재산 독립의 원칙의 취지에 반하기 때문이다(대판 2016.2.18. 2014다61814).

4) 제4원칙

제3원칙이 적용되는 당연한 결과로서, 점유취득시효가 언제 완성되는지에 따라 점유자와 제3자의 우열 및 대항력이 다르게 되므로 점유자는 실제로 점유를 개시한 때를 점유취득시효의 기산점으로 삼아야 하고 그 기산점을 임의로 선택할 수 없다(대판 1965.4.6. 65다170 등). 점유취득시효기간의 기산점을 당사자가 임의로 선택할 수 있게 되면 당사자는 시효완성 후에 등기명의를 취득한 자를 시효완성 당시의 권리변동의 당사자로 삼을 수 있게 되어 결국에 가서는 시효의 완성을 주장하는 당사자는 등기 없이 언제나 제3취득자에 대하여 시효의 완성을 주장하고 그에 관해서 등기를 청구하는 등 그에 상응하는 권리관계를 주장할 수 있게 되는 결과가 되어 등기제도의 기능을 몹시 약화시키고 부동산에 관한 거래의 안전을 해할 우려가 있기 때문이다(대판 1976.6.22. 76다487·488). 다만, 취득시효기간의 계산에 있어 그 점유개시의 기산일은 임의로 선택할 수 없으나 그 실소유자(등기명의인)에 변경이 없는 경우에는 취득시효완성을 주장할 수 있는 시점에서 보아 소요기간이 경과된 사실만 확정되면 족하다(대판 1994.2.8. 93다41303, 역산설).

5) 제5원칙

① 제3원칙이 적용되는 경우에 있어 제3자 앞으로 소유권이전등기가 경료된 후에도 당초 점유자가 점유를 계속하여 20년이 경과하였고 그 기간 중에 등기명의자에 변동이 없었다면, 이때의 법률관계는 제3원칙과는 달리 볼 수 있지 않는지가 문제된다.

② 이때의 점유자는 1차 점유취득시효가 완성된 때부터 그 등기명의자에게 등기를 청구할 수 있음에도 불구하고 이를 게을리 하여 제3자 명의로 등기가 경료되도록 방치함으로써 그 제3자에 대하여 점유취득시효완성의 효과를 주장, 대항할 수 없는 처지에 스스로 빠졌다는 의미에서 권리 위에 잠자는 자이고, 등기를 경료한 제3자는 그 등기일 이후 20년 이상을 그 소유권의 객체인 부동산에 대한 점유사용은 물론 그 부동산을 타에 처분하는 등으로 그 소유권을 행사하지 아니하였다는 의미에서 권리 위에 잠자는 자이다. 이 경우 판례는 "<u>부동산에 대한 점유취득시효가 완성된 후 취득시효 완성을 원인으로 한 소유권이전등기를 하지 않고 있는 사이에 그 부동산에 관하여 제3자 명의의 소유권이전등기가 경료된 경우라 하더라도 당초의 점유자가 계속 점유하고 있고 소유자가 변동된 시점을 기산점으로 삼아도 다시 취득시효의 점유기간이 경과한 경우에는 점유자로서는 제3자 앞으로의 소유권 변동시를 새로운 점유취득시효의 기산점으로 삼아 2차의 취득시효의 완성을 주장할 수 있다.</u>"고 한다. 다만 이 경우 과거 판례는 "부동산의 취득시효가 완성된 후 토지소유자가 변동된 시점을 새로운 취득시효의 기산점으로 삼아 2차의 취득시효의 완성을 주장하려면 그 새로운 취득시효기간 중에는 등기명의자가 동일하고 소유자의 변동이 없어야만 한다(대판 1994.3.22. 93다46360 전합)."고 하였다.

③ 하지만 입장을 변경하여 "취득시효기간이 경과하기 전에 등기부상의 소유명의자가 변경된다고 하더라도 그 사유만으로는 점유자의 종래의 사실상태의 계속을 파괴한 것이라고 볼 수 없어 취득시효를 중단할 사유가 되지 못하므로, 새로운 소유명의자는 취득시효 완성 당시 권리의무 변동의 당사자로서 취득시효 완성으로 인한 불이익을 받게 된다 할 것이어서 시효완성자는 그 소유명의자에게 시효취득을 주장할 수 있는 바, 이러한 법리는 새로이 2차의 취득시효가 개시되어 그 취득시효기간이 경과하기 전에 등기부상의 소유명의자가 다시 변경된 경우에도 마찬가지로 적용된다고 봄이 상당하다(대판 2009.7.16. 2007다15172·15189 전합)."고 하여 등기명의자가 동일할 것을 요구하지 않고 있다.

(3) 점유자와 소유자의 관계

시효취득사실을 알고 있는 등기명의자가 고의로 취득시효대상이 되는 부동산을 제3자에게 처분한 경우에는 불법행위가 성립하고, 제3자가 부동산 소유자의 이와 같은 불법행위에 적극 가담하였다면 이는 사회질서에 반하는 행위로서 무효가 된다(대판 1993.2.9. 92다47892). 그러나 점유자의 권리취득을 방해하려고 하는 등의 특별한 사정이 없는 한, 점유자 명의로 소유권이전등기가 마쳐지기 전까지 원소유자는 소유자로서 그 토지에 관한 적법한 권리를 행사할 수 있다. 즉, 원소유자가 취득시효의 완성 이후 그 등기가 있기 전에 그 토지를 제3자에게 처분하거나 제한물권의 설정, 토지의 현상 변경 등 소유자로서의 권리를 행사할 수 있다(대판 2006.5.12. 2005다75910). 그리고 취득시효가 완성된 후 점유자가 그 취득시효를 주장하거나 이로 인한 소유권이전등기청구를 하기 이전에는, 특별한 사정이 없는 한 그 등기명의인인 부동산 소유자로서는 그 시효취득 사실을 알 수 없는 것이므로, 이를 제3자에게 처분하였다고 하더라도 불법행위가 성립하는 것은 아니다. 그리고 부동산 점유자에게 시효취득으로 인한 소유권이전등기청구권이 있다고 하더라도 이로 인하여 부동산 소유자와 시효취득자 사이에 계약상의 채권·채무관계가 성립하는 것은 아니므로, 그 부동산을 처분한 소유자에게 채무불이행 책임을 물을 수 없다(대판 1995.7.11. 94다4509).

(4) 시효완성자로부터 점유를 승계한 자의 법적 지위

전 점유자의 점유를 승계한 자는 그 점유 자체와 하자만을 승계하는 것이지 그 점유로 인한 법률효과까지 승계하는 것은 아니므로 부동산을 취득시효기간 만료 당시의 점유자로부터 양수하여 점유를 승계한 현 점유자는 자신의 전 점유자에 대한 소유권이전등기청구권을 보전하기 위하여 전 점유자의 소유자에 대한 소유권이전등기청구권을 대위행사할 수 있을 뿐, 전 점유자의 취득시효 완성의 효과를 주장하여 직접 자기에게 소유권이전등기를 청구할 권원은 없다(대판 1995.3.28. 93다47745 전합).

(5) 대상청구권의 행사

예를 들어 취득시효가 완성된 토지가 수용됨으로써 취득시효 완성을 원인으로 하는 소유권이전등기의무가 이행불능한 경우, 점유자는 대상청구권을 행사하여 등기명의자가 지급받은 수용보상금을 반환청구할 수 있는지가 문제된다. 민법은 이행불능의 효과로서 대상청구권을 규정하고 있지 않지만, 해석상 이를 부인할 이유는 없을 것이다(대판 1992.5.12. 92다4581). 소유권이전등기청구권의 이행불능 전에 등기명의자에 대하여 점유로 인한 취득시효기간이 만료되었음을 이유로 권리를 주장하거나, 등기청구권을 행사하지 않았다면 대상청구권을 행사할 수 없다(대판 1996.12.10. 94다43825).

(6) 소유권이전에 관한 경과규정

현행민법 시행일 전의 시효완성으로 인하여 물권을 취득한 경우 현행 민법 시행일로부터 6년 내에 등기하지 아니하면 물권은 그 효력을 잃는다. 이 경우 구민법하의 시효취득자를 구제하기 위해 학설과 판례는 부칙 제10조 제3항에 의하여 소멸되는 등기청구권은 물권적 등기청구권만을 의미하고 채권적 등기청구권은 해당되지 않는다고 한다. 따라서 시효취득자는 등기명의자에 대해서 채권적 청구권을 행사할 수 있고, 이는 10년의 소멸시효에 걸린다고 해석하였다(대판 1991.10.22. 90다16283). 그러나 현재의 판례는 취득시효완성을 원인으로 한 소유권이전등기청구권은 점유자가 그 점유를 계속하는 한 소멸시효에 걸리지 않는다(대판 1996.3.8. 95다34866)고 본다.

(7) 등기부취득시효

> 제245조(점유로 인한 부동산소유권의 취득기간) ② 부동산의 소유자로 등기한 자가 10년간 소유의 의사로 평온, 공연하게 선의이며 과실 없이 그 부동산을 점유한 때에는 소유권을 취득한다.

1) 선의·무과실의 점유

등기부취득시효에 있어서는 선의·무과실의 점유라는 요건이 추가된다. 예를 들어, 정당한 절차에 의하지 않은 부동산등기를 하고 이를 점유하고 있는 자는 선의·무과실이라고 할 수 없고, 등기부상 소유명의자 아닌 자로부터 매수하여 점유한 자는 일단 과실 있는 점유자라고 할 수 있다. 이러한 점유자의 선의 및 무과실은 점유취득에 관한 것이며(대판 1998.1.20. 96다48527), 점유개시 시에만 있으면 되고(대판 1983.10.11. 83다카531), 전 시효기간 동안 계속되어야 하는 것은 아니다. 점유의 선의는 추정되므로(제197조 제1항), 이를 다투는 자가 악의를 증명하여야 한다. 반면 무과실은 추정되지 않으므로, 이에 대해서는 점유자가 증명해야 한다(대판 1981.6.23. 90다1642).

2) 10년의 등기 및 점유

① 등기의 승계

점유는 10년간 계속되어야 한다. 그런데 이 경우 소유자로 등기된 기간과 점유기간이 때를 같이 하여 모두 10년이어야 하는지 여부가 문제된다. 판례[1]는 "등기부취득시효에 관한 민법 제245조 제2항의 규정에 의하여 소유권을 취득하는 자는 10년간 반드시 그의 명의로 등기되어 있어야 하는 것은 아니고 앞 사람의 등기까지 아울러 그 기간 동안 부동산의 소유자로 등기되어 있으면 된다고 할 것이다(대판 1989.12.26. 87다카2176 전합)."고 한다.

② 무효의 등기

등기부취득시효의 요건으로서의 소유자로 등기한 자라 함은 적법·유효한 등기를 마친 자일 필요는 없고 무효의 등기를 마친 자라도 상관없다. 다만, <u>등기부는 적법·유효하게 개설된 것이어야 하므로 등기명의인을 달리하여 소유권보존등기가 2중으로 경료된 경우에 있어서 먼저 이루어진 소유권보존등기가 원인무효가 아니어서 뒤에 된 소유권보존등기가 무효로 되는 때에는, 뒤에 된 소유권보존등기나 이에 터 잡은 소유권이전등기를 근거로 하여서는 등기부취득시효의 완성을 주장할 수 없다</u>(대판 1996.10.17. 96다12511 전합). 그리고 상속의 경우에 있어서, 피상속인의 명의로 등기가 되어 있다면 상속등기가 없다 하여도 상속인은 등기부시효취득을 할 수 있다(대판 1989.12.26. 89다카6140).

---

[1] 이를 지지하는 학설은, ① 등기와 점유는 권리외관을 표상하는 방법에서 동등한 가치를 가지므로 등기에 관해서도 점유의 승계에 관한 민법 제199조를 유추적용하는 것이 타당하고, ② 등기에 공신력을 주고 있지 아니한 현행법 체계하에서 등기의 승계를 인정함으로써 보완적으로 등기를 믿고 부동산을 취득한 자를 보호할 수 있으며, ③ 이는 10년의 단기로써 법률관계의 안정을 기하고자 한 등기부취득시효의 입법취지에 부합한다는 것을 그 논거로 한다.

> **판례** 등기부취득시효 판례
>
> 1. **국가의 등기부취득시효와 과실 여부**
>
>   등기부취득시효가 인정되려면 점유의 개시에 과실이 없어야 하고, 증명책임은 주장자에게 있으며, 여기서 무과실이란 점유자가 자기의 소유라고 믿은 데에 과실이 없음을 말한다. 그런데 부동산에 등기부상 소유자가 존재하는 등 소유자가 따로 있음을 알 수 있는 경우에는 비록 소유자가 행방불명되어 생사를 알 수 없더라도 부동산이 바로 무주부동산에 해당하는 것은 아니므로, 소유자가 따로 있음을 알 수 있는 부동산에 대하여 국가가 국유재산법 제8조에 따른 무주부동산 공고절차를 거쳐 국유재산으로 등기를 마치고 점유를 개시하였다면, 특별한 사정이 없는 한 점유의 개시에 자기의 소유라고 믿은 데에 과실이 있다(대판 2016.8.24. 2016다220679).
>
> 2. **채권자취소소송과 등기부취득시효**
>
>   부동산에 관한 소유권이전의 원인행위가 사해행위로 인정되어 취소되더라도, 사해행위취소의 효과는 채권자와 수익자 사이에서 상대적으로 생길 뿐이다. 따라서 사해행위가 취소되더라도 부동산은 여전히 수익자의 소유이고, 다만 채권자에 대한 관계에서 채무자의 책임재산으로 환원되어 강제집행을 당할 수 있는 부담을 지고 있는 데 지나지 않는다. 그러므로 <u>수익자의 등기부취득시효가 인정되려면, 자기 소유 부동산에 대한 취득시효가 인정될 수 있다는 것이 전제되어야 한다. 그러나 부동산에 관하여 적법·유효한 등기를 하여 소유권을 취득한 사람이 당해 부동산을 점유하는 경우에는</u> 특별한 사정이 없는 한 사실상태를 권리관계로 높여 보호할 필요가 없고, 부동산의 소유명의자는 부동산에 대한 소유권을 적법하게 보유하는 것으로 추정되어 소유권에 대한 증명의 곤란을 구제할 필요 역시 없으므로, 그러한 점유는 취득시효의 기초가 되는 점유라고 할 수 없다(대판 2016.11.25. 2013다206313).
>
> 3. **공유와 등기부취득시효**
>
>   공유자 중 1인이 1필지 토지 중 특정부분만을 점유하여 왔다면 민법 제245조 제2항이 정한 '부동산의 소유자로 등기한 자'와 '그 부동산을 점유한 때'라는 등기부취득시효의 요건 중 특정부분을 제외한 나머지 부분에 관하여는 부동산의 점유라는 요건을 갖추지 못하였고, 그 특정부분 점유자가 1필지 토지에 관하여 가지고 있는 공유지분등기가 그 특정부분 자체를 표상하는 등기라고 볼 수는 없으므로, 결국 그 특정부분에 대한 공유지분의 범위 내에서만 등기부취득시효가 완성되었다고 보아야 할 것이고, 그 1필지 토지가 원래 2인 이상이 내부적으로는 위치와 면적을 특정하여 구분소유하기로 하고 그들의 공유로 등기한 구분소유적 공유관계에 있었던 토지라고 하여 달리 볼 수 없다(대판 2015.2.12. 2013다215515).

4. 동산소유권의 취득시효

> 제246조(점유로 인한 동산소유권의 취득기간) ① 10년간 소유의 의사로 평온, 공연하게 동산을 점유한 자는 그 소유권을 취득한다. - 일반취득시효
> ② 전항의 점유가 선의이며 과실 없이 개시된 경우에는 5년을 경과함으로써 그 소유권을 취득한다. - 단기취득시효

10년간 소유의 의사로 평온·공연하게 동산을 점유한 자는 그 소유권을 취득하며(일반취득시효), 그 점유가 선의이며 과실 없이 개시된 경우에는 5년을 경과함으로써 그 소유권을 취득한다(단기취득시효). 다만 동산에 대해서는 선의취득(제249조)이 인정되므로, 제246조는 선의취득이 인정되지 않는 경우에 의미를 가지게 된다.

5. 소유권 이외의 재산권의 취득시효

> 제248조(소유권이외의 재산권의 취득시효) 전3조의 규정은 소유권이외의 재산권의 취득에 준용한다.

부동산물권에 대해서는 부동산소유권의 취득시효의 규정이 적용된다. 즉 일반취득시효의 요건을 구비한 때에는 시효기간이 20년이고, 등기부취득시효의 요건을 구비한 때에는 10년이다. 동산물권에 대해서는 동산소유권의 취득시효의 규정이 적용되는데 일반취득시효의 요건을 구비한 때에는 10년이고, 단기취득시효의 요건을 구비한 때에는 5년이다. 기타 취득시효의 대상이 될 수 있는 권리로는 상표권이나 저작권 등의 무체재산권 등이 있다. 무체재산권과 같이 점유를 수반하지 않는 권리에서는 준점유가 취득시효의 요건이 된다.

6. 취득시효의 효과

> 제247조(소유권취득의 소급효, 중단사유) ① 전2조의 규정에 의한 소유권취득의 효력은 점유를 개시한 때에 소급한다.

(1) 내용

취득시효의 요건을 갖추면 점유자는 권리를 취득한다. 다만 부동산점유취득시효의 경우 취득시효기간의 완성만으로 소유권취득의 효력이 바로 발생하는 것이 아니라, 이를 원인으로 하여 소유권취득을 위한 등기청구권이 발생할 뿐이다.

(2) 원시취득인지 여부

취득시효로 인한 권리의 취득은 원시취득이다[1](통설, 판례[2]).

(3) 취득시효의 소급효

1) 취득시효로 인한 권리취득의 효력은 점유를 개시한 때에 소급한다(제247조 제1항). 따라서 시효기간 중에 시효취득자가 수취한 과실은 정당한 소유자로서 취득한 것으로 보아야 하고, 시효기간 중에 시효취득자가 한 임대 기타의 처분은 유효한 것으로 된다.

2) 취득시효기간 중에 제3자가 목적물을 침해하여 불법행위의 책임을 부담하는 경우, 제3자가 그 책임을 취득시효의 효력이 생길 때까지 이행하지 않은 때에는 점유자가 손해배상청구권을 가진다. 그러나 소급효가 모든 관계에서 발생하는 것은 아니다. 즉, 시효기간 중에 원소유자가 어떤 처분을 하였거나 기타 법률행위를 한 경우에 이는 무효로 되지 않으며, 원소유자가 배상을 받은 경우에는 시효취득자에게 반환할 의무가 없다. 원소유자에 의하여 이루어진 법률관계를 그대로 유효한 것으로 인정하는 것이 취득시효제도의 존재의의에 부합하기 때문이다.

---

1) 이에 대해서 일반취득시효에 의한 소유권취득은 등기를 요하는 것으로 규정되어 있으며, 통설과 같이 원시취득으로 이론을 구성하면 전 소유자에게 존재하였던 모든 제한은 취득시효와 더불어 소멸하게 되는데, 이러한 불합리성을 피하기 위해서는 취득시효에 의한 권리취득을 소급효를 갖는 승계취득이라고 이해해야 한다고 한다(이영준).

2) 부동산점유취득시효는 20년의 시효기간이 완성한 것만으로 점유자가 곧바로 소유권을 취득하는 것은 아니고 민법 제245조에 따라 점유자 명의로 등기를 함으로써 소유권을 취득하게 되며, 이는 원시취득에 해당하므로 특별한 사정이 없는 한 원소유자의 소유권에 가하여진 각종 제한에 의하여 영향을 받지 아니하는 완전한 내용의 소유권을 취득하게 되고, 이와 같은 소유권취득의 반사적 효과로서 그 부동산에 관하여 취득시효의 기간이 진행 중에 체결되어 소유권이전등기청구권가등기에 의하여 보전된 매매예약상의 매수인의 지위는 소멸된다고 할 것이지만, 시효기간이 완성되었다고 하더라도 점유자 앞으로 등기를 마치지 아니한 이상 전 소유권에 붙어 있는 위와 같은 부담은 소멸되지 아니 한다(대판 2004.9.24. 2004다31463).

3) 판례도 취득시효의 소급효는 제3자와의 관계에까지 인정되는 것은 아니라고 하여 소급효의 범위를 제한하고 있다. 즉, 시효가 완성된 후 시효를 원인으로 한 등기가 완료되기 전에 제3자에게 소유권이 이전되거나, 압류된 경우에는 시효취득자는 제3자에게 대항할 수 없다(대판 1991.2.26. 90누5375). 그리고 최근 판례는 "부동산점유취득시효는 원시취득에 해당하므로 특별한 사정이 없는 한 원소유자의 소유권에 가하여진 각종 제한에 의하여 영향을 받지 아니하는 완전한 내용의 소유권을 취득하는 것이지만, 진정한 권리자가 아니었던 채무자 또는 물상보증인이 채무담보의 목적으로 채권자에게 부동산에 관하여 저당권설정등기를 경료해 준 후 그 부동산을 시효취득 하는 경우에는, 채무자 또는 물상보증인은 피담보채권의 변제의무 내지 책임이 있는 사람으로서 이미 저당권의 존재를 용인하고 점유하여 온 것이므로, 저당목적물의 시효취득으로 저당권자의 권리는 소멸하지 않는다. 이러한 법리는 부동산 양도담보의 경우에도 마찬가지이므로, 양도담보권설정자가 양도담보부동산을 20년간 소유의 의사로 평온, 공연하게 점유하였다고 하더라도, 양도담보권자를 상대로 피담보채권의 시효소멸을 주장하면서 담보 목적으로 경료된 소유권이전등기의 말소를 구하는 것은 별론으로 하고, 점유취득시효를 원인으로 하여 담보 목적으로 경료된 소유권이전등기의 말소를 구할 수 없고, 이와 같은 효과가 있는 양도담보권설정자 명의로의 소유권이전등기를 구할 수도 없다(대판 2015.2.26. 2014다21649)."고 한다.

(4) 취득시효의 중단·정지

> 제247조(소유권취득의 소급효, 중단사유) ② 소멸시효의 중단에 관한 규정은 전2조의 소유권취득기간에 준용한다.

1) 소멸시효의 중단에 관한 규정은 취득시효에도 준용된다(제247조 제2항). 따라서 시효중단의 사유와 효력은 소멸시효에 있어서와 같다. 즉 청구, 압류·가압류·가처분, 승인은 취득시효의 중단사유가 된다. 재판상 청구에는 시효취득의 대상인 목적물의 인도 내지는 소유권존부 확인이나 소유권에 관한 등기청구소송, 소유권을 기초로 하는 방해배제 및 손해배상, 부당이득반환청구소송 등이 있다. 그리고 민법 제247조 제2항에 의하여 취득시효에 준용되는 같은 법 제168조 제1호, 제170조 제1항에서 시효중단사유의 하나로 규정하고 있는 재판상의 청구라 함은, 통상적으로는 권리자가 원고로서 시효를 주장하는 자를 피고로 하여 소송물인 권리를 소의 형식으로 주장하는 경우를 가리키지만, 시효의 이익을 받는 자가 원고가 되어 소를 제기한 데 대하여 피고로서 응소하여 그 소송에서 적극적으로 권리를 주장하고 그것이 받아들여진 경우도 마찬가지로 이에 포함되는 것으로 해석함이 타당하고, 나아가 응소행위를 한 피고에 대하여 패소판결이 확정되었더라도 그 판결에 재심사유가 있음을 이유로 재심청구를 하여 권리를 주장하고 그것이 받아들여진 경우도 취득시효의 중단사유가 되는 재판상의 청구에 준하는 것으로 보아야 한다(대판 1997.11.11. 96다28196). 또한 토지소유자가 그 토지의 일부를 점유하고 있는 자에게 경계의 재측량을 요구하고 그 재측량결과에 따른 경계선 위에 돌담을 쌓아올리는 것을 점유자가 제지한 것이 시비가 되어 토지소유자의 아버지가 점유자를 상대로 상해, 재물손괴죄 등으로 고소를 제기하였다면 이는 민법 제247조 제2항에 의하여 준용되는 민법 제174조 소정의 최고로 못 볼 바 아니며, 그로부터 6개월 이내에 이 사건 토지인도청구의 소가 제기되었다면 경계시비 시에 취득시효가 중단되었다고 볼 것이다(대판 1989.11.28. 87다273·274, 87다카1772·1773).

> **판례** 임의경매개시결정에 따른 부동산 압류가 점유취득시효의 시효중단 사유가 되는지 여부(소극)
>
> 민법 제247조 제2항은 '소멸시효의 중단에 관한 규정은 점유로 인한 부동산소유권의 시효취득기간에 준용한다.'라고 규정하고, 민법 제168조 제2호는 소멸시효 중단사유로 '압류 또는 가압류, 가처분'을 규정하고 있다. 점유로 인한 부동산소유권의 시효취득에 있어 취득시효의 중단 사유는 종래의 점유상태의 계속을 파괴하는 것으로 인정될 수 있는 사유이어야 하는데, 민법 제168조 제2호에서 정하는 '압류 또는 가압류'는 금전채권의 강제집행을 위한 수단이거나 그 보전수단에 불과하여 취득시효기간의 완성 전에 부동산에 압류 또는 가압류 조치가 이루어졌다고 하더라도 이로써 종래의 점유상태의 계속이 파괴되었다고는 할 수 없으므로 이는 취득시효의 중단사유가 될 수 없다[1](대판 2019.4.3. 2018다296878).

2) 소멸시효의 정지에 관한 규정의 준용에 관해서는 규정을 두고 있지 않지만, 취득시효에 대해서만 이를 배척해야 할 이유가 없으므로, 시효정지제도의 취지에 비추어 소멸시효의 정지에 관한 규정을 유추적용하여 취득시효의 정지를 인정해야 한다.

(5) 취득시효이익의 포기

민법은 취득시효의 경우에는 소멸시효의 경우와는 달리 취득시효이익의 포기에 관한 규정을 두고 있지 않다. 그러나 소멸시효이익의 포기에 관한 민법 제184조 제1항을 유추적용하여 이를 미리 포기하지는 못하지만, 시효가 완성된 후에 포기하는 것은 가능하다. 판례도 ① 토지에 관한 취득시효 완성 후에 타인의 주택지를 침범한 데 대하여 토지를 실측하여 경계선을 확정하고 쌍방의 공동부담으로 블록 담을 축조하기로 합의하는 경우(대판 1961.12.21. 4293민상297), ② 매도인이 자기가 매도한 토지를 매도하지 않은 것으로 알고 점유하여 취득시효기간이 완성하였으나 그 후 지적측량 복구 시에 매도인의 상속인들이 경계측량결과에 동의하여 매수인 측에게 점유를 이전하여 준 경우(대판 1973.6.22. 72다2107), ③ 시효이익의 포기각서를 작성한 경우(대판 1974.11.26. 74다1043), ④ 취득시효 완성 후 상대방의 소유를 인정하고 상대방과 합의하여 소를 취하하는 경우(대판 1973.9.29. 73다762)에 취득시효이익의 포기가 있는 것으로 인정한다. 그리고 취득시효 완성 후에 그 사실을 모르고 당해 토지에 관하여 어떠한 권리도 주장하지 않기로 하는 각서를 작성하였다가 이에 반하여 시효주장을 하는 것은, 특별한 사정이 없는 한 신의칙상 허용되지 않는다(대판 1998.2.22. 96다24101).

---

1) ⇨ 원고가 점유취득시효에 따른 소유권취득을 이유로 취득시효 완성 전에 근저당권을 취득한 피고를 상대로 근저당권설정등기의 말소를 청구한 사건에서, 피고가 취득시효기간의 완성 전에 이 사건 부동산에 대한 임의경매개시결정이 이루어져 그 결정이 점유자인 원고에게 송달되고 부동산이 압류되었으므로 취득시효가 중단된다고 주장하자, 부동산에 대한 압류나 가압류는 취득시효의 중단사유가 될 수 없다는 이유로 피고의 위 주장을 배척하면서 원고의 청구를 인용한 원심을 수긍하여 상고기각한 사안임

7. 선점·습득·발견

(1) 무주물선점(無主物先占)

> 제252조(무주물의 귀속) ① 무주의 동산을 소유의 의사로 점유한 자는 그 소유권을 취득한다.
> ② 무주의 부동산은 국유로 한다.
> ③ 야생하는 동물은 무주물로 하고 사양하는 야생동물도 다시 야생상태로 돌아가면 무주물로 한다.

1) 의의

무주의 동산을 소유의 의사로 점유한 자는 그 소유권을 취득한다. 이를 무주물선점이라고 한다.

2) 요건

① 무주물일 것

무주물이란 현재 소유자가 없는 물건을 말한다. 또한 사육하는 야생동물도 야생상태로 돌아가면 무주물로 된다. 그리고 과거에 어느 누구의 소유에 속해 있었더라도 현재까지 그 소유가 계속되고 있다고 인정할 수 없는 물건도 무주물이다. 그러나 전에 누군가의 소유에 속했었고 현재에도 그 상속인의 소유에 속한다고 인정되는 물건은 무주물이 아니라 매장물이다.

② 동산일 것

무주의 동산만이 선점의 대상이 된다. 무주의 부동산은 국고로 귀속되기 때문에 선점의 대상이 되지 않는다.

③ 소유의 의사로 점유할 것

선점이란 소유의 의사를 가지고 무주물을 점유하는 것을 말한다. 이와 같은 점유는 점유매개자 또는 점유보조자에 의하여 할 수도 있다. 선점은 의사를 요소로 하는 준법률행위 중 비표현행위 내지 사실행위로서, 제한능력자라도 선점을 할 수 있다.

3) 효과

선점에 의하여 선점자는 그 목적물의 소유권을 원시취득한다. 다만 학술·기예·고고의 중요한 자료가 되는 물건은 국유로 된다. 이 경우 위 물건은 처음부터 국유로 되기 때문에 선점의 대상이 되지 않으나, 선점자에게도 제255조 제2항을 유추적용하여 국가에 대한 보상청구권을 인정하여야 한다(통설). 그리고 수산업법, 야생 동·식물보호법 등에 의하여 어획이나 포획이 금지되어 있거나 제한되어 있는 경우에도 선점은 성립한다. 법에 위반한 어획 및 포획에 대하여 제재를 가하는 것은 별개의 문제이다(통설). 또한 바다 하천에 인접한 토지가 침수되어 바다의 일부가 되거나, 하천의 바닥이 되어버리는 일이 있다. 이를 가리켜 토지의 포락이라고 한다. 포락된 토지가 원상으로 되돌아오지 않으면, 그 토지에 대한 소유권은 영구적으로 소멸한다. 그러나 그것이 다시 성토화 되는 경우가 있는데, 이때 포락한 토지의 소유권귀속이 문제 된다. 판례는 "종전소유자는 포락한 토지에 대한 소유권을 영원히 상실하고 그 후 다시 성토되더라도 그 토지에 대한 소유권을 다시 취득하지 못 한다(대판 1992.9.25. 92다24677)."고 한다.

(2) 유실물 습득

> 제253조(유실물의 소유권취득) 유실물은 법률에 정한 바에 의하여 공고한 후 6개월 내[1]에 그 소유자가 권리를 주장하지 아니하면 습득자가 그 소유권을 취득한다. <개정 2013.4.5>

1) 의의
유실물은 유실물법이 정하는 바에 따라 공고한 후 6개월 내에 그 소유자가 권리를 주장하지 아니하면 습득자가 그 소유권을 취득한다.

2) 요건

① 유실물 또는 이에 준하는 물건일 것
유실물 또는 이에 준하는 물건이어야 한다. 유실물이라 함은 점유자의 의사에 기하지 않고 그의 점유를 떠난 물건으로서 도품이 아닌 것을 말한다. 성질상 유실물은 동산에 국한된다.

② 습득
습득이란 유실물의 점유를 취득하는 것으로서, 선점과 달리 소유의 의사를 요하지 않는다. 객관적으로 유실물이면 충분하고, 제한능력자도 습득할 수 있으며, 점유매개자 또는 점유보조자에 의한 습득도 가능하다.

③ 공고 후 6개월의 경과
유실물법이 정하는 바에 의하여 공고 후 6개월 내에 그 소유자가 권리를 주장하지 않아야 한다.

3) 효과

① 소유권의 획득
습득자는 위의 요건이 갖추어지면 유실물에 대한 소유권을 취득한다. 그러나 습득자가 습득 후 7일 이내에 습득물을 경찰서에 제출하지 않으면 습득물의 소유권을 취득할 권리를 상실한다(유실물법 제9조).

② 보상청구권의 범위
사무관리에서는 관리자의 보수청구권이 인정되지 않는다. 그러나 유실물법은, 유실한 소유자는 원칙적으로 유실물 가액의 100분의 5 내지 100분의 20의 범위 내에서 보상금을 지급해야 한다고 규정함으로써 습득자에게 보상금청구권을 인정하고 있다(동법 제4조).

③ 습득물의 보관비 등
습득비의 보관비, 공고비 기타 필요비는 물건의 소유권을 취득하여 이를 인도받는 자 또는 물건의 반환을 받는 자의 부담으로 하되, 그 지급확보를 위하여 유치권의 규정이 적용된다(동법 제3조).

④ 유실물의 국유화
유실물의 학술·기예·고고의 중요한 재료가 되는 물건인 때에는 습득자가 소유권을 취득하지 못하고 국유가 된다. 이때 습득자는 국가에 대하여 적당한 보상을 청구할 수 있다(제255조).

---

[1] 개정이유: 현행법에서는 유실물에 대하여 공고 후 1년 내에 소유자가 권리를 주장하지 않으면 습득자가 소유권을 가진다고 규정하고 있으나, 20년 전 최초로 유실물 규정이 제정된 때와는 달리 현재는 교통·통신망의 발달로 유실물이 소유자에게 반환되는 기간이 짧아지고 있으며, 유실물 중 고가의 전자기기 등은 시간이 지날수록 가치가 하락하므로 습득자의 권리를 보다 빨리 인정할 필요가 있는 점을 고려하여 유실물의 소유권이 습득자에게 귀속되는 기간을 1년에서 6개월로 단축하려는 것임

(3) 매장물 발견

> 제254조(매장물의 소유권취득) 매장물은 법률에 정한 바에 의하여 공고한 후 1년 내에 그 소유자가 권리를 주장하지 아니하면 발견자가 그 소유권을 취득한다. 그러나 타인의 토지 기타 물건으로부터 발견한 매장물은 그 토지 기타 물건의 소유자와 발견자가 절반하여 취득한다.

1) 요건

매장물이란 토지 또는 그 밖의 물건 속에 매장되어서, 그 소유권이 누구에게 속하는지를 판별할 수 없는 물건을 말한다. 소유자는 그 상속인이 존재하지만 이를 확정할 수 없다는 점에서 무주물과 구별된다. 매장물은 보통 동산이지만, 반드시 동산에만 한정되는 것은 아니다. 발견이란 매장물의 존재를 구체적·객관적으로 인식하는 것으로서, 점유의 취득은 필요하지 않다.

2) 효과

발견자는 매장물의 소유권을 취득한다. 그러나 타인의 토지 기타 물건으로부터 발견한 매장물은, 그 토지 기타 물건의 소유자와 발견자가 각각 2분의 1씩 취득한다. 매장물이 문화재인 때에는 국유로 되며, 이때에는 국가에 대하여 적당한 보상을 청구할 수 있다(제255조).

(4) 문화재의 경우

> 제255조(「국가유산기본법」 제3조에 따른 국가유산의 국유) ① 학술, 기예 또는 고고의 중요한 재료가 되는 물건에 대하여는 제252조 제1항 및 전2조의 규정에 의하지 아니하고 국유로 한다.
> ② 전항의 경우에 습득자, 발견자 및 매장물이 발견된 토지 기타 물건의 소유자는 국가에 대하여 적당한 보상을 청구할 수 있다. [제목 개정 2023.5.16]

8. 첨부

(1) 의의

첨부란 어떤 물건에 타인의 물건이 결합하거나 타인의 노력이 가하여지는 것을 말하는데, 부합, 혼화, 가공 등이 있다. 이를 인정하는 이유는 다른 소유자에게 속하는 두 개 이상의 물건이 결합되어 사회통념상 분리하는 것이 불가능하거나(부합과 혼화), 물건과 이에 가하여진 노력이 결합하여 사회통념상 그 분리가 불가능하게 된 때(가공), 이를 원상으로 회복하는 것이 물리적으로는 가능하더라도 사회경제상 불합리하거나 비경제적이므로, 민법은 그 복구를 허용하지 않고 그것을 하나의 물건으로 하여 어느 한 사람의 소유에 귀속시키고자 하는 데 있다(통설).

(2) 부동산에의 부합

> 제256조(부동산에의 부합) 부동산의 소유자는 그 부동산에 부합한 물건의 소유권을 취득한다. 그러나 타인의 권원에 의하여 부속된 것은 그러하지 아니하다.

1) 요건

① 부합물

부합되는 물건, 즉 부합의 주된 물건은 부동산이어야 한다. 당연히 토지와 건물 모두 피부합물이 된다. 그러면 부동산에 부합하는 물건은 동산에 한정되는지가 문제되지만, 판례는 부동산도 포함된다고 한다(대판 1991.4.12. 90다11967).

② 부합의 정도

부합으로 인하여 소유권의 변동이 있기 위해서는 부합·합체가 일정 정도에 이르러야 한다. 부동산에의 부합에 관하여 동산간의 부합규정의 유추적용을 긍정하는 판례는 "부합이라 함은 훼손하지 아니하면 분리할 수 없거나 분리에 과다한 비용을 요하는 경우는 물론 분리하게 되면 경제적 가치를 심히 감소시키는 경우도 포함된다(대판 1962.1.31. 4294민상445)."고 한다.

2) 효과

부동산의 소유자가 그의 부동산에 부합한 물건의 소유권을 취득한다. 부합이 되면 경매목적물로 평가되지 않더라도 경락인은 부합 부분의 소유권을 취득하고(대판 1992.12.8. 92다26772), 부합되지 않으면 설사 미완성의 건물이라 하더라도 독립된 부동산이 되어 대지에 설정된 저당권이 실행되어 경매되더라도 경락인은 건물에 대한 소유권을 취득하는 것은 아니다(대판 2001.1.16. 2000다51872). 부합하는 물건의 가격이 부동산의 가격을 초과하는 경우라 할지라도 물건 소유자는 부동산소유권을 취득하지 못 한다(대판 1957.2.8. 4289민상117·118). 다만 부합한 물건이 타인의 권원에 의하여 부속된 것인 때에는, 그것은 부속시킨 자의 소유로 된다. 여기서 권원이라 함은 타인의 부동산에 자기의 물건을 부속시켜 그 부동산을 이용할 수 있는 권리로서, 지상권·전세권·임차권 등을 의미한다. 이와 같이 부속된 물건에 대하여 독립된 소유권이 인정되기 위해서는 그 물건이 독립한 존재이어야 한다. 따라서 부속된 물건이 독립성이 없는 경우에는 부합이 성립될 뿐 제256조 단서는 적용될 수 없다(통실). 즉 <u>부동산에 부합된 물건이 사실상 분리복구가 불가능하여 거래상 독립한 권리의 객체성을 상실하고 그 부동산과 일체를 이루는 부동산의 구성부분이 된 경우에는 타인이 권원에 의하여 이를 부합시켰더라도 그 물건의 소유권은 부동산의 소유자에게 귀속된다</u>(대판 2008.5.8. 2007다36933·36940). 그리고 부속건물로 등기된 창고건물은 분할등기 없이 원채인 주택과 분리하여 경매로 매각될 수는 없다(대결 1990.10.11.자 90마679).[1]

---

[1] 1동의 건물은 그 전체를 경락허가의 대상으로 삼아야 할 것이고 그 일부분을 분리하여 따로 경락허가의 대상으로 삼을 수는 없는 것인바, 이 사건에서 경매의 대상이 된 건물인 1동의 주택 및 창고와 부속건물 4동이 한 개의 건물로 등기되어 있고 미등기인 창고 2동이 있는데 경매법원이 위 등기된 건물 중 원채인 주택 및 창고와 부속건물 중 1동을 제외한 부속건물 3동을 따로 떼어 경락허가한 것은 일물일권주의에 위반되어 위법하고, 미등기인 창고 2동은 그것이 위 등기된 건물에 부속된 것이라면 같은 이유로 위법하고 따로이 독립된 건물이라면 경매신청이 없는데 경락을 허가한 허물이 있다(대결 1990.10.11.자 90마679).

> **판례** 제256조 단서의 권원의 의미
>
> [1] 민법 제256조는 "부동산의 소유자는 그 부동산에 부합한 물건의 소유권을 취득한다. 그러나 타인의 권원에 의하여 부속된 것은 그러하지 아니하다."라고 규정하고 있다. 위 조항 단서에서 말하는 '권원'이라 함은 지상권, 전세권, 임차권 등과 같이 타인의 부동산에 자기의 동산을 부속시켜서 부동산을 이용할 수 있는 권리를 뜻하므로, 그와 같은 권원이 없는 자가 타인의 토지 위에 나무를 심었다면 특별한 사정이 없는 한 토지소유자에 대하여 나무의 소유권을 주장할 수 없다. 지상권자는 타인의 토지에 건물 기타 공작물이나 수목을 소유하기 위하여 그 토지를 사용하는 권리가 있으므로(민법 제279조), 지상권설정등기가 경료되면 토지의 사용·수익권은 지상권자에게 있고, 지상권을 설정한 토지소유자는 지상권이 존속하는 한 토지를 사용·수익할 수 없다. 따라서 지상권을 설정한 토지소유자로부터 토지를 이용할 수 있는 권리를 취득하였다고 하더라도 지상권이 존속하는 한 이와 같은 권리는 원칙적으로 민법 제256조 단서가 정한 '권원'에 해당하지 아니한다.
> [2] 금융기관이 대출금 채권의 담보를 위하여 토지에 저당권과 함께 지료 없는 지상권을 설정하면서 채무자 등의 사용·수익권을 배제하지 않은 경우, 지상권은 저당권이 실행될 때까지 제3자가 용익권을 취득하거나 목적 토지의 담보가치를 하락시키는 침해행위를 하는 것을 배제함으로써 저당 부동산의 담보가치를 확보하는 데에 목적이 있으므로, 토지소유자는 저당 부동산의 담보가치를 하락시킬 우려가 있는 등의 특별한 사정이 없는 한 토지를 사용·수익할 수 있다고 보아야 한다. 따라서 그러한 토지소유자로부터 토지를 사용·수익할 수 있는 권리를 취득하였다면 이러한 권리는 민법 제256조 단서가 정한 '권원'에 해당한다고 볼 수 있다(대판 2018.3.15. 2015다69907).

3) 관련문제

① 증·개축부분의 건물에의 부합

토지와 건물은 별개의 부동산이므로, 건물이 토지에 부합하는 일은 없다. 다만 타인소유의 건물을 증축 또는 개축한 경우에, 그 중에서 증·개축 부분은 누구의 소유로 되는지가 문제된다. 증·개축 부분은 부합의 법리에 따라 기존건물의 소유자에게 귀속되는 것이 원칙이나, 건물의 임차인이 건물소유자의 동의를 얻어 증·개축한 경우에는 처음부터 증·개축이 권원에 의한 것이라 할 수 있으므로 증·개축 부분의 소유권은 임차인에게 귀속된다. 다만, 권원에 의하여 증·개축한 경우라 하더라도 증·개축한 자의 소유로 되기 위해서는 그 부분이 독립성을 갖추어야 한다(대판 1999.7.27. 99다14518). 증·개축 부분의 독립성의 유무를 판단하는 데 있어서는 구조상의 독립성과 기능상의 독립성이 그 기준으로 된다. 즉 어떠한 동산이 민법 제256조에 의하여 부동산에 부합된 것으로 인정되기 위해서는 그 동산을 훼손하거나 과다한 비용을 지출하지 않고서는 분리할 수 없을 정도로 부착·합체되었는지 여부 및 그 물리적 구조, 용도와 기능면에서 기존 부동산과는 독립한 경제적 효용을 가지고 거래상 별개의 소유권의 객체가 될 수 있는지 여부 등을 종합하여 판단하여야 하고, 이러한 부동산에의 부합에 관한 법리는 건물의 증축의 경우는 물론 건물의 신축의 경우에도 그대로 적용될 수 있다(대판 2009.9.24. 2009다15602).

② 수목의 토지에의 부합

예를 들어, 권한 없이 타인의 토지에 수목을 심은 경우에 그 수목은 토지에 부합한다(대판 1970.11.30. 68다1995). 권원에 기하여 수목을 심은 경우에는 부합되지 않으며, 수목을 심은 자에게 소유권이 있다.

③ 농작물에 대한 예외

각종 농작물도 토지의 일부로서 토지에 부합함이 원칙이겠지만, 판례는 권한 없이 타인의 토지에 농작물을 심은 경우에도 경작자의 소유로 인정하고 있고 이에 대한 명인방법도 필요 없다고 한다(대판 1963.2.21. 62다9131).

(3) 동산 간의 부합

> **제257조(동산 간의 부합)** 동산과 동산이 부합하여 훼손하지 아니하면 분리할 수 없거나 그 분리에 과다한 비용을 요할 경우에는 그 합성물의 소유권은 주된 동산의 소유자에게 속한다. 부합한 동산의 주종을 구별할 수 없는 때에는 동산의 소유자는 부합 당시의 가액의 비율로 합성물을 공유한다.

1) 의의

동산 간의 부합은 원칙적으로 주된 물건의 소유자가 합성물의 단독소유권을 취득하며, 예외적으로 부합한 물건 간에 주종을 구별할 수 없을 때에만 종래의 물건소유자들이 합성물을 공유하게 된다. 우리 민법의 동산 간 부합규정은 그 형식은 독일민법 제947조와 유사하지만, 그 효과로서 공유가 아닌 단독소유권의 성립을 원칙으로 하고 있다는 점에서 실질적으로는 프랑스민법 제566조를 따른 것이라고 할 수 있다[주석 민법 제4판, 물권(1), 860면].

2) 요건

훼손하지 아니하면 분리할 수 없거나 그 분리에 과다한 비용이 들어야 한다. 다만, 현대의 규격화된 공산품의 경우에는 대부분 쉽게 그 부품의 교환이 가능하므로 거기서 부합이 성립할 수 있는 여지는 거의 없게 된다. 예를 들어 자동차의 바퀴 부착에 대하여는 쉽게 원형 그대로 분리할 수 있으므로 부합이 인정되지 않으나, 어선에 발동기가 장치된 경우에는 부합이 인정된다(주석 민법, 앞의 책, 860면). 판례는 "선박소유자 아닌 사람이 구입하여 선박에 비치한 나침판과 쌍안경은 이를 선박으로부터 분리함에 있어 훼손이나 비용을 요하지 아니하면, 민법상의 부합의 원리에 따라 그 소유권이 선박소유자에게 귀속된다고 볼 수 없다(대판 1980.3.25. 79도3139)."고 한다. 부합한 여러 개의 물건은 원래 각각 다른 소유자에 속하였던 경우에 한한다.

3) 효과

주종의 구별은 주물·종물의 관념과 반드시 일치하지는 않고, 거래관념에 따라 판단한다. 그리고 합성물을 공유하는 경우에는 법률규정에 의하여 공유관계가 성립하므로, 대금분할 또는 가액배상에 의한 분할만이 가능하며 현물분할은 허용되지 아니한다[주석 민법 제4판, 물권(1), 861면]. 그리고 부합에 의한 소유권 변동을 주장하는 자는 그 요건이 되는 사실을 주장하고 이를 입증하는 책임이 있다(대판 1970.9.22. 69다446).

(4) 혼화

> **제258조(혼화)** 전조의 규정은 동산과 동산이 혼화하여 식별할 수 없는 경우에 준용한다.

혼화에는 곡물·금전과 같은 고형종류물혼합과, 술·기름과 같은 유동종류물혼합의 두 종류가 있다. 어느 것이나 서로 쉽게 섞여져서 원물을 식별할 수 없게 된다는 특성이 있다.

(5) 가공

> **제259조(가공)** ① 타인의 동산에 가공한 때에는 그 물건의 소유권은 원재료의 소유자에게 속한다. 그러나 가공으로 인한 가액의 증가가 원재료의 가액보다 현저히 다액인 때에는 가공자의 소유로 한다.
> ② 가공자가 재료의 일부를 제공하였을 때에는 그 가액은 전항의 증가액에 가산한다.

1) 요건

타인의 재료를 쓰거나 또는 타인의 물건에 변경을 가하는 공작(工作)이 있고, 공작의 결과 새로운 물건이 성립하여야 한다. 새로운 물건인가의 여부는 사회경제상의 관념에 의하여 결정될 수밖에 없다.

2) 효과

소유권은 원칙적으로 원재료의 소유자에게 속한다. 그러나 가공으로 인한 가액의 증가가 원재료의 가액보다 현저히 다액인 때에는 가공자의 소유로 한다. 가공자가 재료의 일부를 제공하였을 때에는 그 가액은 위 증가액에 가산한다. 가공물의 소유권귀속에 관한 규정은 임의규정이므로 당사자 사이에 별도의 합의가 있으면 그에 의한다[1].

3) 증명책임

가공으로 인한 소유권취득의 증명책임은 소유권취득을 주장하는 자가 부담한다. 이 경우에는 가공하였다는 사실뿐 아니라 가공으로 인하여 재료의 가액보다 가공물의 가액이 현저히 증가하였다는 사실까지 증명하여야 한다. 민법이 재료주의를 취하고 있기 때문이다.

(6) 첨부의 효과

> 제260조(첨부의 효과) ① 전4조의 규정에 의하여 동산의 소유권이 소멸한 때에는 그 동산을 목적으로 한 다른 권리도 소멸한다.
> ② 동산의 소유자가 합성물, 혼화물 또는 가공물의 단독소유자가 된 때에는 전항의 권리는 합성물, 혼화물 또는 가공물에 존속하고 그 공유자가 된 때에는 그 지분에 존속한다.
>
> 제261조(첨부로 인한 구상권) 전5조의 경우에 손해를 받은 자는 부당이득에 관한 규정에 의하여 보상을 청구할 수 있다.

1) 의미

민법 제261조는 첨부에 관한 민법 규정에 의하여 어떤 물건의 소유권 또는 그 물건 위의 다른 권리가 소멸한 경우 이로 인하여 손해를 받은 자는 '부당이득에 관한 규정에 의하여 보상을 청구할 수 있다.'고 규정하고 있는데, 여기서 '부당이득에 관한 규정에 의하여 보상을 청구할 수 있다.'는 것은 법률효과만이 아니라 법률요건도 부당이득에 관한 규정이 정하는 바에 따른다는 의미이다. 판례도 "민법 제261조에서 첨부로 법률규정에 의한 소유권 취득(민법 제256조 내지 제260조)이 인정된 경우에 "손해를 받은 자는 부당이득에 관한 규정에 의하여 보상을 청구할 수 있다."라고 규정하고 있는 바, 이러한 보상청구가 인정되기 위해서는 민법 제261조 자체의 요건만이 아니라, 부당이득 법리에 따른 판단에 의하여 부당이득의 요건이 모두 충족되었음이 인정되어야 한다. 매도인에게 소유권이 유보된 자재가 제3자와 매수인 사이에 이루어진 도급계약의 이행으로 제3자 소유 건물의 건축에 사용되어 부합된 경우 보상청구를 거부할 법률상 원인이 있다고 할 수 없지만, 제3자가 도급계약에 의하여 제공된 자재의 소유권이 유보된 사실에 관하여 과실 없이 알지 못한 경우라면 선의취득의 경우와 마찬가지로 제3자가 그 자재의 귀속으로 인한 이익을 보유할 수 있는 법률상 원인이 있다고

---

[1] 근로관계에 기하여 생산된 생산물의 소유권 귀속에 관해서는 가공에 관한 민법규정의 적용이 배제된다. 처음부터 사용자를 위하여 일정한 생산계획에 따라 창조적 노동력을 제공할 것을 계약의 내용으로 하는 근로계약관계에 있어서는 제259조가 적용되지 않는다. 다만, 근로자의 발명에 관해서는 정신적 재산권의 보호와 관련하여 사용자와 근로자 사이의 특약 또는 특별법으로 이를 규율할 수 있다.

봄이 상당하므로, 매도인으로서는 그에 관한 보상청구를 할 수 없다(대판 2009.9.24. 2009다15602)."고 본다. 그리고 이러한 법리는 매도인에게 소유권이 유보된 자재가 본인에게 효력이 없는 계약에 기초하여 매도인으로부터 무권대리인에게 이전되고, 무권대리인과 본인 사이에 이루어진 도급계약의 이행으로 본인 소유 건물의 건축에 사용되어 부합된 경우에도 마찬가지로 적용된다(대판 2018. 3.15. 2017다282391).

2) 양도담보의 경우

부당이득반환청구에서 이득이란 실질적인 이익을 의미하는데, 동산에 대하여 양도담보권을 설정하면서 양도담보권설정자가 양도담보권자에게 담보목적인 동산의 소유권을 이전하는 이유는 양도담보권자가 양도담보권을 실행할 때까지 스스로 담보물의 가치를 보존할 수 있게 함으로써 만약 채무자가 채무를 이행하지 않더라도 채권자인 양도담보권자가 양도받은 담보물을 환가하여 우선변제 받는 데에 지장이 없도록 하기 위한 것이고, 동산양도담보권은 담보물의 교환가치 취득을 목적으로 하는 것이다. 이러한 양도담보권의 성격에 비추어 보면, 양도담보권의 목적인 주된 동산에 다른 동산이 부합되어 부합된 동산에 관한 권리자가 권리를 상실하는 손해를 입은 경우 주된 동산이 담보물로서 가치가 증가된 데 따른 실질적 이익은 주된 동산에 관한 양도담보권설정자에게 귀속되는 것이므로, <u>이 경우 부합으로 인하여 권리를 상실하는 자는 양도담보권설정자를 상대로 민법 제261조에 따라 보상을 청구할 수 있을 뿐 양도담보권자를 상대로 보상을 청구할 수는 없다</u>(대판 2016.4.2. 2012다19659).

Ⅳ. 소유권에 기한 물권적 청구권

1. 서설

민법은 소유권에 기한 물권적 청구권으로 소유물반환청구권(제213조), 소유물방해제거청구권(제214조), 소유물방해예방청구권(제214조) 등을 인정하고 이를 각종의 물권에 준용한다(제290조, 제301조, 제319조, 제370조 등).

2. 소유물반환청구권

> 제213조(소유물반환청구권) 소유자는 그 소유에 속한 물건을 점유한 자에 대하여 반환을 청구할 수 있다. 그러나 점유자가 그 물건을 점유할 권리가 있는 때에는 반환을 거부할 수 있다.

(1) 요건

1) 소유자

반환청구권자는 소유자이다. 따라서 소유권을 상실한 전 소유자(대판 1969.5.27. 68다725 전합), 등기를 갖추지 않은 부동산 매수인, 명의신탁자(대판 1979.9.25. 77다1079 전합) 등은 소유자가 아니므로 소유물반환청구권을 행사할 수 없다. 소유물반환청구소송에 있어서 소유권존부의 판단시점은 사실심 변론종결 시이다.

2) 점유자

청구의 상대방은 점유자[1]이다. 현재의 점유자이어야 하며, 점유침탈자라도 현재 그 물건에 대한 점유를 상실한 때에는 청구의 상대방이 되지 않는다(대판 1999.7.9. 98다9045). 또한 점유보조자도 반환청구의 상대방으로 되지 않는다. 그러나 점유주에 대하여 얻은 승소판결에 기하여 점유보조자에게 반환명령을 집행할 수는 있다. 간접점유자에 대하여도 소유물반환청구가 인정되는지가 문제된다. 판례는 불법점유를 이유로 한 소유물반환청구의 경우에는 불법점유자를 상대로 하여야 한다고 하면서도, 계약의 종료를 이유로 한 반환청구의 경우에는 간접점유자에 대한 청구를 긍정한다[2](대판 1995.6.30. 95다12927). 그리고 점유는 사회 통념상 그 사람의 사실적 지배에 속한다고 보이는 객관적 관계에 있는 것을 말하고, 이때 사실적 지배는 반드시 물건을 물리적, 현실적으로 지배하는 것에 국한하는 것이 아니라 물건과 사람과의 시간적·공간적 관계와 본권 관계, 타인 지배의 배제 가능성 등을 고려하여 사회관념에 따라 합목적적으로 판단하여야 할 것이지만, 그러한 사실적 지배에 속하는 객관적 관계에 있다고 하기 위해서는 적어도 타인의 간섭을 배제하는 면이 있어야 하고, 다른 사람 소유의 토지를 통행하더라도 그 통로에 대하여 통행지 소유자의 점유를 배제할 정도의 배타적인 점유를 하고 있지 않다면 통행지 소유자가 통행자에 대하여 통로 부분의 인도를 구할 수 없다(대판 2024.11.14. 2024다251470).

3) 점유할 권리의 부존재

점유자가 그 물건을 점유할 권리를 가진 때에는 반환을 거부할 수 있다. 여기서 점유할 권리라 함은 물권(지상권·전세권·질권·유치권 등), 채권 또는 동시이행의 항변권 등을 말한다. 특히 판례는 "소유자는 그 소유에 속한 물건을 점유한 자에 대하여 반환을 청구할 수 있다. 그러나 점유자가 그 물건을 점유할 권리가 있는 때에는 반환을 거부할 수 있다(민법 제213조). 여기서 반환을 거부할 수 있는 점유할 권리에는 유치권도 포함되고, 유치권자로부터 유치물을 유치하기 위한 방법으로 유치물의 점유 내지 보관을 위탁받은 자는 특별한 사정이 없는 한 점유할 권리가 있음을 들어 소유자의 소유물반환청구를 거부할 수 있다(대판 2014.12.24. 2011다62618)."고 한다. 또한 여기서 반환을 거부할 수 있는 권리에는 임차권, 임치, 도급 등과 같이 점유를 수반하는 채권도 포함되고, 소유자에 대하여 이러한 채권을 갖는 자가 소유자의 승낙이나 소유자와의 약정 등에 기초하여 제3자에게 점유할 권리를 수여할 수 있는 경우에는 그로부터 점유 내지 보관을 위탁받거나 그 밖에 점유할 권리를 취득한 제3자는 특별한 사정이 없는 한 자신에게도 점유할 권리가 있음을 들어 소유자의 소유물반환청구를 거부할 수 있다(대판 2020.5.28. 2020다211085).

4) 상대방의 귀책사유

상대방에게 점유취득에 대한 고의·과실 등의 귀책사유는 요구되지 않는다. 즉, 점유취득이 타인의 행위에 의한 것이든 또는 자연력에 의한 것이든 상관없다.

---

1) 사회통념상 건물은 그 부지를 떠나서는 존재할 수 없는 것이므로 건물의 부지가 된 토지는 그 건물의 소유자가 점유하는 것으로 볼 것이고, 이 경우 건물의 소유자가 현실적으로 건물이나 그 부지를 점거하고 있지 아니하고 있더라도 그 건물의 소유를 위하여 그 부지를 점유한다고 보아야 한다. 미등기건물을 양수하여 건물에 관한 사실상의 처분권을 보유하게 됨으로써 그 양수인이 건물부지 역시 아울러 점유하고 있다고 볼 수 있는 등의 다른 특별한 사정이 없는 한 건물의 소유명의자가 아닌 자로서는 실제로 그 건물을 점유하고 있다고 하더라도 그 건물의 부지를 점유하는 자로는 볼 수 없다(대판 2003.11.13. 2002다57935).

2) 임차인 甲이 임차보증금의 반환을 요구하며 임차물을 유치하던 중 임차물 관리인 乙이 그 점유를 침탈하여 점유·사용하다가 임대인으로부터 이를 다시 임차한 丙에게 이전한 경우, 乙은 이미 점유를 상실하였고 또 丙을 통하여 간접점유하고 있다고도 할 수 없어 甲의 乙에 대한 명도청구는 배척될 수밖에 없고, 乙이 甲의 점유를 침탈한 당사자라거나 丙이 소송을 인수한 후에도 탈퇴하지 않고 있다고 하여 달리 볼 것은 아니다(대판 1995.6.30. 95다12927).

(2) 효과

소유물반환청구권의 내용은 소유물의 반환, 즉 점유의 이전을 하는 것이다.

3. 소유물방해제거청구권

> **제214조(소유물방해제거, 방해예방청구권)** 소유자는 소유권을 방해하는 자에 대하여 방해의 제거를 청구할 수 있고 소유권을 방해할 염려 있는 행위를 하는 자에 대하여 그 예방이나 손해배상의 담보를 청구할 수 있다.

(1) 의의

소유자는 소유물을 방해하는 자에 대하여 방해의 제거를 청구할 수 있는 소유물방해제거청구권을 갖는다. 이 청구권은 소유권과 그 외의 물권뿐만 아니라 인격권이나 영업권에도 인정된다. 방해제거의 실질을 가지고 있지만 민법의 다른 규정이나 특별법이 있는 경우에는 그 특별규정이 우선적으로 적용된다고 보아야 한다. 예컨대, 상린관계에 대한 규정들, 건축관계법규, 환경관계법규 등이 그것이다.

(2) 요건

1) 소유물방해제거청구권의 주체는 소유자[3]이며, 그 소유권 내용의 실현이 점유의 상실 이외의 방법으로 방해받고 있는 경우에 인정된다. 상대방은 현재 방해하는 사정을 지배하는 지위에 있는 자이다. 따라서 타인의 토지 위에 건립된 건물이 미등기이고 그 건물로 인하여 그 토지의 소유권이 침해되는 경우 그 건물을 철거할 의무는 그 건물을 법률상, 사실상 처분할 수 있는 지위에 있는 사람이다(대판 1991.6.11. 91다11278). 다만 미등기건물에 대한 양도담보계약상의 채권자의 지위를 승계하여 건물을 관리하고 있는 자는 건물의 소유자가 아님은 물론 건물에 대하여 법률상 또는 사실상 처분권을 가지고 있는 자라고 할 수도 없다 할 것이어서 건물에 대한 철거처분권을 가지고 있는 자라고 할 수 없다(대판 2003.1.24. 2002다61521). 다만 방해를 발생하게 한 자가 언제나 상대방이 되는 것은 아니다. 즉 과거에 방해를 발생하게 하였으나 현재 그 방해상태를 지배하고 있지 않은 자는 청구권의 상대방이 되지 않는다. 그리고 등기부상 진실한 소유자의 소유권에 방해가 되는 불실등기가 존재하는 경우에 그 등기명의인이 허무인 또는 실체가 없는 단체인 때에는 소유자는 그와 같은 허무인 또는 실제가 없는 단체 명의로 <u>실제 등기행위를 한 자에 대하여</u> 소유권에 기한 방해배제로서 등기행위자를 표상하는 허무인 또는 실체가 없는 단체 명의 등기의 말소를 구할 수 있다. 등기명의인의 표시변경(경정)의 등기는 등기명의인의 동일성이 유지되는 범위 내에서 등기부상의 표시를 실제와 합치시키기 위하여 행하여지는 것에 불과할 뿐 어떠한 권리변동을 가져오는 것이 아니므로 등기가 잘못된 경우에도 등기명의인은 다시 소정의 서면을 갖추어 경정등기를 하면 되는 것이고 따라서 그 등기에는 등기의무자의 관념이 있을 수 없다[4](대판 2019.5.30. 2015다47105).

---

[3] 판례는 "소유권을 양도함에 있어 소유권에 의하여 발생되는 물상청구권을 소유권과 분리, 소유권 없는 전 소유자에게 유보하여 제3자에게 대하여 이를 행사케 한다는 것은 소유권의 절대적 권리인 점에 비추어 허용될 수 없는 것이라 할 것으로서, 이는 양도인인 전 소유자가 그 목적물을 양수인에게 인도할 의무가 있고 그 의무이행이 매매대금 잔액의 지급과 동시이행관계에 있다거나 그 소유권의 양도가 소송계속 중에 있었다 하여 다를 리 없고 일단 소유권을 상실한 전소유자는 제3자인 불법점유자에 대하여 물권적청구권에 의한 방해배제를 청구할 수 없다(대판 1969.5.27. 68다725 전합)."고 한다.

[4] ⇨ 채무자 소유의 부동산에 관하여 甲이 개인사찰 명의로 소유권이전등기를 마쳤고, 그 소유권이전등기에 관하여 개인사찰의 대표자를 채무자, 乙 명의로 순차 변경하는 표시변경의 부기등기가 마쳐진 경우에, 원고가 채권자대위권에 기하여 채무자를 대위하여 乙을 상대로 개인사찰 명의의 소유권이전등기의 말소등기를 청구한 사안에서, 위 소유권이전등기의 말소청구는 甲을 상대로 하여야 하고, 乙 명의의 등기명의인 표시변경의 부기등기는 등기명의인의 동일성이 유지되는 경우 경정등기의 대상일 뿐이므로, 乙은 위 소유권이전등기 말소청구의 등기의무자가 아니어서 乙을 상대로 제기한 이 사건 소는 부적법하다고 판단한 원심을 수긍하여 상고를 기각한 사안임

2) 방해는 현재에도 지속되고 있는 침해를 의미하며 점유침탈 이외의 방법으로 소유권을 방해하고 있어야 한다. 따라서 과거에 법익 침해가 일어났고 현재 이미 종결된 경우에 해당하는 손해[1]와는 다르다. 판례도 "소유권에 기한 방해배제청구권에 있어서 '방해'라 함은 현재에도 지속되고 있는 침해를 의미하고, 법익 침해가 과거에 일어나서 이미 종결된 경우에 해당하는 '손해'의 개념과는 다르다 할 것이어서, 소유권에 기한 방해배제청구권은 방해결과의 제거를 내용으로 하는 것이 되어서는 아니 되며(이는 손해배상의 영역에 해당한다 할 것이다) 현재 계속되고 있는 방해의 원인을 제거하는 것을 내용으로 한다. 따라서 쓰레기 매립으로 조성한 토지에 소유권자가 매립에 동의하지 않은 쓰레기가 매립되어 있다 하더라도 이는 과거의 위법한 매립공사로 인하여 생긴 결과로서 소유권자가 입은 손해에 해당한다 할 것일 뿐, 그 쓰레기가 현재 소유권에 대하여 별도의 침해를 지속하고 있다고 볼 수 없다는 이유로 소유권에 기한 방해배제청구권을 행사할 수 없다[2](대판 2003.3.28. 2003다5917)."고 한다.

3) 상린관계나 그 밖의 특별법에 의하여 타인의 방해를 인용해야 할 경우에는 방해배제청구권이 인정되지 않는다. 방해원인제공자의 귀책사유가 없는 순수한 자연력에 귀착될 수 있는 침해라 하더라도 방해제거청구권은 성립한다고 보아야 한다. 방해를 일으키는 데 대한 고의·과실을 요건으로 하지 않는다는 점에서 소유물반환청구권과 같다.

(3) 효과

1) 방해의 제거를 청구하는 것이다. 방해제거라 함은 방해결과의 제거가 아니라 현재 계속되고 있는 방해의 원인을 제거하는 것이다. 장래에 방해 행위를 하지 아니할 것도 아울러 청구할 수 있다. 이와 관련하여 판례는 "건물의 소유자가 그 건물의 소유를 통하여 타인 소유의 토지를 점유하고 있다고 하더라도 그 토지 소유자로서는 그 건물의 철거와 그 대지 부분의 인도를 청구할 수 있을 뿐, 자기 소유의 건물을 점유하고 있는 자에 대하여 그 건물에서 퇴거할 것을 청구할 수는 없다(대판 1999.7.9. 98다57457·57464)."고 한다.

---

1) 대판 2016.5.19. 2009다66549 전합: 헌법 제35조 제1항, 구 환경정책기본법(2011.7.21. 법률 제10893호로 전부 개정되기 전의 것), 구 토양환경보전법(2011.4.5. 법률 제10551호로 개정되기 전의 것, 이하 같다) 및 구 폐기물관리법(2007.1.19. 법률 제8260호로 개정되기 전의 것)의 취지와 아울러 토양오염원인자의 피해배상의무 및 오염토양 정화의무, 폐기물 처리의무 등에 관한 관련 규정들과 법리에 비추어 보면, 토지의 소유자라 하더라도 토양오염물질을 토양에 누출·유출하거나 투기·방치함으로써 토양오염을 유발하였음에도 오염토양을 정화하지 않은 상태에서 오염토양이 포함된 토지를 거래에 제공함으로써 유통되게 하거나, 토지에 폐기물을 불법으로 매립하였음에도 처리하지 않은 상태로 토지를 거래에 제공하는 등으로 유통되게 하였다면, 다른 특별한 사정이 없는 한 이는 거래의 상대방 및 토지를 전전 취득한 현재의 토지 소유자에 대한 위법행위로서 불법행위가 성립할 수 있다. 그리고 토지를 매수한 현재의 토지 소유자가 오염토양 또는 폐기물이 매립되어 있는 지하까지 토지를 개발·사용하게 된 경우 등과 같이 자신의 토지소유권을 완전하게 행사하기 위하여 오염토양 정화비용이나 폐기물 처리비용을 지출하였거나 지출해야만 하는 상황에 이르렀다거나 구 토양환경보전법에 의하여 관할 행정관청으로부터 조치명령 등을 받음에 따라 마찬가지의 상황에 이르렀다면 위법행위로 인하여 오염토양 정화비용 또는 폐기물 처리비용의 지출이라는 손해의 결과가 현실적으로 발생하였으므로, 토양오염을 유발하거나 폐기물을 매립한 종전 토지 소유자는 오염토양 정화비용 또는 폐기물 처리비용 상당의 손해에 대하여 불법행위자로서 손해배상책임을 진다. 이와 달리, 자신의 소유 토지에 폐기물 등을 불법으로 매립하였다고 하더라도 그 후 그 토지를 매수하여 소유권을 취득한 자에 대하여 불법행위가 성립하지 않는다는 취지의 대판 2002.1.11. 99다16460은 이 판결의 견해에 배치되는 범위 내에서 이를 변경하기로 한다.

2) 甲 지방자치단체가 30여 년 전 쓰레기매립지에 쓰레기를 매립하는 과정에서 매립지와 경계를 같이하는 인접 토지에 상당한 양의 쓰레기가 매립되었고, 그 후 인접 토지의 소유권을 취득한 乙이 토지를 굴착한 결과 지하 1.5~4m 지점 사이에 비닐, 목재, 폐의류, 오니류, 건축폐기물 등 각종 생활쓰레기가 뒤섞여 혼합된 상태로 매립되어 있었고 주변 토양은 검게 오염되어 있었으며, 이에 乙이 甲 지방자치단체를 상대로 매립물 제거 등을 구한 사안에서, 위 토지 지하에 매립된 생활쓰레기는 매립된 후 30년 이상 경과하였고, 그 사이 오니류와 각종 생활쓰레기가 주변 토양과 뒤섞여 토양을 오염 시키고 토양과 사실상 분리하기 어려울 정도로 혼재되어 있다고 봄이 타당하며, 이러한 상태는 과거 甲 지방자치단체의 위법한 쓰레기매립행위로 인하여 생긴 결과로서 토지 소유자인 乙이 입은 손해에 불과할 뿐 생활쓰레기가 현재 乙의 소유권에 대하여 별도의 침해를 지속하고 있는 것이라고 볼 수 없으므로, 乙의 방해배제청구는 인용될 수 없는데도, 甲 지방자치단체가 토지 지하에 매립한 생활쓰레기가 현재도 계속 존재하는 이상 乙의 방해배제청구권이 인정된다고 본 원심판단에 법리오해의 잘못이 있다(대판 2019.7.10. 2016다205540).

2) 판례는 소위 부산대학교 사안에서 "인접 대지 위에 건축 중인 아파트가 24층까지 완공되는 경우, 대학교 구내의 첨단과학관에서의 교육 및 연구 활동에 커다란 지장이 초래되고 첨단과학관 옥상에 설치된 자동기상관측장비 등의 본래의 기능 및 활용성이 극도로 저하되며 대학교로서의 경관·조망이 훼손되고 조용하고 쾌적한 교육환경이 저해되며 소음의 증가 등으로 교육 및 연구 활동이 방해받게 된다면, 그 부지 및 건물을 교육 및 연구시설로서 활용하는 것을 방해받게 되는 대학교 측으로서는 그 방해가 사회통념상 일반적으로 수인할 정도를 넘어선다고 인정되는 한 그것이 민법 제217조 제1항 소정의 매연, 열기체, 액체, 음향, 진동 기타 이에 유사한 것에 해당하는지 여부를 떠나 그 소유권에 기하여 그 방해의 제거나 예방을 청구할 수 있고, 이 경우 그 침해가 사회통념상 일반적으로 수인할 정도를 넘어서는지 여부는 피해의 성질 및 정도, 피해이익의 공공성과 사회적 가치, 가해행위의 태양, 가해행위의 공공성과 사회적 가치, 방지조치 또는 손해회피의 가능성, 공법적 규제 및 인·허가 관계, 지역성, 토지이용의 선후 관계 등 모든 사정을 종합적으로 고려하여 판단하여야 한다[3](대판 1995.9.15. 95다23378)."고 하였다.

> **판례 소유권이전등기의 말소청구**
>
> 원고가 피고에 대하여 피고 명의로 마쳐진 소유권이전등기의 말소를 구하려면 먼저 원고에게 말소를 청구할 수 있는 권원이 있음을 적극적으로 주장·증명하여야 하고, 만일 원고에게 그러한 권원이 있음이 인정되지 않는다면 설령 피고 명의의 소유 권이전등기가 말소되어야 할 무효의 등기라고 하더라도 원고의 청구를 인용할 수는 없다. 피고로부터 매매 등의 방법으로 부동산에 대한 권리가 순차적으로 이전되어 최종적으로 소유권이전등기를 마친 제3자가 시효취득을 원인으로 부동산에 대한 소유권을 취득함에 따라 당초 부동산의 소유자인 원고가 소유권을 상실하게 되면, 비록 피고 명의의 소유권이전등기가 원인무효라고 하더라도 원고에게 피고 명의의 소유권이전등기의 말소를 청구할 수 있는 권원이 없으므로, 원고는 피고에 대하여 소유권에 기한 등기말소청구를 할 수 없다(대판 2019.7.10. 2015다249352)[4].

4. 소유물방해예방청구권

(1) 요건

청구권의 주체는 방해받을 염려가 있는 소유물의 소유자이며, 청구권의 상대방은 장차 소유권을 방해하는 행위를 할 염려가 있는 자이다. 그리고 그 상대방에게 소유권을 방해할 염려가 있어야 한다.

---

[3] 특히 이 판례는 "환경권에 관한 헌법 제35조의 규정이 개개의 국민에게 직접으로 구체적인 사법상의 권리를 부여한 것이라고 보기는 어렵고, 사법상의 권리로서의 환경권이 인정되려면 그에 관한 명문의 법률규정이 있거나 관계법령의 규정취지 및 조리에 비추어 권리의 주체, 대상, 내용, 행사방법 등이 구체적으로 정립될 수 있어야 한다."고 했다.

[4] 甲 등이 사정받은 토지의 등기제증 사본에 甲이 위 토지에 관하여 상속을 원인으로 하는 소유권이전등기를 마친 후, 乙 합명회사가 매매를 원인으로 하는 소유권이전등기를 마친 것으로 기재되어 있는데, 위 토지가 분할되고 분할된 토지에 관하여 丙 지방자치단체 명의의 멸실회복 소유권이전등기가 마쳐진 후, 매매 등의 방법으로 순차로 권리가 이전되어 최종적으로 소유권이전등기를 마친 丁 등이 점유취득시효 또는 등기부취득시효의 요건을 모두 갖추어 소유권을 각각 취득하였는데, 乙 회사가 丙 지방자치단체를 상대로 멸실회복등기의 말소를 구한 사안에서, 위 토지에 관하여 乙 회사가 소유권을 상실한 이상 乙 회사는 丙 지방자치 단체에 멸실회복등기의 말소를 청구할 수 있는 정당한 권원이 없는데도 이와 달리 본 원심판단에 법리오해의 잘못이 있다고 한 사례

(2) 효과

방해의 예방청구라 함은 방해의 원인을 제거하여 방해를 미연에 방지할 수 있는 모든 적절한 조치를 청구하는 것을 말한다. 예방청구는 주로 상대방의 부작위를 청구하는 경우가 많지만, 적절한 작위를 청구하는 경우도 있다. 손해배상의 담보청구는 장래 손해가 발생할 경우에 대비하여 예정배상금을 미리 제공하도록 하는 것이다. 소유자는 방해의 예방청구나 손해배상의 담보청구 중 하나만을 선택하여 청구할 수 있다.

V. 공동소유

구분	공유	합유	총유
성질	다수인간에 인적 결합관계 없이 단순히 2인 이상이 소유하는 경우 (지분적 소유)	다수인이 공동목적으로 결합하나 단체로서의 독립성을 갖추지 못한 조합의 소유형태 (합수적 소유)	사원의 집합체로서 물건을 소유하는 비법인사단의 소유형태
보존행위	각자 단독으로 가능 (제265조 단서)	각자 단독으로 가능 (제272조 단서)	비법인사단 또는 구성원전원이 당사자가 되며 구성원은 총회결의를 거쳐도 당사자가 되지 않음(대판 2005.9.15. 2004다44971 전합).
기타 관리 행위 (이용, 개량행위)	과반수지분으로 가능 (제265조 본문)	계약(조합규약)에 의함	총회 결의로만 가능 (제275조 제2항)
사용, 수익, 부담	지분비율로 가능 (제263조, 제266조)	계약(조합규약)에 의함	각 사원이 정관 기타 규약에 좇아 가능 (제276조 제2항)
물건의 처분, 변경	전원 동의로만 가능 (제264조)	전원 동의로만 가능 (제272조 본문)	총회 결의로만 가능 (제276조 제1항)
지분의 처분	자유로이 처분가능 (제263조 전단) ∴ 공유지분은 독립된 권리이다.	전원 동의로만 가능 (제273조 제1항) ∴ 합유지분은 독립된 권리가 아니라고 볼 수 있다.	지분개념 ×

1. 서설

민법은 공동소유 형태에 대해 공유(제262조 ~ 제270조), 합유(제271조 ~ 제274조), 총유(제275조 ~ 제277조)의 3가지를 인정하고, 이를 소유권 이외의 다른 재산권에 준용시킨다(제278조). 일본은 공유에 대해서만 규정하고 있고, 독일과 스위스는 공유, 합유만을 규정하고 있다. 따라서 총유라는 개념을 인정하는 현행 민법은 특유한 입법례라고 할 수 있다. 통설은 ① 공동목적 없이 우연하게 결합된 것은 공유, ② 일정한 사업 등의 목적을 위하여 결합하였으나 단체로서의 실질이 없는 조합을 이루고 있는 합유, ③ 비법인사단으로 결합되어 있으면 총유라고 본다. 공유는 지분을 중심으로 독립된 소유권이 우연하게 결합되어 있는데 지나지 않고, 합유는 지분은 있으나 지분처분 등에 제한을 받는 조합의 소유형태이고, 총유는 지분이라는 개념이 인정되지 않고 단순한 사용·수익권만 인정되는 비법인사단의 소유형태이다.

2. 공유

> 제262조(물건의 공유) ① 물건이 지분에 의하여 수인의 소유로 된 때에는 공유로 한다.
> ② 공유자의 지분은 균등한 것으로 추정한다.

(1) 의의 및 성립

1) 의의 및 성질

물권이 지분에 의하여 수인의 소유로 되는 경우 공유가 된다. 공유는 물건에 대한 공동소유의 한 형태로서 물건에 대한 1개의 소유권이 분량적으로 분할되어 여러 사람에게 속하는 것이다(양적분할설, 대판 1991.11.12. 91다27228).

2) 상호명의신탁 및 상표권

부동산의 위치와 면적을 특정하여 2인 이상이 구분소유하기로 약정을 하고 그 구분소유자의 공유로 등기하는 것을 구분소유적 공유 또는 상호명의신탁이라고 한다. 이 경우 지분권자는 내부관계에 있어서는 그 특정부분에 한하여 소유권을 취득하나, 외부관계에 있어서는 1필지 전체에 관하여 공유관계가 성립된다(대판 1994.2.8. 93다42986). 상표권이 공유인 경우에 합유와 유사한 성질을 가지지만, 상표권의 공유에도 상표법의 다른 규정이나 그 본질에 반하지 아니하는 범위 내에서는 민법상의 공유의 규정이 적용될 수 있다고 할 것이다(대판 2004.12.9. 2002후567).

> **판례** **상호명의신탁**
>
> **1. 상호명의신탁의 법률관계**
> 공유지분의 등기가 있다 하더라도 내부관계에서는 공유관계가 아닌 특정 부분에 대한 단독소유권이 발생하여 이를 배타적으로 사용·수익할 수 있다. 다른 구분소유자의 방해행위에 대하여 배제가 가능하고, 외부적으로 제3자와의 관계에서는 그 부동산 전체에 대하여 공유관계가 성립한다(대판 1994.2.8. 93다42986). 구분소유적 공유지분을 양도하면 양수인과의 명의신탁관계가 그대로 유지되는데 승계를 위해서 다른 구분소유자의 동의를 얻어야 하는 것은 아니다. 구분소유적 공유관계에 있는 토지 위에 자신의 특정 사용 부분에 건물을 신축한 후 경매로 대지와 건물의 소유자가 달라진 경우, 경락 매수인은 그 대지에 대하여 관습상의 법정지상권을 취득한다(대판 1990.6.26. 89다카24094). 상호명의신탁관계 내지 구분소유적 공유관계에서 건물의 특정 부분을 구분소유하는 자는 그 부분에 대하여 신탁적으로 지분등기를 가지고 있는 자를 상대로 하여 그 특정 부분에 대한 명의신탁 해지를 원인으로 한 지분이전등기절차의 이행을 구할 수 있을 뿐 그 건물 전체에 대한 공유물분할을 구할 수는 없다(대판 2010.5.27. 2006다84171).

> **2. 관련 판례**
> 1동의 건물 중 위치 및 면적이 특정되고 구조상·이용상 독립성이 있는 일부분씩을 2인 이상이 구분소유하기로 하는 약정을 하고 등기만은 편의상 각 구분소유의 면적에 해당하는 비율로 공유지분등기를 하여 놓은 경우, 구분소유자들 사이에 공유지분등기의 상호명의신탁관계 내지 건물에 대한 구분소유적 공유관계가 성립하지만, <u>1동 건물 중 각 일부분의 위치 및 면적이 특정되지 않거나 구조상·이용상 독립성이 인정되지 아니한 경우에는 공유자들 사이에 이를 구분소유하기로 하는 취지의 약정이 있다 하더라도 일반적인 공유관계가 성립할 뿐, 공유지분등기의 상호명의신탁관계 내지 건물에 대한 구분소유적 공유관계가 성립한다고 할 수 없다</u>(대판 2014. 2.27. 2011다42430). 1필지의 토지의 위치와 면적을 특정하여 2인 이상이 구분소유하기로 하는 약정을 하고 구분소유자의 공유로 등기하는 이른바 구분소유적 공유관계에 있어서, <u>1필지의 토지 중 특정 부분에 대한 구분소유적 공유관계를 표상하는 공유지분을 목적으로 하는 근저당권이 설정된 후 구분소유하고 있는 특정 부분별로 독립한 필지로 분할되고 나아가 구분소유자 상호간에 지분이전등기를 하는 등으로 구분소유적 공유관계가 해소되더라도 그 '근저당권'은 종전의 구분소유적 공유지분의 비율대로 분할된 토지들 전부의 위에 그대로 존속하는 것이고, 근저당권설정자의 단독소유로 분할된 토지에 당연히 집중되는 것은 아니다</u>(대판 2014.6.26. 2012다25944).

3) 법률행위 또는 법률의 규정

① 법률행위

하나의 물건을 수인이 공동의 소유로 한다는 의사의 합치에 의하여 공유는 성립한다. 이때 그 물건이 부동산인 경우에는 등기를 하여야 한다. 이때의 등기는 공유의 등기와 공유지분의 등기이다. 공유자는 공유등기를 하여야 한다(부등법 제44조). 등기가 없으면 공유자가 되지 못하고, 따라서 지분권도 주장하지 못한다. 공유지분도 반드시 등기하여야 하며, 이를 하지 아니하는 때에는 그 지분은 균등한 것으로 추정되고, 실제의 지분비율을 가지고 제3자에게 대항할 수 없다(제262조 제2항).

② 법률의 규정

수인 공동의 무주물선점(제252조), 유실물습득(제253조), 매장물발견(제254조 본문), 타인의 물건 속에서의 매장물발견(제254조 단서), 주종을 구별할 수 없는 동산의 부합(제257조 후단), 혼화(제258조), 공유물의 과실(제102조), 건물의 구분소유에 있어서의 공용부분(제215조) 및 경계에 설치된 경계표, 담, 구거(제239조) 등이 있다. 그리고 공동상속재산과 공동포괄수유재산에 대해서는 민법 제1006조의 '공유로 한다.'의 의미를 둘러싸고, 공유와 동일한 의미라는 공유설과 합유의 의미라는 합유설이 대립하고 있다. 판례는 "당사자인 피상속인이 사망한 경우 공동상속재산은 상속인들의 공유(대판 1993.2.12. 92다29801)."라고 하여 공유설이다.

(2) 공유지분

1) 지분의 의의 및 비율

각 공유자가 목적물에 대하여 가지는 소유의 비율인 지분과 이 지분에 기하여 각 공유자가 공유물에 대하여 가지는 권리인 지분권은 개념상 구별되나, 민법은 양자를 엄격하게 구별하여 사용하지는 않는다. 지분의 비율은 공유자의 의사표시나 법률의 규정(제254조 단서, 제257조 후문, 제258조, 집합건물법 제12조)에 의하여 정해진다. 그러나 그것이 불분명한 경우에는 균등한 것으로 추정된다(제262조 제2항). 부동산의 공유지분의 비율은 등기하여야 하며(부등법 제44조), 등기하지 않으면 지분비율은 균등한 것으로 추정된다(제262조 제2항).

2) 지분의 처분

> 제263조(공유지분의 처분과 공유물의 사용, 수익) 공유자는 그 지분을 처분할 수 있고 공유물 전부를 지분의 비율로 사용, 수익할 수 있다.

지분권은 하나의 독립된 소유권의 성질을 가지므로 각 소유자는 다른 공유자의 동의 없이 자유로이 자신의 지분을 처분할 수 있다(제263조). 각 공유자는 그 지분권을 다른 공유자의 동의가 없는 경우라도 양도 기타의 처분을 할 수 있는 것이며 공유자끼리 그 지분을 교환하는 것도 그것이 지분권의 처분에 해당하는 이상 다른 공유자의 동의를 요하는 것이 아니다(대판 1972.5.23. 71다2760).

(3) 공유자 사이의 법률관계

1) 공유물의 사용, 수익

> 제263조(공유지분의 처분과 공유물의 사용, 수익) 공유자는 그 지분을 처분할 수 있고 공유물 전부를 지분의 비율로 사용, 수익할 수 있다.

<u>공유자는 공유물 전부를 지분의 비율로 사용·수익할 수 있고 공유물의 관리에 관한 사항은 공유자의 지분의 과반수로써 결정하는 것이므로 공유물의 구체적인 사용·수익의 방법에 관하여 공유자들 사이에 지분 과반수의 합의 없이 공유자 중의 1인이 이를 배타적으로 점유·사용하고 있다면 다른 공유자에 대하여는 그 지분에 상응하는 부당이득을 하고 있는 것이 된다</u>(대판 2001.12.11. 2000다13948). 따라서 공동상속인 중의 1인이 상속재산인 건물에 거주함으로써 상속재산인 그 건물 부지를 사용·수익하고 있는 경우, 그 사용·수익이 공유지분 과반수의 결의에 기한 것이라는 등의 특별한 사정이 없다면, 위 공동상속인은 건물뿐만 아니라 토지에 관하여도 다른 공동상속인의 공유지분에 해당하는 부분을 부당이득으로서 반환하여야 한다(대판 2006.11.24. 2006다49307·49314).

2) 공유물의 처분, 변경

> 제264조(공유물의 처분, 변경) 공유자는 다른 공유자의 동의 없이 공유물을 처분하거나 변경하지 못한다.

공유자 사이에 공유물을 사용·수익할 구체적인 방법을 정하는 것은 공유물의 관리에 관한 사항으로서 공유자의 지분의 과반수로써 결정하여야 할 것이고, 과반수의 지분을 가진 공유자는 다른 공유자와 사이에 미리 공유물의 관리방법에 관한 협의가 없었다 하더라도 공유물의 관리에 관한 사항을 단독으로 결정할 수 있으므로, 과반수의 지분을 가진 공유자가 그 공유물의 특정 부분을 배타적으로 사용·수익하기로 정하는 것은 공유물의 관리방법으로서 적법하며, 다만 그 사용·수익의 내용이 공유물의 기존의 모습에 본질적 변화를 일으켜 '관리' 아닌 '처분'이나 '변경'의 정도에 이르는 것이어서는 안 될 것이고, 예컨대 다수지분권자라 하여 나대지에 새로이 건물을 건축한다든지 하는 것은 '관리'의 범위를 넘는 것이 될 것이다(대판 2001.11.27. 2000다33638·33645).

3) 공유물의 관리, 보존
① 공유물의 관리

> **제265조(공유물의 관리, 보존)** 공유물의 관리에 관한 사항은 공유자의 지분의 과반수로써 결정한다. 그러나 보존행위는 각자가 할 수 있다.

제265조의 관리란 제264조 규정의 처분 및 변경에까지 이르지 않는 것으로서 공유물을 이용·개량하는 행위이다. 따라서 과반수 지분의 공유자라면 다른 공유자와 사이에 협의를 하지 아니한 채 자신이 그 공유물의 특정 부분을 배타적으로 사용·수익하기로 정할 수 있다. 위토[1]경작계약의 해제는 관리행위라고 할 수 있으므로, 민법 제265조 본문에 의하여 공유자의 과반수의 결의가 필요하다(대판 1964.9.22. 64다288). 이때의 계약해제는 단순한 현상유지에 지나지 않기 때문이다. 그러나 계약의 해제가 관리행위가 아니라 소유권의 귀속을 달리하는 공유물의 처분·변경에 해당할 때(매매계약)에는 공유자 전원의 동의를 요한다(제264조). 공유물의 관리에 관한 사항은 공유자의 지분의 과반수로써 결정하고, 공유자 간의 공유물에 대한 사용수익·관리에 관한 특약은 공유자의 특정승계인에 대하여도 당연히 승계된다고 할 것이나, 공유물에 관한 특약이 지분권자로서의 사용수익권을 사실상 포기하는 등으로 공유지분권의 본질적 부분을 침해한다고 볼 수 있는 경우에는 특정승계인이 그러한 사실을 알고도 공유지분권을 취득하였다는 등의 특별한 사정이 없는 한 특정승계인에게 당연히 승계되는 것으로 볼 수는 없다(대판 2009.12.10. 2009다54294).

② 보존행위

공유물의 보존행위는 공유물의 멸실·훼손을 방지하고 그 현상을 유지하기 위하여 하는 사실적, 법률적 행위이다. 민법 제265조 단서가 이러한 공유물의 보존행위를 각 공유자가 단독으로 할 수 있도록 한 취지는 그 보존행위가 긴급을 요하는 경우가 많고 다른 공유자에게도 이익이 되는 것이 보통이기 때문이다(대판 2019.9.26. 2015다208252). 보존행위란 목적물의 멸실·훼손을 방지하고 그 현상을 유지하기 위하여 하는 행위를 말하고, 보존행위의 형태는 수선·유지·보관뿐만 아니라 필요한 경우에는 공유물의 인도나 명도도 이에 해당한다(대판 1994.3.22. 93다9392 전합). 또한 부동산의 공유자의 1인은 당해 부동산에 관하여 제3자 명의로 원인무효의 소유권이전등기가 경료되어 있는 경우 공유물에 관한 보존행위로서 제3자에 대하여 그 등기 전부의 말소를 구할 수 있다(대판 1993.5.11. 92다52870).

---

[1] 제사 또는 이와 관련된 사항들을 집행하는 데 드는 비용을 충당하기 위한 토지. 위토는 주로 논과 밭으로서 각각 위토답(位土畓)·위토전(位土田) 또는 위답(位畓)·위전(位田)이라고 구분하여 부르기도 하며, 이따금 임야도 그 수익이 제사 경비에 충당되는 경우에는 위토에 포함하기도 한다.

4) 공유물의 부담

> 제266조(공유물의 부담) ① 공유자는 그 지분의 비율로 공유물의 관리비용 기타 의무를 부담한다.
> ② 공유자가 1년 이상 전항의 의무이행을 지체한 때에는 다른 공유자는 상당한 가액으로 지분을 매수할 수 있다.

공유자의 지분매수청구권은 상대방의 동의를 요하지 않는 일종의 형성권으로서 이를 행사하려면 매수대상지분에 해당하는 매매대금을 제공하여야 한다(대판 1992.10.9. 92다25656).

5) 지분의 포기 - 지분의 탄력성

> 제267조(지분포기 등의 경우의 귀속) 공유자가 그 지분을 포기하거나 상속인 없이 사망한 때에는 그 지분은 다른 공유자에게 각지분의 비율로 귀속한다.

지분은 하나의 독립된 소유권과 같은 성질을 가지므로 탄력성이 있다. 즉 공유자가 그 지분을 포기하거나, 상속인 없이 사망한 때에는 그 지분은 다른 공유자에게 각 지분의 비율로 귀속한다(제267조). 다만, 구분건물의 소유자가 갖는 대지사용권에 대한 지분에는 제267조의 적용이 배제된다(집합건물법 제22조). 민법 제267조는 "공유자가 그 지분을 포기하거나 상속인 없이 사망한 때에는 그 지분은 다른 공유자에게 각 지분의 비율로 귀속한다."라고 규정하고 있다. 여기서 공유지분의 포기는 법률행위로서 상대방 있는 단독행위에 해당하므로, 부동산 공유자의 공유지분 포기의 의사표시가 다른 공유자에게 도달하더라도 이로써 곧바로 공유지분 포기에 따른 물권변동의 효력이 발생하는 것은 아니고, 다른 공유자는 자신에게 귀속될 공유지분에 관하여 소유권이전등기청구권을 취득하며, 이후 민법 제186조에 의하여 등기를 하여야 공유지분 포기에 따른 물권변동의 효력이 발생한다. 그리고 부동산 공유자의 공유지분 포기에 따른 등기는 해당 지분에 관하여 다른 공유자 앞으로 소유권이전등기를 하는 형태가 되어야 한다(대판 2016.10.27. 2015다52978).

(4) 공유의 주장

1) 지분의 대외적 주장

① 지분권의 확인 청구

공유자의 지분은 다른 공유자의 지분에 의하여 일정한 비율로 제한을 받는 것을 제외하고는 독립한 소유권과 같은 것으로 공유자는 그 지분을 부인하는 제3자에 대하여 각자 그 지분권을 주장하여 지분의 확인을 소구하여야 하는 것이고, 공유지 일부가 제3자를 상대로 다른 공유자의 지분의 확인을 구하는 것은 타인의 권리관계의 확인을 구하는 소에 해당한다고 보아야 할 것이므로 그 타인 간의 권리관계가 자기의 권리관계에 영향을 미치는 경우에 한하여 확인의 이익이 있다고 할 것이며, 공유물 전체에 대한 소유관계 확인도 이를 다투는 제3자를 상대로 공유자 전원이 하여야 하는 것이지 공유자 일부만이 그 관계를 대외적으로 주장할 수 있는 것이 아니므로, 아무런 특별한 사정이 없이 다른 공유자의 지분의 확인을 구하는 것은 확인의 이익이 없다(대판 1994. 11.11. 94다35008).

② 지분의 이전 또는 말소등기청구

복수의 권리자가 소유권이전청구권을 보존하기 위하여 가등기를 마쳐 둔 경우 특별한 사정이 없는 한 그 권리자 중 한 사람은 자신의 지분에 관하여 단독으로 그 가등기에 기한 본등기를 청구할 수 있고, 이는 명의신탁해지에 따라 발생한 소유권이전청구권을 보존하기 위하여 복수의 권리자 명의로 가등기를 마쳐 둔 경우에도 마찬가지이며, 이때 그 가등기 원인을 매매예약으로 하였다는 이유만으로 가등기 권리자 전원이 동시에 본등기절차의 이행을 청구하여야 한다고 볼 수 없다(대판 2002.7.9. 2001다43922 · 43939). 그러나 수인의 채권자가 각기 채권을 담보하기 위하여 채무자와 채무자 소유의 부동산에 관하여 수인의 채권자를 공동매수인으로 하는 1개의 매매예약을 체결하고 그에 따라 수인의 채권자 공동명의로 그 부동산에 가등기를 마친 경우, <u>수인의 채권자가 공동으로 매매예약완결권을 가지는 관계인지 아니면 채권자 각자의 지분별로 별개의 독립적인 매매예약완결권을 가지는 관계인지는 매매예약의 내용에 따라야 하고, 매매예약에서 그러한 내용을 명시적으로 정하지 않은 경우에는 수인의 채권자가 공동으로 매매예약을 체결하게 된 동기 및 경위, 매매예약에 의하여 달성하려는 담보의 목적, 담보 관련 권리를 공동 행사하려는 의사의 유무, 채권자별 구체적인 지분권의 표시 여부 및 지분권 비율과 피담보채권 비율의 일치 여부, 가등기담보권 설정의 관행 등을 종합적으로 고려하여 판단하여야 한다</u>1)(대판 2012.2.16. 2010다82530 전합). 그리고 <u>원고가 피고에 대하여 피고 명의로 마쳐진 소유권보존등기의 말소를 구하려면 먼저 원고에게 그 말소를 청구할 수 있는 권원이 있음을 적극적으로 주장 · 증명하여야 하며, 만일 원고에게 이러한 권원이 있음이 인정되지 않는다면 설사 피고 명의의 소유권보존등기가 말소되어야 할 무효의 등기라고 하더라도 원고의 청구를 인용할 수 없다 할 것인바, 부동산의 공유자의 1인은 당해 부동산에 관하여 제3자 명의로 원인무효의 소유권이전등기가 경료되어 있는 경우 공유물에 관한 보존행위로서 제3자에 대하여 그 등기 전부의 말소를 구할 수 있으나, 공유자가 "다른 공유자의 지분권을 대외적으로 주장하는 것"을 공유물의 멸실 · 훼손을 방지하고 공유물의 현상을 유지하는 사실적 · 법률적 행위인 공유물의 보존행위에 속한다고 할 수 없으므로, 자신의 소유지분을 침해하는 지분 범위를 초과하는 부분에 대하여 공유물에 관한 보존행위로서 무효라고 주장하면서 그 부분 등기의 말소를 구할 수는 없다</u>(대판 2010.1.14. 2009다67429).

---

1) 이와 달리 1인의 채무자에 대한 수인의 채권자의 채권을 담보하기 위하여 그 수인의 채권자와 채무자가 채무자 소유의 부동산에 관하여 수인의 채권자를 권리자로 하는 1개의 매매예약을 체결하고 그에 따른 가등기를 마친 경우에, 매매예약의 내용이나 매매예약완결권 행사와 관련한 당사자의 의사와 관계없이 언제나 수인의 채권자가 공동으로 매매예약완결권을 가진다고 보고, 매매예약완결의 의사표시도 수인의 채권자 전원이 공동으로 행사하여야 한다는 취지의 대판 1984.6.12. 83다카2282, 대판 1985.5.28. 84다카2188, 대판 1985.10.8. 85다카604, 대판 1987.5.26. 85다카2203 등은 이 판결의 견해와 저촉되는 한도에서 변경하기로 한다.

③ 지분의 침해에 대한 반환청구, 방해배제청구 및 손해배상청구

공유물에 관하여 제3자가 침해를 가하고 있는 경우, 각 공유자는 지분권에 기한 물권적 청구권으로서 제3자에 대하여 지분비율에 따른 반환청구권 내지 방해배제 청구권을 단독으로 행사할 수 있음은 당연하다. 이 경우 공유자 1인이 자신의 지분권에 기하여 공유물 '전부'에 대한 방해배제, 또는 자기에게 물건의 전부를 인도할 것을 청구할 수 있는지가 문제된다. 지분권은 어느 부분으로 특정되어 있지 않기 때문에 공유물 전체에 미치는 소유권의 실질을 가지므로 공유물 전체에 대한 방해배제청구가 인정된다. 그리고 인도 또는 반환청구에 있어서도 단독으로 청구할 수 있다[2]. 다만 공유물에 끼친 불법행위를 이유로 하는 손해배상청구권은 특별한 사유가 없는 한 각 공유자가 지분에 대응하는 비율의 한도 내에서만 이를 행사할 수 있다(대판 1970.4.14. 70다171). 그리고 공유자가 다른 공유자의 지분을 침해하고 있거나 불법점유하고 있는 경우, 다른 공유자는 그 방해를 배제를 청구할 수 있다. 다만 공유물의 소수지분권자인 피고가 다른 공유자와 협의하지 않고 공유물의 전부 또는 일부를 독점적으로 점유하는 경우, 다른 소수지분권자인 원고는 피고를 상대로 공유물의 인도를 청구할 수 없다[3][4](대판 2020.5.21. 2018다287522 전합).

---

[2] 그러나 그 근거에 대하여 학설은, 공유물은 불가분이므로 불가분채권을 유추적용하여 불가분채권에 있어서와 마찬가지로 각 공유자가 단독으로 모든 공유자를 위하여 반환청구를 할 수 있다고 한다. 반면 판례는 방해배제의 청구 및 반환청구가 보존행위에 속하므로 단독으로도 청구할 수 있다고 한다(대판 1993.5.11. 92다52870).

[3] [1] 공유물의 소수지분권자인 피고가 다른 공유자와 협의하지 않고 공유물의 전부 또는 일부를 독점적으로 점유하는 경우 소수지분권자인 원고가 피고를 상대로 공유물의 인도를 청구할 수는 없다고 보아야 한다.
[2] 공유자들 사이에 공유물 관리에 관한 결정이 없는 경우 공유자가 다른 공유자를 배제하고 공유물을 독점적으로 점유·사용하는 것은 위법하여 허용되지 않지만, 다른 공유자의 사용·수익권을 침해하지 않는 방법으로, 즉 비독점적인 형태로 공유물 전부를 다른 공유자와 함께 점유·사용하는 것은 자신의 지분권에 기초한 것으로 적법하다. 일부 공유자가 공유물의 전부나 일부를 독점적으로 점유한다면 이는 다른 공유자의 지분권에 기초한 사용·수익권을 침해하는 것이다. 공유자는 자신의 지분권 행사를 방해하는 행위에 대해서 민법 제214조에 따른 방해배제청구권을 행사할 수 있고, 공유물에 대한 지분권은 공유자 개개인에게 귀속되는 것이므로 공유자 각자가 행사할 수 있다. 원고는 공유물의 종류(토지, 건물, 동산 등), 용도, 상태(피고의 독점적 점유를 전·후로 한 공유물의 현황)나 당사자의 관계 등을 고려해서 원고의 공동점유를 방해하거나 방해할 염려 있는 피고의 행위와 방해물을 구체적으로 특정하여 그 방해의 금지, 제거, 예방(작위·부작위의무의 이행)을 구하는 형태로 청구취지를 구성할 수 있다. 법원은 이것이 피고의 방해 상태를 제거하기 위하여 필요하고 원고가 달성하려는 상태가 공유자들의 공동점유 상태에 부합한다면 이를 인용할 수 있다. 위와 같은 출입 방해금지 등의 부대체적 작위의무와 부작위의무는 간접강제의 방법으로 민사집행법에 따라 충분히 실효성 있는 강제집행을 할 수 있다.
[3] 이와 달리 공유물의 소수지분권자가 다른 공유자와 협의 없이 공유물의 전부 또는 일부를 독점적으로 점유하고 있는 경우 다른 소수지분권자가 공유물에 대한 보존행위로서 그 인도를 청구할 수 있다고 판단한 대판 1994.3.22. 93다9392·9408 전합 등은 이 판결의 견해에 배치되는 범위에서 이를 변경하기로 한다(대판 2020.5.21. 2018다287522 전합).

[4] 변경 전 판례: 공유자 1인이 공유물 전체를 배타적·독점적으로 사용하고 있는 경우, 지분을 소유하고 있는 공유자나 그 지분에 관한 소유권이전등기청구권을 가지고 있는 자라고 할지라도 다른 공유자와의 협의 없이는 공유물을 배타적으로 점유하여 사용·수익할 수 없는 것이므로, 다른 공유권자는 자신이 소유하고 있는 지분이 과반수에 미달되더라도 공유물을 점유하고 있는 자에 대하여 공유물의 보존행위로서 공유물의 인도나 명도를 청구할 수 있다(대판 1994.3.22. 93다9392·9408 전합).

공유물의 일부를 배타적·독점적으로 사용하는 경우도 공유물 전부에 대해 반환청구가 가능하다(대결 1992.6.13. 92마290). 그러나 과반수의 지분권을 가진 자가 배타적으로 사용할 것을 정하는 경우, 이는 공유물의 관리방법으로서 적법한 것이지만, 소수지분권자는 그로 인한 손해에 대해 과반수지분권자에게 부당이득반환을 구할 수 있다[1](대판 2001.11.27. 2000다33638·33645).

2) 공유관계의 대외적 주장

부동산의 공유자의 1인은 당해부동산에 관하여 제3자 명의로 원인무효의 소유권이전등기가 경료되어 있는 경우, 공유물에 관한 보존행위로서 제3자에 대하여 그 등기 전부의 말소를 구할 수 있다(대판 1966.4.19. 66다415). 그리고 부동산의 공유자 중 한 사람은 공유물에 대한 보존행위로서 그 공유물에 관한 원인무효의 등기 전부의 말소를 구할 수 있고, 진정명의회복을 원인으로 한 소유권이전등기 청구권과 무효등기의 말소청구권은 어느 것이나 진정한 소유자의 등기명의를 회복하기 위한 것으로서 실질적으로 그 목적이 동일하고 두 청구권 모두 소유권에 기한 방해배제청구권으로서 그 법적 근거와 성질이 동일하므로, 공유자 중 한 사람은 공유물에 경료된 원인무효의 등기에 관하여 각 공유자에게 해당 지분별로 진정명의회복을 원인으로 한 소유권이전등기를 이행할 것을 단독으로 청구할 수 있다(대판 2005.9.29. 2003다40651). 다만 그 제3자가 당해 부동산의 공유자 중의 1인인 경우에는 그 소유권이전등기는 동인의 공유지분에 관하여는 실체관계에 부합하는 등기라고 할 것이므로, 이러한 경우 공유자의 1인은 단독 명의로 등기를 경료하고 있는 공유자에 대하여 그 공유자의 공유지분을 제외한 나머지 공유지분 전부에 관하여만 소유권이전등기 말소등기절차의 이행을 구할 수 있다(대판 2015.4.9. 2012다2408).

(5) 공유물의 분할

1) 의의

공유자는 언제든지 공유물의 분할을 청구하여 공유관계를 종료시킬 수 있다. 공유물분할청구권은 형성권이다. 공유물의 분할은 협의에 의한 분할, 재판상 분할 모두 공유자 전원이 분할절차에 참여하여야 한다. 공유물분할청구의 소는 분할을 청구하는 공유자가 원고가 되어 다른 공유자 전부를 공동피고로 하여야 하는 고유필수적 공동소송이다(대판 2014.1.29. 2013다78556).

---

[1] 공유자 사이에 공유물을 사용·수익할 구체적인 방법을 정하는 것은 공유물의 관리에 관한 사항으로서 공유자의 지분의 과반수로써 결정하여야 할 것이고, 과반수 지분의 공유자는 다른 공유자와 사이에 미리 공유물의 관리방법에 관한 협의가 없었다 하더라도 공유물의 관리에 관한 사항을 단독으로 결정할 수 있으므로, 과반수 지분의 공유자가 그 공유물의 특정 부분을 배타적으로 사용·수익하기로 정하는 것은 공유물의 관리방법으로서 적법하다고 할 것이므로, 과반수 지분의 공유자로부터 사용·수익을 허락받은 점유자에 대하여 소수 지분의 공유자는 그 점유자가 사용·수익하는 건물의 철거나 퇴거 등 점유배제를 구할 수 없다. 과반수 지분의 공유자는 공유자와 사이에 미리 공유물의 관리방법에 관하여 협의가 없었다 하더라도 공유물의 관리에 관한 사항을 단독으로 결정할 수 있으므로 과반수 지분의 공유자는 그 공유물의 관리방법으로서 그 공유토지의 특정한 한 부분을 배타적으로 사용·수익할 수 있으나, 그로 말미암아 지분은 있으되 그 특정 부분의 사용·수익을 전혀 하지 못하여 손해를 입고 있는 소수지분권자에 대하여 그 지분에 상응하는 임료 상당의 부당이득을 하고 있다 할 것이므로 이를 반환할 의무가 있다 할 것이나, 그 과반수 지분의 공유자로부터 다시 그 특정 부분의 사용·수익을 허락받은 제3자의 점유는 다수지분권자의 공유물관리권에 터잡은 적법한 점유이므로 그 제3자는 소수지분권자에 대하여도 그 점유로 인하여 법률상 원인 없이 이득을 얻고 있다고는 볼 수 없다(대판 2002.5.14. 2002다9738).

2) 분할의 법적 성질

공유물의 분할은 소유권지분의 이전이므로, 공유자 상호간의 지분의 교환(현물분할) 또는 매매(가격배상 또는 대금분할)이며, 분할의 효과는 분할 시에 발생한다[2](이전설). 협의에 의한 분할의 경우에는 공유부동산에 대하여 대장상 분할등록을 하고 등기부상 분할등기를 한 후, 분할된 각 부분에 대하여 단독소유권을 취득하게 된다(제186조). 재판에 의한 분할(현물분할)의 경우에는 분할을 명한 판결의 확정으로 각 공유자가 분할된 각 부분에 대하여 단독소유권을 취득하게 된다(제187조). 구분소유적 공유물의 분할(= 상호명의신탁 해지)의 경우에는 그 특정된 대로 대장상 분할등록을 하고 등기부상 분할등기를 한 후, 분할된 각 부분에 대하여 상호명의신탁해지를 원인으로 한 지분이전등기를 함으로써, 특정된 각 부분을 각 공유자의 단독소유로 등기할 수 있다. 그리고 <u>공유물분할청구권도 채권자대위권의 목적이 될 수 있지만, 극히 예외적인 경우가 아니라면 금전채권자는 부동산에 관한 공유물분할청구권을 대위행사할 수 없다고 보아야 한다</u>[3](대판 2020.5.21. 2018다879 전합).

3) 분할의 제한

① 법률행위에 의한 제한

> 제268조(공유물의 분할청구) ① 공유자는 공유물의 분할을 청구할 수 있다. 그러나 5년 내의 기간으로 분할하지 아니할 것을 약정할 수 있다.
> ② 전항의 계약을 갱신한 때에는 그 기간은 갱신한 날로부터 5년을 넘지 못한다.
> ③ 전2항의 규정은 제215조, 제239조의 공유물에는 적용하지 아니한다.

공유자는 5년 내의 기간으로 분할하지 아니할 것을 약정할 수 있다(분할금지특약). 이 기간은 갱신할 수 있으나, 갱신된 분할금지기간 역시 5년을 넘지 못하며, 부동산에 관한 분할금지의 약정은 등기하여야 한다. 피상속인은 유언으로 상속개시의 날로부터 5년을 경과하지 아니하는 기간 내에서 상속재산의 분할을 금지할 수 있다(제1012조).

---

[2] 이에 반하여 공유물의 분할은 소유형태에 불과한 것으로, 공유물전부에 분산되어 있던 지분을 특정부분에 집중하는 것이고, 공유자가 분할로 취득한 부분은 본래 각자의 소유에 속하던 것을 분할에 의하여 인정 또는 선언하는 것에 불과하다는 선언설이 있다. 이에 의하면 분할의 효과는 공유관계의 성립 시로 소급하여 발생하게 된다. 판례는 이전설의 입장이지만, 조세소송(대판 1999.12.24. 98두10387)이나 명의신탁소송(대판 1999.6.17. 98다58443 전합)에서는 선언설을 취하고 있다(민법[I], 383면, 법원공무원교육원, 2018).

[3] 채권자가 자신의 '금전채권'을 보전하기 위하여 채무자를 대위하여 '부동산에 관한' 공유물분할청구권을 행사하는 것은, 책임재산의 보전과 직접적인 관련이 없어 채권의 현실적 이행을 유효·적절하게 확보하기 위하여 필요하다고 보기 어렵고 채무자의 자유로운 재산관리행위에 대한 부당한 간섭이 되므로 보전의 필요성을 인정할 수 없다. 또한 특정 분할방법을 전제하고 있지 않는 공유물분할청구권의 성격 등에 비추어 볼 때 그 대위행사를 허용하면 여러 법적 문제들이 발생한다. 따라서 극히 예외적인 경우가 아니라면 금전채권자는 부동산에 관한 공유물분할청구권을 대위행사할 수 없다고 보아야 한다. 이는 채무자의 공유지분이 다른 공유자들의 공유지분과 함께 근저당권을 공동으로 담보하고 있고, 근저당권의 피담보채권이 채무자의 공유지분 가치를 초과하여 채무자의 공유지분만을 경매하면 남을 가망이 없어 민사집행법 제102조에 따라 경매절차가 취소될 수밖에 없는 반면, 공유물분할의 방법으로 공유부동산 전부를 경매하면 민법 제368조 제1항에 따라 각 공유지분의 경매대가에 비례해서 공동근저당권의 피담보채권을 분담하게 되어 채무자의 공유지분 경매대가에서 근저당권의 피담보채권 분담액을 변제하고 남을 가망이 있는 경우에도 마찬가지이다. 이와 달리 공유물에 근저당권 등 선순위 권리가 있어 남을 가망이 없다는 이유로 민사집행법 제102조에 따라 공유지분에 대한 경매절차가 취소된 경우에는 공유자의 금전채권자는 자신의 채권을 보전하기 위하여 공유자의 공유물분할청구권을 대위행사할 수 있다는 취지로 판단한 대판 2015.12.10. 2013다56297은 이 판결의 견해에 배치되는 범위에서 이를 변경하기로 한다(대판 2020.5.21. 2018다879 전합).

② 법률규정에 의한 제한

건물을 구분소유하는 경우의 공용부분(제215조), 경계에 설치된 경계표, 담, 구거(제239조) 등에 대하여는 분할이 인정되지 아니한다(제268조 제3항). 또한 대지 위에 구분소유권의 목적인 건물이 속하는 1동의 건물이 있을 때에는 그 대지의 공유자는 그 건물의 사용에 필요한 범위 내의 대지에 대해서는 분할을 청구하지 못한다(집합건물법 제8조). 그리고 판례는 "민사집행법 제81조 제1항 제2호 단서는 등기되지 아니한 건물에 대한 강제경매신청서에는 그 건물에 관한 건축허가 또는 건축신고를 증명할 서류를 첨부하여야 한다고 규정함으로써 적법하게 건축허가나 건축신고를 마친 건물이 사용승인을 받지 못한 경우에 한하여 부동산 집행을 위한 보존등기를 할 수 있게 하였고, 같은 법 제274조 제1항은 공유물분할을 위한 경매와 같은 형식적 경매는 담보권 실행을 위한 경매의 예에 따라 실시한다고 규정하며, 같은 법 제268조는 부동산을 목적으로 하는 담보권 실행을 위한 경매절차에는 같은 법 제79조 내지 제162조의 규정을 준용한다고 규정하고 있으므로, 건축허가나 신고 없이 건축된 미등기 건물에 대하여는 경매에 의한 공유물분할이 허용되지 않는다(대판 2013.9.13. 2011다69190)."고 한다.

③ 구분소유적 공유관계

상호명의신탁은 진정한 공유관계가 아니므로 공유물분할청구를 할 수 없고, 명의신탁해지를 원인으로 한 지분이전등기를 청구하여야 한다.

4) 분할의 방법

> 제269조(분할의 방법) ① 분할의 방법에 관하여 협의가 성립되지 아니한 때에는 공유자는 법원에 그 분할을 청구할 수 있다.
> ② 현물로 분할할 수 없거나 분할로 인하여 현저히 그 가액이 감손될 염려가 있는 때에는 법원은 물건의 경매를 명할 수 있다.

① 협의에 의한 분할

분할방법은 공유물을 그대로 양적으로 분할하는 현물분할을 원칙으로 하며, 공유물을 매각하고 그 대금을 나누는 대금분할, 공유자의 한 사람이 다른 공유자들의 지분을 양수하여 그 가격을 지급하고 단독소유자가 되는 가격배상의 방법 등도 있다.

② 재판에 의한 분할

분할방법에 관하여 협의가 성립하지 않는 때에는 공유자는 법원에 그 분할을 청구할 수 있다. 공유물분할은 협의분할을 원칙으로 하고 협의가 성립되지 아니한 때에는 재판상 분할을 청구할 수 있으므로 공유자 사이에 이미 분할에 관한 협의가 성립된 경우에는 일부 공유자가 분할에 따른 이전등기에 협조하지 않거나 분할에 관하여 다툼이 있더라도 그 분할된 부분에 대한 소유권이전등기를 청구하든가 소유권확인을 구함은 별문제이나 또다시 소로써 그 분할을 청구하거나 이미 제기한 공유물분할의 소를 유지함은 허용되지 않는다(대판 1995.1.12. 94다30348·94다30355). 재판에 의하여 공유물을 분할하는 경우에 현물로 분할하는 것이 원칙이나, 현물로 분할할 수 없거나 현물로 분할하게 되면 그 가액이 현저히 감손될 염려가 있는 때에는 공유물의 경매를 명하여 대금분할을 할 수 있다. 여기에서 '현물로 분할할 수 없다'는 요건은 물리적으로 분할이 불가능한 경우는 물론, 공유물의 성질, 위치나 면적, 이용 상황, 분할 후의 사용가치 등에 비추어 현물분할을 하는 것이 곤란하거나 부적당한 경우를 포함한다. 그리고 '현물로 분할을 하게 되면 현저히 그 가액이 감손될 염려가 있는 경우'에는 공유자의 한 사람이라도 현물분할에 의하여 단독으로 소유하게 될 부분의 가액이 분할 전의 소유지분 가액보다 현저하게 감손될 염려가 있는 경우도 포함된다(대판 2015.12.10. 2013다56297). 그리고 분할방법에 대하여 판례는 "공유물 분할청구의 소는 형성의 소로서 법원은 공유물분할을 청구하는 원고가 구하는 방법에 구애받지 않고 재량에 따라 합리적 방법으로 분할을 명할 수 있으므로, 여러 사람이 공유하는 물건을 현물분할하는 경우에는 분할청구자의 지분 한도 안에서 현물분할을 하고 분할을 원하지 않는 나머지 공유자는 공유로 남게 하는 방법도 허용되지만, 그렇다고 하더라도 <u>공유물분할을 청구한 공유자의 지분한도 안에서는 공유물을 현물 또는 경매·분할함으로써 공유 관계를 해소하고 단독소유권을 인정하여야지, 그 분할청구자 지분의 일부에 대하여만 공유물 분할을 명하고 일부 지분에 대하여는 이를 분할하지 아니하거나, 공유물의 지분비율만을 조정하는 등의 방법으로 공유관계를 유지하도록 하는 것은 허용될 수 없다</u>[1](대판 2011.3.10. 2010다92506).")고 한다.

③ 공유토지분할에 관한 특례법에 의한 분할

일정한 공유토지의 분할에 관한 특례법으로 공유토지분할에 관한 특례법이 있다(2006년 12월 31일까지 효력 가짐, 한시법). 공유토지는 분할조서가 확정된 때에 분할조서의 내용대로 분할되며, 공유지분 위에 존속하는 소유권 이외의 권리는 그 공유자가 분할취득하는 토지부분 위에 집중하여 존속하고(제34조 제1항), 공유토지 전부에 존속하는 소유권 이외의 권리는 이 법에 의한 분할에 의하여 영향을 받지 않는다(제4조). 이 법에 의한 분할의 대상이 되는 토지는 공유토지로서 공유자 총수의 3분의 1 이상 그 지상에 건물을 소유하는 방법으로 1년 이상 자기 지분에 상당하는 토지부분을 특정하여 점유하고 있는 토지이며(제3조 제1항), 이 법에 의한 공유토지의 분할은 원칙적으로 각 공유자가 현재 점유하고 있는 상태를 기준으로 하여 행한다(제5조 제1항 본문).

5) 분할의 효과

① 지분의 이전(교환, 매매)

공유물분할에 의하여 공유관계는 종료하고, 지분의 교환 또는 매매가 있게 된다. 현물분할의 경우에는 지분의 교환이 있게 되며, 대금분할·가격배상의 경우에는 지분의 매매가 있게 된다. 이처럼 공유물 분할은 지분이전의 성질을 갖고 있으므로 공유자간의 담보책임이 문제된다.

② 분할효과의 불소급

부동산의 경우, 협의분할의 경우에는 등기 시(제186조), 재판상 분할의 경우에는 판결확정시(제187조)에 각 소유권을 취득한다. 공유물분할은 지분의 교환·매매의 실질을 가지므로, 분할의 효과는 소급하지 아니한다. 다만 공동상속재산의 분할의 경우에는 분할의 소급효가 인정된다(제1015조, 제997조).

---

[1] 공유는 물건에 대한 공동소유의 한 형태로서 물건에 대한 1개의 소유권이 분량적으로 분할되어 여러 사람에게 속하는 것이므로, 특별한 사정이 없는 한 각 공유자는 일방적으로 공유물의 분할을 청구하여 기존의 공유관계를 폐지하고 각 공유자 간에 공유물을 분배하는 법률 관계를 실현할 권리가 있다. 나아가 그 분할의 방법에 있어, 당사자 사이에 협의가 이루어지는 경우에는 그 방법을 임의로 선택할 수 있으나, 협의가 이루어지지 아니하여 재판에 의하여 공유물을 분할하는 경우에는 법원은 현물로 분할하는 것이 원칙이고, 현물로 분할할 수 없거나 현물로 분할을 하게 되면 현저히 그 가액이 감손될 염려가 있는 때에 비로소 물건의 경매를 명할 수 있으므로, 그러한 사정이 없는 한 법원은 각 공유자의 지분비율에 따라 공유물을 현물 그대로 수개의 물건으로 분할하고, 분할된 물건에 대하여 각 공유자의 단독소유권을 인정하는 판결을 하여야 한다.

③ 분할로 인한 담보책임

> 제270조(분할로 인한 담보책임) 공유자는 다른 공유자가 분할로 인하여 취득한 물건에 대하여 그 지분의 비율로 매도인과 동일한 담보책임이 있다.

공유물분할은 지분의 교환(현물분할)이나 매매(대금분할, 가격배상)에 해당하므로, 서로에게 담보책임이 있다.

④ 지분상의 담보물권

공유자의 지분 위에 성립하고 있던 담보물권이 분할에 의하여 어떤 영향을 받는지에 관해서 민법은 아무런 규정을 두고 있지 않다. 따라서 ① 그 지분을 가진 자가 공유물 전부를 취득하거나 그 일부를 취득한 경우에는 담보물권은 그 지분 위에 존속한다. ② 공유물 전부가 제3자 또는 다른 공유자에게 귀속하게 된 경우에는 담보물권은 타인에게 귀속하게 된 물건의 지분 위에 존속한다. 또한 담보물권자는 물상대위의 규정(제342조, 제370조)에 의하여 지분을 가졌던 자가 취득하는 대금이나 가격 위에 권리를 행사할 수 있다. 즉 甲, 乙의 공유인 부동산 중 甲의 지분 위에 설정된 근저당권 등 담보물권은 특단의 합의가 없는 한 공유물분할이 된 뒤에도 종전의 지분비율대로 공유물 전부의 위에 그대로 존속하고 근저당권설정자인 甲 앞으로 분할된 부분에 당연히 집중되는 것은 아니다(대판 1989.8.8. 88다카24868)

3. 합유

(1) 합유의 의의와 성질

> 제271조(물건의 합유) ① 법률의 규정 또는 계약에 의하여 수인의 조합체로서 물건을 소유하는 때에는 합유로 한다. 합유자의 권리는 합유물 전부에 미친다.
> ② 합유에 관하여는 전항의 규정 또는 계약에 의하는 외에 다음 3조의 규정에 의한다.

합유는 수인이 조합체를 이루어 물건을 소유하는 공동소유의 한 형태이다. 조합체란 수인이 동일한 목적으로 결합되어 있으나, 구성원의 개별성이 강하여 아직 단체로서의 체제를 갖추지 못한 수인의 결합체를 의미한다.

(2) 합유의 성립

합유물에 대한 각 조합원 사이의 권리·의무는 계약이 우선하여 적용되고 민법의 조합규정이 보충적으로 적용된다. 계약에 의한 조합성립의 전형적인 예로는 동업계약과 계가 있다. 법률규정에 의한 합유로는 신탁법 제50조에 의한 조합과 광업법 제17조 제5항에 의한 조합의 두 경우가 있다.

(3) 합유관계

> 제272조(합유물의 처분, 변경과 보존) 합유물을 처분 또는 변경함에는 합유자 전원의 동의가 있어야 한다. 그러나 보존행위는 각자가 할 수 있다.

합유자의 권리는 합유물 전부에 미친다. 합유물을 처분 또는 변경하려면 합유자 전원의 동의가 있어야 한다. 그러나 보존행위는 각자가 할 수 있다.

> 제706조(사무집행의 방법) ① 조합계약으로 업무집행자를 정하지 아니한 경우에는 조합원의 3분의 2 이상의 찬성으로써 이를 선임한다.
> ② 조합의 업무집행은 조합원의 과반수로써 결정한다. 업무집행자가 수인인 때에는 그 과반수로써 결정한다.
> ③ 조합의 통상사무는 전항의 규정에 불구하고 각 조합원 또는 각 업무집행자가 전행할 수 있다. 그러나 그 사무의 완료 전에 다른 조합원 또는 다른 업무집행자의 이의가 있는 때에는 즉시 중지하여야 한다.

민법 제272조에 따르면 합유물을 처분 또는 변경함에는 합유자 전원의 동의가 있어야 하나, 합유물 가운데서도 조합재산의 경우 그 처분·변경에 관한 행위는 조합의 특별사무에 해당하는 업무집행으로서, 이에 대하여는 특별한 사정이 없는 한 민법 제706조 제2항이 민법 제272조에 우선하여 적용되므로, 조합재산의 처분·변경은 업무집행자가 없는 경우에는 조합원의 과반수로 결정하고, 업무집행자가 수인 있는 경우에는 그 업무집행자의 과반수로써 결정하며, 업무집행자가 1인만 있는 경우에는 그 업무집행자가 단독으로 결정한다(대판 1998.3.13. 95다30345; 대판 2010.4.29. 2007다18911).

(4) 합유지분의 처분

> 제273조(합유지분의 처분과 합유물의 분할금지) ① 합유자는 전원의 동의 없이 합유물에 대한 지분을 처분하지 못한다.
> ② 합유자는 합유물의 분할을 청구하지 못한다.

1) 합유지분의 의의 및 성질

합유지분이란 합유물에 대한 합유자의 권리를 말하는 것으로, 이는 합유물 전부에 미친다. 합유지분은 공유지분과 같이 자유로이 처분할 수 있는 독립한 권리로서의 지분이 아니다. 다시 말하면 합유의 지분은 조합의 목적과 단체성에 의하여 제약을 받으며, 조합원의 자격과 분리하여 지분권만을 처분할 수 없다.

2) 합유지분의 처분

민법은 합유자로 하여금 전원의 동의 없이 합유물에 대한 지분을 처분하지 못하도록 규정하고 있다. 이 경우 합유자 전원의 동의가 있으면 합유지분의 처분이 가능하고, 그렇지 않은 지분의 처분은 무효이다(대판 1970.12.29. 69다22). 그리고 합유지분 포기가 적법하다면 그 포기된 합유지분은 나머지 잔존 합유지분권자들에게 균분으로 귀속하게 되지만 그와 같은 물권변동은 합유지분권의 포기라고 하는 법률행위에 의한 것이므로 등기하여야 효력이 있고 지분을 포기한 합유지분권자로부터 잔존 합유지분권자들에게 합유지분권 이전등기가 이루어지지 아니하는 한 지분을 포기한 지분권자는 제3자에 대하여 여전히 합유지분권자로서의 지위를 가지고 있다고 보아야 한다(대판 1997.9.9. 96다16896).

(5) 합유물의 분할금지

조합이 존속하고 있는 동안은 각 합유자는 합유물의 분할을 청구하지 못한다.

(6) 합유의 종료

> 제274조(합유의 종료) ① 합유는 조합체의 해산 또는 합유물의 양도로 인하여 종료한다.
> ② 전항의 경우에 합유물의 분할에 관하여는 공유물의 분할에 관한 규정을 준용한다.

1) 합유의 종료원인

합유물의 분할은 원칙적으로 금지되어 있으므로, 합유관계가 종료하는 것은 합유물의 양도로 조합재산이 없게 되는 때와 조합체의 해산이 있게 되는 때이다. 합유자 중 일부가 사망한 경우 그 합유지분은 상속되는지가 문제된다. 조합원의 사망한 경우 그 조합원의 지위는 일신전속적이므로 조합원의 지분은 상속인에게 상속되지 않고, 지분계산방법으로 청산이 되므로 합유지분에 대한 상속등기는 인정될 수 없다. 판례는 "부동산의 합유자 중 일부가 사망한 경우 합유자 사이에 특별한 약정이 없는 한 사망한 합유자의 상속인은 합유자로서의 지위를 승계하는 것이 아니므로, 해당 부동산은 잔존 합유자가 2인 이상일 경우에는 잔존 합유자의 합유로 귀속되고 잔존 합유자가 1인인 경우에는 잔존 합유자의 단독소유로 귀속된다(대판 1994.2.25. 93다39225; 대판 1996.12.10. 96다23238 등)."고 한다.

2) 합유물의 분할

조합체의 해산으로 합유관계를 종료하게 되면 합유물을 분할하게 되는데, 그 분할에는 공유물의 분할에 관한 규정이 준용된다.

4. 총유

> 제275조(물건의 총유) ① 법인이 아닌 사단의 사원이 집합체로서 물건을 소유할 때에는 총유로 한다.
> ② 총유에 관하여는 사단의 정관 기타 계약에 의하는 외에 다음 2조의 규정에 의한다.
> 제276조(총유물의 관리, 처분과 사용, 수익) ① 총유물의 관리 및 처분은 사원총회의 결의에 의한다.
> ② 각사원은 정관 기타의 규약에 좇아 총유물을 사용, 수익할 수 있다.
> 제277조(총유물에 관한 권리의무의 득상) 총유물에 관한 사원의 권리의무는 사원의 지위를 취득·상실함으로써 취득·상실된다.

(1) 총유의 법적 성질과 형태

총유는 법인이 아닌 사단의 사원이 집합체로서 물건을 소유하는 공동소유형태이다. 총유의 주체는 법인격을 취득하지 못한 인적 결합체를 총칭하는 법인격 없는 사단으로서 그 모습이 다양하다. 따라서 이에 대응하여 총유의 형태도 다양하게 나타난다. 예를 들어, 종중재산, 교회재산, 촌락단체의 재산이나 의사회·친목회·동창회·학회·정당·어촌계 등이다. 부동산의 총유는 이를 등기하여야 하며, 등기는 사단의 명의로 그 대표자 또는 관리인이 이를 신청한다.

(2) 총유물의 관리·처분[1][2] 및 사용·수익

1) 총유물의 관리 및 처분은 사원총회의 결의에 의한다. 일반적으로 사용·수익의 권능은 각 사원에게 귀속되지만, 그 행사는 정관 기타의 규약에 따라 하여야 한다.

2) 각 사원이 총유물에 관한 보존행위를 단독으로 할 수 있는가에 관해서는 민법에 규정이 없다. 과거의 판례는 각 사원이 총회의 결의를 얻어 단독으로 보존행위를 할 수 있다고 하였으나, 현재의 판례는 "법인 아닌 사단이 그 명의로 사원총회의 결의를 거쳐서 하거나 또는 그 구성원 전원이 당사자가 되어 필수적 공동소송의 형태로 할 수 있을 뿐 그 사단의 구성원은 설령 그가 사단의 대표자라거나 사원총회의 결의를 거쳤다 하더라도 보존행위를 할 수 없다(대판 2005.9.15. 2004다44971 전합)."고 하고 있다.

3) 판례는 "민법 제275조, 제276조 제1항에서 말하는 총유물의 관리 및 처분이라 함은 총유물 그 자체에 관한 이용·개량행위나 법률적·사실적 처분행위를 의미하는 것이므로, 비법인사단이 타인 간의 금전채무를 보증하는 행위는 총유물 그 자체의 관리·처분이 따르지 아니하는 단순한 채무부담행위에 불과하여 이를 총유물의 관리·처분행위라고 볼 수는 없다. 따라서 비법인사단인 재건축조합의 조합장이 채무보증계약을 체결하면서 조합규약에서 정한 조합 임원회의 결의를 거치지 아니하였다거나 조합원총회 결의를 거치지 않았다고 하더라도 그것만으로 바로 그 보증계약이 무효라고 할 수는 없다. 다만, 이와 같은 경우에 조합 임원회의 결의 등을 거치도록 한 조합규약은 조합장의 대표권을 제한하는 규정에 해당하는 것이므로, 거래 상대방이 그와 같은 대표권 제한 및 그 위반 사실을 알았거나 과실로 인하여 이를 알지 못한 때에는 그 거래행위가 무효로 된다고 봄이 상당하며, 이 경우 그 거래 상대방이 대표권 제한 및 그 위반 사실을 알았거나 알지 못한 데에 과실이 있다는 사정은 그 거래의 무효를 주장하는 측이 이를 주장·입증하여야 한다(대판 2007.4.19. 2004다60072·60089 전합)."고 한다.

4) 그리고 판례는 "총유물의 보존에 있어서는 공유물의 보존에 관한 민법 제265조의 규정이 적용될 수 없고, 민법 제276조 제1항의 규정에 따른 사원총회의 결의를 거치거나 정관이 정하는 바에 따른 절차를 거쳐야 하므로, 법인 아닌 사단인 교회가 총유재산에 대한 보존행위로서 소송을 하는 경우에도 교인 총회의 결의를 거치거나 정관이 정하는 바에 따른 절차를 거쳐야 한다. 민법 제275조, 제276조 제1항은 총유물의 관리 및 처분에 관하여는 정관이나 규약에 정한 바가 있으면 그에 의하되 정관이나 규약에서 정한 바가 없으면 사원총회의 결의에 의하도록 규정하고 있으므로, 이러한 절차를 거치지 아니한 총유물의 관리·처분행위는 무효라 할 것이고, 이 법리는 민법 제278조에 의하여 소유권 이외의 재산권에 대하여 준용되고 있다. 그런데 위 법조에서 말하는 총유물의 관리 및 처분이라 함은 총유물 자체에 관한 이용·개량행위나 법률적·사실적 처분행위를 의미하므로 총유물 자체의 관리·처분이 따르지 아니하는 채무부담행위는 이를 총유물의 관리·처분행위라고 볼 수 없다(대판 2014.2.13. 2012다112299·112305)."고 본다.

---

1) 관리·처분행위에 해당하지 않는 경우: ① 비법인사단이 타인 간의 금전채무를 보증하는 행위, ② 비법인사단이 총유물의 매수인에게 그 매매계약에 의하여 이미 부담하고 있는 채무의 존재를 인식하고 있다는 뜻을 표시하는 데 불과한 소멸시효 중단사유로서의 승인(대판 2009.11.26. 2009다64383), ③ 종중이 그 소유 토지의 매매를 중개한 중개업자에게 중개수수료를 지급하기로 하는 약정을 체결하는 행위(대판 2012.4.12. 2011다107900), ④ 주택건설촉진법에 의하여 설립된 재건축조합이 재건축사업의 시행을 위하여 설계용역계약을 체결하는 행위(대판 2003.7.22. 2002다64780)

2) 관리·처분행위에 해당하는 경우: 종중 소유의 토지에 대한 수용보상금을 분배하는 행위 – 비법인사단인 종중의 토지에 대한 수용보상금은 종원의 총유에 속하고, 그 수용보상금의 분배는 총유물의 처분에 해당하므로, 정관 기타 규약에 달리 정함이 없는 한 종중총회의 결의에 의하여 그 수용보상금을 분배할 수 있고, 그 분배 비율, 방법, 내용 역시 결의에 의하여 자율적으로 결정할 수 있다(대판 2010.9.30. 2007다74775).

(3) 총유물에 관한 권리·의무의 특성

총유물에 관한 사원의 권리·의무는 사원의 지위를 취득·상실함으로써 취득·상실된다. 총유물에 관한 사원의 권리의 주요한 내용은 총유물의 관리·처분에 참여할 수 있는 것과 총유물을 사용·수익하는 것이다. 그 밖에 총유에 있어서는 공유와 합유에 있어서와 같은 지분이 없다.

> 제278조(준공동소유) 본절의 규정은 소유권이외의 재산권에 준용한다. 그러나 다른 법률에 특별한 규정이 있으면 그에 의한다.

5. 준공동소유

(1) 의의

준공동소유란 소유권 이외의 재산권을 수인이 공동으로 소유하는 법률관계를 말한다. 준공동소유에는 준공유·준합유·준총유의 세 종류가 있다.

(2) 준공동소유가 인정되는 재산권

1) 소유권 이외의 물권

준공동소유가 인정되는 것으로는 지상권·지역권·전세권·저당권과 같은 민법상의 물권이 있다.

2) 채권

채권에 대해서도 준공동소유가 인정되는가에 관하여, 다수설은 준공동소유가 성립하나, 채권편의 불가분채권에 관한 규정이 우선 적용된다고 한다.

3) 기타 재산권

상법상의 재산권인 주식·사채와 광업권, 저작권, 특허권, 어업권 등에 대해서도 준공동소유가 인정된다.

VI. 소유권에 관한 특수문제(명의신탁)

1. 의의

명의신탁에 관하여 민법은 아무런 규정을 두고 있지 않다. 판례는 "명의신탁에 대해서 신탁자가 소유권을 보류하여 이를 관리·수익하면서, 공부상의 소유명의만을 수탁자로 하여 두는 것(대판 1965.5.18. 65다312)"이라고 한다. 즉, 진정한 소유자가 아닌 자를 대외적으로 마치 소유자인 것처럼 공부상 표시해놓는 것을 말한다.

2. 명의신탁관계에 대한 판례[1]이론

(1) 유효성

부동산의 명의신탁에 관하여 판례는 명의신탁을 유효한 것으로 보았다. 판례는 명의신탁은 민법 제108조의 통정허위표시에 해당하지 않아 유효하고(대판 1995.12.26. 95다29888), 양도소득세 등을 회피하기 위한 방법으로 매매계약을 체결하였다고 하더라도 매매계약이 제103조의 반사회적 법률행위로서 무효로 되지 않는다고 하고(대판 1992.12.22. 91다35540), 대내관계에서는 명의신탁자의 소유권의 인정하여 명의신탁자의 사용·수익·처분을 인정하지만, 대외관계에서는 명의수탁자의 소유권을 인정한다. 명의신탁관계가 성립하려면 신탁자와 수탁자 사이에 명의신탁약정이 있어야 한다고 본다(대판 1981.1.28. 81다카16175). 그리고 토지의 일부매매에 있어서 그 전부에 관하여 매수인 앞으로 이전등기가 경료된 경우에는 매매하지 않은 부분에 대하여는 당사자 사이에 명의신탁관계가 성립한 것으로 의제된다(대판 1981.7.20. 81다1819). 명의신탁할 수 있는 목적물은 공부(등기·등록)에 의하여 권리관계(소유관계)가 표시되는 재화에 한한다. 부동산, 선박(1988.11.8. 87다카2188), 자동차(대판 1996.6.25. 96다12009) 등이 이에 해당하며, 식품접객영업허가(대판 2004.3.12. 2002도5090)·유선방송사업허가(대판 2002.6.14. 99다61378)·예금주(대판 2001.1.5. 2000다49091) 등의 명의신탁도 가능하다. 다만 공부에 의하여 권리관계가 공시될 수 없는 동산은 명의신탁이 성립할 여지가 없으며, 선의취득이 문제된다(대판 1994.10.11. 94다16175). 그리고 명의신탁할 수 있는 권리는 소유권, 전세권(대판 2006.2.9. 2005다59864), 근저당권(대판 2007.1.11. 2006다50055), 가등기담보권(대판 2002.12.24. 2002다50484) 등이 있다.

(2) 대내관계

명의신탁을 설정하는 신탁계약의 기본적 내용은 신탁자가 수탁자에 대한 관계에서 목적물의 재산권을 보유한다는 데 있다(대판 1985.5.12. 89다카2653). 따라서 부동산의 소유자로 등기된 수탁자는 점유권원의 성질상 자주점유를 할 수 없어 신탁부동산의 소유권을 시효취득할 수 없다(대판 1987.11.10. 85다카1644). 또한 명의신탁한 대지 위에 제3자가 신탁자의 승낙을 얻어 공작물을 설치한 경우에도 수탁자에게는 그 제3자에 대한 관계에서 물권적 청구권이 인정되지 않기 때문에 수탁자는 그 공작물의 철거를 청구할 수 없다(대판 1965.8.24. 65다1081). 그리고 명의신탁된 토지 위에 수탁자가 건물을 지어 소유하고 있다가 명의신탁이 해지된 경우에 관습법상의 법정지상권을 취득할 수도 없다. 왜냐하면 수탁자는 그 토지의 명의신탁이 되어 있던 기간에도 신탁자와의 대내적 관계에 있어서는 그 토지가 자신의 소유라고 할 수 없기 때문이다(대판 1986.5.27. 86다카62).

(3) 대외관계

수탁자는 대외적 관계에 있어서는 완전한 소유자로서의 지위를 가진다. 따라서 수탁자로부터 명의신탁된 부동산을 양수한 제3자는 그의 선의·악의를 불문하고 소유권을 취득하게 된다(대판 1963.9.19. 63다388). 다만, 제3자가 수탁자의 신탁자에 대한 배임행위에 적극 가담한 경우에는 제3자와 수탁자 사이의 계약은 제103조에 의하여 무효가 될 수 있다(대판 1991.4.23. 91다6221). 또한 제3자가 목적부동산을 불법점거하거나 방해하는 경우에 수탁자만이 물권적 청구권을 행사할 수 있다. 신탁자는 원칙적으로 제3자에 대해서는 직접적으로 어떤 권리도 행사할 수는 없지만 수탁자를 대위해서 반환청구·방해배제청구·손해배상청구를 할 수 있는 경우가 있을 것이다(대판 1979.9.25. 77다1079 전합). 그러나 제3자가 법

---

[1] 이에 비해 학설은 무효설과 유효설로 나뉘어 있다.

률상 원인 없이 점유함으로 인한 임료 상당의 부당이득반환청구권은 수탁자를 대위하여서도 주장할 수 없다(대판 1991.10.22. 91다17207). 그리고 수탁자로부터 원인 없이 소유자명의를 넘겨받은 제3자에 대해서 소유권을 회복하기 위한 제소권은 수탁자에게만 있다(대판 1967.12.29. 67다2304). 그러나 판례는 공작물책임과 관련하여 신탁자에게 소유자의 무과실책임을 인정함으로써 대내적 관계를 대외적 책임에 고려·반영하고 있다(대판 1977.8.23. 77다246).

(4) 명의신탁의 해지

해지는 해지권자의 일방적 의사표시로 행하게 된다. 단순한 명의신탁에 있어서는 신탁자가 소유권을 보유하고 있고 수탁자는 목적부동산에 대하여 어떤 권한도 가지고 있지 않으므로 신탁자는 명의신탁의 원인이 되는 신탁계약관계를 해지할 수 있다. <u>신탁자는 신탁관계의 종료를 이유로 소유명의의 이전등기절차의 이행을 청구할 수 있으며, 이와 같은 등기청구권은 소유권에 기하여 행사하는 것이므로 소멸시효의 대상이 되지 않는다</u>(대판 1991.11.26. 91다34387). 그리고 명의신탁의 해지는 채권적 효력을 가질 뿐이다(대판 1996.5.31. 94다35985). 따라서 <u>등기명의가 신탁자에게 반환 또는 이전되기 전까지는 외부적 소유권은 수탁자에게 있으므로 수탁자로부터 부동산을 양수받아 등기한 제3자는 유효하게 소유권을 취득한다</u>(대판 1991.8.29. 90다19848).

(5) 상호명의신탁(구분소유적 공유관계)

1) 의의

수인이 일필의 토지를 각 위치 특정하여 그 일부씩 매수하고 편의상 그 소유권이전등기만은 공유지분 이전등기를 경료한 경우에는, 관계 당사자 내부관계에 있어서는 각 특정매수 부분의 소유권을 취득하고, 각 공유지분등기는 각자 특정 매수한 부분에 관하여 각 상호 명의신탁하고 있는 것이다(대판 1980.12.9. 79다634 전합).

2) 성립 및 이전

구분소유적 공유관계는 어떤 토지에 관하여 그 위치와 면적을 특정하여 여러 사람이 구분소유하기로 하는 약정이 있어야만 적법하게 성립할 수 있고, 공유자들 사이에 그 공유물을 분할하기로 약정하고 그 때부터 각자의 소유로 분할된 부분을 특정하여 각자 점유·사용하여 온 경우에도 구분소유적 공유관계가 성립할 수 있지만, 공유자들 사이에서 특정 부분을 각각의 공유자들에게 배타적으로 귀속시키려는 의사의 합치가 이루어지지 아니한 경우에는 이러한 관계가 성립할 여지가 없다(대판 2005.4.29. 2004다71409). 1동의 건물 중 위치 및 면적이 특정되고 구조상 및 이용상 독립성이 있는 일부분씩을 2인 이상이 구분소유하기로 하는 약정을 하고 등기만은 편의상 각 구분소유의 면적에 해당하는 비율로 공유지분등기를 하여 놓은 경우 공유자들 사이에 상호 명의신탁관계에 있는 이른바 구분소유적 공유관계에 해당하고, 낙찰에 의한 소유권취득은 성질상 승계취득이어서 1동의 건물 중 특정부분에 대한 구분소유적 공유관계를 표상하는 공유지분을 목적으로 하는 근저당권이 설정된 후 그 근저당권의 실행에 의하여 위 공유지분을 취득한 낙찰자는 구분소유적 공유지분을 그대로 취득하는 것이므로, 건물에 관한 구분소유적 공유지분에 대한 입찰을 실시하는 집행법원으로서는 감정인에게 위 건물의 지분에 대한 평가가 아닌 특정 구분소유 목적물에 대한 평가를 하게 하고 그 평가액을 참작하여 최저입찰가격을 정한 후 입찰을 실시하여야 한다(대결 2001.6.15. 2000마2633).

3) 해소

상호명의신탁된 부동산의 각 특정부분을 각 공유자의 단독소유로 등기하기 위해서는, 그 특정된 대로 대장상 분할등록을 하고 등기부상 분할등기를 한 후 상호명의신탁해지를 원인으로 한 지분권이전등기를 하여야 한다(대판 2006.9.28. 2004다53050). 공유물분할청구는 공유자의 일방이 그 공유지분권에 터 잡아서 하는 것이므로, 공유지분권을 주장하지 아니하고 목적물의 특정 부분을 소유한다고 주장하는 자는 그 부분에 대하여 신탁적으로 지분등기를 가지고 있는 자를 상대로 하여 그 특정부분에 대한 명의신탁 해지를 원인으로 한 지분이전등기절차의 이행을 구하면 되고, 이에 갈음하여 공유물분할청구를 할 수는 없다(대판 1996.2.23. 95다8430). 내부적으로는 토지의 특정 부분을 소유하나 등기부상으로는 공유지분을 가지는 이른바 구분소유적 공유관계에서 구분공유자 중 1인이 소유하는 부분이 후에 독립한 필지로 분할되고 그 구분공유자가 그 필지에 관하여 단독 명의로 소유권이전등기를 경료받았다면, 그 소유권이전등기는 실체관계에 부합하는 것으로서 유효하고, 그 구분공유자는 당해 토지에 대한 단독소유권을 적법하게 취득하게 되어, 결국 당해 구분공유자에 관한 한 이제 구분소유적 공유관계는 해소된다(대판 2009.12.24. 2008다71858).

3. 부동산실권리자명의등기에 관한 법률

(1) 성립배경

내부적으로는 신탁자가 소유권을 보유한 채 등기명의상으로는 수탁자가 소유권을 갖는 명의신탁은, 과거에는 주로 종중재산과 관련하여 형성되었으나 근래에 와서 세금의 포탈·투기·재산은닉 등 탈법과 불법수단으로 이용되면서 사회적 물의를 일으키게 되었다. 이에 따라 이러한 부정행위를 규제하기 위하여 실명법이 제정되기에 이른 것이다.

(2) 목적과 적용범위

1) 목적

부동산에 관한 소유권 기타 물권을 실체적 권리관계에 부합하도록 실권리자 명의로 등기하게 함으로써 부동산등기제도를 악용한 투기·탈세·탈법행위 등 반사회적 행위를 방지하고 부동산거래의 정상화와 부동산가격의 안정을 도모하여 국민경제의 건전한 발전에 이바지함을 목적으로 한다.

2) 적용 범위

부동산에 관한 소유권 기타 물권을 보유한 자 또는 사실상 취득하거나 취득하려고 하는 자가 타인과의 사이에서 대내적으로는 실권리자가 부동산에 관한 물권을 보유하거나 보유하기로 하고 그에 관한 등기는 그 타인의 명의로 하기로 하는 약정에 대하여 적용된다(제2조 제1항 본문). 이 법은 1995. 3.30. 제정되어 동년 7.1.부터 시행되고 있다. 1995.7.1. 이후에 명의신탁약정 및 그에 따른 등기를 하는 경우뿐만 아니라, 1995.6.30. 이전에 명의신탁약정을 하고 1995.7.1. 이후 그에 따른 등기를 하는 경우에도 적용된다(동법 부칙 제2조). 1995.6.30. 이전에 명의신탁약정 및 그에 따른 등기를 한 때에는 원칙적으로 이 법 시행일부터 1년의 기간(1995.7.1. ~ 1996.6.30.) 이내에 실명등기를 하여야 하며, 이 기간 내에 실명등기 또는 매각처분을 하지 않으면 1996.7.1. 이후에는 같은 법 제4조가 적용되어 명의신탁약정 및 그에 따른 등기는 무효가 된다(동법 제11조, 제12조).

3) 적용의 제외

> **제2조(정의)** 이 법에서 사용하는 용어의 뜻은 다음과 같다.
> 1. "명의신탁약정"(名義信託約定)이란 부동산에 관한 소유권이나 그 밖의 물권(이하 "부동산에 관한 물권"이라 한다)을 보유한 자 또는 사실상 취득하거나 취득하려고 하는 자[이하 "실권리자"(實權利者)라 한다]가 타인과의 사이에서 대내적으로는 실권리자가 부동산에 관한 물권을 보유하거나 보유하기로 하고 그에 관한 등기(가등기를 포함한다. 이하 같다)는 그 타인의 명의로 하기로 하는 약정[위임·위탁매매의 형식에 의하거나 추인(追認)에 의한 경우를 포함한다]을 말한다. 다만, 다음 각 목의 경우는 제외한다.
>   가. 채무의 변제를 담보하기 위하여 채권자가 부동산에 관한 물권을 이전(移轉)받거나 가등기하는 경우
>   나. 부동산의 위치와 면적을 특정하여 2인 이상이 구분소유하기로 하는 약정을 하고 그 구분소유자의 공유로 등기하는 경우
>   다. 신탁법 또는 자본시장과 금융투자업에 관한 법률에 따른 신탁재산인 사실을 등기한 경우
> 2. "명의신탁자"(名義信託者)란 명의신탁약정에 따라 자신의 부동산에 관한 물권을 타인의 명의로 등기하게 하는 실권리자를 말한다.
> 3. "명의수탁자"(名義受託者)란 명의신탁약정에 따라 실권리자의 부동산에 관한 물권을 자신의 명의로 등기하는 자를 말한다.
> 4. "실명등기"(實名登記)란 법률 제4944호 부동산실권리자명의등기에관한법률 시행 전에 명의신탁약정에 따라 명의수탁자의 명의로 등기된 부동산에 관한 물권을 법률 제4944호 부동산실권리자명의등기에관한법률 시행일 이후 명의신탁자의 명의로 등기하는 것을 말한다. [전문개정 2010.3.31.]

① 채무의 변제를 담보하기 위하여 채권자가 부동산에 관한 물권을 이전받거나 가등기하는 경우(양도담보·가등기담보), ② 신탁법 또는 신탁업법에 의한 신탁재산인 사실을 등기한 경우(신탁법상 신탁), ③ 부동산의 위치와 면적을 특정하여 2인 이상이 구분소유하기로 약정하고, 그 구분소유자의 공유로 등기하는 경우(상호명의신탁) 동법상 규제되는 명의신탁약정으로 보지 않는다(동법 제2조 제1호).

4) 특례

> **제8조(종중, 배우자 및 종교단체에 대한 특례)** 다음 각 호의 어느 하나에 해당하는 경우로서 조세 포탈, 강제집행의 면탈(免脫) 또는 법령상 제한의 회피를 목적으로 하지 아니하는 경우에는 제4조부터 제7조까지 및 제12조 제1항부터 제3항까지를 적용하지 아니한다. <개정 2013.7.12.>
> 1. 종중(宗中)이 보유한 부동산에 관한 물권을 종중(종중과 그 대표자를 같이 표시하여 등기한 경우를 포함한다) 외의 자의 명의로 등기한 경우
> 2. 배우자 명의로 부동산에 관한 물권을 등기한 경우
> 3. 종교단체의 명의로 그 산하 조직이 보유한 부동산에 관한 물권을 등기한 경우
> [전문개정 2010.3.31.] [제목개정 2013.7.12.]

① 종중이 보유한 부동산에 관한 물권을 종중외의 자의 명의로 등기한 경우(종중재산 명의신탁), ② 배우자 명의로 부동산에 관한 물권을 등기한 경우(부부재산 명의신탁), ③ 종교단체 명의로 그 산하 조직이 보유한 부동산에 관한 물권을 등기한 경우(종교단체 명의신탁)는 조세포탈·강제집행의 면탈·법령상 회피를 목적으로 하지 아니하는 경우에 한하여 허용된다(제8조).

(3) 명의신탁의 효력

> **제4조(명의신탁약정의 효력)** ① 명의신탁약정은 무효로 한다.
> ② 명의신탁약정에 따른 등기로 이루어진 부동산에 관한 물권변동은 무효로 한다. 다만, 부동산에 관한 물권을 취득하기 위한 계약에서 명의수탁자가 어느 한쪽 당사자가 되고 상대방 당사자는 명의신탁약정이 있다는 사실을 알지 못한 경우에는 그러하지 아니하다.
> ③ 제1항 및 제2항의 무효는 제3자에게 대항하지 못한다. [전문개정 2010.3.31.]

1) 원칙

명의신탁약정은 무효로 한다(제4조 제1항). 그리고 이 약정에 따라 행하여진 등기에 의한 물권변동도 무효가 된다(제4조 제2항 본문). 다만, 이러한 무효는 제3자에게 대항하지 못 한다. 즉 제3자가 수탁자의 배임행위에 적극가담하지 않는 한, 명의신탁사실에 대한 선의·악의를 불문하고 소유권을 취득한다. 여기서의 '제3자'라 함은, 수탁자가 물권자임을 기초로 그와의 사이에 새로운 이해관계를 맺는 자를 말하고, 여기에는 소유권이나 저당권 등 물권을 취득한 자뿐만 아니라 압류 또는 가압류 채권자도 포함되며, 제3자의 선의·악의를 묻지 않는다(대판 2009.3.12. 2008다36022). 그리고 부동산 실권리자명의 등기에 관한 법률이 규정하는 명의신탁약정은 부동산에 관한 물권의 실권리자가 타인과의 사이에서 대내적으로는 실권리자가 부동산에 관한 물권을 보유하되 다만 그에 관한 등기를 타인의 명의로 하기로 하는 약정을 말하는 것일 뿐이므로, 그 자체로 선량한 풍속 기타 사회질서에 반한다고 단정할 수 없을 뿐만 아니라, 위 법률이 비록 부동산등기제도를 악용한 투기·탈세·탈법행위 등 반사회적 행위를 방지하는 것 등을 목적으로 제정되었다고 하더라도, 무효인 명의신탁약정에 기하여 타인 명의의 등기가 마쳐졌다는 이유만으로 그것이 당연히 불법원인급여에 해당한다고 볼 수 없고, 이는 탈세의 목적으로 한 명의신탁약정에 기하여 타인 명의의 등기가 마쳐진 경우라도 마찬가지이다(대판 2010.9.30. 2010도8556). 부동산 실권리자명의 등기에 관한 법률(이하 '부동산실명법'이라 한다) 규정의 문언, 내용, 체계와 입법 목적 등을 종합하면, 부동산실명법을 위반하여 무효인 명의신탁약정에 따라 명의수탁자 명의로 등기를 하였다는 이유만으로 그것이 당연히 불법원인급여에 해당한다고 단정할 수는 없다. 이는 농지법에 따른 제한을 회피하고자 명의신탁을 한 경우에도 마찬가지이다(대판 2019.6.20. 2013다218156 전합).

2) 등기명의신탁(이전형 명의신탁)

신탁자의 명의로 되어 있는 부동산의 등기를 명의신탁약정에 의하여 수탁자에게 이전등기한 경우를 말한다. 이 경우 그 이전등기는 무효가 된다[1]. 이때 명의신탁자는 해지에 기한 소유권이전등기를 청구할 수 없고(대결 1997.5.1. 97마384), 수탁자를 상대로 소유권에 기한 방해배제청구권을 행사하여 수탁자 명의의 등기의 말소를 구하거나 진정명의회복을 원인으로 하는 소유권이전등기를 구할 수 있다(대판 2002.9.6. 2002다35157). 만약 제3자가 위 부동산을 매수하여 이전등기를 완료한 경우에는 신탁자는 그 부동산에 대한 소유권을 상실한다(제4조 제3항).

3) 3자간 등기명의신탁(중간생략형 명의신탁)

① 의의

명의신탁자가 매도인으로부터 부동산 매입계약을 체결한 후 신탁자의 명의가 아닌 수탁자의 명의로 이전등기를 하는 경우이다. 이 경우에는 명의신탁약정이 무효이므로 수탁자는 소유권을 취득하지 못한다(제4조 제2항). 이때 매도인은 직접 수탁자에게 등기말소청구를 할 수 있다. 다만 매도인과 신탁자 사이의 매매계약이 무효가 되는 것은 아니므로 매수인은 매매계약에 따른 소유권이전등기청구권[2]을 보전하기 위하여 매도인을 대위해서 명의수탁자 명의의 등기말소를 청구할 수 있다(대판 2002.11.22. 2002다11496).

② 부당이득반환청구 여부

3자 간 등기명의신탁의 경우 부동산 실권리자명의 등기에 관한 법률에서 정한 유예기간 경과에 의하여 그 명의신탁 약정과 그에 의한 등기가 무효로 되더라도 명의신탁자는 매도인에 대하여 매매계약에 기한 소유권이전등기청구권을 보유하고 있어 그 유예기간의 경과로 그 등기 명의를 보유하지 못하는 손해를 입었다고 볼 수 없다. 또한 명의신탁 부동산의 소유권이 매도인에게 복귀한 마당에 명의신탁자가 무효인 등기의 명의인인 명의수탁자를 상대로 그 이전등기를 구할 수도 없다. 결국 3자 간 등기명의신탁에 있어서 명의신탁자는 명의수탁자를 상대로 부당이득반환을 원인으로 한 소유권이전등기를 구할 수 없다(대판 2008.11.27. 2008다55290·55306). 그리고 지방세법 제107조 제1항에 따라 재산세 납세의무를 부담하는 '재산을 사실상 소유하고 있는 자'는 공부상 소유자로 등재된 여부를 불문하고 당해 토지나 재산에 대한 실질적인 소유권을 가진 자를 의미한다. 명의신탁자가 소유자로부터 부동산을 양수하면서 명의수탁자와 사이에 명의신탁약정을 하여 소유자로부터 바로 명의수탁자 명의로 해당 부동산의 소유권이전등기를 하는 3자 간 등기명의신탁의 경우 명의신탁자의 매수인 지위는 일반 매매계약에서 매수인 지위와 근본적으로 다르지

---

[1] 1995.3.30. 법률 제4944호로 공포되어 1995.7.1.부터 시행된 '부동산 실권리자명의 등기에 관한 법률'(이하 '법률 제4944호 부동산실명법'이라고 한다) 제4조, 제11조, 제12조 등에 의하면, 법률 제4944호 부동산실명법 시행 전에 명의신탁약정에 의하여 부동산에 관한 물권을 명의수탁자의 명의로 등기하거나 하도록 한 명의신탁자는 법률 제4944호 부동산실명법의 시행일부터 1년의 기간 내에 실명등기를 하여야 하고, 그 기간 이내에 실명등기 또는 매각처분 등을 하지 아니하면 그 이후에는 명의신탁약정은 무효가 되고, 명의신탁약정에 따라 행하여진 등기에 의한 부동산의 물권변동도 무효가 된다고 정하고 있다. 따라서 명의신탁자가 그 소유인 부동산의 등기명의를 명의수탁자에게 이전하는 이른바 양자 간 등기명의신탁의 경우에 있어서 명의신탁자와의 명의신탁약정에 의하여 행하여진 명의수탁자 명의의 소유권이전등기는 법률 제4944호 부동산실명법의 유예기간이 경과한 1996.7.1. 이후에는 원인무효로서 말소되어야 한다. 그리하여 명의수탁자로서는 명의신탁자는 물론 제3자에 대한 관계에서도 수탁된 부동산에 대한 소유권자임을 주장할 수 없고, 소유권에 기한 물권적 청구권을 행사할 수도 없다고 할 것이다(대판 2014.2.13. 2012다97864).

[2] 부동산의 매수인이 목적물을 인도받아 계속 점유하는 경우에는 매도인에 대한 소유권이전등기청구권은 소멸시효가 진행되지 않고, 이러한 법리는 3자 간 등기명의신탁에 의한 등기가 유효기간의 경과로 무효로 된 경우에도 마찬가지로 적용된다. 따라서 그 경우 목적 부동산을 인도받아 점유하고 있는 명의신탁자의 매도인에 대한 소유권이전등기청구권 역시 소멸시효가 진행되지 않는다(대판 2013.12.12. 2013다26647).

않으므로, 명의신탁자가 부동산에 관한 매매계약을 체결하고 매매대금을 모두 지급하였다면 재산세 과세기준일 당시 그 부동산에 관한 소유권이전등기를 마치기 전이라도 해당 부동산에 대한 실질적인 소유권을 가진 자로서 특별한 사정이 없는 한 그 재산세를 납부할 의무가 있다. 그런데 과세관청이 3자 간 등기명의신탁에 따라 해당 부동산의 공부상 소유자가 된 명의수탁자에게 재산세 부과처분을 하고 이에 따라 명의수탁자가 재산세를 납부하였더라도 명의수탁자가 명의신탁자 또는 그 상속인을 상대로 재산세 상당의 금액에 대한 부당이득반환청구권을 가진다고 보기는 어렵다(대판 2020.9.3. 2018다283773). 그러나 3자 간 등기명의신탁에서 부동산 실권리자명의 등기에 관한 법률에서 정한 유예기간이 경과한 후 명의수탁자가 신탁부동산을 임의로 처분하거나 강제수용이나 공공용지 협의취득 등을 원인으로 제3취득자 명의로 이전등기가 마쳐진 경우, 특별한 사정이 없는 한 제3취득자는 유효하게 소유권을 취득하게 되므로(같은 법 제4조 제3항), 그로 인하여 매도인의 명의신탁자에 대한 소유권이전등기의무는 이행불능으로 되고 그 결과 명의신탁자는 신탁부동산의 소유권을 이전받을 권리를 상실하는 손해를 입게 되는 반면, 명의수탁자는 신탁부동산의 처분대금이나 보상금을 취득하는 이익을 얻게 되므로, 명의수탁자는 명의신탁자에게 그 이익을 부당이득으로 반환할 의무가 있다(대판 2011.9.8. 2009다49193·49209).

③ 3자 간 등기명의신탁과 계약명의신탁의 구별 기준

명의신탁약정이 3자 간 등기명의신탁인지 아니면 계약명의신탁인지의 구별은 계약당사자가 누구인가를 확정하는 문제로 귀결되는데, 계약명의자가 명의수탁자로 되어 있다 하더라도 계약당사자를 명의신탁자로 볼 수 있다면 이는 3자 간 등기명의신탁이 된다. 따라서 계약명의자인 명의수탁자가 아니라 명의신탁자에게 계약에 따른 법률효과를 직접 귀속시킬 의도로 계약을 체결한 사정이 인정된다면 명의신탁자가 계약당사자라고 할 것이므로, 이 경우의 명의신탁관계는 3자 간 등기명의신탁으로 보아야 한다(대판 2010.10.28. 2010다52799). 다만 부동산경매절차에서 부동산을 매수하려는 사람이 매수대금을 자신이 부담하면서 다른 사람의 명의로 매각허가결정을 받기로 그 다른 사람과 약정함에 따라 매각허가가 이루어진 경우 그 경매절차에서 매수인의 지위에 서게 되는 사람은 어디까지나 그 명의인이므로 경매 목적 부동산의 소유권은 매수대금을 실질적으로 부담한 사람이 누구인가와 상관없이 그 명의인이 취득한다고 할 것이고, 이 경우 매수대금을 부담한 사람과 이름을 빌려 준 사람 사이에는 명의신탁관계가 성립한다(대판 2005.4.29. 2005다664).

4) 계약명의신탁(위임형 명의신탁)

① 의의

수탁자가 매매계약의 당사자로서 매매계약을 체결하고 이전등기를 마친 경우이다. 매도인의 선의·악의 여부에 따라 물권변동의 효력이 달라진다. 매도인의 선의·악의 여부는 계약체결시를 기준으로 판단해야 할 것이다.

② 매도인이 악의인 경우

매도인이 명의신탁약정 사실을 알고 있는 경우[1]에는 물권변동은 무효가 되고 소유권은 매도인에게 귀속된다(제4조 제2항).

③ 매도인이 선의인 경우

매도인이 선의인 경우에는 부동산실명법의 의하여 예외적으로 그 수탁자의 등기명의는 유효한 것으로 처리된다(제4조 제2항 단서). 이 경우 명의신탁이 부동산실명법 시행 *前*에 이루어진 경우라면 명의신탁자는 수탁자에 대하여 부동산 자체의 반환을 청구할 수 있으며[2](대판 2002.12.26. 2000다21123), 명의신탁자가 당해 부동산의 회복을 위해 명의수탁자에 대해 가지는 소유권이전등기청구권은 그 성질상 법률의 규정에 의한 부당이득반환 청구권으로서 민법 제162조 제1항에 따라 10년의 기간이 경과함으로써 시효로 소멸한다(대판 2009.7.9. 2009다23313). 그러나 명의신탁약정이 부동산실명법 시행 *以後*에 이루어졌거나, 부동산실명법 제11조에서 정한 유예기간이 경과하기까지 명의신탁자가 그 명의로 당해 부동산을 등기이전하는 데 법률상 장애가 있었던 경우에는 명의신탁자가 제공한 매수자금에 대한 부당이득반환을 구할 수 있을 뿐이다(대판 2005.1.28. 2002다66922). 명의신탁자의 이러한 부당이득반환청구권은 부동산 자체로부터 발생한 채권이 아닐 뿐만 아니라 소유권 등에 기한 부동산의 반환청구권과 동일한 법률관계나 사실관계로부터 발생한 채권이라고 보기도 어려우므로, 결국 민법 제320조 제1항에서 정한 유치권 성립요건으로서의 목적물과 채권 사이의 견련관계를 인정할 수 없기 때문에 명의신탁자가 설령 부동산을 점유하고 있더라도 유치권을 행사할 수 없게 된다(대판 2009.3.26. 2008다34828). 부동산 실권리자 명의 등기에 관한 법률(이하 '부동산실명법'이라 한다) 시행 이후 부동산을 매수하면서 매수대금의 실질적 부담자와 명의인 간에 명의신탁관계가 성립한 경우, 그들 사이에 매수대금의 실질적 부담자의 요구에 따라 부동산의 소유 명의를 이전하기로 하는 등의 약정을 하였다고 하더라도,

---

1) 명의신탁자와 명의수탁자가 이른바 계약명의신탁 약정을 맺고 매매계약을 체결한 소유자도 명의신탁자와 명의수탁자 사이의 명의신탁 약정을 알면서 그 매매계약에 따라 명의수탁자 앞으로 당해 부동산의 소유권이전등기를 마친 경우 부동산 실권리자명의 등기에 관한 법률 제4조 제2항 본문에 의하여 명의수탁자 명의의 소유권이전등기는 무효이므로, 당해 부동산의 소유권은 매매계약을 체결한 소유자에게 그대로 남아 있게 되고, 명의수탁자가 자신의 명의로 소유권이전등기를 마친 부동산을 제3자에게 처분하면 이는 매도인의 소유권 침해행위로서 불법행위가 된다. 그러나 명의수탁자로부터 매매대금을 수령한 상태의 소유자로서는 그 부동산에 관한 소유명의를 회복하기 전까지는 신의칙 내지 민법 제536조 제1항 본문의 규정에 의하여 명의수탁자에 대하여 이와 동시이행의 관계에 있는 매매대금 반환채무의 이행을 거절할 수 있는데, 이른바 계약명의신탁에서 명의수탁자의 제3자에 대한 처분행위가 유효하게 확정되어 소유자에 대한 소유명의 회복이 불가능한 이상, 소유자로서는 그와 동시이행관계에 있는 매매대금 반환채무를 이행할 여지가 없다. 또한 명의신탁자는 소유자와 매매계약관계가 없어 소유자에 대한 소유권이전등기청구도 허용되지 아니하므로, 결국 소유자인 매도인으로서는 특별한 사정이 없는 한 명의수탁자의 처분행위로 인하여 어떠한 손해도 입은 바가 없다(대판 2013.9.12. 2010다95185).

2) 부동산실권리자명의등기에관한법률 제4조 제1항, 제2항의 규정에 의하면, 명의신탁자와 명의수탁자가 명의신탁 약정을 맺고, 이에 따라 명의수탁자가 당사자가 되어 명의신탁 약정이 있다는 사실을 알지 못하는 소유자와의 사이에 부동산에 관한 매매계약을 체결한 후 그 매매계약에 기하여 당해 부동산의 소유권이전등기를 수탁자 명의로 마친 경우에는 명의신탁자와 명의수탁자 사이의 명의신탁 약정의 무효에도 불구하고 그 소유권이전등기에 의한 당해 부동산에 관한 물권변동 자체는 유효한 것으로 취급되어 명의수탁자는 당해 부동산의 완전한 소유권을 취득하게 되고, 부동산실권리자명의등기에관한법률 시행 전에 위와 같은 명의신탁 약정과 그에 기한 물권변동이 이루어진 다음 부동산실권리자명의등기에관한법률 제11조에서 정한 유예기간 내에 실명등기 등을 하지 않고 그 기간을 경과한 때에도 같은 법 제12조 제1항에 의하여 제4조의 적용을 받게 되어 위 법리가 그대로 적용되는 것인바, 이 경우 명의수탁자는 명의신탁 약정에 따라 명의신탁자가 제공한 비용을 매매대금으로 지급하고 당해 부동산에 관한 소유명의를 취득한 것이고, 위 유예기간이 경과하기 전까지는 명의신탁자는 언제라도 명의신탁 약정을 해지하고 당해 부동산에 관한 소유권을 취득할 수 있었던 것이므로, 명의수탁자는 부동산실권리자명의등기에관한법률 시행에 따라 당해 부동산에 관한 완전한 소유권을 취득함으로써 당해 부동산 자체를 부당이득하였다고 보아야 할 것이고, 부동산실권리자명의등기에관한법률 제3조 및 제4조가 명의신탁자에게 소유권이 귀속되는 것을 막는 취지의 규정은 아니므로 명의수탁자는 명의신탁자에게 자신이 취득한 당해 부동산을 부당이득으로 반환할 의무가 있다(대판 2002.12.26. 2000다21123).

이는 부동산실명법에 의하여 무효인 명의신탁약정을 전제로 명의신탁 부동산 자체 또는 처분대금의 반환을 구하는 범주에 속하는 것이어서 역시 무효라고 보아야 한다. 나아가 명의신탁자와 명의수탁자가 위와 같이 무효인 명의신탁약정을 함과 아울러 그 약정을 전제로 하여 이에 기한 명의신탁자의 명의수탁자에 대한 소유권이전등기청구권을 확보하기 위하여 명의신탁 부동산에 명의신탁자 명의의 가등기를 마치고 향후 명의신탁자가 요구하는 경우 본등기를 마쳐 주기로 약정하였더라도, 이러한 약정 또한 부동산실명법에 의하여 무효인 명의신탁약정을 전제로 한 것이어서 무효이고, 위 약정에 의하여 마쳐진 가등기는 원인무효이다(대판 2015.2.26. 2014다63315). 그리고 아파트의 수분양자가 타인과 대내적으로는 자신이 수분양권을 계속 보유하기로 하되 수분양자 명의만을 타인의 명의로 하는 내용의 명의신탁약정을 맺으면서 분양계약의 수분양자로서의 지위를 포괄적으로 이전하는 내용의 계약인수약정을 체결하고 이에 대하여 명의신탁약정의 존재를 모르는 분양자가 동의 내지 승낙을 한 경우, 이는 계약명의신탁 관계에서 명의수탁자가 당초 명의신탁약정의 존재를 모르는 분양자와 분양계약을 체결한 경우와 다를 바 없으므로, 분양계약인수약정은 유효하다(대판 2015.12.23. 2012다202932).

> **판례**
>
> 주식을 양수하였으나 아직 주주명부에 명의개서를 하지 아니한 경우 또는 주식을 인수하거나 양수하려는 자가 타인의 명의를 빌려 회사의 주식을 인수하거나 양수하고 타인의 명의로 주주명부 기재를 마친 경우, 주주명부상 주주만이 의결권 등 주주권을 행사할 수 있는지 여부(원칙적 적극) 및 이 경우 회사가 주주명부상 주주의 주주권 행사를 부인하거나 주주명부에 기재를 마치지 아니한 자의 주주권 행사를 인정할 수 있는지 여부(원칙적 소극) / 주주명부에 기재를 마치지 않은 자가 회사에 대한 관계에서 주주권을 행사할 수 있는 경우
>
> 특별한 사정이 없는 한, 주주명부에 적법하게 주주로 기재되어 있는 자는 회사에 대한 관계에서 주식에 관한 의결권 등 주주권을 행사할 수 있고, 회사 역시 주주명부상 주주 외에 실제 주식을 인수하거나 양수하고자 하였던 자가 따로 존재한다는 사실을 알았든 몰랐든 간에 주주명부상 주주의 주주권 행사를 부인할 수 없으며, 주주명부에 기재를 마치지 아니한 자의 주주권 행사를 인정할 수도 없다. 주주명부에 기재를 마치지 않고도 회사에 대한 관계에서 주주권을 행사할 수 있는 경우는 주주명부에의 기재 또는 명의개서청구가 부당하게 지연되거나 거절되었다는 등의 극히 예외적인 사정이 인정되는 경우에 한한다(대판 2017.3.23. 2015다248342 전합).

제4장 용익물권

제1절 의의

용익물권이란 타인의 물건을 일정한 범위에서 사용·수익할 수 있는 물권이다. 즉 소유권의 권능 중 사용·수익 권능이 소유권으로부터 분리된 독립한 물권이다. 용익물권은 지상권·지역권·전세권이 있고, 모두 대상이 부동산이다.

제2절 지상권

Ⅰ. 의의

> 제279조(지상권의 내용) 지상권자는 타인의 토지에 건물 기타 공작물이나 수목을 소유하기 위하여 그 토지를 사용하는 권리가 있다.

1. 의의

지상권이란 타인의 토지에 건물 기타 공작물이나 수목을 소유하기 위하여 그 토지를 사용하는 권리를 말한다.

2. 법적 성질

(1) 타물권

지상권은 '타인의 토지'에 대한 권리이다. 지상권의 객체는 타인의 토지인 것이 원칙이므로, 지상권과 토지소유권이 같은 사람에게 속하게 되면 그 지상권은 원칙적으로 혼동으로 소멸한다(제191조). 지상권의 객체인 토지는 1필의 토지임을 원칙으로 하지만 1필의 토지의 일부라도 무방하다. 다만 토지의 일부에 지상권을 설정하는 경우에는 그 범위를 특정하여 등기하여야 한다(부등법 제69조). 지상권은 지표면에 한하지 않고 그 토지의 상하에 미칠 수 있다. 이른바 구분지상권이 인정된다(제289조의2).

(2) 사용권

지상권은 건물 기타 공작물이나 수목을 소유하기 위하여 타인의 토지를 '사용'하는 권리이다. 이와 같이 민법의 지상권은 토지의 '사용'을 본체로 하므로, 다음의 특징이 발현된다. 현재 지상에 건물 기타 공작물, 수목이 존재하지 않아도 지상권은 유효하게 성립할 수 있고, 기존의 건물 기타 공작물, 수목이 멸실하더라도 지상권은 존속할 수 있다. 지상권은 토지사용권이므로 토지를 점유할 수 있는 권리를 포함한다. 따라서 지상권자는 지상권 자체에 기한 물권적 청구권뿐만 아니라 점유권에 기한 점유보호청구권을 가지게 된다. 지상권은 토지사용권이므로 토지사용의 조화를 도모하는 상린관계 규정이 준용된다(제290조).

3. 물권성

지상권은 채권이 아니라 물권이므로 직접 그 객체인 토지를 지배하는 권리이다. 따라서 토지소유자의 변경은 지상권에 영향을 미치지 않으며, 지상권자는 토지소유자의 동의 없이 지상권을 양도하거나 지상권의 대상인 토지를 타인에게 임대할 수 있다(제282조).

구분	지상권	임차권
본질적 차이	배타성 ○	배타성 ×
대항력	○	×
양도성	○	×
존속기간	최장기간 ×, 최단기간 ○ 기간약정 없는 경우: 제281조	최장기간: 위헌 기간약정 없는 경우: 언제든지 해지통고 可能(제635조)
보수(補修)의무	×	○
지료	×	○

Ⅱ. 지상권의 취득

1. 법률행위에 의한 취득

(1) 지상권설정계약과 등기

지상권은 토지소유자와 지상권자의 설정계약, 즉 지상권의 설정을 목적으로 하는 물권적 합의와 등기에 의하여 취득되는 것이 일반적이다. 그리고 설정계약 이외에 유언과 지상권의 양도에 의하여 지상권이 승계취득된다. 어느 것이나 모두 법률행위로 인한 부동산물권의 변동이므로 등기하여야 효력이 발생한다(제186조).

(2) 지상권자와 지상물의 소유권자

법률행위에 의하여 지상권을 설정할 경우 지상권자와 그 지상물의 소유권자가 반드시 일치하여야 하는 것은 아니다. 그리고 지상권설정 시에 그 지상권이 미치는 토지의 범위와 그 설정 당시 매매되는 지상물의 범위를 다르게 하는 것도 가능하다(대판 2006.6.15. 2006다6126·6133).

2. 법률행위에 의하지 않은 취득

(1) 법률규정 또는 판결에 의한 취득

상속·경매·공용징수·취득시효 등의 법률규정 또는 판결에 의하여 취득할 수 있다(제187조). 이 가운데 취득시효로 인한 지상권의 취득은 등기함으로써 효력이 생기지만(대판 1994.10.14. 94다9849), 그 밖의 원인으로 인한 취득은 등기 없이 그 효력이 생긴다(제187조).

(2) 법정지상권

1) 문제점[1]

2) 형태

① 토지와 그 지상의 건물이 동일인에게 속하는 경우에, 건물에 대해서만 전세권을 설정한 후 토지소유자가 변경된 경우(제305조)

② 토지와 그 지상의 건물이 동일인에게 속하고 있는 경우에, 어느 한쪽에만 저당권이 설정된 후 저당권의 실행으로 토지와 건물의 소유자가 다르게 된 경우(제366조)

③ 토지와 그 지상의 건물이 동일인에게 속하는 경우에, 그 토지 또는 건물 중 어느 한쪽에만 가등기담보권·양도담보권 또는 매도담보권이 설정된 후 담보권의 실행으로 토지와 건물의 소유자가 다르게 된 경우(가등기담보등에 관한 법률 제10조)

④ 토지와 입목이 동일인에게 속하고 있는 경우에, 경매 기타의 사유로 토지와 입목이 각각 다른 소유자에게 속하게 된 경우(입목등 등기에 관한 법률 제6조)

⑤ 판례는 그 이외에도 관습법상의 법정지상권을 인정하고 있는데, 분묘기지권과 관습법상의 법정지상권이 있다.

3) 법정지상권 성립 후의 토지 또는 건물의 양도와 법정지상권의 효력

① 토지가 양도된 경우

건물소유자는 그 법정지상권을 취득할 당시의 토지소유자에 대하여서는 물론이고, 그로부터 토지소유권을 전득한 제3자에 대해서도 등기 없이 관습법상의 법정지상권을 주장할 수 있다(대판 1965.9.23. 65다1222 전합).

② 건물 및 관습법상의 법정지상권의 양도가 있는 경우

관습법에 의한 법정지상권을 제3자에게 처분하려면 제187조 단서에 의해 먼저 법정지상권을 등기해야 하며, 등기 없이 건물을 처분한 때에는 건물의 전득자는 토지소유자에게 지상권을 가지고 대항하지 못한다(대판 1965.7.27. 65다864). 다만, 제3자가 경매에 의해 건물의 소유권을 이전받은 경우에는, 등기 없이도 법정지상권을 취득한다(대판 1979.8.29. 79다1087).

---

[1] 민법에서는 토지와 건물이 각각 별개의 독립한 부동산으로 취급되고 있으므로 토지와 건물의 소유자가 다를 수 있다. 토지와 건물의 소유주가 다를 경우 건물소유자는 토지소유자와의 협의를 거쳐 그 토지이용관계를 설정하여야 한다. 토지이용관계가 설정되지 않으면, 건물소유자는 아무 권리도 없이 타인의 토지를 사용하는 것이 되므로 적법하지 않다. 그런데 경우에 따라서는 토지소유자와의 협의를 거쳐 미리 토지이용관계를 설정할 수 없는 부득이한 경우가 있을 수 있다. 이러한 경우에 잠재적인 토지이용권을 법률상 현실화하여 줌으로써, 건물을 독립한 부동산으로 하는 민법의 결함을 시정하려는 제도가 바로 법정지상권이다(김형배). 법정지상권도 법률의 규정에 의한 물권취득이므로 등기를 요하지 않으며(제187조 본문), 토지소유자나 토지소유권을 전득한 제3자에 대하여 등기 없이 지상권을 주장할 수 있으나, 다만 이를 등기하지 아니하면 처분할 수 없다(제187조 단서).

③ 법정지상권을 취득한 건물소유자가 법정지상권 설정등기를 경료하지 않고 건물을 양도하는 경우

특별한 사정이 없는 한 건물과 함께 지상권을 양도하기로 하는 채권적 계약이 있는 것으로 보고, 건물양수인은 양도인을 대위하여 토지소유자에 대하여 법정지상권설정등기절차이행을 청구할 수 있다(대판 1981.9.8. 80다2873). 특히 판례는 "법정지상권을 가진 건물소유자로부터 건물을 양수하면서 법정지상권까지 양도받기로 한 자는 채권자대위의 법리에 따라 전건물소유자 및 대지소유자에 대하여 차례로 지상권의 설정등기 및 이전등기절차이행을 구할 수 있다 할 것이므로 이러한 법정지상권을 취득할 지위에 있는 자에 대하여 대지소유자가 소유권에 기하여 건물철거를 구함은 지상권의 부담을 용인하고 그 설정등기절차를 이행할 의무있는 자가 그 권리자를 상대로 한 청구라 할 것이어서 신의성실의 원칙상 허용될 수 없다(대판 1985.4.9. 84다카1131·1132 전합)."고 한다.

④ 법정지상권의 분리 처분

지상권이 설정된 건물과 법정지상권은 분리하여 처분할 수 있다(대판 2001.12.27. 2000다1976).

Ⅲ. 지상권의 존속기간

1. 설정행위로 기간을 정하는 경우

> 제280조(존속기간을 약정한 지상권) ① 계약으로 지상권의 존속기간을 정하는 경우에는 그 기간은 다음 연한보다 단축하지 못한다.
> 1. 석조, 석회조, 연와조 또는 이와 유사한 견고한 건물이나 수목의 소유를 목적으로 하는 때에는 30년
> 2. 전호 이외의 건물의 소유를 목적으로 하는 때에는 15년
> 3. 건물 이외의 공작물의 소유를 목적으로 하는 때에는 5년
> ② 전항의 기간보다 단축한 기간을 정한 때에는 전항의 기간까지 연장한다.

(1) 견고한 건물의 판단 기준

민법 제280조 제1항 제1호가 정하는 견고한 건물인지의 여부는 그 건물이 갖고 있는 물리적·화학적 외력 또는 화재에 대한 저항력 및 건물해체의 난이도 등을 종합하여 판단하여야 한다. 건물이 목재기둥으로 세워졌다 하더라도 벽체가 벽돌과 시멘트블록으로, 지붕이 스레트로 각 이루어져 있어 상당기간 내구력을 지니고 있고 용이하게 해체할 수 없는 것이면 민법 제280조 제1항 제1호 소정의 견고한 건물에 해당한다(대판 2003.10.10. 2003다33165).

(2) 소유를 목적으로 하는 때

민법 제280조 제1항 제1호가 석조·석회조·연와조 또는 이와 비슷한 견고한 건물이나 수목의 '소유를 목적으로 하는' 지상권의 경우 그 존속기간은 30년보다 단축할 수 없다고 규정하고 있음에 비추어 볼 때, 같은 법조 소정의 최단 존속기간에 관한 규정은 지상권자가 그 소유의 건물 등을 건축하거나 수목을 식재하여 토지를 이용할 목적으로 지상권을 설정한 경우에만 그 적용이 있다(대판 1996.3.22. 95다49318).

2. 설정행위로 기간을 정하지 않는 경우(제281조)

> 제281조(존속기간을 약정하지 아니한 지상권) ① 계약으로 지상권의 존속기간을 정하지 아니한 때에는 그 기간은 전조의 최단존속기간으로 한다.
> ② 지상권설정당시에 공작물의 종류와 구조를 정하지 아니한 때에는 지상권은 전조 제2호의 건물의 소유를 목적으로 한 것으로 본다.

민법은 지상권의 최단기간만을 제한할 뿐 최장기간에 대해서는 아무 제한을 두고 있지 않다. 이 경우 지상권의 존속기간을 무제한으로도 할 수 있는지가 문제된다. 판례는 "민법상 지상권의 존속기간은 최단기만이 규정되어 있을 뿐 최장기에 관하여는 아무런 제한이 없으며, 존속기간이 영구인 지상권을 인정할 실제의 필요성도 있고, 이러한 지상권을 인정한다고 하더라도 지상권의 제한이 없는 토지의 소유권을 회복할 방법이 있을 뿐만 아니라, 특히 구분지상권의 경우에는 존속기간이 영구라고 할지라도 대지의 소유권을 전면적으로 제한하지 아니한다는 점 등에 비추어 보면, 지상권의 존속기간을 영구로 약정하는 것도 허용된다(대판 2001.5.29. 99다66410)."고 한다.

3. 계약갱신과 존속기간

> 제283조(지상권자의 갱신청구권, 매수청구권) ① 지상권이 소멸한 경우에 건물 기타 공작물이나 수목이 현존한 때에는 지상권자는 계약의 갱신을 청구할 수 있다.
> ② 지상권설정자가 계약의 갱신을 원하지 아니하는 때에는 지상권자는 상당한 가액으로 전항의 공작물이나 수목의 매수를 청구할 수 있다.

(1) 법적 성질
지상권자의 갱신청구권의 성질은 형성권이 아니라 청구권, 즉 토지소유자에게 계약의 갱신을 요구하는 권리이다.

(2) 갱신청구권의 요건
제283조 제1항은 지상권이 소멸한 경우라고 규정하고 있으나, 결국은 존속기간의 만료에 의하여 지상권이 소멸한 경우에만 한정된다. 그 밖의 사유로 지상권이 소멸하는 경우에는 사실상 갱신의 문제가 발생할 여지가 없기 때문이다. 지상권이 존속기간의 만료로 소멸한 경우에, 건물 기타 공작물이나 수목이 현존하고 있어야 한다.

(3) 갱신청구권의 행사
갱신청구권은 지상권의 존속기간 만료 후 지체 없이 행사하여야 한다. 지체 없이 행사하지 않은 경우에는 갱신청구권은 불행사로 소멸하고 동시에 매수청구권도 소멸한다. 그리고 지상권의 존속기간만료와 지상권자의 갱신청구권 내지 매수청구권의 행사 사이에는 약간의 시간적 간격이 있더라도 지상권자는 계속 토지를 사용할 수 있다. 갱신청구권을 행사할 수 있는 자는 존속기간이 만료된 지상권자이며, 그 상대방은 행사 당시의 토지소유자이다.

(4) 갱신청구권행사의 효과

지상권자의 갱신청구로 곧 계약갱신의 효과가 발생하지는 않으며, 지상권설정자가 갱신청구에 응하여 청구자와 계약을 체결함으로써 갱신의 효과가 생긴다. 그러나 지상권설정자가 지상권자의 갱신청구를 거절하는 경우에는 지상권자는 상당한 가액으로 지상물의 매수를 청구할 수 있다. 따라서 지상권자의 갱신청구에 대하여 토지소유자는 이를 갱신하여야 하는 부담을 갖게 된다. 매수청구권은 그러한 한도 내에서 지상권설정자의 계약갱신을 간접적으로 강제하는 권리로서의 성질을 가지게 된다(통설).

(5) 지상권자의 매수청구권

매수청구권은 일종의 형성권이므로, 행사시에는 매매계약이 성립하게 된다. 다만 지상권의 차임연체와 같은 귀책사유로 약정소멸사유가 발생한 경우 지상권자는 토지소유권자에 대하여 지상건물의 매수를 청구할 수 없다(대판 1972.12.26. 72다2085).

(6) 갱신과 존속기간

> 제284조(갱신과 존속기간) 당사자가 계약을 갱신하는 경우에는 지상권의 존속기간은 갱신한 날로부터 제280조의 최단존속기간보다 단축하지 못한다. 그러나 당사자는 이보다 장기의 기간을 정할 수 있다.

갱신계약으로 제280조 제1항의 최단기간보다 단기로 존속기간을 정한 때에는 기간은 제280조 제1항의 기간까지 연장되며, 갱신계약시에 존속기간 및 그 밖의 내용에 관하여 특별히 약정한 바가 없으면 갱신된 계약의 내용은 종전의 계약과 동일한 것으로 추정하여야 한다(통설).

4. 강행규정과 경과규정

> 제288조(지상권소멸청구와 저당권자에 대한 통지) 지상권이 저당권의 목적인 때 또는 그 토지에 있는 건물, 수목이 저당권의 목적이 된 때에는 전조의 청구는 저당권자에게 통지한 후 상당한 기간이 경과함으로써 그 효력이 생긴다.
> 제289조(강행규정) 제280조 내지 제287조의 규정에 위반되는 계약으로 지상권자에게 불리한 것은 그 효력이 없다.

IV. 지상권의 효력

1. 지상권자의 토지사용권

(1) 내용

지상권자는 설정계약에서 정한 목적 범위 내에서 타인의 토지를 사용할 권리가 있다(제279조).

(2) 상린관계의 준용

상린관계규정(제216조 ~ 제244조)은 당연히 지상권자 사이 또는 인접토지소유자 사이에 준용된다(제290조).

(3) 점유권과 물권적 청구권

> **제290조(준용규정)** ① 제213조, 제214조, 제216조 내지 제244조의 규정은 지상권자간 또는 지상권자와 인지소유자간에 이를 준용한다.

지상권자는 점유권을 가진다(제192조). 그리고 사용의 원만한 상태가 침해되었다면 지상권에 기한 물권적 청구권도 행사할 수 있다(제290조, 제213조, 제214조).

> **판례**
>
> 1. **제3자가 지상권설정자에 대하여 해당 토지를 사용·수익할 수 있는 채권적 권리를 가지고 있는 경우, 이로써 지상권자에 대항할 수 있는지 여부(소극)**
>   토지에 관하여 저당권을 취득함과 아울러 그 저당권의 담보가치를 확보하기 위하여 지상권을 취득하는 경우, 특별한 사정이 없는 한 그 지상권은 저당권이 실행될 때까지 제3자가 용익권을 취득하거나 목적 토지의 담보가치를 하락시키는 침해행위를 하는 것을 배제함으로써 저당 부동산의 담보가치를 확보하는 데에 그 목적이 있다고 할 것이므로, 제3자가 저당권의 목적인 토지 위에 건물을 신축하는 경우에는, 그 제3자가 지상권자에게 대항할 수 있는 권원을 가지고 있다는 등의 특별한 사정이 없는 한, 지상권자는 그 방해배제청구로서 신축중인 건물의 철거와 대지의 인도 등을 구할 수 있다고 할 것이다. 한편, 물권은 법률 또는 관습법에 의하는 외에는 임의로 창설하지 못하는 것이므로(민법 제185조), 지상권설정등기가 경료되면 그 지상권의 내용과 범위는 등기된 바에 따라서 대세적인 효력이 발생하고, 제3자가 지상권설정자에 대하여 해당 토지를 사용·수익할 수 있는 채권적 권리를 가지고 있다고 하더라도 이러한 사정만으로 지상권자에 대항할 수는 없다고 할 것이다(대판 2008.2.15. 2005다47205).
>
> 2. **지상권자의 권리**
>   [1] 토지에 관하여 저당권을 취득함과 아울러 그 저당권의 담보가치를 확보하기 위하여 지상권을 취득하는 경우, 특별한 사정이 없는 한 당해 지상권은 저당권이 실행될 때까지 제3자가 용익권을 취득하거나 목적 토지의 담보가치를 하락시키는 침해행위를 하는 것을 배제함으로써 저당 부동산의 담보가치를 확보하는 데에 그 목적이 있다고 할 것이므로, 그와 같은 경우 제3자가 비록 토지소유자로부터 신축중인 지상 건물에 관한 건축주 명의를 변경받았다 하더라도, 그 지상권자에게 대항할 수 있는 권원이 없는 한 지상권자로서는 제3자에 대하여 목적 토지 위에 건물을 축조하는 것을 중지하도록 요구할 수 있다.
>   [2] 토지 위에 건물을 신축중인 토지소유자가 토지에 관한 근저당권 및 지상권설정등기를 경료한 후 제3자에게 위 건물에 대한 건축주 명의를 변경하여 준 경우, 제3자가 지상권자에게 대항할 수 있는 권원이 없는 한 지상권자는 제3자에 대하여 목적 토지 위에 건물을 축조하는 것을 중지하도록 요구할 수 있다고 한 사례(대결 2004.3.29. 2003마1753)
>
> 3. **담보지상권**
>   근저당권 등 담보권 설정의 당사자들이 그 목적이 된 토지 위에 차후 용익권이 설정되거나 건물 또는 공작물이 축조·설치되는 등으로써 그 목적물의 담보가치가 저감하는 것을 막는 것을 주요한 목적으로 하여 채권자 앞으로 아울러 지상권을 설정하였다면, 그 피담보채권이 변제 등으로 만족을 얻어 소멸한 경우는 물론이고 시효소멸한 경우에도 그 지상권은 피담보채권에 부종하여 소멸한다(대판 2011.4.14. 2011다6342). 다만, 지상권은 용익물권으로서 담보물권이 아니므로 피담보채무라는 것이 존재할 수 없다. 근저당권 등 담보권 설정의 당사자들이 담보로 제공된 토지에 추후 용익권이 설정되거나 건물 또는 공작물이 축조·설치되는 등으로 토지의 담보가치가 줄어드는 것을 막기 위하여 담보권과 아울러 설정하는 지상권을 이른바 담보지상권이라고 하는데, 이는 당사자의 약정에 따라 담보권의 존속과 지상권의 존속이 서로 연계되어 있을 뿐이고, 이러한 경우에도 지상권의 피담보채무가 존재하는 것은 아니다. 따라서 지상권설정등기에 관한 피담보채무의 범위 확인을 구하는 청구는 원고의 권리 또는 법률상의 지위에 관한 청구라고 보기 어려우므로, 확인의 이익이 없어 부적법하다(대판 2017.10.31. 2015다65042).

2. 지상권의 처분

> 제282조(지상권의 양도, 임대) 지상권자는 타인에게 그 권리를 양도하거나 그 권리의 존속기간 내에서 그 토지를 임대할 수 있다.

(1) 내용

1) 지상권자는 지상권설정자의 동의 없이 타인에게 그 권리를 양도하거나 그 권리의 존속기간 내에서 그 토지를 임대할 수 있으며, 이에 위반하는 계약으로 지상권자에게 불리한 것은 그 효력이 없다(제289조). 즉 양도 또는 임대를 금지하는 특약을 하더라도 그 특약은 무효이다.

2) 지상권을 담보의 목적으로 삼아 저당권을 설정할 수도 있다. 이때 지상권의 투하자본의 회수를 목적으로 하는 담보제공 금지의 특약도 양도금지나 임대금지특약과 같이 무효인지가 문제된다. 담보제공 금지의 특약을 유효로 하는 것은 입법자의 의도에 어긋나며, 민법이 명문으로 지상권의 양도·임대금지의 특약을 무효로 하고 있음에 비추어볼 때, 유사한 기능을 가지는 담보제공 금지의 특약도 무효라고 해야 하고, 따라서 제289조는 제371조에도 적용된다[1].

(2) 지상물의 양도 시에 지상권도 이전하는지 여부

물권변동에 관하여 형식주의를 취하는 현행 민법하에서는 지상권 이전의 등기를 하지 않고 지상권양도의 효력이 생긴다는 것은 있을 수 없으므로 부정된다(통설). 판례는 지상권자는 지상권을 유보한 채 지상물 소유권만을 양도할 수도 있고 지상물 소유권을 유보한 채 지상권만을 양도할 수도 있다고 본다(대판 2006.6.15. 2006다6126·6133).

3. 지료지급의무

(1) 지료

1) 지료청구권

지료의 지급은 지상권의 요소가 아니므로 당사자가 지료의 지급을 약정한 때에만 지상권자는 지료지급의무를 부담한다. 지료에 관한 약정이 없으면 무상의 지상권을 설정한 것으로 인정된다(대판 1995.2.28. 94다37912). 지료액 및 지급시기에 관한 약정은 등기하여야 제3자에게 대항할 수 있다(대판 1996.4.26. 95다52864). 지료는 일시급이든 정기급이든 상관없으며 금전에 한정되지 않는다. 당사자 사이에 합의가 이루어지지 않거나 법정지상권의 경우에는 당사자의 청구에 의하여 법원이 지료를 정한다. 법원에 의한 지료의 결정은 당사자의 지료결정청구에 의하여 형식적 형성소송인 지료결정 판결로 이루어져야 제3자에게도 그 효력이 미친다(대판 2001.3.13. 99다17142).

2) 토지소유권 또는 지상권의 이전과 지료

> 제287조(지상권소멸청구권) 지상권자가 2년 이상의 지료를 지급하지 아니한 때에는 지상권설정자는 지상권의 소멸을 청구할 수 있다.

---

[1] 이에 대해서 소수설은 지상권의 담보제공을 인정하는 제371조에 대해서는 제289조가 적용된다고 할 수 없으므로, 지상권에 대한 저당권설정을 금지하는 특약은 유효하다고 한다(곽윤직).

① 토지소유권의 이전

토지소유권이 이전된 경우에는 지료의 등기가 없다고 하더라도 신 소유자는 지상권자에게 지료를 청구할 수 있다. 다만, 지상권자가 전 소유자와 체결한 특약[1]은 등기된 경우에만 이를 가지고 새로운 소유자에게 대항할 수 있다(대판 1999.9.3. 99다24874). 판례는 "민법 제287조가 토지소유자에게 지상권소멸청구권을 부여하고 있는 이유는 지상권은 성질상 그 존속기간 동안은 당연히 존속하는 것을 원칙으로 하는 것이나, 지상권자가 2년 이상의 지료를 연체하는 때에는 토지소유자로 하여금 지상권의 소멸을 청구할 수 있도록 함으로써 토지소유자의 이익을 보호하려는 취지에서 나온 것이라고 할 것이므로, 지상권자가 그 권리의 목적이 된 토지의 특정한 소유자에 대하여 2년분 이상의 지료를 지불하지 아니한 경우에 그 특정의 소유자는 선택에 따라 지상권의 소멸을 청구할 수 있으나, <u>지상권자의 지료 지급 연체가 토지소유권의 양도 전후에 걸쳐 이루어진 경우 토지양수인에 대한 연체기간이 2년이 되지 않는다면 양수인은 지상권소멸청구를 할 수 없다</u>(대판 2001.3.13. 99다17142)."고 한다. 그리고 지상권자가 2년 이상의 지료를 지급하지 아니한 때에는 지상권설정자는 지상권의 소멸을 청구할 수 있으나(민법 제287조), 지상권설정자가 지상권의 소멸을 청구하지 않고 있는 동안 지상권자로부터 연체된 지료의 일부를 지급받고 이를 이의 없이 수령하여 연체된 지료가 2년 미만으로 된 경우에는 지상권설정자는 종전에 지상권자가 2년분의 지료를 연체하였다는 사유를 들어 지상권자에게 지상권의 소멸을 청구할 수 없으며, 이러한 법리는 토지소유자와 법정지상권자 사이에서도 마찬가지이다(대판 2014.8.28. 2012다102384).

② 지상권의 이전

지상권의 이전이 있으면 장래의 지료채무도 신 지상권자에게 이전하는 것으로 해석된다. 즉 지료채권은 소유권에 종속되어 있고 지료지급채무는 지상권에 종속하고 있으므로, 이들은 서로 결합하여 그 내용상 하나의 법률적 지위를 이루는 것으로 새기는 것이 타당하기 때문이다(통설). 그러나 등기가 없으면 전 지상권자가 지료를 체납한 경우에 그 지료체납의 효과를 신 지상권자에게 대항할 수 없다. 지료 및 그 지급시기에 관한 약정이 등기된 경우에는 그 약정은 신 지상권자에게는 물론 제3자에 대해서도 물권적 효력을 가진다(부등법 제136조).

(2) 지료증감청구권

> **제286조(지료증감청구권)** 지료가 토지에 관한 조세 기타 부담의 증감이나 지가의 변동으로 인하여 상당하지 아니하게 된 때에는 당사자는 그 증감을 청구할 수 있다.
>
> **제289조(강행규정)** 제280조 내지 제287조의 규정에 위반되는 계약으로 지상권자에게 불리한 것은 그 효력이 없다.

지료액은 당사자의 협의로 결정되지만, 그 후에 토지에 관한 조세 기타 부담의 증감이나 지가의 변동으로 인하여 지료의 액수가 상당하지 않게 된 때에는 당사자는 그 증감을 청구할 수 있다. 이 지료증감청구권은 일종의 형성권이다(통설). 이러한 증감청구에 대하여 상대방이 다투는 경우에는 법원의 결정에 따르게 될 것이다. 증감이 인정되면 그 증감청구를 한 때로 소급하여 효력이 생긴다. 그러나 결정될 때까지는 종래의 지료액을 지급하여도 지료의 체납이 되지 않는다고 하여야 한다(대판 2001.3.13. 99다17142).

---

[1] 예 지료를 인상하지 않겠다는 특약

(3) 강행규정

지료증감청구에 관한 제286조의 규정은 강행규정이다. 따라서 이에 대한 당사자들의 약정으로서 지상권자에게 불리한 것은 무효이다.

V. 지상권의 소멸

1. 지상권의 소멸사유

(1) 일반적 소멸사유

지상권은 토지의 멸실, 존속기간의 만료, 혼동, 소멸시효, 지상권에 우선하는 저당권 실행에 의한 경매, 토지수용 등에 의해 소멸된다.

(2) 기타의 소멸사유

1) 지상권소멸청구

> 제287조(지상권소멸청구권) 지상권자가 2년 이상의 지료를 지급하지 아니한 때에는 지상권설정자는 지상권의 소멸을 청구할 수 있다.
>
> 제288조(지상권소멸청구와 저당권자에 대한 통지) 지상권이 저당권의 목적인 때 또는 그 토지에 있는 건물, 수목이 저당권의 목적이 된 때에는 전조의 청구는 저당권자에게 통지한 후 상당한 기간이 경과함으로써 그 효력이 생긴다.
>
> 제289조(강행규정) 제280조 내지 제287조의 규정에 위반되는 계약으로 지상권자에게 불리한 것은 그 효력이 없다.

① 법적 성질

형성권의 성질을 갖는다[2]. 따라서 소멸청구권의 행사로 등기 없이도 지상권소멸의 효과가 생긴다고 한다. 이 경우 형성권의 행사에 의한 물권변동은 법률의 규정에 의한 물권변동이라고 보는 견해(제187조)와 물권적 단독행위에 해당하므로 말소등기가 필요하다는 견해로 나뉜다.

② 강행규정

지상권소멸청구에 관한 제287조와의 규정은 강행규정이다. 따라서 이에 대한 당사자들의 약정으로서 지상권자에게 불리한 것은 무효이다.

2) 지상권의 포기

무상의 지상권은 기간약정 유무를 가리지 않고 지상권자가 자유롭게 포기할 수 있다. 그러나 정기적으로 지료를 지급하는 경우에는 포기에 의해 토지소유자에게 손해가 생긴다면 그 손해는 배상해야 한다(제153조 제2항). 그리고 지상권이 저당권의 목적인 때에는 저당권자의 동의 없이 이를 포기하지 못한다(제371조 제2항).

3) 약정소멸사유

지상권 소멸의 약정사유가 있다면 약정사유 발생 시에 지상권은 소멸한다. 그러나 약정사유가 존속기간, 지료체납 등에 관한 것으로서 지상권자에게 불리한 것은 효력이 없다(제289조).

---

[2] 소수설은 채권적 청구권으로 보며, 그 행사로 당연히 지상권이 소멸하지 않고, 등기하여야 비로소 지상권이 소멸한다고 한다(곽윤직).

2. 지상권 소멸의 효과

(1) 지상물수거권 및 지상권설정자의 매수청구권

> 제285조(수거의무, 매수청구권) ① 지상권이 소멸한 때에는 지상권자는 건물 기타 공작물이나 수목을 수거하여 토지를 원상에 회복하여야 한다.
> ② 전항의 경우에 지상권설정자가 상당한 가액을 제공하여 그 공작물이나 수목의 매수를 청구한 때에는 지상권자는 정당한 이유 없이 이를 거절하지 못한다.

1) 지상물수거권

지상권이 소멸한 때에는 지상권자는 건물 기타 공작물이나 수목을 수거하여 토지를 원상회복하여야 한다. 수거는 지상권소멸 후 지체 없이 하여야 하지만, 수거를 하는 데 필요한 기간 동안은 토지의 사용을 계속할 수 있다.

2) 지상권설정자의 매수청구권

지상권이 소멸한 경우 지상권설정자가 상당한 가액을 제공하여 그 공작물이나 수목의 매수를 청구한 때에는 지상권자는 정당한 이유 없이 이를 거절하지 못한다. 여기서 상당한 가액이란 매수청구권 행사 당시의 시가상당액을 말한다(대판 1972.7.25. 72다653). 토지소유자에게 이러한 권리를 부여하는 것은 사회경제적으로 이익이 되기 때문이다. 매수청구권은 형성권이기 때문에 매수청구권이 행사되면 매매계약이 성립하게 되어 지상권자는 채무에 반하는 행위를 할 수 없다. 다만, 지상권자는 정당한 이유가 있는 경우1)에는 지상물매매계약의 성립을 부인할 수 있다.

(2) 지상권자의 매수청구권

> 제283조(지상권자의 갱신청구권, 매수청구권) ① 지상권이 소멸한 경우에 건물 기타 공작물이나 수목이 현존한 때에는 지상권자는 계약의 갱신을 청구할 수 있다.
> ② 지상권설정자가 계약의 갱신을 원하지 아니하는 때에는 지상권자는 상당한 가액으로 전항의 공작물이나 수목의 매수를 청구할 수 있다.

이 경우 매수청구권은 일종의 형성권이므로, 행사시에는 매매계약이 성립하게 된다. 다만 지상권의 차임연체와 같은 귀책사유로 약정소멸사유가 발생한 경우 지상권자는 토지소유권자에 대하여 지상건물의 매수를 청구할 수 없다(대판 1972.12.26. 72다2085).

(3) 유익비상환청구권

토지의 임차인은 토지에 들인 필요비와 유익비의 상환을 청구할 수 있다(제626조). 그러나 지상권에 관해서는 이러한 규정이 없다. 임대인은 목적물의 사용·수익에 필요한 상태를 유지할 의무가 있지만, 지상권설정자에게는 이와 같은 의무가 없기 때문에 제626조를 곧바로 지상권에 유추적용할 수는 없으므로, 토지소유자는 필요비상환의무를 부담하지 않는다. 그러나 임차인의 유익비상환청구권은 토지가치의 증가분을 임대인이 취득하는 것이 부당이득이 된다는 이유에 기인하는 것이므로, 이를 지상권에 유추적용할 수 있을 것이다(제626조 제2항의 유추해석).

---

1) 지상물가격의 부당한 평가 등

(4) 강행규정

> 제289조(강행규정) 제280조 내지 제287조의 규정에 위반되는 계약으로 지상권자에게 불리한 것은 그 효력이 없다.

Ⅵ. 특수지상권

1. 구분지상권

> 제289조의2(구분지상권) ① 지하 또는 지상의 공간은 상하의 범위를 정하여 건물 기타 공작물을 소유하기 위한 지상권의 목적으로 할 수 있다. 이 경우 설정행위로써 지상권의 행사를 위하여 토지의 사용을 제한할 수 있다.
> ② 제1항의 규정에 의한 구분지상권은 제3자가 토지를 사용·수익할 권리를 가진 때에도 그 권리자 및 그 권리를 목적으로 하는 권리를 가진 자 전원의 승낙이 있으면 이를 설정할 수 있다. 이 경우 토지를 사용·수익할 권리를 가진 제3자는 그 지상권의 행사를 방해하여서는 아니 된다.

구분지상권이라 함은 지하 또는 지상의 공간에 상하의 범위를 정하여 건물 기타 공작물을 소유하기 위한 지상권이다. 예를 들어 송전선 또는 지하철 관련시설을 소유하기 위하여 타인 토지의 지하 또는 지상의 일정한 공간을 사용하는 것 등이 이에 해당한다. 이 경우 설정행위로써 지상권의 행사를 위하여 토지의 사용을 제한할 수 있다. 또한 제3자가 토지를 사용·수익할 권리를 가진 때에도 그 권리자 및 그 권리를 목적으로 하는 권리를 가진 자 전원의 승낙이 있으면 이를 설정할 수 있으며, 이 경우 토지를 사용·수익할 권리를 가진 제3자는 그 지상권의 행사를 방해하여서는 아니 된다.

2. 분묘기지권(관습상의 지상권)

(1) 의의

분묘기지권이란 타인의 토지에 분묘를 설치한 자가 그 분묘를 소유하기 위하여 분묘의 기지 부분과 분묘의 수호 및 제사에 필요한 범위 내에서 분묘의 기지 주위의 공지를 포함한 지역의 타인 소유의 토지를 사용하는 것을 내용으로 하는 지상권 유사의 관습상의 물권이다. 조선고등법원은 한국의 관습에 의거하여 이와 같은 물권을 인정하고 등기 없이 제3자에 대하여 대항할 수 있다(조고판 1927.3.8.)고 하였다. 이러한 관습에 의한 지상권은 대법원도 이를 수용하였다.

(2) 성립요건

판례는 ① 타인의 소유지 내에 그 소유자의 승낙을 얻어 분묘를 설치한 경우(대판 1962.4.6. 61민상1491), ② 자기 소유토지에 분묘를 설치하고 이 토지를 타인에게 양도한 경우(대판 1967.10.12. 67다1903), ③ 타인소유의 토지에 그의 승낙 없이 분묘를 설치한 자가 20년간 평온·공연하게 그 분묘의 기지를 점유함으로써 지상권으로서의 분묘기지권을 시효취득하는 경우(대판 1969.1.28. 68다1927)에 분묘기지권이 성립한다고 한다. 그러나 분묘의 내부에 시신이 안장되어 있지 않은, 즉 가묘의 경우에는 분묘기지권이 인정되지 않는다(대판 1976.10.26. 76다1359).

(3) 효과

1) 분묘기지권의 보호
분묘가 침해당한 때에는 분묘소유자는 그 침해의 배제를 청구할 수 있다.

2) 효력범위
분묘를 수호하고 봉사하는 목적을 달성하는 데 필요한 범위 내이다. 따라서 분묘가 설치된 기지에 국한되는 것이 아니고 분묘의 수호 및 제사의 봉향에 필요한 주위의 빈 땅에도 효력이 미치게 된다. 그러나 분묘기지권이 미치는 범위의 토지라 하더라도 새로 분묘를 신설하거나 원래의 분묘를 다른 곳으로 이장할 수 없다(대판 1958.6.12. 4290민상771). 그리고 합장하여 단분형태로 분묘를 설치하는 것도 불가능하다(대판 2001.8.21. 2001다28367).

3) 존속기간
존속기간의 약정이 없는 경우에는 권리자가 분묘의 수호와 봉사를 계속하는 동안 분묘기지권도 존속한다.

4) 지료
분묘기지의 사용의 대가로 지료가 지급되어야 하는지가 문제된다. 명시적인 반대의 약정이 없는 한 어느 경우에도 토지 소유자의 청구가 있으면 지료를 지급할 의무가 있다고 하는 견해가 있다(이영준). 그러나 경우를 나누어 ① 토지 소유자의 승낙을 얻어 분묘를 설치한 경우는 지료에 관한 약정이 있으면 그에 따르고 약정이 없는 때에는 무상이고, ② 분묘기지권을 시효취득하는 경우에는 무상(대판 1995.2.28. 94다37912)이나, ③ 자기 토지 내에 분묘를 가지고 있던 자가 그 토지를 처분하여 분묘기지권을 취득하게 되는 경우에만 제366조 단서를 적용하여 지료를 결정하여야 할 것이다(다수설). 그리고 자기 소유의 토지 위에 분묘를 설치한 후 토지의 소유권이 경매 등으로 타인에게 이전되면서 분묘기지권을 취득한 자가, 판결에 따라 분묘기지권에 관한 지료의 액수가 정해졌음에도 판결확정 후 책임 있는 사유로 상당한 기간 동안 지료의 지급을 지체하여 지체된 지료가 판결확정 전후에 걸쳐 2년분 이상이 되는 경우에는 민법 제287조를 유추적용하여 새로운 토지소유자는 분묘기지권자에 대하여 분묘기지권의 소멸을 청구할 수 있다. 분묘기지권자가 판결확정 후 지료지급 청구를 받았음에도 책임 있는 사유로 상당한 기간 지료의 지급을 지체한 경우에만 분묘기지권의 소멸을 청구할 수 있는 것은 아니다(대판 2015.7.23. 2015다206850).

(4) 공시방법
관습법상의 지상권은 분묘 자체가 공시의 기능을 하고 있기 때문에 등기는 요구되지 않는다. 분묘가 평장되거나 암장된 경우에는 분묘기지권을 취득할 수 없다(대판 1996.6.14. 96다14036).

> **판례**
>
> 1. **분묘기지권의 설정 - 처분행위**
>
>   분묘의 기지인 토지가 분묘소유권자 아닌 다른 사람의 소유인 경우에 그 토지 소유자가 분묘소유자에 대하여 분묘의 설치를 승낙한 때에는 그 분묘의 기지에 대하여 분묘소유자를 위한 지상권 유사의 물권(분묘기지권)을 설정한 것으로 볼 수 있으나, 종중원은 총유자의 한 사람으로서 그 총유물인 종산을 사용수익할 수 있다 하여도 그 종산에 대한 분묘설치행위는 단순한 사용수익에 불과한 것이 아니고 관습에 의한 지상권 유사의 물권을 취득하게 되는 처분행위에 해당된다할 것이므로 총유체인 종중의 결의가 필요하다(대판 1967.7.18. 66다1600).
>
> 2. **타인 소유의 토지에 분묘를 설치한 경우에 20년간 평온, 공연하게 분묘의 기지를 점유하면 지상권과 유사한 관습상의 물권인 분묘기지권을 시효로 취득한다는 법적 규범이 2000.1.12. 법률 제6158호로 전부 개정된 '장사 등에 관한 법률'의 시행일인 2001.1.13. 이전에 설치된 분묘에 관하여 현재까지 유지되고 있는지 여부(적극)**
>
>   타인 소유의 토지에 분묘를 설치한 경우에 20년간 평온, 공연하게 분묘의 기지를 점유하면 지상권과 유사한 관습상의 물권인 분묘기지권을 시효로 취득한다는 점은 오랜 세월 동안 지속되어 온 관습 또는 관행으로서 법적 규범으로 승인되어 왔고, 이러한 법적 규범이 장사법(법률 제6158호) 시행일인 2001.1.13. 이전에 설치된 분묘에 관하여 현재까지 유지되고 있다고 보아야 한다(대판 2017.1.19. 2013다17292 전합).
>
> 3. **토지양도형 분묘기지권의 지료지급의무 발생시기**
>
>   [1] 분묘의 기지인 토지가 분묘의 수호·관리권자 아닌 다른 사람의 소유인 경우에 그 토지 소유자가 분묘 수호·관리권자에 대하여 분묘의 설치를 승낙한 때에는 그 분묘의 기지에 관하여 분묘기지권을 설정한 것으로 보아야 한다. 이와 같이 승낙에 의하여 성립하는 분묘기지권의 경우 성립 당시 토지 소유자와 분묘의 수호·관리자가 지료 지급의무의 존부나 범위 등에 관하여 약정을 하였다면 그 약정의 효력은 분묘 기지의 승계인에 대하여도 미친다. [2] 자기 소유 토지에 분묘를 설치한 사람이 그 토지를 양도하면서 분묘를 이장하겠다는 특약을 하지 않음으로써 분묘기지권을 취득한 경우, 특별한 사정이 없는 한 분묘기지권자는 분묘기지권이 성립한 때부터 토지 소유자에게 그 분묘의 기지에 대한 토지사용의 대가로서 지료를 지급할 의무가 있다(대판 2021.9.16. 2017다271834·271841).
>
> 4. **취득시효형 분묘기지권의 지료지급의무의 발생시기**
>
>   2000.1.12. 법률 제6158호로 전부 개정된 구 장사 등에 관한 법률(이하 '장사법'이라 한다)의 시행일인 2001.1.13. 이전에 타인의 토지에 분묘를 설치한 다음 20년간 평온·공연하게 분묘의 기지를 점유함으로써 분묘기지권을 시효로 취득하였더라도, 분묘기지권자는 토지소유자가 분묘기지에 관한 지료를 청구하면 그 청구한 날부터의 지료를 지급할 의무가 있다고 보아야 한다. 관습법으로 인정된 권리의 내용을 확정함에 있어서는 그 권리의 법적 성질과 인정 취지, 당사자 사이의 이익형량 및 전체 법질서와의 조화를 고려하여 합리적으로 판단하여야 한다. 취득시효형 분묘기지권은 당사자의 합의에 의하지 않고 성립하는 지상권 유사의 권리이고, 그로 인하여 토지 소유권이 사실상 영구적으로 제한될 수 있다. 따라서 시효로 분묘기지권을 취득한 사람은 일정한 범위에서 토지소유자에게 토지 사용의 대가를 지급할 의무를 부담한다고 보는 것이 형평에 부합한다. 취득시효형 분묘기지권이 관습법으로 인정되어 온 역사적·사회적 배경, 분묘를 둘러싸고 형성된 기존의 사실관계에 대한 당사자의 신뢰와 법적 안정성, 관습법상 권리로서의 분묘기지권의 특수성, 조리와 신의성실의 원칙 및 부동산의 계속적 용익관계에 관하여 이러한 가치를 구체화한 민법상 지료증감청구권 규정의 취지 등을 종합하여 볼 때, 시효로 분묘기지권을 취득한 사람은 토지소유자가 분묘기지에 관한 지료를 청구하면 그 청구한 날부터의 지료를 지급하여야 한다고 봄이 타당하다(대판 2021.4.29. 2017다228007 전합).

3. 관습법상의 법정지상권

(1) 의의

관습법상 또는 관습상의 법정지상권이란 토지와 그 지상 건물이 동일인에게 속하였다가 민법 등이 규정하는 법정지상권의 성립·취득사유가 아닌 사유에 의하여 각각 소유자가 달라진 경우에 그 건물을 철거한다는 특약이 없는 한 건물소유자가 관습법에 의하여 등기 없이 당연히 취득하는 지상권을 말한다. 이러한 관습법상의 법정지상권은 일찍이 조선고등법원판결에서 한국에 있어서의 관습이라고 인정한 것(조고판 1916.9.29.)을 시작으로, 대법원에서 이를 받아들여(대판 1960.9.29. 4292민상944) 현재 관습법으로 형성되어 있다.

(2) 성립요건

1) 토지와 건물이 동일인의 소유에 속할 것

① 건물의 존재[1)]

건물로서의 요건을 갖추고 있는 이상 무허가나 미등기건물도 상관없다. 즉, 동일한 소유자에게 귀속된 토지·건물이 매매 등의 원인으로 소유자가 다르게 된 때에는 그 건물을 철거하기로 하는 합의가 있었다는 등의 특별한 사정이 없는 한 건물소유자는 토지소유자에 대하여 그 건물을 위한 관습상의 지상권을 취득하게 되고, 그 건물은 반드시 등기가 되어 있어야만 하는 것이 아니고 무허가건물이라고 하여도 상관이 없다(대판 1964.9.22. 63아62). 그러나 토지의 점유·사용에 관하여 당사자 사이에 약정이 있는 것으로 볼 수 있거나 토지 소유자가 건물의 처분권까지 함께 취득한 경우에는 관습상의 법정지상권을 인정할 까닭이 없다 할 것이므로 미등기 건물을 그 대지와 함께 양수한 사람이 그 대지에 관하여서만 소유권이전등기를 넘겨받은 상태에서 대지가 경매되어 소유자가 다르게 된 경우에는, 대지와 건물이 동일인의 소유에 속한 것이라고 볼 수 없어 제366조의 법정지상권은 물론 관습법상의 법정지상권도 발생할 수 없다(대판 1998.4.24. 98다4798).

② 동일인의 소유에 속할 것[2)]

처분 당시에 동일인의 소유에 속하여야 한다[3)](대판 1995.7.28. 95다9075). 따라서 관습상의 법정지상권의 성립 요건인 해당 토지와 건물의 소유권의 동일인에의 귀속과 그 후의 각기 다른 사람

[1)] 나대지상에 환매특약의 등기가 마쳐진 상태에서 대지소유자가 그 지상에 건물을 신축하였다면, 대지소유자는 그 신축 당시부터 환매권 행사에 따라 환매권자에게 환매특약 등기 당시의 권리관계 그대로의 토지 소유권을 이전하여 줄 잠재적 의무를 부담한다고 볼 수 있으므로, 통상의 대지소유자로서는 그 건물이 장차 철거되어야 하는 운명에 처하게 될 것임을 예상하면서도 그 건물을 건축하였다고 볼 수 있고, 환매권자가 환매기간 내에 적법하게 환매권을 행사하면 환매특약의 등기 후에 마쳐진 제3자의 근저당권 등 이미 유효하게 성립한 제한물권조차 소멸하므로, 특별한 사정이 없는 한 환매권의 행사에 따라 토지와 건물의 소유자가 달라진 경우 그 건물을 위한 관습상의 법정지상권은 애초부터 생기지 않는다(대판 2010.11.25. 2010두16431).

[2)] [1] 동일인의 소유에 속하고 있던 토지와 지상 건물이 매매 등으로 인하여 소유자가 다르게 된 경우에 건물을 철거한다는 특약이 없는 한 건물소유자는 건물의 소유를 위한 관습상 법정지상권을 취득한다. 그런데 민법 제406조의 채권자취소권의 행사로 인한 사해행위의 취소와 일탈재산의 원상회복은 채권자와 수익자 또는 전득자에 대한 관계에 있어서만 효력이 발생할 뿐이고 채무자가 직접 권리를 취득하는 것이 아니므로, 토지와 지상 건물이 함께 양도되었다가 채권자취소권의 행사에 따라 그 중 건물에 관하여만 양도가 취소되고 수익자와 전득자 명의의 소유권이전등기가 말소되었다고 하더라도, 이는 관습상 법정지상권의 성립요건인 '동일인의 소유에 속하고 있던 토지와 지상 건물이 매매 등으로 인하여 소유자가 다르게 된 경우'에 해당한다고 할 수 없다.
[2] 저당권설정 당시 동일인의 소유에 속하고 있던 토지와 지상 건물이 경매로 인하여 소유자가 다르게 된 경우에 건물소유자는 건물의 소유를 위한 민법 제366조의 법정지상권을 취득한다. 그리고 건물 소유를 위하여 법정지상권을 취득한 사람으로부터 경매에 의하여 건물의 소유권을 이전받은 매수인은 매수 후 건물을 철거한다는 등의 매각조건하에서 경매되는 경우 등 특별한 사정이 없는 한 건물의 매수취득과 함께 위 지상권도 당연히 취득하는데, 이러한 법리는 사해행위의 수익자 또는 전득자가 건물의 소유자로서 법정지상권을 취득한 후 채무자와 수익자 사이에 행하여진 건물의 양도에 대한 채권자취소권의 행사에 따라 수익자와 전득자 명의의 소유권이전등기가 말소된 다음 경매절차에서 건물이 매각되는 경우에도 마찬가지로 적용된다(대판 2014.12.24. 2012다73158). 그리고 이러한 법리는 압류, 가압류나 체납처분압류 등 처분제한의 등기가 된 건물에 관하여 그에 저촉되는 소유권이전등기를 마친 사람이 건물의 소유자로서 관습상의 법정지상권을 취득한 후 경매 또는 공매절차에서 건물이 매각되는 경우에도 마찬가지로 적용된다(대판 2014.9.4. 2011다13463).

[3)] 동일인의 소유 요건과 관련하여 관습법상의 법정지상권을 부정한 판례로는 토지와 건물의 매매 이후 건물에 대한 소유명의가 양도인에게 그대로 남아 있는 경우(대판 1998.4.24. 98다4798), 동일인에 귀속된 소유권이 원인무효로 건물과 토지의 소유권자가 달라진 경우(대판 1999.3.26. 98다64189), 구분소유적 공유관계에 있는 자가 자신의 특정 소유가 아닌 부분에 건물을 신축한 경우(대판 1994.1.28. 93다49871), 토지공유자 중 1인이 공유토지 위에 건물을 소유하고 있다가 토지지분을 전매한 경우(대판 1988.9.27. 87다카140), 공유자의 1인의 지분 과반수의 동의를 얻어 건물을 신축한 후 토지와 건물의 소유자가 달라진 경우(대판 1993.4.13. 92다55756), 명의수탁자가 신탁 토지 위에 건물을 신축한 경우(대판 1986.5.27. 86다카62), 건물의 등기부상 소유명의를 타인에게 신탁한 후에 토지소유권이 경매로 타인에게 이전된 경우(대판 2004.2.13. 2003다29043), 대지를 양도담보한 후에 채무자가 채권자의 승낙을 얻어 그 대지 위에 건물을 지은 후 양도담보권자가 토지를 제3자에게 양도한 경우(대판 1966.5.17. 66다504), 환지처분의 경우(대판 2001.5.8. 2001다4101) 등이 있다.

에의 귀속은 법의 보호를 받을 수 있는 권리변동으로 인한 것이어야 하므로, 원래 동일인에게의 소유권 귀속이 원인무효로 이루어졌다가 그 뒤 그 원인무효임이 밝혀져 그 등기가 말소됨으로써 그 건물과 토지의 소유자가 달라지게 된 경우에는 관습상의 법정지상권을 허용할 수 없다(대판 1999.3.26. 98다64189). 특히 이를 판단하는 기준시기와 관련하여 매수인이 소유권을 취득하는 매각대금의 완납시가 아니라 그 압류 또는 가압류의 효력이 발생하는 때를 기준으로 토지와 그 지상 건물이 동일인에게 속하였는지가 판단되어야 한다[4](대판 2012.10.18. 2010다52140 전합). 반면에 강제경매의 목적이 된 토지 또는 그 지상 건물에 관하여 강제경매를 위한 압류나 그 압류에 선행한 가압류가 있기 이전에 저당권이 설정되어 있다가 그 후 강제경매로 인해 그 저당권이 소멸하는 경우에는, 그 저당권 설정 당시를 기준으로 토지와 그 지상 건물이 동일인에게 속하였는지에 따라 관습상 법정지상권의 성립 여부를 판단하여야 한다[5](대판 2013.4.11. 2009다62059). 그리고 토지의 소유자가 건물을 건축할 당시 이미 토지를 타인에게 매도하였다면 토지의 매수인이 그 건축행위를 승낙하지 않는 이상 그 건물은 장차 철거되어야 하는 운명에 처하게 될 것이고, 토지 소유자가 이를 예상하면서도 건물을 건축하였다면 그 건물을 위한 관습상의 법정지상권은 발생하지 않는다(대판 1994.12.22. 94다41072·41089). 그러나 예를 들어 공유지상에 공유자의 1인 또는 수인 소유의 건물이 있을 경우 다른 특별한 사정이 없는 한 건물 소유자는 그 건물 부지 상에 그 건물을 위하여 관습상의 지상권을 취득한다(대판 1974.2.12. 73다353).

---

[4] 부동산강제경매절차에서 목적물을 매수한 사람의 법적 지위는 다른 특별한 사정이 없는 한 그 절차상 압류의 효력이 발생하는 때를 기준으로 하여 정하여지고, 매수신청인·담보권자·채권자·채무자 기타 그 절차에 이해관계를 가지는 여러 당사자는 그와 같이 하여 정하여지는 법적 지위를 전제로 하여 자신의 이해관계를 계산하고, 나아가 경매절차에의 참여, 채무이행, 대위변제 기타의 재산적 결정에 이르게 된다. 이는 토지와 지상 건물 중 하나 또는 그 전부가 경매의 목적물이 된 경우에 그 경매로 인하여 종국적으로 소유자가 달라지면 이제 토지가 건물의 소유를 위한 사용권의 부담을 안게 되고 건물은 계속 유지되어 존립할 수 있는지와 같이 이해관계인에게 중요한 의미가 있는 사항에 관련하여서도 다를 바 없다고 할 것이다. 그렇다면 강제경매의 목적이 된 토지 또는 그 지상 건물의 소유권이 강제경매로 인하여 그 절차상의 매수인에게 이전된 경우에 건물의 소유를 위한 관습상 법정지상권이 성립하는가 하는 문제에 있어서는 그 매수인이 소유권을 취득하는 매각대금의 완납시가 아니라 그 압류의 효력이 발생하는 때를 기준으로 하여 토지와 그 지상 건물이 동일인에 속하였는지 여부가 판단되어야 한다. 강제경매개시결정의 기입등기가 이루어져 압류의 효력이 발생한 후에 경매목적물의 소유권을 취득한 이른바 제3취득자는 그의 권리를 경매절차상의 매수인에게 대항하지 못하고, 나아가 그 명의로 경료된 소유권이전등기는 매수인이 인수하지 아니하는 부동산의 부담에 관한 기입에 해당하므로(민사집행법 제144조 제1항 제2호 참조) 그 매각대금이 완납되면 직권으로 그 말소가 촉탁되어야 하는 것이어서, 결국 매각대금 완납 당시 소유자가 누구인지는 이 문제맥락에서 별다른 의미를 가질 수 없다는 점 등을 고려하여 보면 더욱 그러하다. 한편 강제경매개시결정 이전에 가압류가 있는 경우에는, 그 가압류가 강제경매개시결정으로 인하여 본압류로 이행되어 가압류집행이 본집행에 포섭됨으로써 당초부터 본집행이 있었던 것과 같은 효력이 있다. 따라서 경매의 목적이 된 부동산에 대하여 가압류가 있고 그것이 본압류로 이행되어 경매절차가 진행된 경우에는 애초 가압류가 효력을 발생하는 때를 기준으로 토지와 그 지상 건물이 동일인에 속하였는지 여부를 판단할 것이다. 이와 달리 강제경매로 인하여 관습상 법정지상권이 성립함에는 그 매각 당시를 기준으로 토지와 그 지상 건물이 동일인에게 속하여야 한다는 취지의 대판 1970.9.29. 70다1454, 대판 1971.9.28. 71다1631 등은 이 판결의 견해와 저촉되는 한도에서 변경하기로 한다(대판 2012.10.18. 2010다52140 전합).

[5] 강제경매의 목적이 된 토지 또는 그 지상 건물에 관하여 강제경매를 위한 압류나 그 압류에 선행한 가압류가 있기 이전에 저당권이 설정되어 있다가 그 후 강제경매로 인해 그 저당권이 소멸하는 경우에는, 그 저당권 설정 이후의 특정 시점을 기준으로 토지와 그 지상 건물이 동일인의 소유에 속하였는지에 따라 관습상 법정지상권의 성립 여부를 판단하게 되면, 저당권자로서는 저당권 설정 당시를 기준으로 그 토지나 지상 건물의 담보가치를 평가하였음에도 저당권 설정 이후에 토지나 그 지상 건물의 소유자가 변경되었다는 외부의 우연한 사정으로 인하여 자신이 당초에 파악하고 있던 것보다 부당하게 높아지거나 떨어진 가치를 가진 담보를 취득하게 되는 예상하지 못한 이익을 얻거나 손해를 입게 되므로, 그 저당권 설정 당시를 기준으로 토지와 그 지상 건물이 동일인에게 속하였는지에 따라 관습상 법정지상권의 성립 여부를 판단하여야 한다.

2) 토지와 건물 중 어느 하나가 매매 기타의 원인으로 처분되어 토지소유자와 건물소유자가 다르게 되었을 것

매매(대판 1960.9.29. 4292민상944), 증여(대판 1963.5.9. 63아11), 귀속재산의 불하(대판 1986.9.9. 85다카2275), 강제경매(대판 1970.9.29. 70다1454), 공유물의 분할(대판 1967.11.14. 67다1105), 국세징수법에 의한 경매(대판 1967.11.28. 67다1831) 등이 판례가 들고 있는 사유이다. 소유자가 다르게 되려면 토지 또는 건물에 관하여 소유권이전등기를 경료해야 한다. 그러나 환지로 인하여 새로운 분할지적선이 그어진 결과 환지 전에는 동일인에게 속하였던 토지와 그 지상건물의 소유자가 달라졌다 하더라도 환지의 성질상 건물의 부지에 관하여 소유권을 상실한 건물 소유자가 환지된 토지(건물부지)에 대하여 건물을 위한 관습상의 법정지상권을 취득한다거나 그 환지된 토지의 소유자가 그 건물을 위한 관습상의 법정지상권의 부담을 안게 된다고는 할 수 없다(대판 2001.5.8. 2001다4101).

3) 당사자 사이에 건물을 철거한다는 특약이 없을 것

그러한 특약이 없다는 것은 건물소유자로 하여금 계속 토지를 사용케 한다는 묵시적 합의가 있다고 해석할 수 있는 전제가 되기 때문이다[1]. 건물철거에 관한 합의 등 특별한 사정의 존재에 관한 주장·증명에 관해서는 그러한 사정의 존재를 주장하는 자가 증명책임을 진다(대판 1988.9.27. 87다카279). 그리고 관습법상의 법정지상권은 포기할 수 있다. 예를 들어 동일인에게 속하였던 대지나 지상물 중 건물만을 양도하면서 따로 건물을 위하여 당사자가 대지에 관한 임대차계약을 체결한 경우에는, 건물의 양수인이 관습법상의 법정지상권을 포기한 것으로 본다(대판 1968.1.31. 67다2007).

4) 등기

관습법상의 법정지상권은 관습법에 의하여 당연히 성립하는 것이므로 제187조에 의하여 등기를 할 필요가 없다(대판 1972.7.25. 72다893). 그러나 제3자에게 이 법정지상권을 전득시키려면 제187조 단서에 의하여 등기를 하여야 한다. 즉 제3자가 관습법상의 법정지상권을 전득하려면, 먼저 건물소유자가 그의 법정지상권의 등기를 하고 난 다음에 이 지상권의 이전등기를 하여야 한다(대판 1968.7.31. 67다759).

(3) 내용

민법의 지상권에 관한 규정이 준용된다. 존속기간에 있어서는 존속기간을 약정하지 아니한 지상권으로 보므로(대판 1963.5.9. 63아11), 민법 제281조의 규정에 의하여 그 존속기간이 정하여진다. 그리고 토지의 사용에 있어서는 그 건물의 유지 및 사용에 필요한 범위에 대하여 효력이 미치며(대판 1974.2.12. 73다353) 지료에 대해서는 제366조 단서를 준용한다(대판 1996.2.13. 95누11023). 관습법상의 법정지상권이 설정된 지상물을 양도한 경우 특별한 사정이 없는 한 지상권도 양도하기로 한 것으로 보아야 하고(대판 1996.4.26. 95다52864), 양수인은 양도인을 대위하여 토지소유자에게 지상권설정등기절차이행을 청구할 수 있을 것이다(대판 1988.9.27. 87다카279).

---

1) [1] 토지와 건물이 동일한 소유자에게 속하였다가 건물 또는 토지가 매매 기타 원인으로 인하여 양자의 소유자가 다르게 되었더라도, 당사자 사이에 그 건물을 철거하기로 하는 합의가 있었던 경우에는 건물 소유자는 토지 소유자에 대하여 그 건물을 위한 관습상의 법정지상권을 취득할 수 없다.
[2] 건물 철거의 합의가 관습상의 법정지상권 발생의 소극적 요건이 되는 이유는 그러한 합의가 없을 때라야 토지와 건물의 소유자가 달라진 후에도 건물 소유자로 하여금 그 건물의 소유를 위하여 토지를 계속 사용케 하려는 묵시적 합의가 있는 것으로 볼 수 있다는 데 있고, 한편 관습상의 법정지상권은 타인의 토지 위에 건물을 소유하는 것을 본질적 내용으로 하는 권리가 아니라, 건물의 소유를 위하여 타인의 토지를 사용하는 것을 본질적 내용으로 하는 권리여서, 위에서 말하는 '묵시적 합의'라는 당사자의 추정 의사는 건물의 소유를 위하여 '토지를 계속 사용한다'는 데 중점이 있는 의사라 할 것이므로, 건물 철거의 합의에 위와 같은 묵시적 합의를 깨뜨리는 효력, 즉 관습상의 법정지상권의 발생을 배제하는 효력을 인정할 수 있기 위하여서는, 단지 형식적으로 건물을 철거한다는 내용만이 아니라 건물을 철거함으로써 토지의 계속 사용을 그만두고자 하는 당사자의 의사가 그 합의에 의하여 인정될 수 있어야 한다.
[3] 토지와 건물의 소유자가 토지만을 타인에게 증여한 후 구 건물을 철거하되 그 지상에 자신의 이름으로 건물을 다시 신축하기로 합의한 경우, 그 건물 철거의 합의는 건물 소유자가 토지의 계속 사용을 그만두고자 하는 내용의 합의로 볼 수 없어 관습상의 법정지상권의 발생을 배제하는 효력이 인정되지 않는다(대판 1999.12.10. 98다58467).

(4) 미등기건물과 법정지상권·관습법상 법정지상권

1) 미등기건물을 전전양수한 자의 법적 지위

미등기부동산의 원시취득자는 이를 등기하지 않으면 처분할 수 없으므로, 미등기부동산을 법적으로 취득할 수는 없다(제187조 단서). 그러나 실제로는 미등기건물을 매수하여 점유하는 일이 일어나므로, 점유자의 법적 지위가 문제가 된다. 건물철거는 그 소유권의 종국적 처분에 해당되는 사실행위이므로 원칙으로는 그 소유자(민법상 원칙적으로는 등기명의자)에게만 그 철거처분권이 있다 할 것이고, 예외적으로 건물을 전소유자로부터 매수하여 점유하고 있는 등 그 권리의 범위 내에서 그 점유 중인 건물에 대하여 법률상 또는 사실상 처분을 할 수 있는 지위에 있는 자에게도 그 철거처분권이 있다(대판 2003.1.24. 2002다61521).

2) 법정지상권의 성립 여부

동일인의 소유에 속하는 대지와 그 지상의 미등기건물 중 대지만이 경매(임의경매)되어 다른 사람 앞으로 이전등기된 경우, 미등기건물의 소유자(= 원시취득자 또는 그 포괄승계인)는 제366조 소정의 법정지상권을 취득한다(대판 2004.6.11. 2004다13533). 대지와 그 지상의 미등기건물을 일괄하여 양도하였으나 대지에 대해서만 양수인 앞으로 이전등기된 후 저당권이 설정되고 경매(임의경매)되어 대지가 다른 사람 소유에 속하게 된 경우, 미등기건물은 여전히 최초의 양도인 소유로 남아 있으므로 저당권 설정 당시에 미등기건물은 양도인의 소유이고 대지는 이전등기를 경료한 양수인의 소유이므로 서로 소유자가 달라 제366조의 법정지상권이 성립될 여지가 없다(대판 2002.6.20. 2002다9660 전합).

3) 관습법상 법정지상권의 성립 여부

① 동일인의 소유에 속하는 대지와 그 지상의 미등기건물 중 대지만을 양도하고 이전등기한 경우, 대지를 양도할 당시에 그 지상건물을 철거하기로 하는 특약을 하는 등의 특별한 사정이 없는 한 미등기건물의 소유자가 관습법상의 법정지상권을 취득한다. 등기된 건물의 경우와 동일하다.

② 대지와 그 지상의 미등기건물을 일괄하여 양도하였으나 대지에 대해서만 이전등기된 경우, 미등기건물의 양수인은 물론이고 양도인도 관습법상의 법정지상권을 취득할 수 없다. 일단 양수인은 그 이전등기를 할 수 없어(제187조) 그 건물의 소유권을 취득할 수 없으므로 그 건물의 소유를 위한 법정지상권을 취득할 수 없다(대판 1989.2.14. 88다카2592), 왜냐하면 법정지상권은 건물의 소유 및 유지를 위하여 건물의 소유자에게 인정되는 것이기 때문이다. 미등기건물의 양도인이 관습법상 법정지상권을 취득하는지가 문제되는데, 양도인은 미등기건물의 소유자이므로, 그 건물 소유를 위한 관습법상 법정지상권을 인정할 여지가 있다. 이에 대하여 관습법상 법정지상권을 인정한 것(대판 1972.10.31. 72다1515)도 있었고, 부정한 것(대판 1998.4.24. 98다4798)도 있었으나, "관습상의 법정지상권은 동일인의 소유이던 토지와 그 지상건물이 매매 기타 원인으로 인하여 각각 소유자를 달리하게 되었으나 그 건물을 철거한다는 등의 특약이 없으면 건물 소유자로 하여금 토지를 계속 사용하게 하려는 것이 당사자의 의사라고 보아 인정되는 것이므로 토지의 점유·사용에 관하여 당사자 사이에 약정이 있는 것으로 볼 수 있거나 토지 소유자가 건물의 처분권까지 함께 취득한 경우에는 관습상의 법정지상권을 인정할 까닭이 없다 할 것이어서, 미등기건물을 그 대지와 함께 매도하였다면 비록 매수인에게 그 대지에 관하여만 소유권이전등기가 경료되고 건물에 관하여는 등기가 경료되지 아니하여 형식적으로 대지와 건물이 그 소유 명의자를 달리하게 되었다 하더라도 매도인에게 관습상의 법정지상권을 인정할 이유가 없다(대판 2002.6.20. 2002다9660 전합)."고 판시하여 부정하고 있다. 그리고 관습상의 법정지상권의 성립 요건인 해당 토지

와 건물의 소유권의 동일인에의 귀속과 그 후의 각기 다른 사람에의 귀속은 법의 보호를 받을 수 있는 권리변동으로 인한 것이어야 하므로, 원래 동일인에게의 소유권 귀속이 원인무효로 이루어졌다가 그 뒤 그 원인무효임이 밝혀져 그 등기가 말소됨으로써 그 건물과 토지의 소유자가 달라지게 된 경우에는 관습상의 법정지상권을 허용할 수 없다(대판 1999.3.26. 98다64189).

제3절 지역권

Ⅰ. 총설

> 제291조(지역권의 내용) 지역권자는 일정한 목적을 위하여 타인의 토지를 자기토지의 편익에 이용하는 권리가 있다.

1. 의의 및 성질

(1) 의의

지역권이란 지역권설정행위에서 정한 일정한 목적을 위하여 타인의 토지를 자기의 토지의 편익에 이용하는 부동산 용익물권의 일종이다. 예를 들어, 타인의 토지를 통행하거나, 그 토지를 거쳐 물을 끌어오거나, 그 토지에 일정한 높이 이상의 건물을 건축하지 않는 등 두 개의 토지 사이의 이용을 조절하는 것을 목적으로 한다. 그 편익을 얻는 토지를 요역지라 하고, 편익을 제공하는 토지를 승역지라고 한다. 따라서 지역권은 요역지의 이용가치를 높이기 위하여 승역지를 이용할 수 있는 권리이다.

(2) 성질

1) 비배타적·공용적 성격

지역권의 토지사용목적은 제한이 없고, 지역권에 의하여 승역지의 소유권의 용익권능이 전면적으로 배제되는 것은 아니다.

2) 부종성

> 제292조(부종성) ① 지역권은 요역지소유권에 부종하여 이전하며 또는 요역지에 대한 소유권이외의 권리의 목적이 된다. 그러나 다른 약정이 있는 때에는 그 약정에 의한다.
> ② 지역권은 요역지와 분리하여 양도하거나 다른 권리의 목적으로 하지 못한다.

지역권은 토지의 편익을 위하여 존재하는 종된 권리이므로, 요역지를 떠나서 독립하여 존재할 수 없다. 따라서 요역지의 소유권이 이전되면 지역권도 당연히 함께 이전된다. 그리고 지역권은 요역지에 대한 소유권 이외의 권리의 목적이 된다. 즉 요역지 위에 지상권, 전세권 또는 임차권이 설정되면 이들 용익권자들은 지역권을 행사할 수 있고, 요역지에 저당권이 설정되면 그 효력은 지역권에도 미친다. 따라서 저당권의 실행으로 요역지가 경락되면 경락인은 지역권을 취득한다. 그러나 요역지와 분리하여 지역권만을 양도하거나 다른 권리의 목적으로 하지 못한다.

3) 불가분성

> 제293조(공유관계, 일부양도와 불가분성) ① 토지공유자의 1인은 지분에 관하여 그 토지를 위한 지역권 또는 그 토지가 부담한 지역권을 소멸하게 하지 못한다.
> ② 토지의 분할이나 토지의 일부양도의 경우에는 지역권은 요역지의 각 부분을 위하여 또는 그 승역지의 각 부분에 존속한다. 그러나 지역권이 토지의 일부분에만 관한 것인 때에는 다른 부분에 대하여는 그러하지 아니하다.
> 제295조(취득과 불가분성) ① 공유자의 1인이 지역권을 취득한 때에는 다른 공유자도 이를 취득한다.
> ② 점유로 인한 지역권취득기간의 중단은 지역권을 행사하는 모든 공유자에 대한 사유가 아니면 그 효력이 없다.
> 제296조(소멸시효의 중단, 정지와 불가분성) 요역지가 수인의 공유인 경우에 그 1인에 의한 지역권소멸시효의 중단 또는 정지는 다른 공유자를 위하여 효력이 있다.

토지공유자의 1인은 그의 지분에 관하여 그 토지를 위한 지역권 또는 그 토지가 부담하는 지역권을 소멸하게 하지 못한다. 그리고 요역지 또는 승역지가 분할되거나 일부 양도된 경우에는, 지역권은 요역지의 각 부분을 위하여 또는 승역지의 각 부분에 존속한다. 그러나 지역권이 그 성질상 토지의 일부분에만 존재하는 경우에, 지역권은 그 일부분만을 위하여 또는 그 일부분에만 존속한다. 그리고 공유자 1인이 지역권을 취득한 경우 다른 공유자도 함께 그 지역권을 취득한다. 취득시효중단은 공유자 전원에 대하여 하여야 그 효력이 발생하며, 공유자의 1인에게 취득시효의 정지사유가 존재하여도 그 효력은 다른 공유자에게 미치지 아니한다. 그러나, 요역지 공유자의 1인에 의한 소멸시효의 중단·정지는 공유자 전원에 대하여 효력이 발생한다.

2. 다른 제도와의 관계

(1) 지상권·전세권

지역권은 타인의 토지의 이용을 그 내용으로 하는 점에서 지상권·전세권과 같다. 그러나 지상권·전세권은 사람과 관계하는 권리이고 또 토지의 이용목적이 한정되는 점에서, 토지와 관계하는 관리이고 그 토지의 이용목적에는 아무런 제한이 없는 지역권과 구별된다.

(2) 상린관계

상린관계는 법률의 규정으로 인지(隣地) 간의 토지사용을 규율하고 있는 데 반하여, 지역권은 격지(隔地) 간에도 발생한다.

(3) 임차권과의 구별

임차권은 채권적 권리이므로 원칙적으로 제3자에게 대항할 수 없는데 반하여, 지역권은 물권으로서 제3자에 대하여 대항할 수 있다. 그리고 임대차에 의하여 당해 토지의 점유 및 사용권이 전면적으로 임차인에게 이전되는 반면, 지역권에서는 승역지의 소유자도 직접 점유하고 용익할 수 있다.

3. 지역권의 존속기간

(1) 문제점

민법은 지역권의 존속기간에 관하여 아무런 규정을 두고 있지 않을 뿐만 아니라, 부동산등기법도 이를 등기사항으로 규정하고 있지 않아 문제가 있다.

(2) 영구적 지역권의 설정가능성

지역권이 본래 영구적인 것으로 설정되었던 로마법 이래의 연혁과 소유권을 제한하는 정도가 낮다는 점 등을 생각할 때 영구적인 지역권의 설정을 인정하는 것이 타당하다(대판 1980.1.29. 79다1704).

(3) 존속기간약정의 등기

존속기간에 관한 당사자 사이의 약정은 유효하다. 그러나 부동산등기법상 등기사항이 아니므로 등기할 방법은 존재하지 않는다. 지역권의 존속기간에 관한 등기는 그 유상성과는 달리 지역권의 존립 자체를 나타내주는 것이므로, 등기할 수 있는 방안이 마련되어야 한다.

4. 지역권의 종류

(1) 편익의 목적에 의한 분류

예를 들어 통행·용수·일조·조망 등을 위한 지역권 또는 특수한 목적을 위한 지역권 등이 있을 수 있다.

(2) 권리행사태양에 의한 분류

1) 작위의 지역권과 부작위의 지역권

승역지소유자의 의무가 인용의무인가 부작위의무인가에 따라 구분된다. 작위의 지역권은 지역권자가 일정한 행위를 할 수 있고, 승역지소유자가 이를 인용하여야 할 의무를 부담하는 것이다. 반면 부작위지역권은 승역지소유자가 일정한 행위를 하지 않을 의무를 부담하는 것이다.

2) 계속지역권과 불계속지역권

> 제294조(지역권취득기간) 지역권은 계속되고 표현된 것에 한하여 제245조의 규정을 준용한다.

양자의 구별실익은 지역권의 시효취득에 차이가 있다. 즉 계속지역권은 지역권의 행사가 끊임없이 계속되는 것이고, 불계속지역권은 지역권을 행사할 때마다 지역권자의 행위를 필요로 하는 것이다.

3) 표현지역권과 불표현지역권

양자의 구별실익 역시 지역권의 시효취득 여부에 있다. 표현지역권은 지역권의 행사를 외부에서 인식할 수 있는 외형적 사실을 수반하는 것이다. 그러나 불표현지역권은 지역권의 행사를 외부에서 인식할 수 있는 외형적 사실을 수반하지 않는 것이다.

II. 지역권의 취득, 효력 및 소멸

1. 지역권의 취득

(1) 일반적 취득사유

지역권은 지역권설정계약과 등기에 취득되는 것이 통상적이나, 유언·상속·양도·취득시효에 의해서도 취득이 가능하다. 다만 지역권의 양도는 요역지의 소유권 또는 사용권의 이전에 수반해서만 가능하다(제292조 제1항, 부종성).

(2) 취득시효

> 제294조(지역권취득기간) 지역권은 계속되고 표현된 것에 한하여 제245조의 규정을 준용한다.

1) 내용

계속되고 표현된 것에 한하여 지역권의 시효취득이 가능하다. 특히 판례는 "계속", "표현"의 개념을 좁히는 경향이 있다.

2) 판례

통행지역권에 관하여 요역지의 소유자가 승역지상에 통로를 개설하여 승역지를 항시 이용하고 있다는 객관적인 상태가 민법 제245조에 규정된 기간 동안 계속된 사실이 있어야 한다(대판 1995.6.13. 95다1088). 통행지역권의 통로개설은 요역지 소유자에 의하여 행해져야 한다(대판 1993.5.11. 91다46861). 요역지의 소유자 기타 사용권자만이 시효취득을 할 수 있다(대판 1979.4.19. 78다2482). 요역지의 불법점유자는 상린관계로서의 주위토지통행권의 주장이나 지역권의 시효취득 주장을 할 수 없다(대판 1976.10.29. 76다1694).

> **판례** 취득시효 관련 판례
>
> [1] 취득시효기간을 계산할 때에, 점유기간 중에 해당 부동산의 소유권자가 변동된 경우에는 취득시효를 주장하는 자가 임의로 기산점을 선택하거나 소급하여 20년 이상 점유한 사실만 내세워 시효완성을 주장할 수 없으며, 법원이 당사자의 주장에 구애됨이 없이 소송자료에 의하여 인정되는 바에 따라 진정한 점유의 개시시기를 인정하고, 그에 터 잡아 취득시효 주장의 당부를 판단하여야 한다. 한편 점유가 순차 승계된 경우에는 취득시효의 완성을 주장하는 자가 자기의 점유만을 주장하거나 또는 자기의 점유와 전 점유자의 점유를 아울러 주장할 수 있는 선택권이 있다. 소유권의 취득시효에 관한 위와 같은 법리는 지역권의 취득시효에 관한 민법 제294조에 의하여 민법 제245조의 규정이 준용되는 통행지역권의 취득시효에 관하여도 마찬가지로 적용된다.
>
> [2] 통행지역권의 경우에 지역의 대가로서의 지료는 그 요건이 아니다. 그렇지만 통행지역권의 취득시효가 인정되면, 도로가 개설된 상태에서 승역지가 이용되고 또한 다른 사정이 없는 한 그 존속기간에 제한이 없어 승역지 소유자의 승역지에 대한 사용 및 소유권 행사에 상당한 지장을 주게 되므로 그에 따른 불이익에 대하여 승역지 소유자를 적절히 보호할 필요가 있다. 한편 통행지역권의 취득시효는 승역지 위에 도로를 설치하여 늘 사용하는 객관적 상태를 전제로 하는데, 도로 개설에 의한 종전의 승역지 사용이 무상으로 이루어졌다는 특별한 사정이 없다면 취득시효 전에는 그 사용에 관한 지료 지급의무를 지거나 부당이득반환의무를 지므로, 이러한 상태에서의 도로 개설·사용을 전제로 하여 시효취득이 이루어진다고 할 수 있다. 그리고 민법 제219조는 어느 토지와 공로 사이에 그 토지의 용도에 필요한 통로가 없는 경우에 그 토지 소유자가 주위의 토지를 통행 또는 통로로 하지 아니하면 공로에 출입할 수 없거나 과다한 비용을 요하는 때에는 그 주위의 토지를 통행할 수 있고 필요한 경우에는 통로를 개설할 수 있도록 하여 주위토지통행권을 인정하는 한편, 그 토지 소유자로 하여금 통행지 소유자의 손해를 보상하도록 징하고 있다. 통행지역권은 용익물권으로서 통행지역권의 시효취득은 상린관계에 관한 주위토지통행권과는 그 권리의 성질 및 성립 근거가 다르지만 인접한 토지소유자 사이에서 통로 개설에 의한 통행 이용에 관한 이해관계를 조정하는 역할을 한다는 점에서는 서로 유사하다. 이와 같이 도로 설치에 의한 사용을 근거로 영구적인 통행지역권이 인정되는 통행지역권의 취득시효에 관한 여러 사정들과 아울러 주위토지통행권과의 유사성 등을 종합하여 보면, 종전의 승역지 사용이 무상으로 이루어졌다는 등의 다른 특별한 사정이 없다면 통행지역권을 취득시효한 경우에도 주위토지통행권의 경우와 마찬가지로 요역지 소유자는 승역지에 대한 도로 설치 및 사용에 의하여 승역지 소유자가 입은 손해를 보상하여야 한다고 해석함이 타당하다(대판 2015.3.20. 2012다17479).

2. 지역권의 효력

(1) 타인의 토지를 자기토지의 편익에 이용하는 권리

토지의 편익에 이용한다는 것은 요역지의 사용가치를 증대시키는 것으로서, 승역지의 소유권자는 지역권자의 행위를 용인하거나, 스스로 승역지의 이용을 제한하는 등 토지의 편익의 종류에는 제한이 없다. 다만 지역권의 내용이 상린관계에 관한 강행규정에 위반해서는 안 된다. 승역지의 소유자는 그 승역지가 요역지의 편익에 제공되는 한도에서 의무를 부담한다. 승역지의 소유자는 지역권자의 적극적인 행위를 인용하며, 승역지의 일정한 이용을 하지 않는 것이 그 의무에 포함된다. 이 경우 승역지의 소유자로 하여금 일정한 행위를 할 적극적인 의무를 부담하게 할 수 있는지가 문제되지만, 지역권이 2개의 토지 사이의 이용조절을 기초로 하는 권리라는 점을 고려하여 지역권행사에 필요한 토지의 설치·수선과 같은 부수적인 행위를 승역지의 소유자가 부담하는 것도 가능하다는 것이 통설이다. 특히 승역지 소유자의 의무에 관해서는 제298조가 규정하고 있으며, 이에 관한 약정은 등기할 수 있다.

> 제298조(승역지소유자의 의무와 승계) 계약에 의하여 승역지소유자가 자기의 비용으로 지역권의 행사를 위하여 공작물의 설치 또는 수선의 의무를 부담한 때에는 승역지소유자의 특별승계인도 그 의무를 부담한다.

(2)

지역권은 유상이든 무상이든 상관없다. 하지만 정기적으로 대가를 지급할 약정이 있는 경우에 부동산등기법에 아무런 규정이 없으므로 이를 등기할 수 없다. 따라서 대가지급의 약정은 등기를 하여도 제3자에게 대항하지 못한다.

(3) 요역지와 승역지 사이의 관계

1) 지역권자가 될 수 있는 자

지역권은 두 개의 토지 사이의 이용의 조절을 목적으로 하는 것이므로, 소유권자·지상권자·전세권자는 각각의 권한 내에서 그들이 이용하는 토지를 위하여 또는 그 토지 위에 지역권을 설정할 수 있다. 그리고 지역권설정등기는 승역지의 등기부 을구에 기재된다.

2) 1필의 토지와 일부

요역지는 1필의 토지이어야 하며, 토지의 일부를 위한 지역권을 설정할 수는 없다. 그러나 승역지는 1필의 토지일 필요가 없으며, 토지의 일부 위에도 지역권이 성립할 수 있다.

(4) 물권적 청구권

> 제301조(준용규정) 제214조의 규정은 지역권에 준용한다.

지역권은 일정한 목적에 따라 승역지에서 편익을 얻는 권리이므로, 편익을 얻는 것이 방해되는 경우에는 방해제거청구권 또는 방해예방청구권의 물권적 청구권이 발생한다.

3. 지역권의 소멸

> 제299조(위기에 의한 부담면제) 승역지의 소유자는 지역권에 필요한 부분의 토지소유권을 지역권자에게 위기하여 전조의 부담을 면할 수 있다.

위기(委棄)라 함은 토지소유권을 지역권자에게 이전한다는 일방적 의사표시를 말하며, 위기에 의하여 소유권이 지역권자에게 이전되면 지역권은 혼동에 의하여 소멸한다.

Ⅲ. 특수지역권

> 제302조(특수지역권) 어느 지역의 주민이 집합체의 관계로 각자가 타인의 토지에서 초목, 야생물 및 토사의 채취, 방목 기타의 수익을 하는 권리가 있는 경우에는 관습에 의하는 외에 본장의 규정을 준용한다.

입법자는 특수지역권을 일종의 지역권으로 파악하고자 하였으나, 학설은 특수지역권의 실체를 인역권에 보다 가까운 것으로 보는데 견해가 일치하고 있다.

제4절 전세권

Ⅰ. 서설

> 제303조(전세권의 내용) ① 전세권자는 전세금을 지급하고 타인의 부동산을 점유하여 그 부동산의 용도에 좇아 사용·수익하며, 그 부동산 전부에 대하여 후순위권리자 기타 채권자보다 전세금의 우선변제를 받을 권리가 있다. <개정 1984.4.10.>
> ② 농경지는 전세권의 목적으로 하지 못한다.

1. 의의

(1) 의의

전세권은 전세금을 지급하고 타인의 부동산을 점유하여 그 부동산의 용도에 좇아 사용·수익하는 용익물권으로서, 전세권이 소멸하면 목적부동산으로부터 전세권자는 전세금의 우선변제를 받을 수 있다. 전세제도는 원래 채권관계로서 관행되어 온 이른바 전세를 물권의 일종으로 성문화한 것으로서, 이는 외국의 입법예에서는 찾아볼 수 없는 우리나라의 특유한 제도이다. 특히 전세권설정계약의 당사자가 주로 채권담보 목적으로 전세권을 설정하고 설정과 동시에 목적물을 인도하지 않는다고 하더라도 장차 전세권자가 목적물을 사용·수익하는 것을 배제하지 않는다면, 전세권의 효력을 부인할 수는 없다. 그러나 전세권 설정의 동기와 경위, 전세권 설정으로 달성하려는 목적, 채권의 발생 원인과 목적물의 관계, 전세권자의 사용·수익 여부와 그 가능성, 당사자의 진정한 의사 등에 비추어 전세권설정계약의 당사자가 전세권의 핵심인 사용·수익 권능을 배제하고 채권담보만을 위해 전세권을 설정하였다면, 법률이 정하지 않은 새로운 내용의 전세권을 창설하는 것으로서 물권법정주의에 반하여 허용되지 않고 이러한 전세권설정등기는 무효라고 보아야 한다(대판 2021.12.30. 2018다40235·40242).

(2) 특징

전세제도는 타인의 부동산을 사용·수익한다는 용익물권적 기능과 함께 담보물권적 기능도 아울러 가지고 있다. 그러나 전세제도의 주된 기능은 부동산의 사용·수익이라는 용익물권성에 있으며, 전세금반환의 확보를 위한 담보물권성은 부수적인 것이다.

2. 법률적 성질

(1) 타물권

전세권은 타인의 부동산을 목적으로 하는 제한물권이다. 목적물은 부동산이지만, 농경지는 전세권의 목적이 될 수 없다. 전세권의 객체인 부동산은 반드시 1필의 토지 또는 1동의 건물이어야 할 필요는 없고, 1필의 토지 또는 1동의 건물의 일부라도 무방하다. 다만, 전세권의 목적이 부동산의 일부인 때에는 등기신청에 그 도면을 첨부하여야 한다.

(2) 용익물권

1) 전세권은 목적부동산을 점유하여 그 부동산의 용도에 좇아 사용·수익하는 권리이므로, 목적물을 경제적 목적에 적합하도록 사용·수익하는 것을 의미하므로, 전세권자는 전세목적물에 대하여 중대한 손해를 가하거나 또는 회복이 용이하지 못할 정도의 변경을 가하지 못한다.

2) 전세권은 목적부동산을 점유하여 그 부동산의 용도에 좇아 사용·수익하는 권리이므로, 점유할 권리이다. 그러므로 전세권자가 토지를 사용하는 관계에서는 소유자와 마찬가지이므로 상린관계의 규정이 준용되고 전세권이 침해되는 경우에는 물권적 청구권이 인정된다.

3) 전세권자는 지상권과 동일한 목적을 위하여 전세권을 설정할 수 있는지가 문제되지만, 통설은 이를 긍정한다.

(3) 담보물권

1) 전세권자는 전세금에 관하여 우선변제권을 갖는다. 즉, 전세권자는 부동산 전부에 대하여 후순위권리자 기타 채권자보다 전세금의 우선변제를 받을 권리가 있고, 전세권설정자가 전세금의 반환을 지체한 때에는 전세권자는 전세권의 목적물을 경매 청구할 수 있다. 그러므로 이러한 범위에서 전세권은 담보물권적인 성질을 가진다.

2) 전세권은 전세금반환채권을 담보하는 범위 내에서는 담보물권이므로 전세금채권의 운명에 부종 또는 수반한다. 즉, 전세금이 존재하지 않으면 전세권도 존재할 수 없다. 그리고 전세권은 본래의 목적물뿐만 아니라 그 대체물 위에도 효력을 미치는 물상대위성이 있다. 따라서 전세권자는 전세목적물의 멸실·훼손 또는 공용징수로 전세권설정자가 받은 금전 기타 대체물에 대해서도 우선변제권을 가진다. 또한 전세권은 전세금채권 전액에 관하여 목적물 전부 위에 효력을 미치는 불가분성이 있다.

> **판례** 전세권등기의 추정력
>
> 전세권자는 전세금을 지급하고 타인의 부동산을 점유하여 그 부동산의 용도에 좇아 사용·수익하며, 그 부동산 전부에 대하여 후순위권리자 기타 채권자보다 전세금의 우선변제를 받을 권리가 있다(민법 제303조 제1항). 이처럼 전세권이 용익물권적인 성격과 담보물권적인 성격을 모두 갖추고 있는 점에 비추어 전세권 존속기간이 시작되기 전에 마친 전세권설정등기도 특별한 사정이 없는 한 유효한 것으로 추정된다. 한편 부동산등기법 제4조 제1항은 "같은 부동산에 관하여 등기한 권리의 순위는 법률에 다른 규정이 없으면 등기한 순서에 따른다."라고 정하고 있으므로, 전세권은 등기부상 기록된 전세권설정등기의 존속기간과 상관없이 등기된 순서에 따라 순위가 정해진다(대결 2018.1.25. 2017마1093).

Ⅱ. 전세권의 취득과 존속기간

1. 전세권의 취득

(1) 전세금의 지급과 반환

전세권은 전세금의 지급을 요소로 한다(제303조 제1항). 전세금은 전세권을 설정할 때에 전세권자가 전세권설정자에 교부하되 전세권의 소멸과 동시에 전세권설정자가 반환하여야 하는 금전이다(제303조 제1항, 제317조, 제318조). <u>전세금의 지급은 전세권 성립의 요소이지만 전세금의 지급이 반드시 현실적으로 수수되어야만 하는 것은 아니고 기존의 채권으로 전세금의 지급에 갈음할 수도 있다</u>(대판 1995.2.10. 94다18508).

(2) 등기

전세금은 등기하여야 하며(부등법 제139조 제1항), 등기된 액에 한하여 제3자에게 대항할 수 있다. 당사자 사이에 전세금을 지급하지 않는다는 특약이 있는 경우 이는 무효이고 전세권은 성립하지 않는다. 다만, 무효행위의 전환이론에 따라 전세권 대신에 지상권 혹은 사용대차인 채권관계로 인정될 수 있다. 그리고 전세권이 용익물권적인 성격과 담보물권적인 성격을 모두 갖추고 있는 점에 비추어 전세권 존속기간이 시작되기 전에 마친 전세권설정등기도 특별한 사정이 없는 한 유효한 것으로 추정된다. 한편 부동산등기법 제4조 제1항은 "같은 부동산에 관하여 등기한 권리의 순위는 법률에 다른 규정이 없으면 등기한 순서에 따른다."라고 정하고 있으므로, 전세권은 등기부상 기록된 전세권설정등기의 존속기간과 상관없이 등기된 순서에 따라 순위가 정해진다(대결 2018.1.25. 2017마1093).

(3) 전세금의 성질

1) 사용대가로서의 성질

전세금은 목적부동산을 사용하는 대가이다. 그러나 차임 또는 지료와는 달리 그 특수성이 인정된다. 즉, 전세권자는 전세금을 지급함으로써 족하고, 그 이외에 목적물을 사용·수익하는 대가를 따로 지급할 필요가 없다. 동시에 전세권설정자도 사용대가를 일정한 기간을 두고 정기적으로 추심하는 대신에 전세금의 이자를 가지고 차임이나 지료에 충당한다.

2) 보증금의 성질

① 전세금은 보증금의 성질을 가진다. 그러나 전세관계에 있어서는 차임이나 지료를 정기적으로 지급하는 일이 없으므로 지체로 인한 채무불이행은 발생하지 않고, 따라서 전세금이 지니는 보증금으로서의 성질은 목적부동산의 훼손 또는 멸실로 인한 손해배상채무를 담보하는 의미를 가지는 것이 보통이다. 즉, 전세권자의 귀책사유로 목적물의 전부 또는 일부가 훼손 또는 멸실됨으로써 손해가 발생한 때에는 전세권자는 전세금을 가지고 손해배상의 책임을 부담해야 한다(제315조). 이 경우에 전세권설정자는 전세권이 소멸된 후 전세금으로써 손해의 배상에 충당하고 남는 것이 있으면 반환하면 된다(제315조 제2항).

② 판례는 "민법 제315조 소정의 전세권설정자의 전세권자에 대한 손해배상채권 외 다른 채권까지 담보한다고 볼 수 없다(대판 2008.3.13. 2006다29372)."고 본다. 그러나 통설은 전세목적물 이외에 손해가 발생된 경우에도 전세권설정자는 손해배상청구권을 전세권자의 전세금반환청구권과 상계할 수 있으므로 전세권자의 모든 채무를 담보하는 것으로 본다(곽윤직 등).

③ 전세금은 본질적으로 보증금과 유사한 기능이 있다. 그러나 임대차에 있어서는 임대차존속 중에도 이행되지 않은 채무의 변제에 임대차보증금을 충당할 수 있지만, 전세금은 전세권이 기간만료 기타의 사유로 소멸한 경우에만 이를 충당할 수 있다는 점에서 차이가 있다.

3) 신용수수의 수단으로서의 성질

전세권설정자는 그의 부동산을 담보로 신용을 얻고 전세권자는 신용을 제공하여 목적부동산을 유치·사용하는 것이므로 전세권은 부동산질권의 실질을 갖는다.

2. 존속기간

> **제312조(전세권의 존속기간)** ① 전세권의 존속기간은 10년을 넘지 못한다. 당사자의 약정기간이 10년을 넘는 때에는 이를 10년으로 단축한다.
> ② 건물에 대한 전세권의 존속기간을 1년 미만으로 정한 때에는 이를 1년으로 한다. <신설 1984. 4.10.>
> ③ 전세권의 설정은 이를 갱신할 수 있다. 그 기간은 갱신한 날로부터 10년을 넘지 못한다.
> ④ 건물의 전세권설정자가 전세권의 존속기간 만료 전 6월부터 1월까지 사이에 전세권자에 대하여 갱신거절의 통지 또는 조건을 변경하지 아니하면 갱신하지 아니한다는 뜻의 통지를 하지 아니한 경우에는 그 기간이 만료된 때에 전전세권과 동일한 조건으로 다시 전세권을 설정한 것으로 본다. 이 경우 전세권의 존속기간은 그 정함이 없는 것으로 본다. <신설 1984.4.10>

전세권이 법정갱신 된 경우 이는 법률의 규정에 의한 물권의 변동이므로 전세권갱신에 관한 등기를 필요로 하지 아니하고, 전세권자는 등기 없이도 전세권설정자나 그 목적물을 취득한 제3자에 대하여 갱신된 권리를 주장할 수 있다(대판 2010.3.25. 2009다35743).

Ⅲ. 전세권의 효력

1. 전세권의 효력이 미치는 범위

(1) 건물전세권의 지상권·임차권에 대한 효력

> 제304조(건물의 전세권, 지상권, 임차권에 대한 효력) ① 타인의 토지에 있는 건물에 전세권을 설정한 때에는 전세권의 효력은 그 건물의 소유를 목적으로 한 지상권 또는 임차권에 미친다.
> ② 전항의 경우에 전세권설정자는 전세권자의 동의 없이 지상권 또는 임차권을 소멸하게 하는 행위를 하지 못한다.

타인의 토지에 있는 건물에 전세권을 설정한 때에는 전세권의 효력은 그 건물의 소유를 목적으로 한 지상권 또는 임차권에 미친다. 이 경우 "미친다"는 의미에 대하여 그 지상권 또는 임차권에 대해서도 법률상 당연히 전세권을 취득한다는 뜻으로 해석하는 견해(김중한)가 있으나, 전세권의 목적이 되는 것은 어디까지나 부동산에 한하는 것이고, 부동산물권을 목적으로 하는 것이 아니므로, 마치 지상권자 또는 임차인과 같이 사용·수익할 수 있다고 해석하는 것이 타당하다(곽윤직). 다만 전세권설정자가 건물의 존립을 위한 토지용익권을 가지지 못하여 토지소유자의 건물철거 등 청구에 대항할 수 없다면, 제304조를 들어 토지소유자의 권리행사에 대항할 수 없다.

> **판례** 건물철거 및 퇴거청구와 민법 제304조의 관계(대판 2010.8.19. 2010다43801)
>
> [1] 건물이 그 존립을 위한 토지사용권을 갖추지 못하여 토지의 소유자가 건물의 소유자에 대하여 당해 건물의 철거 및 그 대지의 인도를 청구할 수 있는 경우에라도 건물소유자가 아닌 사람이 건물을 점유하고 있다면 토지소유자는 그 건물 점유를 제거하지 아니하는 한 위의 건물 철거 등을 실행할 수 없다. 따라서 그때 토지소유권은 위와 같은 점유에 의하여 그 원만한 실현을 방해당하고 있다고 할 것이므로, 토지소유자는 자신의 소유권에 기한 방해배제로서 건물점유자에 대하여 건물로부터의 퇴출을 청구할 수 있다. 그리고 이는 건물점유자가 건물소유자로부터의 임차인으로서 그 건물임차권이 이른바 대항력을 가진다고 해서 달라지지 아니한다. 건물임차권의 대항력은 기본적으로 건물에 관한 것이고 토지를 목적으로 하는 것이 아니므로 이로써 토지소유권을 제약할 수 없고, 토지에 있는 건물에 대하여 대항력 있는 임차권이 존재한다고 하여도 이를 토지소유자에 대하여 대항할 수 있는 토지사용권이라고 할 수는 없다. 바꾸어 말하면, 건물에 관한 임차권이 대항력을 갖춘 후에 그 대지의 소유권을 취득한 사람은 민법 제622조 제1항이나 주택임대차보호법 제3조 제1항 등에서 그 임차권의 대항을 받는 것으로 정하여진 '제3자'에 해당한다고 할 수 없다.
>
> [2] 민법 제304조는 전세권을 설정하는 건물소유자가 건물의 존립에 필요한 지상권 또는 임차권과 같은 토지사용권을 가지고 있는 경우에 관한 것으로서, 그 경우에 건물전세권자로 하여금 토지소유자에 대하여 건물소유자, 즉 전세권설정자의 그러한 토지사용권을 원용할 수 있도록 함으로써 토지소유자 기타 토지에 대하여 권리를 가지는 사람에 대한 관계에서 건물전세권자를 보다 안전한 지위에 놓으려는 취지의 규정이다. 또한 지상권을 가지는 건물소유자가 그 건물에 전세권을 설정하였으나 그가 2년 이상의 지료를 지급하지 아니하였음을 이유로 지상권설정자, 즉 토지소유자의 청구로 지상권이 소멸하는 것(민법 제287조 참조)은 전세권설정자가 전세권자의 동의 없이는 할 수 없는 위 민법 제304조 제2항상의 "지상권 또는 임차권을 소멸하게 하는 행위"에 해당하지 아니한다. 위 민법 제304조 제2항이 제한하려는 것은 포기, 기간 단축 약정 등 지상권 등을 소멸하게 하거나 제한하여 건물전세권자의 지위에 불이익을 미치는 전세권설정자의 임의적인 행위이고, 그것이 법률의 규정에 의하여 지상권소멸청구권의 발생요건으로 정하여졌을 뿐인 지상권자의 지료 부지급 그 자체를 막으려고 한다거나 또는 지상권설정자가 취득하는 위의 지상권소멸청구권이 그의 일방적 의사표시로 행사됨으로 인하여 지상권이 소멸되는 효과를 제한하려고 하는 것이라고 할 수 없다. 따라서 전세권설정자가 건물의 존립을 위한 토지사용권을 가지지 못하여 그가 토지소유자의 건물철거 등 청구에 대항할 수 없는 경우에 민법 제304조 등을 들어 전세권자 또는 대항력 있는 임차권자가 토지소유자의 권리행사에 대항할 수 없음은 물론이다. 또한 건물에 대하여 전세권 또는 대항력 있는 임차권을 설정하여 준 지상권자가 그 지료를 지급하지 아니함을 이유로 토지소유자가 한 지상권소멸청구가 그에 대한 전세권자 또는 임차인의 동의가 없이 행하여졌다고 해도 민법 제304조 제2항에 의하여 그 효과가 제한된다고 할 수 없다.

(2) 법정지상권

> **제305조(건물의 전세권과 법정지상권)** ① 대지와 건물이 동일한 소유자에 속한 경우에 건물에 전세권을 설정한 때에는 그 대지소유권의 특별승계인은 전세권설정자에 대하여 지상권을 설정한 것으로 본다. 그러나 지료는 당사자의 청구에 의하여 법원이 이를 정한다.
> ② 전항의 경우에 대지소유자는 타인에게 그 대지를 임대하거나 이를 목적으로 한 지상권 또는 전세권을 설정하지 못한다.

제305조 제1항의 법정지상권을 취득하는 사람은 전세권자가 아니라 건물소유자(전세권설정자)이다. 이 권리는 법률의 규정에 의한 것이므로 등기를 요하지 않으며(제187조), 지료는 당사자의 합의 또는 법원의 결정에 의한다. 그리고 이 권리의 존속기간에 관하여는 제281조가 적용된다.

2. 전세권자의 권리 · 의무

> **제309조(전세권자의 유지, 수선의무)** 전세권자는 목적물의 현상을 유지하고 그 통상의 관리에 속한 수선을 하여야 한다.
>
> **제310조(전세권자의 상환청구권)** ① 전세권자가 목적물을 개량하기 위하여 지출한 금액 기타 유익비에 관하여는 그 가액의 증가가 현존한 경우에 한하여 소유자의 선택에 좇아 그 지출액이나 증가액의 상환을 청구할 수 있다.
> ② 전항의 경우에 법원은 소유자의 청구에 의하여 상당한 상환기간을 허여할 수 있다.

전세권설정자는 소극적인 인용의무만 부담할 뿐이고, 목적부동산을 사용 · 수익에 적합한 상태에 둘 적극적인 의무는 지지 않는다. 반면 전세권자는 목적물의 현상의 유지와 통상의 관리에 속한 수선을 해야 할 의무를 부담한다(제309조). 따라서 전세권자는 목적부동산의 통상적 유지 및 관리를 위하여 필요비를 지출한 경우에 그 비용의 상환을 청구하지 못한다. 그리고 전세권자가 현상유지 · 수선의무를 위반하면 결국 목적부동산의 용도에 따르는 사용 · 수익을 하지 않는 것이 되므로, 전세권설정자는 전세권의 소멸을 청구하고 원상회복 또는 손해배상을 청구할 수 있다(제311조).

3. 전세권의 처분

> **제306조(전세권의 양도, 임대 등)** 전세권자는 전세권을 타인에게 양도 또는 담보로 제공할 수 있고 그 존속기간 내에서 그 목적물을 타인에게 전전세 또는 임대할 수 있다. 그러나 설정행위로 이를 금지한 때에는 그러하지 아니하다.

(1) 처분의 자유

전세권자는 전세권을 타인에게 양도하거나 담보로 제공할 수 있고, 또 존속기간 내에 목적물을 타인에게 전전세 또는 임대할 수 있다. 그리하여 전세권자는 전세권의 존속기간이 만료하기 전이라도 부동산에 투하한 자금, 즉 전세금을 회수할 수 있다. 그러나 설정행위로써 처분을 금지할 수 있으며 이와 같은 처분금지는 등기함으로써 제3자에게 대항할 수 있다.

(2) 양도·담보제공·임대

1) 양도

전세권의 양도는 전세권양도의 합의가 있고 등기를 하여야 그 효력이 발생한다. 그리고 전세권을 양도하면 양수인은 전세권설정자에 대하여 전세권양도인과 동일한 권리의무를 가진다. 전세권양도의 대금에 관하여는 제한이 없으나, 양수인이 전세권소멸시에 전세권설정자에게 반환을 청구할 수 있는 전세금은 양도인이 전세권설정시에 전세권설정자에게 지급한 등기된 금액에 한한다.

2) 담보제공

전세권을 타인에게 담보로 제공할 수도 있다. 제306조는 이러한 취지를 규정한 것이나, 전세권을 목적으로 할 수 있는 담보는 저당권 뿐이다.

3) 임대

전세권자는 반대의 특약이 없는 한 전세권의 존속기간의 범위 내에서 전세물을 임대할 수 있다. 이 경우의 요건 및 효과는 모두 임대차에 준한다. 다만 설정자의 승낙을 요하지 아니하므로 임대로 인하여 발생된 손해의 책임은 전세권자에게 귀속된다. 그런 의미에서 전세권자의 책임은 가중된다.

(3) 전세금반환청구권의 분리양도

1) 문제점

전세권과 분리하여 전세금반환청구권만을 양도할 수 있는지가 문제된다.

2) 판례

원칙적으로 전세권이 존속하는 동안은 전세금반환채권만을 전세권과 분리하여 확정적으로 양도하는 것은 허용되지 않는다. 다만 전세권이 존속기간 만료로 소멸한 경우, 전세권이 존속 중이라도 장래 전세권의 소멸로 전세금반환채권이 발생하는 것을 조건으로 하는 경우(대판 2002.8.23. 2001다69122), 전세계약의 합의해지 또는 특약에 의하여 전세금반환채권의 처분에도 불구하고 전세권의 처분이 따르지 않는 등의 특별한 사정이 있는 경우(대판 1997.11.25. 97다29790) 등에는 반환채권만의 분리양도가 가능하다.

> **판례** 전세금반환청구권과 전세권의 양도
>
> 1. 전세금반환청구권의 분리와 전세권에 대한 가압류 효력
>
>   [1] 전세권이 담보물권적 성격도 가지는 이상 부종성과 수반성이 있는 것이므로 전세권을 그 담보하는 전세금반환채권과 분리하여 양도하는 것은 허용되지 않는다고 할 것이나, 한편 담보물권의 수반성이란 피담보채권의 처분이 있으면 언제나 담보물권도 함께 처분된다는 것이 아니라 채권담보라고 하는 담보물권 제도의 존재 목적에 비추어 볼 때 특별한 사정이 없는 한 피담보채권의 처분에는 담보물권의 처분도 당연히 포함된다고 보는 것이 합리적이라는 것일 뿐이므로, 피담보채권의 처분이 있음에도 불구하고 담보물권의 처분이 따르지 않는 특별한 사정이 있는 경우에는 채권양수인은 담보물권이 없는 무담보의 채권을 양수한 것이 되고 채권의 처분에 따르지 않은 담보물권은 소멸한다.
>   [2] 전세권설정계약의 당사자 사이에 그 계약이 합의해지된 경우 전세권설정등기는 전세금반환채권을 담보하는 효력은 있다고 할 것이나, 그 후 당사자 간의 약정에 의하여 전세권의 처분이 따르지 않는 전세금반환채권만의 분리양도가 이루어진 경우에는 양수인은 유효하게 전세금반환채권을 양수하였다고 할 것이고, 그로 인하여 전세금반환채권을 담보하는 물권으로서의 전세권마저 소멸된 이상 그 전세권에 관하여 가압류부기등기가 경료되었다고 하더라도 아무런 효력이 없다.

> [3] 전세권자가 전세권설정자에 대하여 그 전세권설정등기의 말소의무를 부담하고 있는 경우라면, 그 전세권을 가압류하여 부기등기를 경료한 가압류권자는 등기상 이해관계 있는 제3자로서 등기권리자인 전세권설정자의 말소등기절차에 필요한 승낙을 할 실체법상의 의무가 있다(대판 1999.2.5. 97다33997).
>
> 2. 전세권설정등기를 마친 민법상의 전세권을 존속기간 만료 후에 양도할 수 있는지 여부(적극) 및 그 대항요건
> 전세권설정등기를 마친 민법상의 전세권은 그 성질상 용익물권적 성격과 담보물권적 성격을 겸비한 것으로서, 전세권의 존속기간이 만료되면 전세권의 용익물권적 권능은 전세권설정등기의 말소 없이도 당연히 소멸하고 단지 전세금반환채권을 담보하는 담보물권적 권능의 범위 내에서 전세금의 반환시까지 그 전세권설정등기의 효력이 존속하고 있다 할 것인데, 이와 같이 존속기간의 경과로서 본래의 용익물권적 권능이 소멸하고 담보물권적 권능만 남은 전세권에 대해서도 그 피담보채권인 전세금반환채권과 함께 제3자에게 이를 양도할 수 있다 할 것이지만 이 경우에는 민법 제450조 제2항 소정의 확정일자 있는 증서에 의한 채권양도절차를 거치지 않는 한 위 전세금반환채권의 압류·전부 채권자 등 제3자에게 위 전세보증금반환채권의 양도사실로써 대항할 수 없다(대판 2005.3.25. 2003다35659).

(4) 전세목적물의 양도와 전세권관계 당사자

> **제307조(전세권양도의 효력)** 전세권양수인은 전세권설정자에 대하여 전세권양도인과 동일한 권리의무가 있다.

1) 문제점

전세목적물에 관한 소유권이 양도된 경우 전세권관계가 종전 소유자인 양도인과 전세권자 사이에 지속되는 것인지, 아니면 전세권자와 새로운 소유자인 양수인 사이에 동일한 내용으로 존속되는지에 관하여 민법에 명문의 규정이 없어 문제된다.

2) 판례

판례는 "전세목적물의 소유권이 이전된 경우 민법이 전세권 관계로부터 생기는 상환청구·소멸청구·갱신청구·전세금증감청구·원상회복·매수청구 등의 법률관계의 당사자로 규정하고 있는 전세권설정자 또는 소유자는 모두 목적물의 소유권을 취득한 신 소유자로 새길 수 밖에 없다."고 한다. 따라서 "목적물의 신 소유자는 전세권자에 대하여 전세권설정자의 지위에서 전세금반환의무를 부담하게 되고, 구 소유자는 전세권설정자의 지위를 상실하여 전세금반환의무를 면하게 된다(대판 2000.6.9. 99다15122)."고 하여 양수인이 계속해서 전세권설정자의 지위를 승계한 것으로 본다.

IV. 전전세

> **제308조(전전세등의 경우의 책임)** 전세권의 목적물을 전전세 또는 임대한 경우에는 전세권자는 전전세 또는 임대하지 아니하였으면 면할 수 있는 불가항력으로 인한 손해에 대하여 그 책임을 부담한다.

1. 의의

전전세란 전세권자의 전세권은 그대로 존속·유지하면서 그 전세권을 목적으로 하는 전세권을 다시 설정하는 것을 말한다. 전세권자는 설정행위로 전전세가 금지되어 있지 않는 한, 그의 전세권의 존속기간 내에서 전전세할 수 있다.

2. 요건

전전세권도 물권이므로 전세권설정의 합의 외에 등기하여야 효력이 발생한다. 당사자는 원전세권자와 전전세권자이다. 이때 원전세권설정자의 동의를 필요로 하지 않는다. 전전세권의 존속기간은 원전세권의 존속기간 내이어야 한다. 전전세권의 당사자가 원전세권의 존속기간을 넘는 기간을 약정한 경우에는 전전세권설정자는 그가 가지고 있는 권리 이상을 처분할 수 없기 때문에 원전세권자의 존속기간으로 단축된다. 전세금의 지급전세금의 지급은 전세권의 요소이므로, 전전세에 있어서도 반드시 전세금의 지급을 요한다. 전세권은 원전세권을 기초로 하는 것이므로 전전세의 전세금은 원전세의 전세금을 초과할 수 없다(통설). 원전세권의 일부를 목적으로 하는 전전세권도 유효하다.

3. 효과

전전세권이 설정되더라도 원전세권은 소멸하지 않는다. 그러나 원전세권자는 전전세권에 의하여 제한되는 한도에서 스스로 목적부동산을 사용·수익하지 못한다. 전전세권자는 그 목적부동산을 점유하여 사용·수익할 수 있으며, 그 밖의 전세권자로서의 모든 권리를 가진다. 그러나 원전세권자설정자에 대하여는 아무런 권리·의무를 가지지 않는다. 원전세권자는 전전세하지 않았으면 면할 수 있는 불가항력으로 인한 손해에 대하여 그 책임을 부담한다(제308조). 이는 손해를 발생시킨 사유가 전전세 또는 임대와 인과관계에 있는 것이면 전세권자에게 귀책사유가 없는 경우라도 전세권자에게 책임을 부담시키는 것이다. 따라서 이 경우에 전세권자가 면책되기 위해서는 손해의 발생과 전전세 또는 임대가 아무런 인과관계가 없다는 사실이나 전전세 또는 임대를 하지 않았더라도 손해가 발생하였으리라는 사실을 증명해야 한다. 전전세권의 존속하는 동안 원전세권자는 전전세권의 기초가 되는 원전세권을 소멸시키지 못한다. 원전세권이 소멸하면 전전세권도 소멸한다. 전전세권이 소멸한 때에는 전전세권자는 전전세권설정자에게 목적부동산을 인도하고, 전전세권설정자에게 말소등기에 필요한 서류를 교부함과 동시에 전전세금의 반환을 청구할 수 있다(제317조). 그리고 전전세권자는 원전세권자가 전전세금의 반환을 지체한 때에는 전전세권의 목적부동산을 경매할 수 있다(제318조). 그러나 이 경매권은 원전세권자의 경매권을 기초로 하기 때문에 원전세권설정자가 원전세권자에 대한 원전세금의 반환을 지체하고 있는 때에만 행사할 수 있다.

V. 전세권의 소멸

1. 전세권의 소멸사유

(1) 전세권 소멸청구

> 제311조(전세권의 소멸청구) ① 전세권자가 전세권설정계약 또는 그 목적물의 성질에 의하여 정하여진 용법으로 이를 사용, 수익하지 아니한 경우에는 전세권설정자는 전세권의 소멸을 청구할 수 있다.
> ② 전항의 경우에 전세권설정자는 전세권자에 대하여 원상회복 또는 손해배상을 청구할 수 있다.

1) 내용

전세권자가 전세권설정계약 또는 그 목적물의 성질에 의하여 정해진 용법으로 목적물을 사용·수익하지 않는 경우에는 전세권설정자는 전세권의 소멸을 청구할 수 있다. 그리고 이 경우에 설정자는 전세권자에 대하여 원상회복 또는 손해배상을 청구할 수 있다.

2) 전세권소멸청구권의 성질

형성권설, 물권적 단독행위설, 채권적 청구권설이 대립한다. 다수설인 형성권설에 의하면 전세권은 당연히 소멸하고, 물권적 단독행위설과 채권적 청구권설에 의하면 말소등기를 하여야 전세권이 소멸한다고 한다.

(2) 전세권 소멸통고

> 제313조(전세권의 소멸통고) 전세권의 존속기간을 약정하지 아니한 때에는 각 당사자는 언제든지 상대방에 대하여 전세권의 소멸을 통고할 수 있고 상대방이 이 통고를 받은 날로부터 6월이 경과하면 전세권은 소멸한다.

전세권의 존속기간을 약정하지 않은 경우에는, 각 당사자는 언제든지 상대방에 대하여 전세권의 소멸을 통고할 수 있는데, 이때에는 상대방이 그 통고를 받은 날로부터 6월이 경과하면 전세권은 소멸한다.

(3) 불가항력으로 인한 멸실

> 제314조(불가항력으로 인한 멸실) ① 전세권의 목적물의 전부 또는 일부가 불가항력으로 인하여 멸실된 때에는 그 멸실된 부분의 전세권은 소멸한다.
> ② 전항의 일부멸실의 경우에 전세권자가 그 잔존부분으로 전세권의 목적을 달성할 수 없는 때에는 전세권설정자에 대하여 전세권 전부의 소멸을 통고하고 전세금의 반환을 청구할 수 있다.

1) 전부멸실의 경우

목적부동산이 전부 멸실된 경우에는 전세권자에게 책임 있는 사유에 의하든 불가항력에 의한 소멸이든 전세권이 소멸됨은 당연하며, 특히 전세권자에게 책임 있는 사유로 멸실된 경우에는 손해를 배상할 책임이 있다.

2) 일부멸실의 경우

① 불가항력에 의한 일부멸실

우선 잔존부분만으로 전세권의 목적을 달성할 수 있으면 전세권은 잔존부분에 존속하고, 이 경우 멸실부분에 해당하는 만큼의 전세금은 감액된다. 그러나 잔존부분만으로 전세권의 목적을 달성할 수 없는 경우에는 전세권자는 설정자에 대하여 전세권 전부의 소멸을 통고하고 전세금의 반환을 청구할 수 있다.

② 전세권자의 귀책사유에 의한 일부멸실

잔존부분만으로 전세권의 목적을 달성할 수 없는 경우에는 전세권설정자는 제311조에 의한 전세권 전부의 소멸을 청구할 수 있다. 이 경우에 전세권자도 제311조에 의한 전세권 소멸을 청구할 수 있다. 전세권자는 일부 멸실에 대하여 책임이 있으므로 전세금은 손해배상에 충당되고, 전세권이 존속하는 경우에도 전세금의 감액은 인정되지 않는다.

2. 전세권소멸의 효과

(1) 동시이행

> 제317조(전세권의 소멸과 동시이행) 전세권이 소멸한 때에는 전세권설정자는 전세권자로부터 그 목적물의 인도 및 전세권설정등기의 말소등기에 필요한 서류의 교부를 받는 동시에 전세금을 반환하여야 한다.

1) 내용

전세권이 소멸한 경우에 전세권설정자는 전세권자로부터 그 목적물의 인도 및 전세권설정등기의 말소등기에 필요한 서류의 교부를 받는 동시에 전세금을 반환하여야 한다. 즉 양자는 동시이행의 관계에 있다. 따라서 전세권자가 그 목적물을 인도하였다고 하더라도 전세권의 말소등기에 필요한 서류를 교부하거나 그 이행의 제공을 하지 않는 경우, 전세권설정자는 전세금의 반환을 거부할 수 있고, 특별한 사정이 없는 한 그가 전세금에 대한 이자상당액의 이득을 취했더라도 부당이득이 되지 않는다(대판 2002.2.5. 2001다62091).

2) 저당권과의 관계

전세권이 기간만료로 종료된 경우 전세권은 전세권설정등기의 말소등기 없이도 당연히 소멸하고, 저당권의 목적물인 전세권이 소멸하면 저당권도 당연히 소멸하는 것이므로 전세권을 목적으로 한 저당권자는 전세권의 목적물인 부동산의 소유자에게 더 이상 저당권을 주장할 수 없다. 이 경우 전세권설정자는 전세금반환채권에 대한 제3자의 압류 등이 없는 한 전세권자에 대하여만 전세금반환의무를 부담한다고 보아야 한다(대판 1999.9.17. 98다31301).

> **판례** 전세권과 근저당권과의 관계
>
> [1] 실제로는 전세권설정계약이 없으면서도 임대차계약에 기한 임차보증금 반환채권을 담보할 목적으로 임차인과 임대인 사이의 합의에 따라 임차인 명의로 전세권설정등기를 경료한 후 그 전세권에 대하여 근저당권이 설정된 경우, 설령 위 전세권설정계약만 놓고 보아 그것이 통정허위표시에 해당하여 무효라 하더라도 이로써 위 전세권설정계약에 의하여 형성된 법률관계를 토대로 별개의 법률원인에 의하여 새로운 법률상 이해관계를 갖게 된 근저당권자에 대하여는 그와 같은 사정을 알고 있었던 경우에만 그 무효를 주장할 수 있다.
> [2] 전세권의 존속기간이 만료하면 전세권의 용익물권적 권능이 소멸하기 때문에 그 전세권에 대한 저당권자는 더 이상 전세권 자체에 대하여 저당권을 실행할 수 없게 되고, 이러한 경우에는 민법 제370조, 제342조, 민사집행법 제273조에 의하여 저당권의 목적물인 전세권에 갈음하여 존속하는 것으로 볼 수 있는 전세금반환채권에 대하여 추심명령 또는 전부명령을 받거나, 제3자가 전세금반환채권에 대하여 실시한 강제집행절차에서 배당요구를 하는 등의 방법으로 자신의 권리를 행사할 수 있고, 민법 제370조, 제342조 단서가 저당권자는 물상대위권을 행사하기 위하여 저당권설정자가 받을 금전 기타 물건의 지급 또는 인도 전에 압류하여야 한다고 규정한 것은 물상대위의 목적인 채권의 특정성을 유지하여 그 효력을 보전함과 동시에 제3자에게 불측의 손해를 입히지 않으려는 데 그 목적이 있으므로, 적법한 기간 내에 적법한 방법으로 물상대위권을 행사한 저당권자는 전세권자에 대한 일반채권자보다 우선변제를 받을 수 있다.
> [3] 전세금은 그 성격에 비추어 민법 제315조에 정한 전세권설정자의 전세권자에 대한 손해배상채권 외 다른 채권까지 담보한다고 볼 수 없으므로, 전세권설정자가 전세권자에 대하여 위 손해배상채권 외 다른 채권을 가지고 있더라도 다른 특별한 사정이 없는 한 이를 가지고 전세금반환채권에 대하여 물상대위권을 행사한 전세권저당권자에게 상계 등으로 대항할 수 없다(대판 2008.3.13. 2006다29372 · 29389).

(2) 전세금의 우선변제권

1) 전세권자의 우선적 지위

① 전세권은 대항력이 없는 일반채권자에게 언제나 우선한다. 그러나 대항력 있는 채권 등과 경합하는 경우에는 설정 순위에 의한다.
② 저당권과 경합하는 경우에는 배당순위자의 설정등기의 순위에 의하여 정해진다(민집법 제91조). 그러나 뒤에 설정된 저당권에 의한 경매의 경우 먼저 설정된 전세권은 소멸하지 않는다.
③ 전세권설정자가 파산하면 별제권을 갖는다(채무자회생및파산법 제411조).

2) 우선변제권의 실현방법
   ① 원칙
   전세권자가 우선변제를 받는 방법으로는 ㉠ 전세권설정자가 전세금의 반환을 지체한 경우 전세권자가 민사집행법이 정한 바에 의하여 전세 목적물의 경매를 신청하는 방법[1], ㉡ 일반채권자의 강제집행이나 담보권의 실행에 따라 우선변제를 받는 방법[2]이 있다.

   ② 목적물의 일부에 대한 전세권의 경우
   전세권의 목적물이 한 개의 부동산의 일부인 경우에 전세권자는 그 목적부분에 관해서만 경매청구를 할 수 있는지 아니면 그 부동산 전부에 대하여 경매청구를 할 수 있는지가 문제된다. 이 경우 판례는 "건물의 일부에 대하여 전세권이 설정되어 있는 경우 그 전세권자는 민법 제303조 제1항, 제318조의 규정에 의하여 그 건물 전부에 대하여 후순위 권리자 기타 채권자보다 전세금의 우선변제를 받을 권리가 있고, 전세권설정자가 전세금의 반환을 지체한 때에는 전세권의 목적물의 경매를 청구할 수 있다 할 것이나, 전세권의 목적물이 아닌 나머지 건물부분에 대하여는 우선변제권은 별론으로 하고 경매신청권은 없다(대결 1992.3.10. 91마256)."고 본다.

   ③ 전세권설정자의 일반재산에 대한 배당참여
   전세권자가 우선변제권을 행사하지 않고, 먼저 전세권설정자의 일반재산에 대하여 일반채권자로 배당에 참여할 수 있는지가 문제되지만, 일반채권자에 대한 관계에서는 허용되지 않는다(통설). 그러나 채무자에 대한 관계에서는 일반재산에 대하여 먼저 집행할 수 있고, 전세권자가 그의 우선변제권을 행사하였으나 그 배당으로 전세금을 완전히 변제받지 못한 경우에는 전세권설정자의 일반재산에 대하여 강제집행을 하거나, 타인의 집행에 배당가입을 할 수 있다(제340조).

   ④ 임의환가특약
   전세금의 반환시기가 도래한 후에 경매가 아닌 임의의 방법으로 처분하여 정산하기로 한 특약도 유효하다.

(3) 부속물수거권 및 부속물매수청구권

> 제316조(원상회복의무, 매수청구권) ① 전세권이 그 존속기간의 만료로 인하여 소멸한 때에는 전세권자는 그 목적물을 원상에 회복하여야 하며 그 목적물에 부속시킨 물건은 수거할 수 있다. 그러나 전세권설정자가 그 부속물건의 매수를 청구한 때에는 전세권자는 정당한 이유 없이 거절하지 못한다.
> ② 전항의 경우에 그 부속물건이 전세권설정자의 동의를 얻어 부속시킨 것인 때에는 전세권자는 전세권설정자에 대하여 그 부속물건의 매수를 청구할 수 있다. 그 부속물건이 전세권설정자로부터 매수한 것인 때에도 같다.

---

1) 이 경우 전세권자가 경매를 신청하려면 전세권설정자에 대하여 전세목적물의 인도의무 및 전세권설정등기말소 의무의 이행제공을 완료함으로써 설정자의 동시이행의 항변요소를 차단하고, 전세권설정자를 이행지체에 빠뜨려야 한다(대결 1977.4.13. 77마90).
2) 이 경우 전세권은 물권이므로 물권적 순위에 따라 배당에 참가하여 우선변제를 받거나, 대항력이 있는 경우에는 경매에 의한 매수인은 전세권의 부담을 그대로 인수한다(민집법 제91조). 다만 전세권이 저당권이나 압류채권, 가압류채권에 대항할 수 없는 경우에는 매각으로 소멸된다(민집법 제91조).

전세권의 목적부동산에 부속시킨 물건 또는 지상물을 거두어 가면, 일반적으로 가치가 감소하며, 전세권자에게 또는 사회경제상 불이익한 결과가 된다. 여기서 전세권설정자가 부속시킨 물건의 매수를 청구하는 때에는 전세권자는 정당한 이유 없이 이를 거절할 수 없다. 이 매수(買受)청구권은 형성권이므로, 청구권의 행사가 있으면 부속물에 관한 매매가 성립한다(통설). 그리고 전세권설정자의 동의를 얻어서 부속시킨 것인 때와 그 부속물건을 전세권설정자로부터 매수한 것인 때에는 전세권자도 전세권설정자에 대하여 부속물매수청구권을 행사할 수 있다.

(4) 유익비상환청구권

> 제309조(전세권자의 유지, 수선의무) 전세권자는 목적물의 현상을 유지하고 그 통상의 관리에 속한 수선을 하여야 한다.
>
> 제310조(전세권자의 상환청구권) ① 전세권자가 목적물을 개량하기 위하여 지출한 금액 기타 유익비에 관하여는 그 가액의 증가가 현존한 경우에 한하여 소유자의 선택에 좇아 그 지출액이나 증가액의 상환을 청구할 수 있다.
> ② 전항의 경우에 법원은 소유자의 청구에 의하여 상당한 상환기간을 허여할 수 있다.

전세권자는 목적물을 현상을 유지하고 그 통상의 관리에 속한 수선을 하여야 할 의무가 있으므로(제309조), 필요비의 상환을 청구할 수 없다. 그러나 유익비에 관하여는 그 가액의 증가가 현존하는 경우에 한하여, 소유자의 선택에 좇아, 그 지출액이나 증가액의 상환을 청구할 수 있다(제310조 제1항). 전세권설정자의 청구에 의하여 상당한 상환기간을 허락할 수 있다.

> **판례** 전세권에 대한 배당 요구
>
> 민사집행법 제91조 제3항은 "전세권은 저당권·압류채권·가압류채권에 대항할 수 없는 경우에는 매각으로 소멸된다."라고 규정하고, 같은 조 제4항은 "제3항의 경우 외의 전세권은 매수인이 인수한다. 다만 전세권자가 배당요구를 하면 매각으로 소멸된다."라고 규정하고 있는데, 이는 저당권 등에 대항할 수 없는 전세권과 달리, 최선순위의 전세권은 존속기간에 상관없이 오로지 전세권자의 배당요구에 의하여만 소멸하고, 전세권자가 배당요구를 하지 않는 한 매수인에게 인수된다는 취지이다. 따라서 최선순위의 전세권은 전세권자 스스로 배당요구를 하여야만 매각으로 소멸함이 원칙이다. 그러나 전세권이 존속기간의 만료나 합의해지 등으로 종료하면 전세권의 용익물권적 권능은 소멸하고 단지 전세금반환채권을 담보하는 담보물권적 권능의 범위 내에서 전세금의 반환 시까지 전세권설정등기의 효력이 존속하므로, 전세권이 존속기간의 만료 등으로 종료한 경우라면 최선순위 전세권자의 채권자는 전세권이 설정된 부동산에 대한 경매절차에서 채권자대위권에 기하거나 전세금반환채권에 대하여 압류 및 추심명령을 받은 다음 추심권한에 기하여 자기 이름으로 전세권에 대한 배당요구를 할 수 있다. 다만 경매의 매각절차에서 집행법원은 원래 전세권의 존속기간 만료 여부 등을 직접 조사하지는 아니하는 점, 또 건물에 대한 전세권이 법정갱신된 경우에는 등기된 존속기간의 경과 여부만 보고 실제 존속기간의 만료 여부를 판단할 수는 없는 점 및 민사집행규칙 제48조 제2항은 "배당요구서에는 배당요구의 자격을 소명하는 서면을 붙여야 한다."라고 규정하고 있는 점 등에 비추어 보면, 최선순위 전세권자의 채권자가 채권자대위권이나 추심권한에 기하여 전세권에 대한 배당요구를 할 때에는 채권자대위권 행사의 요건을 갖추었다거나 전세금반환채권에 대하여 압류 및 추심명령을 받았다는 점과 아울러 전세권이 존속기간의 만료 등으로 종료하였다는 점에 관한 소명자료를 배당요구의 종기까지 제출하여야 한다(대판 2015.11.17. 2014다10694).

제5장 담보물권

제1절 총설

Ⅰ. 가치권성

담보물권은 목적물의 교환가치로부터 담보목적을 달성하는 가치권인 점에서, 목적물을 직접 사용·수익하여 그 사용가치를 지배하는 이용권으로서 용익물권과 구별된다. 다만, 담보물권이라 하더라도 유치권은 물건이 갖는 교환가치를 파악하는 담보형식과 거리가 있고, 동산질권 또한 유치적 효력에 의존하고 있는 점에서 가치권으로서의 성질이 약하다. 권리질권이나 저당권은 가치권으로서의 성질을 가지고 있으나, 저당권은 피담보채권에 종속하는 정도가 강하므로 독자적인 가치권의 성질을 가진 제도로서 완전한 것이라고는 할 수 없다.

Ⅱ. 담보물권의 특성

1. 부종성

담보물권은 피담보채권의 존재를 전제로 하여서만 성립할 수 있다. 즉, 채권이 성립하지 않으면 담보물권이 성립할 수 없고, 채권이 소멸하면 담보물권도 소멸한다. 유치권은 특정의 채권이 존재하는 경우에 이 채권을 보호하기 위하여 일정한 요건하에서 법률상 당연히 성립하는 담보물권이므로 부종성이 엄격하게 적용된다. 그러나 질권과 저당권의 경우에는 부종성이 다소 완화된다. 즉, 채권이 현존하지 않더라도 장래에 성립하게 될 경우에는 그러한 장래의 채권을 담보하기 위하여 담보물권의 설정이 인정된다(제357조).

> **판례**
>
> 근저당권 등 담보권 설정의 당사자들이 그 목적 토지 위에 차후 용익권 설정 등으로 담보가치가 저감하는 것을 막기 위해 채권자 앞으로 지상권을 설정한 경우, 피담보채권이 변제나 시효로 소멸하면 그 지상권도 부종하여 소멸하는지 여부(적극)
> 근저당권 등 담보권 설정의 당사자들이 그 목적이 된 토지 위에 차후 용익권이 설정되거나 건물 또는 공작물이 축조·설치되는 등으로써 그 목적물의 담보가치가 저감하는 것을 막는 것을 주요한 목적으로 하여 채권자 앞으로 아울러 지상권을 설정하였다면, 그 피담보채권이 변제 등으로 만족을 얻어 소멸한 경우는 물론이고 시효소멸한 경우에도 그 지상권은 피담보채권에 부종하여 소멸한다(대판 2011.4.14. 2011다6342).

2. 수반성

피담보채권이 그 동일성을 유지하면서 상속·양도 기타의 이유로 이전하게 되면 담보물권도 역시 그에 따라서 이전한다.

3. 물상대위성

담보물권의 목적물이 멸실·훼손·공용징수됨으로써 그 목적물에 갈음하는 금전 기타의 물건으로 변하여 목적물의 소유자에게 귀속하게 된 경우에, 담보물권은 그 목적물에 갈음하는 금전 기타의 물건에 대해서도 역시 존속하게 된다(제342조, 제370조). 이러한 성질은 우선변제적 효력이 있는 담보물권에 대하여 인정되므로, 유치권 등에는 적용되지 않는다.

4. 불가분성

담보물권자는 피담보채권의 전부의 변제를 받을 때까지 목적물 전부에 대하여 권리를 행사할 수 있다(제321조, 제343조, 제370조). 즉, 피담보채권의 일부가 변제·상계·혼동·경개·면제의 사유로 소멸하더라도 잔액이 있는 한, 담보물의 전부에 담보물권의 효력이 미친다. 불가분성은 모든 담보물권에 인정된다.

Ⅲ. 담보물권의 효력

1. 우선변제적 효력

질권·저당권에 인정되는 효력으로서, 채권자가 채권의 변제를 받지 못한 때에 목적물을 환가해서 다른 일반 채권자에 우선하여 변제받을 수 있다. 유치권은 이러한 효력을 가지지 않는다.

2. 추급력

담보권자가 담보물권을 설정한 후 담보물의 소유권이 제3자에게 이전된 경우에도 신소유자인 제3자에 대하여 담보권의 효력이 미치는 것을 담보물권의 추급력이다. 담보권 중 질권이나 저당권과 같은 약정담보물권의 경우는 그 성질상 당연히 추급력이 있다. 그러나 법정담보물권 중 추급력이 인정되는 것은 유치권이나 주택임차인 또는 상가건물임차인의 우선변제권과 같이, 그 존재를 공중에게 알리는 특별한 공시방법이 마련되어 있거나, 선박우선특권과 같이 법률에 그 추급력을 인정하는 특별규정이 있는 경우에 한정된다. 그리고 추급력이 인정되더라도 담보목적물이 동산인 경우 제3자가 그 소유권을 선의취득하면 담보물권의 추급력은 소멸한다.

3. 유치적 효력

채권담보를 위해서 목적물을 유치하여 채무변제를 간접적으로 강제하는 효력으로서, 유치권·질권에 인정된다. 그러나 저당권과 같이 목적물의 점유를 요소로 하지 않는 담보물권에서는 유치적 효력이 문제되지 않는다.

4. 수익적 효력

채권자가 목적물로부터 얻는 수익으로 변제에 충당하는 것이다. 이러한 수익적 효력은 현행민법이 규정하는 담보물권에는 인정되지 않는다. 그러나 전세권은 그 실질에 있어서 수익적 효력이 있는 일종의 부동산질권으로서의 담보물권이라고 볼 수 있다. 전세권자는 목적물을 수익하면서 전세금반환채권에 관해서는 우선변제권을 가지기 때문이다.

IV. 담보물권의 순위

동일 목적물 위에 두 개 이상의 담보물권이 존재하는 경우 그 담보물권 상호간의 순위가 문제된다. 우리 민법과 같이 담보물권을 주로 채권담보의 목적을 위하여 이용하는 입법례에서는, 순위의 문제는 동일 목적물 위의 각 담보물권의 상대적 우열의 문제에 지나지 않는다. 즉, 선순위의 담보물권이 소멸하면 후순위의 담보물권의 순위는 승진하게 된다(순위승진의 원칙).

IV. 담보물권의 실행

민사집행에는 크게 강제집행, 담보권실행을 위한 경매, 민법이나 상법 또는 그 밖의 법률의 규정에 의한 경매가 있다. 강제집행은 금전채권이나 금전채권 이외의 채권에 기초하여 이루어지므로, 확정된 종국판결이나 가집행의 선고가 있는 종국판결을 기초로 집행문 있는 판결정본이 있어야 할 수 있다. 담보권실행을 위한 경매는 저당권·질권·전세권·유치권 등의 물권에 기하여 이루어진다. 임의경매는 강제경매에 관한 규정이 준용된다. 저당권이나 질권·전세권에 기한 경매는 우선변제권을 실현하기 위한, 즉 채권의 만족을 얻기 위한 경매인 반면, 유치권에 의한 경매 및 민법이나 상법 또는 그 밖의 법률에 의한 경매는 환가의 수단으로서 이루어지는 경매이다.

제2절 유치권

Ⅰ. 서설

1. 유치권의 의의 및 취지

(1) 의의

> 제320조(유치권의 내용) ① 타인의 물건 또는 유가증권을 점유한 자는 그 물건이나 유가증권에 관하여 생긴 채권이 변제기에 있는 경우에는 변제를 받을 때까지 그 물건 또는 유가증권을 유치할 권리가 있다.
> ② 전항의 규정은 그 점유가 불법행위로 인한 경우에 적용하지 아니한다.

타인의 물건 또는 유가증권을 점유한 자가 그 물건이나 유가증권에 대하여 생긴 채권이 있는 경우, 그 채권의 변제를 받을 때까지 그 물건 또는 유가증권을 유치함으로써 채무자의 변제를 간접으로 강제하는 담보물권이다(제320조 제1항). 예를 들어 타인의 세탁물을 세탁한 세탁업자가 세탁비를 지급 받을 때까지 세탁물을 유치하는 것이나 임차인이 임차물에 대한 필요비를 받을 때까지 임차물을 유치하는 경우를 예로 들 수 있다. 그리고 유가증권의 수치인이 임치에 대한 보수를 받을 때까지 임치물인 유가증권을 유치할 수 있다. 또한 유치권은 점유하는 물건으로써 유치권자의 피담보채권에 대한 우선적 만족을 확보하여 주는 법정담보물권이다. 민법 제320조 제1항은 "타인의 물건 또는 유가증권을 점유한 자는 그 물건이나 유가증권에 관하여 생긴 채권이 변제기에 있는 경우에는 변제를 받을 때까지 그 물건 또는 유가증권을 유치할 권리가 있다."라고 규정하고 있으므로, 유치권의 피담보채권은 '그 물건에 관하여 생긴 채권'이어야 한다. 민법 제185조는 "물권은 법률 또는 관습법에 의하는 외에는 임의로 창설하지 못한다."라고 정하여 물권법정주의를 선언하고 있다. 물권법의 강행법규성에 따라 법률과 관습법이 인정하지 않는 새로운 종류나 내용의 물권을 창설하는 것은 허용되지 않는다(대판 2023.4.27. 2022다273018).

(2) 취지

채권의 변제를 받을 때까지 그 물건이나 유가증권의 반환을 거절할 수 있게 함으로써 다른 채권자보다 사실상 우선변제를 받게 하는데 그 취지가 있다(통설).

2. 동시이행항변권과의 비교

(1) 공통점

양자는 공평의 원칙에 근거하여 이행거절권이 인정되는 점, 그 성립요건으로서 견련관계와 변제기의 도과를 요하는 점, 그 효과에 있어서 상환이행판결(일부승소판결)이 내려지는 점에서 동일하다. 그리고 양자는 병존할 수 있다.

(2) 차이점

동시이행항변권은 계약 당사자 간에만 주장할 수 있는 채권임에 반하여, 유치권은 제3자(유치물의 소유자 또는 경락인)에 대하여도 주장할 수 있는 물권이다. 그리고 동시이행항변권은 일방의 선이행 요구의 거절을 목적으로 함에 반하여, 유치권은 채권담보를 목적으로 한다. 또한 동시이행항변권은 쌍무계약에 기한 채권으로부터 발생하나, 유치권은 계약은 물론 법률의 규정에 의해서 발생할 수 있다.

3. 유치권의 특징

(1) 유치권은 점유를 상실하면 소멸한다(제328조).
(2) 추급효를 갖지 않으므로 유치물의 점유를 침탈당한 경우에는 점유물반환청구(제204조)에 의하여 그 점유를 회복할 수 밖에 없다.
(3) 유치권은 동산뿐만 아니라 부동산에 대해서도 성립한다.
(4) 유치권자는 경매권은 있어도 우선변제권이 없기 때문에, 이를 보존하기 위한 물상대위성을 갖지 않는다.

Ⅱ. 유치권의 성립

1. 유치권의 목적물

유치권의 목적이 될 수 있는 것은 물건 즉, 동산·부동산과 유가증권이다. 부동산유치권의 경우에는 등기를 필요로 하지 않고, 유가증권을 목적으로 하는 경우에는 배서를 필요로 하지 않는다. 이는 법률의 규정에 의한 물권변동이기 때문이다.

> **판례**
> 건물신축공사를 도급받은 수급인이 사회통념상 독립한 건물이 되지 못한 정착물을 토지에 설치한 상태에서 공사가 중단된 경우, 위 정착물 또는 토지에 대하여 유치권을 행사할 수 있는지 여부(소극)
> 건물의 신축공사를 한 수급인이 그 건물을 점유하고 있고 또 그 건물에 관하여 생긴 공사금 채권이 있다면, 수급인은 그 채권을 변제받을 때까지 건물을 유치할 권리가 있는 것이지만, 건물의 신축공사를 도급받은 수급인이 사회통념상 독립한 건물이라고 볼 수 없는 정착물을 토지에 설치한 상태에서 공사가 중단된 경우에 위 정착물은 토지의 부합물에 불과하여 이러한 정착물에 대하여 유치권을 행사할 수 없는 것이고, 또한 공사중단시까지 발생한 공사금 채권은 토지에 관하여 생긴 것이 아니므로 위 공사금 채권에 기하여 토지에 대하여 유치권을 행사할 수도 없는 것이다(대결 2008.5.30. 2007마98).

2. 채권과 목적물과의 견련관계

(1) 문제점

채권이 유치권의 목적물에 관하여 생긴 것이어야 한다. 즉 채권과 목적물 사이에 견련관계가 있어야 한다. 유치권은 피담보채권의 공시가 불가능하므로, 유치권의 성립을 통제하는 역할로서 견련관계는 매우 중요하다.

(2) '관하여 생긴 것'의 의미

1) 채권이 목적물 자체로부터 발생한 경우[1]

예를 들어 목적물에 지출한 비용의 상환청구권, 목적물로부터 받은 손해에 대한 손해배상청구권 등이 성립한 경우에는 목적물과 채권 사이에 견련성이 인정된다. 그러나 채권이 목적물 그 자체를 목적으로 하는 경우에는 견련관계가 인정되지 않는다. 따라서 자동차를 수리한 대가인 수리비채권에 대해서는 견련관계가 인정되지만, 주택임차인에게는 보증금채권에 대해서 유치권이 인정되지 않는다. 주택임차인은 동시이행의 항변권을 가질 뿐이다. 또한 임대인과 임차인 사이에 건물명도시 권리금을 반환하기로 하는 약정이 있었다 하더라도 그와 같은 권리금반환청구권은 건물에 관하여 생긴 채권이라 할 수 없으므로 그와 같은 채권을 가지고 건물에 대한 유치권을 행사할 수 없다(대판 1994.10.14. 93다62119). 그리고 매도인이 건물을 매도하면서 중도금만 지급 받고 잔금은 못 받은 상태에서 매수인에게 소유권이전등기를 마쳐준 후 잔금지급을 요구하며 건물을 점유하는 경우에도 유치권은 인정되지 아니한다[2](대결 2012.1.12. 자 2011마2380).

2) 채권이 목적물의 반환청구권과 동일한 법률관계 또는 동일한 사실관계로부터 발생한 경우

예를 들어 미성년을 이유로 매매계약을 취소한 결과 생긴 대금반환 청구권과 목적물의 반환의무는 매매계약의 취소라는 동일한 법률관계로부터 발생한 것이기 때문에 상호 견련관계를 갖는다. 따라서 대금반환청구권자는 그 대금의 변제를 받을 때까지 그 목적물에 대한 유치권을 취득한다. 그리고 우연히 서로 물건을 바꾸어간 경우와 같이 동일한 사실관계로부터 생긴 상호간의 반환청구권 사이에도 견련관계가 성립한다고 한다. 그러나 부동산이중매매에서 등기 없는 제1매수인의 등기 있는 제2매수인에 대한 유치권의 주장이나 임대인의 이행불능에 대한 임차인의 손해배상청구권을 근거로 하는 목적물의 양수인에 대한 유치권의 주장, 계약에 반하여 담보목적물을 처분한 양도담보권자에 대한 손해배상청구권에 기한 양수인에 대한 설정자의 유치권의 주장 등은 인정되지 않는다.

---

[1] 명의신탁자와 명의수탁자가 이른바 계약명의신탁약정을 맺고 명의수탁자가 당사자가 되어 명의신탁약정이 있다는 사실을 알지 못하는 소유자와 사이에 부동산에 관한 매매계약을 체결한 뒤 수탁자 명의로 소유권이전등기를 마친 경우에는, 명의신탁자와 명의수탁자 사이의 명의신탁약정은 무효이지만 그 명의수탁자는 당해 부동산의 완전한 소유권을 취득하게 되고(부동산 실권리자명의 등기에 관한 법률 제4주 제1항, 제7항 참조), 반면 명의신탁자는 애초부터 당해 부동산의 소유권을 취득할 수 없고 다만 그가 명의수탁자에게 제공한 부동산 매수자금이 무효의 명의신탁약정에 의한 법률상 원인 없는 것이 되는 관계로 명의수탁자에 대하여 동액 상당의 부당이득반환청구권을 가질 수 있을 뿐이다. 명의신탁자의 이와 같은 부당이득반환청구권은 부동산 자체로부터 발생한 채권이 아닐 뿐만 아니라 소유권 등에 기한 부동산의 반환청구권과 동일한 법률관계나 사실관계로부터 발생한 채권이라고 보기도 어려우므로, 결국 민법 제320조 제1항에서 정한 유치권 성립요건으로서의 목적물과 채권 사이의 견련관계를 인정할 수 없다(대판 2009.3.26. 2008다34828).

[2] 부동산 매도인이 매매대금을 다 지급받지 아니한 상태에서 매수인에게 소유권이전등기를 마쳐주어 목적물의 소유권을 매수인에게 이전한 경우에는, 매도인의 목적물인도의무에 관하여 동시이행의 항변권 외에 물권적 권리인 유치권까지 인정할 것은 아니다. 왜냐하면 법률행위로 인한 부동산물권변동의 요건으로 등기를 요구함으로써 물권관계의 명확화 및 거래의 안전·원활을 꾀하는 우리 민법의 기본정신에 비추어 볼 때, 만일 이를 인정한다면 매도인은 등기에 의하여 매수인에게 소유권을 이전하였음에도 매수인 또는 그의 처분에 기하여 소유권을 취득한 제3자에 대하여 소유권에 속하는 대세적인 점유의 권능을 여전히 보유하게 되는 결과가 되어 부당하기 때문이다. 또한 매도인으로서는 자신이 원래 가지는 동시이행의 항변권을 행사하지 아니하고 자신의 소유권이전의무를 선이행함으로써 매수인에게 소유권을 넘겨 준 것이므로 그에 필연적으로 부수하는 위험은 스스로 감수하여야 한다. 따라서 매도인이 부동산을 점유하고 있고 소유권을 이전받은 매수인에게서 매매대금 일부를 지급받지 못하고 있다고 하여 매매대금채권을 피담보채권으로 매수인이나 그에게서 부동산 소유권을 취득한 제3자를 상대로 유치권을 주장할 수 없다.

(3) 채권과 목적물의 점유와의 견련관계 여부

채권은 목적물의 점유 중 또는 점유와 더불어 생긴 것이어야 하는지가 문제되지만, 공평의 원리에 비추어 점유 중에 발생할 것을 요구하지는 않는다(통설). 따라서 목적물을 점유하기 전에 그 목적물에 관련되는 채권이 발생하였고, 그 후 어떤 사정으로 그 목적물의 점유를 취득한 경우에도 유치권은 성립한다고 해야 한다.

(4) 상사유치권의 경우

1) 상법 제58조

"상인간의 상행위로 인한 채권이 변제기에 있는 때에는 채권자는 변제를 받을 때까지 그 채무자에 대한 상행위로 인하여 자기가 점유하고 있는 채무자소유의 물건 또는 유가증권을 유치할 수 있다. 그러나 당사자 간에 다른 약정이 있으면 그러하지 아니하다."고 규정되어 있다.

2) 견련관계의 不要 및 채무자의 소유 물건

민사유치권은 피담보채권과 견련성을 가지는 물건만 대상이 되지만, 상사유치권은 채무자 소유의 물건이라면 견련성이 없어도 대상이 된다. 그리고 민사유치권은 채무자 소유 이외의 물건이라고 하여도 대상이 되지만, 상사유치권은 채무자 소유의 물건에 제한된다. 이 두 가지가 상사유치권이 민사유치권과 다른 특징이 된다.

3. 채권변제기의 도래

채권의 변제기가 도래하기 전에는 유치권은 성립하지 않는다. 이를 인정할 경우에는 변제기 전의 채무의 이행을 강제하는 결과가 되기 때문이다. 따라서 채무자가 법원으로부터 기한을 허여 받은 경우에는 채권자는 유치권을 잃게 된다.

4. 타인의 물건 또는 유가증권의 점유

(1) 점유의 계속

점유가 계속되어야 한다. 유치권자가 목적물의 점유를 잃으면 유치권은 당연히 소멸한다. 그러나 점유를 일시적으로 상실하였다가 다시 회복한 경우에는 유치권을 그대로 유지한다고 본다. 유치권의 성립요건이자 존속요건인 유치권자의 점유는 직접점유이든 간접점유이든 관계가 없으나[1], 다만 유치권은 목적물을 유치함으로써 채무자의 변제를 간접적으로 강제하는 것을 본체적 효력으로 하는 권리인 점 등에 비추어, 그 직접점유자가 채무자인 경우에는 유치권의 요건으로서의 점유에 해당하지 않는다고 할 것이다(대판 2008.4.11. 2007다27236).

---

[1] 유치권의 성립요건인 유치권자의 점유는 직접점유이든 간접점유이든 관계없다. 간접점유를 인정하기 위해서는 간접점유자와 직접점유를 하는 자 사이에 일정한 법률관계, 즉 점유매개관계가 필요한데, 간접점유에서 점유매개관계를 이루는 임대차계약 등이 해지 등의 사유로 종료되더라도 직접점유자가 목적물을 반환하기 전까지는 간접점유자의 직접점유자에 대한 반환청구권이 소멸하지 않는다. 따라서 점유매개관계를 이루는 임대차계약 등이 종료된 이후에도 직접점유자가 목적물을 점유한 채 이를 반환하지 않고 있는 경우에는, 간접점유자의 반환청구권이 소멸한 것이 아니므로 간접점유의 점유매개관계가 단절된다고 할 수 없다(대판 2019.8.14. 2019다205329).

(2) 적법한 점유

1) 점유는 불법행위로 인하여 취득한 것이 아닐 것

불법행위에 의하여 점유를 취득한 자에게까지 유치권을 인정하여 그의 채권을 보호할 필요나 이유가 없기 때문이다. 예를 들어 타인의 물건을 훔치거나 횡령한 자가 그 물건을 수선하였더라도 그 수선대금채권을 위한 유치권은 성립하지 않으며, 또한 권원 없이 타인의 물건을 점유하는 자는 그 물건에 관하여 필요비나 유익비를 지출하였더라도 유치권이 성립하지 않는다. 특히 판례는 "건물점유자가 건물의 원시취득자에게 그 건물에 관한 유치권이 있다고 하더라도 그 건물의 존재와 점유가 토지소유자에게 불법행위가 되고 있다면 그 유치권으로 토지소유자에게 대항할 수 없다(대판 1989.2.14. 87다카3073)."고 한다.

2) 점유개시 후의 불법행위

처음에는 권원에 의하여 점유를 개시하였더라도 후에 권원이 소멸한 경우에는 유치권의 성립이 인정되지 않는다. 그러므로 건물임차인의 임대차계약의 해제·해지 후에도 계속 건물을 점유하고 그 기간 동안에 필요비나 유익비를 지출하더라도 그 상환청구권에 관해서는 유치권이 성립되지 않는다. 매매계약의 해제 후 비용을 지출하는 경우, 또는 저당목적물을 취득한 제3자가 저당권실행 후에 비용을 지출한 경우에도 유치권이 성립하지 않는다. 그러나 권한이 없음을 과실로 알지 못하고 비용을 지출한 점유자는 유치권을 잃지 않는다. 즉 물건의 점유자는 소유의 의사로 선의, 평온 및 공연하게 점유한 것으로 추정되고 점유자가 점유물에 대하여 행사하는 권리는 적법하게 보유하는 것으로 추정된다(민법 제197조 제1항, 제200조). 따라서 점유물에 대한 필요비와 유익비 상환청구권을 기초로 하는 유치권 주장을 배척하려면 적어도 점유가 불법행위로 인하여 개시되었거나 점유자가 필요비와 유익비를 지출할 당시 점유권원이 없음을 알았거나 중대한 과실로 알지 못하였다고 인정할만한 사유에 대한 상대방 당사자의 주장·증명이 있어야 한다(대판 2011.12.13. 2009다5162).

3) 증명책임

점유자는 선의·평온·공연하게 점유하는 것으로 추정되며, 점유자가 점유물에 대하여 행사하는 권리는 적법하게 보유하는 것으로 추정된다. 그리고 제320조 제2항은 제320조 제1항의 예외규정이므로, 점유가 불법행위에 의하여 시작되었다는 것은 목적물의 반환을 청구하는 소유자가 주장·증명하여야 한다.

(3) 타인의 소유

유치권의 대상은 타인의 물건이어야 한다. 타인의 범위에 관하여 통설과 판례는 유치권의 기초인 공평의 원칙에 요청에 따라 채무자뿐 아니라 제3자도 포함된다고 한다.

5. 유치권발생금지특약이 없을 것

제한물권은 이해관계인의 이익을 부당하게 침해하지 않는 한 자유로이 포기할 수 있는 것이 원칙이다. 유치권은 채권자의 이익을 보호하기 위한 법정담보물권으로서, 당사자는 미리 유치권의 발생을 막는 특약을 할 수 있고 이러한 특약은 유효하다. 유치권 배제 특약이 있는 경우 다른 법정요건이 모두 충족되더라도 유치권은 발생하지 않는데, 특약에 따른 효력은 특약의 상대방뿐 아니라 그 밖의 사람도 주장할 수 있다. 조건은 법률행위의 효력 발생 또는 소멸을 장래의 불확실한 사실의 발생 여부에 의존케 하는 법률행위의 부관으로서, 법률행위에서 효과의사와 일체적인 내용을 이루는 의사표시 그 자체라고 볼 수 있다. 유치권 배제 특약에도 조건을 붙일 수 있는데, 조건을 붙이고자 하는 의사가 있는지는 의사표시에 관한 법리에 따라 판단하여야 한다(대판 2018.1.24. 2016다234043).

III. 유치권의 효력

1. 유치권자의 권리

(1) 유치권의 불가분성

> 제321조(유치권의 불가분성) 유치권자는 채권전부의 변제를 받을 때까지 유치물 전부에 대하여 그 권리를 행사할 수 있다[1].

1) 의의

민법 제320조 제1항에서 '그 물건에 관하여 생긴 채권'은 유치권 제도 본래의 취지인 공평의 원칙에 특별히 반하지 않는 한 채권이 목적물 자체로부터 발생한 경우는 물론이고 채권이 목적물의 반환청구권과 동일한 법률관계나 사실관계로부터 발생한 경우도 포함하고, 한편 민법 제321조는 "유치권자는 채권 전부의 변제를 받을 때까지 유치물 전부에 대하여 그 권리를 행사할 수 있다"고 규정하고 있으므로, 유치물은 그 각 부분으로써 피담보채권의 전부를 담보하며, 이와 같은 유치권의 불가분성은 그 목적물이 분할 가능하거나 수개의 물건인 경우에도 적용된다(대판 2007.9.7. 2005다16942). 또한 민법 제321조는 "유치권자는 채권 전부의 변제를 받을 때까지 유치물 전부에 대하여 그 권리를 행사할 수 있다."라고 정하므로, 유치물은 그 각 부분으로써 피담보채권의 전부를 담보하고, 이와 같은 유치권의 불가분성은 그 목적물이 분할 가능하거나 수 개의 물건인 경우에도 적용되며, 상법 제58조의 상사유치권에도 적용된다(대판 2022.6.16. 2018다301350).

---

[1] 민사집행법 제268조에 의하여 담보권의 실행을 위한 경매절차에 준용되는 같은 법 제91조 제5항에 의하면 유치권자는 경락인에 대하여 피담보채권의 변제를 청구할 수는 없지만 자신의 피담보채권이 변제될 때까지 유치목적물인 부동산의 인도를 거절할 수 있어 경매절차의 입찰인들은 낙찰 후 유치권자로부터 경매목적물을 쉽게 인도받을 수 없다는 점을 고려하여 입찰하게 되고 그에 따라 경매목적 부동산이 그만큼 낮은 가격에 낙찰될 우려가 있다. 이와 같이 저가낙찰로 인해 경매를 신청한 근저당권자의 배당액이 줄어들거나 경매 목적물 가액과 비교하여 거액의 유치권 신고로 매각 자체가 불가능하게 될 위험은 경매절차에서 근저당권자의 법률상 지위를 불안정하게 하는 것이므로 위 불안을 제거하는 근저당권자의 이익을 단순한 사실상·경제상의 이익이라고 볼 수는 없다. 따라서 근저당권자는 유치권 신고를 한 사람을 상대로 유치권 전부의 부존재뿐만 아니라 경매절차에서 유치권을 내세워 대항할 수 있는 범위를 초과하는 유치권의 부존재 확인을 구할 법률상 이익이 있고, 심리 결과 유치권 신고를 한 사람이 유치권의 피담보채권으로 주장하는 금액의 일부만이 경매절차에서 유치권으로 대항할 수 있는 것으로 인정되는 경우에는 법원은 특별한 사정이 없는 한 그 유치권 부분에 대하여 일부패소의 판결을 하여야 한다. 소극적 확인소송에서는 원고가 먼저 청구를 특정하여 채무발생원인 사실을 부정하는 주장을 하면 채권자인 피고는 권리관계의 요건사실에 관하여 주장·증명책임을 부담하므로, 유치권 부존재 확인소송에서 유치권의 요건사실인 유치권의 목적물과 견련관계 있는 채권의 존재에 대해서는 피고가 주장·증명하여야 한다(대판 2016.3.10. 2013다99409).

판례 **유치권 관련 판례**

1. 소유자는 그 소유에 속한 물건을 점유한 자에 대하여 반환을 청구할 수 있다. 그러나 점유자가 그 물건을 점유할 권리가 있는 때에는 반환을 거부할 수 있다(민법 제213조). 여기서 반환을 거부할 수 있는 점유할 권리에는 유치권도 포함되고, 유치권자로부터 유치물을 유치하기 위한 방법으로 유치물의 점유 내지 보관을 위탁받은 자는 특별한 사정이 없는 한 점유할 권리가 있음을 들어 소유자의 소유물반환청구를 거부할 수 있다(대판 2014.12.24. 2011다62618).

2. 수급인의 공사대금채권이 도급인의 하자보수청구권 내지 하자보수에 갈음한 손해배상채권 등과 동시이행의 관계에 있는 점 및 피담보채권의 변제기 도래를 유치권의 성립요건으로 규정한 취지 등에 비추어 보면, 건물신축 도급계약에서 수급인이 공사를 완성하였더라도, 신축된 건물에 하자가 있고 그 하자 및 손해에 상응하는 금액이 공사잔대금액 이상이어서, 도급인이 수급인에 대한 하자보수청구권 내지 하자보수에 갈음한 손해배상채권 등에 기하여 수급인의 공사잔대금 채권 전부에 대하여 동시이행의 항변을 한 때에는, 공사잔대금 채권의 변제기가 도래하지 아니한 경우와 마찬가지로 수급인은 도급인에 대하여 하자보수의무나 하자보수에 갈음한 손해배상의무 등에 관한 이행의 제공을 하지 아니한 이상 공사잔대금 채권에 기한 유치권을 행사할 수 없다고 보아야 한다(대판 2014.1.16. 2013다30653).

2) 효력

유치권 성립 이전에 설정된 근저당권에 기하여 경매절차가 이루어진 경우에도 유치권자는 그 절차에서 부동산을 매수한 매수인에게 유치권을 가지고 대항할 수 있으며(대판 2009.1.15. 2008다70763), 가압류 이후에 채무자의 점유이전으로 유치권이 성립한 경우에도 점유의 이전은 가압류의 처분금지효에 저촉되지 않으므로 그 이후 경매절차로 인하여 유치권이 소멸하지 않는다(대판 2011.11.24. 2009다19246). 다만 경매개시결정의 기입등기가 되어 압류의 효력이 발생한 다음에 점유이전으로 유치권이 성립되었다면 이는 압류의 처분금지효에 반하는 처분으로서 유치권을 가지고 경매절차의 매수인에게 대항할 수 없다[2](대판 2005.8.19. 2005다22688).

판례

체납처분압류가 되어 있는 부동산에 대하여 경매절차가 개시되기 전에 민사유치권을 취득한 유치권자가 경매절차의 매수인에게 유치권을 행사할 수 있는지 여부(적극)
부동산에 관한 민사집행절차에서는 경매개시결정과 함께 압류를 명하므로 압류가 행하여짐과 동시에 매각절차인 경매절차가 개시되는 반면, 국세징수법에 의한 체납처분절차에서는 그와 달리 체납처분에 의한 압류(이하 '체납처분압류'라고 한다)와 동시에 매각절차인 공매절차가 개시되는 것이 아닐 뿐만 아니라, 체납처분압류가 반드시 공매절차로 이어지는 것도 아니다. 또한 체납처분절차와 민사집행절차는 서로 별개의 절차로서 공매절차와 경매절차가 별도로 진행되는 것이므로, 부동산에 관하여 체납처분압류가 되어 있다고 하여 경매절차에서 이를 그 부동산에 관하여 경매개시결정에 따른 압류가 행하여진 경우와 마찬가지로 볼 수는 없다. 따라서 체납처분압류가 되어 있는 부동산이라고 하더라도 그러한 사정만으로 경매절차가 개시되어 경매개시결정등기가 되기 전에 부동산에 관하여 민사유치권을 취득한 유치권자가 경매절차의 매수인에게 유치권을 행사할 수 없다고 볼 것은 아니다(대판 2014.3.20. 2009다60336 전합).

---

2) 채무자 소유의 부동산에 경매개시결정의 기입등기가 경료되어 압류의 효력이 발생한 이후에 채권자가 채무자로부터 위 부동산의 점유를 이전받고 이에 관한 공사 등을 시행함으로써 채무자에 대한 공사대금채권 및 이를 피담보채권으로 한 유치권을 취득한 경우, 이러한 점유의 이전은 목적물의 교환가치를 감소시킬 우려가 있는 처분행위에 해당하여 민사집행법 제92조 제1항·제83조 제4항에 따른 압류의 처분금지효에 저촉되므로, 위와 같은 경우로 부동산을 점유한 채권자로서는 위 유치권을 내세워 그 부동산에 관한 경매절차의 매수인에게 대항할 수 없고, 이 경우 위 부동산에 경매개시결정의 기입등기가 경료되어 있음을 채권자가 알았는지 여부 또는 이를 알지 못한 것에 관하여 과실이 있는지 여부 등은 채권자가 그 유치권을 매수인에게 대항할 수 없다는 결론에 아무런 영향을 미치지 못한다(대판 2006.8.25. 2006다22050; 대판 2005.8.19. 2005다22688). 따라서 반대해석으로 압류의 효력이 발생하기 전에 취득한 유치권으로는 경매절차의 매수인에게 대항할 수 있다.

3) 상사유치권의 경우

① 문제점

민법은 유치권에 선행저당권에도 대항할 수 있는 강력한 효력을 인정하고 있는데, 견련성이 요구되지 않아 상대적으로 쉽게 성립할 수 있는 상사유치권에도 이러한 효력이 인정됨으로써 실제 집행절차에서는 상사유치권이 남용되는 경우가 빈번하게 발생하였다(송옥렬, 상법강의, 제8판, 108면). 따라서 상사유치권의 경우 효력을 제한하는 문제가 생기게 된다.

② 유치권 행사와 권리남용

이미 저당권이 설정되어 있다는 것을 알면서도 자기 채권의 우선적 만족을 위해 의도적으로 유치권을 성립시킨 경우에는 그 유치권의 행사는 권리남용에 해당한다(대판 2011.12.22. 2011다84298).

③ 민사유치권과 상사유치권의 분리

상사유치권이 채무자 소유의 물건에 대해서만 성립한다는 것은, 상사유치권은 성립 당시 채무자가 목적물에 대하여 보유하고 있는 담보가치만을 대상으로 하는 제한물권이라는 의미를 담고 있다 할 것이고, 따라서 유치권 성립 당시에 이미 목적물에 대하여 제3자가 권리자인 제한물권이 설정되어 있다면, 상사유치권은 그와 같이 제한된 채무자의 소유권에 기초하여 성립할 뿐이고, 기존의 제한물권이 확보하고 있는 담보가치를 사후적으로 침탈하지는 못한다고 보아야 한다. 상사유치권자는 선행저당권자 또는 선행저당권에 기한 임의경매절차에서 부동산을 취득한 매수인에 대한 관계에서는 상사유치권으로 대항할 수 없다[1](대판 2013.2.28. 2010다57350).

(2) 경매, 간이변제충당

> 제322조(경매, 간이변제충당) ① 유치권자는 채권의 변제를 받기 위하여 유치물을 경매할 수 있다.
> ② 정당한 이유 있는 때에는 유치권자는 감정인의 평가에 의하여 유치물로 직접변제에 충당할 것을 법원에 청구할 수 있다. 이 경우에는 유치권자는 미리 채무자에게 통지하여야 한다.

---

[1] 상사유치권은 민사유치권과 달리 피담보채권이 '목적물에 관하여' 생긴 것일 필요는 없지만 유치권의 대상이 되는 물건은 '채무자 소유'일 것으로 제한되어 있다(상법 제58조, 민법 제320조 제1항 참조). 이와 같이 상사유치권의 대상이 되는 목적물을 '채무자 소유의 물건'에 한정하는 취지는, 상사유치권의 경우에는 목적물과 피담보채권 사이의 견련관계가 완화됨으로써 피담보채권이 목적물에 대한 공익비용적 성질을 가지지 않아도 되므로 피담보채권이 유치권자와 채무자 사이에 발생하는 모든 상사채권으로 무한정 확장될 수 있고, 그로 인하여 이미 제3자가 목적물에 관하여 확보한 권리를 침해할 우려가 있어 상사유치권의 성립범위 또는 상사유치권으로 대항할 수 있는 범위를 제한한 것으로 볼 수 있다. 즉 상사유치권이 채무자 소유의 물건에 대해서만 성립한다는 것은, 상사유치권은 성립 당시 채무자가 목적물에 대하여 보유하고 있는 담보가치만을 대상으로 하는 제한물권이라는 의미를 담고 있다 할 것이고, 따라서 유치권 성립 당시에 이미 목적물에 대하여 제3자가 권리자인 제한물권이 설정되어 있다면, 상사유치권은 그와 같이 제한된 채무자의 소유권에 기초하여 성립할 뿐이고, 기존의 제한물권이 확보하고 있는 담보가치를 사후적으로 침탈하지는 못한다고 보아야 한다. 그러므로 채무자 소유의 부동산에 관하여 이미 선행저당권이 설정되어 있는 상태에서 채권자의 상사유치권이 성립한 경우, 상사유치권자는 채무자 및 그 이후 채무자로부터 부동산을 양수하거나 제한물권을 설정받은 자에 대해서는 대항할 수 있지만, 선행저당권자 또는 선행저당권에 기한 임의경매절차에서 부동산을 취득한 매수인에 대한 관계에서는 상사유치권으로 대항할 수 없다(대판 2013.2.28. 2010다57350).

1) 경매권

유치권자는 채권의 변제를 받기 위하여 담보권의 실행을 위한 경매의 예에 따라 유치물을 경매할 수 있다. 만약 유치권을 위한 경매절차 진행 중에 강제경매 또는 담보권 실행을 위한 경매절차가 개시된 경우에는 이를 정지하고 강제경매 또는 담보권 실행을 위한 경매절차를 계속하여 진행한다. 유치권에 의한 경매는 유치권자의 채권을 위한 환가에 그 목적이 있는 것이므로, 배당절차에서 유치권자는 다른 담보물권자와 달리 우선변제권을 갖지 못한다. 그러나 경매에 의한 매수인은 목적물을 인도 받으려면 유치권자에게 변제해야 하므로, 사실상 우선변제를 받는 효과를 가질 수는 있다. 이 외에도 채무자가 파산하여 유치권자가 별제권을 가지는 경우, 유치권자가 유치물을 간이변제에 충당하는 경우, 유치권자가 유치물로부터 생기는 과실을 수취하여 다른 채권자보다 먼저 채권의 변제에 충당하는 경우 등을 통하여 실질적으로 우선변제를 받을 수 있다.

2) 간이변제충당권

① 요건

유치권자는 정당한 이유가 있는 경우에 채무자에게 미리 통지하고 감정인의 평가에 의하여 유치물로 직접 변제에 충당할 것을 법원에 청구하여야 한다. 그 신청절차에 관하여는 질권자의 간이변제충당의 규정을 준용한다.

② 효과

법원이 간이변제충당을 허가하면 유치권자는 유치물의 소유권을 취득한다. 이 소유권취득은 법률규정에 의한 경우로서 등기가 불필요하다. 감정평가액이 채권액을 초과한 경우 유치권자는 그 초과액을 채무자에게 상환하여야 한다.

(3) 과실수취권

> 제323조(과실수취권) ① 유치권자는 유치물의 과실을 수취하여 다른 채권보다 먼저 그 채권의 변제에 충당할 수 있다. 그러나 과실이 금전이 아닌 때에는 경매하여야 한다.
> ② 과실은 먼저 채권의 이자에 충당하고 그 잉여가 있으면 원본에 충당한다.

1) 의의

유치권자는 유치물의 과실을 수취하여 다른 채권자보다 먼저 그 채권의 변제에 충당할 수 있다. 유치권은 유치물을 점유하는 권리에 불과한 것이지만, 유치권자가 선량한 관리자의 주의를 가지고 유치물을 점유·보존해야 하므로, 그 노무에 대한 보수로서 이러한 수취권을 인정하는 것이 공평할 뿐만 아니라, 수취한 과실을 채권의 변제에 충당하여도 채무자의 이익을 해하지 않기 때문이다.

2) 과실

천연과실·법정과실 모두를 포함한다. 유치권자가 종전과 같이 목적물을 임차하거나 또는 소유자의 동의를 얻어 임대하여 받은 차임은 법정과실이다.

3) 변제충당의 순서 및 환가방법

수취한 과실은 먼저 채권의 이자에 충당하고, 나머지가 있으면 원본에 충당하여야 한다. 그리고 과실이 금전이 아닌 경우에는, 이를 경매환가해서 위의 순서로 충당하여야 한다.

(4) 비용상환청구권

> 제325조(유치권자의 상환청구권) ① 유치권자가 유치물에 관하여 필요비를 지출한 때에는 소유자에게 그 상환을 청구할 수 있다.
> ② 유치권자가 유치물에 관하여 유익비를 지출한 때에는 그 가액의 증가가 현존한 경우에 한하여 소유자의 선택에 좇아 그 지출한 금액이나 증가액의 상환을 청구할 수 있다. 그러나 법원은 소유자의 청구에 의하여 상당한 상환기간을 허여할 수 있다.

1) 필요비의 경우

유치권자가 유치물에 관하여 필요비를 지출한 때에는 소유자에게 그 상환을 청구할 수 있다. 이는 유치권자가 지출한 비용에 관하여 그의 손실로 소유자에게 부당한 이득을 줄 필요가 없기 때문에 유치권자의 권리로 인정된 것이다. 상환청구권자는 유치권자에 한한다. 청구상대방에 대하여 조문에서는 소유자라고 규정하나, 유치물은 반드시 채무자의 소유일 필요가 없으므로 채무자와 소유자가 다른 경우도 발생할 수 있다. 그리고 소유자가 아닌 채무자도 유치권자의 지출에 의하여 이익을 얻는 경우가 발생할 수 있다.

2) 유익비의 경우

유치권자가 유치물에 관하여 유익비를 지출한 때에는 그 가액의 증가가 현존한 경우에 한하여, 소유자의 선택에 좇아 그 지출한 금액이나 증가액의 상환을 청구할 수 있다. 이 경우에 법원은 소유자의 청구에 의하여 상당한 상환기간을 허여할 수 있다. 이때에는 유익비에 관하여 유치권을 행사할 수 없게 된다.

2. 유치권자의 의무

> 제324조(유치권자의 선관의무) ① 유치권자는 선량한 관리자의 주의로 유치물을 점유하여야 한다.
> ② 유치권자는 채무자의 승낙 없이 유치물의 사용, 대여 또는 담보제공을 하지 못한다. 그러나 유치물의 보존에 필요한 사용은 그러하지 아니하다.
> ③ 유치권자가 전2항의 규정에 위반한 때에는 채무자는 유치권의 소멸을 청구할 수 있다.

(1) 승낙에 의한 사용

유치권자는 채무자의 승낙이 있는 때에는 유치물의 사용·대여 또는 담보제공을 할 수 있다. 제324조 제2항의 규정은 채무자의 승낙이라고 하고 있으나, 이것은 목적물의 소유자가 채무자인 보통의 경우만을 전제로 한 것이다. 따라서 소유자와 채무자가 동일인이 아닌 때에는 승낙을 할 수 있는 자는 소유자뿐이라고 해야 한다.

(2) 보존에 필요한 사용

유치권자는 승낙을 얻지 않더라도 보존에 필요한 범위에서 유치물을 사용할 수 있다. 왜냐하면 이러한 사용을 하지 않으면 유치물을 보존할 수 없게 되어 선량한 관리자의 주의의무에 위배되기 때문이다. 어떤 것이 보존에 필요한 사용인가는 개개의 경우 구체적으로 판단하여야 한다. 예를 들어 부동산임차인이 그 비용상환청구권에 관한 유치권을 행사하기 위하여 종전대로 그 부동산을 사용하는 것은 보존에 필요한 사용이라고 할 수 있다. 판례는 "건물에 대하여 유치권을 가진 피고가 그 건물의 일부인 큰 홀을 약 40일간 타인에게 대여하여 그 곳에서 영화를 상영하게 한 것은 보존에 필요한 사용행위이다(대판 1965.3.9. 64다1797)."라고 한다.

(3) 사용이익의 반환

유치권자가 보존에 필요한 사용에 의하여 얻은 이익을 어떻게 할 것인지가 문제되지만, 이는 부당이득이므로 채무자에게 반환하여야 한다(통설, 대판 1962.8.30. 62다294). 또한 유치권자는 유치물 소유자의 승낙 없이 유치물을 보존에 필요한 범위를 넘어 사용할 수 없고, 유치권자가 유치물을 그와 같이 사용한 경우에는 그로 인한 이익을 부당이득으로 소유자에게 반환하여야 한다. 그 경우에 그 반환의무의 구체적인 내용은 다른 부당이득반환청구에서와 마찬가지로 의무자가 실제로 어떠한 구체적 이익을 얻었는지에 좇아 정하여진다. 따라서 유치권자가 유치물에 관하여 제3자와의 사이에 전세계약을 체결하여 전세금을 수령하였다면 전세금이 종국에는 전세입자에게 반환되어야 할 것임에 비추어 다른 특별한 사정이 없는 한 그가 얻은 구체적 이익은 그가 전세금으로 수령한 금전의 이용가능성이고, 그가 이와 같이 구체적으로 얻은 이익과 관계없이 추상적으로 산정된 차임 상당액을 부당이득으로 반환하여야 한다고 할 수 없다. 그리고 이러한 이용가능성은 그 자체 현물로 반환될 수 없는 성질의 것이므로 그 '가액'을 산정하여 반환을 명하여야 하는바, 그 가액은 결국 전세금에 대한 법정이자 상당액이다(대판 2009.12.24. 2009다32324).

> **판례**
>
> 공사대금채권에 기하여 유치권을 행사하는 자가 스스로 유치물인 주택에 거주하며 사용하는 것이 유치물의 보존에 필요한 사용에 해당하는지 여부(적극) 및 이 경우 차임 상당 이득을 소유자에게 반환할 의무가 있는지 여부(적극)
> 민법 제324조에 의하면, 유치권자는 선량한 관리자의 주의로 유치물을 점유하여야 하고, 소유자의 승낙 없이 유치물을 보존에 필요한 범위를 넘어 사용하거나 대여 또는 담보제공을 할 수 없으며, 소유자는 유치권자가 위 의무를 위반한 때에는 유치권의 소멸을 청구할 수 있다고 할 것인바, 공사대금채권에 기하여 유치권을 행사하는 자가 스스로 유치물인 주택에 거주하며 사용하는 것은 특별한 사정이 없는 한 유치물인 주택의 보존에 도움이 되는 행위로서 유치물의 보존에 필요한 사용에 해당한다고 할 것이다. 그리고 유치권자가 유치물의 보존에 필요한 사용을 한 경우에도 특별한 사정이 없는 한 차임에 상당한 이득을 소유자에게 반환할 의무가 있다(대판 2009.9.24. 2009다40684).

(4) 유치권소멸청구

유치권은 점유하는 물건으로써 유치권자의 피담보채권에 대한 우선적 만족을 확보하여 주는 법정담보물권이다(민법 제320조 제1항, 상법 제58조). 한편 유치권자가 민법 제324조 제2항을 위반하여 유치물 소유자의 승낙 없이 유치물을 임대한 경우 유치물의 소유자는 이를 이유로 민법 제324조 제3항에 의하여 유치권의 소멸을 청구할 수 있다. 민법 제324조에서 정한 유치권소멸청구는 유치권자의 선량한 관리자의 주의의무 위반에 대한 제재로서 채무자 또는 유치물의 소유자를 보호하기 위한 규정이므로, 특별한 사정이 없는 한 민법 제324조 제2항을 위반한 임대행위가 있은 뒤에 유치물의 소유권을 취득한 제3자도 유치권소멸청구를 할 수 있다(대판 2023.8.31. 2019다295278). 그리고 민법 제324조는 '유치권자에게 유치물에 대한 선량한 관리자의 주의의무를 부여하고, 유치권자가 이를 위반하여 채무자의 승낙 없이 유치물을 사용, 대여, 담보 제공한 경우에 채무자는 유치권의 소멸을 청구할 수 있다.'고 정한다. 하나의 채권을 피담보채권으로 하여 여러 필지의 토지에 대하여 유치권을 취득한 유치권자가 그 중 일부 필지의 토지에 대하여 선량한 관리자의 주의의무를 위반하였다면 특별한 사정이 없는 한 위반행위가 있었던 필지의 토지에 대하여만 유치권 소멸청구가 가능하다고 해석하는 것이 타당하다[1](대판 2022.6.16. 2018다301350).

IV. 유치권의 소멸

1. 일반적 소멸사유

(1) 내용

유치권도 물권이므로 일반적 소멸사유인 목적물의 멸실·혼동·공용수용 등으로 소멸한다. 그리고 유치권은 유치권자가 유치물의 점유를 상실하면 소멸되지만, 유치권자가 유치물을 점유하고 있는 동안에는 그 권리를 행사하고 있는 것이므로 소멸시효가 진행하지 않는다. 따라서 유치권이 시효로 인하여 소멸하는 일은 없다. 다만 유치권은 담보물권이므로 담보물권의 공통적 소멸사유인 피담보채권의 소멸에 의해서는 소멸한다.

(2) 소멸시효의 경우

> **제326조(피담보채권의 소멸시효)** 유치권의 행사는 채권의 소멸시효의 진행에 영향을 미치지 아니한다.

채권자가 유치권을 행사하더라도 피담보채권의 소멸시효는 그와 관계없이 계속 진행한다. 즉 목적물을 유치하고 있다고 하여 그것이 곧 채권을 행사하고 있는 것은 아니므로, 유치권의 행사는 채권의 소멸시효의 진행에 영향을 미치지 않는다. 따라서 유치권을 행사하고 있는 채권자가 자신의 소멸시효를 중단시키려면 별도로 민법 제168조 이하의 중단사유에 해당하는 행위를 하여야 한다.

2. 유치권에 특유한 소멸사유

(1) 채무자의 소멸청구

유치권자가 그의 의무에 위반하는 경우 채무자의 소멸청구로 유치권은 소멸한다(제324조 제3항).

---

1) 구체적인 이유는 다음과 같다.
  ① 여러 필지의 토지에 대하여 유치권이 성립한 경우 유치권의 불가분성으로 인하여 각 필지의 토지는 다른 필지의 토지와 관계없이 피담보채권의 전부를 담보한다. 이때 일부 필지 토지에 대한 점유를 상실하여도 나머지 필지 토지에 대하여 피담보채권의 담보를 위한 유치권이 존속한다. 같은 취지에서 일부 필지 토지에 대한 유치권자의 선량한 관리자의 주의의무 위반을 이유로 유치권 소멸청구가 있는 경우에도 그 위반 필지 토지에 대하여만 소멸청구가 허용된다고 해석함이 타당하다.
  ② 민법 제321조에서 '유치권의 불가분성'을 정한 취지는 담보물권인 유치권의 효력을 강화하여 유치권자의 이익을 위한 것으로서 이를 근거로 오히려 유치권자에게 불이익하게 선량한 관리자의 주의의무 위반이 문제 되지 않는 유치물에 대한 유치권까지 소멸한다고 해석하는 것은 상당하지 않다.
  ③ 유치권은 점유하는 물건으로써 유치권자의 피담보채권에 대한 우선적 만족을 확보하여 주는 법정담보물권이다(민법 제320조 제1항, 상법 제58조). 한편 민법 제324조에서 정한 유치권 소멸청구는 유치권자의 선량한 관리자의 주의의무 위반에 대한 제재로서 채무자 또는 유치물의 소유자를 보호하기 위한 규정이다. 유치권자가 선량한 관리자의 주의의무를 위반한 정도에 비례하여 유치권 소멸의 효과를 인정하는 것이 유치권자와 채무자 또는 소유자 사이의 이익균형을 고려한 합리적인 해석이다.

(2) 다른 담보의 제공

> 제327조(타담보제공과 유치권소멸) 채무자는 상당한 담보를 제공하고 유치권의 소멸을 청구할 수 있다.

1) 취지

채무자는 상당한 다른 담보를 제공하여 유치권의 소멸을 청구할 수 있다. 유치권은 설정계약이 있는 것이 아니라, 법정담보물권이므로, 채무자는 채권액과 목적물의 가격 균형을 그 성립 시에 고려할 수 없기 때문에 유치권에 의하여 담보되는 채권액은 그 물건의 가격에 비하여 낮은 경우가 많다. 따라서 채권자는 채무자로부터 채권액 상당의 담보를 제공받으면 아무런 손실이 없으므로, 이런 취지의 제도를 규정한 것이다.

2) 요건

① 소멸청구권자

민법은 채무자라고만 규정하고 있으나 해석상 유치물의 소유자도 포함된다. 민사상 유치권은 채무자 아닌 자의 소유의 물건에 대해서도 성립할 수 있기 때문에 이런 경우에는 그 소유자도 소멸청구를 할 수 있다고 보아야 한다.

② 상당한 다른 담보

㉠ 물적 담보로서 저당권·질권뿐만 아니라 연대보증 같은 인적 담보도 포함된다(통설). 담보물권인 유치권에 갈음한 담보로서 물적 담보인 질권 또는 저당권, 매도담보에 한한다는 견해도 있으나, 민법은 '담보'라고만 규정하였으므로, 물적 담보이든 인적 담보이든 모두 포함된다(주석민법[물권(3)], 466면).

㉡ '상당한' 담보이어야 한다. 즉 민법 제327조에 의하여 제공하는 담보가 상당한가의 여부는 그 담보의 가치가 채권의 담보로서 상당한가, 태양에 있어 유치물에 의하였던 담보력을 저하시키지는 아니한가 하는 점을 종합하여 판단하여야 할 것인바, 유치물의 가격이 채권액에 비하여 과다한 경우에는 채권액 상당의 가치가 있는 담보를 제공하면 족하다고 할 것이고, 한편 당해 유치물에 관하여 이해관계를 가지고 있는 자인 채무자나 유치물의 소유자는 상당한 담보가 제공 되어 있는 이상 유치권 소멸 청구의 의사표시를 할 수 있다(대판 2001.12.11. 2001다59866). 다만 유치물의 가격이 채권액에 비하여 적을 때에는 유치물의 가격에 상응하는 가치를 가지는 다른 담보이면 족하다.

㉢ 담보를 '제공하여'라 함은 담보물권을 설정 또는 보증계약을 체결하는 것을 말한다. 따라서 단순히 담보물권을 설정한다든가 또는 보증인을 세운다는 것을 약속하는 것만으로는 부족하다. 또한 유치권자로 하여금 채권변제의 확보를 얻게 하면 족하므로, 담보의 제공이 유치권을 소멸시킬 의도로서 할 것을 요하지도 않는다. 즉 채무자가 유치권 발생 전에 이미 충분한 담보를 제공하고 있는 경우 예를 들어 제3자가 채권자의 채무를 보증하고 있는 경우나 채무자가 상당한 근저당권을 설정하고 있는 경우에는 새로운 담보를 제공하지 않고서도 유치권의 소멸을 청구할 수 있다.

③ 소멸의 청구

유치권의 소멸청구 자체는 채무자의 일방적 의사표시로써 충분하지만 담보의 제공에는 유치권자의 승낙을 요하므로, 결국 유치권자의 승낙 또는 이에 갈음할 판결이 있어야 유치권이 소멸하게 된다. 유치권소멸의 청구는 담보제공 후에 행하여지는 것이 보통이지만, 담보계약의 청약과 동시에 할 수도 있다. 채무자가 유치권을 소멸시키기 위한 것임을 표시하여 담보계약을 청약한 때에는 유치권소멸의 청구를 한 것이다. 그리고 유치권발생 전에 채무자가 충분한 담보를 제공하고 미리 그 채권을 위하여 유치권의 성립을 배제한다는 뜻의 일방적 의사표시를 하는 경우에는 장래의 유치권소멸청구로 볼 수 있고, 이러한 의사표시는 유효하다[1].

3) 효과

유치권소멸청구는 유치권을 소멸시키지만, 유치권자가 동시이행항변권을 가지는 경우에 이 항변권까지 소멸시키는 것은 아니다. 그리고 유치권이 그 소멸청구에 의하여 소멸하여도 단지 물건의 반환청구권을 저지하는 상태가 소멸할 뿐, 유치권자는 유치권관계 자체에 기한 목적물반환의무를 지지 않는다.

(3) 점유의 상실

> 제328조(점유상실과 유치권소멸) 유치권은 점유의 상실로 인하여 소멸한다.

점유는 유치권의 존속요건이므로, 이를 상실하면 유치권도 당연히 소멸한다. 점유를 침탈당한 경우 점유물반환청구권에 의하여 점유를 회복한 때에는 점유를 상실하지 않았던 것이 되므로, 유치권도 처음부터 소멸하지 않았던 것이 된다. 유치권자가 소유자의 승낙 없이 목적물을 임대 또는 담보로 제공한 경우에도 점유는 계속되고 있으므로, 그러한 사실이 있는 것만으로 곧 유치권이 소멸하는 것은 아니다. 이 경우에는 채무자가 소멸청구를 할 때에 비로소 소멸된다.

---

[1] 주석민법[물권(3)], 468면

제3절 질권

Ⅰ. 서설

1. 의의

> 제329조(동산질권의 내용) 동산질권자는 채권의 담보로 채무자 또는 제3자가 제공한 동산을 점유하고 그 동산에 대하여 다른 채권자보다 자기채권의 우선변제를 받을 권리가 있다.

2. 다른 담보물권과의 비교

질권은 유치적 효력을 가지는 담보물권이라는 점에서 유치권과 동일하지만, 약정담보물권이라는 점에서 법정담보물권인 유치권과 다르다. 그리고 질권은 약정담보물권이고 우선변제권이 인정되는 점에서 저당권과 공통되지만, 점유의 이전이 공시적 작용과 유치적 작용을 한다는 점에서 저당권과 구별된다.

3. 질권의 종류

(1) 적용법

민법이 적용되는 민사질권, 상행위로 생긴 채권을 담보하기 위한 상사질권이 있다. 상사질권은 유질계약금지에 관한 민법 제339조의 적용이 없다(상법 제59조).

(2) 목적물

동산질권과 권리질권으로 나누어진다. 현행 민법은 부동산질권을 인정하지 않는다[2].

(3) 질권의 내용

점유질과 수익질로 나뉜다. 점유질은 질권자가 단순히 질물을 점유할 권리만 가지고 질물을 사용·수익하지 못하는 질권을 말하고, 수익질은 질권자가 점유한 권리뿐만 아니라 질물의 사용·수익권도 가지는 질권을 말한다.

(4) 성립의 원인

당사자 사이의 설정행위에 의해서 발생하는 약정질권과 법률의 규정에 의하여 당연히 발생하는 법정질권으로 나눌 수 있다. 민법은 약정질권을 원칙으로 하고, 법정질권은 예외적이다.

4. 질권의 법적 성질

(1) 약정담보물권

질권은 목적물의 교환가치를 직접적·배타적으로 지배하는 담보물권이며, 질권자와 질권설정자 사이의 계약에 의하여 성립하는 약정담보물권이 원칙이다.

---

[2] 그러나 전세권은 일종의 수익질로서 전세권을 동산질의 뒤에 규정했어야 마땅하다는 견해(곽윤직)가 있다.

(2) 담보물권으로서의 내용

1) 유치적 권능

질권은 채권의 담보로서 채무자 또는 제3자로부터 인도받은 물건을 점유하는 권리이다. 질권은 이러한 유치적 효력을 통해서 피담보채권의 변제가 있을 때까지 목적물을 유치하여 채무자에게 심리적 압박을 가함으로써 간접적으로 그 채무의 변제를 강제하는 작용을 한다.

2) 우선변제적 권능

질권자는 목적물을 환가한 대금으로부터 우선변제 받을 권능이 있다. 즉, 질권자는 담보물을 경매하여 그 대금으로부터 우선변제를 받을 수 있으며 채권질에 있어서는 객체인 채권을 추심하여 변제에 충당할 수도 있다.

3) 담보물권으로서의 통유성

질권은 담보물권이므로 담보물권의 일반적 성질, 즉 부종성·수반성·불가분성·물상대위성을 갖는다.

Ⅱ. 동산질권

1. 동산질권의 성립

(1) 질권설정계약

1) 당사자

질권설정계약의 당사자는 동산질권을 취득하는 질권자와 동산질권을 설정하는 질권설정자이다. 질권자는 피담보채권의 채권자에 한한다. 질권설정자는 피담보채권의 채무자인 것이 원칙이나 제3자도 가능하다(제329조). 물상보증인은 담보로 제공한 동산의 한도에서 책임을 질 뿐, 피담보채권의 채무를 부담하지는 않는다. 그러나 물상보증인은 타인의 채무를 위하여 자기의 재산을 담보로 제공한다는 점과 채무자의 의사에 반하여 채무를 변제할 수 있다는 점 등에서 보증인과 그 법적 지위가 비슷하므로 보증채무에 관한 규정이 준용된다. 따라서 물상보증인이 스스로 변제를 하거나 질권의 실행으로 소유권을 잃은 때에는 채무자에 대하여 보증인이 가지는 것과 같은 구상권을 갖는다(제341조).

2) 동산질권의 선의취득

질권설정자는 원칙적으로 목적물의 소유자이나, 소유자가 아니더라도 목적물의 처분권을 가지고 있으면 질권을 설정할 수 있다. 그리고 질권설정자에게 목적물에 관한 처분권이 없는 경우에도 상대방은 선의취득의 요건을 갖춘 때에는 질권을 선의취득한다(제343조, 제249조). 즉 동산질권을 선의취득하기 위하여는 질권자가 평온, 공연하게 선의이며 과실없이 질권의 목적동산을 취득하여야 하고, 그 취득자의 선의, 무과실은 동산질권자가 입증하여야 한다(대판 1981.12.22. 80다2910).

(2) 목적동산의 인도

1) 제330조

> 제330조(설정계약의 요물성) 질권의 설정은 질권자에게 목적물을 인도함으로써 그 효력이 생긴다.

민법은 제188조 제1항에서 동산에 관한 물권의 양도는 그 동산을 인도하여야 효력이 생긴다고 규정하고, 다시 제330조에서 질권의 설정은 질권자에게 목적물을 인도함으로써 그 효력이 생긴다고 규정한다[1].

2) 점유개정의 금지(제332조)

> 제332조(설정자에 의한 대리점유의 금지) 질권자는 설정자로 하여금 질물의 점유를 하게 하지 못한다.

① 규정 취지

채권자로 하여금 유치적 효력을 확보하게 하려는 데 있다.

② 점유물반환의 경우 질권의 효력

질권이 일단 성립한 후에 질물을 설정자에게 반환하면 그 질권이 소멸하는지가 문제된다. 제332조의 취지가 설정자의 사용·수익을 빼앗음으로써 질권자로 하여금 목적물에 대한 유치적 효력을 확보케 하는 데 있으므로 질권은 소멸되는 것으로 보아야 한다.

(3) 동산질권의 목적물(제331조)

1) 양도성

> 제331조(질권의 목적물) 질권은 양도할 수 없는 물건을 목적으로 하지 못한다.

질권은 양도할 수 없는 물건을 목적으로 하지 못한다. 양도성이 있어야 교환가치를 실현할 수 있고 이를 전제로 우선변제권이 실현될 수 있기 때문이다. 양도가 가능하다면 독립한 물건이 아니라도 질권의 목적으로 할 수 있다.

2) 민사집행법 또는 기타의 법률에 의하여 압류가 금지되는 동산

양도할 수 있는 물건이라도 민사집행법이나 기타의 법률의 규정에 의하여 압류가 금지된 동산의 입질은 금지된다. 등기된 선박, 자동차, 항공기, 건설기계 등은 질권의 목적으로 하지 못한다. 이것은 질권자에게 목적물을 유치시키는 것을 방지함으로써 권리자가 스스로 이를 사용·수익하도록 하기 위한 것이다.

(4) 동산질권을 설정할 수 있는 채권

1) 대상

질권에 의하여 담보되는 채권, 즉 피담보채권의 종류에는 아무 제한이 없다. 금전채권인 것이 보통이지만, 금전으로 평가할 수 없는 채권이라도 질권의 피담보채권이 될 수 있다. 그리고 담보물권의 부종성은 담보물권을 실행할 때 채권이 존재할 것을 최소한도로 요구하는 것이므로 장래채권을 위한 담보권의 설정도 유효하다. 일정한 계속적인 거래관계로부터 장래에 발생하게 될 다수의 불특정 채권을 담보하기 위하여 설정되는 질권(근질권)이 있다. 예를 들어, 은행과 상인과의 당좌대월계약 등의 여신계약에 있어서 현재 및 장래에 발생할 채권의 최고한도액까지 담보하기 위하여 질권을 설정할 수 있다.

---

[1] 이러한 제330조의 의의와 관련하여 민법 제330조는 질권설정계약이 의사의 합치 외에 반드시 목적물의 인도를 성립요건으로 하는 요물계약이라는 것을 나타내는 조항이라는 견해(이영준)와, 성립요건주의를 취하는 현행법에서는 제330조의 규정은 입법상의 과오에 지나지 않는 것으로 무의미한 조항이라고 하는 견해(곽윤직 등 다수설)가 대립하고 있다.

2) 근질권의 피담보채권 확정시기

이러한 여러 사정을 적정·공평이란 관점에 비추어 보면[1], 근질권이 설정된 금전채권에 대하여 제3자의 압류로 강제집행절차가 개시된 경우 근질권의 피담보채권은 근질권자가 위와 같은 강제집행이 개시된 사실을 알게 된 때에 확정된다고 봄이 타당하다(대판 2009.10.15. 2009다43621).

(5) 법정질권

> 제648조(임차지의 부속물, 과실 등에 대한 법정질권) 토지임대인이 임대차에 관한 채권에 의하여 임차지에 부속 또는 그 사용의 편익에 공용한 임차인의 소유 동산 및 그 토지의 과실을 압류한 때에는 질권과 동일한 효력이 있다.
>
> 제650조(임차건물등의 부속물에 대한 법정질권) 건물 기타 공작물의 임대인이 임대차에 관한 채권에 의하여 그 건물 기타 공작물에 부속한 임차인 소유의 동산을 압류한 때에는 질권과 동일한 효력이 있다.

1) 의의

질권은 예외적으로 법률의 규정에 의해 성립되는 경우가 있는데, 토지임대인의 법정질권(제648조), 건물 등의 임대인의 법정질권(제650조)이 그것이다.

2) 성립

① 피담보채권의 존재

피담보채권은 임대인의 '임대차에 관한 채권'이다. 즉, 차임, 임대차에 기하여 임대인이 가지게 되는 손해배상채권이다.

② 목적물의 압류

법정질권의 목적물은 임차인 소유의 일정한 동산과 그 과실이다. 이에 대해 법정질권이 성립하려면 부동산임대인 즉, 채권자가 목적물을 압류해야 한다.

3) 선의취득 인정 여부

예를 들어 임차인이 타인 소유의 동산을 임차지나 건물에 부속시킨 경우에 임대인이 이를 압류하면 법정질권이 성립되는지 즉, 법정질권에 대한 선의취득이 인정되는지가 문제된다. 민법 제650조는 '임차인 소유의 동산'이라고 하고 있을 뿐만 아니라, 압류는 단순한 점유의 승계취득이 아니기 때문에 선의취득은 부정된다(통설).

4) 준용규정

법정질권에는 동산질권에 관한 규정이 준용된다(통설).

---

[1] 근질권의 목적이 된 금전채권에 대하여 근질권자가 아닌 제3자의 압류로 강제집행절차가 개시된 경우, 제3채무자가 그 절차의 전부명령이나 추심명령에 따라 전부금 또는 추심금을 제3자에게 지급하거나 채권자의 경합 등을 사유로 위 금전채권의 채권액을 법원에 공탁하게 되면 그 변제의 효과로서 위 금전채권은 소멸하고 그 결과 바로 또는 그 후의 절차진행에 따라 종국적으로 근질권도 소멸하게 되므로, 근질권자는 위 강제집행절차에 참가하거나 아니면 근질권을 실행하는 방법으로 그 권리를 행사할 것이 요구된다. 이런 까닭에 위 강제집행절차가 개시된 때로부터 위와 같이 근질권이 소멸하게 되기까지의 어느 시점에서인가는 근질권의 피담보채권도 확정된다고 하지 않을 수 없다. 근질권자가 제3자의 압류 사실을 알고서도 채무자와 거래를 계속하여 추가로 발생시킨 채권까지 근질권의 피담보채권에 포함시킨다고 하면 그로 인하여 근질권자가 얻을 수 있는 실익은 별 다른 것이 없는 반면, 제3자가 입게 되는 손해는 위 추가된 채권액만큼 확대되고 이는 사실상 채무자의 이익으로 귀속될 개연성이 높아 부당할 뿐 아니라, 경우에 따라서는 근질권자와 채무자가 그러한 점을 남용하여 제3자 등 다른 채권자의 채권 회수를 의도적으로 침해할 수 있는 여지도 제공하게 된다.

2. 동산질권의 효력

(1) 동산질권의 효력이 미치는 범위

1) 효력이 미치는 목적물의 범위

① 종물과 과실

다른 특약이 없는 한, 그 종물이 인도된 경우에 한하여 질권의 효력이 종물에도 미친다(제100조 제2항). 유치권자의 과실수취권에 관한 규정은 동산질권에도 준용되므로(제323조), 질물의 천연과실에도 질권의 효력이 미친다. 질권자는 질물에서 생기는 천연과실을 수취하여 다른 채권자보다 먼저 자기 채권의 변제에 충당할 수 있다(제343조, 제323조). 그리고 유치권자는 소유자의 승낙이 있으면 질권자는 질물을 사용하거나 임대할 수 있으므로(제343조, 제324조 제2항), 법정과실에도 질권의 효력은 미친다.

② 물상대위(제342조)

> **제342조(물상대위)** 질권은 질물의 멸실, 훼손 또는 공용징수로 인하여 질권설정자가 받을 금전 기타 물건에 대하여도 이를 행사할 수 있다. 이 경우에는 그 지급 또는 인도전에 압류하여야 한다.
>
> **제370조(준용규정)** 제214조, 제321조, 제333조, 제340조, 제341조[2] 및 제342조의 규정은 저당권에 준용한다.

질권 또는 저당권은 담보목적물의 멸실·훼손·공용징수로 인하여 질권 또는 저당권설정자가 받을 금전 기타 물건에 대하여도 이를 행사할 수 있다. 이를 물상대위라고 한다. 물상대위는 담보물권의 한 특성으로서 민법은 질권에서 먼저 이를 규정하고, 다시 저당권에 준용하고 있다(제342조, 제370조). 대위목적물은 질물 또는 저당물의 멸실·훼손 또는 공용징수로 인하여 질권·저당권설정자가 받을 금전 기타의 물건이다. 예를 들어 보험금청구권, 손해배상청구권, 보상금청구권 등에 대한 질권·저당권설정자가 제3채무자에 대하여 가지는 금전·기타의 대위물의 지급청구권이다. 여기서 멸실이라 함은 물리적인 것뿐만 아니라 법률적인 멸실, 예를 들어 부합·혼화·가공 등으로 인하여 소유권이 상실되는 경우가 포함된다. 그리고 멸실·훼손의 원인은 사람의 행위이든 사건이든 이를 묻지 않지만, 담보권자의 과실에 의하지 않아야 한다. 담보권자가 그 목

---

[2] 민법 제481조는 "변제할 정당한 이익이 있는 자는 변제로 당연히 채권자를 대위한다."라고 규정하고, 민법 제482조 제1항은 "전2조의 규정에 의하여 채권자를 대위한 자는 자기의 권리에 의하여 구상할 수 있는 범위에서 채권 및 그 담보에 관한 권리를 행사할 수 있다."라고 규정하며, 같은 조 제2항은 "전항의 권리행사는 다음 각 호의 규정에 의하여야 한다."라고 규정하고 있으나, 그 중 물상보증인과 제3취득자 사이의 변제자대위에 관하여는 명확한 규정이 없다. 그런데 보증인과 제3취득자 사이에 변제자대위에 관하여 민법 제482조 제2항 제1호는 "보증인은 미리 전세권이나 저당권의 등기에 그 대위를 부기하지 아니하면 전세물이나 저당물에 권리를 취득한 제3자에 대하여 채권자를 대위하지 못한다."라고 규정하고, 같은 항 제2호는 "제3취득자는 보증인에 대하여 채권자를 대위하지 못한다."라고 규정하고 있다. 한편 민법 제370조, 제341조에 의하면 물상보증인이 채무를 변제하거나 담보권의 실행으로 소유권을 잃은 때에는 '보증채무'에 관한 규정에 의하여 채무자에 대한 구상권을 가지고, 민법 제482조 제2항 제5호에 따르면 물상보증인과 보증인 상호 간에는 그 인원수에 비례하여 채권자를 대위하게 되어 있을 뿐 이들 사이의 우열은 인정하고 있지 아니하다. 위와 같은 규정 내용을 종합하여 보면, 물상보증인이 채무를 변제하거나 담보권의 실행으로 소유권을 잃은 때에는 보증채무를 이행한 보증인과 마찬가지로 채무자로부터 담보부동산을 취득한 제3자에 대하여 구상권의 범위 내에서 출재한 전액에 관하여 채권자를 대위할 수 있는 반면, 채무자로부터 담보부동산을 취득한 제3자는 채무를 변제하거나 담보권의 실행으로 소유권을 잃더라도 물상보증인에 대하여 채권자를 대위할 수 없다고 보아야 한다. 만일 물상보증인의 지위를 보증인과 다르게 보아서 물상보증인과 채무자로부터 담보부동산을 취득한 제3자 상호 간에는 각 부동산의 가액에 비례하여 채권자를 대위할 수 있다고 한다면, 본래 채무자에 대하여 출재한 전액에 관하여 대위할 수 있었던 물상보증인은 채무자가 담보부동산의 소유권을 제3자에게 이전하였다는 우연한 사정으로 이제는 각 부동산의 가액에 비례하여서만 대위하게 되는 반면, 당초 채무 전액에 대한 담보권의 부담을 각오하고 채무자로부터 담보부동산을 취득한 제3자는 그 범위에서 뜻하지 않은 이득을 얻게 되어 부당하다(대판 2014.12.18. 2011다50233 전합).

적물 위에 그 권리를 행사하려면 설정자가 금전 기타의 물건을 지급 또는 인도받기 전에 그 목적물을 압류하여야 한다. 따라서 근저당권자는 근저당권의 목적이 된 토지의 공용징수 등으로 토지의 소유자가 받을 금전이나 그 밖의 물건에 대하여 물상대위권을 행사할 수 있으나, 다만 그 지급이나 인도 전에 압류하여야 하고(민법 제370조, 제342조), 근저당권자가 금전이나 물건의 인도청구권을 압류하기 전에 토지의 소유자가 인도청구권에 기하여 금전 등을 수령한 경우 근저당권자는 더 이상 물상대위권을 행사할 수 없다(대판 2015.9.10. 2013다216273). 압류를 요건으로 하는 취지는, 일단 담보권설정자가 이를 지급 또는 인도받으면 담보권설정자의 일반재산과 혼합되어 그 특정성을 잃게 되는데, 그 후에까지 담보권자의 추급을 허용한다면 다른 채권자의 이익을 해칠 우려가 있기 때문이다. 그리고 대위의 목적물은 현실의 금전 기타의 물건이 아니라, 설정자가 제3채무자에 대하여 가지는 금전 기타의 대표물에 대한 지급청구권 또는 인도청구권이므로, 물상대위권의 행사를 위한 압류는 반드시 담보권자에 의한 압류에만 국한시킬 필요는 없다(통설). 즉, 제3채권자가 압류하여 그 금전 또는 물건이 특정된 이상 저당권자가 스스로 이를 압류하지 않더라도 물상대위권을 행사하여 일반 채권자보다 우선변제를 받을 수 있다(대판 2002.10.11. 2002다33137). 그리고 압류가 아니더라도 공탁을 통해서 특정성이 유지된다면 물상대위를 할 수 있을 것이다(대판 2000.6.23. 98다31899). 민사집행법 제273조에 의하여 담보권의 존재를 증명하는 서류를 집행법원에 제출하여 채권압류 및 전부명령을 신청하거나 민사집행법 제247조 제1항 각호 소정의 배당요구 종기까지 배당요구를 하여야 한다. 물상대위권을 행사하기 아니한 채 대상 토지에 저당등기가 된 것만 가지고는 그 보상금이나 변제공탁금으로부터 우선변제를 받을 수 없다. 따라서 배당요구 종기까지 물상대위권을 행사하지 아니하여 우선변제권을 상실한 저당권자는 다른 채권자가 보상금 등으로부터 이득을 얻었다고 하더라도 그에 대하여 부당이득반환청구를 할 수 없다(대판 2002.10.11. 2002다33137). 또한 배당요구의 종기가 지난 후에 물상대위에 기한 채권압류 및 전부명령이 제3채무자에게 송달되었을 경우에, 물상대위권자는 배당절차에서 우선변제를 받을 수 없다(대판 2003.3.28. 2002다13539).

2) 피담보채권의 범위

> 제334조(피담보채권의 범위) 질권은 원본, 이자, 위약금, 질권실행의 비용, 질물보존의 비용 및 채무불이행 또는 질물의 하자로 인한 손해배상의 채권을 담보한다. 그러나 다른 약정이 있는 때에는 그 약정에 의한다.
>
> 제360조(피담보채권의 범위) 저당권은 원본, 이자, 위약금, 채무불이행으로 인한 손해배상 및 저당권의 실행비용을 담보한다. 그러나 지연배상에 대하여는 원본의 이행기일을 경과한 후의 1년분에 한하여 저당권을 행사할 수 있다.

질권은 원본, 이자, 위약금, 질권실행의 비용, 질물보존의 비용 및 채무불이행 또는 질물의 하자로 인한 손해배상의 채권을 담보한다. 이러한 범위는 당사자의 특약으로 변경될 수 있다. 질권에 있어서의 피담보채권의 범위는 저당권에 있어서의 그것에 비하여 넓게 규정되어 있다. 이는 저당권과는 달리 동일목적물 위에 질권이 경합하는 경우가 비교적 적으므로 다른 채권자를 해할 염려가 크지 않기 때문이다. 동산질권은 불가분성을 가지고 있으므로, 질권자는 피담보채권의 전부의 변제를 받을 때까지 질물 전부에 대하여 질권을 행사할 수 있다.

(2) 동산질권의 유치적 효력

1) 유치적 효력

> **제335조(유치적 효력)** 질권자는 전조의 채권의 변제를 받을 때까지 질물을 유치할 수 있다. 그러나 자기보다 우선권이 있는 채권자에게 대항하지 못한다.

2) 순위

> **제333조(동산질권의 순위)** 수개의 채권을 담보하기 위하여 동일한 동산에 수개의 질권을 설정한 때에는 그 순위는 설정의 선후에 의한다.

① 질권이 설정되기 위해서는 질물을 인도해야 하므로, 동일한 복수의 질권이 성립하는 경우는 흔하지 않지만, 그 인도에는 간접점유를 포함하기 때문에 복수의 질권이 성립할 수 있다. 예를 들어 채무자 甲이 乙에 대한 채무의 담보로 甲의 동산을 현실로 乙에게 인도하여 질권을 설정한 뒤에, 같은 동산에 대하여 丙에 대한 채무의 담보로써 목적물반환청구권의 양도에 의한 인도로써 질권을 설정하는 것을 들 수 있다. 이 경우 먼저 설정된 乙의 질권이 丙의 질권에 우선한다. 따라서 동산의 경락대금에서 乙이 먼저 변제를 받고 나서, 丙이 후순위로 변제를 받을 수 있을 뿐이다.

② 목적물반환청구권 양도의 경합

예를 들어, 창고업자 甲이 보관하고 있는 동산에 대하여 소유자 乙이 채권자 丙을 위하여 목적물반환청구권의 양도에 의한 인도로써 질권을 설정하고, 또 다른 채권자 丁을 위하여 목적물반환청구권 양도에 의한 질권을 설정하는 경우가 문제된다. 이 경우 학설은 ㉠ 복수의 채권이 성립하고, 먼저 설정된 丙의 질권이 丁의 질권에 우선한다는 견해(이영준), ㉡ 반환청구권 이중양도의 경우에는 제3자에 대한 대항요건 구비 여부에 따라 그 효력이 달라지고, 어느 한 쪽만이 그 대항요건을 갖춘 때에는 그만이 질권을 취득하고, 다른 쪽은 후순위로도 질권을 취득하지 못 한다는 견해(송덕수)가 있다.

3) 유치권 규정의 준용

민법은 유치권 규정 중 과실수취권(제323조), 목적물보관에 있어서의 선관의무(제324조), 비용상환청구권(제325조) 등을 질권에 준용한다(제343조).

(3) 동산질권의 우선변제적 효력

1) 동산질권의 순위

동산질권자는 질물로부터 다른 채권자보다 우선변제 받을 권리가 있다(제329조). 동일한 동산에 수개의 질권이 설정된 때에는 그 순위는 질권설정의 선후에 의한다. 그러나 우선특권을 갖는 선박채권자, 질권자에 우선하는 조세채권을 갖는 국가 등의 경우에 질권자의 우선변제권은 제한된다. 질권설정자가 파산한 경우에는 파산절차를 밟지 않고 질권자는 별제권에 의하여 우선변제를 받을 수 있다.

2) 우선변제권의 행사

> **제338조(경매, 간이변제충당)** ① 질권자는 채권의 변제를 받기 위하여 질물을 경매할 수 있다.
> ② 정당한 이유 있는 때에는 질권자는 감정인의 평가에 의하여 질물로 직접변제에 충당할 것을 법원에 청구할 수 있다. 이 경우에는 질권자는 미리 채무자 및 질권설정자에게 통지하여야 한다.

① 요건
질권의 우선변제권은 채무자가 이행지체에 빠지는 경우에 행사될 수 있다. 피담보채권이 금전을 목적으로 하는 것이 아닌 경우에는 그것이 금전채권으로 변용된 후에야 행사될 수 있다.

② 행사방법

> **제340조(질물 이외의 재산으로부터의 변제)** ① 질권자는 질물에 의하여 변제를 받지 못한 부분의 채권에 한하여 채무자의 다른 재산으로부터 변제를 받을 수 있다.
> ② 전항의 규정은 질물보다 먼저 다른 재산에 관한 배당을 실시하는 경우에는 적용하지 아니한다. 그러나 다른 채권자는 질권자에게 그 배당금액의 공탁을 청구할 수 있다.

㉠ 경매

질권자는 채권의 변제를 받기 위하여 질물을 경매할 수 있다. 그 절차는 민사집행법에 의해 행하여지고, 그 매도대금으로부터 권리순위에 따라 우선변제를 받는다. 그리고 잔액이 있는 때에는 질권설정자에게 반환하고, 부족한 때에는 민사집행법의 규정에 따라 집행권원을 얻어 채무자의 일반재산에 대하여 강제집행을 할 수 있다. 질권 실행에 앞서 채무자의 일반재산에 대하여 집행할 수 있는지 여부가 문제된다. 민법 제340조의 규정이 일반채권자의 보호만을 목적으로 하는 것이 아니라 채무자도 함께 보호할 것을 목적으로 하고 있기 때문에 채무자도 이의를 신청할 수 있다는 견해가 있다(곽윤직). 그러나 이 규정은 단지 일반채권자를 보호하기 위한 규정이므로, 채무자는 질권자에게 아무런 이의를 제기할 수 없고, 따라서 질권자는 채무자에 대한 관계에 있어서는 일반재산에 대하여 먼저 집행할 수 있다고 보아야 한다(이영준 등 다수설). 질물에 앞서 다른 재산에 대한 배당을 실시하는 경우에는 민법 제340조 제1항의 제한은 적용되지 않으며, 질권자는 채권전액을 가지고 배당에 참가할 수 있다(제340조 제2항). 다만 다른 채권자의 청구가 있는 때에는 질권자는 그 배당액을 공탁하여야 한다(제340조 제2항 단서). 이 단서 규정은 질권자가 질물로써 충분히 채무액의 변제를 받을 수 있음에도 불구하고 미리 배당액을 수령하게 된다면 결과적으로 제340조 제1항의 취지와 모순되고, 다른 채권자의 이익을 해하게 되기 때문이다. 따라서 질권자는 공탁을 한 후 질물의 실행에 의하여 변제받지 못한 부분을 공탁금에서 수령할 수 있다. 그리고 질권자가 배당청구를 하고 있음에도 불구하고 경매대금을 다른 채권자에게 배당하였다면 질권자는 배당받은 채권자에 대하여 부당이득반환청구를 할 수 있다.

㉡ 간이변제충당

질권자는 정당한 이유가 있는 때에는 감정인의 평가에 의하여 질물로 직접 변제에 충당할 것을 법원에 청구할 수 있다(제338조 제2항). 이 경우에는 미리 채무자 및 질권설정자에게 통지하여야 한다. 질권자의 간이변제충당권은 유치권자의 간이변제충당권과 동일하다.

㉢ 다른 채권자가 경매를 신청하거나 기타 환가절차를 밟은 경우

이 경우 질권자는 그 대가로부터 실질적으로 우선변제를 받는다.

(4) 유질계약의 금지

> 제339조(유질계약의 금지) 질권설정자는 채무변제기전의 계약으로 질권자에게 변제에 갈음하여 질물의 소유권을 취득하게 하거나 법률에 정한 방법에 의하지 아니하고 질물을 처분할 것을 약정하지 못한다.

민법은 질권자가 '변제기 전'에 변제에 갈음하여 질물의 소유권을 취득하는 '유질계약'을 금지한다. 유질계약을 금지하는 취지는 궁박한 상태에 있는 채무자가 폭리행위에 의해 희생되는 것을 막기 위한 것이다.

3. 전질

> 제336조(전질권) 질권자는 그 권리의 범위내에서 자기의 책임으로 질물을 전질할 수 있다. 이 경우에는 전질을 하지 아니하였으면 면할 수 있는 불가항력으로 인한 손해에 대하여도 책임을 부담한다.
>
> 제337조(전질의 대항요건) ① 전조의 경우에 질권자가 채무자에게 전질의 사실을 통지하거나 채무자가 이를 승낙함이 아니면 전질로써 채무자, 보증인, 질권설정자 및 그 승계인에게 대항하지 못한다.
> ② 채무자가 전항의 통지를 받거나 승낙을 한 때에는 전질권자의 동의 없이 질권자에게 채무를 변제하여도 이로써 전질권자에게 대항하지 못한다.

(1) 의의 및 인정이유

1) 의의

전질이란 질권자가 채권의 담보로서 인도받아 유치하고 있던 질물을 이용하여, 그 위에 다시 자신의 제3자에 대한 채무 또는 제3자의 또 다른 제3자에 대한 채무를 위한 질권을 설정하는 것을 말한다. 민법 제336조는 질권자는 그 권리의 범위 내에서 자기의 책임으로 질물을 전질할 수 있다고 규정함으로써 전질권을 인정하고 있다.

2) 취지

질권자로 하여금 일단 그 질물에 고정된 그의 자금을 피담보채권의 변제 이전에 다시 이용할 수 있게 하는 작용을 한다.

3) 제336조와 제324조의 관계

전질제도의 취지가 질물에 고정시킨 자금을 다시 회수할 수 있도록 한 것인 이상, 제336조는 책임전질을 제343조에 의하여 질권에 준용되는 제324조는 승낙전질을 규정한 것으로 보아, 전질에는 두 종류가 있다.

(2) 책임전질(제336조 본문)

1) 성질

질물재입설[1]이 있으나, 채권질권공동입질설[2]이 통설이다.

---

1) 질권을 피담보채권과 단절된 순수한 가치권으로서 파악하여, 전질은 원질권자가 자기의 채무를 담보하기 위하여 질물 위에 다시 질권을 설정하는 것이다.
2) ① 현행민법은 구민법과는 달리 민법 제337조에서 질권뿐 아니라 채권도 함께 입질된다고 하는 것을 전제로 하여 규정하고 있는 점, ② 담보물권의 부종성이 아직까지 민법의 기본원리로서 유지되고 있어 채권과 분리하여 질권만을 처분하는 것이 허용될 수 없다는 점, ③ 민법은 가치권으로서의 독립성이 질권보다도 더 뚜렷한 저당권에 있어서도 피담보채권과 분리하여 저당권을 처분할 수 없다는 규정을 두어 엄격한 부종성을 요구하고 있기 때문이다.

2) 성립요건

원질권자와 전질권자의 물권적 합의와 질물의 인도가 있어야 한다. 전질권은 원질권의 범위 내이어야 한다. 따라서 전질권의 피담보 채권액은 원질권의 피담보채권액을 초과하지 못하며, 또한 전질권의 존속기간은 원질권의 존속기간 내이어야 한다. 초과전질의 경우에는 그 초과부분은 채무자에 대한 관계에서는 무효이다(제137조). 전질은 피담보채권의 입질을 포함하므로 권리질권설정의 요건을 갖추어야 한다. 즉, 책임전질은 원질권설정자의 승낙을 요하지 않으나, 원질권자가 채무자에게 전질의 사실을 통지하거나 채무자가 이를 승낙하지 않으면 전질을 가지고 채무자·보증인·질권설정자 및 승계인에 대하여 대항하지 못한다(제337조 제1항, 제450조).

3) 효과

① 전질권설정자의 의무와 책임

전질권설정자는 불가항력으로 인한 손해라 하더라도 전질을 하지 아니하였으면 면할 수 있었던 손해에 대하여 책임을 부담한다(제336조 후단). 예를 들어 전질권자의 창고가 연소되어 질물이 멸실되었으나 원질권자의 창고는 소실되지 않은 때에 원질권자는 전질로 인한 손해를 배상하여야 한다. 질권자는 질권설정자의 승낙 없이도 전질할 수 있으므로 이에 부수되는 불이익은 귀책사유의 유무에 불구하고 질권자에 귀속하는 것이 타당하기 때문이다. 원질권자는 원질권을 소멸케 하는 처분행위를 하지 못한다. 전질은 원질권이 갖는 담보가치를 다시 전질권자로 하여금 우선적으로 취득시키는 것인 만큼, 원질권자는 전질권자의 이익을 해하는 행위, 즉, 질권을 포기하거나 채무를 면제해 줄 수 없다(제352조).

② 전질권자의 권리

전질권자는 자기의 피담보채권의 변제를 받을 때까지 질물을 유치할 수 있다(제335조). 원질권설정자에게 대항할 수 있는지는 대항요건의 구비 여부에 달려 있다. 즉, 채무자가 전질의 통지를 받거나 승낙을 한 때에는 채무자는 원채권을 소멸시키지 않을 구속을 받게 되므로 전질권자의 동의 없이 원질권자에게 채무를 변제하여도 이로써 전질권자에게 대항하지 못한다(제337조 제2항). 전질권자는 원질권자로부터 피담보채권의 변제를 수령할 권리를 갖는다. 전질권자는 변제의 수령과 동시에 질물을 원질권자에게 반환해야 한다. 또한 전질권자는 채권질권자와 같은 지위에서 원질권자의 피담보채권을 질권설정자에게 직접 청구하고 급부목적물을 수령할 수 있다(제353조 제1·2항 유추적용). 전질권자는 질물에 대한 경매권 및 간이변제충당권을 갖는다(제343조, 제322조). 전질권자가 질권을 실행하기 위해서는 그 요건으로서 자기의 채권이 변제기에 도달하였을 뿐만 아니라, 원질권의 피담보채권도 변제기에 도달하였어야 한다. 전질권자는 질물의 환가금으로부터 원질권자에 우선하여 변제권을 갖는다. 질물의 환가금으로부터의 변제는 전질권자의 채권에의 충당, 원질권자의 채권에의 충당, 일반채권자의 채권에의 충당의 순서로 진행된다.

③ 전질권의 소멸

전질권은 원질권에 기하여 성립하는 것이므로 원질권이 소멸하면 전질권도 소멸한다.

(3) 승낙전질(제343조, 제324조 2항)

> **제343조(준용규정)** 제249조 내지 제251조, 제321조 내지 제325조의 규정은 동산질권에 준용한다.
>
> **제324조(유치권자의 선관의무)** ② 유치권자는 채무자의 <u>승낙 없이</u> 유치물의 사용, 대여 또는 담보제공을 하지 못한다. 그러나 유치물의 보존에 필요한 사용은 그러하지 아니하다.

1) 성질

승낙전질은 질권자가 질물소유자의 승낙을 얻어 그 질물 위에 다시 질권을 성립시키는 것이다. 승낙전질권은 원질권과는 전혀 별개로서 독립적으로 설정되는 것이므로 그 법적 성질은 질물의 재입질이다(통설).

2) 요건

책임전질과는 달리 질물소유자의 승낙을 요하며, 승낙 없이 전질하면 질권의 소멸을 청구할 수 있다(제343조, 제324조). 다만 책임전질의 요건을 갖춘 경우에는 그러하지 아니하다. 승낙전질은 원질권자의 질권이나 피담보채권과는 무관하므로 원질권의 범위에 의한 제한이 없다. 그러므로 원질권의 피담보채권액 이상으로 전질을 하여도 유효하고, 존속기간도 원질권과 관계없이 정할 수 있다. 또한 민법 제377조가 적용되지 않으므로 통지를 할 필요도 없다.

3) 효과

책임전질에서와 같이 질물에 관한 질권자의 책임이 가중되지 않는다. 즉, 불가항력에 의한 손해배상책임을 부담하지 않는다. 승낙전질은 원질권과는 무관한 전질로서, 원질권설정자는 자기의 채무를 원질권자에게 변제해서 질권을 소멸시킬 수 있다. 그러나 원질권자의 질권이 소멸하여도, 전질권자의 질권에는 영향을 미치지 않는다. 따라서 전질권자는 계속 질물을 점유하고 유치할 수 있다. 이 경우 원질권설정자가 원질권자에 대한 채무를 변제하는 데 대하여 전질권자가 동의하였다면 그 변제로서 전질권자에게 대항할 수 있는지가 문제되는데, 다수설은 이를 긍정한다(제337조 제2항 유추적용, 곽윤직). 이에 대해서는 제337조는 제336조와 동일하게 책임전질에 대해서만 적용되고 승낙전질에는 적용이 없으므로 전질권자에게 대항할 수 없다는 견해도 있다(이영준).

4. 동산질권의 침해에 대한 효력

> **제343조(준용규정)** 제249조 내지 제251조, 제321조 내지 제325조의 규정은 동산질권에 준용한다.

(1) 점유보호청구권 및 물권적 청구권

1) 점유보호청구권

동산질권은 질물을 점유할 물권적 권리이다. 따라서 동산질권에 대한 침해가 있는 경우에는 점유보호청구권에 의하여 보호되고(제204조, 제205조, 제206조), 동산질권의 침해로 인하여 손해가 발생한 경우에는 손해배상청구권이 인정된다(제750조).

2) 물권적 청구권

질권자도 본권에 기한 물권적 청구권을 가지는지가 문제된다. 질권에 대해서는 소유권에서의 물권적 청구권을 준용하는 규정이 없으므로 견해의 대립이 있지만, 소유권에 관한 물권적 청구권을 질권에 준용한다는 규정을 두지 않은 것은 입법상의 부주의가 있다. 해석론상 질권자에게도 질권에 기한 물권적 청구권을 인정하는 것이 타당하고, 실익[1]도 있다 할 것이므로, 물권적 청구권을 인정하는 경우 소유권에서의 규정을 준용한다(제213조, 제214조, 통설).

(2) 질물훼손의 효과

질권설정자가 질물을 훼손한 경우에는 기한의 이익이 상실된다(제388조 제1항). 따라서, 질권자는 피담보채권의 즉시 이행을 청구할 수 있고, 잔존물이 있으면 질권을 실행할 수 있으며, 손해배상을 청구할 수도 있다. 제3자가 질물을 훼손한 때에는 불법행위로 인한 손해배상청구권이 발생한다. 손해배상액은 피담보채권액을 한도로 하며, 배상을 청구할 수 있는 시기는 침해행위가 있는 때이다.

5. 동산질권자의 의무

(1) 보관의무

동산질권자는 목적물을 보관할 의무가 있으며, 이에 관해서는 유치권의 규정이 준용된다(제343조, 제324조). 따라서, 질권자는 선량한 관리자의 주의의무로써 질물을 점유하여야 하고(제343조, 제324조 제1항), 설정자의 승낙 없이 질물을 사용·대여하거나 전질 이외의 방법으로 담보에 제공하지 못하며(제343조, 제324조 제2항, 제336조), 질권자가 위와 같은 보관의무에 위반하면 설정자는 질권의 소멸을 청구할 수 있고(제343, 제324조 제3항), 이로 인하여 손해가 생긴 때에는 그 배상을 청구할 수 있다(제390조, 제343조).

(2) 질물반환의무

질권이 소멸한 때에는 질물을 질권설정자에게 반환하여야 한다. 이 의무는 질권설정계약의 효력으로부터 발생하는 것이다. 질물의 반환은 피담보채권의 변제와 동시이행의 관계에 있지 않다. 피담보채권의 변제가 선이행의무이므로 채권의 완급이 있은 후에 비로소 질물반환청구권이 생긴다. 따라서 피담보채권이 소멸하지 아니하고 있는 동안에 질권설정자가 질물의 반환을 청구하면 원고 패소의 판결을 하여야 한다(통설).

6. 동산질권의 소멸

동산질권도 물권일반의 소멸사유에 의해 소멸한다. 그리고 동산질권 특유의 소멸사유로는 ① 질권자가 질권설정자에게 목적물의 반환하는 경우 ② 질권설정자의 소멸청구(제343조, 제342조) ③ 질권의 피담보채권이 소멸한 경우(부종성) 등이 있다.

7. 동산질권의 선의취득

> 제343조(준용규정) 제249조 내지 제251조, 제321조 내지 제325조의 규정은 동산질권에 준용한다.

---

[1] 질권자가 질물을 유실하거나 제3자의 사기에 의하여 질물을 인도한 경우와 같이 점유물반환청구권을 행사할 할 수 없는 경우에 인정할 실익이 있다.

> 제249조(선의취득) 평온, 공연하게 동산을 양수한 자가 선의이며 과실없이 그 동산을 점유한 경우에는 양도인이 정당한 소유자가 아닌 때에도 즉시 그 동산의 소유권을 취득한다.

동산질권을 선의취득하기 위하여는 질권자가 평온, 공연하게 선의이며 과실없이 질권의 목적동산을 취득하여야 하고, 그 취득자의 선의, 무과실은 동산질권자가 입증하여야 한다(대판 1981.12.22. 80다2910).

8. 물상보증인의 구상권

> 제341조(물상보증인의 구상권) 타인의 채무를 담보하기 위한 질권설정자가 그 채무를 변제하거나 질권의 실행으로 인하여 질물의 소유권을 잃은 때에는 보증채무에 관한 규정에 의하여 채무자에 대한 구상권이 있다.

(1) 물상보증인의 구상권

물상보증은 채무자 아닌 사람이 채무자를 위하여 담보물권을 설정하는 행위이고 채무자를 대신해서 채무를 이행하는 사무의 처리를 위탁받는 것이 아니므로, 물상보증인이 변제 등에 의하여 채무자를 면책시키는 것은 위임사무의 처리가 아니고 법적 의미에서는 의무 없이 채무자를 위하여 사무를 관리한 것에 유사하다. 따라서 물상보증인의 채무자에 대한 구상권은 그들 사이의 물상보증위탁계약의 법적 성질과 관계없이 민법에 의하여 인정된 별개의 독립한 권리이고, 그 소멸시효에 있어서는 민법상 일반채권에 관한 규정이 적용 된다(대판 2001.4.24. 2001다6237).

(2) 물상보증인의 사전구상권

원칙적으로 수탁보증인의 사전구상권에 관한 민법 제442조는 물상보증인에게 적용되지 아니하고 물상보증인은 사전구상권을 행사할 수 없다[2](대판 2009.7.23. 2009다19802·19819).

(3) 면책적 채무인수와 구상권

타인의 채무를 담보하기 위하여 그 소유의 부동산에 저당권을 설정한 물상보증인이 타인의 채무를 변제하거나 저당권의 실행으로 저당물의 소유권을 잃은 때에는 채무자에 대하여 구상권을 취득한다(민법 제370조, 제341조). 그런데 구상권 취득의 요건인 '채무의 변제'라 함은 채무의 내용인 급부가 실현되고 이로써 채권이 그 목적을 달성하여 소멸하는 것을 의미하므로, 기존 채무가 동일성을 유지하면서 인수 당시의 상태로 종래의 채무자로부터 인수인에게 이전할 뿐 기존 채무를 소멸시키는 효력이 없는 면책적 채무인수는 설령 이로 인하여 기존 채무자가 채무를 면한다고 하더라도 이를 가리켜 채무가 변제된 경우에 해당한다고 할 수 없다. 따라서 <u>채무인수의 대가로 기존 채무자가 물상보증인에게 어떤 급부를 하기로 약정하였다는 등의 사정이 없는 한 물상보증인이 기존 채무자의 채무를 면책적으로 인수하였다는 것만으로 물상보증인이 기존 채무자에 대하여 구상권 등의 권리를 가진다고 할 수 없다</u>(대판 2019.2.14. 2017다274703).

---

2) 민법 제370조에 의하여 민법 제341조가 저당권에 준용되는데, 민법 제341조는 타인의 채무를 담보하기 위한 저당권설정자가 그 채무를 변제하거나 저당권의 실행으로 인하여 저당물의 소유권을 잃은 때에 채무자에 대하여 구상권을 취득한다고 규정하여 물상보증인의 구상권 발생 요건을 보증인의 경우와 달리 규정하고 있는 점, 물상보증은 채무자 아닌 사람이 채무자를 위하여 담보물권을 설정하는 행위이고 채무자를 대신해서 채무를 이행하는 사무의 처리를 위탁받는 것이 아니므로 물상보증인은 담보물로서 물적 유한책임만을 부담할 뿐 채권자에 대하여 채무를 부담하는 것이 아닌 점, 물상보증인이 채무자에게 구상할 구상권의 범위는 특별한 사정이 없는 한 채무를 변제하거나 담보권의 실행으로 담보물의 소유권을 상실하게 된 시점에 확정된다는 점 등을 종합하면(이하 생략)

(4) 구상권의 범위

물상보증은 채무자 아닌 사람이 채무자를 위하여 담보물권을 설정하는 행위이고 물상보증인은 담보물로 물적 유한책임만을 부담할 뿐 채권자에 대하여 채무를 부담하지 않는다. 보증인은 '변제 기타의 출재로 주채무를 소멸하게 한 때' 주채무자에 대한 구상권이 있는 반면(민법 제441조 제1항, 제444조 제1항, 제2항), 물상보증인은 '그 채무를 변제'한 경우 외에 '담보권의 실행으로 인하여 담보물의 소유권을 잃은 때'에도 채무자에 대한 구상권이 있다(민법 제341조). <u>물상보증인이 담보권의 실행으로 타인의 채무를 담보하기 위하여 제공한 부동산의 소유권을 잃은 경우 물상보증인이 채무자에게 구상할 수 있는 범위는 특별한 사정이 없는 한 담보권의 실행으로 부동산의 소유권을 잃게 된 때, 즉 매수인이 매각대금을 다 낸 때의 부동산 시가를 기준으로 하여야 하고, 매각대금을 기준으로 할 것이 아니다.</u> 경매절차에서 유찰 등의 사유로 소유권 상실 당시의 시가에 비하여 낮은 가격으로 매각되는 경우가 있는데, 이 경우 소유권 상실로 인한 부동산 시가와 매각대금의 차액에 해당하는 손해는 채무자가 채무를 변제하지 못한 데 따른 담보권의 실행으로 물상보증인에게 발생한 손해이므로, 이를 채무자에게 구상할 수 있어야 하기 때문이다(대판 2018.4.10. 2017다283028).

Ⅲ. 권리질권

1. 의의

> **제345조(권리질권의 목적)** 질권은 재산권을 그 목적으로 할 수 있다. 그러나 부동산의 사용, 수익을 목적으로 하는 권리는 그러하지 아니하다.
>
> **제346조(권리질권의 설정방법)** 권리질권의 설정은 법률에 다른 규정이 없으면 그 권리의 양도에 관한 방법에 의하여야 한다.

양도할 수 있는 재산권은 동산과 같이 질권의 목적이 될 수 있다. 이 같이 재산권을 목적으로 하는 질권을 권리질권이라고 한다(제345조 본문). 다만 부동산의 사용·수익을 목적으로 하는 권리(지상권·전세권 등)는 양도성이 있다 하더라도 질권의 목적으로 할 수 없으며(동조 단서), 권리질권의 목적이 될 수 있는 것은 채권·주식·지식재산권 등이다. 권리질권의 공시는 점유 이전 이외의 방법에 의한다. 채권을 질권의 목적으로 하는 경우에 채권증서가 있는 때에는 질권의 설정은 그 증서를 질권자에게 교부함으로써 그 효력이 생기는데, 채권·주식 위에 질권을 설정한 경우, 증서의 교부는 우선변제를 확보하기 위한 권리행사·처분을 금지하는 의미는 있으나, 유치적 기능은 거의 없다. 권리질권도 담보물권이므로 부종성·수반성·불가분성·물상대위성이 있다. 권리질권의 설정은 법률에 다른 규정이 없으면 그 권리의 양도에 관한 방법에 의하여야 한다[1](제346조).

---

1) 주권발행 전의 주식에 대한 양도도 인정되고, 주권발행 전 주식의 담보제공을 금하는 법률규정도 없으므로 주권발행 전 주식에 대한 질권 설정도 가능하다고 할 것이지만, 상법 제338조 제1항은 기명주식을 질권의 목적으로 하는 때에는 주권을 교부하여야 한다고 규정하고 있으나, 이는 주권이 발행된 기명주식의 경우에 해당하는 규정이라고 해석함이 상당하므로, 주권발행 전의 주식 입질에 관하여는 상법 제338조 제1항의 규정이 아니라 권리질권설정의 일반원칙인 민법 제346조로 돌아가 그 권리의 양도방법에 의하여 질권을 설정할 수 있다고 보아야 한다(대결 2000.8.16. 99그1).

2. 채권질권

(1) 의의

채권질권이란 권리질권 중 채권을 목적으로 하는 질권을 말한다. 채권질권의 목적이 될 수 있는 것은 양도성 있는 채권이다(제355조, 제331조). 그러나 법률상 처분이 금지된 채권은 채권질권의 목적이 되지 못한다.

(2) 채권질권의 설정

1) 채권질권의 성립

> **제347조(설정계약의 요물성)** 채권을 질권의 목적으로 하는 경우에 채권증서가 있는 때에는 질권의 설정은 그 증서를 질권자에게 교부함으로써 그 효력이 생긴다.

채권질권이 성립하기 위해서는 질권설정계약과 공시방법을 갖추어야 한다. 채권을 질권의 목적으로 하는 경우에는 채권증서가 있는 때에는 질권의 설정은 그 증서를 질권자에게 교부함으로써 그 효력이 생긴다(제347조). 이 경우 '채권증서'는 채권의 존재를 증명하기 위하여 채권자에게 제공된 문서로서 특정한 이름이나 형식을 따라야 하는 것은 아니지만, 장차 변제 등으로 채권이 소멸하는 경우에는 민법 제475조에 따라 채무자가 채권자에게 그 반환을 청구할 수 있는 것이어야 한다. 이에 비추어 <u>임대차계약서와 같이 계약 당사자 쌍방의 권리의무관계의 내용을 정한 서면은 그 계약에 의한 권리의 존속을 표상하기 위한 것이라고 할 수는 없으므로 위 채권증서에 해당하지 않는다</u>(대판 2013.8.22. 2013다32574).

2) 지명채권을 목적으로 한 질권의 설정

> **제349조(지명채권에 대한 질권의 대항요건)** ① 지명채권을 목적으로 한 질권의 설정은 설정자가 제450조의 규정에 의하여 제3채무자에게 질권 설정의 사실을 통지하거나 제삼채무자가 이를 승낙함이 아니면 이로써 제삼채무자 기타 제3자에게 대항하지 못한다.
> ② 제451조의 규정은 전항의 경우에 준용한다.
>
> **제350조(지시채권에 대한 질권의 설정방법)** 지시채권을 질권의 목적으로 한 질권의 설정은 증서에 배서하여 질권자에게 교부함으로써 그 효력이 생긴다.
>
> **제351조(무기명채권에 대한 질권의 설정방법)** 무기명채권을 목적으로 한 질권의 설정은 증서를 질권자에게 교부함으로써 그 효력이 생긴다.

지명채권을 목적으로 한 질권의 설정은 설정자가 제450조의 규정에 의하여 제3채무자에게 질권설정의 사실을 통지하거나 제3채무자가 이를 승낙함이 아니면 제3채무자 기타 제3자에게 대항하지 못한다(제349조 제1항). 통지나 승낙의 효력에 관한 제451조의 규정은 제1항의 경우에 준용한다(제349조 제2항). 지시채권을 질권의 목적으로 한 질권의 설정은 증서에 배서하여 질권자에게 교부함으로써 그 효력이 생긴다(제350조). 무기명채권을 목적으로 한 질권의 설정은 증서를 질권자에게 교부함으로써 그 효력이 생긴다(제351조).

> **제348조(저당채권에 대한 질권과 부기등기)** 저당권으로 담보한 채권을 질권의 목적으로 한 때에는 그 저당권등기에 질권의 부기등기를 하여야 그 효력이 저당권에 미친다.

저당권으로 담보한 채권을 질권의 목적으로 한 때에는 그 저당권등기에 질권의 부기등기를 하여야 그 효력이 저당권에 미친다(제348조). 이 때에는 그 뜻의 등기를 하여야 한다(부동산등기법 제76조 제1항). 그리고 근저당권에 의하여 담보되는 채권을 질권의 목적으로 하는 경우에도 신청정보에 부등법 제76조 제1항 각 호의 사항을 표시하여 근저당권부질권의 부기등기를 신청할 수 있다. 다만 이러한 부기등기가 없으면 질권자는 저당권에 의하여 담보되지 않는 채권에 관하여만 질권을 가지는 것으로 된다(통설).

> **참조판례** 담보가 없는 채권에 질권을 설정한 다음 그 채권을 담보하기 위해 저당권이 설정된 경우
> 민법 제348조는 저당권으로 담보한 채권을 질권의 목적으로 한 때에는 그 저당권설정등기에 질권의 부기등기를 하여야 그 효력이 저당권에 미친다고 정한다. 저당권에 의하여 담보된 채권에 질권을 설정하였을 때 저당권의 부종성으로 인하여 등기 없이 성립하는 권리질권이 당연히 저당권에도 효력이 미친다고 한다면, 공시의 원칙에 어긋나고 그 저당권에 의하여 담보된 채권을 양수하거나 압류한 사람, 저당부동산을 취득한 제3자 등에게 예측할 수 없는 질권의 부담을 줄 수 있어 거래의 안전을 해할 수 있다. 이에 따라 민법 제348조는 저당권설정등기에 질권의 부기등기를 한 때에만 질권의 효력이 저당권에 미치도록 한 것이다. 이는 민법 제186조에서 정하는 물권변동에 해당한다. 이러한 민법 제348조의 입법 취지에 비추어 보면, '담보가 없는 채권에 질권을 설정한 다음 그 채권을 담보하기 위해서 저당권을 설정한 경우'에도 '저당권으로 담보한 채권에 질권을 설정한 경우'와 달리 볼 이유가 없다. 또한 담보가 없는 채권에 질권을 설정한 다음 그 채권을 담보하기 위해 저당권을 설정한 경우에, 당사자 간 약정 등 특별한 사정이 있는 때에는 저당권이 질권의 목적이 되지 않을 수 있으므로, 질권의 효력이 저당권에 미치기 위해서는 질권의 부기등기를 하도록 함으로써 이를 공시할 필요가 있다. 따라서 담보가 없는 채권에 질권을 설정한 다음 그 채권을 담보하기 위해 저당권이 설정되었더라도, 민법 제348조가 유추적용 되어 저당권설정등기에 질권의 부기등기를 하지 않으면 질권의 효력이 저당권에 미친다고 볼 수 없다(대판 2020.4.29. 2016다235411).

(3) 채권질권의 효력

1) 채권질권의 효력이 미치는 범위

> **제355조(준용규정)** 권리질권에는 본절의 규정 외에 동산질권에 관한 규정을 준용한다.

채권질권의 효력이 미치는 피담보채권의 범위는 동산질권의 경우와 동일하다(제355조, 제334조). 채권질권의 효력이 미치는 범위는 원본채권과 이자채권 및 이들에 관한 인적·물적 담보 전부에 미친다. 질권자는 채권의 변제를 받을 때까지 질물을 유치할 수 있다(제355조, 제335조). 채권질권에 관하여도 유질계약에 관한 제339조가 준용된다(제355조).

2) 질권설정자의 권리처분제한

> **제352조(질권설정자의 권리처분제한)** 질권설정자는 질권자의 동의 없이 질권의 목적된 권리를 소멸하게 하거나 질권자의 이익을 해하는 변경을 할 수 없다.

① 의미

　　민법 제352조가 질권설정자는 질권자의 동의 없이 질권의 목적된 권리를 소멸하게 하거나 질권자의 이익을 해하는 변경을 할 수 없다고 규정한 것은 질권자가 질권의 목적인 채권의 교환가치에 대하여 가지는 배타적 지배권능을 보호하기 위한 것이므로, 질권설정자와 제3채무자가 질권의 목적된 권리를 소멸하게 하는 행위를 하였다고 하더라도 이는 질권자에 대한 관계에 있어 무효일 뿐이어서 특별한 사정이 없는 한 질권자 아닌 제3자가 그 무효의 주장을 할 수는 없다(대판 1997.11.11. 97다35375). 또한 질권설정자가 제3채무자에게 질권설정의 사실을 통지하거나 제3채무자가 이를 승낙한 때에는 제3채무자가 질권자의 동의 없이 질권의 목적인 채무를 변제하더라도 이로써 질권자에게 대항할 수 없고, 질권자는 민법 제353조 제2항에 따라 여전히 제3채무자에 대하여 직접 채무의 변제를 청구할 수 있다. 제3채무자가 질권자의 동의 없이 질권설정자와 상계합의를 함으로써 질권의 목적인 채무를 소멸하게 한 경우에도 마찬가지로 질권자에게 대항할 수 없고, 질권자는 여전히 제3채무자에 대하여 직접 채무의 변제를 청구할 수 있다(대판 2018.12.27. 2016다265689).

② 질권의 목적인 채권의 양도행위

　　질권의 목적인 채권의 양도행위는 민법 제352조 소정의 질권자의 이익을 해하는 변경에 해당되지 않으므로 질권자의 동의를 요하지 아니 한다(대판 2005.12.22. 2003다55059).

③ 임대차보증금반환채무의 승계

　　구 주택임대차보호법(2013.8.13. 법률 제12043호로 개정되기 전의 것, 이하 '구 주택임대차법'이라고 한다) 제3조 제3항은 같은 조 제1항이 정한 대항요건을 갖춘 임대차의 목적이 된 임대주택의 양수인은 임대인의 지위를 승계한 것으로 본다고 규정하고 있다. 이는 법률상의 당연승계 규정으로 보아야 하므로, 임대주택이 양도된 경우에 양수인은 주택의 소유권과 결합하여 임대인의 임대차계약상 권리·의무 일체를 그대로 승계한다. 그 결과 양수인이 임대차보증금반환채무를 면책적으로 인수하고, 양도인은 임대차관계에서 탈퇴하여 임차인에 대한 임대차보증금반환채무를 면하게 된다. 이는 임차인이 임대차보증금반환채권에 질권을 설정하고 임대인이 그 질권 설정을 승낙한 후에 임대주택이 양도된 경우에도 마찬가지라고 보아야 한다. 따라서 이 경우에도 임대인은 구 주택임대차법 제3조 제3항에 의해 임대차관계에서 탈퇴하고 임차인에 대한 임대차보증금반환채무를 면하게 된다(대판 2018.6.19. 2018다201610).

3) 채권질권의 실행방법

① 민법이 방법

> 제353조(질권의 목적이 된 채권의 실행방법) ① 질권자는 질권의 목적이 된 채권을 직접 청구할 수 있다.
> ② 채권의 목적물이 금전인 때에는 질권자는 자기채권의 한도에서 직접 청구할 수 있다.
> ③ 전항의 채권의 변제기가 질권자의 채권의 변제기보다 먼저 도래한 때에는 질권자는 제3채무자에 대하여 그 변제금액의 공탁을 청구할 수 있다. 이 경우에 질권은 그 공탁금에 존재한다.
> ④ 채권의 목적물이 금전이외의 물건인 때에는 질권자는 그 변제를 받은 물건에 대하여 질권을 행사할 수 있다.

'직접 청구할 수 있다'의 의미는 제3채무자에 대한 집행권원, 질권설정자의 추심위임 등을 요하지 않는다는 의미이다(대판 1960.9.1. 4292민상937). 질권자는 제3채무자에 대하여 직접 이행의 소를 제기할 수 있고, 이 채권을 피담보채권으로 하여 보전처분을 신청할 수 있으며, 파산신청·파산신청의 신고·최고·변제의 수령 등을 할 수 있다. 질권자 자신이 원고가 된 판결의 기판력은 질권설정자에게도 미친다(민소법 제218조 제3항). 입질채권이 금전채권인 경우에는 질권자는 자기채권의 한도에서 직접 청구하고, 이를 변제에 충당할 수 있다(제353조 제2항). 예를 들어 채권이 동산인도청구권이라면 질권자는 그 변제를 받은 물건에 대하여 질권을 행사할 수 있다(제353조 제4항). 이 경우에는 동산질권의 실행방법에 따라 우선변제를 받아야 한다. 입질채권의 변제기가 질권자의 채권의 변제기보다 먼저 도래한 때에는 질권자는 직접 청구를 할 수 없다. 이 때에는 질권자는 제3채무자에 대하여 그 변제금액의 공탁을 청구할 수 있고, 질권은 이 공탁금 위에 존재한다(제353조 제3항).

② 민사집행법의 방법

> 제354조(동전) 질권자는 전조의 규정에 의하는 외에 민사집행법에 정한 집행방법에 의하여 질권을 실행할 수 있다. <개정 2001.12.29>

민사집행법에 의한 집행방법은 채권의 추심·전부·환가이다(민집법 제223조 이하). 이 경우 질권의 실행으로 하는 집행이므로, 판결 그 밖의 집행권원을 필요로 하지 않고 질권의 존재를 증명하는 서류의 제출만으로 실행 된다(민집법 제273조[1]).

3. 그 밖의 권리질권

(1) 주식 위의 질권

주식은 현 자본주의 경제하에서는 대단히 중요한 역할을 하고 있고, 실제 거래에 있어서도 민법상의 채권질 보다 더 활용되지만, 민법은 이에 대해 규정을 두고 있지 않으며, 상법에서 규정을 두고 있다(상법 제335조 ~ 제342조).

---

[1] 제273조(채권과 그 밖의 재산권에 대한 담보권의 실행) ① 채권, 그 밖의 재산권을 목적으로 하는 담보권의 실행은 담보권의 존재를 증명하는 서류(권리의 이전에 관하여 등기나 등록을 필요로 하는 경우에는 그 등기부 또는 등록부의 등본)가 제출될 때에 개시한다. ② 민법 제342조에 따라 담보권설정자가 받을 금전, 그 밖의 물건에 대하여 권리를 행사하는 경우에도 제1항과 같다. ③ 제1항과 제2항의 권리실행절차에는 제2편 제2장 제4절 제3관의 규정을 준용한다.

(2) 무체재산권 위의 질권

1) 설정

특허권·실용신안권·디자인권·저작재산권·상표권 등의 무체재산권 위에도 질권을 설정할 수 있다. 무체재산권은 실체가 존재하지 않으므로, 이에 대한 질권의 설정은 질권설정계약만으로 효력이 생기는 것이 원칙이다. 즉 저작재산권의 입질은 등록을 대항요건으로 규정[2]하고 있으므로(저작권법 제54조 제3호), 저작재산권의 입질은 당사자 사이의 단순한 질권설정계약만으로 효력이 생긴다[3](통설). 다만, 특허권(특허법 제101조 제1항)·실용신안권(실용신안법 제42조)·디자인권(디자인보호법 제56조)·상표권(상표법 제56조) 등의 입질은 이를 등록하여야 효력이 생긴다.

2) 효력

질권자는 설정자의 동의가 있으면 권리를 행사하여 그 수익을 우선변제에 충당할 수 있다(제355조, 제348조). 따라서 설정자가 승낙하지 않는 경우에 무체재산권은 저당권과 유사하게 된다.

3) 실행

무체재산권의 실행방법은 민사집행법 상의 환가방법을 따른다(민집법 제223조 이하).

제4절 저당권

Ⅰ. 총설

1. 저당권의 의의

> 제356조(저당권의 내용) 저당권자는 채무자 또는 제3자가 점유를 이전하지 아니하고 채무의 담보로 제공한 부동산에 대하여 다른 채권자보다 자기채권의 우선변제를 받을 권리가 있다.

저당권은 채무자 또는 제3자가 담보로 제공한 부동산 기타의 목적물을 채권자가 인도받지 않고 관념적으로만 지배하다가, 채무의 변제가 없는 경우 그 목적물로부터 우선변제를 받을 수 있는 담보물권이다.

---

[2] 제54조(권리변동 등의 등록·효력) 다음 각 호의 사항은 이를 등록할 수 있으며, 등록하지 아니하면 제3자에게 대항할 수 없다. <개정 2011.12.2.>
 1. 저작재산권의 양도(상속 그 밖의 일반승계의 경우를 제외한다) 또는 처분제한
 2. 제57조에 따른 배타적발행권 또는 제63조에 따른 출판권의 설정·이전·변경·소멸 또는 처분제한
 3. 저작재산권, 제57조에 따른 배타적발행권 및 제63조에 따른 출판권을 목적으로 하는 질권의 설정·이전·변경·소멸 또는 처분제한

[3] 제47조(저작재산권을 목적으로 하는 질권의 행사 등) ① 저작재산권을 목적으로 하는 질권은 그 저작재산권의 양도 또는 그 저작물의 이용에 따라 저작재산권자가 받을 금전 그 밖의 물건(제57조에 따른 배타적발행권 및 제63조에 따른 출판권 설정의 대가를 포함한다)에 대하여도 행사할 수 있다. 다만, 이들의 지급 또는 인도 전에 이를 압류하여야 한다. <개정 2009.4.22. 2011.12.2.>
 ② 질권의 목적으로 된 저작재산권은 설정행위에 특약이 없는 한 저작재산권자가 이를 행사한다. <신설 2009.4.22.> [제목개정 2009.4.22]

2. 근대적 저당권의 특질

(1) 공시의 원칙
저당권의 존재는 반드시 등기·등록에 의하여 공시되어야 한다. 다만, 극히 제한된 경우에 한하여 법정저당권이 인정되고 있을 뿐이다.

(2) 특정의 원칙
저당권은 특정·현존의 목적물 위에만 성립할 수 있다. 이는 담보물권의 물질적 기초를 확정함으로써 저당권에 의하여 파악되는 가치에 대해서 객관성을 부여함과 동시에 채무자의 전재산 위에 인정되는 일반저당권을 배척하기 위한 것이다. 민법도 이 원칙을 지키고 있지만, 법정저당권이나 조세우선특권에 있어서는 이 특정의 원칙이 관철되지 않는다.

(3) 순위확정의 원칙
동일한 목적물 위에 여러 개의 저당권이 존재할 때에는 각 저당권이 존재할 때에는 각 저당권은 확정된 순위를 가지고 있어 서로 침범하지 않는다는 원칙이다. 이는 ① 저당권의 순위는 등기의 선후에 의하여 결정되고, 먼저 등기된 저당권은 후에 등기된 저당권에 의하여 그 순위가 내려가지 않는다. ② 한번 주어진 저당권의 순위는 선순위의 저당권이 소멸하더라도 그 순위가 상승하지 않는다. 민법은 ②의 내용은 채택하고 있지 않다. 따라서 1번 저당권이 소멸하면 2번 저당권은 그 순위가 자동적으로 올라가서 1번 저당권으로 된다(순위승진의 원칙).

(4) 독립의 원칙

1) 의의
독립의 원칙은 저당권을 특정채권의 담보라는 종된 지위에서 해방시켜 재화의 교환가치를 지배하는 가치권으로서, 금융거래의 객체로서의 독자적인 지위를 확보하게 하려는 원칙이다. 이러한 저당권의 독립의 원칙은 다음과 같은 내용을 포함하고 있다.

2) 피담보채권으로부터의 독립
저당권은 채권으로부터 독립되어야 한다. 즉, 저당권이 피담보채권으로부터 완전히 분리되어, 추상적 존재로 되어야 한다. 그러나 민법에서는 저당권이 그 피담보채권과 분리되어 타인에게 양도되거나 다른 채권의 담보로 제공되는 것이 금지되고, 피담보채권의 소멸로 저당권도 당연히 소멸되도록 하여, 이러한 의미의 독립의 원칙을 취하고 있지 않다. 다만, 예외적으로 근저당권을 인정함으로써 저당권의 성립에 관하여 부종성을 완화하고 있다.

3) 투자자지위의 보전
독립의 원칙은 저당권이 후순위저당권의 실행으로 인하여 변제받을 것을 강요당하지 아니할 것을 요청한다. 그러나 민법은 후순위저당권으로부터의 독립의 원칙을 취하지 않고 있다. 즉, 민사집행법은 후순위저당권자의 경매신청에 의하여 경락이 실현되면 선순위저당권도 소멸한다고 규정하고 있다(민집법 제91조 제2항).

4) 일반재산에 대한 집행제한

독립의 원칙은 특정목적물의 교환가치를 우선적으로 파악하고 채무자의 일반재산에 대한 집행을 금지하는 내용을 포함한다. 민법은 제340조 제1항에서 "질권자는 질물에 의하여 변제를 받지 못한 부분의 채권에 한하여 채무자의 다른 재산으로부터 변제를 받을 수 있다."고 규정하고, 제370조에서 저당권에 이를 준용하여, 일반재산에 대한 집행을 부분적으로 인정한다.

5) 이용권으로부터의 독립

독립의 원칙은 저당권의 목적물을 용익하는 자로부터 독립할 것을 요구하는데, 민법은 이 원칙에 입각하고 있다.

(5) 유통성확보의 원칙

저당권의 특정의 교환가치를 우선적으로 파악하여 이를 금융거래시장에서 유통되도록 하기 위해서는 저당권의 유통성 즉, 저당권의 안전과 신속한 양도가 확보되지 않으면 안 된다. 이를 위해서는 공신의 원칙과 저당권의 증권화가 필요하다. 그러나 민법은 등기부에 공신력을 인정하지 않으며, 또한 증권화도 인정하지 않으므로 저당권의 유통성은 확보되어 있지 않다. 다만 주택저당채권유동화회사법·자산유동화에관한법률 등이 마련되어 있다.

3. 저당권의 법적 성질

(1) 저당권의 특징

저당권은 당사자의 합의와 등기에 의해 성립하는 약정담보물권이라는 점에서 질권과 같고, 유치권과 다르다. 다른 채권자보다 우선변제권이 인정되지만, 목적물의 점유를 저당권설정자로부터 박탈하지 않는다(비점유권원). 따라서 유치적 효력이 없으므로 공시가 불가능한 재산권은 저당권의 목적이 될 수 없다.

(2) 담보물권으로서의 통유성

담보물권으로서 타인소유의 부동산을 목적으로 한다(타물권성). 그리고 담보물권으로서의 부종성, 수반성, 불가분성, 물상대위성 등을 가진다.

II. 저당권의 성립

1. 저당권설정계약

(1) 의의

저당권은 약정담보물권으로서 저당권설정을 목적으로 하는 당사자 간의 물권적 합의와 등기에 의하여 성립한다.

(2) 계약의 당사자

1) 저당권에 있어서 저당권자는 채권자이어야 한다. 다만 판례는 "근저당권은 채권담보를 위한 것이므로 원칙적으로 채권자와 근저당권자는 동일인이 되어야 하지만, 제3자를 근저당권 명의인으로 하는 근저당권을 설정하는 경우 그 점에 대하여 채권자와 채무자 및 제3자 사이에 합의가 있고, 채권양도, 제3자를 위한 계약, 불가분적 채권관계의 형성 등 방법으로 채권이 그 제3자에게 실질적으로 귀속되었다고 볼 수 있는 특별한 사정이 있는 경우에는 제3자 명의의 근저당권설정등기도 유효하다고 보아야 할 것이고, 한편 부동산을 매수한 자가 소유권이전등기를 마치지 아니한 상태에서 매도인인 소유자의 승낙 아래 매수 부동산을 타에 담보로 제공하면서 당사자 사이의 합의로 편의상 매수인 대신 등기부상 소유자인 매도인을 채무자로 하여 마친 근저당권설정등기는 실제 채무자인 매수인의 근저당권자에 대한 채무를 담보하는 것으로서 유효하다고 볼 것인바, 위 양자의 형태가 결합된 근저당권이라 하여도 그 자체만으로는 부종성의 관점에서 근저당권이 무효라고 보아야 할 어떤 질적인 차이를 가져오는 것은 아니라 할 것이다[1](대판 2001.3.15. 99다48948 전합). 이와 같이 제3자를 근저당권자로 한 근저당권설정등기를 유효하게 볼 수 있는 경우에는 그 근저당권설정등기를 부동산 실권리자명의 등기에 관한 법률이 금지하고 있는 실권리자 아닌 자 명의의 등기라고 할 수 없다(대판 2013.1.16. 2011다71100)."고 본다.

2) 저당권설정자는 피담보채권의 채무자인 것이 보통이지만, 물상보증인과 같은 제3자라도 무방하다(제356조). 저당권설정계약상의 채무자 아닌 제3자를 채무자로 한 저당권설정등기는 저당권의 부종성에 비추어 무효이다. 그러나 이러한 경우에도 당사자 사이의 의사가 합치가 있으면 유효성을 인정할 수 있다.

3) 저당권설정은 처분행위에 해당하므로, 저당권설정자는 목적물에 관하여 이를 처분할 권리나 권한을 가지고 있어야 한다. 그리고 ① 저당권의 설정이 친권자와 그 미성년자 간의 이해상반행위에 해당하는 때에는 법원이 선임한 특별대리인에 의하지 않으면 친권자의 저당권설정행위는 그 효력이 없다(대판 1964.8.31. 63다547). 그러나 이해상반행위에 해당하지 않고 권한범위 내에서 행하는 저당권설정계약은 유효하다(대판 1969.7.22. 69다785). ② 주식회사의 이사의 채무를 위하여 회사가 저당권을 설정한 경우에는 자기거래에 해당하며, 이사회의 승인을 요한다(상법 제398조, 대판 1965.6.22. 65다734).

2. 저당권의 설정등기

(1) 설정등기

저당권은 저당권설정계약 이외에 등기를 하여야 성립한다(제186조). 즉, 저당권설정의 등기는 저당권의 성립요건이다. 그리고 동일목적물 위에 성립한 저당권과 다른 물권의 우열관계는 등기의 선후에 의하여 결정된다.

---

[1] 그리고 매매잔대금 채무를 지고 있는 부동산 매수인이 매도인과 사이에 소유권이전등기를 경료하지 아니한 상태에서 그 부동산을 담보로 하여 대출받는 돈으로 매매잔대금을 지급하기로 약정하는 한편, 매매잔대금의 지급을 위하여 당좌수표를 발행·교부하고 이를 담보하기 위하여 그 부동산에 제1순위 근저당권을 설정하되, 그 구체적 방안으로서 채권자인 매도인과 채무자인 매수인 및 매도인이 지정하는 제3자 사이의 합의 아래 근저당권자를 제3자로, 채무자를 매도인으로 하기로 하고, 이를 위하여 매도인이 제3자로부터 매매잔대금 상당액을 차용하는 내용의 차용금증서를 작성·교부하였다면, 매도인이 매매잔대금 채권의 이전 없이 단순히 명의만을 제3자에게 신탁한 것으로 볼 것은 아니고, 채무자인 매수인의 승낙 아래 매매잔대금 채권이 제3자에게 이전되었다고 보는 것이 일련의 과정에 나타난 당사자들의 진정한 의사에 부합하는 해석일 것이므로, 제3자 명의의 근저당권설정등기는 그 피담보채무가 엄연히 존재하고 있어 그 원인이 없거나 부종성에 반하는 무효의 등기라고 볼 수 없다.

(2) 등기의 내용

등기사항은 채권액, 채무자(물상보증인의 경우), 변제기, 이자 및 그 발생시기와 지급시기, 원본 또는 이자의 지급장소, 저당권의 효력범위에 관한 약정이 있는 경우에는 그 약정, 채권이 조건부인 때에 그 조건의 내용이다(부등법 제75조). 그리고 저당권설정등기의 비용은 당사자 사이에 다른 특약이 없으면 채무자가 부담하는 것이 거래상의 관행이다(대판 1962.2.15. 4294민상291).

(3) 저당권등기의 불법말소 및 탈루

1) 원칙

저당권설정등기가 유효하게 경료되었으나 불법으로 말소 또는 탈루된 경우에 저당권은 소멸하게 되는지, 아니면 저당권은 소멸하지 않고 저당권자가 말소된 등기의 회복등기를 청구할 수 있는지가 문제된다. 불법말소된 등기는 실체관계에 부합하지 않는 것이어서 효력이 없으므로, 말소된 물권은 소멸하지 않고 말소된 등기의 회복등기가 행하여지면 그 회복등기는 말소된 종전의 등기와 동일한 효력을 갖는다(대판 1968.8.30. 68다1187, 존속설).

2) 예외

존속설에 따라 등기가 불법말소 되거나 탈루된 경우, 저당권이 소멸하는 것은 아니라고 하더라도, 저당목적물이 경매로 매각된 경우에는 그 한도에서 저당권등기는 회복될 수 없다(대판 1998.10.2. 98다27197). 왜냐하면 저당권은 경매에 의한 매각으로 인하여 항상 소멸하기 때문이다. 이러한 경우 저당권자는 배당이의의 소를 제기하거나 경매절차에서 실제로 배당받은 자의 배당금 한도 내에서 그 저당권설정등기가 말소되지 아니하였더라면 배당받았을 금액을 부당이득반환청구로서 구할 수 있을 뿐이다(대판 1998.10.2. 98다27197).

(4) 무효인 저당권등기의 유용

1) 저당권의 설정등기가 행하여진 후에 피담보채권이 무효가 되거나 소멸하게 되면 저당권은 당연히 소멸하게 된다. 그러나 피담보채권의 소멸로 효력을 잃고 무효가 된 저당권의 등기가 말소되지 않고 그대로 남아 있는 경우에, 당사자 사이의 약정으로 이 무효로 된 등기를 다른 저당권을 위한 등기로 시 이용하여도 이를 유효한 것으로 볼 수 있는지가 문제된다. 이는 무효인 저당권등기의 유용에 관한 문제이다. 판례는 등기가 무효로 된 후 당사자가 그 무효등기를 유용하기로 합의할 때까지의 사이에 등기부상 이해관계 있는 제3자가 나타나지 않는 한 유효하다고 보고 있다(대판 1986.12.9. 86다카716, 제한적 긍정설).

2) 이해관계 있는 제3자에는 등기부상 이해관계 있는 제3자뿐만 아니라 유용 전에 대항력요건을 갖춘 주택임차인이나 상가임차인도 포함된다고 해석해야 할 것이다.

3. 저당권의 목적물

(1) 민법상 저당권의 객체

> 제371조(지상권, 전세권을 목적으로 하는 저당권) ① 본장의 규정은 지상권 또는 전세권을 저당권의 목적으로 한 경우에 준용한다.
> ② 지상권 또는 전세권을 목적으로 저당권을 설정한 자는 저당권자의 동의 없이 지상권 또는 전세권을 소멸하게 하는 행위를 하지 못한다.

저당권은 목적물에 대한 점유 없이 교환가치만을 파악해서 설정되는 담보물권이므로, 목적물이 등기·등록 등의 공시방법이 가능한 경우에 저당권의 객체가 가능하다. 따라서 민법이 인정하는 저당권의 객체는 부동산(제356조), 지상권·전세권(제371조) 등이다.

(2) 민법 이외의 법률에서 인정되는 저당권의 객체

등기된 선박(상법 제871조), 광업권(광업법 제13조), 어업권(수산업법 제15조), 댐 사용권(특정다목적댐법 제21조), 공장재단(공장저당법 제1조), 광업재단(광업재단저당법 제3조), 자동차(자동차저당법 제3조), 항공기(항공기저당법 제3조), 건설기계(건설기계저당법 제3조), 입목등기가 이루어진 입목(입목법 제3조) 등이다.

(3) 저당물로서 특히 문제가 되는 것들

1) 1필의 토지의 일부

1필의 토지가 1개의 저당권의 목적이 된다. 따라서 여러 필의 토지의 집합위에 1개의 저당권을 설정할 수는 없다. 그리고 1필의 토지의 일부에 관하여도 저당권을 설정할 수 없다. 다만, 공유자의 지분은 전체에 미치므로, 지분을 목적으로 하는 저당권은 가능하다.

2) 1동의 건물의 일부

저당권은 1동의 건물에 설정할 수 있다. 그러나 1동의 건물의 일부는 그것이 구분소유권의 목적으로 되는 경우를 제외하고는 원칙적으로 저당권의 목적이 될 수 없다.

3) 부속건물

부속건물은 등기절차에 있어서 주된 건물과 함께 1개의 건물로 등기하도록 되어 있다(부등법 제40조 제1항 제4호).

4. 피담보채권

(1) 피담보채권으로서 특정채권

저당권에 의하여 담보할 수 있는 채권, 즉 피담보채권은 금전채권인 경우가 보통이지만, 금전의 지급 이외의 급부를 목적으로 하는 채권도 피담보채권이 될 수 있다. 예를 들어 목적물인도청구권을 담보하기 위해서도 저당권을 설정할 수 있다. 다만 저당권은 목적물의 교환가치로부터 우선변제를 받는 것을 목적으로 하기 때문에, 그 담보적 적용을 발휘할 때에는 피담보채권이 금전채권으로 될 것을 필요로 한다. 이 경우 피담보채권의 가액을 금전으로 산정하여 이를 등기하여야 한다(부등법 제77조[1]). 이것은 목적부동산에 관하여 이미 파악되어 있는 담보가치의 가액을 공시해서, 목적부동산에 관하여 다시 이해관계를 갖게 되는 자에게 정확한 판단의 자료를 주어 보호하기 위한 것이다. 피담보채권이 금전으로 산정되어 등기되면 채권자는 제3자에 대한 관계에 있어서는 그 등기된 평가액의 한도에서만 저당권의 효력을 주장할 수 있다(대판 1980.9.18. 80다75).

(2) 여러 개의 채권 또는 채권의 일부

채무자는 동일 또는 상이한 여러 개의 채권을 합하여 이를 하나의 피담보채권으로 해서 저당권을 설정할 수 있다. 채무자가 각각 다른 수개의 채권에 대하여 물상보증인이 1개의 저당권을 설정할 수도 있다. 채권의 일부만을 저당권의 피담보채권으로 할 수도 있다. 그리고 채권자도 동일 또는 상이한 여러 개의 채권을 합하여 이를 하나의 피담보채권으로 해서 저당권을 설정할 수 있다. 채권자가 상이한 경우, 예를 들어 은행 A, B가 각각 2억원과 1억원을 채무자 甲에게 대출을 하고 전체 채권인 3억원을 1개의 저당권으로 담보를 하는 경우에는, 채권자 A, B는 피담보채권액의 비율로 저당권을 준공유하게 된다.

(3) 저당권의 피담보채권에 대한 부종성

1) 발생에서의 부종성

① 채권의 무효·취소

피담보채권이 무효인 경우에는 저당권도 그 효력이 발생하지 않는다. 따라서 공서양속에 반하는 계약에 의해서 발생한 채권을 담보하는 저당권설정은 무효이다. 그러나 피담보채권의 일부가 무효인 경우에는 나머지 채권에 관하여 저당권은 그 범위 내에서 유효하다(대판 1970.9.17. 70다150). 피담보채권을 발생케 한 계약이 취소된 경우에는 채권이 소급하여 존재하지 않는 것으로 되므로 저당권도 소급하여 효력을 잃는다.

② 장래의 채권을 위한 저당권의 설정

장래 발생한 채권을 위하여 저당권을 설정할 수 있는지가 문제된다. 피담보채권이 장래에 성립할 것으로 되어 있는 경우에도 저당권을 설정할 수 있다는 것은 특히 순위보전에 있어 중요한 의의를 가진다. 민법은 장래의 불특정의 채권을 담보하는 근저당(제357조)에 관하여 규율하는 이외에도 여러 곳에서 장래의 채권의 담보를 인정하는 규정을 두고 있다(제206조, 제443조, 제558조, 제639조 제2항, 제662조 제2항, 제918조 제4항). 장래의 특정한 채권을 담보하는 저당권에 관하여는 민법에 정한 바가 없으나, 저당권의 실행 당시에 채권과 저당권이 함께 존재하면 저당권의 부종성은 충족되는 것이므로 장래에 발생할 특정의 채권을 위해서 저당권을 설정할 수 있다(통설).

---

[1] 부등법 제77조(피담보채권이 금액을 목적으로 하지 아니하는 경우) 등기관이 일정한 금액을 목적으로 하지 아니하는 채권을 담보하기 위한 저당권설정의 등기를 할 때에는 그 채권의 평가액을 기록하여야 한다.

2) 소멸에서의 부종성

소멸에 관한 부종성은 발생에 관한 부종성보다 엄격하다. 피담보채권의 전부 또는 일부가 변제 기타의 사유로 소멸한 때에는 저당권은 이에 상응하여 당연히 소멸하는 것이 원칙이다. 따라서 압류나 전부명령을 받아 저당권 이전의 부기등기를 경료했다고 하더라도 그 전에 피담보채권이 소멸된 이상 그 부기등기는 효력이 없다(대판 2002.9.24. 2002다27910).

3) 양도에서의 부종성

저당권은 피담보채권과 분리하여 양도하지 못하는 것이어서 저당권부 채권의 양도는 언제나 저당권양도와 채권양도가 결합되어 행해지므로 저당권부 채권의 양도는 민법 제186조의 부동산물권변동에 관한 규정과 민법 제449조 내지 제452조의 채권양도에 관한 규정에 의해 규율된다. 저당권양도의 경우 물권변동의 일반원칙에 따라 저당권을 이전할 것을 목적으로 하는 물권적 합의와 등기가 있으면 저당권이 이전된다. 지명채권양도의 경우 채권을 이전하는 것을 목적으로 하는 준물권적 합의가 있으면 양도 당사자 사이에 채권이 이전되지만 이로써 채무자에게 대항하려면 채권양도의 통지나 이에 대한 채무자의 승낙이 있어야 한다(대결 2024.8.19. 2024마6339).

(4) 피담보채권과 저당권설정등기청구권의 관계

저당권설정등기청구권은 피담보채권과 별개로 소멸시효에 걸린다. 저당권설정등기청구권의 소의 제기가 있는 경우 그것은 피담보채권이 될 채권에 관한 권리행사로 볼 수 있어 피담보채권의 소멸시효를 중단하는 효력을 갖는다(대판 2004.2.13. 2002다7213).

5. 법정저당권과 부동산공사수급인의 저당권설정청구권

(1) 법정저당권

> 제649조(임차지상의 건물에 대한 법정저당권) 토지임대인이 변제기를 경과한 최후 2년의 차임채권에 의하여 그 지상에 있는 임차인소유의 건물을 압류한 때에는 저당권과 동일한 효력이 있다.

토지임대인이 변제기를 경과한 최후 2년의 차임채권에 의하여, 그 지상에 있는 임차인 소유의 건물을 압류한 때에는 법정저당권이 성립한다(제649조). 즉, 토지임대인은 우선변제를 받을 수 있는 물권을 취득하며, 그 성립 시기는 압류등기를 한 때이다.

(2) 부동산공사수급인의 저당권설정청구권

> 제666조(수급인의 목적 부동산에 대한 저당권설정청구권) 부동산공사의 수급인은 전조의 보수에 관한 채권을 담보하기 위하여 그 부동산을 목적으로 한 저당권의 설정을 청구할 수 있다.

부동산공사의 수급인은 그 보수채권을 담보하기 위하여 도급인에 대하여 그 부동산을 목적으로 하는 저당권의 설정을 청구할 수 있다(제666조). 이 제도는 부동산공사수급인을 보호하기 위한 것이며, 구 민법에서는 이를 선취특권으로 규정하고 있었다. 저당권의 설정을 청구할 수 있다는 것이므로, 이 청구권의 행사로 당연히 저당권이 성립하는 것이 아니라 도급인이 수급인의 청구에 응하여 등기를 함으로써 비로소 저당권이 성립한다(통설).

Ⅲ. 저당권의 효력

1. 저당권의 효력이 미치는 범위

(1) 피담보채권의 범위

> 제334조(피담보채권의 범위) 질권은 원본, 이자, 위약금, 질권실행의 비용, 질물보존의 비용 및 채무불이행 또는 질물의 하자로 인한 손해배상의 채권을 담보한다. 그러나 다른 약정이 있는 때에는 그 약정에 의한다.
>
> 제360조(피담보채권의 범위) 저당권은 원본, 이자, 위약금, 채무불이행으로 인한 손해배상 및 저당권의 실행비용을 담보한다. 그러나 지연배상에 대하여는 원본의 이행기일을 경과한 후의 1년분에 한하여 저당권을 행사할 수 있다.

1) 취지

민법 제360조가 규정하고 있는 피담보채권의 범위에는 지연배상에 관하여 일정한 제한을 두고 있다는 점에서, 그러한 제한이 없는 질권의 범위와 비교해 볼 때 그 범위가 좁다고 할 수 있다. 이와 같은 제한을 둔 것은 저당목적물 위에 후순위의 저당권이 설정되거나 또는 저당목적물에 대한 소유권이 양도되는 등 제3자가 이해관계를 가지는 경우가 많으므로, 이들이 불측의 손해를 입지 않도록 하기 위한 것이다.

2) 피담보채권의 범위

① 원본

원본채권의 전액이 피담보채권으로 되는 것이 보통이지만, 원본의 일부만을 피담보채권으로 하는 것도 가능하다. 담보되는 원본의 액·변제기·지급장소는 등기사항이다(부등법 제75조). 피담보채권이 금전채권이 아닌 경우에는 미리 그 가액을 금전으로 평가해서 이 평가액을 등기하여야 한다(부등법 제77조).

② 이자

이자를 발생하게 하는 특약이 있는 때에는, 이율·발생시기·지급시기·지급장소에 관한 약정을 등기하여야 한다(부등법 제75조). 이자채권은 저당권에 의하여 무제한으로 담보되고, 저당부동산의 매득금으로부터 우선변제를 받을 수 있다.

③ 손해배상청구권

채무불이행으로 인한 손해배상 즉, 지연배상은 원본의 이행기일을 경과한 후의 1년분에 한한다(제360조 단서). 이 규정은 후순위저당권자를 비롯하여 다른 채권자의 이익을 위한 취지로 해석되므로, 이행기일 경과 후 1년 이상의 지연이자라고 할지라도 저당권자는 일반채권자로서 배당에서 변제받을 수 있다. 판례도 "저당권의 피담보채무의 범위에 관하여 민법 제360조가 지연배상에 대하여는 원본의 이행기일을 경과한 후의 1년분에 한하여 저당권을 행사할 수 있다고 규정하고 있는 것은 저당권자의 제3자에 대한 관계에서의 제한이며 채무자나 저당권설정자가 저당권자에 대하여 대항할 수 있는 것이 아니고, 민법 제360조가 양도담보의 경우에 준용된다고 하여도 마찬가지로 해석하여야 할 것인 만큼, 양도담보의 채무자가 양도담보권자에 대하여 민법 제360조에 따른 피담보채권의 제한을 주장할 수는 없는 것이다(대판 1992.5.12. 90다8855)."고 한다.

④ 위약금

위약금의 약정이 있는 경우에는 그것이 손해배상액의 예정(제398조 제4항)이든 위약벌이든, 언제나 등기를 하여야만 저당권에 의하여 담보된다(통설).

⑤ 저당권실행의 비용

부동산감정비용·경매신청등록세 등과 같은 저당권실행의 비용은 등기 없이도 당연히 저당권의 피담보채권의 범위에 속한다.

(2) 목적물의 범위

> 제358조(저당권의 효력의 범위) 저당권의 효력은 저당부동산에 부합된 물건과 종물에 미친다. 그러나 법률에 특별한 규정 또는 설정행위에 다른 약정이 있으면 그러하지 아니하다.

1) 부합물

① 부합된 물건의 의미

민법 제256조의 부동산에 부합한 물건과 동일하다고 해석된다. 예를 들어 건물의 증축부분 등은 부합물에 해당한다. 토지와 건물은 각각 별개의 부동산이므로 토지의 저당권은 건물에 미치지 아니한다. 다만, 토지에 대한 저당권설정 후 설정자가 저당토지 위에 건물을 신축한 경우, 저당권자는 토지와 함께 그 건물에 대해서도 경매를 청구할 수 있다. 정당한 권원에 의하지 않고 토지에 식재된 수목은 토지의 부합물이므로 토지저당권의 효력이 미친다.

② 부합의 시기

저당권 설정 당시에 이미 부합하여 있는 것이든, 그 후에 부합한 것이든 원칙적으로 모두에 대해서 저당권의 효력이 미친다(통설, 대판 1974.12.12. 73다298).

2) 종물

저당권의 효력은 저당부동산의 종물에도 미친다. 저당부동산의 종물이라 함은 민법 제100조가 규정하는 종물과 같은 의미이다. 예를 들어, 공장토지에 설치된 폐수처리시설, 주유소 건물의 주유기 등이 종물에 해당한다. 종물에 관하여도 부합물의 이론이 적용된다.

3) 종된 권리

종된 권리도 종물에 준하여 취급된다. 예를 들어, 대지이용권에 기하여 건물을 소유하는 자가 그 건물 위에 저당권을 설정한 경우에 저당권은 지상권·전세권·임차권에도 효력을 미친다(대판 1996.4.26. 95다52864). 그리고 구분소유권의 목적인 집합건물의 전유부분에 관한 저당권은 대지사용권 및 공용부분에 대한 지분권에 관하여 그 효력이 미친다(대판 1996.4.26. 95다52864).

4) 과실

> 제359조(과실에 대한 효력) 저당권의 효력은 <u>저당부동산에 대한 압류가 있은 후</u>에 저당권설정자가 그 부동산으로부터 수취한 과실 또는 수취할 수 있는 과실에 미친다. 그러나 저당권자가 그 부동산에 대한 소유권, 지상권 또는 전세권을 취득한 제3자에 대하여는 압류한 사실을 통지한 후가 아니면 이로써 대항하지 못한다.

저당권은 목적물의 사용·수익을 설정자에게 남겨두는 것이 원칙이므로 과실에는 저당권의 효력이 미치지 않는다. 그러나 이 원칙을 무제한으로 관철한다면, 목적물의 소유자가 고의로 경매절차를 지연시켜서 과실을 취득하는 불합리한 일이 발생할 수 있다. 따라서 민법은 저당부동산에 대한 압류가 행해진 후에 저당권설정자가 그 부동산으로부터 수취한 과실 또는 수취할 수 있는 과실에 대해서는 저당권의 효력이 미치는 것으로 본다(제359조 본문). 다만, 저당권자가 그 부동산에 대한 소유권, 지상권 또는 전세권을 취득한 제3자에 대하여는 압류한 사실을 통지한 후가 아니면 이로써 대항하지 못한다(제359조). 과실은 천연과실뿐만 아니라 법정과실도 포함된다(통설).

5) 저당부동산으로부터 부합물 또는 종물의 분리·반출

제370조는 저당권에 대하여 목적물방해제거 및 방해예방청구권을 인정하고 있으나, 목적물반환청구권은 인정하고 있지 않다. 그러나 이는 저당권은 점유권원이 없는 물권이므로 저당권자 자신에게 저당물의 반환을 요구할 수 없다는 의미이다. 하지만 저당권자는 저당권방해배제청구권을 행사함으로써 저당물이 원래 있던 장소로 반환을 요구할 수 있다. 즉, 판례는 "저당권자는 물권에 기하여 그 침해가 있는 때에는 그 제거나 예방을 청구할 수 있다고 할 것인바, 공장저당권의 목적 동산이 저당권자의 동의를 얻지 아니하고 설치된 공장으로부터 반출된 경우에는 저당권자는 점유권이 없기 때문에 설정자로부터 일탈한 저당목적물을 저당권자 자신에게 반환할 것을 청구할 수는 없지만, 저당목적물이 제3자에게 선의취득되지 아니하는 한 원래의 설치 장소에 원상회복할 것을 청구함은 저당권의 성질에 반하지 아니함은 물론 저당권자가 가지는 방해배제권의 당연한 행사에 해당한다(대판 1996.3.22. 95다55184)."고 한다.

6) 예외

① 설정행위에서 다른 약정을 한 경우

당사자는 설정계약에 의하여 타인이 권원에 의하여 부속시킨 것은 부합물이 아니다. 예를 들어 지상권자, 전세권자 또는 부동산임차인이 식재한 수목 또는 축조한 건물, 기타의 공작물이나 부속시킨 물건 등은 이들 부동산이용권자의 소유에 속하고 부동산소유권에는 흡수되지 않으므로, 당연히 저당권의 효력이 미치지 않는다.

② 물상대위

질물의 물상대위에 관한 규정은 저당권에 대해서도 준용된다(제370조, 제342조).

> **판례** 전세권저당권자과 물상대위, 상계
>
> 전세권을 목적으로 한 저당권이 설정된 경우, 전세권의 존속기간이 만료되면 전세권의 용익물권적 권능이 소멸하기 때문에 더 이상 전세권 자체에 대하여 저당권을 실행할 수 없게 되고, 저당권자는 저당권의 목적물인 전세권에 갈음하여 존속하는 것으로 볼 수 있는 전세금반환채권에 대하여 압류 및 추심명령 또는 전부명령을 받거나 제3자가 전세금반환채권에 대하여 실시한 강제집행절차에서 배당요구를 하는 등의 방법으로 물상대위권을 행사하여 전세금의 지급을 구하여야 한다. 전세권저당권자가 위와 같은 방법으로 전세금반환채권에 대하여 물상대위권을 행사한 경우, 종전 저당권의 효력은 물상대위의 목적이 된 전세금반환채권에 존속하여 저당권자가 전세금반환채권으로부터 다른 일반채권자보다 우선변제를 받을 권리가 있으므로, 설령 전세금반환채권이 압류된 때에 전세권설정자가 전세권자에 대하여 반대채권을 가지고 있고 반대채권과 전세금반환채권이 상계적상에 있다고 하더라도 그러한 사정만으로 전세권설정자가 전세권저당권자에게 상계로써 대항할 수는 없다. 그러나 전세금반환채권은 전세권이 성립하였을 때부터 이미 발생이 예정되어 있다고 볼 수 있으므로, 전세권저당권이 설정된 때에 이미 전세권설정자가 전세권자에 대하여 반대채권을 가지고 있고 반대채권의 변제기가 장래 발생할 전세금반환채권의 변제기와 동시에 또는 그보다 먼저 도래하는 경우와 같이 전세권설정자에게 합리적 기대이익을 인정할 수 있는 경우에는 특별한 사정이 없는 한 전세권설정자는 반대채권을 자동채권으로 하여 전세금반환채권과 상계함으로써 전세권저당권자에게 대항할 수 있다(대판 2014.10.27. 2013다91672).

2. 우선변제적 효력

(1) 의의

채무자가 변제기에 변제하지 않으면 저당권자는 저당목적물을 일정한 절차에 의해 매각·환가하여, 그 대금으로부터 다른 채권자에 우선하여 변제를 받을 수 있다(제356조).

(2) 저당권자가 피담보채권의 변제를 받는 방법

1) 저당권에 기하여 우선변제를 받는 경우

저당권자가 우선변제를 받는 가장 전형적인 방법이다. 즉, 저당권자는 저당부동산에 대하여 일반채권자가 강제집행을 하거나, 저당부동산의 전세권자가 경매를 신청하거나 후순위저당권자가 저당권의 실행을 하는 경우에 저당권자는 이를 막을 수 없고, 그가 가지는 우선순위에 따라 매각대금으로 우선변제를 받는다(민집법 제268조, 제91조 제2항, 제145조).

2) 단순한 채권자로서 변제를 받는 경우

저당부동산의 경매대금으로 우선변제를 받았지만 피담보채권이 완전히 변제되지 않은 경우에는 저당권자의 피담보채권 중 변제받지 못한 채권은 무담보 채권이 된다. 그리고 저당권자는 저당권을 실행하지 않고 먼저 채무자의 일반 재산에 대하여 일반채권자로 집행할 수 있지만, 제370조의 제한이 있다.

3) 우선변제의 순위

① 일반채권자에 대한 관계

저당권자는 일반채권자에 대해 언제나 우선한다. 다만 주택임대차보호법상 저당권설정등기일보다 먼저 대항요건과 확정일자를 갖춘 임차권자는 보증금 반환에 대하여 저당권자에 우선한다(동법 제3조의2). 그리고 소액보증금의 일정액에 대해서 그 임차인은 다른 담보권자의 경매신청의 등기 전에 대항요건을 갖춘 경우에는 언제나 최우선한다(동법 제8조).

② 전세권자에 대한 관계

전세금반환청구권에 대하여 우선변제권이 있는 전세권(제303조 제1항)과 저당권의 순위는 등기의 선후에 의해 결정된다.

③ 유치권에 대한 관계

우선변제권이 없는 유치권과 우선변제권이 있는 저당권은 경합이나 우열의 문제는 생기지 않으나, 경락인은 유치권자에게 변제하지 않으면 경매의 목적물을 수취할 수 없기 때문에 사실상 우선변제효가 인정된다.

④ 저당권 상호간의 관계

동일한 부동산 위에 수개의 저당권이 경합하는 경우 각 저당권의 설정등기의 선후에 따라 우선순위가 결정된다(제370조, 제333조). 즉 후순위저당권자는 선순위저당권자가 변제를 받고 남은 잔액에 대해서만 우선변제권이 있다. 그러나 순위승진의 원칙에 의해 선순위저당권이 변제 기타 사유로 소멸하면 후순위저당권은 그 순위가 승진한다.

⑤ 국세우선권과의 관계

저당물의 소유자가 체납하고 있는 국세는 그 법정기일 전에 설정된 저당권에 우선해서 징수하지 못한다(국세기본법 제35조 제1항 제3호). 그러나 그 재산에 부과된 국세[1][2]와 가산금은 그 법정기일 전에 설정된 저당권에 대하여 언제나 우선한다(국세기본법 제35조 제1항 제3호).

⑥ 파산채권자와의 관계

저당부동산의 소유자가 파산하면 저당권자는 별제권을 행사할 수 있다(채무자회생 및 파산에 관한 법률 제411조).

⑦ 최종 3월분의 임금과 최종 3년간의 퇴직금 및 재해보상금과의 관계

기업이 파산하는 경우에 기업의 총재산에 대해서 변제를 받을 수 있는 채권의 순위는 ㉠ 근로자의 최종 3월분의 임금과 최종 3년간의 퇴직금 및 재해보상금, ㉡ 질권·저당권에 우선하는 조세·공과금, ㉢ 질권·저당권에 의하여 담보된 피담보채권, ㉣ 최종 3월분의 임금과 최종 3년간의 퇴직금을 제외한 임금 및 퇴직금 기타 근로관계로 인한 채권, ㉤ 조세·공과금 및 질권 또는 저당권에 의하여 담보되지 않은 일반채권이 된다(근로기준법 제38조 등 참고).

3. 저당권의 실행

(1) 담보권실행경매에 의한 저당권실행

> 제363조(저당권자의 경매청구권, 경매인) ① 저당권자는 그 채권의 변제를 받기 위하여 저당물의 경매(競賣)를 청구할 수 있다.
> ② 저당물의 소유권을 취득한 제3자도 경매인(競買人)이 될 수 있다.

1) 실행절차의 규정

민사집행법 제3편 '담보권실행 등을 위한 경매'의 규정이 있다. 강제경매는 경매신청 시에 집행권원이 반드시 요구되지만(민집법 제80조), 담보권실행을 위한 경매(= 임의경매)는 집행권원이 필요 없다(민집법 제264조).

---

[1] 상속세, 증여세 등을 말한다.
[2] 국세기본법 제35조 제1항 제3호는 공시를 수반하는 담보물권과 관련하여 거래의 안전을 보장하려는 사법적 요청과 조세채권의 실현을 확보하려는 공익적 요청을 적절하게 조화시키려는 데 그 입법의 취지가 있으므로, 당해세가 담보물권에 의하여 담보되는 채권에 우선한다고 하더라도 이로써 담보물권의 본질적 내용까지 침해되어서는 아니 되고, 따라서 같은 법 제35조 제1항 제3호 단서에서 말하는 '그 재산에 대하여 부과된 국세'라 함은 담보물권을 취득하는 사람이 장래 그 재산에 대하여 부과될 것을 상당한 정도로 예측할 수 있는 것으로서 오로지 당해 재산을 소유하고 있는 것 자체에 담세력을 인정하여 부과되는 국세만을 의미하는 것으로 보아야 한다(대판 1999.3.18. 96다23184 전합). 예를 들어 등기부상 상속재산임이 공시되어 있지 아니한 부동산의 경우, 담보물권자는 당해 부동산에 상속세가 부과되리라는 점을 예측할 수 없으므로 부과된 상속세는 먼저 설정된 저당권에 우선할 수 없다(대판 2003.1.10. 2001다44376).

2) 저당권실행의 요건

저당권의 존재는 경매신청 시에 이를 증명하는 서류를 첨부하고(민집법 제264조 제1항), 저당권을 승계한 경우는 그 승계를 증명하는 서류를 첨부(민집법 제264조 제2항)하여 소명하면 된다. 저당권실행 시에는 피담보채권이 존재해야 하므로, 저당권설정의 원인되는 채권관계가 강행법규에 위배되어 무효인 경우에는 저당권도 효력이 없다(대결 1968.4.24. 68마576). 다만 피담보채권의 일부만 무효인 경우에는 저당권의 불가분성 때문에 저당권을 실행하는데 아무런 방해를 받지 않는다(대판 1957.3.16. 4289민상670). 채무자의 이행지체가 있어야 한다. 따라서 이행기가 아직 도래하지 않은 때에는 저당권자가 경매를 신청하면, 그 신청은 위법한 것으로 각하되어야 한다(대결 1968.4.24. 68마330). 그러나 이행기가 도래하기 전에 매각절차가 개시되었다고 해도 매각허가결정이 확정될 때까지 기한이 도래하면 하자는 치유된다(통설).

3) 경매절차

① 경매의 신청

저당권의 실행은 경매신청서를 경매법원에 제출함으로써 시작된다(제365조 제1항). 특히 피담보채권을 저당권과 함께 양수한 자는 저당권이전의 부기등기를 마치고 저당권실행의 요건을 갖추고 있는 한 채권양도의 대항요건을 갖추고 있지 아니하더라도 경매신청을 할 수 있으며, 채무자는 경매절차의 이해관계인으로서 채권양도의 대항요건을 갖추지 못하였다는 사유를 들어 경매개시결정에 대한 이의나 즉시항고절차에서 다툴 수 있고, 이 경우는 신청채권자가 대항요건을 갖추었다는 사실을 증명하여야 할 것이나, 이러한 절차를 통하여 채권 및 근저당권의 양수인의 신청에 의하여 개시된 경매절차가 실효되지 아니한 이상 그 경매절차는 적법한 것이고, 또한 그 경매신청인은 양수채권의 변제를 받을 수도 있다(대판 2005.6.23. 2004다29279 ; 대결 2022.1.14. 2019마71).

② 경매개시결정

집행법원은 경매신청이 적법하면 경매개시결정을 한다. 경매개시결정이 있는 경우에는 그 부동산의 압류를 명해야 한다(민집법 제83조, 제268조). 경매개시결정에 대하여 이해관계인은 이의신청을 할 수 있지만 이의사유로서는 저당권의 부존재 또는 소멸만이 인정된다(민집법 제265조). 법원은 경매개시결정과 동시에 관할등기소에 경매신청의 기입등기를 촉탁한다(민집법 제94조). 채무자에게 그 결정이 송달된 때 또는 개시결정이 등기된 때[1] 목적물에 대한 압류의 효력이 생긴다(민집법 제83조 제4항, 제94조).

③ 현황조사

법원은 경매개시결정을 한 후 지체 없이 집행관에게 부동산의 현상, 점유관계, 차임 또는 보증금의 액수와 그 밖의 현황에 대하여 조사할 것을 명하여야 한다(민집법 제85조).

---

1) 채무자 소유의 부동산에 경매개시결정의 기입등기가 경료되어 압류의 효력이 발생한 이후에 채권자가 채무자로부터 위 부동산의 점유를 이전받고 이에 관한 공사 등을 시행함으로써 채무자에 대한 공사대금채권 및 이를 피담보채권으로 한 유치권을 취득한 경우, 이러한 점유의 이전은 목적물의 교환가치를 감소시킬 우려가 있는 처분행위에 해당하여 민사집행법 제92조 제1항·제83조 제4항에 따른 압류의 처분금지효에 저촉되므로, 위와 같은 경위로 부동산을 점유한 채권자로서는 위 유치권을 내세워 그 부동산에 관한 경매절차의 매수인에게 대항할 수 없고, 이 경우 위 부동산에 경매개시결정의 기입등기가 경료되어 있음을 채권자가 알았는지 여부 또는 이를 알지 못한 것에 관하여 과실이 있는지 여부 등은 채권자가 그 유치권을 매수인에게 대항할 수 없다는 결론에 아무런 영향을 미치지 못한다(대판 2006.8.25. 2006다22050; 대판 2005.8.19. 2005다22688).

④ 매각기일결정의 공고와 통지

법원은 감정인에게 부동산을 평가하게 하고 그 평가액을 참작하여 최저매각가격을 정하여야 한다(민집법 제97조 제1항). 법원은 최저매각가격으로 압류채권자의 채권에 우선하는 부동산의 모든 부담과 절차비용을 변제하고도 남을 것이 있다고 인정되는 등의 사유가 있는 때 직권으로 매각기일과 매각결정기일을 정하여 공고하고, 이를 이해관계인[2]에게 통지하여야 한다(민집법 제104조 제1·2항).

⑤ 경매절차의 정지·취소

경매절차의 진행 중 저당권의 부존재 또는 소멸을 증명하는 문서의 제출이 있거나 기타 일정한 사유가 있는 때에는 경매법원은 경매절차를 정지 또는 취소하여야 한다(민집법 제266조, 제96조).

⑥ 매각허가 여부의 결정

법원은 매각결정기일에 출석한 이해관계인의 진술을 들은 후 이의신청이 없으면 선고로서 매각허가 여부를 결정한다(민집법 제120조, 제121조, 제126조). 매각허가결정이 확정되면 법원은 대금의 지급기한을 정하고, 이를 매수인과 차순위매수신고인에게 통지하여야 하며(민집법 제142조 제1항), 매수인은 대금지급기한까지 매각대금을 지급하여야 한다(민집법 제142조 제2항). 매각대금이 지급되면 법원사무관 등은 매각허가결정의 등본을 첨부하여 매수인의 소유권등기를 관할등기소에 촉탁하여야 한다(민집법 제144조 제1항). 매수인이 대금지급기일에 그의 의무를 완전히 이행하지 않고 또한 차순위신고인이 없는 때에는 법원은 직권으로 재매각을 명하여야 한다(민집법 제138조 제1항).

⑦ 매각대금의 배당

매수인이 대금을 완납한 때에는 법원은 배당기일을 정하여 이해관계인과 배당을 요구한 채권자에게 이를 통지하는 등의 배당절차를 밟아야 한다(민집법 제146조, 제145조).

4) 매각의 효과

① 매수인의 권리취득

매각허가결정에 의하여 매수인은 매각대금을 완납한 때(민집법 제135조) 등기 없이 저당목적물에 대한 권리 즉, 소유권·지상권·전세권을 취득한다(제187조). 경매절차의 하자는 항고·이의에 의하여 다툴 수 있지만, 대금완납으로 매각허가결정이 확정되면 경매절차상의 하자는 치유되어 더 이상 다툴 수 없다. 따라서 채권의 변제기 전에 저당권을 실행하였다 하더라도 경매의 효과는 확정되고, 경락매수인의 부동산취득은 담보권소멸로 영향을 받지 않는다(민집법 제267조). 다만, 저당권이 처음부터 존재하지 않는 경우 매수인은 소유권을 취득하지 못한다[3].

---

[2] 여기서의 이해관계인이란 민사집행법 제90조가 규정하는 ① 압류채권자와 집행력 있는 정본에 의하여 배당을 요구한 채권자, ② 채무자 및 소유자, ③ 등기부에 기입된 부동산 위의 권리자, ④ 부동산 위의 권리자로서 그 권리를 증명한 자이다.

[3] 민법 제578조 제1항, 제2항은 매매의 일종인 경매에 있어서 그 목적물의 하자로 인하여 경락인이 경락의 목적인 재산권을 완전히 취득할 수 없을 때에 매매의 경우에 준하여 매도인의 위치에 있는 경매의 채무자나 채권자에게 담보책임을 부담시켜 경락인을 보호하기 위한 규정으로서, 그 담보책임은 매매의 경우와 마찬가지로 경매절차는 유효하게 이루어졌으나 경매의 목적이 된 권리의 전부 또는 일부가 타인에게 속하는 등의 하자로 경락인이 완전한 소유권을 취득할 수 없거나 이를 잃게 되는 경우에 인정되는 것이고, 경매절차 자체가 무효인 경우에는 경매의 채무자나 채권자의 담보책임은 인정될 여지가 없다. 경락인이 강제경매절차를 통하여 부동산을 경락받아 대금을 납부하고 그 앞으로 소유권이전등기까지 마쳤으나, 그 후 위 강제집행의 채무명의가 된 약속어음공정증서가 위조된 것이어서 무효라는 이유로 그 소유권이전등기의 말소를 명하는 판결이 확정됨으로써 경매 부동산에 대한 소유권을 취득하지 못하게 된 경우 경락인은 경매 채권자에게 경매 대금 중 그가 배당받은 금액에 대하여 일반 부당이득의 법리에 따라 반환을 청구할 수 있을 뿐, 민법 제578조 제2항에 의한 담보책임을 물을 수는 없다(대판 1991.10.11. 91다21640).

② 다른 권리에 대한 효력

경매의 목적인 부동산 위에 존재하는 저당권은 매각으로 인하여 소멸한다[1](민집법 제91조 제2항). 유치권은 경매가 있더라도 그대로 유효하며 매수인은 유치권자에게 변제해야 할 책임이 있다(민집법 제91조 제5항). 저당권을 설정하기 전에 제3자가 목적물에 관하여 이미 용익권 또는 대항력 있는 권리(임차권)를 가지고 있는 경우에는 저당권이 실행되더라도 용익권자는 그 용익권을 가지고 경락 매수인에게 대항할 수 있으나, 저당권 설정 후 성립한 용익권이나 대항력요건을 갖춘 임차권은 경락 매수인에게 대항할 수 없다[2][3](제370조, 제333조). 담보가등기는 순서와 관계 없이 모두 말소되지만, 순위보전을 위한 가등기가 최선순위인 경우에는 말소되지 않는다. 그러나 그 가등기 이전에 선순위의 담보권 또는 가압류의 등기가 있어서 그 등기가 말소되면 순위보전을 위한 가등기도 말소된다(대판 2007.12.13. 2007다57459). 가압류는 매수인에게 대항할 수 있는가와 관계없이 모두 말소된다. 즉, 압류효력발생 전의 가압류는 배당을 받기 때문에 존속시킬 필요가 없고, 압류 이후의 가압류는 매수인에게 대항할 수 없어 말소된다. 그러나 가압류된 甲 소유의 부동산을 매입한 乙이 근저당권을 설정한 후 그 근저당권 실행으로 丙이 소유권자가 된 경우에 그 가압류는 말소되지 않는다. 가처분의 경우는 압류의 효력 발생 후에 등기된 것만 말소되고 그 이전에 등기된 것은 경락매수인에게 인수된다. 그러나 압류의 효력발생 전에 등기된 가처분이라 해도 그보다 선순위로서 매각에 의하여 소멸되는 담보권 또는 가압류가 있는 경우에는 함께 소멸한다.

③ 경매의 하자

피담보채권의 무효·취소·부존재 등의 사유로 저당권이 처음부터 존재하지 않는 경우에 경매의 하자는 치유되지 않고 경락매수인은 소유권을 취득할 수 없다. 타인의 물건에 저당권을 설정하는 등의 경우에는 담보책임이 문제되지만, 경매절차 자체가 무효인 경우에는 부당이득이 문제될 뿐이다(대판 1991.10.11. 91다21640).

---

[1] 부동산에 관하여 근저당권설정등기가 경료되었다가 그 등기가 위조된 관계서류에 기하여 아무런 원인 없이 말소되었다는 사정만으로는 곧바로 근저당권이 소멸하는 것은 아니라고 할 것이지만, 부동산이 경매절차에서 경락되면 그 부동산에 존재하였던 저당권은 당연히 소멸하는 것이므로, 근저당권설정등기가 원인 없이 말소된 이후에 근저당목적물인 부동산에 관하여 다른 근저당권자 등 권리자의 신청에 따라 경매절차가 진행되어 경락허가결정이 확정되고 경락인이 경락대금을 완납하였다면, 원인 없이 말소된 근저당권은 소멸하였다(대판 1998.1.23. 97다43406).

[2] 용익권이 저당권의 실행에 의하여 소멸하는지의 여부는 경매를 신청한 저당권자의 저당권과 용익권설정 시기의 선후에 의해 결정되는 것이 아니라 그 부동산 위의 최고 순위의 저당권과 용익권설정의 우열에 의해 정해진다. 예를 들어 1번 저당권, (대항력 있는) 임차권, 2번 저당권의 순서로 등기가 설정된 경우에 2번 저당권의 신청으로 경매가 실시되면 임차권은 소멸하고 임차권자는 경락매수인에게 대항할 수 없다(대판 1987.3.10. 86다카1718). 즉 2번 저당권의 실행으로 1번 저당권이 소멸하게 되므로, 결국 실질적으로 1번 저당권이 실행되는 결과가 되기 때문이다.

[3] 부동산의 경매절차에 있어서 주택임대차보호법 제3조에 정한 대항요건을 갖춘 임차권보다 선순위의 근저당권이 있는 경우에는, 낙찰로 인하여 선순위 근저당권이 소멸하면 그보다 후순위의 임차권도 선순위 근저당권이 확보한 담보가치의 보장을 위하여 그 대항력을 상실하는 것이지만, 낙찰로 인하여 근저당권이 소멸하고 낙찰인이 소유권을 취득하게 되는 시점인 낙찰대금지급기일 이전에 선순위 근저당권이 다른 사유로 소멸한 경우에는, 대항력이 있는 임차권의 존재로 인하여 담보가치의 손상을 받을 선순위 근저당권이 없게 되므로 임차권의 대항력이 소멸하지 아니한다. 선순위 근저당권의 존재로 후순위 임차권이 소멸하는 것으로 알고 부동산을 낙찰 받았으나, 그 후 채무자가 후순위 임차권의 대항력을 존속시킬 목적으로 선순위 근저당권의 피담보채무를 모두 변제하고 그 근저당권을 소멸시키고도 이 점에 대하여 낙찰자에게 아무런 고지도 하지 않아 낙찰자가 대항력 있는 임차권이 존속하게 된다는 사정을 알지 못한 채 대금지급기일에 낙찰대금을 지급하였다면, 채무자는 민법 제578조 제3항의 규정에 의하여 낙찰자가 입게 된 손해를 배상할 책임이 있다(대판 2003.4.25. 2002다70075).

(2) 담보권실행경매에 의하지 않은 저당권실행(유저당)

1) 의의

유저당이란 저당권설정계약 또는 피담보채권의 변제기가 도래하기 전의 특약으로 저당채무의 불이행이 있는 경우, 저당목적물의 소유권을 저당권자가 취득하는 것으로 하거나 경매에 의하지 않은 임의의 방법으로 저당목적물을 처분·환가해도 좋다는 내용의 약정을 말한다.

2) 유저당의 유효성

① 유효성

통설은 질권과는 달리 저당권에 대해서는 유질계약금지규정이 준용되지 않으므로, 유저당을 유효한 것으로 본다.

② 문제점

채무자의 궁박을 이용한 폭리의 문제가 생기지 않는 한, 변제기 도래 이후의 유저당계약은 문제가 되지 않는다. 따라서 변제기 도래 "전"의 유저당이 문제되는데, 이는 실질적으로 대물변제의 예약과 다를 바가 없으므로 민법 제607조·제608조가 적용된다.

> 제607조(대물반환의 예약) 차용물의 반환에 관하여 차주가 차용물에 갈음하여 다른 재산권을 이전할 것을 예약한 경우에는 그 재산의 예약당시의 가액이 차용액 및 이에 붙인 이자의 합산액을 넘지 못한다.
> 제608조(차주에 불이익한 약정의 금지) 전2조의 규정에 위반한 당사자의 약정으로서 차주에 불리한 것은 환매 기타 여하한 명목이라도 그 효력이 없다.

3) 유저당의 유형

① 대물변제예약형 유저당[4]

저당권자의 채무불이행을 조건으로 저당물의 소유권을 저당권자에게 이전시키겠다는 내용으로 저당권과 병행해서 이루어지는 유저당이다. 제607조에 위반하는 대물변제예약은 제608조에 따라서 무효이고, 이에 의한 소유권취득 역시 무효가 되지만, 대물변제예약에 포함되어 있는 채권담보계약은 약한 의미의 양도담보로서 유효하다고 본다(대판 1968.6.28. 68다737). 따라서 약한 의미의 양도담보이므로 저당권자는 청산의무를 부담한다. 즉, 소유권이전등기를 할 때 피담보채권의 원본과 이자를 저당목적물의 가액에서 공제하고 나머지는 채무자에게 반환하여야 한다. 이때 채권자의 소유권이전등기청구와 채무자의 청산청구는 서로 동시이행관계에 있다(제536조).

② 임의환가의 약정형

저당부동산의 환가를 경매에 의하지 않고 제3자에게 매각하여 청산하기로 약정하는 것을 말한다. 저당권자는 미리 자기 앞으로 소유권이전등기를 하고 목적물을 인도받아 제3자에게 처분해서 피담보채권에 충당하고 남은 금액을 저당권설정자에게 반환해야 한다. 저당권자가 환가를 위하여 저당목적물을 처분하여 제3자에게 이전등기를 경료할 때까지 저당권설정자는 언제나 채무를 변제하고 저당목적물의 반환을 청구할 수 있으므로, 피담보채권이 확정적으로 소멸하는 시기는 제3자 명의로 소유권이전등기를 한 때이다(통설).

---

[4] 저당부동산에 대하여 대물변제의 예약을 하고 소유권이전청구권 보전의 가등기를 마친 담보형태는 가담법이 적용되므로, 유저당의 범주에서 이해할 필요는 없다(곽윤직). 따라서 여기서 문제되는 유저당은 가등기가 기입되지 않은 경우에 한정해서 파악하면 충분하다.

4. 저당권과 용익관계

(1) 의의

저당권이 실행되면 저당물의 소유권은 경락인에게 이전되므로, 종래의 용익관계는 소멸하게 된다. 여기서 ① 저당권과 용익권의 관계, ② 법정지상권의 경우, ③ 제3취득자의 지위 등의 문제가 생긴다.

(2) 저당권과 용익권의 관계

1) 저당권과 용익권의 우열

저당권을 설정하기 전에 제3자가 목적물에 관하여 이미 용익권 또는 대항력 있는 권리(임차권)를 가지고 있는 경우에는 저당권이 실행되더라도 용익권자는 그 용익권을 가지고 경락 매수인에게 대항할 수 있으나, 저당권 설정 후 성립한 용익권이나 대항력요건을 갖춘 임차권은 경락 매수인에게 대항할 수 없다(제370조, 제333조).

2) 용익권이 저당권의 실행에 의하여 소멸하는지의 여부

경매를 신청한 저당권자의 저당권과 용익권설정 시기의 선후에 의해 결정되는 것이 아니라 그 부동산 위의 최고 순위의 저당권과 용익권설정의 우열에 의해 정해진다. 예를 들어 1번 저당권, (대항력 있는) 임차권, 2번 저당권의 순서로 등기가 설정된 경우에 2번 저당권의 신청으로 경매가 실시되면 임차권은 소멸하고 임차권자는 경락매수인에게 대항할 수 없다(대판 1987.3.10. 86다카1718). 즉, 2번 저당권의 실행으로 1번 저당권이 소멸하게 되므로, 결국 1번 저당권이 실행되는 결과가 되기 때문이다.

(3) 법정지상권

> 제366조(법정지상권) 저당물의 경매로 인하여 토지와 그 지상건물이 다른 소유자에 속한 경우에는 토지소유자는 건물소유자에 대하여 지상권을 설정한 것으로 본다. 그러나 지료는 당사자의 청구에 의하여 법원이 이를 정한다.

1) 의의, 근거 및 성격

민법 제366조는 저당물의 경매로 인하여 토지와 그 지상건물이 다른 소유자에 속한 경우에는, 토지소유자는 건물소유자에 대하여 지상권을 설정한 것으로 본다. 그러나 지료는 당사자의 청구에 의하여 법원이 이를 정한다고 규정하고 있다. 즉, 동일인에게 속하고 있던 토지와 지상건물 중 어느 하나 위에 또는 양자 위에 설정된 저당권의 실행으로 말미암아 그 소유자를 달리 하게 된 경우에 건물의 소유자를 위하여 대지에 대한 지상권의 성립을 인정한 것이다. 민법은 토지와 건물을 각기 독립한 부동산으로 취급하고 있으므로 토지와 건물의 소유권이 달라지는 경우가 생길 수 있다. 따라서, 이러한 경우에 건물철거라는 사회경제상의 불이익을 방지하고 그 건물로 하여금 건물로서의 가치를 유지하게 하기 위하여 법정지상권이 인정되고 있다. 제366조는 가치권과 이용권의 조절을 위한 공익상의 이유로 지상권의 설정을 강제하는 강행규정이므로, 미리 동조의 적용을 배제하는 당사자의 특약은 무효[1]이다(대판 1988.10.25. 87다카1564).

---

[1] 이에 반해 관습법상 법정지상권을 배제하는 특약은 유효하다(대판 1988.9.27. 87다카279).

2) 요건

① 저당권설정 당시 건물의 존재

저당권 설정 당시에 지상에 건물이 존재할 것을 요한다. 건물이 없는 토지에 저당권을 설정한 저당권자는 그 상태에서의 토지의 교환가치를 평가하여 담보를 취득할 것인데, 그 후에 세워진 건물에 대해서도 법정지상권이 인정된다면, 그 토지의 담보가치는 크게 떨어지게 될 것이고 이는 저당권자에게 피해를 주게 된다. 판례도 이러한 점을 고려하여 건물이 없는 토지에 저당권을 설정하고 그 후에 건물을 지은 때에는 그 건물을 위한 법정지상권 성립은 부정한다(대판 1965.8.31. 65다1404). 건물이 없는 토지에 저당권을 설정한 후에, 저당권설정자가 저당권자로부터 법정지상권의 성립을 인정한다는 양해를 얻어서 건물을 건축하였더라도, 그러한 것은 주관적인 것이고 공시할 수도 없어 경락 매수인에게 불측의 손실을 가져다준다는 점에서 법정지상권은 인정되지 않는다(통설). 건물이 없는 토지에 1번 저당권을 설정한 후 건물을 건축하고, 다시 그 토지에 2번 저당권을 설정하여 2번 저당권자의 신청으로 경매가 있게 되더라도 건물을 위한 법정지상권은 성립하지 않는다(통설). 무허가 건물이나 미등기 건물의 경우에도 법정지상권성립은 인정된다(대판 1991.10.11. 91다23462). 저당권 설정 당시의 건물을 그 후 개축·증축한 경우 구 건물과 증·개축한 건물 사이에 동일성이 인정되는 한 저당권의 효력이 미치므로 법정지상권은 성립된다(대판 1968.5.27. 68마140). 그리고 저당권설정 당시 건물이 건축 중이었고 사회통념상 독립된 건물이 아니라고 하더라도 건물의 규모나 종류가 외형상 예상할 수 있는 정도까지 진전되어 있는 경우에도 법정지상권은 인정된다(대판 1992.6.12. 92다7221). 건물이 멸실되거나 철거된 뒤 재건축한 경우에 판례는 토지나 건물에 대한 단독저당의 경우에는 법정지상권이 성립하고, 그 내용인 존속기간이나 범위 등은 구 건물을 기준으로 하여 인정된다고 한다(대판 1990.7.10. 90다카6399). 토지와 건물에 공동저당권이 설정된 후 건물이 철거되고 건물이 신축된 경우에 법정지상권의 성립을 부정하였다[2](대판 2003.12.18. 98다43601 전합).

---

[2] 동일인의 소유에 속하는 토지 및 그 지상 건물에 관하여 공동저당권이 설정된 후 그 지상 건물이 철거되고 새로 건물이 신축된 경우에는 그 신축건물의 소유자가 토지의 소유자와 동일하고 토지의 저당권자에게 신축건물에 관하여 토지의 저당권과 동일한 순위의 공동저당권을 설정해 주는 등 특별한 사정이 없는 한 저당물의 경매로 인하여 토지와 그 신축건물이 다른 소유자에 속하게 되더라도 그 신축건물을 위한 법정지상권은 성립하지 않는다고 해석하여야 하는바, 그 이유는 동일인의 소유에 속하는 토지 및 그 지상 건물에 관하여 공동저당권이 설정된 경우에는, 처음부터 지상 건물로 인하여 토지의 이용이 제한 받는 것을 용인하고 토지에 대하여만 저당권을 설정하여 법정지상권의 가치만큼 감소된 토지의 교환가치를 담보로 취득한 경우와는 달리, 공동저당권자는 토지 및 건물 각각의 교환가치 전부를 담보로 취득한 것으로서, 저당권의 목적이 된 건물이 그대로 존속하는 이상은 건물을 위한 법정지상권이 성립해도 그로 인하여 토지의 교환가치에서 제외된 법정지상권의 가액 상당 가치는 법정지상권이 성립하는 건물의 교환가치에서 되찾을 수 있어 궁극적으로 토지에 관하여 아무런 제한이 없는 나대지로서의 교환가치 전체를 실현시킬 수 있다고 기대하지만, 건물이 철거된 후 신축된 건물에 토지와 동순위의 공동저당권이 설정되지 아니 하였는데도 그 신축건물을 위한 법정지상권이 성립한다고 해석하게 되면, 공동저당권자가 법정지상권이 성립하는 신축건물의 교환가치를 취득할 수 없게 되는 결과 법정지상권의 가액 상당 가치를 되찾을 길이 막혀 위와 같이 당초 나대지로서의 토지의 교환가치 전체를 기대하여 담보를 취득한 공동저당권자에게 불측의 손해를 입게 하기 때문이다.

> **판례** 법정지상권 관련 판례
>
> 1. 공동저당권과 법정지상권, 합동건물에 대한 저당권의 존속여부
>
>   동일인의 소유에 속하는 토지 및 그 지상 건물에 관하여 공동저당권이 설정된 후 그 지상 건물이 철거되고 새로 건물이 신축되어 두 건물 사이의 동일성이 부정되는 결과 공동저당권자가 신축건물의 교환가치를 취득할 수 없게 되었다면, 공동저당권자의 불측의 손해를 방지하기 위하여, 특별한 사정이 없는 한 저당물의 경매로 인하여 토지와 그 신축건물이 다른 소유자에 속하게 되더라도 그 신축건물을 위한 법정지상권은 성립하지 않는다. 경매대상 건물이 인접한 다른 건물과 합동됨으로 인하여 건물로서의 독립성을 상실하게 되었다면 경매대상 건물만을 독립하여 양도하거나 경매의 대상으로 삼을 수는 없고, 이러한 경우 경매대상 건물에 대한 채권자의 저당권은 위 합동으로 인하여 생겨난 새로운 건물 중에서 위 경매대상 건물이 차지하는 비율에 상응하는 공유 지분 위에 존속하게 된다(대판 2010.1.14. 2009다66150).
>
> 2. 토지공유자와 법정지상권, 공동저당권과 법정지상권
>
>   토지공유자의 한 사람이 다른 공유자의 지분 과반수의 동의를 얻어 건물을 건축한 후 토지와 건물의 소유자가 달라진 경우 토지에 관하여 관습법상의 법정지상권이 성립되는 것으로 보게 되면 이는 토지공유자의 1인으로 하여금 자신의 지분을 제외한 다른 공유자의 지분에 대하여서까지 지상권설정의 처분행위를 허용하는 셈이 되어 부당하다. 그리고 이러한 법리는 민법 제366조의 법정지상권의 경우에도 마찬가지로 적용되고, 나아가 토지와 건물 모두가 각각 공유에 속한 경우에 토지에 관한 공유자 일부의 지분만을 목적으로 하는 근저당권이 설정되었다가 경매로 인하여 그 지분을 제3자가 취득하게 된 경우에도 마찬가지로 적용된다. <u>동일인의 소유에 속하는 토지 및 그 지상건물에 관하여 공동저당권이 설정된 후 지상 건물이 철거되고 새로 건물이 신축된 경우에, 신축건물의 소유자가 토지의 소유자와 동일하고 토지의 저당권자에게 신축건물에 관하여 토지의 저당권과 동일한 순위의 공동저당권을 설정해 주는 등 특별한 사정이 없는 한, 저당물의 경매로 인하여 토지와 신축건물이 다른 소유자에 속하게 되더라도 신축건물을 위한 법정지상권은 성립하지 않는다.</u> 이는 건물이 철거된 후 신축된 건물에 토지와 동순위의 공동저당권이 설정되지 아니하였는데도 신축건물을 위한 법정지상권이 성립한다고 해석하게 되면, 공동저당권자가 법정지상권이 성립하는 신축건물의 교환가치를 취득할 수 없게 되는 결과 법정지상권의 가액 상당 가치를 되찾을 길이 막혀 당초 토지에 관하여 아무런 제한이 없는 나대지로서의 교환가치 전체를 실현시킬 수 있다고 기대하고 담보를 취득한 공동저당권자에게 불측의 손해를 입게 하기 때문으로서, 이러한 법리는 집합건물의 전부 또는 일부 전유부분과 대지 지분에 관하여 공동저당권이 설정된 후 그 지상 집합건물이 철거되고 새로운 집합건물이 신축된 경우에도 마찬가지로 보아야 한다(대판 2014.9.4. 2011다73038·73045).

민법 제366조의 법정지상권은 저당권 설정 당시부터 저당권의 목적되는 토지 위에 건물이 존재할 경우에 한하여 인정되며, 토지에 관하여 저당권이 설정될 당시 그 지상에 토지소유자에 의한 건물의 건축이 개시되기 이전이었다면, 건물이 없는 토지에 관하여 저당권이 설정될 당시 근저당권자가 토지소유자에 의한 건물의 건축에 동의하였다고 하더라도 그러한 사정은 주관적 사항이고 공시할 수도 없는 것이어서 토지를 낙찰 받는 제3자로서는 알 수 없는 것이므로 그와 같은 사정을 들어 법정지상권의 성립을 인정한다면 토지 소유권을 취득하려는 제3자의 법적 안정성을 해하는 등 법률관계가 매우 불명확하게 되므로 법정지상권이 성립되지 않는다(대판 2003.9.5. 2003다26051).

② 저당권설정 당시의 소유자의 동일성

저당권을 설정할 때에 토지와 건물이 동일한 소유자에게 속하고 있어야 한다. 저당권설정 당시에 토지와 건물의 소유자가 서로 다른 때에는, 그 건물에 관하여 이미 토지소유자에게 대항할 수 있는 용익권이 설정되어 있을 것이므로, 그 건물을 위해 다시 법정지상권을 인정할 필요가 없기 때문이다. 저당권설정 당시에는 동일인에게 속하고 있었으나, 그 후 경매가 있기 전에 토지와 건물 중 어느 한쪽이 제3자에게 양도된 경우에도 법정지상권이 성립하는지가 문제된다. 저당권설정

당시에 토지와 건물이 동일인에게 속하고 있으면 그 이후 토지와 건물 중 한 쪽이 제3자에게 양도되더라도 법정지상권은 성립한다(대판 1999.11.23. 99다52602). 그리고 저당권설정 후에 토지와 건물 중 어느 한 쪽을 소유자가 임의로 처분하는 때에는 건물소유자와 토지소유자 사이에서 지상권을 설정하거나 기타 건물의 존속을 가능하게 하는 토지사용관계를 정하게 되겠지만, 저당권설정 후에 설정된 용익권은 경락으로 그 효력을 상실하기 때문에 제366조의 법정지상권은 이 경우에 인정하여야 한다(통설). 미등기건물을 대지와 일괄하여 함께 매수하였으나 대지에 관하여만 소유권이전등기를 넘겨받고 대지에 대하여 설정된 저당권이 실행된 경우, 민법 제366조 소정의 법정지상권이 성립하는지가 문제지만, 판례는 이를 부정한다(대판 2002.6.20. 2002다9660 전합). 저당권의 설정당시에 이미 대지와 건물이 각각 다른 사람의 소유에 속하고 있어 소유자의 동일성요건을 충족하지 못하기 때문이다. 이 경우 관습상 법정지상권의 성립 여부도 문제될 수 있는데, 판례는 "토지의 점유·사용에 관하여 당사자 사이에 약정이 있는 것으로 볼 수 있거나 토지 소유자가 건물의 처분권까지 함께 취득한 경우에는 관습상의 법정지상권을 인정할 까닭이 없다 할 것이어서, 미등기건물을 그 대지와 함께 매도하였다면 비록 매수인에게 그 대지에 관하여만 소유권이전등기가 경료되고 건물에 관하여는 등기가 경료되지 아니하여 형식적으로 대지와 건물이 그 소유명의자를 달리하게 되었다 하더라도 매도인에게 관습상의 법정지상권을 인정할 이유가 없다(대판 2002.6.20. 2002다9660 전합)."고 하고 있다. 토지의 공유자 중의 1인이 공유토지 위에 건물을 소유하고 있다가 토지지분만을 전매하는 경우 등에는 다른 공유자의 지분에까지 지상권설정의 처분행위를 허용할 우려가 있으므로 법정지상권이 성립하지 않는다(대판 1987.6.23. 86다카2188). 그러나 구분소유적 공유관계에 있는 토지의 공유자들이 내부적으로 각자의 소유로 생각하는 특정지역 토지 위에 각자 독자적으로 별개의 건물을 신축하여 소유하면서 그 토지 전체에 대하여 저당권을 설정하였다가 그 저당권의 실행으로 토지와 건물의 소유자가 다르게 된 경우에는 법정지상권이 성립한다(대판 2004.6.11. 2004다13533).

> **판례** **법정지상권 - 소유자의 동일성**
>
> 민법 제366조의 법정지상권은 저당권설정 당시 동일인의 소유에 속하던 토지와 건물이 경매로 인하여 양자의 소유자가 다르게 된 때에 건물의 소유자를 위하여 발생하는 것으로서, 토지에 관하여 저당권이 설정될 당시 토지 소유자에 의하여 그 지상에 건물이 건축 중이었던 경우 그것이 사회관념상 독립된 건물로 볼 수 있는 정도에 이르지 않았다 하더라도 건물의 규모, 종류가 외형상 예상할 수 있는 정도까지 건축이 진전되어 있었고, 그 후 경매절차에서 매수인이 매각대금을 다 낸 때까지 최소한의 기둥과 지붕 그리고 주벽이 이루어지는 등 독립된 부동산으로서 건물의 요건을 갖춘 경우에는 법정지상권이 성립한다. 건물공유자의 1인이 그 건물의 부지인 토지를 단독으로 소유하면서 그 토지에 관하여만 저당권을 설정하였다가 위 저당권에 의한 경매로 인하여 토지의 소유자가 달라진 경우에도, 위 토지 소유자는 자기뿐만 아니라 다른 건물공유자들을 위하여도 위 토지의 이용을 인정하고 있었다고 할 것인 점, 저당권자로서도 저당권 설정 당시 법정지상권의 부담을 예상할 수 있었으므로 불측의 손해를 입는 것이 아닌 점, 건물의 철거로 인한 사회경제적 손실을 방지할 공익상의 필요성도 인정되는 점 등에 비추어 위 건물공유자들은 민법 제366조에 의하여 토지 전부에 관하여 건물의 존속을 위한 법정지상권을 취득한다고 보아야 한다(대판 2011.1.13. 2010다67159).

③ 저당권의 설정

토지와 건물의 어느 한쪽이나 또는 양자 위에 저당권이 설정되어야 한다. 토지와 건물의 어느 쪽에도 저당권이 설정되지 않았으나, 어떤 원인으로 인하여 토지와 건물의 소유자가 각각 다르게 된 경우에는 관습법상의 법정지상권은 성립할 수 있지만, 민법 제366조의 법정지상권은 성립하지 않는다.

④ 경매로 소유자가 달라질 것

저당물의 경매로 토지와 그 지상건물의 소유자가 달라져야 한다. 여기서 경매란 담보권실행경매만을 의미한다고 보아야 한다. 따라서 동일인에게 속하였던 토지와 그 건물이 경매 이외의 방법으로 그 소유자를 달리하게 된 경우에는 관습법상의 법정지상권은 성립할 수 있어도 민법 제366조에 의한 법정지상권은 성립하지 않는다(대판 1991.4.9. 89다카305). 다만, 전세권자를 위한 법정지상권의 경우에는 매매 등에 의해 토지와 건물의 소유자가 달라지는 것도 포함한다.

⑤ 토지와 그 위의 건물이 동일한 소유자에게 속하는 경우

그 토지나 건물에 대하여 가등기담보 등에 관한 법률 제4조 제2항에 따른 소유권을 취득하거나 담보가등기에 따른 본등기가 행하여진 경우에는 그 건물의 소유를 목적으로 그 토지 위에 지상권이 설정된 것으로 본다(가담법 제10조 본문).

3) 성립시기와 등기

① 성립시기

토지와 그 지상건물이 경매로 인해 서로 다른 소유자에게 속한 때에 법정지상권은 성립한다. 따라서 경매에 있어서 매수인이 매각대금을 완납한 때에 법정지상권이 성립하게 된다(민집법 제268조, 제135조).

② 등기

법정지상권은 민법 제366조의 규정에 의하여 성립하기 때문에 민법 제187조에서 말하는 법률의 규정에 의한 물권의 취득으로서 등기를 필요로 하지 않는다. 등기가 없더라도 토지소유자나 그로부터 토지를 양수한 제3자에 대하여도 법정지상권을 주장할 수 있다(대판 1965.7.6. 65다907 전합). 다만, 민법 제187조 단서의 규정에 따라 법정지상권자가 이를 등기하지 아니하면 그 지상권을 처분할 수 없다. 이 경우 등기 없이 건물을 처분하면 건물양수인도 마찬가지로 법정지상권을 취득하여 이를 가지고 토지 소유자나 그 전득자에게 대항할 수 있는지가 문제되지만, 판례는 이를 부정한다(대판 1965.7.6. 65다907). 다만, 이 경우 법정지상권부 건물을 매수한 전득자는 원소유자를 대위하여 토지 소유자에 대하여 지상권설정등기 절차이행을 구할 수 있다고 한다(대판 1981.9.8. 80다2873). 이와는 별개로 토지소유권자는 법정지상권의 등기 없는 전득자에 대하여 건물의 철거를 주장할 수 있는지가 문제되지만, 판례는 신의칙을 근거로 이를 부정한다(대판 1985.4.9. 84다카1131 전합). 다만, 이 경우 건물소유자에 대한 토지소유자의 부당이득반환청구는 가능하다.

4) 내용

① 법정지상권의 범위

법정지상권은 건물의 대지에 한정되지 않고 건물을 이용하는 데 필요한 한도에서 대지 이외의 부분에도 미친다. 필요한 범위의 구체적 내용은 건물의 구조와 크기, 건물의 사용목적과 주변의 환경 등을 종합적으로 고려하여 객관적으로 정하여진다. 예를 들어, 창고로 사용되는 건물에 대해서는 일반적으로 필요한 둘레의 대지가 법정지상권이 미치는 범위에 속한다(대판 1977.7.26. 77다791). 다만, 법정지상권이 성립한 후에 건물을 개축 또는 증축하는 경우 그 법정지상권의 범위는 구건물을 기준으로 하여 그 유지 또는 사용을 위하여 일반적으로 필요한 범위 내의 대지 부분에 한정된다(대판 1997.1.21. 96다40080).

② 존속기간과 지료

법정지상권의 존속기간은 민법 제280조 제1항의 규정에 의한다(대판 1992.6.9. 92다4857). 지료는 우선 당사자의 협의로 이를 정하게 되나, 협의가 이루어지지 않는 때에는 당사자의 청구로 법원이 이를 정한다(제366조 단서). 법원에 의하여 결정된 지료는 지상권이 성립한 때에 소급해서 효력을 발생한다. 가등기담보등에 관한 법률에 따라 성립하는 법정지상권의 경우 그 존속기간 및 지료는 당사자의 청구에 의하여 법원이 정한다(가담법 제10조).

③ 관련문제

건물의 소유자가 건물의 소유권과 분리하여 법정지상권만을 처분하는 것이 가능한지가 문제된다. 판례는 아파트의 대지권 확보를 위하여 법정지상권을 취득하였다면, 그 법정지상권이 아파트의 소유권과는 분리되어 양도되었다고 하여도 이를 사회질서에 반하여 무효라고 할 수 없고, 또한 법정지상권이 건물의 소유에 부속되는 종속적인 권리가 되는 것이 아니며 하나의 독립된 법률상의 물권으로서의 성격을 지니고 있는 것이기 때문에 건물의 소유자가 건물과 법정지상권 중 어느 하나만을 처분하는 것도 가능하다고 한다(대판 2001.12.27. 2000다1976).

5) 소멸

법정지상권은 토지소유자의 소멸청구(제287조), 지상권자에 의한 포기 및 당사자 사이의 계약에 의하여 소멸한다.

(4) 저당 토지 위의 건물에 대한 일괄경매권

> 제365조(저당지상의 건물에 대한 경매청구권) 토지를 목적으로 저당권을 설정한 후 그 설정자가 그 토지에 건물을 축조한 때에는 저당권자는 토지와 함께 그 건물에 대하여도 경매를 청구할 수 있다. 그러나 그 건물의 경매대가에 대하여는 우선변제를 받을 권리가 없다.

1) 의의

민법 제365조는 토지를 목적으로 하는 저당권이 설정된 후, 설정자가 그 토지에 건물을 축조한 때에는 저당권자는 토지와 함께 그 건물에 대하여도 경매를 청구할 수 있는 일괄경매청구권을 인정하고 있다. 일괄경매청구권은 토지 위에 저당권을 설정한 후 그 지상에 건물이 축조된 경우처럼, 민법 제366조의 법정지상권이 인정되지 않는 경우에 그 의의가 있다.

2) 요건

① 저당권설정 당시에 지상에 건물이 없을 것

저당권 설정 후에 저당 토지 위에 건물이 신축된 경우에 한하여 본조가 적용된다. 저당권설정 당시에 건물이 이미 존재하고 있는 경우에는 민법 제366조의 법정지상권이 적용될 수 있다.

② 저당권설정자가 축조하고 소유하는 건물일 것

토지소유자인 저당권설정자가 축조하여 소유하고 있는 건물이어야 한다(대결 1994.1.24. 93마1736). 따라서, 저당권설정 후 저당권설정자 이외의 제3자가 건물을 축조하고 소유한 경우에는 원칙적으로 일괄경매청구권이 성립하지 않는다. 본조의 일괄경매권을 제3자의 소유물에까지 미치게 하는 것은 환가권의 지나친 확대이기 때문이다. 다만, 저당권설정자로부터 저당토지에 대한 용익권을 설정 받은 자가 그 토지에 건물을 축조한 경우라도 그 후 저당권설정자가 그 건물의 소유권을 취득한 경우에는 저당권자는 토지와 함께 그 건물에 대하여 경매를 청구할 수 있다[1](대판 2003.4.11. 2003다3850). 반면에 저당권설정자가 건물축조 후 경매개시 결정전에 이를 제3자에게 양도한 경우에도 일괄경매청구권은 성립하지 않는다(대결 1999.4.20. 99마146).

③ 일괄경매청구권의 행사

일괄경매청구권의 행사가 권리남용에 해당한다는 특별한 사정이 없는 한, 자신의 자유로운 선택에 따라 토지만에 대하여 경매를 청구하거나 아니면 토지·건물을 일괄하여 경매를 청구할 수 있다(대판 1977.4.26. 77다77). 그리고 토지만을 경매하여 그 대금으로 충분히 피담보채권의 변제를 받을 수 있다고 해도 토지·건물의 일괄경매는 허용되며 과잉경매로 되지 않는다(대결 1961.3.20. 4294민재항50).

3) 일괄경매의 효력

① 우선변제적 효력의 범위

일괄경매를 하는 경우에도 저당권의 우선변제적 효력은 건물에 관하여는 미치지 않으므로 저당권자가 우선변제를 받을 수 있는 범위는 토지의 경매대금에 한정된다(제365조 단서). 건물의 경매대금에 대해서는 일반 채권자의 지위에서 배당을 받을 수 있을 뿐이다.

② 토지와 건물의 동일인에의 매각

토지와 건물을 동일인에게 경락시켜 건물을 유지하려고 하는 것이 본조의 취지이므로, 토지와 건물은 동일인에게 매각되어야 한다.

---

[1] 민법 제365조가 토지를 목적으로 한 저당권을 설정한 후 그 저당권설정자가 그 토지에 건물을 축조한 때에는 저당권자가 토지와 건물을 일괄하여 경매를 청구할 수 있도록 규정한 취지는, 저당권은 담보물의 교환가치의 취득을 목적으로 할 뿐 담보물의 이용을 제한하지 아니하여 저당권설정자로서는 저당권설정 후에도 그 지상에 건물을 신축할 수 있는데, 후에 그 저당권의 실행으로 토지가 제3자에게 경락될 경우에 건물을 철거하여야 한다면 사회경제적으로 현저한 불이익이 생기게 되어 이를 방지할 필요가 있으므로 이러한 이해관계를 조절하고, 저당권자에게도 저당토지상의 건물의 존재로 인하여 생기게 되는 경매의 어려움을 해소하여 저당권의 실행을 쉽게 할 수 있도록 한 데에 있다는 점에 비추어 볼 때, 저당지상의 건물에 대한 일괄경매청구권은 저당권설정자가 건물을 축조한 경우뿐만 아니라 저당권설정자로부터 저당토지에 대한 용익권을 설정 받은 자가 그 토지에 건물을 축조한 경우라도 그 후 저당권설정자가 그 건물의 소유권을 취득한 경우에는 저당권자는 토지와 함께 그 건물에 대하여 경매를 청구할 수 있다.

(5) 제3취득자의 지위

> **제364조(제3취득자의 변제)** 저당부동산에 대하여 소유권, 지상권 또는 전세권을 취득한 제3자는 저당권자에게 그 부동산으로 담보된 채권을 변제하고 저당권의 소멸을 청구할 수 있다.

1) 저당물 제3취득자의 지위

① 의의

저당권은 목적물에 대한 점유를 내용으로 하는 것이 아니므로 저당권설정자는 저당권설정 후에도 자유로이 목적물을 사용·수익할 수 있음은 물론, 이를 양도하거나 지상권 또는 전세권을 설정할 수 있다. 이때 저당권이 설정된 후에 저당목적물을 양도받은 양수인, 또는 그 저당부동산 위에 지상권이나 전세권을 취득한 자를 제3취득자라고 한다.

② 취지

저당부동산의 제3취득자는 저당권이 실행되기 전에는 소유권을 취득하거나 저당부동산을 용익하는데 아무런 제한을 받지 않지만, 채무자의 채무불이행으로 저당권이 실행된 경우에는 완전히 그 권리를 상실한다. 이와 같이 제3취득자의 지위는 채무자의 채무변제 여하에 따라 그 존속에 영향을 받게 되어 매우 불완전한 지위를 가진다. 이러한 제3자의 불안한 지위를 보호하기 위하여 민법은 저당물의 소유권을 취득한 제3자는 경매인(競買人)이 될 수 있도록 하고(제363조 제2항), 나아가 저당부동산에 대하여 소유권·지상권 또는 전세권을 취득한 제3취득자는 저당권자에게 그 부동산으로 담보된 채권을 변제하고 저당권의 소멸을 청구할 수 있다(제364조)고 규정하고 있다.

2) 제3취득자의 변제권

제364조는 저당부동산의 제3취득자에게 저당채무를 변제하여 저당권을 소멸시킬 수 있는 권리를 인정함으로써, 제3취득자로 하여금 저당부동산 위에 취득하게 된 권리를 스스로 보전할 수 있도록 하고 있다. 그런데 저당부동산의 제3취득자는 저당채무가 변제되면 저당권이 소멸하여 저당목적물에 대한 자신의 권리를 보전할 수 있는 지위에 있기 때문에 이해관계 있는 제3자이다. 따라서, 저당부동산의 제3취득자는 채무자의 의사에 반해서도 채무를 변제할 수 있다. 즉, 저당목적물의 제3취득자는 제364조의 규정을 기다리지 않고 제469조에 의해 저당채무를 변제할 권리도 있다.

3) 제469조와 제364조의 관계

> **제469조(제3자의 변제)** ① 채무의 변제는 제3자도 할 수 있다. 그러나 채무의 성질 또는 당사자의 의사표시로 제3자의 변제를 허용하지 아니하는 때에는 그러하지 아니하다.
> ② 이해관계 없는 제3자는 채무자의 의사에 반하여 변제하지 못한다.

① 변제할 채무범위의 제한 여부

제3취득자가 제469조 제1항에 근거하여 채무를 변제할 경우에는 저당채무자가 부담하는 모든 채무를 부담한다. 이 경우의 제3취득자는 채무자를 갈음하는 단순한 제3자로서 채무를 변제하는 것이므로 저당채무의 모든 채무를 변제하지 않으면 안 되기 때문이다. 이에 반하여 제3취득자가 제364조에 의한 변제권을 행사하는 경우에는 그 부동산으로 담보된 채권 즉, 제360조가 정하는 범위의 금액만을 변제하면 된다. 따라서 지연이자는 원본의 이행기를 경과한 후의 1년분만을 변제하면 된다. 즉, 제364조에 의한 변제를 할 경우에는 제3취득자가 변제하여야 할 채무의 범위가 일정범위로 한정된다는 데에 그 의의가 있다(통설, 대결 1974.10.26. 74마440).

② 변제기 도래 전의 변제 가능 여부

제3취득자는 제364조에 의하여 변제기 전에도 변제할 수 있는지가 문제된다. 변제기 전에 제3취득자가 변제하는 것은 저당권의 투자수단으로서의 작용을 해치는 결과를 가져오며 저당권의 추급력을 부정하는 것이 되므로 변제할 수 없다고 본다(통설).

③ 양도계약을 통한 피담보채무의 인수

제3취득자인 양수인이 양도인과 양도계약 시 피담보채무를 인수하기로 한 경우에는 제364조가 적용되지 않는다. 이는 면책적 채무인수이므로 채권자의 승낙을 받지 않는 한 채무인수효과가 발생하지 않는다. 즉, 양도계약에서 양수인이 피담보채권액을 공제하고 잔액만을 수수한 사실만으로는 채무인수가 있었다고 할 수 없다(대판 2002.5.24. 2002다7176).

4) 제3취득자 변제의 효과

① 제3취득자와 저당권자 사이

제3취득자의 변제에 의해 피담보채권은 소멸되고, 피담보채권이 소멸되면 저당권은 부종성에 의하여 당연히 소멸되는 것이며 이는 법률의 규정에 의한 물권변동이므로 등기를 요하지 않는다(통설).

② 제3취득자와 저당채무자 사이

제3취득자는 변제하는 데 정당한 이익을 가지는 자이므로 변제를 하면 당연히 채권자를 대위하게 된다(제481조). 즉, 제3취득자가 변제한 경우에 저당권은 제3취득자에게 이전한다(제482조 제1항). 그리고 제3취득자가 변제를 하면 채무자에 대해 구상권을 가진다. 판례는 "저당부동산의 제3취득자가 채무를 변제하거나 저당권의 실행으로 저당물의 소유권을 잃은 때에는 물상보증인의 구상권에 관한 민법 제370조·제341조의 규정을 유추적용하여 보증채무에 관한 규정에 의하여 채무자에 대한 구상권이 있다(대판 1997.7.25. 97다8403)."고 한다.

③ 제3취득자의 비용상환청구권(제367조)

> 제367조(제3취득자의 비용상환청구권) 저당물의 제3취득자가 그 부동산의 보존, 개량을 위하여 필요비 또는 유익비를 지출한 때에는 제203조 제1항, 제2항의 규정에 의하여 저당물의 경매대가에서 우선상환을 받을 수 있다.

제3취득자가 그 부동산의 보존·개량을 위하여 필요비 또는 유익비를 지출한 때에는 점유자의 비용상환청구권의 규정(제203조 제1·2항)에 의하여 저당물의 경매대가에서 우선상환을 받을 수 있다. 이는 저당권이 설정되어 있는 부동산의 제3취득자가 저당부동산에 관하여 지출한 필요비, 유익비는 부동산 가치의 유지·증가를 위하여 지출된 일종의 공익비용이므로 저당부동산의 환가대금에서 부담하여야 할 성질의 비용이고 더욱이 제3취득자는 경매의 결과 그 권리를 상실하게 되므로 특별히 경매로 인한 매각대금에서 우선적으로 상환을 받도록 한 것이다. 저당부동산의 소유권을 취득한 자도 민법 제367조의 제3취득자에 해당한다. 제3취득자가 민법 제367조에 의하여 우선상환을 받으려면 저당부동산의 경매절차에서 배당요구의 종기까지 배당요구를 하여야 한다(민사집행법 제268조, 제88조). 위와 같이 민법 제367조에 의한 우선상환은 제3취득자가 경매절차에서 배당받는 방법으로 민법 제203조 제1항, 제2항에서 규정한 비용에 관하여 경매절차의 매각대금에서 우선변제받을 수 있다는 것이지 이를 근거로 제3취득자가 직접 저당권설정자, 저당권자 또는 경매절차 매수인 등에 대하여 비용상환을 청구할 수 있는 권리가 인정될 수 없다. 따라서 제3취득자는 민법 제367조에 의한 비용상환청구권을 피담보채권으로 주장하면서 유치권을 행사할 수 없다(대판 2023.7.13. 2022다265093).

5. 저당권의 침해에 대한 구제

(1) 침해유형과 특수성

1) 침해유형

예를 들어, 저당목적물을 멸실 또는 훼손하거나 이를 부당하게 방치하는 경우, 저당산림의 부당한 벌채, 부당관리에 의한 저당건물의 붕괴, 종물의 부당한 분리반출 등이 있다.

2) 특수성

저당권은 유치적 효력이 없으므로 저당물이 통상적인 경제적 용도에 따라 이용되는 한 저당권의 침해는 있을 수 없다. 그리고 저당물을 침해하여 교환가치가 감소해도 목적물의 가치가 아직 피담보채권액을 넘고 있다면 저당권자에게 손해가 생긴 것이 아니다.

(2) 물권적 청구권

1) 방해배제 또는 예방청구

저당권자는 저당목적물의 침해가 있으면 그 침해의 배제 또는 예방을 청구할 수 있다(제370조, 제214조). 판례는 "저당권자는 저당권 설정 이후 환가에 이르기까지 저당물의 교환가치에 대한 지배권능을 보유하고 있으므로 저당목적물의 소유자 또는 제3자가 저당목적물을 물리적으로 멸실·훼손하는 경우는 물론 그 밖의 행위로 저당부동산의 교환가치가 하락할 우려가 있는 등 저당권자의 우선변제청구권의 행사가 방해되는 결과가 발생한다면 저당권자는 저당권에 기한 방해배제청구권을 행사하여 방해행위의 제거를 청구할 수 있다(대판 2006.1.27. 2003다58454)."고 한다.

2) 무효등기의 말소청구

피담보채권의 소멸로 1번 저당권이 무효인 경우에 2번 저당권자는 자신의 저당권의 실행이나 양도에 장애를 받게 되므로 1번 저당권의 말소를 청구할 수 있다.

3) 제3자 이의의 소

저당권은 저당물의 종물 등에도 효력이 미치므로, 종물 등의 동산에 대해 일반채권자가 강제집행을 한다면 이는 저당권의 침해가 된다. 따라서 이 경우 저당권자는 제3자이의의 소를 제기할 수 있다(민집법 제48조).

(3) 손해배상청구권

1) 불법행위에 의한 손해배상청구

저당권의 침해행위로 손해배상청구권이 발생하는 것은 목적물의 침해로 저당권자가 채권의 만족을 얻을 수 없는 때이다. 따라서 저당물의 가액이 감소되더라도 채권의 만족을 얻을 수 있는 때에는 손해배상청구권이 발생하지 않는다. 즉 불법행위로 인한 재산상 손해가 있다고 하려면 위법한 가해행위로 인하여 발생한 재산상 불이익, 즉 그 위법행위가 없었더라면 존재하였을 재산상태와 그 위법행위가 가해진 현재의 재산상태에 차이가 있어야 한다. 그런데 등기는 물권의 효력 발생 요건이고 존속 요건은 아니어서 등기가 원인 없이 말소된 경우에는 그 물권의 효력에 아무런 영향이 없고, 그 회복등기가 마쳐지기 전이라도 말소된 등기의 등기명의인은 적법한 권리자로 추정되며, 그 회복등기 신청절차에 의하여 말소된 등기를 회복할 수 있으므로(부동산등기법 제75조), 근저당권설정등기가 불법행위로 인하여 원인 없이 말소되었다 하더라도 말소된 근저당권설정등기의 등기명의인이 곧바로 근저당권 상실의 손해를 입게 된다고 할 수는 없다(대판 2010.2.11. 2009다68408).

2) 손해액의 산정시기

① 저당권의 실행이 있는 때에는 저당권실행시점, ② 저당권실행 전에 손해배상을 청구할 수 있는 경우에는 침해행위가 있었던 때, ③ 침해자가 가격등귀를 알 수 있었던 경우에는 사실심의 변론종결시가 기준시점이 된다.

3) 담보물보충청구권과 즉시변제청구권과의 관계

손해배상청구권은 담보물보충청구권(제362조)과는 선택적 행사의 대상이고, 즉시변제청구권(제388조)과는 함께 행사할 수 있다(통설).

(4) 채무자에 대한 특별효과

1) 담보물보충청구권(제362조)

> 제362조(저당물의 보충) 저당권설정자의 책임 있는 사유로 인하여 저당물의 가액이 현저히 감소된 때에는 저당권자는 저당권설정자에 대하여 그 원상회복 또는 상당한 담보제공을 청구할 수 있다.

담보물보충청구권을 행사하는 경우에는 손해배상청구권이나 기한의 이익의 상실로 인한 즉시변제청구권을 행사할 수 없다(통설).

2) 즉시변제청구권(제388조)

> 제388조(기한의 이익의 상실) 채무자는 다음 각 호의 경우에는 기한의 이익을 주장하지 못한다.
> 1. 채무자가 담보를 손상, 감소 또는 멸실하게 한 때
> 2. 채무자가 담보제공의 의무를 이행하지 아니한 때

저당권의 침해가 채무자의 책임 있는 사유에 기한 때 채무자는 기한의 이익을 상실하므로 채권자는 즉시 변제를 청구할 수 있으며, 채권자는 저당권을 실행할 수 있다.

Ⅳ. 저당권의 처분 및 소멸

1. 저당권의 처분

> 제361조(저당권의 처분제한) 저당권은 그 담보한 채권과 분리하여 타인에게 양도하거나 다른 채권의 담보로 하지 못한다.

저당권은 피담보채권과 분리하여 양도하지 못하는 것이어서 저당권부 채권의 양도는 언제나 저당권의 양도와 채권양도가 결합되어 행해지므로 저당권부 채권의 양도는 민법 제186조의 부동산물권변동에 관한 규정과 민법 제449조 내지 제452조의 채권양도에 관한 규정에 의해 규율되므로 저당권의 양도에 있어서도 물권변동의 일반원칙에 따라 저당권을 이전할 것을 목적으로 하는 물권적 합의와 등기가 있어야 저당권이 이전된다고 할 것이나, 이 때의 물권적 합의는 저당권의 양도·양수받는 당사자 사이에 있으면 족하고 그 외에 그 채무자나 물상보증인 사이에까지 있어야 하는 것은 아니라 할 것이고, 단지 채무자에게 채권양도의 통지나 이에 대한 채무자의 승낙이 있으면 채권양도를 가지고 채무자에게 대항할 수 있게 되는 것이다(대판 2005.6.10. 2002다15412·15429). 그리고 근저당권이전의 부기등기가 기존의 주등기인 근저당권설정등기에 종속되어 주등기와 일체를 이룬 경우에는 부기등기만의 말소를 따로 인정할 아무런 실익이 없지만, 근저당권의 이전원인만이 무효로 되거나 취소 또는 해제된 경우, 즉 근저당권의 주등기 자체는 유효한 것을 전제로 이와는 별도로 근저당권이전의 부기등기에 한하여 무효사유가 있다는 이유로 부기등기만의 효력을 다투는 경우에는 그 부기등기의 말소를 소구할 필요가 있으므로 예외적으로 소의 이익이 있다(대판 2005.6.10. 2002다15412·15429).

2. 저당권의 소멸

> 제369조(부종성) 저당권으로 담보한 채권이 시효의 완성 기타 사유로 인하여 소멸한 때에는 저당권도 소멸한다.

근저당권이 설정된 후에 그 부동산의 소유권이 제3자에게 이전된 경우에는 현재의 소유자가 자신의 소유권에 기하여 피담보채무의 소멸을 원인으로 그 근저당권설정등기의 말소를 청구할 수 있음은 물론이지만, 근저당권설정자인 종전의 소유자도 근저당권설정계약의 당사자로서 근저당권소멸에 따른 원상회복으로 근저당권자에게 근저당권설정등기의 말소를 구할 수 있는 계약상 권리가 있으므로 이러한 계약상 권리에 터잡아 근저당권자에게 피담보채무의 소멸을 이유로 하여 그 근저당권설정등기의 말소를 청구할 수 있다고 봄이 상당하고, 목적물의 소유권을 상실하였다는 이유만으로 그러한 권리를 행사할 수 없다고 볼 것은 아니다(대판 1994.1.25. 93다16338 전합).

3. 준용규정

제370조(준용규정) 제214조, 제321조, 제333조, 제340조, 제341조[1] 및 제342조의 규정은 저당권에 준용한다.

V. 특수저당권

1. 공동저당

제368조(공동저당과 대가의 배당, 차순위자의 대위) ① 동일한 채권의 담보로 수개의 부동산에 저당권을 설정한 경우에 그 부동산의 경매대가를 동시에 배당하는 때에는 각부동산의 경매대가에 비례하여 그 채권의 분담을 정한다. ② 전항의 저당부동산중 일부의 경매대가를 먼저 배당하는 경우에는 그 대가에서 그 채권전부의 변제를 받을 수 있다. 이 경우에 그 경매한 부동산의 차순위저당권자는 선순위저당권자가 전항의 규정에 의하여 다른 부동산의 경매대가에서 변제를 받을 수 있는 금액의 한도에서 선순위자를 대위하여 저당권을 행사할 수 있다.

(1) 공동저당권의 성립

1) 설정계약

하나의 채권의 담보로서 수개의 부동산 위에 저당권이 설정되면 공동저당권이 성립한다. 그러나 이러한 공동저당은 때를 달리하여 설정되는 경우도 있고, 수개의 목적물의 소유자 내지 수개의 저당권의 순위를 달리하여 설정되는 경우도 있다.

---

[1] 민법 제481조는 "변제할 정당한 이익이 있는 자는 변제로 당연히 채권자를 대위한다."라고 규정하고, 민법 제482조 제1항은 "전2조의 규정에 의하여 채권자를 대위한 자는 자기의 권리에 의하여 구상할 수 있는 범위에서 채권 및 그 담보에 관한 권리를 행사할 수 있다."라고 규정하며, 같은 조 제2항은 "전항의 권리행사는 다음 각 호의 규정에 의하여야 한다."라고 규정하고 있으나, 그 중 물상보증인과 제3취득자 사이의 변제자대위에 관하여는 명확한 규정이 없다. 그런데 보증인과 제3취득자 사이의 변제자대위에 관하여 민법 제482조 제2항 제1호는 "보증인은 미리 전세권이나 저당권의 등기에 그 대위를 부기하지 아니하면 전세물이나 저당물에 권리를 취득한 제3자에 대하여 채권자를 대위하지 못한다."라고 규정하고, 같은 항 제2호는 "제3취득자는 보증인에 대하여 채권자를 대위하지 못한다."라고 규정하고 있다. 한편 민법 제370조, 제341조에 의하면 물상보증인이 채무를 변제하거나 담보권의 실행으로 소유권을 잃은 때에는 '보증채무'에 관한 규정에 의하여 채무자에 대한 구상권을 가지고, 민법 제482조 제2항 제5호에 따르면 물상보증인과 보증인 상호간에는 그 인원수에 비례하여 채권자를 대위하게 되어 있을 뿐 이들 사이의 우열은 인정하고 있지 아니하다. 위와 같은 규정 내용을 종합하여 보면, 물상보증인이 채무를 변제하거나 담보권의 실행으로 소유권을 잃은 때에는 보증채무를 이행한 보증인과 마찬가지로 채무자로부터 담보부동산을 취득한 제3자에 대하여 구상권의 범위 내에서 출재한 전액에 관하여 채권자를 대위할 수 있는 반면, 채무자로부터 담보부동산을 취득한 제3자는 채무를 변제하거나 담보권의 실행으로 소유권을 잃더라도 물상보증인에 대하여 채권자를 대위할 수 없다고 보아야 한다. 만일 물상보증인의 지위를 보증인과 다르게 보아서 물상보증인과 채무자로부터 담보부동산을 취득한 제3자 상호간에는 각 부동산의 가액에 비례하여 채권자를 대위할 수 있다고 한다면, 본래 채무자에 대하여 출재한 전액에 관하여 대위할 수 있었던 물상보증인은 채무자가 담보부동산의 소유권을 제3자에게 이전하였다는 우연한 사정으로 이제는 각 부동산의 가액에 비례하여서만 대위하게 되는 반면, 당초 채무 전액에 대한 담보권의 부담을 각오하고 채무자로부터 담보부동산을 취득한 제3자는 그 범위에서 뜻하지 않은 이득을 얻게 되어 부당하다(대판 2014.12.18. 2011다50233 전합).

2) 등기[2]

각 부동산에 관하여 저당권설정의 등기를 요한다. 이때 각 저당권의 등기에 있어서 다른 부동산과 함께 1개의 채권의 공동담보로 되어 있다는 것을 아울러 기재하여야 한다. 이는 수개의 부동산이 공동저당관계에 있음을 공시하기 위한 것이다. 그리고 부동산이 5개 이상인 경우에는 절차의 번거로움을 피하기 위하여 등기신청 시에 공동담보목록을 첨부함으로써 공동저당관계를 공시한다. 이 공동저당목록은 등기부의 일부로 간주된다.

(2) 후순위저당권자의 관계

1) 동시배당(부담의 안분)

경매 대가를 동시에 배당하는 때에는 각 부동산의 경매대가에 비례하여 그 채권의 분담을 정한다[3](제368조 제1항). 그 비례 안분액을 초과하는 부분은 후순위저당권자의 변제에 충당한다. 그러나 부동산경매대가에 대한 배당참가는 저당권자 이외에도 존재할 수 있게 되는데, 공동저당권자를 해하지 않고서 이들 여러 배당권자도 보호되어야 하므로 제368조의 규정은 부동산에 관하여 후순위저당권자의 존재 여부에 상관없이 그 적용이 있다(통설).

2) 이시배당(순차배당: 후순위저당권자의 대위)

① 이시배당의 순위

공동저당의 어느 일부 부동산만을 경매하여 그 대가를 먼저 배당하는 때에는 공동저당권자는 그 대가로부터 채권 전부의 변제를 받을 수 있으나(제368조 제2항 1문), 이 경우에 그 경매된 부동산의 후순위저당권자는 공동저당부동산을 동시에 경매하여 배당하였더라면 공동저당권자가 다른 부동산에서 변제받을 수 있었던 금액의 한도 내에서 공동저당권자에 대위하여 그 저당권을 실행할 수 있다(제368조 제2항 2문). 제368조 제2항 2문은 채무자 소유의 여러 부동산 위에 저당권이 설정된 경우에 한하여 적용되는 것이므로, 예를 들어 <u>채무자와 물상보증인의 부동산 위에 각각 1번 저당권을 가진 자에 의해 채무자의 부동산이 경매 실행된 경우, 채무자 토지 위에 2번 저당권을 가진 자는 물상보증인의 부동산에 대하여 공동저당권자를 대위하여 그 저당권을 실행할 수 없다</u>(대판 1996.3.8. 95다36596). 또한 공동저당의 목적인 채무자 소유의 부동산과 물상보증인 소유의 부동산 중 채무자 소유의 부동산에 대하여 먼저 경매가 이루어져 그 경매대금의 교부에 의하여 1번 공동저당권자가 변제를 받더라도 채무자 소유의 부동산에 대한 후순위 저당권자는 민법 제368조 제2항 후단에 의하여 1번 공동저당권자를 대위하여 물상보증인 소유의 부동산에 대

---

2) **부동산등기법 제78조(공동저당의 등기)** ① 등기관이 동일한 채권에 관하여 여러 개의 부동산에 관한 권리를 목적으로 하는 저당권설정의 등기를 할 때에는 각 부동산의 등기기록에 그 부동산에 관한 권리가 다른 부동산에 관한 권리와 함께 저당권의 목적으로 제공된 뜻을 기록하여야 한다.
② 등기관은 제1항의 경우에 부동산이 5개 이상일 때에는 공동담보목록을 작성하여야 한다.
③ 제2항의 공동담보목록은 등기기록의 일부로 본다.
④ 등기관이 1개 또는 여러 개의 부동산에 관한 권리를 목적으로 하는 저당권설정의 등기를 한 후 동일한 채권에 대하여 다른 1개 또는 여러 개의 부동산에 관한 권리를 목적으로 하는 저당권설정의 등기를 할 때에는 그 등기와 종전의 등기에 각 부동산에 관한 권리가 함께 저당권의 목적으로 제공된 뜻을 기록하여야 한다. 이 경우 제2항 및 제3항을 준용한다.
⑤ 제4항의 경우 종전에 등기한 부동산이 다른 등기소의 관할에 속할 때에는 제71조 제2항 및 제3항을 준용한다.

3) 공동저당권이 설정되어 있는 수개의 부동산 중 일부는 채무자 소유이고 일부는 물상보증인 소유인 경우 각 부동산의 경매 대가를 동시에 배당하는 때에는 민법 제368조 제1항은 적용되지 아니하고, 채무자 소유 부동산의 경매대가에서 공동저당권자에게 우선적으로 배당을 하고, 부족분이 있는 경우에 한하여 물상보증인 소유 부동산의 경매대가에서 추가로 배당을 하여야 한다. 그리고 이러한 이치는 물상보증인이 채무자를 위한 연대보증인의 지위를 겸하고 있는 경우에도 마찬가지이다(대판 2016.3.10. 2014다231965).

하여 저당권을 행사할 수 없다. 그리고 이러한 법리는 채무자 소유의 부동산에 후순위 저당권이 설정된 후에 물상보증인 소유의 부동산이 추가로 공동저당의 목적으로 된 경우에도 마찬가지로 적용된다(대판 2014.1.23. 2013다207996). 그러나 자기 소유의 부동산이 먼저 경매되어 1번 저당권자에게 대위변제를 한 물상보증인은 1번 저당권을 대위취득하고, 그 물상보증인 소유의 부동산의 후순위저당권자는 1번 저당권에 대하여 물상대위를 할 수 있다.

② 대위권자의 범위

차순위의 저당권자는 공동저당권자의 후순위 저당권자 모두를 말하고, 공동저당권자가 채권의 전부를 변제받은 경우뿐만 아니라 일부변제를 받은 경우에도 후순위저당권자의 대위가 인정된다.

③ 대위권의 발생 시기

대위권은 배당이의소송의 확정 등 그 배당표가 확정되는 것을 기다려 그때에 비로소 발생하는 것이 아니라, 배당기일에 그 배당표에 따라 배당이 실시되어 배당기일이 종료되었을 때 즉, 선순위저당권자가 배당에서 실질적으로 채권을 완제 받은 때에 발생한다.

④ 대위권 발생 전의 후순위저당권자의 지위

후순위저당권자의 대위권은 공동저당권자가 전액의 변제를 받음으로써 발생한다. 그 이전에는 후순위저당권자는 위와 같은 전액의 변제가 있는 때에 대위권을 취득할 수 있는 지위, 즉 일종의 기대권을 가지고 있다고 할 것이다. 따라서 공동저당권자가 선순위의 저당권을 포기하는 것은 후순위저당권자의 대위가능성을 해치는 것이므로 이는 기대권의 침해가 된다. 다만, 혼동의 경우에는 제191조 제1항 단서의 규정에 의하여 그 부동산에 대한 선순위저당권자의 저당권은 소멸하지 않는다.

⑤ 대위의 방법

대위에 의하여 공동저당권자의 저당권은 후순위저당권자에게 이전한다. 이는 법률의 규정에 의한 물권변동이므로, 등기 없이도 저당권이전의 효력이 발생한다. 이 경우 공동저당권자의 저당권설정등기가 말소되고 그 후 제3자를 위한 새로운 저당권설정등기가 되어 있는 경우에도 대위의 부기등기 없이 신저당권자에 대하여 대위를 주장할 수 있는지가 문제된다. 대위될 저당권설정등기가 말소되어 그 후에 제3자를 위한 저당권이 설정된 경우에도 대위의 부기등기 없이 대위를 주장할 수 있다면 거래의 안전을 해하므로, 대위의 부기등기를 요한다.

> **판례**
>
> 공동저당의 목적부동산 중 먼저 경매된 부동산의 후순위저당권자가 다른 부동산에 공동저당의 대위등기를 하지 아니하고 있는 사이에 선순위저당권자 등에 의해 그 부동산에 관한 저당권등기가 말소된 경우, 그 상태에서 그 부동산에 관하여 소유권이나 저당권 등 새로 이해관계를 취득한 제3취득자에 대하여 후순위저당권자가 민법 제368조 제2항에 따른 대위를 주장할 수 있는지 여부(소극)
>
> 민법 제482조 제2항 제1호, 제5호는 변제자대위의 효과로 채권자가 가지고 있던 채권 및 그 담보에 관한 권리가 법률상 당연히 변제자에게 이전하는 경우에도, 변제로 인하여 저당권 등이 소멸한 것으로 믿고 목적부동산을 취득한 제3취득자를 불측의 손해로부터 보호하기 위하여 미리 저당권 등에 대위의 부기등기를 하지 아니하면 제3취득자에 대하여 채권자를 대위하지 못하도록 정하고 있다. 이에 따라 자기의 재산을 타인의 채무의 담보로 제공한 물상보증인이 수인일 때 그 중 일부의 물상보증인이 채무를 변제한 뒤 다른 물상보증인 소유 부동산에 설정된 근저당권설정등기에 관하여 대위의 부기등기를 하여 두지 아니하고 있는 동안에 제3취득자가 위 부동산을 취득하였다면, 대위변제한 물상보증인들은 제3취득자에 대하여 채권자를 대위할 수 없다. 그런데 이와 같이 법률상 당연히 이전되는 저당권과 관련하여 그 후에 해당 부동산에 대하여 권리를 취득한 제3취득자를 보호할 필요성은 후순위저당권자의 대위의 경우에도 마찬가지로 존재한다. 그리고 후순위저당권자의 대위의 경우에도 부동산등기법 제80조에서 정한 공동저당의 대위등기를 통하여 제3취득자에게 공시할 수 있으므로, 변제자대위와 마찬가지로 일정한 경우에 대위등기를 선행하도록 요구한다고 하더라도 후순위저당권자에게 크게 불리하지 아니하다. 더욱이 변제자대위의 경우에는 저당권뿐 아니라 채권까지 이전됨에 비하여 후순위저당권자의 대위의 경우에는 채권이 이전되지 아니한다는 점까지 고려하면, 후순위저당권자를 변제자보다 항상 더 보호하여야 할 필요성이 있다고 보기는 어렵다. 한편 후순위저당권자의 대위에 의하여 선순위저당권자가 가지고 있던 다른 부동산에 관한 저당권이 후순위저당권자에게 이전된 후에 아직 저당권이 말소되지 아니하고 부동산등기부에 존속하는 경우라면, 비록 공동저당의 대위등기를 하지 아니하더라도 제3취득자로서는 저당권이 유효하게 존재함을 알거나 적어도 저당권이 공동저당권으로서 공시되어 있는 상태에서 이를 알면서 해당 부동산을 취득할 것이므로 저당권의 이전과 관련하여 제3취득자를 보호할 필요성은 적다. 이러한 사정들을 종합하여 보면, 먼저 경매된 부동산의 후순위저당권자가 다른 부동산에 공동저당의 대위등기를 하지 아니하고 있는 사이에 선순위저당권자 등에 의해 그 부동산에 관한 저당권등기가 말소되고, 그와 같이 저당권등기가 말소되어 등기부상 저당권의 존재를 확인할 수 없는 상태에서 그 부동산에 관하여 소유권이나 저당권 등 새로 이해관계를 취득한 사람에 대해서는, 후순위저당권자가 민법 제368조 제2항에 의한 대위를 주장할 수 없다(대판 2015.3.20. 2012다99341).

(3) 선순위저당권자와의 관계

공동저당의 목적인 부동산의 일부에 선순위저당권이 존재하는 경우 공동저당권자는 모든 부동산을 일괄경매 할 수 없으며, 선순위저당권이 존재하는 부동산만은 별도로 경매하여야 한다. 일괄경매를 함으로써 선순위저당권자에게 불이익이 미칠 염려가 있기 때문이다.

(4) 물상보증인 또는 제3취득자와의 관계

1) 내용

공동저당의 목적물의 전부 또는 일부가 채무자 이외의 자의 소유에 속하는 경우에도 공동저당권은 아무런 영향을 받지 않는다. 다만, 이러한 부동산이 경매되는 경우에는 그 소유자였던 물상보증인 또는 제3취득자는 변제자대위의 규정에 의하여 다른 목적물 위의 공동저당권자를 대위한다.

2) 문제점

물상보증인 또는 제3취득자에 의한 변제자의 대위와 공동저당권의 후순위저당권자의 대위와의 사이에는 이해관계가 충돌된다. 즉, 경매되는 저당목적물 또는 제3자에 의하여 대위되는 저당목적물에 후순위저당권자가 있는 경우에 민법 제481조에 의한 제3자의 대위권과 민법 제368조 2항에 의한 후순위저당권자의 대위권 중에서 어느 것을 우선 시켜야 할 것인지가 문제 된다.

3) 채무자의 부동산에 대하여 먼저 경매가 실행된 경우

공동저당의 목적인 채무자 소유의 부동산과 물상보증인 소유의 부동산 중 채무자 소유의 부동산에 대하여 먼저 경매가 이루어져 그 경매대금의 교부에 의하여 1번 공동저당권자가 변제를 받더라도 채무자 소유의 부동산에 대한 후순위저당권자는 민법 제368조 제2항 후단에 의하여 1번 공동저당권자를 대위하여 물상보증인 소유의 부동산에 대하여 저당권을 행사할 수 없다. 그리고 이러한 법리는 채무자 소유의 부동산에 후순위 저당권이 설정된 후에 물상보증인 소유의 부동산이 추가로 공동저당의 목적으로 된 경우에도 마찬가지로 적용된다(대판 2014.1.23. 2013다207996).

4) 물상보증인의 부동산에 대하여 먼저 경매가 실행된 경우

공동저당의 목적인 채무자 소유의 부동산과 물상보증인 소유의 부동산에 각각 채권자를 달리하는 후순위저당권이 설정되어 있는 경우, 물상보증인 소유의 부동산에 대하여 먼저 경매가 이루어져 그 경매대금의 교부에 의하여 1번 저당권자가 변제를 받은 때에는 물상보증인은 채무자에 대하여 구상권을 취득함과 동시에, 민법 제481조, 제482조의 규정에 의한 변제자대위에 의하여 채무자 소유의 부동산에 대한 1번 저당권을 취득하고, 이러한 경우 물상보증인 소유의 부동산에 대한 후순위저당권자는 물상보증인에게 이전한 1번 저당권으로부터 우선하여 변제를 받을 수 있으며, 물상보증인이 수인인 경우에도 마찬가지라 할 것이므로(이 경우 물상보증인들 사이의 변제자대위의 관계는 민법 제482조 제2항 제4호, 제3호에 의하여 규율될 것이다), 자기 소유의 부동산이 먼저 경매되어 1번 저당권자에게 대위변제를 한 물상보증인은 1번 저당권을 대위취득하고, 그 물상보증인 소유의 부동산의 후순위저당권자는 1번 저당권에 대하여 물상대위를 할 수 있다(대판 1994.5.10. 93다25417). 또한 공동저당에 제공된 채무자 소유의 부동산과 물상보증인 소유의 부동산 가운데 물상보증인 소유의 부동산이 먼저 경매되어 매각대금에서 선순위공동저당권자가 변제를 받은 때에는 물상보증인은 채무자에 대하여 구상권을 취득함과 동시에 변제자대위에 의하여 채무자 소유의 부동산에 대한 선순위공동저당권을 대위취득한다. 물상보증인 소유의 부동산에 대한 후순위저당권자는 물상보증인이 대위취득한 채무자 소유의 부동산에 대한 선순위공동저당권에 대하여 물상대위를 할 수 있다. <u>이 경우에 채무자는 물상보증인에 대한 반대채권이 있더라도 특별한 사정이 없는 한 물상보증인의 구상금 채권과 상계함으로써 물상보증인 소유의 부동산에 대한 후순위저당권자에게 대항할 수 없다</u>. 채무자는 선순위공동저당권자가 물상보증인 소유의 부동산에 대해 먼저 경매를 신청한 경우에 비로소 상계할 것을 기대할 수 있는데, 이처럼 우연한 사정에 의하여 좌우되는 상계에 대한 기대가 물상보증인 소유의 부동산에 대한 후순위저당권자가 가지는 법적 지위에 우선할 수 없다(대판 2017.4.26. 2014다221777·221784).

(5) 제368조의 유추적용

판례는 소액보증금우선변제특권을 갖는 임차인이 대지와 건물이 동시에 매각되어 동시에 배당하는 경우(대판 2003.9.5. 2001다66291), 임금채권 등에 대한 우선특권에 따라 배당이 주어지는 경우(대판 2002.12. 10. 2002다48399), 조세우선특권(대판 2001.11.27. 99다22311) 등의 경우에 제368조를 유추적용하고 있다.

> **판례** 공동근저당권의 실행과 배당
>
> 공동저당권의 목적인 수 개의 부동산이 동시에 경매된 경우에 공동저당권자로서는 어느 부동산의 경매대가로부터 배당받든 우선변제권이 충족되기만 하면 되지만, 각 부동산의 소유자나 후순위 저당권자 그 밖의 채권자는 어느 부동산의 경매대가가 공동저당권자에게 배당되는지에 관하여 중대한 이해관계를 가진다. 민법 제368조 제1항은 공동저당권 목적 부동산의 전체 환가대금을 동시에 배당하는 이른바 동시배당의 경우에 공동저당권자의 실행선택권과 우선변제권을 침해하지 아니하는 범위 내에서 각 부동산의 책임을 안분함으로써 각 부동산의 소유자와 후순위 저당권자 그 밖의 채권자의 이해관계를 조절하고, 나아가 같은 조 제2항은 대위제도를 규정하여 공동저당권의 목적 부동산 중 일부의 경매대가를 먼저 배당하는 이른바 이시배당의 경우에도 최종적인 배당의 결과가 동시배당의 경우와 같게 함으로써 공동저당권자의 실행선택권 행사로 인하여 불이익을 입은 후순위 저당권자를 보호하는 데에 그 취지가 있다. 민법 제368조는 공동근저당권의 경우에도 적용되고, 공동근저당권자가 스스로 근저당권을 실행한 경우는 물론이며 타인에 의하여 개시된 경매·공매 절차, 수용 절차 또는 회생 절차 등(이하 '경매 등의 환가절차'라 한다)에서 환가대금 등으로부터 다른 권리자에 우선하여 피담보채권의 일부에 대하여 배당받은 경우에도 적용된다. 공동근저당권이 설정된 목적 부동산에 대하여 동시배당이 이루어지는 경우에 공동근저당권자는 채권최고액 범위 내에서 피담보채권을 민법 제368조 제1항에 따라 부동산별로 나누어 각 환가대금에 비례한 액수로 배당받으며, 공동근저당권의 각 목적 부동산에 대하여 채권최고액만큼 반복하여, 이른바 누적적으로 배당받지 아니한다. 그렇다면 공동근저당권이 설정된 목적 부동산에 대하여 이시배당이 이루어지는 경우에도 동시배당의 경우와 마찬가지로 공동근저당권자가 공동근저당권 목적 부동산의 각 환가대금으로부터 채권최고액만큼 반복하여 배당받을 수는 없다고 해석하는 것이 민법 제368조 제1항 및 제2항의 취지에 부합한다. 그러므로 공동근저당권자가 스스로 근저당권을 실행하거나 타인에 의하여 개시된 경매 등의 환가절차를 통하여 공동담보의 목적 부동산 중 일부에 대한 환가대금 등으로부터 다른 권리자에 우선하여 피담보채권의 일부에 대하여 배당받은 경우에, 그와 같이 우선변제받은 금액에 관하여는 공동담보의 나머지 목적 부동산에 대한 경매 등의 환가절차에서 다시 공동근저당권자로서 우선변제권을 행사할 수 없다고 보아야 하며, 공동담보의 나머지 목적 부동산에 대하여 공동근저당권자로서 행사할 수 있는 우선변제권의 범위는 피담보채권의 확정 여부와 상관없이 최초의 채권최고액에서 위와 같이 우선변제받은 금액을 공제한 나머지 채권최고액으로 제한된다고 해석함이 타당하다. 그리고 이러한 법리는 채권최고액을 넘는 피담보채권이 원금이 아니라 이자·지연손해금인 경우에도 마찬가지로 적용된다(대판 2017. 12.21. 2013다16992 전합).

2. 근저당

> 제357조(근저당) ① 저당권은 그 담보할 채무의 최고액만을 정하고 채무의 확정을 장래에 보류하여 이를 설정할 수 있다. 이 경우에는 그 확정될 때까지의 채무의 소멸 또는 이전은 저당권에 영향을 미치지 아니한다.
> ② 전항의 경우에는 채무의 이자는 최고액 중에 산입한 것으로 본다.

(1) 의의 및 특징

1) 의의

근저당이란 계속적인 거래관계로부터 발생·변동·소멸하는 과정을 반복하며, 이러한 변동하는 채권을 하나의 담보권에 의하여 보전하기 위하여 근저당이라는 형식의 저당권이 활용되는 것이다.

2) 근저당권의 특징

① 피담보채권의 불확정성

근저당권은 장래의 증감·변동하는 불특정의 채권을 담보한다는 점에서 보통의 저당권과 다르다. 근저당권은 장래에 있어서 증감·변동하는 채권을 담보하는 것이므로 채권자·채무자 간의 기본관계가 종료할 때까지 그 피담보채권액은 불확정적이다. 그러나 보통저당권에 있어서도 피담보채권액의 이자나 손해배상액에 의하여 피담보채권액이 점차 증가할 수 있으므로, 피담보채권액이 확정되어 있지 않다는 것만으로 근저당권과 보통저당권이 서로 다르다고 할 수는 없다. 근저당권이라고 할 수 있기 위하여는 장래의 불특정채권을 담보하여야 한다. 이에 반하여 보통의 저당권은 현재 또는 장래의 특정의 채권을 담보하는 것이다.

② 성립·존속·소멸에 있어서의 부종성의 불요

근저당권에 있어서는 이른바 저당권의 부종성이 엄격하게 요구되지 않는다. 즉, 근저당권에 있어서는 피담보채권이 증감·변동하여 일정한 액수로 고정되어 있지 않다. 따라서 채무액이 일시 존재하지 않더라도 저당권은 소멸하지 않으며, 이는 소멸상 부종성의 예외가 된다. 근저당권에 있어서는 비록 채무가 기간 내에 전부 변제되었더라도 저당권은 이로 인하여 소멸하지 않으며, 기간 내에 다시 채무가 발생하면 저당권은 동일성을 유지하면서 그 채권을 담보한다는 점에서, 보통저당권과는 다른 특색이 있다. 근저당도 담보물권에 공통된 채권에 부종하는 성질을 가지고 있으면서도, 보통저당권과는 달리 성립·존속·소멸에 있어서는 엄격한 부종성이 요구되지 않는다. "민법 제357조 제1항 2문이 확정될 때까지의 채무의 소멸 또는 이전은 저당권에 영향을 미치지 아니한다."고 규정한 것은 바로 이러한 의미이다.

(2) 설정계약 및 등기

1) 근저당권설정계약

① 근저당권설정계약의 당사자

근저당권자와 근저당권설정자이다. 근저당권자는 피담보채권의 채권자이나, 근저당권설정자는 채무자일 수도 있고 채무자가 아닌 자 즉, 물상보증인일 수도 있다.

② 내용

근저당권설정계약에는 담보할 채권의 최고액을 정하고 피담보채권의 범위를 결정하는 기준을 정하여야 한다. 그리고 근저당에 있어서는 장래에 구체적인 피담보채권액이 확정될 것이므로, 그러한 피담보채권으로 될 채권의 기초가 되는 계속적 법률관계, 즉 기본계약관계도 명백히 정해져 있어야 한다. 기본계약에 결산기가 있는 경우에는 이에 의하여 근저당권의 존속기간이 정하여진다.

2) 등기[1]

① 등기원인

근저당권임을 반드시 등기하여야 하는데, 이는 등기원인으로서 근저당권설정계약을 기재하여야 함을 의미한다. 이를 기재하지 않으면 근저당이 아닌 단순한 장래의 특정채권의 저당권으로서 효력을 가지는 데 불과하므로, 한번 변제하면 그 범위에서 저당권은 소멸하게 된다.

② 최고액

채권의 최고액은 반드시 등기하여야 한다. 최고액은 보통의 저당권에 있어서 채권액에 상당하는 것이므로 이를 등기로 공시하지 아니하면 제3자에게 불측의 손해를 입힐 수 있기 때문이다. 판례도 이를 근저당권의 필수요건으로 본다(대판 1959.5.14. 4291민상564). 최고액으로서 등기되는 것은 채권원본의 한도액이 아니라, 이자를 포함하는 원리금의 한도액이므로(제357조 제2항) 이자의 등기를 별도로 할 필요는 없다.

③ 근저당권의 존속기간 또는 결산기의 등기

근저당권의 존속기간이나 기존거래관계의 결산기에 관한 약정은 필요적 등기사항이 아니므로, 이러한 약정을 등기하지 않았더라도 근저당권의 등기는 유효하다. 존속기간 내지 결산기의 등기 여부는 당사자의 자유이지만 일단 등기된 경우에는 그 이후에 생긴 채권을 피담보채권에 포함시키지 못하며, 또한 후순위저당권설정 후에 기간을 변경하였다 하더라도 원래의 기간만료 후에 생긴 채권에 관하여는 후순위저당권자에게 대항하지 못한다. 후순위저당권자를 보호해야 하기 때문이다.

(3) 근저당권의 효력

1) 최고액

근저당권에 있어서 최고액이란 근저당권에 의하여 담보되는 한도액, 즉 담보목적물로부터 우선변제를 받을 수 있는 최고한도액을 의미한다. 따라서 피담보채권액이 최고액을 넘는 때에는 그 최고액까지만 우선변제를 받을 수 있다(대판 1971.4.6. 71다26). 확정된 피담보채권액이 최고액에 미달하는 경우에는 확정액에 한하여 우선변제를 받을 수 있다. 다만 채무자의 채무액이 근저당 채권최고액을 초과하는 경우에 채무자 겸 근저당권설정자가 그 채부의 일부인 채권최고액과 지연손해금 및 집행비용만을 변제하였다면 채권전액의 변제가 있을 때까지 근저당권의 효력은 잔존채무에 미치는 것이므로 위 채무일부의 변제로써 위 근저당권의 말소를 청구할 수 없다(대판 1981.11.10. 80다2712). 그러나 근저당권의 물상보증인은 민법 제357조에서 말하는 채권의 최고액만을 변제하면 근저당권설정등기의 말소청구를 할 수 있고 채권최고액을 초과하는 부분의 채권액까지 변제할 의무가 있는 것이 아니다(대판 1974.12.10. 74다998).

---

[1] **제75조(저당권의 등기사항)** ② 등기관은 제1항의 저당권의 내용이 근저당권(根抵當權)인 경우에는 제48조에서 규정한 사항 외에 다음 각 호의 사항을 기록하여야 한다. 다만, 제3호 및 제4호는 등기원인에 그 약정이 있는 경우에만 기록한다.
1. 채권의 최고액
2. 채무자의 성명 또는 명칭과 주소 또는 사무소 소재지
3. 민법 제358조 단서의 약정
4. 존속기간

2) 최고액과 민법 제360조

근저당권의 효력이 미치는 피담보채권의 범위에 관해 근저당권설정계약에서 약정이 없는 경우에는 제357조 제2항과 제360조가 적용된다. 따라서 원본, 이자, 위약금, 채무불이행으로 인한 손해배상, 저당권의 실행비용 등이 모두 채권최고액의 범위 내에서 담보된다(제360조 본문). 특히 "민법 제357조 제2항은 채무의 이자는 최고액 중에 산입한 것으로 본다."고 규정하고 있으므로 지연이자 내지 지연배상은 1년분에 한정되지 아니하고 채권최고액에 포함되는 이상 모두 담보된다. 다만, 근저당권의 실행비용이 최고액에 포함되는가에 관하여는 긍정설(김용한)과 부정설(다수설, 대결 1971.5.15. 71마251)이 대립하고 있다.

3) 담보되는 채권의 확정

근저당권을 실행하여 피담보채권의 우선변제를 받기 위하여는 유통·교체하는 채권이 확정되어야 한다. 근저당권에 의하여 담보되는 피담보채권은 ① 근저당권의 설정계약 내지 기본계약에서 규정되고 있는 결산기가 도래하거나, ② 근저당권의 존속기간이 있는 경우에는 존속기간이 만료되거나, ③ 기본계약 또는 근저당권설정계약이 해지 또는 해제되는 때(대판 2002.2.26. 2000다48265), ④ 근저당권자가 경매를 신청하는 때1)(대판 1999.9.21. 2001다73022), ⑤ 제3자가 경매 신청한 경우에는 매수인이 매각대금을 완납한 때(대판 1999.9.21. 99다26085) 등의 경우에 확정된다. 근저당권의 존속기간의 약정이 없는 때에는 다른 특약이 없는 한 당사자는 기본계약 또는 설정계약을 언제든지 해지할 수 있다2)(대판 2002.2.26. 2000다48265). 그리고 물상보증으로 담보된 근저당설정계약관계에 있어서 피담보채무의 현존여부와 상관없이 상당기간 거래가 없어 새로운 채무의 발생이 없고, 앞으로도 계속적인 거래관계를 유지할 수 없는 사정이 있다면 근저당권설정자도 근저당권을 소멸시키는 확정청구가 가능하다(대판 1990.6.26. 89다카26915). 원칙적으로 피담보채권이 일단 확정되면 그 후에

---

1) 당해 근저당권자는 저당부동산에 대하여 경매신청을 하지 아니하였는데 다른 채권자가 저당부동산에 대하여 경매신청을 한 경우 민사소송법 제608조 제2항, 제728조의 규정에 따라 경매신청을 하지 아니한 근저당권자의 근저당권도 경락으로 인하여 소멸하므로, 다른 채권자가 경매를 신청하여 경매절차가 개시된 때로부터 경락으로 인하여 당해 근저당권이 소멸하게 되기까지의 어느 시점에서인가는 당해 근저당권의 피담보채권도 확정된다고 하지 아니할 수 없는데, 그 중 어느 시기에 당해 근저당권의 피담보채권이 확정되는가 하는 점에 관하여 우리 민법은 아무런 규정을 두고 있지 아니한 바, 부동산 경매절차에서 경매신청기입등기 이전에 등기되어 있는 근저당권은 경락으로 인하여 소멸되는 대신에 그 근저당권자는 민사소송법 제605조가 정하는 배당요구를 하지 아니하더라도 당연히 그 순위에 따라 배당을 받을 수 있고, 이러한 까닭으로 선순위 근저당권이 설정되어 있는 부동산에 대하여 근저당권을 취득하는 거래를 하려는 사람들은 선순위 근저당권의 채권최고액 만큼의 담보가치는 이미 선순위 근저당권자에 의하여 파악되어 있는 것으로 인정하고 거래를 하는 것이 보통이므로, 담보 실행을 위한 경매절차가 개시되었음을 선순위 근저당권자가 안 때 이후의 어떤 시점에 선순위 근저당권의 피담보채무액이 증가하더라도 그와 같이 증가한 피담보채무액이 선순위 근저당권의 채권최고액 한도 안에 있다면 경매를 신청한 후순위 근저당권자가 예측하지 못한 손해를 입게 된다고 볼 수 없는 반면, 선순위 근저당권자는 자신이 경매신청을 하지 아니하였으면서도 경락으로 인하여 근저당권을 상실하게 되는 처지에 있으므로 거래의 안전을 해치지 아니하는 한도 안에서 선순위 근저당권자가 파악한 담보가치를 최대한 활용할 수 있도록 함이 타당하다는 관점에서 보면, 후순위 근저당권자가 경매를 신청한 경우 선순위 근저당권의 피담보채권은 그 근저당권이 소멸하는 시기, 즉 경락인이 경락대금을 완납한 때에 확정된다고 보아야 한다(대판 1999.9.21. 99다26085).

2) 근저당권이라 함은 그 담보할 채권의 최고액만을 정하고 채무의 확정을 장래에 유보하여 설정하는 저당권을 말하고, 이 경우 그 피담보채무가 확정될 때까지의 채무의 소멸 또는 이전은 근저당권에 영향을 미치지 아니하므로, 근저당부동산에 대하여 소유권을 취득한 제3자는 피담보채무가 확정된 이후에 그 확정된 피담보채무를 채권최고액의 범위 내에서 변제하고 근저당권의 소멸을 청구할 수 있다고 할 것인바, 피담보채무는 근저당권설정계약에서 근저당권의 존속기간을 정하거나 근저당권으로 담보되는 기본적인 거래계약에서 결산기를 정한 경우에는 원칙적으로 존속기간이나 결산기가 도래한 때에 확정되지만, 이 경우에도 근저당권에 의하여 담보되는 채권이 전부 소멸하고 채무자가 채권자로부터 새로이 금원을 차용하는 등 거래를 계속할 의사가 없는 경우에는, 그 존속기간 또는 결산기가 경과하기 전이라 하더라도 근저당권설정자는 계약을 해제하고 근저당권설정등기의 말소를 구할 수 있고, 존속기간이나 결산기의 정함이 없는 때에는 근저당권설정자가 근저당권자를 상대로 언제든지 해지의 의사표시를 함으로써 피담보채무를 확정시킬 수 있으며, 이러한 계약의 해제 또는 해지에 관한 권한은 근저당부동산의 소유권을 취득한 제3자도 원용할 수 있다고 할 것이다(대판 2001.11.9. 2001다47528).

발생하는 새로운 거래관계로 인한 채권은 그 근저당권에 의하여 담보되지 못하고(대판 2001.6.1. 99다66649), 확정시부터 근저당권은 보통의 저당권으로 전환된다(대판 1963.2.7. 62다796). 다만 근저당권자의 경매신청 등의 사유로 인하여 근저당권의 피담보채권이 확정되었을 경우, 확정 이후에 새로운 거래관계에서 발생한 원본채권은 그 근저당권에 의하여 담보되지 아니하지만, <u>확정 전에 발생한 원본채권에 관하여 확정 후에 발생하는 이자나 지연손해금 채권은 채권최고액의 범위 내에서 근저당권에 의하여 여전히 담보되는 것이다</u>(대판 2007.4.26. 2005다38300). 그리고 근저당권은 계속적인 거래관계로부터 발생·소멸하는 불특정다수의 채권 중 그 결산기에 잔존하는 채권을 일정한 한도액의 범위 내에서 담보하는 것으로서 그 거래가 종료하기까지 그 피담보채권은 계속적으로 증감·변동하는 것이므로, 근저당 거래관계가 계속되는 관계로 근저당권의 피담보채권이 확정되지 아니하는 동안에는 그 채권의 일부가 대위변제되었다 하더라도 그 근저당권이 대위변제자에게 이전될 수 없다(대판 2000.12.26. 2000다54451).

(4) 근저당권의 실행

근저당권자는 피담보채권이 확정되고, 확정된 피담보채권의 변제기가 도래하면 근저당권을 실행하여 최고액까지 피담보채권의 우선변제를 받을 수 있다. 그리고 저당권실행의 절차는 보통저당권의 실행절차에 의하게 된다. 다른 채권자가 근저당권의 목적물에 관하여 경매를 신청하면 근저당권은 매수인이 매각대금을 완납한 때(대판 1999.9.21. 99다26085)를 기준으로 하여 그때까지 생긴 채권에 대해 최고액의 한도에서 우선변제 받을 수 있다.

(5) 근저당권의 변경

1) 최고액·존속기간의 변경

당사자는 계약에 의하여 근저당권설정계약으로 정한 최고액 및 존속기간을 변경할 수 있다. 근저당권에 있어서는 처음부터 피담보채권이 특정되어 있지 않기 때문에 증액에 의하여 피담보채권 자체의 변경이 있는 것이라고는 할 수 없다. 그러나 최고액의 증액은 당해 근저당권 자체의 변경이므로 그 효력이 발생되기 위해서는 변경등기를 갖추어야 한다.

2) 기본계약의 추가·변경

어떤 기본계약으로부터 발생하는 채권을 담보하기 위하여 근저당권을 설정한 후에 당사자가 기본계약을 변경하거나 다른 기본계약을 추가할 수 있다.

3) 채권자·채무자의 변경

설정계약에 의하여 정한 채권자·채무자는 상속이나 합병에 의하여 변경될 수 있다. 기본계약의 특정승계도 인정된다. 특정승계는 계약인수에 의하여 이루어지기 때문에 기본계약의 당사자와 승계인의 3면 계약을 요한다.

(6) 근저당권의 양도

피담보채권이 양도되면 저당권의 수반성에 의하여 근저당권도 이전한다. 다만, 피담보채권과 분리하여 근저당권만의 양도는 허용되지 않으며, 피담보채권이 없는 근저당권의 양도는 무효이다(대판 1968.2.20. 67다2543). 그리고 근저당권 이전의 부기등기는 기존의 주등기인 근저당권설정등기에 종속되어 주등기와 일체를 이루는 것으로서 기존의 근저당권설정등기에 의한 권리의 승계를 등기부상 명시하는 것일 뿐 그 등기에 의하여 새로운 권리가 생기는 것이 아니므로, 근저당권설정자 또는 그로부터 소유권을 이전받은 제3취득자는 피담보채무가 소멸된 경우 또는 근저당권설정등기가 당초부터 원인무효인 경우 등에 근저당권의 현재의 명의인인 양수인을 상대로 주등기인 근저당권설정등기의 말소를 구할 수 있으나, 근저당권자로부터 양수인 앞으로의 근저당권 이전이 무효라는 사유를 내세워 양도인을 상대로 근저당권설정등기의 말소를 구할 수는 없다(대판 2003.4.11. 2003다5016).

(7) 근저당권의 소멸

근저당권은 피담보채권의 발생가능성이 확정적으로 없게 된 때에 소멸한다(대판 1968.2.20. 67다2543). 피담보채권이 확정되기 전이라도 채권이 변제 등으로 소멸하거나 또는 거래의 계속을 원하지 않는 경우에는 근저당권설정계약을 해지하고 설정등기의 말소를 청구할 수 있다(대판 2002.5.24. 2002다7176). 경매부동산의 제3취득자는 피담보채권의 최고액과 경매비용을 변제공탁하고 근저당권의 소멸을 청구할 수 있다(제364조).

(8) 포괄근저당

1) 의의

채권자와 채무자 사이에 당좌대월계약이나 어음할인계약과 같은 기초적인 거래관계조차도 특정하지 않고서 채권자가 채무자에 대하여 취득하는 모든 채권을 담보하는 근저당권이 포괄근저당이다. 포괄근저당은 특히, 은행과 반복 · 계속되는 복잡 · 다양한 여러 개의 거래에서 근저당권설정계약을 체결하는 번잡함을 피하기 위해 거래관계에서 발생하는 모든 채권 · 채무를 일정한 한도까지 담보하려는 것이다. 포괄근저당 중에서도 기본계약의 열거 없이 단순히 채무자가 부담하게 될 현재 또는 장래의 모든 채무를 부담하는 순수포괄근저당은 실무상 거의 찾아 볼 수 없고, 기본계약을 열거하고 그와 관련하여 채무자가 부담하게 될 현재 또는 장래의 모든 채무를 담보하는 형식의 부가적 포괄근저당이 금융거래 계에서 주로 활용되고 있다.

2) 유효성

근저당설정계약서는 처분문서로서 그 성립에 진정성이 인정되면, 반증이 없는 한 그 기재내용에 의하여 그 의사표시의 존재 및 내용을 인정해야 한다고 한다. 따라서 "근저당권설정계약서에 그 피담보채권으로서 근저당권설정 당시의 차용금채무뿐만 아니라, 기타 각종 원인으로 장래 부담하게 될 모든 채무까지 담보한다."라고 기재되어 있으면 그 계약서의 내용은 포괄적인 근저당으로서 유효하다(대판 2001.1.19. 2000다44911). 이 경우에 포괄적 근저당에 포함되는 각종 원인에 의한 채무 중에는 보증채무와 같은 계약에 의한 채무뿐만 아니라(대판 1982.12.14. 82다카413), 주채무를 발생하게 한 차입행위의 무효로 인하여 생긴 부당이득반환채무도 포함된다(대결 1968.1.11. 67마756).

(9) 공동근저당

피담보채권을 공동으로 하는 근저당권을 수개의 부동산 위에 설정한 경우가 공동근저당[1]이다. 공동근저당에 대하여도 민법 제368조가 적용된다(대판 2006.10.27. 2005다14502). 따라서 확정채권액이 최고액보다 적은 때에는 확정 채권액을 기준으로, 많은 때에는 최고액을 기준으로 하여 동시배당에 대하여는 민법 제368조 제1항을, 이시배당에 대하여는 민법 제368조 제2항을 적용하여야 한다.

> **판례**
>
> 1. 누적적 근저당권의 의미와 권리실행 방법, 2. 채권자가 동일한 채권을 담보하기 위하여 채무자 소유의 부동산과 물상보증인 소유의 부동산에 누적적 근저당권을 설정한 뒤 물상보증인 소유의 부동산이 먼저 경매되어 매각대금에서 채권자가 변제를 받은 경우, 물상보증인이 변제자대위에 의하여 채무자 소유 부동산에 관한 근저당권을 행사할 수 있는지 여부(적극)
>
> [1] 당사자 사이에 하나의 기본계약에서 발생하는 동일한 채권을 담보하기 위하여 여러 개의 부동산에 근저당권을 설정하면서 각각의 근저당권 채권최고액을 합한 금액을 우선변제받기 위하여 공동근저당권의 형식이 아닌 개별 근저당권의 형식을 취한 경우, 이러한 근저당권은 민법 제368조가 적용되는 공동근저당권이 아니라 피담보채권을 누적적(累積的)으로 담보하는 근저당권에 해당한다. 이와 같은 누적적 근저당권은 공동근저당권과 달리 담보의 범위가 중첩되지 않으므로, 누적적 근저당권을 설정 받은 채권자는 여러 개의 근저당권을 동시에 실행할 수도 있고, 여러 개의 근저당권 중 어느 것이라도 먼저 실행하여 그 채권최고액의 범위에서 피담보채권의 전부나 일부를 우선변제 받은 다음 피담보채권이 소멸할 때까지 나머지 근저당권을 실행하여 그 근저당권의 채권최고액 범위에서 반복하여 우선변제를 받을 수 있다.
>
> [2] 채권자가 하나의 기본계약에서 발생하는 동일한 채권을 담보하기 위하여 채무자 소유의 부동산과 물상보증인 소유의 부동산에 누적적 근저당권을 설정 받았는데 물상보증인 소유의 부동산이 먼저 경매되어 매각대금에서 채권자가 변제를 받은 경우, 물상보증인은 채무자에 대하여 구상권을 취득함과 동시에 민법 제481조, 제482조에 따라 종래 채권자가 가지고 있던 채권 및 담보에 관한 권리를 행사할 수 있다. 이때 물상보증인은 변제자대위에 의하여 종래 채권자가 보유하던 채무자 소유 부동산에 관한 근저당권을 대위취득 하여 행사할 수 있다고 보아야 한다. 그 상세한 이유는 다음과 같다.
>
> ① 누적적 근저당권은 모두 하나의 기본계약에서 발생한 동일한 피담보채권을 담보하기 위한 것이다. 이와 달리 당사자가 근저당권 설정 시 피담보채권을 여러 개로 분할하여 분할된 채권별로 근저당권을 설정하였다면 이는 그 자체로 각각 별개의 채권을 담보하기 위한 개별 근저당권일 뿐 누적적 근저당권이라고 할 수 없다. 누적적 근저당권은 각 근저당권의 담보 범위가 중첩되지 않고 서로 다르지만 이러한 점을 들어 피담보채권이 각 근저당권별로 자동으로 분할된다고 볼 수도 없다. 이는 동일한 피담보채권이 모두 소멸할 때까지 자유롭게 근저당권 전부 또는 일부를 실행하여 각각의 채권최고액까지 우선변제를 받고자 누적적 근저당권을 설정한 당사자의 의사에 반하기 때문이다. 채무자 소유의 부동산과 물상보증인 소유의 부동산에 설정된 누적적 근저당권도 마찬가지이다. 따라서 채무자 소유 부동산에 설정된 근저당권은 물상보증인이 변제로 채권자를 대위할 경우 민법 제482조 제1항에 따라 행사할 수 있는 채권의 담보에 관한 권리에 해당한다.

---

[1] 공동근저당권자가 목적 부동산 중 일부 부동산에 대하여 제3자가 신청한 경매절차에 소극적으로 참가하여 우선배당을 받은 경우, 해당 부동산에 관한 근저당권의 피담보채권은 그 근저당권이 소멸하는 시기, 즉 매수인이 매각대금을 지급한 때에 확정되지만, 나머지 목적 부동산에 관한 근저당권의 피담보채권은 기본거래가 종료하거나 채무자나 물상보증인에 대하여 파산이 선고되는 등의 다른 확정사유가 발생하지 아니하는 한 확정되지 아니한다. 공동근저당권자가 제3자가 신청한 경매절차에 소극적으로 참가하여 우선배당을 받았다는 사정만으로는 당연히 채권자와 채무자 사이의 기본거래가 종료된다고 볼 수 없고, 기본거래가 계속되는 동안에는 공동근저당권자가 나머지 목적 부동산에 관한 근저당권의 담보가치를 최대한 활용할 수 있도록 피담보채권의 증감·교체를 허용할 필요가 있으며, 위와 같이 우선배당을 받은 금액은 나머지 목적 부동산에 대한 경매절차에서 다시 공동근저당권자로서 우선변제권을 행사할 수 없어 이후에 피담보채권액이 증가하더라도 나머지 목적 부동산에 관한 공동근저당권자의 우선변제권 범위는 우선배당액을 공제한 채권최고액으로 제한되므로 후순위 근저당권자나 기타 채권자들이 예측하지 못한 손해를 입게 된다고 볼 수 없기 때문이다(대판 2017.9.21. 2015다50637).

② 민법 제481조, 제482조가 대위변제자로 하여금 채권자의 채권과 그 채권에 대한 담보권을 행사할 수 있도록 하는 이유는 대위변제자의 채무자에 대한 구상권의 만족을 실효성 있게 보장하기 위함이다. 물상보증인은 채무자의 자력이나 함께 담보로 제공된 채무자 소유 부동산의 담보력을 기대하고 자신의 부동산을 담보로 제공한다. 누적적 근저당권의 피담보채권액이 각각의 채권최고액을 합한 금액에 미달하는 경우 물상보증인은 변제자대위 등을 통해 채무자 소유의 부동산이 가장 우선적으로 책임을 부담할 것을 기대하고 담보를 제공한다(누적적 근저당권의 피담보채권액이 각각의 채권최고액을 합한 금액보다 큰 경우에는 채권자만이 모든 근저당권으로부터 만족을 받게 되므로 물상보증인의 변제자대위가 인정될 여지가 없다). 그 후에 채무자 소유 부동산에 후순위저당권이 설정되었다는 사정 때문에 물상보증인의 기대이익을 박탈할 수 없다.

③ 반면 누적적 근저당권은 공동근저당권이 아니라 개별 근저당권의 형식으로 등기되므로 채무자 소유 부동산의 후순위저당권자는 해당 부동산의 교환가치에서 선순위근저당권의 채권최고액을 뺀 나머지 부분을 담보가치로 파악하고 저당권을 취득한다. 따라서 선순위근저당권의 채권최고액 범위에서 물상보증인에게 변제자대위를 허용하더라도 후순위저당권자의 보호가치 있는 신뢰를 침해한다고 볼 수 없다[1)][대판 2020.4.9. 2014다51756·51763(병합)].

3. 특별법에 의한 저당권

> 제372조(타법률에 의한 저당권) 본장의 규정은 다른 법률에 의하여 설정된 저당권에 준용한다.

(1) 입목저당

1) 의의

입목에 관한 법률에 의하여 1필의 토지 또는 1필의 토지의 일부에 생육하는 수목의 집단은 소유권보존등기를 할 수 있고, 이 등기를 거친 수목의 집단을 입목법상 입목이라 한다(입목법 제2조). 입목은 토지와는 독립한 하나의 부동산으로 보게 되며(동법 제3조 제1항), 따라서 토지와 분리해서 양도 및 저당권의 목적이 될 수 있다(동법 제3조 제2항). 이러한 입목을 목적으로 하여 설정된 저당권을 입목저당이라 한다.

2) 입목저당권의 설정

입목저당권은 저당권자와 저당권설정자 사이의 입목저당권설정의 합의에 의하여 설정되고 입목등기부의 등기를 효력발생요건으로 한다. 그리고 입목에 대해 저당권을 설정하기 위해서는 그 입목을 산림보험에 가입시켜야 한다(동법 제22조).

3) 입목저당권의 효력

① 입목의 벌채

입목에 관하여 저당권을 설정하면 입목소유자는 당사자 간에 약정된 방법에 따라 그 입목을 조성·육림하여야 한다(동법 제5조 제1항). 저당권설정자는 저당권자의 동의를 얻어 수목을 벌채할 수 있다(동법 시행령 제2조). 그리고 입목을 목적으로 하는 저당권의 효력은 입목을 벌채한 경우에 그 토지로부터 분리된 수목에 대하여도 미친다(동법 제4조).

---

[1] ⇨ 채권자가 동일한 채권을 담보하기 위하여 채무자 소유의 부동산과 물상보증인 소유의 부동산에 여러 개의 누적적 근저당권을 설정한 뒤, 물상보증인 소유 부동산이 공익사업으로 협의취득되자 채권자가 협의취득 보상금에 물상대위권을 행사하여 채권 일부를 변제받음. 그 후 채무자 소유의 부동산이 경매로 매각되자 물상보증인이 변제자대위에 따라 누적적 근저당권에 기한 배당을 요구하였는데, 배당법원은 물상보증인에게 배당하지 않고 후순위자에게 배당함. 대법원은 물상보증인 소유의 부동산과 채무자 소유 부동산에 설정된 누적적 근저당권은 담보 범위가 다르더라도 동일한 채권을 담보하기 위한 것이므로 물상보증인이 변제자대위에 의하여 채무자 소유 부동산에 관한 근저당권을 대위취득하여 행사할 수 있다고 보아, 물상보증인에게 먼저 배당하는 것으로 배당표를 경정한 원심판결에 대한 상고를 기각함

② 법정지상권

토지와 그 지상의 입목이 동일소유자에게 속하는 경우에 그 어느 한쪽이 저당권의 목적이 되어 경매되고 토지와 입목의 소유자가 다르게 된 때에는 토지소유자는 입목소유자에게 지상권을 설정한 것으로 간주된다(동법 제6조). 지상권자 또는 토지임차인이 그의 소유입목을 저당한 때에는 저당권자의 승낙 없이는 자기의 지상권이나 임차권을 포기하지 못하며 또한, 토지소유자와 그 계약을 합의해지할 수 없다(동법 제7조).

(2) 재단저당

1) 의의

재단저당이란 기업을 구성하는 토지·건물·기계·기구 등 물적 설비와 그 기업에 관한 면허, 특허 기타의 특권 등으로써 통일적 재산, 즉 재단을 구성하고 그 재단을 일괄하여 저당권의 목적으로 하는 제도이다. 현재 재단저당에 관한 특별법으로는 공장저당법과 광업재단저당법이 있을 뿐이다.

2) 공장저당

① 공장재단저당

공장재단은 공장에 속하는 토지와 공작물, 기계, 기구, 전주 등과 기타의 부속물, 지상권 및 전세권, 임차권, 공업소유권으로 구성된다(공장저당법 제15조). 공장재단은 1개의 부동산으로 간주되고, 이를 저당권의 목적으로 할 수 있다(동법 제3조, 제11조, 제12조).

② 협의의 공장저당

협의의 공장저당은 재단을 구성함이 없이 공장에 속하는 토지 또는 건물과 함께 그의 부가물, 그에 설치된 기계·기구 등을 저당권의 목적으로 하는 제도이다(동법 제4조, 제5조). 이는 전체로서 공장을 담보에 제공하는 것이 아니고, 공장에 속하는 개개의 토지나 건물에 관하여 저당권을 설정하는 것이다. 이 점에서 공장재단저당과 그 본질을 달리한다. 그러나 협의의 공장저당은 토지나 건물, 그 부속물·종물뿐만 아니라, 그에 설치된 기계·기구 기타의 공장의 공용물까지 그 효력이 확장된다는 점에서 민법상의 저당권과 다르다(동법 제4조). 이 저당권을 설정하려면 부가물 및 설치물의 목록을 제출하여야 하며, 그 후 내용의 변경이 있으면 목록도 변경하여야 한다. 이 목록은 등기부의 일부이다(동법 제7조).

(3) 동산저당

동산은 질권의 목적이 될 수 있을 뿐이고, 저당권의 목적으로는 되지 못한다. 그러나 질권을 설정하려면 동산의 점유를 이전하여야 하므로, 공장의 기계와 같이 생산에 이용되는 시설을 담보로 생산자금을 융자하는 것을 불가능하게 된다. 그래서 등기·등록이라는 공시방법이 갖추어져 있는 동산에 관하여 저당권의 설정을 인정하고 있는데, 이것이 동산저당이다. 자동차저당(자동차저당법 제2조)·항공기저당(항공기저당법 제3조)·건설기계(건설기계저당법 제3조)·선박저당(상법 제787조) 등이 있다.

제6장 비전형담보물권

제1절 총설

Ⅰ. 비전형담보의 의의와 유형

1. 의의
비전형담보란 민법이 인정하는 담보물권이 아니면서 실제 거래에서는 담보적 기능을 수행하고 있는 제도를 비전형담보라고 부른다.

2. 유형

(1) 가등기담보와 양도담보

비전형담보는 가등기를 이용한 가등기담보와 재산권이전 형태의 양도담보로 분류할 수 있다.

(2) 가등기담보

가등기담보는 대물변제예약형 가등기담보와 매매예약형 또는 매매형 가등기담보로 분류할 수 있다. 양도담보는 매매형식의 양도담보(= 매도담보)와 소비대차계약형식의 양도담보(= 좁은 의미의 양도담보)로 분류된다.

(3) 매도담보

예를 들어 1억 원의 자금을 필요로 하는 甲이 시가 3억 원 상당의 甲소유의 토지를 1억 원에 乙에게 매각하고 필요한 자금을 얻은 다음, 변제기에 그 1억 원을 반환함으로써 토지소유권을 다시 반환 받아오는 방법이다. 법률적 수단으로는 환매와 재매매의 예약이라는 두 방법이 이용될 수 있다.

(4) 좁은 의미의 양도담보

좁은 의미의 양도담보란 예를 들어 1억 원의 자금을 필요로 하는 甲이 소비대차계약에 의하여 乙로부터 1,000만원을 차용하고 이 채무를 담보하기 위하여 甲소유인 물건의 소유권을 乙에게 이전하는 형식을 취한다. 좁은 의미의 양도담보는 다시 채권자의 청산의무 여부에 따라 청산의무가 없는 강한 의미의 양도담보(유담보형)와 청산의무가 있는 약한 의미의 양도담보(청산형 양도담보)로 나누어진다.

자금조달 형식[1]	비전형담보 유형	비고
소비대차	가등기담보	양도담보(광의)
	양도담보(협의)	
매매	매도담보(환매특약, 재매매예약)	

Ⅱ. 가등기담보 등에 관한 법률

1. 제정배경

(1) 문제점

비전형담보는 채권자가 담보목적물을 청산절차 없이 취득할 수 있으므로, 특히 담보채권자의 초과취득 (폭리행위)을 어떻게 규제할 것인가가 문제가 된다.

(2) 제104조

구민법하에서는 제104조를 적용하였다. 그러나 피해자가 궁박·경솔·무경험 상태에 있음을 폭리행위자가 알고 이를 이용하였다는 사실의 증명이 용이하지 않아, 제104조에 의한 규제는 큰 실효성이 없었다.

(3) 제607조·제608조

현행 민법은 제607조·제608조를 신설하였다. 그러나 대물변제예약이 민법 제607조, 제608조에 따라 무효라 할지라도 양도담보의 목적범위에서는 유효하다 할 것이니 양도담보권자가 제3자에게 그 담보목적물을 처분하여 그 등기를 필하였다면 채무자는 그 제3자에 대하여 대물변제예약의 무효를 들어 대항할 수 없다(대판 1982.7.13. 81다254).

(4) 가등기담보법의 제정

대물반환의 예약 등을 하면서 미리 제소전 화해조서를 작성하고 변제기 도과 후에 이를 이용하여 가등기에 기한 본등기를 하는 경우 제소전 화해가 준재심의 소에 의하여 취소되지 않는 한(민소법 제385조, 제220조, 제461조) 그 본등기는 유효하므로, 담보채권자는 초과이득을 얻을 수가 있다. 이러한 문제점을 해결하기 위하여 1984년 가등기담보법을 제정하기에 이른 것이다. 이 법은 비전형담보에 대하여 소위 정산형 담보만을 인정함으로써, 비전형담보채권자는 청산을 하여야 목적물의 소유권을 취득할 수 있다.

---

[1] 민법(Ⅰ), 513면, 법원공무원교육원, 2018

2. 적용범위

(1) 소비대차 내지 준소비대차계약

가등기담보 등에 관한 법률은 소비대차와 관련하여 대물변제의 예약과 결부된 담보계약 및 그 담보의 목적으로 경료된 가등기 또는 소유권이전등기에 관해서 적용된다(동법 제1조, 제2조 제1호). 양도담보·매도담보·환매·재매매의 예약 등 명칭 여하를 불문하고 그 실질이 채권담보를 목적으로 한 경우에는 동법이 적용된다. 따라서 가등기담보 등에 관한 법률은 차용물의 반환에 관하여 다른 재산권을 이전할 것을 예약한 경우에만 적용되고, 매매잔대금 지급과 관련하여 다른 재산권을 이전하기로 약정한 경우에는 적용되지 않는다(대판 2007.12.13. 2005다52214).

(2) 판례

1) 가담법의 적용범위

① (준)소비대차의 경우에 적용

가등기담보 등에 관한 법률은 차용물의 반환에 관하여 다른 재산권을 이전할 것을 예약한 경우에 적용되므로 금전소비대차나 준소비대차에 기한 차용금반환채무 이외의 채무를 담보하기 위하여 경료된 가등기나 양도담보에는 위 법이 적용되지 아니하나, 금전소비대차나 준소비대차에 기한 차용금반환채무와 그 외의 원인으로 발생한 채무를 동시에 담보할 목적으로 경료된 가등기나 소유권이전등기라도 그 후 후자의 채무가 변제 기타의 사유로 소멸하고 금전소비대차나 준소비대차에 기한 차용금반환채무의 전부 또는 일부만이 남게 된 경우에는 그 가등기담보나 양도담보에 가등기담보등에관한법률이 적용된다(대판 2004.4.27. 2003다29968).

② 피담보채권의 범위 – 담보물권이 설정되어 있는 경우

가등기담보 등에 관한 법률은 재산권 이전의 예약에 의한 가등기담보에 있어서 재산의 예약 당시의 가액이 차용액 및 이에 붙인 이자의 합산액을 초과하는 경우에 적용되는바, 재산권 이전의 예약 당시 재산에 대하여 선순위 근저당권이 설정되어 있는 경우에는 <u>재산의 가액에서 피담보채무액을 공제한</u> 나머지 가액이 차용액 및 이에 붙인 이자의 합산액을 초과하는 경우에만 적용된다(대판 2006.8.24. 2005다61140).

③ 피담보채권의 범위 – 재산가액의 의미

가등기담보 등에 관한 법률은 재산권 이전의 예약에 의한 가등기담보에 있어서 그 재산의 예약 당시의 가액이 차용액 및 이에 붙인 이자의 합산액을 초과하는 경우에 적용되는 것인바, 여기에서 말하는 재산의 가액은 원칙적으로 '통상적인 시장에서 충분한 기간 거래된 후 그 대상재산의 내용에 정통한 거래당사자 간에 성립한다고 인정되는 적정가격'이고, 그와 같은 적정가격을 확인하기 어려울 때에는 객관적이고 합리적인 방법으로 평가한 가액이라고 할 것이므로, 대상재산이 토지로서 법정지상권의 성립가능성이 있는 등 토지이용상 제한을 받는지 여부가 불분명한 경우에는 법정지상권의 성립에 관한 사정을 객관적이고 합리적으로 평가하여 그 성립 여부를 판단한 다음 그에 따라 평가한 토지의 가격을 가액으로 봄이 상당하다(대판 2007.6.15. 2006다5611).

④ 피담보채권의 범위 – 구상권 포함 여부

　가등기담보 채권자가 가등기담보권을 실행하기 이전에 그의 계약상의 권리를 보전하기 위하여 가등기담보 채무자의 제3자에 대한 선순위 가등기담보채무를 대위변제하여 구상권이 발생하였다면 특별한 사정이 없는 한 이 구상권도 가등기담보계약에 의하여 담보된다고 보는 것이 상당하다(대판 2002.6.11. 99다41657).

2) 가담법의 절차 – 강행규정

　가등기담보 등에 관한 법률(이하 '가등기담보법'이라고 한다) 제3조, 제4조의 각 규정에 비추어 볼 때 위 각 규정을 위반하여 담보가등기에 기한 본등기가 이루어진 경우에는 그 본등기는 무효라고 할 것이고, 설령 그와 같은 본등기가 가등기권리자와 채무자 사이에 이루어진 특약에 의하여 이루어졌다고 할지라도 만일 그 특약이 채무자에게 불리한 것으로서 무효라고 한다면 그 본등기는 여전히 무효일 뿐, 이른바 약한 의미의 양도담보로서 담보의 목적 내에서는 유효하다고 할 것이 아니고, 다만 가등기권리자가 가등기담보법 제3조, 제4조에 정한 절차에 따라 청산금의 평가액을 채무자 등에게 통지한 후 채무자에게 정당한 청산금을 지급하거나 지급할 청산금이 없는 경우에는 채무자가 그 통지를 받은 날로부터 2월의 청산기간이 경과하면 위 무효인 본등기는 실체적 법률관계에 부합하는 유효한 등기가 될 수 있다고 할 것이다(대판 2007.7.13. 2006다46421).

3) 가담법 제11단서 – 선의의 제3자가 소유권의 취득한 경우에 채무자의 손해

　채권자가 구 가등기담보 등에 관한 법률(2008.3.21. 법률 제8919호로 개정되기 전의 것, 이하 '구 가등기담보법'이라 한다)에 정해진 청산절차를 밟지 아니하여 담보목적부동산의 소유권을 취득하지 못하였음에도 그 담보목적부동산을 처분하여 선의의 제3자가 소유권을 취득하고 그로 인하여 구 가등기담보법 제11조 단서에 의하여 채무자가 더는 채무액을 채권자에게 지급하고 그 채권담보의 목적으로 마친 소유권이전등기의 말소를 청구할 수 없게 되었다면, 채권자는 위법한 담보목적부동산 처분으로 인하여 채무자가 입은 손해를 배상할 책임이 있다. 이때 채무자가 입은 손해는 다른 특별한 사정이 없는 한 채무자가 더는 그 소유권이전등기의 말소를 청구할 수 없게 된 때의 담보목적부동산의 가액에서 그때까지의 채무액을 공제한 금액이라고 봄이 상당하다. 그리고 채무자가 약정 이자 지급을 연체하였다든지 채무자가 그 채무액을 채권자에게 지급하고 그 채권담보의 목적으로 마친 소유권이전등기의 말소를 청구할 수 있었다는 사정이나 채권자가 담보목적부동산을 처분하여 얻은 이익의 크고 작음 등과 같은 사정은 위법한 담보목적부동산 처분으로 인한 손해배상책임을 제한할 수 있는 사유가 될 수 없다(대판 2010.8.26. 2010다27458).

3. 가등기담보법의 특징

가등기담보법은 채무자의 보호를 위하여 변제기가 경과되더라도 채권자는 곧바로 담보를 실행할 수 없고, 변제기 후 일정한 청산기간(2월)이 경과한 때에 비로소 담보를 실행할 수 있게 하고 있다(제3조). 동시에 채무자에게는 청산금의 지급과 소유권이전등기 및 목적물인도의무에 대하여 동시이행의 항변권을 인정하고 있다(제4조 제3항). 가등기담보권자에게는 저당권자의 경우와 마찬가지로 경매청구권, 경매에서의 우선변제청구권이 있다(제12조, 제13조). 그리고 담보권자의 담보실행방식은 타인에게 처분하여 청산하는 방식이 아니고, 그 자신이 목적물을 평가하여 그 평가액에서 채권에 충당하고 남은 것을 반환하는 귀속청산의 방식이 원칙이다(제4조 제2·3항). 후순위권리자와의 이해관계를 고려한 규정도 두고 있다. 후순위권리자는 채권자에 대한 청산금에 대한 권리를 행사할 수 있으며(제5조 제1항), 자신의 피담보채권의 변제기가 도래하기 전이라도 청산기간 내에 목적물에 대한 경매를 청구할 수 있다(제12조 제2항).

제2절 가등기담보

I. 서설

1. 의의

가등기담보란 금전채권을 담보할 목적으로 채권자와 채무자 사이에서 채무자 소유의 부동산을 목적물로 하는 대물변제예약 등을 체결하고, 채무자의 채무불이행이 있는 경우 채권자가 그의 예약완결권을 행사하여 그 목적물의 소유권을 확보할 수 있도록 하는 가등기 형식의 담보를 이른다(통설).

2. 성질

(1) 담보물권성

가등기담보법은 가등기담보권자에게 경매청구권, 우선변제권, 별제권 등을 인정하고 있으므로, 가등기담보권은 저당권에 유사한 특수저당권이다.

(2) 담보물권의 통유성

가등기담보권도 담보물권의 부종성·수반성·불가분성·물상대위성이 인정된다.

Ⅱ. 가등기담보권의 설정 및 이전

1. 가등기담보권의 설정

(1) 가등기담보계약

1) 계약당사자

설정계약의 당사자는 채권자와 채무자인 것이 일반적이지만, 담보권설정자는 채무자에 한하지 않고, 채무자 외의 제3자라도 상관없다.

2) 요건

① 피담보채권이 있어야 한다.
② 채무불이행시에 일정한 권리를 채권자에게 이전한다는 계약이 있어야 한다.
③ 채권자의 계약상 권리에 관하여 가등기가 가능해야 한다.

(2) 가등기

담보가등기란 채권담보의 목적으로 마친 가등기를 말한다(가담법 제2조 제3호).

2. 가등기담보권의 이전(제361조 유추적용)

가등기담보권은 담보권의 부종성으로 인해 피담보채권과 함께 양도할 수 있을 뿐이고, 피담보채권과 분리하여 양도할 수는 없다(통설). 가등기담보권의 이전은 가등기의 부기등기 형식으로 한다.

Ⅲ. 가등기담보권의 효력

1. 일반적 효력

(1) 효력이 미치는 범위

> 제3조(담보권 실행의 통지와 청산기간) ② 제1항에 따른 통지에는 통지 당시의 담보목적부동산의 평가액과 민법 제360조에 규정된 채권액을 밝혀야 한다. 이 경우 부동산이 둘 이상인 경우에는 각 부동산의 소유권이전에 의하여 소멸시키려는 채권과 그 비용을 밝혀야 한다. [전문개정 2008.3.21]

가등기담보권의 효력이 미치는 피담보채권의 범위는 저당권에 관한 제360조가 적용된다. 효력이 미치는 목적물의 범위는 통상 설정계약에서 정해진다. 저당권과 같이 불가분성·물상대위성이 인정되고(제370조·제321조·제342조 참고), 부합물·종물에도 효력이 미친다(제358조 참고).

(2) 목적물의 점유·사용

가등기담보의 경우에는 담보권의 실행이 있기까지는 담보목적물의 소유권은 대내적이든 대외적이든 가등기담보권설정자에게 있고, 사용수익권도 가등기설정자인 소유자에게 있다(대판 2001.2.27. 2000다20465).

2. 가등기담보권의 실행

(1) 권리취득에 의한 사적 실행

1) 의의

<u>가등기담보 등에 관한 법률이 제3조와 제4조에서 가등기담보권의 사적 실행방법으로 귀속정산의 원칙을 규정함과 동시에 제12조와 제13조에서 그 공적 실행방법으로 경매의 청구 및 우선변제청구권 등 처분정산을 별도로 규정</u>하고 있고, 동법 제4조가 제1항 내지 제3항에서 채권자의 청산금 지급의무, 청산기간 경과와 본등기청구, 청산금의 지급의무와 부동산의 소유권이전등기 및 인도 채무의 동시이행관계 등을 순차로 규정한 다음, 제4항에서 제1항 내지 제3항에 반하는 특약으로서 채무자 등에게 불리한 것은 그 효력이 없다(다만, 청산기간 경과 후에 행하여진 특약으로서 제3자의 권리를 해하지 아니하는 경우는 제외된다)고 규정하고 있으며, 나아가 제11조는 채무자 등이 청산금 채권을 변제받을 때까지 그 채무액을 채권자에게 지급하고 그 채권담보의 목적으로 경료된 소유권이전등기의 말소를 청구할 수 있다고 규정하고 있으므로, 가등기담보권의 사적 실행에 있어서 채권자가 청산금의 지급 이전에 본등기와 담보목적물의 인도를 받을 수 있다거나 청산기간이나 동시이행관계를 인정하지 아니하는 '처분정산'형의 담보권실행은 가등기담보 등에 관한 법률상 허용되지 아니한다(대판 2002.12.10. 2002다42001). 또한 가등기담보 등에 관한 법률(이하 '가등기담보법'이라 한다)의 적용을 받는 담보가등기권리자는 가등기담보법 제3조, 제4조에서 정한 귀속정산절차에 따라 가등기설정자에 대하여 담보가등기에 기한 본등기를 청구할 수 있다. 이러한 경우 담보가등기권리자의 본등기청구는 가등기담보법 제2조 제1호가 정하고 있는 담보계약에 따른 담보권을 실행하는 것에 해당한다(대판 2024.1.11. 2021다210799).

2) 실행통지

> **제3조(담보권 실행의 통지와 청산기간)** ① 채권자가 담보계약에 따른 담보권을 실행하여 그 담보목적부동산의 소유권을 취득하기 위하여는 그 채권의 변제기 후에 제4조의 청산금의 평가액을 채무자등에게 통지하고, 그 통지가 채무자등에게 도달한 날부터 2개월(이하 "청산기간"이라 한다)이 지나야 한다. 이 경우 청산금이 없다고 인정되는 경우에는 그 뜻을 통지하여야 한다.
> ② 제1항에 따른 통지에는 통지 당시의 담보목적부동산의 평가액과 민법 제360조에 규정된 채권액을 밝혀야 한다. 이 경우 부동산이 둘 이상인 경우에는 각 부동산의 소유권이전에 의하여 소멸시키려는 채권과 그 비용을 밝혀야 한다. [전문개정 2008.3.21]
>
> **제9조(통지의 구속력)** 채권자는 제3조 제1항에 따라 그가 통지한 청산금의 금액에 관하여 다툴 수 없다.
> [전문개정 2008.3.21]

사적실행은 실행통지부터 시작한다. 통지의 내용은 통지 당시의 목적부동산의 평가액과 채권액을 명시한 청산금의 평가액이다(동법 제3조, 제4조 제1항). 목적부동산의 평가액의 산정방법에 관하여 동법은 구체적인 규정을 두고 있지 않다. 그리고 채권액은 피담보채권액을 말하는 것으로 원본, 이자, 위약금, 채무불이행으로 인한 손해배상, 실행비용 및 선순위담보의 피담보채권액(동법 제4조 제1항 후문)을 말한다. 통지의 상대방은 채무자, 담보가등기목적 부동산의 물상보증인, 담보가등기 후 소유권을 취득한 제3자이다(가담법 제2조 제2호). 통지는 이들 모두에게 하여야 한다(대판 2002.4.23. 2001다81856). 그리고 통지의 시기는 변제기 이후이기만 하면 언제라도 상관없다(가담법 제3조 제1항). 통지의 방법은 서면이든 구두이든 제한이 없다(대판 2001.8.24. 2000다15661). 채권자는 주관적으로 평가한 청산금의 평가액을 통지하면 족하고, 채권자가 주관적으로 평가한 청산금의 액수가 정당하게 평가된 청산금의 액수에 미치지 못하더라도 담보권 실행의 통지로서의 효력에는 아무런 영향이 없고, 다만 채무자 등은 정당하게 평가된 청산금을 지급받을 때까지 목적부동산의 소유권이전등기 및 인도채무의 이행을 거절하면서 피담보채무 전액을 채권자에게 지급하고 그 채권담보 목적으로 경료된 가등기나 소유권이전등기의 말소를 청구할 수 있을 뿐이다(대판 1992.9.1. 92다10043; 대판 2016.6.23. 2015다13171). 그리고 채무자는 채권자가 통지한 청산금액에 동의함으로써 청산금을 확정시킬 수 있으며, 그 경우 동의는 명시적 뿐만 아니라 묵시적으로도 가능하다고 할 것이다(대판 2008.4.11. 2005다36618).

3) 청산

> 제4조(청산금의 지급과 소유권의 취득) ① 채권자는 제3조 제1항에 따른 통지 당시의 담보목적부동산의 가액에서 그 채권액을 뺀 금액(이하 "청산금"이라 한다)을 채무자등에게 지급하여야 한다. 이 경우 담보목적부동산에 선순위담보권 등의 권리가 있을 때에는 그 채권액을 계산할 때에 선순위담보 등에 의하여 담보된 채권액을 포함한다. [전문개정 2008.3.21.]
> ③ 청산금의 지급채무와 부동산의 소유권이전등기 및 인도채무의 이행에 관하여는 동시이행의 항변권에 관한 민법 제536조를 준용한다. [전문개정 2008.3.21]

동법은 채무자 등으로 하여금 채무를 변제하고 담보권을 소멸시킬 수 있게 하기 위하여 청산금 평가액의 통지가 채무자 등에게 도달한 날로부터 2개월의 유예기간 즉 청산기간(清算其間)을 두고 있다. 청산금의 평가액은 통지 당시의 담보목적부동산의 가액에서 그 당시의 피담보채권액(원본, 이자, 위약금, 지연배상금, 실행비용)을 뺀 금액을 의미하므로, 가등기담보권자가 담보권 실행을 통하여 우선변제 받게 되는 이자나 지연배상금 등 피담보채권의 범위는 통지 당시를 기준으로 확정된다(대판 2008.4.11. 2005다36618). 청산기간이 경과하면 채권자는 청산금 지급의무를 부담하게 되고, 설정자 또는 제3취득자와 후순위권리자가 청산금청구권자이다(가담법 제4조 제1항, 제5조 제1항). 그리고 담보가등기 후에 성립한 대항력 있는 임차권자도 청산금의 범위 내에서 보증금의 반환을 청구할 수 있다(가담법 제5조 제5항).

4) 본등기에 의한 소유권취득

> 제4조(청산금의 지급과 소유권의 취득) ② 채권자는 담보목적부동산에 관하여 이미 소유권이전등기를 마친 경우에는 청산기간이 지난 후 청산금을 채무자등에게 지급한 때에 담보목적부동산의 소유권을 취득하며, 담보가등기를 마친 경우에는 청산기간이 지나야 그 가등기에 따른 본등기를 청구할 수 있다.

> **제11조(채무자등의 말소청구권)** 채무자등은 청산금채권을 변제받을 때까지 그 채무액(반환할 때까지의 이자와 손해금을 포함한다)을 채권자에게 지급하고 그 채권담보의 목적으로 마친 소유권이전등기의 말소를 청구할 수 있다. 다만, 그 채무의 변제기가 지난 때부터 10년[1]이 지나거나 선의의 제3자가 소유권을 취득한 경우[2]에는 그러하지 아니하다. [전문개정 2008.3.21]

채권자는 청산기간이 경과한 후 청산금을 지급하고 담보가등기에 기한 본등기를 한 때에 담보부동산의 소유권을 취득한다(동법 제4조 제2항). 청산금의 지급과 목적부동산의 소유권이전등기(본등기) 및 인도는 동시이행의 관계에 있으므로(동법 제4조 제3항), 채권자가 청산금을 지급할 때까지 채무자등은 소유권이전등기(본등기) 및 인도를 거절할 수 있으며, 피담보채권의 원리금을 지급하고 소유권이전등기의 말소를 청구할 수 있다(동법 제11조 본문). 동법 제3조, 제4조의 각 규정에 비추어 볼 때 위 각 규정을 위반하여 담보가등기에 기한 본등기가 이루어진 경우에는 그 본등기는 무효라고 할 것이고, 설령 그와 같은 본등기가 가등기권리자와 채무자 사이에 이루어진 특약에 의하여 이루어졌다고 할지라도 만일 그 특약이 채무자에게 불리한 것으로서 무효라고 한다면 그 본등기는 여전히 무효일 뿐, 이른바 약한 의미의 양도담보로서 담보의 목적 내에서는 유효하다고 할 것이 아니고, 다만 가등기권리자가 가등기담보법 제3조, 제4조에 정한 절차에 따라 청산금의 평가액을 채무자 등에게 통지한 후 채무자에게 정당한 청산금을 지급하거나 지급할 청산금이 없는 경우에는 채무자가 그 통지를 받은 날로부터 2월의 청산기간이 경과하면 위 무효인 본등기는 실체적 법률관계에 부합하는 유효한 등기가 될 수 있다고 할 것이다(대판 2007.7.13. 2006다46421). 따라서 가등기담보법의 규정을 위반하여 무효인 본등기가 마쳐진 후 가등기에 기한 본등기를 이행한다는 내용의 화해권고결정이 확정되었다고 하더라도, 그러한 화해권고결정의 내용이 가등기담보법 제3조, 제4조가 정한 청산절차를 갈음하는 것으로 채무자 등에게 불리하지 않다고 볼 만한 특별한 사정이 없는 한, 위와 같이 확정된 화해권고결정이 있다는 사정만으로는 무효인 본등기가 실체관계에 부합하는 유효한 등기라고 주장할 수 없다. 나아가 그러한 화해권고결정에 기하여 다시 본등기를 마친다고 하더라도 본등기는 가등기담보법의 위 각 규정을 위반하여 이루어진 것이어서 여전히 무효라고 할 것이다(대판 2017.8.18. 2016다30296).

---

1) 가등기담보 등에 관한 법률 제11조의 내용과 제척기간 제도의 본질에 비추어 보면, 채무자 등이 위 제척기간이 경과하기 전에 피담보채무를 변제하지 아니한 채 또는 변제를 조건으로 담보목적으로 마친 소유권이전등기의 말소를 청구하더라도 이를 제척기간 준수에 필요한 권리의 행사에 해당한다고 볼 수 없으므로, 채무자 등의 위 말소청구권은 제척기간의 경과로 확정적으로 소멸한다. 이러한 법리는 채무자 등이 피담보채무를 변제하지 아니한 채 또는 변제를 조건으로 위 소유권이전등기의 말소등기를 청구하는 소를 제기한 경우에도 마찬가지로 적용된다(대판 2014.8.20. 2012다47074).

2) 채권자가 구 가등기담보 등에 관한 법률(2008.3.21. 법률 제8919호로 개정되기 전의 것, 이하 '구 가등기담보법'이라 한다)에 정해진 청산절차를 밟지 아니하여 담보목적부동산의 소유권을 취득하지 못하였음에도 그 담보목적부동산을 처분하여 선의의 제3자가 소유권을 취득하고 그로 인하여 구 가등기담보법 제11조 단서에 의하여 채무자가 더는 채무액을 채권자에게 지급하고 그 채권담보의 목적으로 마친 소유권이전등기의 말소를 청구할 수 없게 되었다면, 채권자는 위법한 담보목적부동산 처분으로 인하여 채무자가 입은 손해를 배상할 책임이 있다. 이때 채무자가 입은 손해는 다른 특별한 사정이 없는 한 채무자가 더는 그 소유권이전등기의 말소를 청구할 수 없게 된 때의 담보목적부동산의 가액에서 그때까지의 채무액을 공제한 금액이라고 봄이 상당하다. 그리고 채무자가 약정 이자 지급을 연체하였다든지 채무자가 그 채무액을 채권자에게 지급하고 그 채권담보의 목적으로 마친 소유권이전등기의 말소를 청구할 수 있었다는 사정이나 채권자가 담보목적부동산을 처분하여 얻은 이익의 크고 작음과 같은 사정은 위법한 담보목적부동산 처분으로 인한 손해배상책임을 제한할 수 있는 사유가 될 수 없다(대판 2010.8.26. 2010다27458).

(2) 경매에 의한 공적 실행

> 제12조(경매의 청구) ① 담보가등기권리자는 그 선택에 따라 제3조에 따른 담보권을 실행하거나 담보목적부동산의 경매를 청구할 수 있다. 이 경우 경매에 관하여는 담보가등기권리를 저당권으로 본다.
> ② 후순위권리자는 청산기간에 한정하여 그 피담보채권의 변제기 도래 전이라도 담보목적부동산의 경매를 청구할 수 있다. [전문개정 2008.3.21]

가등기담보권자는 가등기담보법에 의한 사적 실행에 의하지 않고, 목적부동산의 경매를 청구하여 그 매각대금으로 저당권자에 준하여 우선변제를 받을 수 있다(동법 제12조 제1항 전문, 제13조). 경매에 있어 담보가등기권리자는 저당권으로 간주되므로(동법 제12조 제1항 후문), 민사집행법 제246조 이하의 규정에 따라 담보권실행경매(임의경매)절차에 의하여 담보가등기권리를 실행하게 된다.

3. 경매에 있어서 가등기담보권자의 배당참가

> 제13조(우선변제청구권) 담보가등기를 마친 부동산에 대하여 강제경매 등이 개시된 경우에 담보가등기권리자는 다른 채권자보다 자기채권을 우선변제 받을 권리가 있다. 이 경우 그 순위에 관하여는 그 담보가등기권리를 저당권으로 보고, 그 담보가등기를 마친 때에 그 저당권의 설정등기가 행하여진 것으로 본다. [전문개정 2008.3.21]

가등기담보권자는 제3자가 청구한 경매절차의 배당절차에 참가하여 저당권자에 준하여 우선변제를 받을 수 있다(동법 제13조). 채권자와 채무자가 가등기담보권설정계약을 체결하면서 가등기 이후에 발생할 채권도 후순위권리자에 대하여 우선변제권을 가지는 가등기담보권의 피담보채권에 포함시키기로 약정할 수 있고, 가등기담보권을 설정한 후에 채권자와 채무자의 약정으로 새로 발생한 채권을 기존 가등기담보권의 피담보채권에 추가할 수도 있으나, 가등기담보권 설정 후에 후순위권리자나 제3취득자 등 이해관계 있는 제3자가 생긴 상태에서 새로운 약정으로 기존 가등기담보권에 피담보채권을 추가하거나 피담보채권의 내용을 변경, 확장하는 경우에는 이해관계 있는 제3자의 이익을 침해하게 되므로, 이러한 경우에는 피담보채권으로 추가, 확장한 부분은 이해관계 있는 제3자에 대한 관계에서는 우선변제권 있는 피담보채권에 포함되지 않는다고 보아야 한다(대판 2011.7.14. 2011다28090).

IV. 가등기담보권의 소멸

1. 일반적 소멸원인

가등기담보권의 실행으로 채권이 만족을 얻어 소멸한 경우나 목적물이 멸실되거나 피담보채권이 시효로 소멸하면 가등기담보권도 소멸한다. 그리고 담보가등기를 경료한 토지를 인도받아 점유할 경우 담보가등기의 피담보채권의 소멸시효가 중단되는 것은 아니고, 담보가등기에 기한 소유권이전등기청구권의 소멸시효가 완성되기 전에 그 대상 토지를 인도받아 점유함으로써 소유권이전등기청구권의 소멸시효가 중단된다 하더라도 위 담보가등기의 피담보채권이 시효로 소멸한 이상 위 담보가등기 및 그에 기한 소유권이전등기는 결국 말소되어야 할 운명의 것이다(대판 2007.3.15. 2006다12701).

2. 담보가등기의 말소

> 제11조(채무자등의 말소청구권) 채무자등은 청산금채권을 변제받을 때까지 그 채무액(반환할 때까지의 이자와 손해금을 포함한다)을 채권자에게 지급하고 그 채권담보의 목적으로 마친 소유권이전등기의 말소를 청구할 수 있다. 다만, 그 채무의 변제기가 지난 때부터 10년이 지나거나 선의의 제3자가 소유권을 취득한 경우에는 그러하지 아니하다. [전문개정 2008.3.21]

제3절 양도담보

I. 서설

1. 양도담보의 개념

양도담보란 채권담보의 목적으로 물건의 소유권을 채권자에게 이전하고, 채무자가 이행하지 아니한 경우에는 채권자가 그 목적물로부터 우선변제를 받게 되지만, 채무자가 이행을 하는 경우에는 목적물을 다시 원소유자에게 반환함으로써 채권을 담보하는 비전형담보이다.

2. 양도담보에 대한 규율

판례는 "대지 소유자가 건축업자에게 대지를 매도하고 건축업자는 대지 소유자 명의로 건축허가를 받았다면 이는 완성될 건물을 대지 매매대금의 담보로 제공키로 하는 합의로서 법률행위에 의한 담보물권의 설정에 다름 아니어서, 완성된 건물의 소유권은 일단 이를 건축한 채무자가 원시적으로 취득한 후 대지 소유자 명의로 소유권보존등기를 마침으로써 담보목적의 범위 내에서 대지 소유자에게 그 소유권이 이전된다고 할 것이므로, 그 경우 건축업자가 건물을 타에 분양하였다 할지라도 그 후 대지 소유자 명의로 건물에 대한 소유권보존등기가 경료된 경우에는, 건축업자가 담보물인 위 건물을 타에 분양하고 그 분양대금 중 일부로 매매대금을 대지 소유자에게 지급하기로 약정하는 등 건축업자가 건물을 타에 분양하는 것을 대지 소유자가 허용한 경우가 아닌 한, 건축업자의 분양 등 처분행위는 대지 소유자의 담보권에 반한다 할 것이고, 따라서 건축업자로부터 건물을 분양받고 소유권이전등기를 경료 받지 못한 자는 그보다 앞서 건물에 관하여 담보 목적으로 소유권보존등기를 경료한 대지 소유자에 대하여 분양을 이유로 한 소유권이전등기를 구할 수 없다(대판 2002.7.12. 2002다19254)."고 한다.

Ⅱ. 양도담보의 법리구성

1. 문제점

신탁적 소유권이전설과 담보물권설이 있다.

2. 학설

(1) 신탁적 소유권이전설

양도담보권자는 목적물의 완전한 소유권을 취득하지만, 그 소유권을 행사함에 있어서는 양도담보권설정자에 대하여 담보목적을 넘어서 그 소유권을 행사하지 않을 채무를 부담할 뿐이라고 한다. 따라서 이에 위반하면 채무불이행으로 인한 손해배상의무를 지게 된다. 그러므로 채무변제기 전이라도 목적물을 제3자에게 양도하면 양수인은 선의·악의를 불문하고 목적물의 소유권을 유효하게 취득한다고 한다.

(2) 담보물권설

양도담보에 의하여 채권자는 진정한 의미의 소유권을 취득하는 것이 아니라, 소유권은 여전히 채무자에게 있고, 다만 양도담보권이라는 제한물권을 취득하는데 불과하다고 한다. 즉 ① 가등기담보법 제4조 제2항이 채권자는 담보부동산에 관하여 이미 소유권이전등기가 경료된 경우에는 청산기간 경과 후 청산금을 채무자 등에게 지급한 때에 목적부동산의 소유권을 취득 하는 것으로 규정하고 있으므로 설정자에게 소유권이 있고 단지 양도담보권이라는 일종의 담보물권이 설정된 것으로 보아야 하고, ② 세법에서 체납자가 채권자에게 양도담보의 목적물로서 재산권을 양도한 경우라 하더라도 그 재산으로부터 체납금을 징수할 수 있는 것으로 규정한 것은 양도담보를 일종의 담보물권에 불과한 것으로 보고 소유권은 여전히 설정자가 보유하고 있음을 전제로 한 것이라고 한다.

3. 판례

(1) 부동산양도담보의 경우

부동산에 관하여 가등기담보법 시행 전의 판례는 신탁적 소유권이전설의 입장이었다. 그리고 가등기담보법 시행 이후 판례는 담보물권설과 신탁적 소유권이전설 중 명확한 입장을 취하지 않다가, 최근 판례의 경향은 담보물권설을 취하는 것으로 해석된다. 그리고 판례는 "일반적으로 부동산을 채권담보의 목적으로 양도한 경우 특별한 사정이 없는 한 목적부동산에 대한 사용수익권은 채무자인 양도담보설정자에게 있는 것이므로 설정자와 양도담보권자 사이에 양도담보권자가 목적물을 사용·수익하기로 하는 약정이 없는 이상 목적부동산을 임대할 권한은 양도담보설정자에게 있다(대판 2001.12.11. 2001다40213)."고 한다.

(2) 동산양도담보의 경우

판례는 가등기담보법 전이나 후에도 신탁적 소유권이전설의 입장이다. 즉 판례는 "동산에 대하여 양도담보권설정계약이 이루어진 경우에 양도담보권자는 양도담보권설정자를 제외한 제3자에 대한 관계에 있어서는 자신이 그 동산의 소유자임을 주장하여 권리를 행사할 수 있다(대판 1999.9.7. 98다47283)."고 한다. 따라서 동산에 관하여 양도담보계약이 이루어지고 양도담보권자가 점유개정의 방법으로 인도를 받았다면 그 청산절차를 마치기 전이라 하더라도 그 소유권을 주장하여 제3자이의 소를 제기함으로써 위 동산에 대한 강제집행의 배제를 구할 수 있다[1](대판 2008.11.27. 2006도4263).

> **판례** 양도담보 관련 판례
>
> 1. 부동산양도담보에 있어 목적부동산의 사용수익권자(= 양도담보설정자)
>   [1] 교회가 그 실체를 갖추어 법인 아닌 사단으로 성립한 경우에 교회의 대표자가 교회를 위하여 취득한 권리의무는 교회에 귀속되나, 교회가 아직 실체를 갖추지 못하여 법인 아닌 사단으로 성립하기 전에 설립의 주체인 개인이 취득한 권리의무는 그것이 앞으로 성립할 교회를 위한 것이라 하더라도 바로 법인 아닌 사단인 교회에 귀속될 수는 없고, 또한 설립중의 회사의 개념과 법적 성격에 비추어, 법인 아닌 사단인 교회가 성립하기 전의 단계에서 설립중의 회사의 법리를 유추적용할 수는 없다.
>   [2] 일반적으로 부동산을 채권담보의 목적으로 양도한 경우 특별한 사정이 없는 한 목적부동산에 대한 사용수익권은 채무자인 양도담보설정자에게 있으므로, 양도담보권자는 사용수익할 수 있는 정당한 권한이 있는 채무자나 채무자로부터 그 사용수익할 수 있는 권한을 승계한 자에 대하여는 사용수익을 하지 못한 것을 이유로 임료 상당의 손해배상이나 부당이득반환청구를 할 수 없다(대판 2008.2.28. 2007다37394 · 37400).
>
> 2. 양도담보와 물상대위
>   동산 양도담보권자는 양도담보 목적물이 소실되어 양도담보 설정자가 보험회사에 대하여 화재보험계약에 따른 보험금청구권을 취득한 경우 담보물 가치의 변형물인 화재보험금청구권에 대하여 양도담보권에 기한 물상대위권을 행사할 수 있는데, 동산 양도담보권자가 물상대위권 행사로 양도담보 설정자의 화재보험금청구권에 대하여 압류 및 추심명령을 얻어 추심권을 행사하는 경우 특별한 사정이 없는 한 제3채무자인 보험회사는 양도담보 설정 후 취득한 양도담보 설정자에 대한 별개의 채권을 가지고 상계로써 양도담보권자에게 대항할 수 없다. 그리고 이는 보험금청구권과 본질이 동일한 공제금청구권에 대하여 물상대위권을 행사하는 경우에도 마찬가지이다(대판 2014. 9.25. 2012다58609).
>
> 3. 집합물에 대한 양도담보설정
>   [1] 재고상품, 제품, 원자재 등과 같은 집합물을 하나의 물건으로 보아 일정 기간 계속하여 채권담보의 목적으로 삼으려는 이른바 집합물에 대한 양도담보권설정계약에서는 담보목적인 집합물을 종류, 장소 또는 수량지정 등의 방법에 의하여 특정할 수 있으면 집합물 전체를 하나의 재산권 객체로 하는 담보권의 설정이 가능하므로, 그에 대한 양도담보권설정계약이 이루어지면 집합물을 구성하는 개개의 물건이 변동되거나 변형되더라도 한 개의 물건으로서의 동일성을 잃지 아니한 채 양도담보의 효력은 항상 현재의 집합물 위에 미치고, 따라서 그러한 경우에 양도담보권자가 점유개정의 방법으로 양도담보권설정계약 당시 존재하는 집합물의 점유를 취득하면 그 후 양도담보권설정자가 집합물을 이루는 개개의 물건을 반입하였더라도 별도의 양도담보권설정계약을 맺거나 점유개정의 표시를 하지 않더라도 양도담보권의 효력이 나중에 반입된 물건에도 미친다. 다만 양도담보권설정자가 양도담보권설정계약에서 정한 종류 · 수량에 포함되는 물건을 계약에서 정한 장소에 반입하였더라도 그 물건이 제3자의 소유라면 담보목적인 집합물의 구성부분이 될 수 없고 따라서 그 물건에는 양도담보권의 효력이 미치지 않는다.

---

1) 금전채무를 담보하기 위하여 채무자가 그 소유의 동산을 채권자에게 양도하되 점유개정에 의하여 채무자가 이를 계속 점유하기로 한 경우, 특별한 사정이 없는 한 동산의 소유권은 신탁적으로 이전되고, 채권자와 채무자 사이의 대내적 관계에서 채무자는 의연히 소유권을 보유하나 대외적인 관계에 있어서 채무자는 동산의 소유권을 이미 채권자에게 양도한 무권리자가 된다. 따라서 동산에 관하여 양도담보계약이 이루어지고 채권자가 점유개정의 방법으로 인도를 받았다면, 그 정산절차를 마치기 전이라도 양도담보권자인 채권자는 제3자에 대한 관계에 있어서는 담보목적물의 소유자로서 그 권리를 행사할 수 있다.

[2] 민법 제261조는 첨부에 관한 민법 규정에 의하여 어떤 물건의 소유권 또는 그 물건 위의 다른 권리가 소멸한 경우 이로 인하여 손해를 받은 자는 '부당이득에 관한 규정에 의하여 보상을 청구할 수 있다'고 규정하고 있는데, 여기서 '부당이득에 관한 규정에 의하여 보상을 청구할 수 있다'는 것은 법률효과만이 아니라 법률요건도 부당이득에 관한 규정이 정하는 바에 따른다는 의미이다.

[3] 부당이득반환청구에서 이득이란 실질적인 이익을 의미하는데, 동산에 대하여 양도담보권을 설정하면서 양도담보권설정자가 양도담보권자에게 담보목적인 동산의 소유권을 이전하는 이유는 양도담보권자가 양도담보권을 실행할 때까지 스스로 담보물의 가치를 보존할 수 있게 함으로써 만약 채무자가 채무를 이행하지 않더라도 채권자인 양도담보권자가 양도받은 담보물을 환가하여 우선변제 받는 데에 지장이 없도록 하기 위한 것이고, 동산양도담보권은 담보물의 교환가치 취득을 목적으로 하는 것이다. 이러한 양도담보권의 성격에 비추어 보면, 양도담보권의 목적인 주된 동산에 다른 동산이 부합되어 부합된 동산에 관한 권리자가 권리를 상실하는 손해를 입은 경우 주된 동산이 담보물로서 가치가 증가된 데 따른 실질적 이익은 주된 동산에 관한 양도담보권설정자에게 귀속되는 것이므로, 이 경우 부합으로 인하여 권리를 상실하는 자는 양도담보권설정자를 상대로 민법 제261조에 따라 보상을 청구할 수 있을 뿐 양도담보권자를 상대로 보상을 청구할 수는 없다(대판 2016.4.2. 2012다19659).

4. 양도담보설정계약의 해석

여러 개의 동산을 일괄하여 양도담보의 목적으로 하는 양도담보설정계약을 체결하면서 향후 일정 장소에 편입되는 동산에 대해서도 양도담보의 효력을 받는 것으로 약정한 경우에, 이를 특정된 동산들을 목적물로 한 양도담보로 볼 것인지, 일단의 증감 변동하는 동산을 하나의 물건으로 보아 이를 목적물로 한 이른바 유동집합동산 양도담보로 볼 것인지는 양도담보설정계약의 해석의 문제이다. 양도담보설정계약이 기계기구 또는 영업설비 등 내구연수가 장기간이고 가공 과정이나 유통 과정 중에 있지 아니한 여러 개의 동산을 목적으로 하고 있으며, 담보목적물마다 명칭, 성능, 규격, 제작자, 제작번호 등으로 특정하고 있는 경우에는, 원칙적으로 특정된 동산들을 일괄하여 양도담보의 목적물로 한 계약이라고 보아야 하므로 향후 편입되는 동산을 양도담보 목적으로 하기 위해서는 편입 시점에 제3자가 그 동산을 다른 동산과 구별할 수 있을 정도로 구체적으로 특정되어야 한다(대판 2016.4.2. 2015다221286).

Ⅲ. 소유권유보부매매

1. 의의

매매에 있어서 매도인이 매매목적물을 매수인에게 인도하되 자신의 대금채권의 확보를 위하여 매매대금이 모두 지급될 때까지 소유권을 유보하고, 그 완전한 급부가 있으면 소유권이 자동적으로 매수인에게 이전되는 것으로 약정하는 것을 말한다. 소유권유보부매매는 점유를 수반하지 않는 질권설정을 인정하고 있지 않은 현행민법상의 담보제도의 약점을 보완하는 기능을 담당하고 있다.

2. 성질

(1) 학설

목적물의 소유권은 처음부터 매수인에게 이전하고 매도인의 권리는 대금채권의 담보를 위하여 존재한다고 하는 담보물권설과 목적물의 소유권은 매도인에게 유보되고 매매대금의 완급이라고 하는 정지조건의 성취와 더불어 소유권이 매수인에게 이전한다는 정지조건부소유권이전설이 있다.

(2) 판례

동산의 매매계약을 체결하면서, 매도인이 대금을 모두 지급받기 전에 목적물을 매수인에게 인도하지만 대금이 모두 지급될 때까지는 목적물의 소유권은 매도인에게 유보되며 대금이 모두 지급된 때에 그 소유권이 매수인에게 이전된다는 내용의 소위 소유권유보의 특약을 한 경우, 목적물의 소유권을 이전한다는 당사자 사이의 물권적 합의는 매매계약을 체결하고 목적물을 인도한 때 이미 성립하지만 대금이 모두 지급되는 것을 정지조건으로 하므로, 목적물이 매수인에게 인도되었다고 하더라도 특별한 사정이 없는 한 매도인은 대금이 모두 지급될 때까지 매수인뿐만 아니라 제3자에 대하여도 유보된 목적물의 소유권을 주장할 수 있고, 다만 대금이 모두 지급되었을 때에는 그 정지조건이 완성되어 별도의 의사표시 없이 목적물의 소유권이 매수인에게 이전된다(대판 1996.6.28. 96다14807, 정지조건부소유권이전설).

3. 소유권유보의 성립

(1) 소유권유보의 특약이 존재할 것

소유권유보는 매도인과 매수인 간의 소유권유보의 합의가 있어야 성립한다. 즉, 소유권유보부매매는 매매계약에 부수되는 특약에 의하여 성립하는 것이다. 이러한 소유권유보의 특약은 계약자유의 원칙에 따라 특별한 방식을 필요로 하지는 않으나, 매매계약 자체가 서면에 의하는 경우에는 그 특약도 매매계약서 자체에 명시되는 것이 보통이다.

(2) 목적물

소유권유보부매매의 목적물에 관해서는 이를 동산에 한정시키는 입법례도 있지만, 부동산의 소유권이전행위에 대하여도 조건을 붙일 수 있는 우리 민법의 경우에는 목적물이 동산에 제한되지 않는다. 따라서 부동산, 특히 건물의 대금분할매매의 경우에도 대금채권의 담보를 위하여 그 소유권을 매도인에게 유보하는 것이 가능하며, 아파트분양계약 등에서 실제로 이러한 방법이 상당히 널리 이용되고 있다. 그러나 부동산의 경우에는 저당권 같은 전형 담보제도를 활용할 수 있다.

ca.Hackers.com

해커스 감정평가사
ca.Hackers.com

부록

감정평가사 민법 용어 정리집

1 민법 총칙
2 물권법

1 민법 총칙

Ⅰ. 민법의 기본원리

1. **민법**: 사인 간의 법률관계를 규율하는 일반사법이다. ⇨ **특별사법**: 상법

2. **민법의 법원**: 법의 연원으로 법의 존재형식 또는 법의 현상 형태이다(제1조).

2-1 **법원으로서의 법률**: 형식적 의미의 민법, 즉 민법전 뿐만 아니라 민사에 관한 특별법 또는 법규 등을 말한다. ⇨ 실질적 의미의 민법: 제1조

2-2 **관습법**: 자연적으로 발생한 관행이나 관례가 수범자에 의해 인정된 법적 확신을 기초로 법규화된 것을 말한다. ⇨ (통설)법적 확신설

2-2-1 **사실인 관습**: 사회의 관행에 의하여 발생한 사회생활규범인 점에서는 관습법과 같으나, 다만 사실인 관습은 사회의 법적 확신이나 인식에 의하여 법적 규범으로서 승인될 정도에 이르지 않은 것을 말한다. ⇨ 제1조와 제106조의 구별

2-3 **판례**: 한 국가의 법원에 의하여 부단히 이루어진 판결의 집적체로서 특히 성문법을 중심으로 하는 국가에서는 실정법과 법현실을 중개하는 역할을 한다. ⇨ 다수설은 법원성을 부정한다.

2-4 **조리**: 사물 또는 자연의 이치내지는 사물의 본질적 법칙을 말한다. ⇨ 전형적인 조리의 예로 신의칙을 들 수 있다.

3. **민법의 해석**: 일반적 확실성과 구체적 타당성을 위하여 각종 법규에 대하여 그 법적 의미내용을 확정하는 것을 말한다. ⇨ 입법취지해석(문리·체계·보충·반대·목적론적 해석 등)

3-1 **일반적 확실성(법적 안정성)**: 민법규정의 적용 시 구체적 당사자와 객체가 다르더라도 결론이 다르지 않게 해석하는 것을 말한다.

3-2 **구체적 타당성**: 각각의 사안에 대하여 구체적으로 합당한 결과를 이끌어내는 해석을 말한다.

Ⅱ. 법률관계와 권리·의무

4. **법률관계**: 법규범에 의하여 규율되는 생활관계를 말한다.

4-1 **호의관계**: 호의에 의하여 일정한 이익을 주고받는 생활관계이나, 호의관계에 수반하여 손해가 발생한다면 법률관계화 될 수 있는 것을 말한다. ⇨ 호의동승

4-2 **권리규정**: 권리발생요건을 그 내용으로 하는 실질적 민법규정을 말한다.

4-3 **권리중첩**: 하나의 사실관계가 여러 개의 권리규정에 해당함으로써 여러 개의 권리를 발생시키는 경우를 말한다. ⇨ 청구권 경합

4-3-1 권리경합: 권리자체는 여러 개 발생하지만 어느 하나의 권리를 행사하는 경우 다른 권리는 소멸하는 것을 말한다. ⇨ 선택적 행사

4-3-2 법조경합: 어느 하나의 권리규정이 다른 권리규정을 배제하는 것으로 원래부터 하나의 권리만 성립하는 것을 말한다. ⇨ 일반법 대 특별법의 관계

4-4 권리의 행사: 권리의 내용을 실현하는 것을 말한다. ⇨ 권리의 종류에 따라 행사방법을 달리한다.

4-5 신의성실의 원칙: 계약관계와 같이 일정한 법률관계에 있는 자는 서로 상대방의 신뢰에 어긋나지 않도록 성실하게 행동해야 한다는 원칙을 말한다(제2조).

4-5-1 실효의 원칙: 권리자가 장기간에 걸쳐 그 권리를 행사하지 아니함에 따라 그 의무자인 상대방이 더 이상 권리자가 권리를 행사하지 아니할 것으로 신뢰할 만한 정당한 기대를 가지게 되는 경우에, 새삼스럽게 권리자가 그 권리를 행사하는 것은 법질서 전체를 지배하는 신의칙에 위반되어 허용되지 않는다는 것을 의미한다. ⇨ 판례

4-5-2 사정변경의 원칙: 법률행위의 성립에 있어서 그 기초가 되었던 사정에 당사자가 예견치 못한 또는 예견할 수 없었던 중대한 변경이 그 후 생겨서, 당초에 정하여진 행위의 결과를 그대로 요구하거나 강제한다면 심히 부당한 결과가 생기는 경우에 당사자는 그러한 행위의 효과를 신의칙에 맞도록 적당히 변경할 것을 상대방에게 청구하거나, 또는 계약을 해제 또는 해지할 수 있는 것을 말한다. ⇨ 판례

4-5-3 모순행위금지의 원칙: 선행행위와 모순된 후행행위의 효력을 부정하는 신의칙의 파생원칙이다. ⇨ 판례

4-6 권리남용금지의 원칙: 권리의 행사가 권리가 인정된 본래의 목적을 이탈하여 사회의 윤리관념에 배치되는 부당한 결과를 초래하는 것을 말한다(제2조 제2항). ⇨ 일반적으로 권리의 정당한 행사의 남용의 한계를 제정할 수 없으므로, 구체적 사안에 따라 개별적으로 판단할 수밖에 없다.

Ⅲ. 권리의 주체

4-7 권리능력: 권리·의무의 주체가 될 수 있는 법률상 지위내지 능력을 말한다(제3조).

4-8 의사능력: 자기의 행위결과를 인식·판단하여 정상적인 의사결정을 할 수 있는 정신능력을 말한다. ⇨ 사적자치를 전제로 하는 개념이다.

4-9 행위능력: 의사능력을 가진 자가 법률행위를 단독으로 할 수 있는 능력을 말한다(제5조). ⇨ 제한능력자 제도

4-9-1 미성년자: 만 19세에 달하지 않는 자를 말한다(제4조).

4-9-2 피한정후견인: 질병, 장애, 노령, 그 밖의 사유로 인한 정신적 제약으로 사무를 처리할 능력이 부족한 사람으로서 가정법원으로부터 한정후견개시 심판을 받은 자를 말한다(제12조).

4-9-3 피성년후견인: 질병, 장애, 노령, 그 밖의 사유로 인한 정신적 제약으로 사무를 처리할 능력이 지속적으로 결여된 사람으로서 가정법원으로부터 성년후견개시 심판을 받은 자를 말한다(제9조).

4-10 책임능력: 불법행위의 능력을 변별할 수 있는 정신능력을 말한다(불법행위능력)(제753조, 제754조). ⇨ 책임무능력자제도

5. **주소**: 사람의 생활관계의 중심지이며, 생활의 근거지이다(제18조). ⇨ 실질주의

5-1 **거소**: 사람이 상당한 기간 계속하여 거주하는 장소로, 장소적 밀접도가 주소에 미치지 못하는 곳을 말한다(제19조).

5-2 **현재지**: 장소적 관계가 거소보다 희박한 곳을 말한다. ⇨ 현재지는 두 곳 이상 둘 수 없다.

5-3 **가주소**: 당사자가 어떤 거래에 관하여 일정한 장소를 선정하여 그 거래관계에 관하여 주소로서의 법적 기능을 부여한 장소를 말한다(제21조). ⇨ 통설은 가주소 설정에는 행위능력을 요한다.

6. **부재자**: 종래의 주소 또는 거소를 떠나서 용이하게 돌아올 가능성이 없어서 그의 재산을 관리하여야 할 필요가 있는 자를 말한다(제22조).

7. **실종선고**: 부재자의 생사불명의 상태가 일정기간 계속된 경우에 가정법원의 선고에 의하여 사망으로 의제하는 제도를 말한다. ⇨ 실종선고청구권자는 법률상 이해관계인이나 검사가 청구권자이고(제27조), 실종선고의 효과는 실종기간 만료 시에 사망으로 간주된다. 또한 실종선고는 소급효가 있으나 거래안전을 위해 선의자는 보호한다(제29조).

8. **인정사망**: 관공서의 보고에 의하여 사망한 것으로 취급하는 제도이다.

9. **동시사망**: 2인 이상이 동일한 위난으로 사망한 경우에 동시에 사망한 것으로 추정하는 것을 말한다(제30조). ⇨ 판례에 의하면 동시사망추정규정이 대습상속에도 적용된다.

10. **법인**: 법률에 의하여 권리능력이 인정된 단체 또는 재산을 말한다. ⇨ 사단법인, 재단법인

10-1 **공법인**: 사적 자치의 원칙이 적용되지 않는 법인으로서 국가에 의하여 설립되고, 법인의 조직 등이 법률로 정해지며 기관 및 구성원에 대하여 국가가 관여하고 해산의 자유가 제한되는 법인을 말한다.

10-2 **사법인**: 사적 자치의 원칙이 적용되는 법인이다.

10-3 **영리법인**: 전형적인 영리법인은 상법상 회사이며, 공공사업을 목적으로 하는 법인이라 하더라도 사원의 이익을 위하는 목적으로 하는 법인은 영리법인이다.

10-4 **비영리법인**: 학술·종교·자선·기예·사교·기타 영리 아닌 사업을 목적으로 하는 사단법인 또는 재단법인을 말한다. ⇨ 민법상 법인은 모두 비영리법인이다.

10-5 **사단법인**: 일정한 목적을 위하여 결합된 사람의 단체로서 사원을 요소로 하며, 사원총회가 사단의 의사를 자주적으로 결정하는 단체를 말한다.

10-5-1 **권리능력 없는 사단**: 사단의 실체를 갖추고 있으나 법인등기를 하지 아니한 단체를 말한다.
① 고유한 의미의 종중 공동선조의 분묘 수호와 제사 및 종원 상호간의 친목을 도모할 목적으로 공동선조의 후손 중 성년 이상의 남자를 종원으로 하여 구성되는 자연발생적인 종족집단체를 말한다. ⇨ 판례는 종중원 중 일부만으로 구성된 종중유사단체와 구별한다.

10-6 **재단법인**: 일정한 목적에 바쳐진 재산으로서 재산의 존재를 요소로 하며 법인설립자의 의사에 의하여 활동하며 언제나 비영리법인이다. ⇨ 사원의 부존재

10-6-1 **권리능력 없는 재단**: 재단법인의 실체를 갖추어 목적재산과 조직은 존재하지만 아직 법인등기를 하지 아니하여 법인격을 취득하지 못한 재산을 말한다.

10-7 법인의 기관: 별개의 인격이 아니라 법인을 구성하는 조직으로, 법인의 의사를 결정하여 외부에 이를 대표하며 또 내부에서 그 사무를 처리하는 일정한 조직을 말한다(제52조의2, 제60조의2). ⇨ 민법은 법인의 기관으로 사원총회(의사결정기관)·이사(의사집행기관)·감사(감독기관)의 3가지를 인정한다. 2001년 개정민법에서 채택된 직무대행자도 넓게 법인의 기관에 속한다.

10-7-1 이사: 대외적으로 법인을 대표하고 대내적으로 법인의 업무를 집행하는 상설필요기관이다(제57조). ⇨ 이사는 자연인에 한한다.

10-7-2 이사회: 이사들의 의결기관이다. ⇨ 민법에는 규정된 바 없다.

10-7-3 임시이사: 이사가 없거나 결원이 있는 경우에 이로 인하여 손해가 생길 염려가 있는 때에는 법원이 이해관계인이나 검사의 청구로 선임하는 이사이다(제63조).

10-7-4 특별대리인: 법인과 이사의 이익이 상반되는 사항에 관하여 이해관계인 또는 검사의 청구로 법원이 선임하는 임시적 기관을 말한다(제64조).

10-7-5 사원총회: 사단법인 최고의 의사결정기관이며 필요기관으로 정관으로도 이를 두지 않거나 폐지할 수 없는 기관을 말한다. ⇨ 재단법인에는 총회제도가 없다.

10-8 사원권: 사원의 지위로부터 나오며, 법인의 사업에 참여할 기능을 중심으로 하는 포괄적 권리를 말한다. ⇨ 공익권과 자익권으로 분류된다.

10-8-1 공익권: 사단법인의 관리·운영에 참여하는 것을 내용으로 하는 권리를 말한다. ⇨ 소수사원권이 전형적인 공익권이다.

10-8-2 자익권: 법인으로부터 사원 자신의 이익을 추구하는 것을 내용으로 하는 권리를 말한다. ⇨ 사원의 시설이용권 등

10-9 법인의 소멸: 법인이 그 권리능력을 상실하는 것을 말한다. ⇨ 법인은 청산절차를 종료함으로써 소멸한다.

10-9-1 법인의 해산: 법인이 본래의 목적을 달성하기 위한 적극적인 활동을 정지하고, 청산절차에 들어가는 것을 말한다(제77조).

10-9-2 법인의 청산: 해산한 법인이 재산관계를 정리하는 법인소멸 시까지의 절차를 말한다(제81조).

IV. 권리의 객체

11. 권리의 객체: 권리행사의 대상을 말한다. ⇨ 권리의 목적

11-1 물건: 유체물 및 전기 기타 관리할 수 있는 자연력을 말한다(제98조). ⇨ 토지 및 그 정착물은 부동산이며, 부동산 이외의 물건은 동산이다(제99조).

11-1-1 토지: 인위적으로 구획된 일정범위의 지면에 사회관념상 정당한 이익이 있는 범위 내에서의 그 상하를 포함하는 것을 말한다. ⇨ 토지의 개수는 지적법에 의한 지적공부상의 필수, 분계선에 의하여 결정되는 것이다.

11-1-2 건물: 일정한 면적, 공간의 이용을 위하여 지상·지하에 건설된 구조물을 말한다. ⇨ 건물의 개수는 토지(土地)와 달리 공부상의 등록에 의하여 결정되는 것이 아니라 사회통념 또는 거래관념에 따라 물리적 구조와 건축한 자 또는 소유자의 의사 등 주관적 사정을 참작하여 결정되며 물리적으로 건물의 일부라고 하더라도 그것이 독립한 건물로서 사용될 수 있는 때에는 구분소유권 등기를 하는 것을 전제로 독립한 건물로서 인정된다.

11-2-1 **주물**: 각각 독립된 두 개의 물건 사이에 한편이 다른 편의 효용을 돕는 관계. 배와 노, 말과 안장, 주택과 창고 등의 관계에서 효용을 받는 물건이 주물이다.

11-2-2 **종물**: 주물에 제공되는 물건이다(제100조).

11-3-1 **원물**: 과실을 생기게 하는 물건을 말한다.

11-3-2 **과실**: 물건으로부터 생기는 수익을 말한다(제101조).
　① 천연과실: 물건의 용법에 의하여 수취하는 산출물을 말한다. ⇨ 분리당시 소유자·사용권자에게 귀속 (분리주의)
　② 법정과실: 물건의 사용의 대가로 받는 금전 기타의 물건이다(제101조). ⇨ 일수에 비례하여 귀속

V. 권리의 변동

12. **권리관계의 변동**: 권리가 발생·변경·소멸하는 모습을 말한다.

12-1 **원시취득**: 어떠한 권리가 타인의 권리에 기함이 없이 특정인에게 새롭게 발생하는 것을 말한다. ⇨ 취득시효·건물의 신축·선점·습득·발견·첨부 등

12-2 **승계취득**: 어떠한 권리가 타인의 권리에 기인하여 특정인에게 승계적으로 발생하는 것을 말한다. ⇨ 특정·포괄승계 / 이전·설정적 승계

12-3 **권리의 소멸**: 권리가 권리주체로부터 이탈하는 것을 말한다.

12-4 **권리의 변경**: 권리의 주체·내용·작용이 변하는 것을 말한다.

12-5 **법률요건**: 권리변동을 생기게 하는 법률효과의 법적 원인을 말하며 법률행위뿐만 아니라, 준법률행위·불법행위·부당이득 등을 말한다.

12-6 **법률사실**: 법률요건을 구성하는 개개의 사실을 말한다.

13. **법률행위**: 일정한 법률효과의 발생을 목적으로 하는 한 개 또는 수 개의 의사표시를 불가결한 요소로 하는 법률요건이다.

13-1 **법률행위의 성립요건**: 법률행위가 법률행위로서 인정받기 위한 최소한의 외형적 요소를 말한다.

13-1-1 **일반성립요건**: 법률행위성립에 일반적으로 요구되는 요건으로서 당사자·목적·의사표시의 3가지가 존재하여야 하는 것을 말한다.

13-1-2 **특별성립요건**: 개별적 법률행위에서 법률이 그 성립에 관해 특별히 추가하는 요건으로서 질물의 인도·혼인의 신고 등이 그러하다.

13-2 **법률행위의 효력요건**: 성립요건을 갖춘 법률행위가 그 내용대로 효력을 발생하기 위하여 필요한 요건을 말한다.

13-2-1 **일반효력요건**: 법률행위가 효력을 발생하기 위한 일반적 요건을 말한다.

13-2-2 **특별효력요건**: 개개의 법률행위에 대하여 법률규정이나 당사자의 특약에 의하여 특별하게 정하여진 효력요건이다.

14. **의사표시**: 일정한 법률효과의 발생을 목적으로 의사를 표시하는 행위를 말한다.

14-1 **행위의사**: 어떠한 행위를 한다는 인식이다.

14-2 **효과의사**: 일정한 법률효과를 원하는 의사를 말한다.

14-3 **표시의사**: 효과의사를 외부에 발표하려는 의사로 효과의사와 표시행위를 매개하는 의사로서 표의자의 표시행위에 흡수된다는 것이 통설이다.

14-4 **표시행위**: 표시에 의하여 법률효과의 발생을 의욕하는 의미를 갖는 모든 방법이다.

15. **단독행위**: 권리주체가 행하는 하나의 의사표시에 의하여 성립하는 법률행위이다.

15-1 **상대방 있는 단독행위**: 단독행위의 법률효과가 발생하려면 의사표시가 상대방에게 도달하여야 한다.

15-2 **상대방 없는 단독행위**: 의사표시가 어떤 특정한 상대방에게 행하여질 필요가 없는 단독행위이다.

16. **계약**: 두 권리주체의 의사표시가 서로 대립하는 의사(청약·승낙)가 내용적으로 합치함으로써 성립하는 법률행위이다.

17. **합동행위**: 방향을 같이 하는 두 개 이상의 의사표시가 구심적(수평적)으로 합치되어 성립하는 법률행위를 말한다. ⇨ 합동행위를 부정하는 견해로 계약의 일종이며, 특히 사단법인의 설립행위는 수인이 공동으로 구성원의 변경에도 영향을 받지 않는 조직체를 창설하고 표의자는 스스로 그 조직체의 구성원으로 되는 것을 내용으로 하는 계약이라고 한다(특수계약설).

18. **채권행위**: 채권적 청구권 또는 채권관계를 발생시키는 법률행위이다. ⇨ 의무부담행위

19. **물권행위**: 물권의 발생·변경·소멸의 효과를 일으키는 법률행위이다. ⇨ 처분행위

20. **준물권행위**: 물권이외의 권리(특히 채권·무체재산권 등)의 변동을 일으켜, 이를 이전하게 하고, 이행이라는 문제를 남기지 않는 법률행위를 말하며 법률적 처분행위의 일종이다.

21. **유인행위**: 법률행위의 효력이 그 전제가 되는 원인의 존부에 영향을 받는 경우에 그 법률행위를 말한다.

22. **무인행위**: 법률행위의 효력이 그 원인의 존부에 불구하고 독립하여 별개의 효력이 인정되는 경우에 그 법률행위를 말한다.

23. **死因행위(사후행위)**: 법률행위를 한 자의 사망으로 인하여 효력을 발생하는 법률행위를 말한다. ⇨ 유언·유증 등 엄격요식성을 요한다.

24. **생전행위**: 사인행위 이외의 것을 말한다.

25. **요식행위**: 법률행위의 요소인 의사표시가 서면 기타 일정한 방식에 따라 행하여질 때 효력이 부여되는 경우를 말한다.

26. **불요식행위**: 의사표시에 일정한 방식을 요구하지 않는 행위를 말한다.

27. **종된행위**: 어떤 법률행위가 유효하게 성립하기 위하여 다른 법률행위의 존재를 필요로 하는 행위를 말한다.

28. **주된행위**: 종된 행위의 전제가 되는 행위를 말한다.

29. **독립행위**: 법률행위가 직접 실질적인 권리관계의 변동을 발생하게 하는 경우를 말한다.

30. **보조행위**: 다른 법률행위의 효력을 단순히 보충하거나 확정하는 역할을 하는 경우를 말한다.

31. **민법상의 신탁행위**: 신탁자는 자신이 의도하는 경제적 목적의 달성에 필요한 한도를 넘는 권리를 수탁자에게 부여하지만, 수탁자는 그 목적의 범위 안에서 그 권리를 행사할 의무를 지게 하는 행위를 신탁행위라고 한다. ⇨ 명의신탁의 효력과 관련하여 논의된다.

32. **신탁법상의 신탁행위**: 신탁설정자(위탁자)와 신탁을 인수하는 자(수탁자)와의 특별한 신탁관계에 기하여 위탁자가 특정의 재산권을 수탁자에게 이전하거나 기타의 처분을 하고, 수탁자로 하여금 일정한 자(수익자 자기 또는 제3자)의 이익을 위하여 또는 특정의 목적을 위하여 그 재산권을 관리·처분하게 하는 법률관계를 말하는 데, 이러한 법률관계를 설정하는 행위, 즉 신탁자와 수탁자 사이에 계약 또는 위탁자의 유언이 신탁행위이다.

33. **법률행위의 목적**: 법률행위를 하는 자가 그 법률행위에 의하여 발생시키려고 하는 법률효과를 말한다.

33-1 **원시적 불능**: 법률행위성립 시에 이미 그 이행 혹은 처분을 할 수 없는 것을 말한다. ⇨ 무효라는 것이 통설이다.

33-2 **후발적 불능**: 법률행위성립 후 그 이행 전에 불능인 것을 말한다.

33-3 **객관적 불능**: 법률행위의 목적을 어느 누구도 실현할 수 없는 경우를 말한다.

33-4 **주관적 불능**: 법률행위의 목적을 해당 채무자만이 실현할 수 없는 경우를 말한다.

33-5 **강행규정**: 민법상 '선량한 풍속 기타 사회질서'에 관한 규정을 말한다. ⇨ 능력규정·약자보호규정·거래질서안전규정 등

33-5-1 **선량한 풍속**: 사회의 건전한 도덕관념을 말한다. ⇨ 사회질서위반의 예시이다.

33-5-2 **사회질서**: 사회의 평화와 질서를 유지하기 위하여 국민이 지켜야 할 공공적인 질서를 말한다(제103조). ⇨ 사회질서 위반행위도 절대적 무효이다.

33-6 **임의규정**: 민법상 '선량한 풍속 기타 사회질서'와 관계없는 규정을 말한다(제105조).

33-7 **단속규정**: 일정한 행정목적을 달성하기 위하여 설정된 것을 말한다. ⇨ 사법상 효력을 부여하지 못한다.

33-8 **탈법행위**: 강행규정의 간접적 위반, 즉 강행규정을 직접 위반하지 않지만 회피수단을 통하여 강행규정이 금지하는 결과를 실질적으로 실현하는 행위를 말한다. ⇨ 탈법행위도 항상 무효는 아니다.

33-9 **불공정한 법률행위**: 상대방의 궁박·경솔·무경험을 이용하여 자기의 급부에 비하여 현저하게 균형을 잃은 반대급부를 하게 함으로써 부당한 이익을 얻는 행위를 말한다(제104조). ⇨ 불공정행위는 절대적 무효이다. 통설은 불공정행위는 반사회질서행위의 예시라고 한다.

34. **법률행위의 해석**: 궁극적으로 표시로부터 출발하여 의사표시를 한 자(표의자)의 의사를 밝히는 작업을 말한다. ⇨ 법률행위의 해석을 통하여 법률행위내용의 의미를 확정하게 된다.

34-1 **자연적 해석**: 법률행위의 해석에 있어서 표시된 문자 또는 언어의 의미에 구속되지 아니하고, 표의자의 실제의 의사(내심의 효과의사)를 밝히는 것을 말한다. ⇨ (판례)오표시무해의 원칙을 말한다.

34-2 **규범적 해석**: 표의자의 진의가 아니라 표시행위의 객관적 의미를 탐구하는 것으로 상대방의 시각에서 표시행위에 따라 법률행위의 성립을 인정하는 견해이다. ⇨ (판례)선처를 하겠다. 다 갚았다.

34-3 보충적 해석: 법률행위의 내용에 흠결이 있는 경우에 이를 해석에 의하여 보충하는 것을 말한다. ⇨ 엄밀한 의미에서 해석의 범주를 넘는다는 견해가 유력하다.

34-4 당사자가 의도하는 목적: 당사자가 그 법률행위에 의하여 달성하고자 하는 '사회적·경제적 목적'을 말한다. ⇨ 해석의 제1표준이다.

34-5 사실인 관습: 사회관행에 의하여 발생한 사회생활규범인 점에서 관습법과 같으나 사회의 법적 확신이나 인식에 의하여 법적 규범으로서 승인된 정도에 이르지 못한 것을 말한다. ⇨ 해석의 표준 중 하나이다.

34-6 예문해석: 거래계에서 흔히 사용되는 서식에 포함된, 당사자 일방에게 지나치게 불리한 조항을 단순한 예문에 불과하다고 하여 그 구속력을 부정하는 것을 말한다. ⇨ 판례법리

35. 비진의표시: 표의자가 진의 아님을 알고 한 의사표시, 즉 표시행위가 표의자의 진의와 다른 의미로 이해된다는 것을 표의자 스스로 알면서 하는 의사표시를 말한다(제107조). ⇨ 표시된 대로 효력을 발생한다.

36. 허위표시: 표의자가 상대방과 합의(통정)하여 행하는 허위의 의사표시를 말한다(제108조). ⇨ 무효이다.

36-1 은닉행위: 가장행위 속에 실제로 다른 행위를 할 의사가 감추어진 경우를 말한다. ⇨ 은닉행위로 유효이다.

36-2 허수아비행위: 계약당사자가 전면에 나서는 것을 꺼려 다른 사람을 내세워 법률행위를 하되 대내적으로 이에 따른 권리·의무를 자기에게 귀속시키는 행위를 말한다. ⇨ 허위표시가 아니다.

37. 착오: 의사표시의 내용과 내심의 의사와 일치하지 않는 것을 표의자가 모르고 법률행위를 한 경우를 말한다(제109조). ⇨ 취소할 수 있는 의사표시이다.

37-1 표시상의 착오: 표의자가 외부적으로 자기가 표시한 것으로 나타난 바를 표시하려 하지 않았던 경우를 말한다.

37-2 내용상의 착오: 표의자는 자기가 표시하려는 바를 알고 있지만, 표시의 의미를 오해한 경우이다.

37-3 동기의 착오: 표시에 대응하는 내심의 의사가 존재하지만, 그 내심의 의사를 결정할 때의 동기 내지 내심의 의사를 결정하는 과정에 착오가 있는 경우이다. ⇨ 통설·판례는 표시된 동기에 한하여 착오취소를 인정한다.

37-4 표시기관의 착오(사자의 착오): 표의자가 보조자 또는 기계를 통하여 의사표시를 하는 데 그 중개적 표시기관이 잘못하여 표의자의 진의와 다른 의사표시를 한 경우를 말한다.

37-5 동일성의 착오: 법률행위에 관계되는 사람 또는 객체의 동일성에 관한 착오를 말한다.

37-6 성질의 착오: 법률행위에 관계되는 사람 또는 물건의 성질에 관한 착오를 말한다.

37-7 법률의 착오: 법률상태, 즉 법률규정의 유무 또는 그 의미에 관한 착오를 말한다(제109조). ⇨ 착오가 성립한다.

37-8 계산의 착오: 계산 내지 산출의 기초가 되는 사항에 대한 표의자의 착오를 말한다. ⇨ 동기착오의 일종이다.

38. 사기·강박에 의한 의사표시: 남을 기망하거나 위협하여 그로 하여금 의사표시를 하게 하는 것을 말한다(제110조). ⇨ 취소할 수 있는 의사표시이다.

39. 표백주의: 의사표시가 성립할 때 효력이 발생하는 것을 말한다. ⇨ 상대방없는 의사표시에는 표백주의가 적용된다.

40. 발신주의: 의사표시가 상대방에게 발신된 때에 효력이 발생하는 것을 말한다. ⇨ 민법상 최고에 대한 무확답. 격지자 간의 의사표시에 적용된다.

41. 도달주의: 의사표시가 상대방에게 도달된 때에 효력이 생긴다(제111조). ⇨ 민법상 원칙이다.

42. 요지주의: 상대방이 의사표시의 내용을 안 때에 효력이 발생한다.

43. 공시송달: 표의자가 과실 없이 상대방을 알지 못한 경우, 또는 의사표시의 상대방의 소재를 알지 못하는 경우에 민사소송법 제194조의 공시송달의 방법으로 의사표시를 도달하게 할 수 있는 제도를 말한다(제113조).

44. 의사표시의 수령능력: 타인의 의사표시의 내용을 알 수 있는 능력을 말한다(제112조). ⇨ 행위무능력자는 의사표시 수령무능력자이다.

45. 대리: 타인(대리인)이 본인의 이름으로 의사표시를 하거나 의사표시를 수령함으로써 그 법률효과가 직접 본인에게 귀속되도록 하는 제도를 말한다(제114조). ⇨ 행위자와 효과귀속자의 분리현상

46. 간접대리: 행위자가 자기 이름으로, 그러나 타인을 위하여(타인의 계산으로) 하는 법률행위를 말한다. ⇨ 민법상 대리가 아니다. 상법상 위탁매매가 그 전형이다.

47. 사자(使者): 본인이 결정한 내심적 효과의사를 상대방에게 표시하거나 또는 전달함으로써 표시행위의 완성에 협력하는 자를 말한다.

47-1 전달기관으로서의 사자: 완성된 본인의 의사를 그대로 전달하는 것에 불과하다. ⇨ 부도달의 문제

47-2 표시기관으로서의 사자: 본인이 결정한 의사를 상대방에게 표시하여 그 의사표시를 '완성'하는 것을 말한다. ⇨ 표시상의 착오문제

48. 대리권: 대리인이 본인의 이름으로 의사표시를 하거나 또는 의사표시를 받음으로써 직접 본인에게 법률효과를 귀속시킬 수 있는 법률상의 지위를 말한다. ⇨ 지위·자격설이 통설이다.

48-1 수권행위: 임의대리권에서 본인이 대리인에게 대리권을 수여하는 행위를 말한다.

48-2 대리권의 남용: 대리인이 외형적·형식적으로는 대리권의 범위 내에서 한 행위이지만 본인의 이익을 위해서가 아니라, 자기 혹은 제3자를 이익을 꾀하기 위하여 대리행위가 행하여진 경우에도 그 법률효과가 본인에게 귀속되는가의 문제를 말한다. ⇨ 판례의 주류는 비진의표시 유추적용설의 태도이다.

48-2-1 자기계약: 대리인이 본인을 대리하면서 다른 한편 자기 자신이 상대방이 되어 계약을 체결하는 것을 말한다(제124조).

48-2-2 쌍방대리: 대리인이 본인의 이름으로 본인을 대리하면서 동시에 상대방을 대리하여 본인과 상대방의 법률행위를 하는 것을 말한다(제124조). ⇨ 민법상 자기계약과 쌍방대리는 금지되며 위반한 경우는 무권대리가 된다.

49. 현명주의: 대리인이 법률행위를 할 때 그 효과가 본인에게 발생한다는 것을 표시하는 것을 말한다. ⇨ 대리인은 본인의 행위임을 현명하여야 하나, 상법에는 비현명주의가 적용된다.

50. 복대리: 대리인의 '수권행위'에 의한 또 하나의 대리를 말한다(제120조).

50-1 복대리인: 대리인이 그 권한 내에서 행위를 하기 위하여 '대리인' 자신의 이름으로 선임한 '본인의 대리인'이다.

50-2 복임권: 복대리인을 선임할 수 있는 권한을 말한다. ⇨ 복대리인의 복임권도 인정된다(복복대리).

51. 무권대리: 대리권 없이 타인의 이름으로 의사표시를 하거나 이를 수령하는 행위를 말한다(제130조).

51-1 표현대리: 대리인에게 대리권이 없음에도 불구하고 마치 그것이 있는 것과 같은 외관이 존재하고 본인이 그러한 외관의 형성에 관여하였다든가 그밖에 본인이 책임져야 할 사정이 있는 경우에 상대방이 무권대리인을 정당한 대리인으로 신뢰하여 법률관계를 형성한 경우에 상대방을 보호하고 거래안전을 도모하기 위하여 무권대리행위에 대하여 본인에게 책임을 지우는 제도이다. ⇨ 권리외관이론

51-1-1 대리권수여의 표시에 의한 표현대리: 제3자에 대하여 타인에게 대리권을 수여함을 표시한 자는 그 대리권의 범위 내에서 그 타인과 제3자 사이의 법률행위에 대하여 책임을 지는 것을 말한다(제125조).

51-1-2 권한을 넘는 표현대리: 대리권의 범위를 넘어서 대리행위를 한 경우에 그 대리권을 신뢰하여 거래한 자를 보호하기 위하여 대리권 범위 내에서 대리행위를 한 것과 동일한 법률관계를 인정하는 것을 말한다(제126조).

51-1-3 대리권소멸후의 표현대리: 대리권의 소멸은 이를 과실 없이 모르는 제3자에게 대항할 수 없으므로 대리권소멸 후의 무권대리행위에 대하여 선의·무과실의 상대방은 표현대리를 주장할 수 있다는 것을 말한다(제129조).

51-2 협의의 무권대리: 대리인이 대리권 없이 대리행위를 한 경우 중 표현대리가 성립한다고 볼 수 있는 특별한 사정이 있는 경우를 제외한 것을 말한다.

51-2-1 본인의 추인·거절권: 본인이 추인의사 없음을 적극적으로 표시하여 무권대리행위를 확정적으로 무효인 것으로 하는 것을 말한다(제132조).

51-2-2 상대방의 최고권: 본인에 대하여 무권대리행위를 추인할 것인지 여부의 확답을 촉구하는 것을 말한다(제131조).

51-2-3 상대방의 철회권: 철회는 무권대리행위에 따른 법률행위의 성립을 원하지 않는 무권대리행위의 상대방이 적극적으로 무권대리인과의 사이에서 맺은 계약을 확정적으로 무효로 하는 행위를 말한다(제134조).

52. 법률행위의 무효: 법률요건으로서의 법률행위에 부여되어야 할 법률효과가 처음부터 전혀 발생하지 않기 때문에 법률행위에 효력이 발생하지 않는 것을 말한다. ⇨ 절대무효·당연무효원칙

52-1 절대적 무효: 법률행위를 한 당사자 사이에서 뿐만 아니라 제3자에 대한 관계에서도 효력이 없는 경우를 말한다.

52-2 상대적 무효: 당사자 사이에서는 무효이지만, 무효로써 선의의 제3자에게 대항하지 못하는 경우를 말한다.

52-3 당연무효: 법률상 당연한 무효로써 법률행위를 무효로 하기 위한 별단의 행위 또는 절차가 필요하지 않은 것을 말한다.

52-4 재판상 무효: 소송에 의해서만 무효의 주장이 가능하며, 원고적격과 출소기간의 제한이 있는 무효를 말한다.

52-5 확정적 무효: 확정적으로 효력이 발생하지 않는 것을 말한다.

52-6 유동적 무효: 법률행위의 효력이 현재로서는 발생하지 않지만 추후에 인가를 받거나, 추인을 얻거나, 정지조건이 성취되거나, 시기가 도래함으로써 법률행위 시에 소급하여 유효로 확정될 수 있는 법적 상태를 말한다. ⇨ 판례는 국토의계획및이용에관한법률의 적용사안에서 유동적 무효를 인정한다.

52-7 무효행위의 전환: 원래 법률행위가 무효이지만 동시에 다른 법률행위로서의 요건을 갖출 때에는, 당사자가 무효를 알았더라면 다른 법률행위를 하였을 것이라고 인정되는 한에서 다른 법률행위로서의 효력을 인정하는 것을 말한다(제138조). ⇨ 판례는 신분행위의 전환도 인정한다.

52-8 무효행위의 추인: 무효인 법률행위를 유효로 인정하려는 당사자의 의사표시를 말한다(제139조). ⇨ 민법은 무효행위의 추인에 의하여 새로운 법률행위가 된다고 규정한다. 절대무효는 추인할 수 없다(판례).

53. 법률행위의 취소: 의사표시가 행위무능력 상태에서 행하여지거나 또는 착오·사기·강박에 의하여 행하여진 경우에 의사표시의 효력을 일방적으로 소급하여 소멸시키는 것을 말한다(제140조).

53-1 취소권의 경합: 하나의 법률행위에 관하여 두 개 이상의 취소원인이 존재하거나 2인 이상의 자에게 취소권이 인정되는 것을 말한다.

53-2 취소할 수 있는 법률행위의 추인: 취소할 수 있는 법률행위를 취소하지 않겠다는 취소권자의 의사표시로, 취소권의 포기를 말한다.

54. 법정추인: 추인할 수 있는 후 당사자 사이에 일정한 사유가 있으면 당연히 추인한 것으로 간주하는 제도를 말한다(제145조). ⇨ 일종의 포함적 의사표시이다.

55. 부관: 법률행위의 효력의 발생 또는 소멸을 제한하기 위하여 법률행위의 효력에 부가되는 약관을 말한다.

56. 조건: 법률행위효력의 발생 또는 소멸을 좌우하는 장래의 불확실한 사실의 부관을 말한다.

56-1 조건부법률행위: 법률행위효력의 발생 또는 소멸에 관하여 성취여부가 불확실한 조건이 붙은 법률행위를 말한다.

56-2 정지조건: 법률행위의 효력을 그 성취에 의하여 발생하게 하는 조건을 말한다.

56-3 해제조건: 이미 발생한 법률행위의 효력을 그 성취에 의하여 소멸하게 하는 조건을 말한다.

56-4 적극조건: 장래의 불확실한 사실이 현재의 상태를 변경하는 것을 그 내용으로 하는 것을 말한다.

56-5 소극조건: 장래의 불확실한 사실이 현재의 상태를 변경하지 않는 것을 그 내용으로 하는 것을 말한다.

56-6 수의조건: 조건의 성부가 당사자의 일방적 의사에 의존하는 조건을 말한다.

56-6-1 순수수의조건: 조건의 성부가 전적으로 당사자의 일방적 의사에 의존하는 조건을 말한다. ⇨ 순수수의조건은 무효라고 하는 것이 통설이다.

56-6-2 비수의조건: 조건의 성부가 당사자의 일방적 의사에만 의존하지 않는 조건을 말한다.

56-7 가장조건: 형식적으로는 조건이지만 실질적으로는 조건으로서의 효력이 인정되지 못하는 것을 총칭하여 말한다.

56-7-1 법정조건: 법률행위의 효력이 발생하기 위하여 법률이 명문으로 요구하는 조건을 말한다. ⇨ 법정조건은 민법상의 조건이 아니다.

56-7-2 불법조건: 선량한 풍속 기타 사회질서에 위반한 조건을 말한다(제151조 제1항). ⇨ 불법조건은 그 조건만이 무효가 아니라 그 법률행위 전부가 무효이다.

56-7-3 기성조건: 조건이 법률행위 성립 당시 이미 성립하고 있는 경우를 말한다(제151조 제1항). ⇨ 기성조건에 정지조건을 붙이면 조건 없는 법률행위가 되고, 해제조건을 붙이면 무효이다.

56-7-4 불능조건: 조건이 법률행위 성립 당시 이미 성취될 수 없는 것으로 객관적으로 확정된 경우를 말한다(제151조 제2항). ⇨ 정지조건에 불능조건을 부과하면 무효이고, 해제조건을 부과하면 조건 없는 법률행위가 된다.

57. 기한: 법률행위효력의 발생·소멸을 좌우하는 장래의 확실한 사실의 부관을 말한다.

57-1 시기: 법률행위의 효력의 발생시기를 정하는 기한을 말한다.

57-2 종기: 법률행위의 효력의 소멸시기를 정하는 기한을 말한다.

57-3 확정기한: 도래시기가 확정되어 있는 기한을 말한다.

57-4 불확정기한: 도래시기가 확정되어 있지 않는 기한을 말한다.

57-5 기한의 이익: 시기 또는 종기가 아직 도래하지 않아 아직 법률행위의 효력이 확정되지 않음에도 불구하고 당사자가 받는 이익을 말한다(제153조). ⇨ 민법은 기한의 이익이 불분명한 경우 채무자의 이익으로 추정한다.

58. 기간: 어느 시점에서 어느 시점까지의 계속된 시간을 말한다. ⇨ 기간의 계산방법에는 자연적 계산방법과 역법적 계산방법이 있다.

VI. 소멸시효

59. 시효: 일정한 사실상태가 일정기간 계속된 경우에 그 상태가 진실한 권리관계에 합치되는가에 상관없이 그 사실상태를 존중하여 법률상 일정한 효과를 생기게 하는 법률요건을 말한다. ⇨ 민법총칙상 소멸시효와 물권법상 취득시효가 있다.

59-1 소멸시효: 권리불행사라는 사실상태가 일정기간 계속된 경우에 권리소멸의 효과를 부여하는 것을 말한다(제162조).

59-2 제척기간: 일정한 권리에 관하여 법률이 미리 정하고 있는 그 권리의 존속기간을 말하며, 그 기간 내에 권리를 행사하지 않으면 그 권리는 당연히 소멸하는 것을 말한다. ⇨ 제척기간에는 시효중단이 적용되지 않는다.

59-3 소멸시효의 중단: 권리불행사를 중단하게 하는 권리자 또는 의무자의 일정한 행위가 있는 경우에 이미 경과한 시효기간을 소멸하게 하고 그때부터 다시 소멸시효의 기간을 진행하게 하는 제도를 말한다(제178조).

59-3-1 재판상청구: 시효중단사유인 청구라 함은 사법상 권리를 재판상 및 재판 외에서 실행하는 행위를 말하는 것이고, 재판상청구는 그 권리를 민사소송의 절차에 의하여 주장하는 것을 말한다(제170조).

59-3-2 파산절차참가: 파산법 제121조에 따라 채권자가 파산재단에 가입하기 위하여 자기 채권을 신고하는 것을 말한다(제171조).

59-3-3 지급명령: 금전 기타 대체물이나 유가증권의 일정한 수량의 지급을 목적으로 하는 청구에 관하여 채권자의 신청에 의하여 법원이 일방적으로 내리는 명령의 일종을 말한다(제172조).

59-3-4 압류: 금전채권의 실행을 확보하기 위해 집행기관이 확정판결 기타의 채무명의에 기하여 채무자의 재산처분을 금하는 강제집행을 말한다(제175조). ⇨ 시효중단의 요건이 된다.

59-3-5 가압류: 금전채권 또는 금전으로 환산할 수 있는 채권의 집행을 보전하기 위하여 채무자의 일반재산의 현상유지를 목적으로 하는 보전처분을 말한다.

59-3-6 계쟁물에 관한 가처분: 특정물에 대한 청구권을 가지는 채권자가 장래의 집행을 보전하기 위하여 채무자의 처분을 금하고 그 보전에 필요한 조치를 취하는 것을 내용으로 하는 것을 말한다.

59-3-7 임시의 지위를 정하는 가처분: 권리관계의 다툼이 있는 경우에 채권자의 현저한 손해를 방지하거나 기타의 사유로 잠정적으로 법률관계에 관한 임시의 조치를 하는 것을 말한다.

59-3-8 승인: 시효이익을 받을 당사자인 채무자가 그 시효의 완성으로 권리를 상실하게 될 자 또는 그 대리인에 대하여 그 권리가 존재함을 인식하고 있다는 뜻을 표시함으로써 성립하며 법적성질은 관념의 통지에 해당한다(제177조).

59-4 소멸시효의 정지: 권리자가 시효를 중단시키는 데 곤란하거나 불가능한 경우에 일정한 유예기간 동안 시효진행을 멈추게 하였다가 그러한 사정이 없어진 때에 다시 나머지 기간을 진행시키는 제도를 말한다(제179조). ⇨ 시효기간의 연장제도이다.

59-5 소멸시효이익의 포기: 시효완성의 이익을 당사자의 의사에 의하여 버리는 것을 말한다(제184조).

59-6 소멸시효의 권리남용: 채무자가 시효완성 전에 채권자의 권리행사나 시효중단을 불가능 또는 현저히 곤란하게 하여 채권자보호의 필요성이 큰 경우 등, 특별한 사정이 있는 경우에 한하여 채무자가 소멸시효의 완성을 주장하는 것이 신의성실의 원칙에 반하여 권리남용으로서 허용될 수 없는 것을 말한다. ⇨ 판례

2 물권법

Ⅰ. 물권법 서론

60. 물권법: 사유재산제도에 터잡아 각종 재화에 대한 배타적인 지배·이용관계를 규율하는 사법을 말한다.

61. 물권: 특정의 독립된 물건을 직접 지배하여 이익을 얻는 것을 내용으로 하는 배타적·독립적 권리이다.

61-1 일물일권주의: 1개의 물권의 목적물은 1개의 독립한 물건이어야 한다는 원칙을 말한다.

61-2 우선적 효력: 하나의 물건 위에 수개의 권리가 경합하는 경우에 그 중 한 권리가 다른 권리에 우선하는 효력을 말한다. ⇨ 물권의 일방적 효력으로써 인정된다.

62. 물권법정주의: 물권의 종류와 내용은 법률 또는 관습법이 정하는 것에 한정되며, 당사자들이 임의로 이와 다른 물권을 창설하는 것이 금지되는 원칙을 말한다(제185조). ⇨ 법률은 국회에서 제정된 형식적 의미의 법률을 말한다.

63. 물권적 청구권: 물권내용의 완전한 실현이 어떤 사정으로 인하여 방해받고 있거나 방해받을 염려가 있는 경우에 그 방해자에 대하여 방해의 제거 또는 예방에 필요한 행위 등 물권내용의 실현을 가능하게 하는 행위를 청구할 수 있는 권리를 말한다(제204조 내지 제206조, 제213 내지 제214조). ⇨ 민법은 점유권과 소유권의 개별규정을 두는 2원적 체계를 취하고 있다.

Ⅱ. 물권의 변동

64. 물권변동: 물권의 발생, 변경 및 소멸을 총칭하는바, 권리주체의 입장에서는 물권의 득실변경을 의미한다.

64-1 공시의 원칙: 추상적인 물권법정주의에 덧붙여 실재하는 개개의 물권의 존재를 외부에서 인식할 수 있게 함으로써 물권의 배타성에 따른 위험으로부터 물권거래의 안전을 담보할 수 있게 하는 제도이다. ⇨ 민법은 공시방법으로 부동산에는 등기를, 동산에는 점유를 인정한다.

64-2 공신의 원칙: 일정한 공시방법을 신뢰하고 거래한 경우에, 비록 그 공시방법이 신실한 권리관계와 일치하지 않더라도 공시된 대로의 권리관계가 존재하는 것으로 다루어야 한다는 근대법상의 원칙을 말한다.

64-2-1 동산선의취득제도: 동산을 점유하는 자의 권리외관을 중시하여 이를 신뢰한 자의 소유권 취득을 인정하고 진정한 소유자의 추급을 방지함으로써 거래의 안전을 확보하기 위한 제도이다(제249조). ⇨ 동산에는 무권리자로부터의 권리취득을 인정하는 공신의 원칙이 적용된다.

65. 물권행위: 직접 물권의 변동을 목적으로 하는 의사표시를 요소로 하는 법률행위이다. 법률행위에 의한 물권의 변동이 있기 위하여는 단순한 당사자의 의사표시만으로는 부족하고 그밖에 공시방법(등기·인도)이 갖추어져야 한다. ⇨ 형식주의·성립요건주의

65-1 물권행위의 독자성: 채권의 발생을 목적으로 하는 채권행위 외에 별도로 물권의 변동을 목적으로 하는 법률행위를 인정하는 경우를 말한다.

65-2 물권행위의 무인성: 물권행위가 채권행위의 불성립·무효·취소·해제에 의하여 영향을 받지 않는다는 태도이다.

66. 등기: 공무원인 등기관이 부동산등기법 소정의 절차에 따라 부동산에 관한 권리관계를 공적 장부인 등기부에 기재하는 것 또는 그러한 기재 자체를 말한다. ⇨ 등기의 전산화에 따라 전자보조기억장치에 입력도 등기내용을 이룬다.

66-1 가등기: 종국등기를 할 만한 실체법적 또는 절차법적 요건을 완비하지 못한 경우에 장차 행하여질 본등기의 순위를 보전해 주는 효력을 가지는 등기를 말한다. ⇨ 순위보전적 효력

66-2 예고등기: 등기원인의 무효 또는 취소로 인한 등기의 말소 또는 회복의 소가 제기된 경우에 그러한 소송이 제기되었다는 취지를 기입하는 등기를 말한다. ⇨ 절대적 무효의 다툼에 따른 등기이고 경고적 효력이 인정된다. - 부동산등기법 개정으로 폐지

66-3 등기부: 부동산에 관한 권리관계를 기재한 공적 장부를 말한다.

66-4 등기청구권: 공동신청주의하에서 등기권리자 또는 등기의무자의 일방이 등기신청에 협력하지 않는 경우에 타방이 등기에 협력하여 줄 것을 청구할 수 있는 실체법상의 권리를 말한다.

66-5 등기인수청구권: 세금 등 공과의 부담을 피하기 위하여 필요하다면 등기의무자가 등기권리자를 상대로 등기청구권을 행사하는 것을 말한다. ⇨ 판례

66-6 등기의 권리변동적 효력: 등기는 우선 물권행위를 완성하여 물권변동을 일으키는 효력을 가지는 것을 말한다.

66-7 등기의 순위확정적 효력: 동일한 부동산에 관한 수 개의 권리가 경합하는 경우에 등기의 선후에 의하여 그들의 순위가 결정되는 것을 말한다.

66-8 대항적 효력: 제한물권, 환매권 또는 부동산임차권에 관하여 가령 존속기간, 지료, 이자 등을 등기하여 제3자에 대하여 가지는 효력을 말한다.

66-9 추정적 효력: 어떤 등기가 존재하면 그 등기의 유·무효와 관계없이 등기가 형식적으로 존재한다는 사실로부터 등기된 대로의 권리관계가 존재하리라는 추정을 일으키는 효력을 말한다. ⇨ 부동산에는 점유의 추정력(제200조)이 적용되지 않는다.

66-10 이중보존등기: 등기부는 원래 1부동산 1등기용지주의를 취하고 있어야 하는데 동일부동산에 절차상의 잘못으로 이중보존등기가 된 때에 그 효력이 문제되는 것을 말한다. ⇨ 판례는 절충적 절차법설의 태도이다.

66-11 무효등기의 유용: 당초 실체관계를 수반한 유효한 등기가 실체관계의 소멸로 후발적으로 무효가 되었으나, 그 후 구 실체관계와 같은 내용의 다른 실체관계가 발생한 경우에 당사자의 유효에 관한 합의로써 유효한 등기로 이용하는 경우이다. ⇨ 판례는 무효 후 유용의 합의전의 등기부상 이해관계인이 존재하지 않는 한 유효라고 한다(제한적 유효설).

66-12 중간생략등기: 부동산물권이 최초의 양도인으로부터 중간취득자에게, 다시 중간취득자로부터 최후의 양수인에게 전전 이전되어야 할 경우에, 중간취득자 명의의 등기를 생략한 채 최초의 양도인에게 최후의 양수인에게 직접 행하여진 등기를 말한다. ⇨ 통설·판례는 3자합의조건부유효설의 태도이다.

67. 간이인도: 양수인이 이미 물건을 점유하고 있는 경우에, 양도인과 양수인 사이에 소유권이전에 관한 합의가 있으면 소유권이 양수인에게 이전되는 것을 말한다(제188조 제2항).

68. 점유개정: 동산물권을 양도하면서 양도인이 양수인과의 사이에 점유매개관계를 설정하여 양수인에게 간접점유를 취득시키고 스스로 양수인의 점유매개자로서 점유를 계속하는 것을 말한다(제189조).
⇨ 판례는 점유개정에 기한 선의취득(제249조)을 부정한다.

68-1 도품: 점유자의 의사에 반하여 점유를 박탈당한 물건을 말한다.

68-2 유실물: 점유자의 의사에 기하지 않고 그의 점유를 이탈한 물건으로 도품 아닌 것을 말한다.
⇨ 도품과 유실물에는 선의취득의 특례(제250조, 제251조)가 적용된다.

69. 명인방법: 건물 외의 지상물(농작물·미분리과실)을 토지와 분리하지 않은 채 토지소유권으로부터 독립된 거래객체로 함에 이용되는 관습법상의 공시방법으로 그 지상물의 소유자가 누구인지를 외부의 제3자에게 명백하게 인식시키기에 족한 방법을 말한다. ⇨ 명인방법에 의한 소유권취득이 인정된다.

70. 혼동: 서로 대립하는 두 개의 법률상의 지위 또는 자격이 동일인에게 귀속되는 것을 말한다(제191조).
⇨ 혼동은 물권의 소멸원인이자 채권의 소멸원인이 된다(제507조).

Ⅲ. 기본물권

71. 점유: 물건을 사실상 지배하는 상태를 말한다. 민법은 동산의 공시방법으로 인정된다.

71-1 자주점유: 소유의 의사를 가지고서 하는 점유를 말한다(제197조). ⇨ 점유취득시효의 요건이 된다(제245조 제1항).

71-2 타주점유: 소유의 의사가 없는 점유를 말한다.

71-3 선의점유: 본권이 있음을 확신한 점유를 말한다.

71-4 악의점유: 본권이 없음을 알았거나 본권의 유무에 관하여 의심을 품으면서 하는 점유를 말한다.

71-5 사실적 지배: 사회관념상 물건이 어떤 사람의 지배 아래에 있다고 인정되는 객관적 관계를 말한다.

71-6 점유설정의사: 사실적 지배관계를 가지려는 자연적 의사를 말한다. ⇨ 법률효과를 의욕하는 의사가 아니다.

71-7 점유보조자: 물건에 대하여 직접적으로 실력을 행사하면서도 점유를 인정받지 못하는 자를 말한다(제195조). ⇨ 점유보조자에게는 점유보호청구권이 인정되지 않으나, 점유주를 위한 자력구제는 인정된다.

71-7-1 점유보조관계: 점유주와 점유보조자 사이의 명령·복종의 사회적 종속관계를 말하며, 제195조에 예시된 가사상, 영업상의 관계 외에 계약, 친족법 또는 공법에 기해서도 발생할 수 있다.

71-8 간접점유: 점유자와 물건 사이에 타인이 개재하여 그 타인의 점유를 매개로 하여 점유하는 것을 말한다(제194조). ⇨ 간접점유자에게는 점유보호청구권이 인정되지만(제207조), 자력구제권(제209조)은 부정된다.

71-9 하자 있는 점유: 악의, 과실, 강포, 은비, 불계속 등의 요건을 갖춘 점유를 말한다.

71-10 하자 없는 점유: 선의, 무과실, 평온, 공연, 계속 등의 요건을 갖춘 점유를 말한다.

71-11 본권의 소: 소유권, 지상권, 전세권 기타 실질적인 권리를 기초로 한 소를 말한다. ⇨ 점유의 소와 본권의 소는 서로 무관계하며, 본권을 기초로 점유의 소를 재판하지 못한다(제208조).

71-12 점유의 소: 점유보호청구권을 행사하는 소를 말한다.

71-13 자력구제권: 사인이 자기의 권리를 보호하거나 실현하기 위하여 국가의 힘을 빌리지 않고 사적 실력을 행사하여 강제하는 것을 말한다(제209조).

71-14 자력방위권: 점유에 대한 부정한 침탈 또는 방해행위에 대하여 자력으로 방위하는 권리를 말한다.

71-15 자력탈환권: 점유가 침탈되었을 때 이를 탈환할 수 있는 권리를 말한다.

71-16 준점유: 물권이 아니라 재산권을 사실상 행사하는 것을 말한다(제210조). ⇨ 준점유자에 대한 변제는 유효하다(제470조).

72. 상린관계: 인접하고 있는 토지의 소유자 상호간의 이용을 조절하기 위하여 제216조 내지 제244조가 그들 상호간의 법률관계를 규정하는 것을 말한다. ⇨ 소유권의 제한과 확장이다.

72-1 임밋시온: 매연·진동·소음·악취·폐수 등의 유해한 간섭에 의하여, 많은 사람이 건강을 해치고, 생활환경이 파괴되거나 또는 재산적 손해를 입는 등의 유해한 간섭으로 공중 또는 대기 속에 적극적으로 방산되는 것을 가리킨다. ⇨ 독일법에서 인정되는 생활방해이다.

72-2 생활방해: 토지의 이용으로 인하여 생긴 매연, 열기체, 액체, 음향, 진동 기타 이와 유사한 것으로 이웃 토지의 사용을 방해하거나 이웃 거주자의 생활에 고통을 주는 것을 말한다(제217조).

72-3 주위토지통행권: 어느 토지와 공로 사이에 그 토지의 용도에 필요한 통로가 없어 주위의 토지를 통행하거나 통로를 개설하지 않고는 공로에 출입할 수 없는 경우 또는 공로에 통과하려면 과다한 비용을 요하는 경우에, 주위의 토지를 공로로 출입할 수 있는 권리를 말한다(제219조). ⇨ 분할·일부양도에 관해서는 무상의 주위토지통행권이 인정된다(제220조).

73. 구분소유: 1동의 건물을 구분하여 그 부분을 각각 별개로 소유하는 것을 말하며, 건물의 구분된 부분은 독립한 소유권의 객체로 된다. ⇨ 구분소유권은 구분소유자의 구분행위를 요한다(제215조).

73-1 공용부분: 다수의 구분소유자가 공동으로 이용하는 부분으로, 건물 중 전유부분을 제외한 부분을 말하는데, 그 성질 및 구조상 당연히 공용부분으로 된 것과 규약에 의하여 공용부분으로 되는 것의 두 가지로 나뉜다.

74. 취득시효: 물건에 대하여 권리를 가지고 있는 듯한 외관이 일정기간 계속되는 경우에, 그것이 진실한 권리관계와 일치하는지 여부를 묻지 않고 그 외관상의 권리자에게 권리취득의 효과를 생기게 하는 제도를 말한다(제245조 내지 제248조).

75. 무주물: 현재 소유자가 없는 물건을 말한다(제252조). ⇨ 선점의 대상이 된다.

76. 선점: 소유의 의사로 점유하는 것을 말한다. ⇨ 동산의 원시취득요건이다. 부동산은 선점대상이 아니다.

77. 습득: 유실물에 대한 점유를 취득하는 것을 말한다(제253조). ⇨ 유실물법이 적용된다.

78. 발견: 매장물의 존재를 구체적·객관적으로 인식함을 말한다(제254조).

79. 첨부: 부합, 혼화, 가공을 총칭한다(제257조 내지 제261조 참조).

- **79-1 부합**: 소유자를 달리하는 수 개의 물건이 결합하여 사회관념상 한 개의 물건을 보이게 되고 그 분리가 사회관념상 불가능하거나 극히 곤란하게 된 경우에, 이를 분리시키지 않고 하나의 물건으로 어느 특정인의 소유에 귀속시키는 것을 말한다(제257조).
- **79-1-1 권원**: 지상권이나 임차권처럼 타인의 부동산에 지상물을 부속시킬 권능을 포함하는 부동산이용권의 정당한 근거를 말한다.
- **79-2 혼화**: 고형물의 혼합 또는 유동물의 융화처럼 물건이 동종의 다른 물건과 섞여서 원물을 식별할 수 없게 되는 것을 말한다(제258조).
- **79-3 가공**: 타인의 원재료를 써서 또는 타인의 물건에 변경을 가하여 새로운 물건을 제작하는 것을 말한다(제259조). ⇨ 재료주의
- **80. 공동소유**: 1개의 물건을 2인 이상의 다수인이 공동으로 소유함을 말한다(제262조 이하).
- **80-1 공유**: 공동목적을 위한 인적 결합관계가 없는 수인이 각자의 지분에 따라 물건을 공동으로 소유하는 것을 말한다(제262조 제1항).
- **80-1-1 지분**: 1개의 소유권의 분량적 일부분을 말한다(통설).
- **80-2 총유**: 다수인이 권리능력 없는 사단을 이루어 물건을 소유하는 형태를 말한다(제275조). ⇨ 각 사원에게 지분권이 존재하지 아니하고 분할청구할 수 없다.
- **80-3 합유**: 수인의 조합체를 이루어 물건을 소유하는 공동소유의 형태를 말한다(제271조). ⇨ 각 합유자는 지분권이 인정되나 처분이 제한되고 분할청구가 부정된다.
- **80-3-1 조합체**: 동일한 목적으로 결합되어 있으나 아직 단체의 체제를 갖추지 못한 수인의 결합체를 말한다(제703조). ⇨ 각 조합원 사이에는 채권관계로서의 지위가 인정된다.
- **80-4 준공동소유**: 소유권 외의 재산권을 수인이 공동으로 가지는 경우를 말한다.
- **80-5 구분소유적 공유관계(상호명의신탁)**: 1필의 토지 중 일부를 특정하여 매수하면서 그 등기는 그 토지 전체에 관하여 공유지분이전등기를 한 경우에서와 같이 등기상으로 토지 전체에 대한 공유지분등기가 경료되어 있으나 내부적으로는 각 공유자들이 그 토지의 특정부분만을 배타적으로 사용·수익하는 관계를 말한다.
- **81. 명의신탁**: 대내적으로 신탁자가 소유권을 보유하여 이를 관리·수익하면서 공부상의 소유명의만을 수탁자 앞으로 해 두는 것. 즉, 당사자 간의 신탁에 관한 채권계약에 의하여 신탁자가 실질적으로는 그의 소유에 속하는 부동산의 등기명의를 실체적인 거래관계가 없는 수탁자에게 매매 등의 형식으로 이전하여 두는 것을 말한다. ⇨ 명의신탁을 규율하기 위하여 부동산실권리자명의등기에관한법률이 제정되었다.

Ⅳ. 용익물권

- **82. 지상권**: 타인의 토지에 건물 기타 공작물 또는 수목을 소유하기 위하여 그 토지를 사용하는 것을 말한다(제279조).
- **82-1 법정지상권**: 동일인에게 속하던 토지와 지상건물이 나중에 그 소유자를 달리하게 된 경우에 건물소유자를 위하여 법에 의하여 인정되는 지상권을 말한다(제305조·제366조).

82-2 구분지상권: 건물 기타 공작물을 소유하기 위하여 타인의 토지의 지하 또는 지상의 공간을 그 상하의 범위를 사용하는 지상권을 말한다.(제289조의2) ⇨ 수목은 그 객체가 되지 못한다.

82-3 분묘기지권: 타인의 토지 위에 분묘를 소유하기 위하여 분묘의 기지부분의 토지를 사용할 것을 내용으로 하는, 관습에 의하여 인정되는 지상권 유사의 물권을 말한다.

82-4 관습법상의 법정지상권: 토지와 건물이 동일인에게 속하였다가 매매 기타 원인으로 각각 그 소유자를 달리하게 된 경우에, 그 건물을 철거한다는 특약이 없으면 건물소유자가 관습법에 의하여 당연히 취득하게 되는 지상권을 말한다.

83. 지역권: 설정행위에서 정한 일정한 목적을 위하여 타인의 토지를 자기의 토지의 편익에 이용하는 용익물권을 말한다(제291조).

83-1 특수지역권: 어느 지역의 주민이 집합체의 관계로 각자가 타인의 토지에서 초목, 야생물 및 토사의 채취, 방목 기타 수익을 하는 권리를 말한다(제302조). ⇨ 준총유

84. 전세권: 전세금을 지급하고 타인의 부동산을 점유하여 그 부동산을 용도에 좇아 사용·수익하는 용익물권이고, 그 소멸 시 목적 부동산 전부의 매각대금으로부터 전세금의 우선변제를 받을 수 있는 권능이 인정되는 것을 말한다(제303조).

84-1 전세금: 전세권을 설정하면서 전세권자가 전세권설정자에게 교부하고, 전세권이 소멸하면 전세권자가 전세권설정자로부터 반환받는 금전을 말한다.

84-2 전전세: 전세권자의 전세권을 그대로 둔 채 그것을 기초로 하여 그 전세목적물에 전세권을 다시 설정하는 것을 말한다(제308조). ⇨ 전전세권설정자는 불가항력에 의한 항변을 할 수 없어 책임이 가중된다.

V. 담보물권

85. 인적담보: 채무자의 일반재산 외에 제3자의 일반재산으로 채권을 담보하는 것을 말한다. ⇨ 연대채무와 보증채무는 인적담보 기능을 한다.

86. 물적담보: 채무자 또는 제3자 소유의 특정한 물건으로 채권을 담보하는 것을 말한다.

87. 부종성: 피담보채권의 존재를 전제로 해서만 담보물권이 존재할 수 있는 성질을 말한다.

88. 수반성: 담보물권이 피담보채권의 이전에 따라 이전하고, 피담보채권 위에 부담이 설정되면 역시 그 부담에 복종하는 성질을 말한다.

89. 물상대위성: 담보물권은 목적물의 수익을 목적으로 하는 권리가 아니라 그 교환가치의 취득만을 목적으로 하는 권리이므로, 목적물이 멸실되더라도 그 목적물의 가치를 대표하는 것이 있게 되면 담보물권은 그 대표물위에 그 효력이 미치게 되는 것을 말한다. ⇨ 질권에 규정하고(제342조), 저당권에 준용한다(제370조).

90. 불가분성: 담보물권은 피담보채권의 전부에 대한 변제가 있을 때까지 목적물 전부에 대하여 그 효력이 미친다는 성질을 말한다(제321조).

91. 유치권: 타인의 물건 또는 유가증권을 점유하는 자가 그 물건 등에 관하여 생긴 채권을 가지는 경우에 그 채권을 변제받을 때까지 그 목적물을 유치할 수 있는 권리를 말한다(제320조). ⇨ 법정담보물권이다.

91-1 견련관계: 점유자의 채권이 "그 물건이나 유가증권에 관하여 생긴 것"이어야 한다.

91-2 간이변제충당권: 민법은 일정한 요건하에 유치물로써 직접 채권의 변제에 충당할 수 있는 제도를 말한다(제322조).

92. 질권: 채권자가 채무의 변제를 받을 때까지 그 채권의 담보로 채무자 또는 제3자로부터 인도받은 물건 또는 재산권을 유치함으로써 채무의 변제를 간접적으로 강제하는 동시에, 변제가 없으면 그 매각대금으로부터 우선적으로 변제를 받을 수 있는 담보물권을 말한다(제329조).

92-1 법정질권: 법률의 규정에 의하여 당연히 성립하는 질권을 말하는데, 토지임대인의 법정질권과 건물 기타 공작물의 임대인의 법정질권이 그 예이다(제648조 내지 제650조).

92-2 유질계약: 질권의 실행은 원칙적으로 경매를 통하여 이루어져야 하는데, 변제에 갈음하여 질권자가 질물이 소유권을 취득하도록 하거나 법률에 정한 방법에 의하지 않고 질물을 처분할 것을 내용으로 하는 약정을 말한다(제339조). ⇨ 민법상 유질계약은 금지된다.

92-3 전질: 질권자가 자기의 타인에 대한 채무를 담보하기 위하여 질물 위에 다시 제2의 질권을 설정하는 것을 말한다(제336조).

92-3-1 책임전질: 질권자가 질권설정자의 승낙 없이 오로지 자기의 책임으로 하는 전질을 말한다(제336조 본문).

92-3-2 승낙전질: 질권자가 질물소유자의 승낙을 받아 그 질물 위에 다시 질권을 성립시키는 것을 말한다(제342조, 제324조 제2항).

92-4 권리질권: 동산 외의 재산권을 목적으로 하는 질권을 말한다.

92-5 채권질권: 권리질권 중 채권을 목적으로 하는 질권을 말한다.

93. 저당권: 채권자가 채무자 또는 제3자가 채무담보를 위하여 제공한 부동산 기타 목적물의 점유를 이전받지 않은 채 그 목적물을 관념상으로만 지배하다가, 채무의 변제가 없으면 그 목적물로부터 우선변제를 받을 수 있는 담보물권을 말한다(제356조).

93-1 공시의 원칙: 저당권의 존재는 반드시 등기·등록에 의하여 공시되어야 한다는 원칙을 말한다.

93-2 특정의 원칙: 저당권은 1개 또는 수 개의 현존하는 특정의 목적물 위에만 성립할 수 있다는 원칙이다.

93-3 순위확정의 원칙: 동일한 목적물 위에 설정된 수 개의 저당권은 각각 확정된 순위를 보유하여 서로 침범하지 못한다는 원칙을 말한다.

93-4 독립의 원칙: 저당권을 특정채권의 담보라는 지위에서 해방시켜 목적물의 교환가치만을 파악하는 독립적 지위를 가지도록 함으로써 저당권자체가 금융거래의 객체가 될 수 있도록 하는 원칙을 말한다. ⇨ 우리 민법은 채택하지 않고 있다.

93-5 유통성의 확보: 저당권이 특정의 담보가치를 우선적으로 파악하고 이를 금융시장에 유통케 하기 위하여 유통성을 확보해야 한다는 것을 말한다. ⇨ 현재 저당권의 특징

93-6 저당권의 실행: 저당권자 스스로의 발의에 의하여 주도적으로 저당물을 현금화하여 그 대가로부터 피담보채권의 변제를 받는 것을 말한다. ⇨ 저당권의 실행방법은 압류 및 환가절차를 거치게 된다.

93-7 법정지상권: 동일인에게 속하던 토지와 그 지상의 건물 중 어느 하나 위에 또는 양자 위에 설정된 저당권의 실행으로 인하여 토지와 그 지상건물이 그 소유자를 달리하게 된 경우에, 그 건물의 소유자가 건물을 소유하도록 하기 위하여 법률상 당연히 인정되는 지상권을 말한다(제366조).

93-8 일괄경매권: 토지를 목적으로 하는 저당권을 설정한 후 설정자가 그 토지에 건물을 축조한 경우에, 저당권자는 토지와 함께 그 건물에 대해서도 경매를 청구할 수 있는 것을 말한다(제365조).

93-9 공동저당: 동일한 채권을 담보하기 위하여 수 개의 부동산 위에 저당권을 설정하는 것을 말한다(제368조).

93-9-1 동시배당: 공동저당의 목적인 부동산 전부의 경매대가를 동시에 배당하는 경우에 각 부동산의 경매대가에 비례하여 그 채권의 부담이 나눠지는 것을 말한다(제368조 제1항).

93-9-2 이시배당: 공동저당의 목적인 부동산 중 일부만의 경매대가를 먼저 배당하는 경우에 공동저당권자는 그 대가에서 채권 전부의 변제를 받을 수 있고, 경매된 부동산의 후순위저당권자는 공동저당부동산을 동시에 배당하였더라면 공동저당권자가 다른 부동산으로부터 변제받을 수 있었던 금액의 한도 내에서 공동저당권자를 대위하여 그 저당권을 실행하는 것을 말한다(제368조 제2항).

93-10 근저당: 당좌대월계약, 어음할인약정 또는 계속적 상품공급계약과 같은 계속적 거래관계로부터 발생하는 불특정채권을 장래의 일정시기에 일정한 한도까지 담보하는 저당권을 말한다(제357조).

93-10-1 최고액: 목적물로부터 우선변제를 받을 수 있는 한도액을 말한다. ⇨ 필수적 등기사항

93-10-2 근저당권의 확정: 근저당권의 피담보채권은 기본계약이 존속하는 동안 증감·변동되다가 결산기의 도래 등 일정한 사유가 발생하면 구체적으로 확정되는 것을 말한다.

93-10-3 포괄근저당권: 기본계약을 특정하지 않은 채 채권자의 채무자에 대한 현재 및 장래에 발생할 일체의 채권을 일정한 한도까지 담보하는 내용으로 하는 근저당권을 말한다.

93-11 입목저당: 입목에 관한 법률에 따라 등기된 입목을 목적으로 하는 저당권을 말한다.

93-12 재단저당: 기업활동을 위하여 결합되어 있는 토지, 건물, 기계, 기구 등의 물적 설비와 그 기업에 관한 면허, 지적재산권 등을 묶어 하나의 재단을 구성하여 그 위에 저당권을 설정하는 제도를 말한다.

93-13 공장재단저당: 공장저당법은 공장에 속하는 일정한 기업용 재산으로 구성되는 재단에 저당권을 설정하는 것이다. ⇨ 수 개의 저당목적물에 1개의 저당권설정이 가능하다.

93-13-1 협의의 공장저당: 공장에 속하는 토지·건물의 부가물·종물뿐만 아니라 이에 설치된 기계·기구 기타 공장의 공용물에까지 토지·건물의 저당권 효력이 미친다.

93-14 동산저당: 등기나 등록이라는 공시방법에 갖추어져 있는 동산에 관하여 저당권이 설정되는 것을 말한다.

94. 비전형담보: 민법이 정하는 담보물권이 아니면서 거래계에서 담보적 기능을 수행하는 제도를 말한다.

94-1 가등기담보: 소비대차에 기한 채권을 담보할 목적으로 채권자와 채무자 또는 제3자 사이에 채무자 또는 제3자 소유인 부동산을 목적물로 하는 대물변제의 예약 또는 매매의 예약을 하고, 이와 함께 채무자의 채무불이행이 있는 경우에 채권자가 예약상의 권리를 행사함으로써 발생하게 될 장래의 소유권이전등기청구권 등을 보전하기 위하여 가등기를 경료하기로 하는 내용의 가등기담보계약을 체결한 후, 이에 기하여 채권자 앞으로 가등기를 경료하여 두는 담보형태를 말한다. ⇨ 가등기담보등기에관한법률의 규제를 받는다.

94-2 양도담보: 채권담보를 위하여 채무자 또는 제3자가 목적물의 소유권을 채권자에게 이전하고, 채무자가 채무를 변제하지 않으면 채권자가 그 소유권을 확정적으로 취득하거나 그 목적물로부터 우선변제를 받지만, 채무자가 채무를 이행하면 목적물을 다시 원 소유자에게 반환하는 방법에 의한 소유권이전형의 비전형담보를 말한다.

94-3 소유권유보부매매: 매매에 있어서 매도인이 매매목적물을 매수인에게 인도하되 자신의 대금채권의 확보를 위하여 매매대금이 모두 지급될 때까지 소유권을 유보하고, 그 완급이 있으면 소유권이 자동적으로 매수인에게 이전되는 것으로 약정하는 매매를 말한다. ⇨ 채권담보기능

MEMO

김춘환

약력
- 부산대학교 법과대학 사법학과 졸업(법학사)
- 부산대학교 일반대학원 법학과 석사과정(민사법 전공) 수료
- 중앙대학교 일반대학원 법학과 박사과정(민사법 전공, Ph.D.) 수료

- 현 | 해커스 감정평가사 민법 교수
- 현 | 해커스노무사 민법, 민사소송법 강의
- 현 | 한국법제연구원 법령번역센터 전문가 과정 강사(민법, 민사소송법)
- 현 | 차세대콘텐츠재산학회 이사(회장 김인철 상명대학교 지적재산학과 교수)
- 현 | 중앙법학회 이사
- 현 | 단국대학교 법과대학, 인천대학교 법학과 공무원 특강 강사
- 현 | ㈜윌비스 나무경영아카데미 민법 전임교수
- 현 | ㈜변리사스쿨 민법, 민사소송법 전문교수
- 현 | 공단기 법원직 민사소송법 대표 강사
- 전 | 月刊 考試界 기획위원
- 전 | 국가평생교육진흥원 학점은행 교강사(민법, 민사소송법)
- 전 | 중앙대학교 법학전문대학원 민사소송법 특강 강사
- 전 | 광운대학교 법과대학, 성신여대 법학과, 덕성여대 법학과 공무원 특강 강사
- 전 | ㈜윌비스 한림법학원 공인노무사 민법, 민사소송법 전임교수

저서
- 해커스 감정평가사 김춘환 민법 1차 기본서
- 해커스 감정평가사 김춘환 민법 1차 기출+예상문제집
- 해커스노무사 김춘환 민법 기본서
- 해커스노무사 김춘환 민법 객관식 기출문제집
- 해커스노무사 김춘환 민사소송법 기본서
- 해커스노무사 김춘환 민사소송법 사례연습
- FORTUNE 민법, 학연
- FORTUNE 객관식 민법의 종결, 학연
- FORTUNE 민법 중요지문 OX, 학연
- FORTUNE 공인노무사 민법, 학연
- 세무사 민법, 윌비스
- 세무사 객관식 민법, 윌비스
- FORTUNE 민사소송법 암기장, 학연
- FORTUNE 김춘환 민사소송법, ACL
- FORTUNE 김춘환 민사소송법의 종결, ACL
- FORTUNE 김춘환 민사소송법 중요지문 OX, ACL
- FORTUNE 슬림한 민사소송법 조문집, 학연
- THEME 민사소송법 핵심암기장, 윌비스

2026 대비 최신개정판

해커스 감정평가사
김춘환 민법 1차 기본서

개정 2판 1쇄 발행 2025년 5월 9일

지은이	김춘환 편저
펴낸곳	해커스패스
펴낸이	해커스 감정평가사 출판팀
주소	서울특별시 강남구 강남대로 428 해커스 감정평가사
고객센터	1588-2332
교재 관련 문의	publishing@hackers.com
	해커스 감정평가사 사이트(ca.Hackers.com) 1:1 고객센터
학원 강의 및 동영상강의	ca.Hackers.com
ISBN	979-11-7244-606-2 (13360)
Serial Number	02-01-01

저작권자 ⓒ 2025, 김춘환
이 책의 모든 내용, 이미지, 디자인, 편집 형태는 저작권법에 의해 보호받고 있습니다. 서면에 의한 저자와 출판사의 허락 없이 내용의 일부 혹은 전부를 인용, 발췌하거나 복제, 배포할 수 없습니다.

한 번에 합격!
해커스 감정평가사 ca.Hackers.com

해커스 감정평가사

- 김춘환 교수님의 **본 교재 인강**(교재 내 할인쿠폰 수록)
- 해커스 스타강사의 **감정평가사 무료 특강**